CFA Institute CFA协会投资系列

国际财务报表分析

International Financial Statement Analysis

（4th Edition）

| 原书第4版 |

［美］ 托马斯·R. 罗宾逊　伊莱恩·亨利　迈克尔·A. 布罗伊哈恩　著
（Thomas R. Robinson）　（Elaine Henry）　（Michael A. Broihahn）

朱丹 李世新 译

 机械工业出版社 CHINA MACHINE PRESS

Thomas R. Robinson, Elaine Henry, Michael A. Broihahn . International Financial Statement Analysis, 4th Edition.

ISBN 978-119-62805-7

图书在版编目（CIP）数据

国际财务报表分析：原书第 4 版 /（美）托马斯·R. 罗宾逊（Thomas R. Robinson）等著；朱丹，李世新译 . —北京：机械工业出版社，2023.7

（CFA 协会投资系列）

书名原文：International Financial Statement Analysis（CFA Institute Investment Series）4th Edition

ISBN 978-7-111-73246-4

Ⅰ. ①国…　Ⅱ. ①托…②朱…③李…　Ⅲ. ①会计报表 - 会计分析　Ⅳ. ① F231.5

中国国家版本馆 CIP 数据核字（2023）第 114007 号

机械工业出版社（北京市百万庄大街 22 号　邮政编码 100037）
策划编辑：张竞余　　　　　责任编辑：张竞余　牛汉原
责任校对：樊钟英　贾立萍　责任印制：张　博
北京联兴盛业印刷股份有限公司印刷
2024 年 2 月第 1 版第 1 次印刷
185mm×260mm·43.25 印张·1070 千字
标准书号：ISBN 978-7-111-73246-4
定价：149.00 元

电话服务　　　　　　　　网络服务
客服电话：010-88361066　机 工 官 网：www.cmpbook.com
　　　　　010-88379833　机 工 官 博：weibo.com/cmp1952
　　　　　010-68326294　金 书 网：www.golden-book.com
封底无防伪标均为盗版　机工教育服务网：www.cmpedu.com

译者序

会计是商业的语言。在全球化的商业环境下，学习国际财务报告准则对于我国企业了解跨国合作伙伴或者竞争对手的发展情况、拓展国际业务和开展全球化投融资业务至关重要。本书系统而全面地介绍了以国际财务报告准则和美国公认会计原则为主导的全球财务报告体系和财务报表分析，能帮助读者更好地了解全球经济和商业的运作方式。对于想要深入学习国际财务报表分析和认识全球会计规则对商业发展重要性的读者来说，本书是必读之作。

CFA 作为全球金融分析师的职业认证，已受到广泛的赞誉和认可。作为 CFA 系列教材的一部分，本书是被业界普遍接受的权威专业教材之一。全书一共 18 章，其中第 1～5 章分别介绍了财务报表分析概述、财务报告准则、利润表、资产负债表和现金流量表；第 6 章主要讨论了财务分析技术；接下来，在第 7～10 章对与存货、长期资产、所得税和非流动负债等报表项目相关的话题进行了深入探讨；在第 13～16 章则专门针对高级财务会计中的难点问题——公司间投资、职工薪酬（尤其是离职后福利与股份支付）、跨国经营和金融机构分析等展开了讨论；而第 11 章、第 12 章、第 17 章则强调财务报告质量判断和评价以及财务报表分析应用等问题；最后，第 18 章提供了一个综合性财务报表分析技术的案例。阅读本书，将使你能更深入地了解会计、财务报表、财务分析的各种概念、技巧并掌握相关工具，提高你在这一领域的知识水平和专业能力。无论你是从事财会工作、投资研究、企业经营抑或是刚刚开始学习财务分析，本书都能帮助你更好地掌握相关知识。

最后，感谢大家选择这本书，希望它能成为你学习和认识国际财务报表分析的有力辅助工具，也希望本书对你的职业发展和学术成功有所裨益。

朱丹

2024 年 1 月

前　言

　　《国际财务报表分析》（原书第 4 版）是一门面向实践的财务报表分析导论，每一章都涵盖了财务报表分析的一个主要领域，并由业内资深专家编写而成。本书采用全球视角，以国际财务报告准则（IFRS）为主要关注点，举例涉及各种类型的公司，能很好地帮助读者适应当前的全球市场实践。

　　受 CFA 协会的委托，本书内容是由一组杰出的学者和从业人员联合开发的。这些作者都是本领域内公认的行业专家，他们在写作本书时牢记以投资从业人员为主要读者对象，通过大量的案例不断强化学习目标，并证明书中的知识在现实世界的适用性。

　　本书的内容基于 CFA 课程大纲并经过了严格审核，以确保它们符合下列要求：

- 与当前行业实践分析结果保持一致；
- 对会员、企业主和投资者都有价值；
- 在全球范围内相关；
- 在性质方面应普遍适用（而不是只针对特殊情况）；
- 非常适合用于教学。

　　无论你是一位行业新手还是一位努力跟上日新月异市场环境变化的经验丰富的老手，我们都希望你能发现本书和 CFA 协会投资系列中的其他图书能有助于你增长投资知识。作为投资行业的长期坚定参与人和非营利性质的全球会员组织，CFA 协会很高兴能为你提供这样的机会。

CFA 项目介绍

　　如果你对本书的主题有兴趣，但还不是 CFA 证书的特许持有人，我们希望你能考虑注册 CFA 课程，并开始为获得特许金融分析师的称号而努力。CFA 认证是衡量投资专业人员能力和诚信水平的全球公认卓越标准。要获得 CFA 证书，考生必须成功修完 CFA 课程。这是一个全球性质的研究生水平自学项目，它将广泛的课程与专业行为要求相结合，为投资专业人士的职业生涯做准备。

　　CFA 课程以实践为基础，它的知识体系反映了专业人士在投资决策过程中所必需的知识、技术和能力要求。该知识体系通过对全球执业的 CFA 持证人进行定期、广泛的调查来保持其目标相关性。课程要求涵盖了 10 个通用的主题领域,从股票和固定收益分析到投资组合管理,全部课程都非常强调在专业实践中的伦理道德。CFA 课程以其严格标准和宽基础而著称,强调每个市场的共同原则,这样,才能使获得 CFA 资格的专业人士拥有全面的全球投资视角,以及对全球市场的深刻理解。

致　谢

作者

衷心感谢以下各位杰出的作者,他们在各自的专业领域贡献了出色的章节内容:

迈克尔·A.布罗伊哈恩,CFA　　　　托马斯·R.罗宾逊,PhD,CFA

杰克·T.切谢尔斯基,CFA,CPA　　　凯伦·奥康纳·鲁萨姆,CPA,CFA

提摩西·S.普尼克,PhD　　　　　　托马斯·I.塞林,PhD,CPA

伊丽莎白·A.戈登　　　　　　　　简·亨德里克·范·格鲁宁,CFA

伊莱恩·亨利,PhD,CFA　　　　　　苏珊·佩里·威廉姆斯,PhD

埃尔贝·劳,CFA

审稿人

特别感谢所有的审稿人和课程顾问,他们帮助确保了本书资料与实务的高度相关性、技术正确性和可理解性。

出版人

我们还要感谢许多人,他们在本书的策划与制作过程中发挥了重要作用,分别是:CFA协会的课程和学习体验团队,特别是前任与现任的课程主管,他们与诸位作者和评审人一起制作了本书的每一个章节;CFA协会的实践分析团队;CFA协会的认证产品营销团队。

CFA 协会很高兴为你提供这套投资系列丛书，它涵盖了投资方向的各个主要领域。提供这一系列丛书的原因，与我们 50 多年来一直坚持对投资专业人士进行特许资格认证的原因相同：通过倡导职业道德、教育和专业卓越的最高标准来领导全球投资行业的发展，并最终使全社会受益。

"CFA 协会投资系列"丛书坚持从实践出发，并与全球市场紧密相联。丛书的目标读者既包括那些打算进入竞争激烈的投资管理领域的新人，也包括那些寻求知识更新的从业人员。用户友好和高度相关是这套丛书的设计理念。

无论你是一位相对的新手，还是一位在不断变化的市场环境中坚持学习、与时俱进的经验丰富的老手，我们都希望这套系列丛书能有助于你增长投资知识。作为一个长期坚定地服务于专业投资者的全球非营利会员组织，CFA 协会非常荣幸能为你提供这样的机会。

丛书简介

《公司金融：实用方法》（*Corporate Finance: A Practical Approach*）能为那些寻求持续业务增长的人提供坚实的基础。在当今竞争激烈的商业环境中，公司必须寻求创新方式来实现快速和可持续的增长。本书为读者提供了基础知识和工具，使他们能够做出明智的商业决策，并制定战略促使公司价值最大化。它涵盖了从管理利益相关者关系到评估收购报价以及其后公司的所有内容。通过大量使用现实世界的例子，让读者在解释公司财务数据、项目评价和资金分配等方面获取关键信息，以促进企业价值增长。通过本书，读者能深入了解现代公司财务管理中使用的工具和策略。

《股权资产估值》（*Equity Asset Valuation*）对于需要估计证券价值和理解证券定价的人来说，是一本特别有说服力和重要意义的书。懂行的专业人士都知道，股票估值的常见方法包括股利贴现模型、自由现金流模型、价格／收益模型和剩余收益模型，在满足特定假设条件的情况下，这些方法之间是可以互相进行调整的。在深刻掌握了基础假设条件后，专业投资者就能更好地理解其他投资者在估值时所做出的假设。本书包括具有全球导向的内容，还包括若干新兴市场的情况。

《国际财务报表分析》(*International Financial Statement Analysis*)旨在满足投资专业人士和学生从全球角度思考日益增长的财务报表分析需求。本书是一本从实践出发的财务报表分析导论,它的特点是真正的国际导向、结构化的表现风格,并对本书所介绍的概念配以丰富的案例与工具。作者团队对该学科进行了全面介绍,并确保读者能在复杂的财务报表分析领域的各个层面取得成功。

《投资学》(*Investments*: *Principles of Portfolio and Equity Analysis*)对投资组合与股权分析进行了清晰和严谨的介绍。它在最新的全球证券市场、交易和市场相关概念与产品背景下介绍组合规划与组合管理,详细阐述了股权分析和估值的要点,并辅之以大量例题。本书包含了一些对于从业者来说非常重要但经常容易被忽视的主题,例如行业分析。本书将重点放在主要概念的实际应用上,配合从新兴市场和发达市场中选取的丰富实例来进行说明。每一章都为读者提供了许多自我检验的机会,用以验证他们对每个主题的理解与掌握情况。

《投资组合管理:动态过程》(*Managing Investment Portfolios*: *A Dynamic Process*)是多年来投资管理行业中最著名的出版物之一,是由马金(Maginn)和塔特尔(Tuttle)合著的。该书的第3版更新了自1990年第2版后的关键概念。在我们的社群中,一些已拥有本书前两个版本的资深成员仍愿意继续买入第3版。这不仅是因为第3版做出了开创性的工作,它从其他资料中获取概念并将其放到投资组合背景下,还因为它同时更新了其他投资、业绩表现标准、组合执行,以及最重要的个人投资组合管理等领域的概念。该书第4版将重点关注对象从机构投资组合转移到个人投资者,这种转变非常重要和及时。

《新财富管理》(*The New Wealth Management*: *The Financial Advisor's Guide to Managing and Investing*)是哈罗德·埃文斯基(Harold Evensky)为财富经理们所写的主要参考指南的更新版本。哈罗德·埃文斯基、斯蒂芬·霍伦(Stephen Horan)和托马斯·R.罗宾逊(Thomas R.Robinson)在1997年出版的该书第1版核心文本的基础上进行了更新,添加了大量的新材料,以充分反映当今世界的投资挑战。该书内容权威,覆盖了财富管理的所有领域,能为金融顾问提供全面的职业指南。它将投资理论和现实世界应用进行专业融合,并延续了第1版深入浅出的写作风格。

《量化投资分析》(*Quantitative Investment Analysis*)偏重介绍当今专业投资者所需要的一些关键工具。除了经典的货币时间价值、贴现现金流的应用和概率知识以外,还有两个方面的内容超越了传统思维方式。一是涉及相关分析和回归分析的章节,这些内容最终将有助于对所形成的假设进行检验。这是一项挑战众多专业人士的关键技能——如何从海量的可用数据中找出真正有用的信息。二是在最后一章介绍了投资组合,带领读者超越传统的资本资产定价模型(CAPM)类的分析工具,进入到多因素模型和套利定价理论的更现实的世界中。

目　录

财务报表分析概述

伊莱恩·亨利，博士，特许金融分析师
托马斯·R. 罗宾逊，博士，特许金融分析师

学习目标

- 说明财务报告和财务报表分析的作用；
- 说明资产负债表⊖、利润表、所有者权益变动表和现金流量表在公司业绩和财务状况评价中的作用；
- 说明财务报表附注和补充信息（包括会计政策、会计方法和会计估计的披露，以及管理层评论）的重要性；
- 说明财务报表审计的目标、审计报告的类型以及有效内部控制的重要性；
- 识别和说明分析师在年度财务报表和补充信息之外的其他报表分析信息来源；
- 说明财务报表分析框架中的步骤。

1.1 引言

所谓财务分析，是指在结合行业和经济环境信息的基础上，对公司业绩进行检查，以便做出决定或提出建议。财务分析师做出的决定或者提出的建议通常与是否向公司提供资本有关——具体来说，是否应当投资该公司的债务或者权益证券，以及按什么样的价格去进行投资。一般来说，债权投资者关心公司支付利息和偿还本金的能力，而股权投资者则是公司剩余利益的所有人，他们关心公司支付股利的能力和股价上涨的可能性。

总的来说，财务分析的一大焦点是评估一家公司赚取资本回报的能力是否能够至少等于其资本成本率，是否能够通过赚取利润实现经营增长，并产生足够的现金以偿还到期债务和把握发展机会。

基础财务分析以公司财务报告中的信息为起点，包括经审计的财务报表，按监管当局要求披露的额外信息，以及任何附带的（未经审计的）管理层评论。本章所介绍的基本财务报

⊖ 原文为 the statement of financial position，直译应为财务状况表。为符合我国读者的使用习惯，除特殊情况外，这里和后文中都翻译为"资产负债表"。——译者注

表分析能帮助分析师更好地理解财务报告之外的其他信息。

本章的安排如下：第 1.2 节介绍财务报表分析的范围；第 1.3 节介绍财务报表分析中使用的信息来源，包括主要财务报表（资产负债表、利润表、所有者权益变动表和现金流量表）；第 1.4 节介绍财务报表分析过程的指导性框架；最后是本章重要知识要点的总结。

1.2　财务报告和财务报表分析的作用

财务报表是由公司发布的，其作用是提供有关公司业绩、财务状况和财务状况变动的信息，这对于很多信息使用者做出经济决策来说都是有用的。财务报表分析的作用是利用公司编制的财务报告和其他信息，对公司过去、现在和未来潜在的业绩与财务状况进行评估，以利于做出投资、信贷或其他经济决策。公司内部的管理人员也会进行财务分析，以做出经营、投资或融资决策，但他们不一定会依赖相关财务报表的分析，因为他们还可以得到其他以各种形式呈现的内部财务信息。

在评估财务报告时，分析师通常会有一个具体的经济决策需求，例如：

- 考虑是否应将某项股权投资纳入投资组合中；
- 评价某个兼并收购对象；
- 站在母公司的立场上，对某个子公司或经营分部进行评价；
- 判断是否进行某项风险投资或者其他私募股权投资；
- 对某公司的信用状况做出判断，以决定是否接受贷款展期，以及如果接受展期，应如何制订具体条款；
- 为客户提供信贷；
- 检查公司对债务合约或其他合同安排的遵从情况；
- 确定一家公司或某次债券发行的信用等级；
- 对某只证券进行估值，以便向他人提供投资建议；
- 预测公司未来的净利润和现金流量。

这类决策体现了财务分析的特定主题。一般来说，分析师通过对一家公司过去和现在的业绩与财务状况进行检查，来形成对公司未来业绩和财务状况的预期。此外，分析师也会关注影响公司未来业绩和财务状况的风险因素。对业绩的考察包括公司的盈利能力（通过提供商品和服务来赚取利润的能力）和创造正向现金流能力（现金收入超过现金支出）两个方面。

利润和现金流是不同的。利润（或亏损）是指公司向顾客提供商品或服务的价格与为提供这些商品和服务所发生的费用之间的差额。此外，利润（或亏损）还包括其他收益，如投资收益、销售商品或服务以外的其他方式所实现的收入，扣除为赚取该部分收入而发生的费用后的余额。总的来说，利润（或亏损）等于收入减去费用之差，绝大部分利润的确认，与何时收到或支付现金是相互独立的。例 1-1 对利润与现金流之间的区别进行了具体说明。

◤ 例 1-1　利润与现金流

森尼特设计公司（Sennett Designs，以下简称 SD 公司）是一家主营家具零售的企业，从 2017 年 12 月起开始运营。当月，SD 公司以现金销售方式实现了 250,000 欧元的家具销售收入。这批家具是 SD 公司以 150,000 欧元的价格赊购的，并已在 12 月由供应商送达 SD 公司交货。根据供应商提出的信用条件，SD 公司应在次年 1 月支付其在 12 月已收到的家具价款，即 150,000 欧元。除了采购和销售家具以外，SD 公司在 12 月还支付了租金与员工工资，即付出了 20,000 欧元的现金。

问题：

1. 假定没有其他交易发生，SD 公司在 2017 年 12 月实现的利润应当是多少？

2. SD 公司在 2017 年 12 月的现金流情况如何？

3. 如果 SD 公司在 2018 年 1 月的采购和销售金额与 2017 年 12 月的完全相同，且各项条件也一样，即收到现金销售收入和以赊购方式进货，相关采购款到 2 月再进行支付，那么，该公司在 2018 年 1 月的利润和现金流情况会怎样？

问题 1 解答： SD 公司在 2017 年 12 月的利润等于当月的销售收入（250,000 欧元）扣除销售成本（150,000 欧元）和租金与员工工资（20,000 欧元）后的余额，即 80,000 欧元。

问题 2 解答： SD 公司在 2017 年 12 月的现金流量为 230,000 欧元，即从客户那里收到的现金（250,000 欧元）和用现金支付的租金与员工工资（20,000 欧元）之差。

问题 3 解答： SD 公司在 2018 年 1 月的利润将与它在 2017 年 12 月所实现的利润相等，即 80,000 欧元，等于销售收入（250,000 欧元）减去销售成本（150,000 欧元）、当月租金与员工工资（20,000 欧元）之差。该公司在 2018 年 1 月的现金流量也会等于 80,000 欧元，计算过程为：从客户那里收到的现金销售收入（250,000 欧元），减去用现金支付的租金与员工工资（20,000 欧元），再减去 SD 公司因上月赊购而在本月支付的采购欠款 150,000 欧元。

虽然盈利能力很重要，但创造正向现金流的能力也不容忽视。现金流是重要的，因为企业最终需要用现金来支付给雇员、供应商和其他利益关系人，只有这样，公司才能够持续经营下去。能够从经营活动中实现正向现金流的企业，相比其他条件相同但无法实现正向现金流的企业来说，在满足投资需求和把握有吸引力的投资机会方面，必然能够更加游刃有余。此外，公司在向负债和权益资本的提供者支付报酬（利息或股利）时，也需要现金。

在对公司证券进行估值和判断一家企业的偿债能力时，未来现金流的预期规模是非常重要的。通常，人们将公司偿还短期债务的能力称为**流动性**（liquidity），将偿还长期债务的能力称为**清偿能力**（solvency）。但是，对于任何给定的时期来说，现金流量都不是该时期经营业绩的完整衡量标准，因为如例 1-1 所示，一家公司完全有可能因为某项交易在当期创造出正向现金流，但同时还承担着需要在未来进行现金支付的义务。

利润可提供与过去或未来现金流相关的有用信息。如果例 1-1 中的交易在每个月都重复发生，那么 SD 公司的长期平均每月现金流量将等于 80,000 欧元，与每月利润相当。通常，分析师不仅需要评估公司过去的盈利水平，还需要预测公司未来的盈利能力。

表 1-1 说明了媒体报道中的公司盈利公告是如何将企业业绩与分析师预期相联系的。其中，A 栏部分是盈利公告，B 栏部分是新闻媒体对公司盈利公告信息的报道样本。分析师在估值工作中也经常会用到公司盈利信息。例如，分析师会将一家公司的市盈率（price-to-earnings ratio，P/E）水平与可比公司的进行比较，以此进行股票估值，或者在贴现现金流估值模型中，使用预计未来盈利水平作为直接或者间接的输入变量。

表 1-1 公司盈利公告和媒体将盈利水平与分析师预期所进行的对比

A 栏：苹果公司的盈利公告节选

苹果公司第二季度的经营成果

营业收入增长 16%，每股收益（EPS）增长 30%，创下 3 月季度的新纪录[①]。

宣告新的 1,000 亿美元股份回购获批，股利增长率为 16%。

库比蒂诺，加利福尼亚州——2018 年 5 月 1 日——苹果公司今天发布了它在 2018 财年第二季度（以 2018 年 3 月 31 日为第二季度季末）的财务数据。公司宣布实现 611 亿美元的季度销售收入，比去年同期增长了 16%；本季度摊薄的每股收益水平为 2.73 美元，增长了 30%。在本季度所实现的收入中，有 65% 来自跨国销售收入。

苹果公司的首席执行官蒂姆·库克表示："我们非常高兴地向大家报告，3 月季度的销量是有史以来的最好成绩，iPhone、苹果服务和可穿戴设备的收入均增长强劲。"他说，"与 iPhone X 在去年 12 月季度中发布后的销量走势一致，在 3 月季度中，消费者每周购买 iPhone X 的数量超过其他任何一款 iPhone。我们在所有地区的销售收入都在增长，其中，在大中华区和日本的增长幅度超过了 20%。"

"我们的业务在 3 月季度中表现极佳，每股收益增长了 30%，实现超过 150 亿美元的经营活动现金净流量。"苹果公司的首席财务官卢卡·马埃斯特里（Luca Maestri）说，"随着我们现在对全球现金的使用更加灵活，我们可以更有效地对美国业务进行投资，并朝着更优的资本结构努力。鉴于对公司的未来充满信心，我们非常高兴地宣布，目前公司董事会已经批准了一项总额为 1,000 亿美元的新股票回购计划，并将季度股利水平提高 16%。"

在第三财务季度中，公司将完成上一次批准的 2,100 亿美元股份回购计划。

为反映已经获批的股利增长情况，董事会已宣布，将在 2018 年 5 月 17 日，向截至 2018 年 5 月 14 日经营结束时登记在册的苹果公司普通股股东支付每股 0.73 美元的现金股利。

公司还预计将继续以净股份结算方式授予限制性股票。

从 2012 年 8 月启动资本返还计划开始，到 2018 年 3 月，苹果公司已经向股东返还了 2,750 亿美元，其中 2,000 亿美元是以股票回购的方式完成的。公司管理团队和董事会将继续定期审查资本返还计划的每个要素，并于每年对该计划的内容进行更新。

对于 2018 财年第三季度业绩，苹果公司预测如下：

● 收入在 515 亿美元到 535 亿美元之间；

● 毛利率在 38% 到 38.5% 之间；

● 运营费用在 77 亿美元到 78 亿美元之间；

● 其他收入（费用）预计为 4 亿美元；

● 预计公司所得税率接近 14.5%。

苹果公司将从美国太平洋时间 2018 年 5 月 1 日下午 2 点开始，通过网络地址 www.apple.com/investor/earnings-call/ 对公司 2018 财年第二季度财务业绩电话会进行网络直播。在此后的大约两周时间内，本次直播内容都可以进行回放。

资料来源：https://www.apple.com/newsroom/2018/05/apple-reports-second-quarter-results/（2018 年 11 月 3 日查询）。

B 栏：新闻报道节选：苹果公司发布其 2018 财年第二季度收益

苹果公司周二公布的季度收益和营业收入均超过预期，但 iPhone 的销量却低于预期。

随着投资者消化了该公司当季的超预期业绩和一项高额的资本返还计划消息后，苹果公司的股票价格在几小时内涨幅达到 5%。

疲软的 iPhone 销量仍然高于一年前的同期水平，苹果公司的首席执行官蒂姆·库克在一份声明中表示，消费者"在 3 月季度中，每周购买 iPhone X 的数量超过了其他任何一款 iPhone。"

● 实际每股收益为 2.73 美元，此前汤森路透（Thomson Reuters）调整后一致预测值为 2.67 美元；

● 实现收入 611 亿美元，此前汤森路透一致预期值为 608.2 亿美元；

● iPhone 的销量为 5,220 万部，此前分析公司 StreetAccount 的预计销量为 5,254 万部；

● 第三财务季度的营业收入预计将在 515 亿美元至 535 亿美元之间，而汤森路透的一致预期为 516.1 亿美元。

净利润为 138.2 亿美元，高于上年同期的 110.3 亿美元。在上年同期，苹果公司实现营业收入 529 亿美元，每股收益为 2.1 美元。

资料来源：https://cnbc.com/2018/05/01/apple-earnings-q2-2018.html（2018 年 11 月 3 日查询）。

① 苹果公司的年报截止日为每年 9 月的最后一周周末，因此它的第一季度是每年的 10～12 月，依此类推，第二季度为次年的 1～3 月。所以这里的 3 月季度为该公司的第二财务季度。——译者注

分析师也会对公司的财务状况感兴趣。所谓财务状况，可以通过比较公司所控制的资源（即**资产**，asset）与这些资源所对应的索取权 [即**负债**（liability）和**所有者权益**（equity）]

来进行衡量。负债和所有者权益为公司的资产提供融资，它们的组合即为公司的资本结构（capital structure）。例如，现金就是一种资源。在例 1-1 中，如果没有发生其他交易，SD 公司在 2017 年 12 月 31 日的现金应该比当期期初多 230,000 欧元。现金可以被公司用来支付它欠供应商的负债（一种对公司的索取权），也可以被公司用来分配给所有者（所有者对公司资产减去负债后的余额拥有剩余索取权）。

财务状况和资本结构在信用分析中尤为重要，如表 1-2 所示。表中 A 栏是公司年度盈利公告的摘录，突出了其累积盈利能力、充足的现金流量和表现强劲的资产负债表与投入资本报酬率。表中 B 栏节选自 2017 年 8 月的一篇新闻报道。文中说，由于西南航空公司长期盈利能力良好和资本结构稳定，该公司的信用评级被提高了。

表　1-2

A 栏：西南航空公司的盈利公告节选

西南航空公布第四季度经营情况，年度利润创纪录；这已是连续第 44 年实现盈利。

达拉斯，2017 年 1 月 26 日 / 美通社 /——西南航空公司（纽交所股票代码：LUV，以下简称“本公司”）今天公布了 2016 财年第四季度和年度业绩情况：

第四季度实现净利润 5.22 亿美元，摊薄的每股收益为 0.84 美元。相比之下，2015 年第四季度的净利润为 5.36 亿美元，摊薄的每股收益为 0.82 美元。

如果排除非常项目的影响，第四季度的净利润为 4.63 亿美元，摊薄的每股收益为 0.75 美元。相比之下，2015 年第四季度的净利润为 5.91 亿美元，摊薄的每股收益为 0.90 美元。上述业绩已超过了 First Call 公司对 2016 年第四季度的摊薄每股收益的一致预测水平，即每股为 0.70 美元。

公司创纪录地实现了年度净利润 22.4 亿美元，或者，摊薄的每股收益为 3.55 美元；相比 2015 年，净利润为 21.8 亿美元，摊薄的每股收益为 3.27 美元。

如果排除非常项目的影响，公司全年净利润为 23.7 亿美元，摊薄的每股收益为 3.75 美元；而在 2015 年，公司的净利润水平为 23.6 亿美元，摊薄的每股收益为 3.52 美元。

年度经营利润为 37.6 亿美元，经营利润率为 18.4%。

如果排除非常项目的影响，那么全年的经营利润为 39.6 亿美元，经营利润率达到 19.4%。

年度经营活动的现金流量为 42.9 亿美元，自由现金流量达到 22.5 亿美元。

在 2016 年，公司向股东返还了 19.7 亿美元，其中 17.5 亿美元以股份回购方式返还，2.22 亿美元以股利方式返还。

公司的年度投入资本报酬率（ROIC）达到了 30% 的水平。

董事会主席兼首席执行官加里·C. 凯利（Gary C. Kelly）表示：“我们很高兴地报告，公司 2016 年的年度利润是创纪录的，这是我们连续第 44 年实现盈利。在这一年，营业总收入达到了 204 亿美元，为公司史上的最高水平。客户对我们传奇般的低票价和优质的服务需求持续增长。公司的利润率表现得非常不错，投入资本报酬率（ROIC）接近史上最高纪录 30.0%。史上最高水平的利润和资产负债表搭配，使得我们的自由现金流量也是创纪录的，让我们能够向股东回报可观的价值。在运营方面，我们的表现非常稳定。本年所运输的客户数量是最高的，与此同时，在准点到达、行李配送和净推广得分方面都取得了进步。我要感谢并祝贺优秀的西南航空人，他们在 2016 年中为自己挣得了价值 5.86 亿美元的利润分成。

“我们用 2016 年第四季度的稳健表现为今年画上了句号。营业总收入同比增长 2.0%，其中第四季度的营业收入达到了创纪录的 51 亿美元，超出了我们在第四季度初的预期。选举期过后，旅游需求和临起飞前销售收益率都得到了改善。此外，在 12 月假期来临前的商务旅行增长比公司预期的还要强劲。根据目前的预订情况和收入发展趋势，我们预计 2017 年第一季度的单架飞机营业收入将与今年同期相比持平或下降 1%。相比 2016 年第四季度单架飞机营业收入同比下降 2.6% 来说，这是一个持续的改善，预示着明年年初的经营成果是令人鼓舞的。

“正如此前预期，由于燃料成本上升、工会合同修改导致薪酬费用增加，以及与波音 737-300 飞机加速退役相关的额外折旧费用的影响，公司第四季度的单位成本同比增加。工会合同薪酬的上升使得 2017 年的成本压力增大，公司打算在经营中继续努力，通过舰队现代化建设和持续的技术投资来抵销成本增加可能造成的不利影响。”

……“我们在结束这一年时，取得了史上最好的业绩，并用活力和热情开始了 2017 年的营业。今年 6 月，我们将如期在劳德代尔堡开设一个新的国际航站楼并同时推出新的服务项目。按照计划，公司将在今年秋季推出新型波音 737-8 飞机。此外，我们看好最近的收入趋势、持续的经济增长前景和适中的燃料价格。受这些因素鼓舞，公司认为，按目前状况将能在下一年度中赢得更多客户并实现强劲增长，从而给公司员工和股东予以回报。”

资料来源：http://www.southwestairlinesinvestorrelations.com/news-and-events/news-releases/2017/01-26-2017-111504198（2018 年 11 月 3 日查询）。

（续）

B 栏：对西南航空公司的媒体报道节选

西南航空公司再次获得信用评级提升

周一，标准普尔全球评级公司（S&P Global Ratings）将西南航空公司的信用评级从 BBB 上调至 BBB+，并给出理由为该公司"持续的盈利记录"。

报告中的这句话很好地总结了这次评级上升的理由：

西南航空是唯一一家连续 44 年盈利的美国航空公司，同时也一直是世界上最大的低成本运营航空公司。

尽管西南航空公司面临包括"多个行业周期、大型美国枢纽航空公司正向更高效和财务安全的竞争对手的演变、超廉价航空公司出现、2011 年对穿越航空控股公司（AirTran Holdings Inc.）的收购和整合，以及该公司进入更为拥挤但盈利可观的大都会机场（如纽约的拉瓜迪亚机场）"等多个不利因素的影响，但是该信用评级机构依然对其公司的业绩记录给予了赞扬。

今年 6 月，穆迪公司将对西南航空公司的评级上调至 A3，比标准普尔的新评级高出一个级距。穆迪的高级信贷官乔纳森·鲁特（Jonathan Root）随后写道，"将西南航空公司评级上调至 A3，反映出穆迪预测西南航空公司将继续保守管理其资本结构，并能维持符合 A3 评级的信贷指标水平。"

资料来源：https://www.barrons.com/articles/southwest-wins-another-credit-rating-upgrade-1502747699（2018 年 11 月 3 日查询）。

在对公司进行财务分析时，分析人员会不时地参考这家公司的财务报表、报表附注以及其他补充附表和信息来源。在下一节里，就介绍主要财务报表和一些常用的信息来源。

1.3　主要财务报表和其他信息来源

在对一家公司进行股权分析或者信用分析时，分析师需要收集大量的信息。由于大家的个体决策存在差别，或者分析目的有所不同，所以收集的信息也不统一。但一般来说，都会包括有关经济、行业和公司的信息，以及有关可比的同行业公司情况。来自公司外部的信息可能包括经济统计数据、行业研究报告、贸易出版物和包含竞争对手信息的数据库等。此外，每家公司都会在财务报告、新闻稿、投资者电话会议和网络广播中提供重要信息，以供分析师使用。

公司定期编制财务报告（根据适用的监管要求，每年、每半年或每季度）。财务报告包括财务报表以及在评估公司的财务状况和定期表现时需要的补充信息。

财务报表是遵照适用的会计准则和会计原则对公司的经济活动进行会计处理的结果。这些报表主要是为公司外部的信息使用者（例如投资者、债权人、分析师和其他人）汇总会计信息，因为内部人士可以直接访问汇总在财务报表中的数据和在财务报告过程中没有包含的其他信息。

财务报表几乎都需要经过独立会计师的审计，由他们根据一套特定的会计准则和会计原则，就财务报表是否公允地反映了公司的业绩和财务状况提出意见。

1.3.1　财务报表与补充信息

一套完整的财务报表包括一张财务状况表（即资产负债表）、一张综合收益表（例如，一张单独的综合收益表或者一张利润表加一张综合收益表）、一张权益变动表和一张现金流量表 [一]。

　[一]　此处财务报表的名称取自国际会计准则第 1 号中的提法，这些财务报表的常用名称术语列在括号内。在后面的章节中，将对这些财务报表进行详细介绍。

资产负债表描述了公司在特定时点上的财务状况。综合收益表和现金流量表分别从不同的角度反映了公司在一段时期内的业绩。权益变动表就公司财务状况的变动情况提供了额外信息。此外，财务报告所要求的附注或者脚注也被认为是一套完整财务报表中必不可少的内容。

在财务报告中，除了必需的财务报表，公司通常还会提供其他信息。在许多地区，部分或全部其他信息都是由监管机构或者会计准则委员会强制要求提供的。这些信息可能包括由公司董事长撰写的致股东信、管理层讨论公司经营情况的报告〔通常称为管理层讨论与分析（即 MD&A）或管理层评论〕、提供鉴证服务的外部审计师报告、描述公司董事会结构的治理报告和公司责任报告等内容。财务分析师应当对这些信息和财务报表都进行阅读和评估，以作为他们分析的一部分。下面将分别介绍每种财务报表和部分附注信息。

1.3.1.1　资产负债表（财务状况表）

资产负债表（balance sheet）也被称为**财务状况表**（statement of financial position 或 statement of financial condition），它通过披露公司所控制的资源（即资产）和公司在特定时间点上对债主或者其他债权人的偿还义务（即负债），来反映公司的财务状况。**所有者权益**（owners' equity）有时也被称为净资产，它是公司资产超过其负债的部分，表示可归属于公司所有者或者股东的金额。所有者权益代表着所有者对公司资产扣除负债后剩余权益的要求权（也即剩余索取权）。

资产负债表三大部分（即资产、负债和所有者权益）之间的关系可以用下式表示：资产 = 负债 + 所有者权益。这个等式经常被称作会计等式或资产负债表等式，它说明，公司的资产总额必然等于其负债和所有者权益之和。或者，这个等式也可以按如下方式进行表示：资产 − 负债 = 所有者权益。这种表达方式更强调所有者权益的剩余索取权性质。根据组织形式的不同，所有者权益可以被称为"合伙人资本""股东权益"或"股东资金"。

表 1-3 列示了大众汽车集团（Volkswagen Group）在其 2017 年财务报告中披露的资产负债表。

表 1-3　大众汽车集团的资产负债表（摘录）　　　（单位：百万欧元）

	2017 年 12 月 31 日	2016 年 12 月 31 日
资产		
非流动资产		
无形资产	63,419	62,599
不动产、厂场与设备	55,243	54,033
租赁资产	39,254	38,439
投资性房地产	468	512
权益法核算的长期股权投资	8,205	8,616
其他股权投资	1,318	996
金融服务应收款	73,249	68,402
其他金融资产	8,455	8,256
其他应收款	2,252	2,009
应收税款	407	392
递延所得税资产	9,810	9,756
	262,081	**254,010**

（续）

	2017 年 12 月 31 日	2016 年 12 月 31 日
流动资产		
存货	40,415	38,978
商业应收款	13,357	12,187
金融服务应收款	53,145	49,673
其他金融资产	11,998	11,844
其他应收款	5,346	5,130
应收税款	1,339	1,126
有价证券	15,939	17,520
现金、现金等价物与定期存款	18,457	19,265
持有待售资产	115	—
	160,112	**155,722**
资产总计	**422,193**	**409,732**
所有者权益与负债		
所有者权益		
实收资本	1,283	1,283
资本公积	14,551	14,551
留存收益	81,367	70,446
其他公积	560	-1,158
归属于大众汽车集团混合资本投资者的权益	11,088	7,567
归属于大众汽车集团股东和混合资本投资者的权益	108,849	92,689
少数股东权益	229	221
	109,077	**92,910**
长期负债		
金融负债	81,628	66,358
其他金融负债	2,665	4,488
其他负债	6,199	5,664
递延所得税负债	5,636	4,745
养老金准备	32,730	33,012
纳税准备金	3,030	3,556
其他准备金	20,839	21,482
	152,726	**139,306**
短期负债		
授予少数股东的看跌期权与补偿权	3,795	3,849
金融负债	81,844	88,461
商业应付款	23,046	22,794
应交税金	430	500
其他金融负债	8,570	9,438
其他负债	15,961	15,461
纳税准备金	1,397	1,301
其他准备金	25,347	35,711
	160,389	**177,515**
所有者权益与负债总计	**422,193**	**409,732**

注：表中金额取自年度报告，由于四舍五入的影响，不一定能精确相加。

资料来源：大众汽车集团 2017 年年度报告。

在表 1-3 中，资产负债表的列报是将最近一年的数据报告在左边一栏，将以前年份的数据报告在右边一栏。尽管这是一种非常常见的列报方式，但分析师在阅读财务报表时仍应小心。在某些情况下，公司的列报顺序可能会反过来，即将较早年份的数据报告在左边，而将最近年份的数据报告在最右边。

截至 2017 年 12 月 31 日，大众汽车集团的总资源或总资产价值为 4,222 亿欧元[○]，即 2,621 亿欧元的非流动资产和 1,601 亿欧元的流动资产之和[○]。所有者权益总额为 1,091 亿欧元。虽然大众汽车集团没有直接在资产负债表中给出负债总额，但如果我们将非流动负债和流动负债相加即可以得到，即：1,527 亿欧元 + 1,604 亿欧元 = 3,131 亿欧元[○]。

将上述金额代回到基本会计等式"资产 = 负债 + 所有者权益"中，可有 4,222 亿欧元 = 3,131 亿欧元 + 1,091 亿欧元。换言之，大众汽车集团拥有 4,222 亿欧元的资产，承担了 3,131 亿欧元的负债，因此拥有 1,091 亿欧元的所有者权益。根据资产负债表信息和运用财务报表分析，分析师可以回答下面这些问题：

- 该公司的流动性（偿还短期债务的能力）得到改善了吗？
- 公司的清偿能力如何（是否拥有足够的可用以偿债的资源）？
- 相对同行业企业来说，这家公司的财务状况如何？

大众汽车集团是一家德国汽车制造商，按照国际财务报告准则（IFRS）来编制其财务报表。根据 IFRS，公司应在资产负债表中单独列报其流动资产与非流动资产、短期负债与长期负债等项目；但并没有就此要求特定的报告顺序或者格式。因此，公司在资产负债表中报告的项目顺序，很大程度上都是由公司自己的报告惯例或者习惯来决定的。

如表 1-3 所示，大众汽车集团将非流动资产先于流动资产进行报告，将所有者权益放在负债项目之前，将长期负债先于短期负债进行报告。这种列报顺序基本上是按照流动性由弱到强进行排列的。在其他一些国家，资产负债表的典型列报顺序可能会与本例不同。例如，美国、澳大利亚和加拿大的公司一般都是按照流动性从强到弱的顺序，来报告它们的资产和负债项目。这样，现金往往是第一个资产项目，而股东权益则会排在负债之后进行报告。

作为比较，表 1-4 列示了沃尔玛公司（Walmart）2018 会计年度的资产负债表，该公司的年报截止日为 1 月 31 日。

表 1-4　沃尔玛公司合并资产负债表　　　　　　（单位：百万美元）

	2018 年 1 月 31 日	2017 年 1 月 31 日
资产		
流动资产：		
现金及现金等价物	6,756	6,867
应收账款，净值	5,614	5,835
存货	43,783	43,046
预付款项	3,511	1,941
流动资产合计	59,664	57,689

○　原版教材中的数字均是以十亿（billions）为单位进行四舍五入取整的，翻译时按中文使用习惯，根据报表实际情况改为以亿为单位了，因此数字绝对值与原版教材的略有出入。——译者注

○　一般来说，现金或现金等价物、为交易而持有的资产、预计将在 12 个月内或一个公司正常营业周期内转换为现金（变现）、出售或使用掉的资产都被定义为流动资产。而其他所有资产都属于非流动资产。

○　一般来说，流动负债是指那些预计将在 12 个月内或一个公司正常营业周期内予以清偿的负债。其他所有负债均归类为非流动负债。

（续）

	2018 年 1 月 31 日	2017 年 1 月 31 日
不动产与设备：		
不动产与设备	185,154	179,492
减：累计折旧	−77,479	−71,782
不动产与设备，净值	107,675	107,710
融资租入的不动产：		
融资租入的不动产	12,703	11,637
减：累计摊销	−5,560	−5,169
融资租入的不动产，净值	7,143	6,468
商誉	18,242	17,037
其他资产与递延支出	11,798	9,921
资产总计	204,522	198,825
负债与股东权益		
流动负债：		
短期借款	5,257	1,099
应付账款	46,092	41,433
应计负债	22,122	20,654
应交所得税	645	921
一年内到期的非流动负债	3,738	2,256
一年内到期的融资租赁应付款	667	565
流动负债合计	78,521	66,928
长期负债	30,045	36,015
长期应付融资租赁款	6,780	6,003
递延所得税负债和其他	8,354	9,344
承诺与或有事项		
所有者权益：		
普通股股本	295	305
股本溢价	2,648	2,371
留存收益	85,107	89,354
累积其他综合损失	−10,181	−14,232
沃尔玛公司所有者权益合计	77,869	77,798
少数所有者权益	2,953	2,737
所有者权益合计	80,822	80,535
负债与所有者权益总计	204,522	198,825

资料来源：沃尔玛公司 2018 年年度报告。

　　截至 2018 年 1 月 31 日，沃尔玛公司的总资产为 2,045 亿美元。负债和其他非所有者权益类的要求权总额为 1,237 亿美元，所有者权益为 808 亿美元。

1.3.1.2　综合收益表

　　综合收益表的列报方式有两种，可以报告一张单独的综合收益表，也可以用两张报表来表示，即一张利润表，再附加一张以利润表中的利润或者亏损金额为编报起点的综合收益表。大众汽车集团选择了后一种列报形式。

1. 利润表。利润表反映一家公司在一段时期内的经营活动的财务业绩。它报告公司在这段时期内所赚取的**收入**（revenue）和产生的其他收益，以及为赚取这些收入和其他收益而发生的费用。收入通常是指在企业的日常活动中所交付货物或服务的价值；其他收益则是企业在日常经营活动中可能产生、也可能不会产生的利益流入，比如经营处置所得利润。**费用**（expenses）是利益的流出，表现为资产的减少或负债的增加，费用的发生会导致所有者权益减少。一般而言，费用包括销售成本（销货成本）、管理费用和所得税费用等项目，也可以定义为还包括损失。利润表上的净利润（net income，即收入与其他收益之和再扣除费用后的剩余）通常被称为"底线项目"，因为它一般都出现在利润表的底部。净利润也被称为"净收益"（net earnings）、"净盈利"（net profit）或"损益"（profit or loss）。如果费用的金额大于收入与其他收益之和，则这个结果也被称为"净损失"（net loss）。

利润表如果是在合并基础上报告的，则项目金额中还包括母公司（即报告主体）控制下的子公司所实现的收入和所发生的费用。利润表有时也被称为**经营情况报表**（statement of operations）或**损益表**［profit and loss（P&L）statement］。利润表的报告公式可表示为：收入 + 其他收益 − 费用 = 收益 − 费用 = 净利润。

一般来说，当一家公司（母公司）能控制另一家公司（子公司）时，母公司需要将自己的财务报表信息与子公司的合并在一起进行报告。（当一家公司拥有另一家公司 50% 以上的有表决权股份时，就被认为母公司能够对子公司实施控制，从而需要编制合并财务报表。）合并利润表的每一行金额都包括子公司利润表中对应行项目的全部金额（剔除公司之间的内部交易影响后的金额）。不过，如果母公司并非拥有子公司 100% 的股份，则有必要在合并利润表中列报应分配给少数股东的净利润。所谓少数股东，又称非控制股东，是指非全资子公司中，除控股股东之外的其他股东。可归属于少数股东的合并净利润份额与可归属于母公司股东的净利润份额一起列在利润表底部。表 1-5 就是大众汽车集团在 2017 年年度报告中披露的利润表摘录。

表 1-5　大众汽车集团的利润表（摘录）　　　　（单位：百万欧元）

	2017 年	2016 年
销售收入	**230,682**	**217,267**
销售成本	−188,140	−176,270
毛利润	**42,542**	**40,997**
配送费用	−22,710	−22,700
管理费用	−8,254	−7,336
其他经营收益	14,500	13,049
其他经营费用	−12,259	−16,907
经营成果	**13,818**	**7,103**
按权益法核算的股权投资本期收益	3,482	3,497
利息收入	951	1,285
利息费用	−2,317	−2,955
其他金融活动影响	−2,022	−1,638
金融活动成果	**94**	**189**
税前利润	**13,913**	**7,292**
所得税收益 / 费用	−2,275	−1,912
当期部分	−3,205	−3,273
递延部分	930	1,361
税后利润	11,638	5,379

	2017 年	2016 年
		（续）
其中		
少数股东本期收益	10	10
大众汽车集团混合资本投资者享有的收益	274	225
大众汽车集团股东享有的本期收益	11,354	5,144
普通股基本的每股收益（欧元）	**22.63**	**10.24**
普通股摊薄的每股收益（欧元）	**22.63**	**10.24**
优先股基本的每股收益（欧元）	**22.69**	**10.30**
优先股摊薄的每股收益（欧元）	**22.69**	**10.30**

注：表中金额取自年度报告，由于四舍五入的影响，不一定能精确相加。

资料来源：大众汽车集团 2017 年年度报告。

表 1-5 显示，在截至 2017 年 12 月 31 日的这个财务年度里，大众汽车集团实现了 2,307 亿欧元的销售收入。从销售收入中减去销售成本，可得到经营毛利润 425 亿欧元（大众汽车集团称之为"毛利润"）。如果继续扣除运营成本和费用，再加上其他经营收益，可得到该公司的经营利润（大众汽车集团称之为"经营成果"），总计 138 亿欧元。经营利润是在扣除利息费用和所得税之前的公司日常经营活动成果，除了可以像大众汽车集团这样将它称为"经营成果"之外，也常被称为营业利润，或者息税前利润（EBIT）。

接下来，用经营利润加上大众汽车集团的某些投资实现的收益（35 亿欧元），加上利息收入（9.5 亿欧元），再减去其他金融活动导致的损失（20 亿欧元）和利息费用（23 亿欧元[⊖]），可得到税前利润为 139 亿欧元。2017 年的所得税费用总额为 23 亿欧元，因此税后利润（净利润）为 116 亿欧元。扣除归属于大众汽车集团子公司少数股权的利润之后，可得到归属于大众汽车集团股东的 2017 年净利润为 114 亿欧元。

公司在利润表上会同时报告基本每股收益和摊薄每股收益。每股收益数字代表的是特定报告期内，可归属于某类别股东的净利润总额除以相关流通股份数量后的商值。基本的每股收益是根据当期实际流通的普通股加权平均数量和当期普通股股东应享有的利润来计算的。而摊薄每股收益使用的是**摊薄的股票数量**（diluted shares，也称稀释的股票数量，即如果普通股的潜在摊薄权，比如股票期权或可转换债券，被其持有者行权或执行转换之后，假设将流通在外的股份数量）和经适当调整后可归属于普通股股东的利润来进行计算的。

大众汽车集团有两种类别的股东：普通股股东和优先股股东。尽管优先股股东的每股收益信息并不属于强制披露内容，但大众汽车集团还是同时为这两类股东报告了每股收益信息。大众汽车集团的普通股基本的每股收益为 22.63 欧元。在该公司的财务报表附注中，对这个数字的计算过程进行了解释：归属于大众汽车集团股东的利润总共为 114 亿欧元，其中 68 亿欧元属于普通股股东，剩余的属于优先股股东。用可归属于普通股股东的利润 68 亿欧元，除以当期普通股的加权平均数量 2.95 亿股，就可以得到基本的每股收益为 22.63 欧元[⊖]。对于其他的每一个每股收益数字，在附注中也提供了类似的解释。

⊖　原书为 230 万欧元，与报表信息不符，因此予以更正。——译者注

⊖　这里如果直接用 68 亿欧元除以 2.95 得到的结果实际为 23.05，这主要是因为 68 亿欧元利润和加权平均普通股数量 2.95 亿股都是经多次四舍五入计算后得到的，22.63 欧元应为原始数据计算的结果。——译者注

阅读利润表时，分析师会注意到，大众汽车集团在两个报告年度内都实现了盈利。在 2017 年，该公司的利润大幅增长，主要原因是销售收入的提高和其他经营费用的降低（报表附注揭示，这应当归功于公司在 2017 年的诉讼费用减少了 40 亿美元）。分析师可能会提出一些与公司盈利能力有关的问题，例如：

- 收入的变化是由于销售量的增加、价格的提高还是两者共同造成的？
- 如果该公司存在多个业务分部（例如，大众汽车集团的业务分部包括乘用车、轻型商用车和金融服务等），那么，这些分部的收入和利润变化趋势如何呢？
- 与同行业的其他公司相比，这家公司做得怎么样？

要回答上面这些问题，分析师需要收集和分析包括但不限于利润表在内的各类信息，并对这些信息做出解释。

2. 其他综合收益。 综合收益包括除了与股东交易的结果之外的、其他影响所有者权益的项目，其中一些项目已被包含在了净利润的计算过程中，而另一些项目则包括在其他综合收益（other comprehensive income，OCI）中。当我们用两张报表[⊖]来反映综合收益时，综合收益表就以利润表中的净利润或净亏损为起点，然后逐一报告其他综合收益的组成项目。

表 1-6 就是从大众汽车集团 2017 年年度报告中摘录的综合收益表。

表 1-6　大众汽车集团 2017 年年度报告中摘录的综合收益表 （单位：百万欧元）

	以 2017 年 12 月 31 日为截止日的财务年度
税后利润	**11,638**
确认在其他综合收益中的养老金计划重估值	
确认在其他综合收益中的养老金计划重估值影响，税前	785
与确认在其他综合收益中的养老金计划重估值相关的递延所得税影响	−198
确认在其他综合收益中的养老金计划重估值影响，税后净影响	587^①
按权益法核算的长期股权投资应分享其他综合收益份额，不可重分类进入损益，税后影响净额	96
不可重分类进入损益的项目	**683**
外币业务折算的汇兑差异	
未实现汇兑利得／损失	−2,095
转入损益金额	−4
外币业务折算差额，税前	−2,099
与外币业务折算差异有关的递延所得税影响	−8
外币业务折算差额，税后影响净额	−2,107
现金流量套期影响	
确认到其他综合收益中的公允价值变动	6,137
转入损益金额	−558
现金流量套期影响，税前	5,579
与现金流量套期有关的递延所得税影响	−1,597
现金流量套期，税后影响净额	3,982
可供出售的金融资产影响	
确认到其他综合收益中的公允价值变动	56
转入损益金额	62

⊖　指单独披露利润表和综合收益表。——译者注

（续）

	以 2017 年 12 月 31 日为截止日的财务年度
可供出售的金融资产影响，税前	118
与可供出售金融资产相关的递延所得税影响	−25
可供出售的金融资产，税后影响净额	93
用权益法核算的长期股权投资其他综合收益影响份额，不可重分类进入损益，税后影响净额	−346
可在今后重分类进入损益的项目	**1,622**
其他综合收益，税前	4,133
与其他综合收益相关的递延所得税影响	−1,828
其他综合收益，税后影响净额	**2,305**
综合收益总额	**13,943**[②]

① 受将原报表金额四舍五入到百万欧元的影响，原书这里为 588，修改为 587 更符合报表中的数字逻辑关系：785 − 198 = 587；587 + 96 = 683。——译者注

② 大众汽车集团将综合收益表作为利润表的补充，以税后利润 11,638 为起点，调整不可重分类进入损益的其他综合收益影响 683，和将来可重分类进入损益的其他综合收益影响 1,622，得到综合收益总额 13,943（= 11,638 + 683 + 1,622）；由于综合收益 = 净利润 + 其他综合收益，因此当期其他综合收益的税后净影响为 683 + 1,622 = 2,305。在本表倒数第 2～4 行，汇总了当期其他综合收益的税前影响、递延所得税影响和税后影响数。——译者注

资料来源：大众汽车集团 2017 年年度报告。

根据表 1-6，大众汽车集团在 2017 年的综合收益总额为 139 亿欧元，是它在利润表中已报告的税后利润 116 亿欧元与当期其他综合收益 23 亿欧元之和。其他综合收益中所包含的项目，是公司所有者权益发生变化中不被视为利润或损失的部分，其中一些在未来可被重新分类进入损益，比如未实现汇兑的利得／损失。在后续章节中，将对综合收益表进行更详细的讨论。

1.3.1.3　所有者权益变动表

权益变动表有时也被称为"所有者权益变动表"或"股东权益变动表"，它的主要作用是报告所有者对企业的投资随时间变化的情况。股东投入资本和留存收益是所有者权益最基本的组成，其中，留存收益是指被留存在公司内部的全部已实现利润累积金额。此外，非控股股东或少数股东的权益和累积其他综合收益等股东公积金项目也报告在所有者权益当中，后者可以单独进行报告，也可以报告在留存收益当中。大众汽车集团就是将其报告在留存收益当中的。

所有者权益变动表的结构是按照每个权益组成项目的期初余额、本期增加额、本期减少额和期末余额的顺序进行排列的。对于股东投入资本项目来说，使其增加的一个例子是新股发行，而使其减少的一个例子则可以是回购以前所发行的股票。对于留存收益项目来说，最常见的增长原因是取得了收益（包括利润表所报告的净利润和其他综合收益），而最常见的减少原因则是支付股利。

如表 1-3 中大众汽车集团的资产负债表所示，该公司在 2017 年年末和 2016 年年末的所有者权益总额分别为 1,091 亿欧元和 929 亿欧元。在所有者权益变动表中，对每个股东权益项目的变动提供了额外的细节信息。表 1-7 就是从大众汽车集团 2017 年年度报告中摘录的

所有者权益变动表，但为了简洁起见，该表中排除了几个临时列项目的影响。

表 1-7 大众汽车集团的所有者权益变动表（摘录）（单位：百万欧元）

	投入资本	资本公积	留存收益	所有者权益总额
2017 年 1 月 1 日余额	1,283	14,551	70,446	92,910
税后利润	—	—	11,354	11,638
其他综合收益，税后影响净额	—	—	586	2,305
综合收益合计	—	—	11,940	13,943
资本增加	—	—	—	3,481
支付股利	—	—	−1,015	−1,332
涉及所有者权益变动的资本交易	—	—	—	—
其他变动	—	—	−4	75
2017 年 12 月 31 日余额	1,283	14,551	81,367	109,077

注：表中数字取自公司年度报告，由于剔除了部分列项目和四舍五入的共同影响，表中数字可能无法直接相加或者交叉相加得到。

在表 1-7 中，如最右边一栏所示，当年所有者权益总额增加的原因主要来自 139 亿欧元的综合收益和 35 亿欧元的新增资本投入；而 13 亿欧元的股利支付是所有者权益减少的主要原因；最后，还有其他项目的变动也使所有者权益少量增加了 7,500 万欧元。在合并财务报表的附注中，对所有者权益的变动有更多的解释性说明。

1.3.1.4 现金流量表

虽然利润表和资产负债表已提供了衡量公司业绩和财务状况的指标，但现金流量表对公司的长期成功也至关重要。披露现金的来源和去向有助于债权人、投资者和其他报表使用者评估公司的流动性、清偿能力和财务灵活性。所谓**财务灵活性**（financial flexibility），是指公司应对和适应财务困境与机遇的能力。

现金流量表将公司的所有现金流量分为三个类别：经营活动现金流量、投资活动现金流量和融资活动现金流量。**经营活动**（operating activities）现金流量通常包括那些影响净利润的交易的现金影响，因此可以说，这是来自公司日常经营活动的影响。**投资活动**（investing activities）的现金流量与长期资产（例如不动产和设备）的取得和处置有关。**融资活动**（financing activities）的现金流量与经营资本的获取或偿还相关。与美国会计准则（US GAAP）相比，国际会计准则（IFRS）在对股利和利息的收支进行分类时允许了更大的灵活性。

表 1-8 中列示了大众汽车集团以 12 月 31 日为年度截止日的 2017 财年和 2016 财年的现金流量表。

表 1-8 大众汽车集团的现金流量表：1 月 1 日至 12 月 31 日（单位：百万欧元）

	2017 年	2016 年
现金及现金等价物的期初余额	**18,833**	**20,462**
税前利润	13,913	7,292
支付的所得税	−3,664	−3,315
无形资产、不动产、厂场与设备和投资性房地产的折旧与摊销、减值损失影响	10,562	10,100
资本化开发支出的摊销与减值影响	3,734	3,586

（续）

	2017 年	2016 年
长期股权投资的减值损失	136	130
租赁资产的折旧与减值损失影响	7,734	7,107
处置非流动资产和长期股权投资的利得或损失	−25	−222
用权益法核算的长期股权投资收益份额	274	377
其他不涉及现金的费用 / 收益	−480	716
存货的变动	−4,198	−3,637
应收款（不含金融服务费）的变动	−1,660	−2,155
负债（不含金融负债）的变动	5,302	5,048
准备金的变动	−9,443	5,966
租赁资产的变动	−11,478	−12,074
应收金融服务费的变动	−11,891	−9,490
经营活动产生的现金流量	**−1,185**	**9,430**
对无形资产（不含开发支出）、不动产、厂场与设备和投资性房地产的投资	−13,052	−13,152
新增资本化的开发支出	−5,260	−5,750
新增对子公司投资	−277	−119
新增其他股权投资	−561	−309
处置子公司	496	−7
处置其他股权投资	24	2,190
处置无形资产、不动产、厂场与设备和投资性房地产所得	411	351
有价证券投资的变动	1,376	−1,245
贷款和定期存款的变动	335	−2,638
投资活动产生的现金流量	**−16,508**	**−20,679**
收到资本投入	3,473	—
支付股利	−1,332	−364
与少数股东进行资本交易的影响	—	−3
发行债券所得	30,279	14,262
偿还债券	−17,877	−23,601
其他金融负债的变动	3,109	19,455
应付租赁款	−28	−36
融资活动产生的现金流量	**17,625**	**9,712**
汇率变动对现金及现金等价物的影响	−727	−91
现金及现金等价物变动净额	**−796**	**−1,628**
现金及现金等价物的期末余额	**18,038**	**18,833**

在报告了现金及现金等价物的期初余额之后，经营活动部分以 2017 年的税前利润 139 亿欧元为起点[⊖]，从中减去实际支付的所得税，然后调整非现金交易、应计项目和递延项目，以及属于投资和融资活动性质的交易影响，从而得到经营活动产生的现金流量：负 12 亿欧元（表现为现金的净使用）。像大众汽车集团这种报告经营活动产生现金流量的方法，被称为间接法。报告经营活动产生的现金流量还可以采用直接法，即直接披露各主要类别现金的总收入和现金的总支出金额。例如，直接披露从客户那里收到的现金和支付给供应商及员工

⊖ 其他公司也可能选择以净利润为起点。

的现金。

间接法强调利润表和现金流量表的不同视角。在利润表上，收入是在赚取时就报告的，当时不一定收到了现金；费用是在发生时报告的，当时不一定进行了支付。而现金流量表是从另一个角度来反映业绩：一家公司从企业经营中创造现金流的能力。理想情况下，对于一家已成立的公司，分析师更希望看到其现金流主要来自经营活动，而不是投资或融资活动。

经营活动产生的现金流量、投资活动产生的现金流量和融资活动产生的现金流量之和，再加上汇率变动对现金的影响，即为一个会计年度中现金项目的净变化额。以大众汽车集团为例，2017 财年中，这四个项目的总和为负 7.96 亿欧元，使该公司的现金及现金等价物从本年年初的 188 亿欧元减少为本年年末的 180 亿欧元。

1.3.1.5　财务报表附注与补充报表

与四张财务报表一起披露的附注（有时也称为注释）是必不可少的，它是完整财务报表的一个组成部分。附注为我们提供理解主要财务报表所必需的信息。例如，大众汽车集团2017 年的财务报表中就包含有超过 100 页的附注信息。

在附注中，需要披露编制财务报表的基础。例如，大众汽车集团就披露它的会计年度与日历年度是一致的；其财务报表是按照欧盟采纳的 IFRS 编制的；其表述是符合德国法律要求的；除非另有说明，报表中的金额单位为百万欧元，而且这些数字都是四舍五入的，所以加总起来可能会有细微的出入。此外，大众汽车集团还说明，其财务报表是在合并基础上编制的，即包括大众汽车公司及其控制的所有子公司的情况。

在附注中，还会披露有关的会计政策、会计方法和编制财务报表时所使用的会计估计。正如后续章节中将会讨论到的那样，无论是 IFRS 还是 US GAAP，都允许公司在对某些项目进行会计处理时，可在会计政策和会计方法的选择方面具有一定的灵活性，这是为了满足各种企业报告各类经济交易时的不同需求。除了会计政策和会计方法上的差异外，在对交易、事项和财务报表项目进行记录和计量时，不同企业所使用的会计估计也可能存在差别。

总的来说，会计选择的灵活性是必要的，因为在理想情况下，公司将可以在允许的范围内选择那些最相关的、能公允反映公司业务和行业的独特经济环境的会计政策、会计方法或会计估计。但是，这种灵活性会给分析师的工作带来挑战，因为允许使用不同的会计政策、会计方法和会计估计，会降低不同公司财务报表之间的可比性。在一段时期内，只有当不同公司以类似的方式进行计量和报告时，信息之间才具有可比性。可比性有助于分析师识别和分析不同公司之间的实际经济差异，而不被单纯由于不同会计选择而造成的差异所迷惑。财务报表的可比性是进行客观财务分析的一个关键要求，因此，即使是在比较使用相同会计准则编制的两家公司财务报表时，分析师也应该意识到会计选择的潜在差异影响。

例如，假定一家公司购买了一台设备用于经营活动，按会计准则要求，应在设备的使用寿命期内，用设备成本减去预计残值后的差额再进行系统分配，从而将设备的使用成本报告为费用。这种成本分配过程被称为**折旧**（depreciation）。然而，会计准则允许企业在决定每年的费用确定方式时进行灵活选择。因此，两家购买了类似设备的公司，可能使用不同的会计方法和会计假设来记录一段时期内的费用。这种差异会影响到分析师对这两家公司业绩的比较。所以，分析师必须了解公司在编制财务报告时的会计政策或会计估计选择，以便在比较公司的财务状况和业绩时进行适当的调整。

公司必须在财务报表附注中披露它的重大会计选择（包括会计政策、会计方法和会计估计），例如，收入的确认方法和非流动有形资产的折旧政策，两者都属于应在财务报表附注中介绍的内容。分析师必须了解一家公司的会计选择，并确定这些会计选择是否与作为比较基准或者可比公司的会计选择类似。如果被比较公司执行了不同的会计政策，那么，熟悉会计和财务报告的分析师就可以进行必要的调整，使财务报表数据之间更加具有可比性。

许多公司都在财务报表附注和补充报表中对资产负债表和利润表的每一个行项目（或几乎每一个行项目）提供解释性信息，比如，针对表 1-3 和表 1-5 中大众汽车集团的资产负债表和利润表的项目附注。此外，在财务报表附注中，还会披露以下信息（但这并不是全部）：

- 金融工具和金融工具所带来的风险；
- 承诺与或有事项；
- 法律诉讼情况；
- 关联方交易；
- 资产负债表日后事项（比如，发生在资产负债表日后期间的事件）；
- 经营分部业绩。

在决定如何将附注所披露信息纳入分析过程时，分析师会使用大量的判断。例如，金融工具风险、或有事项和法律诉讼等信息，可以提醒分析师对可能影响公司未来财务状况和业绩的风险因素多加注意，并且这种关注是长期的。再比如，附注中披露的公司经营分部情况，可以让分析师快速了解一家公司在做什么，它是如何以及从哪里赚取利润的。表 1-9 中就是大众汽车集团在其财务报表附注中披露的经营分部数据。（部门数据的加总额并不等于公司财务报表中报告的总金额，这是因为财务报表中的数据还考虑了各部门之间内部交易的影响和调整了一些未分配的项目。在附注中，就如何将分部数据调整为财务报表中的报告值进行了完整说明。）根据表 1-9 中的数据，分析师可以很快看出该公司的大部分收入和经营利润都来自乘用车的销售。超过 80% 的公司收入都来自这个业务分部，并且，该部门对公司所有经营分部利润总额的贡献率超过了 90%。

表 1-9　大众汽车集团的合并财务报表附注：部分经营分部数据（摘录）　（单位：百万欧元）

	乘用车部门	商务用车部门	动力工程部	金融服务部	各分部总额	内部调整额	大众汽车集团
从外部顾客获取的销售收入	169,513	27,632	3,280	30,191	230,618	64	230,682
内部部门之间销售收入	18,892	7,568	3	3,541	30,004	−30,004	—
销售收入总额	188,405	35,200	3,283	33,733	260,621	−29,939	230,682
折旧与摊销金额	11,363	2,557	371	6,797	21,089	−147	20,941
减值损失	704	2	0	574	1,280	0	1,280
减值损失的转回	14	1	—	41	56	—	56
分部业绩（经营成果）	12,644	1,892	−55	2,673	17,153	−3,335	13,818
按权益法核算的长期股权投资实现收益份额	3,390	83	1	9	3,482	—	3,482
利息与其他金融活动影响净额	−1,920	−220	−2	−180	−2,321	−1,067	−3,388
用权益法核算的长期股权投资	6,724	753	18	710	8,205	—	8,205
对无形资产、不动产、厂场与设备和投资性房地产的投资	15,713	1,915	159	421	18,208	104	18,313

如果经常利用公司及其竞争对手披露的这类信息，通常能增强分析师对不同信息披露的重要性的判断，以及熟悉这些信息可以在哪些地方发挥作用。

1.3.1.6　管理层评论或管理层讨论与分析

公众持股公司通常会在它们的年报中专门用一个部分来披露公司管理层对各种问题的讨论，包括公司的业务性质、过去的业绩和未来的展望等。这个部分有多种名称，包括管理层报告、管理层评论、公司经营和财务状况回顾，以及管理层讨论与分析等。提供管理层报告是国际证监会组织（International Organization of Securities Commissions，IOSCO）的建议，也是美国证券交易委员会（Securities and Exchange Commission，SEC）和英国财务报告委员会（Financial Reporting Council，FRC）等监管机构经常要求的。在德国，自 1931 年以来就开始要求公司提供经过审计的管理层报告。

管理层评论可以说是公司年度报告中除财务报表以外最有用的部分之一；不过在管理层讨论与分析中，除了摘录财务报表中的数据外，其他信息通常都是未经审计的。当使用来自管理层报告中的信息时，分析师应该清楚地了解这些信息是否经过了审计。

国际会计准则理事会（IASB）为了帮助提高管理层评论的质量，发布了国际财务报告准则实务声明《管理层评论》，其中包括一个管理层评论的编写和陈述框架。该框架并没有在准则中详述管理层评论应达到的要求，而是提供了编写指南。它认为，"对决策有用的管理层评论"应当包括以下五个部分的内容：①公司经营的性质；②公司管理层的目标和战略；③公司的重要资源、风险与关系；④公司的经营成果；⑤关键业绩指标。

在美国，SEC 要求上市公司提供"管理层讨论与分析"，并对其内容进行了详细规定[一]。管理层必须强调任何有利或不利的趋势，并对影响公司流动性、资本资源和经营结果的重大事件和不确定因素进行识别。管理层讨论与分析还必须提供对通货膨胀或价格变动的影响，以及其他可能导致公司未来经营成果和财务状况与当前报告的财务信息发生重大偏离的事件和不确定因素的影响。此外，在管理层讨论与分析部分，还应当报告与公司的表外负债和合同承诺（如购买义务）有关的信息。对于需要管理层做出主观判断的关键会计政策，以及对所报告财务数据有重大影响的会计政策，也应当进行说明。

管理层讨论与分析是分析师理解公司财务报表信息一个很好的起点。特别是一些前瞻性披露信息，比如计划中的资本支出、新店开张或者资产剥离等，在预测公司未来业绩时是非常有用的。不过，对于希望就公司的业绩和前景寻求客观和独立观点的分析师来说，管理层评论只是信息来源渠道之一。

在大众汽车集团 2017 年年报中，管理层评论部分包含了很多分析师可能感兴趣的信息。在这份篇幅不短的报告中，披露了公司的目标和战略、内部管理和关键业绩指标、组织结构和商业活动、公司治理、薪酬、管理执行团队、根据公司收购法所进行的信息披露、柴油门事件、业务发展、股票和债券、经营成果，以及风险与机会报告等。

1.3.1.7　审计师报告

公司年度报告中的财务报表通常需要由独立的会计师事务所按照特定的审计标准进行审

　　㊀　美国证券交易委员会（SEC）所要求的相关章节已提供在 FASB 的美国会计准则汇编（ASC）当中，但在美国会计准则汇编中，不包括 SEC 要求的与处理基本财务报表无关的事项，如管理层讨论与分析。

计（查验），然后由独立审计师就财务报表提供书面意见。这个意见被称为审计报告。在不同的司法管辖区的实践中，审计报告可能会略有差别，但包括审计师意见的具体陈述在内的基本部分都是相似的。

国际审计准则（International Standards on Auditing，ISAs）是由国际审计和鉴证标准委员会（International Auditing and Assurance Standards Board，IAASB）制定的，这个机构源自国际会计师联合会。目前，国际审计准则已被许多国家采用，并在这些国家发布的审计报告中被引用。其他一些国家，比如美国，则制定自己的审计准则。随着美国 2002 年《萨班斯 – 奥克斯利法案》的颁布，上市公司的审计准则也由上市公司的会计监督委员会来进行负责了。

根据国际审计准则，审计师进行财务报表审计的总目标是：

- 合理保证企业财务报表在整体上不存在因舞弊或错误而导致的重大错报，使审计师能够就财务报表在所有重要方面是否按照适用的财务报告框架编制而发表意见；
- 根据审计师所发现的问题对财务报表进行报告，并根据国际审计准则的要求进行沟通[⊖]。

如果是上市公司，可能还需要遵照监管机构或证券交易所的特别要求，比如，由董事会任命一个独立审计委员会，对公司的审计过程进行监督。审计师根据他在审计过程获取的信息，就被审计单位的财务报表是否按照特定的会计准则编制，是否能公允地反映公司的财务状况、经营成果和现金流量等情况发表审计意见。

审计的设计和实施需要用到抽样技术，而财务报表的每个行项目金额都可能用到会计估计和会计假设。这意味着审计师不可能对财务报表的准确性或精确性提供绝对保证的意见。事实是，独立审计报告只能为财务报表的**公允列报**（fairly presented）提供**合理保障**（reasonable assurance），即经审计的财务报表极有可能不存在直接影响报表信息的**重大**（material）错误、舞弊或非法行为。

独立审计报告表达了审计师对被审计财务报表是否公允列报的意见，具体说明哪些财务报表已经过审计、其报告的主体以及时间。**无保留**（unqualified）审计意见认为，财务报表是"真实且公允"的（国际），或按适用的会计准则进行了"公允地表达"（国际和美国）。这种审计意见也被称为是"标准的"或者"清洁的"，是分析师最希望在财务报告中看到的审计意见类型。此外，还有其他几种非标准的审计意见类型。**保留的**（qualified）审计意见意味着审计范围受到了一定的限制或者未能完全遵守会计准则的要求。在审计报告中，会用额外的解释性段落对未能完全遵守会计准则要求的情况进行描述，以方便分析师确定事件的重要性程度。当审计师认为财务报表在很大程度上偏离了会计准则的要求且没有被公允列报时，就会发出**否定**（adverse）审计意见。最后，如果由于某些原因，比如因为审计范围受到限制而无法支持审计师发表意见时，审计师就会发表"**无法表示意见**"（disclaimer of opinion）的审计意见类型。

在审计报告中，还应当介绍审计师形成审计意见的基础；如果被审计对象是上市公司，那么还应当披露审计师对关键审计事项（Key Audit Matters，国际）或重要审计事项（Critical Audit Matters，美国）的讨论[⊖]。所谓关键审计事项，是指审计师认为最重要的事项，如存在

⊖ 参见国际审计和鉴证标准委员会（IAASB）出版的《国际质量控制、审计、评审、其他鉴证和相关服务声明手册》。

⊖ 国际审计和鉴证标准委员会发布的国际审计准则第 701 号（2017 年生效）要求审计师应在审计报告中披露关键审计事项。美国上市公司会计监督委员会发布的审计报告标准 AS 3101 号，要求审计师应在审计报告中讨论重要审计事项，此规定对 2019 年 6 月 30 日或之后的大型申报人生效。

较高错报风险的事项，涉及重大管理判断的事项，或对当期重大交易影响的报告等。而所谓的重要审计事项，则被定义为涉及"特别具有挑战性的、主观的或复杂的审计师判断"的问题，与关键审计事项类似，也存在错报风险较高的领域，或涉及重大管理判断和估计的问题等。

表 1-10 是独立审计师为大众汽车集团发布的审计报告。在截至 2017 年 12 月 31 日的财务年度中，大众汽车集团收到了来自普华永道会计师事务所的无保留意见（即标准的或清洁的审计意见）审计报告。

表 1-10　大众汽车集团的审计报告

在完成审计工作后，我们于 2018 年 2 月 23 日发布了以下无保留意见审计报告。这份报告最初是用德语编写的。如果出现歧义，请优先使用德语版本：

给沃尔夫斯堡的大众汽车集团公司
对合并财务报表和集团管理报告的审计报告

审计意见

我们审计了位于沃尔夫斯堡的大众汽车公司及其子公司（以下简称集团公司）的合并财务报表，包括 2017 年 1 月 1 日至 2017 年 12 月 31 日财务年度的利润表、综合收益表、资产负债表、所有者权益变动表和现金流量表，以及包括重大会计政策说明在内的合并财务报表附注。此外，我们还审计了 2017 年 1 月 1 日至 2017 年 12 月 31 日财务年度内的大众汽车公司的集团管理层报告，该报告与公司的管理层报告是一体的。按照德国法律的要求，我们没有对审计师报告中"其他信息"部分所列的集团管理层报告的内容进行审计。

根据在审计过程中所获得的知识，我们认为：

- 随附的合并财务报表在所有重要方面均符合欧盟认可的 IFRS，以及德国商法典第 315e Abs 章第 1 段提出的要求，并且在符合上述规定的情况下，真实且公允地反映了集团公司截至 2017 年 12 月 31 日的资产、负债和财务状况，以及 2017 年 1 月 1 日至 2017 年 12 月 31 日财务年度的财务业绩；
- 随附的集团管理层报告从整体上提供了对集团状况的适当看法。在所有重大方面，集团管理层报告与合并财务报表是一致的，符合德国法律要求，并适当地说明了公司未来发展的机遇和风险。我们对集团管理层报告所发表的审计意见，不适用于本报告"其他信息"部分所列集团管理层报告的内容。

根据德国商法典第 322 Abs 章第 1 句的要求，我们声明，我们对合并财务报表和集团管理层报告的审计，没有任何与法律受限的相关保留。

审计意见形成的基础

我们按照德国商法典第 317 款和欧盟审计条例（第 537 号 /2014 年，以下简称《欧盟审计条例》）的要求，对合并财务报表和集团管理层报告进行了审计，上述工作也符合由德国公共审计师协会（IDW）颁布的《德国财务报表审计公认标准》（German Generally Accepted Standards for Financial Statement Auditing）的要求。根据这些要求或原则的规定，在"审计师对合并财务报表和集团管理层报告的审计责任"一节中，对我们的责任有详细介绍。根据欧洲法律和德国商业与专业法律的要求，我们是独立于集团主体的，并且我们已经按照这些要求履行了我们在德国的其他职责。此外，根据《欧盟审计条例》第 10（2）条（f）点的要求，我们声明，我们没有向被审计单位提供《欧盟审计条例》第 5（1）条禁止提供的非审计服务。我们相信，我们获得的审计证据是充分和适当的，这为我们对合并财务报表和集团管理层报告发表审计意见提供了基础。

事项强调——柴油门事件

我们提请大家注意在合并财务报表附注"关键事项"部分和集团管理层报告"柴油门问题"部分，就公司柴油问题披露的信息和声明，包括有关潜在原因和公司管理层成员未曾参与的信息，以及这些信息对财务报表的影响。

根据截至目前针对此事件所进行的各种调查结果（也正是这些结果支撑着合并财务报表和集团管理层报告的编制），仍然没有证据可以证明公司董事会成员在 2015 年夏天之前就知道发动机管理软件被蓄意操纵了。不过，如果持续调查显示有证据表明公司管理委员会成员在之前被告知了柴油门的问题，那么这最终会影响 2017 年及之前的合并财务报表和集团管理层报告。

当前的保障条款和法律风险都是按照现有的情况来记录的。由于当前不可避免的不确定因素和未来可能诉讼的影响，目前还不能排除未来风险评估出现变动的可能。

我们对合并财务报表和集团管理层报告的意见不因此事项而有保留。

资料来源：大众汽车集团 2017 年年度报告。

在美国，根据《萨班斯－奥克斯利法案》，审计师还必须就公司的内部控制系统发表意见。内控审计意见可单独发表，也可在财务报表审计意见中单列一段进行表达。内部控制系统是公司的内部制度，经专门设计，用来保障公司生成财务报告的过程是健全的。管理层负责维持内部控制的有效运转，但《萨班斯－奥克斯利法案》还大大增加了管理层证明公司内部控制有效性的责任。美国证券监管机构现在要求上市公司的管理层对内部控制的有效性明确承担责任，依据合适的控制标准去评估内部控制的有效性，用足够的有效证据支持其评估结论，并提供内部控制报告。

虽然这些报告和声明能为分析师提供一些保障，但它们也并非万无一失。在进行财务报表分析时，分析师必须始终保持一定程度的职业怀疑态度。

1.3.2　其他信息来源

对 1.3.1 节中所介绍的信息，通常至少每年会向股东提供一次。除此之外，公司还会提供有关管理层和董事的薪酬、公司的股票表现以及管理层、董事会和股东之间可能存在的任何潜在利益冲突等信息。这些信息可能出现在公司的年度报告中，也可能出现在其他公开的文件中。上市公司通常会在委托书中提供这些信息。委托书会列出需要股东在年度大会（或者特别股东大会）上表决的事项，然后进行分发。

根据适用的监管要求，公司每半年或每季度还会提供中期报告。中期报告一般包括四份主要财务报表和简要的报表附注，但均不经过审计。这些中期报告能提供公司自上个财务年度以来的业绩和财务状况的最新信息。

公司还会在网站、新闻媒体以及与分析师和投资者的电话会议上提供最新的相关信息。被分析师特别看重的一种媒体公告形式是定期发布的盈利公告，它往往发布于公司正式提交财务报表之前。在盈利公告发布之后，公司高管通常会召开电话会议，介绍公司的业绩，并回答会议参与者提出的问题。而在电话会议召开之后，在公司官网上的投资者关系栏目下，可能会发布电话会议的录音，并附带幻灯片和议题的补充信息。

在进行财务报表分析时，分析师应该对有关公司的所有信息来源，以及来自外部的经济、行业和可比（同行）公司信息都进行考察。在评价公司的财务业绩和状况、评估公司的未来发展等方面，宏观经济信息、行业信息和可比公司信息都是有用的。在很多情况下，来自公司外部的信息对分析师的工作效率影响重大。例如，当研究消费类的公司时，分析师通常会寻求消费者对于产品的直接体验感受（品尝食物或饮料，使用洗发水或肥皂，亲自造访商店或酒店）；而如果跟踪的是受严格监管的行业，分析师就会研究当前的相关法规以及预期的可能变化；跟踪高技术行业的分析师，则会亲自获取相关专业知识，或者寻求技术专家的帮助。总之，彻底的研究不能单纯只依靠财务报告。

在下一节中，我们将对在财务报表分析中如何利用上述全部信息进行框架性介绍。

1.4　财务报表分析框架

在投资管理行业中，分析师的工作任务各有不同。有些人是权益分析师，他们的主要工作目标是评估公司的权益性证券（即公司发行的股票），以作为潜在投资机会，并将评估结果用于判断未来投资是否有吸引力以及购买价格是否恰当。还有一些人是信用分析师，他们评估一家公司的信用价值，以判断是否（以及在什么条件下）发放贷款，或者应该给予什么样的信用评级。分析师还可能参与各种其他任务，比如，对子公司的业绩进行评价，对某项私募股权投资进行评价，或者寻找已被高估的股票作为做空对象等。

本节介绍了一个财务报表分析的通用框架，它可以普遍适用于上述不同的任务中。如表 1-11 所示[⊖]。

表 1-11　财务报表分析通用框架

阶段	信息来源	产品
1. 明确分析目的与背景	● 分析的目的是什么，比如，评价一项股票投资或者债券投资，或者发布信用评级； ● 与客户或者主管进行沟通，了解工作需求和关注点； ● 与开发特定产品相关的制度性指南	● 分析目的或者目标清单； ● 需要通过分析去回答的特定问题清单（书面的或者非书面的）； ● 拟提供报告的性质和内容； ● 完成分析工作的时间与资源预算
2. 搜集原始数据	● 财务报表、其他财务数据、调查问卷和行业、经济数据等； ● 与公司管理层、供应商、客户和竞争对手所进行的讨论； ● 对公司进行实地调研（例如，参观生产设施或者拜访零售商店）	● 整理后的财务报表； ● 财务数据表格； ● 已完成的调查问卷（如果适用的话）
3. 处理数据	● 从上一阶段得到的数据	● 调整后的财务报表； ● 共同比报表； ● 财务比率与图表； ● 预测数据
4. 对处理后的数据进行分析或解释	● 原始数据和处理后的数据	● 分析性结果
5. 得出分析结论或建议，并进行沟通（例如，以分析报告的形式）	● 分析性结果与往期报告； ● 对已发表报告的制度性指南	● 针对阶段 1 中所提出的问题的分析性报告； ● 与分析目标相关的建议，例如，是否进行投资或者授信
6. 跟进	● 必要的话，定期重复上述步骤并收集信息，判断其是否需要修改结论或建议	● 更新的报告或建议

以下部分将分别针对财务报表分析框架中的每个步骤进行讨论。

1.4.1　明确分析目的与背景

在进行任何分析之前，理解分析目的都是至关重要的。由于可选用的分析技术众多，且数据量巨大，使得明确分析目的对财务报表分析显得尤其重要。

有些分析任务是非常明确的，在这种情况下，明确分析目的对分析师来说就不需要什么决策。比如，对投资级债务组合进行定期信用审查，或某权益分析师需要按制度性的规范标准对特定公司撰写分析报告，在这些情境下，分析目的都是明确的。甚至，报告的格式、程序和 / 或信息来源都是已经给定的。

⊖　本框架的组成部分出自 van Greuning 与 Bratanovic（2003，p300）和 Benninga 与 Sarig（1997，p134～156）。

但对于其他分析任务，则需要分析师做出决策才能明确分析的目的。分析的目的指导着我们对分析的方法、工具、数据源、报告分析结果的格式以及分析所涉及各个部分内容的相对重要性进行进一步判断。

当面对大量数据时，经验不足的分析师可能会忍不住直接开始计算和生成财务比率，而不考虑什么才是与当前决策相关的因素。我们一般都会建议大家抵制住这种诱惑，从而避免不必要的或无意义的努力。请考虑这些问题：如果你立即就能完成所有的计算和得到相关的财务比率，你能得出什么结论？你能回答哪些问题？你的回答能支持什么决定？

在这个阶段，分析师还应该定义分析的背景。谁是财务分析的目标受众？分析的最终产品是什么——例如，这是一份解释性结论和建议的最终报告吗？分析可用的时间区间是什么（即什么时候交报告）？与完成这份分析相关的资源有哪些，有什么资源约束吗？一样地，分析背景也可能是预先就设定好了的（比如，标准或者制度规范指南）。

在明确了财务报表分析的目的与背景之后，分析师接下来就应该编写希望通过分析工作来回答的具体问题。例如，如果财务报表分析的目的（或者，更有可能的是，某个大分析任务在特定阶段的分析目的）是比较三家同行公司的历史业绩，那么，分析的具体问题将可以包括以下这些：这些公司的相对增长率是多少？它们的相对盈利能力如何？

1.4.2 搜集原始数据

接下来，分析师需要去搜集数据以回答特定的问题。这一步的关键部分是理解公司的业务、财务业绩和财务状况（包括随时间发展的趋势和与同行公司比较的情况）。对于历史分析，在某些情况下，财务报表数据本身就足够了。例如，当我们需要从大量的公司中筛选出盈利能力最差的公司时，财务报表数据本身就已经足够了。但如果要回答更深入的问题，比如为什么某一家公司的表现比它的竞争对手更好或者更差，此时就需要额外的信息了。再比如，如果要对某特定行业内的两家公司的历史业绩进行比较，那么，历史财务报表已足够回答哪家公司的销售收入或者利润增长更快，哪家公司更加有利可图。不过，如果要对整个行业的增长情况和盈利能力进行更广泛的比较，显然就需要行业层面的数据了。

此外，经济和行业的信息对于了解公司的运营环境是非常必要的。分析师经常采取自上而下的方法，从而可以①了解宏观经济环境，比如经济增长和通货膨胀的预期，②根据对宏观经济环境的预期，分析公司所在行业的经营前景，和③根据预期的行业和宏观经济环境情况，确定公司的前景。举例来说，分析师可能需要预测公司的未来利润增长情况。此时，过往的公司数据可以作为统计预测的基础；但是，如果了解经济和行业状况的话，分析师预测利润的能力还能够得到明显提高。

1.4.3 处理数据

在获得了必要的财务报表和其他信息后，分析师会使用适当的分析工具来处理这些数据。例如，数据的处理可能包括计算财务比率或增长率；编制共同比财务报表；创建图表；执行统计分析（比如回归分析或蒙特卡罗模拟）；进行股权估值；进行敏感性分析；或者，使用任何其他可用的、适合该任务的分析性工具或者工具组合。在这一阶段，综合财务分析包括以下内容：

- 阅读和评价每家被分析公司的财务报表，包括阅读报表附注，了解公司使用的是什么会计准则（例如，IFRS 还是 US GAAP），做出了什么会计选择（例如，何时在利润表上报告收入），做出了什么经营决策去影响编报的财务报表（例如，是租赁还是购买设备）；
- 当被分析对象的原始报表在会计准则、会计选择或者经营决策方面存在差异时，对财务报表做出任何必要的调整，以方便比较。请注意，常用的数据库通常并不会进行这样的分析调整；
- 编制或收集共同比财务报表数据（这种数据去除了规模的影响，可直接反映为百分比，比如占销售收入的百分比，或者变动情况，比如相对去年数据的变动百分比）和财务比率（财务比率是根据财务报表基本数据加工的、可从各个角度反映公司业绩的计量指标）。根据共同比财务报表和财务比率，分析师就可以评价公司相对的获利能力、流动性、杠杆水平、经营效率，以及将公司业绩与过去业绩和 / 或同行的业绩进行比较，从而做出估值判断。

1.4.4　对处理后的数据进行分析或解释

数据经过处理之后，下一步则对任何分析都是至关重要的，那就是对处理后的结果进行解释。针对某个特定问题的答案很少仅仅表现为数字。相反，答案依赖于分析师对数据处理结果的解释，以及利用这些解释来支撑分析结论或者建议。针对特定分析性问题的解答本身，可能已能实现分析的潜在目的，但通常还是需要一个结论或建议。比如，权益分析可能会需要关于股票估值的结论或买入、持有或卖出的建议。为了支持决策，在分析中，可能会引用诸如目标值、相对业绩、特定公司战略地位的预期下的未来业绩估计、管理质量或者其他任何可能影响决策的信息。

1.4.5　得出分析结论或建议，并进行沟通

下一个步骤是用恰当的格式去表达分析的结论或建议。格式是否恰当会因为分析任务、机构和 / 或受众的不同而有所差别。比如，权益分析师的报告一般会包括以下内容：

- 概述与投资结论；
- 收益预测；
- 估值；
- 业务概述；
- 风险、行业与竞争力分析；
- 历史业绩；
- 未来预测。

监管机构或者职业准则也可能会对报告的内容进行规定。例如，CFA 协会的实践标准手册（Standards of Practice Handbook，以下简称手册）就规定了在交流建议时必须遵循的标准。根据手册：

标准 V（B）指出，会员和候选人应就影响他们做出投资建议的因素进行沟通。本要求的一个关键点是要清楚地区分意见和事实。在准备研究报告时，会员或候选

人必须讲清楚所分析证券的基本特征，使读者能够据此对报告进行评估，并在他的投资决策过程中纳入其他相关信息。[⊖]

手册要求披露财务分析的局限性和投资的内在风险。此外，它还要求任何形式的报告都应包含对分析和结论影响重大的要素，以便读者能够自己对分析结论进行评价。

1.4.6　跟进

分析过程不会随着报告的完成而结束。如果进行了股权投资或进行了信用评级，则需要定期审查，以确定原来的结论和建议是否仍然有效。在结论为拒绝投资的情况下，后续行动可能没有必要，但仍有助于确定分析过程充分还是应加以改进（例如，如果被拒绝的投资后来被证明是成功的，就可能是因为当初的分析不足）。因此，跟进工作可能需要周期性地重复上述过程中的所有步骤。

1.5　本章小结

在公司财务报告和其他报告中所提供的信息包括财务报表、报表附注和管理层评论等，这些都有助于财务分析师评估一家公司的业绩和财务状况。分析师可能会因为各种原因而被要求进行财务分析，包括对权益证券的估值、对信用风险的评估、对收购过程中尽职调查的执行，以及将子公司的业绩与其他业务单位的业绩进行比较评价等。无论是权益证券分析还是信用分析，主要考虑都包括评估公司的财务状况、创造利润和现金流的能力，以及未来利润和现金流的增长潜力等几个方面。

本章对财务报表分析进行了概要介绍，主要内容包括以下几个方面：

- 财务报告的主要目的是提供有关公司的业绩和财务状况（包括盈利能力和现金流）的数据或信息。财务报告中提供的信息包括财务报表、报表附注和管理层评论或管理层讨论与分析等几个部分。财务分析师可以通过财务报告去评估公司的财务状况、业绩和业绩发展趋势。公司的主要财务报表包括财务状况表（即资产负债表）、综合收益表（或由一份利润表和一份综合收益表组成的两份报表）、所有者权益变动表和现金流量表；
- 资产负债表告诉我们公司在某一特定时间点上所控制的资源（资产）和欠其他主体的资源（负债）。所有者权益是公司的净资产，代表着所有者对公司资产减去负债后的剩余权益的要求权，也称剩余索取权。资产负债表的三个组成部分（即资产、负债和所有者权益）之间的关系可以用会计等式表示为：资产 = 负债 + 所有者权益；
- 利润表反映了公司在一定时期内开展经营活动的财务结果。它报告公司在某一期间产生的收入和其他收益，以及与产生这些收入和其他收益有关的费用（包括损失）。利润表所依据的基本等式为：收入 + 其他收益 - 费用 = 净利润；
- 综合收益表报告与所有者交易之外的、能改变所有者权益的项目，其中一些项目是净利润的组成部分，而另一些项目则被称为其他综合收益（OCI）；
- 所有者权益变动表提供有关所有者权益各组成部分的增减信息；

⊖　实践标准手册（2014 年，p169）。

- 虽然利润表和资产负债表为我们提供了衡量公司经营是否成功的指标，但现金和现金流量对公司的长期成功经营也至关重要。披露现金的来源和用途有助于债权人、投资者和其他报表使用者评估公司的流动性、偿付能力和财务灵活性；

- 与财务报表一起披露的报表附注（也称附注）是财务报表不可缺少的组成部分，它的提供对理解报表信息起着至关重要的作用。对于附注中所披露的备选会计方法、会计估计和会计假设等信息，分析师都应当好好进行评估；

- 除了财务报表外，公司还会提供对财务分析师有用的其他信息。在财务分析工作中，财务分析师应该阅读和评估这些附加信息，特别是管理层评论（也称为管理层报告、经营和财务回顾，或者管理层讨论与分析部分）；

- 上市公司的年度财务报表必须经过独立审计。审计报告表达了审计师对被审计财务报表的意见，并对财务报表是否公允地反映了公司的财务状况、业绩和现金流量情况提供鉴证。此外，如果是美国上市公司，审计师还需要就公司的内部控制系统发表意见。有关经济、行业和同行公司的信息在帮助考察公司的财务业绩与地位，以及评估公司的未来等方面是非常有用的。在大多数情况下，来自公司之外的信息对分析师工作的有效性都非常重要；

- 财务报表分析框架提供了我们在进行任何财务报表分析项目时都可以遵循的步骤，分别是：
  - 明确分析目的与背景；
  - 搜集数据；
  - 处理数据；
  - 对处理后的数据进行分析或解释；
  - 得出分析结论或建议，并进行沟通；
  - 跟进。

财务报告准则

伊莱恩·亨利，博士，特许金融分析师

简·亨德里克·范·格鲁宁，商科专业博士，特许金融分析师

托马斯·R.罗宾逊，博士，特许金融分析师

学习目标

- 描述财务报告的目标与财务报告准则在证券分析与估值中的重要作用；
- 说明财务报告准则制定机构和监管机构在建立与推行报告准则方面的作用；
- 描述国际会计准则理事会的概念框架，包括财务报告的质量特征、财务报告的约束和应当报告的内容元素；
- 说明 IFRS 对财务报表的一般要求；
- 说明不同财务报告体系对财务分析应用的影响，以及紧盯财务报告准则发展情况的重要性。

2.1 概述

　　财务报告准则为我们提供编制财务报告的原则，并确定必须提供给财务报表使用者（包括投资者和债权人等）的信息类型和数量，以便于他们做出知情的决策。本章将重点讨论财务报告准则的创建背景。对财务报告准则基本框架的理解比具体会计准则的知识要求更广泛，可以帮助分析师对财务报表要素和交易的价值影响进行评估，包括那些代表发展趋势的新兴交易，因为在具体准则中往往找不到这类交易的适用标准。

　　本章的第 2.2 节讨论财务报告的目标和财务报告准则在证券分析和评估中的重要性；第 2.3 节介绍财务报告准则的制定机构、监管机构和这些机构的代表；第 2.4 节专门介绍国际财务报告准则（IFRS）框架⊖和财务报表的一般要求；第 2.5 节比较了 IFRS 和其他财务报告体系；然后第 2.6 节讨论了跟踪财务报告准则发展动态的重要性。最后是本章小结。

　　⊖　IFRS 是由国际会计准则理事会（IASB）所发布的财务报告标准。

2.2　财务报告的目标

财务报告由财务报表和其他有助于对公司财务状况和各期财务业绩进行评价的补充披露信息所组成。它的前提基础非常简单。国际会计准则理事会（IASB）所制定的财务报告准则已被世界上许多国家采纳。在《财务报告概念框架》（以下简称《概念框架》）中，IASB 指出，财务报告的目标是向用户提供有用的财务信息，以利于用户做出是否向报告主体提供资源的决策，这些决策和权益与债务工具、贷款或其他方式的信贷息息相关，并可通过影响管理层行动来对报告主体经济资源的使用产生影响。⊖

一个清晰缜密的框架是指导成套准则开发的关键一步。过去的财务报告准则主要是由各国准则制定机构独立开发的。这种互相独立的准则制定过程导致各国准则之间的差异非常大，一些国家的准则非常全面且复杂（以规则为导向基础），而另一些国家的准则规定则非常综合（以原则为导向基础）。如今，资本流动的全球化和各种会计丑闻的曝光，人们对统一、高质量的全球财务报告准则有了更高的要求，并推动了各大主要准则制定机构之间的协调与合作。这种协调与合作同时也是资本市场日益全球化的自然结果。

制定财务报告准则不是一件轻松的事情。因为潜在的经济现实非常复杂，因此公司在财务报告中所要披露的财务交易和财务状况也很复杂。此外，交易的各方面都存在不确定性，往往需要用到权责发生制和会计估计，而这两者都离不开专业判断。每位编报者的判断可能各有差异，相应地，就需要通过准则来找到各种判断结果中存在的一致性。即使有了这样的准则，对于如何在财务报告中反映经济现实这个问题，通常也不会有唯一的正确答案。不过，财务报告准则可以通过限制可接受答案的范围来增加财务报告的一致性。

国际会计准则理事会（IASB）和美国的财务会计准则委员会（FASB）已经制定了类似的财务报告框架，其中规定了财务报告的总体目标和会计信息的质量要求。财务报告应向各类用户（包括投资者、债权人、员工、客户和其他信息使用者等）提供信息。因此，财务报告并不单纯是用来为资产估值服务的。不过，在评估公司价值或公司发行证券的价值时，财务报告确实可以为我们提供重要的基础信息。理解财务报告框架——包括会计判断和会计估计是如何影响以及在何时影响财务报告数字的——能有助于分析师对报告中的信息进行评估，并在判断公司的财务业绩时恰当地使用这些信息。很明显，在评价企业决策对财务的影响和对企业之间进行横向比较时，这样的理解也是非常重要的。

2.3　准则制定机构与监管机构

准则的制定机构与监管机构有所不同。准则的制定机构，比如 IASB 和 FASB，通常是民间私营部门的自我监管组织，其董事会由经验丰富的会计师、审计师、财务报表使用者和学者组成。要求公司按照特定的会计准则编制财务报告是监管机构的责任。所谓监管机构，比如新加坡的会计和公司监管局、美国证券交易委员会（SEC，简称为美国证交会）、巴西的证券交易委员会等，拥有法律的授权去强制要求企业执行财务报告要求，并对其管辖范围内的资本市场参与实体实施其他控制。

换言之，**一般来说**，准则制定机构负责制定准则，而监管机构则负责认可并执行准则。

⊖　IASB 已于 2018 年 3 月对 2010 年所发布的《财务报告概念框架》进行了更新。

如果没有监管机构对准则的认可，民间私营部门性质的准则制定机构是没有权威的。此外，还需要引起注意的是，各监管机构通常会保留在其管辖范围内建立财务报告准则的法定权力，并可以否决民间私营部门性质的准则制定机构。

本节对 IASB 和 FASB 进行了简要介绍。在概述之后，是对国际证监会组织（International Organization of Securities Commissions）、美国证券交易委员会（SEC）和欧盟的资本市场监管所进行的介绍。本书将这三个主题分别作为准则制定机构、证券委员会和资本市场监管的例子。阅读这些介绍之后，读者应能更加明确地了解准则制定机构与监管机构各自的功能与角色了。

2.3.1　会计准则委员会

会计准则委员会几乎存在于每个国家市场中。这类委员会通常是独立的民间非营利组织。这些准则制定机构通常具有一些典型的共同特征，本节将以 IASB 和 FASB 为主要的例子来进行介绍。

2.3.1.1　国际会计准则理事会

国际会计准则理事会是国际财务报告准则基金会（IFRS Foundation）的独立标准制定机构，后者是一个独立的民间非营利组织。从地域分布和专业背景的角度来看，国际财务报告准则基金会的受托人是具有多样性的。受托人负责任命国际会计准则理事会的成员，并对一个由公众权力机构当局所组成的监督委员会负责，这些权力机构包括欧盟委员会（European Commission）、国际证监会组织（IOSCO）、日本金融厅（Japan Financial Services Agency）和美国证交会（SEC）的代表等，并由巴塞尔银行监管委员会（Basel Committee on Banking Supervision）主席作为观察员。

IFRS 基金会的受托人承诺以公众利益行事，其主要目标是发展一套单一的、高质量的财务报告标准，并促进其被采纳和使用；以确保这套标准能在考虑不同经济环境中，各种规模和类型的报告实体在有需求的前提下，促进产生透明的、可比的和对决策有用的会计信息；以及促进各国会计准则与 IFRS 的趋同。受托人有责任确保 IASB 会被认为是独立的。

国际会计准则理事会的成员是由受托人依据其专业能力和实践经验水平进行任命的，并同时会考虑地域分布与专业背景的多样性平衡要求。理事会成员负责审议、制定和发布 IFRS[⊖]，并接受咨询委员会对准则及其应用的建议。咨询委员会的成员由受国际财务报告影响和对国际财务报告感兴趣的各类组织与个人构成。

国际会计准则理事会在审议、开发和发布 IFRS 时，有一套基本的程序。简化的典型流程包括如下步骤。首先，是有某个问题被确认为优先考虑的议题，从而列上国际会计准则理事会的工作议程。然后，理事会对这个问题进行考虑，在这一过程中可能会征求包括各国准则制定者在内的其他各方意见；接下来，发布一份草案用于征求公众意见。在审查其他机构的意见后，理事会接下来可能会发布新的财务报告准则或者对过去的准则进行修订。这些准

⊖ 尽管国际会计准则理事会的名称中包含了"会计准则"，而且早期的准则被命名为"国际会计准则"（IAS），但对于后面开发的新准则，都统一使用"国际财务报告准则"（IFRS）进行称呼。"财务报告"一词的使用，确认了其在核心财务报表之外所披露信息的重要性，例如管理层对业务、风险和未来计划的讨论。

则在一定程度上是权威的，它们会得到监管当局的认可和采用。

2.3.1.2 财务会计准则委员会

财务会计准则委员会（FASB）及其前身机构自 20 世纪 30 年代以来，就一直在负责美国的财务报告准则发布工作。该委员会的运作结构与国际会计准则理事会相似。由财务会计基金会负责监督、管理和资助财务会计准则委员会，以确保准则制定过程的独立性，并负责任命委员会和相关咨询机构的成员。

财务会计准则委员会通过发布新的准则或对旧准则进行修订，来促进财务报告准则的进步，以确保能为财务报告的使用者提供决策有用的信息。这一目标是通过一个彻底独立的过程来实现的，包括寻求利益相关者的意见，并由财务会计基金会对整个准则开发过程进行监督。这一过程的步骤与国际会计准则理事会的准则开发步骤基本类似。经过这一准则制定过程所开发出的产品被包含在财务会计准则委员会出版的会计准则汇编[⊖]（Accounting Standards Codification™，简称 ASC）当中。会计准则汇编按主题进行组织，是适用于非政府实体的美国公认会计准则的权威来源。

由财务会计准则委员会所创立的美国公认会计准则（US GAAP），经美国证券交易委员会（SEC）的正式认可，成为权威的报告标准。不过，SEC 依然保留了制定准则的权力。尽管 SEC 很少否决财务会计准则委员会的产品，但它确实也会发布权威的财务报告指导性文件，例如员工会计公报等。这些公报可在 SEC 网站上找到，它们反映了 SEC 对相关会计披露实务的看法。美国证券交易委员会发布的部分（注意不是全部）规范、解释和指导性意见，也被纳入到了 FASB 的会计准则汇编当中作为参考。

2.3.2 监管机构

监管部门的责任是要求报告主体根据指定的会计准则编制财务报告。监管机构是政府实体，在法律上有权要求报告主体执行财务报告要求，并对其管辖范围内的资本市场参与实体实施其他控制。监管机构可以要求其管辖范围内的报告实体按照某一套特定的会计准则体系编制财务报告，也可以同时指定几套可接受的会计准则体系进行编制。例如，在瑞士，所有在瑞士交易所主板上市的跨国公司都应当按照 IFRS 或者 US GAAP 编制财务报表；而除跨国公司外的其他瑞士注册公司，则公司应选择适用 IFRS、US GAAP 或者瑞士公认会计准则。

2.3.2.1 国际证监会组织

国际证监会组织虽然从技术上来说并不是一个监管机构，但它实际上监管着全球金融资本市场的很大一部分。该组织已经建立了目标和原则，用来指导证券和资本市场的监管工作。

国际证监会组织成立于 1983 年，由正式会员（ordinary members）、联系会员（associate members）和附属会员（affiliate members）组成。正式成员是各国的证券委员会或类似的政府监管机构，主要负责成员国的证券监管工作[⊖]。这些成员在全球超过 115 个司法管辖区内监

⊖ 该汇编集合了各种标准制定机构所发布的文献，包括财务会计准则委员会（FASB）、新兴问题工作组（EITF）、衍生工具实施小组（DIG）和美国注册会计师协会（AICPA）等。

⊖ 各国主要证券监管机构的名称各不相同。例如：中国证监会、埃及金融监管局、印度证券交易委员会、沙特阿拉伯王国资本市场管理局、乌拉圭中央银行等。

管着 95% 以上的全球金融资本市场。来自新兴市场国家的证券监管机构占到了该组织正式成员的 75%。

国际证监会组织的《证券监管目标和原则》综合体系已按需求进行了更新，并被公认为所有市场的国际基准。证券监管原则基于如下三个核心目标：[一]

- 保护投资者；
- 确保市场的公平、有效和信息透明；
- 减少系统性风险。

国际证监会组织的原则可分为十类，包括监管原则、执法原则、审计原则和发行人原则等。在"发行人原则"这一类别中，有两条原则与财务报告直接相关：

1. 应当全面、准确、及时地披露财务结果、风险和其他对投资者决策至关重要的信息。
2. 发行人用于编制财务报表的会计准则应当具有国际认可的高质量水准。

从历史上看，监管准则和相关的财务报告准则都是由单个国家内部制定的，因此通常是基于各个国家自己的文化、经济和政治规范。但随着金融市场越来越朝向全球化发展，对建立具有国际可比性的财务报告准则的需求已越来越强烈。最后，由于法律和法规是由各司法管辖区自行制定的，因此这也需要监管机构之间的合作。国际证监会组织的另一项原则涉及自律组织（self-regulatory organizations，SROs）的使用。自律组织在其职权范围内行使一些直接监督，接受相关监管机构的监督，并遵守公平和保密原则[二]。

为确保国际金融标准（比如巴塞尔银行监管委员会的标准和 IFRS）能得到一致应用，跨国的统一监管和执行是非常有必要的。为实现这一目标，国际证监会组织在统一监管和打击违反证券和衍生品相关法律行为的跨境合作方面提供了支持。

2.3.2.2　美国证券交易委员会

美国证券交易委员会（SEC）主要负责美国证券和资本市场的监管，它是国际证监会组织的正式成员。任何公司如果要在美国发行证券，或者参与美国资本市场，都要遵守美国证券交易委员会的规则并接受其监管。美国证券交易委员会是全世界最早并且最成熟的监管机构之一，它是 1929 年股票市场崩盘（有时被简称为"大崩盘"）后的改革结果。

报告公司、经纪人或交易商，以及其他市场参与者都受到很多法律的影响。从财务报告与分析的角度来看，其中最重要的立法是 1933 年和 1934 年的颁布《证券法》与 2002 年颁布的《萨班斯 – 奥克斯利法案》（Sarbanes-Oxley Act）。

- **《1933 年证券法》**（1933 年法案）：该法案规定了公司在出售证券时，必须向投资者提供财务和其他重要的信息，禁止虚假陈述，并要求对所有公开发行证券的公司进行首次登记；
- **《1934 年证券交易法》**（1934 年法案）：这一法案创立了证券交易委员会，赋予其对证券行业进行全方位监管的权力，并授权它要求公开交易证券的公司提供定期报告；
- **2002 年《萨班斯 – 奥克斯利法案》**：根据该法案，上市公司会计监督委员会（PCAOB）得以成立，专门负责对审计师进行监督。美国证券交易委员会负责执行该法案的要求，并对 PCAOB 的工作进行监督。PCAOB 强调审计师的独立性问题（禁

[一] 《证券监管目标和原则》（*Objectives and Principles of Securities Regulation*），IOSCO，2017 年 5 月。

[二] 《证券监管目标和原则》，IOSCO，2017 年 5 月。

止审计师为被审计单位同时提供审计和非审计服务）；加强了公司对财务报告的责任（要求公司管理层保证财务报告公允地反映公司的情况）；并要求管理层报告公司内部控制运行对财务报告的有效性保障（包括获取外部审计师对内部控制有效性的认可）。

公司主要通过完成和提交（即填报）美国证券交易委员会所发布的标准化表格来完成上述法案的要求，其中，与满足财务报告要求相关的表格就多达 50 种以上。这里的讨论将仅限于那些与财务分析师最相关的。

证券交易委员会要求的大多数文件都需要以电子方式提交，因此，在很多网站上都可以检索到分析师们感兴趣的文件，包括证券交易委员会自己的官网。有一些填报信息是要求在证券初次发行时提交的，而另一些则需要在证券发行以后定期进行提交。以下便是财务分析师常使用的一些信息来源：

- **申请上市登记表**（Securities Offerings Registration Statement）：根据《1933 年证券法》的要求，发行证券的公司都需要填报一份注册登记表。无论是新发行主体还是以前已经注册过但现在需要发行新证券的主体，都需要提交这些申报资料。根据证券发行的规模与性质的不同，企业所需要填报的信息和具体的形式也存在差异。一般情况下，以下信息都是要求提供的：①拟出售证券的情况介绍；②拟出售的新证券与发行人已有的其他资本性证券之间的关系；③通常需要在年度报告中提供的信息；④经过审计的最近期的财务报表；⑤与企业经营有关的风险因素；

- **10-K 表格、20-F 表格和 40-F 表格**：公司每年都需要提交的资料包括 10-K 表格、20-F 表格和 40-F 表格等。其中，美国公司应提交的是 10-K 表格，而 40-F 是适用于某些加拿大公司的表格形式，20-F 则是所有其他注册地不在美国的外国公司应提交的年度表格形式。企业需要在这些年度报表中对包括公司业务、财务披露、法律程序和与管理相关的事务在内的各种信息进行全面概述。其中财务披露应包括历史的财务数据摘要（通常是 10 年），管理层对公司财务状况和经营成果的讨论与分析，以及经审计的财务报表等；

- **年度报告**：除了美国证券交易委员会的年度文件（如 10-K 表格）以外，大多数公司还会为股东编制一份年度报告。年度报告不是美国证券交易委员会的强制披露要求，但它常被视为是公司向股东和其他外部各方展示自己的最重要的机会。因此，年度报告通常也是经过了公司高度打磨的营销文件，通常会包括图片、首席执行官的公开信、财务数据、市场细分信息、公司的研发活动情况以及未来发展目标等。相比之下，10-K 表格较少强调公司营销，它是一种按照法律要求提供的文件类型。不过尽管披露的角度有所不同，但公司的年度报告与 10-K 表格之间存在相当大的重叠，于是有些公司选择只准备 10-K 表格，或者将 10-K 表格和年度报告合并成一个文件；

- **股东签署的委托书或 DEF-14A 表格**：按照美国证券交易委员会的要求，公司股东应在股东大会召开之前收到一份委托书，通过委托书，股东可将自己手中的表决权授权给另一方。股东大会至少每年召开一次，但如有其他特别会议召开，也需要委托书。股东签署的委托书，特别是年度大会的委托书，其所包含的信息往往对财务分析师十分有用。这些信息通常包括要求股东进行投票表决的提案、管理层和主要股东的证券所有权细节、董事的履历信息以及高管的薪酬披露等。委托书信息以 DEF-14A 表格的形式提交给美国证券交易委员会；

- **10-Q 表格和 6-K 表格**：这些是公司在每个会计期间需要提交的中期表格（美国公司按季度提交 10-Q 表格，大部分非美国公司每半年需要提交 6-K 表格）。这些提交材料要求披露某些财务信息，包括未经审计的财务报表和报告期内的并购与重组事件。此外，如果在报告期内发生了某些非经常性事件，如重大会计政策的采用、重大诉讼的开始或公司任何类别的注册证券持有人权利受到了重大限制等，也应在 10-Q 表格中进行报告和说明。公司可以向股东提供 10-Q 表格，也可以为股东准备一份单独、简短的季度报告。

▌ 例 2-1 初次注册申报表

2004 年，谷歌公司向美国证券交易委员会提交了一份注册登记表，为它首次公开发行的证券（A 类普通股）申请登记。在这份登记表中，除了大量的财务和经营信息外，还提供了长达 20 页的内容，专门介绍谷歌公司的业务和行业特点。

下列哪项**最可能**出现在谷歌公司的注册登记表中？

A. 未经审计的中期财务报表

B. 与公司经营相关的风险因素评价

C. 公司经营的预计现金流量和利润情况

解答：B 选项正确。公司在证券注册登记表中提供的信息，通常包括与即将发行证券有关的信息披露；新发行的证券与发行人的其他资本证券之间的关系；在年度申报中会提供的资料；经审计的最近期财务报表；与公司经营有关的风险因素等。公司会提供对预计现金流量和利润有用的信息，但通常不是在注册登记表中，一般也不会在初始注册登记时提供未经审计的中期报表。

公司或其管理人员还需要向美国证券交易委员会提交其他文件，或者是定期提交，或者是如果在上述定期报告时段中间发生了重大事件或交易，那么也需要提交临时的报告。就性质来说，这些表格有时也会包含最有趣和非常及时的信息，而这些信息可能对公司估值具有重大影响。

- **8-K 表格**：除了提交年度报告和中期报告以外，美国证券交易委员会还要求其注册公司必须在更近期的基础上报告公司的重大活动。8-K 表格（非美国的注册公司适用 6-K 表格）是公司必须向美国证券交易委员会提交的"及时报告"，用以公告诸如公司资产的收购或处置、证券和交易市场的变化、与会计和财务报表有关的信息、公司治理和管理变化以及公允披露（FD）条例[⊖]所要求披露的重大事件等；
- **表格 3、表格 4、表格 5 和表格 144**：表格 3、表格 4 和表格 5 用来报告证券的所有权受益人情况。注册公司的所有董事或高级职员，以及持有某一类注册权益性证券超过 10% 的所有权受益人，都必须向证券交易委员会提交上述表格。其中，表格 3 是初始情况报表，表格 4 用于报告股权变更情况，而表格 5 则属于年度报告要求。表格 144 是拟出售受限交易的证券或发行人的关联方拟出售证券的通知。这些表格可以用

⊖ 公允披露（FD）条例规定，当发行人向特定个人或实体（通常情况下，是证券市场专业人士，例如证券分析师或者所发行证券的持有人，他们可能依据这些信息进行交易）披露重大的非公开信息时，发行人必须公开披露该信息。公允披露条例通过这种规定来促进充分和公平的信息披露。

来检查公司高级职员、董事和公司其他关联方对公司证券的买卖情况。上述这些人士被统称为公司内部人士；

- **11-K 表格**：这是公司员工购买股票、储蓄和类似计划的年度报告。如果关注对象是那些有丰厚员工福利计划的公司，那么 11-K 表格就很可能引起分析师的兴趣，因为它包含的相关信息内容比公司财务报表中披露得更丰富。

在美国以外的其他司法管辖区，也存在类似的立法，旨在对证券交易和资本市场进行监管。监管机构负责监管措施的落实，而证券监管应与前述的国际证监会组织（IOSCO）的目标保持一致。在每一个司法管辖区内，监管机构要么会自己建立一套，要么会认可并采纳一套或者多套特定的会计准则，并且后一种做法更加普遍。监管机构还会制定报告和信息填报与备案要求。国际证监会组织各成员已达成一致意见，就发展、实施和执行国际公认的、一致的监管标准进行合作。

2.3.2.3　欧洲的资本市场监管情况

欧盟（EU）的每个成员国都在自己的管辖范围内对资本市场实施监管。不过，在欧盟这个层面上，也已通过了一些监管规定。最重要的是，欧盟已同意从 2005 年起，欧盟内所有上市公司将按照 IFRS 的要求来编制合并财务报表。欧盟对 IFRS 新发布准则的支持和认可的过程，可以反映出单个成员国的自主权和合作与趋同需求之间的平衡。当国际会计准则理事会发布一项新准则时，欧洲财务报告咨询小组（European Financial Reporting Advisory Group，EFRAG）会就该准则向欧盟委员会（European Commission）提供建议；随后由准则意见审核小组（Standards Advice Review Group，SARG）向欧盟委员会对 EFRAG 的建议提供意见。接下来，委员会根据这两个专业小组的看法拟订一项准则支持草案；再由会计监管委员会（Accounting Regulatory Committee，ARC）对该提案进行投票表决。如果表决结果是赞成支持，那么，就将该提案提交给欧洲议会和欧盟理事会，等待批准 [⊖]。

欧洲证券委员会由欧盟成员国的高级代表组成，负责就证券政策问题向欧盟委员会提供建议。欧洲证券及市场管理局则是一个欧盟跨境监管机构，着力对欧盟市场的监管工作进行协调。如前所述，具体监管仍然是靠各成员国自身完成的，因此欧盟各国对股份登记和定期提交财务报告的要求各不相同。欧洲证券及市场管理局是欧洲三大监管机构之一，另外两家负责监管银行业和保险业。

2.4　国际财务报告准则框架

如前所述，IASB 发布的《财务报告概念框架》为外部使用者编制和呈报财务报表提供了基础概念体系的规范。该框架希望能够实现的目标包括：协助准则制定者对准则的制定和复核；帮助财务报表的编制人员对准则进行应用，并协助其遇到准则未明确涵盖某问题时的处理；协助审计师就财务报表情况形成审计意见；以及协助财务报表的使用者对财务报表信息进行解释。财务报告的目标是为公司当前和潜在的资源提供者服务，为他们的决策提供财务信息；框架所涉及其他方面的内容，都是从该中心目标衍生出来的。

财务报告的主要使用者应当是资源的提供者，包括投资者、贷款提供方和其他债权人。

⊖　来源：欧盟委员会。

公司提供财务信息的目的，是为了对资源提供者的决策有帮助；当然，其他用户可能也会发现，这些财务信息对他们的经济决策同时也是有用的。不同用户的经济决策类型有差异，因此他们所需要的具体信息也有不同。不过，尽管不同用户存在各自独特的信息需求，但仍然有一些信息需求在各类用户中是通用的。比如，了解公司的财务状况，或者说公司的资源和负债分布情况；又比如，了解公司的财务业绩等。这两类信息对于解释公司过去的财务状况在何时发生了变化，为什么发生了变化，以及评估在未来可能会发生的变化都是十分有用的。第三种常见的信息需求与公司持有现金相关，比如，公司是如何获得现金的？公司是通过销售产品和服务，还是通过借款或其他方式？公司又是如何使用现金的？公司是通过支付费用，投资新设备，还是支付股息等呢？

有关公司的经济资源（资产）和对公司的索取权（负债和股东权益）方面的信息，以及有关公司管理层和治理委员会对公司资源使用效率方面的信息，都属于信息使用者对公司未来现金净流入情况进行评估的有用信息。在决策时，信息使用者也需要考虑其他来源的信息。虽然财务报告并不能告诉我们一家企业的价值，但它们在帮助我们对企业进行估值时是非常有用的。

2.4.1　财务报告的质量特征

根据向资源提供者提供决策有用的信息这一中心目标，《财务报告概念框架》确定了决策有用信息的两个基本质量特征：相关性和如实反映（faithful representation）[⊖]，并将重要性概念放在了相关性的语境中进行讨论。

1. **相关性**：如果某条信息可以对使用者的决策造成潜在的影响或者使其改变决策，那么这条信息就是相关的。相关的信息可能具有预测价值（对预测决策有用）、确证价值（对评估过去的决策或者预测结果的好坏有用），或者两者兼而有之。换句话说，相关的信息能帮助财务信息的使用者对企业过去、现在和未来的事件进行评价；或者如果放在决策环境中，其有助于使用者确证或者纠正他们过去所做出的评价。**重要性**：如果某信息被遗漏或错报，可能会对用户的决策造成影响，那么该信息就被认为是重要的。信息是否具有重要性，是由它的性质和 / 或数量级别来决定的。

2. **如实反映**：能够如实反映它所代表经济现象的信息，应当是完整的、中立的和无误的。在这里，"完整"表示理解该经济现象所需要的全部信息都已经提供；"中立"表示信息的选择和呈现是没有偏见的，换句话说，即信息的呈现方式不会让用户的决策产生偏差；而"无误"则是指在描述该经济现象时没有遗漏，并选择和坚持使用一种适当的流程来报告信息，以避免错误。如实反映这个要求最大程度地确保了信息的完整、中立和无误。

相关性和如实反映是决策有用财务信息最基本、最关键的特征。除此之外，《财务报告概念框架》还提出了四个增强性质量特征：可比性、可验证性、及时性和可理解性。

1. **可比性**：可比性允许信息使用者"识别和理解项目的异同"。在不同时期之间和在不同报告主体之间，都按一致的方式列报信息，相比针对类似经济现象采用不同的信息列报方式来说，这能更方便使用者对信息进行比较。

⊖　《财务报告概念框架》。

2. **可验证性**：可验证性意味着如果让具备一定知识基础的不同的独立观察者来判断某信息是否如实反映了它意欲反映的经济现象，且观察者彼此间能够达成一致。

3. **及时性**：在信息使用者做出决定之前，就应当让他们获得及时的信息。

4. **可理解性**：清晰简洁的信息呈报可以提高可理解性。财务信息的提供对象应当是那些对商业和经济活动有一定了解、并愿意勤奋研究信息的用户。企业提供的信息应当让这类用户易于理解。不过，如果信息是决策有用的，不应当仅仅因为它难以被理解就不予报告；信息使用者还可以通过寻求帮助，来了解有关复杂经济现象的信息。

能够彰显出以上这些质量特征（包括基本的质量特征和增强的质量特征）的财务信息，对于经济决策应当是有用的。

2.4.2　财务报告的局限

要让财务报表展现出上述所有这些质量特征，从而达到最大的决策有用性，看起来是非常理想化的。因此，我们可能会在一些增强性质量特征之间进行权衡。增强性质量特征的应用并不存在什么设定的优先顺序，每一个增强性质量特征都可以优先于其他特征，只要全部的增强性质量特征之间能够达到平衡即可。

决策有用的财务报告所面对的普遍约束是提供和使用这些信息的成本。最理想的情况是，使用者从信息中获得的收益应该超过企业提供和用户使用信息的成本。因此再一次地，我们的目标是要在成本和收益之间取得平衡。

财务报告未能包含所有的信息也是它的一大受限之处。财务报表只能报告定量的信息，因此必然会省略掉不可量化的信息。例如，一家公司员工的创造力、创新能力和胜任能力都不能直接从财务报表中体现出来。同样地，客户的忠诚度、积极的企业文化、环境责任以及公司的许多其他方面，在财务报表中都很难直接反映出来。当然，如果上述这些项目为公司带来了更好的财务表现，那么，财务报告就会将这些结果反映出来。

▌例 2-2　权衡有用信息的质量特征

报表编制者经常需要在各个增强性的质量特征之间进行权衡。例如，当一家公司记录销售收入时，它还需要同时估计和记录潜在的坏账费用（即不可收回的赊销账款）。将这项估计的费用记录下来被认为是如实反映该经济事件的要求，并且还能为该会计期间内的净利润提供更相关的信息。这样的会计信息及时并且易懂。但是，由于坏账的确切金额可能要等到以后某个期间才能被确定下来，因此，将这些估计的费用报告在报表当中，就意味着牺牲了信息的可验证性，因为坏账费用只是一个简单的估算金额。很明显，我们并不是总能同时满足所有的质量特征要求。

编制财务报表时，公司最可能在下列哪一项之间进行权衡？

A. 相关性与重要性

B. 及时性与可验证性

C. 相关性与如实反映

解答：B 选项正确。提供及时的信息，意味着在经济事件的发生和信息准备之间的时间段更短；但完全可验证的信息可能需要较长的时间段。相关性和如实反映是让财务信息有用的基本质量特征要求。这两个特征都是必需的，所以在这两者之间没有权衡。重要性是相关性的一个方面。

2.4.3　财务报表要素

财务报表通过将交易和事件的影响按照它们的经济特征进行广义分类（会计要素），来描述交易和其他事件的财务影响。有三个财务报表要素与企业财务状况的计量直接相关：资产、负债和所有者权益。

1. **资产**（assets）：资产是报告主体当前所能控制的经济资源，是由过去的交易所带来的。所谓的经济资源，是一种可能创造出经济利益的权利。也可以说，资产就是企业所拥有的东西（比如存货和设备）。
2. **负债**（liabilities）：负债是报告主体承担的、需要转移经济资源的现时义务，也是由于过去的交易所导致的。这里的义务是指报告主体无法躲避或者逃避的责任或职责，也可以说负债就是公司欠别人的东西（比如银行借款）。
3. **所有者权益**（equity）（对公众持股公司来说，也称股东权益）：股东权益是公司资产减去负债以后的剩余，是资产在扣除了负债之后的剩余权益。

与企业的业绩（利润和相关的计量指标）直接相关的财务报表要素是收益和费用。

- **收益**（income）：表现为资产的增加或负债的减少，其最终会导致股东权益增加，但与权益要求权的持有人出资无关。收益包括收入（revenue）和利得（gain），前者是指企业的日常活动（比如销售产品或者提供服务）所带来的利益流入，而后者则可能来自日常活动，也可能来自其他活动（比如出售多余的设备）[⊖]；
- **费用**（expenses）：表现为资产的减少或负债的增加，最终将导致股东权益的减少，但与向股东分配无关。费用包括与经营活动有关的支出，例如销货成本和包括员工工资、租金以及其他项目在内的经营费用。损失也被视为费用[⊜]，通常是由低价出售资产、资产减值和其他各种项目造成的。

2.4.3.1　财务报表的潜在假定

财务报表有两个潜在的假定：权责发生制和持续经营。这些假定影响着财务报表要素的确认与计量。其决定了如何确认和衡量财务报表要素。

"权责发生制"的会计思想认为，财务报表应在交易实际发生时对它们进行反映，而不必在相关现金流动发生时才去反映。举例来说，公司应在实际已经赚取（即与业绩相关的义务已经履行后）时就报告收入，而无论它收到相关现金的时间是在交付产品之前、之后还是在交付产品当时。

"持续经营"是指假定公司在可预见的将来还会继续经营。为了说明这一点，以公司所持有存货的价值为例，如果假定这些存货可以在一段正常时间之内售出，和如果假定同样的这些存货必须在一天（或一周）之内就全部售出，那么价值肯定是不一样的。对于有意进行清算的公司，或者将实质性削减业务的公司，需要不一样的信息才能做到公允列报。

⊖ 这里的概念与我国会计体系中常用的概念解释有细小差异。我国一般认为与企业的业绩直接相关的财务报表要素是收入、费用和利润，其中收入和费用表示企业日常活动所带来的经济利益流入或流出。对非日常活动带来的经济利益流入或流出，用利得或损失表示，但一部分利得和损失可以进入利润表（营业外收入和营业外支出），而另一部分利得和损失则需要直接计入所有者权益中（直接计入所有者权益的利得或损失）。在我国利润表中，利润总额 =（收入 – 费用）+（营业外收入 – 营业外支出）。——译者注

⊜ 这里的损失概念与我国会计体系中的概念也存在细小差异。我国明确指出费用是企业在日常活动中发生的经济利益流出，而损失一定是由于非日常活动所导致的，因此不能将损失看作费用。——译者注

2.4.3.2　财务报表要素的确认

确认（recognition）是指将某个项目列入资产负债表或利润表。如果某项目满足财务报表元素的定义和相关确认标准，那么就可以确认该项目。由于财务报告的目的是向投资者、贷款提供方和其他债权人提供有用的信息，因此，如果一项确认既可以提供有关资产、负债、股东权益、收入或费用的相关信息，又能对这些项目进行如实反映，那么该确认就是适当的。

2.4.3.3　财务报表要素的计量

计量（measurement）是确定财务报表各要素在资产负债表或利润表中应报告的货币金额的过程。下列这些计量基础都可以用在不同程度上或进行不同的组合，用于对资产和负债的计量：

- **历史成本**（historical cost）：历史成本就是企业为购买资产而支付的现金或现金等价物，包括在购买过程中发生的任何取得成本和 / 或准备成本。如果某资产不是用现金购买的，那么历史成本就是为了购买该资产而付出的对价公允价值。对于负债，历史成本计量基础是指企业以债务作为交换对价而收到的所得金额；
- **摊余成本**（amortized cost）：是调整了摊销、折旧、折耗和 / 或减值影响之后的历史成本；
- **现时成本**（current cost）：对资产项目来说，现时成本是指当前购买同样资产或等同资产所必须支付的现金或现金等价物金额。对负债项目来说，现时成本是指为清偿当前的债务所需要的未贴现现金或现金等价物金额；
- **可实现价值**（realizable value）或**清算价值**（settlement value）：对资产项目来说，可实现价值是指在当前通过有序的交易，将资产处置出售所能收到的现金或现金等价物的金额。对负债项目来说，其可实现价值又被称为"清算价值"，即在正常的经营过程中，为了结一项负债，预期将支付的未贴现现金或现金等价物金额；
- **现值**（present value，PV）：对资产项目来说，现值是指在正常经营过程中，该资产项目预期将产生的未来现金净流入的现时贴现价值。对负债项目来说，现值是指在正常经营过程中，要了结一项负债预计将发生的未来现金净流出的现时贴现价值；
- **公允价值**（fair value）：公允价值是按脱手价格（exit price）来定义的，指市场参与者在计量日发生的有序交易中，出售一项资产所能收到的价格，或者转移一项负债所需支付的价格。根据信息的可获得性情况，公允价值可能会涉及市场计量或者现值计量。

2.4.4　财务报表的一般要求

《财务报告概念框架》为制定准则和建立财务报表要素提供了基础。但它并未涉及财务报表的一般内容，这些内容是在《国际会计准则第 1 号：财务报表列报》（IAS No.1，简称《国际会计准则第 1 号》）中进行规范的。《国际会计准则第 1 号》规定了企业需要提供的财务报表类型、财务报表的一般特征以及财务报表的结构和内容[⊖]。图 2-1 国际会计准则理事会对这些一般要求进行了说明，并在后续章节中进行了更多介绍。

⊖　在美国公认会计准则体系中，财务报表列报是在会计准则汇编第 205 ～ 280 部分进行介绍的。

```
┌─────────────────────────────────────────┐
│  要求提供的财务报表                          │
│  ·财务状况表（资产负债表）                    │
│  ·综合收益表（单独的一张报表或者一张利润表加    │
│     一张综合收益表）                         │
│  ·股东权益变动表                            │
│  ·现金流量表                               │
│  ·财务报表附注，会计政策介绍与其他披露项目       │
│  ·在某些情况下，还需要提供以前可比期间的财        │
│     务状况表                               │
└─────────────────────────────────────────┘
```

```
┌──────────────────────┐   ┌──────────────────────┐
│  一般特征               │   │  结构与内容             │
│  ·公允列报             │   │  ·分类列报的资产负债表    │
│  ·持续经营             │   │  ·表中至少应当报告的信息   │
│  ·以权责发生制为编制基础   │   │  ·附注中至少应当披露的信息  │
│  ·重要性与合并列报       │   │  ·可比性信息            │
│  ·不允许抵销           │   └──────────────────────┘
│  ·报告频率             │
│  ·可比性信息           │
│  ·列报一致性           │
└──────────────────────┘
```

图 2-1　国际会计准则理事会对财务报表的一般要求

在下面的章节中，我们将更详细地讨论 IASB 所要求提供的财务报表、财务报表编制所隐含的基本特征以及特定的结构和内容要求等。

2.4.4.1　要求提供的财务报表

根据《国际会计准则第 1 号》，一套完整的财务报表包括[一]：

- 一份财务状况表（资产负债表）；
- 一份综合收益表（可以是一份单独的综合收益表，或者一张利润表加一份以利润表的净利润额或净亏损额为起点的综合收益表）；
- 一份股东权益变动表，单独列示由于实现利润或亏损造成的权益变动、其他综合收益的每个项目和与股东之间进行的资本交易[二]；
- 一份现金流量表；
- 财务报表附注，包括对重要会计政策的说明和其他解释性说明。在这些附注中按 IFRS 要求披露的信息，在其他地方并未出现过，其能提供有助于理解财务报表的相关信息。

鼓励各报告实体在上述必须提供的资料以外，再提供其他相关的财务和非财务信息。财务报表需要公允地反映报告主体的财务状况、财务业绩和现金流量。

2.4.4.2　财务报表的一般特征

采用 IFRS 的公司必须在报表附注中明确指出它的报表编制是符合该准则要求的。同时，也只有当公司真正遵从了 IFRS 的编报要求时，才能做出这样的声明。在罕见的情况下，如

㊀　《国际会计准则第 1 号：财务报表的列报》(IAS No.1)，第 10 段。
㊁　与股东之间进行的资本交易例子包括向股东出售权益性证券、向投资者分配利润和从投资者手上回购股票。

果管理层按 IFRS 进行编报会导致误导性的财务报表产生，那么，公司可能会偏离 IFRS 的要求。发生这种情况时，报告主体的管理层必须披露偏离 IFRS 的细节信息。

《国际会计准则第 1 号》规定了编制财务报表的一些基本特征。这些特征清楚地反映了《财务报告概念框架》的要求。

- **公允列报**：按照 IFRS 编制的财务报表应当是公允列报的。国际会计准则对公允列报的解释如下：公允列报要求按照资产、负债、收入和费用的定义与确认标准，如实反映交易、其他事项和条件的影响[一]；
- **持续经营**：财务报表是在持续经营的基础上编制的，除非管理层有意清算报告主体或停止交易，或者由于没有其他现实选择，只能这样做。如果财务报告不是在持续经营的基础上编制的，应披露该事实和相关理由；
- **以权责发生制为编制基础**：报告主体应当采用权责发生制编制会计财务报表（现金流量表除外）；
- **重要性与合并列报**：如果遗漏或错报某些项目，能够单独或者合并起来共同影响信息使用者根据财务报表做出的经济决定，那么这些项目就是重要的。对重要的项目，应当按相似原则将每一类别单独列报；除非不满足重要性标准，否则，不相似的项目都应当单独列报；
- **不允许抵销**：除非 IFRS 要求或允许，否则，不允许将资产项目和负债项目，或者收入项目和费用项目进行抵销后再列报；
- **报告频率**：报告主体至少每年应当编制一次财务报表；
- **可比性信息**：财务报表中必须包括上期的比较资料。除非 IFRS 另有要求或许可，否则对财务报表中报告的所有金额，都应当披露以前期间的比较信息；
- **列报一致性**：财务报表项目的列报和分类通常应当在各个报告期间保持一致。

2.4.4.3　要求的结构与内容

《国际会计准则第 1 号》还规定了财务报表的结构和内容。这些要求包括：

- **分类列报的财务状况表（资产负债表）**：要求报告主体在资产负债表中应区分和分别列报流动资产和非流动资产，流动负债和非流动负债，除非基于流动性的列报能提供更相关和更可靠的信息（例如，当列报主体为银行或类似金融机构时）；
- **表中至少应当报告的信息**：指定了报告主体在财务报表或财务报表附注中至少应当披露的行项目。例如，要求公司在资产负债表中必须专门用一行来披露其"不动产、厂场与设备"的金额，财务报表中包括的主要行项目将在本书其他章节中进行介绍；
- **附注中（或报表中）至少应当披露的信息**：详细规定了财务报表应披露的信息内容。这些信息必须以系统的方式提供，并且表中信息应当与附注中的信息能够相互参照。表 2-1 中总结了报告主体必须提供的信息内容；
- **可比性信息**：对于在财务报表中报告的所有金额，除非另有准则要求或允许，否则应提供上一期间的比较资料。这种比较信息可以让用户更好地理解报告中的金额。

　　○　《国际会计准则第 1 号：财务报表的列报》（IAS No.1），第 15 段。

表 2-1 IFRS 要求在财务报表附注中应当披露的信息内容概要

会计政策披露	• 编制财务报表时使用的计量基础； • 采用的重大会计政策； • 在应用会计政策时所做出的、对确认在财务报表中的金额具有重大影响的职业判断
不确定性估计的依据	• 对未来情况和不确定情形进行估计时使用的重要假定和其他关键依据，此类不确定情形是可能导致下一年内资产和负债的账面价值发生重大调整的重要风险因素
其他披露	• 资本和其他被报告为权益工具的金融产品信息； • 当期没有作为利润分配处理的股利信息，包括在财务报表发布之前就宣告的股利和累积的优先股股利等； • 对报告主体的介绍，包括其住所、法律形式、注册登记国、注册办公室或营业地址； • 经营性质及其主要活动； • 母公司和最终控制人的名称

2.5　IFRS 与其他报告体系的比较

采用 IFRS 作为欧盟和其他国家所要求的财务报告标准，推动了财务报告标准全球趋同这一目标。但是，全球资本市场在财务报告方面仍然存在着显著差异。或者可以说，最关键的是 IFRS 和 US GAAP 之间存在着差异。2005 年，当欧盟采纳 IFRS 后，大量的全球上市公司使用的都是这两种报告准则中的一种。

一般情况下，IASB 和 FASB 会共同努力去协调会计准则的变化和减少准则之间的差异。2004 年，IASB 和 FASB 发起了一个联合项目，期望能够共同开发一个改进的、共同的概念框架。到 2010 年年末，该概念框架的趋同工作被搁置。2012 年 12 月，IASB 重新启动概念框架项目作为 IASB 的一个单独项目。截至 2018 年年底，趋同议程都还没有新的进展。

随着越来越多的国家采纳了 IFRS，分析师考虑其他财务报告体系的需求将会减少，不过，他们仍然可能会遇到一些财务报表是按照 IFRS 以外的准则体系来进行编制的。IFRS 和 US GAAP 之间仍然存在着差异，这些差异对概念框架和许多财务报告准则都有影响（见表 2-2）。关于 IFRS 和 US GAAP 之间的差异，在个别财务报表和特定主题的课程阅读材料中都有更详细的介绍。

表 2-2　IFRS 与 US GAAP 之间的差异

比较项目	IFRS	US GAAP
开发主体	国际会计准则理事会（IASB）	财务会计准则委员会（FASB）
导向基础	原则（principles）	规则（rules）
存货计价方法	先进先出法和加权平均法	先进先出法、后进先出法和加权平均法
非经常性项目	在利润表中未做区分	列示于下方（在利润表底部进行报告）
开发成本	当满足特定的条件时，允许资本化处理	费用化处理
存货的转回	当满足特定的条件时，可以转回	禁止

资料来源：https://keydifferences.com/difference-between-gaap-and-ifrs.html.

在分析不同准则体系下编制的财务报表时，针对报表编制基础之间存在的重大差异，编制调整对照表和披露信息（在一些司法管辖区可获得历史资料）显得尤其有用。例如，对于未按照 US GAAP 编制财务报表的外国发行公司，美国证交会历来要求它们要编制调整对照表。但在 2007 年，美国证交会取消了对根据 IFRS 编制财务报表的公司的调整要求。尽管与此类差异相关的披露有时篇幅惊人，但净利润和股东权益的金额调整表往往是容易理解的。由于现在已不再容易取得调整对照表了，在比较两家按照不同准则体系编制的财务报表的公司时，分析师必须对不同准则体系之间的差异十分熟悉。在许多情况下，对于根据不同会计准则要求所编制的财务报表，信息使用者是没有足够的资料来进行调整以获得可比信息的。因此，分析师在比较不同会计准则下报告出的财务指标时，必须保持谨慎，并高度关注财务报告准则的重大发展情况，因为这对公司业绩的比较和证券估值具有重要影响。

2.6　高度关注财务报告准则的发展情况

一般情况下，在研究财务报告和进行财务报表分析时，分析师都必须意识到报告标准是不断变化的。分析师需要高度关注财务报告标准的持续发展，并评估其对证券分析和估值的影响。当然，关注财务报告准则的发展，并不是说分析师必须先成为一名会计师。会计师是从财务报表编制人员的角度去紧跟财务报告准则发展情况的，而分析师则需要从用户的角度去关注。更具体地说，分析师需要知道财务报告准则的发展对财务报告将会产生怎样的影响。

分析师可以通过关注新产品或新型交易、关注准则制定者和其他代表财务报表使用者的组织（比如 CFA 协会）的行动，以及公司关于关键会计政策和会计估计的披露信息等，来保持对财务报告准则发展动态的了解。

2.6.1　新产品或新型交易

新产品和新型交易可能具有不寻常的或独特的元素，以至于在现行财务报告准则中不存在明确针对它们的会计处理指南。新产品或交易通常产生于经济事件，比如新业务（如金融科技），或新开发的金融工具或者金融结构中。无论是否在交易所进行交易，金融工具通常都是被设计用来增强公司的经营能力或者降低内在风险的。但是，有时候金融工具或者结构性交易也会被人设计，以用来达到粉饰财务报告的目的。

虽然公司可能会在财务报告中讨论它们的新产品或新型交易，但分析师仍然可以通过关注商业期刊报道和资本市场动态来识别这些项目。此外，如果某个行业里有一家公司开发了一项新产品或新型交易，行业内的其他公司通常也会很快跟上。一旦确认了新产品、新型金融工具或者结构性交易，理解其业务目的就会变得更容易。必要的话，分析师还可以从公司管理层获得进一步的信息，以有利于描述经济目的、理解公司在编制财务报告时所采用的重大会计估计和判断，以及这些项目对未来现金流量的影响。

2.6.2　准则的发展与 CFA 协会的作用

由于新产品开发与监管行动之间存在时滞，准则制定者和监管机构的行动对于识别新产品和新型交易不太可能有帮助。尽管如此，关注监管机构的动态仍然是十分重要的，因为这里还有另一个原因：监管的变化可能会对公司财务报告产生影响，进而影响其估值，如果财务报告准则发生了变化，要求更明确地识别影响资产或负债的估值、或公司财务业绩的事项，那么这种影响将更加突出。例如，一项监管政策发生变化，要求公司在利润表中报告与员工股票期权的授予和行权相关的准备金支出。在此费用化规定出台之前，分析师只能通过复核财务报表附注中披露的信息，来评估股票期权的授予对股东财富的稀释效应。

实际上，一些市场参与者在评估公司证券时不检查财务报表细节，从而忽略了一些项目，因此，更明确的识别是可能影响公司证券的价值。此外，似乎有理由相信，与只在附注中披露的项目相比，公司管理层对与表内项目相关的任何计算或估计都应该更加注意和严格要求。

IASB 和 FASB 在它们的官网上提供了大量关于新准则和对准则未来变化提案的信息。此外，IASB 和 FASB 还会征求金融分析师群体的意见，因为他们会经常使用财务报表来协助投资决策和信贷决策。当一个新准则项目获得立项后，便会有一份公开草案，这时，财务报表使用者可以针对草案写信，对其进行评论和表达意见，然后提交给 IASB 和 FASB，以便它们对该项目建议进行评估。

CFA 协会积极支持财务报告的改进工作。CFA 协会的志愿成员在好几个联络委员会任职。他们定期开会，就拟议的准则向 IASB 和 FASB 提出建议，并回复评论和意见。

2007 年，CFA 协会发表了一份意见书，题为《全面的商业报告模型：投资者的财务报告》，为显著改善财务报告提出了建议的模型。该意见书说：

> 公司财务报表及其相关披露是合理投资决策的基础。全球金融市场以及将自己的财务现状和未来托付给这些市场的数百万投资者，他们的福祉直接取决于财务报表和相关的披露信息。因此，信息质量驱动着全球金融市场的发展。但反过来，信息质量是由公司管理层在确认和计量影响公司经营情况的经济活动或事件时，所采用的原则和准则来直接决定的……
>
> 投资者要求财务报告能够及时、透明、可比和一致。相比于可靠性来说，投资者更希望信息能够与决策相关……"分析师需要知道经济现实，即在最大程度上，用会计数字去讲清楚目前真正发生了什么。"不能反映这种经济现实的公司财务报表会对投资决策过程造成损害。[⊖]

除其他原则外，CFA 协会所建议的模型主要强调了对资产和负债应用公允价值计量的重要性，财务报告的中立性，以及通过选择直接法的现金流量表编制格式向投资者提供现金流量细节信息的重要性。

总之，分析师可以通过跟进最新的财务报告准则动态来改进他们的投资决策。此外，由于准则制定机构通常会就拟议的准则研究项目征求意见，分析师还可以从用户的角度与准则制定机构分享观点，从而为改进财务报告做出贡献。

2.7 本章小结

了解财务报告和它所依赖的财务报告准则有助于证券评估和其他财务分析。本章介绍了财务报告准则的基本目标，在准则制定过程中的各方主体，以及分析师在追踪报告标准发展动态时的应用。

以下是本章要点：

⊖ 《全面的商业报告模型：投资者的财务报告》，CFA 协会金融市场诚信中心，2007 年 7 月，第 1、2 页。

- 财务报告的目的是提供有关报告实体的财务信息，这些信息对现有的和潜在的投资者、贷款方和其他债权人考虑是否向实体提供资源的决策时，是非常有帮助的；
- 财务报告离不开政策选择和估计。这些选择和估计依赖于职业判断，而判断则可能因编报人员不同而出现差异。因此，需要通过制定准则来达到判断的一致性；
- 民间的准则制定机构和监管当局在准则制定过程中发挥着重要、但有区别的作用。一般来说，准则制定机构负责制定准则，而监管机构负责执行规则。但是，监管机构通常都保留在其管辖范围内建立财务报告准则的法律权力；
- IFRS 框架提出了为外部使用者编制和列报财务报表的基础性概念；
- 公允地列报有用信息是 IASB《财务报告概念框架》的核心目标。决策有用信息的质量特征包括基础性特征和增强性特征两个方面，前者要求信息应当具有相关性和如实反映，后者要求信息应当满足可比性、可验证性、及时性和可理解性；
- IFRS 财务报表：《国际会计准则第 1 号》规定，一套完整的财务报表应当包括一份财务状况表（资产负债表）、一份综合收益表（两种形式：要么一张利润表和一张综合收益表，要么一张单独地将净利润和综合收益一起列报的综合收益表）、一张股东权益变动表、一张现金流量表和相关财务报表附注。附注中应包括重要会计政策和其他解释性信息；
- 财务报表应反映的基本特征包括：公允列报、持续经营、权责发生制、重要性与合并列报、不允许抵销；
- 企业应当至少每年编制一次财务报表，并应当附上上期可比较的资料，并且保持其一致性；
- 财务报表必须遵循一些列报要求，包括资产负债表中的分类列报和在财务报表内与附注中应当披露的一些信息内容；
- 全球上市公司中，很大一部分都采用 IFRS 或者 US GAAP 在编制财务报告；
- 在许多情况下，财务报表的使用者都会因为缺少必要的信息，难以对根据 IFRS 和 US GAAP 编制的公司报表进行特定的调整，以实现信息可比。因此，在对不同会计准则下所生成的可比财务指标进行解释时，分析师必须保持谨慎，并高度关注财务报告准则的重大发展变化；
- 分析师可以通过以下行动来了解财务报告的持续发展情况：关注新产品或新型交易的动态发展；关注准则制定机构、监管机构和其他团体的行动；关注公司对关键会计政策和会计估计的披露情况。

理解利润表

伊莱恩·亨利，博士，特许金融分析师

托马斯·R.罗宾逊，博士，特许金融分析师

学习目标

- 说明利润表的组成部分和它的其他列报格式；
- 说明收入确认的一般原则和收入确认的会计准则要求；
- 根据可能影响收入确认方法选择的给定信息，进行收入的计算；
- 说明费用确认的一般原则，特定费用确认的具体应用以及费用确认选择对财务分析的影响；
- 描述财务报告对非经常性项目（包括停止经营业务、非常项目或罕见项目）和会计政策变化的处理要求，并进行分析；
- 区分利润表中的经营活动部分和非经营活动部分；
- 说明每股收益的计算方法，能够计算和解释一家公司的简单每股收益和复杂资本结构下的每股收益（包括基本每股收益和摊薄每股收益）；
- 说明什么是其他综合收益，确认其他综合收益所包括的主要项目类型。

3.1 概述

利润表反映了一家公司在一定时期内开展经营活动的财务成果，它告诉我们公司在某一期间内创造了多少收入，以及为创造这些收入发生了多少成本。如果不考虑利得和损失的影响，利润表所依据的基本等式，就是收入减去费用等于净利润。利润表经常也被称为"经营报表""收益表"或"损益表"（profit and loss，P&L）。无论是 IFRS 还是 US GAAP，都允许企业单独报告一张利润表，然后再报告一张以利润表中的净损益为起始项目的综合收益表，或者也可以直接只报告一张综合收益表，将利润的计算作为综合收益表中的一个部分⊖。本章重点介绍利润表，这里的"利润表"特指用以计算企业损益情况并据以计算每股收益的单独

⊖ IAS 第 1 号《财务报表的列报》，确立了财务报表的列报和最少内容的要求，以及在 IFRS 体系下财务报表的指南。而在 US GAAP 体系下，财务会计准则委员会的会计准则汇编 ASC 第 220-10-45 节［综合收益—概述—其他列报事项］讨论了列报利润、其他综合收益和综合收益的可接受格式。

报表，或者在综合收益表中，专门用于计算经营损益的那个部分。在本章中，还包括了对综合收益（即利润表中的净损益加上其他综合收益之和）内容的讨论。

投资分析师会严格审查公司的利润表。权益分析师之所以对利润表特别感兴趣，是因为对于利润较高或者较低的成长型公司，股票市场通常会分别赋予高于平均水平或低于平均水平的估值，而估值模型的输入变量往往离不开对未来盈利的估计。固定收益分析师会考察利润表的各个组成部分，了解过去的情况并预计未来的情况，来判断企业在商业周期中偿还债务的能力。公司的财务公告经常会强调利润表中所报告的信息，特别是盈利情况，其被重视程度远高于其他财务报表中所报告的信息。

本章的组织安排如下：第 3.2 节介绍利润表的构成与格式；第 3.3 节介绍收入确认的基本原则和特定的应用；第 3.4 节介绍费用确认的基本原则和特定的选择；第 3.5 节介绍非经常性项目和非经营性项目；第 3.6 节解释每股收益的计算方法；第 3.7 节介绍利润表分析，然后第 3.8 节介绍综合收益及其报告。最后是本章学习要点小结。

3.2　利润表的构成与格式

表 3-1、表 3-2 和表 3-3 分别是比利时跨国饮料企业百威英博集团（AB InBev）、美国跨国酿酒企业摩森康胜啤酒公司（Molson Coors）和法国食品制造商达能集团（Danone）的利润表⊖。其中，百威英博集团和达能集团的利润表是按照 IFRS 编制的，而摩森康胜啤酒公司的报表则是按照 US GAAP 的要求编报的。

表 3-1　百威英博集团的合并利润表（节选）　　（单位：百万美元）

	以 12 月 31 日为年度截止日		
	2017 年	2016 年	2015 年
收入	56,444	45,517	43,604
销售成本	−21,386	−17,803	−17,137
毛利润	35,058	27,715	26,467
配送费用	−5,876	−4,543	−4,259
销售与市场费用	−8,382	−7,745	−6,913
管理费用	−3,841	−2,883	−2,560
其他经营收益 /（费用）	854	732	1,032
重组支出	−468	−323	−171
资产或业务处置	−39	377	524
企业并购支出	−155	−448	−55
资产减值损失	—	—	−82
司法赔偿支出	—	—	−80
经营利润	17,152	12,882	13,904
融资成本	−6,885	−9,216	−3,142
融资收益	378	652	1,689
融资收益净额 /（融资成本净额）	−6,507	−8,564	−1,453
在联营或合营企业中享有的利润份额	430	16	10

⊖　在利润表的净利润项目之后，还报告了**每股收益**（earnings per share），即公司每一股普通股可对应的利润金额。本章后续部分将对每股收益进行详细介绍，这里为突出利润表中的核心项目，在表中省略了每股信息的报告内容。

（续）

	以 12 月 31 日为年度截止日		
	2017 年	2016 年	2015 年
税前利润	11,076	4,334	12,461
所得税费用	−1,920	−1,613	−2,594
持续经营利润	9,155	2,721	9,867
终止经营业务利润	28	48	
本年利润	9,183	2,769	9,867
可归属于百威英博集团权益控制人的持续经营利润	7,968	1,193	8,273
可归属于少数股东的持续经营利润	1,187	1,528	1,594
可归属于百威英博集团权益控制人的本年利润	7,996	1,241	8,273
可归属于少数股东的本年利润	1,187	1,528	1,594

注：由于四舍五入影响，列报合计金额可能会有少许差异。

表 3-2　摩森康胜啤酒公司的合并经营业绩表（节选）（单位：百万美元）

	以 12 月 31 日为年度截止日		
	2017 年	2016 年	2015 年
销售收入	13,471.5	6,597.4	5,127.4
消费税	−2,468.7	−1,712.4	−1,559.9
销售净额	11,002.8	4,885.0	3,567.5
销货成本	−6,217.2	−2,987.5	−2,131.6
毛利润	4,785.6	1,897.5	1,435.9
营销与管理费用	−3,032.4	−1,589.8	−1,038.3
特殊项目影响，净值	−28.1	2,522.4	−346.7
应享有米勒康胜公司的股权投资收益	0	500.9	516.3
经营利润（损失）	1,725.1	3,331.0	567.2
其他收益（费用），净值			
利息费用	−349.3	−271.6	−120.3
利息收入	6.0	27.2	8.3
其他收益（费用），净值	−0.1	−29.7	0.9
其他收益（费用）合计，净值	−343.4	−274.1	−111.1
持续经营的税前利润（损失）	1,381.7	3,056.9	456.1
所得税收益（费用）	53.2	−1,055.2	−61.5
持续经营的净利润（损失）	1,434.9	2,001.7	394.6
终止经营业务的利得（损失），税后净影响额	1.5	−2.8	3.9
包含少数股东本期收益在内的净利润（损失）	1,436.4	1,998.9	398.5
少数股东本期收益（损失）	−22.2	−5.9	−3.3
可归属于摩森康胜啤酒公司的净利润（损失）	1,414.2	1,993.0	395.2

表 3-3　达能集团的合并利润表（节选）　　　　（单位：百万欧元）

	以 12 月 31 日为年度截止日	
	2016 年	2017 年
销售收入	21,944	24,677
销货成本	−10,744	−12,459
销售费用	−5,562	−5,890
管理费用	−2,004	−2,225
研发费用	−333	−342
其他收益（费用）	−278	−219

（续）

	以 12 月 31 日为年度截止日	
	2016 年	2017 年
日常活动的经营利润	**3,022**	**3,543**
其他经营收益（费用）	−99	192
经营利润	**2,923**	**3,734**
现金等价物和短期投资的利息收益	130	151
利息费用	−276	−414
债务成本净额	−146	−263
其他融资收益	67	137
其他融资费用	−214	−312
税前利润	**2,630**	**3,296**
所得税费用	−804	−842
合并范围内全部公司实现的净利润	**1,826**	**2,454**
应享受联营公司的投资收益份额	1	109
净利润	1,827	2,563
净利润——集团公司份额	**1,720**	**2,453**
净利润——少数股东本期收益	107	110

值得注意的是，百威英博集团和摩森康胜啤酒公司的利润表都报告了三年的比较数据，并且都按照时间顺序，将最近年份的信息报告在最左边的一栏。相比之下，达能集团的利润表则报告了两年的数据，同样按照时间顺序列报，不过它将最近一年的数据报告在最右边的一栏。按不同的时间顺序排列信息是很常见的。

公司通常在利润表的最上面一行报告收入。所谓**收入**（revenue），通常是指企业在日常活动中为交付货物或者提供服务而收取的金额。收入也常被称为销售额（sales[⊖]）或营业额（turnover）。截至 2017 年 12 月 31 日，百威英博集团报告的年度收入总额为 564.4 亿美元，摩森康胜啤酒公司报告的收入总额为 134.7 亿美元（该公司将它列报为"销售收入"），达能集团报告的收入总额为 246.8 亿欧元（同样也标注为"销售收入"）。

利润表中报告的收入金额是经过了调整的（比如，调整了现金折扣或销量折扣的影响，或调整了其他折让的影响），因此，有时候人们会特别使用"**收入净额**"（net revenue）这个术语，专门强调这是已经调整过的收入金额（例如调整了估计的退货影响）。实际上，表 3-1 至表 3-3 中涉及的三家公司，都在各自的财务报表附注（在这里并没有提供）中说明了它们所报告的都是收入净额，即扣除了退货、客户返利、商业折扣或基于销量的客户激励计划影响之后的销售额。

在比较分析中，分析师可能需要参考公司在年度报告中披露的其他信息（一般是财务报表附注和管理层讨论与分析）来确定恰当的可比收入金额。例如，对酿酒公司来说，消费税是一项重大支出。摩森康胜啤酒公司在它的利润表中报告了 134.7 亿美元的收入（列报为"销售收入"）和 110 亿美元的收入净额（列报为"销售净额"），即销售收入总额减去 24.7 亿美元的消费税。与摩森康胜啤酒公司不同，百威英博集团在它的利润表上并没有列报消费税的金额。但是，它在报表附注中披露，消费税（2017 年总计 154 亿美元）已从利润表报告的

⊖　**销售收入**（sales）多指商品或货物的销售额，而**收入**（revenue）则既包括货物销售额也包括服务销售额；不过，这些术语经常互相替换使用。在一些国家中，公司更喜欢使用营业额（turnover）来指代销售收入。

收入中予以扣除。因此，百威英博集团利润表上列报的"收入"其实与摩森康胜啤酒公司利润表上列报的"销售净额"更接近。

在费用等项目方面的列报差异也很常见。**费用**反映的是企业活动中的利益流出，表现为资产的折耗和负债的承担等。根据不同的报告要求，费用可以按不同的格式进行分组和列报。

企业在利润表底部报告净利润，或者，也可能使用其他术语，例如净收益（net earnings）、利润或亏损（profit or loss，也称损益）。百威英博集团报告它在 2017 年实现了 91.83 亿美元的"本年利润"，摩森康胜啤酒公司报告它在"包含少数股东本期收益在内的净利润（损失）"为 14.364 亿美元，而达能集团则报告它的"净利润"为 25.63 亿欧元。净利润通常被称为"底线"项目，因为它总是出现在利润表的最后或最底部。由于净利润通常被视为可用来描述企业在一段时期内经营业绩的唯一相关数字，术语"底线"在商业中有时也被用来指代任何最终或最相关的结果。

请注意，尽管有惯用的术语，每家公司都在净利润项目下披露了额外的项目：净利润中，有多少可归属于公司自身，又有多少归属于非控股股东，或者也称为少数股东。这些公司合并了它们所控制的子公司。"合并"意味着将子公司的全部收入和支出都包括进来，哪怕它们对子公司的控制权并没有达到 100%。非控股股东权益代表的是"属于"被合并子公司的少数股东的那部分利润，与属于母公司的那部分利润相对立。以百威英博集团为例，共有 79.96 亿美元的利润归属于百威英博集团的股东，而还有 11.87 亿美元则归属于被合并子公司的少数股东。对摩森康胜啤酒公司来说，有 14.142 亿美元归公司股东所有，还有负 0.222 亿美元则归子公司少数股东所有。再看达能集团的数据，该集团的净利润中，有 24.53 亿欧元归属于达能集团的股东，还有 1.1 亿欧元归属于其子公司的非控股股东。

净利润中还包括企业在日常经营活动中可能产生、也可能不会产生的经济利益增加或者减少，这称为**利得**或损失（losses）[⊖]。举例来说，如果一家制造公司销售它生产的产品，那么这些交易将被报告为收入，为实现这些收入而发生的成本则是费用，我们将收入和成本分别予以单独列报。但是，如果一家制造企业将它不再需用的土地对外出售，则这种交易将被报告为利得或损失，其金额等于这块土地的账面价值和土地处置价格之间的差额。以表 3-1 为例，百威英博集团报告它在 2017 年中有资产或业务处置损失（处置所得扣除资产账面价值后的净额）3,900 万美元，在 2016 年和 2015 年则分别实现资产或业务处置利得 3.77 亿美元和 5.24 亿美元。这类利得和损失的细节信息通常可以在公司附注的披露中找到。比如，百威英博集团就披露它在 2016 年报告的 3.77 亿美元利得，主要是来自一家墨西哥啤酒厂的出售收益。

根据定义，收益中既包括收入，也包括利得；而（需要从利润中扣减的广义[⊜]）费用既包括企业在日常活动中产生的费用，也包括损失[⊜]。因此，**净利润**（net income）（或净损益）可以被定义为：①收益减去费用，或②收入加上其他收益再加上利得，然后减去费用，或③收入加上其他收益再加上利得，然后减去企业在日常活动中发生的费用、减去其他费用，再减去损失。最后这个定义也可以重新安排如下：净利润等于①收入减去企业在日常经营活动中

　⊖　严格地说，利得和损失来源于企业的非日常活动，所以在日常活动中难以进行预估。——译者注

　⊜　为方便读者理解，括号中文字为译者补充。

　⊜　IASB《财务报告概念框架》（2010 年），第 4.29 ～ 4.32 段。

发生的费用，加上②其他收益减去其他费用，再加上③利得减去损失。

除了净利润之外，利润表还会列报一些小计项目，这些项目对财务报表使用者来说是很重要的。IFRS 规定了一些企业必须列报的小计项目，但对其他一些小计项目则并没有列报规定[○]。某些项目，比如收入、融资成本和所得税费用等，这些是必须在利润表中单独进行列报的。IFRS 还规定，即使没有明确说明，也应提供与理解报告主体相关的财务业绩的行项目、标题和小计项目。对于费用，既可以按性质归类，也可以按功能归类。例如，将制造设备的折旧费和管理设施的折旧费归集到同一个被称为"折旧费用"的单独项目中，这就是**将费用按性质进行归类**（grouping by nature）的例子。而**将费用按功能进行归类**（grouping by function）的例子则可参考"销货成本"项目，其中既包括了人工费和材料费，也包括了折旧费用、某些人员的工资费用（比如销售人员），以及其他直接与销售活动有关的费用[○]。从表 3-1 至表 3-3 中都可以看出，这三家编报公司都是按功能进行归类并报告其费用项目的，这种报告方法有时也被称为"销售成本"法。

在利润表中经常出现的一个小计项目，则是**毛利**（gross profit）或**毛利润**（gross margin，即收入扣除销售成本后的剩余）。当利润表列报毛利润小计项目时，我们会说这张利润表的**格式是多步式**（multi-step format）的，而不是**单步式**（single-step format）的。百威英博集团和摩森康胜啤酒公司的利润表采用的是多步式，而达能集团的利润表采用的是单步式[○]。对于制造业和商业公司来说，毛利润是一个相关的项目，毛利润等于收入与销货成本之差。对于服务业公司来说，毛利润等于收入与所提供服务的成本之差。总而言之，毛利润就是扣除了所交付商品或服务成本之后的可用收入金额，与运营企业有关的其他费用也需要从毛利润中予以扣除。

另一个可能出现在利润表上的重要小计项目，则是**经营利润**（operating profit，或者经营收益，营业利润[○]）。对非金融公司而言，经营利润是从毛利润中扣除销售费用、管理费用、研发费用等与经营有关费用的结果，它反映了一家企业在扣除所得税费用和利息费用之前的经营活动利润。对金融公司而言，由于利息费用与其经营活动密切相关，因此应将利息费用包含在经营费用之中，在计算经营利润之前予以扣除。对于一些由若干个独立业务部门组成的公司来说，用经营利润来评估各个业务部门的业绩是非常有用的，因为利息费用和所得税费用与整个公司的水平关联更大，而与单个业务部门的水平关联不大。每家公司计算毛利润和经营利润的具体方法可能存在差异，因此，建议财务报表使用者应查阅报表附注，以了解各公司之间的重大政策差异。

经营利润有时也被称为 EBIT（息税前利润），不过，实际上经营利润和 EBIT 并不一定相同。从表 3-1 至表 3-3 中可以看到，利润（净利润或净收益）和经营利润之间的差异并不单纯只是受利息费用和所得税费用的影响。比如，百威英博集团就专门报告了它应享受联

○ 这些规定可参考国际会计准则第 1 号《财务报表的列报》。
○ 在后续章节中，将介绍计算已售货物成本的其他方法。
○ 此处与我国对单步式利润表的传统定义有所不同，我国的绝大部分教材认为单步式利润表是将当期所有的收入排在一起，然后将所有的费用排在一起，最后用总收入减去总费用，一次计算便可得出当期损益。——译者注
○ 这里将 operating profit 翻译成经营利润，而不是营业利润，是希望与我国利润表中的"营业利润"项目区分开。这里的 operating profit 仅指经营活动的影响，而我国目前利润表中的营业利润不仅包括了经营活动的业绩，还考虑了融资活动（例如财务费用）和投资活动（例如投资收益）的影响。——译者注

营企业和合营企业的投资收益，而摩森康胜啤酒公司则专门报告了它终止经营业务的投资收益。

CRA 国际是一家提供管理咨询服务的公司，表 3-4 是它的利润表信息摘录。可以看到，CRA 国际公司从它的收入总额中扣除了服务成本（而不是商品成本），然后得到了毛利润。CRA 国际公司以每年最接近 12 月 31 日的那个星期六为财务年度截止日。由于这样的财务年度时间安排，CRA 国际公司的财务年度有时会是 53 周，而不是 52 周。在计算年度增长率的时候，虽然这额外的一周对它的影响并不大，但它对包含这额外一周的季度而言，其影响还是不容忽视的。一般来说，在进行历史数据比较和预测未来业绩时，应该警惕这种额外一周的影响。

表 3-4　CRA 国际公司的合并经营业绩表（节选）　　　（单位：千美元）

	财务年度截止日为		
	2017 年 12 月 30 日	2016 年 12 月 31 日	2016 年 1 月 2 日
收入	370,075	324,779	303,559
服务成本（不含折旧与摊销的影响）	258,829	227,380	207,650
销售与管理费用	86,537	70,584	72,439
折旧费用与摊销费用	8,945	7,896	6,552
GNU 公司商誉减值损失	—	—	4,524
经营活动利润	15,764	18,919	12,394

注：利润表中的其他项目已被省略。

表 3-1 至表 3-4 说明了利润表的基本要点，包括报表和报表之间的差异——其中一些差异取决于行业和 / 或国家，而另一些则反映了特定公司的会计政策和实务差别。此外，同行业内不同公司之间的报表差异主要体现在术语使用方面，而其他的差异则来自更基本的会计影响。财务报表附注对我们确认和理解这些差异是非常有帮助的。

介绍了利润表的构成与格式之后，下一个学习目标是了解利润表中实际报告的数字。为了准确地解读利润表中的数字，分析师需要熟悉收入和费用确认的原则，即收入和费用是如何计量并划归到给定会计报告期间的。

3.3　收入的确认

收入报告在利润表最上面的一行，因此，我们对利润表中行项目的介绍将从收入的确认开始。当前的收入确认会计准则（本节稍后将详细讨论）是从 2018 年年初开始生效的，并且在 IFRS 和 US GAAP 中的要求几乎相同。IFRS 和 US GAAP 的收入确认准则（分别为 IFRS 15 和 ASC 主题 606）是在 2014 年发布的，这是两大准则制定机构努力实现全球收入确认趋同、追求一致性和信息透明的结果。

首先，让我们来介绍一些相关的会计术语。在此之前，已简要介绍了收入、销售收入、利得、损失和净利润（净收益）等简单定义。IASB 在 2010 年版的《财务报告概念框架》[⊖]（以下简称《概念框架》）中，对这些利润表项目进行了进一步的定义和讨论。根据《概念框架》

　　⊖　当前 IASB 正在对《财务报告概念框架》进行修订。

的介绍，利润是一种常用的业绩计量指标，它由收益和费用共同决定[一]。它对**收益**的定义如下：

收益是会计期间内的经济利益增加值，它会导致所有者权益的增加，但与权益
参与人的出资无关；收益可以表现为资产的流入或价值的增加，或负债的减少[二]。

在 IFRS 中，"收益"一词包括收入（revenue）和利得。利得与收入很相似，但它们通常产生于次要的或外围的活动，而不是来自于公司的主要经营活动。举例来说，如果一家餐厅将多余的餐厅设施对外出售，那么所得价款高于设施账面价值的差额，就被称为利得而不是收入。类似地，损失通常也产生于次要的活动。利得和损失可以被视为企业经营活动的一部分（例如，由于存货价值下跌而造成的损失），也可以被视为非经营活动的一部分（例如，出售非交易性的投资）。

在下面这个简单的假设场景中，收入的确认很容易：一家公司以收取现金的方式将商品出售给买方，且不允许退货；因此，公司在用货物交换现金时，应确认收入，并以所收到的现金金额来对收入进行计量。不过，在公司实践中，判断应在何时确认收入以及如何确定收入的金额是复杂的，原因将在下面几个小节中进行介绍。

3.3.1 一般原则

收入与相关现金流动之间是可以不同步的，这是关于收入确认的一个重要问题。比如，假定一家公司赊销货物给买方，因此它需要等到一段时间以后，才能真正收到销售价款。但权责发生制会计的基本原则是，收入应在它被赚取时就予以确认（即报告在利润表上）。所以，当与所售商品的所有权相关的风险和报酬发生转移时（通常是公司提供商品或服务时），这家公司就会在财务系统中记录这笔销售收入。如果这时公司并没有收到客户的付款，那么，就会产生一项相关的资产，比如贸易收款或者应收账款。接下来，当客户付款给公司以后，公司再在财务系统中记录现金已经收到，并结清应收账款。类似地，也有一些公司可能提前收到现金，然后需要一段时间以后，才能实际交付产品或服务给客户。在这种情况下，公司应在最初收到现金时就将**尚未赚取到的收入**（unearned revenue）记录为一项负债，并在一段时间以后，随着产品或服务的交付，再确认为已赚取到的收入。例如，公司可能会提前收到一种出版物的订阅款，而公司定期将该出版物交付给客户。

3.3.2 收入确认的会计准则

2014 年 5 月，IASB 和 FASB 发布了趋同的会计准则，对收入确认的基本原则进行了一些修改，并增强了两大会计准则体系下关于收入确认的可比性[三]。这两项准则的内容几乎是相同的，除非另有说明，这里的讨论是同时适用这两项准则的。此次趋同的会计准则发布意义重大，因为在这之前，IFRS 和 US GAAP 在收入确认方面是存在差异的。该趋同准则旨在提供一种基于原则的收入确认标准，可同时应用于多种类型的创收活动。

该趋同准则的核心原则是，收入的确认应"说明向客户转让所承诺商品或服务的数额，

[一] 《概念框架》第 4.24 段。在 IASB《财务报告概念框架》（2010 年版）和《财务报表编制和报告框架》（1989 年版）中，对财务报表的要素及其确认和计量的规定是相同的。
[二] 《概念框架》第 4.25（a）段。
[三] IFRS 15《客户合同收入》和 FASB ASC 主题 606《客户合同收入》。

反映报告主体在交换这些商品或服务时希望获得的对价"。为了实现这一核心原则，该准则介绍了收入确认的五个步骤：

    1. 识别与客户订立的合同；

    2. 识别合同中的单项履约义务；

    3. 确定交易价格；

    4. 将交易价格分摊至各单项履约义务；

    5. 每一单项履约时确认收入。

根据该准则，合同是指缔约双方之间具有商业实质的协议或者承诺，它规定了双方的权利和义务，包括支付条款。此外，合同存在的前提是很可能（probable）收回款项。IFRS 和 US GAAP 都使用了 probable 这个措辞，不过对于收款可能性的阈值定义有所区别。在 IFRS 下，probable 是指发生的可能性大于不发生的可能性（more likely than not），但在 US GAAP 下，probable 则是指很可能会发生（likely to occur）。因此，即使是对于在经济上类似的合同，在 IFRS 下和 US GAAP 下，也可能会被区别对待。

所谓合同中的履约义务，是指转让不同商品或服务的承诺。如果一种商品或服务本身就能让客户受益，或者能与现成资源结合从而能让客户从中获益，并且与之同时，转让该商品或服务的承诺能与合同中的其他承诺相分离，那么，就说明该商品或服务是可区分的。对于可区分的单项履约义务，应单独进行会计核算。

所谓交易价格，是在卖方通过转让合同中规定的商品或提供的服务时，预计能够收到的金额。接下来，应将交易价格分摊至各单项履约义务，并在各单项履约义务完成时分别确认收入。第三步和第四步强调收入确认的金额，第五步强调收入确认的时点。确认金额中反映了对收入可收回性的预期，以及（如果适用的话）将交易价格在同一合同的多个单项履约义务之间进行分配。当履约义务完成时，便确认收入。

收入的确认应以极不可能发生逆转为前提。因此，当总收入的估计不够可靠时，在销售当时可能只会记录最小金额的收入。同时，在资产负债表上，将全部退款义务反映为一项负债，按存货的账面价值扣除回收成本，并确认一项名为"有退货权的存货⊖"的资产。

收入确认后，在资产负债表上会报告一项合同资产。只有当所有的履约义务都已完成、只等待买方付款时，卖方才能在资产负债表上报告应收账款。对于在发出商品或者提供服务之前就收到买方所支付的对价，卖方应报告为合同负债。

报告主体将（商品或服务的）控制权转移给客户，完成其履约义务后，就可以确认收入了。评估客户是否在某特定时点上掌握了对某项资产的控制权，需要考虑以下因素：

- 报告主体已享有现时收款权利；
- 客户已拥有（商品的）法定所有权；
- 客户已拥有商品实物；
- 客户已取得该商品所有权上的主要风险和报酬；
- 客户已接受该商品。

对只需要在某特定时点一次性交付全部商品的简单合同来说，执行这五个步骤是毫无困难的。但对于更复杂的合同来说，比如，当履约义务在一段时期内逐渐完成时，当多期合

    ⊖   在我国会计体系下，一般使用"发出商品"这种说法。——译者注

同的条款发生变化时，当履约义务包括由多种商品和服务所构成的组合时，或者当交易对价"可变"时，会计处理的可选项就没有那么明显了。因此，会计准则中的步骤是为了能对大多数情形下的交易提供适用的指导。

此外，该准则还提供了许多具体的示例，用来对各种复杂合同提供应用指导。在表 3-5 中，汇总了其中的一些示例。注意，对于很多示例来说，如果与该趋同准则生效之前的收入确认政策相比，按趋同准则核算的最终结果可能与之并不存在实质性的差别；差异主要体现在概念方法方面，以及在某些情况下，其术语会有所不同。

表 3-5　应用趋同的收入确认准则

本表中的参考资料来自 IFRS 15《客户合同收入》[和 ASU 2014-09（FASB ASC 主题 606）] 中的一些示例，以下概述均以这些示例为基础。

第 1 部分（参考示例 10）

建造公司与客户公司签订了一项建造商业大楼的合同。建造公司就该合同确认出若干项需要提供的商品和服务，例如建筑施工前工程、商业大楼各单个组件的施工、管道、电路和室内装修等。现在来看"确定履约义务"，建造公司是否应将每一具体项目视为单独的履约义务，并将收入在这些履约义务之间进行分配？

对此，准则规定了两个必须满足的条件，用来判断在确定履约义务时，一项商品或服务是否属于"可明确区分"的。首先，顾客可以从该商品本身或该商品与其他易于获得的资源一起使用中受益。第二，卖方"向客户转让商品或服务的承诺与合同中的其他承诺是可单独区分的"。在本例中，第二个条件没有得到满足，因为客户签订合同要求得到的是商业大楼，而不是单独的各项商品和服务。作为卖方，建造公司应将所有商品和服务整合为一件综合的产品，不能将每一个具体项目视为可单独区分的商品或服务，而应将整栋商业大楼作为一个单一的履约进行处理。

第 2 部分（参考示例 8）

建造公司与客户公司签订了一项建造商业大楼的合同，合同规定的对价是 100 万美元，而建造公司预计的合同总成本为 70 万美元。第 1 年，建造公司发生的成本为 42 万美元。假定用已经发生的成本占比来衡量工程的完工进度是恰当的，那么，建造公司在第 1 年应确认多少收入？

根据会计准则规定，对于需要在一段时期内完成的履约义务（例如长期合同），企业可以按照其在该时段内履行的履约义务进度来确认收入。在本例中，建造公司已经发生了 60%（＝ 42 万美元 /70 万美元）的预期总成本，因此在第 1 年可以确认 60 万美元（＝ 60%×100 万美元）的收入。

如果按照过去的会计准则要求，使用"完工百分比法"来确认收入，其结果与上述按照趋同的会计准则所确认的收入金额是相同的。但在趋同的收入准则中，并没有使用"完工百分比法"这个术语。相反，它用了在某一时段内履行的履约义务这个说法，并要求按照这里举例所讲的投入法（根据已经发生的成本占总成本的比重来确定当期的收入金额）或产出法（根据已生产的单位量或已实现的里程碑进度来确认收入金额）来确认履约义务的完成进度。

第 3 部分（参考示例 8）

假定建造公司与客户公司签订的商业大楼建合同规定，合同对价为 100 万美元，但如果建造公司能在两年内完工并交付产品的话，则还可以获得 20 万美元的奖金。建造公司在履行类似合同履约义务方面的经验有限，并且知道诸如许多不可控因素（例如天气和监管要求等）的影响，可能会导致延迟交付。建造公司预计的合同总成本为 70 万美元。在第 1 年，已发生成本为 42 万美元。假定用已发生的成本来计量合同履约进度是合适的，那么建造公司在第 1 年应该确认多少收入？

在判断交易价格时，会计准则强调应考虑所谓"可变对价"的影响。只有当公司能够判断累计已确认收入在未来不会发生回转时，才应当将可变对价确认为收入。在本例中，建造公司在第 1 年不确认任何可能获得的奖金收入，因为根据它在类似合同方面的有限经验以及其他不可控因素可能导致的延迟交付，建造公司无法达成奖金收入在未来不会发生逆转的结论。

第 4 部分（参考示例 8）

假定其他所有事实与第 3 部分中的相同。在第 2 年年初，建造公司和客户公司一致同意更改建筑平面图并修改合同。由此导致合同对价增加了 15 万美元，并且将允许获得完工奖金的时间延长了 6 个月。对此，建造公司预计它的成本将增加 12 万美元。此外，由于获取建造完工奖金的时限被延长了 6 个月，建造公司认为它现在满足了将 20 万美元完工奖金计入收入的条件。那么，建造公司对这一合同变更应如何进行会计处理？

趋同后的准则对合同变更应当判断为新增合同还是对已有合同的修改提供了指导。如果变更所涉及的商品或服务与卖方已转让的商品或服务可明确区分开，则变更部分应被确认为一项新的合同。

（续）

> 在本例中，变更内容不符合单独确认一项新合同的条件，因此应判断为对已有合同的修改，此时公司应当报告合同变更所带来的累积影响。所以，公司需要更新其交易价格和工作进度的度量。现在，建造公司的交易总收入（交易价格）变为 135 万美元（即原来的 100 万美元，加上新的对价 15 万美元，再加上完工奖励 20 万美元），而它目前的完工进度为 51.2%（即已发生的成本 42 万美元与预期总成本 82 万美元之比）。由于发生合同变更，需要额外确认的收入金额为 91,200 美元，即 135 万美元的 51.2% 再减去上年已经确认的 60 万美元，该 91,200 美元应在合同变更日确认为"累积追加调整"。
>
> **第 5 部分（参考示例 45）**
>
> 假定某公司运营一家网站，让客户可以从不同的供应商处购买商品。客户须预先向该公司付款，并且所有订单概不接受退货。**供应商**直接将货物交付给客户，而该公司则从中收取 10% 的佣金。那么，该公司在报告它的收入总额时，是应该按其销售额的 100%（总额法）还是只按照其销售额的 10%（净额法）进行计量？如果公司作为主要责任人（a Principal）则应该使用总额法，但如果公司作为代理人（an Agent），则应该使用净额法。
>
> 在本例中，该公司的身份是代理人，因为它对合同的履行没有主要负责，不承担任何库存风险或信用风险，在定价方面没有决定权，只以佣金形式获得补偿。由于该公司只是代理人，所以它应该只将佣金部分报告为自己的收入。

在新收入准则要求下，需要对一些相关成本进行特定的会计处理。具体来说，根据新准则要求，为获得一份合同而发生的增量成本和为履行合同而发生的某些特定成本，必须进行资本化处理（即在资产负债表上报告为一项资产，而不是在利润表上作为一项费用）。如果一家公司在采用新的趋同收入准则之前已经将这类增量成本进行费用化处理了，那么，在其他条件相同的情况下，在采用趋同收入准则的最初几年，它的盈利能力会被高估。

新收入准则下的披露要求非常广泛。公司应当在年底⊖按不同分类标准披露各类与客户的合同信息，分类可能基于产品类型、地理区域、客户或销售渠道类型、合同定价条款类型、合同期限或交货时间等。此外，还应当披露与合同相关的资产或负债的余额以及这些余额的重大变化，剩余的履约义务和分配给这些履约义务的交易价格，以及与收入确认相关的重大职业判断及其变化。其中，所谓重大职业判断，是指在确定收入时间和确认金额时所进行的考虑。

根据预期，这项趋同的准则对某些行业可能会造成更大的影响。例如，像电信业和软件业这类捆绑销售比较多的行业，预计将受到趋同准则的重大影响。

3.4　费用的确认

将费用从收入中扣除，即得到公司的净利润或净亏损。根据 IASB 的概念框架，**费用**（expenses）是指"会计期间内经济利益的减少额，其表现形式为因资产流出、资产折耗或负债承担而引起的所有者权益减少，但与向所有者的分配无关"。⊜

在 IASB 的概念框架中，还指出：

> 费用的定义包括了损失和企业在日常活动中发生的各种耗费⊜。举例来说，企业在日常活动中发生的各种耗费包括销售成本、工资和折旧等，通常表现为现金及

⊖　IFRS 和 US GAAP 对中期报告的披露也有要求，但两者略有不同。

⊜　IASB 概念框架第 4.25（b）段。

⊜　与我国基本会计准则中对费用的定义存在差异，我国严格强调费用是"日常活动"中的经济利益流出（见《企业会计准则——基本准则》第 33 条），而损失是"非日常活动"产生的经济利益流出。但此处引用的是国际财务会计准则理事会《概念框架》中对收益和费用的定义，很明显，IASB 的收益和费用定义更宽泛，包括了所有与企业和所有者交易无关的权益资本变动事项。——译者注

现金等价物、存货、不动产、厂场和设备等资产的流出或者被耗用。

而损失则是指符合费用定义的、在企业日常活动中可能发生、也可能不会发生的其他项目[⊖]。损失也代表经济利益的减少，因此与其他费用项目在性质上没有更多差别。所以它们在本《概念框架》中不被视为一个单独的因素。

举例来说，火灾和洪水等灾难所造成的利益流出，以及企业处置非流动资产所引起的亏损，都属于损失[⊜]。

与收入的确认问题类似，在简单的假设场景中，费用的确认不是什么难题。比如，假定一家公司用现金购入存货，然后在同一会计期间将这些存货全部售出。那么很明显地，当公司为所购入的存货付款时，存货的成本就产生了；当这些存货被售出时，就应该在会计系统中记录为费用（销货成本）。继续假定这家公司在每个会计期间都用现金支付当期所有的经营费用和管理费用，那么在这种简单的假定场景中，就不会出现费用确认的争议问题。但在实践中，与收入的确认一样，判断应当何时确认费用可能会更复杂一些。

3.4.1　一般原则

一般来说，公司在消耗（即使用）一笔支出所带来经济利益的当期，或失去以前期间所确认的经济利益时，会确认费用[⊜]。

费用确认的一般原则是**配比原则**（matching principle）。严格地说，IFRS 并没有使用"配比原则"这种说法，而是用的"配比概念"或特指使"成本费用与相关收入配比"的过程[⊗]。在一些准则制定的审议过程中，这种区别是相关的。根据配比要求，一些费用（比如销货成本）应当在相关收入被确认以后才在同期予以确认，这样，费用与收入才能相互匹配。所谓相关的收入和费用，是指由同一个交易或者事项所直接导致或共同影响的收入和费用。在实务中，与公司购买存货，然后在同一会计期间内就售出所有存货的简单情景不同，一家企业在本期销售的存货当中，有一部分更有可能是在上期或上几个会计期间购入的；而截止到会计期末，本期购入的一部分存货很可能还没有来得及售出，需要等待到未来的会计期间才被销售。配比原则要求公司将存货的销售成本与它的销售收入确认在同一个会计期间当中。

而**期间费用**（period costs），即与收入的实现相对不直接匹配的支出，应在企业实际支出或承担支付义务时予以确认。管理费用就是期间费用的一个典型例子。还有一些也是与收入的直接匹配程度较低的其他支出，它们与企业未来的预期经济利益更加相关，在这种情况下，则随着时间的推移对这类支出进行系统的分配，折旧费用就是一个例子。

以下例 3-1 和例 3-2 说明了配比原则在存货和销货成本方面的应用。

▌例 3-1　存货和销货成本与收入的配比

假定有一家企业叫作卡恩经销有限责任公司（KDL），它买入存货然后再进行二次销售。2018 年年初，卡恩公司的存货余额为 0。在 2018 年，它发生了如下交易：

⊖　如上一条脚注，这里对损失的定义来自 IASB 的《概念框架》，与读者熟悉的我国通用定义有所不同。——译者注
⊜　IASB《概念框架》，第 4.33 ～ 4.35 段。
⊜　IASB《概念框架》，第 4.49 段。
⊗　IASB《概念框架》，第 4.50 段。

存货采购		
第 1 季度	2,000	单价为 40 美元 / 件
第 2 季度	1,500	单价为 41 美元 / 件
第 3 季度	2,200	单价为 43 美元 / 件
第 4 季度	1,900	单价为 45 美元 / 件
合计	7,600	采购总成本为 321,600 美元

卡恩公司在当年以 50 美元 / 件的单价销售了 5,600 件存货，并已收到了现金。

卡恩公司判断它在年末的存货余额为 2,000 件，并特别指出其中有 1,900 件是在第 4 季度购入的，另外 100 件是在第 3 季度购入的。根据发出或留存商品的个别计价法（也称个别认定法），卡恩公司在 2018 年的交易中所实现的相关收入和费用各是多少？（假定根据卡恩公司的预计，不会发生退货。）

解答： 2018 年的销售收入应为 280,000 美元（＝ 5,600 件 × 50 美元 / 件）。最初，所购入的商品会按其总成本被记录为价值 321,600 美元的存货（即一项资产）。然后在 2018 年，已售出 5,600 件商品的成本将被费用化（与销售收入进行配比），而剩下未售出 2,000 件商品的成本则仍然停留在存货项目中，如下所示：

销货成本		
已售第 1 季度采购商品	2,000 件 *40 美元 / 件 =	80,000 美元
已售第 2 季度采购商品	1,500 件 *41 美元 / 件 =	61,500 美元
已售第 3 季度采购商品	2,100 件 *43 美元 / 件 =	90,300 美元
已售商品成本合计		231,800 美元
剩余商品存货的成本		
源自第 3 季度的采购	100 件 *43 美元 / 件 =	4,300 美元
源自第 4 季度的采购	1,900 件 *45 美元 / 件 =	85,500 美元
剩余（期末）存货成本合计		89,800 美元

对上述结果进行验证，已售商品的销货成本与期末的存货成本刚好等于当期采购总成本：231,800 美元 ＋ 89,800 美元 ＝ 321,600 美元。已售商品的销货成本被费用化处理，与当期收入 280,000 美元相配比，如下所示：

收入	280,000 美元
销货成本	231,800 美元
毛利润	48,200 美元

另一种考虑本问题的方法是，卡恩公司在购货时即产生了一项价值为 321,600 美元的资产（存货）。到期末时，公司所持有的存货价值为 89,800 美元。因此，当期应确认的已售商品销货成本就应当是上述两个金额之差，即 231,800 美元。

剩余存货的成本为 89,800 美元，将在未来某期当这些存货被售出时，再与其相关销售收入进行配比和确认。

◤ 例 3-2　其他存货计价方法

在例 3-1 中，卡恩公司有能力对已出售的存货和留存作为期末库存并等待未来期间再出售的存货进行单独辨认，这种方法被称为**个别计价法**（specific identification method）。在这种方法下，存货与已售商品的销货成本所对应的实物流转是一致的。不过，在一般情况下，要单独辨别出哪些批次的存货被售出了，哪些还停留在库存当中是不容易做到的，因此，会计准则允许按照一定的成本公式（cost formulas，IFRS 术语）或成本流转假定（cost flow assumptions，US GAAP 术语）将存货成本在已售商品的销货成本和期末库存成本之间进行分配。成本公式或成本流转假定决定了哪些存货被假定售出，而哪些存货被假定留存作为期末存货。先进先出法和加权平均成本法是 IFRS 和 US GAAP 都共同允许使用的。

　　在**先进先出法**（first in，first out，FIFO）下，假定出售的商品是最早购入或生产完工的，因此留存在期末存货中的就是最近购入或生产完工的商品。期初存货的成本和本期最先购入（或生产完工）存货的成本会首先流入本期销货成本，就像最老批次的存货会被最先售出那样。因此，期末存货就由最近采购的商品所构成。事实上，在例 3-1 当中，用个别计价法确认的存货销售情况恰好也是遵循先进先出规则的，所以在本例中，根据先进先出法计算的本期销货成本也等于 231,800 美元，计算如例 3-1 所示。

　　加权平均成本法（weighted average cost method）使用可供出售商品的平均成本来计算已售商品的销货成本和期末存货的价值。在这种方法下，首先需要计算单位商品的平均成本（即可供出售商品的总成本 / 可供出售商品的数量），然后根据这个平均成本与销售商品数量和期末库存商品数量来进行分配。

　　以卡恩公司的数据为例，单位商品存货的加权平均成本为：

$$321,600 \text{ 美元} \div 7,600 \text{ 件} \approx 42.3158 \text{ 美元 / 件}$$

　　按加权平均成本法计算的销货成本为：

$$5,600 \text{ 件} \times 42.3158 \text{ 美元 / 件} \approx 236,968 \text{ 美元}$$

　　按加权平均成本法计算的期末存货价值为：

$$2,000 \text{ 件} \times 42.3158 \text{ 美元 / 件} \approx 84,632 \text{ 美元}$$

　　还有一种方法是 US GAAP 允许、但 IFRS 不允许的，这就是**后进先出法**（last in，first out，LIFO）。在后进先出法下，假定最近购入（或制造完工）的存货最先销售出去，因此停留在期末存货当中的都是最早批次采购或者完工的存货。最近购入商品存货的成本会首先流入当期销货成本当中，就像刚购入的存货最先被销售出去那样。虽然这看起来可能违背常识，但在某些情况下是合乎逻辑的。例如，木材场中的木材都是堆放在一起的，最老批次的木材往往堆放在最底部。当木材被销售出去时，都是从木材堆的顶部开始取货的。所以，最近购买并入库的木材是最先被取出去的。从理论上来说，公司应当选取与存货实物流转相一致的存货发出计价方法[⊖]。以卡恩公司的数据为例，假定它使用后进先出法，那么期末库存中剩余的 2,000 件商品就应该是公司在第 1 季度采购的[⊜]。

$$期末存货 2,000 \text{ 件} \times 40 \text{ 美元 / 件} = 80,000 \text{ 美元}$$

　⊖　实际上，美国一些公司选择使用后进先出法的原因是为了降低税负。在存货的采购单价和库存数量都上升的情况下，采用后进先出法通常能报告出更高的销货成本和较低的利润，从而降低公司税负。根据美国税法的要求，如果一家公司在纳税申报时使用后进先出法，那么它在按照 US GAAP 编制的财务报表中也必须使用同样的存货计价方法。

　⊜　如果能有每季度准确的销售量和销售时间，那么这里的答案可能会有所不同。因为单位销货成本将在每个季度内就决定，而不是等到季度末。

根据后进先出法，然后再将剩下的存货成本分配给本期销货成本：

存货总成本 321,600 美元 − 期末存货成本 80,000 美元 = 241,600 美元

当然，根据后进先出法，也可以将最后购入的 5,600 件商品的成本分配给本期销货商品成本：

1,900 件 ×45 美元 / 件 + 2,200 件 ×43 美元 / 件 + 1,500 件 ×41 美元 / 件 = 241,600 美元

另一种看待费用确认的方法是，该公司在购货后即产生了一项价值为 321,600 美元的资产（存货），到会计期末时，这项存货的价值只剩下 80,000 美元了。因此，应确认该会计期间存货销售成本应当等于上述两个数据之间的差额，即 241,600 美元。

表 3-6 中，对存货成本计价方法进行了总结和对比。

表 3-6　存货成本计价方法小结

方法	描述	物价上涨时，与其他两种方法比较，销货成本所受影响	物价上涨时，与其他两种方法比较，期末存货所受影响
先进先出法（FIFO）	最早批次购入的存货成本将最先转入到销货成本中	最低	最高
后进先出法（LIFO）	最近批次购入的存货成本将最先转入销货成本中	最高①	最低①
加权平均成本法	用总成本除以总数量，得到平均成本	居中	居中

①假设不存在后进先出法层次清算的影响。如果某个会计期间内的销售量大于当期采购量，就会发生**后进先出法层次清算**（LIFO layer liquidation），在这种情况下，当期销售的一部分存货将是过去购入的、单价较低的存货批次，而不仅是最近的采购批次。

3.4.2　费用确认中的问题

以下各部分将介绍费用确认原则在某些常见情形下的应用情况。

3.4.2.1　坏账

公司在赊销产品或服务时，很可能会碰到一些最终出现违约（即未能付款）的客户。在销售发生当时，企业无法知道哪些顾客会违约（如果知道某客户最终会违约，公司大概率也就不会赊销给该客户了）。因此要确认应收客户款项的信用损失，一种可能的办法是等到客户实际出现违约以后再来确认 [即**直接核销法**（direct write-off method）]。但这种做法通常不符合公认会计原则的要求。

根据配比原则的要求，在确认销售收入时，公司应当同时估计最终坏账金额并予以记录。公司可以根据过去处理坏账的经验来做出此类估计，将估计值表达为销售总额、应收账款总额或逾期一定时间以上应收账款金额的一定比例。公司应在利润表上把它对坏账的估计金额记录为一项费用，不能直接抵减收入金额。

3.4.2.2　保修责任

公司有时会对它们所销售的产品提供保修责任。如果有证据表明产品存在保修条款所涵盖的质量缺陷，那么公司将负责为客户更换新产品或者承担维修责任。在商品销售时，公司并不清楚与保修承诺有关的未来费用金额。因此一种可能的做法是，公司等到相关保修费用实际发

生以后,再来进行确认和反映。但是,这样做会导致费用和与其相关的收入之间没有相互配比。

根据配比原则,公司需要估计它承诺的未来保修费用金额,在销售发生当期就确认为预计保修费用,并在保修期间内根据经验数据对该估计金额不断进行修正。

3.4.2.3　折旧与摊销

所谓**长期资产**(long-lived assets),是指预期在未来一年以上的时间里都能为企业带来经济利益的资产,比如土地(不动产)、厂场、设备和类似商标这样的**无形资产**(intangible assets,即没有实物形态的资产)。大多数长期资产的成本都是在它们能提供经济利益的时段内进行分配的,只有两种长期资产例外,即土地和使用寿命不确定的无形资产。

所谓**折旧**,是在长期资产预期能提供经济利益的期间内系统地分配其成本的过程。"折旧"这个术语通常用于厂场和设备等具有实物形态的长期资产(土地是不计算折旧的)的成本分配过程,而**摊销**(amortization)则通常用于使用寿命有限、但不具有实物形态的长期资产的成本分配过程⊖。企业购入的客户邮件名单、有特定到期日的专利权以及具有法定保护期限的版权等,都属于使用寿命有限的无形资产。此外,"摊销"这个词也常被用于将固定收益证券的溢价或折价在证券存续期内进行系统分摊。

对于不动产、厂场与设备,IFRS 提供了两种可供选择的计价模式,即成本模式和重估值模式⊖。在成本模式下,企业应将资产的应计折旧额(即成本与预计残值之差)在该资产的剩余使用寿命期限内进行系统分配,以成本减去累计折旧的金额来报告资产的价值。在重估值模式下,直接按公允价值报告资产价值。US GAAP 不允许使用重估值模式。因此,虽然 IFRS 允许重估值模式,但真正采用这种模式的公司不多,因此本书将主要侧重于成本模式。值得一提的是,IFRS 和 US GAAP 还在两个问题方面存在差异:IFRS 要求对资产的每个不同组成部分应分别计算折旧,而 US GAAP 不要求对资产的组成部分去计算折旧;IFRS 要求每年对资产的残值和使用寿命进行复核,而 US GAAP 没有明确提出这类要求。

用于折旧金额的计算方法能反映出资产经济利益的预期消耗方式。IFRS 并没有规定特定的折旧计算方法,但提到了几种被普遍使用的方法,例如直线法、余额递减法(加速折旧)和工作量法(具体的折旧金额将由资产的生产量或使用量来决定)。

直线法(straight-line method)将长期资产的成本减去预计残值后的金额在该资产的预计使用寿命期内进行平均分配。(在这种方法下,如果将每年的折旧费用按时间推移做出线图,就会得到一条直线,因此"直线法"得名于此。此外,如果将资产成本减去每年折旧费用的累计金额也按时间推移做出线图,则会得到一条倾斜向下的直线。)折旧和摊销的计算离不开两个重要的估计:资产的预计使用寿命和预计剩余残值 [residual value,也称"残值(salvage value)"]。根据 IFRS 规定,所谓残值,应是公司预计在资产使用寿命结束时,从该资产的处置中可收取到的金额⊜。如例 3-3,就列示了一项用直线法计算折旧的设备,在不同

⊖　对于使用寿命不确定的无形资产,则不进行摊销。相反,我们需要在每期都复核其"使用寿命难以确定"这个假定的合理性,并至少每年进行一次减值测试(即,如果无形资产的可收回金额或公允价值明显低于其在本公司的账面价值,则应当认为该资产发生了减值,应当调减其账面价值)。IAS 第 38 号《无形资产》和 FASB ASC 主题 350 "无形资产——商誉和其他"。

⊖　IAS 第 16 号《不动产、厂场与设备》。

⊜　严格地讲,这里的"残值"应当表述为"净残值",即企业预计能从资产处置中得到的金额扣除相关的处置税费后的净额。——译者注

的资产使用寿命和预计残值估计的假定下，其每年的折旧费用是如何变化的。可以看出，年折旧费用对资产的预计使用寿命和预计残值都很敏感。

例 3-3　年折旧费用对不同的预计使用寿命和预计残值的敏感程度

在直线法下，每年的折旧费用计算公式是：

$$\frac{资产成本 - 预计残值}{预计使用寿命}$$

假定有一项价值 10,000 美元的资产。如果我们预计它的残值为 0，预计可使用 5 年，那么，在直线法下，它的年折旧费用就是：（10,000 美元 – 0）/5 年 = 2,000 美元 / 年。可是，如果仍然预计可使用 5 年，但增大它的预计到期残值为 4,000 美元，那么，年折旧费用就只有 1,200 [=（10,000 – 4,000）/5] 美元了。或者，假定预计到期残值仍然为 0，但增大它的预计可使用年限到 10 年，那么年折旧费用就只有 600 [=（10,000 – 4,000）/10] 美元。在表 3-7 中，列出了在各种不同的预计使用年限和残值假定下的年折旧费用分布情况。

表 3-7　年折旧费用分布　　　　　　　　　　　　（单位：美元）

预计可使用年数	预计残值					
	0	1,000	2,000	3,000	4,000	5,000
2	5,000	4,500	4,000	3,500	3,000	2,500
4	2,500	2,250	2,000	1,750	1,500	1,250
5	2,000	1,800	1,600	1,400	1,200	1,000
8	1,250	1,125	1,000	875	750	625
10	1,000	900	800	700	600	500

直线折旧法之外的其他替代方法通常被称为**加速折旧法**（accelerated methods），因为它们加快了折旧的时间。在加速折旧法下，更高比例的资产成本将会被分配到资产使用寿命的早期。如果预计厂场或设备（比如汽车）在前期能提供更高使用效能的话，那么加速折旧法就是非常恰当的。**余额递减法**（diminishing balance method 或 declining balance method）就是一种常用的加速折旧方法。例 3-4 介绍了余额递减法的应用。

例 3-4　使用余额递减法计算折旧费用

假定计算机设备的成本为 11,000 美元，预计残值为 1,000 美元，估计使用寿命为 5 年。在余额递减法下，第一步是确定直线折旧率，即该资产如果按直线法进行折旧，那么年折旧费用占资产成本的比率。该比率等于 100% 除以资产的预计使用寿命，在本例中，100% 除以 5 年，即为 20%。也就是说，如果使用直线法计算折旧费用，该资产在这 5 年中每年应记录为折旧费用的金额等于其应折旧成本额的 1/5 或 20%，即每年折旧费用为 2,000 美元。

第二步则是确定一个加速系数，这个系数需要近似地接近该资产的磨损模式。常见的加速系数是 150% 和 200%，后者就是所谓的**双倍余额递减法**（double declining balance depreciation），因为它按直线折旧率的双倍来计算折旧。如果在本例中使用 200% 的加速系数，那么余额递减折旧率就应当等于 40%（即 20%×2.0）。接下来，就在每个会计期间将这个折旧率应用于该资产的剩余未折旧金额 [称为**账面净值**（net book value）]。

在第 1 年年初，该设备的账面净值为 11,000 美元。那么，在该资产的第 1 个完整使用年度，其折旧费用就等于 11,000 美元的 40%，即 4,400 美元。在余额递减法下，如果资产存在预计残值，在计算每期折旧金额时通常是不予考虑的（即按 11,000 美元的 40% 计算折旧费用，而不是按 11,000 美元扣除预计残值后差额的 40% 来计算折旧费用）。不过，当该资产的账面净值达到预计残值金额后，公司就应当停止计算折旧费用了。

第 2 年年初，首先计算该资产在当时的账面净值：

	（单位：美元）
资产成本	11,000
减：累计折旧	−4,400
账面净值	6,600

在第 2 个完整使用年度，折旧费用将为 6,600 美元的 40%，即 2,640 美元。这样，到第 2 年年末（即第 3 年年初），已记录的折旧金额合计为 7,040（＝4,400＋2,640）美元。所以，该资产在第 3 年年初的账面净值就是：

	（单位：美元）
资产成本	11,000
减：累计折旧	−7,040
账面净值	3,960

在第 3 个完整使用年度，折旧费用将为 3,960 美元的 40%，即 1,584 美元。到第 3 年年末，已记录的折旧费用合计为 8,624（＝4,400＋2,640＋1,584）美元。所以，该资产在第 4 年年初的账面净值就变成了：

	（单位：美元）
资产成本	11,000
减：累计折旧	−8,624
账面净值	2,376

在第 4 个完整使用年度，折旧费用将为 2,376 美元的 40%，即 950 美元。到第 4 年年末，已记录的折旧费用合计为 9,574（＝4,400＋2,640＋1,584＋950）美元。至此，该资产在第 5 年年初的账面净值就变成了：

	（单位：美元）
资产成本	11,000
减：累计折旧	−9,574
账面净值	1,426

第 5 年，如果还像前几年那样计算折旧费用，那么就是 570 美元（即 1,426 美元的 40%）。可是这样就将导致该资产在第 5 年年末的剩余账面净值低于 1,000 美元的估计残值水平了。因此，在第 5 年中，该资产的折旧费用只能是 426 美元，这样才能在第 5 年年末留下 1,000 美元的账面净值：

	（单位：美元）
资产成本	11,000
减：累计折旧	−10,000
账面净值	1,000

公司预计的资产残值经常为 0 或者很小，这就造成了在余额递减法下的折旧难题，因为在这种情况下，资产价值总是无法被折旧完毕。当假定残值为 0 或者很小时，为了在最初预计的资产使用寿命期内折旧充分，公司通常会采用余额递减法和直线法相结合的折旧政策。例如，先使用双倍余额递减法，然后在资产的使用寿命期内，中途再改为直线法。

使用加速折旧法计算折旧与使用直线法相比，加速折旧法在早期的折旧费用较高。这导致公司在折旧期间早期的费用水平更高，于是净利润就较低。而在后期，加速折旧法下的折旧费用将低于直线折旧法下的，出现逆转。加速折旧法有时被看作一种更保守的会计政策选择，因为它在资产使用的早期会报告较低的净利润。

对于那些需要进行摊销处理的无形资产（即使用寿命有限的无形资产）来说，其摊销金额的计算过程与折旧类似；只在费用名称方面存在差异。根据 IFRS 的要求，如果难以判断寿命期内无形资产的价值消耗模式，那么就应该使用直线法计算摊销费用[⊖]。根据 IFRS 和 US GAAP，在大多数情况下，可摊销的无形资产是使用直线法进行摊销并假定残值为 0 的。对于**商誉**（goodwill）[⊜]和使用寿命难以确定的无形资产，不需要定期进行摊销处理，相反，公司需要至少每年对它们进行一次减值测试（即，如果无形资产或商誉的当前价值大大低于其当时的账面价值，则判断该资产发生了减值，需要调低其账面价值）。

总而言之，在计算折旧和摊销时，公司必须先选择一种方法，然后估计资产的可使用寿命和预计残值。很明显，不同的政策或估计选择会对折旧费用或摊销费用有不同的影响，并因此对公司报告的净利润也产生影响。

3.4.3　财务分析应用

公司对坏账和产品保修费用的估计会影响它所报告的净利润。同样地，对折旧或摊销方法的选择、对资产使用寿命和资产残值的估计也都会影响到报告的净利润。这几个因素都属于会影响到公司净利润的会计政策或估计选择。

与收入确认政策一样，公司对费用确认政策的选择也可以按其相对稳健程度来进行区分。如果一项政策会导致更迟地确认费用，那么它就会被认为是不太稳健的会计政策。此外，许多费用项目都离不开编报公司的会计估计判断，而这些估计都会显著地对净利润产生影响。在分析一家公司的财务报表时，尤其是将一家公司的财务报表与另一家公司的财务报表进行比较时，分析师需要了解不同编报主体对会计估计的选择，以及不同的会计估计所带来的潜在影响。

例如，如果一家公司的预计坏账费用占销售额的百分比、保修费用占销售额的百分比或某些资产的预计使用寿命等估计数在不同年度之间发生了重大变化，分析师就应设法去了解导致变化的原因。这些变化是否反映了公司业务运营的变化（例如，预计保修费用的降低是不是因为公司的产品质量提高了，从而使最近的保修索赔数量减少而造成的）？或者，是不是这些估计变化看起来与公司的业务活动变化无关，因此可能是一个公司正在操纵其会计估计，以对其报告的净利润施加特定影响的信号呢？

⊖　IAS 第 38 号《无形资产》。

⊜　商誉产生于企业的并购活动，是购买方的出价超过所购入可辨认净资产价值（即所购入的可辨认资产总额减去需要承担的负债总额）的差额。

再举一个例子，如果同一行业的两家公司对坏账费用占销售额的百分比、保修费用占销售额的百分比或同类资产的预计使用寿命[⊖]等会计估计存在很大差别，那么了解导致差别的原因是非常重要的。这些差异与两家公司在业务运作方面的差异是否一致（例如，一家公司的坏账费用较少，是因为它具有不同的、信誉程度更高的客户群或采用了更严格的信贷政策吗）？再比如，如果一家公司使用了更新的设备，那么资产的估计使用寿命自然就会有所不同。或者，如果两家公司在会计估计方面的差异与其在业务运营方面的差异情况不一致，那么，是否表明其中一家公司在操纵它的会计估计呢？

在财务报表的附注中和年度报告的管理层讨论与分析部分，会披露一家公司的相关会计政策和重大的会计估计信息。

如果可以找出费用确认政策和相关会计估计的差异对报告的影响金额，那么，一定可以促使我们对一家公司历年的业绩或多家公司之间的业绩去进行更有意义的比较。分析师可以用这些金额对财务报告中的费用数量进行调整，使其更具有可比性。

即使不能找到会计政策或会计估计差异的影响金额，通常也可以确定这些会计政策或会计估计的相对稳健性，从而对不同会计政策或会计估计下所报告出来的费用金额和相关财务比率进行定性的评估。

3.5　非经常性项目与非经营项目

我们可以从一家公司的利润表中看到它在去年或以前年度的盈利情况。但如果展望未来的话，我们自然会问：这家公司在明年和以后各年里能挣多少呢？

为了估算公司的未来盈利情况，将以前年度中发生的、在未来还可能持续的收入和费用项目与不太可能持续的收入和费用项目进行区分是非常有帮助的[⊜]。以前年度中的一些项目显然在未来期间是不会再继续的，它们会在利润表中予以单独披露。这与"报告主体应提供额外的行项目、标题和小计数……如果这种列报方式能增进大家对报告主体财务业绩的理解[⊜]"要求是一致的。IFRS 对公司在准则明确规定的信息之外决定进行额外披露时应考虑的因素进行了专门描述。无论是 IFRS 还是 US GAAP，都规定了报告主体应当将终止经营业务的业绩与持续经营业务的业绩分别报告。其他可以在公司利润表中单独列报的项目还包括非常项目、非经常性项目、会计变更的影响和非经营性利润等，这都需要分析师的额外判断。

3.5.1　终止经营

当一家公司处置或已制订计划决定处置其某一经营业务，并决定不再涉入该经营业务时，IFRS 和 US GAAP 都要求公司在利润表中将该处置项目作为"终止经营"项目进行单独披露。财务报告准则为单独报告项目规定了各种标准，总的说来，这是要求终止经营部分必须在物理上和业务上都可分离[⊜]。

⊖　原文为"预计使用寿命占资产的百分比"，应为错漏，故更正为"同类资产的预计使用寿命"。——译者注
⊜　在商科文献中，预计在未来还能继续发生的项目通常被称为"可持续的"（persistent）或"永久的"（permanent），而那些预计在未来不会再继续的项目则被称为"暂时的"（transitory）。
⊜　IAS 第 1 号《财务报表的列报》第 85 段。
⊜　IFRS 第 5 号《持有待售的非流动资产与终止经营》，第 31 ～ 33 段。

在表 3-1 中，百威英博集团报告它在 2017 年和 2016 年的终止经营业务利润分别为 2,800 万美元和 4,800 万美元。在表 3-2 中，摩森康胜啤酒公司报告它在 2017 年和 2015 年分别实现了 150 万美元和 390 万美元的终止经营业务利得，并在 2016 年发生终止经营业务损失 280 万美元。

由于终止经营的业务将不再为公司带来利润（或现金流），分析师在预测公司未来财务业绩时，可将终止经营项目的影响予以剔除。

3.5.2 非常项目或非经常性项目

根据 IFRS 的要求，凡是对理解报告主体的财务业绩重要和 / 或相关的收入或费用项目，都应当予以单独披露。非常项目（unusual items）或非经常性项目（infrequent items）就很容易符合这些条件。根据 US GAAP 的要求，非常或非经常性的重要项目，在 2015 年 12 月 15 日后开始的报告期内，均在公司持续经营业务下进行报告，但需要单独列示。比如，像工厂关闭费用和员工解雇费用等重组支出，就被认为是公司日常活动的一部分。再举个例子，公司以高于或低于其账面价值的价格出售某项资产或部分经营业务时，会发生损益，这也需要在利润表中进行单独列报。但这类资产销售都被认为是普通的商业活动。

将这些非常或非经常性项目单独列报或突出显示，能有助于分析师判断这些项目重复发生的可能性。这是符合 IFRS 对理解与报告主体财务业绩相关的项目的披露标准的。在表 3-2 中，摩森康胜啤酒公司就在其利润表中单独列报了一个名为"特殊项目影响，净值"的行项目。在该公司的报表附注中，对这个金额进行了详细说明，并指出在这一行中报告的损益项目要么是公司"认为不属于（公司的）核心业务，要么是他们认为对（公司）当前的经营成果有重要意义，所以需要单独进行披露"。在表 3-3 中，达能集团在利润表上报告了"日常活动的经营利润"，紧接其下又单独列报了一个"其他经营收益（费用）"项目，与该公司的经常性利润部分区分开来。表 3-8 摘录了达能集团关于该非经常性项目金额的补充披露信息。

表 3-8　强调项目的非经常性特点——摘自达能集团 2017 年的财务报表附注

附注 6. 本集团的非日常活动事项和交易［摘录］

"其他经营收益（费用）"项目是根据法国数控公司关于依据国际会计准则编制合并财务报表格式的第 2013-03 号建议来定义的，包括因为性质特殊而不能被看作是达能集团当前业务活动的一些重大项目。这些项目主要涉及出售完全合并公司的资本利得或损失、商誉减值费用、与战略性重组和重大外部增长交易有关的重大支出，以及与重大危机和重大诉讼有关的已发生成本或预计成本等。此外，根据 IFRS 第 3 号修订版及 IAS 第 27 号修订版的要求，达能集团也将①与企业合并有关的收购成本，②在丧失控制权后入账的重估值损益，和③与企业合并及收购日后事项有关的盈利能力支付计划变动等损益报告在了"其他经营收益（费用）"当中。

2017 年，其他经营收益净额 1.92 亿欧元主要由以下项目所组成：

（单位：百万欧元）

	涉及收益（费用）金额
处置石田农场（Stonyfield）的资本利得	628
新加坡仲裁法院恒天然案（Fonterra case）裁决后收到的赔偿	105
领土风险，主要涉及阿尔马地区的某些国家	−148
与收购白波集团（WhiteWave）有关的支出	−118
达能集团水与专业营养品（Waters and Specialized Nutrition）报告主体的部分无形资产减值损失	−115
表中其他项目已略	

在表 3-8 中，达能集团披露了它认为比较"特别"或者不属于公司目前的典型业务活动的项目细节。这些特别项目包括部门处置的利得或损失、从法律案件中得到的赔付、合并收购支出和无形资产的减值等。一般来说，在预测公司的未来经营情况时，分析师会评估报告项目是否可能重现，以及如果出现的话，对报告主体未来收益的可能影响。通常我们并不建议简单粗暴地忽略所有非常项目的影响。

3.5.3　会计政策变更

准则制定者时不时会发布新的准则，要求公司变更其会计政策。根据不同的准则要求，公司可能需要对新准则采用未来适用法或者追溯调整法（重述财务报表，就像该准则在过去就存在一样）。除此以外，公司也可能会出于其他原因，例如，希望能更好地反映公司的财务业绩，去变更其会计政策（例如，从一种允许使用的存货计价方法改变为另一种）。在财务报告中，对会计政策变更一般都要求进行追溯调整[○]，除非这样做是不符合实际的。

所谓应用**追溯调整**（retrospective application），是指对公司财务报告中列报的所有会计年度信息，都应用新会计准则来进行编报，就好像公司一直都是采用新准则一样。同时，在财务报表附注中，应对会计政策变更进行说明，并解释变更的原因。因为已对会计政策变更进行了追溯调整，所以财务报告中的报表数据是具有可比性的。

例 3-5 摘录自微软公司以 2018 年 6 月 30 日为年度截止日的公司年报，其中对公司因采用新收入准则而导致的会计政策变更进行了说明。微软公司选择从 2017 年 7 月 1 日起执行新收入准则，早于规定执行日期。同时，该公司还选择了使用"全面追溯调整法"，将按要求对以前期间的经营成果进行重述。在它的利润表中，2016 年和 2017 年的数据均已重述，就好像公司早在这两个年度中就已经使用了新收入准则一样。接下来，在财务报表附注中，微软公司披露了新收入准则的具体影响。

▌ **例 3-5　微软公司的财务报表附注信息摘录**

（新收入）准则的最重大影响与我们对软件销售许可收入的会计处理有关。具体来说，对于 Windows 10 系统，我们主要在确认账单和交货时确认收入，而不是在产品的生产周期内按比例确认收入。对于那些包括不同软件许可证和 SA 在内的多年期商业软件订阅合同，我们在合同执行时而不是在订阅期内确认收入。由于我们的某些商业许可订阅合同十分复杂，而准则要求的实际收入确认处理取决于特定合同的不同条款规定，在一些情况下，可能与确定账单时的金额有所不同。与我们的硬件、云服务（比如 Office 365 产品）、领英产品（LinkedIn）和专业服务相关的收入确认政策仍基本保持不变。有关采纳该准则对合并财务报表的影响，请参阅以下对过去报告业绩的影响说明。

（除每股金额外，单位均为百万美元）

	过去报告金额	新收入准则调整影响	重述金额
截至 2017 年 6 月 30 日的年度利润表			
收入	89,950	6,621	96,571
所得税准备金	1,945	2,467	4,412
净利润	21,204	4,285	25,489
稀释的每股收益	2.71	0.54	3.25

○　IAS 第 8 号《会计政策、会计估计变更与会计差错》和 FASB ASC 主题 250《会计变更与差错更正》。

（续）

	过去报告金额	新收入准则调整影响	重述金额
截至 2016 年 6 月 30 日的年度利润表			
收入	85,320	5,834	91,154
所得税准备金	2,953	2,147	5,100
净利润	16,798	3,741	20,539
稀释的每股收益	2.1	0.46	2.56

问题： 根据上述信息，请描述在新收入准则下，微软的业绩是变得更好了还是变得更差了。

解答： 微软公司的经营成果在新收入准则下看起来似乎更好了。根据新收入准则，它报告的收入和利润都更高了，并且净利润率也提高了。2017 年，新收入准则下的净利润率为 26.4%（= 25,489/96,571），而在旧收入准则下的净利润率仅为 23.6%（= 21,204/89,950）。在新收入准则下，公司报告的收入增长速度也更快了。新收入准则下的收入增长率为 5.9%〔=（96,571/91,154）-1〕，而不再是旧收入准则下的 5.4%〔=（89,950/85,320）-1〕。

微软公司对新收入准则所产生影响的上述信息披露，为分析师识别会计政策变更的影响提供了支持。

请注意，新收入准则还允许公司在初次采用时使用"修正的追溯调整法"。根据修正的追溯调整法，报告主体无须去更正以前披露的财务报表；相反，只需要就新收入准则的累积影响数去调整留存收益（和其他相关账户）的期初余额就可以了。

与会计政策变更（比如是否对员工股票期权成本进行费用化处理）相反，公司有时也会做出会计估计变更（比如改变一项应计折旧资产的预计可使用寿命）。对于会计估计变更，应采用未来适用法进行处理，变更将影响变更当期和未来期间的财务报表，而对过去的报表数据则无须进行调整，也不需要在利润表上单独报告调整的情况。在财务报表附注中，应披露重大的会计估计变更情况。表 3-9 中就摘录了一家美国的生物技术公司——康泰伦特公司（Catalent Inc.）在其年度报告中对会计估计变更的说明。

表 3-9　会计估计变更

康泰伦特公司披露了它在计算固定收益养老金计划的年度费用时，所采用的方法变化。在计算过程中，该公司并没有使用单一的加权平均贴现率，而是针对每个预计现金流量使用了适用的即期利率。

离职福利与养老金计划

……每年记录的相关福利负债和当期福利费用净额，都是根据精确计算来决定的，这些都离不开公司管理层对某些假设的判断。这些假设包括用于计算福利负债现值和每期福利费用净额的贴现率……

为更精确地计量服务成本和利息费用，自 2016 年 6 月 30 日开始，我们变更了用于估算福利计划下影响每期福利费用净额的服务和利息成本的方法。在过去，本公司是利用一个单一的加权平均贴现率来估算这些服务成本和利息成本的，该贴现率来源于收益率曲线，用于期初福利负债的计量。在将来，本公司已决定变更使用新的方法，从预计现金流量期间的收益率曲线得出适用的即期利率，然后对每个预计现金流量单独进行贴现。本公司将此变更作为与会计政策变更密不可分的会计估计变更进行处理，并因此使用未来适用法。

另一种可能的调整是**更正以前期间的错误**（例如，以前年度所发布财务报表中的差错）。这种情况不能通过简单地调整当期利润表来处理。对前期错误的更正应通过重述当期报表（包括资产负债表、所有者权益表和现金流量表）中的前期金额来处理⊖。此外，在财务报表

⊖　IAS 第 8 号《会计政策、会计估计变更与会计差错》和 FASB ASC 主题 250《会计变更与差错更正》。

附注中，还应当对这些差错进行披露。对这类信息披露，应当进行仔细审查，因为它们可能暴露出公司在会计制度和财务控制方面的弱点。

3.5.4　非经营性项目

非经营性项目通常要与影响经营利润的项目分开进行报告，因为它们与信息使用者理解报告主体的财务业绩相关，甚至是非常重要。在 IFRS 中，并没有对什么是经营活动进行严格的定义，因此，是报告主体自己在判断什么是经营收益或者经营活动的成果，公司应注意确保它们确实是来自经营活动。在 US GAAP 体系下，经营活动一般与生产和销售商品、提供服务有关，包括所有不能被归类为投资活动或融资活动中的交易或者事项[⊖]。例如，如果一家非金融类的公司买入另一家公司所发行的股票或债券进行投资，那么与所投资证券相关的任何利息、股利或者因出售这些证券而获得的收益，都属于非经营性收益。一般而言，对于非金融类公司[⊜]来说，在利润表中单独进行披露的非经营性收益（或在财务报表附注中）都包括企业在投资活动赚到的钱。

非金融类公司在利润表的非经营性项目之下（或者在财务报表附注中），还会列报其所发行债券的利息支出，以及相关溢折价的摊销。利息费用的金额与公司的借款规模密切相关，一般会在财务报表附注中进行披露。对金融服务类的公司来说，利息收入和利息费用极可能是其经营活动的组成部分。（注意，在利润表中，利息和股利是作为非经营性项目披露的，这与现金流量表中的分类不一定一致。具体来说，在 IFRS 体系下，公司在编制现金流量表时，可以将收到的利息和股利报告在经营活动或者投资活动类别下；而根据 US GAAP，公司收到的利息和股利都应当作为经营活动产生的现金流量来列报。在 IFRS 体系下，对于公司支付的利息和股利，在现金流量表中可报告为经营活动或融资活动的现金流出；但根据 US GAAP，公司支付的利息应作为经营活动的现金流出，而支付的股利则应当作为融资活动的现金流出[⊜]。）

在实践中，公司往往会分别披露利息费用和利息收入，然后再报告一个利息支出净额。比如在表 3-1 中，百威英博集团在 2017 年的利润表中报告了融资成本为 68.85 亿美元，融资收益为 3.78 亿美元，从而得到融资成本净额 65.07 亿美元。同样地，在表 3-3 中，达能集团在 2017 年的利润表中报告了利息收益 1.51 亿欧元，利息费用 4.14 亿欧元，因此当期的债务成本净额为 2.63 亿欧元。

在评估公司的未来业绩时，融资费用的金额将取决于公司的融资政策（目标资本结构）和借款成本。投资收益的多少将取决于投资活动的目的和投资是否成功。对非金融类公司来说，如果有高额的金融收益，通常需要分析师进行进一步的探索。这家公司投资其他公司证券的原因是什么？仅仅是将多余的现金投资于短期证券，以获得比银行存款更高的利息收益吗？还是出于战略原因，比如为了获得原材料供应保障或者研究支持，所以去购买了其他公司所发行的证券呢？

⊖　FASB ASC《主词汇表》。

⊜　金融公司的例子包括保险公司、银行、经纪商、交易商和投资公司等。

⊜　根据我国的《企业会计准则第 31 号——现金流量表》，对于利息和股利的收支，都没有报告在经营活动项目下。——译者注

3.6 每股收益

对股票投资者来说，每股收益（earnings per share，简称 EPS）是一个特别重要的指标。市盈率等财务比率的计算都依赖于每股收益数据。此外，公司的每位股东拥有的股份数量是不同的，因此比较每股收益才更有意义。根据 IFRS 的要求，公司应在利润表中专门列报按净损益（净利润）和持续经营净利润计算的每股收益。US GAAP 对此也有类似的列报要求。本节将介绍每股收益指标的计算方法，并解释在简单资本结构和复杂资本结构下的每股收益计算方法差异。

3.6.1 简单资本结构与复杂资本结构

公司的资本由股东权益和债务资本组成。某些类型的股权相对其他股权具有优先权，而某些债务（以及其他工具）又可以转换为股权。根据 IFRS，报告每股收益时，应使用普通权益进行计算。所谓**普通权益**（ordinary shares）是指相对其他所有股东权益来说，具有次级权利的权益份额。一般来说，普通股股东就是公司的所有者，即当发生公司清算时，最后才能得到支付的权益持有人，以及当公司经营良好时，受益最大的股东。在 US GAAP 体系下，这种普通权益资本被称为**普通股**（common stock）或**普通股份**（common shares），这种称呼反映了美国的语言特点。在以下讨论中，"普通股""普通股份"等术语将无差别地进行使用。

如果一家公司发行了任何允许转换为普通股的金融工具，则称这样的公司具有复杂资本结构。举例来说，可转换公司债券、可转换优先股、员工股票期权和认股权证等，都属于可转换为普通股的金融工具[○]。如果一家公司的资本结构中不包括任何这类可转换为普通股的金融工具，则称这样的公司具有简单的资本结构。

区分简单资本结构与复杂资本结构，主要是为了每股收益的计算。因为具有可转换为普通股权利的金融工具在执行转换或者行权时，会摊薄（即稀释、降低）每股收益的水平。有关这种潜在稀释影响的信息对公司的现有股东和潜在股东都是非常重要的，因此，会计准则要求公司披露假如所有这些具有稀释效应的金融工具都转换为普通股的话，其每股收益将变为多少。这种假定所有具有稀释效应的金融工具都执行转换后的每股收益，被称为**稀释每股收益**（diluted EPS，也称摊薄每股收益）。相应地，直接使用可归属于母公司普通股股东的报告利润和加权平均流通股数量来计算的每股收益，则被称为**基本每股收益**（basic EPS）。

公司需要同时报告基本每股收益和稀释每股收益，以及持续经营业务的基本每股收益和稀释每股收益。表 3-10 列示了百威英博集团在表 3-1 所示利润表下部披露的每股收益金额。该公司在 2017 年的基本每股收益（"摊薄前"）为 4.06 美元，稀释每股收益（"摊薄后"）为 3.98 美元。此外，就像百威英博集团的利润表在利润总额之外又报告了持续经营业务的利润一样，该公司继续报告了持续经营业务的每股收益。2017 年，该集团的持续经营业务基本每股收益和稀释每股收益分别为 4.04 美元和 3.96 美元。从所有指标来看，百威英博集团在 2017 年的每股收益都远高于 2016 年的。分析师会努力去了解导致每股收益发生变化的原因，我们将在解释了基本每股收益和稀释每股收益的计算方法之后再来讨论这个话题。

○ 认股权证是一种看涨期权，通常附加于公司所发行的证券，比如债券等。认股权证的持有人拥有在特定时间以特定价格从公司买入普通股票的权利。IFRS 和 US GAAP 关于每股收益的规定同样适用于看涨期权、认股权证和类似工具。

表 3-10 百威英博集团的每股收益 （单位：美元）

	以 12 月 31 日为年度截止日的		
	2017 年	2016 年	2015 年
基本每股收益	4.06	0.72	5.05
稀释每股收益	3.98	0.71	4.96
持续经营业务的基本每股收益	4.04	0.69	5.05
持续经营业务的稀释每股收益	3.96	0.68	4.96

3.6.2 基本每股收益

基本每股收益是用归属于普通股股东的利润除以一段时期内发行在外的普通股加权平均数量得到的。其中，归属于普通股股东的利润是指在扣除了优先股股利（如果有的话）之后的剩余利润金额。因此，基本每股收益的计算公式是：

$$基本每股收益 = \frac{净利润 - 优先股股利}{发行在外的普通股加权平均数量} \tag{3-1}$$

发行在外的普通股加权平均数量是以时间作为权重。举例来说，假定一家公司年初发行在外的普通股数量为 200 万股，7 月 1 日，该公司回购了其中 10 万股。那么，这家公司当年发行在外的普通股加权平均数量就应当是：200 万股 ×1/2 年 + 190 万股 ×1/2 年，即 195 万股。因此，在计算基本每股收益时，该公司应使用的流通在外的普通股加权平均数量就是 195 万股。

如果普通股的数量因发放股票股利或进行股份分拆而有所增加，那么在计算每股收益时，需要追溯调整到会计期初的数量，以反映股票数量的变化。

例 3-6、例 3-7 和例 3-8 举例说明了基本每股收益的计算过程。

▉ 例 3-6 基本每股收益的计算（1）

截至 2018 年 12 月 31 日，在这一年里，买买买公司（Shopalot Company）实现了净利润 195 万美元。该公司流通在外的普通股数量是 150 万股，没有优先股，也没有发行任何附有转换权的金融工具。请问，买买买公司的基本每股收益是多少？

解答： 买买买公司的基本每股收益为 1.30（＝ 195 万美元 /150 万股）美元。

▉ 例 3-7 基本每股收益的计算（2）

截至 2018 年 12 月 31 日，在这一年里，奥吉尔产品公司（Angler Product）实现了净利润 250 万美元。该公司向优先股股东宣告并支付了股利 20 万美元，其他有关普通股的信息如下：

2018 年 1 月 1 日，流通在外的普通股数量	1,000,000
2018 年 4 月 1 日，新发行普通股	200,000
2018 年 10 月 1 日，回购普通股（库存股）	−100,000
2018 年 12 月 31 日，流通在外的普通股数量	1,100,000

问题：

1. 该公司在 2018 年发行在外的普通股加权平均数量是多少？
2. 该公司的基本每股收益是多少？

问题 1 解答： 发行在外的普通股加权平均数量是由每一个发行在外股份数量的时间长短来决定的：

1,000,000 ×（3 个月 /12 个月）=	250,000
1,200,000 ×（6 个月 /12 个月）=	600,000
1,100,000 ×（3 个月 /12 个月）=	275,000
发行在外的普通股加权平均数量	1,125,000

问题 2 解答： 基本每股收益 =（净利润 – 优先股股利）/ 发行在外的普通股加权平均数量 =（2,500,000 – 200,000）/1,125,000 ≈ 2.04（美元）。

▍例 3-8　基本每股收益的计算（3）

假定其他信息都与例 3-7 相同，但公司曾宣布 1∶2 的股票分割，并在 2018 年 12 月 1 日实际执行。当日，每一位登记在册的股东都按照他们当时持有的股份数量，收到了原数量两倍的股票。请问，该公司的基本每股收益是多少？

解答： 在计算每股收益时，要假定股票分割发生在当期期初。因此，该公司在当年发行在外的普通股加权平均数量应当为 2,250,000 股，基本每股收益为 1.02 美元，即［（2,500,000 – 200,000）/2,250,000］。

3.6.3　稀释每股收益

如果一家公司具有简单资本结构（即这家公司没有使用具有潜在稀释效应的金融工具），那么，它的基本每股收益和稀释每股收益就是相等的。但是，如果一家公司使用了具有潜在稀释效应的金融工具，那么它的稀释每股收益可能就不同于基本每股收益了。根据定义，稀释每股收益总是等于或小于基本每股收益。以下章节将分别介绍三类具有潜在稀释效应的金融工具对稀释每股收益的影响：可转换优先股、可转换公司债券和员工股票期权。最后一部分解释为什么并不是所有具有潜在稀释效应的金融工具都会导致基本每股收益和稀释每股收益出现差异。

3.6.3.1　当公司发行了可转换优先股时的稀释每股收益计算

如果公司有流通在外的可转换优先股，就需要使用 "**如果执行转换法**"（if-converted method）来计算稀释每股收益。"如果执行转换法" 的计算思想是，假定可转换证券在期初就全部执行了转换，那么每股收益会是多少呢？换言之，这种方法考虑的是，如果可转换优先股在当期期初全部执行转换，对每股收益所可能产生的影响。这种影响会是两方面的。第一，可转换优先股将不可能继续流通在外；相反，转换会导致增加流通在外的普通股。因此，在 "如果执行转换法" 下，流通在外股份数量的加权平均数将大于在基本每股收益计算情形下的。第二，如果真的发生了这样的转换，那么公司就不会再支付优先股股利了。因此，在 "如果执行转换法" 下，归属于普通股股东的净利润水平将高于基本每股收益计算情形下的净利润水平。

使用 "如果执行转换法" 来计算存在可转换优先股情况下的稀释每股收益，需要以净利润为被除数，以基本每股收益计算中的发行在外的普通股加权平均数量，与执行转换时需新发行的普通股数量之和为除数，即，采用 "如果执行转换法" 来计算稀释每股收益的公式为：

$$稀释每股收益 = \frac{净利润}{发行在外的普通股加权平均数量 + 执行转换时需新发行的普通股数量} \quad (3\text{-}2)$$

例 3-9 说明了如何使用"如果执行转换法"来计算稀释每股收益。

▌例 3-9　对优先股[⊖]使用"如果执行转换法"计算稀释每股收益

在截至 2018 年 12 月 31 日的会计年度里，光明公用事业公司（虚构）实现了净利润 175 万美元。该公司流通在外的普通股数量平均为 50 万股，可转换优先股 2 万股，没有其他具有潜在稀释效应的证券。每股优先股的股利是 10 美元，如果执行转换，每 1 股优先股可转换为 5 股普通股。请计算该公司的基本每股收益和稀释每股收益。

解答：如果全部 2 万份优先股都按 1:5 转换为普通股，那么该公司就会额外发行 10 万股普通股（2 万份优先股，每 1 份可转换为 5 股普通股）。如果真的执行了转换，那么该公司就不需要支付 20 万美元的优先股股利了（每股优先股 10 美元，一共 2 万股优先股）。如表 3-11 中所示，该公司的基本每股收益为 3.10 美元，稀释每股收益为 2.92 美元。

表 3-11　使用"如果执行转换法"为光明公用事业公司计算稀释每股收益：优先股举例

（单位：美元）

	基本每股收益	"如果执行转换法"下的稀释每股收益
净利润	1,750,000	1,750,000
优先股股利	−200,000	0
分子	1,550,000	1,750,000
发行在外的普通股加权平均数量	500,000	500,000
如果优先股执行转换，需要新发行普通股数量	0	100,000
分母	500,000	600,000
每股收益（EPS）	**3.10**	**2.92**

3.6.3.2　当公司发行了可转换公司债券时，稀释每股收益计算

当公司有流通在外的可转换公司债券时，也需要使用"如果执行转换法"来计算稀释每股收益。具体计算时，需要假定这些可转换公司债券在期初全部执行了转换权。这样，就没有流通在外的可转换公司债券存在了，相反，需要新发行一定的普通股来满足转换要求。同样，如果可转换公司债券全部都执行了转换，那么，报告主体就不需要对可转换公司债券支付任何利息，因此其可归属于普通股股东的净利润将会增加，增加幅度等于可转换公司债券对应利息费用的税后影响金额。

由此，使用"如果执行转换法"计算存在可转换公司债券情况下的稀释每股收益，其公式为：

$$稀释每股收益 = \frac{净利润 + 可转换公司债券的税后利息影响额 - 优先股股利}{发行在外的普通股加权平均数量 + 执行转换时需新发行的普通股数量} \quad (3\text{-}3)$$

⊖　根据上下文，这里应该是特指"可转换优先股"。——译者注

在例 3-10 中，说明了存在可转换公司债券的情形下，如何使用"如果执行转换法"来计算稀释每股收益。

■ 例 3-10　对可转换公司债券使用"如果执行转换法"计算稀释每股收益

假定欧普诺克斯公司（Oppnox Company）在截至 2018 年 12 月 31 日的会计年度里实现了 75 万美元的净利润。该公司流通在外普通股的加权平均数量为 69 万股；此外，该公司只存在一种具有潜在稀释效应的证券：面值 5 万美元、利率为 6% 的可转换公司债券，如果全部执行转换，可转换为总计 1 万股的普通股。假定所得税率为 30%，请计算欧普诺克斯公司的基本每股收益和稀释每股收益。

解答： 如果可转换公司债券全部执行转换，那么就不会再有流通在外的可转换公司债券了，取而代之的是新增发行的 1 万股流通在外的普通股。同样，如果可转换公司债券执行了转换，公司将不会就这些可转换公司债券再支付 3,000 美元的利息，因此可归属于普通股股东的净利润将增加 2,100 美元 [= 3,000 美元 ×（1 – 30%）]。表 3-12 列示了对可转换公司债券使用"如果执行转换法"的详细计算过程。

表 3-12　使用"如果执行转换法"为欧普诺克斯公司计算稀释每股收益：可转换公司债券举例

（单位：美元）

	基本每股收益	"如果执行转换法"下的稀释每股收益
净利润	750,000	750,000
优先股股利		2,100
分子	750,000	752,100
发行在外的普通股加权平均数量	690,000	690,000
如果执行转换，需要新发行普通股数量	0	10,000
分母	690,000	700,000
每股收益（EPS）	**1.09**	**1.07**

3.6.3.3　当公司存在股票期权、认股权证或类似证券情形下的稀释每股收益计算

如果一家公司发行有股票期权、认股权证或其他类似证券[⊖]，那么在计算稀释每股收益时，需要假定这些金融工具已经全部选择行权，并且公司已使用行权所得款项按当期普通股的平均价格尽可能地回购了普通股股份。这样，计算稀释每股收益时，除了考虑发行在外普通股的加权平均数量以外，还应加上公司为满足行权需求而新发行的股份数量，再减去假定公司用行权所得去回购股票应减少的股份数量。这种方法在 US GAAP 体系下被称为**库存股法**（treasury stock method），因为公司一般会将回购的股票作为库存股持有。IFRS 也使用相同的处理方法，但没有专门对它进行命名。

使用该方法计算稀释每股收益时，假设这些金融工具行权会产生以下影响：

● 在行权时，公司会收到现金，同时需要发行新的股份；

● 假定公司会用所得现金按照当期加权平均市场价格回购股份。

受上述两方面影响，公司流通在外的股份数量将出现净增加（等于因行权而需要新发行的股份数量与假定公司用行权所得回购股份数量两者之差）。计算稀释每股收益时，这些净

⊖　从此处开始，本书会将期权、认股权证以及其他类似证券全部简称为"期权"，因为根据 IFRS 和 US GAAP，针对这些金融工具的每股收益计算处理方法都是类同的。

增加的股份数量需要按照相关金融工具在当期的流通时间长短来进行加权。如果这些金融工具是在年初之前就已经发行的，那么流通在外的加权平均股份数量就应当按增量股份数增加。如果这些金融工具是在年内发行的，那么增量股份数应当按照对应金融工具在年内流通的时间进行加权。

假设这些金融工具的行权不会影响公司的净利润。因此，在计算稀释每股收益时，分子仍然是未受影响的。使用库存股法（IFRS 所使用的方法与此相同，但并未这样命名）计算存在期权等金融工具情形下的稀释每股收益时，公式如下：

$$稀释每股收益 = \frac{净利润 - 优先股股利}{\begin{bmatrix} 发行在外的普通股加权平均数量 + （假定期权 \\ 行权时需要新发行的股份数量 - 用行权所得 \\ 现金可回购的股份数量）\times 该金融工具在年内 \\ 发行在外的时间占比 \end{bmatrix}} \quad (3\text{-}4)$$

例 3-11 说明了存在期权等类似证券的情形下，如何使用"库存股法"来计算稀释每股收益。

◢ 例 3-11　对期权使用"库存股法"计算稀释每股收益

假定海霍科技公司（Hihotech Company）报告它在截至 2018 年 6 月 30 日的会计年度里实现了净利润 230 万美元，该公司当年发行在外的普通股加权平均数量为 80 万股。在该会计年度初，该公司有 3 万份流通在外的期权，行权价为 35 美元。除此之外没有其他具有潜在稀释效应的金融工具。在该会计期间内，该公司股票的平均价格为每股 55 美元。请计算该公司的基本每股收益和稀释每股收益。

解答： 根据库存股法，首先计算假如全部期权都选择行权的话，海霍科技公司可收到的现金金额为 105 万美元（3 万份期权 × 每份行权价格 35 美元），然后，这些期权便宣告终止，取而代之的是 3 万股新发行的普通股。根据库存股法，我们假定公司会利用期权行权所得现金去回购股份，如果这些股票的平均市价为每股 55 美元，则 105 万美元一共可以回购 19,091 股普通股。因此，公司应发行股份的净增加量应为 10,909（= 30,000 - 19,091）股。计算稀释每股收益时，分子仍然保持不变，如表 3-13 所示，该公司的基本每股收益为 2.88 美元，稀释每股收益为 2.84 美元。

表 3-13　使用"库存股法"为海霍科技公司计算稀释每股收益：股票期权举例

（单位：美元）

	基本每股收益	"库存股法"下的稀释每股收益
净利润	2,300,000	2,300,000
分子	2,300,000	2,300,000
流通在外普通股的加权平均数量	800,000	800,000
如果股票期权选择行权	0	10,909
分母	800,000	810,909
每股收益（EPS）	**2.88**	**2.84**

如前所述，IFRS 使用了类似的计算方法，但并没有将其称为"库存股法"。根据 IFRS 的要求，公司需要假定可能收到的全部资金都是按照当期平均市价发行新的股份得到的。在

计算稀释每股收益时，这些"推测需要发行"股份被忽略，但根据期权合约需要将新发行的股份数量减去"推测需要发行"的股份数量，其差被加入加权平均已发行股份数量中。其计算结果与库存股法相同，如例 3-12 所示。

▌ 例 3-12　根据 IFRS 计算存在期权情形下的稀释每股收益

假定各类事实均与例 3-11 相同，根据 IFRS 计算发行在外普通股的加权平均数量和稀释每股收益。

解答： 如果全部期权都选择了行权，公司将收到 105 万美元的现金。如果公司按照每股平均市价 55 美元发行新的股份并收到 105 万美元的现金的话，那么公司应当发行的股份数量就是 19,091 股。IFRS 将公司如果按市价发行新股份，需要发行的这 19,091 股称为"推测需要发行"的股份数量（inferred shares）。根据期权合约需要发行的股份数量（30,000 股）减去"推测需要发行"的股份数量（19,091 股），等于 10,909 股。将这个数与流通在外的加权平均股份数量 800,000 股相加，得到 810,909 股，用于计算稀释每股收益。请注意，这样计算的结果与根据 US GAAP 的计算结果是一样的，只是推导的过程略有不同而已。

3.6.3.4　与稀释每股收益相关的其他问题

某些可转换证券可能具有反稀释效应（antidilutive，即将它们纳入计算中反而将导致每股收益甚至高于公司的基本每股收益）。根据 IFRS 和 US GAAP，在计算稀释每股收益时，不需要考虑具有反稀释效应证券的影响，稀释每股收益应当反映具有潜在稀释效应金融工具进行转换或行权时的最大摊薄影响。稀释每股收益将始终小于或等于基本每股收益。例 3-13 说明了应当如何处理具有反稀释效应的证券影响。

▌ 例 3-13　反稀释效应证券的处理

在截至 2018 年 12 月 31 日的会计年度里，假定暗凉公用事业公司（Dim-Cool Utility Company）实现了净利润 175 万美元。该公司流通在外的普通股数量平均为 50 万股，可转换优先股 2 万股，没有其他具有潜在稀释效应的证券。每份优先股的股息是 10 美元，附加每份可转换优先股兑换 3 股普通股的转换权。请计算该公司的基本每股收益和稀释每股收益。

解答： 如果 2 万份可转换优先股全部按每股转换为 3 股普通股的比例执行转换，那么，公司将额外发行 6 万股普通股（每份可转换优先股兑换 3 股普通股，一共有 2 万份优先股）。假定真的执行了转换，那么，该公司将不用再支付 20 万美元的优先股股息（2 万份优先股，每份股息 10 美元）。使用"如果执行转换法"，计算得到的稀释每股收益将为 3.13 美元，如表 3-14 所示。因为这已大于公司的基本每股收益 3.10 美元，所以，这些证券被认为是具有反稀释效应的，其转换的影响将不包括在稀释每股收益中。于是，稀释每股收益将与基本每股收益相同（即每股 3.10 美元）。

表 3-14　具有反稀释效应证券时的计算　　　　　　　　（单位：美元）

	基本每股收益	"如果执行转换法"下的 稀释每股收益
净利润	1,750,000	1,750,000
优先股股息	−200,000	0
分子	1,550,000	1,750,000

（续）

	基本每股收益	"如果执行转换法"下的 稀释每股收益	
发行在外的普通股加权平均数量	500,000	500,000	
如果全部执行转换	0	60,000	
分母	500,000	560,000	
每股收益（EPS）	**3.10**	3.13	←已大于基本每股收益；该证券具有反稀释效应，因此，在计算中不予考虑。**报告稀释每股收益 = 3.10 美元**

3.6.4　每股收益变动

在解释了基本每股收益和稀释每股收益的计算之后，我们回到每股收益变动的考察中来。如前所述，百威英博集团持续经营业务的稀释每股收益从 2016 年的 0.68 美元增加至 2017 年的 3.96 美元。一般来说，每股收益的增长原因主要包括净利润的增长、流通在外股份数量的减少，或者上述两者的共同影响。根据百威英博集团在其财务报表附注（本书未摘录）中的披露，在基本每股收益和稀释每股收益的计算中，2017 年的发行在外的普通股加权平均数量均高于 2016 年的。因此，百威英博集团在 2016 年至 2017 年间所发生的每股收益的改善主要是由净利润的增加所推动的。分子和分母的变化可以从算术上对每股收益的变化原因进行解释，但要理解导致这些变化的业务驱动因素，则还需要做进一步的研究。在下一节中，将介绍分析师可以使用的分析工具，利用这些工具，可方便确定将来还需要进一步考察的领域。

3.7　利润表分析

在这一部分中，我们将运用两种分析工具来进行利润表分析：共同比分析和利润表比率分析。分析目标是评价一家公司在一段时期内的经营业绩——与它自己过去的业绩或者另一家公司的业绩进行比较。

3.7.1　利润表共同比分析

利润表的共同比分析，可以通过将利润表中的每个行项目金额表达为其占收入金额的百分比来完成⊖。由于共同比报表将每个行项目金额都进行了标准化处理，消除了规模的影响，因此非常有利于分析师对公司不同时期的数据进行比较（时间序列分析）和对不同的公司进行比较（横截面分析或横向比较分析）。

让我们通过举例来说明。在表 3-15 中，A 栏给出了三家来自同一行业公司的利润表。其中，A 公司和 B 公司的销售收入均为 1,000 万美元，规模大于（按销售收入来衡量）销售

⊖　这种格式特征被称为"纵向共同比分析"。在财务报表分析章节中会提到，其实还有另一种"横向共同比分析"，它将项目金额与特定的基准年度金额联系起来。除非另有说明，此处文中提到的"共同比分析"均指纵向共同比分析。

收入仅有 200 万美元的 C 公司。此外，A 公司和 B 公司的经营利润都较高，分别为 200 万美元和 150 万美元，而 C 公司的经营利润只有 40 万美元。

　　作为一名分析师，如何才能对这些公司的业绩进行更有意义的比较呢？如 B 栏所示，通过编制共同比利润表，分析师可以很容易地看出，C 公司的费用和利润占其销售收入的百分比与 A 公司的完全相同。此外，虽然从美元绝对金额来看，C 公司的经营利润远低于 B 公司，但它的利润占销售收入的百分比却更高（C 公司为 20%，而 B 公司仅为 15%）。这意味着每实现 100 美元的销售收入，C 公司能比 B 公司多赚取 5 美元的经营利润。换句话说，根据这一衡量标准，C 公司相对 B 公司具有更好的盈利能力。

　　共同比财务报表还能突出不同公司之间的战略差异。如果我们观察两家规模较大的公司，A 公司的毛利占销售额的百分比明显高于 B 公司（分别为 70% 和 25%）。既然两家公司都在同一个行业中经营，为什么 A 公司能获得如此高的毛利率呢？通过比较两家公司的经营费用，也许我们就可以找到解释。A 公司在研发和广告方面的支出水平明显高于 B 公司，研发支出更可能带来技术优秀的产品，而广告支出则可以显著提高品牌知名度。因此，基于这些差异，可以推断 A 公司很可能销售的是技术更加领先的产品，并拥有更好的品牌形象。B 公司的产品销售定价可能更低（表现为毛利率更低），但它通过不对研发活动和广告活动投资节省了资金。在实践中，不同公司之间的差异表现更加微妙和精细，但基本原理是一样的。作为一名分析师，应留心重大的差异，并继续对此进行更多的研究，去寻求和了解导致差异产生的潜在原因，以及这些原因对公司未来业绩的可能影响。

表　3-15

A 栏：A、B、C 三家公司的利润表（单位：美元）			
	A 公司	B 公司	C 公司
销售收入	10,000,000	10,000,000	2,000,000
销售成本	3,000,000	7,500,000	600,000
毛利润	7,000,000	2,500,000	1,400,000
销售与日常管理费用	1,000,000	1,000,000	200,000
研发费用	2,000,000	—	400,000
广告费用	2,000,000	—	400,000
经营利润	2,000,000	1,500,000	400,000
B 栏：A、B、C 三家公司的共同比利润表			
	A 公司	B 公司	C 公司
销售收入	100%	100%	100%
销售成本	30	75	30
毛利润	70	25	70
销售与日常管理费用	10	10	10
研发费用	20	0	20
广告费用	20	0	20
经营利润	20	15	20

　　注：每个行项目的金额都用它占本公司销售收入的百分比来表示。

　　对于大多数费用项目，比较它占销售收入金额的百分比都是合适的，但是，对于所得税费用项目，则需要比较它与税前利润的占比才更有意义。分析师可以利用公司在附注中披露的信息，检查导致公司实际税率出现差异的原因。在预测一家公司未来的净利润时，分析师需要首先预计这家公司的税前利润，然后再根据历史税率判断预计有效税率的情况，去预测净利润。

对利润表进行纵向共同比分析在横向比较分析（即比较特定时期内不同公司之间的情况，或将公司数据与行业或部门数据进行比较）中非常有用。分析师可以选择某一家同行业公司来进行对比，也可以使用公开出版的行业数据，或者直接利用数据库公司根据同行业或更广泛的行业数据加工汇编的数据。例如，表 3-16 就列出了标准普尔 500 指数成分股公司在 2017 年共同比利润表的统计数据中位数，这些成分股公司被按照标准普尔或摩根士丹利资本的国际全球行业分类系统（GICS）标准分成了 10 个类别。请注意，在汇编这样的汇总数据时，一定程度的汇总是必要的，因此直接与同行业公司的财务报表相比，可能获得的细节信息会更少一些。将某个别公司的业绩与行业数据或者可比公司数据进行比较，有助于评估该公司的相对业绩。

表 3-16　按 S&P/MSCI 的 GICS 行业数据分类的标准普尔 500 指数成分股公司，在 2017 年共同比利润表的统计数据中位数

	能源	材料	工业	非必需品	必需品	卫生保健
观测公司数	34	27	69	81	34	59
毛利率	37.7%	33.0%	36.8%	37.6%	43.4%	59.0%
经营利润率	6.4%	14.9%	13.5%	11.0%	17.2%	17.4%
净利率	4.9%	9.9%	8.8%	6.0%	10.9%	7.2%

	金融业	信息科技	通信服务	公用事业	房地产
观测公司数	63	64	4	29	29
毛利率	40.5%	62.4%	56.4%	34.3%	39.8%
经营利润率	36.5%	21.1%	15.4%	21.7%	30.1%
净利率	18.5%	11.3%	13.1%	10.1%	21.3%

资料来源：根据 Compustat 数据库资源整理。经营利润率根据息税前利润（EBIT）计算。

3.7.2　利润表比率

财务业绩评价的一部分是盈利能力评价，而**净利润率**（net profit margin），也称**利润率**（profit margin）或**销售回报率**（return on sales）则是衡量一家企业盈利能力的重要指标，其计算公式为用净利润除以销售收入（或销售额）的比值[○]。

$$净利润率 = \frac{净利润}{销售收入}$$

净利润率衡量了一家公司可以从每一美元销售收入中创造的利润。较高的净利润率代表着更好的盈利能力，因此更可取。在共同比利润表中，也可以直接找到净利润率。

以百威英博集团的数据为例，该公司在 2017 年按持续经营业务计算的净利润率为 16.2%（用持续经营利润 91.55 亿美元除以销售收入 564.44 亿美元，取百分比）。但是，我们还需要

○　在这类利润率的定义中，"销售额"（sales）和"收入"（revenue）经常互换使用。"销售回报率"也被用来称呼以销售收入作为分母的各种盈利能力比率。

经过一些比较，才能判断这个比率水平的好坏。可以将它与另一家公司的盈利能力指标进行比较，也可以将它与该公司前些年自己的业绩进行比较。如果与往年数据相比的话，百威英博集团在2016年和2015年按持续经营业务计算的净利润率分别为6.0%和22.9%，因此，该公司在2017年的持续经营业务净利润率高于2016年的水平，但低于2015年的水平。

另一个衡量公司盈利能力的指标是毛利率。毛利或毛利润是销售收入减去销售成本之差，而**毛利率**（gross profit margin）则是毛利润除以销售收入所得到的比值。

$$毛利率 = \frac{毛利润}{销售收入}$$

毛利率衡量的是一家公司能够从每1美元的销售收入中实现的毛利润，因此，较高的毛利率水平代表着较高的盈利能力，通常更可取。不过，不同公司之间的毛利率也能反映出它们在战略方面的差异。例如，假定一家公司的战略是追求产品差异（比如，提供基于品牌名称、质量、高端技术或专利保护的差异化产品）。那么，这家公司的产品通常相对其他竞争品来说能够定价更高，因此它就可能比那些销售无差异产品的公司具有更高的毛利率。不过，对于这些提供差异化产品的公司来说，更高的毛利率也是慢慢通过时间积累才得到的。在战略初期，该公司为创建差异化产品可能发生了不少成本，例如广告支出或研发支出等，这些项目在毛利率的计算中是无法体现出来的。

（根据表3-1）百威英博集团在2017年、2016年和2015年的毛利润分别为350.58亿美元、277.15亿美元和264.67亿美元。如果用毛利润占当期销售收入的百分比表示，我们可以看到该集团在这三年当中的毛利率分别为62.1%、60.9%和60.7%。从绝对值来看，该集团在2016年的毛利润高于2015年，但是如果看相对值，其2016年的毛利率也略高于2015年的。

在表3-17中，列示了百威英博集团的共同比利润表，并对其中一些利润率指标用字体加粗的方式进行了强调。以上讨论的净利润率和毛利率其实只是共同比利润表中众多小计项目当中的两个。除此之外，分析师常用的利润率指标还包括**经营利润率**（operating profit margin，用经营利润除以销售收入）和**税前利润率**（pretax margin，用税前利润除以销售收入）。

表3-17 百威英博集团的利润率：简化的共同比利润表

（单位：百万美元）

	以12月31日为年度截止日的					
	2017年		2016年		2015年	
	金额	百分比	金额	百分比	金额	百分比
收入	56,444	100.0	45,517	100.0	43,604	100.0
销售成本	−21,386	−37.9	−17,803	−39.1	−17,137	−39.3
毛利润	**35,058**	**62.1**	**27,715**	**60.9**	**26,467**	**60.7**
配送费用	−5,876	−10.4	−4,543	−10.0	−4,259	−9.8
销售与市场费用	−8,382	−14.9	−7,745	−17.0	−6,913	−15.9
管理费用	−3,841	−6.8	−2,883	−6.3	−2,560	−5.9
其余部分项目省略						
经营利润	**17,152**	**30.4**	**12,882**	**28.3**	**13,904**	**31.9**
融资成本	−6,885	−12.2	−9,216	−20.6	−3,142	−7.2
融资收益	378	0.7	652	1.8	1,689	3.9

（续）

	以 12 月 31 日为年度截止日的					
	2017 年		2016 年		2015 年	
	金额	百分比	金额	百分比	金额	百分比
融资收益净额 /（融资成本净额）	−6,507	−11.5	−8,564	−18.8	−1,453	−3.3
在联营或合营企业中享有的利润份额	430	0.8	16	0.0	10	0.0
税前利润	**11,076**	**19.6**	**4,334**	**9.5**	**12,461**	**28.6**
所得税费用	−1,920	−3.4	−1,613	−3.5	−2,594	−5.9
持续经营利润	**9,155**	**16.2**	**2,721**	**6.0**	**9,867**	**22.6**
终止经营业务利润	28	0.0	48	0.1	—	
本年利润	**9,183**	**16.3**	**2,769**	**6.1**	**9,867**	**22.6**

　　共同比分析和比率分析能让我们快速洞察到公司业绩的变化。比如，百威英博集团在 2016 年出现的盈利能力下降并不是由于毛利率下降而引起的，而且它在 2016 年的毛利率实际上还略高于 2015 年。但该集团在 2016 年的经营费用上升，并且同时融资成本也上升得厉害。而 2016 年融资成本的增加主要是因为当年合并南非米勒啤酒公司（SAB Miller）所造成的，这次收购的价值超过 1,000 亿美元，是集团历史上最大的收购活动之一。百威英博集团和南非米勒公司的这次合并也解释了销售收入从 450 亿美元上下增长到了 560 亿美元以上的原因。因此，共同比分析和比率分析能帮助分析师找到希望去进一步获取信息并增进理解的地方。

3.8　综合收益

　　净利润的一般表达式是收入减去费用。但是，根据会计惯例，有些收入和费用项目没有被包括在净利润的计算范围内。要理解某一会计期间报告的股东权益与下一会计期间所报告股东权益之间的关系，就必须先了解这些被排除在净利润计算之外的项目，即**其他综合收益**。按照 IFRS 的定义，其他综合收益包括"按照其他 IFRS 的规定，不能够在损益中确认的"收入和费用项目。而**综合收益总额**（total comprehensive income，也称全面收益）则是指为"在某一会计期间内，由于交易或其他事项导致的所有者权益变动额，但所有者以其投资人身份与公司进行交易所导致的变动除外"。[○]

　　根据 US GAAP，**综合收益**（comprehensive income）是"企业在一段时间内因与非所有者的交易和其他事件影响而发生的权益（净资产）变动金额"。[○]两个定义的措辞虽然不同，但可以看出，IFRS 和 US GAAP 对综合收益这个概念的界定是相同的。

　　综合收益由净利润和未纳入净利润计算的其他收支项目（统称为其他综合收益）**两者共同**组成。举例来说，假定一家公司期初的股东权益为 1.1 亿欧元，当年实现了净利润 1,000 万欧元，宣告了现金股利 200 万欧元，此外这家公司在该会计期间内没有发行或回购普通股。如果到会计期末，这家公司的实际股东权益为 1.23 亿欧元，那么，就说明该公司有 500 万欧元［= 12,300 万欧元 −（11,000 万欧元 + 1,000 万欧元 − 200 万欧元）］的其他综合收益是没有包含在净利润的计算当中。因为如果该公司没有其他综合收益的话，其期末股东权益

　　○　IAS 第 1 号《财务报表列报》。
　　○　FASB ASC 第 220—10—05 节"综合收益—整体情况—概述和背景"。

将为 1.18 亿欧元（= 11,000 万欧元 + 1,000 万欧元 – 200 万欧元）。

根据 IFRS 和 US GAAP，有四种类型的项目被视为其他综合收益。（在这些项目的性质方面，这两套会计准则体系的看法是一致的，但两者对其中一些项目的具体处理要求仍有所不同。）

1. 外币报表折算差额。在合并国外子公司的财务报表时，按不同的现行汇率折算子公司的资产和负债项目所造成的影响，计入其他综合收益。

2. 作为套期保值目的的衍生工具未实现损益。在每个会计期间都记录衍生工具的公允价值变动，但某些价值变动应作为其他综合收益处理，从而绕过了利润表。

3. 某类投资性证券的未实现持有损益。在 US GAAP 体系下，这类证券被称为可供出售债券；在 IFRS 体系下，这类证券被指定为"以公允价值计量且其变动计入其他综合收益"。（注：IFRS 还允许将某些权益性投资指定为以公允价值计量且其变动计入其他综合收益的金融资产，但 US GAAP 不允许。）

4. 某些当期未确认的公司设定受益离职后福利计划成本。

此外，根据 IFRS，其他综合收益中还包括当长期资产使用重估值计量模式而非成本计量模式时的某些价值变动。而且，IFRS 不允许公司将某些其他综合收益项目重分类进入损益中，并要求公司按将来是否可以重分类进入损益将其他综合收益项目分成两个类别进行单独列报。

上述第三类项目可能是最易于举例说明的。如果一家公司在某个会计期间内持有某证券，该证券的价值在该会计期间内上升了，那么，公司就产生了持有收益。同样地，如果一家公司在某证券价值下降的一段会计期间内一直持有该证券，那么它就会产生持有损失。如果这家公司一直都没有出售这些证券（即没有将收益或者损失变现），那么我们就说它的持有收益或损失是未实现的。现在的问题是：这家公司在计算利润时，是应当剔除这些未实现损益的影响，还是在利润表中报告这些未实现损益，或是将这些未实现损益反映到其他综合收益当中呢？

根据会计准则的规定，上述答案取决于公司对证券的分类，而分类又取决于公司对证券的持有目的（即管理这些资产的商业模式）和这些证券的现金流量特征。如果公司打算将债券持有至到期，则在计算利润时就不应考虑这些证券的未实现损益。对于打算持有至到期的债券，直接使用摊余成本进行计量，因此就不涉及未实现损益的报告了。但对于其他以公允价值计量的证券，则应当将未实现损益反映在利润表或其他综合收益中。

根据 US GAAP，以下项目的未实现损益需要反映在利润表中：①指定为**交易性证券**（trading securities）的债券；②所有的权益性证券投资（能够对被投资单位产生重大影响的权益性投资除外）。划分为交易性证券的债券只有一种，即企业持有这类债券的目的是出售，而不是通过持有它来赚取利息和本金。此外，根据 US GAAP，对于指定为**可供出售证券**（available-for-sale securities）的债券，其未实现损益应当计入其他综合收益。所谓可供出售证券，是指既没有被指定为持有至到期证券，也没有被指定为交易性证券的投资性证券。

根据 IFRS，以下项目的未实现损益应在利润表中进行报告：①权益性证券投资，除非公司对其做出了不可撤销的其他选择；②债券投资，如果该债券不属于其他计量类别，或者报告主体做出了不可撤销的决定，要在利润表中报告其损益。满足上述条件的债券或股票被称为以公允价值计量且其变动计入当期损益的证券投资。同样地，根据 IFRS，下列项目的未实现损益应报告在其他综合收益中：①"债券，当公司管理该债券投资的业务模式是以收取与该债券有关的合同现金流量或出售该债券投资时"；②权益性证券投资，当公司在初始确认时就做出不可撤销的决定，将其指定为损益变动均计入其他综合收益当中时。满足上述条件的债券和股票被称为**以公允价值计量且其变动计入其他综合收益**的证券投资。对这些证券的会计处理要求，与 US GAAP 体系下对可供出售债券的账务处理类似。

不过，即使未实现的持有损益不被包括在公司的净利润（损益）中，也会被计入其他综合收益，从而构成公司综合收益的一部分。

▎例 3-14　其他综合收益

假定一家公司的期初股东权益为 2 亿欧元，当年的净利润为 2,000 万欧元，当年宣告的现金股利为 300 万欧元，并且没有发行或回购普通股。该公司在期末的股东权益为 2.27 亿欧元。

问题

1. 下列哪个金额是绕过了净利润的计算，被计入到了其他综合收益当中的？

A. 0 欧元。

B. 700 万欧元。

C. 1,000 万欧元。

2. 下列描述中，哪一项是对其他综合收益的最佳描述？

A. 从不同地区或不同业务分部中赚取的利润。

B. 能够增加股东权益，但在净利润中无法体现出来的利润。

C. 从公司的非日常业务活动中赚取的利润。

问题 1 解答： C 选项正确。如果该公司的期末股东权益为 2.27 亿欧元，那么，绕过了净利润的计算而被直接计入其他综合收益的金额应当为 1,000 万欧元［ = 22,700 万欧元 – （20,000 万欧元 + 2,000 万欧元 – 300 万欧元）］。

问题 2 解答： B 选项正确。A 和 C 选项不正确，因为它们都没有明确说明这些利润是否作为净利润的一部分，并在利润表中进行报告。

▎例 3-15　其他综合收益在财务分析中的应用

一位分析师正在研究两家可比公司。由于 A 公司的市盈率（P/E）比 B 公司的低，于是他的结论是 A 公司的价值被低估了。在对这个结论进行检验时，这位分析师决定探索这样一个问题：如果使用每股综合收益，而不是每股净利润来计算相对指标，那么该公司的市盈率（P/E）将会是怎样的呢？

	A 公司	B 公司
价格（美元）	35	30
每股收益（EPS）（美元）	1.60	0.90
市盈率（P/E）	21.9 ×	33.3 ×
其他综合收益（损失）（百万美元）	–16.272	–1.757
股票数量（百万股）	22.6	25.1

解答： 如下表所示，A 公司市盈率更低的部分原因在于它可能发生了巨额的损失，这些损失是作为其他综合收益报告的，在计算市盈率（P/E）时，没有被考虑进去⊖。

⊖ 指市盈率的分母——每股收益（EPS），是用净利润与流通在外的股份数量计算得到的，没有包括其他综合收益的影响。——译者注

	A 公司	B 公司
价格（美元）	35	30
每股收益（EPS）(美元)	1.60	0.90
其他综合收益（损失）(百万美元)	−16.272	−1.757
股票数量（百万股）	22.6	25.1
每股其他综合收益（损失）(美元)	−0.72	−0.07
每股综合收益 = EPS + 每股其他综合收益（美元）	0.88	0.83
价格 / 每股综合收益	39.8 ×	36.1 ×

IFRS 和 US GAAP 都给了公司两种不同的列报选择。一种是编制两张报表——一张单独的利润表和另一张包括其他综合收益的报表。另一种则是为其他综合收益单独编制的一张报表。特别地，在对两家公司的财务报表进行比较时，考察它们在综合收益方面的显著差异具有重要意义。

3.9　本章小结

本章介绍了利润表分析的要点。利润表列报了公司在一段时期内开展经营活动的财务结果；它告诉我们公司在这段时期内实现了多少收入，以及为实现这些收入发生了多少成本。公司的净利润及其组成部分（比如毛利润、经营利润和税前利润）是权益证券分析与信用分析的关键输入变量。股票分析师之所以会对公司盈利感兴趣，是因为股票市场通常会给盈利增长速度快的公司高于平均水平的估值奖励，给相应增长速度慢的公司低于平均水平的估值。固定收益证券分析师会检查公司的各个利润表项目，无论是过去的还是预计未来的，以判断公司在其经营周期中如约支付所承诺债务的能力。在公司的财务公告中，对利润表的强调通常超过了其他财务报表。

以下是本章的要点：

- 利润表列报公司的收入、费用和净利润；
- 利润表项目包括：销售收入；销售成本；销售和日常管理费用；其他经营费用；非经营性收益与支出；利得和损失；非经常性项目；净利润；每股收益（EPS）；
- 将毛利润（即销售收入与销售成本之差）作为一个单独的小计项目进行列报的利润表，被称为多步式利润表。不列报这个小计项目的利润表被称为单步式利润表；⊖
- 公司应当在收入的赚取期间才确认收入，这个时间与相应的现金收款时间可能在同一个会计期间，也可能不在同一个会计期间。在确认已赚取之后才确认收入是权责发生制会计的一个基本原则；
- 分析师应查明不同公司在收入确认政策方面的差异并对相应的报告收入进行调整，以促进可比性。当现有信息条件不允许进行调整时，分析师要判断现有收入确认的保守程度，从而定性地评估收入确认政策对财务比率和公司盈利能力的影响；
- 从 2018 年开始，IFRS 和 US GAAP 的收入确认准则已基本趋同。趋同后准则的核心原则是，收入确认应"反映公司向客户转让所承诺商品或服务的价格，该价格代表了

⊖　此处与我国对单步式利润表的传统定义有所不同，我国的绝大部分教材认为单步式利润表是将当期所有的收入排在一起，然后将所有的费用排在一起，最后用总收入减去总费用，一次计算便可得出当期损益。——译者注

报告主体期望通过这些商品或服务的交换而获取的对价金额";

- 为贯彻上述核心原则,准则介绍了五步法模型在收入确认中的应用。同时,该准则还具体规范了相关合同成本的处理和相应的披露要求;
- 费用确认的一般原则是配比,即将费用与相关的收入(例如销售成本)、支出所对应的期间(例如管理人员薪酬这种期间费用)或支出预计能够带来受益的期间(例如折旧费用)去进行匹配;
- 在费用确认中,相关会计政策(比如折旧政策和存货计价政策)或者会计估计(比如公司对坏账、保修责任、资产的使用寿命和残值等预计情况)的选择会对公司所报告的利润产生影响。分析师应确定不同公司在费用确认政策方面的差异,如果可能的话,对公司所报告的利润进行相应调整,以促进可比性。如果根据现有的信息不能够进行调整,分析师也可以判断公司所选择会计政策和会计估计的保守程度,从而定性地评估政策差异对财务比率和公司业绩可能造成的影响;
- 为了评估一家公司的未来盈利情况,将过去年份中的收益和费用项目区分为在未来还可能继续发生的和在未来不大可能继续发生的,这对使用者是非常有帮助的;
- 根据 IFRS,如果能够增进使用者对报告主体财务业绩的了解,公司可在规定的项目之外再列报额外的行项目、标题和小计项目。如果以前年度的一些项目预计在未来期间明显不会再继续发生的,在利润表中应当单独进行披露。根据 US GAAP,对重要的非常项目和非经常性项目,应当在持续经营业务栏目下进行单独列报;
- 在利润表中,非经营性项目应当与经营性项目区分开来,单独列报。根据 IFRS 和 US GAAP,公司处置某项经营业务的影响在利润表中均应作为"终止"经营业务进行单独列报;
- 基本每股收益是用归属于普通股股东的利润除以会计期间内发行在外普通股的加权平均数量得到的比值。归属于普通股股东的利润等于公司当期的净利润扣除支付的优先股股利(如果有的话)之后的剩余金额;
- 如果一家公司具有简单资本结构(即不存在具有潜在稀释效应的证券),那么它的基本每股收益与稀释每股收益就是相等的。但是,如果一家公司发行了具有稀释效应的证券,那么它的稀释每股收益将低于其基本每股收益;
- 关于稀释每股收益,如果有可转换证券,可使用"如果执行转换法"来进行计算;如果存在期权影响,可使用"库存股法"进行计算;
- 在对利润表进行共同比分析时,需要将表中每一个行项目的金额都用其占当期销售收入的百分比来表示。共同比报表方便了我们对不同时期和不同规模的公司进行比较。
- 净利润率和毛利率是两个基于利润表的盈利能力指标;
- 综合收益由净利润和其他未计入净利润的收益和费用项目⊖共同组成。

⊖ 此处"其他未计入净利润的收益和费用项目",即其他综合收益。——译者注

理解资产负债表

伊莱恩·亨利，博士，特许金融分析师
托马斯·R.罗宾逊，博士，特许金融分析师

学习目标

- 描述资产负债表的组成项目：资产、负债和股东权益；
- 说明资产负债表在财务分析中的作用和局限性；
- 了解各种资产负债表列报方式；
- 区分流动资产和非流动资产、流动负债和非流动负债；
- 说明不同类型的资产和负债，以及各种类型资产和负债项目的计量基础；
- 说明股东权益的构成项目；
- 将资产负债表转换为共同比资产负债表，并能够对共同比资产负债表进行解释；
- 计算和解释流动性与清偿能力财务比率。

4.1 概述

资产负债表为我们提供一家公司所拥有的资源（资产）和其资本来源（股东权益和负债/债务）方面的信息。这些信息有助于分析师对一家公司支付其近期运营需求的能力、偿付未来债务的能力和向所有者进行分配的能力进行评价。资产负债表所依赖的基本等式是资产＝负债＋股东权益。

分析师应当了解，不同类型的资产和负债项目的计量基础可能是不一样的。比如，一些项目是按照历史成本或其变动来计量的，而另一些项目则是按照公允价值来计量的⊖。因此，了解计量问题才能有助于分析。当然，资产负债表的计量问题与影响利润表的收入和费用的确认问题是密切相关的。在本章中，我们会通过介绍和举例来说明影响资产负债表的计量问题与影响利润表的收入和费用的确认问题之间的联系。

本章的组织安排如下：第 4.2 节介绍并举例说明资产负债表的内容和格式；第 4.3 节讨

⊖ IFRS 和 US GAAP 均将"公允价值"定义为脱手价格，即市场参与者在计量日发生的有序交易中，出售一项资产所能收到或者转移一项负债所需支付的价格（IFRS 第 13 号，FASB ASC 主题 820）。

论流动资产和流动负债；第 4.4 节介绍资产；第 4.5 节介绍负债；第 4.6 节介绍股东权益的构成，并介绍股东权益变动表；第 4.7 节介绍资产负债表分析。最后是本章小结。

4.2　资产负债表的内容与格式

资产负债表（balance sheet，也称**财务状况表**或**财务情况表**）披露报告主体在某特定时点拥有（或控制）什么、尚欠什么以及其所有者的要求权如何[⊖]。

一家公司的财务状况是用它的基本要素（资产、负债和股东权益）来描述的。

资产（assets，用 A 表示）是公司拥有（或控制）的东西。更正式地说，资产是公司因过去事件而控制的资源，这些资源预计能为公司带来未来经济利益的流入。

负债（liabilities，用 L 表示）是公司所欠的债务。更正式地说，负债是指公司因过去事件而产生的义务，了结这些义务将导致未来经济利益从公司流出。

权益（equity，用 E 表示）表示所有者拥有的、公司资产扣除负债后的剩余利益，通常被称为**股东权益**（shareholders' equity）或**所有者权益**（owners' equity）。权益的金额等于公司资产减去负债之后的剩余，因此就有了会计等式：资产 – 负债 = 股东权益（A – L = E），或者：资产 = 负债 + 股东权益（A = L + E）。

等式"资产 = 负债 + 股东权益"有时是这样被介绍的：等式左边反映公司所控制的资源，右边则反映这些资源是公司如何融资得到的。对所有的财务报表项目来说，只有当与该项目相关的任何未来经济利益很可能流入或者流出报告主体，并且该项目的成本或价值可以被可靠地计量时，这个项目才应当被确认在财务报表中[⊖]。

资产负债表提供了有关公司财务状况的重要信息，但资产负债表上报告的股东权益（即资产扣除负债后的余额，也称净资产）金额并不是公司权益的市场价值或内在价值的计量，原因有以下几点。第一，现行会计准则下的资产负债表采用的是一种混合计量模式。一些资产和负债项目是按历史成本计量的，或者以历史成本为基础而略有调整，而其他资产和负债项目则是按公允价值计量的，代表着这些项目在资产负债表日的现时价值。计量基础对报告的金额可能具有非常重大的影响。第二，即使是按现时价值计量的项目，反映的也只是会计报告期末时的现值。在资产负债表编制好了以后，这些项目的现时价值显然是会发生变化的。第三，公司价值受许多因素（包括预计公司在未来可创造的现金流量和当前市场状况等）的共同影响。像公司的声誉和管理技能等，都是影响一家公司创造未来现金流能力的重要因素，但它们都没有被报告在资产负债表中。

4.2.1　资产负债表的内容

为了说明资产负债表的内容与格式，我们列示了两家公司资产负债表的主要小计项目。表 4-1 和表 4-2 就是根据 SAP 集团和苹果公司的资产负债表缩略而成的。SAP 集团是一家总部位于德国的领先商业软件公司，它依据 IFRS 编制其财务报表。苹果是一家总部位于美国的技术制造商，它根据 US GAAP 编制其财务报表。为了讨论的目的，表 4-1 和表 4-2 只列

　⊖　IFRS 使用术语"财务状况表"（statement of financial position）（IAS 第 1 号《财务报表列报》），但 US GAAP 交替使用"资产负债表"或"财务状况表"（ASC 210-10-05［资产负债表—总体—概述与背景］）。
　⊖　《财务报告概念框架》（2018）。

示了这两家公司资产负债表的主要小计项目和合计项目，本章中的其他图表会在这些小计项目的基础上继续展开。

表 4-1　SAP 集团合并财务状况表（摘录）　　（单位：百万欧元）

资产	12 月 31 日	
	2017 年	2016 年①
流动资产合计	11,930	11,564
非流动资产合计	30,567	32,713
资产总计	42,497	44,277
股东权益与负债		
流动负债合计	10,210	9,675
非流动负债合计	6,747	8,205
负债总额	16,957	17,880
股东权益总额	25,540	26,397
股东权益与负债总计	42,497	44,277

注：以上数据均出自该公司的年度报告，有经过四舍五入处理。
①数据来自 SAP 集团 2017 年年度报告中的重分类后的金额。
资料来源：SAP 集团 2017 年年度报告。

表 4-2　苹果公司合并资产负债表（摘录）①　　（单位：百万美元）

资产	2017 年 9 月 30 日	2016 年 9 月 24 日
流动资产合计	128,645	106,869
（其他所有资产）	**246,674**	**214,817**
资产总计	375,319	321,686
负债与股东权益		
流动负债合计	100,814	79,006
（非流动负债合计）	**140,458**	**114,431**
负债总额	241,272	193,437
股东权益总额	134,047	128,249
负债与股东权益总计	375,319	321,686

①本摘录资料中，报告在括号里的黑体字项目，在该公司编制的财务报表中并没有直接报告。
资料来源：苹果公司 2017 年年度报告（10K 表格）。

SAP 集团使用的标题是"财务状况表"，而苹果公司使用的标题是"资产负债表"。虽然两张报表的标题不同，但它们都报告了三个基本要素：资产、负债和股东权益。两家公司都是披露的合并报表，即编报主体包括了它们所控制的全部子公司。SAP 集团资产负债表中的数字单位是百万欧元，苹果公司资产负债表中的数字单位是百万美元。

资产负债表中的信息都是时点信息。由于这些表都摘录自报告主体的年度财务报表，因此其资产负债表信息对应的是编报公司在相应会计年度最后一天的情况。SAP 集团的会计年度与日历年度是一致的，所以资产负债表信息是 12 月 31 日的情况。苹果的会计年度截止日是每年 9 月的最后一个周六，因此每年的实际资产负债表日都在变化。而且大约每隔 6 年，就会有一年苹果公司的会计年度由 53 周组成，并不是 52 周。苹果公司会计年度的这一特点是值得注意的，但总的来说，多出来的这 1 周对时期报表（利润表和现金流量表）的影响更大，对资产负债表的影响甚微，因为后者主要反映的是特定时点上的信息。

公司支付其短期经营需求的能力与**流动性**这个概念相关。就公司整体而言，流动性是指有足够的现金去满足各种短期需求；就某一特定资产或负债项目而言，流动性指其"接近现金"的程度。所谓流动性好的资产，是指在较短时间内就能比较容易地以接近公允市场价值的价格转换为现金的资产。例如，少量持有的交易活跃的股票，就比商业地产这类投资的流动性要高得多，尤其是在房地产市场疲软的时候。

将资产和负债项目区分为流动的和非流动的两个部分进行单独列报，有助于对公司的整体流动性展开分析（至少能反映公司在会计期末的流动性情况）。IFRS 和 US GAAP 都要求公司在资产负债表中区分流动资产和非流动资产，以及流动负债和非流动负债，并将它们各自作为单独的小类分别列报。根据 IFRS，如果按照流动性直接排列的列报方式能提供更可靠和更相关的信息，那么就可以有例外，不需要分成流动和非流动两个类别分别列报。在表 4-1 和表 4-2 中，都是区分了流动项目和非流动项目的，但在 4.2.3 节的表 4-3 中，就是按流动性强弱直接进行项目排列的。

4.2.2　区分流动项目与非流动项目

流动资产（current assets）包括企业主要为交易目的而持有的资产，或者预计在财务报告日后的一年或超过一年的一个营业周期内就会出售、使用或转换为现金的资产。所谓公司的营业周期，是指公司从获取存货，到将存货销售给客户并收取现金之间会经过的平均时间。（如果难以确定报告主体的正常营业周期，则可以假定为一年。）对于制造业的公司来说，营业周期是从获得原材料到将产品销售出去并收取到现金之间的平均时间。像烟草、酿酒和木材行业的公司，它们的营业周期可能就会超过一年。尽管这些公司持有存货的时间通常会超过一年，但它们仍然将这些存货归类为流动资产，因为它们预计会在一个营业周期内出售这些存货。预计不会在一年或超过一年的一个营业周期内出售或耗尽的资产，则被分类为**非流动资产**（non-current assets，也称长期资产）。

流动资产一般是为营运目的而持有的，除现金外，流动资产还包括预计在当前营业周期中能转换为现金的项目（如贸易应收款）、耗用完毕的项目（如办公用品和预付费用等）或被售出的项目（如存货）。流动资产为我们提供有关报告主体的经营活动和经营能力方面的信息。比如，"贸易应收款"或"应收账款"能告诉我们公司为客户所提供的信用程度。非流动资产是指报告主体经营所依赖的基础设施，在当期内不会被耗用完毕或者被出售的，报告主体对此类资产的投资往往是出于战略角度和长期考虑才做出的。

类似地，预计在财务报告期后一年内或超过一年的一个营业周期内会清偿的负债，被归类为**流动负债**（current liabilities）。将一项负债确认为流动负债的具体判断标准包括：

- 预计在报告主体的一个正常营业周期内清偿；
- 主要为交易目的而持有⊖；
- 自资产负债表日起一年内到期应予清偿；
- 报告主体无权自主地将清偿期限推迟至资产负债表日后一年以上⊜。

IFRS 规定，一些流动负债项目，比如贸易应付款和一些应付职工费用与应付经营费用，是报告主体在正常营业周期中所使用营运资金的一部分。所以，即使这类经营性项目将在资

⊖　例如，根据 IAS 第 39 号，或者自 2018 年 1 月 1 日起根据 IFRS 第 9 号，分类为交易性金融负债的项目。

⊜　IAS 第 1 号《财务报表列报》，第 69 段。

产负债表日后一年以上才进行结算，但也归类为流动负债。除此以外，所有其他负债项目均归类为**非流动负债**（non-current liabilities），包括为公司提供长期融资的金融负债。

流动资产大于流动负债的部分，被称为**营运资本**（working capital）。通过营运资本的水平，分析师可以判断报告主体按期偿还债务的能力，为分析师提供了一个实体履行到期债务能力的信息。虽然充足的营运资本是必要的，但公司应当将多余的营运资本用作投资，这样才能让资金得到更有效率地使用，而不是被无效地占用。

在资产负债表中，将资产和负债项目分别按流动和非流动两类进行报告的，被称为**分类资产负债表**（classified balance sheet）。分类一般也指将账户分组为子类别。表 4-1 和表 4-2 中摘录的两家公司的资产负债表都属于分类资产负债表。虽然这两家公司的资产负债表都是将流动资产和流动负债分别列报于非流动资产和非流动负债之前，但这并不是必须的。IFRS 并没有对公司在资产负债表上列报流动 / 非流动分类项目的顺序或者格式做出具体规定。

4.2.3　按流动性进行列报

当可以提供更加可靠或者更加相关的信息时，公司就可以按流动性进行列报，而不是分别列报流动和非流动的项目。采用按流动性进行列报时，只需要将全部资产和负债项目都大致按流动性顺序排列即可。

像银行这样的报告主体就可以使用按流动性进行列报的方式。例如，汇丰控股有限公司（HSBC）就是一家按照 IFRS 编制财务报表的全球金融服务公司，表 4-3 列示了该公司资产负债表的资产部分。汇丰公司的资产负债表是按项目的流动性呈报的。如表 4-3 中所示，资产部分的第一个项目是现金与央行存款，而像"对联营与合营企业的投资"这种流动性较低的项目，则出现在资产项目的底部。

表 4-3　汇丰控股有限公司合并财务状况表（摘录：仅资产部分）

（单位：百万美元）

合并资产负债表	2017 年 12 月 31 日	2016 年 12 月 31 日
资产		
现金与央行存款	180,624	128,009
他行托收项目	6,628	5,003
中国香港特区政府负债证明书	34,186	31,228
交易性资产	287,995	235,125
指定用公允价值计量的金融资产	29,464	24,756
衍生工具	219,818	290,872
对银行的贷款和垫款	90,393	88,126
对客户的贷款和垫款	962,964	861,504
逆回购协议——非交易性	201,553	160,974
金融投资	389,076	436,797
预付账款、应计收益与其他资产	67,191	63,909
短期递延所得税资产	1,006	1,145
对联营与合营企业的投资	22,744	20,029
商誉和无形资产	23,453	21,346
递延所得税资产	4,676	6,163
资产总计	2,521,771	2,374,986

资料来源：汇丰控股有限公司 2017 年年度报告。

4.3　流动资产与流动负债

本节对流动资产和流动负债项目进行更详细的介绍。

4.3.1　流动资产

根据会计准则要求，如果某些项目是重要的，就必须在资产负债表上以特定的单行列示。在流动资产栏目下，应当予以单行列示的项目包括现金及现金等价物、贸易及其他应收款、存货和（短期）金融资产。如果需要的话，公司还可以列报其他行项目，与将重要性程度相似的项目都单独列报要求一致。作为例子，在表 4-4 和表 4-5 中，就分别展示了在 SAP集团和苹果公司的资产负债表中，流动资产栏目下的信息摘录。

表 4-4　SAP 集团合并财务状况表（摘录：流动资产详细信息）①

（单位：百万欧元）

资产	12 月 31 日	
	2017 年	2016 年
现金及现金等价物	4,011	3,702
其他金融资产	990	1,124
贸易及其他应收款	5,899	5,924
其他非金融资产	725	581
预付税款	306	233
流动资产合计	11,930	11,564
非流动资产合计	30,567	32,713
资产总计	**42,497**	**44,277**
流动负债合计	10,210	9,674
非流动负债合计	6,747	8,205
负债总额	16,958	17,880
股东权益总额	25,540	26,397
负债与股东权益总计	**42,497**	**44,277**

①表中数据同原书一致，疑有误——译者注
资料来源：SAP 集团 2017 年年度报告。

表 4-5　苹果公司合并资产负债表（摘录：流动资产详细信息）①

（单位：百万美元）

资产	2017 年 9 月 30 日	2016 年 9 月 24 日
现金及现金等价物	20,289	20,484
短期有价证券	53,892	46,671
应收账款，分别扣除坏账准备 5,800 万美元和 5,300 万美元	17,874	15,754
存货	4,855	2,132
卖方非贸易应收款	17,799	13,545
其他流动资产	13,936	8,283
流动资产合计	128,645	106,869
（其他所有资产）	**246,674**	**214,817**
资产总计	**375,319**	**321,686**
流动负债合计	100,814	79,006
（非流动负债合计）	**140,458**	**114,431**
负债总额	241,272	193,437
股东权益总额	134,047	128,249
负债与股东权益总计	**375,319**	**321,686**

①本摘录资料中，报告在括号里的黑体字项目，在该公司编制的财务报表中并没有直接报告。
资料来源：苹果公司 2017 年年度报告（10K 表格）。

4.3.1.1　现金及现金等价物

现金等价物是具有高度流动性的短期投资，它们距离到期日已经非常近⊖，因此不存在因利率波动而导致其价值发生重大变动的风险。现金及现金等价物均属于金融资产，而金融资产一般按**摊余成本**或**公允价值**计量和报告。摊余成本为将资产的历史成本（即初始确认价值）调整其摊销和减值后得到的。根据 IFRS 和 US GAAP，公允价值以脱手价格（exit price）为基础，是市场参与者在计量日发生的有序交易中，出售一项资产所能收到或者转移一项负债所需支付的价格。

⊖　通常为 3 个月及以下。

就现金及现金等价物而言，其摊余成本和公允价值之间的差距极小。现金等价物的例子包括银行活期存款和原始到期日在 3 个月或以下的高流动性投资（比如美国国库券、商业票据和货币市场基金等）。现金及现金等价物不包括限制使用期在 12 个月以上的款项。所有公司都需要在现金流量表中列报一段时期内的现金流变动信息。在 2017 财务年度中，SAP 集团的现金及现金等价物从 37.02 亿欧元增加到 40.11 亿欧元，而苹果公司的现金及现金等价物则从 204.84 亿美元减少到 202.89 亿美元。

4.3.1.2 有价证券

有价证券也属于金融资产，主要包括公司所投资的、可在公开市场进行交易的债券和股票，这些投资的价值可以根据公开市场的报价准确确定。有价证券的例子包括国库券、票据、债券和普通股、共同基金份额等股权凭证。公司会在财务报表附注中披露它们所持有这些证券的详细信息。比如，SAP 集团披露它的其他金融资产包括定期存款、其他应收款和给员工与第三方的贷款等项目。苹果公司在其 2017 财年末和 2016 财年末持有的短期有价证券总额分别为 539 亿美元和 467 亿美元，其中包括美国国债、公司证券、商业票据和定期存款等多个品种。债券和股权投资等金融资产涉及各种计量问题，本书将在第 4.4.5 节中进行专门讨论。

4.3.1.3 贸易应收款

贸易应收款也被称为应收账款，是另一类金融资产。它们代表着公司客户因为取得了公司已经交付的产品或服务而应当支付给公司的金额，通常按可变现净值（net realizable value）报告。可变现净值接近公允价值，是以公司对收款情况的估计为基础的。分析师通常会关注应收账款几个方面的问题。首先是应收账款相对销售收入的总体水平（该话题稍后将在比率分析部分进一步展开讨论），如果应收账款相对销售收入的比值显著增加，可能表明公司从客户那里收取现金的能力出现了问题。

与应收账款有关的第二个问题是坏账准备。坏账准备反映了公司对最终无法收回的应收账款规模的估计。在某个特定的会计期间，如果坏账准备增加，一方面会增加当期的坏账费用，另一方面由于坏账准备余额的增加，应收账款总额减去坏账准备余额后的应收账款净值，即可变现净值的估计数就会减少。当确定有某笔应收款项无法收回时，就通过同时减记应收账款和坏账准备来进行核销。坏账准备账户被称为应收账款账户的**备抵账户**（contra account），因为应收账款是资产类账户，而坏账准备账户的作用是抵减（或减少）应收账款的金额。以 SAP 集团的资产负债表为例，该集团报告它在 2017 年 12 月 31 日的贸易及其他应收款净额为 58.99 亿欧元。同时，在财务报表附注[⊖]中，也披露了它的坏账准备金额为 7,400 万欧元。而苹果公司则直接在资产负债表中披露了它的坏账准备金额，比如，在 2017 年 9 月 30 日的坏账准备为 5,800 万美元，当日资产负债表中的 178.74 亿美元应收账款是已经扣除了坏账准备之后的应收账款净额。据苹果公司的披露，该公司的坏账准备是根据"历史经验、应收账款的账龄、公司客户的信用质量、当前经济状况以及其他可能影响客户支付能力的因素"等共同决定的。其中，应收账款的账龄是指应收账款拖欠的时间长度，包括应收账款到期后的天数。

⊖ 详见 SAP 集团 2017 年年度报告的财务报表附注 1。

再一个与应收账款相关的问题是信用风险的集中程度。比如，SAP 集团就在年度报告中披露，该公司的信用风险集中程度是有限的，因为它们的客户群体庞大，分散在不同的行业、具有不同的公司规模、来自不同的国家。类似地，苹果公司也在其年度报告中指出，没有任何一位单一的客户的购买额占到了其销售收入的 10% 或以上。不过，苹果公司在 2017 年财报中还披露，有两位客户的欠款分别占到了其应收账款总额的 10% 或更多，其中，蜂窝网络运营商的欠款占公司应收账款的 59%。在"卖方非贸易应收款"中，有三家供应商的欠款分别占总额的 42%、19% 及 10%。[⊖]

▌ 例 4-1　分析应收账款

1. 根据表 4-5 中苹果公司的资产负债表信息摘录，苹果公司估计它在 2017 财年和 2016 财年的应收账款总额中，有多大比例是难以收回的？

2. 一般情况下，坏账准备金额与坏账费用有何关系？

3. 一般来说，哪些因素会导致公司的坏账准备金额降低？

问题 1 解答： 2017 财年应收账款总额中，估计难以收回部分的百分比为 0.32%，计算过程为：5,800 万美元 /（1,787,400 万美元 + 5,800 万美元）。值得注意的是，报表中披露的 178.74 亿美元应收账款净额是已经扣除了 5,800 万美元坏账准备以后得到的，因此，计算应收账款总额或者毛额时，应当将坏账准备加回到净额当中。同理，2016 年应收账款总额中，估计难以收回的百分比为 0.34%，即 ［5,300 万美元 /（1,575,400 万美元 + 5,300 万美元）］。

问题 2 解答： 坏账费用是某会计期间内的费用，由公司根据该会计期间内赊销规模的一定百分比为基础，来估计最终难以收到现金的金额。而坏账准备是一个资产备抵账户，它的作用是抵减应收账款这个资产账户的金额。

记录预计可能发生的坏账时，公司一方面确认坏账费用（进而使当期净利润受到影响），另一方面使当期坏账准备账户的余额增加相同的金额。当某一笔特定的应收账款需要被核销时，公司一方面减少坏账准备账户的余额，另一方面使应收账款的余额也减少相同的金额。

问题 3 解答： 一般来说，如果一家公司的坏账准备金额绝对值减少，可能是由于赊销规模减小所造成的。

而可能导致公司坏账准备金额占应收账款金额的百分比减少的原因，包括如下这么一些：

- 公司现有客户的信用质量得到了改善（无论是特定客户的信用状况改善还是由于经济原因造成的整体改善）；
- 执行了更严格的信用政策（比如，拒绝为信用较差的客户提供赊销机会，要求他们只能现金购买或者提供抵押物，或者提供其他形式的融资支持）；
- 贯彻了更严格的风险管理政策（比如，为可能发生的违约购买了更多的保险）。

除上述提到的企业因素外，由于坏账准备是根据公司管理层对应收账款可回收性的估计而预计的，因此，管理层也可能故意选择某些估计值，以操纵公司的报告利润。比如，假定某管理团队希望增加公司的报告利润，他们就可以故意高估应收账款的可回收率，从而低估会计期间内的坏账费用。相反，在盈利良好时期，管理层也可以通过低估应收账款的收款可

⊖ 苹果公司 2017 年年度报告，第 53 页。

能和高估坏账费用，来达到为未来盈利不好时留下利润反转空间的目的。

4.3.1.4 存货

存货是将直接以当前形式（产成品）或通过投入生产成为最终产品的一部分（原材料和在产品），被最终出售给公司客户的实物资产。像其他制造企业一样，苹果公司也持有存货。在苹果公司 2017 财年的资产负债表上，报告了价值 48.55 亿美元的存货。SAP 集团的资产负债表中并没有"存货"这样的行项目，这与 SAP 集团主要是一家软件和服务提供商的事实相一致。

根据 IFRS，存货按成本与可变现净值（net realizable value，简写为 NRV）孰低进行计量。在这里，存货的成本包括全部采购成本、加工成本以及将存货运至当前地点或达到当前状况所发生的其他成本。而可变现净值则是存货的估计售价减去至完工时预计需要发生的成本和预计销售费用后的金额。可变现净值适用于 IFRS 下所有存货的计量。在 US GAAP 体系下，除了使用后进先出法或零售库存法进行计量的存货之外，其他存货也按成本与可变现净值孰低进行计量。使用后进先出法或零售库存法时，存货按成本与市场价值孰低计量。US GAAP 将存货的市场价值定义为其当前的重置成本，但规定了上限和下限：上限为可变现净值，下限为可变现净值扣除正常利润水平。

如果公司存货的可变现净值或市场价值（在某些情况下，当适用于 US GAAP 时）低于其账面价值，则公司必须减记其存货的价值，并将减记的价值损失反映在利润表中。例如，评估公司在它年报中的"管理层讨论与分析"和财务报表附注中，均披露它会每季度都复核其库存，并将过时、超过预计需求数或账面价值高于市场价值的部分存货记录为减值。根据 IFRS，如果以前期间计提了减值的存货在后来又发生了增值，则原来减记的金额可予以转回。但根据 US GAAP，已经计提的存货减值是不允许转回的。

出售存货时，应将该存货的成本报告为一项费用，称为"销货成本"。会计准则允许企业采用不同的计价方法来确定利润表中销货成本和在资产负债表中仍报告为存货项目的金额。（根据 IFRS 和 US GAAP，存货计价方法被称为成本公式和成本流转假设。）IFRS 只允许公司采用先进先出法、加权平均成本法和个别认定法。但也有一些会计准则体系（比如 US GAAP）还允许公司在上述存货计价方法之外选择采用后进先出法，而 IFRS 是不允许后进先出法的。

4.3.1.5 其他流动资产

一些流动资产项目自身的重要性不够强，没有必要在资产负债表中单独报告为一个行项目，因此就彼此汇总成为一个金额，报告为"其他流动资产"。公司会在财务报表附注中披露其他流动资产的具体内容。其中，预付费用就是一个典型的其他流动资产项目。**预付费用**（prepaid expenses）是公司已提前支付的正常经营费用。因为费用是确认在它所发生的会计期间内，而不一定是在它被支付的期间内，所以，提前预付的款项就成为一项资产。该资产（预付费用）会在未来期间真正被使用的时候再确认为费用。比如，考虑预付保险费的例子。假设一家公司在当年的 12 月 31 日预付了下一个日历年度的保险费用。在支付时，公司就确认了一项资产（预付保险费）。但该费用在当时并没有发生，而是随着时间的推移而逐渐发生的（本例中，在接下来的每个月发生 1/12）。因此，在接下来的一年当中，费用才被确认，而财务报表中相应资产的价值也会被减少。

SAP 集团在其财务报表附注中披露了资产负债表上"其他非金融资产"项目所包含的详细情况，其中占比最大的项目是预付费用，包括经营租赁预付款、支持服务预付款和软件特许权使用费的预付款。而在苹果公司的财务报表附注中，则没有披露它的其他流动资产细节信息。

4.3.2　流动负债

流动负债是公司主要为交易目的而持有的、预计在一个正常的营业周期内就需要清偿的负债，或者是在资产负债表日后 12 个月内就会到期的负债。表 4-6 和表 4-7 分别摘录自 SAP 集团和苹果公司的资产负债表，列报了两家公司的流动负债行项目。以下将讨论一些常见的流动负债项目，包括贸易应付款、金融负债、应计费用和递延收入等。

表 4-6　SAP 集团合并财务状况表（摘录：流动负债详细信息）[①]

（单位：百万欧元）

资产	12 月 31 日	
	2017 年	2016 年
流动资产合计	11,930	11,564
非流动资产合计	30,567	32,713
资产总计	42,497	44,277
权益与负债		
贸易与其他应付款	1,151	1,281
应交税费	597	316
金融负债	1,561	1,813
其他非金融负债	3,946	3,699
预计负债	184	183
递延收入	2,771	2,383
流动负债合计	10,210	9,674
非流动负债合计	6,747	8,205
负债总额	16,958	17,880
股东权益总额	25,540	26,397
负债与股东权益总计	42,497	44,277

①表中数据同原书一致，疑有误。——译者注
资料来源：SAP 集团 2017 年年度报告。

表 4-7　苹果公司合并资产负债表（摘录：流动负债详细信息）[①]

（单位：百万美元）

资产	2017 年 9 月 30 日	2016 年 9 月 24 日
流动资产合计	128,645	106,869
（其他所有资产）	**246,674**	**214,817**
资产总计	375,319	321,686
负债与股东权益		
应付账款	49,049	37,294
应计费用	25,744	22,027
递延收入	7,548	8,080
商业票据	11,977	8,105
一年内到期的长期负债	6,496	3,500
流动负债合计	100,814	79,006
（非流动负债合计）	**140,458**	**114,431**
负债总额	241,272	193,437
股东权益总额	134,047	128,249
负债与股东权益总计	375,319	321,686

①本摘录资料中，在括号中报告的黑体字项目，在该公司编制的财务报表中并没有直接报告。
资料来源：苹果公司 2017 年年度报告（10K 表格）。

贸易应付款（trade payables）也被称为**应付账款**（accounts payable），是公司因为购买商品或服务而欠供应商的款项。换句话说，贸易应付款是公司截至资产负债表日尚未来得及支付的赊购金额。在这里，分析师会关心的问题之一是贸易应付款规模相对公司总体采购水平的变化趋势（该话题将在比率分析中进一步讨论）。如果应付账款规模相对于采购规模来说发生了重大变化，可能预示着公司与供应商之间的信用关系也发生了潜在变化。供应商向公司所提供的信贷，一般用术语"商业信用"（trade credit）表示。商业信用是公司的一种融资来源，它允许公司先进行采购，然后等过段时间才需要为这些采购付款。

在资产负债表的流动负债部分，还包括将在一年内到期或超过一年的一个营业周期内到期的金融负债。金融负债包括银行贷款、应付票据（notes payable，指公司通过正式贷款协议从商业信用提供方或银行等债权人处取得的金融负债[⊖]）和商业汇票等项目。此外，对于任何长期负债项目将于一年内到期的部分（即长期负债的当期部分），也列示在资产负债表的流动负债栏目下。例如，根据 SAP 集团在财务报表附注中的披露，在该集团 15.61 亿欧元的金融负债中，大部分都是将于下一年度就到期的应付公司债券。在苹果公司的资产负债表中，报告了价值 119.77 亿美元的商业票据（公司发行的短期票据）和价值 64.96 亿美元将在一年内到期的长期负债。

应计费用（accrued expenses，也称预提费用、预提负债或其他非金融负债），是在公司的利润表中已经被确认为费用，但截至资产负债表日公司仍未进行支付的金额。例如，在 SAP 集团 2017 财年的资产负债表上，报告了价值 5.97 亿欧元的应交税费。除了应交所得税之外，其他常见的应计费用项目还包括应付利息、预提产品质量保证金和应付职工薪酬（即应付工资）等。根据 SAP 集团在其财务报表附注中的披露，2017 财年末报告了 39.46 亿欧元的其他非金融负债项目，其中包括了价值 25.65 亿欧元的各种应付职工费用。

递延收益（deferred income）也称为**递延收入**（deferred revenue）或**未赚取收入**（unearned revenue），是公司在向客户交付相关的货物或服务之前就收到的客户付款，此时公司有义务向客户提供相关货物或服务，或者向客户返还所收到的款项。递延收入的例子包括在租赁期开始前就已收到的租赁付款、在服务期开始前就收到的办公设备维修费用和在订阅期开始前就收到的杂志订阅付款等。根据 SAP 集团的资产负债表，它在 2017 财年末的递延收入为 27.71 亿欧元，略高于其在 2016 财年末 23.83 亿欧元的水平。而苹果公司的资产负债表则显示，该公司在 2017 财年末的递延收入为 75.48 亿美元，略低于其在 2016 财年末 80.8 亿美元的水平。在例 4-2 中，列出了这两家公司对各自递延收入项目的信息披露情况，并讨论了其中一些项目的含义。

▌例 4-2　分析递延收入

SAP 集团在其 2017 财年的财务报表附注中是这样介绍它的递延收入情况的：

> 递延收入项目主要来自本公司客户对云订阅和支持服务、软件支持与服务项目的预付款、一揽子销售协议中分配给未交付产品的款项，以及公司并购活动带来的客户获取合约下待执行义务对应的金额。

苹果公司的递延收入也是一揽子销售协议所带来的，一些产品在销售达成时就已经交付了，但还有一些产品则要等到未来才能交付。此外，苹果公司还确认与礼品卡销售和服务合约销售相关的递延收入。在该公司 2017 财年的财务报表附注中，它是这样介绍递延收入项目的：

⊖　此处的应付票据（根据 notes payable 直译）与我国公司报表中的应付票据含义不同。如文中括号里解释的，国外公司资产负债表中的应付票据一般是指公司通过正式贷款协议从商业信用提供方或银行等债权人处取得的金融负债，类似我国公司报表中的短期借款或长期借款；而我国公司资产负债表中的应付票据专指应付商业汇票，该项目在国外公司报表中一般用"商业汇票"（commercial paper）表示。——译者注

本公司将在相关产品交付或服务执行前就提前收到的客户付款记录为递延收入，该项目包括顾客就特定或非特定软件升级权而预付的款项，以及客户对非软件服务的预付款项。本公司出售可在零售店或线上使用的礼品卡……出售时，本公司会记录递延收入增加，待客户真正使用礼品卡时，再减少这部分递延收入。对于苹果服务与支持业务的收入，也是先记录为递延收入，然后在相应服务期内再转出确认收入。苹果服务与支持业务通常包括根据本公司的标准有限质保条款提供的延期手机支持、维修服务、线上支持资源与诊断工具等。

问题：

1. 一般而言，在交易发生期间，一家公司的资产负债表会如何反映因一笔销售而带来的100美元递延收入？（为简单起见，假定这家公司的所有销售都是现销，所得税按现金收入的30%计算，并且，该公司将立即用现金支付所有相关的所得税。忽略任何有关的递延费用。）

2. 一般而言，递延收入对公司初始确认后各个会计期间的财务报表会有何影响？

3. 请对 SAP 集团和苹果公司的递延收入金额进行解释。

4. 应付账款和递延收入都属于流动负债项目。请对下列两种说法进行讨论：

A. 在评估一家公司的流动性时，应付账款的含义与递延收入的含义是不同的；

B. 一些投资者会特别关注公司递延收入的金额，将它作为公司未来收入增长能力的判断指标。

问题 1 解答： 当递延收入产生时，公司将记录其资产项目"现金"增加了100美元，同时负债项目"递延收入"也增加了100美元。接下来，由于该公司的应交所得税是根据现金收入计算并在当期就支付的，因此它会记录资产项目"现金"减少30美元，而另一项资产项目"资产递延所得税资产"增加30美元。递延所得税资产的增加是因为该公司已就其尚未确认为会计收入的交易支付了税款，因此从会计的角度来看，实际上就是公司已经预付了这笔交易的税款。

问题 2 解答： 确认递延收入之后，公司将在以后会计期间内，当真正赚取到这笔收入时再将递延收入转出，确认为当期收入。在确认收入时，负债项目"递延收入"将减少。此外，由于在利润表中确认了收入之后，相关的所得税费用也应一并在同一会计期间确认，因此，"递延所得税资产"项目也将减少。

问题 3 解答： SAP 集团和苹果公司在它们各自的 2017 财年末的资产负债表上都报告了递延收入，这些金额将在两家公司各自的 2017 财年之后的会计期间里，随着商品的交付或者服务的提供，或者公司所承担义务的减少，逐渐被确认为销售收入、销售额或其他类似项目。同时，两家公司也要确认因交付这些产品或者服务而发生的成本。

问题 4A 解答： 应付账款的金额是公司在未来应向其供应商支付现金的数量，代表着一项未来义务；相反，递延收入的金额是公司已从客户那里收到的款项，代表着公司未来应交付产品或服务的义务。从流动性的角度来看，了结应付账款义务会导致公司的现金流出，而了结递延收入义务则不需要现金流出。

问题 4B 解答： 一些投资者特别关注公司的递延收入，并将其作为公司的未来增长判断指标。这是因为，递延收入金额就是公司未来收入的金额。因此，递延收入金额的增长暗示了公司未来收入的部分增长情况。

4.4　非流动资产

本节介绍流动资产之外的其他资产，它们有时统称为非流动资产或者长期资产。本节所讨论的类别包括不动产、厂场与设备；投资性房地产；无形资产；商誉；金融资产和递延所得税资产。在表 4-8 和表 4-9 中，列示了 SAP 集团和苹果公司的非流动资产的各个行项目，相关信息分别摘录自这两家公司的资产负债表。

表 4-8　SAP 集团合并财务状况表（摘录：
非流动资产详细信息）①

（单位：百万欧元）

资产	12 月 31 日	
	2017 年	2016 年
流动资产合计	11,930	11,564
商誉	21,274	23,311
无形资产	2,967	3,786
不动产、厂场与设备	2,967	2,580
其他金融资产	1,155	1,358
贸易及其他应收款	118	126
其他非金融资产	621	532
预付税款	443	450
递延所得税资产	1,022	571
非流动资产合计	30,567	32,713
资产总计	42,497	44,277
流动负债合计	10,210	9,674
非流动负债合计	6,747	8,205
负债总额	16,958	17,880
股东权益总额	25,540	26,397
负债与股东权益总计	42,497	44,277

①表中数据同原书一致，疑有误。——译者注
资料来源：SAP 集团 2017 年年度报告。

表 4-9　苹果公司合并资产负债表（摘录：
非流动资产详细信息）①

（单位：百万美元）

资产	2017 年 9 月 30 日	2016 年 9 月 24 日
流动资产合计	128,645	106,869
长期有价证券	194,714	170,430
不动产、厂场与设备，净值	33,783	27,010
商誉	5,717	5,414
购入的无形资产，净值	2,298	3,206
其他非流动资产	10,162	8,757
（其他所有资产）	246,674	214,817
资产总计	375,319	321,686
负债与股东权益		
流动负债合计	100,814	79,006
（非流动负债合计）	140,458	114,431
负债总额	241,272	193,437
股东权益总额	134,047	128,249
负债与股东权益总计	375,319	321,686

①本摘录资料中，在括号中报告的黑体字项目，在该公司编制的财务报表中并没有直接报告。
资料来源：苹果公司 2017 年年度报告（10K 表格）。

4.4.1　不动产、厂场与设备

不动产、厂场与设备（property，plant，and equipment，PPE⊖）是企业在经营活动中使用的有形资产，它们可以在一个以上的会计期间内为企业所用（即为企业提供经济利益）。土地、建筑物、设备、机械、家具以及矿物和石油资源等自然资源，都属于不动产、厂场与设备这一类有形资产。根据 IFRS，对不动产、厂场与设备，公司可以选择使用成本模式或者重估值模式进行计量⊖。不过，虽然 IFRS 允许公司对一些类别的资产使用成本计量模式，而对另一些类别的资产使用重估值计量模型，但要求公司对于特定类别的所有资产，都应当使用相同的计量模式。US GAAP 只允许对固定资产使用成本计量模式。

⊖　对应我国公司报表中的"固定资产"项目。——译者注
⊖　IAS 第 16 号《不动产、厂场与设备》，第 29 ～ 31 段。

在成本计量模式下，不动产、厂场与设备应当按照摊余成本（即历史成本减去对应的累计折旧或者累计折耗，以及任何对应的减值准备）进行计量。在这里，历史成本通常包括资产的购买价格加上其交付成本，以及为使该资产达到可使用状态而发生的任何其他的额外成本（如机器的安装成本）。折旧和折耗是指将长期资产的价值在其使用寿命内进行成本分摊（确认为费用）的过程，但土地是不计算折旧的。由于在资产负债表中，不动产、厂场与设备是按扣除累计折旧金额之后的净值列报的，每期的折旧费用都确认在利润表中，因此，折旧方法的选择和相关资产使用寿命与残值的估计对公司的资产负债表和利润表均会产生影响。

折旧是将资产的成本在其使用寿命内进行的系统分配，而减值损失反映的则是公司未曾预料到的价值下降。减值发生在资产的可收回金额低于其账面价值时，根据 IFRS，相关定义如下[⊖]：

- 可收回金额：资产的公允价值减去处置费用后的净额与其使用价值之间的较高者；
- 公允价值减去处置费用后的净额：在知情的自愿方之间达成的公平交易中，出售该项资产可取得的金额扣除相关处置费用后的净额；
- 使用价值：预期从资产的持续使用中能获得的未来现金流量的现值。

当确定某项资产发生了减值时，公司应在确认减值当期的利润表上报告相关的减值损失。IFRS 允许减值损失的转回，但 US GAAP 不允许。

在重估值计量模式下，不动产、厂场与设备的报告价值或账面价值，应当等于重估值日的公允价值减去重估值日后的累计折旧金额。在重估值模式下，不动产、厂场与设备价值的变化可能直接影响股东权益，也可能计入当期损益，这需要视具体情形来决定。

在表 4-8 和表 4-9 中，SAP 集团报告它在 2017 财年末的不动产、厂场与设备价值为 29.67 亿欧元，而苹果公司则报告了它在 2017 财年末的不动产、厂场与设备价值为 337.83 亿美元。SAP 集团的不动产、厂场与设备占总资产的价值比重大约为 7%，而对苹果公司来说，这个比例大约为 9%。根据两家公司在财务报表附注中的披露，它们的不动产、厂场与设备都是在预期使用寿命内使用直线法计算折旧的。

4.4.2　投资性房地产

有些不动产不用于生产产品、提供服务，或者公司的行政管理。相反，它们可能会被用来赚取租金收益或者寻求资本增值（或者两者兼而有之）。在 IFRS 下，这样的不动产被称为**投资性房地产**（investment property）[⊖]。不过，US GAAP 并没有对投资性房地产进行专门的定义。IFRS 允许公司为其投资性房地产选择成本计量模式或者公允价值计量模式，但要求一家公司对其持有的全部投资性房地产只能采用同一种计量模式（成本计量模式或者公允价值计量模式）。投资性房地产的成本计量模式与不动产、厂场与设备的应用要求相同，即按投资性房地产的成本扣除相关累计折旧和可能的减值准备之后的余额作为账面价值。但如果选择公允价值计量模式，则应当按照公允价值来对投资性房地产的价值进行报告，对于投资性房地产因其公允价值发生变动而产生的损益，应在损益产生当期的利润表中反映出来[⊜]。

⊖　IAS 第 36 号《资产减值》，第 6 段。US GAAP 采用的减值方法与此不同。
⊜　IAS 第 40 号《投资性房地产》。
⊜　IAS 第 40 号《投资性房地产》，第 35 段。

SAP 集团和苹果公司都没有持有任何投资性房地产。一般来说，房地产投资公司或物业管理公司常持有投资性房地产，像人寿保险公司和捐赠基金等报告主体也可能会持有投资性房地产，以作为其投资组合的一部分。

4.4.3 无形资产

无形资产是指没有实物形态但可辨认的非货币性资产[⊖]。所谓可辨认的资产，是指它可能是单独购入的（可以与会计主体区分开），或者属于特定合同、法定权利或者特权规定的结果。无形资产的例子包括专利权、许可权证和商标等。最常见的不可单独辨认的资产是会计商誉，它产生于企业合并，本书将在第 4.4.4 节再对商誉进行详细讨论。

IFRS 允许公司对无形资产使用成本计量模式或者重估值计量模式。只有当相关无形资产存在活跃的交易市场时，才能选用重估值计量模式。这两种计量模式的应用与不动产、厂场和设备是基本类似的。但是如果依据 US GAAP，则只允许使用成本计量模式。

对于每一项无形资产，公司都应当评估其使用寿命是有限的还是不确定的。以下是无形资产的摊销和减值要求：

- 对于使用寿命有限的无形资产，应当估计使用寿命，并将无形资产的成本在使用寿命内按系统方法进行摊销。同时，至少每年应当复核一次无形资产的摊销方法和估计的使用寿命；
- 对于使用寿命有限的无形资产，其减值原则与不动产、厂场与设备相同；
- 对于使用寿命不确定的无形资产，不进行摊销处理。相反，企业至少每年应当复核其使用寿命不确定的合理性，并对该无形资产进行减值测试。

根据传统，财务分析师习惯性地对无形资产的价值持谨慎态度，特别是商誉的价值。因此，在评价一家公司的财务报表时，分析师经常会剔除无形资产的账面价值，并同时将股东权益也调减相等的金额；同时，还会将当期与无形资产相关的摊销费用或者减值损失反加回税前利润中去。这种主观地将无形资产赋值为 0 的做法是不可取的，相反，分析师应该仔细检查报告主体所列出的每一项无形资产的信息，然后判断是否应当调整其价值。这些信息包括无形资产的有效使用寿命、摊销比率和摊销方法，以及已经确认或转回的减值亏损等。

此外，公司还可能已经在内部自行开发了无形资产，对于这类资产，只有在满足某些条件的情况下才能被确认在报表中。公司还可能拥有一些没有实物形态且难以被辨认出来的资产，却从未将它们记录在资产负债表上，比如，管理技能、知名度、良好声誉等。这些资产都是有价值的，并且从理论上来说，是被考虑进了市场对公司股票的定价（以及在收购交易中将公司股权全部出售的价格）当中的。如果公司在此时被收购，这类资产是可以被确认为商誉的，但是在公司被收购之前，这类资产还不能够被确认到资产负债表上。

根据 IFRS，对于可辨认的无形资产，如果与其相关的未来经济利益很可能流入公司，且该资产的成本能够得到可靠计量，那么就可以将它确认在资产负债表上。可辨认无形资产的例子包括专利权、商标权、版权、特许权、经营许可和其他权利等。可辨认无形资产可以通过公司内部自创，也可以直接从公司外部购入。确定内部自创无形资产的成本比较困难且

⊖ IAS 第 38 号《无形资产》，第 8 段。

其存在较强的主观性。因此，IFRS 和 US GAAP 一般都要求将内部自创的无形资产进行费用化处理，而不用确认和报告在资产负债表中。

IFRS 规定，对于内部自创的无形资产，公司必须分别确定其研究阶段和开发阶段[○]。研究阶段主要涉及寻求新知识或新产品的活动；而开发阶段则发生在研究阶段之后，包括原型和模型的设计与测试等活动。根据 IFRS，企业内部自创无形资产的成本如果是发生在研究阶段的，就必须在利润表中进行费用化处理；但如果是发生在开发阶段并且符合某些条件的，包括具有技术可行性、公司具有使用或出售该无形资产的能力以及完成该开发项目的能力，那么就可以将相关的支出资本化处理，报告为无形资产。

根据 US GAAP，大部分的内部自创无形资产成本或者研发支出都不允许资本化为一项资产，几乎所有的这类支出都必须被费用化处理。因此，无论是按照 IFRS 还是 US GAAP，与下列项目相关的支出基本上都会被费用化处理：

- 内部创造的品牌、刊头（mastheads）、出版标题、客户名单等；
- 开办费用；
- 培训费用；
- 管理费用和其他间接费用；
- 广告与促销费用；
- 搬迁和重组费用；
- 裁员和其他终止经营费用。

一般来说，如果外购的无形资产产生于合同权利（比如许可协议）、其他法定权利（比如专利权）或者可以被分离出来单独出售（比如客户名单），那么就可以将这些无形资产确认为可辨认的无形资产（而不是作为商誉）处理。这一点将在例 4-3 中进行说明。

▍ 例 4-3　无形资产的计量

汽车制造商阿尔法公司有一个研发部门，当年一直在攻关下列项目：

项目 1：希望能够利用对驾驶员手指的脉冲反应，研发出一种不同于传统方向盘工作方式的转向机制。

项目 2：设计一种由电子控制取代机械控制的焊接装置雏形。该装置已确定在技术上是可行的，如果设计成功后是可以生产并销售的。

以下是这个研发部门的费用信息（单位：千欧元）：

	日常费用	项目 1	项目 2
材料与服务费	128	935	620
人工费用			
直接人工	—	630	320
行政管理人工	720	—	—
设计、建造与测试费	270	450	470

假定项目 1 和项目 2 各自可分配 5% 的行政管理人工费用。根据 IFRS 和 US GAAP 的要求，请解释阿尔法公司对项目 1 和项目 2 的开发成本应当如何进行会计处理。

○　IAS 第 38 号《无形资产》，第 51～67 段。

解答：根据 IFRS，对项目 1 和项目 2 的开发成本进行资本化处理如下：

		资本化处理确认为一项资产的金额（千欧元）
项目 1	属于研究阶段，因此全部支出都应当确认为费用	0
项目 2	属于开发阶段，因此可以进行资本化。但请注意，行政管理费用不能资本化	（620 + 320 + 470①） = 1,410

①原书这里为"+410 + 60"，已更正为"470"。——译者注

如果根据 US GAAP，那么项目 1 和项目 2 的支出都应当费用化处理。

如表 4-8 和表 4-9 所示，SAP 集团在它 2017 财年的资产负债表上报告了价值为 29.67 亿欧元的无形资产，而苹果公司在 2017 财年末则报告它购入的无形资产的净值为 22.98 亿美元。SAP 集团在财务报表附注中还披露了它所持有无形资产的内容（包括软件和数据库许可证、将来会合成到公司产品中去的购入软件、客户合约和外购的商标许可证等），并指出除商誉以外，它所持有的外购无形资产都属于使用寿命有限的，公司根据无形资产经济利益的预期消耗方式，在无形资产的预计使用寿命（2 ～ 20 年）范围内使用直线法进行摊销。苹果公司在其财务报表附注中也披露，公司持有外购的无形资产主要包括专利权和许可权，几乎全部属于使用寿命有限的、可摊销的无形资产。截至 2017 财年末，这些无形资产的剩余加权平均摊销年限还有 3.4 年。

4.4.4　商誉

一家公司收购另一家公司时，会将购买价格按照公允价值分配给所购入全部可辨认资产（包括有形资产和无形资产）和负债项目。如果购买价格大于购买方可享有所购可辨认净资产的公允价值，那么就将超过部分确认为一项资产，称为**商誉**。为帮助大家理解为什么收购方会支付比目标公司的可辨认净资产公允价值更高的价格，请考虑下面这三种情况。第一，如前所述，公司本身有一些没有能在财务报表中确认的项目（比如公司声誉、已有的分销系统、训练有素的员工等），且这些项目是具有价值的。第二，被收购的公司的研发支出虽然还没有产生一项符合确认标准的、可单独辨认的资产，但完全可能具有了一些价值。第三，收购的部分价值可能来自相对竞争对手的战略定位，或者收购公司预期的协同效应。因此，购买价格可能不仅仅涉及收购中可单独辨认的各项资产和负债项目，最终出价可能会超过所购买净资产的价值。因为通过预期收购，收购方现有的资产价值能够得到保护，或者是通过公司的合并，能够节约成本并增加利益。

关于在财务报表中确认商誉这个话题，在业界既有支持者，也有反对者。支持确认商誉的人认为，商誉是一家公司预期可以获得超额收益的现值。他们声称，确认这些超额收益的现值与确认其他资产和项目未来现金流的现值是类似的。但反对商誉确认的人认为，公司收购所支付的价格往往是基于不切实际的预期，总是会带来未来商誉的减值冲销问题。

分析师应区分经济商誉和会计商誉。经济商誉以报告主体的经济业绩为基础，而会计商誉根据会计准则的规定计算，并且只在并购活动中才会产生。经济商誉对分析师和投资者都很重要，但它不一定反映在资产负债表上。不过，经济商誉是被反映在报告主体的股票定价当中的（至少在理论上是的）。一些财务报表使用者认为商誉是不应该确认在资产负债表中

的，因为它无法与报告主体进行切分。他们认为，只有能够被单独辨认出来、能单独对外出售的资产，才应该反映在资产负债表上。不过，也有其他财务报表使用者会分析商誉和与商誉相关的后续减值损失，借此评估公司管理层在过去企业收购活动中的业绩。

根据 IFRS 和 US GAAP，对公司收购活动中产生的会计商誉，应予以资本化会计处理。商誉不需要按期摊销，但每年都需要进行减值测试。如果确认商誉出现了减值，那么就应在发现当期的利润表中确认减值损失。发生减值损失会减少当期利润，同时也会减少总资产的价值。因此，如果确认减值损失，可能会引起一些业绩评价指标，比如总资产报酬率（即净利润与平均总资产的比值），在未来期间内的表现变好。减值损失属于非现金项目，确认减值损失并不会导致现金流出企业。

根据会计准则的要求，商誉确认的步骤如下：

- A. 确定目标公司（被收购对象）的购买总成本；
- B. 确定被收购方各项可辨认资产的公允价值。对被购买方的负债和或有负债的项目，也使用公允价值计量。这样，可辨认资产的公允价值与负债和或有负债的公允价值之差额，就等于收购取得可辨认净资产的价值；
- C. 上述 A 项与 B 项之差就是并购所产生的商誉，即商誉的金额等于购入目标公司的成本超过购入可辨认净资产的价值。有时，一项交易会碰到购入可辨认净资产的公允价值大于购买成本的情况，这种情形被称为"廉价收购"（bargain purchase）。对于公司在廉价收购中所获得的收益，应当确认到收益产生当期的损益中[⊖]。

按照要求，公司还应当披露能够方便信息使用者对企业合并的性质和财务影响做出评价的信息，例如，包括目标公司在收购日的购买成本的公允价值，每一类主要资产和负债项目在购买日的确认金额，以及对影响商誉的各因素进行的定性描述。

虽然在会计准则中已经包含了指导意见，但是分析师仍然应当意识到公允价值的估计牵涉到大量的管理层判断。在分析收购活动时，类似计算机软件这种无形资产的价值很难进行验证。于是，管理层对估值的判断会对公司当期和未来的财务状况都产生影响，因为使用寿命有限的可辨认无形资产是需要逐期进行摊销的。相比之下，商誉和寿命不确定的可辨认无形资产均不需要进行摊销处理，如前所述，它们都只需要至少每年进行一次减值测试即可。

确认商誉和商誉的减值会对不同公司之间财务报表的可比性造成显著影响。因此，分析师需要对财务报表进行适当调整，以消除商誉的影响。这些调整包括：

- 在使用资产负债表数据计算财务比率时，剔除商誉的影响；
- 在使用利润表数据检验公司经营趋势时，剔除商誉减值损失的影响。

此外，分析师可以通过比较购买价格和所购入净资产的情况与被并购公司的盈利前景，对并购活动发生以后的公司未来业绩做出预期。例 4-4 是一个关于商誉减值的例子。

█ 例 4-4　商誉减值

西夫韦公司（Safeway Inc.）是北美的一家食品和药品零售商。2010 年 2 月 25 日，该公司发布了一份新闻稿，其中包括以下信息：

⊖　IFRS 第 3 号《企业合并》；FASB ASC 第 805 号《企业合并》。

西夫韦公司今天公布它在 2009 年第四季度的 16 周里发生了净亏损 16.091 亿美元 (即稀释每股亏损 4.06 美元)。如果排除非现金项目的商誉减值损失的税后影响 18.182 亿美元 (即稀释每股 4.59 美元), 公司的净利润将为 2.091 亿美元 (即稀释每股收益 0.53 美元)。在 2008 年第四季度的 17 周里, 西夫韦公司的净利润为 3.38 亿美元 (即稀释每股收益 0.79 美元)。

西夫韦公司在 2009 年第四季度中记录了非现金项目的商誉减值损失为 19.742 亿美元 (扣除所得税影响后的金额为 18.182 亿美元)。此项减值的主要原因是西夫韦公司的市值减少和经济疲软……出现商誉减值源于公司过去的收购活动。

西夫韦公司 2010 年 1 月 2 日的资产负债表显示, 公司商誉为 4.266 亿美元, 而公司总资产为 149.636 亿美元。该公司在 2009 年 1 月 3 日的资产负债表上报告的商誉和总资产的金额分别为 23.902 亿美元和 174.847 亿美元。

问题:

1. 此笔商誉减值损失重大吗?

2. 考虑收购价格, 此笔商誉减值可能说明了什么问题?

问题 1 解答: 商誉减值的规模占到了商誉总价值的 80% 以上, 占公司总资产的 11% 以上, 因此, 明显是属于重大的。(19.742 亿美元的减值相当于年初商誉 23.902 亿美元的 82.6%, 相当于年初总资产 174.847 亿美元的 11.3%。)

问题 2 解答: 商誉产生于公司以前的并购活动。商誉减值意味着公司在过去购入的经营业务, 现在已经被证明不值当初公司为它所付出的价格了。

如表 4-8 和表 4-9 中所列报的, SAP 集团在它 2017 财年末的资产负债表中报告的商誉为 212.74 亿欧元, 苹果公司在它 2017 财年末的资产负债表中报告的商誉为 57.17 亿美元。对 SAP 集团来说, 商誉占总资产的比重高达 50.1%, 但对苹果公司来说, 这一比例仅为 1.5%。对分析师来说, 他可能会担心 SAP 集团的商誉在其总资产中所占比例太高。

4.4.5 金融资产

IFRS 将金融工具定义为一种合同, 该合同能作为一方会计主体的金融资产, 并同时也作为另一方会计主体的金融负债或者权益工具。本节将侧重介绍金融资产, 例如一家公司对另一家公司所发行股票的投资, 或对另一家公司 (或政府主体) 发行的票据、债券或其他固定收益工具的投资。公司自行发行的应付票据、应付债券等金融负债, 稍后在本章负债部分再进行介绍。有一些金融工具既可以被归类为资产, 也可以被归类为负债, 需要根据具体的合同条款和当时的市场条件来决定, 比如衍生工具。**衍生工具** (derivative) 是一种只需要很少或者甚至不需要初始投资的金融工具, 它本身的价值取决于它所盯准的某些基本因素 (比如利率、汇率、商品价格、证券价格或信用评级等)。

一般来说, 当报告主体成为金融工具合同条款的当事方时, 就需要确认金融工具。在初始确认之后, 金融工具的后续计量通常有两种基本的选择: 公允价值或摊余成本。此前介绍过, 所谓公允价值, 是熟悉情况的双方在有序的市场交易中, 出售一项资产可能收到或者转

○ IAS 第 32 号《金融工具: 列报》, 第 11 段。

移一项负债需要付出的价格[⊖]。而金融资产（或负债）的**摊余成本**则是其初始确认金额调整已偿还的本金、加上或减去已摊销的溢折价、再扣除相关减值准备后的金额。

根据 IFRS，如果金融资产在特定日期产生的现金流量仅包括本金和利息，并且公司管理该金融资产的业务模式是计划将其持有至到期，那么，该金融资产就应当按照摊余成本进行后续计量。这个概念在 US GAAP 中也是类似的，只是被称为**持有至到期**（held-to-maturity）金融资产。比如，公司对另一家公司或者政府所发行长期债券的投资，可能就属于这一类金融资产；债券的价值会随着利率波动而变化，但如果该债券被归类为持有至到期投资，它仍将在投资公司的资产负债表上按摊余成本计量。此外，对其他公司的贷款也属于按历史成本计量的金融资产。

购入后未按摊余成本计量的金融资产，将按报告日的公允价值进行计量。对于以公允价值计量的金融资产，在如何确认公允价值的净变动影响方面有两种基本选择：计入利润表影响损益，或绕过利润表计入其他综合收益（损失）。注意，这里的公允价值净变动影响是指公允价值的未实现价值变动，企业在会计期末仍然持有、并未售出的金融资产所发生的公允价值变动。未实现损益也被称为持有期损益。如果在会计期间内出售了一项金融资产，则当出售价格大于其账面价值时，应确认盈利；而当出售价格低于其账面价值时，应确认亏损。所以，因出售一项金融资产所引起的任何已实现的损益，都应当在利润表中报告出来[⊜]。

根据 IFRS，如果公司管理金融资产的业务模式既包括收取合同现金流量又包括出售金融资产，那么此类金融资产应划分为公允价值计量且其变动计入其他综合收益这一类（即将未实现的持有收益或亏损确认到其他综合收益当中）。IFRS 规定的这一金融资产类别特别适用于债权投资，即特定日期的现金流量仅包括本金和利息的资产。但是，IFRS 也允许公司将某些股权投资直接指定为以公允价值计量且其变动计入其他综合收益类的金融资产，条件是公司在初始购入该项股权投资时就必须做出选择，且一经指定，便不允许再撤回[⊜]。以公允价值计量且其变动计入其他综合收益类的金融资产与 US GAAP 下的**可供出售**（available-for-sale）金融资产类别类似，都对金融资产以公允价值计量，且任何未实现的持有收益或损失都计入其他综合收益当中。不过，与 IFRS 不同的是，US GAAP 下的可供出售金融资产只适用于债权类投资，不允许应用于股权类投资[⊛]。

根据 IFRS，如果某项资产不属于以上两类中的任何一类，则应当归类为以公允价值计量且其变动进入当期损益的金融资产（即，将相关未实现的持有收益或亏损确认到当期利润表中）。此外，IFRS 还允许公司在初始计量时，将某种金融资产指定为这一类别，但这种指定一经做出便不可撤销。根据 US GAAP，所有股权性质的投资（能对被投资方具有重大影响的投资除外）都应按公允价值计量，并将未实现的持有收益或损失确认在利润表中。在 US GAAP 下，债权投资也可以被指定为交易性金融资产，按公允价值计量且将相关未实现

⊖　IFRS 第 13 号《公允价值计量》和 US GAAP ASC 主题 820 号《公允价值计量》。

⊜　按照 2018 年 1 月 1 日起生效的 IFRS 第 9 号《金融工具》，对于以公允价值计量且其变动计入其他综合收益类的金融资产，即使最终出售时的已实现损益也只能计入其他综合收益，而不能确认在利润表中了。——译者注

⊜　IFRS 第 7 号《金融工具：披露》第 8（h）段，和 IFRS 第 9 号《金融工具》第 5.7.5 段。

⊛　US GAAP ASU 2016-01 和 ASC 32X《投资》。

的持有收益或损失计入当期利润表。公司对于计入交易性金融资产的债券投资，其持有目的是通过出售赚取买卖价差，而不是持有债券来收取利息和本金。

表 4-10 中，总结了公司购入各类金融资产后的分类和计量问题。

表 4-10 金融资产的计量

以成本或摊余成本计量的金融资产	以公允价值计量且其变动计入其他综合收益的金融资产	以公允价值计量且其变动计入当期损益的金融资产
● 打算持有至到期的债权投资； ● 贷款与应收票据； ● 没有报价的权益性工具（仅限当公允价值无法可靠取得时，用成本作为公允价值的替代估值）	● "可供出售"的债权投资（US GAAP）；当业务模式既包括收取本金和利息，又包括出售该证券时的债权投资（IFRS）； ● 公司在初始入账时即指定为本类金融资产的权益性投资，该指定一经做出便不可撤销（仅 IFRS 允许）	● 所有权益性投资，投资方能对被投资方具有重大影响的投资除外（仅 US GAAP）； ● "交易性"债权投资（US GAAP）； ● 不属于其他两类的投资，或者在初始入账时即指定为本类的投资，该指定一经做出便不可撤销（仅 IFRS 允许）

为了说明会计对金融资产相关损益的不同处理方法，假定某一报告主体在 200×年 1 月 1 日投资了 1 亿欧元的固定收益证券，年利息率为 5%，每半年付息。6 个月后，该公司收到了第一笔利息收入 250 万欧元。此外，由于市场利率下降，该固定收益证券在 200×年 6 月 30 日的价值增加了 200 万欧元。表 4-11 说明了在将该项投资作为交易性金融资产、可供出售的金融资产或持有至到期投资进行会计核算时，该报告主体的资产负债表和利润表（不考虑税的影响）会是怎样的。

表 4-11 与有价证券相关损益的会计处理　　　　　　　　　　　　（单位：欧元）

IFRS 分类	按成本或摊余成本计量	以公允价值计量且其变动计入其他综合收益	以公允价值计量且其变动计入当期损益
US GAAP 的可比分类	**持有至到期投资**	**可供出售的债权投资**	**交易性债券投资**
200×年 1 月 1 日至 6 月 30 日的半年			
期利润表			
利息收入	2,500,000	2,500,000	2,500,000
未实现利得	——	——	2,000,000
对当期利润的影响	2,500,000	2,500,000	4,500,000
200×年 6 月 30 日资产负债表			
资产			
现金及现金等价物	2,500,000	2,500,000	2,500,000
证券投资成本	100,000,000	100,000,000	100,000,000
证券投资未实现利得	——	2,000,000	2,000,000
	102,500,000	104,500,000	104,500,000
负债			
股东权益			
投入资本	100,000,000	100,000,000	100,000,000
留存收益	2,500,000	2,500,000	4,500,000
累积其他综合收益	——	2,000,000	——
	102,500,000	104,500,000	104,500,000

如果作为持有至到期投资核算，利润表中只报告利息收入（然后反映在期末资产负债表的留存收益中）。由于该证券投资按成本而非公允价值计量，故无须确认未实现收益。在资产负债表中，该项投资按摊余成本 1 亿欧元列报。如果将该项投资作为以公允价值计量且其变动计入其他综合收益的金融资产（IFRS 分类），或者可供出售的债权投资（US GAAP）核算，那么利润表中也只报告利息收入（然后反映在资产负债表的留存收益中）。公允价值变动导致的未实现收益不报告在利润表中，而是作为其他综合收益出现在综合收益表中。在资产负债表上，该项投资按 1.02 亿欧元的公允价值列报（在表 4-11 中，将未实现收益用单独的行次列报，只是为了强调价值变化的影响。在实践中，此类投资是直接按其公允价值列示为一个行次的）。如果将该项投资作为以公允价值计量且其变动计入当期损益的金融资产（IFRS 分类）或等同为交易性债券投资（US GAAP 分类），那么，利息收入和未实现收益都应当报告在利润表中，并因此进入资产负债表的留存收益项目中。

在表 4-4 和表 4-8 中，SAP 集团 2017 财年末的资产负债表报告了价值 9.9 亿欧元（流动部分）和 11.55 亿欧元（非流动部分）的其他金融资产。该公司在财务报表附注中还披露，流动资产中的金融资产主要是贷款和其他金融性应收款项（价值 7.93 亿欧元），而非流动资产中的金融资产主要是可供出售的股权投资，价值 8.27 亿欧元。

在表 4-5 和表 4-9 中，苹果公司 2017 财年末的资产负债表报告了价值 538.92 亿美元的短期有价证券和价值 1,947.14 亿美元的长期有价证券。合起来看的话，在苹果公司价值 3,753 亿美元的总资产中，有价证券占了 66% 以上，而有价证券和现金及现金等价物之和约占该公司总资产的 72%。在财务报表附注中，苹果公司披露它所持有的大部分有价证券均为美国政府或其机构发行的固定收益证券（价值 602.37 亿美元）和包括商业票据在内的由其他公司发行的固定收益证券（价值 1,534.51 亿美元）。根据苹果公司的投资政策，它投资于高评级证券（该公司称为投资级），并对每一家发行人的信贷风险都进行了限制。该公司将它持有的有价证券分类为可供出售的金融资产，在资产负债表中以公允价值进行报告，且相关公允价值变动引起的未实现损益报告在其他综合收益当中。

4.4.6　递延所得税资产

在 SAP 集团的资产负债表中，有一个项目叫作 **"递延所得税资产"**（deferred tax assets），其金额表示所得税费用在利润表中确认之前就发生的所得税。由于暂时性时间差异的影响，当某会计期间内按应纳税所得额为基础计算的 **应交所得税**（income tax payable），超过以财务报表中的会计利润为基础计算的所得税费用时，就可能产生递延所得税资产。例如，按照税法规定，公司可能需要在当期报告某些利润，但出于编制财务报表的目的，在会计上可能会将该利润推迟到以后期间再进行确认。在这种情况下，公司就会按照税法的要求先缴纳所得税，然后将应交税费与在财务报表中推迟确认的利润相关的税费之间的差额，列报为递延所得税资产。等到这部分利润在利润表上得以确认时，相关的所得税费用也同时确认在利润表中，这样就减少了递延所得税资产。

同样，在编制财务报表时，公司可能会列支一些费用，但按照税法的规定，这些费用只允许列支在以后的会计期间。在这种情况下，与前面的举例相同，财务报表上报告的税前利润就会小于公司当期的应纳税所得额。这样，按当期应纳税所得额计算的应交所得税就会大于按当期会计税前利润计算的所得税费用。等到未来期间，当这些费用按照税法规定予以列支之后，财务报表中报告的利润就会超过当时的应纳税所得额，这就是上述的暂时性差异的转回。递延所得税资产也可能产生于公司由于过去的亏损所享有的未来所得税抵免（但这种就不是暂时性的时间差异了）。只有在公司预计未来能够产生足够的应纳税所得额的情况下，才允许确认递延所得税资产，因为应交税费的减少是通过用暂时性差异或者前期结转的税收抵免额去抵扣未来的应纳税所得额来实现的。

4.5 非流动负债

所有不能被归类为流动负债的负债类项目，均被视为非流动负债或者长期负债。表 4-12 和表 4-13 摘录自 SAP 集团和苹果公司的资产负债表，列报了这两家公司的非流动负债项目情况。

表 4-12 SAP 集团合并财务状况表（摘录：非流动负债详细信息）

（单位：百万欧元）

资产	12 月 31 日	
	2017 年	2016 年
流动资产合计	11,930	11,564
非流动资产合计	30,567	32,713
资产总计	42,497	44,277
流动负债合计	10,210	9,674
贸易及其他应付款	119	127
应交税费	470	365
金融负债	5,034	6,481
其他非金融负债	503	461
预计负债（长期）	303	217
递延所得税负债	240	411
递延收益	79	143
非流动负债合计	6,747	8,205
负债总额	16,958	17,880
股东权益总额	25,540	26,397
负债与股东权益总计	42,497	44,277

资料来源：SAP 集团 2017 年年度报告。

表 4-13 苹果公司合并资产负债表（摘录：非流动负债详细信息）①

（单位：百万美元）

资产	2017 年 9 月 30 日	2016 年 9 月 24 日
流动资产合计	128,645	106,869
（其他所有资产）	246,674	214,817
资产总计	375,319	321,686
负债与股东权益		
流动负债合计	100,814	79,006
递延收入	2,836	2,930
长期债务	97,207	75,427
其他非流动负债	40,415	36,074
（非流动负债合计）	140,458	114,431
负债总额	241,272	193,437
股东权益总额	134,047	128,249
负债与股东权益总计	375,319	321,686

①本摘录资料中，报告在括号中的黑体字项目，在该公司编制的财务报表中并没有直接报告。

资料来源：苹果公司 2017 年年度报告（10K 表格）。

在两家公司的资产负债表上，都报告了长期的预收收入（SAP 集团称为递延收益，而苹果公司称为递延收入）。这些项目的金额都表示公司还没有赚到的未来商品或者服务的收入，因为预计要在报告期后 12 个月以上的期间内才能向有关客户交付相关货物和服务。本节内容接下来将重点关注两种常见的非流动（长期）负债项目：长期金融负债和递延所得税负债。

4.5.1 长期金融负债

典型的长期金融负债包括贷款（例如银行借款）、应付票据或应付债券（即向投资者发行的固定收益证券）。贷款和应付债券等负债项目在资产负债表中一般是按摊余成本列报的。等债券到期时，其摊余成本（账面价值）刚好会等于债券的面值。举例来说，假定一家公司按面值发行了 1,000 万美元的债券，在资产负债表中，它们将被报告为价值 1,000 万美元的长期负债，从这些债券的发行日一直到债券的到期日，这些债券的账面价值（摊余成本）都保持为 1,000 万美元。但另举一个例子，如果一家公司以 97.50（票面折价）的价格发行了面值 1,000 万美元的债券，那么，这些债券在发行日将被报告为价值 975 万美元的负债。在这些债券的存续期间，将有 25 万美元的债券发行折价被摊销，以使得这批债券在到期时的负债报告价值变为 1,000 万美元。同样地，对于以超过面值的价格发行的债券，其发行溢价也将在债券存续期间内逐渐摊销。

在某些情况下，像公司所发行的债券等负债也可能按公允价值进行列报。这些情况包括为以交易目的而持有的金融负债、构成公司负债的衍生工具以及需要通过衍生工具进行套期保值的非衍生工具。

在表 4-12 中，SAP 集团的资产负债表上列报了价值 50.34 亿欧元的金融负债，根据该集团在财务报表附注中的披露，这些金融负债主要是应付债券。苹果公司在资产负债表中报告了价值 972.07 亿美元的长期债务，根据其财务报表附注中的信息披露，这些债务主要包括不同到期日的浮动利率票据和固定利率票据。

4.5.2　递延所得税负债

递延所得税负债（deferred tax liabilities）是公司按税法规定报告的利润（应纳税所得额）与在财务报表中报告的利润（会计利润）之间的暂时性时间差异造成的。当某个会计期间的应纳税所得低于当期会计利润，从而造成当期应交所得税低于利润表中报告的所得税费用时，就会产生递延所得税负债。因此，递延所得税负债实际上就是应纳税的暂时性差异在未来期间可能带来的应付所得税金额[⊖]。与此相反，在前一部分关于递延收入的讨论中，提前将收入计入应纳税所得额中，将会产生递延所得税资产（实际上就是预付税款）。

如果某项费用在计入会计报告的利润之前，就先被计算到了应纳税所得额中，那么通常就会产生递延所得税负债。因为这将导致前期的应纳税所得额低于当时的会计税前利润，因此，按应纳税所得额计算的应交所得税就小于按同期税前利润计算的所得税费用。应交所得税与所得税费用之间的差异，就会导致递延所得税负债，比如，当公司在税务报告中使用加速折旧法，但在会计报表中却使用直线折旧法时。当收益项目计入应纳税所得额的时间晚于其在会计报表中被确认的时间时，也会产生递延税项负债，比如，当一家公司的子公司报告了利润但尚未实际分配，因此也就尚未产生纳税义务时。

表 4-12 中，SAP 集团在资产负债表中报告了价值 2.4 亿欧元的递延所得税负债。表 4-13 中，苹果公司的资产负债表上并没有单独列报递延所得税负债项目，但是在财务报表附注中，苹果公司披露，它在资产负债表中报告的 404.15 亿美元"其他非流动负债"中，大部分都是递延所得税负债，其金额为 315.04 亿美元。

⊖　IAS 第 12 号《所得税》，第 5 段。

4.6　所有者权益

权益是所有者对公司的资产扣除负债之后的净额所拥有的剩余索取权[⊖]。它代表着公司所有者对公司的要求权。所有者权益包括所有者直接投资于公司的资金，以及随着时间的推移，公司所获取盈利的再投资。此外，所有者权益还包括在公司利润表中未能确认的利得或损失项目。

4.6.1　所有者权益的项目构成

所有者权益通常由六个项目所组成，以下列出的前五个项目属于归属于母公司股东的所有者权益，而第六个项目则属于归属于少数股东的所有者权益。

1. **所有者投入资本**（或称普通股、已发行资本）。它是指所有者向公司投入的金额。公司的所有权是通过所发行的普通股来证明的。普通股可以直接发行有面值（或设定价值）股票，也可以直接发行无面值股票（取决于公司治理的管理规范）。如果要求了有面值或者设定价值，那么必须在资产负债表的所有者权益部分披露。此外，公司还必须披露每一类股份的核定数量、发行数量和流通在外数量。所谓核定数量，是公司根据其章程规定可以出售的股份总数量；发行数量是指已经出售给投资者的股份数量；而流通在外数量则等于公司已发行的股份数量减去库存股数量。

2. **优先股**。优先股可能被归类为所有者权益或者金融负债，判断依据是它们的特征，而不是法律形式。比如，具有永续特征且不可赎回的优先股，应分类为所有者权益。相反，对于在未来可以按固定金额强制赎回的优先股，则应分类为金融负债。优先股股东相较于普通股股东具有优先的权利——优先得到股利，以及当公司面临清算时，优先得到资产分配。

3. **库存股**（或库藏股、回购的自家股份）。它是指公司回购以后作为库存股持有，而没有选择注销的公司股份。公司还能够继续出售（重新发行）这些股票。当管理层认为公司股票价值被低估、需要股票来完成员工股票期权计划、希望降低各种员工股份薪酬计划的执行所带来的稀释影响时，就可以由公司从市场中回购过去发行的股票。回购过去发行的股票会按回购成本减少公司的股东权益，同时也减少流通在外的股份数量。如果库存股在随后被重新发行，公司不能在利润表中确认任何重新发行的收益或损失。库存股没有表决权，也不能享有公司所宣告的任何股利。

4. **留存收益**。它是指在公司利润表中所报告的利润扣除以股利方式支付给股东的部分之后，继续留存在公司内部的累积金额。

5. **累积其他综合收益**（或其他储备）。这是其他综合收益或损失的累积金额。综合收益包括①在利润表中确认的净利润，随后反映在留存收益当中，以及②不能确认到净利润当中的其他综合收益，随后反映在累积其他综合收益当中[⊖]。

⊖　IASB《概念框架》（2018 年版），第 4.4（C）段，以及 FASB ASC 505-10-05-3（股东权益—概述与背景）。

⊖　IFRS 对综合收益总额的定义是"会计期间内发生的、因交易或其他事项而导致的所有者权益变动金额，但公司与其所有者以所有者身份进行的交易影响除外"（IAS 第 1 号《财务报表列报》，第 7 段。）类似地，US GAAP 将综合收益定义为"报告主体在一个时期内因非所有者来源的交易和其他事件而引起的股东权益［净资产］变化额，包括一个会计期间内的全部股东权益变动额，但不包括因所有者投资和向所有者分配所带来的影响"。（FASB ASC《基本词汇》。）

6. **非控股股东权益**（也称少数股东权益）。针对被母公司（控股公司）纳入合并范围中的非全资控股子公司，特指拥有少数股权的股东对这类公司所拥有的股东权益。

表 4-14 和表 4-15 分别摘录自 SAP 集团和苹果公司的资产负债表，列出了两家公司所有者权益部分的详细项目的组成情况。SAP 集团的资产负债表显示，该公司已发行股本为12.29 亿欧元。根据财务报表附注披露的详细信息，SAP 集团已发行 12.29 亿股无面值普通股，每股名义价值为 1 欧元[⊖]。SAP 集团的资产负债表还显示，该公司持有价值 15.91 亿欧元的库存股，财务报表附注信息披露这些库存股的数量为 3,500 万股。单独的行项目"股本溢价"5.7 亿欧元，主要是库存股交易（以及某些其他交易）的影响金额。留存收益的总额为 247.94 亿欧元，表示公司曾经在利润表中确认的净利润扣除全部股利后的累积金额。SAP 集团有价值 5.08 亿欧元的"其他股东权益项目"，主要是公司累积的其他综合收益。根据财务报表附注中的信息披露，这部分金额包括汇兑差额折算损益 3.3 亿欧元、可供出售金融资产的公允价值变动影响 1.57 亿欧元和现金套期保值收益 2,100 万欧元。接下来，SAP 集团在资产负债表中列出了归属于母公司股东的权益总额 255.09 亿欧元，然后是少数股东权益金额 3,100 万欧元。股东权益总额由归属于母公司股东权益和少数股东权益共同组成。

表 4-14　SAP 集团合并财务状况表（摘录：股东权益详细信息）

（单位：百万欧元）

资产	12 月 31 日	
	2017 年	2016 年
流动资产合计	11,930	11,564
非流动资产合计	30,567	32,713
资产总计	42,497	44,277
流动负债合计	10,210	9,674
非流动负债合计	6,747	8,205
负债合计	16,958	17,880
已发行股本	1,229	1,229
股本溢价	570	599
留存收益	24,794	22,302
其他股东权益项目	508	3,346
库存股	-1,591	-1,099
归属于母公司股东的权益	25,509	26,376
少数股东权益	31	21
股东权益总额	25,540	26,397
负债与股东权益总计	42,497	44,277

资料来源：SAP 集团 2017 年年度报告。

表 4-15　苹果公司合并资产负债表（摘录：股东权益详细信息）[1]

（单位：百万美元，表中股票数量为千股）

资产	2017 年 9 月 30 日	2016 年 9 月 24 日
流动资产合计	128,645	106,869
［其他所有资产］	246,674	214,817
资产总计	375,319	321,686
负债与股东权益		
流动负债合计	100,814	79,006
［非流动负债合计］	140,458	114,431
负债总额	241,272	193,437
普通股与超额缴入资本，每股面值 10 美元：核定股数 12,600,000，发行并流通在外数量分别为 5,126,201 和 5,336,166	35,867	31,251

⊖　原文为"no-par common stock with a nominal value of €1 per share"。——译者注

（续）

资产	2017 年 9 月 30 日	2016 年 9 月 24 日
留存收益	98,330	96,364
累积其他综合收益 /（损失）	−150	634
股东权益总额	134,047	128,249
负债与股东权益总计	375,319	321,686

①本摘录资料中，报告在括号中的黑体字项目，在该公司编制的财务报表中并没有直接报告。

资料来源：苹果公司 2017 年年度报告（10K 表格）。

苹果公司资产负债表的股东权益部分仅由三个行项目组成：普通股、留存收益和累积其他综合收益 /（损失）。苹果公司的资产负债表上并没有列报库存股，不过，该公司确实回购了自己的股票，但它注销了这些回购股份，没有将它们作为库存股持有。苹果公司的资产负债表显示，在 2017 财年末，该公司已发行股票 5,126,201,000 股，而在 2016 财年末时，已发行的股票数量为 5,336,166,000 股。在表 4-16 的股东权益表变动表中，列报了流通在外普通股的详细变动情况。根据该表信息，苹果公司在 2017 财年中一共回购普通股 246,496,000 股，并向员工新发行普通股 36,531,000 股。

4.6.2　所有者权益变动表

所有者权益变动表（statement of changes in equity，或股东权益变动表）反映公司在某特定会计期间内的所有者权益的增减情况。按 IFRS 要求，所有者权益变动表中应提供以下信息：

- 当期综合收益总额；
- 追溯应用于以前各期的会计政策变更累积影响；
- 与所有者的资本交易和对所有者的分配；
- 对年初和年末所有者权益各组成部分账面价值的调整金额。[○]

在 US GAAP 体系下，美国证券交易委员会要求公司必须提供资产负债表中所列报股东权益各组成内容的具体变化分析。[○]

表 4-16 中摘录了苹果公司的合并股东权益变动表信息。该摘录只显示了该公司其中一年的实际情况。针对苹果公司资产负债表中列报的每个股东权益项目，以 2016 年 9 月 24 日（即 2017 财年初）的余额为起点，分析了各项目截至 2017 年 9 月 30 日的变化情况。如前所述，由于该公司回购了 246,496,000 股普通股和新发行了 36,531,000 股普通股，使流通在外的股份数量从 5,336,166,000 股减少至 5,126,201,000 股，这导致公司的股东投入资本和留存收益分别减少了 9.13 亿美元及 5.81 亿美元。同时，受以股份为基础的薪酬激励计划影响，普通股的价值也增加了 49.09 亿美元。留存收益方面，净利润增加了 483.51 亿美元，扣除 128.03 亿美元的股利与分红、330.01 亿美元的普通股回购和 5.81 亿美元的普通股发行调整。对于支付股利的公司，应当将股利金额作为留存收益的扣减项目单独列示。这份报

○　IAS 第 1 号《财务报表列报》，第 106 段。

○　FASB ASC 505-10-599［股东权益—概述—SEC 材料］指出，公司可以在财务报表附注中披露当期股东权益的变化分析，也可以单独编制一张报表来进行分析。

表中还披露了苹果公司的累积其他综合收益变动 7.84 亿美元的细节信息。请注意，股东权益变动表会就净利润和其他综合收益的每个组成项目变化情况提供小计金额，以及综合收益变动的总额信息。

表 4-16　苹果公司合并股东权益变动表信息摘录

（单位：除股票数量以千为单位以外，其余为百万美元）

	普通股与超额缴入股本		留存收益	累积其他综合收益 / （损失）	股东权益总额
	股数	金额			
2016 年 9 月 24 日余额	5,336,166	31,251	96,364	634	128,249
净利润	—	—	48,351		48,351
其他综合收益 / （损失）	—	—	—	−784	−784
宣告的股利与分红	—	—	−12,803		−12,803
回购普通股	−246,496	—	−33,001		−33,001
以股份为基础的薪酬	—	4,909	—		4,909
新发行普通股，扣除为员工扣留的部分	36,531	−913	−581		−1,494
权益激励的税收好处，包括转移价格调整		620	—	—	620
2017 年 9 月 30 日余额	5,126,201	35,867	98,330	−150	134,047

4.7　资产负债表分析

本小节介绍两种资产负债表分析工具：共同比分析和资产负债表财务比率。资产负债表分析可以帮助我们了解一家公司在资产负债表日的流动性和偿债能力，以及了解这家公司所控制的经济资源情况。所谓**流动性**，是指公司满足其短期财务承诺的能力。流动性的评价重点关注一家公司将其资产转换为现金和用于支付营运需求的能力。所谓**偿债能力**（solvency），是指公司在较长时期内履行其财务义务的能力。偿债能力的评价重点是关注公司的财务结构和偿还长期债务的能力。

4.7.1　资产负债表共同比分析

第一项分析工具是纵向共同比分析，需要将资产负债表中的每一个项目的金额都用其占总资产的百分比来表示[○]。共同比报表在比较一家公司的资产负债表项目构成随时间变化趋势（时间序列分析）和同行业内不同公司之间的情况时，特别有用。为了说明这一点，在表 4-17 的 A 栏部分给出了三家虚构公司的资产负债表，其中，C 公司的资产规模为 975 万美元，比资产规模只有 325 万美元的 A 公司和 B 公司要大得多。在 B 栏中，给出了三家公司的共同比资产负债表，这有助于对不同规模的公司进行更好的比较。

○　正如有关财务报表分析的课程阅读资料中所提到的，还有另外一种被称为"横向共同比分析"的方法，即将所有数据都用选定基准年度的数据占比进行表达。除非另有说明，本书中提到的"共同比分析"均指的是纵向共同比分析。

表　4-17　　　　　　　　　　　　　　　　　　　（单位：千美元）

A栏：A、B、C 三家公司的资产负债表				B栏：A、B、C 三家公司的共同比资产负债表			
	A公司	B公司	C公司		A公司	B公司	C公司
资产				**资产**			
流动资产				流动资产			
现金及现金等价物	1,000	200	3,000	现金及现金等价物	30.8	6.2	30.8
短期有价证券	900	—	300	短期有价证券	27.7	0.0	3.1
应收账款	500	1,050	1,500	应收账款	15.4	32.3	15.4
存货	100	950	300	存货	3.1	29.2	3.1
流动资产合计	2,500	2,200	5,100	流动资产合计	76.9	67.7	52.3
不动产、厂场与设备	750	750	4,650	不动产、厂场与设备	23.1	23.1	47.7
无形资产	—	200	—	无形资产	0.0	6.2	0.0
商誉	—	100	—	商誉	0.0	3.1	0.0
资产总计	3,250	3,250	9,750	资产总计	100.0	100.0	100.0
负债与股东权益				**负债与股东权益**			
流动负债				流动负债			
应付账款	—	2,500	600	应付账款	0.0	76.9	6.2
流动负债合计	—	2,500	600	流动负债合计	0.0	76.9	6.2
长期应付债券	10	10	9,000	长期应付债券	0.3	0.3	92.3
负债总额	10	2,510	9,600	负债总额	0.3	77.2	98.5
股东权益总额	3,240	740	150	股东权益总额	99.7	22.8	1.5
负债与股东权益总计	3,250	3,250	9,750	负债与股东权益总计	100.0	100.0	100.0

A 公司和 B 公司的资产大部分都是流动资产，但是，A 公司有近 60% 的总资产是现金和短期有价证券，而 B 公司只有 6% 的资产是现金。因此，A 公司的流动性比 B 公司强。A 公司没有流动负债（其流动负债金额四舍五入不到 1,000 美元⊖），但它持有 100 万美元的现金用来支付任何可能到期的短期债务。相比之下，B 公司有 250 万美元的流动负债，金额大于它仅有的 20 万美元可用现金。为了支付这些短期债务，B 公司将需要收回一些应收账款、出售更多的存货，或者从银行借款，以及考虑筹集更多的长期资本（例如，通过发行更多的债券或股票来筹集现金）。C 公司的流动性看起来也比 B 公司更好，它持有的现金和短期有价证券占其总资产的 30% 以上，而它的流动负债却仅占总资产的 6.2%。

C 公司持有 330 万美元的现金和短期有价证券，远远超过其 60 万美元的流动负债规模。如果看偿债能力的话，请注意，C 公司有 98.5% 的资产都是用负债融资支持的。所以，如果 C 公司的现金流量发生重大波动，它将可能无法支付长期债券的利息和本金。而 A 公司则比 C 公司拥有更强的偿债能力，它只有不到 1% 的资产是由负债融资支持的。

请注意，这些例子都只是假设性的。除了进行一般的比较之外，没有更进一步的细节可供我们展开做进一步分析。在实践中，大量因素都会影响到公司的流动性管理和资本结构。**最优资本结构**就是公司财务学研究的一个基本问题，在这里，"资本"是指公司的长期债务和股权融资，而资本结构则是指债务融资与股权融资之间的比例关系。

共同比资产负债表还能够突出不同公司之间的战略差异。比较上述公司的资产构成情况可以发现，C 公司在不动产、厂场与设备方面的投资比重更大——这很可能是因为它需要条

⊖　原书为 $10 thousand，根据表 4-17 中的数据，应更正为 $1 thousand。——译者注

件来生产更多的产品。在 B 公司资产负债表上列报了商誉，这表明，它在过去曾进行过一次或多次收购。相比之下，在 A 公司和 C 公司的资产负债表上，商誉的价值均为 0，表明这两家公司可能奉行的是内部积累增长战略，而不是通过收购来实现扩张。A 公司的资产负债表信息表明，它可能正处于初创期或者已经接近清算阶段，因为它的存货相对较少，没有什么应付账款。这说明它要么尚未建立起商业信用，要么可能正处在清算过程中的债务清偿阶段。

例 4-5　共同比分析

将共同比分析应用于表 4-4、表 4-6、表 4-8 和表 4-12 所示的 SAP 集团资产负债表摘录信息，请回答如下问题：2017 财年与 2016 财年相比，下列哪些行项目占总资产的百分比有所增加？

A. 现金及现金等价物

B. 流动资产总额

C. 金融负债总额

D. 递延收益总额

解答：选项 A、B 和 D 是正确的。下列项目占总资产的百分比有所增加：

- 现金及现金等价物占总资产的比重从 2016 年的 8.4%（= 3,702 ÷ 44,277）上升到了 2017 年的 9.4%（= 4,011 ÷ 42,497）；
- 流动资产总额占总资产的比重从 2016 年的 26.1%（= 11,564 ÷ 44,277）上升到了 2017 年的 28.1%（= 11,930 ÷ 42,497）；
- 递延收益总额占总资产的比重从 2016 年的 5.7%［=（2,383 + 143）÷ 44,277］上升到了 2017 年的 6.7%［=（2,771 + 79）÷ 42,497］。

与前一年相比，金融负债总额无论是看欧元绝对金额和还是看其占总资产的百分比，都有所下降。

注意，该公司的递延收益和金融负债都是一部分金额被归类为流动负债（表 4-6），另一部分金额被归类为非流动负债（表 4-12），所以，递延收益和金融负债的总额应当由流动部分和非流动部分两者的合计构成，因此，应当将表 4-6 和表 4-12 中的相应数字相加。

总的说来，该集团在 2017 财年的流动性情况比 2016 财年更强了。公司的现金占总资产百分比有所提高。流动负债占总资产百分比略有增加，不过总负债占总资产的比重仍大致保持不变，只是负债内部的结构发生了调整。对于暗示着未来现金流出需求的金融负债项目，其占总资产的百分比也下降了；递延收益项目，即在确认收入之前就提前收到的现金，也出现了增长。

资产负债表共同比分析在横向比较分析中特别有用，即对特定时期内的不同公司进行比较时，或者将公司数据与行业数据进行比较时。分析师可以选择某个同行业公司作为比较对象，也可以使用公开来源的行业数据或者数据库中的汇编数据来作为比较参照。很多分析师在工作中都喜欢选择同行业可比公司，或者是使用自己编制的行业统计数据来作为比较基准。

在表 4-18 中，列出了使用 2017 年数据按照标准普尔 500 指数的 10 个行业分类编制的共同比资产负债表，其中，行业分类是按照标准普尔 / 摩根士丹利资本国际全球行业分类系统（GICS）标准做出的。在这张表中，使用了标准普尔 500 指数公司在 Compustat 数据库中的 2017 年数据，按照中位数和平均数分别编制的共同比资产负债表[⊖]。

　⊖　除优先股外，数据中不包括项目金额为 0 的记录（例如流动资产）。请注意，由于大多数金融机构都没有提供流动资产或流动负债的数据，因此这些数据在数据库中被报告为无法获取。

表 4-18　按 S&P/MSCI 的 GICS 行业数据分类的标准普尔 500 指数成分股公司，共同比资产负债表的统计数据（除观测公司数外，其余均为百分数；2017 年数据）

A 栏：中位数

	10 能源	15 材料	20 工业	25 非必需品	30 必需品	35 卫生保健	40 金融业	45 信息科技	50 通信服务	55 公用事业	60 房地产
观测公司数	34	27	68	81	33	59	64	64	4	29	30
现金与短期投资	6.8%	6.3%	8.1%	8.3%	4.1%	11.2%	6.2%	22.7%	1.2%	0.7%	1.4%
应收账款	5.8%	8.8%	12.9%	6.8%	6.5%	9.7%	20.4%	9.6%	3.7%	3.6%	2.0%
存货	1.6%	8.9%	6.9%	14.9%	9.6%	4.3%	0.0	1.3%	0.3%	1.7%	0.0
流动资产合计	16.1%	26.0%	30.5%	41.5%	29.1%	31.4%	N.A.	48.7%	8.6%	7.3%	10.8%
不动产、厂场与设备	73.3%	36.3%	12.5%	19.8%	17.2%	8.1%	0.9%	6.2%	35.0%	72.0%	33.4%
无形资产	1.6%	27.9%	33.3%	16.8%	41.9%	37.6%	2.8%	26.4%	49.6%	6.2%	1.0%
商誉	0.7%	20.0%	28.3%	11.3%	26.2%	22.8%	2.2%	22.3%	26.0%	4.8%	0.0
应付账款	5.7%	7.3%	6.2%	8.0%	8.0%	3.1%	27.0%	2.7%	2.5%	3.0%	1.3%
流动负债	10.9%	16.5%	22.5%	25.8%	25.0%	16.5%	N.A.	21.2%	11.5%	11.5%	7.1%
长期债务	27.3%	31.4%	28.0%	28.7%	32.3%	24.3%	6.4%	22.9%	46.8%	32.5%	43.4%
负债总额	49.3%	64.2%	65.5%	64.9%	63.8%	59.2%	86.7%	59.9%	75.8%	71.8%	53.3%
普通股	47.3%	33.8%	34.5%	34.7%	36.2%	39.4%	12.6%	39.3%	23.9%	27.7%	40.4%
优先股	0.0	0.0	0.0	0.0	0.0	0.0	0.0	0.0	0.0	0.0	0.0
股东权益总额	47.3%	33.8%	34.5%	34.7%	36.2%	39.4%	13.2%	39.3%	23.9%	28.0%	41.8%

B 栏：平均值

	10 能源	15 材料	20 工业	25 非必需品	30 必需品	35 卫生保健	40 金融业	45 信息科技	50 通信服务	55 公用事业	60 房地产
观测公司数	34	27	68	81	33	59	64	64	4	29	30
现金与短期投资	6.9%	7.4%	9.2%	12.9%	7.3%	15.4%	11.2%	28.3%	3.6%	1.3%	2.9%
应收账款	6.6%	10.5%	15.2%	9.0%	7.7%	11.2%	31.5%	11.8%	5.0%	3.8%	3.8%
存货	3.4%	9.3%	7.8%	18.3%	10.6%	6.3%	3.8%	4.1%	0.3%	1.6%	0.1%
流动资产合计	17.7%	28.8%	32.9%	40.6%	27.8%	36.4%	N.A.	49.4%	10.1%	8.6%	16.1%
不动产、厂场与设备	68.0%	36.9%	24.5%	25.1%	21.6%	11.2%	2.1%	10.3%	39.0%	69.9%	34.9%
无形资产	7.8%	26.6%	35.6%	23.0%	43.6%	43.9%	11.4%	31.1%	48.2%	6.8%	10.3%
商誉	5.4%	18.4%	26.8%	14.6%	24.6%	27.3%	7.7%	24.5%	25.9%	5.7%	5.7%
应付账款	5.9%	8.1%	7.1%	11.8%	9.8%	8.1%	35.9%	5.1%	3.1%	2.9%	2.0%
流动负债	11.8%	17.0%	23.0%	26.8%	24.6%	21.2%	N.A.	26.1%	11.9%	11.8%	12.8%
长期债务	28.3%	31.2%	29.4%	31.3%	32.4%	28.5%	10.3%	24.8%	47.5%	35.0%	44.8%
负债总额	50.3%	63.4%	67.1%	67.5%	68.3%	60.1%	80.1%	61.8%	77.6%	73.9%	54.5%
普通股	46.4%	34.2%	32.3%	32.3%	30.9%	38.9%	18.2%	37.5%	22.2%	24.7%	40.2%
优先股	0.0	0.0	0.1%	0.0	0.0	0.1%	0.4%	0.3%	0.0	0.3%	2.2%
股东权益总额	46.4%	34.2%	32.4%	32.3%	30.9%	39.0%	18.5%	37.8%	22.2%	25.0%	42.3%

资料来源：根据 Compustat 数据库信息。

从这些数据中，可以观察到一些有趣的现象：

- 能源和公用事业类公司拥有的不动产、厂场与设备（PPE）占比最高。通信服务类和公用事业类公司的长期负债程度最高。公用事业类公司同时还使用了优先股融资；
- 金融类公司的总负债比例最高，它们通常具有相对较高的财务杠杆；
- 通信服务和公用事业类公司的应收账款水平最低；
- 非必需消费品行业的存货水平是最高的，材料和必需消费品行业的公司次之；
- 信息科技类的公司使用的杠杆最少，因为它们的长期债务水平和总负债水平都最低，而普通股和股东权益总额占比最高。

例 4-6 介绍了一位分析师是如何使用共同比资产负债表数据进行横向比较分析的。

📕 例 4-6 横向比较共同比分析

陆吉森先生正在比较计算机行业的两家企业，他希望根据这两家公司的资产负债表对它们的相对财务状况进行评价，为此，他编制了苹果公司和微软公司的纵向共同比数据如下。

	苹果公司	微软公司
	2017 年 9 月 30 日	2017 年 6 月 30 日
资产：		
流动资产：		
现金及现金等价物	5.4	3.2
短期有价证券	14.4	52.0
应收账款	4.8	8.2
存货	1.3	0.9
供应商非贸易应收款	4.7	0.0
其他流动资产	3.7	2.0
流动资产合计	34.3	66.3
长期有价证券	51.9	2.5
不动产、厂场与设备	9.0	9.8
商誉	1.5	14.6
购入无形资产，净值	0.6	4.2
其他资产	2.7	2.6
资产总计	100.0	100.0
负债与股东权益：		
流动负债：		
应付账款	13.1	3.1
短期借款	3.2	3.8
一年内到期的长期负债	1.7	0.4
应计费用	6.9	2.7
递延收入	2.0	14.1
其他流动负债	0.0	2.6
流动负债合计	26.9	26.8[①]
长期借款	25.9	31.6
长期递延收入	0.8	4.3
其他非流动负债	10.8	7.3
负债总额	64.3	70.0
承诺与或有事项		
股东权益总额	35.7	30.0
负债与股东权益总计	100.0	100.0

①表中数据同原书一致，疑有误。——译者注

资料来源：根据公司年度报告数据改编。

根据这些数据，陆先生认为：

- 苹果公司和微软公司拥有大量现金和短期有价证券，与表 4-18 中信息科技类公司的情况一致。苹果公司在长期有价证券方面也持有很高的比重，这可能反映了该公司业务模式在近些年所获得的成功，这为公司带来了大量的经营性现金流；

- 苹果公司的应收账款水平低于微软公司，也低于行业平均水平。对此，有必要进一步研究和确定这在多大程度上与苹果公司通过自己的零售店进行现金销售有关。另一种可能的解释是，该公司比其他公司在更大程度上涉入了应收账款出售或者保理业务；但是，鉴于苹果公司的现金状况，这一解释的可能性似乎不大。此外，苹果公司还报告了供应商非贸易应收款，反映了它与其合同供应商之间的安排；

- 苹果公司和微软公司的库存水平都很低，与表 4-18 中所示的行业中位数相近。苹果使用合同供应商，可以依赖供应商持有库存，直到它需要为止。此外，在年度报告的管理层讨论与分析部分，苹果公司披露它有 380 亿美元的不可撤销采购义务，其中 330 亿美元将在 12 个月内到期。这些数额目前均不作为库存反映，说明了该公司使用合同供应商组装和测试一些成品的情况。购买承诺和合同供应商的使用意味着公司的库存可能"不足"。微软公司的低库存水平与其业务结构一致，因为它的软件产品所占比重比硬件产品的比重更高；

- 如表 4-18 所示，苹果公司和微软公司持有的不动产、厂场和设备水平都相对接近行业中位数；

- 苹果公司的商誉水平很低，这反映出该公司是有机增长，而不是通过收购扩张。微软公司的商誉水平虽然高于苹果公司，但仍低于行业中位数和平均值水平。微软进行过一些重大收购（例如 2014 年收购诺基亚），但随后（2015 年）就将大量商誉确认为了减值损失；

- 苹果公司的应付账款水平高于同行业，但鉴于该公司的充足现金和投资情况，这应该不会成为问题；

- 苹果公司和微软公司的长期债务水平都略高于同行业水平。但同样地，考虑到这两家公司的高现金水平和投资情况，这应该不需要担心。

4.7.2　资产负债表比率

分析公司财务状况时，比率对时间序列分析和横向比较分析都很有用。所谓**资产负债表比率**（balance sheet ratios），是指那些只涉及资产负债表项目的财务比率。在纵向共同比资产负债表上，每一个行项目其实都是一个比率，因为它表示了该资产负债表项目规模与总资产规模的关系。其他资产负债表比率也是将一个资产负债表项目与另一个资产负债表项目进行比较得到的。例如，流动比率就是流动资产与流动负债之比，这个指标代表了公司的流动性水平。资产负债表比率包括**流动性比率**（liquidity ratios，衡量公司满足其短期债务需求的能力）和**清偿能力比率**（solvency ratios，衡量公司满足其长期债务和其他债务需求的能力）。在后面的章节中，将对这些财务比率以及其他比率进行更详细的讨论。表 4-19 中，总结了一些资产负债表比率的计算公式和含义。

表 4-19 资产负债表比率

流动性比率	计算公式	含义
流动比率	流动资产 ÷ 流动负债	偿还流动负债的能力
速动比率（酸性测试比率）	（现金 + 有价证券 + 应收款）÷ 流动负债	偿还流动负债的能力
现金比率	（现金 + 有价证券）÷ 流动负债	偿还流动负债的能力
清偿能力比率		
长期负债 – 权益比	长期负债总额 ÷ 股东权益总额	财务风险与财务杠杆水平
负债 – 权益比	负债总额 ÷ 股东权益总额	财务风险与财务杠杆水平
资产负债率	负债总额 ÷ 资产总额	财务风险与财务杠杆水平
财务杠杆	资产总额 ÷ 股东权益总额	财务风险与财务杠杆水平

▋ 例 4-7 比率分析

根据表 4-1、表 4-4、表 4-6、表 4-8 和表 4-12 中 SAP 集团的资产负债表信息，回答下列财务比率问题。

1. SAP 集团在 2017 年 12 月 31 日的流动比率接近下列哪项？

A. 1.17

B. 1.20

C. 2.00

2. 比较 2017 财年和 2016 财年的数据，下列哪些流动性比率水平出现了下降？

A. 现金比率

B. 速动比率

C. 流动比率

3. 比较 2017 财年和 2016 财年的数据，下列哪一个杠杆比率水平出现了下降？

A. 负债 – 权益比

B. 财务杠杆

C. 长期负债 – 权益比

问题 1 解答： A 选项正确。SAP 集团在 2017 年 12 月 31 日的流动比率（流动资产 ÷ 流动负债）为 1.17（= 11,930 ÷ 10,210）。

问题 2 解答： B 选项和 C 选项正确。下表中列出了 SAP 集团的流动性比率情况，2017 财年的速动比率和流动比率相对 2016 财年的水平都出现了下降，但 2017 财年的现金比率略高于 2016 财年的水平。

流动性比率	计算公式	2017 财年 （金额为百万欧元）	2016 财年 （金额为百万欧元）
流动比率	流动资产 ÷ 流动负债	11,930 ÷ 10,210 = **1.17**	11,564 ÷ 9,674 = **1.20**
速动比率（酸性测试比率）	（现金 + 有价证券 + 应收款）÷ 流动负债	（4,011 + 990 + 5,899）÷ 10,210 = **1.07**	（3,702 + 1,124 + 5,924）÷ 9,674 = **1.11**
现金比率	（现金 + 有价证券）÷ 流动负债	4,011 ÷ 10,210 = **0.39**	3,702 ÷ 9,674 = **0.38**

问题 3 解答： A 选项、B 选项、C 选项均正确。下表中列出了相关的财务比率计算过

程。可见，SAP 集团在 2017 财年的三个杠杆比率水平相对 2016 财年都出现了下降。

偿债能力比率	计算公式	2017 财年 （金额为百万欧元）	2016 财年 （金额为百万欧元）
长期负债 – 权益比	长期负债总额 ÷ 股东权益总额	$5,034 ÷ 25,540$ **= 19.7%**	$6,481 ÷ 26,397$ **= 24.6%**
负债 – 权益比	负债总额 ÷ 股东权益总额	$(1,561 + 5,034) ÷ 25,540$ **= 25.8%**	$(1,813 + 6,481) ÷ 26,397$ **= 31.4%**
财务杠杆	资产总额 ÷ 股东权益总额	$42,497 ÷ 25,540$ **= 1.66**	$44,277 ÷ 26,397$ **= 1.68**

由于不同公司采用的会计方法存在差异，因此横向的财务比率分析可能会受到一定的局限。此外，由于不同公司的经营活动缺乏同质性，也会限制财务分析的可比性。对那些跨越多个行业经营的多元化公司，对不同的业务线使用相应的行业指标进行比较能有更好的效果。公司会披露经营分部信息，可将各个经营分部的财务状况和业绩情况与对应的行业数据进行比较。

比率分析需要大量的职业判断，其中，理解财务比率的局限性就是一个需要专业判断的关键领域。举例来说，流动比率只是对特定时间点上公司流动性的粗略计量，这个比率用到了公司流动资产的总金额，但并没有考虑流动资产内部的项目组成结构，例如有价证券和存货，它们与现金的接近程度是有差异的。流动比率的另一个局限性在于它对期末融资决策和经营决策的敏感度，这些决策可以直接影响到流动资产和流动负债的金额。此外，在确定一家公司的比率水平是否处于行业合理范围内时，也是离不开职业判断的；还有，评价一个财务比率水平的影响是长期的还是暂时的，也需要职业判断。所以总体而言，在评估具体的财务比率时，离不开对公司的整体业务情况、竞争对手情况以及外部经济和行业环境的调查和理解。

4.8 本章小结

资产负债表（也称为财务状况表）告诉我们报告主体在特定时间点上所拥有的资源（资产）和所欠的义务（负债）。所有者权益是所有者对公司资产扣除负债后的净额的剩余权益，所有者权益的金额将随着报告主体在年内赚取的利润或发行的新权益而增加，也会因为报告主体发生亏损、支付股利或者进行股份回购而减少。

理解资产负债表能帮助分析师对公司的流动性、清偿能力和整体财务状况做出评价。

- 除非按照项目的流动性直接列报能够提供更相关和更可靠的信息，否则，在资产负债表中，应分别列报流动资产和非流动资产，以及流动负债和非流动负债；
- 流动性这个概念反映了公司支付其近期经营需求的能力。就公司整体而言，流动性是指是否有充足的现金去支付近期需求。就某一特定的资产或负债项目而言，流动性是指其"接近现金"的程度；
- 一些资产和负债项目是按公允价值计量的，而另一些则是按历史成本计量的。财务报表附注会提供信息，这有助于我们评估不同公司所采用的计量基础的可比性；
- 预计在一年或超过一年的一个营业周期内将耗用完毕或结清的资产，被归类为流动资产。预计不会在一年或超过一年的一个业务营业周期内被耗用完毕或结清的资产，被归类为非流动资产；

- 预计在一年或超过一年的一个营业周期内将被清偿或了结的负债，被归类为流动负债。预计不能在一年或超过一年的一个营业周期内清偿或了结的负债，被归类为非流动负债；
- 贸易应收款项，也称为应收账款，是指客户因公司已交付的产品或服务而欠公司的款项。应收款项应按扣除坏账准备后的净额列报；
- 存货是将直接以当前形式（产成品）或通过投入生产成为最终产品的一部分（原材料和在产品），被出售给公司客户的实物资产。存货按成本与可变现净值孰低进行列报。如果公司存货的可变现净值低于其账面价值，那么公司就必须对存货计提减值，并将减值损失计入当期费用；
- 存货成本应当按照个别计价法、先进先出法或者加权平均成本法进行计价。一些会计准则（包括 US GAAP，但不包括 IFRS）也允许公司使用后进先出法对存货进行计价；
- 应付账款，也称为贸易应付款项，是企业因购买商品或服务而欠其供应商的金额；
- 递延收入（也称为未赚取收入）是指公司在向客户交付其订购的商品或服务之前就收到的客户付款；
- 不动产、厂场与设备（PPE）是公司在运营过程中使用的有形资产，这些资产预期能使用一个以上的会计期间，其实例包括土地、建筑物、设备、机器、家具和矿产石油等资源；
- IFRS 允许公司对不动产、厂场与设备使用历史成本模式或者重估值模式，但 US GAAP 只允许按历史成本模式报告固定资产的价值；
- 折旧是将长期资产的成本在其使用寿命内进行确认的过程（土地不需要折旧）；
- 根据 IFRS 规定，用于赚取租金收入或资本增值的不动产，被视为投资性房地产。根据 IFRS 规定，对于投资性房地产，公司可以选择使用历史成本模式或公允价值模式来报告其价值；
- 无形资产是指没有实物形态但可辨认的非货币性资产，无形资产的例子包括专利权、许可证和商标使用权等。公司需要就每项无形资产评估其使用寿命是有限的还是不确定的；
- 对于使用寿命有限的无形资产，应将成本按其使用寿命的最佳估计数进行系统摊销，并且至少每年复核摊销方法和使用寿命估计数是否合理。该类无形资产的减值原则和不动产、厂场与设备相同；
- 对于使用寿命不确定的无形资产，平时不进行摊销处理。相反，要求至少每年对其进行减值测试；
- 对于内部自创的无形资产，根据 IFRS 规定，在研究阶段发生的支出必须进行费用化处理，但对于在开发阶段发生的支出，如果符合某些标准（包括具有技术可行性、公司具有使用或出售该开发产品的意图以及完成该开发项目的能力），则可以资本化处理，报告为无形资产；
- 商誉是最常见的不可单独辨认出来且不具有实物形态的资产，它产生于企业之间的合并交易。对于商誉，公司不需要进行摊销处理，相反，应当至少每年对其进行减值测试；

- 金融工具是构成一方报告主体的金融资产，同时构成另一方报告主体的金融负债或权益工具的合同。一般来说，金融工具有两种基本的计量基础：公允价值或摊余成本。对于以公允价值计量的金融工具，在如何处理公允价值变动净额方面有两种基本选择：在利润表中报告为损益，或者绕过利润表，直接计入其他综合收益（损失）；
- 典型的长期金融负债包括贷款（即银行借款）和应付票据或应付债券（即向投资者发行的固定收益证券）。公司发行的债券等负债项目通常按摊余成本列报在资产负债表上；
- 递延所得税负债的产生原因在于时间性差异，它是由公司按税法规定报告的应纳税所得额与以财务报表为目的报告的税前利润之间的不一致而造成的；
- 在资产负债表的所有者权益部分，可能包括以下六个方面的内容：所有者投入资本、优先股、库存股、留存收益、累积其他综合收益和少数股东权益；
- 所有者权益变动表反映了公司所有者权益各项目在一段时期内的增减变动情况；
- 纵向资产负债表共同比分析需要将资产负债表各项目的金额均表达为其占总资产的百分比；
- 资产负债表比率包括流动性比率（衡量公司偿还其短期债务的能力）和清偿能力比率（衡量公司清偿其长期及其他债务的能力）两个方面的内容。

理解现金流量表

伊莱恩·亨利，博士，特许金融分析师

托马斯·R.罗宾逊，博士，特许金融分析师

简·亨德里克·范·格鲁宁，商科专业博士，特许金融分析师

迈克尔 A.布罗伊哈恩，注册会计师，注册内部审计师，特许金融分析师

学习目标

- 比较经营活动、投资活动和融资活动产生的现金流量，并能根据项目描述将现金流量分类为三者之一；
- 说明非现金的投融资活动是如何报告的；
- 对比根据 IFRS 和根据 US GAAP 编制的现金流量表；
- 区分报告经营活动现金流量的直接法和间接法，并说明每种报告方法的支持论据；
- 说明现金流量表与利润表和资产负债表之间的联系；
- 说明用直接法和间接法编制现金流量表的步骤，包括如何利用利润表和资产负债表数据计算现金流量；
- 将用间接法报告的现金流量转换为按直接法进行报告；
- 能够分析和解释现金流量表与共同比现金流量表；
- 能够计算和解释公司的自由现金流量，自由现金流量与所有者权益之比，以及现金流量业绩指标和现金流量覆盖比率。

5.1 概述

现金流量表报告一家公司在某会计期间内的现金收入和现金支出的情况，它提供的以现金收付制为基础的信息可以与利润表提供的以权责发生制为基础的信息形成对比。例如，利润表报告的收入是公司已赚取的收入，而不是已收到的现金收入；但是，现金流量表反映的是公司已经收到的现金收入，而不是已经赚取的收入。将公司报告的利润与经营活动产生的现金流量进行比较，两者的差异可以为财务报表分析师提供有用的信息，让我们了解一家公司是在何时、是否以及如何通过经营活动创造现金的。虽然利润是衡量公司经营成果的重要

指标，但现金流也是必不可少的。举一个极端的例子，假定一家公司所有的销售都是赊销，不管它在将来是否能收回账款，那么，它在利润表上会报告健康的销售收入，并很可能报告可观的利润；但是，因为现金的流入量为 0，这家公司是无法生存下去的。现金流量表还能解释资产负债表上期初现金和期末现金之间的变化情况。

除了经营活动中产生（或使用）的现金信息之外，现金流量表还报告了一家公司的投资活动和融资活动中所创造（或使用）的现金信息。这些信息能帮助分析师回答诸如下面这些问题：

- 公司从经营活动中创造的现金流是否足够用来为新的投资项目买单，或者，公司是否依靠发行新债融资来支持其投资活动？
- 公司向普通股股东支付的股利，是来自其经营活动创造的现金流，还是靠出售资产或者发行债务取得的现金流？

这些问题的回答非常重要，因为从理论上讲，经营活动所产生的现金流量可以无限期地持续下去，但是如果只能通过变卖资产才能获得现金流的话，得要先有可变卖的资产才行。同样地，只有当贷款人愿意放贷时，公司才可能通过债务融资获得现金，而放贷决策取决于放贷人判断公司最终能否创造出足够偿还其债务的现金流。总之，有关现金流的来源和用途方面的信息能够帮助债权人、投资者和其他报表使用者评价一家公司的流动性、清偿能力和财务灵活性。

本章解释了现金流量表是如何报告一家公司的现金流量活动的。本章的组织安排如下：第 5.2 节说明现金流量表的内容构成和格式，包括 IFRS 和 US GAAP 规定的现金流量分类，以及用直接法和间接法列报现金流量的现金流量表格式；第 5.3 节介绍现金流量表与利润表和资产负债表之间的关系，以及现金流量表的编制步骤；第 5.4 节介绍现金流量表分析，包括如何将用间接法编制的现金流量表转换为按直接法编制，以及在证券分析中如何使用共同比现金流量表分析、自由现金流量指标和现金流量覆盖比率。最后是本章小结。

5.2　现金流量表的内容构成与格式

分析师需要能够从财务报表中提取和解释有关现金流量的信息。目前，关于现金流量表的基本内容构成和可行格式已经达成了共识。

- 现金流量表应分别报告有关公司经营活动、投资活动和融资活动的内容；
- 对于经营活动产生的现金流量，有两种列报格式是被允许的：直接法列报和间接法列报。

下面将对上述主题进行详细介绍。

5.2.1　现金流量的分类与非现金活动

所有公司都涉及经营活动、投资活动和融资活动。无论是 IFRS，还是 US GAAP，都在现金流量表中将公司活动区分为上述三类，具体介绍如下⊖：

- **经营活动**（operating activities）是指与公司的收入创造相关的日常活动，比如销售存货和提供服务，以及其他不能被归属于投资或融资的活动。经营活动的现金流入来自现金销售和应收账款的收回，包括因提供了服务而收到的现金，或者收取的特许权使

⊖　IAS 第 7 号《现金流量表》。

用费、佣金和其他收入等。为了创造收入，公司需要开展诸如生产产品、向供应商采购原材料和向员工支付工资等活动。用现金去支付存货采购、员工工资、各种税费和其他与经营有关的费用，以及偿还应付账款，都属于经营活动中的现金流出。此外，与**交易性证券**（dealing securities 或 trading securities，相对于下文介绍的投资性证券而言的）相关的现金收入与支出，也属于经营活动的现金流量[⊖]；

- **投资活动**（investing activities）主要涉及长期资产和其他投资的购买与出售。这里的长期资产和其他投资包括不动产、厂场与设备；无形资产；其他长期资产；以及对其他公司所发行权益工具和债权工具（包括债券和贷款）的长短期投资。但此处的股权和债权投资应排除：①投资对象为现金等价物的（指对非常短期且高流动性证券的投资）和②为交易性目的而持有的投资[⊖]。因为交易性证券投资的购买和出售都被视为经营活动处理，即使对于不以投资为主业的公司来说也是如此。投资活动产生的现金流量包括因出售非交易性证券，不动产、厂场与设备，无形资产和其他长期资产所取得的现金流入，以及支付现金购买这些资产而导致的现金流出；

- **融资活动**（financing activities）主要涉及股权资金和长期债务等资本的取得与偿还（或分配）。股东和债权人是企业资本的两大主要来源。这类活动的现金流入包括发行股票（普通股或优先股）或债券所取得的现金流入和借款取得的现金流入；现金流出包括回购股票（例如库存股）、清偿债券和其他借款的现金支出。请注意，像应付账款这样的间接借款不属于融资活动，而是属于经营活动。请注意，新颁布的 IFRS 对租赁业务的会计处理要求（IFRS 第 16 号），经营租赁的相关现金流量在现金流量表中的列报已发生了变化[⊜]。根据 IFRS 第 16 号的规定，经营租赁应与融资租赁采取类似的会计处理方式，即将租赁付款的利息影响报告在经营活动部分或者融资活动部分，而租赁付款的本金部分则报告在融资活动中。

▌ 例 5-1　投资活动产生的现金净流量

A 公司在第 1 年中记录了以下信息：

	（单位：欧元）
发行长期债务所收到的现金	300,000
购买设备	200,000
出售设备承担的损失	70,000
出售设备收到的现金	120,000
享有联营企业盈利的份额	10,000

⊖ 根据我国《企业会计准则第 31 号——现金流量表》第四章第十二条，"投资活动，是指企业长期资产的购建和不包括在现金等价物范围的投资及其处置活动"，以及我国财政部会计司组织编写的《企业会计准则讲解（2010）》第三十二章第二节对"收回投资收到的现金"项目的讲解："本项目反映企业出售、转让或到期收回除现金等价物以外的交易性金融资产等而收到的现金"，在我国公司的现金流量表中，与购买或出售交易性金融资产（不含其中的现金等价物）有关的现金流量是作为投资活动现金流量列报的，与此处有差异。——译者注

⊖ 同上，在我国公司的现金流量表中，与购买与出售交易性金融资产（不含其中的现金等价物）有关的现金流量是作为投资活动现金流量列报的，与此处有差异。——译者注

⊜ IFRS 第 16 号从 2019 年 1 月 1 日起生效，但允许公司自愿提前采用。

在第 1 年的现金流量表中，A 公司报告的投资活动现金净流量应当接近于：

A. –150,000 欧元。

B. –80,000 欧元。

C. 200,000 欧元。

解答： B 选项正确。资料中只有两项影响投资活动现金流量的项目，即购买设备和出售设备收到的现金：–200,000 + 120,000 = –80,000 欧元。出售设备承担的损失与享有联营企业盈利的份额都影响公司的净利润，但不影响现金流量。而发行长期债务所收到的现金应当属于融资活动的现金流量。

IFRS 为公司报告某些现金流量项目（尤其是利息和股利）提供了选择权。IFRS 解释说，对金融机构而言，支付和收到的利息通常被归类为经营活动；但对其他报告主体而言，可允许它们采用其他分类。因此，如果根据 IFRS 编制现金流量表，可选择将收到的利息收入列报为经营活动或者投资活动；类似地，对于报告主体所支付的利息也可列报为经营活动或者融资活动。此外，根据 IFRS，报告主体收到的股利可归类为经营活动或者投资活动，而支付的股利也可归类为经营活动或者融资活动。但是，公司必须每年都使用一致的分类标准，并分别披露收到或支付的利息和股利的金额，以及这些金额是报告在什么栏目下的。

US GAAP 没有赋予报告主体对利息和股利的分类选择权，所有公司都应将收到和支付的利息报告在经营活动中⊖。根据 US GAAP，收到的股利应报告为经营活动，而支付的股利应报告为融资活动。

▌例 5-2 经营活动现金流量与融资活动现金流量

2018 年 12 月 31 日，一家公司签发了 3 万英镑的 180 天期票据，利率为 8%，并用收到的现金支付了存货采购账单；同时，还发行了 11 万英镑的长期债务，年利率为 11%，并用筹集到的现金购买了新的设备。请问，根据 IFRS，以下哪一项最准确地反映了上述两项交易对截至 2018 年 12 月 31 日年度现金流量表的累计影响？

A. 经营活动产生的现金流量没有变化。

B. 融资活动产生的现金流量增加了 11 万英镑。

C. 经营活动产生的现金流量减少了 3 万英镑。

解答： C 选项正确。付现购买存货会导致经营活动产生的现金流量减少。发行债务（无论是短期债务还是长期债务）属于融资活动，会使融资活动产生的现金流量合计增加 14 万英镑；而购买设备属于投资活动。请注意，如果按照 US GAAP，上述交易的处理也是一样的。

公司也可能会从事非现金的投资或融资交易，这里的非现金交易是指在交易中，不涉及任何现金的流入或者流出。比如，如果公司用一种非货币性资产直接换入另一种非货币性资产，交易过程中就不涉及现金。类似地，当公司发行普通股用于支付股票股利或者用于可转换公司债券或可转换优先股执行转换时，也不涉及现金交易。由于在非现金交易中不涉及现金流动（根据定义），这些交易都不会被纳入现金流量表。但是，由于这类交易可能会对公司

⊖ FASB ASC 主题 230［现金流量表］。

的资本结构或者资产结构带来较大影响，因此公司必须在现金流量表的单独附注或者补充报表中对重大的非现金交易进行披露。

5.2.2　国际财务报告准则与美国公认会计原则的差异总结

正如上一节所强调的，根据 IFRS 和 US GAAP 编制的现金流量表存在着一些差异，分析师在比较根据不同的准则体系编制的现金流量表时，应意识到这些差异的存在。在表 5-1 中，汇总了其中的关键差异。不过最重要的一点是，IFRS 对利息和股利的收支以及所得税费用的分类提供了更大的编报灵活性。

US GAAP 将公司因投资而得到的利息和股利都归类为经营活动，而 IFRS 允许公司将这些项目选择归类为经营活动或者投资活动。类似地，US GAAP 将利息的支付归类为经营活动，但与所发行债务的本金相关的收支都归类为融资活动；IFRS 允许公司选择将利息的支付报告为经营活动或是融资活动。对于向股东支付的股利，US GAAP 认为属于融资活动，而 IFRS 允许公司选择将其报告为经营活动或是融资活动。

US GAAP 将与公司所得税费用相关的现金收支归类为经营活动，IFRS 也认为所得税费用应当属于经营活动，但是当相关所得税费用与某项投资或者融资活动难以分割时除外（例如，因出售一项终止经营业务的所得税影响，由于难以与出售活动单独分割开，就可被归类为投资活动）。

表 5-1　现金流量表：IFRS 与 US GAAP 的差异

主题	IFRS	US GAAP
现金流量的分类：		
收到的利息	经营活动或投资活动	经营活动
支付的利息	经营活动或融资活动	经营活动
收到的股利	经营活动或投资活动	经营活动
支付的股利	经营活动或融资活动	融资活动
银行透支	视为现金等价物	不作为现金和现金等价物，分类为融资活动
支付税金	一般为经营活动，但如果可以单独认定到融资或者投资活动中，也可以进行分配	经营活动
报表格式	直接法或间接法；鼓励使用直接法	直接法或间接法；鼓励使用直接法。无论使用哪种方法，都必须提供净利润是如何调整为经营活动现金流量的

资料来源：IAS 7；FASB ASC 主题 230；以及"IFRS 与 US GAAP：相同与不同"，普华永道（2017 年 11 月）。

在上述两套会计准则体系下，都允许公司自己选择现金流量表的格式，下一节将专门介绍这个问题。

5.2.3　直接法与间接法：报告经营活动产生的现金流量

经营活动产生的现金流量（cash flow from operating activities），也称为**经营现金流量**（cash flow from operations）或**经营现金流**（operating cash flow），被定义为公司经营活动创造的现金流量净额，其列报方法有两种：直接法和间接法。两种方法报告得到的经营活动现金流量金额都是相同的，只是列报格式有所不同。此外，无论公司选择使用哪种方法列报其经营活动产生的现金流量，现金流量表中的投资活动和融资活动的现金流量的列报格式都不受影响。

直接法（direct method）将经营活动的现金流入量和现金流出量分别单独列报，它将公司收到的现金报告为现金流入，将公司支付的现金报告为现金流出。换言之，直接法下不存在应计项目的影响，只报告现金的收入和支出。赞成使用直接法主要是因为它能提供公司经营活动现金收支的具体来源，与间接法下的报告形成鲜明对比，因为间接法只报告这些收支的影响净额。正如报告收入和费用的具体来源能比只报告收支影响净额（即净利润金额）提供更多有用的信息，分析师能从按直接法编制的现金流量表中获得额外的信息，这些信息有助于分析师理解公司过去的业绩和预测未来的经营现金流量。

间接法（indirect method）显示了如何对报告的净利润进行一系列的调整，然后得到经营活动产生的现金流量。**间接法编报格式**（indirect format）以净利润为起点。然后对非现金项目、非经营性项目和经营性应计项目的净变动进行调整，最终得到经营活动产生的现金流量净额。支持间接法的主要论据在于它能说明净利润与经营活动现金流量之间差异的原因在哪里。（不过，在使用间接法编制的现金流量表中才能看到的净利润与经营活动现金流量之间的差异，如果公司使用直接法编制现金流量表，按 US GAAP 的要求，同样也应补充净利润与经营活动现金流量之间的调节过程。）另一个支持间接法的观点认为，间接法就像是一种预测方法，可以从预测未来利润开始，然后调整因权责发生制和现金收付制之间的时间差异而导致的资产负债表账户变化，从而预测未来现金流量。

IFRS 和 US GAAP 都鼓励使用直接法，但允许公司自由选择。US GAAP 要求，如果使用直接法编制现金流量表，也应当补充说明公司净利润与经营活动现金流量之间的调节过程（相当于间接法）○。如果选择使用间接法编报，则不再需要直接法格式的补充。从根据 IFRS 或 US GAAP 编报的公司实践来看，大多数公司都采用间接法列报其经营活动现金流量。

许多财务报表使用者，特别是分析师和商业贷款部门，更喜欢**直接法编报格式**（direct format）的现金流量表，因为经营收支信息在评估公司的融资需求和偿还现有债务能力方面非常有用。但编报方认为，采用间接法格式将净利润调整为经营活动现金流量，比采用直接法格式报告经营活动现金收入和支出总额更容易，且成本也更低。随着会计系统和技术的进步，目前尚不清楚收集使用直接法所需的信息是否困难或者费用高昂。CFA 协会曾经主张准则制定者将直接法作为现金流量表的主要列报方式进行要求，同时要求将间接法编制的现金流量表作为补充披露○。

5.2.3.1　例：根据 IFRS 要求使用间接法编制的现金流量表格式

表 5-2 列示了联合利华集团 2017 年年报中根据 IFRS 编制的合并现金流量表。这份报表涵盖了以 12 月 31 日为年度截止日的 2015 ～ 2017 三个会计年度的信息，显示了间接法是如何应用的。联合利华集团是一家消费品公司，总部设在英国和荷兰○。

○　FASB ASC 第 230-10-45 条［现金流量表—概述—其他列报问题］。
○　《综合企业报告模式：投资者的财务报告》，CFA 研究所金融市场诚信中心（2007 年 7 月），第 13 页。
○　联合利华 NV 和联合利华 PLC 各自拥有独立的法律结构，但一系列协议使公司能作为一个单一的经济实体开展运作。

表 5-2　联合利华集团合并现金流量表　　　　　（单位：百万欧元）

	截至 12 月 31 日		
	2017 年	2016 年	2015 年
经营活动产生的现金流量			
净利润	6,486	5,547	5,259
税款	1,667	1,922	1,961
在联营 / 合营企业中享有净利润份额和其他非流动性投资损益	-173	-231	-198
融资费用净额	877	563	493
经营利润	8,857	7,801	7,515
折旧、摊销与减值损失	1,538	1,464	1,370
营运资本变动：	-68	51	720
存货	-104	190	-129
贸易及其他短期应收款	-506	142	2
贸易应付款及其他负债	542	-281	847
养老金相关负债扣除支付额	-904	-327	-385
预计负债扣除支付额	200	65	-94
资产处置损益抵消	-298	127	26
股权激励计划的非现金支出	284	198	150
其他调整	-153	-81	49
经营活动产生的现金流量	**9,456**	**9,298**	**9,351**
支付的所得税	-2,164	-2,251	-2,021
经营活动产生的现金流量净额	**7,292**	**7,047**	**7,330**
收到的利息收入	154	105	119
购买无形资产	-158	-232	-334
购买不动产、厂场与设备	-1,509	-1,804	-1,867
处置不动产、厂场与设备	46	158	127
购买子公司、联营公司与合营公司	-4,896	-1,731	-1,897
处置子公司、联营公司与合营公司	561	30	199
取得其他非流动投资	-317	-208	-78
处置其他非流动投资	251	173	127
从联营公司、合营公司以及其他非流动投资项目中取得的股利	138	186	176
（购买）处置金融资产	-149	135	-111
投资活动产生（使用）的现金净流量	**-5,879**	**-3,188**	**-3,539**
支付给普通股股东的股利	-3,916	-3,609	-3,331
支付的利息和优先股股息	-470	-472	-579
短期借款变动额	2,695	258	245
新增金融负债	8,851	6,761	7,566
偿还金融负债	-2,604	-5,213	-6,270
融资租赁付款额中的本金部分	-14	-35	-14
回购优先股	-448	—	—
股份回购	-5,014	—	—
其他库存股变动	-204	-257	-276
其他融资活动影响	-309	-506	-373
融资活动产生（使用）的现金流量净额	**-1,433**	**-3,073**	**-3,032**
现金及现金等价物净增加（减少）额	**-20**	**786**	**759**
现金及现金等价物年初数	3,198	2,128	1,910
外币汇率变动影响	-9	284	-541
现金及现金等价物年末数	**3,169**	**3,198**	**2,128**

从报表底部项目开始，可以发现该集团的现金及现金等价物从 2015 年年初的 19.10 亿欧元增加为 2017 年年末的 31.69 亿欧元，增幅最大的年份是 2016 年。为了理解这些变化，我们接下来查看报表各个部分的情况。在每个报告年度，主要的现金流入都来自经营活动，非常符合处于相对稳定行业中的成熟公司的情况。并且，每个报告年度的经营活动现金流量都比当年报告的净利润多，这也符合我们对成熟公司的预期，其中最大的差异主要来自折旧的加回。此外，该集团每年的经营现金流均足以涵盖当年的资本性开支。比如，以 2017 年数据为例，该公司从经营活动中产生了 72.92 亿欧元的现金流量净额，接下来，如报表投资活动部分所示，该集团在不动产、厂场和设备方面投资了 15.09 亿欧元。除此以外，其经营现金流亦足以支付对其他公司的收购所需。

报表中，融资部分的信息显示，该集团每年以股利方式向其普通股股东返还超过 33 亿欧元，通过利息和股息方式向债权人和优先股股东支付大约 5 亿欧元。2017 年，该集团还使用现金回购了将近 50 亿欧元的普通股，并通过借款增加了现金流入。当年，该集团增加的短期借款和其他金融负债（分别为 26.95 亿欧元和 88.51 亿欧元）已超过了它用现金偿还的金融负债金额（26.04 亿欧元）。

查看了报表的各个部分之后，我们回到联合利华集团合并现金流量表的经营活动部分。在这里，报告主体对经营活动产生的净利润与经营活动现金净流量之间的差异进行了调节（即，使用了间接法）。以下将以 2017 年的数据为例，说明净利润与经营活动现金净流量之间的主要调节项目。第一步调节反加回在计算净利润时曾被扣除的 16.67 亿欧元所得税费用（行标题为"税款"）。然后，按照 IFRS 关于单独披露与所得税相关的现金流量的要求，在经营活动部分的最后一行，单独列出了集团用现金支付的 21.64 亿欧元的所得税。在现金流量表中，应明确是就什么利润支付的所得税，并正确分类。除非某项所得税费用能单独确认为由某项融资活动或者投资活动而引起的，否则，应在经营活动中报告所得税费用。

接下来，要得到经营活动现金流量，还需要"移除"联合利华集团从联营和合营企业利润中应享有的份额 1.73 亿欧元，因为该项目已经被计入了净利润计算当中。而集团从联营和合营公司收到的 1.38 亿欧元（现金）股利，相应地被列报在了投资活动部分。类似地，将 8.77 亿欧元的融资费用净额也从经营活动产生的现金流量中扣除，相应在投资活动部分报告了联合利华集团收到的 1.54 亿欧元（现金）利息收入，以及在融资活动部分报告它在当期支付的 4.7 亿欧元（现金）利息（以及优先股股息）。在间接法下，再下一步调节是反加回当期的折旧、摊销和减值损失，共计 15.38 亿欧元，这些项目都属于在计算净利润时被扣除的费用，但其实并不会涉及本期的任何现金流出。对营运资本变动总额 6,800 万欧元所进行的调整是必要的，因为这些变动金额都是采用权责发生制会计核算的结果，与真实的现金变动情况不一定吻合。在稍后章节里将对这些调整进行更详细的介绍。

总而言之，根据对联合利华集团现金流量表的分析，可以得出这样一些结论：

- 现金总额从 2015 年年初的 19.1 亿欧元增加为 2017 年年末的 31.69 亿欧元，增幅最大的年份是 2016 年；
- 与大家对成熟公司的预期一致，该集团在每个报告年度内通过经营活动创造的现金净流量都高于其报告的净利润；
- 该集团公司每一年创造的经营活动现金流都足以涵盖其资本支出需求；
- 该集团公司每年都以股利方式向股东返还了现金，并且在 2017 年还实施了股份回购。

5.2.3.2 例：根据 IFRS 要求使用直接法编制的现金流量表格式

在采用直接法编制的现金流量表中，从客户处收到的现金和其他经营项目都需要清楚地进行列报。

表 5-3 列出了西班牙电信集团（Telefónica Group）根据 IFRS 采用直接法编制的现金流量表，该集团是一家总部设在马德里的多元化经营的电信公司[○]。

表 5-3　西班牙电信集团合并现金流量表　　　　　（单位：百万欧元）

以 12 月 31 日为年度截止日	2017 年	2016 年	2015 年
经营活动产生的现金流量			
经营活动中收到的现金	63,456	63,514	67,582
经营活动中支付的现金	−46,929	−47,384	−50,833
利息与其他融资费用净额，扣除收到的股利	−1,726	−2,143	−2,445
支付的所得税	−1,005	−649	−689
经营活动产生的现金流量净额	**13,796**	**13,338**	**13,615**
投资活动产生的现金流量			
（投资支付的现金）/ 出售不动产、厂场与设备和无形资产收到的现金，净额	−8,992	−9,187	−10,256
处置公司收到的现金，扣除处置的现金及现金等价物	40	767	354
投资公司支付的现金，扣除取得的现金及现金等价物	−128	−54	−3,181
金融投资（不包括现金等价物）取得的现金	296	489	1,142
金融投资（不包括现金等价物）支付的现金	−1,106	−265	−426
非现金等价物现金盈余安置收益 /（支出）	−357	42	−557
收到政府补助	2	—	7
投资活动使用的现金净流量	**−10,245**	**−8,208**	**−12,917**
融资活动产生的现金流量			
支付的股利	−2,459	−2,906	−2,775
增加股本收到的现金	2	—	4,255
从库存股和其他与股东和少数股东交易中所得 /（支出）	1,269	−660	−1,772
与其他权益持有人交易影响	646	656	83
发行债券和其他债务影响	8,390	5,693	1,602
取得贷款、借款和签发期票	4,844	10,332	8,784
偿还债券和其他负债	−6,687	−6,873	−3,805
偿还贷款、借款和期票	−6,711	−8,506	−9,858
融资业务支付与融资租入不动产、厂场与设备和无形资产	−1,046	−1,956	−126
融资活动使用的现金净流量	**−1,752**	**−4,220**	**−3,612**
汇率变动的影响	−341	185	−1,000
合并方法与其他变动的影响	−2	26	—
本期现金及现金等价物净增加（减少）额	**1,456**	**1,121**	**−3,914**
现金及现金等价物，1 月 1 日	3,736	2,615	6,529
现金及现金等价物，12 月 31 日	5,192	3,736	2,615

如报表底部所示，现金及现金等价物从 2015 年年初的 65.29 亿欧元减少到 2017 年年末的 51.92 亿欧元，其中现金减少幅度最大的年份为 2015 年。经营活动产生的现金流是西班

○　此处列示的现金流量表不包括该集团公司在其现金流量表底部还补充披露的现金流量调节说明。

牙电信集团主要的现金来源，这与它作为在相对稳定行业中的成熟公司的形象一致。报告期内，该集团每一年度从经营活动中获得的现金都远远超过其资本支出所需要的现金。例如，在 2017 年，该公司通过经营活动一共创造了约 138 亿欧元的现金，但如投资活动部分所示，扣除资产处置所得后，该集团在不动产、厂场与设备方面的净支出仅接近 90 亿欧元。在投资活动部分，另一个值得注意的项目是，与 2015 年相比，该集团在 2017 年和 2016 年进行的公司并购活动非常有限。2015 年，该集团在并购活动中支付了约 30 亿欧元。如融资活动部分所示，虽然造成负现金净流量的内容项目各不相同，但 3 年中，该集团融资活动产生的现金净流量都是负数。比如，以 2015 年为例，该集团通过发行股票创造了 42 亿欧元的现金流入，但它当年净偿还了大量债务，最终还是导致融资活动产生的现金净流量为负。

总而言之，根据对西班牙电信集团现金流量表的分析，可以得出这样一些结论：

- 在三年报告期内现金及现金等价物总额减少，其中以 2015 年的减少幅度为最大；
- 集团每年通过经营活动创造的现金流量已足以满足其当年的资本开支需求；
- 集团每年最大的投资支出项目是购买不动产、厂场与设备和无形资产；
- 该集团在 2015 年发生了巨额的并购支出；
- 该集团每年都支付股利，不过，2017 年支付的股利金额略低于以前年度水平。

5.2.3.3　例：根据 US GAAP 要求编制的现金流量表

前面介绍了根据 IFRS 编制的现金流量表。在这一节中，我们将介绍根据 US GAAP 编制的现金流量表。本节将用到两家公司的现金流量表：科技数据公司（Tech Data Corporation）和沃尔玛公司。科技数据公司使用直接法报告其经营活动的现金流量，而沃尔玛公司在报告其经营活动的现金流量时，使用的是更为普遍应用的间接法。

科技数据公司是一家领先的信息技术产品分销商。表 5-4 中列示了该公司以 1 月 31 日为年度截止日的 2016 ～ 2018 会计年度的现金流量表。

表 5-4　科技数据公司及其子公司合并现金流量表　　（单位：千美元）

以 1 月 31 日为年度截止日	2018 年	2017 年	2016 年
经营活动产生的现金流量：			
收到客户支付的现金	42,981,601	29,427,357	28,119,687
向供应商和员工支付的现金	−41,666,356	−28,664,222	−27,819,886
支付的利息，净额	−86,544	−22,020	−20,264
支付的所得税	−131,632	−84,272	−85,645
经营活动产生的现金净流量	**1,097,069**	**656,843**	**193,892**
投资活动产生的现金流量：			
企业合并支出，扣除在合并中取得的现金	−2,249,849	−2,916	−27,848
购买不动产、厂场与设备	−192,235	−24,971	−20,917
软件与软件开发支出	−39,702	−14,364	−13,055
出售子公司所得	0	0	20,020
投资活动使用的现金净流量	**−2,481,786**	**−42,251**	**−41,800**
融资活动产生的现金流量：			
长期借款取得的现金	1,008,148	998,405	—
偿还长期借款本金	−861,394	—	−319
发行债务支付的现金	−6,348	−21,581	—

（续）

以 1 月 31 日为年度截止日	2018 年	2017 年	2016 年
循环信用贷款净借款额	−16,028	3,417	5,912
股份回购支付的现金	—	—	−147,003
为员工持股奖励支付的现金	−6,027	−4,479	−4,662
库存股再次发行所得	1,543	733	561
取得盈利能力支付计划安排①	—	—	−2,736
融资活动产生（使用）的现金净流量	**119,894**	**976,495**	**−148,247**
汇率变化对现金及现金等价物的影响	94,860	3,335	−15,671
现金及现金等价物净增加（减少）额	−1,169,963	1,594,422	−11,826
年初现金及现金等价物金额	2,125,591	531,169	542,995
年末现金及现金等价物金额	955,628	2,125,591	531,169
将净利润调整为经营活动产生的现金净流量：			
净利润	116,641	195,095	265,736
将净利润调整为经营活动产生的现金净流量：			
折旧与摊销费用	150,046	54,437	57,253
为应收账款计提的坏账准备	21,022	5,026	6,061
股份支付费用	29,381	13,947	14,890
处置子公司损失	—	—	699
债务折价摊销与债务发行费用	3,326	835	839
递延所得税	−4,261	−11,002	2,387
经营性资产与负债项目变动：			
应收账款	−554,627	−91,961	−297,637
存货	−502,352	−20,838	−219,482
预付费用与其他资产	32,963	66,027	−44,384
应付账款	1,704,307	459,146	426,412
应计费用与其他负债	100,623	−13,869	−18,882
调整项目总额	980,428	461,748	−71,844
经营活动产生的现金净流量	1,097,069	656,843	193,892

①盈利能力支付计划安排（earn-out payments）是并购交易中设计出来的一种或有支付方式，在这种安排下，收购方首次只支付一部分的固定价款，余下分期支付部分的购买价格需要根据被购标的公司在未来一定时期内的业绩等条件来计算或有支付金额。——译者注

　　科技数据公司采用直接法编制现金流量表。该公司的现金从 2016 年年初的 5.43 亿美元增加至 2018 年 1 月末的 9.56 亿美元，其中最大增幅发生在 2017 年。2017 年的现金增长是由经营现金流量和融资现金流量共同推动的。在科技数据公司现金流量表的经营活动现金流量部分，该公司披露它在 2018 会计年度中从客户那里收到了 430 亿美元的现金，同期向供应商和员工支付现金共计 417 亿美元。现金收入相比上一年的 294 亿美元增长了不少，但同时现金支出也大幅增加。在 2016 和 2017 会计年度中，经营活动产生的现金净流量足以支付该公司在同期的投资活动，但 2018 会计年度就不同了，这主要是因为该公司在 2018 会计年度中用于企业并购业务的现金支出增加。在财务报表附注中，该公司披露，正是由于此项重大的企业合并，公司在 2018 会计年度的经营活动现金流入和现金流出才出现了大幅增长。

同样与 2018 年的这场企业并购事件关联的是，在现金流量表的融资活动部分可以看到，该公司在 2017 和 2018 会计年度中借入的负债都超过了其偿还的债务。在 2017 会计年度，借入长期借款 9.984 亿美元，使用循环信用贷款净借款额 340 万美元。在 2018 会计年度，该公司的借款额仍然超过了偿还的长期债务，但它又使用现金偿还了循环信用贷款。科技数据公司在报告期间没有支付过股利，不过它在 2016 会计年度中支付了 1.47 亿美元进行股份回购。

根据 US GAAP 的要求，只要使用直接法，都应当再披露一份附注和明细表，将净利润调整为经营活动产生的现金净流量。科技数据公司在它的合并现金流量表底部列示了相关调节过程。如果公司选择使用间接法编制现金流量表的话，这种附注和调节明细表正是应当在现金流量表正表中列报的信息。以 2018 会计年度的信息为例，调整信息突出了该公司的应收账款、存货和应付款项在当年都有所增加。

总而言之，对科技数据公司的现金流量表进行分析之后，可以得出下面这些结论：

- 在截至 2018 年 1 月的 3 年里，该公司的现金增加超过了 4.12 亿美元，其中，2017 会计年度的增幅最大；
- 在 2016 和 2017 会计年度，该公司的经营活动产生现金净流量足以支付其投资需求；但是，由于一项重大企业并购活动的影响，该公司在 2018 会计年度的经营现金流不足以满足其当年的投资需求；
- 融资活动部分显示，该公司在 2017 和 2018 会计年度的长期借款规模均有所增加，其中 2017 会计年度取得的长期借款增加额为 9.98 亿美元，这都与 2018 会计年度的并购活动有关；
- 该公司在近 3 年内均没有向股东支付股利，但融资活动部分显示，公司在 2016 会计年度进行了股份回购。

沃尔玛公司是一家全球零售商，其业务品牌包括沃尔玛和山姆会员店。在表 5-5 中，列示了该公司以 1 月 31 日作为年度截止日的 2016 ～ 2018 会计年度的现金流量表。

表 5-5　沃尔玛公司截至 1 月 31 日的年度现金流量表　（单位：百万美元）

以 1 月 31 日为财务年度截止日	2018 年	2017 年	2016 年
经营活动产生的现金流量：			
合并净利润	10,523	14,293	15,080
将持续经营利润调整为经营活动产生的现金净流量：			
折旧与摊销	10,529	10,080	9,454
递延所得税	−304	761	−672
债务清偿损失	3,136	—	—
其他经营活动影响	1,210	206	1,410
某些资产和负债项目的变动影响，扣除并购影响之后：			
应收款，净值	−1.074	−402	−19
存货	−140	1,021	−703
应付账款	4,086	3,942	2,008
应计负债	928	1,280	1,466
应交所得税	−557	492	−472
经营活动产生的现金流量净额	28,337	31,673	27,552

（续）

以 1 月 31 日为财务年度截止日	2018 年	2017 年	2016 年
投资活动产生的现金流量：			
购买不动产与设备支付的现金	−10,051	−10,619	−11,477
处置不动产与设备收到的现金	378	456	635
处置特定经营业务收到的现金	1,046	662	246
购买可供出售证券支出	—	−1,901	—
投资与企业并购，扣除并购中获得的现金	−375	−2,463	—
其他投资活动	−58	−122	−79
投资活动产生的现金流量净额	−9,060	−13,987	−10,675
融资活动产生的现金流量：			
短期负债变动净额	4,148	−1,673	1,235
发行长期债务收到的现金	7,476	137	39
清偿长期债务支出的现金	−13,061	−2,055	−4,432
债务清偿支出或提前清偿债务成本	−3,059	—	—
支付现金股利	−6,124	−6,216	−6,294
股份回购支付的现金	−8,296	−8,298	−4,112
向少数股东支付股利	−690	−479	−719
购买少数股东权益	−8	−90	−1,326
其他融资活动影响	−261	−398	−676
融资活动产生的现金流量净额	−19,875	−19,072	−16,285
汇率变动对现金及现金等价物的影响	487	−452	−1,022
现金及现金等价物净增加（减少）额	−111	−1,838	−430
年初现金及现金等价物金额	6,867	8,705	9,135
年末现金及现金等价物金额	**6,756**	**6,867**	**8,705**
现金流量信息补充披露：			
支付的所得税	6,179	4,507	8,111
支付的利息	2,450	2,351	2,540

沃尔玛公司的现金流量表指出了下列问题：

- 在三年报告期中，公司的现金及现金等价物水平下降了，从 2016 会计年度初的 91 亿美元下降到了 2018 会计年度末的 68 亿美元；
- 公司在 2016、2017 和 2018 会计年度内的经营活动现金流量一直保持相对稳定，分别为 276 亿美元、317 亿美元和 283 亿美元。此外，每个会计年度的经营活动现金流量均显著高于公司当年的不动产和设备开支需求；
- 三年来，该公司在支付股利和回购普通股方面使用了大量现金。此外，还偿还了借款，尤其是在 2018 会计年度中。

沃尔玛公司使用间接法编制现金流量表。在沃尔玛公司现金流量表的经营活动现金流量部分，该公司将 2018 年的 105 亿美元的净利润调整成为 283 亿美元的经营活动现金流量净额，其中，调整影响幅度最大的项目是折旧与摊销，为 105 亿美元。之所以需要调整折旧与摊销费用，是因为它们属于利润表中的非现金费用项目。如前面几个例子所示，折旧是引起许多公司的净利润与经营活动现金流量净额之间出现最大差异的项目或者项目之一。

根据 US GAAP 的强制要求，只要使用间接法编制现金流量表，都必须单独披露公司用现金支付的利息和所得税金额。请注意，这两个项目在直接法编制的现金流量表中是固定的行项目，因此不需要再强制单独披露。沃尔玛公司在其现金流量表底部补充披露了它用现金支付的所得税（62 亿美元）和利息（25 亿美元）金额。

5.3　现金流量表：关联与列报

用间接法编制的现金流量表表明，资产负债表账户的变化是影响现金流量的一个重要因素，因此，接下来将介绍现金流量表与其他财务报表之间的关联。

5.3.1　现金流量表与利润表和资产负债表的关联

回想一下资产负债表依据的会计恒等式：

$$资产 = 负债 + 所有者权益$$

现金属于一种资产项目。现金流量表揭示了会计主体在一个会计期间内发生的现金变化情况。在资产负债表上，已经列报了本年度和上年度的期初与期末现金余额，而现金流量表的底部就是将期初现金余额调整为期末现金余额。概括地讲，现金流量表和资产负债表的关系可表达如下。

期初资产负债表 20×8 年 12 月 31 日	现金流量表 截至 20×9 年 12 月 31 日的会计年度		期末资产负债表 20×9 年 12 月 31 日
期初现金余额	加：收到的现金（从经营活动、投资活动和融资活动中）	减：支付的现金（在经营活动、投资活动和融资活动中）	期末现金余额

在持有外币现金的情况下，汇率变动也会有影响。例如，如表 5-5 所示，沃尔玛公司现金流量表中报告它在 2018 会计年度中通过经营活动、投资活动和融资活动产生的现金及现金等价物净额为负的 1.11 亿美元，其中就包括了汇率变动对现金及现金等价物的影响额 4.87 亿美元。

沃尔玛公司在现金流量表的正表中报告了导致其现金发生变化的原因；换句话说，它说明了公司的经营活动、投资活动和融资活动（以及外币汇率折算）对现金余额的影响。资产负债表中报告的现金及现金等价物的期初和期末余额，通过现金流量表联系在了一起。

资产负债表中的流动资产和流动负债部分通常反映的是公司的经营决策与活动结果。由于公司的经营活动在利润表中是按权责发生制报告的，在对经营业务进行会计处理时，权责发生制和现金收付制之间的任何差异都会导致资产负债表上某些（通常是）流动资产或流动负债项目的增减。例如，如果按照权责发生制报告的收入高于实际收到的现金，其结果通常表现为应收账款的增加。如果使用权责发生制报告的费用低于实际支付的现金，其结果通常表现为应付账款或者其他应计负债账户的减少[⊖]。以应收账款项目为例，下面介绍它作为一个资产负债表项目，其期初和期末余额的变化是如何与利润表和 / 或现金流量表相关联起来的。

⊖　对于两者的差异还有其他不太典型的解释。例如，如果按照权责发生制报告的收入高于当期实际收到的现金，也可能是由于过去预收的收入（负债）减少所带来的。如果使用权责发生制报告的费用低于当期实际支付的现金，有可能是预付费用、库存或其他资产账户增加的结果。

期初资产负债表 20×8 年 12 月 31 日	利润表 截至 20×9 年 12 月 31 日 的会计年度	现金流量表 截至 20×9 年 12 月 31 日 的会计年度	期末资产负债表 20×9 年 12 月 31 日
期初应收账款金额	加：本期收入	减：本期收到客户支付 的现金	等于：期末应收账款金额

如果知道这四个项目中的任意三个，就很容易计算出第四个来。举例来说，如果你知道期初应收账款金额、本期收入和本期收到客户支付的现金，那么就可以计算出期末应收账款金额。理解资产负债表、利润表和现金流量表之间的钩稽关系不仅有助于评估公司的财务健康状况，还有助于发现会计违规行为。回想一下假设的某公司的极端例子，该公司所有的销售都是赊销，不考虑未来收款情况，因此它在利润表上会报告健康的销售收入和可观的利润，但缺乏现金流入。如果一家公司不正确的确认收入，就可能会出现这种模式。

公司的投资活动通常与资产负债表中的长期资产部分有关，而融资活动通常与资产负债表中的所有者权益和长期负债部分有关。下一节将说明如何根据利润表和资产负债表信息来编制现金流量表。

5.3.2　编制现金流量表的步骤

现金流量表的编制需要同时用到利润表和比较资产负债表的数据。

如前所述，大部分公司都倾向于使用间接法编报经营活动现金流，而分析师更喜欢直接法所提供的信息。了解现金流量信息是如何编报的，这将使你能够拆解间接法编制的报表，然后以更有用的方式重新组合编报，得到近似于直接法下的现金流量表。虽然结果不一定完全精确，但对分析师来说却非常有帮助。下面将演示如何根据表 5-6 和表 5-7 中提供的顶点公司（Acme Corporation，一家虚构的零售公司）的利润表和比较资产负债表信息，来近似地得到直接法格式的现金流量表。

表 5-6　顶点公司截至 2018 年 12 月 31 日
的年度利润表

（单位：美元）

销售收入（净值）		23,598
产品销售成本		11,456
毛利润		12,142
职工薪酬费用	4,123	
折旧费用	1,052	
其他经营费用	3,577	
经营费用合计		8,752
经营利润		3,390
其他收入（费用）：		
设备处置利得	205	
利息费用	−246	−41
税前利润		3,349
所得税费用		1,139
净利润		2,210

表 5-7　顶点公司 2017 年和 2018 年的比较资产负债表　（单位：美元）

	2018 年	2017 年	变动净额
现金	1,011	1,163	−152
应收账款	1,012	957	55
存货	3,984	3,277	707
预付费用	155	178	−23
流动资产合计	6,162	5,575	587
土地	510	510	—
建筑物	3,680	3,680	—
设备[①]	8,798	8,555	243
减：累计折旧	−3,443	−2,891	−552

（续）

	2018 年	2017 年	变动净额
长期资产合计	9,545	9,854	−309
资产总计	15,707	15,429	278
应付账款	3,588	3,325	263
应付职工薪酬	85	75	10
应付利息	62	74	−12
应交所得税	55	50	5
其他应计负债	1,126	1,104	22
流动负债合计	4,916	4,628	288
长期负债	3,075	3,575	−500
普通股	3,750	4,350	−600
留存收益	3,966	2,876	1,090
负债与股东权益总计	15,707	15,429	278

①顶点公司在 2018 年购买了一项总成本为 1,300 美元的新设备。除净利润和股利之外，没有其他影响留存收益的项目。

编制现金流量表的第一步是确定经营活动产生的现金流量总额。以下第 5.3.2.1 至 5.3.2.4 节说明如何使用直接法列报经营活动现金流量。第 5.3.2.5 节说明如何用间接法列报经营活动现金流量。无论经营活动的现金流量是使用直接法还是间接法来列报，投资活动产生的现金流量和融资活动产生的现金流量都是相同的。

5.3.2.1　经营活动产生的现金流量：直接法

我们首先确定顶点公司从客户那里收到了多少现金，然后是支付给供应商和员工的现金，以及支付其他费用、利息和所得税的现金。

1. **收到客户支付的现金**。根据顶点公司截至 2018 年 12 月 31 日的利润表报告，当年的销售收入为 23,598 美元。为确定该公司从其客户那里收到的大致现金金额，有必要用应收账款的当年变动数去调节该收入金额。如果应收账款在年内增加，则按权责发生制计算的收入应高于公司当年收到的客户支付现金额，反之亦反。从顶点公司的情况来看，当年的应收账款金额增加了 55 美元，因此公司当年收到客户支付的现金应为 23,543 美元，计算过程具体如下：

	（单位：美元）
销售收入	23,598
减：应收账款的增加	−55
收到客户支付的现金	**23,543**

收到客户支付的现金对应收账款账户的影响可分析如下：

	（单位：美元）
期初应收账款金额	957
加：销售收入	23,598
减：收到客户支付的现金	**−23,543**
期末应收账款	1,012

对于应收账款账户所发生的变动，也可这样进行列报：

	（单位：美元）
期初应收账款金额	957
加：销售收入	23,598
减：期末应收账款金额	−1,012
收到客户支付的现金	**23,543**

▮ 例 5-3 计算"收到客户支付的现金"金额

蓝色海湾公司（Blue Bayou）是一家虚构的广告公司，它在最近一个年份中实现了销售收入 500 万美元，费用总额 350 万美元，因此净利润为 150 万美元。如果该公司的应收账款在当年下降了 120 万美元，请问，该公司当年收到客户支付的现金金额为多少？

A. 380 万美元

B. 500 万美元

C. 620 万美元

解答： C 选项正确。500 万美元的销售收入加上应收账款的减少金额 120 万美元，得到公司当年从客户那里收取的现金合计为 620 万美元。应收账款水平的下降说明公司当年收到的现金大于它报告的销售收入金额。

"收到客户支付的现金"有时也被表述为"从客户那里收取的现金"或"现金收款"。

2. 向供应商支付的现金。 以顶点公司的数据为例，它向供应商支付的现金为 11,900 美元，计算过程如下：

	（单位：美元）
产品销售成本	11,456
加：当期存货增加额	707
得到：当期向供应商采购金额	12,163
减：当期应付账款增加额	−263
向供应商支付的现金	**11,900**

这一计算过程分为两个步骤：购买存货的金额和为采购而支付的金额。为了确定当期从供应商那里采购的金额，需要用存货的变化去调节当期的产品销售成本。如果存货在一年中增加了，那么说明这一年中的采购金额超过了当期的产品销售成本，反之亦反。根据顶点公司的报告，在截至 2018 年 12 月 31 日的会计年度里，其产品销售成本为 11,456 美元，而同期它的存货价值增加了 707 美元，因此，可以推断出当期顶点公司从供应商那里一共采购了价值 12,163 美元的存货。向供应商采购存货会使存货受到如下影响：

	（单位：美元）
期初存货金额	3,277
加：当期采购金额	12,163
减：当期产品销售成本	−11,456
期末存货金额	3,984

顶点公司在 2018 年从供应商那里一共采购了价值 12,163 美元的库存，但这刚好是它在这一年中向供应商付款的现金金额吗？不一定。顶点公司可能还没有支付所有的采购款项，比如有一些今年的采购款项还拖欠未付。换句话说，顶点公司当年向供应商支付的现金可能会少于今年的采购金额。如果发生这样的情况，采购额和付现额之间的差额将表现为顶点公司的负债（应付账款）增加额。或者，顶点公司向供应商实际支付的款项也可能会高于今年实际采购的金额，那么这种情况必然会导致该公司的应付账款出现减少。

因此，一旦确定了采购金额，就可以根据当期应付账款的变动数来调整得到当期实际支付给供应商的现金了。假如公司所有采购都体现为现金购买，那么应付账款的余额就不会发生改变，现金流出额直接就等于采购金额。如果应付账款在这一年中有所增加，那么这表示按照权责发生制计算的采购金额必然高于按照收付实现制计算的采购金额，反之亦反。在本例中，顶点公司实际采购的金额要比它实际付现的金额高，所以它的应付账款期末余额增加了。以顶点公司的数据来看，它在当期支付给供应商的现金为 11,900 美元，计算过程如下：

	（单位：美元）
当期从供应商处采购金额	12,163
减：当期应付账款增加额	−263
当期支付给供应商的现金	**11,900**

应付账款账户余额的变化反映出了向供应商支付现金的影响，如下所示：

	（单位：美元）
期初应付账款金额	3,325
加：当期采购金额	12,163
减：向供应商支付的现金	**−11,900**
期末应付账款金额	3,588

▋ 例 5-4　计算"向供应商支付的现金"金额

橘色饮料公司（Orange Beverages Plc.）是一家虚构的热带饮料制造商，它当年的产品销售成本为 10,000 万美元。在该年度中，公司的总资产增加了 5,500 万美元，存货却下降了 600 万美元。公司的负债总额增加了 4,500 万美元，但应付账款却下降了 200 万美元。请问，该公司当期向供应商支付的现金大约是多少？

A. 9,600 万美元

B. 10,400 万美元

C. 10,800 万美元

解答： A 选项正确。产品销售成本 10,000 万美元减去存货的减少金额 600 万美元，得到当期公司向供应商的采购金额为 9,400 万美元。再结合本期应付账款余额下降了 200 万美元，说明该公司当期向供应商实际支付的现金为 9,600 万美元（= 9,400 万美元 + 200 万美元）。

3. **支付给职工的现金。** 确定支付给职工的现金时，需要用应付职工薪酬账户的变动额去调整当年的职工薪酬费用。如果在会计年度内，应付职工薪酬出现了增加，那么说明按权责发生制计算的职工薪酬费用高于公司当年实际用现金已支付的薪酬费用，反之亦反。就顶点公司的数据来看，应付职工薪酬在年度内增加了 10 美元，因此，该公司实际用现金支付的职工薪酬应为 4,113 美元，计算过程如下：

	（单位：美元）
职工薪酬费用	4,123
减：增加的应付职工薪酬	−10
支付给职工的现金	**4,113**

支付给职工的金额也可以从应付职工薪酬账户的余额变动中反映出来，如下所示：

	（单位：美元）
期初应付职工薪酬	75
加：本期职工薪酬费用	4,123
减：支付给职工的现金	**−4,113**
期末应付职工薪酬	85

4. 用现金支付的其他经营费用。 要计算本期用现金支付的其他经营费用，需要用本年度预付费用和其他应计负债的变动净额去调整利润表上的其他营业费用金额。如果预付费用在会计年度内出现增加，则说明按收付实现制计算的其他经营费用高于按权责发生制计算的其他经营费用，反之亦反。同样地，如果其他应计负债在会计年度内出现增加，则说明按收付实现制计算的其他经营费用低于按权责发生制计算的其他经营费用，反之亦反。对于顶点公司来说，它在 2018 年为其他经营费用所支付的现金金额应为 3,532 美元，计算详细过程如下：

	（单位：美元）
其他经营费用	3,577
减：预付费用的减少	−23
减：其他应计负债的增加	−22
用现金支付的其他经营费用	**3,532**

▌ **例 5-5　计算"用现金支付的其他经营费用"金额**

黑冰公司（Black Ice）是一家虚构的运动装制造商，它当年的其他经营费用为 3,000 万美元。在该年度中，预付保险费增加了 400 万美元，应付公用事业费减少了 700 万美元。假定保险费和公用事业费是仅有的两个会影响其他经营费用的项目，请问，该公司当年用现金支付的其他经营费用为多少？

A. 1,900 万美元

B. 3,300 万美元

C. 4,100 万美元

解答： C 选项正确。其他经营费用 3,000 万美元，加上增加的预付保险费 400 万美元，再加上减少的应付公用事业费 700 万美元，等于 4,100 万美元。

5. 用现金支付的利息费用。 根据 US GAAP 的要求，用现金支付的利息费用是报告在经营活动现金流量当中的；但根据 IFRS 的要求，利息费用的支付可报告为经营活动现金流量，也可报告为融资活动现金流量。要推算出一家公司在会计期间内用现金支付的利息费用，可以用期间内应付利息发生的变动额去调整当期的利息费用。如果应付利息在年内出现了增加，则说明按权责发生制计算的利息费用高于实际用现金支付的利息费用金额，反之亦反。以顶点公司的数据来看，其应付利息在会计期间内减少了 12 美元，因此，当期用现金支付的利息费用为 258 美元，计算过程如下：

	（单位：美元）
利息费用	246
加：应付利息的减少	12
用现金支付的利息费用	**258**

或者，也可以通过分析应付利息账户的变化来推算当期用现金支付的利息费用金额：

	（单位：美元）
期初应付利息余额	74
加：本期利息费用	246
减：用现金支付的利息费用	**−258**
期末应付利息余额	62

6. **用现金支付的所得税。** 为确定企业当期用现金支付的所得税金额，应根据同期应收税费、应交税费和递延所得税的净变动数去调整利润表上的所得税费用金额。如果当期应收税费或递延所得税资产出现了增加，则表示当期用现金实际缴纳的所得税费用金额高于按权责发生制确认的所得税费用，反之亦反。类似地，如果当期应交税费或递延所得税负债出现了增加，则表示当期用现金实际缴纳的所得税费用金额低于按权责发生制确认的所得税费用，反之亦反。就顶点公司的情况来看，它在 2018 年用现金支付的所得税金额应当为 1,134 美元，计算过程如下：

	（单位：美元）
所得税费用	1,139
减：应交所得税的增加	−5
用现金支付的所得税金额	**1,134**

5.3.2.2　投资活动产生的现金流量

现金流量表编制的第二步和第三步分别是确定投资活动和融资活动产生的现金流量总额。这两个部分的现金流量不受经营活动现金流量的影响，无论公司采用直接法还是间接法列报经营活动的现金流量。

因为顶点公司的土地和建筑物金额在年内一直都维持不变，说明它在 2018 会计年度中进行的唯一投资活动便是采购和处置设备。表 5-7 中的附注信息说明告诉我们，顶点公司在 2018 年购买了总成本为 1,300 美元的新设备。但是，在顶点公司的资产负债表上，其设备金额在年内仅增加了 243 美元（用期末余额 8,798 美元减去期初余额 8,555 美元）；因此，顶点公司在本年度内一定还出售或以其他方式处置了一些设备。为了找到处置设备产生的现金流入量，我们可以分析表 5-6 和表 5-7 中设备账户和累计折旧账户的变化与当年的设备处置利得。假定全部累计折旧都与设备有关，就可这样来确定处置设备收到的现金。

所处置设备的历史成本为 1,057 美元，这个金额确定过程如下：

	（单位：美元）
期初设备余额（见资产负债表）	8,555
加：新购置设备（见附注信息）	1,300
减：期末设备余额（见资产负债表）	-8,798
等于：处置设备的历史成本	1,057

所处置设备的累计折旧金额为 500 美元，推导过程如下：

	（单位：美元）
期初累计折旧余额（见资产负债表）	2,891
加：当期折旧费用（见利润表）	1,052
减：期末累计折旧余额（见资产负债表）	-3,443
等于：处置设备的累计折旧	500

接下来，用处置设备的历史成本和累计折旧信息，再结合利润表中披露的设备处置利得信息，可以推导出该公司因处置设备收到的现金金额：

	（单位：美元）
处置设备的历史成本（前述计算得到）	1,057
减：处置设备的累计折旧（前述计算得到）	-500
等于：处置设备的账面价值	557
加：设备处置利得（见利润表）	205
等于：处置设备收到的现金金额	**762**

▌ 例 5-6　计算"处置设备收到的现金"金额

假定连锁啤酒餐厅库珀公司（Copper, Inc.）有设备处置利得 1,200 万美元。此外，该公司利润表上还报告了折旧费用 800 万美元，现金流量表上报告了资本支出 1,500 万美元，全部都是购买一项新设备的支出。

资产负债表项目	2018 年 12 月 31 日	2017 年 12 月 31 日	变动额
设备	10,000 万美元	10,900 万美元	900 万美元
累计折旧——设备	3,000 万美元	3,600 万美元	600 万美元

结合上述比较资产负债表中的信息，请问，该公司当年从设备处置中收到的现金是多少？

A. 1,200 万美元

B. 1,600 万美元

C. 1,800 万美元

解答： B 选项正确。出售价格（现金流入量）减去处置设备的账面价值等于设备处置损益；因此，用设备处置损益加上处置设备的账面价值就能等出售价格（现金流入量）。已知设备处置利得为 1,200 万美元，要计算处置设备的账面价值，就需要先找到其历史成本和累计折旧额。

- 期初设备余额 10,000 万美元，加上当期新购买的设备 1,500 万美元，减去期末设备余额 10,900 万美元，可得到处置设备的历史成本为 600 万美元；
- "累计折旧——设备"账户的期初余额 3,000 万美元，加上当期折旧费用 800 万美元，减去"累计折旧——设备"账户的期末余额 3,600 万美元，可得到处置设备对应的累计折旧金额为 200 万美元；
- 因此，处置设备的账面价值为：600 万美元 – 200 万美元 = 400 万美元；
- 由于设备处置利得为 1,200 万美元，因此处置设备收到的现金金额应该为 1,600 万美元。

5.3.2.3　融资活动产生的现金流量

与投资活动一样，列报融资活动产生的现金流量也不受经营活动现金流量的影响，无论公司采用直接法还是间接法。

1. 长期负债与普通股。根据表 5-7 列报的 2018 年年初（即 2017 年年末）和 2018 年年末余额，长期负债项目在当年减少了 500 美元。在没有其他信息出现的情况下，这表明顶点公司在当年偿还了 500 美元的长期负债，而偿还长期负债支出的现金是属于融资活动产生的现金流出。

类似地，在 2018 年期间，普通股项目也减少了 600 美元。在没有其他信息出现的情况下，这表明顶点公司在当年回购了 600 美元的普通股。回购普通股的支出也属于融资活动产生的现金流出。

2. 股利。回顾一下关系式：

$$期初留存收益 + 净利润 – 股利 = 期末留存收益$$

根据这个式子，2018 年支付的股利金额可以通过分析留存收益项目的变动情况得出，如下所示：

	（单位：美元）
期初留存收益金额（见资产负债表）	2,876
加：净利润（见利润表）	2,210
减：期末留存收益金额（见资产负债表）	−3,966
等于：支付的股利	**1,120**

注意，支付股利金额是披露在所有者权益变动表中的。

5.3.2.4　现金流量表：直接法

在表 5-8 中，用现金流量表总结了顶点公司的经营活动、投资活动和融资活动的现金流量情况。在报表底部可以看到，该公司当年的净现金变动体现为减少 152 美元（从 1,163 美元减至 1,011 美元）。在表 5-7 的比较资产负债表中，也可以看出这个现金减少额。该公司通过经营活动产生的现金净流量为 2,606 美元，足以支付其在投资活动中使用的现金净流量 538 美元；但是，该公司在偿还债务、支付股利和回购普通股（即融资活动中）等方面使用了现金 2,220 美元，最终使得当年总的现金流量减少了 152 美元。

表5-8　顶点公司截至2018年[①]12月31日的年度现金流量表（直接法编制）

（单位：美元）

经营活动产生的现金流量：	
收到客户支付的现金	23,543
支付给供应商的现金	-11,900
支付给职工的现金	-4,113
用现金支付的其他经营费用	-3,532
用现金支付的利息	-258
用现金支付的所得税	-1,134
经营活动产生的现金净流量	2,606
投资活动产生的现金流量：	
处置设备收到的现金	762
购买设备支付的现金	-1,300
投资活动使用的现金净流量	-538
融资活动产生的现金流量：	
偿还长期负债支付的现金	-500
股份回购支付的现金	-600
用现金支付的股利	-1,120
融资活动使用的现金净流量	-2,220
现金净增加（减少）额	-152
2017年12月31日现金余额	1,163
2018年12月31日现金余额	1,011

① 原书为2009年12月31日，应为印刷错误，根据上下文更正为2018年12月31日。——译者注

5.3.2.5　现金流量表：间接法

接下来我们用另一种方法来报告经营活动产生的现金流量，即间接法，我们将报告出相同数额的经营活动现金流量来。在间接法下，我们需要对顶点公司的净利润2,210美元与其经营活动现金净流量2,606美元之间的差异进行调整。

以净利润为起点，调整项目主要涉及：①扣除非经营性活动的影响；②调整非现金支出；③调整经营性的营运资金项目变动。

在顶点公司的利润表中，唯一的非经营性活动是处置设备，它带来了205美元的处置利得。这个金额不属于经营性现金流量，应当予以扣除，同时将设备处置的效应报告到投资活动中去。

顶点公司唯一的非现金支出项目是1,052美元的折旧费用。在间接法下，需要将折旧费用加回到净利润中，因为它在计算净利润时被扣除了，但它属于一项非现金的扣除项目。

营运资金账户的变动包括流动资产和流动负债账户的增减。这些账户的变化是由于权责发生制会计应用引起的；也就是说，在已赚取收入时才确认收入，在真正发生费用时才确认费用，而不是在实际收到或付出现金时就确认收入与费用。在间接法下对营运资金账户进行调整时，需要在当期净利润中减去经营性资产账户的净增加额，反加回其净减少额。例如，如上所述，顶点公司的应收账款项目出现了净增加，是因为该公司在利润表中记录的收入金额高于其当期实际从客户那里收到的现金金额；所以，为了与经营现金流量保持一致，就必须从当期净利润中减去会计期间内应收账款的增加额。而对于当期经营性负债项目，则应在

净利润的基础上加上其净增加额，减去其净减少额。例如，如上所述，顶点公司的应付工资项目出现了净增加，是因为该公司在利润表中记录的工作费用高于其当期实际支付给职工的现金金额。

在表 5-9 中，列出了使用间接法确定经营活动产生的现金净流量时，需要对净利润进行的最常见的调整项目。

表 5-9　间接法下净利润的调整项目

加项	非现金项目
	有形资产的折旧费用
	无形资产的摊销费用
	自然资源的折耗费用
	债券折价的摊销
	非经营性损失
	资产处置损失或者减值损失
	债务清偿损失
	按权益法核算的投资损失
	递延所得税负债的增加
	由于应计费用高于实际支付费用或者应计收入低于实际收到现金而导致的营运资金账户变动
	经营性流动资产（如应收账款、存货和预付费用）账户的减少
	经营性流动负债（如应付账款和应计费用负债）账户的增加
减项	非现金项目（如债券溢价的摊销）
	非经营性项目
	资产处置利得
	债务清偿收益
	按权益法核算的投资收益
	递延所得税资产的减少
	由于应计费用低于实际支付费用或者应计收入高于实际收到现金而导致的营运资金账户变动
	经营性流动资产（如应收账款、存货和预付费用）账户的增加
	经营性流动负债（如应付账款和应计费用负债）账户的减少

因此，对顶点公司来说，应从净利润中减去 55 美元的应收账款增加和 707 美元的存货增加，然后反加回 23 美元的预付费用减少。再看顶点公司的流动负债项目，应付账款、应付职工薪酬、应交所得税和其他应计负债都出现了增加（分别为 263 美元、10 美元、5 美元和 22 美元），应加回到净利润中，然后再从净利润中减去应付利息的减少额 12 美元。利用我们刚才根据利润表和比较资产负债表信息所进行的分析，在表 5-10 中，列出了顶点公司按间接法编制的现金流量表。注意，该表的投资活动部分和融资活动部分与使用直接法编制的现金流量表所对应内容是相同的。

表 5-10　顶点公司截至 2018 年 12 月 31 日的现金流量表（间接法）

（单位：美元）

经营活动产生的现金流量：	
净利润	2,210
折旧费用	1,052
设备处置利得	−205
应收账款的增加	−55
存货的增加	−707

（续）

预付费用的减少	23
应付账款的增加	263
应付职工薪酬的增加	10
应付利息的减少	-12
应交所得税的增加	5
其他应计负债的增加	22
经营活动产生的现金净流量	2,606
投资活动产生的现金流量：	
处置设备收到的现金	762
购买设备支付的现金	-1,300
投资活动使用的现金净流量	-538
融资活动产生的现金流量：	
偿还长期负债支付的现金	-500
股份回购支付的现金	-600
用现金支付的股利	-1,120
融资活动使用的现金净流量	-2,220
现金净增加（减少）额	-152
2017 年 12 月 31 日现金余额	1,163
2018 年 12 月 31 日现金余额	1,011

▌例 5-7　将净利润调整为经营活动产生的现金净流量

品客利公司（Pinkerly Inc.）是一家虚构的企业，根据下列该公司信息，要将它的净利润调整为经营活动产生的现金净流量，调整总额会是多少？

利润表项目	年度截止日		
	2018 年 12 月 31 日		
净利润	3,000 万美元		
折旧费用	700 万美元		
资产负债表项目	2017 年 12 月 31 日	2018 年 12 月 31 日	变动额
应收账款	1,500 万美元	3,000 万美元	1,500 万美元
存货	1,600 万美元	1,300 万美元	-300 万美元
应付账款	1,000 万美元	2,000 万美元	1,000 万美元

A. 增加 500 万美元

B. 增加 2,100 万美元

C. 减少 900 万美元

解答： A 选项正确。要得到经营活动产生的现金流量，该公司需要对净利润进行如下调整：加回折旧费用（非现金费用）700 万美元；加回存货的减少额 300 万美元；加上应付账款的增加额 1,000 万美元；然后减去应收账款的增加额 1,500 万美元。因此总的加项调整为 2,000 万美元，减项调整为 1,500 万美元，所以净调整总额为增加 500 万美元。

5.3.3 将间接法下的现金流量转换为按直接法编制

分析师可能希望看到直接法格式的经营活动现金流量，以对现金收支（如从客户那里收到的现金或支付给供应商的现金）的趋势做出评估。如果没有直接法格式的报表，是可以将间接法报告的经营活动现金流量转换为直接法格式报告的。换算的准确性取决于根据公开财务报告中的数据所进行的调整。这里所介绍的方法对于大多数分析目的来说都是可以保证其准确性的。

以顶点公司的数据为例，在表 5-11 中，介绍了三步法转换过程。请再次参考表 5-6 和表 5-7 中顶点公司的利润表和资产负债表信息，首先将 2,210 美元的净利润分解为总收入和总费用（第一步）。接下来，去除所有非经营性项目和非现金项目的影响（第二步）。就顶点公司而言，需要去除的非经营性收益项目是设备处置利得 205 美元，然后是非现金折旧费用的影响 1,052 美元。最后，再根据营运资金项目的变化，将收入和费用的应计金额转换为收入和支付的实际现金流量（第三步）。经过以上调整，结果就是直接法下的经营活动现金流量列报格式。以下已将第三步的结果直接列报为行项目。

表 5-11　将间接法列报调整为直接法列报　（单位：美元）

第一步	收入总额		23,803
汇总所有收入项目和所有费用项目	费用总额		21,593
	净利润		2,210
第二步	从收入总额中减去非现金收入项目		
从汇总收入和汇总费用中去除所有		（23,803 - 205）=	23,598
非现金项目的影响，并将剩余项目分		收入	23,598
解为相关现金流量项目	从费用总额中减去非现金费用项目		
		（21,593 - 1,052）=	20,541
	产品销售成本		11,456
	职工薪酬费用		4,123
	其他经营费用		3,577
	利息费用		246
	所得税费用		1,139
	合计		20,541
第三步	收到客户支付的现金[1]		23,543
通过调整营运资金账户的变动额，	支付给供应商的现金[2]		-11,900
将应计金额转换为现金流量金额	支付给职工的现金[3]		-4,113
	用现金支付的其他经营费用[4]		-3,532
	用现金支付的利息[5]		-258
	用现金支付的所得税[6]		-1,134
	经营活动产生的现金净流量		2,606

第三步计算过程说明：

[1] 收入 23,598 美元减去应收账款的增加额 55 美元。

[2] 产品销售成本 11,456 美元加上存货的增加额 707 美元，再减去应付账款的增加额 263 美元。

[3] 职工薪酬费用 4,123 美元减去应付职工薪酬的增加额 10 美元。

[4] 其他经营费用 3,577 美元减去预付费用的减少额 23 美元，再减去其他应计负债的增加额 22 美元。

[5] 利息费用 246 美元加上应付利息的减少额 12 美元。

[6] 所得税费用 1,139 美元减去应交所得税的增加额 5 美元。

5.4 现金流量表分析

通过分析公司的现金流量，可以了解公司的业务和盈利情况，这有助于分析师预测公司未来的现金流量。本节介绍现金流量表分析的工具和技术，包括现金和现金流量的来源与运用、共同比分析、自由现金流量和现金流量比率的计算。

5.4.1 评价现金的来源与运用

现金流量表的评价包括对三类现金流量的来源和运用情况进行整体评价，以及评估每一类别内部现金流量的主要影响因素，如下所示：

1. 评价经营活动、投资活动和融资活动现金流量的主要来源和用途；
2. 评价经营活动现金流量的主要影响因素；
3. 评价投资活动现金流量的主要影响因素；
4. 评价融资活动现金流量的主要影响因素。

第 1 步 对处于不同成长阶段的公司来说，其主要现金来源会有所差别。如果是一家成熟的公司，以经营活动现金流量作为主要来源是可预期和可接受的。从长远来看，公司必须具备从其经营活动中创造出现金的能力。如果经营活动现金流量一直为负值，公司就需要通过借钱或发行股票（融资活动）来弥补资金短缺。但资本提供者最终是需要从公司经营中获得回报的，否则他们将不再愿意提供资本。经营活动产生的现金流量可以用于投资活动或融资活动。如果公司有很好的业务发展机会或其他投资机会，那么这些现金最好用于投资活动。如果公司没有预期可以获利的投资机会，那么这些现金最好返还给资本提供者，作为融资活动的现金流出。如果是一家初创公司，或者正处于成长阶段的公司，其经营活动现金流量可能在一段时间内都为负数，因为它需要对存货和应收款项（向新客户提供信用）等资产进行投资，这样才能助力业务的增长。但从长期来看，这种情况是不可一直持续的，因此，经营活动必须最终成为现金流量的主要来源渠道，这样才能有资本返还给资本提供者。最后，经营活动现金流量还需要足以支撑公司的资本支出（换言之，公司需要拥有自由现金流，详见 5.4.3 节）。总而言之，在现金流量分析的第 1 步中，需要考虑的要点包括：

- 公司现金流的主要来源和用途是什么？
- 经营现金流是否为正，是否足以支撑公司的资本支出？

第 2 步 转到经营活动部分，分析师应该检查公司经营活动现金流量中最重要的影响因素。在经营活动中，公司需要使用现金（例如，用于换取应收款项和存货，用于支付职工和供应商等），也能收到现金（例如，来自客户的付款）。在间接法下，可以通过关注应收款项、存货、应付账款等项目的增减情况以及相关的原因，判断公司是否在经营活动中使用或者产生了现金。将经营活动产生的现金净流量与净利润进行比较也很有用。比如，对于一家成熟的公司来说，由于净利润中包含了非现金费用（如折旧和摊销）的影响，因此其经营活动现金流量大于净利润是可预期并且也是可接受的。净利润与经营性活动现金流量之间的关系也是一个可以用来衡量公司盈利质量的指标。如果一家公司净利润金额较大，但经营活动现金流量很低，那么这可能意味着它的盈利质量较差。该公司可能正在利用激进的会计选择增加它的净利润，但这并不能为公司经营带来现金。分析师还应该检查公司利润和现金流量的波动水平，考虑这种波动对公司风险的影响，以及根据这些指标去预测未来现金流量并进行企业估值的可行性。总结第 2 步中的分析要点包括：

- 什么是经营活动现金流量的主要影响因素？
- 经营活动现金流量与净利润孰高孰低？原因是什么？
- 经营活动现金流量的一致性表现如何？

第 3 步　在投资活动部分，分析师应当对每个行项目都进行评估。因为这部分的每一个项目都反映了现金的来源或用途，这使我们可以了解公司将现金用到了哪里，或者现金是从哪里来的。在这一部分中，能了解到公司将多少现金用于投资未来的不动产、厂场与设备；多少用于公司并购；以及留出了多少用于股票和债券等流动性投资。这部分信息还可以告诉我们公司通过处置上述类型的资产，获得了多少现金流入。如果公司正在进行重大资本投资项目，分析师应当思考这些投资的现金是从哪里来的（例如，是来自过剩的经营活动现金流量还是来自第 4 步中介绍的融资活动）。如果公司处置了资产，那么，了解为什么会处置资产以及评估这些资产处置对公司的影响，也是非常重要的。

第 4 步　在融资活动部分，分析师应当仔细关注每一个行项目，了解编报公司是在筹集资本还是在偿还资本，以及其资本来源的性质。如果发现公司每年都在借款，那么就应该思考它何时需要还款。在这一部分中，还会报告公司支付股利和进行股份回购的情况，这也是将资本返还给其所有者的替代方式。评价公司为什么需要筹集或者偿还资本，是非常重要的。

下面提供一个现金流量表评价的例子。

▎例 5-8　现金流量表分析

德里克·易是一名注册财务分析师，他正在编制达能集团的现金流量预测表，以用在他的估值模型中。现在，他要求你对表 5-12 中列出的达能集团历史现金流量表进行评价。达能集团按照 IFRS 编制其财务报表。请注意，该公司习惯将近期数据放在报表的最右列。表 5-13 是从达能集团 2017 年注册文件中摘录的一些信息。

易先生希望他的下列问题能够得到回答：

- 达能集团现金流量的主要来源是什么？
- 达能集团将现金主要用到哪些方面？
- 经营活动产生的现金流量足以支撑该集团的资本支出吗？
- 净利润与经营活动产生的现金净流量之间是什么关系？
- 达能集团采用了哪些形式的融资来筹集现金？

表 5-12　达能集团合并财务报表之合并现金流量表　（单位：百万欧元）

以 12 月 31 日为年度截止日	2016 年	2017 年
净利润	1,827	2,563
享有联营企业利润份额，扣除已收到的股利	52	−54
有形资产和无形资产的折旧、摊销与减值损失	786	974
准备金的增加（转回）	51	153
递延税款变动额	−65	−353
处置不动产、厂场与设备和金融投资的损失（收益）	−74	−284
与集团业绩股份相关的费用	24	22
金融负债费用净额	149	265
支付的利息净额	−148	−186
利息收入（费用）变动净额	—	80

（续）

以 12 月 31 日为年度截止日	2016 年	2017 年
不影响现金的其他项目	13	−15
经营活动产生的现金流量，扣除营运资金变动净额前	**2,615**	**3,085**
存货的减少（增加）	−24	−122
贸易应收款的减少（增加）	−110	−190
贸易应付款的增加（减少）	298	145
其他应收与应付款的变动	−127	40
其他营运资金需求的变动	37	−127
经营活动产生（使用）的现金净流量	**2,652**	**2,958**
资本支出	−925	−969
处置不动产、厂场与设备收到的现金	27	45
购买子公司和金融投资支出的现金净额	−66	−10,949
处置子公司和金融投资收到的现金净额	110	441
长期贷款和其他长期金融资产的减少（增加）	6	−4
投资活动产生（使用）的现金净流量	**−848**	**−11,437**
资本和超额缴入资本的增加	46	47
购买库存股（扣除处置后净额）和达能集团看涨期权	32	13
发行永续次级债券	—	1,245
永续次级债券利息支出	—	—
向达能集团股东支付的股利	−985	−279
收购少数股东权益	−295	−107
支付的股利	−94	−86
少数股东增资	6	1
与少数股东之间的交易	−383	−193
套期工具现金净流量	50	−52
本期发行债券	11,237	—
本期偿还的债券	−638	−1,487
与其他短期和长期金融负债相关的现金净流量	−442	−564
与短期投资相关的现金净流量	−10,531	9,559
融资活动产生（使用）的现金净流量	**−1,616**	**8,289**
汇率和其他变动影响	**−151**	**272**
现金及现金等价物增加（减少）金额	**38**	**81**
期初现金及现金等价物金额	519	557
期末现金及现金等价物金额	557	638
补充披露信息		
本年支付的所得税	−891	−1,116

注：合并现金流量表中的数字直接取自该公司的登记资料；由于四舍五入的原因，一些小计金额不一定恰好相等。

表 5-13　达能集团 2017 年注册登记报表信息摘录

财务报表附注 2 摘要：

……2016 年 7 月 7 日，达能集团宣布签署收购白波食品公司（WhiteWave Foods Company）的协议。白波食品公司是全球植物性食品、饮料和有机产品的领导者。此次收购的支付方式为现金，价格为每股 56.25 美元。这意味着被收购企业在协议日的总价值约为 125 亿美元，包括借款和某些其他白浪公司负债在内……

"在达能公司的合并财务报表中确认的合并费用税前总额为 5,100 万欧元，其中 4,800 万欧元已确认在 2016 年的'其他经营收益（费用）'中，余额将确认到 2017 年。"

"白波公司对 2017 年合并销售收入的贡献总计 27 亿欧元。如果这场并购交易能在 2017 年 1 月 1 日完成，那么本集团 2017 年的合并销售收入将达到 257 亿欧元，经常性经营利润将达到 36 亿欧元。"

"与此同时，报告期间内发生整合费用共计 9,100 万欧元，已计入'其他经营收益（费用）'当中。"

（续）

活动概述摘录：

"……作为其转型计划的一部分，目标是确保安全地实现强劲、有盈利期望和可持续的增长，达能集团为2020年设定的目标包括同比销售收入实现 4% 至 5% 的增长……到 2020 年，经常性经营利润率超过 16%……最后，达能集团将继续为自由现金流的增长而努力，这将有助于金融去杠杆，实现到 2020 年'负债净值 /EBITDA'比值低于 3 的目标。达能集团承诺，到 2020 年，将使投入资本回报率（ROIC）达到 12% 左右的水平。"

解答： 可将达能集团现金流量的主要类别情况总结如下：

（单位：百万欧元）

	2016 年	2017 年
经营活动产生的现金净流量	2,615	3,085
投资活动产生（使用）的现金净流量	−848	−11,437
融资活动产生（使用）的现金净流量	−1,616	8,289
汇率变动对现金的影响	−151	272
现金增加额	38	81

从上可知，经营活动是达能集团在 2016 年的主要现金来源。在 2016 年和 2017 年，达能集团通过经营活动产生的现金流均足以支付日常的资本开支，并且经营活动现金流量是大于同期净利润的。如果评估过去五年的情况（在本例中并未列出），可以确认达能集团的大部分现金流量确实是通过其经营活动来创造的，它报告的经营活动现金净流量总是大于其净利润，并且总是能够满足自身的资本支出需求。

对于一家成熟公司来说，以经营活动作为其现金流量的主要来源是积极并且可取的。此外，这两年的经营活动现金流量都大于同期净利润也是一个积极的信号。最后，经营活动产生的现金流量能满足集团正常的资本支出需求，表明公司可以通过经营活动来为其资本支出提供资金来源。

但是，到 2017 年，达能集团的主要现金来源为融资活动，现金流量表的投资部分显示，集团在投资活动中使用了大量现金用于企业并购。在财务报表附注中，披露了一项总额高达 125 亿欧元的重大企业并购。这次并购所需的部分资金来自集团在早些时候发行的债券，这在 2016 年的现金流量表融资活动部分可以看到。

从易先生的现金流量预测任务来看，该公司已提出做大自由现金流和削减债务的目标，也披露了企业并购事项对公司 2017 年经营业绩可能造成的影响，这些信息对易先生都会有帮助。

5.4.2　现金流量表中的共同比分析

在利润表共同比分析中，需要将每个收入和费用项目都以净销售收入（净销售额）的百分比表示。在资产负债表共同比分析中，需要将每个资产、负债或所有者权益项目都以总资产的百分比表示。在现金流量表共同比分析中，则有两种可选方法。第一种是将每个现金流入（流出）细目都表示为同类现金流入（流出）总额的一定百分比；第二种则是将每个行项目都表示为净销售收入的百分比。

表 5-14 中，列示了按现金流入 / 流出总额编制的顶点公司共同比现金流量表。在这种方法下，每一项现金流入细目表示同类现金流入占总额的百分比，而每一项现金流出细目表示同类现金流出占总额的百分比。在 A 栏中，顶点公司的共同比现金流量表是根据直接法列报经营活动现金流量的现金流量表编制的。经营活动的现金流入量和流出量在现金流量表中都有单独列报，因此，共同比现金流量表就可以用占总现金流入（流出）金额的百分比来报告显示每一项经营活动现金流入（流出）细目。在 B 栏中，顶点公司的共同比现金流量表是根据间接法列报经营活动现金流量的现金流量表编制的。在间接法下，现金流量表中没有单独列报的经营活动现金流入量和流出量；因此，共同比现金流量表只能报告经营活动现金净流量（经营活动产生或使用的现金净流量）占总现金流入或总现金流出的百分比（取决于该

净流量体现为现金流入还是现金流出）。由于本例中顶点公司的经营活动现金净流量是正数，因此列报为占总现金流入的百分比。

表5-14 顶点公司截至2018年12月31日的年度共同比现金流量表

（单位：美元）

A栏：直接法格式的现金流量		
现金流入量		占总流入量百分比
收到客户支付的现金	23,543	96.86%
处置设备收到的现金	762	3.14
合计	24,305	100.00%
现金流出量		占总流入量百分比
支付给供应商的现金	11,900	48.66%
支付给职工的现金	4,113	16.82
用现金支付的其他经营费用	3,532	14.44
用现金支付的利息	258	1.05
用现金支付的所得税	1,134	4.64
用现金购买设备	1,300	5.32
用现金清偿长期负债	500	2.04
用现金进行股份回购	600	2.45
用现金支付股利	1,120	4.58
合计	24,457	100.00%
现金净增加（减少）额	−152	
B栏：间接法格式的现金流量		
现金流入量		占总流入量百分比
经营活动产生的现金净流量	2,606	77.38%
处置设备收到的现金	762	22.62
合计	3,368	100.00%
现金流出量		占总流入量百分比
用现金购买设备	1,300	36.93%
用现金清偿长期负债	500	14.20
用现金进行股份回购	600	17.05
用现金支付股利	1,120	31.82
合计	3,520	100.00%
现金净增加（减少）额	152	

　　表5-15中列出了按销售收入净额的百分比编制的顶点公司共同比现金流量表。在销售收入净额法下，现金流量表中的每一个项目都以其占销售收入净额的百分比显示。这里的共同比报表是根据顶点公司按间接法计算经营活动现金流量的现金流量表编制的，并使用表5-6中报告的销售收入（净值）23,598美元。对于净利润和经营活动产生的现金净流量之间的每一个调整细目，都用其占销售收入净额的百分比表示了。共同比格式的报表使人们更容易看到现金流量的趋势，而不是只看到金额大小。这种方法对于分析师预测公司的未来现金流量也是非常有用的，因为共同比报表中的一些项目（例如折旧费用、固定的资本支出、债务借款和偿还等）是以其占公司销售收入净额的百分比来表示的。这样，一旦分析师预测了

未来收入情况，共同比报表就可以为那些与销售收入（净值）有关的项目提供预测基础。

表 5-15　顶点公司共同比现金流量表：截至 2018 年 12 月 31 日的会计年度，间接法编制

（单位：美元）

		占销售收入净额 的百分比
经营活动产生的现金流量：		
净利润	2,210	9.37%
折旧费用	1,052	4.46
设备处置得利	−205	−0.87
应收账款的增加	−55	−0.23
存货的增加	−707	−3.00
预付费用的减少	23	0.10
应付账款的增加	263	1.11
应付职工薪酬的增加	10	0.04
应付利息的减少	−12	−0.05
应交所得税的增加	5	0.02
其他应计负债的增加	22	0.09
经营活动产生的现金净流量	−2,606	11.04%
投资活动产生的现金流量：		
处置设备收到的现金	762	3.23%
购买设备支付的现金	−1,300	−5.51
投资活动使用的现金净流量	−538	−2.28%
融资活动产生的现金流量：		
偿还长期负债支付的现金	−500	−2.12%
股份回购支付的现金	−600	−2.54
用现金支付的股利	−1,120	−4.75
融资活动使用的现金净流量	−2,220	−9.41%
现金净增加（减少）额	−152	−0.64%

▌例 5-9　共同比现金流量表分析

安德鲁·波特先生正在研究苹果公司的简略共同比现金流量表，众所周知，苹果公司是一家跨国技术企业。下面这张共同比报表是将每个行项目都用其占同年销售收入净额的百分比来表示的。

苹果公司共同比现金流量表（占销售收入净额的百分比）

	会计年度截止日		
	2017 年 9 月 30 日	2016 年 9 月 24 日	2015 年 9 月 26 日
现金流量表［摘要］			
经营活动：			
净利润	21.1%	21.2%	22.8%
将净利润调整为经营活动产生的现金流量：			
折旧与摊销费用	4.4%	4.9%	4.8%
股权激励费用	2.1%	2.0%	1.5%
递延所得税费用	2.6%	2.3%	0.6%
其他	−0.1%	0.2%	0.2%

（续）

	会计年度截止日		
	2017 年 9 月 30 日	2016 年 9 月 24 日	2015 年 9 月 26 日
经营性资产和负债项目的变动：			
应收账款，净值	−0.9%	0.2%	0.2%
存货	−1.2%	0.1%	−0.1%
供应商非贸易应收款	−1.9%	0.0%	−1.6%
其他流动资产和非流动资产	−2.3%	0.5%	−0.1%
应付账款	4.2%	0.9%	2.1%
递延收入	−0.3%	−0.7%	0.4%
其他流动和非流动负债	−0.1%	−0.9%	3.9%
经营活动产生的现金净流量	27.7%	30.5%	34.8%
投资活动：			
购买有价证券	−69.6%	−66.0%	−71.2%
有价证券到期收回的现金	13.9%	9.9%	6.2%
出售有价证券收回的现金	41.3%	42.0%	46.0%
与企业并购有关的现金支付，净值	−0.1%	−0.1%	−0.1%
购买不动产、厂场与设备支付的现金	−5.4%	−5.9%	−4.8%
购买无形资产支付的现金	−0.2%	−0.4%	−0.1%
战略性投资支付的现金，净值	−0.2%	−0.6%	0.0%
其他	0.1%	−0.1%	0.0%
投资活动使用的现金净流量	−20.3%	−21.3%	−24.1%
融资活动：			
发行普通股收到的现金	0.2%	0.2%	0.2%
股权奖励的超额税收优惠	0.3%	0.2%	0.3%
与股权奖励净股份结算相关的税收支付	−0.8%	−0.7%	−0.6%
支付的股利和类股利	5.6%	5.6%	4.9%
回购普通股	−14.4%	−13.8%	−15.1%
发行定期债务收到的现金，净值	12.5%	11.6%	—
偿还定期债务	−1.5%	−1.2%	0.0%
商业票据的变动，净值	1.7%	−0.2%	0.9%
融资活动使用的现金净流量	−7.6%	−9.5%	−7.6%
现金及现金等价物增加（减少）额	−0.1%	−0.3%	3.1%

根据上述表中的信息，请：

1. 说明下列项目的意义：

A. 折旧与摊销。

B. 资本支出。

2. 将苹果公司经营活动现金净流量占收入的百分比和净利润率进行比较。

3. 苹果公司的经营活动产生了正向的现金流，讨论该公司对经营活动创造的现金流是如何使用的。

问题 1 解答：

A. 苹果公司的折旧与摊销费用占销售收入净额的比重在 2015 年和 2016 年一直都是略低于 5% 的，但在 2017 年却下降到 4.4%。

B. 苹果公司在 2016 年和 2017 年的资本支出水平是高于当年的折旧与摊销费用水平的，不过在 2015 年，两者的水平大致持平。2017 年，资本支出已接近销售收入净额的 6%。这说明，苹果公司不仅是在简单地更新其不动产、厂场与设备，还在持续扩大它的投资。不过，经营活动产生的现金流量在每个年度中都占销售收入净额的 27% 以上，苹果公司通过经营活动产生的现金流量足以支付其资本支出。

问题 2 解答：苹果公司每一年中的经营活动产生的现金净流量占销售收入净额之比都高于其净利润率。不过，在三年报告期中，两者之间的差距逐渐在缩小。2015 年的净利润率为 22.8%，而经营活动产生的现金净流量占销售收入净额的百分比为 34.8%。到 2017 年，净利润率出现轻微下降，变成了 21.1%，但经营活动产生的现金净流量占销售收入净额的比重则下降更多，已变为 27.7%。两个指标之间的主要差异似乎是由于应收账款和存货的增加所造成的，不过，因为应付账款也在增加，所以略有抵消。

问题 3 解答：苹果公司的现金流量表非常强大，每一年，该公司都通过经营活动创造了巨额的现金流量，从销售收入的占比来看，其水平均超过了同期的净利润。一部分现金流量被用于采购不动产、厂场与设备；但更多的现金被用于购买有价证券（投资）、向股东发放股利和进行股份回购。

5.4.3 公司自由现金流量与股权自由现金流量

前面提到，如果经营活动产生的现金流量足以支付其资本支出，这是非常可取的。经营活动产生的现金流量在扣除了资本支出需求之后的差额，一般被称为**自由现金流量**（free cash flow）。在对公司或者其权益证券进行估值时，分析师可能需要确定和使用其他现金流量指标，例如公司自由现金流量（free cash flow to the frim，FCFF）或股权自由现金流量（free cash flow to equity，FCFE）。

所谓公司自由现金流量（FCFF），是指在支付所有的经营费用（包括所得税费用）和进行必要的营运资本与固定资本投资以后，公司的债权人和股东还能够得到的现金流量。公司现金流量可通过净利润进行计算：

$$FCFF = NI + NCC + Int（1 - 所得税税率）- FCInv - WCInv$$

式中　NI —— 净利润（net income）；

　NCC —— 非现金支出（non-cash charges，如折旧与摊销费用）；

　Int —— 利息费用（interest expenses）；

　FCInv —— 资本支出（capital expenditures，如设备等固定资本）；

　WCInv —— 营运资本支出（working capital expenditures）。

之所以需要加回利息费用，是因为 FCFF 是公司债权人和股东可使用的现金流量。此外，还可以通过经营活动产生的现金流量更方便地计算 FCFF：

$$FCFF = CFO + Int（1 - 所得税税率）- FCInv$$

式中，CFO 是根据 US GAAP 或 IFRS 计算的经营活动产生的现金净流量，其中，根据 IFRS 计算时，只有公司将利息费用报告在经营活动中，才能直接套用上式。如果公司将其支付的利息费用报告在融资活动中，那么就不必再从经营活动产生的现金净流量（CFO）中反加回利息费用的税后影响［即 Int（1 - 所得税税率）］。根据 IFRS 编报时，如果公司将收到的利息收入和股息收入放在投资活动中，则应将其加回到 CFO 中，以计算 FCFF。此外，如果公司在经营活动现金流量部分减去了支付的股利，那么这一部分也应当被反加回来。

以顶点公司的数据（详见表 5-6、表 5-7、表 5-8）为例，可计算其 FCFF 如下：

（单位：美元）

CFO	2,606
加：支付的利息 ×（1 – 所得税税率）[258 ×（1 – 34%ª）]	170
减：固定资本投资净额（1,300 – 763）	−538
FCFF	2,238

ª 所得税税率为 34% =（所得税费用 ÷ 税前利润）=（1,139 ÷ 3,349）。

股权自由现金流量（FCFE）是在扣除了所有经营费用和借款费用（包括本金和利息）并进行了必要的营运资本和固定资本投资后，由公司普通股股东可获得的现金流量。FCFE 的计算公式可表达为：

$$FCFE = CFO – FCInv + 净增借款额$$

如果净增借款额为负数，则表示公司在当期偿还的债务已超过借入的资金。在这种情况下，可将 FCFE 表示为：

$$FCFE = CFO – FCInv – 债务清偿净额$$

以顶点公司的数据（详见表 5-6、表 5-7、表 5-8）为例，可计算其 FCFE 如下：

（单位：美元）

CFO	2,606
减：固定资本投资净额（1,300 – 763）	−538
减：清偿债务所用现金	−500
FCFE	1,568

FCFE 为正数，表明公司通过经营活动产生的现金净流量已超过了资本支出和偿还债务所需的金额，这是可以用于发放给公司股东的资金。

5.4.4　现金流量比率

现金流量表提供的信息可以供我们展开时间序列分析，以更好地理解公司过去的业绩和未来的前景。我们也可以将这些信息有效地应用于同一行业的不同公司之间或者不同行业的公司之间的业绩和前景的比较分析。在该分析中，有几个以经营活动现金流量为基础来计算的比率是非常有用的。我们一般将这些比率分为现金流量业绩（盈利能力）指标和现金流覆盖率（偿债能力）指标。在表 5-16 中，对这些比率的计算公式和含义进行了总结。

表 5-16　现金流量比率

业绩指标	计算公式	衡量内容
经营活动现金流量比销售收入	CFO ÷ 销售收入净额	单位销售收入能产生的经营活动现金流量
总资产现金报酬率	CFO ÷ 平均总资产	单位资产投资能产生的经营活动现金流量
股东权益现金报酬率	CFO ÷ 平均股东权益	单位所有者投资能够产生的经营活动现金流量
经营活动现金流量比经营利润	CFO ÷ 经营利润	通过经营活动创造现金的能力
每股经营活动现金流量[①]	（CFO – 优先股股利）÷ 流通在外普通股股数	单位股份对应的经营活动现金流量

（续）

现金流覆盖率	计算公式	衡量内容
债务覆盖率	CFO÷负债总额	财务风险与财务杠杆
利息保障倍数[②]	（CFO+支付的利息+支付的所得税）÷支付的利息	满足利息支付的能力
再投资倍数	CFO÷用现金购买的长期资产	用经营活动现金流量去购置资产的能力
债务清偿倍数	CFO÷用现金清偿的长期负债	用经营活动现金流量去清偿负债的能力
股利支付倍数	CFO÷用现金支付的股利	用经营活动现金流量去支付股利的能力
投融资需求覆盖率	CFO÷投资活动与融资活动中的现金流出量合计	用经营活动现金流量去购置资产、清偿负债和向所有者分配的能力

① 如果公司按 IFRS 编报并将用现金支付的股利全部报告在经营活动的现金流出量当中，那么，应当将这部分股利金额加回到经营活动的现金净流量当中，然后再减去优先股股利。请记住，US GAAP 和 IFRS 对于是否将公司收到和支付的利息和股利报告在经营活动当中有不同的列报要求。

② 如果公司根据 IFRS 编报并将支付的利息报告为融资活动现金流量，那么，就不需要在分子中再加回支付的利息。

▋ 例 5-10　可比公司的现金流量表分析

安德鲁·波特先生正在比较微软公司和苹果公司创造现金流量的能力。他从两家公司的年度报告中收集了信息，然后编制了下面这张表。

经营活动产生的现金流量占销售收入净额的百分比			（%）
	2017 年	2016 年	2015 年
微软公司	43.9	39.1	31.7
苹果公司	27.7	30.5	34.8

经营活动产生的现金流量占平均总资产的百分比			（%）
	2017 年	2016 年	2015 年
微软公司	18.2	18.1	17.1
苹果公司	18.2	21.5	31.1

问题： 对于这两家公司创造现金的相对能力，你认为波特先生会得出什么样的结论？

解答： 从这两个指标的表现来看，两家公司的整体业绩都很不错。不过，微软公司在 2016 年和 2017 年的经营活动现金流量占销售收入净额的百分比均更高一点，并且，微软公司的这个指标还有进一步增加的趋势。虽然苹果公司在 2015 年的经营活动现金流量占销售收入净额的百分比高于微软公司，但它的这个指标水平一直呈下降趋势，并在最近两年中都低于微软。从经营活动现金流量占平均总资产的百分比来看，微软公司的这个指标在 2017 年[⊖]已与苹果公司持平，并一直保持相对稳定且自 2015 年以来略有增长。苹果公司的这个指标水平在 2015 年时要比微软公司高得多，但一直呈下降趋势，以至于到 2017 年后变得与微软公司的指标水平接近了。应该注意到，这个指标在很大程度上受苹果公司多年来对金融资产进行大量投资的影响，当然这也是因为它在过去创造了强大现金流的缘故。

⊖　原文为 2016 年，但根据数据判断应为 2017 年。——译者注

5.5　本章小结

现金流量表报告了一家公司在某会计期间内的现金流入和现金流出情况，以及关于该公司的经营活动、投资活动和融资活动的重要信息。虽然利润表已为我们提供了一个衡量公司经营是否成功的标准，但是，对一家公司的长期成功来说，现金和现金流量也是至关重要的。了解一家公司的现金来源和用途，能帮助债权人、投资者和其他报表使用者评估该公司的流动性、偿债能力和财务灵活性。本章涉及的主要内容可总结如下：

- 现金流量活动被分为三类：经营活动、投资活动和融资活动。此外，（如果存在）重大的非现金交易活动，也应在现金流量表的补充披露信息中予以报告；
- 按 IFRS 和按 US GAAP 编制的现金流量表是十分类似的；但是，IFRS 在将一些现金流量项目归类为经营活动、投资活动或是融资活动方面，为编报企业提供了更多的选择权；
- 公司可以选择使用直接法或间接法来报告其经营活动产生的现金流量：
  - 直接法在现金流量表的经营活动部分按来源披露经营活动现金流入项目（例如收到客户支付的现金、收到的投资收益等），并按用途披露经营活动现金流出项目（例如支付给供应商的现金、用现金支付的利息等）；
  - 间接法通过调整净利润中包括的非现金项目和经营性营运资金账户的变动情况，将净利润调整为经营活动产生的现金净流量；
- 现金流量表与公司的利润表和比较资产负债表以及这些报表中的数据是互相关联的；
- 虽然大多数公司都采用间接法编制其现金流量表，但分析师可以通过简单的三步调整过程将其转换为按直接法编报的近似格式；
- 现金流量表的评价应包括评估现金的来源和用途，以及找出每一类活动中现金流量的主要影响因素；
- 分析师可将共同比财务报表分析技术应用于现金流量表分析。编制共同比现金流量表有两种方法，即现金流入 / 流出总额法和销售收入净额法；
- 根据现金流量表信息，可计算公司自由现金流量（FCFF）和股权自由现金流量（FCFE）；
- 现金流量表信息也可应用于财务比率分析，用以衡量一家公司的盈利能力、业绩和财务实力。

财务分析技术

伊莱恩·亨利，博士，特许金融分析师

托马斯·R.罗宾逊，博士，特许金融分析师

简·亨德里克·范·格鲁宁，商科专业博士，特许金融分析师

学习目标

- 说明财务分析中使用的工具和技术，包括其用途和局限性；
- 对公司活动、流动性、偿债能力、盈利能力和估值比率进行分类、计算和解释；
- 说明各财务比率之间的关系，并使用比率分析法对公司进行评估；
- 说明杜邦分析法在净资产收益率分析中的应用，并计算和解释其每个要素的变动影响；
- 能够计算和解释权益分析和信用分析中用到的财务比率；
- 解释分部报告的要求，计算和解释分部比率；
- 说明在建模和盈利预测中如何应用比率分析和其他技术。

6.1　概述

　　财务分析工具在评价一家公司的业绩和业绩趋势方面是非常有用的。从本质上来看，分析师需要做的就是将数据转换为财务指标，然后利用指标来帮助决策。分析师们试图回答的问题包括：相对于过去的表现和竞争对手的情况，该公司的发展有多成功？这家公司在未来的表现会如何？基于对未来业绩的预期，这家公司或者它所发行证券的价值怎么样？

　　公司年度报告，包括财务报表和报表附注，以及管理层评论（经营和财务评论或者管理层讨论与分析）是数据的主要来源。本章主要关注根据 IFRS 或 US GAAP 所编制财务报告中提供的数据。不过，财务报告并不能包括有效财务分析所需的全部信息。虽然财务报表确实提供了关于公司**过去**业绩（收入和现金流量）和**当前**财务状况（资产、负债和所有者权益）的数据，但这种报表不一定能提供有效财务分析所需的全部信息，也不能预测**未来**的情况。因此，财务分析师需要具备能将财务报表与其他信息结合起来进行预测并得出有效结论的能力。一般来说，对于从财务报告中发现的信息，分析师还需要其他信息来补充和印证，包括有关经济、行业、可比公司和编报公司本身的信息等。

本章介绍公司财务报表分析的各种技术。对公司进行财务分析的原因可能有很多，例如股票估值、信用风险评估、开展与公司并购活动有关的尽职调查或者评价子公司的经营业绩等。本章将介绍适用于任何财务分析的常见技术，然后针对最常见的两类分析——权益分析和信用分析，讨论更多的细节。

权益分析是从公司所有者的立场出发，其分析目的多是估价或者业绩评估。信用分析则是站在公司债权人（包括银行或者债券投资者）的角度展开。无论权益分析还是信用分析，都需要收集和分析信息，以做出决策（权益方面的或者信贷方面的）；由于公司所有者和债权人的利益关注点有所区别，所以分析的重点也各有不同。权益分析和信用分析都需要评价公司创造利润与现金流并实现其增长的能力，以及关注相关的风险。不过权益分析通常更强调增长，而信用分析则更强调风险。分析侧重点的差异反映出了这两类投资的基本不同：所有权的价值通常都随着公司盈利和现金流的增长而增加，而公司债权的价值却是有上限的[⊖]。

本章后续部分的安排如下：第 6.2 节介绍财务报告的框架以及财务分析技术在这个框架中的位置；第 6.3 节介绍分析工具和分析技术；第 6.4 节介绍常见财务比率的计算、分析和解释应用；第 6.5 节至第 6.8 节则分别说明财务比率和其他分析数据在权益分析、信用分析、分部分析和财务预测中的应用。最后是本章小结。

6.2 财务分析过程

在财务分析中，必须清楚地确定和理解最终的分析目标，以及实现该目标所需的步骤。此外，分析师还需要知道在哪里可以找到相关数据，如何处理和分析数据（换言之，知道在解释数据时需要强调的典型问题），以及如何沟通分析和结论。

6.2.1 财务分析的目标

由于人们执行财务分析的原因各异，可用的分析技术众多，并且数据量庞大，因此，必须根据特定的情境来对分析方法进行调整。在开始任何财务分析工作之前，分析师应先明确分析目的和背景，并清楚地理解以下内容：

- 本次分析的目标是什么？通过本次分析，拟回答哪些问题？
- 要实现本次分析的目标，需要多大程度的细节信息？
- 在本次分析中，可使用的数据有哪些？
- 哪些因素或者关系会对本次分析产生影响？
- 有哪些分析限制，这些限制会不会对分析造成潜在不好的影响？

在确定了分析目标和背景之后，分析师可以选择最有助于其做出决策的一套技术（例如比率分析）。虽然事实上并没有一种单一的方法可用来构建分析过程，但在表 6-1 中仍然给出了一个总体框架[⊖]。在前述章节中，已对该过程中的步骤进行了更详细的介绍，本章的重点

⊖ 该上限等于债权的本金和剩余利息的未贴现金额之和（即将这些合同付款安排按 0 贴现率计算得到的现值）。

⊖ 本框架中的要素改编自 van Greuning 和 Bratanovic（2003，p.300）以及 Benninga 和 Sarig（1997，p.134-156）。

集中在阶段 3 和阶段 4，即数据的处理和分析。

表 6-1 财务报表分析框架

阶段	信息来源	产品
1. 明确分析目的与背景	● 分析的目的是什么，比如，评价一项股票投资或者债券投资，或者发布信用评级； ● 与客户或者主管进行沟通，了解工作需求和关注点； ● 与开发特定产品相关的制度性指南	● 分析目的或者目标清单； ● 需要通过分析去回答的特定问题清单（书面的或者非书面的）； ● 拟提供报告的性质和内容； ● 完成分析工作的时间与资源预算
2. 搜集原始数据	● 财务报表、其他财务数据、调查问卷和行业、经济数据等； ● 与公司管理层、供应商、客户和竞争对手所进行的讨论； ● 对公司进行实地调研（例如，拜访生产设施或者零售商店）	● 整理后的财务报表； ● 财务数据表格； ● 已完成的调查问卷（如果适用的话）
3. 处理数据	● 从上一阶段得到的数据	● 调整后的财务报表； ● 共同比报表； ● 财务比率与图表； ● 预测数据
4. 对处理后的数据进行分析或解释	● 原始数据和处理后的数据	● 分析性结果
5. 得出分析结论或建议，并进行沟通和交流（例如，以分析报告的形式）	● 分析性结果与往期报告； ● 对已发表报告的制度性指南	● 针对阶段 1 中所提出问题的分析性报告； ● 与分析目标相关的建议，例如，是否进行投资或者授信
6. 跟进	● 必要的话，定期重复上述步骤并搜集信息，判断是否需要修改结论或建议	● 更新的报告或建议

6.2.2 计算与分析的区别

有效的分析由计算和解释两个部分组成。合理的分析并不是单纯地将搜集到的数据汇总成一个整体去进行计算、整理成表格或者图表。例如，在分析过往业绩时，不仅要说明发生了什么，还要说明为什么会发生这样的情况以及这样是否能推进公司的战略。因此，需要强调的一些关键问题包括：

● 在这个行业中，哪些方面的业绩对这家公司成功在竞争中胜出是至关重要的？
● 公司在这些关键方面的表现如何？（通过计算并与适当的基准，例如公司自己的历史业绩水平或竞争对手的业绩水平，进行比较而得出结论。）
● 是什么样的关键原因导致了这样的业绩水平？这样的业绩水平如何反映公司的战略？（通过分析来回答。）

如果分析是前瞻性的，那么还有以下问题也需要考虑：

● 某事件或趋势的可能影响是什么？（通过对分析结果进行解释来回答。）
● 管理层对这种趋势的反应是什么？（通过对管理质量和公司治理进行评价来回答。）

- 公司、行业和经济的发展趋势对未来现金流量可能有什么影响？（通过对公司战略的评估和预测来回答。）
- 分析师的建议是什么？（通过对分析结果进行解释和预测来回答。）
- 有哪些需要重点关注的风险？（通过对评估预测过程中发现的以及在公司经营环境中存在的重大不确定性因素来回答。）

例 6-1 说明了如何结合企业战略和战略变化来分析公司的财务数据。分析师必须能够理解数字和财务比率背后的"为什么"，而不仅仅是数字和财务比率是多少。

▌例 6-1　财务业绩所反映出的战略

苹果公司从事设计、制造和销售电脑硬件、移动设备、运行系统及相关的产品和服务业务，它同时经营着线下零售店和线上商店。近年来，微软公司也通过包括零售店在内的各种渠道开发、许可和支持软件产品、服务和技术设备。以下是这两家公司 2015～2017 年的特定财务数据。苹果公司的会计年度截止日为每年 9 月的最后一个周六（例如，2017 会计年度截止于 2017 年 9 月 30 日）。微软公司的会计年度截止日为每年的 6 月 30 日（例如，2017 会计年度截止于 2017 年 6 月 30 日）。

苹果公司特定财务数据			（单位：百万美元）
会计年度	2017 年	2016 年	2015 年
销售收入净额	229,234	215,639	233,715
毛利润	88,186	84,263	93,626
经营利润	61,344	60,024	71,230

微软公司特定财务数据[①]			（单位：百万美元）
会计年度	2017 年	2016 年	2015 年
销售收入净额	89,950	85,320	93,580
毛利润	55,689	52,540	60,542
经营利润	22,326	20,182	18,161

① 由于收入确认政策的改变和新租赁会计准则的实施影响，微软公司 2016 年和 2017 年的收入金额在 2018 年的年度报告中已进行了修正。

资料来源：苹果公司和微软公司的年度报告。

从 2015 会计年度到 2016 会计年度，苹果公司报告的销售收入净额下降了 7.7%，但从 2016 会计年度到 2017 会计年度，销售收入净额又增长了 6.3%，但如果从三年期整体来看，还是略有下降。从 2015 会计年度到 2016 会计年度，毛利率下降了 10.0%，但从 2016 会计年度到 2017 会计年度，毛利率又上升了 4.7%，从三年期整体来看，仍然是下降趋势。同时，该公司的经营利润表现趋势也与之类似。

根据微软公司的报告，该公司的销售收入净额在 2015 会计年度到 2016 会计年度下降了 8.8%，但从 2016 会计年度到 2017 会计年度又增长了 5.4%，从三年期整体来看，仍略有下降。毛利率在 2015 会计年度至 2016 会计年度下降了 13.2%，但在 2016 会计年度至 2017 会计年度又上升 6.0%。与苹果公司类似，微软公司三年来的毛利率也出现了整体下降趋势。不过，微软公司的经营利润每年都在增长，在三年期内的整体增长率为 23%。

为什么苹果公司和微软公司都具有类似的销售收入和毛利润下降趋势，但微软公司的经营利润仍能增长呢？对苹果公司来说，其销售收入、毛利润和经营利润在 2015 ～ 2016 会计年度内出现下降是 iPhone 的销量下降和外币相对于美元疲软共同造成的。到了 2017 会计年度，iPhone、Mac 电脑和服务的销量已有所反弹，但这在一定程度上仍然被外币走弱所抵消。微软公司在 2016 会计年度中经历了类似的配件与 Windows 软件的销售收入和毛利润下降，并同时也受到了外币走弱的影响。但微软公司在 2017 会计年度中出现的销售收入和毛利润增长主要是它对领英公司（LinkedIn）的收购、微软 Office 办公软件和云服务的销售收入增长所共同推动的。推动微软公司的经营利润出现持续增长的因素是减值损失、整合与重组费用在这三年期内出现了大幅下降。微软公司在 2015 会计年度中确认了一笔 100 亿美元的与手机业务相关的支出，在 2016 会计年度和 2017 会计年度又分别确认了 11 亿美元和 3.06 亿美元的支出。如果没有这些大额的注销或者减值损失的影响，微软公司在这三年中的经营利润趋势将与苹果公司类似。

分析师经常需要通过书面报告来传达他们的分析结果，在报告中，应说明他们是如何得出结论以及所提出建议的依据。例如，分析师报告可能列示下列内容：

- 报告的目的，除非目的已经非常明显；
- 与公司业务背景相关的各个方面：
  - 经济环境（国家 / 地区、宏观经济情况、区域或部门情况）；
  - 财务情况以及其建立基础（会计、审计、评级机构等）；
  - 法律和监管环境（以及被分析的公司存在的其他重大限制）；
- 评价公司治理和管理战略，包括公司的竞争优势；
- 评估公司的财务和经营数据，包括分析中的关键假设；
- 提出分析结论和建议，并说明分析的局限性和风险。

通常情况下，需要有 3 ～ 10 年的数据支持和配合报告目的选择的分析技术，再通过有效的叙述，才能得到有充分论据支持的分析结论与建议。

6.3　分析工具与技术

本节中介绍的分析工具与技术将有助于对公司数据进行评价。不过评价离不开比较。如果没有明确的比较基础，很难判断一家公司的财务表现是"好"还是"不好"。在评价一家公司创造利润与现金流并使之增长的能力，以及与盈利和现金流相关的风险时，分析师需要将目标公司的情况与其他公司（横向分析）和本公司过去（趋势分析或时间序列分析）的情况进行比较。

比如，分析师可能希望比较一家公司在全球行业竞争中的盈利能力表现。如果不同公司的规模之间存在很大差异，或者以不同的货币单位编报其财务数据，那么，只比较公司报告的净利润是没用的。比率（表示一个数字与另一个数字之间的关系）和共同比财务报表可以消除规模因素的影响，促成更相关的比较效果。为了使以不同货币单位编报的公司报表之间具有可比性，一种方法是按照期末汇率将所有报告数字换算为一种共通货币，不过也有人更愿意使用报告期的平均汇率来进行折算。或者，如果分析的重点在财务比率方面，那么无须换算货币就可实现可比性了。

分析师可能还希望了解公司随着时间推移的可比业绩。此时，公司销售收入或者净利润的名义货币金额可能不会出现重大变化。在这种情况下，水平财务报表（每个数字都用选定的基准年价值来说明）就能突出年度之间的数字变化。另一个影响可比性的问题是会计年度截止日的差异，为了解决这个问题，一种方法是编制 12 个月的数据，在后文中将对此有详细介绍。最后，还应当指出的是，会计准则的差异也会影响信息的可比性。

例 6-2　比率分析

一名分析师正在研究宏碁公司（Acer Inc.）和联想集团有限公司（Lenovo Group Limited.）的盈利能力，这是两家在全球个人电脑市场占有很大份额的国际公司。宏碁公司一直奉行以大众可接受的价格来销售产品的策略，相比之下，联想公司则通过强调其商用个人电脑的良好工程质量来实现更高的售价。宏碁公司的财务报表按新台币金额编报，而联想公司的财务报表则以美元为单位进行编报。宏碁公司以每年的 12 月 31 日作为会计年度截止日；而联想公司则以每年的 3 月 31 日为会计年度截止日，所以，联想公司的 2017 会计年度截止日为 2018 年 3 月 31 日。

分析师收集了如表 6-2 所示的数据。请根据这些信息回答下列问题：

1. 根据两家公司在 2017 会计年度报告的收入金额，如果以美元计算，哪家公司的规模更大？假定在 2017 会计年度中相关平均汇率为 30.95 新台币 / 美元。

2. 在 2016 至 2017 会计年度中，哪家公司的收入增长更多？如果比较从 2013 到 2017 会计年度的收入增长情况呢？

3. 根据盈利能力，对这两家公司进行比较。

表　6-2

宏碁公司（单位：百万新台币）

	2013 会计年度	2014 会计年度	2015 会计年度	2016 会计年度	2017 会计年度
销售收入	360,132	329,684	263,775	232,724	237,275
毛利润	22,550	28,942	24,884	23,212	25,361
净利润	−20,519	1,791	604	−4,901	2,797

联想集团（单位：百万美元）

	2013 会计年度①	2014 会计年度①	2015 会计年度①	2016 会计年度①	2017 会计年度①
销售收入	38,707	46,296	44,912	43,035	45,350
毛利润	5,064	6,682	6,624	6,105	6,272
净利润	817	837	−145	530	−127

①联想集团的会计年度截止日为 3 月 31 日，因此 2017 会计年度表示截至 2018 年 3 月 31 日的年度；以前各个会计年度也均如此。

问题 1 解答：

根据 2017 会计年度的美元收入金额，联想集团的收入规模要比宏碁公司的大很多。联想集团在 2017 会计年度的营业收入为 453.5 亿美元，远高于宏碁公司的 767（＝ 23,727.5 ÷ 30.95）万美元。

宏碁公司： 按假定的平均汇率 30.95 新台币 / 美元计算，宏碁公司在 2017 会计年度的汇率相当于 767（＝ 23,727.5 ÷ 30.95）万美元。

联想集团： 联想集团在 2017 会计年度的销售收入总额为 453.5 亿美元。

注： 当两家公司以不同的货币单位编制财务报表，分析师需要比较它们的规模时，需要按照某种汇率将报表中的金额换算成一种通用货币。在上述解答中，分析师使用了报告期间的平均汇率将宏碁公司的销售收入转换为按美元来表达。如果将联想集团的销售收入换算为用新台币来表达，分析师同样也能实现分析目的（并将得出相同的分析结论）。

问题 2 解答：

联想集团在最近一个会计年度里和五年期内的收入增长幅度都远高于宏碁公司的。

	2016 ~ 2017 会计年度的收入变动	2013 ~ 2017 会计年度的收入变动
宏碁公司	1.96	−34.11
联想集团	5.38	17.16

上表中列出了两个增长指标。以宏碁公司的收入数据为例，计算过程如下：

宏碁公司 2016 ~ 2017 会计年度的收入变动比例为 1.96%：（237,275 – 232,724）÷ 232,724，或者也可以：（237,275 ÷ 232,724）−1。宏碁公司 2013 ~ 2017 会计年度的收入变动比例为下降了 34.11%。

问题 3 解答：

盈利能力可以通过比较毛利率和净利率来评价。下表列出了各年度的**毛利率**（毛利润与销售收入的比值）和**净利率**（净利润与销售收入的比值）。

宏碁公司	2013 会计年度 (%)	2014 会计年度 (%)	2015 会计年度 (%)	2016 会计年度 (%)	2017 会计年度 (%)
毛利率	6.26	8.78	9.43	9.97	10.69
净利率	−5.70	0.54	0.23	−2.11	1.18

联想集团	2013 会计年度 (%)	2014 会计年度 (%)	2015 会计年度 (%)	2016 会计年度 (%)	2017 会计年度 (%)
毛利率	13.08	14.43	14.75	14.19	13.83
净利率	2.11	1.81	−0.32	1.23	−0.28

从净利率的情况来看，两家公司的盈利能力都不太高。在五年期中，宏碁公司的净利率有三年都低于联想集团的。宏碁公司的毛利率每年都在上升，但仍明显低于联想集团。联想集团的毛利率在 2013 ~ 2015 会计年度内有所增长，不过在 2016 ~ 2017 会计年度开始出现下降。总体来说，联想集团是盈利更强的公司，很可能是由于它的规模更大，因此能实现相应的规模经济。（联想集团相对其他个人电脑公司来说，占有最大的个人电脑市场份额。）

以下第 6.3.1 节详细介绍了比率分析的工具和技术，第 6.3.2 节至第 6.3.4 节介绍了其他分析工具与技术。

6.3.1　财务比率

财务项目之间存在着各种联系，从一个时点到另一个时点之间也存在着各种预期关系。财务比率是表达这类关系的一种有用的方法，它被定义为一个量与另一个量之间的关系（通常以两个项目的比值来表示）。

大量学术研究已经检验了财务比率在预测股票收益率方面（Ou and Penman，1989；Abarbanell and Bushee，1998）或公司债务危机方面（Altman，1968；Ohlson，1980；Hopwood et al., 1994）中的重要性。这类研究认为，将财务比率用于选择投资和预测企业财务困境都是非常有效的。实务工作者习惯使用财务比率来估算和传达公司或者公司证券的价值。

在进行比率分析时，有几个方面的问题特别需要注意。首先，比率分析的目标并不只是计算出比值。财务比率是一家公司在某些方面业绩的**指标**，它告诉我们发生了什么，但并不能告诉我们为什么会这样。比如，分析师希望回答的问题可能是：在两家公司中，哪一家的盈利能力更强？正如前例中提到的，净利率，即公司净利润相对于其销售收入的比值，就可以为这个问题的回答提供证据。用公司净利润除以同期销售收入，就可以得到净利率⊖：

$$\frac{净利润}{销售收入}$$

假定 A 公司和 B 公司的净利润分别为 10 万欧元和 20 万欧元，因此，B 公司创造的净利润是 A 公司的两倍，那么，能否说 B 公司的盈利能力就比 A 公司的强呢？让我们进一步假定 A 公司的收入总额为 200 万欧元，因此净利率为 5%；而 B 公司的收入总额为 600 万欧元，因此净利率为 3.33%。这样，将净利润用其占收入的百分比表示以后，就会发现它们的关系是这样的：每实现 100 欧元的销售收入，A 公司能获得 5 欧元的净利润，而 B 公司只能得到 3.33 欧元的净利润。因此，现在可以用百分比的形式来回答哪家公司的盈利能力更强：A 公司的盈利能力更强，因为它的净利率更高，为 5%。请注意，尽管 B 公司报告的净利润和收入绝对值都更高，但 A 公司才是**盈利**更强的。不过，净利率这个指标本身并不能告诉我们**为什么** A 公司的盈利能力更强，要回答这个问题，还需要更进一步地分析去找原因（例如可能是相对销售价格较高，或者成本控制更好，或者实际税率较低等）。

有时，公司规模可以带来规模经济，因此净利润和收入总额的绝对值在财务分析中也是有用的。但是，财务比率控制了公司规模的影响，这样更有利于我们对不同公司之间和同一公司在不同时期的情况进行比较。

在比率分析中，第二个需要特别注意的问题是，会计政策差异（指公司之间和同一公司不同时期的政策差异）可能会扭曲财务比率，因此，要想使比较有意义，就需要对财务数据先进行调整。第三，对于某一特定的财务分析，并不是要把所有的财务比率都用遍。选择一个或多个相关的比率来回答所研究的问题是一种能力。最后，与一般的财务分析一样，比率分析并不止步于计算，对结果的解释也是必不可少的。在实践中，同一公司在不同时期或者同一时期内不同公司之间的财务比率差异可能是十分微妙的，应结合具体的情境去进行解释。

6.3.1.1　财务比率的边界

目前，并没有权威机构来规定财务比率计算的确切公式，也没有提供过财务比率的标准或者是全面的清单。不同的分析师或者数据库所使用的财务比率计算公式，甚至比率名称都可能存在差异，因此，在实务中，比率的数量可能是无限的。不过，还是有一些财务比率，

⊖　"销售收入"（sales）与"营业收入"（revenue）这两种说法经常互换使用。在其他情况下，销售收入特指销售产品创造的收入，不包括提供服务的收入。在利润表中报告的"销售收入"或者"营业收入"一般都是扣除了销售退回与折让（例如，产品退货或销售后为引导顾客不退货而给予的折扣）之后的收入净额。此外，包括英国和南非在内的一些国家，更习惯使用"营业额"（turnover）这个说法来表示"营业收入"（revenue）。

目前已被人们广泛接受，在本章第6.4节中，就将主要介绍这些财务比率的类别和定义。但分析师应该意识到，在实践中，人们可能会使用不同的财务比率，并且在某些行业中，存在适合它们行业特点的独特比率。当面对一个不太熟悉的财务比率时，分析师可以通过检查它的计算公式来推断该比率所衡量的内容。例如，考虑下面这个财务比率计算公式：

$$\frac{经营利润}{平均总资产}$$

如果以前从来没有接触过这个比率，分析师可能就会质疑比率结果为12%是否就比8%更好。其实这个问题的答案可以从比率本身的定义中找到：分子是经营利润，分母是平均总资产，所以该比率刻画的是公司单位总资产可以创造的经营利润规模。假定平均总资产为100欧元，那么，能产生12欧元经营利润的公司肯定就比只能产生8欧元经营利润的公司更好。此外，很明显地，这个比率是一个刻画公司盈利能力的指标（也可以说是衡量公司利用资产去创造经营利润效率的指标）。所以，如果是第一次碰到某一个财务比率，分析师可以去考察这个比率的分子和分母各是什么，以判断该比率试图测量什么，以及应该如何解释它的比值。请参考例6-3。

▌例6-3 解释财务比率

一家美国保险公司报告了"合并比率"，该比率由承担的损失和费用除以已赚取的保费净额得到。该公司报告它的"合并比率"情况如下：

会计年度	5	4	3	2	1
合并比率	90.1%	104.0%	98.5%	104.1%	101.1%

请解释"合并比率"衡量的是什么，并对上表中各年的情况进行比较。在根据这些信息做出任何结论之前，你认为分析师还会查阅哪些其他信息呢？

解答： 该合并比率是一个盈利能力指标。该比率刻画了每1美元收入（已赚取的保费净额）所对应的成本（损失和费用）大小，根据公式定义，该比率的值越低对公司才越有利。该比率在第5年的值为90.1%，说明公司每赚取1美元的保费，其成本为0.901美元，因此毛利就是0.099美元。如果该比率的比值大于100%，则说明公司整体上发生了损失。观察各年的合并比率分布情况，你会发现这个比率的波动并不存在一致的趋势，在第5年和第3年，公司实现了盈利，但在第4年和第2年，由于成本过高，合并比率已经接近104%的水平。

接下来，分析师应当希望能与公司管理层对这些数据进行进一步讨论，了解该公司的业务特点。他会希望了解为什么该比率的分布会如此不稳定。此外，分析师还需要确定以什么来作为这个比率的比较基准。

以上举例的"经营利润/平均总资产"比率是**总资产报酬率**（return on assets，ROA）的许多版本之一。请注意，根据资产的不同定义方式，这个比率公式还有其他的定义形式。在一些财务比率数据库中，计算总资产报酬率时，会使用期末总资产来代替平均总资产。在一些情况下，人们甚至还可以看到分母中使用了期初总资产。那么哪一个定义是正确的呢？这取决于你想要衡量什么，以及潜在的发展趋势是怎样的。如果公司的资产水平一直比较稳定，那么，在上述三种总资产计量方式下（期初总资产、平均总资产和期末总资产），答案不会出现很大差异。但是，如果公司的资产持续增长（或萎缩），那么，上述三种总资产计量方式下的计量结果就会有所不同。当资产持续增长时，用经营利润除以期末资产可能就没什么意义，因为一些利润是在公司实现期末资产水平之前就已经赚取到的，使用期末资产会低估公司的真实业绩。同样，如果在分母中使用了期初资产，那么当年晚些时候的一部分经营利润可能只是因为资产的增加而增加的，在这种情况下，这个比率会夸大公司的真实业绩。因为经营利润是在整个会计期间内逐渐取得的。所以，通常使用当期的平均资产是比较合理的。一个比较好的一般原则是，当一个财务比率的分子来自利润表或者现金流量表项目，而分母来自资产负债表项目时，这时应对分母使用平均数。当一个财务比率的分子和分母都来自资产负债表项目时，则通常没有必要使用平均数，因为分子和分母都是在同一天的计量值。不过，在某些特殊情况下，即使只使用资产负债表数据的财务比率，也可能使用平均数来计算。例如，**净资产收益率**（return on equity，ROE）被定义为净利润与平均股东权益之间的比率，该比率可以被分解为其他比率的综合作用，其中一些比率就仅使用了来自资产负债表的数据。在将净资产收益率进行分解时，如果其中有一个比率使用了资产负债表数据的平均值，那么其他比率也应当使用资产负债表数据的平均值。这个问题将在第 6.4.6.2 节中再详细进行介绍。

如果使用平均数，那么还需要判断使用怎样的平均数。为简单起见，大部分财务比率数据库都是使用资产负债表期初数和期末数构成的简单平均值。不过，如果公司的业务是季节性的，由此造成公司资产水平在期中（如半年或季度）波动变化，那么如果可以的话，按所有的中期来取平均值就更合适。（比如分析师就在被分析的这家公司里工作，他可以获得公司的月度数据，那么他就可以按月度来取平均值。）

6.3.1.2　比率分析的价值、目标与局限性

比率分析的价值在于它能帮助财务分析师对企业过去的业绩和当前的状况进行评价，并获得对预测未来有用的信息。如前所述，比率本身并不是分析目标，而只是公司某方面业绩的一个指标。财务比率提供了关于一家公司下列方面的信息：

- 公司内部的经济关系，有助于分析师预测公司盈利和自由现金流；
- 公司的财务灵活性，或获取现金以满足公司增长和偿债需求的能力，尤其是发生意外状况时也能从容应对的能力；
- 公司的管理能力；
- 随着时间的推移，公司和 / 或公司所处行业的变化情况；
- 与同行公司或相关行业指标的可比性。

比率分析也有局限性，因此分析师需要考虑的因素包括：

- **公司经营活动的异质性或同质性**。公司可能跨多个行业开展经营活动，因此很难找到适合的行业指标来作为比较参照；
- **需要判断比率分析的结果是否一致**。有可能一组财务比率说明某方面存在问题，但另一组财务比率却表明潜在问题的影响只是暂时的；
- **需要运用职业判断**。在财务分析中，有一个关键问题是需要判断公司的某个财务比率是否分布在一个合理范围内。虽然我们使用财务比率来评估一家公司的增长潜力和风险，但它们并不能直接用于评估公司或者公司证券的价值，或直接根据财务比率就判

断是否值得贷款。要做出这些决策，必须全面审查整个公司的经营情况，并且，在解
释比率分析结果时，必须考虑公司经营所处的外部经济环境和行业状况；
- **替代会计方法的使用**。公司往往拥有一些会计政策的自由选择权。除非分析师进行特
定的调整，否则，当财务比率所依赖的数据分别来自根据不同的会计政策所编制的会
计报表时，比率之间的可比性是有问题的。一些重要的会计考虑包括：
  - 先进先出法、后进先出法或加权平均法（IFRS 不允许使用后进先出法）；
  - 对于未纳入合并范围的联营企业投资，其会计处理采用的是成本法还是权益法；
  - 直线折旧法还是加速折旧法；
  - 出租人是按经营租赁还是按融资租赁进行会计核算的（根据 US GAAP，租赁类型
    会影响费用的分类；但根据 IFRS，对出租人并不需要按经营租赁进行会计处理）。

随着 IFRS 的使用范围不断扩大，以及 IFRS 与 US GAAP 过去采取的趋同努力，不同公
司的财务报表已经更加可比，因此上述困难已可以逐渐克服一些了。不过，会计政策选择的
影响将总是存在的，这是分析师必须要考虑的。

6.3.1.3　财务比率的来源

计算财务比率，可以直接在公司财务报表或数据库（如彭博、Computstat、FactSet 或汤
森路透）中获取数据。数据库所提供的信息既包括公司财务报表数据，还包括根据这些数据
计算出来的财务比率。这些数据库很受欢迎，因为它们可以方便大家对多年的历史数据进
行轻松访问，从而便于展开时间趋势分析。它们还允许根据公司会计年度以外的选择期间
来定制财务比率，比如提供最近 12 个月（the trailing 12 monthes，TTM）或者最近一个季度
（most recent quarter，MRQ）的信息。

▍例 6-4　最近 12 个月的指标

7 月 15 日，一位分析师正在查看一家公司的情况。这家公司的会计年度截止日为每年
的 12 月 31 日。请根据下列数据计算该公司在最近 12 个月里实现的利润是多少（即在截至
2018 年 6 月 30 日的会计年度当中实现了多少盈利）：
- 在截至 2017 年 12 月 31 日的年度里，实现利润：1,200 美元；
- 在截至 2017 年 6 月 30 日的 6 个月里，实现利润：550 美元；
- 在截至 2018 年 6 月 30 日的 6 个月里，实现利润 750 美元。

解答： 该公司在最近 12 个月里实现的利润为 1,400 美元，计算过程为：1,200 - 550 + 750。

分析师应注意，财务比率是由比率的提供方计算出来的，因此，应从财务比率的提供
方处取得其公式定义，并考虑是否有必要再进行调整。此外，数据库公司在对项目进行分类
时使用了大量的判断。例如，在公司的利润表中，可能并没有直接报告经营利润项目，此时
数据库公司就需要判断哪些利润表项目是属于"经营"的，而哪些是属于"非经营"的。这
样，判断差异必然就会影响到营业利润的计算金额。因此，在比较不同公司的财务比率或者
对某家公司不同历史时期的财务比率进行评价时，使用相同的数据来源是一个较好的做法。
分析师应该通过数据源去验证比率公式和数据分类的一致性，也应该注意财务比率的提供方
在数据分类时做了哪些判断，并参考原始财务报表信息，直到分析师认为分类恰当时为止。

分析师也可以从监管登记文件中收集财务数据并自动计算财务比率。可扩展商业报告

语言（the eXtensible Business Reporting Language，XBRL）就是一种在财务信息（例如，总资产）上进行"智能标记"的机制，这样就可以通过软件自动收集数据并执行所需要的计算了。XBRL 的开发组织是一家国际非营利性机构，由来自公司、协会和各种机构的 600 多名会员组成，其中包括国际财务会计准则理事会。全球很多证券交易所和监管机构现在都使用 XBRL 来收发上市公司的公开财务报告。

分析师可以将所研究公司的情况与数据库中的类似（同行）公司进行比较，或者使用行业数据来作为参考。对于非上市公司，则可以从风险管理协会或邓白氏公司（Dun & Bradstreet）的年度报表研究等渠道获取行业数据。这些出版物通常都会提供按四分位数分类的行业发展数据。根据定义，有 25% 的公司财务比率在最低的四分位数类别中，有 25% 的公司财务比率在最低的四分位数和中位数类别之间，依此类推。这样，分析师就可以很方便地确定一家公司在行业中的相对地位。

6.3.2　共同比分析

共同比分析（common-size analysis）涉及财务数据的表达，它将全部财务报表项目都用与某个特定项目或者基础之间的关系来表示。最常被用作比较基础的项目是总资产或销售收入总额。从本质上讲，共同比分析其实就是在每个财务报表项目与作为比较基础的项目之间创建一个财务比率。

在介绍利润表、资产负债表和现金流量表的相关章节中，已举例说明了什么是共同比分析。本节中，将更详细地介绍财务报表的共同比分析，并包括对分析结果的进一步讨论。

6.3.2.1　共同比资产负债表分析

纵向⊖的共同比资产负债表是将资产负债表中的每个项目都除以同期的总资产，将报表转换为用百分比来表示，它强调资产负债表的结构。这家公司的资产组合情况如何？公司是如何融资的？某公司的资产负债表构成与可比公司进行比较，结果如何？产生差异的原因是什么？

而横向的共同比资产负债表则是将每个资产负债表项目都与其前期水平相比，得到增减百分比，或者，将每个项目的金额都除以该项目在基准年度的金额，得到变动百分比，它突出项目的变化情况。分析师可以将这些项目的变化情况与预期变动情况进行比较。下面在趋势分析部分将举例说明横向共同比资产负债表的应用。

假定有一家虚构公司在两个会计期间内的纵向共同比资产负债表（部分项目）如表 6-3 所示。在这个例子中，应收账款占总资产的比重从 35% 增加到了 57%，从第 1 期到第 2 期，这个比值的增加幅度为 63%。那么，这是什么原因造成的呢？这个指标的变化表明，也许是因为来自竞争对手的压力，这家公司接受了更多的赊销，而不是现销。或者，也可能是其他流动资产项目，比如存货，减少所导致的；如果这样的话，那么分析师就需要调查为什么这些类别的资产发生了变化。另一个可能造成应收账款占总资产的比重增加的原因，就是公司降低了信用标准，放宽了收款流程，或者采取了更激进的收入确认政策。分析师可以求助于

⊖　**纵向分析**（vertical analysis）是指只使用一个报告期或者一个基期报表的共同比分析，而**横向分析**（horizontal analysis，也称水平分析）是指将特定报表与其过去或者未来的情况进行比较，或者在同一时期的不同公司之间展开比较。

其他关系和比率（比如比较应收账款的增长率和销售收入的增长率）来帮助确定上述哪一种解释是最有可能的原因。

表 6-3　一家虚构公司的纵向共同比资产负债表（部分项目）　　（%）

	第 1 期，占总资产比重	第 2 期，占总资产比重
货币资金	25	15
应收账款	35	57
存货	35	20
固定资产，扣除累计折旧后的净值	5	8
资产总计	100	100

6.3.2.2　共同比利润表分析

纵向共同比利润表是将每个利润表项目的金额都除以收入总额，有时也除以资产总额（尤其是对金融机构而言）。如果公司有多种收入来源，那么将收入分解后用占总收入的百分比来表示是非常有用的。在表 6-4 中，给出了一家虚构公司在两个时期的纵向共同比利润表。这家公司的总收入被拆分成了四项服务收入，其中每项服务创造的收入都用其占总收入的百分比来显示。

在这个例子中，服务 A 创造的收入在公司总收入中所占的百分比要大得多（在第 1 期为30%，在第 2 期为45%）。那么，造成这种业务组合发生变化的原因和影响是什么呢？是因为服务 A 更加有利可图，所以公司做出了要销售更多服务 A 的战略决定吗？显然不是，因为该公司的息税与折旧摊销前利润（EBITDA）从占销售收入的53%下降为了45%，所以分析师应该探究其他原因。此外，从经营费用的构成中，我们注意到，公司盈利能力下降的主要原因是工资与员工福利占总收入的比重从15%上升为了25%。是因为提供服务 A 需要更多高薪酬的员工吗？还是因为增加服务 A 的收入而产生了更高的培训成本？如果分析师希望预测公司未来的业绩，那么就必须理解导致这些变化的真正原因。

此外，表 6-4 还显示，该公司的所得税费用占销售收入的百分比大幅下降（从15%降至8%），占税前利润（earnings before tax，EBT）的百分比（即有效税率，通常是更相关的比较指标）也从36%（＝15/42）下降到24%（＝8/34）。由于服务 A 在第 2 期中占总收入的比重最高，所以该公司的服务 A 是在税率较低的司法管辖区提供的吗？如果不是的话，那有效税率的变化原因是什么呢？

表 6-4　一家虚构公司的纵向共同比利润表

	第 1 期，占总收入的百分比	第 2 期，占总收入的百分比
收入来源：服务 A	30	45
收入来源：服务 B	23	20
收入来源：服务 C	30	30
收入来源：服务 D	17	5
收入总额	**100**	**100**
经营费用（不包含折旧费用）		
工资与员工福利	15	25
管理费用	22	20
租金	10	10
息税与折旧摊销前利润（EBITDA）	**53**	**45**
折旧与摊销费用	4	4
息税前利润（EBIT）	**49**	**41**
利息费用	7	7
税前利润（EBT）	**42**	**34**
所得税费用	15	8
净利润	**27**	**26**

上述即为基于表6-4能得出的思考，也是我们通过纵向共同比利润表分析可以提出的问题。

6.3.2.3　横向分析

如前所述，财务比率分析和共同比分析都离不开与某个基准进行比较，这才能更有意义。**横向分析**（cross-sectional analysis，有时也被称为"相关分析"）将一家公司与另一家公司的某个指标或者一组公司的同样指标进行比较，即使这些公司之间的规模存在差异或者以不同的货币资金开展经营活动。比如，详见表6-5。

表6-5　两家虚构公司的纵向共同比资产负债表（部分项目）　　（%）

	公司1，占总资产比重	公司2，占总资产比重
货币资金	38	12
应收账款	33	55
存货	27	24
固定资产，扣除累计折旧后的净值	1	2
投资	1	7
资产总计	**100**	**100**

在表6-5中，给出了两家虚构的公司在同一时间点的纵向共同比资产负债表（部分项目）。显然，公司1比公司2的流动性更强（流动性是指资产转换为现金的速度），后者的总资产当中只有12%是现金，而具有更高流动性的公司1却有38%的资产是以现金的方式存在的。由于现金是一种相对来说收益较低的资产，因此持有过剩的现金并不能得到有效的使用，那么，为什么公司1会持有这么高比例的现金资产呢？也许公司1正在准备一场企业并购？又或者是它希望保持大量现金头寸，以应对特别不稳定的经营环境？本例中，另一个比较突出的问题是在公司2的资产中，应收账款的百分比相对较高，这表明公司2可能存在更大比例的赊销，或者资产构成发生了总体变化，或者它的信用标准或收款要求更低，或者是采用了更为激进的会计政策。

6.3.2.4　趋势分析[⊖]

查看财务报表和财务比率时，数据的发展趋势，无论是改善还是恶化，都与数据在当前绝对值大小或相对水平高低同等重要。趋势分析提供了关于公司历史业绩和增长的重要信息，并且，由于有足够长时间并且准确的历史信息支持，这对公司管理层和分析师的计划与预测工作能提供很大帮助。

在表6-6A中，列出了一家虚构公司在五个会计期间的部分资产负债表项目，在表的最后两列，报告了第5期数据相对第4期水平所发生的变化，包括绝对变化金额（在本例中用百万美元表示）和变动百分比。百分比的微小变化可能隐藏着货币绝对金额的重大变化，反之亦然。所以，哪怕是对于较小的变动，分析师也应当去查明原因。在本例中，投资项目的百分比变动最大，下降了33.3%[⊜]。但实际上，如果我们复核投资项目的金额变动绝对额，却

⊖　在财务报表分析中，"趋势分析"通常用来指不涉及统计工具的、3～10年期报表比较。这与CFA课程体系中定量方法部分使用的术语含义不同，后者使用"趋势分析"来表示时间序列数据分析中计量模式的统计方法。

⊜　百分比变动的计算方法为（期末值 – 期初值）/期初值，或（期末值/期初值） – 1也是一样的。

只是增加了 200 万美元，变化更大的应该是应收账款项目，它增加了 1,200 万美元。

表 6-6A 一家虚构公司的 5 年期资产负债表部分项目（单位：百万美元）

资产	时期					第 4 期到第 5 期 变动额	第 4 期到第 5 期 变动率（%）
	1	2	3	4	5		
现金	39	29	27	19	16	-3	-15.8
投资	1	7	7	6	4	-2	-33.3
应收账款	44	41	37	67	79	12	17.9
存货	15	25	36	25	27	2	8.0
固定资产，扣除累计折旧后净值	1	2	6	9	8	-1	-11.1
资产总计	100	104	113	126	134	8	6.3

列报一段时期数据的另一种方式，是选择一个基准年，然后将每个项目都用其金额与基准年对应项目金额的百分比来表示（即横向共同比资产负债表）。表 6-6B 和表 6-6C 就是横向共同比资产负债表的两种列报形式，其中，表 6-6B 列示的信息其实与表 6-6A 相同，但它将每个项目的金额都用相对于第 1 期相同项目的指数来表示。例如，在第 2 期，该公司持有现金 2,900 万美元，相当于该公司在第 1 期持有现金金额的 74%，或 0.74 倍。用相对于第 1 期项目金额的指数来表示，那么设定第 1 期每个项目的值都为 1.00，在第 2 期，现金对应的值就是 0.74（= 2,900/3,900）。到第 3 期，该公司持有 2,700 万美元现金，是第 1 期现金持有量的 69%（= 2,700/3,900）。

表 6-6B 一家虚构公司的 5 年期资产负债表部分项目，每个项目都表达为
第 1 期相同项目金额的百分比 （%）

资产	时期				
	1	2	3	4	5
现金	1.00	0.74	0.69	0.49	0.41
投资	1.00	7.00	7.00	6.00	4.00
应收账款	1.00	0.93	0.84	1.52	1.80
存货	1.00	1.67	2.40	1.67	1.80
固定资产，扣除累计折旧后净值	1.00	2.00	6.00	9.00	8.00
资产总计	1.00	1.04	1.13	1.26	1.34

表 6-6C 一家虚构公司的 5 年期资产负债表部分项目，每个项目都表达
相对该项目前期金额的变动百分比 （%）

资产	时期			
	2	3	4	5
现金	-25.6	-6.9	-29.6	-15.8
投资	600.0	0.0	-14.3	-33.3
应收账款	-6.8	-9.8	81.1	17.9
存货	66.7	44.0	-30.6	8.0
固定资产，扣除累计折旧后净值	100.0	200.0	50.0	-11.1
资产总计	4.0	8.7	11.5	6.3

表 6-6C 则报告了每个项目当年金额相对于其前一年金额的变化百分比。例如，从第 1 期到第 2 期，现金变动的百分比为 -25.6%（= 2,900/3,900 - 1），从第 2 期到第 3 期，现金变

动的百分比为 –6.9%（ = 2,700/2,900 – 1 ）。分析师会将他最感兴趣的时期选作横向共同比计算基础。表 6-6B 清楚地表明，与第 1 期相比，到第 5 期时，公司持有的现金水平已不足第 1 期时的一半，而投资的规模却是第 1 期时的 4 倍，不动产、厂场与设备总额是第 1 期时的 8 倍。表 6-6C 突出年度之间的逐年变化：比如现金项目，每年都在逐渐下降。用这种方式列报数据能够突出数据的重要变化。同样地，请注意，数字上的突然增长并不一定对应着重要的变化。例如，从第 1 期到第 2 期，固定资产增长了 100%，即翻了一番；但是，固定资产占总资产的比重只是从 1% 上升到了 2%。与之同时，该公司的营运资金项目（应收账款和存货）在总资产中所占比例要高得多，可能会更吸引分析师的关注。

横向共同比资产负债表分析突出了公司经营中的结构性变化。过去的趋势不一定就是对未来的准确预测，特别是在经济或竞争环境发生变化时。如果宏观经济和竞争环境相对稳定，并且分析师考察的是一家发展相对稳定或者成熟的企业或者业务，这时候研究过去趋势会更有价值。不过，即使是在不太稳定的背景下，历史分析也可以作为我们建立未来预期的基础。理解过去趋势，对判断过去的趋势是否会继续发展或者将发生方向性改变是十分有帮助的。

有一种衡量公司是否成功的标准，就是看它的增长速度是否能超过它所在市场的整体增长速度。增长缓慢的公司可能会发现它们难以吸引到股权资本。相反，增长过快的公司可能会发现它们的管理和管理信息系统跟不上业务扩张的速度。

6.3.2.5　财务报表之间的关系

横向共同比分析产生的趋势数据可以应用于财务报表之间的比较。比如，对表 6-6 中的虚构公司，我们就可以将它的资产增长率与它在同期的收入增长情况进行比较。如果收入能比资产增长得更快，则说明公司可能提高了经营的效率（即针对每 1 美元的资产投资，能创造出更多的收入）。

再举一个例子，考虑下面这家公司一些报表项目的年度百分比变化情况：

收入总额	+20%
净利润	+25%
经营活动产生的现金流量	−10%
总资产	+30%

净利润增长快于收入的增长，表明这家公司的盈利能力不断增强。不过，分析师需要确定净利润的快速增长是来自持续经营活动还是受非经营性的、非经常性项目的推动。此外，尽管收入和净利润不断增加，但经营活动现金流量却下降了 10%，这显然需要分析师做进一步的调查，因为这表明公司的盈利质量可能存在问题（比如可能是收入报告政策过于激进了）。最后，资产的增长速度大于收入的增长速度，这表明公司的运行效率可能正在下降。分析师应该检查是哪些资产项目出现了增加以及增加的原因。例 6-5 给出了一家公司的例子，该例中，通过比较不同报表项目的变动趋势，确实能发现问题在于公司采取了激进的会计政策。

▌例 6-5　增长率信息的应用[一]

阳光公司（Sunbeam）是一家美国企业，1996 年 7 月，它引入了新的公司管理层。在接下来的一年里，即 1997 年，以 1996 年的数据为基准，公司报告的数据变化如下：

　　[一]　改编自 Robinson 和 Munter（2004, pp.2-15）。

收入总额	+19%
存货	+58%
应收账款	+38%

　　一般来说，存货和应收账款以略低于（或基本相当于）收入总额增长速度的比率增长是比较正常的。应收账款比收入增长得更快往往意味着可能存在一些经营问题，比如信用标准放低，或者在收入确认政策方面更加激进。类似地，如果存货的增长速度高于收入的，也可能意味着存货陈旧难销，或者公司采取了更加激进的会计政策，比如为了增加利润而故意高估期末库存金额。

　　在本例中，问题存在于激进的会计政策。阳光公司后来被美国证监会查出它存在提前确认收入和其他不当操作，例如，在向客户发货之前就先开票确认了收入。

6.3.3　使用图表作为分析工具

　　图表有助于对不同年份的公司业绩和财务结构进行比较，能突出企业运营中发生的重大变化。此外，图表能让分析师（和管理人员）一眼就看明白公司的业务风险趋势，还可以帮助分析师有效传达他对公司财务状况和风险管理等方面问题所下的结论。

　　在图 6-1 中，以分层柱状图形式报告了表 6-6A 中的信息。从这张图中可以看到，现金的大幅度下降和应收账款的增长（无论是绝对值还是占总资产的百分比）都是非常明显。图 6-1 中的纵轴单位为百万美元，而横轴则表示会计期间。

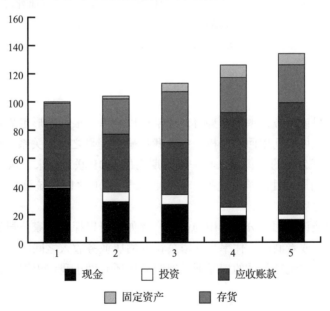

图 6-1　一家虚构公司在 5 年期内的资产结构分层柱状图

　　选择合适的图表来传达财务分析的重要结论是一种技巧。一般来说，饼图在沟通总价值的构成方面（在特定时期，比如第 1 期和第 2 期内的资产分布情况）是最有用的。当关注重点为几个项目在一段相对较长时间内的金额变化时，折线图是非常有效的。当项目结构和金额以及它们随时间变化的趋势都很重要时，分层柱状图的表达效果就很好。

比较第 5 期与第 4 期的情况，应收款项的增长似乎在正常范围内；但是，如果将第 5 期与更早期间的情况进行比较，就会发现应收账款的变化是戏剧性的。同样，简单的折线图也能说明关键财务变量的增长趋势。在图 6-2，将表 6-6A 中的信息以折线图的方式呈现，说明了这家虚构公司在 5 年期内的资产增长情况。从该图中，可以清楚地看到，现金稳步下降、存货波动而应收账款急剧增长。同样地，该图的纵轴单位为百万美元，而横轴表示会计期间。

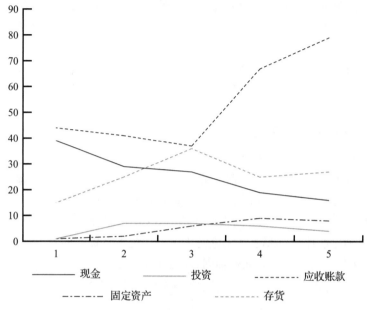

图 6-2 一家虚构公司在 5 年期内的资产增长情况折线图

6.3.4 回归分析

在分析特定项目或财务比率的趋势时，通常可以简单地根据图形走势来进行评价。但面对更复杂的情况时，可以利用回归分析来帮助我们确定变量之间的关系（或相关性）。例如，回归分析可以将一家公司的销售收入与一段时期内的 GDP 联系起来，从而告诉我们该公司的经营业务是否受到周期性影响。此外，销售收入与 GDP 之间的统计关系还可以作为我们预测未来销售收入的基础。

还有很多其他能说明回归分析有用的例子，比如，可以探索一家公司的销售收入与其库存水平之间的关系，或者酒店入住率与一家公司的酒店业务收入之间的关系等。除了为预测提供基础，在给定历史统计关系的情况下，回归分析还有助于我们识别不符合预期的项目或财务比率。

6.4 财务分析中使用的常见比率

在上一节中，重点讨论了共同比分析得出的财务比率。在本节中，讨论将扩展到其他常用的财务比率和它们的广义类别。本部分的内容与共同比财务报表比率会略有重叠，例如，一个常见的盈利能力指标就是净利率，它是用净利润与销售收入之间的比值来定义的。这个比率就出现在纵向共同比利润表上。不过，本节中还会介绍其他很多比率，会涉及多张财务报表数据，甚至有的数据还会来自财务报表之外。

由于财务比率的数量很多，因此根据它们所计量或者刻画的业绩类别不同对财务比率进行广义分类是非常有帮助的。财务分析师和数据供应商会使用各种类别标准来对财务比率进行分类。类别名称和每个类别下所包含的财务比率可能各有不同。不过，常见的财务比率类别包括营运能力、流动性、偿债能力、盈利能力和估值水平等几个方面，在表 6-7 中，对这些类别进行了概要总结。不同类别的财务比率衡量了公司业务的不同方面，但所有这些比率都有助于评估公司从经营业务中产生现金流的总体能力和相关风险。

表 6-7　财务比率的分类

类别	介绍
营运能力	**营运能力比率**（activity ratios）衡量公司执行日常任务的效率，比如应收账款的催收和存货库存的管理等
流动性	**流动性比率**衡量公司偿还其短期负债的能力
偿债能力	**偿债能力比率**衡量公司偿还长期债务的能力，像"杠杆比率"和"长期债务"比率等都属于这一类
盈利能力	**盈利能力比率**（profitability ratios）衡量公司利用各种资源（例如资产）去创造利润的能力
估值水平	**估值水平比率**（valuation ratios）衡量与特定要求权（如股份或者企业所有权）有关的资产或流量（如利润）的数量

这些类别并不互斥；一些比率在衡量公司经营的多个方面都是有用的。比如，衡量一家公司如何快速收回应收账款的营运能力比率，在评估公司的流动性时也很有用，因为将收入收现同时也增加了公司的现金。再比如，一些盈利能力比率同时也可以反映公司的经营效率。总之，分析师需要适当地使用某些比率来评估公司经营各个方面的情况，此外，还需要了解在计算财务比率时的行业惯例及其变化。在接下来的内容中，常会提到与财务比率有关的各种竞争性观点。

6.4.1　解释与背景

财务比率的解释离不开包括比较基准在内的其他信息的支持。一般来说，可以将一家公司的财务比率与它的主要竞争者的财务比率去进行比较（横向分析与趋势分析），或者与公司以前各期的财务比率进行比较（趋势分析）。比较目的是找出公司的财务比率与行业比率之间存在差异的根本原因。即使是对能与行业保持基本一致水平的财务比率，也需要分析师的特别关注，因为这种情况有时也可能是公司选择了能平滑利润的会计政策所造成的。所以，分析师在评价一家公司的财务比率水平时，应注意以下问题：

1. **公司目标和战略**。可以将实际比率水平与公司目标进行比较，确定目标是否正在实现，以及目前的结果是否与公司的战略相一致。
2. **行业标准（横向分析）**。可以将公司的财务比率水平与行业标准或同行业的几家公司组合比率水平进行比较。在使用行业标准作为比较基准时，需要特别谨慎，因为：
   - 许多比率是行业特定的，并不是每个行业都需要所有的比率；
   - 很多公司可能有好几条不同的业务线，这会导致公司整体的财务比率被扭曲，所以，最好是按业务线来进行具体行业的比率对比；

- 不同公司采用的会计政策存在差异，这也会扭曲财务比率；
- 不同公司的战略差异也会影响到某些财务比率。

3. 经济条件。 对于周期性公司来说，财务比率往往在经济强劲时会表现较好，而在经济衰退时变差。因此，应根据商业周期的情况来考察财务比率。

以下各节将依次讨论营运能力比率、流动性比率、偿债能力比率和盈利能力比率。对于估值水平比率，稍后将在权益分析部分予以介绍。

6.4.2　营运能力比率

营运能力比率也称**资产管理效率比率**（asset utilization ratios）或**经营效率比率**（operating efficiency ratios）。它旨在衡量一家公司管理其各种业务活动的效率，特别是管理各种资产的效率。在分析中，营运能力比率往往是被作为持续经营业绩指标来使用的，它能告诉我们一家公司是如何有效地使用其资产的。这类比率反映了公司对其营运资本和长期资产的有效管理结果。如前所述，效率对流动性（公司偿还其短期债务的能力）具有直接影响，因此，某些营运能力指标在评估流动性方面也是有用的。

6.4.2.1　营运能力比率的计算

表 6-8 中，列出了最常用的营运能力比率，以及每个比率的分子与分母的构成。

表 6-8　常用营运能力比率的定义

营运能力比率	分子	分母
存货周转率	销货成本或商品销售成本	平均存货
存货周转天数（DOH）	会计期间天数	存货周转率
应收账款周转率	销售收入	平均应收账款
应收账款周转天数（DSO）	会计期间天数	应收账款周转率
应付账款周转率	当期采购金额	平均应付账款
应付账款周转天数	会计期间天数	应付账款周转率
营运资本周转率	销售收入	平均营运资本
固定资产周转率	销售收入	平均固定资产净值
总资产周转率	销售收入	平均总资产

营运能力比率衡量公司如何有效地利用资产。它们通常以某个利润表数据作为分子，以某个资产负债表数据为分母。由于利润表衡量的是一个时期内发生的事情，而资产负债表只显示期末的情况，所以为了保持一致，通常对资产负债表数据要使用平均值。例如，为了衡量库存管理效率，就用销货成本或商品销售成本（来自利润表）除以平均存货（来自资产负债表）。大多数的数据库公司，比如彭博和贝斯莱（Baseline），在同时用到利润表数据和资产负债表数据时，就使用这种平均惯例。这类数据库通常只平均两个点，即年初和年底。接下来根据年度财务报表编制的例题就采用了这种做法。不过，如果条件允许的话，一些分析师更倾向于采用更多的平均值观察点，尤其是对经营业务具有季节性特征的公司。如果能得到半年度报告，那么就可以使用三个数据点（年初值、年中值和年末值）来计算平均数。如果有季度数据，则可以根据五个点来计算平均数（年初值和每个季度末的值），或者直接使用每个季度末的水平，即根据四个点来计算平均数。请注意，如果公司的会计年度结束日恰好是在一年的库存低水平点位或高水平点位上，那么，即使使用三个或五个数据点计算得到的平

均值，也仍然是有偏差的，因为年初和年末实际上是在一年中相同的时间段上，其实是重复计算了的。

因为商品销售成本对应的是已经销售的存货的成本，所以存货周转率衡量的是理论上一年能将公司的全部库存销售出去或者周转的次数。（这里说将全部存货"理论上"卖出去，是因为在实践中，公司一般不会卖出全部存货。）例如，如果一家公司最近一年的商品销售成本为 12 万欧元，其平均库存水平为 1 万欧元，那么它的存货周转率就是 12，从理论上讲，这家公司可以每年交付（即出售）其全部库存 12 次（即每个月一次）。（再强调一次，这里使用"理论上"，是因为在实践中，公司一般会将一些库存产品持有好几个月。）接下来，用会计期间天数除以存货周转率，可以将周转率指标转换为存货周转天数（days of inventory on hand，DOH）[⊖]。在本例中，DOH 为 30.42（= 365/12）。这个指标意味着，平均而言，该公司会持有存货大约 30 天，也可以说，该公司的仓库里平均会持有可使用 30 天的库存。

无论年度数据还是中期数据，都可以计算经营效率比率，但在解释和比较跨期的财务指标时，分析师需要足够小心。比如，如果还是上面那家公司，假定它在第 2 年第一季度（90 天）的销售成本为 35,000 欧元，平均存货水平为 11,000 欧元，那么它的存货周转率就是 3.18。但在这里，这个周转率指标的含义是每季度周转 3.18 次，与上一年每年周转 12 次之间是没有直接可比性的。在这种情况下，我们可以通过将季度周转率乘以 4（= 12 个月 /3 个月；或乘以 4.06，即 365 天 /90 天）将它进行"年化"处理，以与年度周转率进行比较。因此，该季度存货周转率水平相当于 12.72 的年度存货周转率水平（或者 12.91，如果按一年 365 天而该季度为 90 天来进行年化处理的话）。为了利用季度数据计算存货周转天数，可以使用季度天数作为分子，然后比上季度周转率——或者，也可以使用 365 天来比上年化的存货周转率；这两种方式计算得到的存货周转天数都在 28.3 左右，因四舍五入而略有差异（90/3.18 = 28.30 和 365/12.91 = 28.27）。另一个与时间相关的计算细节是，对于使用 52 周或 53 周为一个会计年度的公司，以及如果碰到了闰年，那么在计算时应该使用当年的实际天数，而不是简单地都用 365 天表示。

在某些情况下，分析师可能想知道公司年末的库存还能坚持多少天，而不是一年的平均库存水平。在这种时候，计算中就应当放弃平均数而使用年终库存水平了。如果公司正在快速增长，或者如果存货成本正在快速增长，那么，分析师就应考虑在计算中使用第四季度的销售成本，因为前几个季度的销售成本可能与当前的情况已经关系不大。请参考例 6-6，利用联想集团有限公司的数据，进一步说明了计算营运能力比率的方法。

▌例 6-6　计算营运能力比率

一位分析师希望评估联想集团在截至 2018 年 3 月 31 日的会计年度（即 2017 会计年度）内收回其贸易应收款项的效率。这位分析师从联想公司的年度报告和中期报告中收集了以下信息：

（单位：千美元）

贸易应收款，2017 年 3 月 31 日	4,468,392
贸易应收款，2018 年 3 月 31 日	4,972,722
截至 2018 年 3 月 31 日的年度销售收入	45,349,943

⊖　直译为"持有库存天数"，但我国的使用习惯是"存货周转天数"。——译者注

请计算联想集团在截至 2018 年 3 月 31 日的会计年度中的应收账款周转率和应收账款周转天数（DSO）。

解答：

$$应收账款周转率 = 销售收入 / 平均应收账款$$
$$= 45{,}349{,}943/[(4{,}468{,}392 + 4{,}972{,}722)/2]$$
$$= 45{,}349{,}943/4{,}720{,}557$$
$$= 9.6069$$
$$应收账款周转天数 = 会计期间天数 / 应收账款周转率$$
$$= 365/9.6$$
$$= 38.0（天）$$

平均而言，在截至 2018 年 3 月 31 日的会计年度中，联想集团需要 38 天才能将它的应收账款收回。

6.4.2.2　营运能力比率的解释

接下来我们将进一步讨论表 6-8 中定义的营运能力比率。

存货周转率和存货周转天数。存货周转率是许多企业经营的核心指标。它关注公司存货所占用的资源（即存货的持有成本），因此可以用来表明存货管理的有效性。较高的存货周转率意味着较短的存货持有期，从而存货周转天数就少。一般而言，应将公司的存货周转率水平和存货周转天数与所在行业标准进行比较。

如果存货周转率水平高于行业标准，表明公司的存货管理可能比较高效。或者，存货周转率较高（以及相应的存货周转天数就比较低）也可能意味着公司没有足够的库存，会因为存货短缺而给收入带来负面影响。为了评估哪一种情况更有可能发生，分析师可以将公司的收入增长情况与行业情况进行比较。如果公司的收入增长放缓，同时存货周转率又较高，那么就表明公司可能存在库存水平不足。如果公司的收入增长达到或高于行业的增长水平，则说明公司取得了更高的营业收入，反映了它的存货管理效率更高。

如果相对于行业中的其他企业来说，公司的存货周转率水平较低（以及相应的存货周转天数较高），那么就说明公司的库存周转缓慢，这可能是因为技术过时或者时尚变化而引起的。同样地，在这种情况下，应进一步将公司的销售增长情况与行业水平进行比较，以便确定具体原因。

应收账款周转率和应收账款周转天数。应收账款周转天数表示销售达成与收回现金之间的时间，反映了公司从其信用客户那里回收现金的速度。计算应收账款周转率时，其实将分子限制为销售收入中的赊销总额才更合适，但由于分析师并不总能得到公司的赊销数据，因此一般都直接使用利润表中报告的收入总额来作为近似值代替。

相对较高的应收账款周转率水平（即相对较低的应收账款周转天数）表明公司的客户信用管理和收款效率可能都很高。另外，较高的应收账款周转率也可能表明公司的信用政策或者收款政策过于严格，在这种情况下，公司会在产品销售方面输给愿意提供更宽松条件的竞争对手。相对较低的应收账款周转率通常会引起分析师对公司信用管理和收款效率的怀疑。与存货管理效率分析一样，此时将公司的销售增长情况与行业水平去进行比较，可以帮助分析师评估公司的销售是否因严格的信用政策而有所损失。此外，将公司对坏账准备的估计和实际坏账损失与其过去的数据和同行公司的情况进行比较，可以帮助分析师评估低应收账款周转率下是否隐藏了信用管理问题。很多公司都会提供应收账款的账龄明细（按账龄划分有多少应收账款未结清），可以将这些信息与应收账款周转天数结合使用，以了解公司收款的趋势。如例 6-7 所示。

▌ 例 6-7　营运能力比率的评估

一位分析师计算了联想集团截至 2017 年 3 月 31 日和 2018 年 3 月 31 日的平均应收账款周转天数：

	2017 会计年度	2016 会计年度
应收账款周转天数	38.0	37.6

截至 2017 年 3 月 31 日和 2018 年 3 月 31 日（即 2016 会计年度和 2017 会计年度），联想集团分别实现了销售收入 430.35 亿美元和 453.50 亿美元。这位分析师希望更好地了解联想集团的应收账款周转天数在 2016 会计年度和 2017 会计年度中所发生的变化，以及这个指标的增长是否意味着公司客户信用质量存在问题。于是，分析师从联想集团的年度报告中收集了与应收账款账龄相关的信息，并计算应收账款按未清偿天数分类的百分比，如表 6-9 中所示：

表　6-9

	2017 会计年度		2016 会计年度		2015 会计年度	
	千美元	占比（%）	千美元	占比（%）	千美元	占比（%）
应收账款						
0～30 天	3,046,240	59.95	2,923,083	63.92	3,246,600	71.99
31～60 天	1,169,286	23.01	985,251	21.55	617,199	13.69
61～90 天	320,183	6.30	283,050	6.19	240,470	5.33
90 天以上	545,629	10.74	381,387	8.34	405,410	8.99
合计	5,081,338	100.00	4,572,771	100.00	4,509,679	100.00
减：坏账准备	-108,616	-2.14	-104,379	-2.28	-106,172	-2.35
贸易应收账款净值	4,972,722	97.86	4,468,392	97.72	4,403,507	97.65
销售收入总额	**45,349,943**		**43,034,731**		**44,912,097**	

注：根据联想集团在财务报表附注中的披露，该公司向客户提供的商业信用期一般为 0～120 天。

这些数据表明，在 2017 会计年度末，联想集团的应收账款总额较上年同期增加约 11.3%，但年度销售收入总额较上年仅增加 5.4%。此外，在三年期间内，30 天以上各类别应收账款的占比都有所增加，这表明客户付款的速度进一步减慢了。另外，坏账准备（即估计的未来坏账金额）占应收账款总额的百分比略有下降。综合考虑以上各方面信息，说明联想集团可能故意放宽了客户信用标准，以推动其销售增长；同时，该公司还可能低估了将来发生坏账的可能性。这些问题都应该提醒分析师展开进一步的调查。

应付账款周转率和应付账款周转天数。 应付账款周转天数反映公司向供应商付款所需的平均天数，而应付账款周转率衡量公司在一年内理论上能清偿全部赊购欠款的次数。计算这两个比率时，有一个隐含的假设，就是假定公司所有的采购都是赊购方式。如果不能直接获得采购金额，则可以按商品销售成本加上期末存货水平再减去期初存货水平去计算。或者，也可以将商品销售成本当作当期采购的近似值⊖。

如果公司的应付账款周转率相对行业平均水平较高（即应付账款周转天数较小），可能表明公司没有充分利用现有的信用便利；或者，也可能是由于这家公司利用了提前付款折扣造成的。如果应付账款周转率过低（即应付账款周转天数很高），则表明公司难以按时付款，或者相反，利用了宽松的供应商信用条款。因此这种时候需要结合其他比率的情况一起分析，判断到底是上述哪一种可能。如果流动性比率表明公司有足够的现金和其他短期资产来清偿其债务，但应付账款周转天数却相对较高，那么，分析师就会倾向于接受供应商的信用管理和收款政策较为宽松这种解释。

营运资本周转率。 营运资本（working capital）被定义为公司流动资产与流动负债之差额。营运资本周转率表明了公司以其营运资本去创造收入的效率。例如，营运资本周转率水平为 4.0，表明公司每 1 欧元的营运资本能产生 4 欧元的收入。营运资本周转率越高，意味着公司的效率越高（即在营运资本一定的情况下能创造更高水平的销售收入）。有一些公司由于其营运资本可能接近零甚至为负值，这使得营运资本周转率很不好解释。在这种情况下，使用下面这两个比率则会更有用。

固定资产周转率。 该比率衡量公司通过固定资产投资创造销售收入的效率。一般来说，较高的固定资产周转率表明公司能更有效地利用固定资产去创造销售收入；而如果固定资产周转率水平较低，则可能表明效率低下。后者在资本密集型的商业环境或者尚未满负荷运转的新企业中比较常见。在这种情况下，分析师最好不要再将该比率直接与效率联系起来。此外，资产周转率会受到经营效率以外的其他因素影响。如果公司拥有的资产成色较新（因此折旧较少，能以较高的账面价值反映在财务报表中），那么它的固定资产周转率在同等条件下可能会低于资产陈旧（因此折旧较多，会以较低的账面价值反映在财务报表中）公司的。固定资产周转率水平可能是不稳定的，虽然公司收入可能具有相对稳定的增长率，但固定资产的增长通常都不是平稳的，因此，这个指标每年发生的比率水平变化并不一定能够直接表明公司效率的重要变化。

总资产周转率。 总资产周转率衡量公司利用特定规模的资产去创造销售收入的整体能力。如果总资产周转率为 1.20，那么表明该公司平均拥有每 1 欧元的资产，在一个会计期间里可以创造出 1.20 欧元的收入。比率水平越高，说明效率越高。由于这个比率中的总资产既包括固定资产也包括流动资产，因此无效的营运资本管理可能会扭曲这个整体指标的解释，这时候分别分析营运资本周转率和固定资产周转率会对分析师有帮助。

如果总资产周转率水平较低，说明公司整体运行效率不高，或者公司经营的资本密集特征较突出。该比率水平还能反映出公司管理层的战略决策倾向，例如，在业务处理中，是使用劳动密集的方法（因此资本密集程度低），还是使用资本密集的方法（因此劳动密集程度低）。

在解释营运能力比率时，分析师不仅要考察单个比率，还要考察相关比率的整体情况，以确定公司运行的整体效率。

例 6-8 演示了对一家虚构制造企业的营运能力比率的评估，既包括狭义的比率（例如存货周转天数），也包括广义的比率（例如总资产周转率）。

⊖ 如果公司期初和期末的存货水平相差不大的话。——译者注

■ 例 6-8　营运能力比率的评估

　　ZZZ 公司是一家虚构的制造商。假定一位分析师从数据提供商那里收集了以下关于该公司的营运能力比率，作为对该公司管理层经营效率分析的一部分：

财务比率	2018 年	2017 年	2016 年	2015 年
存货周转天数	35.68	40.70	40.47	48.51
应收账款周转天数	45.07	58.28	51.27	76.98
总资产周转率	0.36	0.28	0.23	0.22

　　上述数据表明，这家公司的三项财务指标在这四年里都有所改善。该公司似乎更有效地管理了它的库存，更快地收取了客户欠款，相对于总资产水平来说，其营业收入的增长速度更快。到目前为止，总体趋势看起来都不错，但分析师只看到了**目前的状况**，还有一个更重要的问题，是**为什么**这些财务指标都得到了改善。只有理解了好或者坏的变化原因，才能有助于分析师判断公司未来的表现。为了回答这个问题，分析师继续检查了公司财务报告和有关行业与经济方面的外部信息。在审阅年报时，该分析师注意到，这家公司在 2018 年第四季度发生了"存货更正"，由于市价下跌和库存过时的影响，该公司记录了相当于其期末存货价值约 15% 的存货跌价准备（相比之下，上一年的存货跌价准备只占存货价值的 6% 左右）。存货价值的减少是导致存货周转天数从 2017 年的 40.70 下降为 2018 年的 35.68 的重要原因。公司管理层声明这种库存过时只是一个短期问题。对此，分析师可以在未来的中期报告中关注存货周转天数的变化，验证管理层的说法是否属实。不过，无论是哪一种情况发生，在其他条件不变的情况下，分析师可能都会预计存货周转天数将在未来回到 40 天上下的水平。

　　从总资产周转率的变化中可以得出更积极的解释。分析师发现，该公司的收入增长到 35% 以上，而总资产仅增长了 6% 左右。根据有关行业和经济的外部信息，分析师将该公司的收入增长归因于行业的整体增长和公司市场份额的增加。管理层能够在资产相对温和增加的情况下实现收入更快增长，从而使总资产周转率有了改善。不过，值得进一步引起注意的是，应收账款周转天数和存货周转天数的下降也是总资产周转率增加的部分原因。

6.4.3　流动性比率

　　流动性分析关注公司的现金流量，它考察一家公司偿还其短期债务的能力。所谓流动性，是指将公司资产转化为现金的速度。在公司的日常运营中，流动性管理通常是通过有效使用资产来实现的。从中性一点的角度来看，非金融类企业的流动性也通过管理其负债结构来解决（详见下文关于金融企业的讨论）。

　　不同行业所需的流动性水平各不相同。某一特定公司的流动性状况也可能随着公司给定时间点上的资金需求预期而发生变化。判断一家公司是否有足够的流动资金，需要分析其历史资金需求、当前的流动资金状况、预计未来的资金需求，以及减少资金需求的可能性和吸引额外资金的可能性（包括此类资金的实际来源和潜在来源等）。

　　大公司通常比小公司更能控制其负债水平和结构，因此它们可能有更多潜在的资金来源，包括公共资本和货币市场资金等。相对于难以获得资本市场支持的公司而言，能够自由通过资本市场融资的公司相应具有更低的流动性需求规模。

　　在评估流动性时，像信用证或融资担保这类或有负债也应当引起注意。对于非银行类的公司和银行类的公司来说，或有负债的重要性是有差异的。在非银行类的公司中，或有负债（通常披露在公司财务报表附注中）表示潜在的现金流出可能，因此应在适当时被包括在对公司流动性的考察评估中。在银行类的公司中，或有负债是独立于银行财务状况的重大潜在现金流出。虽然在正常的市场情况下，这类资金流出通常很少，但当宏观经济或市场出现危机时，往往伴随着违约和企业破产这类事件的增加，因此，与或有负债有关的现金外流也会大幅增加。此外，此类危机的特点往往体现为整体流动性水平下降，这会进一步加剧资金短缺。因此，对于银行业而言，尤其不应当忽视或有负债对流动性的影响。

6.4.3.1 流动性比率的计算

表 6-10 列出了常见的流动性比率。这些比率反映了公司在某一时点上的状况，因此，通常使用资产负债表中的期末数据，而不是平均数。流动比率、速动比率和现金比率，这三个指标均反映了公司支付其流动负债的能力，但每一个都对可以用来偿债的资源使用了越来越严格的定义。

表 6-10　常用流动性比率的定义

流动性比率	分子	分母
流动比率	流动资产	流动负债
速动比率	货币资金 + 短期证券投资 + 应收账款	流动负债
现金比率	货币资金 + 短期证券投资	流动负债
防御区间比率	货币资金 + 短期证券投资 + 应收账款	日均现金支出额
其他流动性计量指标		
现金转换周期（净营业周期）	存货周转天数 + 应收账款周转天数 − 应付账款周转天数	

防御区间比率（defensive interval ratio）衡量的是一家公司在不依靠外部现金流支持、仅使用现有的速动资产就可以支付其日常现金消耗需求的时间。这个比率类似于 20 世纪 90 年代末对初创的互联网公司或生物技术公司计算的"烧钱率"。该比率的分子与速动比率使用的可偿债资产相同，而分母则是估计的每日现金支出量，通过将会计期间内的现金支出总额除以对应会计期间内的天数得到。一定时期内的现金支出总额可以通过将利润表上的所有费用相加来近似模拟，比如，商品销售成本、销售与日常管理费用、研发费用等，然后减去全部的非付现费用，例如折旧和摊销费用（但通常不包括所得税费用）。

现金转换周期（cash conversion cycle）是一种非比率形式的财务指标，它衡量一家公司从支付现金（用于其业务经营）开始，到重新收回现金（作为经营活动的结果）为止，所需要的时间长度。现金转换周期有时也称为资金被占用在营运资本中的时间长度[⊖]。在这段时间里，公司需要通过其他资金来源（即债务或股权融资）来满足其经营投资需求。

6.4.3.2 流动性比率的解释

接下来，将介绍针对表 6-10 中所示的五种基本流动性指标。

流动比率。该指标刻画了流动资产与流动负债之间的关系，比值水平越高，说明公司的流动性水平越高（即偿还短期负债的能力越强）。如果流动比率等于 1.0，则表示公司流动资产的账面价值正好等于其流动负债的账面价值。

⊖　我国习惯称呼其为"营业周期"。——译者注

　　较低的流动比率表明公司的流动性欠佳，意味着它将更多地依赖经营现金流和外部融资来偿付其短期债务。流动性影响着公司承担债务的能力，它隐含地假定公司的存货和应收账款都是可以及时用来偿债的（当相关的周转率水平较低时，情况可能并非如此）。

　　速动比率。速动比率比流动比率更保守，因为它面对需要偿还的流动负债时，只考虑了流动性更强的流动资产项目（有时也称为"速动资产"）。与流动比率一样，速动比率的水平越高，表明公司的流动性越好。

　　速动比率认为，某些流动资产项目（如预付费用、一些与税收和与员工有关的预付款）代表着公司已经提前支付的费用，通常是不能转换回现金的；此外，公司持有的存货也不容易迅速地转化为现金用来偿债，因为一家公司难以在短时间内直接按账面价值出售其所有存货。在存货缺乏流动性的情况下（例如当存货周转率水平较低时），速动比率应该是比流动比率更好的流动性计量指标。

　　现金比率。现金比率一般用于衡量一家公司在危机下的流动性情况。当公司面临短期偿债压力时，它只考虑了公司所持有的具有高度流通性的短期投资和现金。不过，通常在市场危机中，有价证券的公允价值也可能由于市场因素而大幅下跌，在这种情况下，即使是现金比率也可能无法提供可靠的信息。

　　防御区间比率。该比率衡量公司在不接受任何额外现金流入的情况下，能够用现有速动资产继续开支费用的时间。如果防御区间比率等于 50，则意味着假定没有其他额外的现金流入支持，那么公司现有的速动资产可以支撑 50 天的日常经营费用支出。防御区间比率的值越高，表明公司的流动性越强。如果一家公司的防御区间比率相对于同行业或公司自身的历史水平非常低，那么，分析师将希望确定公司在未来是否能有足够的现金流入来缓解低防御区间比率带来的压力。

　　现金转换周期（净营业周期）。该指标表示从公司投入营运资本到公司收回现金之间所经历的时间。以商业企业为例，比较典型的经营业务一般始于公司以赊购方式取得存货并产生应付账款；接下来，公司将这些存货以赊销方式卖出，从而产生了应收账款；再接下来，公司需要支付现金结清应付账款，并收取现金结清应收账款。从支出现金到收回现金之间的这段时间，就被称为"现金转换周期"。现金转换周期越短，说明公司的流动性越强，因为这意味着公司只需要在短时间内为存货和应收账款垫资。现金转换周期越长，说明公司的流动性越低，因为这意味着公司必须在更长的时间内为存货和应收账款垫资，从而暗示了这家公司可能需要更多的资本来为流动资产融资。例 6-9 说明了现金转换周期较短的优势，以及公司的商业战略是如何反映在财务比率当中的。

例 6-9　流动性比率的评估

　　一名分析师正在评估苹果公司的流动性水平，他计算了应收账款周转天数、存货周转天数和应付账款周转天数，以及公司的现金转换周期，如下所示：

	2017 会计年度	2016 会计年度	2015 会计年度
应收账款周转天数	27	28	27
存货周转天数	9	6	6
减：应付账款周转天数	112	101	86
等于：现金转换周期	−76	−67	−53

以上数据中，周转天数最小的是存货，表明苹果公司保持着精简的库存，这与该公司的关键业务模式的特征息息相关，即生产外包。如果单独看个别指标的话，应付账款周转天数迅速增加（从 2015 会计年度内的 86 天增加到 2017 会计年度内的 112 天），这可能意味着公司无力支付其供应商账款；然而，就苹果公司来说，其资产负债表显示它拥有超过 700 亿美元的现金和短期投资，所以只要该公司愿意的话，这笔钱是足以快速支付其采购的。事实真相应当是苹果公司充分利用了供应商给予的优惠信用条件。这样做造成的整体效果是现金转换周期变成了负数，这样的结果确实是有一些不同寻常。苹果公司没有像大多数企业那样需要额外的资本来支持其营运资金，从上述三个会计期间的情况来看，该公司有超过 50 天的多余现金可以用来进行投资（即反映为资产负债表中的短期投资），它从这些投资中还可以赚取利息，而不是支付利息。

▌例 6-10　财务指标的边界和背景

前例侧重于现金转换周期，这个比率被很多公司都当作关键业绩指标。一般认为，现金转换周期越短越好。但这总是成立的吗？

下面这个例子就试图回答这个问题：如果现金转换周期为较大的负数是理想的业绩指标，那么这样一家公司是否一定会业绩良好呢？

举一个过去的例子，一家名叫国家数据电脑（National Datacomputer）的技术公司在 2005 年至 2009 年期间，现金转换周期出现了大量的负数，其中，在 2008 年，该公司的现金转换周期为 –275.54 天（见表 6-11）。

表 6-11　国家数据电脑公司

（单位：除财务比率外，均为百万美元）

会计年度	2004	2005	2006	2007	2008	2009
销售收入	3.248	2.672	2.045	1.761	1.820	1.723
销货成本	1.919	1.491	0.898	1.201	1.316	1.228
应收账款，总额	0.281	0.139	0.099	0.076	0.115	0.045
存货，总额	0.194	0.176	0.010	0.002	0.000	0.000
应付账款	0.223	0.317	0.366	1.423	0.704	0.674
应收账款周转天数		28.69	21.24	18.14	19.15	16.95
存货周转天数		45.29	37.80	1.82	0.28	0.00
减：应付账款周转天数[1]		66.10	138.81	271.85	294.97	204.79
等于：现金转换周期		7.88	–79.77	–251.89	–275.54	–187.84

[1] 用销货成本代表当期采购金额计算得到。根据报告，公司在 2008 年和 2009 年的期末存货价值为 0，因此，无法计算 2009 年的存货周转率。不过，根据存货和日均销售收入来看，2009 年的存货周转天数应当为 0.00。

资料来源：原始数据出自 Compustat 数据库，财务比率为计算得到。

从上面的数据中可以看出，应付账款在上述会计期间内大幅度增加，是导致现金转换周期为负的重要原因。公司向信用供应商付款的时间从 2005 年的大约 66 天增加到 2008 年的大约 295 天，这显然是一个负面信号。此外，该公司的存货消失了，很可能是因为没有足够的现金去采购新的存货，也无法从供应商那里获得更多的信用采购。

当然，分析师会立即注意到这些数据中透露出来的负面趋势，以及整个公司财务报表中的其他数据。在年报的管理层讨论与分析部分，该公司明确报告它的风险如下：

由于过去一直亏损，且经营活动产生的现金流量非常有限，到目前为止，本公司主要靠出售证券投资和在 2009 年出售了一条产品线来为经营活动提供资金支持。为了能继续筹集公司经营所需要的资金，我们可能需要通过出售证券来筹集额外的资本。目前，公司尚不确定这类融资的条件是否可以接受，或者根本无法进行。此外，即使可以进行的话，额外的股权融资也可能会稀释普通股东的权益；而债务融资即使可行的话，也多半会涉及限制性条款，这也许要用公司的全部或者绝大部分资产作为担保。如果不能及时获得融资，本公司将可能没有足够的资金来支持公司的正常运营，这将对公司业务产生巨大的不利影响。

如果不能通过经营活动获得足够的营运资本或者筹集到额外的资本，公司的持续经营能力将受到极大质疑。（这是公司自己强调的重点。）

资料来源：国家数据电脑公司，2009 年年度报告，第 7 页。

随后，该公司 2010 年的年报中又披露：

2011 年 1 月，由于本公司无法履行金融义务，以及即将失去一个关键分销协议赋予我们分配某些产品的权利，本公司的有担保债权人（以下简称"被担保方"）因违约事件的出现将部分公司资产（不包括现金和应收账款）出售给了微网公司（Micronet）。微网公司不属于本公司的关联企业，此次出售行为的依据是被担保方与微网公司在 2010 年 1 月 10 日所签订的资产购买协议（以下简称"资产购买协议"）。为了吸引微网公司签署这份协议，本公司还就一些商业事项提供某些陈述和保证。

作为总结，对于比率分析而言，请一定要确保它的比值在合理的范围之内，并了解引起比率发生变化的真正原因。比率分析的重点并不是计算比值，而是需要由分析师对比值进行解释。

6.4.4　偿债能力比率

偿债能力（solvency）是指公司履行其长期债务的能力。要评估一家公司支付其长期债务（包括支付利息和本金）的能力，通常需要对该公司的财务结构进行深入分析。偿债能力比率能告诉我们在一家公司的资本结构中，负债所占的相对比重，以及公司盈利和现金流量是否足以支付到期的利息支出和其他固定开支（例如租赁或租金付款需求）。

分析师要试图去了解公司使用负债的主要原因，因为负债在公司资本结构中所占比重对于评价公司的风险与回报特征，尤其是财务杠杆水平，是非常重要的。这里所谓"杠杆"，是一种放大效应，是由于使用**固定成本**（fixed costs，在一定经营活动范围内保持不变的成本）而造成的。杠杆有两种表现形式：经营杠杆和财务杠杆。

经营杠杆（operating leverage）是在公司经营中使用固定成本而带来的，它放大了销售收入变动对公司经营利润的影响。盈利的企业愿意使用经营杠杆，因为当收入增加时，借助经营杠杆的放大作用，经营利润能以更快的速度增加。这是因为，当收入增加时，**变动成本**（variable costs）会成比例增加，但固定成本却不会。

公司融资（即筹集资本）时，如果使用了负债，由于利息费用基本上表现为固定的融资成本，就会形成**财务杠杆**（financial leverage）。由于利息支付的影响，公司的息税前利润（EBIT）每变动一定的百分比，就会使其税前利润（EBT）波动更大的百分比。因此，财务杠杆会放大息税前利润的变动对股东回报的影响。假设一家公司能赚到比所需支付的利息更多的利润，那么，在公司的资本结构中包含某种程度的负债可以降低公司整体的资本成本，并增加股东的回报。不过，随着负债在公司资本结构中的比例越来越大，公司的违约风险也会增加，那么，为补偿贷款人所承担的较高信用风险，公司将不得不支付更高的借款费用。从莫迪利亚尼和米勒（Modigliani and Miller，1958，1963）开始，已有大量研究关注公司最优资本结构的决定问题，该话题目前仍然是公司财务中的一个重要问题。

在财务报表分析中，分析师会希望通过与过去的做法和同行的做法相比较，去了解公司所使用财务杠杆的水平和趋势，以及经营杠杆（使用具有固定成本的非流动资产所带来的结果）和财务杠杆（使用具有固定成本的负债所带来的结果）之间的关系。公司的经营杠杆水平越高，用经营利润来满足债务支付的风险就越大；因此，经营杠杆会限制公司使用财务杠杆的能力。

公司的相对偿债能力对其债券的估值和信誉都至关重要。最后，了解一家公司对负债的使用情况，可以帮助分析师更好地预计公司未来的商业前景，因为管理层的融资决策暗含了他们对公司未来的看法。例如，当一家公司通过发行长期债务取得的资金来回购其普通股份时，可能表明管理层认为市场低估了公司的前景，导致股票价值被低估。

6.4.4.1 偿债能力比率的计算

偿债能力比率主要有两类。第一类是侧重于资产负债表的债务比率，衡量债务资本相对于权益资本的数量关系；第二类是侧重于利润表的覆盖比率，衡量公司支付债务的能力。这两类比率都有助于公司偿债能力的评估，因此也有助于公司债券和其他债务的质量评价。

在表 6-12 中，介绍了常用的偿债能力比率。其中，前三个债务比率都使用了负债总额作为分子。但是，不同的分析师或者财务数据供应商对这些比率当中使用的"负债总额"的定义是有区别的，例如有的人会使用计息的短期负债和长期债务之和，排除应计费用和应付账款等不计息的短期负债（在本章计算中，我们也使用了这个定义）；还有人则会使用更具包容性（例如，考虑全部负债）或限制性（例如，仅考虑长期负债项目，在这种情况下，这类比率的名称有时会标明"长期"，比如"长期负债与股本之比"）的定义。如果大家对负债总额的定义不同，会极大地改变对公司偿债能力的分析结论，因此，在分析中一定要了解不同概念的定义差异。

表 6-12 常用偿债能力比率的定义

偿债能力比率	分子	分母
负债比率		
负债－资产比率[1]	负债总额[2]	资产总额
负债－资本比率	负债总额[2]	负债总额[2]＋股东权益总额
负债－权益比率	负债总额[2]	股东权益总额
财务杠杆比率[3]	平均总资产	平均股东权益总额
负债－EBITDA 比率	负债总额	扣除息、税、折旧与摊销前利润（EBITDA）
覆盖比率		
利息覆盖率	息税前利润（EBIT）	利息支出
固定支出覆盖率	息税前利润＋租金支付额	利息支出＋租金支出

[1]也称"资产负债率"。

[2]在本章中，将计息的短期负债和长期负债之和定义为"负债总额"。

[3]在本章中，使用平均总资产除以平均股东权益总额（尤其是在稍后介绍的杜邦分析部分）。在实务中，经常直接使用期末总资产除以期末股东权益总额。

6.4.4.2　偿债能力比率的解释

接下来我们将对表 6-12 中介绍的基本偿债能力比率进行解释。

负债 – 资产比率（资产负债率）。这个比率衡量公司总资产中使用债务融资的百分比。例如，假定**资产负债率**（debt-to-asset ratio）的比值为 0.40 或 40%，那么表明公司有 40% 的资产是通过债务融资而得到的。一般而言，债务水平越高，意味着财务风险程度越大，从而公司的偿债能力较弱。

负债 – 资本比率。负债 - 资本比率（debt-to-capital ratio）衡量的是在一家公司的资本总额（负债与股东权益之和）中，负债所占的比例。与上述资产负债率一样，该比值越高，意味着财务风险越大，从而表明公司的偿债能力越弱。

负债 – 权益比率。负债 - 权益比率（debt-to-equity ratio）衡量公司的债务资本与权益资本之间的比例关系，其解释与前两个比率相似（比值越高意味着偿债能力越弱）。如果负债 – 权益比率等于 1.0，则说明公司的债务资本和股东权益数额相等，相当于 50% 的负债 – 资本比率水平。这个比率还有其他定义方式，会使用股东权益的市场价值而不是账面价值（或者对负债和股东权益都使用市场价值）。

财务杠杆比率。该比率（通常被简称为"杠杆率"）衡量的是公司每一货币单位的股东权益所支持的总资产数量。例如，假定这个比率的值为 3，则意味着每 1 欧元的股东权益对应了 3 欧元的总资产。**财务杠杆比率**（financial leverage ratio）的值越大，说明公司利用借款和其他负债为资产融资的杠杆水平越高。这个比率经常用平均总资产和平均股东权益总额来定义，在杜邦分析对净资产收益率的分解中，这个比率起着重要作用。杜邦分析的更多介绍请参考第 6.4.6.2 节。

负债 –EBITDA 比率。如果使用扣除利息、所得税、折旧和摊销费用前的利润（即经营活动现金流量的近似值）偿还公司的负债总额，这个比率用来估计大约需要多少年的时间才能还清。

利息覆盖率。这个比率衡量公司的息税前利润可以覆盖其利息支付需求的倍数，因此它有时也被称为"已获利息倍数"。**利息覆盖率**（interest coverage）越高，表明公司的偿债能力越强，为公司通过赚取经营利润来偿还各种债务（包括银行借款、债券、票据等）提供了更大的保证。

固定支出覆盖率。该比率将公司的固定支出或固定支付义务与公司创造的现金流量联系起来。它衡量了公司的利润（扣除利息、所得税和租金支出以前的）能覆盖利息和租金支出的程度。与利息覆盖率相似，**固定支出覆盖率**（fixed charge coverage）越高，意味着公司的偿债能力越强，越有能力通过正常的盈利来偿还其债务（包括银行借款、债券、票据和应付租金等）。这个比率有时会被用作衡量优先股股息质量的指标，比值越高，说明优先股的股息越安全。

例 6-11 演示了偿债能力比率在评估公司信誉方面的使用情况。

㊀　也译作"债务资产比"。——译者注
㊁　也译作"债务资本比"。——译者注
㊂　也译作"债务权益比"。——译者注
㊃　我国教材中一般将这个比率称为"权益乘数"。——译者注
㊄　为计算这一比率，有时会假设租赁付款额的 1/3 为租金利息，剩余为应付租赁义务的本金。对于这种假定下的固定支出覆盖率，会以 EBIT 加上 1/3 的租赁付款额为分子，以利息费用加上 1/3 的租赁付款额为分母。

例6-11 偿债能力比率的评价

一名信贷分析师正在评估南非的一家公用事业公司——南非国家电力公司（Eskom）的偿债能力。根据截至2017年3月31日的年度财务报表，他搜集了以下数据：

（单位：百万南非兰特）

	2017	2016	2015
资产总额	710,009	663,170	559,688
短期负债	18,530	15,688	19,976
长期负债	336,770	306,970	277,458
负债总额	534,067	480,818	441,269
股东权益总额	175,942	182,352	118,419

问题：

1. A. 计算该公司2016和2017会计年度的财务杠杆比率。

B. 对上述A中计算得到的比率进行解释。

2. A. 该公司在这三年中的资产负债率、负债–资本比率和负债–权益比率各是多少？

B. 在这三年当中，能看出上述比率有什么发展趋势吗？

问题1解答：（单位均为百万兰特）

A. 该公司在2017会计年度的平均总资产为（710,009 + 663,170）/2 = 686,590，平均股东权益总额为（175,942 + 182,352）/2 = 179,147。因此，财务杠杆比率为686,590/179,942 = 3.83[⊖]。同理，2016会计年度的财务杠杆比率为4.07。

	2017	2016
平均资产总额	686,590	611,429
平均股东权益总额	179,147	150,386
财务杠杆比率	3.83	4.07

B. 上述计算结果说明，在2017会计年度中，平均每兰特的股东投资对应了3.83兰特的总资产。按此指标，南非国家电力公司的财务杠杆水平从2016会计年度至2017会计年度有所下降。

问题2解答：（除财务比率外，单位均为百万兰特）

A.

	2017	2016	2015
负债总额	355,300	322,658	297,434
资本总额	531,242	505,010	415,853
负债/资产	50.0%	48.7%	53.1%
负债/资本	66.9%	63.9%	71.5%
负债/权益	2.02	1.77	2.51

B. 就上述三个指标而言，该公司的负债率在2015至2016会计期间内有所下降，但从2016至2017会计期间内又有所上升。就2016会计年度来看，负债率下降的主要原因是该公司的次级债务转换为了股本，以及又额外发行了新的股本。但是，在2017会计年度，公

⊖ 例6-11中数据与原书一致，疑有误。——译者注

司的负债水平相对资产、资本和权益再次上升，表明公司的偿债能力有所减弱。从债权人的角度来看，较低的偿债能力（较高的债务水平）表明存在较高的债务违约风险。

与所有比率分析一样，在更广泛的背景下考虑杠杆比率是很重要的。一般而言，经营风险较低，且能通过经营活动产生稳定现金流的公司，能在不增加破产风险的前提下承担更高的杠杆水平。换句话说，较高比例的债务融资对于现金流稳定的公司来说，比对于现金流不够稳定的公司，出现不能偿付债务本金和利息的风险更小。

6.4.5 盈利能力比率

投入资本创造利润的能力是决定公司整体价值及其所发行证券价值的关键因素。因此，许多股票分析师都会把盈利能力评价作为分析中的一个重要关注点。

盈利能力反映了一家公司在市场上的竞争地位，进而反映出了公司的管理质量。利润表揭示了公司利润的来源和公司收入与费用的构成。利润可用于分配给股东，或者再投资给公司。再投资的利润能增强公司的偿债能力，并为短期问题的应对提供缓冲。

6.4.5.1 盈利能力比率

盈利能力比率衡量公司在一段时间内获得的报酬。表 6-13 中列出了常用的盈利能力比率定义。销售利润率将利润表上的各种小计项目（例如毛利润、经营利润、净利润等）表达为其占销售收入的百分比。这类比率实质上就是前文中讨论的共同比利润表的一部分。投资报酬率衡量公司所占用的总资产、股权权益或资本所对应利润的多少。对于总资产经营利润率，就是用经营利润（即扣除债务资本对应的利息费用前的利润）作为报酬。对于总资产报酬率（ROA）和净资产收益率（ROE），则以净利润（即扣除了因使用债务资本而支付的利息费用后的利润）作为报酬。对普通股权益报酬率，其报酬则以公司净利润减去优先股股利后的差额来衡量（因为优先股股利是属于优先股股东的回报）。

表 6-13　常用盈利能力比率的定义

盈利能力比率	分子	分母
销售利润率[①]		
毛利率	毛利润	营业收入
经营利润率	经营利润[②]	营业收入
税前利润率	税前利润（EBT）	营业收入
（销售）净利率	净利润	营业收入
投资报酬率		
总资产经营利润率	经营利润	平均总资产
总资产报酬率（ROA）	净利润	平均总资产
资本总额报酬率	息税前利润（EBIT）	短期债务[⊖]、长期债务、股东权益的平均值
净资产收益率（ROE）	净利润	平均股东权益总额
普通股权益报酬率	净利润 – 优先股股利	平均普通股权益

①此处的"销售"（sales）收入即营业收入（revenue），两者可换用。

②一些分析师会使用 EBIT 来代替经营利润。请注意，如果严格讲的话，EBIT 包括了一些非经营性的项目，如收到的股利、证券投资损益等。不过，对分析师来说，最重要的问题是在计算比率时应当保持一致的做法，无论是在分析不同的公司时，还是在对同一公司不同时期的数据进行比较时。

⊖　这里的短期债务和长期债务，一般都指计息的，不包括应付账款、应交税费等不计息的部分。——译者注

6.4.5.2 盈利能力比率的解释

接下来我们讨论表 6-13 中所介绍的盈利能力比率。对每一个盈利能力比率来说，都是比值越高就代表公司的盈利能力越强。

毛利率。**毛利率**（gross profit margin）表示公司所挣回的营业收入中，有多少可以用来支付经营费用和其他支出，并形成利润。毛利率水平越高，表明公司的产品定价越高或者产品成本越低。由于制定更高价格的能力往往受到竞争的制约，因此毛利率往往受竞争的影响（通常与竞争程度成反比）。如果公司的产品具有竞争优势（例如，拥有优质品牌、更好的质量或者独家技术），那么就能提高产品的要价。从成本的角度来看，拥有较高毛利率的公司往往在成本方面也具有竞争优势。

经营利润率。经营利润等于毛利润减去相关的经营成本。因此，如果**经营利润率**（operating profit margin）的增长速度快于毛利率的，可表明公司在控制管理费用等经营成本方面有了改善。相反，如果经营利润率下降，则可能暗示公司的经营成本控制能力恶化。

税前利润率。税前利润（也称为利润总额，常用 EBT 表示）是从经营利润中继续扣除利息费用以后得到的[⊖]，**税前利润率**是税前利润与公司营业收入之比。税前利润率反映了财务杠杆和其他（非经营性）收支项目对公司盈利能力的影响。如果一家公司的税前利润主要是由于非经营性利润的增加而带来的，分析师应评估这种现象是否反映了公司经营重点的主动改变，并且评价这种增长趋势的持续性。

销售净利率。净利润或净利，是从公司收入中扣减掉所有费用的结果，在净利润中，同时包括了经常性项目和非经常性项目的影响。一般来说，在计算净利率时，应调整扣除非经常性项目对净利润的影响，这样才能更好地了解和分析公司的未来盈利能力。

总资产报酬率（ROA）。总资产报酬率衡量公司通过资产赚取回报的能力。该比率水平越高，说明既定资产规模能创造的利润就越多。在大多数的数据库中，总资产报酬率的计算公式都是这样的：

$$\frac{净利润}{平均资产总额}$$

这种计算方式的问题在于，净利润是属于权益投资人的回报，而资产却是由权益投资人和债权人共同出资的。在这个计算公式的分子中，利息费用（即属于债权人的回报）已经被减去了。因此，一些分析师认为应当在分子中加回利息费用。但如果这样做的话，就应当根据所得税情况来调整利息费用，因为净利润是扣除了所得税影响之后的。加上此步调整，总资产报酬率的计算公式就应当变为：

$$\frac{净利润 + 利息费用（1- 所得税税率）}{平均资产总额}$$

或者，也有一些分析师支持使用扣除利息费用影响和所得税影响前的利润额（见表 6-12 中的总资产经营利润率）：

⊖ 这里实质上假定公司不存在非经常性项目的影响。实务中的税前利润，以我国公司利润表为例，还要考虑投资收益、公允价值变动损益、营业外收支等非经常性项目的影响。不同的分析师有自己的变量取值偏好，最重要的是了解变量定义并坚持在同一分析中使用同样的定义方法。——译者注

$$\frac{经营利润 \quad 或 \quad 息税前利润}{平均总资产}$$

在 ROA 计算思想下，将扣除债务资本所得利息前的利润（即经营利润或息税前利润）作为投资报酬，其指标反映了公司全部资产（无论是债务资本还是股权资本）所对应的投资回报。在与其他公司的比较或同一公司不同时间段的业绩比较中，无论选择哪种形式的总资产报酬率，分析师都应当坚持一致地使用它。

资本总额报酬率。资本总额报酬率（return on total capital）衡量一家公司所使用的全部资本（短期借款、长期借款和股权资金）与所获得的利润之间的关系。与总资产经营利润率指标一样，这个比率中的"报酬"是扣除债务资本所得利息前的利润（即经营利润或息税前利润）。

净资产收益率（ROE）。 净资产收益率衡量公司的权益资本（包括少数股东权益、股东权益和普通股股东权益）投资所获得的回报。如前所述，这里的回报是用净利润计量的（因为属于债务资本的利息不包括在权益资本可获得的回报当中）。净资产收益率的一个变形是普通股权益报酬率，它衡量的是一家公司的普通股股东通过投资而赚取到的回报金额。

总资产报酬率（ROA）和净资产收益率（ROE）都是衡量公司盈利能力的重要指标，在本书第 6.4.6.2 节中，将展开更详细的讨论。与其他比率一样，盈利能力比率既需要单独评价，也需要与其他指标一起综合评价，以了解公司当前的盈利能力是受什么所推动的（经营活动还是非经营活动）。例 6-12 演示了盈利能力比率的评价，以及如何利用公司财务报告中的管理层报告（有时也称为管理层讨论与分析或管理层评论）去解释比率变化趋势。

▌ 例 6-12　盈利能力比率的评价

回想例 6-1，一项分析发现，苹果公司的毛利率在 2015 至 2017 的三年期会计年度中出现下滑。一位分析师希望能更进一步地了解情况，他用五年的数据来考察苹果公司的盈利能力。他收集了以下收入数据，并根据苹果公司的年度报告信息，计算了以下盈利能力比率：

单位：百万美元

	2017	2016	2015	2014	2013
销售收入	229,234	215,639	233,715	182,795	170,910
毛利润	88,186	84,263	93,626	70,537	64,304
经营利润	61,344	60,024	71,230	52,503	48,999
税前利润	64,089	61,372	72,515	53,483	50,155
净利润	48,351	45,687	53,394	39,510	37,037
毛利率	38.47%	39.08%	40.06%	38.59%	37.62%
经营利润率	26.76%	27.84%	30.48%	28.72%	28.67%
税前利润率	27.96%	28.46%	31.03%	29.26%	29.35%
净利率	21.09%	21.19%	22.85%	21.61%	21.67%

问题： 请评价苹果公司在五年期内的盈利能力比率的整体发展趋势。

解答： 公司销售收入在 2015 会计年度前稳步上升，但在 2016 会计年度出现下降，不过 2017 会计年度又小幅回升。如例 6-1 中提到的，2016 会计年度的收入下降是由于 iPhone 的销量下滑和外币的走弱所引起的。各利润率指标在 2013 至 2015 会计年度中也呈现了上升趋势，在 2016 会计年度开始下滑。不过，虽然在 2017 会计年度中营业收入已经出现了好转，但各种利润率指标仍然继续下滑，说明公司的成本增速比收入增速更快。此外，在五年分析期当中，尽管存在上述指标变动的影响，苹果公司的底线项目，即净利率一直保持着相对稳定。

6.4.6　财务比率综合分析

在前面的章节中，本书分别介绍了营运能力比率、流动性比率、偿债能力比率和盈利能力比率。在进入估值比率之前，将先综合检查各种比率，而不是只单独考察一个比率或者一类比率，这对于了解一家公司的整体状况和业绩表现十分重要。经验表明，在财务分析中，一类比率所提出的问题往往可以由另一类比率帮助解答，而综合各类比率分析所提供的线索，则有利于我们找到公司整体情况的最准确描述。以下第 6.4.6.1 节将介绍这类分析的入门案例，而第 6.4.6.2 节则说明如何将净资产收益率分解为利润率、资产利用率（营运能力比率）和财务杠杆的综合影响。

6.4.6.1　综合性比率分析：案例介绍

在本节中，介绍两个简单的案例，用以说明如何使用各种财务比率来完成分析任务。例 6-13 演示如何通过分析一对营运能力比率来解决公司在流动性方面存在的问题；例 6-14 则说明如何通过比较不同公司的各种财务比率，来帮助分析师判断它们的相对业绩。

▌例 6-13　各种财务比率

一位分析师正在评价一家加拿大制造企业的流动性，他收集到了如下流动性比率：

会计年度	10	9	8
流动比率	2.1	1.9	1.6
速动比率	0.8	0.9	1.0

这些比率所反映出公司的流动性情况有些矛盾。流动比率从 1.6 提高到了 2.1，说明公司的流动性强劲且不断在改善；但速动比率从 1.0 下降到 0.8，又说明公司的流动性正在恶化。由于这两个比率的分母都是流动负债，数值是完全相同的，因此两个比率之间的差异必然是由两个比率的分子差异所引起的，具体来说，就是在流动比率的分子中被包含了、但在速动比率的分子中没有被包含的那些资产项目（例如存货）所造成的。于是，分析师继续收集了以下财务比率：

会计年度	10	9	8
存货周转天数	55	45	30
应收账款周转天数	24	28	30

该公司的存货周转天数已经从 30 天恶化到了 55 天，这意味着公司所持有的相对其销售规模的库存数量越来越多。应收账款周转天数逐渐在减少，说明该公司正以更快的速度在收回其应收账款。如果这些回款均以现金形式持有，那么对流动比率或速动比率都不会有影响。但是，如果回款很快被用于购买存货，那么，就不会对流动比率产生影响，速动比率却会因此逐渐下降（即本例中所呈现的模式）。总体来说，这些比率的发展趋势表明，该公司的流动性正在下降，它可能存在需要着手去解决的库存问题。

例 6-14　两家公司的比较（1）

一位分析师收集了表 6-14 中所列两家公司的信息[⊖]：

表　6-14

安森工业公司	会计年度			
	5	4	3	2
存货周转率	76.69	89.09	147.82	187.64
存货周转天数	4.76	4.10	2.47	1.95
应收账款周转率	10.75	9.33	11.14	7.56
应收账款周转天数	33.95	39.13	32.77	48.29
应付账款周转率	4.62	4.36	4.84	4.22
应付账款周转天数	78.97	83.77	75.49	86.56
经营活动现金流量 / 负债总额	31.41%	11.15%	4.04%	8.81%
净资产收益率（ROE）	5.92%	1.66%	1.62%	−0.62%
总资产报酬率（ROA）	3.70%	1.05%	1.05%	−0.39%
净利率（净利润 / 营业收入）	3.33%	1.11%	1.13%	−0.47%
总资产周转率（营业收入 / 平均总资产）	1.11	0.95	0.93	0.84
杠杆比率（平均总资产 / 平均股东权益）	1.60	1.58	1.54	1.60

克拉伦斯公司	会计年度			
	5	4	3	2
存货周转率	9.19	9.08	7.52	14.84
存货周转天数	39.73	40.20	48.51	24.59
应收账款周转率	8.35	7.01	6.09	5.16
应收账款周转天数	43.73	52.03	59.92	70.79
应付账款周转率	6.47	6.61	7.66	6.52
应付账款周转天数	56.44	55.22	47.64	56.00
经营活动现金流量 / 负债总额	13.19%	16.39%	15.80%	11.79%
净资产收益率（ROE）	9.28%	6.82%	−3.63%	−6.75%
总资产报酬率（ROA）	4.64%	3.48%	−1.76%	−3.23%
净利率（净利润 / 营业收入）	4.38%	3.48%	−1.60%	−2.34%
总资产周转率（营业收入 / 平均总资产）	1.06	1.00	1.10	1.38
杠杆比率（平均总资产 / 平均股东权益）	2.00	1.96	2.06	2.09

问题： 以下哪种说法最能合理地描述分析师对这两家公司经营效率的判断？

A. 在过去的四年中，安森工业公司在经营效率方面比克拉伦斯公司有更大的提高，因为它的总资产周转率从 0.84 上升到了 1.11。

B. 在第 5 个会计年度中，安森工业公司的存货周转天数只有 4.76 天，而克拉伦斯公司的为 39.73 天，表明安森工业公司的库存管理效率低于克拉伦斯公司的。

C. 在第 5 个会计年度中，克拉伦斯公司的应收账款周转率为 8.35，而安森工业公司为 10.75，表明克拉伦斯公司在应收账款管理方面比安森工业公司更为有效。

解答： 选项 A 正确。在过去的四年中，安森工业公司在整体经营效率方面比克拉伦斯公

⊖　请注意这些财务比率数据都被四舍五入保留了两位小数，因此数据之间的关系可能不十分契合。

司进步更大，前者的总资产周转率从 0.84 上升至 1.11，而同期后者的总资产周转率从 1.38 下降为 1.06。B 选项和 C 选项是错误的，因为对存货周转天数和应收账款周转率的解释都不对。

6.4.6.2　杜邦分析：净资产收益率的分解

如前所述，净资产收益率（ROE）衡量了一家公司的股东通过股权投资所得到的回报的情况。为了弄清楚公司净资产收益率的驱动影响因素，一个有用的技术是将净资产收益率进行分解，这种方法有时被称为**杜邦分析**（DuPont analysis），因为它最初是由杜邦公司所开发的。分解 ROE 需要将基本比率（即净利润除以平均股东权益）用各个组成要素的乘积形式来表达。由于每一个组成要素都是影响 ROE 这个业绩指标的某方面财务比率，所以将它进行分解可以方便我们评估公司在这些不同方面的业绩，并了解各个部分是如何影响公司 ROE 这个盈利指标的[⊖]。

分解 ROE 有助于确定特定公司的 ROE 随时间发生变化的原因，以及在特定时间段里，不同公司的 ROE 分布差异的原因。在 ROE 分解过程中所得到的信息，也可以被管理层用来确定他们应当重点关注哪些领域，才能更好地提高公司的 ROE。此外，ROE 的分解过程可以说明为什么它可以用来衡量一家公司的整体盈利能力，因为它是一家公司的经营效率、经营盈利能力、税收影响和财务杠杆水平的综合影响结果。杜邦分析揭示了本章所介绍的各种财务比率之间的关系，以及它们是如何对公司所有者的投资回报产生影响的。

分析师已经开发了好几种分解 ROE 的方法。这里要介绍的是最常用的一种，也是在彭博等常用研究数据库中被广泛使用的一种。净资产收益率的计算公式如下：

$$ROE = 净利润 / 平均股东权益$$

在 ROE 的分解中用到了简单代数，并说明了 ROE 与 ROA 之间的关系。将 ROE 表示为它的两个影响因素的乘积，可以写为：

$$
\begin{aligned}
ROE &= \frac{净利润}{平均股东权益} \\
&= \frac{净利润}{平均总资产} \times \frac{平均总资产}{平均股东权益}
\end{aligned}
\tag{6-1a}
$$

上式即：

$$ROE = ROA \times 财务杠杆比率$$

换句话说，ROE 是一家公司的总资产周转率（ROA）和它所采用财务杠杆[⊖]（在本讨论中，以下简称"杠杆"）的函数，通过提高 ROA 或者更有效地利用杠杆，就可以提高公司的 ROE。与前文中给出的定义一致，这里的杠杆是公司的平均总资产与平均股东权益之间的比值。如果一家公司不使用杠杆（即没有负债），那么它的杠杆率就是 1.0，这时公司的 ROE 将正好等于 ROA。但是当一家公司承担债务时，它的杠杆水平就会增加。这时，只要公司将借来的钱用于投资后所获得的报酬率能够高于其借款的利率，那么该公司就有效地利用了杠杆，并且随着杠杆水平的增加，ROE 就会不断上升。但是，如果一家公司的借款成本超过了

⊖　出于分析净资产收益率的目的，在杜邦分析中通常会对资产负债表数据使用平均数；不过，如果在分析中始终坚持用期初数或者期末数，也是可以计算出来的。在某些情况下，这几种取数方法都是可行的。

⊖　这里的财务杠杆比率，在我国教材中更多习惯使用"权益乘数"这个说法。——译者注

其投资经营活动所能获得的边际报酬率，那么，ROE 就会随着杠杆水平的增加而不断下降，因为此时借款带来的影响会进一步在 ROA 的基础上压低。

利用例 6-14 中安森工业公司的数据，分析师可以观察这家公司的 ROE 发展趋势，并判断是什么原因推动了该公司的 ROE 从第 2 个会计年度的 –0.62% 增长为了第 5 个会计年度 5.92%，是受 ROA 的影响呢，还是受公司所用杠杆作用的影响呢？

	ROE	=	ROA	×	杠杆水平
第 5 会计年度	5.92%		3.70%		1.60
第 4 会计年度	1.66%		1.05%		1.58
第 3 会计年度	1.62%		1.05%		1.54
第 2 会计年度	–0.62%		–0.39%		1.60

在所观察的四年期间里，安森工业公司的杠杆率水平一直相对稳定。因此，ROE 增加的主要原因是由于该公司总资产获利能力，即 ROA 的增加所带来的。

就像 ROE 的分解一样，对于 ROA 这个指标，也可以进一步分解。这样，就可以将 ROE 表示为三个财务比率的共同乘积：

$$\frac{净利润}{平均股东权益} = \frac{净利润}{销售收入} \times \frac{销售收入}{平均总资产} \times \frac{平均总资产}{平均股东权益} \quad (6\text{-}1b)$$

上式即：

ROE = 销售净利率 × 总资产周转率 × 财务杠杆比率

等式右侧的第一个项目是销售净利率，代表公司的盈利能力：每销售一个货币单位（如欧元或美元）的产品或者服务，能够获得多少利润。第二个项目是总资产周转率，代表公司的经营效率：从每一个货币单位的资产运营中，能创造出多少的营业收入。注意 ROA 的分解结果就是这两个项目：销售净利率和总资产周转率，即 ROA 是公司的销售获利能力（销售净利率）和经营效率（总资产周转率）共同影响的结果。在式（6-1b）中，右侧第三个项目是衡量企业负债程度的指标，代表企业的偿债能力：相对于股东所投入的权益资本，这家公司当前的资产总额是多少。这一步分解说明，公司的净资产收益率是其销售净利率、经营效率和财务杠杆率的函数。依然沿用安森工业公司在例 6-14 中的数据，按上式分解 ROE 后，可以帮助分析师更清楚地看到公司 ROE 变化背后的原因⊖：

	ROE	=	销售净利率	×	总资产周转率	×	财务杠杆比率
第 5 会计年度	5.92%		3.33%		1.11		1.60
第 4 会计年度	1.66%		1.11%		0.95		1.58
第 3 会计年度	1.62%		1.13%		0.93		1.54
第 2 会计年度	–0.62%		–0.47%		0.84		1.60

这一步分解进一步证实，安森工业公司的盈利能力增强（这里用销售净利率来衡量）对该公司在四年期间内净资产收益率的增加贡献最大。不过，该公司的总资产周转率也一直在稳步提升。因此，ROE 的增强是公司销售获利能力提高与经营效率得到改善的共同结果。此外，如前所述，ROE 分解还可以用来对可比公司的 ROE 进行比较，如例 6-15 所示。

⊖ 由于财务比率都是经四舍五入处理后只保留了两位小数，因此 ROE 可能不恰好等于表中三个比值的精确乘积。

▌例 6-15　两家公司的比较（2）

参考例 6-14 中安森工业公司和克拉伦斯公司的数据，以下是分析师对这两家公司 ROE 的分析结论，你认为哪一项是最合理的？

A. 安森工业公司的存货周转率为 76.69，说明它比克拉伦斯公司的盈利能力更强。

B. 克拉伦斯公司在第 5 个会计年度当中的 ROE 更大，主要原因是它的资产使用效率更高。

C. 克拉伦斯公司在第 5 个会计年度当中的 ROE 更大，主要原因是它使用了更多的负债融资以及它的销售净利率更高。

解答： 选项 C 正确。在第 5 个会计年度中，克拉伦斯公司的净资产收益率更高（克拉伦斯公司为 9.28%，而安森工业公司仅为 5.92%），主要原因是它利用了更多的债务融资（杠杆率为 2.00，而安森工业公司的为 1.60）和拥有更高的净利率（为 4.38%，而安森工业公司仅为 3.33%）。A 选项的错误在于存货周转率并不是衡量盈利能力的直接指标。存货周转率上升可能表明存货得到了更有效地利用，这会给公司的盈利能力带来好的影响；但是，当一家公司出售更多的商品，即使是亏损出售的情况下，存货周转率也会增加。B 选项的错误在于克拉伦斯公司的资产使用效率低于安森工业公司，因为它的总资产周转率只有 1.06，而安森工业公司的总资产周转率为 1.11。

为了分离所得税和利息的影响，下面将销售净利率再进一步分解，记为：

$$
\frac{净利润}{平均股东权益} = \frac{净利润}{税前利润} \times \frac{税前利润}{息税前利润} \times \frac{息税前利润}{销售收入} \times \\
\frac{销售收入}{平均总资产} \times \frac{平均总资产}{平均股东权益} \tag{6-1c}
$$

上式可被写作：

$$
ROE = 所得税影响剩余 \times 利息支出影响剩余 \times 息税前利润率 \times \\
总资产周转率 \times 财务杠杆比率
$$

在彭博等金融数据库中，使用的就是上述这种五因素分解法。等式右侧的第一个项目计量了所得税对净资产收益率的影响，在本质上，它等于 1 减去公司的平均所得税率，或者说，它告诉我们公司可以留住多少税前利润。这个比率既可以用小数表示，也可以用百分比形式来表示。因此，如果所得税率为 30%，那么这个因子就等于 0.70，或 70%。所得税影响剩余的比值越高，说明公司能保留住的税前利润百分比越高，那么公司的所得税税率就越低。而所得税影响剩余的降低则意味着相反的情况（即更高的所得税税率，使公司的税前利润减少更多）。

右侧第二个项目描述了利息支出对净资产收益率的影响。借款成本越高，ROE 就越低。有一些分析师在计算这个比率和第三个比率时，喜欢使用经营利润，而不是息税前利润。这两种做法都是可以接受的，关键是在应用中应当注意保持一致。如果使用经营利润的话，则第二个项目计量的就是利息支出和非经营性损益对 ROE 的共同影响。

右侧第三个项目描述了经营利润率（如果分子使用经营利润）或息税前利润率（如果分子使用息税前利润）对 ROE 的影响。无论是经营利润率还是息税前利润率，这个指标都代表企业的经营获利能力对股东投资报酬率的影响。

右侧第四个项目是总资产周转率，它刻画公司的整体运转效率（即单位总资产能带来多少收入）。第五个项目是前文已介绍过的财务杠杆率——公司的资产总额相对于其权益资本总额的倍数。

在这一层次的分解中，公司的净资产收益率被表示为所得税影响剩余、利息支出影响剩余、经营盈利能力、经营效率和财务杠杆水平的综合影响结果。分析师可以利用这个框架来确定公司 ROE 的驱动因素，同时，也可以根据公司预期的经营效率、盈利能力、融资活动和税率来预测未来的股东投资回报情况。每个影响因素之间的关系，例如 ROA 与整体 ROE 之间的关系，也可以用 ROE 树的形式来表达，以研究这五个影响因素中每一个因素的贡献。例如，图 6-3 中的 ROE 分解树就是利用安森工业公司的数据绘制的[⊖]。

根据图 6-3，安森工业公司在第 5 个会计年度中的 ROE 为 5.92%，是 3.70% 的 ROA 和 1.60 的财务杠杆比率共同作用的结果。接下来，ROA 又进一步被分解为 3.33% 的销售净利率和 1.11% 的总资产周转率。而销售净利率又被分解为所得税影响剩余 0.70（说明公司的平均税率为 30%）、利息支出影响剩余 0.90 和息税前利润率 5.29% 三个因素。因此，ROE 的影响因素实际上分解为了五个组成部分。

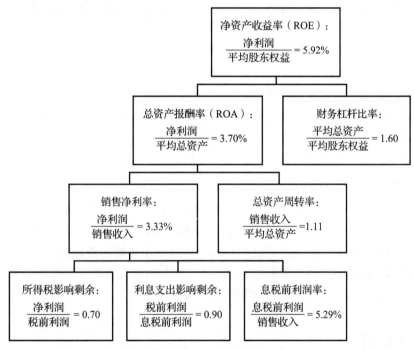

图 6-3　安森工业公司的 ROE 杜邦分析：第 5 个会计年度

例 6-16 说明了如何利用五因素分解法来确定影响一家公司 ROE 变动趋势的背后原因。

▋ 例 6-16　ROE 的五因素分解法

一位分析师正在研究阿姆斯特丹公司（Amsterdam PLC，一家虚构企业[⊖]），他希望了解四年来是什么在影响该公司的 ROE 发生变化。分析师从阿姆斯特丹公司的年度报告中获得

⊖ 请注意，在例 6-14 中并没有分解销售净利率，但在这里已加上了。

⊖ 联系上下文，假定这是一家炼油企业。——译者注

并计算出了以下数据：

	2017	2016	2015	2014
ROE	9.53%	20.78%	26.50%	24.72%
所得税影响剩余	60.50%	52.10%	63.12%	58.96%
利息支出影响剩余	97.49%	97.73%	97.86%	97.49%
息税前利润率	7.56%	11.04%	13.98%	13.98%
总资产周转率	0.99	1.71	1.47	1.44
财务杠杆比率	2.15	2.17	2.10	2.14

问题： 这位分析师会得出什么样的结论？

解答： 所得税影响剩余指标在这四年中发生了变化，但没有明显的变动趋势。在最近一个会计年度，即 2017 年中，所得税费用占税前利润的百分比下降了（因为所得税影响剩余反映的是税后净利润与税前利润之间的关系，该指标从 2016 年的 52.10%，上升为 2017 年的 60.50%，表明所得税费用占税前利润的百分比有所下降）。平均税率的下降可能是因为税法改变或者公司在较低税率的税收管辖区内取得营业收入的结果。在四年分析期当中，利息支出影响剩余指标一直比较稳定，说明该公司的资本结构没有发生大的变化。分析期内的经营盈利能力（息税前利润率）下滑，说明该公司的经营盈利情况愈加恶化。这种变化趋势与 2017 年的油价下跌和炼油行业在 2016 年和 2017 年的毛利率下降相关。此外，该公司在 2017 年的经营效率（由总资产周转率代表）也出现了下降，但财务杠杆比率基本保持不变，这与该公司基本稳定的利息影响情形相一致。总体而言，净资产收益率的变化趋势（近年来出现大幅下降）是由于公司的经营利润下降和资产周转率下降造成的。分析师需要对引起这些变化的原因进行额外的研究，以形成对公司未来业绩的合理预期。

迄今为止，我们提出的最详细的 ROE 分解方案就是五因素分解。不过，分析师还可以对五因素当中的每一个指标进行进一步分解。例如，将息税前利润率（= 息税前利润 / 销售收入）进一步分解为非经营性项目损益影响（= 息税前利润 / 经营利润）和经营性项目损益影响（= 经营利润 / 营业收入）。分析师还可以检查对这五个影响因素有贡献的其他财务指标。例如，经营效率（用总资产周转率表示）的提高可能是由于公司更好地管理了库存（存货周转天数）或者更好地回收了应收账款（应收账款周转天数）。

6.5 权益分析

财务分析的应用场景之一，是在股票投资组合管理工作中，用于证券选择。分析师对证券估值感兴趣，因为他们将一只证券纳入或者保留在投资组合中有好处。一般来说，估值的过程包括这么几步：

1. 了解公司经营业务和现有财务状况；
2. 预测公司业绩；
3. 选择合适的估值模型；
4. 将预测转换为估值；
5. 做出投资决策。

在这一估值过程中的前两个步骤，即在了解经营业务和预测公司业绩当中，财务分析可以帮助分析师提供核心信息。

基本的权益分析包括评估一家公司的业绩和对其权益进行估值，并评估将其作为权益投资对象的相对吸引力。分析师会使用各种方法来评估公司的股权价值，包括估值比率（例如市盈率或者 P/E 比率）、现金流量贴现法和剩余收益法（将 ROE 与公司资本成本进行比较）等。接下来我们先介绍这些方法当中的第一个——估值比率的使用。

6.5.1　估值比率

估值比率在投资决策中的应用由来已久。一个众所周知的例子是**市盈率**（price to earnings ratio，P/E），可能是在所有讨论股票价值的文献中被引用最广的一个财务指标。市盈率将股票价格与公司的每股收益（EPS）水平联系起来。此外，还有一些分析师也使用其他市场乘数指标，例如股票价格与其账面价值之比（P/B 比率）和股票价格与现金流量之比（P/CF 比率）。以下各节探讨估值比率和其他相关的定量指标。

6.5.1.1　估值比率和其他定量指标的计算

在表 6-15 中，列出了常见估值比率和相关定量指标的计算方法。

表 6-15　常见估值比率和相关定量指标的定义

估值比率	分子	分母
市盈率（P/E）	每股市价	每股收益
市现率（P/CF）	每股市价	每股现金流量
市销率（P/S）	每股市价	每股销售收入
市净率（P/B）	每股市价	每股账面价值

每股定量指标	分子	分母
基本每股收益	净利润 – 优先股股利	流通在外普通股的加权平均数量
稀释每股收益	调整了稀释性证券转换影响之后、归属于普通股股东的利润	流通在外普通股和潜在普通股的加权平均数量
每股现金流量	经营活动现金流量	流通在外的加权平均股票数量
每股 EBITDA	扣除利息、所得税、折旧与摊销费用前利润（EBITDA）	流通在外的加权平均股票数量
每股股利	已宣告的普通股股利	流通在外普通股的加权平均数量

与股利有关的定量指标	分子	分母
股利支付率	普通股股利	归属于普通股股东的利润
收益留存率（b）	归属于普通股股东的利润 – 普通股股利	归属于普通股股东的利润
可持续增长率	收益留存率 × 净资产收益率（b × ROE）	

市盈率表达了股票的每股市价与每股收益之间的关系。换句话说，市盈率告诉我们普通股的投资者对公司所赚取的每 1 美元利润应当支付多少钱[⊖]。

因为在市盈率的计算中用到了净利润这个指标，所以市盈率对非经常性收益或一次性收益事件很敏感。此外，由于大家普遍认为净利润比现金流量更容易被操纵，所以分析师可能

　⊖　确切地说是普通股投资者对公司一年能赚取的 1 美元利润应当支付多少钱，因为每股收益（EPS）通常是指每股股票对应的年度净利润。——译者注

会使用市场价格与每股现金流量的比值（即**市现率**，price to cash flow）来作为替代衡量标准——尤其是在被分析公司的盈余质量存在可疑问题的情况下。每股 EBITDA 是用扣除利息、所得税、折旧与摊销费用前利润来计算的，所以可以用来消除不同公司固定资产投资水平差异的影响，也方便用来对同一行业中处于不同基础设施成熟度阶段的公司之间的比较。**市销率**（price to sales）也采用类似的计算方法，它常被用于当公司还不能产生利润时的证券价格比较。

另一个方便用于对公司股票价格进行比较的指标是**市净率**（price to book value，或 P/B 比率），即每股市价与每股账面价值之间的比值。这个比率通常被解释为市场对一家公司的必要报酬率和实际报酬率之间关系的判断。假设账面价值能反映公司资产的公允价值，那么，如果市净率为 1，表示公司未来的预期收益刚好等于市场所要求的回报。如果市净率大于 1，表示公司未来的预期收益将超过市场所要求的回报；而如果市净率小于 1，则表示公司预计不会赚得超过回报[⊖]。

6.5.1.2　每股收益的解释

在表 6-15 中列出不少可用作估值比率的定量指标。在本节中，我们将专门讨论其中一个关键指标，即每股收益（EPS）[⊖]。

简单地说，EPS 就是归属于每一股普通股的公司盈利。如果只是孤立地看，EPS 并不能提供足够的信息来供我们在两家公司之间进行比较。比如，假定有两家公司都只发行了普通股，没有任何稀释性证券流通在外。假定这两家公司的净利润都是 1,000 万美元，所有者权益的账面价值都是 1 亿美元，因此，两家公司的盈利能力也相同（净资产收益率都等于10%，为简单起见，本例中直接使用期末股东权益计算）。除此以外，假定 A 公司的加权平均流通在外普通股数量为 1 亿股，而 B 公司则只有 1,000 万股。因此，A 公司将报告它的每股收益为 0.10 美元，而 B 公司则将报告它的每股收益为 1 美元。所以，每股收益水平的高低并不能直接反映盈利能力的差异——两家公司的利润和盈利能力都是相同的。在这种情况下的 EPS 水平高低只是由于两家公司的普通股流通数量差异造成的。分析师应当详细了解公司所报告 EPS 信息的类型。

基本每股收益（basic EPS）告诉我们每一股普通股可得到的盈利金额[⊜]。在计算基本每股收益时，首先应确定会计期间内已发行的股份数量，它由期初已发行的普通股数量经会计期间内回购或者新发行的普通股股份数量调整，再经时间加权调整以后得到。

会计准则一般会要求公司同时披露基本每股收益和**稀释每股收益**（稀释每股收益考虑了公司全部稀释性证券执行转换或者行权对基本每股收益的摊薄影响，这些具有稀释效应的证券包括可转换公司债券、可转换优先股、认股权证和期权等）。在利润表中，必须针对每一类普通股都在同等重要的位置同时披露基本每股收益和稀释每股收益，披露内容应包括在计算基本每股收益和稀释每股收益时的分子金额，以及该金额与本公司当期利润之间的关系。由于基本每股收益和稀释每股收益都已在公司财务报表中进行披露，所以已不需要分析师再单独进行计算。不过，理解这些计算过程对于分析师预测公司的未来每股收益肯定是有帮助的。

⊖　关于权益分析中所用估值比率的更多细节，请参考课程阅读材料"权益估值：概念与基本工具"。
⊖　关于每股收益的计算，请参考第 3 章《理解利润表》。
⊜　IAS 第 33 号《每股收益》和 FASB ASC 主题 260〔每股收益〕。

计算稀释每股收益时，需要将分子调整为假定转换执行之后的税后利润，并对加权平均股份数量进行调整：

- 用计算基本每股收益时使用的加权平均股数，加上所有具稀释效应证券执行转换后的潜在普通股股份。在证券执行转换之后，潜在普通股股份便会摊薄公司在持续经营过程中所能赚到的每股净利润；
- 假定在会计期初就执行了转换，因此就有了这些股份；或者，从这些股份被发行的那一天开始算起；
- 期权、认股权证（及其等价证券）、可转换金融工具、或有可发行的股份、以股份或者现金结算的合同、回购期权（purchased options）和卖出看跌期权（written put options）等，都应考虑在内。

6.5.1.3　与股利相关的定量指标

本节中将讨论如何解释表 6-15 中所列与股利相关的定量指标。这些指标在一些股票估值的现值模型中有被使用到。

股利支付率。股利支付率（dividend payout ratio）衡量公司将多大比例的利润以股利的方式发放给了普通股股东。公司的每股股利金额往往是相对固定的，因为任何原因导致的股利下降都会引起股票价格不成比例的更大程度下跌。由于股利的金额相对固定，因此，股利支付率往往就随公司利润水平而波动。因此，对公司股利支付政策的评价应当建立在对多期的股利支付情况观察的基础上。最优股利政策与最优资本结构问题类似，一直也是学术界研究的热点，并将继续成为公司财务的一个重要研究话题。

收益留存率。收益留存率也称利润留存率，它与股利支付率是互补的关系（即，收益留存率 = 1 − 股利支付率）。股利支付率衡量的是公司所支付股利占利润的百分比，而收益留存率则衡量公司保留了多大比例的利润。（请注意，股利支付率和收益留存率都是占净利润的百分比。"比率"（ratio）"比值"（rate）和"百分比"（percentage）这几个词在这里没有任何实质性的差异，只是一种习惯的用法。）

可持续增长率。一家公司的**可持续增长率**（sustainable growth rate）被认为是受其盈利能力（用净资产收益率衡量）和内部融资能力（用收益留存率衡量）共同影响的函数。可持续增长率等于 ROE 与收益留存率的乘积。所以，较高的 ROE 和较高的收益留存率都能带来较高的可持续增长率。这种计算思想可以用来估计一家公司的增长率，这个因素在股票估值中经常被用到。

6.5.2　行业特定比率

正如本章前文所示，在现实中，并不存在放之四海而皆准的比率定义和分类。比率的作用是可以作为一家公司业绩和价值的某些重要方面的指标。某方面的业绩在一个行业中被认为是重要的，但在另一个行业中可能就不重要了，所以，行业特定比率能反映出这些差异。例如，零售业中的公司可能会报告单店销售收入的变化，因为在零售行业中，区分新开店面所带来的增长和现有商店通过创造更多销售额所带来的增长是很重要的。在尚未盈利并处于发展初期的行业中，行业特定指标对股权估值特别重要。

此外，受管制的行业（特别是金融部门）往往被要求遵守特定的监管比率。例如，银行业的流动性和存款准备金率，能反映出银行的流动性和货币政策与监管要求；而银行的资本金充足率则能将银行的偿债能力与特定的风险敞口水平结合起来。

出于示例目的，在表 6-16 中，列出了一些行业特定比率和任务特定比率[⊖]。

表 6-16　一些常见的行业特定比率或任务特定比率

财务比率	分子	分母
经营风险测度比率		
经营利润变异系数	经营利润的标准差	平均经营利润
净利润变异系数	净利润的标准差	平均净利润
营业收入变异系数	营业收入的标准差	平均营业收入
金融行业财务比率		
资本充足率——银行	各种层次的资本	多种计量指标，比如风险加权资产、市场风险敞口或者假定的经营风险水平
货币储备需求（存款准备金率）	存放在中央银行的货币储备	特定储蓄负债
流动资产要求	已批准的"可交易"证券	特定储蓄负债
净利息率	净利息收入	计息资产总额
零售业财务比率		
同类店面（或可比店面）销售收入	同期开张的店面的平均收入增长率	不适用
单位面积销售收入	销售收入	零售空间总面积（平方米或平方英尺）
服务业财务比率		
人均收入	销售收入	员工人数
人均净利润	净利润	员工人数
酒店行业		
平均每日费率	房间收入	售出房间数量
入住率	出售房间数量	可出售房间数量

6.5.3　权益分析文献中的财务比率

有些比率在权益分析中可能特别有用。权益分析的最终产品往往是估值和投资建议。理论估值模型在选择有用的比率方面比较有帮助。例如，从理论上来说，一家公司的市净率与ROE、增长情况和市场的必要报酬率是相关的。在剩余收益估值模型中，ROE 也是剩余收益的主要决定因素。在这两种情况下，ROE 相对于必要报酬率越高，估值也就会越高。同样地，利润率与合理的市销率（P/S）也是相关的。另一种常见的估值方法需要先预测未来现金流，然后再将未来现金流进行贴现。了解财务比率的发展趋势，有助于预测公司未来的盈利和现金流情况（例如，经营利润率和应收账款的收款趋势）。未来增长预期是这些估值模型的一个关键影响因素，而财务比率走势可有助于我们评价公司的增长前景（当与整体经济和行业发展趋势结合使用时）。财务比率和共同比数据的波动情况可以帮助我们评估风险，而风险是估值模型中所需必要报酬率的重要影响因素。所以，已有大量的学术研究关注基本财

⊖　还有许多其他的特定行业或特定任务的财务比率，已超出了本章的讨论范围。标准普尔行业调查等资源为每个行业都提供了有用的比率参考。行业组织也可能会为其行业或行业中的特定任务提供有用的比率。

务比率在股权投资评价中的应用。

Ou 和 Penman（1989）的一项经典研究发现，根据会计数据计算产生的财务比率和共同比指标在预测公司盈利和股票投资回报方面是有用的。Ou 和 Penman 一共考察了 68 个不同的财务指标，他们认为，可以将这些指标简化为一个更简洁的相关变量表，包括流动比率、存货和销售收入等各种财务指标的变动百分比；毛利率和税前利润率；以及总资产报酬率和净资产收益率等。这些变量在预测公司盈利和股票投资报酬率方面是有用的。

随后的研究也证明了财务比率在评价股权投资和估值方面的作用。Lev 和 Thiagarajan（1993）研究了分析家常用的基本财务变量在证券估值中的作用。他们发现，在预测超额收益（超过预期的股票投资回报）时，使用这些财务指标比单独只使用公司过去的盈利信息，能增加 70% 的解释力度。这些有用的财务指标包括公司存货和应收账款相对于销售收入的变动百分比，毛利率、人均销售收入以及坏账费用相对于应收账款的波动百分比等。Abarbanell 和 Bushee（1997）也发现以上这些财务比率在预测公司未来的会计收益方面是有用的。Abarbanell 和 Bushee（1998）利用上述变量设计了一个投资策略，然后发现该策略可以为投资者带来超额投资收益。

Piotroski（2000）使用财务比率来支持一项价值投资策略，然后发现该策略可以带来显著的超额收益。在这项投资策略中，Piotroski 所使用的财务比率包括 ROA、经营活动现金流量－总资产之比、ROA 变动率、财务杠杆变动率、流动性变动率、毛利率变动率和存货周转率的变动率。

这项研究表明，财务比率不光可以用来评估公司过去的业绩，在预测未来的收益和股权投资回报方面，财务比率也是有用的。

6.6　信用分析

信用风险（credit risk）是因交易对手或债务人未能履约付款而造成损失的风险。比如，与债券投资有关的信用风险，就是债务人（即债券的发行人）可能无法按照债券契约（合同）条款的规定支付利息和本金的风险。所谓**信用分析**（credit analysis）是对信用风险进行评估。

信用分析的方法有很多，与其他财务分析一样，具体选择什么样的方法需要由分析的目的和背景来决定。对特定类型债务（例如并购融资和其他高负债率的融资）的信用分析往往需要预测逐期的现金流量，与权益分析师所做的预测类似。权益分析师通过将预测现金流量贴现来确定公司权益的价值，而信贷分析师则通过预计现金流量来评估公司在每个会计期间都遵守其财务契约、按规定支付本息的可能性[⊖]。在信用分析中，分析师也会对公司的资产出售和再融资的可能性进行探索。

信用分析可能与借款人在特定交易中的信用风险或其整体信用情况有关。在评估公司的整体信用情况时，一种通用的方法是信用评分，即对可能导致信用违约的影响因素进行统计分析。

信用分析的另一个常用方法是进行信用评级。例如，信用评级机构就用这种方法来评估

　⊖　这里的财务契约是指债券合同中规定的、与债券发行人的财务状况有关的条款。

和通报发行人发生债务（如商业票据、期票和债券等）违约的可能性。信用评级可以是长期的，也可以是短期的，它是评级机构对债务发行人在特定债务、证券或其他债务方面的信誉所表达的意见。即使一家公司还没有发行在外的债务，评级机构也可以为其提供信用评级，以发表它们对发行人履行其财务契约的整体能力和意愿的意见。以下章节将回顾在信用分析研究中的财务比率应用情况，并介绍信用分析中常用的比率。

6.6.1 信用评级过程

信用评级过程不仅包括公司财务报告分析，还包括对公司经营情况的广泛评估。在给出信用评级结果时，评级机构特别重视公司的经营风险状况与其财务风险之间的关系。

公司的信用评级需要将定性和定量的因素相结合。其中，定性因素包括行业的增长前景、规模、技术变化和竞争环境。在单个公司层面，定性因素可能还包括公司运营效率、战略、治理、财务政策、风险管理实践和风险容忍度等。相比之下，定量因素一般包括公司的盈利能力、杠杆水平、现金流的充足性和变现能力$^\ominus$。

在分析财务比率时，评级机构通常会将特定比值与众多已评级公司相同财务比率的中位数进行比较，分析其差异；在对特定发行公司评级时，也会参考其他公司评级的中位数。在这里，所谓已评级公司的范围是在不断变化的，任何计算都会明显受到宏观经济因素和公司并购等活动的影响，在国际评级中，甚至还包括国家和经济风险因素的影响。表 6-17 中，列出了标准普尔公司在评估制造业公司时常用的几个关键财务比率。请注意，在计算这些比率之前，评级机构会对公司的财务报表先进行某些调整，比如，将表外负债调整到公司的负债总额当中去。

表 6-17　特定信用分析比率

信用比率	分子[1]	分母[1]
EBITDA 利息覆盖倍数	EBITDA[2]	利息费用，包括或有债务工具的非现金利息费用
FFO[3] – 负债之比	经营活动产生的资金（FFO）	负债总额
自由 CFO – 负债之比	（经调整后的）CFO[4]减去资本支出额	负债总额
息税前利润率	息税前利润（EBIT）[5]	营业收入总额
扣除利息、所得税、折旧与摊销费用前利润率	扣除利息、所得税、折旧与摊销费用前利润（EBITDA）	营业收入总额
负债 – EBITDA 之比	负债总额	EBITDA
资本报酬率	EBIT	年初资本与年末资本的平均值[6]

[1] 请注意，不同比率的分子和分母是有调整的，与本章其他地方讲到的同一概念定义也可能存在差异。

[2] EBITDA 表示扣除利息费用、所得税、折旧与摊销费用前利润。

[3] FFO 表示经营活动产生的资金（funds from operations），定义为 EBITDA 减去利息费用净额和当期所得税费用（再加减各种可能的调整项目）。

[4] CFO 表示经营活动产生的现金流量。

[5] EBIT 表示息税前利润。

[6] 此处"资本 = 负债 + 递延所得税的长期部分 + 股东权益（再加减各种可能的调整项目）"。

资料来源：根据标准普尔公司《公司方法：财务比率与调整（2013）》中的数据，取自本书出版时的最新版本。

$\ominus$　本段中的概念主要出自标准普尔公司出版的《一般准则：信用评级原则（2011）》。截至本书出版时的最新版本。

6.6.2　信用分析文献中的财务比率

许多学者和实务工作者的研究都关注哪些财务比率在评价公司的信用风险（包括破产风险）方面时是有用的。

早期研究之一是用个别财务比率来提前五年预测公司经营失败的能力。Beaver（1967）发现，有六个财务比率在 90% 的时间里都可以提前一年预测到公司的经营失败，而提前五年预测公司失败的成功率为 65%，这六个有效的财务比率分别为现金流量 – 负债总额之比、ROA、资产负债率、营运资本 – 总资产之比、流动比率和无信贷间隔天数（指一家公司在不依赖借款的情况下可继续经营的时间）。Altman（1968）与 Altman、Haldeman 和 Narayanan（1977）发现可以将财务比率应用到企业破产预测模型中。Altman 最初的工作是创建了一个 Z 评分模型，用于正确地预测企业是否会陷入财务困境。其中，Z 分值的计算方法为：

$$Z = 1.2 \times \frac{（流动资产 – 流动负债）}{总资产}$$

$$+ 1.4 \times \frac{留存收益}{总资产}$$

$$+ 3.3 \times \frac{EBIT}{总资产}$$

$$+ 0.6 \times \frac{股票市值}{负债的账面价值}$$

$$+ 1.0 \times \frac{销售收入}{总资产}$$

在 Altman 最初的研究中，他发现 Z 分值低于 1.81 的公司就会陷入财务困境，这个模型能够准确地将 95% 的研究公司区分为失败组或非失败组。不过，最初的模型是根据制造业的公司设计的，对模型进行改进以后，也可适用于其他类型的公司和时间段。根据 Altman（2000）的研究，盈利能力比率、覆盖比率、流动性比率、资本化比率和利润的波动性在预测中都是可以发挥作用的。

类似研究将财务比率用到了债券评级预测和债券收益率预测方面。例如，Ederington，Yawtiz 和 Roberts（1987）发现，有少数财务比率（包括总资产、利息覆盖比率、杠杆比率、覆盖比率的波动程度和是否次级债）可以有效地解释债券收益率。类似地，Ederington（1986）发现，将八个财务比率结合起来使用，可以对超过 70% 的债券评级进行正确分类，这些变量包括 ROA、长期债务 – 总资产之比、利息覆盖比率、现金流量 – 负债之比、利息覆盖比率的波动程度、现金流量的波动程度、总资产和是否次级债。这些研究表明，财务比率在评估信用风险、债券收益率和债券评级等方面均是有效的。

6.7　业务分部与地区分部

分析师经常需要评估下属业务部门（如子公司、运营单位或不同地理区域的经营业务等）的业绩，以便于对公司整体情况有更详细的了解。根据 IFRS 和 US GAAP，虽然公司都不必提供完整的分部财务报表，但仍必须披露分部信息[⊖]。

6.7.1 分部报告要求

所谓经营分部，是指符合下列条件的公司组成部分：①从事能够创造收入和发生费用的活动，包括尚未开始创造收入的初创分部；②其业绩需经公司管理高层定期审阅；③可获得单独的财务信息[⊖]。对每一个符合某些量化标准的经营分部，公司都必须披露分部信息，这些量化标准包括：该分部创造的收入占总收入的 10% 或以上、拥有的资产占公司总资产的 10% 或以上，以及贡献的利润占公司总利润的 10% 或以上。（为了判断某分部创造的利润是否占合并损益的 10% 或以上，标准要求用分部利润的绝对值与下列两者中的较大者所计算的百分比来判断：①所有盈利分部的合并利润，②所有亏损分部合并亏损额的绝对值。）如果在应用上述量化标准后，所有可报告分部的外部客户收入总和低于公司总收入的 75%，则公司还必须继续识别其他可报告分部，直到该 75% 的要求被满足。如果几个小的分部在业务或地区等众多经济影响因素方面具有相同的特征，则可以将它们合并为一个分部，或者将它们与类似的重要报告分部合并。对于那些无须单独报告的经营分部及相关业务资料，则合并在 "所有其他分部" 类别下。

公司可以以各种方式（例如，按产品分类和地理分部）在内部报告其经营结果。但在为外部报告目的识别分部时，则应根据经营分部的定义，并考虑诸如公司会向董事会报告哪些信息，以及是否有经理能对每个分部业绩负责等因素。公司必须披露它识别可报告分部的依据，以及每个可报告分部所销售产品和服务的类型。

对于每个可报告的分部，公司应当披露以下内容：

- 分部实现的利润或损失；
- 分部拥有的资产总额和承担的负债总额[⊜]（如果这些金额需要由公司主要决策人定期审查的话）；
- 分部收入，并需要区分来自外部客户的收入和来自其他分部的收入；
- 利息收入和利息费用；
- 购置的不动产、厂场与设备的成本和购置无形资产的成本；
- 折旧与摊销费用；
- 其他非付现费用；
- 所得税费用或收益；
- 按使用权益法核算的投资确认的净利润或亏损份额。

此外，公司还必须就报告分部的信息与合并财务报表中的分部收入、损益、资产和负债的调整情况提供解释。

另一项披露要求是本公司对任何单一客户的依赖情况。如果有任何客户对公司总收入的

⊖ IFRS 第 8 号《经营分部》和 FASB ASC 主题 280 ［分部报告］。

⊜ IFRS 第 8 号《经营分部》，第 5 段。

⊜ IFRS 第 8 号和 FASB ASC 主题 280 在绝大多数方面都是趋同的。但两者之间的一个显著区别是，US GAAP 不要求公司披露分部负债；而 IFRS 要求，如果分部负债信息会定期呈报给公司的 "首席经营决策人" 的话，则必须披露分部负债。

贡献达到了 10% 或以上，则公司必须披露这一事实。从分析师的角度来看，客户集中程度方面的信息可以有利于公司风险的评估。

6.7.2　分部比率

根据公司需要提供的分部信息，可以计算出很多有用的财务比率，如表 6-18 所示。

表 6-18　分部财务比率

分部比率	分子	分母
分部利润率	分部利润（亏损）	分部营业收入
分部周转率	分部营业收入	分部总资产
分部 ROA	分部利润（亏损）	分部总资产
分部负债率	分部负债	分部总资产

分部利润率衡量了分部从营业收入中获取利润的能力，而分部 ROA 则衡量了分部利用资产去赚取利润的经营获利能力。分部周转率衡量分部的整体运行效率：每单位资产创造出多少收入。分部负债率则衡量分部的负债水平（或偿债能力）。例 6-17 演示了对分部财务比率的评价。

▌例 6-17　分部财务比率的评价

表 6-19 中是达能集团在 2016 和 2017 会计年度的业务分部资料，金额单位为百万欧元。该公司 2017 年年度报告披露，它根据营业收入和经营利润一共确定了四个业务分部，根据资产配置情况，确定了两个地区分部。

请根据各分部销售收入占比、分部利润率、分部 ROA（如果有的话）和分部周转率（如果有的话）等指标的情况，对各分部业绩进行评价。

表 6-19　达能集团分部信息披露[①]　　　　（单位：百万欧元）

业务分部	2016 年		2017 年	
	销售收入	经常性营业利润	销售收入	经常性营业利润
新鲜乳制品——国际	8,229	731	8,424	760
新鲜乳制品——北美	2,506	351	4,530	556
专业营养品	6,634	1,419	7,102	1,685
水制品	4,574	521	4,621	541
集团合计	21,944	3,022	24,677	3,542

地区分部	2016 年			2017 年		
	销售收入	经常性营业利润	非流动资产	销售收入	经常性营业利润	非流动资产
欧洲与北美	10,933	1,842	11,532	13,193	2,048	22,517
其他地区	11,011	1,180	9,307	11,484	1,495	8,433
集团合计	21,944	3,022	20,839	24,677	3,543	30,950

① 表中数据与原书一致，疑有误。——译者注

资料来源：达能公司 2017 年年度报告。

解答：

业务分部	2016 年		2017 年	
	销售收入占比	经常性营业利润率	销售收入占比	经常性营业利润率
新鲜乳制品——国际	37.5%	8.9%	34.1%	9.0%
新鲜乳制品——北美	11.4%	14.0%	18.4%	12.3%
专业营养品	30.2%	21.4%	28.8%	23.7%
水制品	20.8%	11.4%	18.7%	11.7%
集团合计	100.0%[①]	13.8%	100.0%	14.4%

业务分部	2017 年销售收入变动百分比
新鲜乳制品——国际	2.4%
新鲜乳制品——北美	80.8%
专业营养品	7.1%
水制品	1.0%
集团合计	12.5%

业务分部分析显示，新鲜乳制品——国际分部对该公司总收入的贡献最大，按 2016 年和 2017 年的数据计算，分别占集团总收入的 37.5% 和 34.1%。但是，在 2017 年末收入增幅最大的分部是新鲜乳制品——北美分部，其增长率为 80.8%，该分部实现的收入占集团总收入的比重从 2016 年的 11.4% 已上升至 2017 年的 18.4%。查阅该公司的完整年度报告可以发现，达能集团在 2017 年收购了一家以健康为导向的北美大型食品企业白波公司，这是导致各分部销售比例变化的主要原因。在这两个年度中，经营利润率最高的是专业营养品分部，它在 2016 年的经营利润率为 21.4%，并于 2017 年上升至 23.7%。新鲜乳制品——国际分部和水制品分部的利润率略有上升，但新鲜乳制品——北美分部的利润率却有所下降。后者的原因可能是受收购白波公司的相关成本影响。

地区分部	2016 年				2017 年			
	分部销售收入占比	经常性营业利润率	分部ROA	分部总资产周转率	分部销售收入占比	经常性营业利润率	分部ROA	分部总资产周转率
欧洲与北美	49.8%	16.8%	16.0%	0.9	53.5%	15.5%	9.1%	0.6
其他地区	50.2%	10.7%	12.7%	1.2	46.5%	13.0%	17.7%	1.4
集团合计	100.0%	13.8%	14.5%	1.1	100.0%	14.4%	11.4%	0.8

注：本表中的 ROA 是用经营利润除以期末资产得到的，分部总资产周转率是按分部营业收入除以非流动资产计算得到的。

地区分部分析表明，达能集团的销售收入在两个地区分部之间分布大致均匀。两年中，欧洲与北美分部的经营利润率都更高一些，不过从 2016 年的 16.8% 下降为 2017 年的 15.5%，这可能与集团在北美市场收购白波公司有关。其他地区的经营利润率在 2017 年有所上升。欧洲与北美分部的总资产报酬率和总资产周转率在 2017 年显著下降，再一次地，这也应当是受收购白波公司的影响。通过考察达能集团在年度报告中披露的信息，发现该集团记录了欧洲与北美分部的无形资产（大部分为商誉）显著增加，确实是由于收购白波公司所带来的。与欧洲与北美分部的表现相反，其他地区的分部资产报酬率和总资产周转率都有了显著改善。

6.8 建模与预测

分析师常常需要预测公司未来的财务业绩。例如，华尔街上的机构普遍都会参考分析师的每股收益预测，并进行相关股票估值。分析师利用相关经济、行业和公司数据来进行预测。财务分析的结果，包括共同比和比率分析，以及分析师的判断，都是这个过程的一部分。

根据对增长的预测和财务报表数据之间的钩稽关系，分析师可以建立一个模型（有时称为"盈利模型"）来预测公司的未来业绩。除了预算数据，公司还会编制预计财务报表，并将其广泛用于公司内部的财务预测，特别是供公司高管和董事会参考使用。此外，在争取外部融资机会时，这些预算和预计数据会向信用分析师和其他人士展示。

举例来说，如果有收入预测数据，分析师就可以根据期望的共同比来估算费用数据。根据期望的财务比率水平（例如应收账款周转大数），可以进一步得到资产负债表和现金流量表的预测值。预测并不限于单一的点估计，而是应该考虑各种可能性。这里可能涉及以下几种技术的使用：

- **敏感性分析**（sensitivity analysis）：也称为"如果……就"分析，敏感性分析能让我们看到特定假设的改变可能带来的结果范围；这反过来又会影响融资需求或固定资产的投资规模；
- **情景分析**（scenario analysis）：这种类型的分析让我们看到特定（经济）事件（例如客户流失、失去供应源或某灾难性事件发生）会引起关键财务指标的变化。如果这些事件是互斥和详尽的，并且可以为这些事件估计出概率来，那么，分析师不仅可以看到结果的分布范围，还可以得到他关注指标的标准统计度量数据，例如指标均值和中位数等；
- **模拟**（simulation）：这是根据驱动因素的概率模型，利用计算机生成的敏感性分析或情景分析。在模拟过程中，每个事件或可能结果都被赋予了一个概率，然后根据各个变量的可能值和概率组合运行，就能得到多种方案情景。

6.9 本章小结

包括共同比财务报表和比率分析等在内的财务分析技术，在总结财务报告数据和评价公司业绩与财务状况等方面都是非常有用的。财务分析技术的应用结果能为证券估值提供重要的参考。财务分析的要点包括：

- 共同比财务报表和财务比率能消除规模的影响，便于将公司与同行其他公司进行比较（横向分析），也便于对一家公司的长期业绩进行比较（趋势分析或时间序列分析）；
- 营运能力比率衡量一家公司的经营效率，例如应收账款的回收或者库存管理效率。主要的营运能力比率包括存货周转率、存货周转天数、应收账款周转率、应收账款周转天数、应付账款周转率、应付账款周转天数、营运资本周转率、固定资产周转率和总资产周转率；
- 流动性比率衡量公司偿还其短期债务的能力，主要的流动性比率包括流动比率、速动比率、现金比率和防御区间比率；

- 偿债能力比率衡量公司偿还其长期债务的能力，主要的偿债能力比率包括负债比率（包括负债－资产比率、负债－资本比率、负债－权益比率和财务杠杆比率）和覆盖比率（包括利息覆盖率和固定支出覆盖率）；
- 盈利能力比率衡量一家公司从收入和资产利用中创造利润的能力。主要的盈利能力比率包括销售利润率（包括毛利率、经营利润率、税前利润率和净利率）和投资报酬率（包括总资产经营利润率、总资产报酬率、资本总额报酬率、净资产收益率和普通股权益报酬率）；
- 财务比率也可以结合在一起使用，综合的比率评价能帮助我们更好地理解它们之间的关系，看清楚营运效率和财务杠杆是如何影响公司盈利能力的；
- 净资产收益率可以分解为销售净利率、总资产周转率和财务杠杆比率的乘积。这种分解方法有时被称为杜邦分析；
- 估值比率表达了公司或其股权的市场价值（即每股市价）与一些基本财务指标（如每股收益）之间的关系；
- 比率分析在债券和股票的选择与估值中能发挥作用，也是公司信用评级过程的一部分；
- 我们还可以对经营分部计算财务比率，以评价公司内部单位的业绩表现；
- 财务分析结果为预测公司的未来盈利和现金流量情况提供了有价值的参考。

存　货

迈克尔·A. 布罗伊哈恩，注册会计师，注册内部审计师，特许金融分析师

学习目标

- 区分计入存货的成本和在发生时就计入期间费用的成本；
- 描述不同的存货计价方法（成本公式）；
- 在永续盘存制和实地盘存制下，使用不同的计价方法计算和比较销货成本、毛利润与期末存货价值；
- 当存货成本面临通货膨胀或者通货紧缩时，计算和解释不同存货计价方法下公司的财务状况和财务比率所受到的影响；
- 说明什么是后进先出法储备和后进先出法清算，以及它们对财务报表和财务比率的影响；
- 将公司按后进先出法报告的财务报表转换为按先进先出法报告的，以利于比较；
- 说明在编制财务报表和计算财务比率时，如何按可变现净值对存货进行估值；
- 说明如何应用成本与可变现净值孰低原则对存货进行计量；
- 说明与存货有关的财务报表列报和披露要求；
- 说明分析师在审查公司的存货信息披露和其他渠道信息时，应该考虑哪些问题；
- 计算和比较不同公司的财务比率，包括使用不同存货计价方法的公司；
- 分析和比较公司的财务报表，包括使用不同存货核算方法的公司。

7.1　概述

　　商业企业和制造企业都通过销售存货来创造收入和利润。在这些公司的资产负债表上，存货可能是一项重要资产。商家（指批发商和零售商）从制造商那里买入可供出售的存货，因此它们的存货品类通常就是一种产成品存货。但制造商需要从供应商那里买入原材料，然后创造增加价值将原材料加工成为产成品。制造商的存货品类一般至少有这样三种⊖：原材料、在产品⊜和产成品存货，其中，在产品是指已开始从原材料到产成品的转换过程，但尚

　⊖　也可能按其他分类，存货分类应当适用于报告实体。
　⊜　在 US GAAP 体系下，这一类存货通常被称为"**在制品**"（work in process）。

未加工完成达到可出售状态的产品。制造商可以在其资产负债表上单独报告原材料、在产品和产成品存货的账面价值，也可以简单地报告全部存货的总额。如果使用后一种报告方法，则必须在财务报表附注中披露原材料、在产品和产成品存货的账面价值。

存货和销货成本（产品销售成本⊖）是许多公司财务报表中的重要项目。对这些公司的业绩进行比较是一项挑战，因为会计准则允许公司选择存货计价方法：不同的存货计价方法可能会导致分配给存货和销货成本这两个项目的金额出现较大差异。如果所有公司都使用相同的存货计价方法，或者存货的价格随着时间的推移一直都能保持不变，那么，财务报表分析将容易得多。如果不存在通货膨胀或者通货紧缩，因此存货的单位采购成本能一直恒定不变，那么存货计价方法的选择也就无关紧要。但事实是，存货的价格水平总是会随着时间的推移而发生变化。

IFRS 将存货成本在期末库存和当期销货成本之间进行分配时，允许公司采用三种存货计价方法：个别认定法、先进先出法（FIFO）和加权平均成本法⊜。US GAAP 也允许公司使用上述三种存货计价方法，但还额外允许了第四种方法，即后进先出法（LIFO）⊜。存货计价方法的选择会影响可供销售商品的成本在期末存货和当期销货成本之间的分配。分析师必须了解各种存货计价方法及其对财务报表和财务比率的影响，以便正确地评估一家公司在一段时间内的业绩，以及将公司业绩与同行公司的业绩进行比较。公司的财务报表和报表附注为分析师提供了重要的信息，可以用来评估公司所选择的存货计价方法对财务报表和财务比率的影响。

本章安排如下：第 7.2 节讨论包括在存货中的成本和在发生期间确认为费用的成本；第 7.3 节介绍了存货估价方法，并比较了每种方法下期末存货、销售成本和毛利的计量，以及使用定期盘存和永续盘存制度时的情况；第 7.4 节描述后进先出法、后进先出法储备和后进先出法清算的影响，并说明使用后进先出法的公司与使用先进先出法的公司进行比较所需的调整；第 7.5 节介绍了存货计价方法变更对财务报表的影响；第 7.6 节讨论存货价值变动时的计量和报告；第 7.7 节介绍了在财务报表和相关披露中列报存货的情况，讨论了存货比率及其解释，并举例说明了有关存货的财务分析。最后是本章小结。

7.2　存货成本

根据 IFRS，存货成本包括"所有采购成本、加工成本以及使存货达到目前场所和状态发生的其他成本"⊗。其中，采购成本包括采购价格、进口关税和其他税、运输费用、运输期间的保险、装卸以及其他可直接归属于商品、材料或服务采购的成本。商业折扣、销售返利和类似项目降低了支付价格，因此也应调低采购成本。加工成本包括与生产单位直接相关的支出，比如直接人工和固定的或变动的制造费用⊗。将这些与产品相关的成本计入存货价值（即报告为资产），意味着在存货被出售之前，它们不会在利润表中被确认为费用（即作为销

⊖　一般来说，IFRS 较多使用"**销售成本**"（cost of sales），而 US GAAP 则较多使用"**销货成本**"（cost of goods sold）。

⊜　IAS 第 2 号《存货》。

⊜　FASB ASC 主题 330［存货］。

⊗　IAS 第 2 号《存货》。

⊗　固定制造费用（包括折旧费用、工厂维护支出、工厂管理费用等）是指不受生产规模影响，始终保持相对不变的间接生产成本。可变制造费用是指随生产量变动而同步变动的间接生产费用（如间接人工和材料费用）。

货成本)。US GAAP 对哪些支出应当计入存货成本也做出了类似的规定。

无论是 IFRS 还是 US GAAP，都认为下列支出不应当计入存货成本：因废品而导致的材料、人工或其他生产投入浪费产生的非正常成本，储存成本（除非存储需求是产品生产过程的一部分），以及所有的公司管理费用和销售费用。这些不能计入存货成本的支出应被作为费用，并在发生时就确认在利润表中。将一项支出计入存货成本，可以将它被确认为利润表中的费用项目的时间推迟到该项存货被出售时。因此，如果将本应计入费用的支出计入了存货成本，就会在利润表中夸大公司的盈利能力（因为推迟了当期费用的确认），同时高估资产负债表中的存货价值。

📕 例 7-1　与存货相关的支出

假定顶点公司（Acme Enterprises）是一家生产桌子的企业，它按照 IFRS 编制财务报表。2018 年，该公司生产了成品桌子 90 万张，报废桌子 1,000 张。成品桌子的原材料成本为 900 万欧元，直接人工费用为 1,800 万欧元，制造费用为 180 万欧元。1,000 张报废桌子（被归为非常废品）的总生产成本为 3 万欧元（包括 1 万欧元的原材料成本和 2 万欧元的加工成本；这些金额不包含在成品桌子的 900 万欧元的原材料成本和 1,980 万欧元的总加工成本当中）。在这一年中，顶点公司一共支出了 100 万欧元的原材料运费和 50 万欧元的成品桌子存储费用。顶点公司在年末没有任何在产品存货。

问题：

1. 上述哪些项目应计入该公司 2018 年的存货成本？

2. 上述哪些项目应当在 2018 年确认为费用？

问题 1 解答： 该公司 2018 年的存货成本应当为：

	（单位：欧元）
原材料	9,000,000
直接人工	18,000,000
制造费用	1,800,000
原材料运输费	1,000,000
存货成本合计	29,800,000

问题 2 解答： 应当在 2018 年被确认为费用（即不计入存货成本）的项目为：

	（单位：欧元）
非常废品损失	30,000
产成品存货储存费用	500,000
合计	530,000

7.3　存货计价方法

一般情况下，存货的采购成本和制造加工成本都是随时间变化的。因此，如何将存货的总成本（即可供销售产品的成本）在利润表的销货成本项目和资产负债表的存货项目之间进行分配，取决于一家公司所使用的存货计价方法。如概述部分介绍过的，IFRS 和 US GAAP 将存货计价方法分别称为成本公式和成本流转假定。如果与其他方法相比，一种方法导致分配给销货成本的金额更多，而分配给期末存货成本的金额更少，那么，这种方法就会低估当年报告的毛利润、净利润和存货的账面价值。所以说，存货的会计处理以及相应的成本分配方案，会对财务报表和财务报表的可比性产生直接影响。

IFRS 和 US GAAP 都允许公司使用以下存货计价方法：个别认定法、先进先出法和加权平均成本法。不过，US GAAP 还允许公司使用另外一种方法：后进先出法。对于性质和用途相似的所有存货项目，公司应当使用相同的存货计价方法；但对于性质或用途不同的项目，则可采用不同的存货计价方法。⊖当存货被出售时，应根据所使用的存货计价方法（成本流转假定），将所售商品的账面价值确认为费用（销货成本）。

个别认定法通常用于不能互相替代的存货项目，而先进先出法、加权平均成本法和后进先出法则可以用于大批量的存货项目。个别认定法将具体存货项目的实际成本与其实物流转相匹配；其成本一直被留在存货当中，直到它确实被出售为止。先进先出法、加权平均成本法和后进先出法都是基于成本流转假定，应用这些方法，公司必须对哪些商品已售出，哪些商品仍留在期末存货中做出一定的系统假设。因此，存货成本在销货成本和期末存货价值之间的分配可能与存货实体的物理移动之间并没有实际的关系。

如果库存成本在一段时间内都保持不变或相对稳定，那么，存货计价方法的选择其实在很大程度上是无关紧要的。因为当价格相对比较稳定时，这四种存货计价方法所计算出来的销货成本和期末存货价值都非常接近。但是，当考虑价格水平发生变化后，存货计价方法的选择就可能对公司报告的销货成本和存货期末价值产生重大影响，并进而使其他项目，例如毛利润、净利润、流动资产和总资产的价值也受到影响。

7.3.1　个别认定法

个别认定法通常适用于不能互相替代使用的存货和专门为特定项目生产的货物。这种方法也常用于具有唯一可识别特征的昂贵商品，比如珍贵的宝石等。在这种方法下，销货成本和期末存货价值分别反映已售出存货和剩余未售出存货的采购（或生产）的实际成本。因此，在这种方法下，无论是已售商品还是剩余库存，其价值流转与实物流转都是互相匹配的。

7.3.2　先进先出法

先进先出法（FIFO）假定最早购入（或制造）的货物最先被售出，因此，留在期末库存中的，都是最近购入（或制造）的存货。换句话说，它假定第一件入库的存货也是第一件被出售的存货。因此，在先进先出法下，期初存货中的成本和本期最先购入（或制造）存货的成本会最先进入到销货成本当中，而期末存货的价值反映的是最近购入（或制造）的商品成本。在价格持续上涨期间，分配给期末存货的单位成本会高于分配给本期出售存货的单位成本；相反，在价格持续下降期间，分配给期末存货的单位成本会低于分配给本期出售存货的单位成本。

7.3.3　加权平均成本法

加权平均成本法将会计期间内可供销售存货的平均成本（期初存货成本，加上本期新增

⊖　例如，如果服装制造商同时生产零售产品线和独家设计师制造线，那么，可以对零售产品线上的存货使用先进先出法计价，而对独家设计师制造线上的存货使用个别认定法计价。

的购买成本、加工成本和其他成本）分配给本期已售的存货和期末留存的存货。在某会计期间内，某存货项目的加权平均成本是指可供销售存货总成本除以该期间内可供销售的存货单位总数（可供销售的存货总成本 / 可供销售的存货总数量）。

7.3.4　后进先出法

只有 US GAAP 体系允许使用后进先出法（LIFO）。在这种计价方法下，假定新购入（或制造）的存货先被售出，而最早购入（或制造）的存货，包括期初库存在内，仍留在期末库存当中。换句话说，后进先出法假定最后入库的存货最先被售出。因此，在这种方法下，销货成本中反映的是最近购入（或制造）商品的单位成本，而期末库存价值中反映的是最陈旧批次商品的成本。在价格持续上涨期间，分配给期末存货价值的单位成本会低于分配给本期出售存货的单位成本；相反，在价格持续下降期间，分配给期末存货价值的单位成本会高于分配给本期出售存货的单位成本。

7.3.5　计算销售成本、毛利润与期末存货

在价格波动时期，公司选择发出存货的计价方法决定了存货的总成本（即可供销售的商品成本），以及它在利润表上的销货成本项目和资产负债表上的存货项目之间应如何分配。以下例题说明了存货计价方法对销货成本、毛利润和期末存货价值的影响。

▌**例 7-2　存货成本流转说明：个别认定法、加权平均成本法、先进先出法和后进先出法**

全球销售公司（Global Sales,Inc.，简称 GSI）是一家虚构的迪拜公司，它主要销售豪华香皂等各种消费品，这些香皂是按公斤出售的。GSI 从 2018 年开始运营，它先后以 110 迪拉姆（AED）/kg、100AED/kg 和 90AED/kg 的价格分别购买和验收入库了 10 万公斤、20 万公斤和 30 万公斤的香皂。同时，GSI 也以 240AED/kg 的价格销售了 52 万公斤香皂。GSI 把购入的香皂储存在它的库房里，每一批入库的香皂都是很容易辨别。在 2018 年分三个批次入库的香皂当中，分别有 10 万公斤、18 万公斤和 24 万公斤的香皂被出库发送给了客户。请回答以下问题，并在必要时将答案四舍五入到小数点后三位表示：

1. 在个别认定法下，GSI 在 2018 年报告的销货成本、毛利润和期末存货价值应当是多少？

2. 在加权平均成本法下，GSI 在 2018 年报告的销货成本、毛利润和期末存货价值应当是多少？

3. 在先进先出法下，GSI 在 2018 年报告的销货成本、毛利润和期末存货价值应当是多少？

4. 在后进先出法下，GSI 在 2018 年报告的销货成本、毛利润和期末存货价值应当是多少？

问题 1 解答：根据个别认定法，特定存货项目的实物流转与其价值流转是一致的，因此：

$$销售收入 = 520,000kg \times 240AED/kg = 124,800,000AED$$
$$销货成本 = （100,000kg \times 110AED/kg）+（180,000kg \times 100AED/kg）+$$
$$（240,000kg \times 90AED/kg）= 50,600,000AED$$
$$毛利润 = 124,800,000AED - 50,600,000AED = 74,200,000AED$$
$$期末存货价值 = （20,000kg \times 100AED/kg）+（60,000kg \times 90AED/kg）= 7,400,000AED$$

请注意，尽管在仓库中的库存是可区分的，但对于这类可互相替代使用的存货项目，使用个别认定法是不太合适的，因为在个别认定法下，公司管理层可以通过决定将哪批存货发出去，来操纵公司的盈利。

问题 2 解答： 在加权平均成本法下，应按所有存货项目实际成本计算的加权平均成本单价，将存货成本分配到销货成本和期末存货价值中。加权平均成本单价是用当期可供销售商品的总成本除以可供销售商品的总数量来确定的。

$$加权平均单位成本 = [（100,000kg \times 110AED/kg）+（200,000kg \times 100AED/kg）+$$
$$（300,000kg \times 90AED/kg）]/600,000kg$$
$$= 96.667AED/kg$$

$$销售收入 = 520,000kg \times 240AED/kg = 124,800,000AED$$

$$销货成本 = 520,000kg \times 96.667AED/kg = 50,267,000AED$$

$$毛利润 = 124,800,000AED - 50,267,000AED = 74,533,000AED$$

$$期末存货价值 = 80,000kg \times 96.667AED/kg = 7,733,360AED$$

问题 3 解答： 在先进先出法下，假定最早入库的存货最先被售出，因此，期末库存假定由最近取得的存货组成。

$$销售收入 = 520,000kg \times 240AED/kg = 124,800,000AED$$

$$销货成本 =（100,000kg \times 110AED/kg）+（200,000kg \times 100AED/kg）+$$
$$（220,000kg \times 90AED/kg）= 50,800,000AED$$

$$毛利润 = 124,800,000AED - 50,800,000AED = 74,000,000AED$$

$$期末存货价值 = 80,000kg \times 90AED/kg = 7,200,000AED$$

问题 4 解答： 在后进先出法下，假定最新入库的存货最先被售出。因此，期末存货假定是由最早入库的存货单位所组成的。

$$销售收入 = 520,000kg \times 240AED/kg = 124,800,000AED$$

$$销货成本 =（20,000kg \times 110AED/kg）+（200,000kg \times 100AED/kg）+$$
$$（300,000kg \times 90AED/kg）= 49,200,000AED$$

$$毛利润 = 124,800,000AED - 49,200,000AED = 75,600,000AED$$

$$期末存货价值 = 80,000kg \times 110AED/kg = 8,800,000AED$$

下表（以千迪拉姆为单位）汇总了四种存货计价方法下的销货成本、期末存货和可供销售商品的成本。请注意，在公司经营的第一年中，四种存货计价方法下的可供销售商品总成本是相同的。但在随后年份中可供销售商品的成本通常会不同了，这是因为它们的期初库存价值会开始出现差异。同时，表中还报告了四种存货计价方法下的毛利润。由于在例题涉及的会计期间内，每公斤香皂的单位采购成本一直是下降的，因此后进先出法下报告的期末库存价值最高，但同时它的销货成本也最低，而毛利润最高。在先进先出法下，报告的期末库存价值最低，销货成本最高，同时毛利润也最低。

存货计价方法	个别认定法	加权平均成本法	先进先出法	后进先出法
销货成本	50,600	50,267	50,800	49,200
期末存货价值	7,400	7,733	7,200	8,800
可供销售的商品成本总额	58,000	58,000	58,000	58,000
毛利润	74,200	74,533	74,000	75,600

7.3.6 定期盘存制度与永续盘存制度

公司通常按照定期盘存制度或者永续盘存制度来记录存货的变化。在定期盘存制度下，期末存货的价值和本期销货成本是在会计期末才确定的。在采购账户中，会记录每一笔采购业务，本期采购和期初存货的价值相加，便是当期可供销售的商品总额。到会计期末，将期末存货价值从可供销售的商品总额中减去，即为本期销货成本；而期末存货的数量则是通过实物盘点和清查来取得或核实的。在永续盘存制度下，则要求结存存货的价值和销售成本在账面上不断更新，使账簿记录能够反映库存和销售的情况。

无论使用定期盘存制度还是永续盘存制度，如果按照个别认定法或者先进先出法进行发出存货计价，那么可供销售存货在销货成本和期末存货之间的分配都是相同的。但在加权平均成本法下就不一定了。使用定期盘存制度时，按照加权平均成本法和先进先出法将本期可供销售存货成本在销货成本和期末库存之间进行分配，结果可能存在很大不同。使用永续盘存制度时，由于存货价值和销货成本在账簿记录中是不断更新的，可随时反映采购和销售的影响。因此，先进先出法和加权平均成本法在永续盘存制度下，分配给销货成本和期末存货的本期可供销售存货成本数额是接近的。由于信息披露的匮乏，以及在现实生活中永续盘存制度占据主导地位，分析师对采用加权平均成本法的公司与采用先进先出法的公司进行比较时，通常可不进行额外调整。

如果选择按后进先出法对发出存货进行计价，那么，在定期盘存制度和永续盘存制度下，销货成本和期末存货的分配金额常常会有所不同。无论采用哪一种盘存制度，按后进先出法进行存货发出计价时，其对销货成本和期末存货的金额分配都与其他存货计价方法存在较大差异。当存货采购成本不断上升，而库存数量稳定或增加时，使用后进先出法将导致销货成本高于使用先进先出法的，但期末库存结余金额低于使用先进先出法的。在后进先出法下，报告更高的销货成本，并导致毛利润、经营利润、税前利润和净利润都更低。相应地，在后进先出法下，所得税费用也较低，导致公司经营现金流量净额偏高。而在资产负债表上，较低的存货账面价值将导致公司的流动资产、营运资本和总资产被低估。所以，分析师在比较使用后进先出法的公司和使用先进先出法的公司时，必须仔细评估存货计价方法的选择对财务报表的影响。

例 7-3 说明了后进先出法对公司的影响。

▌例 7-3 永续盘存制度与定期盘存制度比较

如果 GSI（例 7-2 中的公司）使用永续盘存制度，那么采购和销售的时间会影响到销货成本与期末存货的金额。以下是该公司在 2018 年的采购、销售记录和交易后的余额情况。

日期	购入	售出	存货余额
1 月 5 日	100,000kg，单价 110AED/kg		100,000kg
2 月 1 日		80,000kg，单价 240AED/kg	20,000kg
3 月 8 日	200,000kg，单价 100AED/kg		220,000kg
4 月 6 日		100,000kg，单价 240AED/kg	120,000kg
5 月 23 日		60,000kg，单价 240AED/kg	60,000kg
7 月 7 日		40,000kg，单价 240AED/kg	20,000kg
8 月 2 日	300,000kg，单价 90AED/kg		320,000kg

（续）

日期	购入	售出	存货余额
9 月 5 日		70,000kg，单价 240AED/kg	250,000kg
11 月 17 日		90,000kg，单价 240AED/kg	160,000kg
12 月 8 日		80,000kg，单价 240AED/kg	80,000kg
	可供销售的存货价值 = 58,000,000AED	销售收入总额 = 124,800,000AED	

在公司开展经营的第一年，无论是采用永续盘存制度还是定期盘存制度，可供销售的存货价值都是相同的，但是期末存货的账面价值可能会有所不同，因为在永续盘存制度下，全年都会应用后进先出法不停地进行计算；而在定期盘存制度下，假定期末存货由 80,000 件最早购入的存货成本构成，那么期末存货的单价就是 110AED/kg。

问题： 在永续盘存制度下，使用后进先出法对发出存货进行计价，GSI 的期末存货价值、当期销货成本和毛利润金额会是多少？将这些数字与定期盘存制度下使用后进先出法对发出存货进行计价的数字（如例 7-2 中计算得到的）相比较，情况如何？[⊖]

解答： 在永续盘存制度下，不同时点的存货账面价值计算如下：

日期	库存数量	库存数量与单价	库存账面价值
1 月 5 日	100,000kg	100,000kg，单价 110AED/kg	11,000,000AED
2 月 1 日	20,000kg	20,000kg，单价 110AED/kg	2,200,000AED
3 月 8 日	220,000kg	20,000kg，单价 110AED/kg+ 200,000kg，单价 100AED/kg	22,200,000AED
4 月 6 日	120,000kg	20,000kg，单价 110AED/kg+ 100,000kg，单价 100AED/kg	12,200,000AED
5 月 23 日	60,000kg	20,000kg，单价 110AED/kg+ 40,000kg，单价 110AED/kg	6,200,000AED
7 月 7 日	20,000kg	20,000kg，单价 110AED/kg	2,200,000AED
8 月 2 日	320,000kg	20,000kg，单价 110AED/kg+ 300,000kg，单价 90AED/kg	29,200,000AED
9 月 5 日	250,000kg	20,000kg，单价 110AED/kg+ 230,000kg，单价 90AED/kg	22,900,000AED
11 月 17 日	160,000kg	20,000kg，单价 110AED/kg+ 140,000kg，单价 90AED/kg	14,800,000AED
12 月 8 日	80,000kg	20,000kg，单价 110AED/kg+ 60,000kg，单价 90AED/kg	7,600,000AED

永续盘存制度下：

$$销售收入 = 520,000kg \times 240AED/kg = 124,800,000AED$$
$$销货成本 = 58,000,000 - 7,600,000 = 50,400,000AED$$
$$毛利润 = 124,800,000 - 50,400,000 = 74,400,000AED$$

⊖ 原文交代不太清晰，例题的意思是，GSI 公司使用后进先出法（即时计算）对发出存货进行计价，即在每一笔发出存货之后，立即按照后进先出的思想计算发出存货和期末库存的价值，将这样的计算结果与定期盘存制的后进先出法计算结果进行比较。在定期盘存制下，由于只在会计期末通过盘点期末库存来倒推本期发出存货和期末库存价值，所以它的后进先出是从整个会计期间内最后一批存货开始计算的；而在永续盘存制度下采用后进先出法（即时计算）时，每一次的"最后批次"是指截至那一次发货时的最后一批。

$$期末存货价值 = 7,600,000AED$$

根据例 7-2，在定期盘存制度下：

$$销售收入 = 520,000kg \times 240AED/kg = 124,800,000AED$$
$$销货成本 = (20,000kg \times 110AED/kg) + (200,000kg \times 100AED/kg) +$$
$$(300,000kg \times 90AED/kg) = 49,200,000AED$$
$$毛利润 = 124,800,000AED - 49,200,000AED = 75,600,000AED$$
$$期末存货价值 = 80,000kg \times 110AED/kg = 8,800,000AED$$

在本例中，永续盘存制度下的期末存货价值更低，因为假设只有 20,000kg 最早购入的，同时也是采购单价最高的存货留在期末库存当中。与定期盘存制度下的情况比较，本例中，永续盘存制度下的销货成本更高，毛利润更低。

7.3.7　存货计价方法的比较

如例 7-2 所示，在不同存货计价方法下，可供销售商品的总成本在利润表的销货成本项目和资产负债表的期末存货项目的分配金额是不同的。在存货采购单价持续下降和期末存货数量基本保持不变甚至增加的条件下，先进先出法（与加权平均成本法或后进先出法相比）会将可供销售商品总成本中的较高单价分配到利润表的销货成本项目中，而将较低的存货单价分配到资产负债表的期末存货项目中。并且，由于在先进先出法下销货成本会更高，那么公司的毛利润、经营利润和税前利润就会更低。

相反，在存货采购单价持续上升和期末存货数量基本保持不变或不断增加的条件下，先进先出法（与加权平均成本或后进先出法相比）会将可供销售商品总成本中的较低单价分配到利润表的销货成本项目中，而将较高的存货单价分配到资产负债表的期末存货项目中。并且，由于在先进先出法下报告的销货成本较低，那么公司的毛利润、经营利润和税前利润就会更高。

在先进先出法下，由于假定期末存货由最近购入的项目组成，所以期末存货的账面价值能更准确地反映其当时的重置价值。而后进先出法下的销货成本则更能反映当时存货的重置价值，但在后进先出法下，由于假定期末存货都是由最早批次购入的存货项目所组成的，因此其期末存货金额往往难以反映存货的重置价值。例 7-4 说明了使用先进先出法或后进先出法对发出存货进行计价所得到的不同结果。

▌ 例 7-4　通货膨胀的影响：后进先出法与先进先出法对比

假定公司 L 和公司 F 在其他所有方面都是相同的，只是对存货发出的计价方法不同，公司 L 使用了后进先出法而公司 F 使用了先进先出法。假定这两家公司都已经经营了 5 年，每年都保持 2,000 件基本库存量。除第 1 年以外，两家公司每年采购的存货数量都等于当年出售的存货数量。在五年期间，两家公司的商品销量每年都增长 10%。受通货膨胀的影响，两家公司在每年初的存货采购单价和销售价格都上涨 4%。在第 1 个经营年份中，两家公司都以每件商品 15 美元的价格出售了 20,000 件商品，并且商品采购单价都是每件 8 美元。请回答下列问题：

1. 两家公司在这 5 年中，每一年的期末存货价值、销售收入、销货成本和毛利润各是多少？
2. 比较这两家公司在 5 年当中的存货周转率（按期末存货的价值计算）和毛利率。

问题 1 解答：

（单位：美元）

L 公司，后进先出法	第 1 年	第 2 年	第 3 年	第 4 年	第 5 年
期末存货价值①	16,000	16,000	16,000	16,000	16,000
销售收入②	300,000	343,200	392,621	449,158	513,837
销货成本③	160,000	183,040	209,398	239,551	274,046
毛利润	140,000	160,160	183,223	209,607	239,791

① 每年的期末存货价值都是一样的，为 16,000 美元（= 2,000 件 × 8 美元 / 件）。假定第 1 年购入的 2,000 件存货价值一直留存在期末存货价值当中。

② 第 X 年的销售收入 =（20,000 件 × 15 美元 / 件）（1.10）$^{X-1}$（1.04）$^{X-1}$。销售数量每年增加 10%，销售价格每年上涨 4%。

③ 第 X 年的销售成本 =（20,000 件 × 8 美元 / 件）（1.10）$^{X-1}$（1.04）$^{X-1}$。第 1 年，按每件 8 美元的价格出售了 20,000 件存货。在接下来的各年中，由于当年采购存货数量与出售的存货数量相等，因此，每年销售存货数量直接等于当年的采购数量。存货采购数量每年增长 10%，采购价格每年上涨 4%。

请注意，如果一家公司在某一年中出售的存货数量大于当年采购的存货数量，期末库存就会减少。这种现象被称为后进先出法清算（LIFO liquidation）。在这种情况下，已售存货的销售成本将超过当期采购的价格，从而影响存货的账面价值。在本例中，对于超过当期采购量的每一件产品销售，其单位成本为 8 美元，毛利则更高。

（单位：美元）

F 公司，先进先出法	第 1 年	第 2 年	第 3 年	第 4 年	第 5 年
期末存货价值①	16,000	16,640	17,306	17,998	18,718
销售收入②	300,000	343,200	392,621	449,158	513,837
销货成本③	160,000	182,400	208,732	238,859	273,326
毛利润	140,000	160,800	183,889	210,299	240,511

① 第 X 年的期末存货价值 = 2,000 件 ×［8 美元 / 件 ×（1.04）$^{X-1}$］。假定留存在期末存货中的就是第 X 年采购的 2,000 件存货。

② 第 X 年销售收入 =（20,000 件 × 15 美元 / 件）（1.10）$^{X-1}$（1.04）$^{X-1}$

③ 第 1 年的销货成本 = 160,000 美元（= 20,000 件 × 8 美元 / 件），期初库存为 0。

第 X 年的销货成本（$X \neq 1$）= 期初存货价值 + 本期采购价值 - 期末存货价值 = 第（$X-1$）年的期末存货价值 +［（20,000 件 × 8 美元 / 件）（1.10）$^{X-1}$（1.04）$^{X-1}$ -（第 X 年的期末存货价值）=（2,000 件 × 8 美元 / 件）（1.04）$^{X-2}$ +［（20,000 件 × 8 美元 / 件）（1.10）$^{X-1}$（1.04）$^{X-1}$ -［（2,000 件 × 8 美元 / 件）（1.04）$^{X-1}$］

例如，第 2 年的销货成本 = 2,000 件 × 8 美元 / 件 +［（2,000 件 × 8 美元 / 件）（1.10）×（1.04）］-［（2,000 件 × 8 美元 / 件）（1.04）］= 16,000 美元 + 183,040 美元 -16,640 美元 = 182,400 美元。

问题 2 解答：

年度	L 公司					F 公司				
	1	2	3	4	5	1	2	3	4	5
存货周转率	10.0	11.4	13.1	15.0	17.1	10.0	11.0	12.1	13.3	14.6
毛利率（%）	46.7	46.7	46.7	46.7	46.7	46.7	46.9	46.8	46.8	46.8

存货周转率 = 销货成本 ÷ 期末存货。由于销量的增加而期末存货水平恒定，两家公司的存货周转率每年都在上升。L 公司的存货周转率增长更为显著，因为它的销售成本受通货

膨胀影响不断增大,但期末存货价值却不受通货膨胀的影响。从表面上看,使用后进先出法的公司对存货的管理可能更有效率,但这其实只是假象。两家公司的销售数量、采购价格和销售收入都是一样的,唯一不同的是它们所采用的发出存货计价方法。

毛利率 = 毛利润 ÷ 销售收入。在后进先出法下,毛利率是稳定的,原因是销售收入和销货成本都随同样的通货膨胀率增长。在先进先出法下,第 1 年之后的毛利率相对后进先出法下的水平略高,这是因为先进先出法下的销货成本中包含了一部分早期采购价格的影响。

7.4　后进先出法

如果期末库存的价值持续增长,在这种情况下,使用后进先出法可以帮助企业潜在地节约所得税支出。由于公司价值是基于其未来现金流量的现值来估算的,所得税支出的降低可使企业的整体现金流量增加,从而使公司更有价值。在后进先出法下,假定企业的期末存货是由最早批次的采购所形成的,由于存货成本通常是随着时间推移而不断上涨的,因此,这常常导致企业期末存货的账面价值低于其当前的重置成本,而当期的销货成本则更能反映出存货当前的重置成本。

如果存货的采购价格(采购成本)或生产成本持续增加,与使用其他发出存货的计价方法相比较,使用后进先出法将导致企业在利润表中报告更高的销货成本,更低的毛利润、经营利润、所得税费用和净利润。而在资产负债表中,将导致更低的期末存货价值、营运资本、总资产、留存收益和股东权益。所得税支出的减少将导致较高的经营活动现金净流量。一些财务比率也会受到影响,流动比率将更低,而负债 – 权益比率将更高,盈利能力比率将更低。

如果存货的采购价格或生产成本持续下降,那么在纳税申报时就不太可能会使用后进先出法(受 LIFO 一致性规则影响,因此在财务报告中也不会使用后进先出法),因为这将使公司报告较低的销货成本,从而产生更高的应税利润和所得税费用。但是,如果公司已经选择了使用后进先出法,并且在存货成本开始下降时无法找到较好的理由去改变纳税申报或财务报告中的存货估价方法,那么利润表、资产负债表和财务比率的影响将与存货成本上升期间的影响相反。

7.4.1　后进先出法储备

根据 US GAAP 的要求,采用后进先出法的公司应当在财务报表附注或资产负债表中披露后进先出法储备金额。所谓**后进先出法储备**(LIFO reserve),是按后进先出法报告的存货账面价值与如果使用先进先出法应报告的存货账面价值之差(即后进先出法下的存货价值减去先进先出法下的存货价值)。这样披露可方便分析师将按后进先出法报告的销售成本(或销货成本)和期末存货价值调整为按先进先出法报告的金额。

在比较使用后进先出法的公司和不使用后进先出法的公司时,需要将按上述要求披露的后进先出法储备加到资产负债表报告的存货价值中,对存货金额进行调整。按后进先出法报告的存货价值,加上后进先出法储备,两者之和才能与先进先出法下报告的存货价值进行比较。而对于销货成本,则需要从利润表报告的销货成本金额中,减去本期后进先出法储备的增加额。如果本期的后进先出法储备有所下降⊖，则应将下降金额加入本期利润表所报告的销货成本当中。披露后进先出法储备，可以方便我们对使用后进先出法进行存货计价的美国公司财务报表进行调整，使其与使用先进先出法的同类公司报表可比。

7.4.2 后进先出法清算

在存货单价上升时期，先进先出法下的期末存货账面价值总是超过后进先出法下的期末存货账面价值。随着时间的推移，使用后进先出法对期末存货进行估价的早期成本与使用先进先出法对期末存货进行估价的近期成本之间的差异越来越大，导致后进先出法储备增加。此外，当制造或采购的存货数量超过销售的存货数量时，就会增加了新的后进先出法层次（LIFO layers，存货库存数量不断增加，每增加一批存货就会产生一个新的后进先出法层次）。

当某会计期间内出售的存货数量超过当期采购或者生产的数量时，期末存货的数量就会相对期初存货数量有所减少，这时，使用后进先出法的公司就会发生后进先出法清算（按照假定，一些早期购入的存货在当期被售出了）。如果存货的采购或者制造单价随着时间推移不断上升，而此时再发生后进先出法清算，那么，与存货相关的毛利润就会受此影响而增加。这是因为，部分被清算存货的单位账面价值较低，销货成本是按早期价格计算的，而销售收入则按当前价格计算，因此毛利润自然就比使用当前成本来计算时增加了不少。不过，这种由于后进先出法清算所带来的存货利润是一次性的，不可持续的。

很多原因都可能导致后进先出法清算的发生。比如，供应商出现了劳工罢工，迫使公司不得不降低库存水平以满足客户需求；这种库存水平的降低可能超出了管理层的控制范围。在经济衰退或客户需求下降期间，公司可能会选择降低现有库存水平，从而不再增加新的库存。分析师应当意识到，公司管理层还可能会在关键时刻通过有意减少库存数量和清算后进先出法下的早期库存（即转出部分期初库存成本）来操纵和夸大公司报告的毛利润和净利润。在经济衰退期间，后进先出法清算会导致公司的毛利润高于实际水平。如果后进先出法库存层次暂时耗尽，并且直到会计年度结束时也没有改变，那么就将发生后进先出法清算，导致不可持续的较高毛利。因此，分析师必须注意审查在年报附注中披露的后进先出法储备信息，判断公司是否发生了后进先出法清算。如果公司的后进先出法储备较上一会计期间相比出现下降，则表明可能发生了后进先出法清算。

▎例 7-5   从后进先出法转换为先进先出法

卡特彼勒公司（CAT）的总部位于美国伊利诺伊州的皮奥里亚，它是世界上最大的建筑和采矿设备、柴油和天然气发动机以及工业燃气轮机制造商。表 7-1 和表 7-2 中的信息摘录自卡特彼勒公司的合并财务报表；表 7-3 则列出了与卡特彼勒公司的存货相关的附注说明。根据卡特彼勒公司在管理层讨论与分析部分的信息披露，该公司在 2016 年和 2017 年的实际所得税税率分别为 36% 和 28%。

问题：

1. 如果卡特彼勒公司对于存货的发出计价使用的是先进先出法而不是后进先出法，那么，它报告的 2015 年、2016 年和 2017 年期末库存价值应为多少？

⊖   这通常是由于期末库存数量减少所造成的，称为后进先出法清算，将在下一节中讨论。

2. 如果卡特彼勒公司对于存货的发出计价使用的是先进先出法而不是后进先出法，那么该公司在 2016 年和 2017 年的销货成本应为多少？

3. 如果卡特彼勒公司对于存货的发出计价使用的是先进先出法而不是后进先出法，那么该公司在 2016 年和 2017 年的净利润（收益）应当为多少？

4. 如果卡特彼勒公司对于存货的发出计价使用的是先进先出法而不是后进先出法，那么该公司在 2016 年和 2017 年的经营活动现金流量净额将下降多少？

5. 由于使用了后进先出法，而不是先进先出法，卡特彼勒公司在 2017 年累计节约了多少所得税费用支出？

6. 如果卡特彼勒公司对于存货的发出计价使用的是先进先出法而不是后进先出法，那么该公司在 2017 年 12 月 31 日的留存收益（即企业经营累积获利⊖）将增加多少？

7. 如果卡特彼勒公司对于存货的发出计价使用的是先进先出法而不是后进先出法，那么它的现金余额会有什么变化？

8. 请分别按后进先出法和先进先出法计算及比较卡特彼勒公司在 2017 年的存货周转率、存货周转天数、毛利率、净利率、总资产报酬率、流动比率和负债 - 权益比率。

表 7-1　卡特彼勒公司合并经营成果表　　　　　（单位：百万美元）

以 12 月 31 日为年度截止日的	2017 年	2016 年	2015 年
销售收入：			
机器与发动机销售收入	42,676	35,773	44,147
金融产品收入	2,786	2,764	2,864
收入合计	45,462	38,537	47,011
经营成本：			
销货成本	31,049	28,309	33,546
⋮	⋮	⋮	⋮
金融产品利息费用	646	596	587
⋮	⋮	⋮	⋮
经营成本合计	41,056	38,039	43,226
经营利润	4,406	498	3,785
排除金融产品影响的利息费用	531	505	507
其他收益（费用）	207	146	161
合并税前利润	4,082	139	4,439
备付所得税	3,339	192	916
合并净利润（亏损）	743	（53）	2,523
在未合并的联营公司中享有损益	16	（6）	—
归属于少数股东的利润	5	8	11
净利润（亏损）	754	–67	2,512

⊖　卡特彼勒公司在其报表中没有使用留存收益这个说法，而是使用术语"企业经营累积获利"（profit employed in the business）——译者注

表 7-2　卡特彼勒公司合并财务状况表　　　（单位：百万美元）

12 月 31 日	2017 年	2016 年	2015 年
资产			
流动资产：			
现金与短期投资	8,261	7,168	6,460
⋮	⋮	⋮	⋮
存货	10,018	8,614	9,700
流动资产合计	36,244	31,967	33,508
⋮	⋮	⋮	⋮
资产总计	76,962	74,704	78,342
负债			
流动负债合计	26,931	26,132	26,242
⋮	⋮	⋮	⋮
负债合计	63,196	61,491	63,457
股东权益			
每股面值 1 美元的普通股：			
核定股数：2,000,000,000			
已发行股数（2017 年、2016 年和 2015 年均为 814,894,624 股），按缴入金额	5,593	5,277	5,238
库存股（2017 年、2016 年和 2015 年分别为 217,268,852 股、228,408,600 股和 232,572,734 股），按成本	−17,005	−17,478	−17,640
企业经营累积获利	26,301	27,377	29,246
累积其他综合收益	−1,192	−2,039	−2,035
少数股东权益	69	76	76
股东权益合计	13,766	13,213	14,885
负债与股东权益总计	76,962	74,704	78,342

表 7-3　卡特彼勒公司合并财务报表部分附注信息

附注 1. 经营与重大会计政策概述

D. 存货

存货按成本或可变现净值孰低原则列报，其中，成本根据后进先出法（LIFO）计算得到。2017 年 12 月 31 日，按后进先出法计算的存货价值占存货总额的 65% 左右；该比值在 2016 年 12 月 31 日和 2015 年 12 月 31 日均大约为 60%。

如果使用先进先出法进行计算，那么期末库存将分别比 2017 年 12 月 31 日、2016 年 12 月 31 日和 2015 年 12 月 31 日报告的价值再高 19.24 亿美元、21.39 亿美元和 24.98 亿美元。

附注 7. 存货

（单位：百万美元）

12 月 31 日	2017 年	2016 年	2015 年
原材料	2,802	2,102	2,467
在产品	2,254	1,719	1,857
完工产品	4,761	4,576	5,122
物料	261	217	254
存货总额	10,018	8,614	9,700

截至 2017 年 12 月 31 日，本公司的长期材料采购义务大约为 8.13 亿美元。

问题 1 解答：

（单位：百万美元）

12 月 31 日	2017 年	2016 年	2015 年
存货总额（后进先出法）	10,018	8,614	9,700
根据附注 1.D（后进先出法储备）	1,934	2,139	2,498
存货总额（先进先出法）	11,952	10,753	12,198

请注意，后进先出法储备在 2015 ～ 2016 年出现了减少，以及在 2016 ～ 2017 年再次减少，表明该公司在 2016 年和 2017 年均存在后进先出法清算。

问题 2 解答：

（单位：百万美元）

12 月 31 日	2017 年	2016 年
销货成本（后进先出法）	31,049	28,309
加：后进先出法储备的减少①	215②	359
销货成本（先进先出法）	31,264	28,668

①根据附注 1.D 中的信息，2017 年和 2016 年的后进先出法储备减少额分别为 215（= 1,924 − 2,139）和 359（= 2,139 − 2,498）。
②表中数据与原书一致，疑有误。——译者注

问题 3 解答：

（单位：百万美元）

12 月 31 日	2017 年	2016 年
净利润（亏损）（后进先出法）	754	−67
减：销货成本的增加（经营利润的下降）	−215	−359
经营利润下降带来的税收减少①	60	129
净利润（亏损）（先进先出法）	599	−297

①由于经营利润降低，2017 年和 2016 年减少的所得税分别为 60（= 215 × 28%）和 129（= 359 × 36%）。

问题 4 解答：

只有所得税的缴纳变化会影响公司的经营活动现金流量净额，存货价值在期末存货和销货成本之间的分配不会改变除所得税之外的其他任何现金流量。因此，使用先进先出法对卡特彼勒公司 2017 年和 2016 年的经营活动现金流量净额影响分别为增加 6,000 万美元和增加 1.29 亿美元，即如果卡特彼勒公司使用先进先出法而不是后进先出法可以带来的所得税减少额（见上文中对问题的解答）。

问题 5 解答：

使用前面提到的卡特彼勒公司的有效税率，2017 年和 2016 年（以及之前年份）分别为 28% 和 36%，可以计算出，卡特彼勒公司由于使用后进先出法而不是先进先出法，累计节约的所得税支出约为 7.1 亿美元（= −215 百万美元 × 28% + 2,139 百万美元 × 36%）。根据附注 1.D 中的披露，2016 年年末的后进先出法储备为 21.39 亿美元，2017 年，后进先出法储备减少了 2.15 亿美元。因此，如果使用先进先出法的话，截至 2016 年年末，卡特彼勒公司的累积毛利润将增加 21.39 亿美元；截至 2017 年年末，累积毛利润将增加 19.24 亿美元。如果所

得税税率更高（更低）的话，估算的节税额还会增加（减少）。

问题 6 解答：

卡特彼勒公司的留存收益金额将增加 12.14 亿美元（＝1,924 百万美元 – 710 百万美元）或（–215 百万美元 ×72% + 2,139 百万美元 ×64%）。这是因为销货成本下降导致的经营利润增加（后进先出法储备为 19.24 亿美元），再减去该部分增加利润对应的估计税额（7.1 亿美元，见前面问题 5 解答中的计算）。有些分析师认为可以不用考虑税收影响，建议将存货和股东权益都调整为相同的金额就可以了。他们认为，公司报告的股东权益被低估了，影响额为存货的现时价值（大约等于按先进先出法计算的期末存货价值）与账面价值（即按后进先出法报告的期末存货价值）之差额。

问题 7 解答：

如果使用先进先出法，所得税费用会额外增加 7.1 亿美元。因此，如果卡特彼勒公司改用先进先出法对发出存货进行计价，重述财务报表时，将额外产生 7.1 亿美元的纳税义务。这说明，公司从后进先出法转换为先进先出法时，当期会产生一项重大的所得税纳税义务。如果卡特彼勒公司在纳税申报时改用先进先出法，就会因为这笔额外税款，带来 7.1 亿美元的现金流出。不过，由于公司并没有真正出于税收或者财务报告目的而实施存货计价方法的转换，因此现金并不会立刻减少，这反映为一项递延所得税负债应当是更恰当的。因此，就本例而言，出于分析目的，如果该公司改用先进先出法，那么存货将增加 19.24 亿美元，股东权益将增加 12.14 亿美元，而非流动负债将增加 7.1 亿美元。

问题 8 解答： 根据后进先出法或者先进先出法进行计算，卡特彼勒公司在 2017 年的财务比率应当为：

	后进先出法	先进先出法
存货周转率	3.33	2.76
存货周转天数	109.6 天	132.2 天
毛利率	27.24%	26.74%
净利率	1.66%	1.32%
总资产报酬率	0.99%	0.77%
流动比率	1.35	1.42
负债 – 权益比率	4.59	4.27

存货周转率 ＝ 销货成本 ÷ 平均存货

后进先出法下：$3.33 = 31{,}049 \div [(10{,}018 + 8{,}614) \div 2]$

先进先出法下：$2.76 = 31{,}264 \div [(11{,}942 + 10{,}753) \div 2]$

在后进先出法下的存货周转率较高，这是因为存货成本在不断上升，因此后进先出法下的销货成本较高，而期末库存账面价值较低。如果分析师对公司存货计价方法的差异不进行任何调整，那么看起来使用后进先出法的公司对存货的管理就更有效率。

存货周转天数 ＝ 会计期间天数 ÷ 存货周转率

后进先出法下：$109.6\ 天 = 365\ 天 \div 3.33$

先进先出法下：$132\ 天 = 365\ 天 \div 2.76$

如果不进行任何调整，那么，使用后进先出法的公司看起来对存货的管理就显得更有效率。这主要是因为在后进先出法下期末存货的账面价值更低。

$$毛利率 = 毛利润 \div 收入总额$$

后进先出法下：$27.24\% = (42{,}676 - 31{,}049) \div 42{,}676$

先进先出法下：$26.74\% = (42{,}676 - 31{,}264) \div 42{,}676$

计算毛利润时，未包括金融投资活动的影响；毛利润等于机器与发动机销售收入减去其销货成本。在先进先出法下，报告的毛利率更低，这是因为后进先出法储备的减少，导致后进先出法下的销货成本更低。

$$净利率 = 净利润 \div 收入总额$$

后进先出法下：$1.66\% = 754 \div 45{,}462$

先进先出法下：$1.32\% = 599 \div 45{,}462$

后进先出法下的净利率更高，这是因为受后进先出法清算的影响，当期销货成本更低。两种方法下，净利率差异的绝对值低于毛利率差异的绝对值，这是因为先进先出法下的利润减少，因此所得税费用也更低，以及再用净利润除以机器和发动机销售收入与金融产品收入的合计数。因此，后进先出法下的公司看起来盈利能力更强。

$$总资产报酬率 = 净利润 \div 平均总资产$$

后进先出法下：$0.99\% = 754 \div [(76{,}962 + 74{,}704) \div 2]$

先进先出法下：$0.77\% = 599 \div [(76{,}962 + 1{,}924) + (74{,}704 + 2{,}139) \div 2]$

先进先出法下的总资产等于后进先出法下的总资产再加上后进先出法储备。先进先出法下报告的总资产报酬率较低，原因是先进先出法下的销货成本更高，因此净利润更低，并且，由于后进先出法储备的调整，先进先出法下的总资产金额更高。所以，先进先出法下的公司看起来盈利能力更差一点。

$$流动比率 = 流动资产 \div 短期负债$$

后进先出法下：$1.35 = 36{,}244 \div 26{,}931$

先进先出法下：$1.42 = (36{,}244 + 1{,}924) \div 26{,}931$

后进先出法下的流动比率更低，这主要是因为它的期末存货账面价值更低。在后进先出法下，公司的流动性看起来要更差一点。

$$负债 - 权益比率 = 负债总额 \div 股东权益总额$$

后进先出法下：$4.59 = 63{,}196 \div 13{,}766$

先进先出法下：$4.27 = (63{,}196 + 710) \div (13{,}766 + 1{,}214)$

后进先出法下的该比率更高一些，因为在先进先出法下，留存收益的增加额更大，导致该比值降低。所以，该公司在后进先出法下的杠杆比率更高一些。

总而言之，该公司在后进先出法下的盈利性更强，但流动性更差，负债率更高。不过，公司价值是以未来现金流的现值为基础计算的，在后进先出法下，由于早期的所得税支出较少，现金流更大，因此公司价值更大。企业采用后进先出法的主要原因就在于它提供税收优惠。

▌ 例 7-6　后进先出法清算举例

假定 RF 公司自 2015 年开业以来，一直销售一种优质风扇。表 7-4 中是它在 2015 年至 2018 年期间的风扇存货采购与销售的相关信息。RF 公司使用定期盘存制度，对发出存货计价使用后进先出法。请问，在 RF 公司 2018 年的毛利润中，有多少是由后进先出法清算所贡献的？

表 7-4　RF 公司在后进先出法下的财务报表信息

	2015 年	2016 年	2017 年	2018 年
采购风扇数量（台）	12,000	12,000	12,000	12,000
单位风扇采购价格（美元）	100	105	110	115
销售风扇数量（台）	10,000	12,000	12,000	13,000
单位风扇销售价格（美元）	200	205	210	215
后进先出法				
期初存货（美元）	0	200,000	200,000	200,000
当期采购（美元）	1,200,000	1,260,000	1,320,000	1,380,000
可供销售的存货（美元）	1,200,000	1,460,000	1,520,000	1,580,000
期末存货①（美元）	−200,000	−200,000	−200,000	−100,000
销货成本（美元）	1,000,000	1,260,000	1,320,000	1,480,000
利润表信息				
销售收入（美元）	2,000,000	2,460,000	2,520,000	2,795,000
销货成本（美元）	1,000,000	1,260,000	1,320,000	1,480,000
毛利润（美元）	1,000,000	1,200,000	1,200,000	1,315,000
资产负债表信息				
存货（美元）	200,000	200,000	200,000	100,000

① 2015 年、2016 年和 2017 年的期末存货价值为 200,000 美元（= 2,000 × 100 美元）；2018 年的期末存货价值为 100,000 美元（= 1,000 × 100 美元）。

解答： RF 公司报告它在 2018 年的毛利润为 1,315,000 美元，其中，当年因后进先出法清算而带来的毛利润为 15,000 美元。如果 RF 公司在 2018 年采购的风扇为 13,000 台，而不是 12,000 台，那么，根据后进先出法，当年所销售风扇的成本将为 1,495,000 美元（每台风扇的单位成本为 115.00 美元，一共出售了 13,000 台），报告的毛利润将为 1,300,000 美元（2,795,000 美元减去 1,495,000 美元）。因此，因后进先出法清算带来的毛利润为 15,000 美元（即报告的毛利润 1,315,000 美元与假定没有发生后进先出法清算情况下的毛利润 1,300,000 美元之差）。后进先出法清算的毛利润影响也可以通过清算存货数量乘以清算存货的单位重置成本与其历史购买成本之差来计算得到。以 RF 公司的数据为例，即 1,000 台风扇乘以每台风扇 15 美元的差值（每台风扇的重置成本 115 美元减去每台风扇的历史成本 100 美元），即为后进先出法清算的毛利润影响，15,000 美元。

7.5　存货计价方法的变更

在少数情况下，公司可以改变它的存货计价方法。IFRS 规定，只有满足"能使财务报表所提供的公司财务状况、经营业绩或现金流量信息更可靠和更相关"㊀的前提时，变更存货计价方法才是可接受的。并且，对于符合条件的存货计价方法变更，还需要进行追溯调整。

这意味着变更将应用于以前期间的可比信息，如同在过去就已经采纳了所变更的计价方法那样。在当期财务报表中，应按会计政策变更的累积影响金额去调整列报最早期的相关所有者权益组成项目（即留存收益或综合收益）的期初余额。例如，如果一家公司在 2018 年

㊀　IAS 8《会计政策、会计估计变更与会计差错》。

变更存货计价方法，如果它在年报中提供了三年期的比较财务报表（即 2016 年、2017 年和 2018 年）数据，那么，该公司应尽可能追溯反映存货计价方法变更的影响，即将该存货计价方法变更的影响反映在这三年的财务报表中，对 2016 年和 2017 年的财务报表相关项目进行重述，如同该公司在当时就采用了变更后的新方法。而该变更对 2016 年之前期间的累积影响，则反映在每个受到影响所有者权益组成项目的 2016 年期初余额中。当无法确定变更的特定期间影响或累积影响时，可豁免重述。

US GAAP 规定的会计政策变更条件和变更存货计价政策的会计处理与 IFRS 的要求类似[一]。不过，US GAAP 还要求公司详细解释为什么新采用的存货计价方法会优于旧方法。如果一家公司决定将其存货计价方法从后进先出法变更为其他方法，根据 US GAAP 的要求，需要追溯调整并重述报表。但是，如果一家公司将其存货计价方法从其他方法变更为后进先出法，则只需要使用未来适用法，无须对财务报表进行追溯调整。根据旧方法确定存货账面价值作为采用后进先出法年度的初始后进先出法层次。

分析师应仔细评估公司存货计价方法的变化情况。虽然变更存货计价方法的公开原因通常是为了更好地匹配存货成本与销售收入（或其他合理的商业解释），但真正（且未明示）的目的却可能是减少所得税费用（如果从先进先出法或加权成本法改为后进先出法），或增加报告利润（如果从后进先出法改为先进先出法或加权成本法）。存货计价方法的选择会对财务报表和相关的财务比率产生重大影响，因此，分析师在将公司与同行业或竞争对手的业绩进行比较时，必须仔细考虑存货计价方法变更的影响和不同公司之间所采用存货计价方法的差异。

7.6 存货价值调整

持有存货可能导致重大财务风险，例如，由于被毁坏、陈旧过时或售价下降，公司可能会无法收回存货成本。IFRS 规定，应按照成本与可变现净值孰低原则对存货进行计量（以及在资产负债表上报告）[二]。所谓**可变现净值**（net realizable value），是存货在正常经营过程中的估计售价，减去将其售出所需的估计成本和使其达到可销售状况所需的估计费用后的金额。可变现净值的评估通常是按单项，或者相似或相关项目分组进行的。当存货的可变现净值低于其账面价值时，需通过计提减值的方式将存货的账面价值减记至其可变现净值[三]，并将损失（即存货价值的减少）在利润表上确认为一项费用。该费用项目列报为销货成本的一部分，也可以单独进行列报。

在之后每个会计期间，都需要对存货的可变现净值进行新的评估。如果在后续期间发现曾经计提减值的存货出现价值回增，那么就需要转回以前计提的减值（在原减记金额范围内），并将转回的存货减值确认为当期销货成本的减少（即减少转回当期确认的存货费用）。

针对存货的期末计量，US GAAP 过去要求成本与市价孰低原则[四]。但从 2016 年 12 月 15 日后，对于未使用后进先出法和零售库存法的公司，要求使用成本与可变现净值孰低原则。这与 IFRS 的要求大体一致，但有一个主要区别：US GAAP 禁止存货减值的转回。对于采

[一] FASB ASC 主题 250《会计政策变更与会计差错更正》。

[二] IAS 2，第 28～33 段《存货——可变现净值》。

[三] 通常使用存货跌价准备账户，而不是直接减记存货账户的价值。用存货账户的金额减去存货跌价准备账户的金额，即得到资产负债表中的账面价值。

[四] FASB ASC 第 330-10-25 部分《存货—概述—后续计量》。

用后进先出法和零售库存法计量的存货，将市价定义为当前的重置成本，但规定了上限和下限。上限为可变现净值（出售价格减去合理的完工和出售成本后的金额）；下限则是可变现净值减去正常利润水平。通过计提减值的方式将存货价值调整至市价或者可变现净值，会降低存货的账面价值，这部分减少的价值（即费用）通常反映在利润表的销货成本项目中。

存货减值降低了当期利润和资产负债表日的存货账面价值，从而对公司的盈利能力、流动性和偿债能力比率带来负面影响。不过，存货减值对营运能力比率（例如存货周转率和总资产周转率）的影响却是积极的，这主要是由于资产价值（分母）的降低所带来的。由于会减少利润，从而给一些关键比率带来负面影响，因此一些公司非常不愿意记录存货的减值，除非有强有力的证据表明其存货价值已经出现了永久性的下降。在 US GAAP 下，这一点尤其突出，因为它不允许存货减值的转回。

国际会计准则第 2 号《存货》并不适用于农产品、林产品以及矿物质和矿产品生产商，也不适用于商品经纪贸易商。对这类存货，可遵循既定行业惯例，按可变现净值（即公允价值减去估计完工成本和销售费用后的金额）计量。如果这类产品存在活跃交易市场，则可将市场报价作为确定其公允价值的适当基础；如果不存在活跃交易市场，公司可参考市场确定的价格或价值（如最近的市场交易价格）来确定其公允价值。存货价值的变动（增加或减少）应确认为相关变动期间的损益。US GAAP 对于农产品、林产品以及矿物质存货方面的核算要求与 IFRS 类似，但允许对金银类存货采用盯市会计原则。

▌例 7-7 存货价值下跌和恢复的会计处理

H 公司是一家虚构的电脑制造商，根据 IFRS 编制其财务报表。2017 年，H 公司的期末存货成本为 520 万欧元，但对应的可变现净值为 490 万欧元。这些存货当前的重置成本为 470 万欧元，已大于其可变现净值减去正常的利润。2018 年年末，H 公司存货的可变现净值比其账面价值高出 50 万欧元。

问题：

1. 减值会对 H 公司 2017 年的财务报表产生什么影响？存货价值的回升对 H 公司 2018 年的财务报表又有何影响？

2. 根据 US GAAP，如果 H 公司采用的是后进先出法，那么存货减值对 H 公司 2017 年财务报表的影响是什么？其后，存货价值的回升对 H 公司 2018 年财务报表的影响又是什么？

3. 如果 H 公司的存货是农产品，而不是电脑，那么，存货价值的回升对 H 公司 2018 年的财务报表会有什么影响？

问题 1 解答： H 公司应在 2017 年将其存货价值减记至 490 万欧元，同时将减记的存货价值 30 万欧元作为费用记入利润表。2018 年，H 公司应调增其存货的账面价值，并同时减少当期的销货成本 30 万欧元（减值的恢复仅限于过去的减值范围内）。

问题 2 解答： 根据 US GAAP，H 公司应在 2017 年将存货的账面价值调低至 470 万欧元，并将 50 万欧元的减值金额计入利润表的销货成本项目中。在 2018 年，H 公司不应当确认存货价值的转回。

问题 3 解答： 如果 H 公司的存货是农产品而不是电脑，那么，应使用可变现净值对存货进行期末计量，因此 H 公司应在 2018 年年末调增存货价值并记录 50 万欧元的收益。

分析师应考虑存货减值的可能性，因为这对公司财务比率的影响可能是巨大的。如果一些行业的存货存在重大的技术陈旧风险，那么行业内公司发生存货减值的可能性就很高。当债务契约中写入了财务比率要求时，分析师应仔细评估公司出现存货减值（以及其他可能的资产减值）的可能性及其对相关财务比率的潜在影响，因为违反债务契约会对公司产生重大影响。

采用个别认定法、加权平均成本法或先进先出法的公司比采用后进先出法的公司更可能发生存货减值。在后进先出法下，期末存货价值中反映的是**最早期**的存货采购成本，由于一般情况下存货的采购单价都是不断上涨的，因此后进先出法下的存货账面价值已按最早期和最低的成本进行了列报。所以，在后进先出法下确认存货减值可能性要小得多——如果真的发生了减值，其减值规模一般也不会很大。

▌ 例 7-8　存货减值对财务比率的影响

总部位于瑞典哥德堡的沃尔沃集团（Volvo Group）是一家领先的商用运输产品供应商，其产品包括建筑设备、卡车、公共汽车，以及海洋和工业应用的驱动系统与飞机发动机部件○。表 7-5 和表 7-6 摘录自沃尔沃集团的合并财务报表，表 7-7 是沃尔沃集团的相关存货附注信息。

问题：

1. 如果不考虑存货跌价准备，沃尔沃集团在 2017 年、2016 年和 2015 年应当报告的存货价值是多少？

2. 假定存货跌价准备的任何变动都反映在公司的销货成本中，如果沃尔沃集团在 2017 年和 2016 年都没有发生存货减值，那么，它在 2017 年和 2016 年的销货成本会是多少？

3. 如果沃尔沃集团在 2017 年和 2016 年都没有发生存货减值，它在 2017 年和 2016 年的净利润会是多少？沃尔沃集团在 2017 年和 2016 年的实际所得税税率分别为 25% 和 31%。

4. 如果沃尔沃集团在 2017 年转回了过去所有的存货减值，它在 2017 年的净利润会是多少？本问题与上述问题 1、2、3 无关，2017 年的实际所得税税率为 25%。

5. 比较沃尔沃集团在财务报告中披露的金额与上述问题 1、2、3 中假定没有发生存货减值的金额，请对比两种情况下的存货周转率、存货周转天数、毛利率及净利率。

6. 在卡特彼勒公司（见例 7-5）2017 年的财务报表中，并没有披露存货减值信息。请分析说明为什么沃尔沃集团在 2017 年发生了存货减值，而卡特彼勒公司没有。

表 7-5　沃尔沃集团合并利润表

（单位：除每股数据外，均为百万瑞典克朗）

以 12 月 31 日为年度截止日	2017 年	2016 年	2015 年
销售净额	334,748	301,914	312,515
销货成本	−254,581	−231,602	−240,653
毛利润	80,167	70,312	71,862
⋮	⋮	⋮	⋮
经营利润	30,327	20,826	23,318
利息收入与类似收益	164	240	257
利息费用与类似支出	−1,852	−1,847	−2,366
其他金融收益与费用	−386	11	−792
考虑金融项目后的利润	28,254	19,230	20,418
所得税	−6,971	−6,008	−5,320

○　自 1999 年以来，沃尔沃汽车生产线已不在沃尔沃集团的控制和管理之下了。

（续）

以 12 月 31 日为年度截止日	2017 年	2016 年	2015 年
当期利润	21,283	13,223	15,099
归属于：			
母公司权益持有人的利润	20,981	13,147	15,058
少数股东损益	302	76	41
净利润	21,283	13,223	15,099

表 7-6　沃尔沃集团合并资产负债表　　（单位：百万瑞典克朗）

12 月 31 日	2017 年	2016 年	2015 年
资产			
非流动资产合计	213,455	218,465	203,478
流动资产：			
存货	52,701	48,287	44,390
⋮	⋮	⋮	⋮
现金及现金等价物	36,092	23,949	21,048
流动资产合计	199,039	180,301	170,687
资产总计	412,494	398,916	374,165
股东权益与负债			
归属于母公司股东的权益	107,069	96,061	83,810
少数股东权益	1,941	1,703	1,801
股东权益合计	109,011	97,764	85,610
长期准备金合计	29,147	29,744	26,704
非流动负债合计	96,213	104,873	91,814
短期准备金合计	10,806	11,333	14,176
流动负债合计	167,317	155,202	155,860
股东权益与负债总计	412,404	398,916	374,165

表 7-7　沃尔沃集团合并财务报表附注信息摘录

附注 17. 存货

会计政策

存货按成本与可变现净值孰低原则进行列报。其中，成本是按照先进先出法（FIFO）计算的，并以标准成本法为基础，包括全部直接的制造费用、产能份额和其他与制造过程相关成本的分配额。本集团会定期测试标准成本，并根据近期状况进行调整。存货成本中不包含研发、销售、管理和财务费用的影响。可变现净值按产品售价减去与销售相关的费用进行计算。

导致会计估计存在不确定性的因素

存货减值

如果存货的可变现净值低于成本，则需要为存货的减值提取跌价准备。截至 2017 年 12 月 31 日和 2016 年 12 月 31 日，扣除跌价准备后的存货价值总额分别为 52,701 百万瑞典克朗和 48,287 百万瑞典克朗。

存货

（单位：百万瑞典克朗）

12 月 31 日	2017 年	2016 年	2015 年
完工产品	32,304	31,012	27,496
生产材料，等	20,397	17,275	16,894
合计	**52,701**	**48,287**	**44,390**

（续）

存货跌价准备的增加（减少）情况

（单位：百万瑞典克朗）

12 月 31 日	2017 年	2016 年	2015 年
期初余额	3,683	3,624	3,394
计入损益的存货跌价准备变动额	304	480	675
存货报废影响	−391	−576	−435
汇率折算影响	−116	177	−29
重分类等事项影响	8	−23	20
期末存货跌价准备余额	3,489	3,683	3,624

问题 1 解答：

（单位：百万瑞典克朗）

12 月 31 日	2017 年	2016 年	2015 年
存货总额，净值	52,701	48,287	44,390
根据附注 17（存货跌价准备余额）	3,489	3,683	3,624
存货价值总额（未考虑跌价损失）	56,190	51,970	48,014

问题 2 解答：

（单位：百万瑞典克朗）

12 月 31 日	2017 年	2016 年
销货成本	254,581	231,602
本期减少（增加）的存货跌价准备[①]	194	−59
不考虑存货跌价影响的销货成本	254,775	231,543

[①] 根据附注 17，2017 年减少的存货跌价准备为 194（=3,489−3,683），2016 年增加的存货跌价准备为 59（=3,683−3,624）。

问题 3 解答：

（单位：百万瑞典克朗）

12 月 31 日	2017 年	2016 年
净利润	21,283	13,223
销货成本的增加（减少）	−194	59
与经营利润相关的所得税（所得税减少）[①]	49	−18
净利润（不考虑存货跌价影响的）	21,138	13,264

[①] 2017 年和 2016 年的所得税影响分别为：49（=194×25%）和 −18（=−59×31%）。

问题 4 解答：

（单位：百万瑞典克朗）

12 月 31 日	2017 年
净利润	21,283
减少的销货成本（增加的经营利润）	3,489
经营利润增加带来的所得税影响[①]	−872
净利润（转回过去的存货减值损失后）	23,900

[①] 2017 年，因经营利润增加而带来的所得税影响为 872（=3,489×25%）。

问题 5 解答： 沃尔沃集团在 2017 年的相关财务比率在考虑和不考虑存货减值影响情况下的比值分别为：

	考虑存货减值影响（报告数）	不考虑存货减值影响（调整数）
存货周转率	5.04	4.71
存货周转天数	72.4	77.5
毛利率	23.95%	23.89%
净利率	6.36%	6.31%

存货周转率 = 销货成本 ÷ 平均存货

考虑存货减值影响（报告数）：$5.04 = 254{,}581 \div [(52{,}701 + 48{,}287) \div 2]$

不考虑存货减值影响（调整数）：$4.71 = 254{,}775 \div [(56{,}190 + 51{,}970) \div 2]$

根据报告数计算得到存货周转率较高，因为考虑存货减值影响后的存货账面价值降低了。从表面上看，当公司对其存货计提了跌价准备后，其存货管理效率会上升。

存货周转天数 = 会计期间天数 ÷ 存货周转率

考虑存货减值影响（报告数）：72.4 天 = 365 天 ÷ 5.04

不考虑存货减值影响（调整数）：77.5 天 = 365 天 ÷ 4.71

根据报告数计算得到存货周转率更高，因此对应的存货周转天数更低。从表面上看，计提了存货减值的公司能够更有效地管理存货，这主要是因为它的存货账面价值更低。

毛利率 = 毛利润 ÷ 销售净额

考虑存货减值影响（报告数）：$23.95\% = 80{,}167 \div 334{,}748$

不考虑存货减值影响（调整数）：$23.89\% = (80{,}167 - 194) \div 334{,}748$

在这里，考虑存货减值影响后的毛利率略高，这是因为考虑减值影响后的销货成本更低（在销货成本中还包括了减值损失的影响）。当然，这是假定公司将存货减值损失（以及减值的恢复）报告在销货成本中才成立的[○]。

净利率 = 净利润 ÷ 销售净额

考虑存货减值影响（报告数）：$6.36\% = 21{,}283 \div 334{,}748$

不考虑存货减值影响（调整数）：$6.31\% = 21{,}138 \div 334{,}748$

在这里，考虑存货减值影响后的净利率略高，这是因为考虑减值影响后的销货成本更低（在销货成本中还包括了减值损失的影响）。净利率百分比的绝对数差异小于毛利率的，这是因为不考虑存货减值影响下低估的利润所带来的所得税费用影响。

如果沃尔沃集团在 2017 年不对存货跌价计提减值的话，那么它的盈利能力比率（毛利率及净利率）会略下降，且营运能力比率（存货周转率）将显得不那么有吸引力。计提存货减值后，存货周转率略好（更高），这是因为计提减值使平均存货（分母）金额减小，因此在计提减值的情况下，存货管理看起来更有效率。

问题 6 解答： 卡特彼勒公司对存货发出的计价使用后进先出法，而沃尔沃公司使用先进先出法。由于存货成本增加，使用先进先出法的公司比使用后进先出法的公司更有可能发生存货减值。这是因为在后进先出法下，存货的账面价值反映的是**最早期**的成本，由于存货成

○ 按我国会计准则核算要求，存货减值损失是计入利润表"资产减值损失"项目中的，不影响"销货成本"。——译者注

本是不断上升的，因此这个最早期的成本也是**最低**的成本。所以，后进先出法下的存货账面价值已经是最保守的列报金额，因此发生存货减值的可能性比较小。

7.7　存货管理的评价

存货计价方法的选择会对财务报表产生影响，受影响的项目包括销售成本、毛利润、净利润、存货、流动资产和总资产。因此，凡是用到了这些项目的财务比率也同样会受到存货计价方法选择的影响，包括流动比率、总资产报酬率、毛利率、存货周转率等。分析师在评估一家公司的长期业绩或将其业绩与同行公司的业绩进行比较时，必须仔细考虑不同公司在存货计价方法方面的差异。此外，在将存货账面价值调整为可变现净值或当期重置成本时，也可能会使相关财务报表项目和财务比率受到影响。

7.7.1　列报与披露

在对公司进行分析时，披露的信息是非常用的。根据 IFRS 的要求，公司应披露关于存货的下列信息：

 a. 公司对存货计量所采用的会计政策，包括所使用的成本公式（存货计价方法）；

 b. 存货的账面价值总额和各类存货（例如，库存商品、原材料、生产辅助品、在产品和完工产品等）的账面价值；

 c. 按公允价值减去销货成本计价的存货的账面价值；

 d. 在当期计入费用（销货成本）的存货金额；

 e. 在当期计入费用的存货跌价损失；

 f. 在当期转换的存货跌价损失以及由此造成销货成本的减少；

 g. 导致存货减值发生回转的情况或者事件；

 h. 已作为负债担保物的存货的账面价值。

US GAAP 对存货信息披露要求与上述内容非常类似，只是上述（f）和（g）要求与它无关，因为在 US GAAP 系统下，是不允许转回以前年度计提的存货减值的。此外，US GAAP 还要求公司披露与存货相关的重大会计估计，以及因后进先出法清算可能对利润产生的重大影响额。

7.7.2　与存货相关的财务比率

有三个财务比率常被用来评价公司存货管理的效率和效果，分别是**存货周转率**（inventory turnover），**存货周转天数**和**毛利率**[一]。这些比率直接受到公司对存货计价方法选择的影响。不过，分析师还应该意识到，虽然不太直接，但还是有许多其他比率也受到存货计价方法选择的影响，例如流动比率，因为存货是流动资产的一部分；总资产报酬率，因为销货成本是影响净利润的关键因素，而存货又是总资产的一部分；甚至，负债－权益比率，也会因为公司的累积净利润影响了留存收益而受到影响。

存货周转率衡量一家公司在一年中出售（即周转）其存货的次数。周转率越高，说明存货在一年中被出售的次数越多，那么公司投资于存货的资源占用就越少。存货周转天数可用会计期间天数除以存货周转率计算，因此，存货周转率与存货周转天数是成反比关系的。不

 [一]　存货周转天数的英文术语除了 days of inventory on hand 之外，也被称为 days in inventory 或 average inventory days outstanding。

过，存货周转率可能是用年度平均存货来计算的，而存货周转天数则是根据期末存货金额计算的。总的来说，应将一家公司的存货周转率和存货周转天数与行业标准值进行对比，并同时进行多期比较。

存货周转率高和存货周转天数低可能表明公司的存货管理比较高效。不过，也可能表明该公司的库存不足，或者计提了较多的存货减值。如果是制造企业的原材料不足，就会引起销售损失或者生产问题。为了评价哪一种解释更为可能，分析师可以将公司的存货周转率和销售增长率与同行业的公司进行比较，并审查其财务报表中的信息披露。如果销售增长放缓同时伴有较高的存货周转率，则可能公司持有的存货不足。存货减值可能反映公司的存货管理不善。如果存货减值的金额很少，伴随销售增长率达到或高于行业平均增长率，则说明高周转率反映出了公司在存货管理方面的优质效率。

如果相对于行业标准，公司的存货周转率更低而存货周转天数更高，则可能是存货流动缓慢或过时的信号。再次强调，此时应同时将公司的销售增长率与行业值进行比较，并结合对报表附注信息披露的审核，则可以对公司的情况有更深入的了解。

毛利率，即毛利润与销售收入的比值，表示公司的销售收入在扣除了销货成本之后，还有多少可以用来贡献为净利润[⊖]。通常情况下，如果所在行业的竞争比较激烈，则公司的毛利率一般会偏低。此外，公司的毛利率水平可能受产品类型的影响，销售奢侈品的公司通常比销售基本产品的公司有更高的毛利率，不过，它们的存货周转率可能也远低于销售基本产品公司的。

7.7.3　财务分析示例

IFRS 和 US GAAP 均要求公司在资产负债表或财务报表附注中以恰当的类别分别披露存货的账面价值。如果是制造业公司，可以参考生产消耗品、原材料、在产品和产成品等分类；如果是零售商，则可以按重要性区分商品类别或者将具有相似属性的存货归为一类。这些信息披露可以帮助我们了解公司的销售情况和盈利情况。

例如，如果发现公司的原材料和 / 或在产品库存显著增加（且确定为数量增加而不是单位成本增加），则可能表明公司预期它的产品需求会在未来上涨，因此未来的销售和利润可能出现增长。不过，如果产成品库存大幅增加，而原材料及在产品库存下降，则可能表明市场对公司产品的需求在下降，从而需要调低公司未来销售额和利润预期。当然，这也可能预示着公司在未来可能发生产成品减值。无论怎样的信号，分析师都应当彻底调查导致公司的原材料、在产品和产成品库存发生重大变化的根本原因。

分析师还应当比较公司的销售增长率和产成品库存增长率，这也可以是公司未来销售和利润走势的信号。例如，如果库存增长大于销售增长，则可能暗示着市场对公司产品的需求下降和公司未来利润的减少。出现这种情况时，公司可能不得不降低其产品售价以减少库存，或者因为库存过时而不得不计提减值，这两种情况都将对利润产生负面影响。除了潜在的存货减值，持有过多的存货或者库存类型错误也会给公司带来负面的财务影响，因为与库存相关的费用会增加，例如保险、存储成本和税收等。此外，这还意味着公司可用于其他用途的现金及营运资金减少。

存货减值可能会对公司的营运能力、盈利能力、流动性和偿债能力比率产生重大影响。

⊖　原文这句话应当有误，应当是"还有多少可以用来涵盖公司的一般经营费用和贡献为净利润"。——译者注。

对分析师来说，了解行业内的产品淘汰趋势，并通过财务比率分析判断公司存货发生减值的可能性，是至关重要的。公司可以通过更好地将其存货构成和增长与预期客户需求相匹配来最大限度地减少发生存货减值的影响。分析师可以利用多种信息来源去获取公司库存和未来销售等方面的信息，例如，可以考虑公司财务报告中的管理层讨论与分析或类似部分的内容、行业相关新闻和出版物，以及行业经济数据等。

在对不同公司进行比较时，存货计价方法的选择差异会显著影响公司之间财务比率的可比性。例如，根据 IFRS 编报的公司是不使用后进先出法的，此时，如果比较对象采用的是后进先出法，那么，将按后进先出法报告的结果调整为按先进先出法进行报告，就显得特别重要。分析师在判断一家公司的经营业绩时，应该尽可能多地去寻找各方信息。

▎例 7-9　可比性示例

1. 利用卡特彼勒公司按后进先出法所报告的数据和按先进先出法进行调整后的数据（详见例 7-5），与沃尔沃集团所报告的数据（详见例 7-8），比较它们在 2017 年的下列信息：存货周转率、存货周转天数、毛利率、净利率、总资产报酬率、流动比率、负债 – 权益比率，以及净资产收益率。计算流动比率时，请将短期准备金也计入短期负债中；计算负债 – 权益比率时，请将准备金计入负债总额中。

2. 分别按后进先出法的报告金额和调整后的先进先出金额计算，卡特彼勒公司在 2017 年和 2016 年的存货占总资产百分比各是多少？按沃尔沃集团的报告金额计算的呢？对此，分析师应该关注哪些变化呢？

3. 按报告数字，比较卡特彼勒公司和沃尔沃集团在 2017 年和 2016 年的销售增长率、产成品存货增长率和除产成品以外的其他存货的增长率。

问题 1 解答： 对卡特彼勒公司和沃尔沃集团在 2017 年度的相关指标比较如下：

	卡特彼勒公司（LIFO）	卡特彼勒公司（FIFO）	沃尔沃集团
存货周转率	3.33	2.76	5.04
存货周转天数	109.6 天	132.2 天	72.4 天
毛利率	27.24%	26.74%	23.95%
净利率	1.66%	1.32%	6.36%
总资产报酬率[①]	0.99%	0.77%	5.25%
流动比率[②]	1.35	1.42	1.12
负债 – 权益比率[③]	4.59	4.27	2.78
净资产收益率[④]	5.59%	4.05%	20.59%

前述（见例 7-5 和例 7-8）已计算过的比率以下不再列示：

① 总资产报酬率 = 净利润 ÷ 平均总资产

　　　　沃尔沃集团：5.25% = 21,283 ÷ [（412,494 + 398,916）÷ 2]

② 流动比率 = 流动资产 ÷ 流动负债

　　　　沃尔沃集团：1.12 = 199,039 ÷（10,806 + 167,317）

　按题目要求，将短期准备金计入短期负债中。

③ 负债 – 权益比率 = 负债总额 ÷ 股东权益总额

　　　　沃尔沃集团：2.78 =（29,147 + 96,213 + 10,806 + 167,317）÷ 109,011

　按题目要求，将准备金计入负债总额中。

④ 净资产收益率 = 净利润 ÷ 平均股东权益

　　　　卡特彼勒公司（LIFO）：5.59% = 754 ÷ [（13,766 + 13,213）÷ 2]

卡特彼勒公司（FIFO）：4.05% = 599 ÷ {[（13,766 + 1,924 – 710）+（13,213 + 2,139 – 770）]÷ 2}

　　　　沃尔沃集团：20.59% = 21,283 ÷ [（109,011 + 97,764）÷ 2]

对比卡特彼勒公司（FIFO）和沃尔沃集团的数据，似乎沃尔沃集团的库存管理效率更高，它的存货周转率更快，周转天数更短。比较净利率的话，也是沃尔沃集团的盈利能力更好。卡特彼勒公司在 2017 年的盈利能力较差，主要因为它的备付所得税大幅增加。分析师应当进一步调查卡特彼勒公司的备付所得税为什么增加，以及其他报告金额的变化，而不能单独根据这些比率就得出分析结论（换言之，应努力去找出导致财务比率发生变化的原因）。

问题 2 解答： 关于 2017 年和 2016 年的存货占总资产比值，卡特彼勒公司采用后进先出法报告的数据，以及经调整为先进先出法报告的数据和沃尔沃集团的数据如下：

	卡特彼勒公司（LIFO）	卡特彼勒公司（FIFO）	沃尔沃集团
2017 年	13.02%	15.28%	12.78%
2016 年	11.53%	14.14%	12.10%

存货占总资产的比值计算过程如下：

$$卡特彼勒公司（LIFO）2017 年：13.02\% = 10{,}018 \div 76{,}962$$
$$卡特彼勒公司（LIFO）2016 年：11.53\% = 8{,}614 \div 74{,}704$$
$$卡特彼勒公司（FIFO）2017 年：15.28\% = 11{,}942 \div (76{,}962 + 1{,}924 - 710)$$
$$卡特彼勒公司（FIFO）2016 年：14.14\% = 10{,}753 \div (74{,}704 + 2{,}139 - 770)$$
$$沃尔沃集团 2017 年：12.78\% = 52{,}701 \div 412{,}494$$
$$沃尔沃集团 2016 年：12.10\% = 48{,}287 \div 398{,}916$$

根据报告的数据，卡特彼勒公司的存货占总资产比重与沃尔沃集团的大致相近。但是，如果将卡特彼勒公司的存货发出计价方法调整为先进先出法，就会发现它的存货占总资产比重明显高于沃尔沃集团。

存货占总资产比重的上升会引发关注。库存高通常对应着较高的维护成本（例如，存储和融资成本）。流通缓慢或者过时的存货如果不断累积，就会导致未来的存货减值。在沃尔沃集团的财务报表附注 17 中，按存货类别分列的明细信息显示，生产材料库存显著增加，因此推测沃尔沃集团可能在计划生产更多的产成品（其库存也在增加）。从卡特彼勒公司的财务报表附注 7 情况来看，各种类别的库存都在增加，而且由于这些存货是使用后进先出法计价的，因此值得关注。该公司一定是增加了库存数量，并加入了新的后进先出法层次。

问题 3 解答： 卡特彼勒公司和沃尔沃集团在 2017 年和 2016 年的销售收入增长率（卡特彼勒公司的"汽车和发动机销售收入"与沃尔沃集团的"销售净额"）、产成品存货增长率和除产成品外的其他存货增长率计算如下：

2017 年	卡特彼勒公司	沃尔沃集团
销售收入	19.3%	10.9%
产成品	4.0%	4.2%
除产成品外的其他存货	30.2%	18.1%
2016 年	**卡特彼勒公司**	**沃尔沃集团**
销售收入	−19.0%	−3.4%
产成品	−10.7%	12.8%
除产成品外的其他存货	−11.8%	2.3%

增长率 =（当年金额 – 上年金额）/ 上年金额

卡特彼勒公司 2017 年相关增长率指标计算如下：

销售收入增长率：19.3% =（42,676 – 35,773）÷ 35,773

产成品增长率：4.0% =（4,761 – 4,576）÷ 4,576

除产成品外其他存货增长率：30.2% =[（2,802 + 2,254 + 201）–（2,102 + 1,719 + 217）]÷
（2,102 + 1,719 + 217）

沃尔沃集团 2017 年相关增长率指标计算如下：

销售收入增长率：10.9% =（334,748 – 301,914）÷ 301,914

产成品增长率：4.2% =（32,304 – 31,012）÷ 31,012

除产成品外其他存货增长率：18.1% =（20,397 – 17,275）÷ 17,275

卡特彼勒公司 2016 年相关增长率指标计算如下：

销售收入增长率：–19.0% =（35,773 – 44,147）÷ 44,147

产成品增长率：–10.7% =（4,576 – 5,122）÷ 5,122

除产成品外其他存货增长率：–11.8% =[（2,102 + 1,719 + 217）–（2,467 + 1,857 + 254）]÷
（2,467 + 1,857 + 254）

沃尔沃集团 2016 年相关增长率指标计算如下：

销售收入增长率：–3.4% =（301,914 – 312,515）÷ 312,515

产成品增长率：12.8% =（31,012 – 27,496）÷ 27,496

除产成品外其他存货增长率：2.3% =（17,275 – 16,894）÷ 16,894

上述两家公司的产成品增长率都超过了其销售收入增长率，这可能意味着公司出现了库存积压。相比之下，沃尔沃集团的产成品增长率比其销售收入增长率高出更多，但考虑到卡特彼勒公司采用后进先出法而不是先进先出法，因此可能会造成产成品增长率看起来较低。沃尔沃集团似乎已意识到了它的问题，计划再削减生产，因为它除产成品之外的其他库存增长都相对缓慢。不管情况如何，分析师都应当再做进一步的调查，才能对公司未来的销售和利润前景得出结论。

▌例 7-10　单个公司示例

乔洛夫公司是一家虚拟的电信公司，专门提供各种网络和通信解决方案，表 7-8、表 7-9 和表 7-10 分别列示了该公司合并财务报表和合并财务报表附注的一些摘录信息。其中，表 7-8 是合并利润表信息，表 7-9 是合并资产负债表信息，而表 7-10 是三项附注信息。

根据附注 1（a），乔洛夫公司对它的产成品和在产品是按照成本与可变现净值孰低原则进行计量的。根据附注 2（a），由于存货和在产品发生减值，使乔洛夫公司在 2017 年、2016 年和 2015 年的税前利润分别净减少 2.39 亿欧元、1.56 亿欧元和 6,500 万欧元[⊖]。从 2015 年到 2017 年，该公司的存货减值损失稳步增加，在表 7-10 的附注 3（b）中，披露了乔洛夫公司相关减值准备的变动情况，其中"（增加）/ 转回"项目单独列报了当年的减值损失。此外，乔洛夫公司在附注 3（b）中还披露了它在 2017 年 12 月 31 日、2016 年 12 月 31 日和 2015

⊖　这种减少通常被称为计入或列支（charge），会计上的"计入"或"列支"是指确认费用或者损失。在这里，列支的原因是资产发生了减值。

年 12 月 31 日的存货跌价准备信息，并在附注 19（a）中披露了跌价准备的构成：总额为 5.49 亿欧元的跌价准备，它由 5.28 亿欧元的存货跌价准备和 2,100 万欧元的在产品跌价准备所组成。

最后，请注意附注 19（a）中披露的 2017 年 12 月 31 日的存货净值（不包含建造合同）18.45 亿欧元（不包括建造合同）与表 7-9 中 2017 年 12 月 31 日资产负债表中的存货与在产品净值是一致的。

存货跌价准备是公司在资产负债表中所报告存货对应的减值总额（按成本与可变现净值孰低原则计量）。因此，分析师可以将资产负债表中报告的存货账面价值与存货跌价准备相加，来确定公司所持有存货的历史成本。可以看出，从 2015 年到 2017 年，该公司存货跌价准备的总规模和其占存货总额的比重都在增加。

表 7-8　乔洛夫公司[①]合并利润表　　　　　　（单位：百万欧元）

以 12 月 31 日为年度截止日的	2017 年	2016 年	2015 年
营业收入	14,267	14,945	10,317
销货成本	−9,400	−10,150	−6,900
毛利润	4,867	4,795	3,417
管理与销售费用	−2,598	−2,908	−1,605
研发支出	−2,316	−2,481	−1,235
扣除重组支出、资产减值损失、处置合并主体的损益以及退休福利计划修订影响前的利润	−47	−594	577
重组支出	−472	−719	−594
资产减值损失	−3,969	−2,473	−118
处置合并主体的利得 / 损失	−6	—	13
退休福利计划修订影响	39	217	—
经营活动的利润 /（损失）	−4,455	−3,569	−122
⋮	⋮	⋮	⋮
持续经营业务的利润 /（损失）	−4,373	−3,433	−184
终止经营业务的利润 /（损失）	28	512	133
净利润（亏损）	−4,345	−2,921	51

①原书此处为阿尔卡特朗讯公司，本案例应当是根据阿尔卡特朗讯公司的数据改编的，此处根据本例前文中的基本情况改为了乔洛夫公司。——译者注

表 7-9　乔洛夫公司[①]合并资产负债表　　　　（单位：百万欧元）

12 月 31 日	2017 年	2016 年	2015 年
⋮	⋮	⋮	⋮
非流动资产合计	10,703	16,913	21,559
存货与在产品，净值	1,845	1,877	1,898
建造合同客户应收款	416	591	517
贸易及相关账户应收款，净值	3,637	3,497	3,257
预付账款	83	92	73
⋮	⋮	⋮	⋮
流动资产总额	12,238	11,504	13,629
资产总额	22,941	28,417	35,188

（续）

12月31日	2017年	2016年	2015年
⋮	⋮	⋮	⋮
留存收益，公允价值与其他储备	−7,409	−3,210	−2,890
⋮	⋮	⋮	⋮
股东权益合计	4,388	9,830	13,711
养老金、退休补偿金和其他离职后福利	4,038	3,735	4,577
债券与已发行票据，长期	3,302	3,794	4,117
其他长期债务	56	40	123
递延所得税负债	968	1,593	2,170
其他非流动负债	372	307	232
非流动负债合计	8,736	9,471	11,219
预提费用	2,036	2,155	1,987
一年内到期的长期债务	921	406	975
客户预付和预存款	780	711	654
建造合同预收客户款	158	342	229
贸易及相关账户应付款	3,840	3,792	3,383
与处置持有待售资产相关的负债	—	—	1,349
递延所得税负债，流动部分	155	59	55
其他短期负债	1,926	1,651	1,625
短期负债合计	9,817	9,117	10,257
负债与股东权益合计	22,941	28,417	35,188

①原书此处为阿尔卡特朗讯公司，本案例应当是根据阿尔卡特朗讯公司的数据改编的，此处根据本例前文中的基本情况改为了乔洛夫公司。——译者注

表 7-10　乔洛夫公司合并财务报表附注摘录

附注 1. 重要会计政策

（a）存货与在产品

存货及在产品按成本（如适用，包括间接生产成本）与可变现净值孰低原则进行计量①。可变现净值为正常情况下的估计销售收入减去预期完工成本与销售费用之剩余。

附注 2. 关于会计估计的主要不确定性因素

（a）存货与在产品跌价准备

存货与在产品按成本与可变现净值孰低计量。存货与在产品跌价准备是根据对产品需求、技术或市场变化预期进行分析，确定过时或过剩的存货与在产品价值来判断的。

根据相关金额的性质，使用销货成本或者重新建造成本来确定存货跌价准备。

（单位：百万欧元）

	12月31日		
	2017年	2016年	2015年
与建造合同相关的存货与在产品跌价准备	−549	−432	318
存货与在产品减值对税前损益（扣除商誉和终止经营业务前）	−239	−156	−65

①该成本接近先进先出法计量值。

（续）

附注 3. 存货与在产品

（a）净值分析

（单位：百万欧元）

	2017 年	2016 年	2015 年
原材料与商品	545	474	455
在产品（不含建造合同）	816	805	632
完工产品	1,011	995	1,109
原值合计（不含建造合同）	2,373	2,274	2,196
跌价准备	−528	−396	−298
净值（不含建造合同）	1,845	1,877	1,898
进行中的建造合同，总额①	184	228	291
跌价准备	−21	−35	−19
进行中的建造合同，净值	163	193	272
净值合计	2,008	2,071	2,170

①报告在建造合同应收款中。

（b）跌价准备的变动明细

（单位：百万欧元）

	2017 年	2016 年	2015 年
1 月 1 日	−432	−318	−355
（增加）/ 转回	−239	−156	−65
发出	58	32	45
合并范围变化影响	—	—	45
汇率变动与其他变动净影响	63	10	12
12 月 31 日	−549	−432	−318

注：由于四舍五入的原因，总额与加总数和附注中的对应数字可能略有差异。

问题：

1. 根据上述报告金额，计算乔洛夫公司在 2017 年和 2016 年的存货周转率、存货周转天数、毛利率、流动比率、负债 – 权益比率和总资产报酬率。其中，对存货和资产总额应当使用平均数，其他项目可直接使用年末数。关于负债，只考虑"债券和已发行的票据，长期""其他长期债务"和"一年内到期的长期负债"。

2. 根据对问题 1 的回答，对乔洛夫公司在 2016 年到 2017 年期间发生的变化进行评价。

3. 如果乔洛夫公司在 2017 年、2016 年和 2015 年期间使用加权平均成本法而不是先进先出法，对它报告的销售成本和存货账面价值会有什么影响？对问题 1 中乔洛夫公司的相关财务比率会有什么方向性影响呢？

问题 1 解答：计算相关财务比率如下：

	2017 年	2016 年
存货周转率	5.05	5.38
存货周转天数	72.3 天	67.8 天
毛利率	34.1%	32.1%
流动比率	1.25	1.26
负债 – 权益比率	0.98	0.43
总资产报酬率	−16.9%	−9.2%

$$存货周转率 = 销货成本 \div 平均存货$$

$$2017 年的存货周转率：5.05 = 9,400 \div \left[\left(1,845 + 1,877 \right) \div 2 \right]$$

$$2016 年的存货周转率：5.38 = 10,150 \div \left[\left(1,877 + 1,898 \right) \div 2 \right]$$

$$存货周转天数 = 365 天 \div 存货周转率$$

$$2017 年的存货周转天数：72.3 天 = 365 天 \div 5.05$$

$$2016 年的存货周转天数：67.8 天 = 365 天 \div 5.38$$

$$毛利率 = 毛利润 \div 销售收入$$

$$2017 年的毛利率：34.1\% = 4,867 \div 14,267$$

$$2016 年的毛利率：32.1\% = 4,795 \div 14,945$$

$$流动比率 = 流动资产 \div 流动负债$$

$$2017 年的流动比率：1.25 = 12,238 \div 9,817$$

$$2016 年的流动比率：1.26 = 11,504 \div 9,117$$

$$负债 - 权益比率 = 负债总额 \div 股东权益总额$$

$$2017 年的负债 - 权益比率 = 0.98 = \left(3,302 + 56 + 921 \right) \div 4,388$$

$$2016 年的负债 - 权益比率 = 0.43 = \left(3,794 + 40 + 406 \right) \div 9,830$$

$$总资产报酬率 = 净利润 \div 平均资产总额$$

$$2017 年的总资产报酬率：-16.9\% = -4,345 \div \left[\left(22,941 + 28,417 \right) \div 2 \right]$$

$$2016 年的总资产报酬率：-9.2\% = -2,921 \div \left[\left(28,417 + 35,188 \right) \div 2 \right]$$

问题 2 解答： 从 2016 年至 2017 年，乔洛夫公司的存货周转率下降，存货周转天数增加了 4.5 天，因此，该公司的存货管理效率似乎变差了。不过，公司的毛利率水平由 2016 年的 32.1% 提升至 2017 年的 34.1%，增幅为 2.0%；流动比率水平在 2016 年和 2017 年中基本维持不变；但与 2016 年相比，2017 年的负债 - 权益比率出现显著上升。虽然乔洛夫公司的负债总额在这段时期内一直相对稳定，但由于发生净亏损对公司留存收益的累积影响，该公司的股东权益规模出现了迅速下降。

乔洛夫公司的总资产报酬率一直为负数，且在 2017 年相对 2016 年出现了进一步恶化。公司在 2017 年出现了更大幅度的净亏损，总资产规模也降低了，因此导致总资产报酬率负得更多。分析师应对该公司的总资产报酬率出现急剧下降的可能原因进行调查。从表 7-8 中的情况来看，乔洛夫公司在 2016 年和 2017 年的毛利润均不足以支付公司的管理与销售费用和研发支出。巨额重组成本和资产减值损失，使该公司在 2016 年和 2017 年的经营活动都出现了亏损。

问题 3 解答： 假定存货的重置成本在 2015 年、2016 年和 2017 年期间持续增加（而存货数量水平保持稳定或增长），那么，如果使用加权平均成本法对发出存货进行计价的话，相对于按先进先出法所报告的数据来说，乔洛夫公司的销货成本将更高，毛利率将更低（假定没有发生存货减值，否则将抵消不同存货计价方法之间的影响差异）。先进先出法将最早批次的库存成本首先分配到当期销货成本中，由于库存成本持续增加，因此在先进先出法下报告的销货成本将较低。在先进先出法下，存货的期末账面价值将高于加权平均成本法下的，因为最近购买的存货项目将以其较高的成本计入到期末存货中（同样，假设没有发生存货减值，否则将抵消两种存货计价方法之间的影响差异）。因此，在先进先出法下，乔洛夫公司在这几年报告的毛利率、净利润和留存收益也会更高。

对财务比率的影响分析如下：

- 在加权平均成本法下，存货周转率将更高，这是因为加权平均成本法下的分子（销货成本）更大，而分母（平均存货）将低于乔洛夫公司按先进先出法报告的金额；
- 加权平均成本法下的存货周转天数将更低，因为存货周转率高起来了；
- 在加权平均成本法下，由于销货成本会高于先进先出法下的，因此毛利率会更低；
- 在加权平均成本法下，流动比率将更低，因为加权平均成本法下报告的存货账面价值将低于先进先出法下的（而两种方法下的流动负债却是相同的）；
- 在加权平均成本法下，总资产报酬率将更低，因为分子（净利润）的增加比分母（平均总资产）的增加影响更大。举例来说，假定一家公司按照加权平均成本法报告的净利润为 300 万欧元，总资产为 1 亿欧元，如果它改用先进先出法的话，能多报告 100 万欧元的利润，那么必然也会多报告 100 万欧元的总资产（税后）。根据例中数据，加权平均成本法下的总资产报酬率为 3.00%（= 300 万欧元 /10,000 万欧元），而先进先出法下的总资产报酬率为 3.96%（= 400 万欧元 /10,100 万欧元）；
- 加权平均成本法下的负债 - 权益比率会更高，因为该方法下报告的留存收益将低于先进先出法下的（再次假设不存在存货减值，否则减值影响会抵消不同存货计价方法之间的差异）；
- 反过来，如果在 2015 年至 2017 年期间，存货的重置成本是下降的（且存货数量水平保持稳定或者增加），那么相对使用先进先出法来说，乔洛夫公司使用加权平均成本法报告销货成本将更低，而毛利润和存货账面价值将更高（假定没有发生存货减值，否则不同存货计价方法之间的差异将会被抵消）。于是，以上所讨论的内容对财务比率的影响也将完全相反。

7.8　本章小结

存货计价方法的选择（成本公式或成本流转假定）能对存货的账面价值和销货成本产生潜在的重大影响，并且这些影响会波及其他财务报表项目，如流动资产、总资产、毛利润和净利润。财务报表及报表附注中提供了有关公司存货会计政策的重要信息，分析师需要依据这些信息来对公司财务业绩进行正确评估，并将其与其他公司的业绩进行比较。本章涉及的关键知识点如下：

- 在对商业和制造企业展开分析时，存货是一个重要因素。这类公司都是通过存货交易来创造收入和实现利润的。在计算这些公司的利润时，一个重要的考虑就是如何计量它们在出售存货交易中的销货成本；
- 存货总成本包括采购成本、加工成本以及使存货处于当前地点和状态所必须发生的其他成本。库存商品的储存成本和与废品有关的非正常成本则通常在发生时确认为期间费用；
- 不同的成本流转假设造成了存货成本计价方法之间的差别，存货计价方法的选择决定了在某一会计期间内，可供销售的商品的成本是如何在期末存货和当期销货成本之间进行分配的；
- IFRS 允许企业采用的三种存货计价方法（成本公式）为：先进先出法（FIFO）、加权平均成本法和个别认定法。个别认定法通常适用于不可互换的存货项目，以及为特定项目生产和分离出的货物或服务。US GAAP 除了允许以上三种方法外，还允许企业采用后进先出法（LIFO）。后进先出法在美国被广泛用于税务报告和财务报告目的，因为它可以帮助企业潜在地节省所得税支出；

- 存货计价方法的选择不仅影响财务报表，也影响基于这些报表项目计算的财务比率。因此，分析师评价一家公司在不同时期的业绩或者将公司业绩与行业数据或者行业竞争对手进行比较时，必须仔细考虑存货计价方法差异的影响；

- 一家公司对于它持有的性质和用途类似的所有存货，都应当使用相同的存货计价方法；

- 使用加权平均成本法或后进先出法时，存货盘存制度（永续盘存或者定期盘存）可能会导致销货成本和期末存货的价值差异；

- 根据 US GAAP 的要求，使用后进先出法的公司必须在财务报表附注中披露后进先出法储备的规模，或者如果使用先进先出法将会报告的存货价值。利用该信息，可对公司按后进先出法报告的期末存货价值和当期销货成本进行调整，以与先进先出法的报告结果进行比较；

- 当期末存货数量低于期初存货数量时，就会发生后进先出法清算。如果恰逢存货单价也是逐年上升的，那么，此时公司的毛利润就会因为存货计价的原因而增加；

- IFRS 和 US GAAP 都要求公司对于存货计价方法的选择保持一致性。如果公司变更其会计政策，那么变更必须是合理的，且公司需要使用追溯调整法。只有在一种情况下可以无须追溯调整报表，即根据 US GAAP 编报的公司改用后进先出法时；

- 根据 IFRS，存货应当按成本与可变现净值孰低原则进行计量。所谓可变现净值，是指存货在正常经营过程中的估计售价，减去要达成销售所需的估计成本后的余额。根据 US GAAP，在不同的存货计价方法下，存货需要按成本、市价或可变现净值中的较低者进行计量。其中，市价被定义为存货的现时重置成本，其上限为可变现净值，下限为可变现净值减去正常利润；

- IFRS 允许公司转回以前期间计提的存货减值，但 US GAAP 不允许；

- 不同存货类别（比如原材料、在产品和产成品）之间的账面价值变化可能暗示了公司未来的销售和利润情况。在"管理层讨论与分析"或者年报和季报的其他部分、行业新闻与出版物以及行业经济数据中，都可能找到与公司存货管理和未来销售相关的信息；

- 在评价一家公司的存货管理情况方面，存货周转率、存货周转天数和毛利率都比较有用；

- 存货管理对公司的营运能力、盈利能力、流动性和偿债能力比率都可能产生重大影响。对分析师来说，了解行业趋势和管理层意图是非常重要的；

- 财务报表披露能为我们提供公司在存货计量方面所采用的会计政策、与存货相关的会计估计及其主要影响因素，以及期末存货账面价值和成本的细节信息。这些信息可以极大地帮助分析师对公司的存货管理情况进行评价。

长期资产

伊莱恩·亨利，博士，特许金融分析师

伊丽莎白·A. 戈登，博士，MBA，注册会计师

学习目标

- 区分资本化支出和在发生当期就费用化的支出；
- 比较以下各类无形资产的财务报告信息：外购的、内部开发的和在企业合并中取得的；
- 解释和评价资本化处理和在发生当期就费用化处理对财务报表和财务比率的影响；
- 描述不同折旧方法对不动产、厂场与设备价值的影响，能够计算折旧费用；
- 了解折旧方法的选择和与资产使用寿命、残值有关的会计假设是如何影响折旧费用、财务报表和相关财务比率的；
- 了解使用寿命有限的无形资产适用的各种摊销方法，学会计算摊销费用；
- 了解摊销方法的选择和与使用寿命、残值有关的会计假设是如何影响摊销费用、财务报表和相关财务比率的；
- 了解重估值模式；
- 解释不动产、厂场与设备和无形资产的减值情况；
- 解释不动产、厂场与设备和无形资产的终止确认情况；
- 解释不动产、厂场与设备和无形资产的减值、重估值和终止确认是如何影响财务报表和财务比率的，并进行评价；
- 了解不动产、厂场与设备和无形资产的财务报表列报和披露要求；
- 对财务报表披露的不动产、厂场与设备和无形资产信息进行分析和解释；
- 比较财务报告中的投资性房地产和不动产、厂场与设备。

8.1 概述

长期资产（long-lived assets 或 long-term assets）也被称作非流动资产，是指预期能在未来一段时间内（通常超过一年）为企业带来经济利益的资产[⊖]。长期资产可以是有形的或者无

⊖ 在某些行业中，存货的持有会超过一年，但仍作为流动资产列报。

形的，也可以体现为金融资产。比较典型的长期有形资产通常被称作**不动产、厂场与设备**，有时也被称为固定资产（fixed assets），包括土地、建筑物、家具与装修、机器设备和交通工具等；而长期**无形资产**（intangible assets）（不具有实物形态的资产）的例子有专利和商标权；长期金融资产的例子包括对其他主体发行的权益性证券或者债券所进行的投资。本章的讨论范围仅限于长期有形资产和无形资产（为简单起见，以下简称长期资产）。

　　与长期资产有关的第一个会计问题是确定其采购成本，第二个问题则是如何将成本分配为一段时期内的费用。绝大多数长期资产的成本首先会被资本化，然后在对应资产预计能提供经济利益的会计期间内被逐步分配，报告为利润表中的费用。通常情况下，有两种长期资产的成本是可以不随时间的推移而分配进入费用的，即不需要进行折旧的土地⊖和使用寿命不确定的无形资产。此外，与长期资产的会计核算相关的问题还包括与资产有关的后续支出、成本模式与重估值模式的选用、资产价值的意外下降、按照持有意图对资产进行分类（例如，为使用而持有或为出售而持有），以及资产的终止确认等。

　　本章的安排如下：第 8.2 节介绍取得长期资产的会计处理，尤其是说明将支出进行资本化处理和费用化处理的影响；第 8.3 节说明如何在长期资产的使用寿命内对其成本进行分配；第 8.4 节讨论基于资产公允价值变动的重估值模式；第 8.5 节介绍长期资产的减值（资产价值的意外下降）；第 8.6 节介绍长期资产的终止确认会计处理；第 8.7 节介绍与长期资产相关的财务报表列报和披露，以及长期资产分析；第 8.8 节讨论投资性房地产和不动产、厂场与设备的财务报告差异。最后是本章小结。

8.2　长期资产的取得

　　不动产、厂场与设备（指经济寿命超过一年、持有意图为公司自用的有形资产）在取得时的成本与其公允价值通常一致，应按成本计入资产负债表中⊖。而无形资产的核算则取决于取得方式。如果多项资产是以一个整体的形式购入的，那么，需要将购买价格以公允价值为基础分配给每项资产。此外，资产成本还可能包括购买价格以外的其他支出。

　　关于与长期资产相关的支出，在会计上的一个关键问题是，这类支出是否能够和在何时能够被资本化处理（即报告为资产负债表中的资产），而不是被费用化处理（即报告为利润表中的当期费用）。在考察一些支出的特定处理之后，我们再来考虑资本化处理和费用化处理对财务报表的影响，以及与决策相关的两个分析问题，即对单家公司趋势分析的影响和对不同公司之间的可比性的影响。

8.2.1　不动产、厂场与设备

　　本节主要讨论对外购长期有形资产（不动产、厂场与设备）的会计处理⊜。我们用一项资

⊖　在我国，由于绝大多数的土地属于全民所有，因此企业一般拥有的是土地使用权，在会计上报告为无形资产，并在使用权期间内进行摊销。——译者注

⊖　在 IFRS 和 US GAAP 体系下由财务会计准则委员会编纂的 ASC 中，公允价值均被定义为"市场参与者在计量日发生的有序交易中，因出售一项资产或者转移一项负债所收到或付出的价格"［IFRS 第 13 号和 FASB ASC 主题 820］。

⊜　IAS 第 16 号《不动产、厂场与设备》，第 24-26 段［成本计量］；IAS 第 38 号《无形资产》，第 45-47 段［资产交换］；FASB ASC 第 845-10-30［非货币性资产交换—概述—初始计量］。

产去交换另一项资产时，如果公允价值计量可靠，则应当以公允价值计量换入资产。除非所换入资产的公允价值更加可靠，否则，此处的公允价值，是指所放弃资产的公允价值。如果公允价值计量不可靠，则可以按换出资产的账面价值来计量换入资产。在这种情况下，资产的账面价值保持不变，不报告损益。

一般情况下，对于资产交换的会计处理涉及结清所放弃资产的账面价值，记录所换入资产的公允价值，并将上述账面价值和公允价值之间的差异报告为损益。当新取得资产的公允价值大于所放弃资产的账面价值时，将报告收益；而当新取得资产的公允价值小于所放弃资产的账面价值时，则将报告损失。

外购不动产、厂场与设备时，购买方应当按成本记录资产价值的增加。除购买价格外，购买方通常还需要将为使资产达到预定用途所花费的所有其他支出也记录为资产成本的一部分。例如，购买方将资产运到自己的经营场所而承担的运费，以及使所购资产达到预定用途所需的特殊安装和测试费用等，都需要计算在取得该资产所花费的成本总额中。

与长期资产相关的后续支出，如果预计能在未来为公司提供一年以上的利益流入，则也应当在资产负债表上报告为资产价值的一部分（即资本化）；如果预计在未来期间并不能为公司带来利益流入，则作为当期费用处理。通常，能延长资产使用寿命的支出，都应进行资本化处理。例 8-1 说明了将支出进行资本化处理和进行费用化处理在一段时期内的报告差异。

▌例 8-1　取得固定资产的核算

假定一家叫作特罗弗里尼的公司（Trofferini S.A.）为购买毛巾和纸巾机发生了如下支出：含税⊖购买价为 10,900 欧元，机器配送费 200 欧元，机器安装与测试费 300 欧元，以及为了让员工学会对机器进行保养而支付的员工培训费 100 欧元。此外，该公司还支付了 350 欧元给一个建筑团队，请他们加固工厂的地板与天花板之间的支撑柱，以承接机器重量；支付了 1,500 欧元请人修理工厂的屋顶（预计此次修理能使工厂的使用寿命延长 5 年），支付了 1,000 欧元请人重新粉刷了工厂和附近办公室的外墙，以进行维护。重新粉刷工作既不能延长工厂和办公室的使用寿命，也不能提高它们的可用性。

问题：

1. 上述这些支出中，哪些应当进行资本化处理？哪些应当进行费用化处理？

2. 这些支出的会计处理将给公司财务报表带来什么样的影响？

问题 1 解答：该公司应将使新机器达到其预定用途而花费的所有支出都进行资本化处理，作为机器成本的一部分，包括：10,900 欧元的购买价格、200 欧元的配送费、300 欧元的安装与测试费和 350 欧元的工厂地板和天花板之间支撑柱的加固费用（这是使用机器所必需的，并不会增加工厂的价值）。培训员工所花费的 100 欧元不属于使机器达到其预定用途而必需的支出，因此应当进行费用化处理。

对于用于修理工厂屋顶而花费的 1,500 欧元，由于预计此项修理能延长工厂的使用寿命，因此应当予以资本化处理。而为重新粉刷工厂和办公室外墙而花费的 1,000 欧元则应当费用化处理，因为粉刷不会延长建筑物的寿命或改变其生产能力。

问题 2 解答：与机器有关的资本化支出，包括 10,900 欧元的购买价格、200 欧元的配送费、300 欧元的安装与测试费和 350 欧元的工厂预备支出，这些都将增加资产负债表中报

⊖　此处为消费税，应计入所购资产的成本。与我国的增值税不同。——译者注

告的机器资产的账面价值，并被报告为投资活动的现金流出。与工厂相关的资本化支出——1,500 欧元的屋顶维修费，将增加资产负债表中报告的工厂资产的账面价值，也属于投资活动的现金流出。为培训员工支出的 100 欧元和为粉刷外墙而支出的 1,000 欧元，应在发生当期予以费用化处理，这将减少公司利润表中所报告的利润（从而减少资产负债表中的留存收益）和经营活动现金流量。

例 8-1 介绍了公司取得不动产、厂场与设备情境下的资本化和费用化的会计处理。当公司建造一项资产（或获得一项需要很长时间才能达到其预定用途的资产）时，与建造直接相关的借款费用一般也应当进行资本化处理。修建一栋建筑物，无论是用于出售（在这种情况下，该建筑物应被报告为存货）还是用于公司自己使用（在这种情况下，该建筑物应被报告为长期资产），一般都需要耗费大量的时间。为建造活动所进行的融资，在所建造的资产达到其预定用途之前所发生的全部借款费用都予以资本化，报告为资产成本的一部分。公司应当根据其现有借款的情况来判断借款利率，或（如适用的话）直接使用为建造资产而发生的专门借款利率。如果公司为建造大楼而专门进行了贷款，那么，这些贷款的利息费用就应当在大楼建造期间进行资本化处理，作为建筑物成本的一部分。根据 IFRS，如果公司将借款用于临时投资，那么所取得的收益应当减少可资本化的借款费用，不过 US GAAP 不允许这样做。

因此，一家公司在一段时期内的利息成本要么会被报告在资产负债表上（被资本化报告为相关资产成本的那一部分），要么会被报告在利润表上（被费用化的部分）。如果利息支出是与公司所建造的自用资产相关的，资本化的利息费用就作为相关长期资产（即不动产、厂场与设备）价值的一部分出现在资产负债表中。资本化利息随着资产的折旧而逐期被费用化，因此会体现在后续各年的折旧费用中，而不是当期的利息费用中。如果利息支出是与公司所建造的以出售为目的的资产相关的（例如，由房地产开发商所承建的项目），那么，资本化的利息就将作为存货价值的一部分出现在公司资产负债表上。当该项资产被出售时，资本化利息就随所出售商品的成本结转而被费用化处理。在建造活动完工前的利息支出可资本化，会被报告为投资活动的现金流出；而对于费用化的利息支出，如果根据 IFRS，可归类为经营活动或是融资活动的现金流出，但如果根据 US GAAP，则应当报告为经营活动的现金流出。

▌例 8-2　借款费用的资本化

假定 BILDA 公司在 2010 年 1 月 1 日以每年 10% 的利率借款 100 万欧元，用于建造一座预计使用寿命为 40 年的工厂。整个工厂建造施工耗时两年，在此期间，BILDA 公司通过将贷款用于临时性投资，赚得 2 万欧元的收益。

问题：

1. 根据 IFRS，BILDA 公司可资本化的利息金额为多少，该金额与根据 US GAAP 可资本化的金额有何不同？

2. 资本化的借款成本将报告在公司财务报表的哪个位置？

问题 1 解答： 在工厂建造施工期间，公司为该笔贷款支付的利息总额为 20 万欧元（=100 万欧元 ×10%×2 年）。根据 IFRS，应资本化的借款费用金额为：符合资本化条件的借款成本 20 万欧元，减去将贷款用于临时性投资取得的利息收益 2 万欧元，即 18 万欧元。根据 US GAAP，应资本化的金额为 20 万欧元。

问题 2 解答： 资本化的借款费用作为不动产、厂场与设备的价值组成，出现在公司的资产负债表上。在工厂建造完工之前，支付的利息将报告在现金流量表中的投资活动栏目下。随后，当资产逐年进行折旧时，资本化的利息部分将体现在公司利润表的折旧费用中。

8.2.2　无形资产

无形资产是缺乏实物形态的资产，包括一些涉及专有权利的项目，例如专利、版权、商标权和特许经营权等。根据 IFRS，可辨认的无形资产必须符合三项定义标准，即它们必须是：①可辨认的（能够与报告主体分离，或者来源于合同或法律权利），②受报告主体的控制和③预期能为报告主体带来未来经济利益。此外，无形资产还必须满足两个确认条件：①该资产预期能产生的未来经济利益很可能流入本公司和②该资产的成本能够被可靠地计量。商誉不属于可辨认的无形资产[○]，它产生于一家公司收购另一家公司，当收购价格超过所收购的可辨认净资产（即有形资产和可辨认的无形资产之和再扣除负债）的公允价值时。

无形资产的会计核算取决于它的获得方式。以下各节分别介绍三种方式所取得的无形资产的会计处理：在企业合并以外的情况下购入的无形资产、内部开发的无形资产和在企业合并中获得的无形资产。

8.2.2.1　在企业合并以外的情况下购入的无形资产

在企业合并以外的情况下购买的无形资产，比如外购的专利权，应当在取得时进行与长期有形资产一样的会计处理，即按购买时的公允价值入账，并假定该公允价值就等于其购买价。如果一次购入了包含多项无形资产的组合，那么，应当按各项资产的公允价值占比将购买价格分配给各单项无形资产。

分析师在对某项无形资产进行财务分析时应意识到，公司在确定每项无形资产的价值时必然使用了大量的判断和假设。因此从分析的角度来看，了解公司所取得的无形资产的类型往往比关注单项资产的价值更有用。换句话说，分析师通常更感兴趣的是公司收购了什么样的资产（例如特许经营权），而不是公司分配给每项资产的确切购买价格。了解公司购入的资产类型，可以洞察它的战略方向和未来的经营潜力。

8.2.2.2　内部研发的无形资产

与有形资产建造成本的处理不同，内部研发无形资产的成本一般在发生时即计入费用。不过，仍然有某些研发成本在一些情况下可以被资本化处理。在这里，与资本化还是费用化决策相关的财务分析问题，主要是不同公司之间的可比性以及它对单个公司趋势分析的影响。

一般来说，应将公司内部开发无形资产支出的费用化影响与公司在非合并情况下取得无形资产支出的资本化影响进行比较。由于内部研发支出通常是被费用化处理的，因此，通过研发或者广告支出等内部活动形成的专利、版权或品牌等无形资产的公司，将会比直接通过外部购入无形资产的公司确认更少的资产。此外，在现金流量表中，企业因内部研发无形资产而支付的现金被报告为经营活动的现金流出，而外购无形资产的支出却被报告为投资活动的现金流出。因此，不同公司在战略上的差异（自己开发或者直接外购无形资产）会影响到其财务

○　IFRS 对无形资产定义为"没有实物形态、可辨认的非货币资产"，适用于除第 38 号 IAS 之外的其他准则中没有具体规定的无形资产。US GAAP 对无形资产的定义则是"没有实物形态的资产（金融资产除外）"——因此，在无形资产的定义中是包含了商誉的。

比率。

　　根据 IFRS 的要求，研究支出（或内部研发项目在研究阶段的支出）应当进行费用化处理，不允许资本化为无形资产[⊖]。其中，"研究"被定义为"为获得新的科技知识而进行的原创的或者有计划的调查"[⊜]；而"内部开发项目的研究阶段"则是指公司无法证明一项无形资产正在被创造出来——例如，寻找在生产过程中可用的替代材料或系统。与对于研究阶段支出的处理方式不同，IFRS 允许公司在满足某些条件的情况下（例如，能证明完成该无形资产的开发具有技术可行性，或者公司具有使用或出售该资产的意图），将开发支出（或内部研发项目在开发阶段的支出）资本化并确认为无形资产。其中，"开发"被定义为"在进行商业性生产或使用前，将研究成果或其他知识应用于某项计划或设计，以生产出新的或具有实质性改进的材料、装置、产品、工艺、系统或服务等"[⊜]。

　　但根据 US GAAP 的要求，无论是研究支出还是开发支出，都在发生当期进行费用化处理，只有与软件开发相关的某些支出允许进行资本化处理^⑩。对于公司为开发待销售软件产品而发生的支出，应以开发该产品的技术可行性得到确定为界，得到确定之前的支出应费用化处理，而得到确定之后的支出则可资本化处理。类似地，对于公司为开发内部使用软件而花费的支出，应当以该开发项目很可能完成、确定软件能达到预定用途为界，此前的支出应当费用化处理，而此后的支出则可资本化处理。项目能否完成的可能性一般比其技术可行性更容易论证。与软件开发（无论是用于销售的软件还是内部使用软件）直接相关的资本化项目包括参与软件开发和测试员工的费用。US GAAP 对软件开发支出的会计处理要求，与 IFRS 对内部研发无形资产的处理要求非常类似。

▌ 例 8-3　软件开发成本

　　假定 REH 公司在以 2019 年 12 月 31 日为截止日的会计年度里每月都发生了 1,000 欧元的支出，用于开发一项供公司内部使用的软件。根据 IFRS，在该开发项目满足无形资产的确认条件之前，所有的支出都应当进行费用化会计处理；但在满足了相关条件之后，则可以资本化并确认为一项无形资产。

　　问题：

　　1. 假定这家公司在 2 月 1 日就能证明这项软件开发符合了无形资产的确认条件，相对于到 12 月 1 日才能证明，会有哪些会计影响？

　　2. 如果这家公司的财报是按 US GAAP 编报的，并且它在 2018 年就确定该开发项目很可能完成，该软件能实现其既定功能，那么它对这些支出的会计处理会有什么不同吗？

　　问题 1 解答：如果公司能在 2 月 1 日就证明该软件开发项目符合无形资产的确认标准，那么，公司将把 1 月份支出的 1,000 欧元在 2019 年的利润表上确认为费用，而剩余 11,000 欧元的支出则会被确认为一项无形资产（在资产负债表中）。但是，如果该公司直到 12 月 1 日都不能证明该软件开发项目符合无形资产的确认标准，那么，公司应将它在 1 月至 11 月

　　⊖　IAS 第 38 号《无形资产》。

　　⊜　IAS 第 38 号《无形资产》，第 8 段［定义］。

　　⊜　IAS 第 38 号《无形资产》，第 8 段［定义］。

　　⑩　在 US GAAP 体系下，FASB ASC 第 350-40-25 节［无形资产 – 商誉和其他 – 内部使用软件 – 确认］和 FASB ASC 第 985-20-25 节［软件 – 销售、租赁或营销软件的成本 – 确认］分别规定了内部使用软件和对外销售软件的软件开发支出的会计处理规范。

发生的共计 11,000 欧元的研发支出都在 2019 年的利润表上确认为费用，将剩下的 1,000 欧元支出确认为一项无形资产。

问题 2 解答：根据 US GAAP，公司可将为开发内部使用软件而支出的 12,000 欧元都进行资本化处理。

8.2.2.3　在企业合并中取得的无形资产

当一家公司并购另一家公司时，这笔交易在会计上是**按购买法**（acquisition method）来进行处理的[⊖]。在购买法下，并购方应根据所购入资产的公允价值占比将购买价格分配给所购入的每一项资产（以及承担的每一项负债）。如果实际购买价格大于可分配给单项可辨认资产和负债的金额之和，则将多出部分记为商誉。商誉难以脱离公司整体而单独辨认出来。

根据 IFRS，并购取得的单项资产包括符合定义特征和满足确认条件要求的可辨认无形资产[⊜]。如果在企业合并中取得的某项目不能被确认为有形资产或者可辨认的无形资产，则应当将其计入商誉。在 US GAAP 中，规定了两个条件用以判断在企业合并中所获得的无形资产是否应当与商誉分离并单独予以确认：该资产必须是源于合同或者法律权利而产生的，或者该项目是可以与被并购公司进行分离的。可以从商誉当中分离出来单独确认为无形资产的例子，包括前面提到的专有权利（专利权、版权、特许经营权、许可证等），以及互联网域名、视频和视听材料等项目。

表 8-1 中介绍了百威英博集团在 2016 年收购南非米勒集团（SABMiller Group）时是如何分配其 1,030 亿美元的收购金额的。合并后的公司更名为 Anheuser-Busch InBev SA/NV[⊜]。大部分的无形资产估值都与拥有无限使用寿命的品牌价值有关（总价值 200 亿美元中的 199 亿美元）。在所收购的 630 亿美元总资产中，拟分拆的资产价值估值为 248 亿美元，而拟继续持有的资产估值为 382 亿美元。总的来说，在拟继续持有的总资产当中，无形资产的价值占到了 52%。此外，在这笔并购交易中，确认的商誉价值高达 741 亿美元。

表 8-1　在企业合并中取得的无形资产

以下信息摘录自百威英博集团 2016 年年度报告：

2016 年 10 月 10 日，百威英博集团宣布已成功完成与南非米勒集团（SAB）的公司合并。

"该笔交易产生商誉 741 亿美元，主要分配给了哥伦比亚、厄瓜多尔、秘鲁、澳大利亚、南非和其他非洲地区、亚太地区以及拉丁美洲国家的业务。所确认的商誉主要来自并购所得的团队组合和为南非米勒集团预期可实现的成本协同效应而支付的溢价。管理层对未来经济利益的评估支持该商誉的确认，管理团队认为，通过实施百威英博集团的最佳实践，例如，零基预算方案和其他预计能带来更高效率和标准化操作、节省成本和最大限度地提高购买力的举措，这些能为集团带来成本的节约。此外，由于所购入无形资产的初步公允价值调整，而摊销不再符合税前列支费用条件，因此确认了递延所得税负债，这也对商誉产生了影响。公司所确认的商誉均不符合在税前扣除的要求。"

⊖　IFRS 和 US GAAP 均要求使用购买法来对企业合并进行会计处理（IFRS 第 3 号和 FASB ASC 第 805 部分）。

⊜　如前所述，定义提到的特征包括可辨认、由公司所控制和预期能带来未来经济利益。而确认条件则包括预期经济利益很可能流入公司和成本能够可靠计量。

⊜　中文简称仍是百威英博集团。——译者注

（续）

"绝大部分的无形资产与使用寿命不确定的品牌价值有关，其估值总额为 199 亿美元。对于使用寿命不确定的品牌，其价值评估取决于一系列因素，包括品牌历史、运营计划和这些品牌的销售国家。品牌的公允价值是通过综合运用各种估值方法而得出的，例如特许权使用费减免和超额盈利估值方法等。"

"使用寿命不确定的无形资产主要包括非洲的城堡（Castle）和卡林（Carling）品牌家族、哥伦比亚的鹰牌（Aguila）和波克（Poker）品牌家族、厄瓜多尔的水晶（Cristal）和皮尔森（Pilsner）品牌家族以及澳大利亚的卡尔顿（Carlton）品牌家族。"

"持有待售资产的确认主要与将南非米勒集团在米勒库尔斯合资公司（MillerCoors LLC）中的资产和南非米勒集团在美国以外的某些米勒品牌投资组合中的资产剥离给莫尔森库尔斯酿造公司（Molson Coors Brewing）有关；将南非米勒集团的欧洲优质品牌剥离给朝日集团控股有限公司（Asahi Group Holdings），以及将南非米勒集团拥有的华润雪花啤酒有限公司的权益剥离给华润啤酒（控股）有限公司……"

［节选］

以下是百威英博集团收购南非米勒集团的临时价格分配信息：

单位：百万美元

资产	
不动产、厂场与设备	9,060
无形资产	20,040
对联营企业的投资	4,386
存货	977
贸易与其他应收款	1,257
现金与现金等价物	1,410
持有待售的资产	24,805
其他资产	**1,087**
资产总计	**63,022**
负债总计	**−27,769**
可辨认的资产与负债净值	**35,253**
少数股东权益	−6,200
合并产生商誉	**74,083**
合并对价	**103,136**

该表摘录自公司 2016 年的年度报告，细节部分有所省略，合计数已用黑体显示。

资料来源：百威英博集团 2016 年年度报告，第 82～85 页。

8.2.3 资本化与费用化：对财务报表与财务比率的影响

本节讨论资本化支出和在发生当期就费用化支出对财务报表与财务比率的影响。我们首先总结资本化和费用化对财务报表的普遍影响，然后讨论两个与决策相关的分析问题，即对单个公司趋势分析的影响和对不同公司之间可比性的影响。

在发生支出期间，将支出资本化会增加资产负债表上的资产，并在现金流量表中体现为投资活动的现金流出。但在初始确认之后，公司需要将资本化的金额在所形成资产的使用寿命内分配为折旧或者摊销费用（不需要折旧或者摊销的资产除外，例如土地或使用寿命不确定的无形资产），这种费用会减少利润表上的净利润，同时降低资产负债表中的资产价值。折旧和摊销都属于非现金开支，因此，除对应税利润和应交税费项目会产生影响之外，对现金流量表是没有影响的。在现金流量表中，将净利润调整为经营活动的现金净流量部分，需要将折旧和摊销费用反加回净利润中。

相反，费用化支出会在支出当期就使减少净利润，减少金额等于该笔支出的税后影响额。由于在资产负债表中没有记录资产，因此也不涉及以后期间的折旧或者摊销影响。由于净利润降低，反映到资产负债表中，留存收益也会较低。费用化的支出在发生期间直接报告为经营活动的现金流出，对以后各期的公司财务报表都没有其他影响。

例 8-4 说明了支出资本化与费用化对财务报表的影响。

▌例 8-4　资本化与费用化对财务报表的影响

假设有两家在其他方面都相同的公司，CAP 公司和 NOW 公司，它们都从 1,000 欧元现金和 1,000 欧元普通股开始创业。这两家公司在每年都确认 1,500 欧元的现金收入，用现金支付 500 欧元的支出（不包含以下提到的设备采购业务）。开始营业前，两家公司均支付 900 欧元购买了设备，CAP 公司预计该设备可用 3 年，并且 3 年后的残值为 0。NOW 公司预计该设备的使用年限要短得多，因此将设备购买价款立即进行了费用化处理。这两家公司都不再有其他资产，并且在 3 年期间也没有再买过其他资产。假定这两家公司都没有支付股利，现金余额也没有带来任何利息收入，所得税税率均为 30%，并且在财务报告和税务报告中使用的会计核算政策相同。

表 8-2 中，左侧是 CAP 公司的财务报表。它将设备购买支出资本化处理，然后使用直线折旧法，每年计 300 欧元折旧（900 欧元的采购成本减去 0 欧元的预计残值仍等于 900 欧元，再除以预计使用寿命 3 年，因此每年折旧 300 欧元）。右侧是 NOW 公司的财务报表，第 1 年的 900 欧元设备采购支出完全被报告为了费用。表中所有金额的单位都是欧元。

表 8-2　资本化与费用化的比较　　　　　　　（单位：欧元）

CAP 公司				NOW 公司			
将 900 欧元资本化为一项资产，然后计算折旧				将 900 欧元立即费用化			
年度	1	2	3	年度	1	2	3
收入	1,500	1,500	1,500	收入	1,500	1,500	1,500
付现费用	500	500	500	付现费用	1,400	500	500
折旧费用	300	300	300	折旧费用	0	0	0
税前利润	700	700	700	税前利润	100	1,000	1,000
所得税（30%）	210	210	210	所得税（30%）	30	300	300
净利润	490	490	490	净利润	70	700	700
经营活动现金净流量	790	790	790	经营活动现金净流量	70	700	700
投资活动中支出的现金	−900	0	0	投资活动中支出的现金	0	0	0
现金变动总额	−110	790	790	现金变动总额	70	700	700

（续）

时间	0 时刻	第 1 年年末	第 2 年年末	第 3 年年末	时间	0 时刻	第 1 年年末	第 2 年年末	第 3 年年末
现金	1,000	890	1,680	2,470	现金	1,000	1,070	1,770	2,470
不动产、厂场与设备（净值）	—	600	300	—	不动产、厂场与设备（净值）	—	—	—	—
资产总计	1,000	1,490	1,980	2,470	资产总计	1,000	1,070	1,770	2,470
留存收益	0	490	980	1,470	留存收益	0	70	770	1,470
普通股	1,000	1,000	1,000	1,000	普通股	1,000	1,000	1,000	1,000
股东权益合计	1,000	1,490	1,980	2,470	股东权益合计	1,000	1,070	1,770	2,470

问题：

1. 在过去 3 年中，哪家公司报告的净利润更高？现金流量总额呢？经营活动现金净流量呢？

2. 根据 ROE 和销售净利率，对这两家公司的盈利能力进行比较。

3. 为什么 NOW 公司报告它在第 1 年的现金变化额为 70 欧元，而 CAP 公司报告它的现金变化额为 −110 欧元？

问题 1 解答： 这 3 年中，两家公司都没有报告出较高的净利润和现金流量总额。无论这 900 欧元是资本化处理还是费用化处理，3 年的净利润总和都是相同的（共计 1,470 欧元）。并且，两种情况下的现金变动总额也都是相同的（共计 1,470 欧元）。CAP 公司报告的经营活动产生的现金净流量要多出 900 欧元，是因为在资本化情况下，这 900 欧元的购买设备支出被报告为了投资活动的现金流量。

注： 由于公司在财务报告和税务报告中都使用相同的会计方法，如果没有假设现金余额的利息收入为零的话，将 900 欧元直接报告为费用的 NOW 公司将能报告更高的利润和现金流量，因为它在第 1 年会支付较低的税款（仅 30 欧元，而 CAP 公司要支付 210 欧元），这将使 NOW 公司通过节税而获得利息收入。

问题 2 解答： 一般情况下，期末股东权益 = 期初股东权益 + 净利润 + 其他综合收益 − 股利 + 股东出资净额。因为本例中的两家公司没有其他综合收益，没有支付股利，也没有报告任何股东出资，因此，期末留存收益 = 期初留存收益 + 净利润，而期末股东权益 = 期初股东权益 + 净利润。

净资产收益率（ROE）等于净利润与平均股东权益之比，而销售净利率等于净利润与销售收入总额之比。举例来说，CAP 公司在第 1 年的 ROE 就是 39%（= 490/[（1,000 + 1,490）/2]），而第 1 年的销售净利率则是 33%（= 490/1,500）。

CAP 公司				NOW 公司			
将 900 欧元资本化为一项资产，然后计算折旧				将 900 欧元立即费用化			
年度	1	2	3	年度	1	2	3
ROE	39%	28%	22%	ROE	7%	49%	33%
销售净利率	33%	33%	33%	销售净利率	5%	47%	47%

如上表所示，与费用化处理相比，资本化处理在第 1 年报告了更高的盈利能力比率（ROE 和销售净利率），但在后续年份中，盈利能力比率却变差了。例如，CAP 公司在第 1 年的 ROE 为 39%，而 NOW 公司在第 1 年的 ROE 却只有 7%；但在第 2 年和第 3 年，NOW 公

司的盈利能力表现却显著好于 CAP 公司。

同时还请注意，NOW 公司的净利润在第 1 年到第 2 年之间出现了强劲的增长，但这并不表明它的业绩表现就比 CAP 公司强，而完全是它比 CAP 公司更早费用化的会计决策结果。总的来说，在其他条件相同的情况下，更早确认费用的会计决策将导致其后的增长看起来更强大。如果我们忽视会计方法的差异而直接比较这两家公司的净利润增长情况，将会得出错误的结论。可以作为推论的是，NOW 公司在这 3 年当中的利润和盈利能力波动都更大，但这并不是由于该公司的业绩波动所导致的，而是由于不同的会计决策所带来的。

问题 3 解答：NOW 公司报告它的现金在第 1 年增加了 70 欧元，而 CAP 公司报告它在同期的现金却减少了 110 欧元，原因是 NOW 公司的所得税比 CAP 公司的低了 180 欧元（NOW 公司当期的所得税费用只有 30 欧元，而 CAP 公司的为 210 欧元）。

请注意，在本例中假定两家公司在财务报告和税务报告中所使用的会计方法都是一样的。在很多国家中，公司可以在财务报告和税务报告中分别使用不同的折旧方法，这就导致了递延所得税的产生。

如上所示，如果公司对于支出的资本化或者费用化处理太过主观，将会影响不同公司之间的可比性。在例 8-4 中，假定公司在第 1 年购买了一项资产，无论对这项购置支出进行资本化处理还是费用化处理，两家公司在 3 年期间内的净利润总和都是相同的。尽管选择资本化的公司相比选择费用化的公司在第 1 年报告出了更高的利润，但在随后的年份中，它的利润却明显低了下去。相反，选择费用化的公司在第 1 年的盈利能力看起来相对差点，但在以后几年却逐步提高，变化趋势十分有利。

类似地，选择将支出进行资本化处理的公司，在最初几年的股东权益会更高，这是因为它在前期报告了更高的利润，导致前期的留存收益更高。在例 8-4 中，假设公司在第 1 年购买一项资产，并在其后 3 年报告期内的净利润总额相同，因此，在第 3 年期末，当 3 年报告期结束时，选择费用化处理的公司和选择资本化处理的公司，将拥有相同的股东权益（和留存收益）。

例 8-4 中两家公司只在第 1 年购买了一项资产，如果它们每年都继续购买类似规模或者更大规模的资产，只要某期支出的金额能继续超过当期的折旧费用，资本化处理对公司盈利能力的提升作用就会继续存在。例 8-5 说明了这一点。

▌例 8-5　持续采购情形下，资本化和费用化的影响比较

某公司在第 1 年购买了价值 300 英镑的计算机，并将该笔支出予以资本化会计处理。该计算机的可使用寿命为 3 年，预计净残值为 0，因此，使用直线法计算的每年折旧费用就是 100 英镑。与将这 300 英镑的支出立即费用化处理的公司相比较，该公司的税前利润高出 200 英镑。

问题：

1. 假设该公司每年都继续再以相同的价格买入相同的计算机，如果它对每台购入的计算机都进行相同的会计处理，那么，将支出资本化处理相对于费用化处理对利润的提升作用将在什么时候停止？

2. 如果该公司在第 4 年买了另一台同样的计算机，并采用与此前相同的会计处理方法，请问，与将支出费用化处理相比较，资本化处理对第 4 年的利润影响是怎样的？

问题 1 解答：资本化相对于费用化的利润提升作用将在第 3 年结束。在第 3 年，第 1

年、第 2 年和第 3 年采购的 3 台计算机的折旧费用合计为 300（= 100 + 100 + 100）英镑。因此，当年的折旧费用刚好等于第 3 年的资本化支出金额，无论该公司是选择费用化处理还是资本化处理，第 3 年的费用都将等于 300 英镑。

问题 2 解答： 对第 4 年的利润没有影响。因为采购于第 2 年、第 3 年和第 4 年的 3 台计算机在当年都需要折旧，合计的折旧费用已达到 300（= 100 + 100 + 100）英镑，因此第 4 年的折旧费用总额刚好等于当年的资本化支出金额，无论该公司将每年采购计算机的支出资本化处理还是费用化处理，当年的利润都会减少 300 英镑。

与费用化相比，将支出进行资本化会计处理通常会导致公司报告金额更大的经营活动现金流量。资本化的支出一般被报告为投资活动的现金流出，而费用化的支出则属于经营活动的现金流出。由于经营活动现金流量是一些估价模型中的重要考虑因素，因此，公司可能会试图将本应费用化的支出进行资本化，以报告最大金额的经营活动现金流量。使用自由现金流量的估值模型不仅会考虑经营活动现金流量，还会考虑投资活动的现金流量。分析师应当警惕公司将本应费用化的支出进行资本化处理，防止它们操纵报告的经营活动现金流量。

总之，在其他条件相同的情况下，将支出进行资本化处理可以提高公司在当期的盈利能力，并增加经营活动的现金流量。只要资本支出的规模超过折旧费用，资本化对盈利能力的增强效应就会持续下去。在进行业绩分析时，应当注意公司在资本化决策中的利润增强动机。例如，公司可以（在会计准则允许的范围内）选择更多的资本化支出，以实现会计期间内的利润目标。费用化会减少当期的利润，但也能提高公司未来的盈利能力，从而增强利润的走势。因此在业绩分析中，还应当考虑公司增强未来利润走势的动机。此外，如果公司所处的报告环境要求其在财务报告和税务报告中采用相同的会计方法（与美国不同，美国允许公司在财务报告和税务报告中使用不同的折旧方法），那么费用化将产生更有利的现金流影响，因为在早期支付较低的所得税能为公司创造机会，让它能从节省的现金中赚取到利息收入。

与上述相对简单的例子相比，一般情况下，公司是难以在资本化与费用化的决策方面具有太多自主权的。不过，分析师可以在不同公司之间进行比较，识别出会计处理存在差异的重要项目，这些项目往往因行业而异。以下将讨论的支出资本化问题，就存在着明显的跨行业差异。

8.2.4 利息费用的资本化

如前所述，在收购或者建造一项需要很长时间才能达到其预定用途的资产时，公司是可以将相关的利息费用进行资本化处理的[⊖]。

如此进行会计处理的结果，就是公司在一段时期的利息费用要么可能出现在资产负债表上（资本化处理的部分），要么可能出现在利润表上（费用化处理的部分）。

如果发生的利息支出与建造公司自用的资产相关，那么资本化的利息将作为相关长期资产价值的一部分，被报告在资产负债表上。资本化的利息将随相关资产的折旧而逐期被费用化——因此成为将来的折旧费用，而不是利息费用的一部分。如果发生的利息支出与建造拟用于出售的资产相关，比如当会计主体为房地产开发公司时，资本化的利息将作为存货价值的一部分，被报告在公司的资产负债表上。当建造完成的资产被出售时，资本化的利息将作

⊖ IAS 第 23 号《借款费用》和 FASB ASC 次级主题《利息费用——资本化利息费用》分别对 IFRS 和 US GAAP 体系下的利息费用资本化问题进行了规范。虽然这两个准则并不完全相同，但总体上是比较一致的。

为销货成本的一部分被转入利润表。

对于利息费用的资本化问题，分析师应当注意以下几点。首先，资本化的利息支出属于投资活动的现金流出[⊖]，而费用化的利息支出通常减少的是经营活动的现金流量。对于按照 US GAAP 编报的公司，需要按要求将利息支出报告为经营活动现金流量；而按照 IFRS 编报的公司，则可以在经营活动、投资活动和融资活动中报告利息。虽然这些会计处理与会计准则的要求是一致的，但分析师还是需要检查利息支出对报告现金流量的影响。其次，作为偿债能力指标，利息保障倍数衡量了一家公司在一段时间内赚到的利润（或现金流量）对其利息费用的保障程度。为了真实地反映一家公司的利息保障情况，在计算利息保障倍数时，应使用全部的利息费用金额，既包括费用化的利息，也应该包括资本化的利息。此外，如果一家公司对它在以前期间已经资本化的利息在本期计算折旧，则应对公司的利润进行调整，以消除这种折旧费用的影响。例 8-6 说明这些计算过程。

▎例 8-6　利息费用的资本化对利息保障倍数和现金流量的影响

新濠博亚娱乐公司（Melco Resorts & Entertainment Limited，NASDAQ: MLCO）是一家在纳斯达克股票交易所挂牌的公司，它按照 US GAAP 编制其财务报告。在 2017 年的一项财务报表附注中，它披露了如下信息："公司对与重大开发建设项目相关的利息和递延融资费用摊销进行资本化处理，计入了项目成本……在截至 2017 年 12 月 31 日、2016 年 12 月 31 日和 2015 年 12 月 31 日的会计年度中，各年的利息支出总额分别为 267,065,000 美元、252,600,000 美元和 253,168,000 美元，其中，资本化利息支出分别为 37,483,000 美元、29,033,000 美元和 134,838,000 美元。在截至 2017 年 12 月 31 日、2016 年 12 月 31 日和 2015 年 12 月 31 日的会计年度中，各年的递延融资费用摊销分别为 26,182,000 美元、48,345,000 美元和 38,511,000 美元，已扣除的资本化摊销金额分别为 0、0 和 5,458,000 美元。"（于 2018 年 4 月 12 日提交的年度报告。）在现金流量表的融资活动现金流量部分，报告了用现金支付的递延融资费用。

表 8-3　新濠博亚娱乐公司部分报告数据　（单位：千美元）

	2017 年	2016 年	2015 年
EBIT（利润表）	544,865	298,663	58,553
利息费用（利润表）	229,582	223,567	118,330
资本化利息（报表附注）	37,483	29,033	134,838
摊销的递延融资费用（报表附注）	26,182	48,345	38,511
经营活动产生的现金净流量	1,162,500	1,158,128	522,026
投资活动产生（使用）的现金净流量	−410,226	280,604	−469,656
融资活动产生（使用）的现金净流量	−1,046,041	−1,339,717	−29,688

注：EBIT 即"息税前利润"，表示利润表中"税前利润（亏损）"与"扣除资本化利息后的利息费用"两个项目之和。

问题：

1. 在考虑资本化利息和不考虑资本化利息的情况下，分别计算和解释新濠公司的利息保障倍数。

⊖　此处与我国实务有所不同。在我国，为购建固定资产、无形资产和其他长期资产而发生的借款利息资本化部分，在融资活动的"分配股利、利润或偿付利息支付的现金"项目中反映。——译者注

2. 计算新濠公司在 2016 年到 2017 年期间的经营活动现金流量变动百分比。假设财务报告与税务报告之间相互独立,将利息费用进行资本化处理对该公司的经营活动与投资活动现金流量的影响是什么?

问题 1 解答: 在考虑资本化利息和不考虑资本化利息的情况下,利息保障倍数分别为:

2017 年:

不调整资本化利息影响时: 2.37 (= 544,865 ÷ 229,582);

在 EBIT 中调整以前资本化利息的摊销,并在利息费用中考虑 2017 年资本化的利息时: 2.14 [= (544,865 + 26,182) ÷ (229,582 + 37,483)]。

2016 年:

不调整资本化利息影响时: 1.34 (= 298,663 ÷ 223,567);

在 EBIT 中调整以前资本化利息的摊销,并在利息费用中考虑 2017 年资本化的利息时: 1.37 [= (298,663 + 48,345) ÷ (223,567 + 29,033)]。

2015 年:

不调整资本化利息影响时: 0.49 (= 58,533 ÷ 118,330);

在 EBIT 中调整以前资本化利息的摊销,并在利息费用中考虑 2017 年资本化的利息时: 0.36 [= (58,533 + 33,053) ÷ (118,330 + 134,838)]。

上述计算结果表明,与前两年的情况比较,新濠公司在 2017 年的利息保障倍数有所改善。在 2017 年和 2015 年,调整了资本化利息影响之后的利息保障倍数都更低一些。

问题 2 解答: 如果将利息支出都进行费用化处理,而不是进行资本化处理,那么,这 3 年中的经营活动现金流量都将会下降。如果调整的话,该公司在 2017 年的经营活动现金流量相对 2016 年的水平会下降。如果不调整的话,2017 年的情况与 2016 年的相比,新濠公司的经营活动现金流量会增加 0.4% [= (1,162,500 ÷ 1,158,128) –1]。如果把全部资本化的利息都调整为按费用化进行处理,新濠公司在 2017 年的经营活动现金流量也会下降 0.4% { = [(1,162,500 – 37,483) ÷ (1,158,128 – 29,033)] –1 }。

如果利息费用不进行资本化处理,而是将利息支出全部都进行费用化处理,那么这三年中的融资活动现金流量都会更高一些。

一般而言,在计算利息保障倍数时,将资本化的利息支出也考虑进去,有利于对公司偿债能力进行更好地评估。在信用评级中,评级机构就会在利息保障倍数中考虑资本化利息的影响。例如,标准普尔计算的 EBIT 利息保障倍数就被定义为用 EBIT 除以利息费用总额(即扣除资本化利息和利息收入影响之前的)。

在银行贷款和债券合同等的贷款协议中,通常都会要求一个最低的利息保障倍数来作为一种融资约束。这时在公司的信贷协议中,就可以找到利息保障倍数的定义。分析师应当注意这里的定义,因为在计算利息保障倍数时,如何处理资本化的利息将影响到公司实际的比率水平与贷款合同中规定比率水平之间的关系,从而影响对公司违约可能性的判断。

8.2.5　内部研发成本的资本化

如前所述,对于软件开发支出,根据会计准则的要求,公司可在确定产品的可行性之后即进行资本化处理。除了这一条之外,对于可行性的判断是由公司掌握的,这意味着不同公司在资本化问题上可能存在差异。例如，如表 8-4 所示，微软公司对其产品达到可行性标准的判断是在临近制造开始之前，因此，该公司实际上是将绝大部分的研发支出都费用化了，而不是按资本化处理的。

表 8-4　软件开发支出信息披露

以下摘录自微软公司的"管理层讨论与分析——关键会计政策应用，研发支出"：

> "对于在内部研发计算机软件产品过程中发生的支出，在确定产品的技术可行性之前的都计入费用；等待产品开发的技术可行性可确定之后，则将所有的软件支出都资本化处理，直到产品达到可以提交给客户的条件为止。在确定产品的技术可行性是否得到满足时，离不开职业判断。我们认为，只有当全部高风险的开发问题都通过编程和测试得到解决之后，软件产品才能达到其技术可行性要求。一般情况下，这发生在产品被宣布投产前很短的时间内。对于已资本化的成本，在产品的寿命期内将进行摊销，并计入当期销售成本中。"

资料来源：微软公司 2017 年年度，第 45 页。

与资本化处理相比较，将研发支出进行费用化处理将导致本期净利润更低。只要当期开发支出的金额高于在当期摊销的以前期间资本化的开发成本，费用化处理就会继续导致较低的净利润——这是当公司的开发成本持续增加时会出现的典型情况。在现金流量表中，与资本化处理相比较，开发成本的费用化会导致经营活动的现金流量更低，而投资活动的现金流量更高。这是因为开发支出被报告为经营活动的现金流出，而不是投资活动的现金流出所带来的影响。

如果一家公司像微软那样，将它的大部分软件研发支出都予以费用化处理，而另一家公司将它的软件研发支出大都进行资本化会计处理，那么，在比较这样的两家公司时，就需要进行适当的调整，以实现信息的可比。对于选择将软件开发成本资本化的公司，分析师可以调整（1）利润表，将软件开发成本计为费用，并排除以前年度软件开发成本的摊销影响；（2）资产负债表，扣除软件开发成本资本化的影响（减少资产和股东权益）；以及（3）现金流量表，按当期资本化的开发成本金额，从投资活动的现金流出中扣除，计入经营活动的现金流出量当中去。此外，凡是涉及利润、长期资产或经营活动现金流量的财务比率，比如净资产收益率，也将受到影响。

▌ 例 8-7　软件开发支出

假定你正在参与一个涉及对 JHH 软件公司的分析项目，假定这家软件开发公司在 2017 年已经确定它的第一件开发产品达到了技术可行性要求。你的部分分析需要计算一些市值比率，你打算将 JHH 的公司情况与另一家将软件开发支出全部都费用化处理的公司情况进行比较。表 8-5 中给出了相关数据和公司年度报告信息摘要。

表 8-5　JHH 软件公司

（单位：除每股金额外，其余均为千美元）

合并简化利润表			
以 12 月 31 日为年度截止日	2018 年	2017 年	2016 年
收入合计	91,424	91,134	96,293
经营费用合计	78,107	78,908	85,624
经营利润	13,317	12,226	10,669
所得税费用	3,825	4,232	3,172
净利润	9,492	7,994	7,479
每股收益（EPS）	1.40	0.82	0.68

（续）

合并简化现金流量表			
以 12 月 31 日为年度截止日	2018 年	2017 年	2016 年
经营活动产生的现金净流量	15,007	14,874	15,266
投资活动产生的现金净流量 *	−11,549	−4,423	−5,346
融资活动产生的现金净流量	−8,003	−7,936	−7,157
现金及现金等价物变动净额	−4,545	2,515	2,763
* 含软件开发费用和过去资本化的金额	−6,000	−4,000	−2,000
	−2,000	−1,600	−1,200
其他信息			
以 12 月 31 日为年度截止日	2018 年	2017 年	2016 年
流通在外负债的市场价值	0	0	0
摊销的资本化软件开发费用	−2,000	−667	0
折旧费用	−2,200	−1,440	−1,320
普通股每股市价	42	26	17
流通在外的股份数量（千股）	6,780	9,765	10,999

财务报表附注中披露的软件开发支出会计政策：

与软件产品的概念形成和设计有关的支出，在发生时计入研发费用。在确定开发产品的技术可行性后，本公司将为产出成品而发生的支出进行资本化处理。

问题：

1. 根据截至 2018 年 12 月 31 日的年度报表数据，不进行任何调整，计算下列财务比率。接下来，假定这家公司不把软件开发支出进行资本化处理，而是全部计入费用，请说出对这些比率的可能影响。（假设财务报告与税务报告是独立的，并且实际税率也不会发生变动。）

A. P/E：市价 / 每股收益

B. P/CFO：市价 / 每股经营活动现金流量

C. EV/EBITDA：企业价值 /EBITDA。其中企业价值为公司所有融资来源（包括股东权益和负债）的市场价值总和；EBITDA 是扣除利息、所得税、折旧和摊销前的利润。

2. 对上述财务比率的变化情况进行解释。

问题 1 解答： JHH 公司 2018[⊖]年的相关财务比率计算如下表所示：

	财务比率	按报告值计算	按调整值计算
A.	P/E	30.0	42.9
B.	P/CFO	19.0	31.6
C.	EV/EBITDA	16.3	24.7

A. 根据报告值，P/E 值为 30.0（＝42÷1.40）。但如果将软件开发支出调整为费用化处理，则 P/E 将变为 42.9（＝42÷0.98）。

- 价格：假设公司股权的市价是基于其基本面的，不受会计核算差异影响，每股价格为 42 美元；
- 每股收益：公司报告的每股收益为 1.40 美元，调整后每股收益为 0.98 美元。将软件开发支出进行费用化处理，会使 JHH 公司在 2018 年的经营利润减少 600 万美元，但

⊖　原书此处为 2019 年，应为错误，故更正为 2018 年。——译者注

该公司也不会再报告以前年度软件成本的摊销，从而使经营利润增加 200 万美元。因此，经营利润的净变动金额为 400 万美元，从报告中的 1,331.7 万美元减少为 931.7 万美元。2018 年的实际税率为 28.72%（= 3,825,000 ÷ 13,317,000）美元，按此实际税率计算，经调整净利润为 664.1 万［= 931.7 万 ×（1−0.287,2）］美元，而调整前为 949.2 万美元。因此，每股收益将从报告的 1.40 美元降至 0.98 美元（用经调整的净利润 664.1 万美元除以 678 万股）。

B. 根据报告值，P/CFO 值为 19.0（= 42 ÷ 2.21）。但如果将软件开发支出调整为费用化处理，则 P/CFO 将变为 31.6（= 42 ÷ 1.33）。

- 价格：假设公司股权的市价是基于其基本面的，不受会计核算差异影响，每股价格为 42 美元；
- 每股经营活动现金流量：公司报告的每股经营活动现金流量为经营活动产生的现金流量总额除以流通在外的股份数量，即 2.21（= 15,007,000 ÷ 6,780,000）美元；
- 调整后的每股经营活动现金流量为 1.33 美元。该公司将 600 万美元的软件开发支出报告为投资活动的现金流出，如果将这笔支出费用化处理，将使经营活动的现金流量减少 600 万美元，从报告的 1,500.7 万美元变为 900.7 万美元。用调整后的经营活动现金流量除以流通在外的股份数量 678 万股，因此每股经营活动现金流量变为 1.33 美元。

C. 根据报告值，EV/EBITDA 为 16.3（= 284,760,000 ÷ 17,517,000）。但如果将软件开发支出调整为费用化处理，则 EV/EBITDA 将变为 24.7（= 284,760,000 ÷ 11,517,000）。

- 企业价值：企业价值等于企业股东权益和负债的市场价值之和。JHH 公司没有负债，因此企业价值直接等于其股东权益的市场价值，即每股市价与流通在外的股份数量之积，284,760,000（= 42 × 6,780,000）美元；
- 报告的 EBITDA 值为息税前利润、折旧费用与摊销费用之和，即 17,517,000（= 13,317,000 + 2,200,000 + 2,000,000）美元；
- 调整软件开发支出为费用化处理，需要增加本期费用 600 万美元，扣除本期摊销的前期费用 200 万美元，因此 EBITDA 变为息税前利润、折旧费用与摊销费用之和，即 11,517,000（= 9,317,000 + 2,200,000 + 0）美元。

问题 2 解答：将研发支出进行费用化处理，会降低过去的利润水平、经营活动现金流量和 EBITDA，并增大市值乘数指标。因此，如果选择将研发支出费用化处理，而不是资本化的话，JHH 公司的股票定价将显得更高一些。

如果使用未调整的市值比率来比较 JHH 公司和将研发支出进行费用化处理的竞争对手，那么 JHH 公司就会显得被低估了，但这却单纯只是会计因素的影响。对 JHH 公司使用调整后的市值比率来说，将更有利于它在不同公司之间的横向比较。

对例 8-7 中的公司，当期的软件开发支出超过本期摊销的以前期间资本化的软件开发支出，所以将软件开发支出进行费用化处理，相对于资本化处理来说，它将产生降低利润的效果。但是，如果公司的软件开发的支出速度放缓，如果当期的支出额低于当期摊销的往期资本化软件开发的支出额，那么，将软件开发支出进行费用化处理，相对于资本化处理来说，它将带来增加利润的效果。

本节介绍了资本化与费用化决策对财务报表项目和财务比率的影响。费用化会降低当期利润，但能增强未来趋势；而选择现在资本化，将来再计入费用，则能增加当期利润。讨论了公司对取得长期资产的会计处理之后，我们现在转到长期资产的后续计量问题。

8.3 长期资产的折旧与摊销

IFRS 和 US GAAP 都允许使用成本模式来报告长期资产，即对于长期有形资产（土地除外，土地不需要折旧）和使用寿命有限的无形资产，以折旧和摊销费用的方式，将其资本化成本分配到以后各个会计期间。折旧和摊销实际上是同一个概念，"折旧"用来特指有形资产成本的分配过程，而"摊销"则表示无形资产成本的分配过程[⊖]。此外，还有另一种报告长期资产的模式，被称为**重估值模式**（revaluation model）。IFRS 允许公司使用重估值模式，但US GAAP 并不允许。在重估值模式下，公司将按公允价值报告其长期资产，而不再使用成本模式中的购置成本（历史成本）减去累计折旧或摊销后的净值来报告。

某项资产在资产负债表上报告的金额被称为其账面价值。成本模式下，在任何时点上，长期资产的账面价值（也称账面值或账面净值）都等于其历史成本减去该资产自购入以来累计的折旧或摊销额（假定资产没有发生减值，第 8.5 节再讨论减值问题）。公司在资产负债表中可以只列报不动产、厂场与设备的净值总额和无形资产的净值总额，不过，在财务报表附注中，还需要披露更多细节，包括购置成本、折旧和摊销费用、累计折旧和摊销金额、使用的折旧和摊销方法，以及在计算长期资产折旧和摊销时采用的各种会计假定。

8.3.1 折旧方法与折旧费用的计算

折旧方法包括**直线法**，即将资产成本在其使用寿命内平均分配计入费用当中；**加速折旧法**即在开始几年分配的费用金额较大；以及**工作量法**，即将成本的分配与特定会计期间的资产实际使用量挂钩。折旧方法的选择会影响到财务报表上的报告金额，包括资产、经营利润和净利润等；并继而影响到各种财务比率，包括固定资产周转率、总资产周转率、经营利润率、总资产经营报酬率和总资产报酬率等。

在直线法下，折旧费用等于应计折旧成本除以资产的预计使用年限，每期的折旧费用是相同的，其中，应计折旧成本等于有形资产的历史成本减去其预计残值[⊖]。余额递减法是比较常用的一种加速折旧方法。按照余额递减法，某会计期间内的折旧费用等于某个百分比与资产的账面价值（即成本减去期初累计折旧后的余额）之乘积。在这种方法下，计算折旧费用时不需要用到应计折旧成本，但要注意不应将资产的账面价值减至预计残值以下。如果使用工作量法，那么某时期内的折旧费用是根据该资产在这段时期内的生产量与该资产在其使用寿命内估计能提供的总生产能力之比来计算的，即当期折旧费用等于资产的应计折旧成本乘以上述工作量占比。类似地，公司也可以先估计每单位工作量的折旧费用（等于应计折旧成本除以预计的总生产能力），然后令当期折旧费用等于单位工作量的折旧费用与当期工作量的乘积。无论采用哪种折旧方法，资产的账面价值均不能被减至预计残值以下。例 8-8 对这些折旧方法进行了举例说明。

⊖ "折耗"（depletion）则是一个适用于自然资源的类似概念；它指根据这些资源的使用量或者开采量，将与这些资源相关的成本分配到某个会计期间。

⊖ 残值是会计主体预计在资产的使用寿命期末，处置该资产能得到的价值金额。

例 8-8　不同折旧方法的比较

假定你正在分析三家公司：依云李公司（EVEN-LI Co.）、苏娜公司（Sooner Inc.）和安祖斯德公司（AZUSED Co.）。这三家公司都在第 1 年初以 2,300 美元的价格买入了一台同样的箱体制造设备，并且对设备的使用寿命、估计残值和生产能力做出了相同的假设。三家公司的年产量相同，但每家公司使用的折旧方法有所不同。如他们在各自的财务报表附注中所披露的，各公司采用的折旧方法、假定和产量信息如下：

折旧方法：

- 依云李公司：直线法；
- 苏娜公司：双倍余额递减法（以双倍于直线法的折旧率去乘以账面价值）；
- 安祖斯德公司：工作量法。

假定和产量信息：

- 预计残值：100 美元；
- 预计使用年限：4 年；
- 预计总生产量：800 箱；
- 4 年中，每年的产量分别为：第 1 年 200 箱，第 2 年 300 箱，第 3 年 200 箱，第 4 年 100 箱。

问题

1. 使用下列模板，记录每家公司关于这台箱体制造设备在每年年初和年末的账面净值（账面价值）、截至当年年末的累计折旧额和当年的折旧金额。

模板如下：

	期初账面净值	折旧费用	累计折旧	期末账面净值
第 1 年				
第 2 年				
第 3 年				
第 4 年				

2. 说明三家公司在折旧费用确认时点方面的重大差异。

3. 假定下表中列出了每家公司的销售收入，扣除利息、所得税、折旧和摊销前的利润与除箱体制造设备以外的总资产的期末账面价值。请计算各家公司在这 4 年中每年的总资产周转率、经营利润率和总资产经营利润回报率。根据这些财务比率，对公司内部和公司之间的情况进行比较和讨论。

（单位：美元）

	销售收入	扣除利息、所得税、 折旧和摊销前的利润	总资产的期末账面价值[①] （除箱体制造设备）
第 1 年	300,000	36,000	30,000
第 2 年	320,000	38,400	32,000
第 3 年	340,000	40,800	34,000
第 4 年	360,000	43,200	36,000

①假定在第 1 年年初，包括箱体制造设备在内的总资产价值为 30,300 美元。假定除箱体制造设备以外的其他资产，每年发生折旧费用 1,000 美元。

问题 1 解答: 下列信息是每家公司都共有的:第 1 年年初,设备的账面净值等于其购买价格,即 2,300 美元;各年的累计折旧等于上年累计折旧金额加上当年的折旧费用;期末账面净值(账面价值)等于原始成本减去截至当年年末的累计折旧(也等于期初账面净值减去当年折旧金额);第 2 年、第 3 年、第 4 年的年初账面净值等于上一年度的年末账面净值。下文和填好的模板介绍了每家公司是如何计算折旧费用的。

依云李公司采用直线法,因此每年的折旧费用都是 550 美元,按初始成本与残值之差除以年数计算,即(2,300 - 100)/4。在第 4 年年末,账面净值刚好等于预计残值 100 美元。

(单位:美元)

依云李公司	期初账面净值	折旧费用	累计折旧	期末账面净值
第 1 年	2,300	550	550	1,750
第 2 年	1,750	550	1,100	1,200
第 3 年	1,200	550	1,650	650
第 4 年	650	550	2,200	100

苏娜公司使用双倍余额递减法。在双倍余额递减法下,折旧率为直线法折旧率的两倍。由于直线法下的折旧率为 25%(100% 除以 4 年),因此双倍余额递减法下的折旧率就是 50%(2 乘以 25%)。所以,第 1 年的折旧费用为 1,150 美元(2,300 美元的 50%)。请注意,在这种方法下,直接对资产的账面价值(账面净值)乘以 50% 的折旧率来计算折旧费用,不对预计残值进行调整。但是,由于资产的账面价值不能低于其预计残值,因此,最后 1 年的折旧费用以将期末账面净值(账面价值)减少到预计残值为止。

(单位:美元)

苏娜公司	期初账面净值	折旧费用	累计折旧	期末账面净值
第 1 年	2,300	1,150	1,150	1,150
第 2 年	1,150	575	1,725	575
第 3 年	575	288	2,013	287
第 4 年	287	187	2,200	100

另一种常见的方法(在本题中不需用)是在一段时间内(一年或更长时间)使用双倍余额递减法这类加速折旧方法,然后在资产的剩余寿命期内再改为直线法。比如,如果在第 1 年里使用双倍余额递减法,然后在第 2 ~ 4 年改用直线法,那么第 2 ~ 4 年的折旧费用就将为第 2 年期初账面净值与预计残值之差除以剩余年数,即每年 350 [=(1,150 - 100)/3] 美元。在这种替代方法下,苏娜公司计算的结果将如下所示。

(单位:美元)

苏娜公司	期初账面净值	折旧费用	累计折旧	期末账面净值
第 1 年	2,300	1,150	1,150	1,150
第 2 年	1,150	350	1,500	800
第 3 年	800	350	1,850	450
第 4 年	450	350	2,200	100

安祖斯德公司采用工作量法。将设备的应计折旧总额除以其总生产能力,得到每单位工

作量的成本为 2.75 美元，计算过程为 [（2,300 − 100）/800]。这样，每年确认的折旧费用就等于当年的生产工作量与 2.75 美元的乘积。因此，第 1 年的折旧费用为 550（= 200 × 2.75）美元；第 2 年为 825（= 300 × 2.75）美元；第 3 年为 550 美元；第 4 年为 275 美元。

（单位：美元）

安祖斯德公司	期初账面净值	折旧费用	累计折旧	期末账面净值
第 1 年	2,300	550	550	1,750
第 2 年	1,750	825	1,375	925
第 3 年	925	550	1,925	375
第 4 年	375	275	2,200	100

问题 2 解答： 三种方法下，设备使用寿命期内的累计折旧总额都是相同的，重大差异仅存在于设备折旧的确认时点。直线法平均确认折旧费用，加速折旧法在第 1 个会计期间就确认了大部分费用，而工作量法则按产量（或者资产使用量）为基础来确认费用。在三种方法下，设备的期末账面价值都是 100 美元。

问题 3 解答：

$$总资产周转率（AT）= 收入总额 ÷ 平均总资产$$
$$经营利润率（PM）= 息税前利润 ÷ 收入总额$$
$$资产经营回报率 = 息税前利润 ÷ 平均总资产$$

下表中列出了各财务比率，在财务比率分析讨论之后，还列出了第 1 年和第 2 年的比率计算细节。

财务比率①	依云李公司			苏娜公司			安祖斯德公司		
	AT	PM (%)	ROA (%)	AT	PM (%)	ROA (%)	AT	PM (%)	ROA (%)
第 1 年	9.67	11.48	111.04	9.76	11.28	110.17	9.67	11.48	111.04
第 2 年	9.85	11.52	113.47	10.04	11.51	115.57	9.90	11.43	113.10
第 3 年	10.02	11.54	115.70	10.17	11.62	118.21	10.10	11.54	116.64
第 4 年	10.18	11.57	117.74	10.23	11.67	119.42	10.22	11.65	118.98

① AT = 总资产周转率；PM = 经营利润率；ROA = 资产经营回报率。

三家公司的总资产周转率都随着时间的推移而增长，原因在于销售收入的增长速度快于总资产的增长速度。不过，苏娜公司由于在前期的折旧费用更高，使其平均总资产降低较快，因此它的总资产周转率一直比较高。此外，由于前期折旧费用较高，导致苏娜公司在第 1 年的经营利润率和资产经营回报率较低，但这两个比率在后期就变高了。因此，苏娜公司看起来经营得更有效率，因为它的总资产周转率更高，而经营利润率和资产经营回报率随着时间的推移增长很快。但其实这些比率差异只是单纯由于公司对折旧方法的选择差异而造成的。此外，三家公司都具有极高的资产经营回报率，分析师可能会质疑其可持续性，因为像这样高的盈利水平极可能会吸引新的竞争对手，从而使该比率出现下行压力。

依云李公司：

第 1 年：

$$总资产周转率 = 300,000/[（30,300 + 30,000 + 1,750）/2] = 300,000/31,025 = 9.67$$
$$经营利润率 =（36,000 − 1,000 − 550）/300,000 = 34,450/300,000 = 11.48\%$$

$$资产经营回报率 = 34,450/31,025 = 111.04\%$$

第 2 年：

$$总资产周转率 = 320,000/\left[\left(30,000 + 1,750 + 32,000 + 1,200\right)/2\right] = 320,000/32,475 = 9.85$$
$$经营利润率 = \left(38,400 - 1,000 - 550\right)/320,000 = 36,850/320,000 = 11.52\%$$
$$资产经营回报率 = 36,850/32,475 = 113.47\%$$

苏娜公司

第 1 年

$$总资产周转率 = 300,000/\left[\left(30,300 + 30,000 + 1,150\right)/2\right] = 300,000/30,725 = 9.76$$
$$经营利润率 = \left(36,000 - 1,000 - 1,150\right)/300,000 = 33,850/300,000 = 11.28\%$$
$$资产经营回报率 = 33,850/30,725 = 110.17\%$$

第 2 年：

$$总资产周转率 = 320,000/\left[\left(30,000 + 1,150 + 32,000 + 575\right)/2\right] = 320,000/31,862.50 = 10.04$$
$$经营利润率 = \left(38,400 - 1,000 - 575\right)/320,000 = 36,825/320,000 = 11.51\%$$
$$资产经营回报率 = 36,825/31,862.50 = 115.57\%$$

安祖斯德公司：

第 1 年：

$$总资产周转率 = 300,000/\left[\left(30,300 + 30,000 + 1,750\right)/2\right] = 300,000/31,025 = 9.67$$
$$经营利润率 = \left(36,000 - 1,000 - 550\right)/300,000 = 34,450/300,000 = 11.48\%$$
$$资产经营回报率 = 34,450/31,025 = 111.04\%$$

第 2 年：

$$总资产周转率 = 320,000/\left[\left(30,000 + 1,750 + 32,000 + 925\right)/2\right] = 320,000/32,337.50 = 9.90$$
$$经营利润率 = \left(38,400 - 1,000 - 825\right)/320,000 = 36,575/320,000 = 11.43\%$$
$$资产经营回报率 = 36,575/32,337.50 = 113.10\%$$

很多国家都要求公司在财务报告和税务报告中必须使用相同的折旧方法，但在另一些国家，包括美国，则允许公司在财务报告和税务报告中使用不同的折旧方法。如果在财务报告和税务报告中使用了不同的折旧方法，那么，利润表上报告的税前利润和纳税申报表上的应纳税所得额就可能不一致，从而导致以税前利润为基础计算的所得税金额和按应纳税所得额为基础计算的实际应交税额之间存在差异。不过这种差异最终会发生逆转，因为无论在财务报表和纳税申报表中确认折旧费用的时间是如何不同，但折旧总额都是相同的。不过，在差异期内，资产负债表就将报告所谓的递延税项。例如，如果一家公司在财务报告中使用直线折旧法，但在税务报告中使用加速折旧法，那么在第 1 年中，与税务报告中的折旧费用和应纳税所得额相比，公司财务报表上报告的折旧费用就会比较低，而税前利润就会比较高（比较前例中依云李公司和苏娜公司在第 1 年的折旧费用）。以财务报表中的税前利润为基础计算的所得税金额将高于以应纳税所得额为基础计算的所得税金额，两者之间的差异就体现为递延所得税负债。递延所得税负债将随两者差异的逆转（即当财务报告的折旧费用高于税务报告中的折旧费用时）和公司已缴付所得税的情况而逐渐减少。

在计算折旧时，需要用到包括资产的使用寿命（或其寿命期内的总生产能力）和在使用寿命期结束时的预计残值等重要会计估计。相对于使用寿命较短或预计残值较低的资产，使用寿命越长或预计残值越高的资产，其年折旧费用就会减少。公司应定期审视其会计估计数，以确保它们是合理的。IFRS 要求公司应当每年都检查其会计估计情况。

虽然 IFRS 和 US GAAP 在折旧的定义和可接受的折旧方法方面没有重大差异，但 IFRS 要求公司使用组件折旧法（component method of depreciation）⊖，即对资产的重要组成部分（与总成本相比成本较高，或使用寿命不同的项目组成部分），公司应当分别计算折旧，从而需要公司对资产的各种组成部分进行额外估计。例如，对飞机的发动机、机架和内部设备，可能就需要分别计算折旧。在 US GAAP 体系下，也允许按资产的组成部分来计算折旧，不过在实践中很少使用⊜。例 8-9 说明了如何对一项资产分不同组成部分来计算折旧。

▌例 8-9　按资产的不同组成部分分别计算折旧的举例

假定卡特塔普公司（CUTITUP Co.）购了一台价值 10,000 美元的铣床，用作金属材料的塑形。旋转切割器是该铣床中的一种重要配件，预计价值 2,000 美元。公司预计，该铣床的有效使用年限为 8 年，残值为 3,000 美元；但其中的旋转切割器需要每两年就换新一次。假定全部的预计残值都只与铣床本身有关，该公司使用直线法计算折旧。

问题：

1. 假定该公司使用组件折旧法，那么，它在第 1 年应当报告多少折旧费用？如果不使用组件折旧法呢？

2. 假定在第 2 年年末，公司购置了一个新的旋转切割器，成本为 2,000 美元，预计可使用 2 年，请问，如果该公司使用组件折旧法，那么它在第 3 年应当报告多少的折旧费用？如果不使用组件折旧法呢？

3. 假设每两年都按 2,000 美元的价格更换一次旋转切割器，如果公司采用组件折旧法，在 8 年中的折旧费用总额将会是多少？如果不采用组件折旧法呢？

4. 如果使用组件折旧法，公司在第 1 年必须估计哪些项目才能计算出该铣床的折旧费用？这与不使用组件折旧法相比，会有什么不同呢？

问题 1 解答： 如果使用组件折旧法，第 1 年的折旧费用将为 1,625 美元。首先，对于不包括旋转切割器的机器部分，折旧基数为总成本减去旋转切割器的估计成本再减去预计残值，即 5,000（= 10,000 − 2,000 − 3,000）美元。那么，对于不包含旋转切割器部分的机器，第 1 年的折旧费用为应计折旧成本除以机器的预计使用寿命，即 625（= 5,000/8）美元。其次，对于旋转切割器部分，每年的折旧费用等于预计的成本除以旋转切割器的使用寿命，即 1,000（= 2,000/2）美元。因此，在组件折旧法下，第 1 年的折旧费用总额为两个组成部分的折旧费用之和，即 1,625（= 625 + 1,000）美元。同样的道理，第 2 年的折旧费用总和也是 1,625 美元。

如果公司不使用组件折旧法，那么，第 1 年的折旧费用就是铣床的应计折旧成本总额除以其预计使用寿命，即 875{ = [（10,000 − 3,000）/8]}美元。同理，第 2 年的折旧费用也将是 875 美元。

问题 2 解答： 假定该公司在第 2 年年末以 2,000 美元的价格购买了新的旋转切割器，预计使用寿命为 2 年。根据组件折旧法，第 3 年的折旧费用将仍然为 1,625 美元。如果公司不

⊖　IAS 第 16 号《不动产、厂场与设备》，第 43-47 段［折旧］。

⊜　根据毕马威会计师事务所的报告《IFRS 与 US GAAP 的比较》，2017 年 12 月。

使用组件折旧方法，那么在第 2 年年末以 2,000 美元购买新的旋转切割器后，第 3 年的折旧费用将变为 1,875 [= 875 + (2,000/2) = 875 + 1,000] 美元。

问题 3 解答：假定该公司在这 8 年中，每两年都按 2,000 美元的价格去更换铣床的旋转切割器，那么在组件折旧法下，折旧费用的总额将为 13,000 (= 1,625×8) 美元。如果不使用组件折旧法，折旧费用总额也将为 13,000 (= 875×2 + 1,875×6) 美元。这个金额恰好等于公司的总支出 16,000 (= 10,000 + 3×2,000) 美元再减去残值 3,000 美元。

问题 4 解答：下表汇总了公司在采用或不采用组件折旧法时，计算其第 1 年的折旧费用时所需的估计变量：

估计量	使用组件折旧法时	不使用组件折旧法时
铣床的使用寿命	需要	需要
铣床的残值	需要	需要
旋转切割器的成本占铣床成本的比重	需要	不需要
旋转切割器的残值占铣床残值的比重	需要	不需要
旋转切割器的使用寿命	需要	不需要

折旧费用总额可以在当期销货成本和其他费用之间进行分配。在利润表中，生产性资产的折旧费用通常分配到销货成本中，而对于不直接服务于生产的资产，其折旧费用则可能分配到其他费用类别中。比如，如果应折旧的资产主要用于销售和管理等职能领域，则相应的折旧费用就应当被分配到这些职能领域去。在公司财务报表附注中，有时会披露利润表项目中包括的折旧费用信息，当然，各公司所披露内容的详细程度会各有差异。

8.3.2　摊销方法与摊销费用的计算

摊销的含义与折旧相似，只是摊销应用于无形资产，而折旧更多应用于有形资产。这两个术语都是指在资产的使用寿命内分配资产成本的过程。只有使用寿命有限的无形资产，才能按照它的利益消耗方式在其使用寿命内摊销其成本，且可选择的摊销方法与折旧方法类似。对于使用寿命不确定（即，没有有限使用寿命）的无形资产，则不进行摊销。当无形资产为公司"预期能带来现金净流入的时间难以预计"时，该无形资产将被视为使用寿命不确定的无形资产[⊖]。

使用寿命有限的无形资产包括直邮营销公司取得的、预期能在未来 2 ~ 3 年内为企业带来利益流入的客户名单、公司取得的有特定到期日的专利权或版权、公司取得的有特定到期日且无权续期的许可证，以及公司计划在特定年限内逐步淘汰的产品所使用的商标等。而使用寿命不确定的无形资产，包括公司已获得的许可证，虽然有具体的到期日，但公司能以很少的代价或者几乎没有任何代价就能进行续期；公司取得的商标，虽然有具体的到期日，但能以最少的费用续期，并且该商标与公司计划在可预见的未来继续销售的产品有关等。

与计算有形资产的折旧一样，计算无形资产的摊销需要确认无形资产的原值、估计其使用寿命和使用寿命结束时的残值。使用寿命是结合资产的预期用途来估算的，同时还应考虑可能限制资产寿命的其他因素，包括法律、法规、合同、竞争或经济因素等。

⊖　IAS 第 38 号《无形资产》，第 88 段。

▌例 8-10　摊销费用

IAS 第 38 号《无形资产》对无形资产的核算进行了举例，包括下面这个例子：

> 一家直邮营销公司获得了一份客户名单，公司预计，名单上的信息能为公司在未来至少 1 年，但不超过 3 年的时间里带来利益流入。假定公司管理层对这份客户名单的使用寿命进行估计，最佳估计数为 18 个月。虽然该直邮营销公司在未来可能会继续往这份名单上添加新的客户和其他信息，但在名单获得日，与名单相关的预期未来经济利益却仅与当时的名单内容相关。

问题

在这个例子中，管理层的决策和估计将如何对公司的财务报表产生影响？

解答： 由于取得的客户名单预计能在未来 1 年以上的时间内创造经济效益，因此应将该名单的取得成本资本化处理，而不是费用化处理。由于该客户名单并不属于使用寿命不确定的无形资产，因此必须摊销它的成本。管理人员需要估计客户名单的预计使用寿命，并为其选择一种摊销方法。在本例中，客户名单似乎不存在什么剩余价值。摊销方法和预计使用寿命都会影响未来每个会计期间内的摊销金额。预计使用寿命越短，每年的摊销费用就会越高，但在无形资产总的使用寿命期内，累计的摊销费用总额是不受使用寿命估计影响的。同样地，在无形资产的整个生命周期内，累计的摊销费用总额也不受摊销方法选择的影响，但摊销方法会影响每个期间内的摊销费用。如果采用直线法，则在无形资产的使用寿命期内，每年的摊销费用金额都是相同的。如果采用加速法，那么在较早年份中的摊销费用就会较高。

8.4　重估值模式

在对长期资产进行定期估值和报告方面，除了成本模式外，还有重估值模式可选。IFRS允许公司选择使用重估值模式或是成本模式，但 US GAAP 不允许使用重估值模式。重估值模式需要将长期资产的账面价值修正为按公允价值计量（当然前提是公允价值能得到可靠地计量）。在成本模式下，长期资产的账面价值等于其历史成本减去累计折旧或摊销后的净值；而在重估值模式下，长期资产的账面价值为其在重估日的公允价值减去后续可能产生的累计折旧或摊销后的余额。

IFRS 允许公司选择成本模式，即按历史成本减去累计折旧或摊销后的净值计量，也允许选择重估值模式，即按公允价值报告其长期资产的价值。相比之下，US GAAP 要求公司只能使用成本模式。这两种模式之间的一个主要区别，在于成本模式只允许长期资产的报告价值与历史成本相比有所下降，而重估值模式可能导致长期资产的报告价值高于其历史取得成本。

IFRS 允许公司对某些类别的资产使用成本模式，而对另一些类别的资产使用重估值模式。但是，对于同一类别下的所有资产，公司必须使用相同的估值模式，并且，如果选择重估值模式的话，必须对该类别下的所有项目都进行重估，以避免选择性重估。不同类别资产的例子包括土地、土地和建筑物、机器、机动车辆、家具和装修以及办公设备等。重估值模式也可以应用于无形资产，但前提是该资产必须存在活跃的交易市场，因为只有在资产的公允价值能够得到可靠计量的情况下，才可以使用该模式。从实际的情况来看，无论是对于有形资产还是无形资产，公司都很少采用重估值模式，并且公司对无形资产采用重估值模式尤其罕见。

在重估值模式下，重估是否影响利润取决于最初的重估值是增加还是减少了该类资产的账面价值。如果最初的重新估值减少了本类资产的账面价值，则需要在利润表中确认减少额；如果该类资产的账面价值在以后又得以增加，则该增加额应当首先用于抵消以前年度在利润表中确认的该类资产的价值减少额，仅在此范围内可以调增利润；对于超过了转回金额的估值增加额，都不在利润表中确认，而是单独记录在所有者权益下的一个重估值盈余账户中。如果是向上重估，当逆转金额超过转回金额时，会计处理方法也一样。换句话说，如果最初的重新估值增加了本类资产的账面价值，则应将增加部分绕过利润表，直接计入所有者权益下的重估值盈余账户中。对于该类资产价值在后续发生的任何下降，首先应冲减重估值盈余，然后才进入损益中。当资产被处置或者报废时，应当将所有者权益下的相关重估值盈余直接转入留存收益。

对于资产重估值，在财务报表分析中应当注意几个问题。第一，如果应折旧长期资产的账面价值增加，那么就会导致总资产和股东权益同步增加，因此，增加资产账面价值的资产重估值是可以用来降低报告公司的负债率的。如果我们将杠杆定义为平均总资产与平均股东权益之比，那么分子（总资产）和分母（股东权益）就会增加同样的金额，当然比率就会下降。（在数学上，当一个比率大于 1 时，如再让它的分子和分母都增加相同的金额，就会导致比值下降。）因此，在分析中应当考虑到重估值的杠杆动因。例如，如果一家公司正在寻求新的资本，或已接近财务契约中规定的负债水平限制，那么，它可能就会有动机对其资产进行重估。

第二，如果资产的重估值降低了其账面价值，那么净利润也会减少。发生这种价值重估的时候，资产回报率和净资产收益率等盈利指标都会下降。但是，由于总资产和股东权益也变低了，公司在未来几年可能就会表现出更好的盈利能力。此外，向下重估的转回是可以计入损益的，从而导致利润的增加。这样，经理就可以通过选择估值转回的时间，来进行盈余管理和增加利润。第三，对于增加资产账面价值的资产重估值，由于它能在最初增加公司的折旧费用、总资产和股东权益，因此，初期的盈利指标，比如资产回报率和净资产收益率，将会由此而下降。虽然向上的资产重估值通常也会减少公司的利润（通过较高的折旧费用），但长期资产价值的增加可能是基于资产运营能力的提升，这在公司未来收入的增加中可能会得到证明。

最后，分析师应该考虑是由谁来进行资产价值评估——也就是说，是由独立的外部评估师还是由公司管理层，以及重估值的频率如何。长期资产公允价值的评估会涉及相当大的判断和酌情处理权。通常情况下，独立外部来源的资产价值评估会更可靠。而资产价值重估的频率也可以作为一个参考指标，说明公司报告的价值是否能持续代表资产的公允价值。

接下来用两个例子说明按照 IFRS，如何对长期资产进行重估值。

例 8-11　先增加账面价值，随后又减少账面价值的重估值

假定先上公司（UPFIRST）对它的机器设备选择应用重估值模式。为简单起见，假定该公司只有一台机器设备，这是在它的会计年度第 1 天买入的，价值 10,000 欧元，在每个会计年度末，都需要对它进行重估值。

问题：

1. 在取得设备后的第 1 个会计年度年末，假定该机器设备的公允价值为 11,000 欧元。该公司的财务报表会如何报告该项资产？

2. 在取得设备后的第 2 个会计年度年末，假定该机器设备的公允价值为 7,500 欧元。该

公司的财务报表会如何报告该项资产？

　　问题 1 解答： 在第 1 个会计年度年末，公司的资产负债表上将报告该资产的价值为 11,000 欧元。资产价值增值的 1,000 欧元将作为其他综合收益[⊖]，在所有者权益栏目下的重估值盈余项目中进行累积。

　　问题 2 解答： 在第 2 个会计年度年末，公司的资产负债表上将报告该资产的价值为 7,500 欧元。于是，该项资产的账面价值一共减少了 3,500（＝ 11,000 – 7,500）欧元。对于这 3,500 欧元的减值，首先，应用 1,000 欧元去冲减原累积在所有者权益栏目下的重估值盈余，然后将剩下的 2,500 欧元在利润表中报告为损失。

▎例 8-12　先减少账面价值，随后又增加账面价值的重估值

　　假定先下公司（DOWNFIRST）对它的机器设备选择应用重估值模式。为简单起见，假定该公司只有一台机器设备，这是在它的会计年度第 1 天买入的，价值 10,000 欧元，在每个会计年度末，都需要对它进行重估值。

　　问题：

　　1. 在取得设备后的第 1 个会计年度年末，假定该机器设备的公允价值为 7,500 欧元。该公司的财务报表会如何报告该项资产？

　　2. 在取得设备后的第 2 个会计年度年末，假定该机器设备的公允价值为 11,000 欧元。该公司的财务报表会如何报告该项资产？

　　问题 1 解答： 在第 1 个会计年度年末，公司的资产负债表上将报告该资产的价值为 7,500 欧元。资产的价值减值 2,500 欧元将在公司利润表中报告为损失。

　　问题 2 解答： 在第 2 个会计年度年末，公司的资产负债表上将报告该资产的价值为 11,000 欧元。于是，该项资产的账面价值一共增加了 3,500（＝ 11,000 – 7,500）欧元。对于这 3,500 欧元的增值，首先，应用 2,500 欧元去转回原来报告的损失，因此，将这 2,500 欧元报告为利润表上的利得；接下来，再将剩下的 1,000 欧元绕过利润表，直接确认为其他综合收益，报告在所有者权益栏目下的重估值盈余项目中。

　　在表 8-6 中，提供了两个重估值模式的披露例子。第一个例子摘录自荷兰远程通信和多媒体公司 KPN 的 2006 年度报告。在该年报编制的时点，应当时美国证交所的要求，所有采用 IFRS 进行编报的公司，都需要解释它根据 IFRS 编报与根据 US GAAP 编报之间出现的差异[⊖]。如前所述，KPN 公司涉及的差异之一是 US GAAP 不允许对固定资产进行重估值。KPN 公司在披露中说，该公司选择以公允价值报告电缆类固定资产，如果根据 US GAAP 使用成本模式进行报告的话，该类资产的价值将减少 3.5 亿欧元。第二个例子摘录自阿维安卡控股集团（Avianca Holdings S.A.）2017 年度报告。阿维安卡控股集团是一家拉丁美洲的航空公司，它使用 IFRS 编制其财务报告，并对一种类别的固定资产应用了重估值模式。

　　⊖　这里的"其他综合收益"是指性质，而不是项目，请注意不要与我国公司报表中的"其他综合收益"项目混淆；"重估值盈余"的性质是一种其他综合收益。——译者注

　　⊖　根据美国 SEC 在 2007 年 11 月 15 日批准的规则修正案，如果财务报表是根据 IFRS 编制的，那么来自美国的外国私人发行人的财务报表将被接受，无须再与 US GAAP 进行核对。该规定于 2007 财政年度生效。因此，像 KPN 这样的公司现在不再需要提供与 US GAAP 编报之间的对比。

表 8-6　重估值的影响

1. 摘自 KPN 公司的年度报告。就"认定成本的固定资产"在 IFRS 和 US GAAP 报告体系下的差异所进行的解释：

从执行 IFRS 开始，KPN 公司就选择了对一些固定资产类别应用重估值模式，并以公允价值作为这些资产的认定成本。KPN 公司采用重置成本折旧法来确定资产的公允价值。重估值的资产主要涉及某些电缆，它们是不动产、厂场与设备价值的一部分。根据 US GAAP，这种重估值是不被允许的，由此便产生了一个调节项目。所以，截至 2006 年 12 月 31 日，如果根据 US GAAP 来进行编报，那么这些资产的价值将比根据 IFRS 报告的价值还低 3.5 亿欧元（2005 年为 4.15 亿欧元；2004 年为 4.87 亿欧元）。

资料来源：KPN 公司 20-F 年度报告，第 168 页，2007 年 3 月 1 日提交。

2. 阿维安卡控股集团 2017 年的年度报告显示，在合并资产负债表的所有者权益栏目下，列报了 5,840 万美元的"重估值和其他储备"；在当年的其他综合收益项目中，列报了 3,100 万美元的"管理用不动产价值重估"。相关财务报表附注解释如下：

波哥大、麦德林、萨尔瓦多和圣何塞的管理用不动产，按公允价值减去建筑物累计折旧和重估值日确认的减值损失入账。公司定期进行重估值，以确保重估值资产的公允价值与其账面价值之间不存在重大差异。在其他综合收益中记录重估值储备，贷记所有者权益下的资产重估值储备。不过，如果它逆转了过去在损益中已确认的相同资产的重估损失，则先将估值增值在损益中确认。重估损失直接在利润表中确认，除非它能抵消过去在资产重估值储备中记录的同一资产的现有盈余。在相关资产被处置时，与被处置资产对应的任何重估值储备都转入留存收益。

资料来源：阿维安卡控股集团年度报告 20-F，2018 年 5 月 1 日提交。

显然，相对于使用成本模式来说，使用重估值模式会对公司的财务报表产生重大影响。如果我们打算利用财务比率来比较不同公司之间的财务业绩，应当注意不同长期资产后续计量模式所可能带来的潜在影响。

8.5　资产减值

减值与折旧和摊销费用不同，后者主要是将长期资产的应计折旧额在其使用寿命内进行分配，但减值则反映的是资产价值的意外下降。IFRS 和 US GAAP 都要求公司对减值资产计提减值，IFRS 还允许转回可辨认长期资产的减值，而 US GAAP 不允许这样做。

当一项资产的账面价值超过其可收回金额时，即认为该资产出现了减值。尽管 IFRS 和 US GAAP 对可收回金额的定义有所不同（如下所述），但一般而言，当资产的账面价值已无法收回时就应当确认减值损失。以下各节分别介绍不同类别资产减值的会计处理。

8.5.1　不动产、厂场与设备的减值

会计准则并没有要求企业每年都对不动产、厂场和设备进行减值测试，而是要求公司应在每个报告期末（一般为一个会计年度结束时）评估是否存在资产减值迹象。如果没有减值迹象出现，那么相应的资产就没有必要进行减值测试。如果有减值迹象出现，例如，出现了资产过时、产品需求下降或技术进步的证据，那么，就应该计算资产的可收回金额，进行减值测试。对于不动产、厂场和设备，当资产的账面价值无法收回时，就应当将资产的账面价值大于其可收回金额的部分确认为减值损失；确认减值损失将减少资产负债表上对应资产的账面价值，同时降低利润表上的当期利润。不过，减值损失属于非现金项目，不会影响公司经营活动产生的现金流量。

对于长期资产的减值，IFRS 和 US GAAP 在规定如何确定减值发生和减值损失的计量方面略有差异。根据 IFRS 第 36 号，资产的账面价值超过其可收回金额的部分，就被定义为减值损失。其中，资产的可收回金额被定义为"其公允价值减处置费用与其使用价值两者中的较高者"，且使用价值是以预期未来现金流量的现值为基础来计算的。但根据 US GAAP，评估可收回性与减值损失的计量是分开的。资产"组合"的账面价值如果超过了该资产组合未折现的预期未来现金流量，就被认为是不可收回。在这种情况下，就将资产的公允价值与账面价值之差确认为减值损失。

▌ 例 8-13　不动产、厂场与设备的减值

假定苏塞克斯（Sussex）是一家英国的制造企业，它有一台机器用来生产一种单一产品。自从竞争产品推出以来，苏塞克斯该项产品市场需求已急剧下降。苏塞克斯公司收集了关于该机器的下列信息：

（单位：英镑）

账面价值	18,000
未折现的预期未来现金流量	19,000
预期未来现金流量现值	16,000
出售能取得的公允价值	17,000
处置费用	2,000

问题

1. 根据 IFRS，公司应如何报告该机器的价值？

2. 根据 US GAAP，公司应如何报告该机器的价值？

问题 1 解答： 根据 IFRS，公司应将机器的账面价值（18,000 英镑）与其公允价值减处置费用的净额（15,000 英镑）和使用价值（16,000 英镑）两者之中的较高者进行比较。由于该机器目前的账面价值大于其使用价值（上述两个金额中的较高者）2,000 英镑，因此，应当将 16,000 英镑作为这台机器的可收回金额，同时将 2,000 英镑的减值损失确认在利润表中。这样，这台机器的账面价值将变为 16,000 英镑，公司应当在这个账面价值的基础上编制新的折旧表。

问题 2 解答： 根据 US GAAP，先将机器的账面价值（18,000 英镑）与未折现的预期未来现金流量（19,000 英镑）进行比较，由于此时账面价值小于未折现的预期未来现金流量，因此认为该账面价值是可收回的，这台机器应继续报告为 18,000 英镑，不确认资产减值损失。

在例 8-13 中，根据 IFRS，一项不动产、厂场与设备的价值被减记了，但如果根据 US GAAP，却不应当确认减值。在例 8-14 中，无论是根据 IFRS 还是根据 US GAAP，都应计提减值。

▌ 例 8-14　不动产、厂场与设备的减值

假定埃塞克斯（Essex）是一家制造企业，它有一台机器用来生产一种单一产品。自从竞争产品被推出以来，市场对埃塞克斯该产品的需求已大幅下降。埃塞克斯公司收集了关于该机器的以下信息：

	（单位：英镑）
账面价值	18,000
未折现的预期未来现金流量	16,000
预期未来现金流量现值	14,000
出售能取得的公允价值	10,000
处置费用	2,000

问题

1. 根据 IFRS，公司应如何报告该机器的价值？

2. 根据 US GAAP，公司应如何报告该机器的价值？

问题 1 解答： 根据 IFRS，公司应将机器的账面价值（18,000 英镑）与其公允价值减处置费用的净额（8,000 英镑）和使用价值（14,000 英镑）两者之中的较高者进行比较。由于该机器目前的账面价值大于其使用价值（上述两个金额中的较高者）4,000 英镑，因此，应当将 14,000英镑作为这台机器的可收回金额，同时将 4,000 英镑的减值损失确认在利润表中。这样，这台机器的账面价值将变为 14,000 英镑，公司应当在这个账面价值的基础上编制新的折旧表。

问题 2 解答： 根据 US GAAP，先将机器的账面价值（18,000 英镑）与未折现的预期未来现金流量（16,000 英镑）进行比较，由于此时账面价值大于未折现的预期未来现金流量，因此认为该账面价值是不可收回的，应将这台机器的价值减记至其公允价值 10,000 英镑，同时在利润表中确认减值损失 8,000 英镑。机器的账面价值调整为 10,000 英镑，公司应在这个账面价值的基础上编制新的折旧表。

例 8-14 表明，根据 IFRS 减记至使用价值的金额可能会小于根据 US GAAP 减记至公允价值的金额。减值损失确认的差异最终体现为所有者权益账面价值的差异。

8.5.2　使用寿命有限的无形资产的减值

对于使用寿命有限的无形资产，应定期摊销（账面价值会随时间而减少），并可能发生减值。与不动产、厂场和设备情况一样，这些资产并不需要每年都进行减值测试。而是，只有当重大事件表明需要时，才会对它们进行减值测试。公司应于每个报告期末评估是否发生了提示需要进行减值测试的重大事件，比如，资产的市场价格出现显著下降，或者法律或经济因素出现重大不利变化。对于使用寿命有限的无形资产，其减值在会计本质上与有形资产的相同，发生减值会导致资产负债表上该项资产账面价值的下降，并在同时降低利润表上的当期净利润。

8.5.3　使用寿命不确定的无形资产的减值

对于使用寿命不确定的无形资产，无须定期摊销，而是直接按历史成本在资产负债表上报告，但需要至少每年进行减值测试。当其账面价值超过其公允价值时，即应当计提减值。

8.5.4　持有待售长期资产的减值

当管理层意图出售某长期（非流动）资产，并且出售的可能性很大时，应将这类资产重新分类为持有待售的长期资产，而不是继续持有以供使用。（此外，会计标准还要求相关资产应当满足在目前状况下可供立即出售的条件。）[一]例如，假定公司不再需要使用某一建筑物，管理层意欲将其出售，如果该笔交易符合相关会计规范要求，那么，就应当将该建筑物从不动产、厂场与设备中转出，重新分类为持有待售的非流动资产。重分类时，需要对过去持有供使用的资产先进行减值测试。如果重分类时的资产账面价值超过其公允价值减处置费用的净额，则应先确认减值损失，并将资产的账面价值减记至其公允价值减处置成本的净额。对于持有待售的长期资产，应当停止计算折旧或摊销。

8.5.5　长期资产减值的转回

一项资产在发生减值并计提了减值损失以后，其可收回金额仍然可能会回升。例如，通过诉讼上诉，也许可以成功地质疑另一家公司的专利侵权，从而使以前被减值的专利权具有了更高的可收回金额。当资产的可收回金额回升时，IFRS允许公司转回原来计提的减值损失，并且该资产不受是持有以供使用还是持有待售的限制。但请注意，IFRS只允许在过去计提的减值损失范围内进行转回，如果资产的可收回金额超过过去的账面价值，根据IFRS，是不允许其按可收回金额对资产进行重估的。根据US GAAP，是否能够转回过去计提的减值损失，取决于资产的性质是持有以供使用还是持有待售[二]。对于持有以供使用的资产，US GAAP要求不能转回过去计提的减值损失。换言之，如果一旦持有以供使用资产的价值因计提减值损失而被调低，就再也不能恢复增加。不过，对于持有待售的资产，如果在计提减值损失后，其公允价值又增加的，则可以转回过去计提的减值损失。

8.6　终止确认

当资产被处置或者预期无论是通过被使用还是被处置都无法再为公司带来利益流入时，公司就应当终止确认这项资产（即将这项资产从财务报表上去除掉）。公司可以通过出售、交换、放弃，甚至将其分配给现有股东等方式来处置一项长期经营性资产。如前所述，如果公司管理人员准备将一项资产出售或者分配给现有股东，在符合相关会计规范的情况下（在当前状况下可立即供出售，且出售的可能性极大），应将其重分类为持有待售的非流动资产。

8.6.1　出售长期资产

出售长期资产时，应将出售所得价款扣除出售时资产的账面价值之差，确认为出售损益。如前所述，除非资产的账面价值因为计提减值或者重估值等原因而发生过改变，否则此处资产的账面价值通常是指账面净值（即历史成本减去累计折旧）。

▌例8-15　计算出售长期资产的利得或损失

假定默斯劳克餐厅（Moussilauke Diners）打算修改菜单专注于更健康的食物，因此卖出了450个二手比萨烤炉，餐厅报告这批烤炉的处置利得为120万美元，而被处置烤炉的账面价值为190万美元（原始成本510万美元，减去累计折旧320万美元）。请问：默斯劳克餐厅是以什么价格卖出这些烤炉的？

A. 70万美元

○　IFRS第5号《持有待售的非流动资产与终止经营》。

○　FASB ASC第360-10-35节《不动产、厂场与设备—概述—后续计量》。

B. 310 万美元

C. 630 万美元

解答： B 选项正确。这些烤炉的账面价值为 190 万美元，而默斯劳克餐厅报告处置利得 120 万美元。因此，默斯劳克餐厅对这批烤炉的处置价格为 310 万美元。120 万美元的处置收益应当等于 310 万美元的处置价格减去 190 万美元的账面价值。如果不考虑税收影响的话，这笔交易带来的现金流入为 310 万美元，并且表现为投资活动的现金流入。

在利润表中，应当披露公司的资产处置利得或损失，或者将其放在"其他收益和损失"项目下合并披露，或者在数额影响重大时，也可将其单列细目进行披露。通常，公司会在管理层讨论和分析或者财务报表附注中披露关于资产处置的更多细节。此外，使用间接法编制现金流量表时会对净利润进行调整，从经营活动的现金流量中扣除资产处置损益的影响，并将处置所收到的现金计入投资活动的现金流量当中。回顾现金流量表编制的间接法，它是从净利润开始进行调整，以得出经营活动产生的现金流量，其调整过程包括扣除非经营活动的收益或损失影响。

8.6.2　用出售以外的方式处置长期资产

用出售以外的方式处置的长期资产（例如，放弃、用于交换另一资产或以分拆方式分配给所有者[○]等），在被处置或者划分为持有待售的资产之前，仍属于持有以供使用的资产。因此，除非它们的账面价值已经变为 0 了，否则仍应当与公司所拥有的其他长期资产一样，持续进行折旧和定期进行减值测试。

当一项资产被废弃时，其会计处理与资产的出售类似，只是无法记录现金收入而已。在资产被报废或者放弃处置时，记录的账面价值减少，同时记录与处置时的账面价值相等的处置损失。

当一项资产被用于交换时，对资产交换的会计处理通常涉及终止确认所换出资产的账面价值，记录以公允价值换入的资产，同时将账面价值与公允价值之间的差值报告为损益。在这里，使用的公允价值是换出资产的，除非有证据表明换入资产的公允价值更可靠。如果不存在可靠的公允价值计量，那么，对换入资产就直接以换出资产的账面价值进行计量。当新换入资产的公允价值超过所换出资产的账面价值时，公司将报告利得。当新换入资产的公允价值小于所换出资产的账面价值时，公司将报告损失。如果由于无法找到合理的公允价值计量而直接以被放弃资产的账面价值对新换入资产进行估值，则不报告损失。

在公司分拆中，一般情况下，是一家公司的某个能创造现金流入的部门及其所有资产都被分拆。例如，菲亚特 - 克莱斯勒汽车公司（FCA）在 2016 年就分拆了法拉利的所有权。在分拆之前，克莱斯勒公司先在 IPO 中出售了它对法拉利的 10% 所有权，确认股东权益增加 8.59 亿欧元（即该公司在 IPO 中获得的对价 8.66 亿欧元与出售股权账面价值 700 万欧元之间的差额）。[○]但相比之下，克莱斯勒公司随后将其在法拉利的所有权分配给公司现有股东，并

○ 在分拆中，母公司股东将在一个新的独立主体中获得一定比例的股份。

○ 克莱斯勒公司当时将法拉利分拆出来独立上市的方案为公开出售 10% 的股份，将 80% 的股份分配给克莱斯勒公司的现有股东，剩余 10% 留给创始人的孙子。原书在此处为"确认股东权益增加 8.73 亿欧元"，翻译时更正为"8.59 亿欧元"，理由为：第一，与括号中解释的意思一致；第二，出售导致股东权益的增加应当是出售对价与所出售资产账面价值之差所带来的出售利得。——译者注

没有给克莱斯勒公司带来任何收益或损失。

2016 年 1 月 3 日，克莱斯勒公司完成了对法拉利的分拆，每位克莱斯勒公司的股东按照 10∶1 的比例获得法拉利公司的普通股。在此前一年度的财务报表中，克莱斯勒公司报告了它持有以待分配的法拉利业务涉及的资产和负债，具体涉及资产负债表中流动资产部分报告的持有以待分配的资产 36.5 亿欧元和等待分配的负债 35.84 亿欧元。表 8-7 摘录自该公司 2015 年 12 月 31 日的年度报告。

表 8-7　菲亚特 – 克莱斯勒汽车的合并财务报表附注摘录——2015 年年度报告

法拉利的分拆和终止经营

"由于法拉利的分拆计划极有可能得到上述股东的批准，且即日就可进入可供分配状态，因此，按照 IFRS 第 5 号《持有待售的非流动资产与终止经营》的规定，法拉利分部已符合被划分为持有以待分配给股东和终止经营分布的条件。"

法拉利分部的下列资产和负债项目在 2015 年 12 月 31 日被划为持有以待分配类别：

（单位：百万欧元）

	2015 年 12 月 31 日
持有以待分配的资产	
商誉	786
其他无形资产	297
不动产、厂场与设备	627
其他非流动资产	134
金融业务应收款项	1,176
现金与现金等价物	182
其他流动资产	448
持有以待分配的资产合计	**3,650**
持有以待分配的负债	
预提准备金	224
长期债务	2,256
其他流动负债	624
贸易应付款	480
持有以待分配的负债合计	**3,584**

资料来源：菲亚特 – 克莱斯勒汽车公司截止于 2015 年 12 月 31 日的年度报告。

8.7　列报与披露

根据 IFRS，公司需要对每一类不动产、厂场和设备都披露其计量基础、折旧方法、使用寿命（或者折旧率）、原值和期初与期末的累计折旧，以及期初账面价值到期末账面价值的变化过程[⊖]。此外，还应当披露资产的所有权受限情况和用作担保的不动产、厂场与设备、购置不动产、厂场和设备的合同协议。如果公司使用重估值模式，还必须披露重估值日期、公允价值是如何获得的等详细信息，以及如果采用成本模式的资产账面价值和重估值盈余。

⊖　IAS 第 16 号《不动产、厂场与设备》，第 73-79 段［披露］。

在 US GAAP 下，相关的披露要求要简单一点○。公司应当披露会计期间内的折旧费用、各主要类别应计折旧资产的余额、按主要类别披露的累计折旧或者累计折旧的合计数，以及公司对各主要类别应计折旧资产采用的折旧方法概述。

根据 IFRS，公司应当针对每一类无形资产都披露其使用寿命是有限期的还是难以确定的。对于使用寿命有限期的各类无形资产，应披露其摊销方法、使用寿命（或摊销率）、原值和期初与期末的累计摊销额（当期摊销金额已报告在利润表中）以及从期初账面价值到期末账面价值的变化过程○。对于使用寿命不确定的无形资产，公司应当披露其账面价值以及将其认定为使用寿命不确定的原因。与不动产、厂场与设备类似，还需要披露对无形资产的所有权限制情况和已用作担保抵押的无形资产，以及公司承诺购买无形资产的合同协议。如果使用重估值模式，则还必须披露重估值日期、确定公允价值的方式、如果采用成本模式应报告的账面价值以及重估值盈余。

根据 US GAAP，公司必须披露无形资产的账面总额和累计摊销总额以及按主要类别分列的摊销总额、当期的总摊销费用和未来五个会计年度内的估计摊销费用○。

IFRS 和 US GAAP 对于长期资产减值方面的披露要求亦有所不同。根据 IFRS，公司必须就每一类资产披露会计期间内确认的减值损失和减值损失转回的金额，以及在财务报表中确认减值损失的位置○。此外，还必须披露受减值损失和减值损失转回影响的主要资产类别，以及导致确认减值和减值转回的主要事件情况。根据 US GAAP，对持有供使用的长期资产是不允许转回减值损失的。公司必须披露减值资产的类型、导致减值发生的原因、确定公允价值的方法、减值损失的金额以及在财务报表中确认减值损失的位置○。

长期资产的信息披露涉及整套财务报表体系：资产负债表、利润表、现金流量表和财务报表附注。资产负债表中报告长期资产的账面价值；利润表中，折旧费用可能以一个单独的项目出现，也可能不作为一个单独的项目出现。根据 IFRS，是否在利润表中单独披露折旧费用取决于公司使用的是"费用性质法"还是"费用功能法"。在费用性质法下，公司需要"根据费用的性质（例如，折旧费用、材料采购费、运输成本、雇员福利费用和广告费用等）汇总费用，不需在报告主体内部职能之间重新分配"○。在费用功能法下，公司需要根据职能将各种费用区分为销售费用或 SG&A（销售、行政与管理费用）的一部分。不过，销货成本必须单独披露，这是对使用费用功能法公司的最低限要求，但其他行项目允许各公司自由决定。

固定资产的购置和处置会反映在现金流量表的投资活动部分。此外，当使用间接法编制现金流量表时，通常需要用折旧费用（或折旧和摊销费用）去对净利润项目进行调整，列报为现金流量表的一个细列项目。在财务报表附注中，会说明公司所采用的会计方法、估计长期资产使用寿命的范围、根据长期资产的主要类别披露其历史成本、累计折旧和当年的折旧费用。

为说明财务报表列报与披露，下例中有关无形资产和不动产、厂场与设备的信息摘录自橘子公司（Orange SA）截至 2017 年 12 月 31 日的年度报告。

○　FASB ASC 第 360-10-50 部分 [不动产、厂场与设备—概述—披露]。
○　IAS 第 38 号《无形资产》，第 118-128 段 [披露]。
○　FASB ASC 第 350-30-50 部分 [无形资产—概述—披露]。
○　IAS 第 36 号《资产减值》，第 126-137 段 [披露]。
○　FASB ASC 第 360-10-50 部分 [不动产、厂场与设备—概述—披露] 与 FASB ASC 第 350-30-50 部分 [无形资产—概述—披露]。
○　IAS 第 1 号第 102 段。

█ 例 8-16 长期资产的财务报表列报与披露

橘子公司（Orange SA）是一家法国的国际通信企业，表 8-8、表 8-9 和表 8-10 均节选自该公司截至 2017 年 12 月 31 日的年度报告。

表 8-8 橘子公司

2017 年财务报表信息摘录

（请注意，为示例目的，仅摘选了部分数据。）

合并利润表信息摘录		（单位：百万欧元）
	报告年度截止日	
	2017 年 12 月 31 日	2016 年 12 月 31 日	2015 年 12 月 31 日
收入	41,096	40,918	40,236
…	…	…	…
折旧与摊销费用	−6,846	−6,728	−6,465
…	…	…	…
商誉减值损失	−20	−772	
固定资产减值损失	−190	−207	−38
…	…	…	…
经营利润	4,917	4,077	4,742
…	…	…	…
持续经营业务的合并净利润	2,114	1,010	2,510
终止经营业务的合并净利润（EE）	29	2,253	448
合并净利润	**2,143**	**3,263**	**2,958**
归属于母公司的净利润	1,906	2,935	2,652
少数股东权益	237	328	306

合并财务状况表信息摘录		（单位：百万欧元）
资产	2017 年 12 月 31 日	2016 年 12 月 31 日	2015 年 12 月 31 日
商誉	27,095	27,156	27,071
其他无形资产	14,339	14,602	14,327
不动产、厂场与设备	26,665	25,912	25,123
…	…	…	…
非流动资产合计	74,035	74,819	71,330
…	…	…	…
流动资产合计	20,679	19,849	14,312
持有待售的资产			5,788
资产总计	**94,714**	**94,668**	**91,430**
股东权益与负债			
…	…	…	…
股东权益合计	32,942	33,174	33,267
…	…	…	…
非流动负债合计	32,736	35,590	36,537
…	…	…	…
流动负债合计	29,036	25,904	21,626
股东权益与负债总计	**94,714**	**94,668**	**91,430**

表 8-9 橘子公司

2017 年合并财务报表附注信息摘录
摘选自附注 7.2 商誉
[摘录] 调整商誉的变动

(单位：百万欧元)

	报告年度截止日		
	2017 年 12 月 31 日	2016 年 12 月 31 日	2015 年 12 月 31 日
期初总金额	32,689	32,606	30,271
并购影响	38	904	2,333
处置影响	0	−6	−69
汇率变动影响	−40	−815	73
重分类与其他项目影响	0	0	−2
划分为持有待售的资产	0	0	0
期末总金额	32,687	32,689	32,606
期初余额中包含的累计减值损失	−5,533	−5,535	−5,487
当期减值	−20	−772	0
处置影响	0	0	0
汇率变动影响	−39	774	−48
重分类与其他项目影响	0	0	0
划分为持有待售的资产	0	0	0
期末余额中包含的累计减值损失	−5,592	−5,533	−5,535
商誉账面价值净额	**27,095**	**27,156**	**27,071**

摘选 * 自附注 7.3 判断 2017 年 12 月 31 日的可收回金额时所使用的关键假定
在确定主要合并经营业务的可收回金额时，使用的参数如下：

	法国	西班牙	波兰	比利时	罗马尼亚
永续增长率	0.8%	1.5%	1.0%	0.5%	2.3%
税后贴现率	5.5%	8.6%	8.3%	6.8%	8.8%

* 摘录时只选择了特别的假定和国家。

摘选 * 自附注 7.4 2017 年 12 月 31 日可收回金额的敏感性
以下列报的敏感性分析有助于财务报表使用者根据自己的判断来估计影响。

(单位：十亿欧元)

	法国	西班牙	波兰	比利时	罗马尼亚
永续增长率下降 1%	10.4	1.6	0.6	0.3	0.3
税后贴现率增长 1%	11.4	2.0	0.6	0.3	0.3

* 摘录时只选择了特别的假定和国家。

在该公司的年度报告中还披露了更多的细节。

　　商誉不摊销，至少每年进行一次减值测试，并在有迹象表明其可能减值时进行更频繁的减值测试……这些测试按每个现金产生单元（Cash Generating Unit，CGU）或单元组进行……为确定是否应确认减值损失，需要将现金产生单元或者单元组的资产和负债的账面价值与其可收回金额进行比较；橘子公司一般取资产的使用价值（value in use）作为可收回金额……所谓使用价值，是指资产的未来预期现金流量的现值。现金流量预测根据经济及监管假定、牌照续期假定以及本集团管理层对交易和投资活动的预期来完成……

（续）

摘录自附注 8.3 其他无形资产——账面净值

（单位：百万欧元）

	12 月 31 日		
	2017 年	2016 年	2015 年
通信业务经营许可	6,233	6,440	5,842
橘子品牌	3,133	3,133	3,133
其他品牌	88	102	137
客户基础	555	703	729
软件	3,946	3,781	3,815
其他无形资产	384	443	671
合计	14,339	14,602	14,327

摘录自附注 8.4 不动产、厂场与设备——账面净值

（单位：百万欧元）

	12 月 31 日		
	2017 年	2016 年	2015 年
土地与建筑物	2,535	2,661	2,733
网络与终端	22,880	21,984	21,194
IT 设备	802	784	787
其他不动产、厂场与设备	448	483	409
合计	26,665	25,912	25,123

表 8-10 橘子公司

摘录自 2017 年集团财务状况与盈利分析

橘子集团在 2016 年实现经营利润 40.77 亿欧元，与 2015 年的历史水平 47.42 亿欧元相比，下降了 14.0%，降幅为 6.65 亿欧元。出现这一历史下降主要原因在于：

- 公司在 2016 年确认了 7.72 亿欧元的商誉减值损失……以及 2.07 亿欧元的固定资产减值损失……主要涉及：
  - 波兰分部 5.07 亿欧元。该减值损失主要反映了公司在 ADSL 市场的竞争力下降、在移动市场收益恶化以及评级机构下调该国主权评级所导致的税后贴现率上升；
  - 埃及分部 2.32 亿欧元。该减值损失反映了 2016 年授予 4G 牌照的财务条款影响、埃及镑大幅贬值和政治经济不确定性增加的影响；
  - 刚果（金）分部 1.09 亿欧元。该减值损失反映了政治和经济不确定性、购买力下降对电信产品和服务的消费所产生的连锁影响以及监管负担的增加（特别是与实施客户身份识别有关的部分）；
  - 喀麦隆分部 9,000 万欧元。该减值损失反映了随着信息服务和顶级（OTT）提供商 VoIP 的激增以及移动市场竞争的加剧导致语音收入的下降；
  - 尼日尔分部 2,600 万欧元。
- 公司的折旧和摊销费用增加了 2.63 亿欧元……

问题：

1. 截至 2017 年 12 月 31 日，在橘子公司的总资产中，商誉和其他无形资产占到了多大比例？

2. 在截至 2016 年 12 月 31 日年度内，导致橘子公司发生减值损失的最大项目是什么？

3. 该公司披露，它通过将单位资产和负债的账面价值与主要由使用价值来判断的"可收回金额"进行比较，确定是否应确认减值损失。但该公司是如何确定资产的使用价值的呢？

4. 如果公司将它对永续增长率的估计值降低 1%，那么公司在法国、西班牙、波兰、比利时和罗马尼亚的预计可收回金额价值将改变多少？如果公司将税后贴现率的估计值提高 1%，这些业务的预计可收回金额将会改变多少？

5. 截至 2017 年 12 月 31 日，其他无形资产的最大组成项目是什么？截至 2017 年 12 月 31 日，不动产、厂场与设备的最大组成项目是什么？

问题 1 解答： 截至 2017 年 12 月 31 日，在橘子公司的资产总额中，商誉的价值占到了 28%（= 27,095 ÷ 97,714），其他无形资产占 15%（= 14,339 ÷ 97,714）。数据来自表 8-8 中的该公司资产负债表。

问题 2 解答： 在 7.72 亿欧元的商誉减值损失和 2.07 亿欧元的固定资产减值损失中，最大的一个项目是波兰分部发生的 5.07 亿欧元损失。该公司将这些损失的原因归于公司在 ADSL 市场的竞争力下降、收入假设减少以及该国债务评级下调导致贴现率上升。依据来自表 8-10。

[公司财务报告中，将 ADSL（非对称数字信号传送）定义为"传统电话网络上的宽带数据传输技术，它通过扭曲的成对铜电缆（建筑物中最常见的电话线）来实现宽带数据传输（最初的互联网接入）"。]

问题 3 解答： 该公司以资产的使用价值，即未来预期现金流量的现值作为减值测试中单位资产和负债的"可收回金额"。其中，现金流量预测的依据为公司管理层采用的各种假设。依据来自表 8-9 中的附注 7.4。

问题 4 解答： 如果该公司将其对永久增长率的预计降低 1%，那么它在法国、西班牙、波兰、比利时和罗马尼亚业务分部的估计可收回价值将改变为 132 亿（= 104 + 16 + 6 + 3 + 3）欧元。预计增长率的降低会减少未来现金流量的现值。如果本公司将其税后贴现率预计提高 1%，以上业务分部的预计可收回金额将改变为 146 亿（= 114 + 2 + 6 + 3 + 3）欧元。贴现率的提高会降低未来现金流量的现值。上述数据出自表 8-9 中的附注 7.4。

问题 5 解答： 截至 2017 年 12 月 31 日，其他无形资产类别下的最大组成项目是通信业务经营许可、软件和橘子品牌，报告金额分别为 62.33 亿欧元、39.46 亿欧元和 31.33 亿欧元。截至 2017 年 12 月 31 日，公司不动产、厂场与设备栏目下最大的组成项目是网络与终端（228.8 亿欧元）。上述数据来自表 8-9 中的附注 8.3 和附注 8.4。

请注意，上例中仅展示了对公司信息披露内容的相对简短摘录。有关公司非流动资产信息披露的完整文本实际上分布在许多不同的附注项目下，其中有些内容长达数页。总体而言，分析师可以利用这些信息披露来了解一家公司在有形资产和无形资产方面的投资，以及这些投资在报告期内的变化情况和对财务报表、甚至公司未来业绩的影响。

在分析固定资产的财务比率方面，主要有固定资产周转率和几个资产年限比率。固定资产周转率（用收入总额除以平均固定资产净值）反映了收入总额与企业对固定资产投资之间的关系。该比率越高，说明这家公司在固定资产投资一定的情况下，能够创造的销售收入就越多，因此，较高的固定资产周转率通常被解释为公司的固定资产管理效率较高。

资产年限比率通常根据历史成本和累计折旧之间的关系来判断。在重估值模式下（仅IFRS 允许该模式，US GAAP 并不允许），当资产的账面价值与考虑累计折旧后的历史成本存在很大差异时，账面价值、累计折旧和折旧费用之间的关系将不同。因此，以下关于资产年限比率的讨论主要适用于采用成本报告的固定资产。

资产年限和剩余使用寿命这两个资产年限比率是衡量公司生产能力再投资需求的重要指标。资产越"老"，其剩余寿命就越短，公司就越需要更多的再投资来维持其生产能力。公司资产的基本平均年限可以用累计折旧除以折旧费用来进行估计，公司资产的基本平均剩余寿命可以用固定资产的净值除以折旧费用来估计。这些估计值只能反映按历史成本入账的资产价值指标存在下列关系：历史成本总额减去累计折旧等于固定资产的净值；在直线折旧法下，历史成本总额减去预计残值后，除以预计使用寿命，等于年折旧费用[一]。同样，历史成本总额减去预计残值后，除以年折旧费用，可估计出资产的预计使用寿命。如果一家公司对资产采用直线折旧法，假定预计净残值为 0（为简单起见），那么，以下几点成立[二]：

$$预计总使用年限 = 购买至今的时间（年龄） + 预计尚可使用年限$$
$$历史成本 \div 年折旧费用 = 预计总使用年限$$
$$历史成本 = 累计折旧 + 固定资产净值$$

也可以表示为，

$$预计总使用年限 = 估计已使用年限 + 预计尚可使用年限$$
$$历史成本 \div 年折旧费用 = （累计折旧 \div 年折旧费用） + （固定资产净值 \div 年折旧费用）$$

用一个例子来说明这些估计的应用。假定一家公司只拥有一项需要折旧的资产，其初始成本为 100 美元，预计使用寿命为 10 年，预计残值为 0。公司每年记录 10 美元的折旧费用，因此累计折旧等于资产被购入以来的年数与 10 的乘积（当资产年数等于 7 年时，累计折旧为 70 美元）。同样，资产的已使用年限也等于累计折旧除以年折旧费用。

在实践中，这种估计的准确程度很难予以保证。公司可能并没有使用直线折旧法，但它可能拥有不同使用寿命和预计残值的多种资产，甚至包括一些提足折旧的资产。因此，这种方法得到的只是估计数。此外，公司相关的固定资产信息披露往往非常笼统。不过利用这些估计，还是可以有助于分析师确定需要进一步调查的领域。

另一项更进一步的比较指标是一家公司当前在生产能力方面的再投资情况。将公司的年度资本支出与年度折旧费进行比较，可以推算公司的生产能力能否得以维持。相对于固定资产的折旧比率来说，这个比率表明了一家公司更换其固定资产的速度，因此应用更广。

▌例 8-17　利用固定资产信息披露，比较公司的固定资产周转率和应计折旧资产的平均年限

假定你正在分析三家国际通信公司的不动产、厂场与设备情况：

1. 此前有讨论过的橘子公司，自 1997 年以来一直在巴黎泛欧交易所（SYM-BOL ORA）和纽约证券交易所（代码为 ORAN）上市。截至 2017 年 12 月 31 日，法国政府保留了该公司 22.95% 的股份。

2. BCE 公司是加拿大最大的通信企业，为加拿大各地提供无线、有线、互联网、电视和商业通信服务。BCE 的股票在多伦多证券交易所和纽约证券交易所（TSX，NYSE：BCE）公开交易。

3. 威瑞森公司（Verizon Communications Inc.）是一家总部位于美国的全球通信、信息和娱乐产品及服务供应商，服务客户涉及消费者、企业和政府机构。威瑞森公司的股票在纽约证券交易所和纳斯达克全球精选市场（符号 VZ）上市。

[一] 仅直线折旧法下才成立，如果公司使用加速折旧法，这一条是不成立的。——译者注
[二] 假定不存在资产减值的情况。——译者注

表 8-11 中，列出了上述公司财务报表中的相关信息。

表　8-11

	橘子公司	BCE 公司	威瑞森公司
	（百万欧元）	（百万加拿大元）	（百万美元）
固定资产历史成本合计，年末数	97,092	69,230	246,498
累计折旧，年末数	70,427	45,197	157,930
固定资产净值，年末数	26,665	24,033	88,568
固定资产净值，年初数	25,912	22,346	84,751
收入	41,096	22,719	126,034
年折旧费用	4,708	3,037	14,741
资本支出额	5,677	4,149	17,247
报告在固定资产之中的土地价值	未单独披露	未单独披露	806
所采用的会计准则	IFRS	IFRS	US GAAP
固定资产的计量基础	历史成本	历史成本	历史成本
折旧方法	直线法	直线法	直线法

资料来源：各大公司 2017 年年度报告。

问题：

1. 根据每家公司的上述数据，估计各公司固定资产的估计总使用年限、已使用年限和剩余使用年限。

2. 对上述估计值进行解释，哪些项目可能会影响这些公司之间的比较？

3. 各公司 2017 年的折旧费用与其当年的资本支出相比情况如何？

4. 计算和比较每个公司的固定资产周转率。

问题 1 解答： 下表中列出了各家公司的固定资产估计总使用年限、已使用年限和剩余使用年限。

估计值	橘子公司	BCE 公司	威瑞森公司
估计总使用年限（年）	20.6	22.8	16.7
估计已使用年限（年）	15.0	14.9	10.7
估计剩余使用年限（年）	5.7	7.9	6.0

计算过程以威瑞森公司的数据演示如下（后附金额单位均为百万美元）。固定资产的总使用年限可用固定资产的总历史成本 246,498,000 万美元除以每年的折旧费用 14,741,000 万美元，可得额为 16.7 年。估计已使用年限和估计剩余使用年限也可以分别使用累计折旧总额 157,930,000 万美元和固定资产净值 88,568,000 万美元除以每年的折旧费用 14,741,000 万美元得出，分别为 10.7 和 6.0 年。

在理想情况下，在上述计算中应排除固定资产中所包含土地的价值，因为土地是不需要计提折旧的。但是，由于橘子公司和 BCE 公司都只披露了土地和建筑物的合并价值，只有威瑞森公司在财务报表中单独披露了土地的价值。所以下面将以威瑞森公司的数据为例，说明调整土地影响后的估计数是如何计算的。排除土地的影响后，威瑞森公司的固定资产估计总使用寿命为 16.7 年〔=（总成本 246,498,000 - 土地成本 806,000）÷ 年折旧费用 14,741,000〕。调整后的估计数与包括土地价值在内的估计数基本看不出什么变化，这主要是因为土地价值在威瑞森公司的固定资产中只占很小的一部分。

问题 2 解答： 从估计总使用年限比较来看，橘子公司和 BCE 公司对固定资产折旧年限的估计要比威瑞森公司的长很多：橘子公司和 BCE 公司的估计分别为 20.6 年和 22.8 年，而威瑞森公司只有 16.7 年。

设备估计已使用年限结果表明，威瑞森公司拥有的固定资产最新，估计已经使用了 10.7 年。此外，估计结果还告诉我们，橘子公司所拥有的固定资产中，约 73%（= 15.0 年 ÷ 20.6 年）的使用寿命已经过去了，相比之下，BCE 公司和威瑞森公司的固定资产使用寿命分别过去了大约 65% 和 64%。

各大公司之间的业务结构存在差异，例如公司在业务组合方面的差异和在业务收购与剥离活动方面的差异，都会对上述项目的比较产生影响。在某种程度上，还可以将这些结果和这些公司在财务报表附注中披露的资产使用年限与资产组合情况进行比较。不过，披露内容方面的差异，例如，公司所披露的资产类别，也会对比较效果产生影响。

问题 3 解答： 这三家公司的资本支出均超出了其当年的折旧费用规模。如果四舍五入到最接近 10% 水平的话，橘子公司的资本支出与当年折旧费用的比值为 120%，BCE 公司为 140%，而威瑞森公司大约为 120%。这三家公司更新其固定资产的速度都快于其对固定资产进行折旧的速度，这与公司的固定资产已较为陈旧的基础是一致的。

问题 4 解答： 固定资产周转率是公司的销售收入总额与平均固定资产净值之比。橘子公司的固定资产周转率为 1.6 ｛=41,096/ ［（26,665 + 25,912）/2 ］｝；BCE 公司为 1.0，威瑞森公司为 1.5。

橘子公司和威瑞森公司的固定资产周转率水平较高，说明与 BCE 公司比较，这两家公司在每单位固定资产投资上能够创造出更多的销售额。

8.8 投资性房地产

IFRS 对投资性房地产的定义是，为赚取租金或实现资本增值，或两者兼而有之而拥有（或在某些情况下，**融资租入**的）的不动产⊖。例如，公司拥有并出租给租户的建筑物就属于投资性房地产。与此相反，其他长期有形资产（即被视为不动产、厂场与设备的资产）是指所有者拥有的、用于生产公司产品、提供服务或者用于公司行政活动的不动产。投资性房地产不包括公司在正常经营过程中持有以供出售的长期有形资产，例如，房地产开发公司所拥有的房屋和不动产，应属于这些公司的存货。

根据 IFRS，公司对投资性房地产的后续计量可使用成本模式或者公允价值模式。其中，成本模式的应用与不动产、厂场与设备类别下的要求相同⊖；但公允价值模式却不同于不动产、厂场与设备的重估值模式。在重估值模式下，资产的重估值是否会影响公司净利润取决于最初的重估值是增加还是减少了资产的账面价值。但在公允价值模式下，资产的公允价值出现的任何变动都应计入净利润。要使用公允价值模式，公司必须保证能够持续可靠地取得资产的公允价值。

⊖ IAS 第 40 号《投资性房地产》介绍了投资性房地产的会计处理问题。
⊖ IAS 第 40 号《投资性房地产》介绍了投资性房地产的会计处理问题，第 32 段。

例 8-18 摘录自一家房地产公司的年度报告，该公司依据 IFRS 进行编报。

例 8-18 长期资产在财务报表中的列报与披露

表 8-12 中的信息摘录自英拓房地产公司（intu properties plc）截至 2017 年 12 月 31 日的年度报告，该公司是一家总部位于伦敦的不动产公司，主要活动涉及在英国和西班牙拥有、开发以及管理购物中心。该公司的普通股在伦敦和约翰内斯堡上市。

表 8-12　英拓房地产公司年度报告信息摘选

财务数据		（单位：百万英镑）	
财务报表	项目名称	2017 年金额	2016 年金额
资产负债表	投资与开发房地产	9,179.4	9,212.1
资产负债表	厂场与设备	12.2	7.6
资产负债表	资产总计	10,794.5	10,369.2
利润表	出租收益净额	423.4	406.1
利润表	投资与开发不动产重估值调整	30.8	−78.0

摘录自财务报表附注 2 投资与开发房地产的会计政策

投资与开发房地产系由本集团拥有或租入的，为获取长期租金收益或资本增值目的而持有的不动产。

本集团对这类资产已选择公允价值计量模式。这些房地产按取得成本进行初始确认，然后在每个资产负债表日按公允价值进行重新估值。其中，公允价值由外聘的职业评估师根据市场价值予以判断。不过，开发用地例外，对于开发用地，可在公司内部进行公允价值评估。重大开发用地一旦获得所需规划许可，便会收到外部估值。投资与开发房地产的成本包括资本化利息和开发期间产生的相关其他直接支出。利息按相关未偿还债务的平均利率进行资本化，并于开发项目的实际完工日期停止资本化。

对于投资与开发房地产的公允价值变动，应将变动导致的利得或亏损确认在利润表中。投资与开发房地产无须计提折旧。出售投资与开发房地产所产生的利得或亏损，按出售所得扣除资产的账面价值和与出售直接相关的成本计量，并在所有权上的重大风险和回报已转移至买方后再计入利润表。

厂场与设备

厂场与设备包括车辆、固定装置、配件和其他设备等。厂场与设备应按成本减累计折旧以及任何可能的累计减值后的余额报告。折旧需要按资产的估计使用寿命（最长可达 5 年），按直线法计算并计入利润表。

摘录自财务报表附注 14 投资与开发房地产

投资与开发房地产在 2017 年 12 月 31 日的市值分别为：投资物业 88.319 亿英镑（2016 年 12 月 31 日：90.886 亿英镑），开发物业 3.765 亿英镑（2016 年 12 月 31 日：1.532 亿英镑）……本集团所拥有的投资与开发物业重大项目均为各地主要的购物中心，它们的性质相似，拥有共同的特点和风险……

估计方法

集团所拥有投资与开发房地产在 2017 年 12 月 31 日的公允价值由独立的外部评估师得出……投资物业的公允价值采用现值收益法计算……物业估值的主要影响因素是估值日的租

约条款，它们决定了物业在多年内的大部分现金流情况，因此被作为估值的基础……

问题：

1. 资产负债表中的"投资与开发房地产"项目和"厂场与设备"项目有何不同？

2. 该公司对它的投资与开发房地产所采用的估值模式和它对厂场与设备所采用的估值模式有何不同？

3. 对于投资与开发房地产和厂场与设备，其折旧的会计处理有何不同？

4. 投资与开发房地产的重估值损益是否表示公司已将这些物业出售？

问题 1 解答： 资产负债表的行项目"投资与开发房地产"所报告的资产主要是购物中心，报告主体持有这些购物中心的主要目的是赚取长期租金收益和谋求资本增值。2017 年，该公司报告的租金收益净值为 4.234 亿英镑。资产负债表行项目"厂场与设备"报告该公司在经营中使用的车辆、固定装置、配件和其他设备。

问题 2 解答： 该公司对"投资与开发房地产"采用公允价值计量模式，即在初始入账时，按成本确认这些物业的价值，但在后续计量中，对这些物业需要重新估值，按其公允价值在资产负债表上报告。这些资产的公允价值所发生的变动会影响公司的净利润计算。公司雇用外部的专业评估人员来判断物业的公允价值，估值的主要基础为预期与租赁收益有关的未来现金流量。

对于厂场与设备，按历史成本模式进行计量，在资产负债表上报告的价值为这些资产的成本减去累计折旧和减值损失后的余额。

问题 3 解答： 在会计上，折旧是指对一项长期资产的成本在其使用寿命期内的系统分配。投资与开发房地产不需要进行折旧，因此没有折旧记录。厂场与设备的折旧费用则根据这些资产的估计使用寿命，按直线法进行计算。

问题 4 解答： 否。投资与开发房地产的重估值损益源于公司所拥有这些物业的公允价值发生了变化。根据该公司的报告，2017 年的重估值收益为 3,080 万英镑，2016 年则发生了重估值亏损 7,800 万英镑。

出售物业会在处置过程中产生收益或损失，计算方法为：用出售所得扣除被处置资产的账面价值和相关的处置费用。

一般来说，一家公司应将它所选择的后续计量模式（成本模式或公允价值模式）应用于它所拥有的全部投资性房地产。如果一家公司对它的投资性房地产选择了公允价值计量模式，那么它必须坚持使用公允价值计量模式，直到它处置该不动产或者改变其用途，使之不再符合投资性房地产的定义（例如，让它成为公司自用的资产或者存货的一部分）。即使是用于公允价值估值参考的可比资产的交易变得不那么频繁了，公司也必须继续对其投资性房地产采用公允价值计量模式。

当公司改变房地产的用途，使其从投资性房地产转变为自用房地产或者存货的一部分时，会出现某些估值问题。如果一家公司对其投资性房地产采用的是成本模式进行后续计量，那么这种转换不会改变所转移不动产的账面价值。但是，如果一家公司对其投资性房地产采用的是公允价值后续计量模式，那么，从投资性房地产转换为自用房地产或者存货是按公允价值进行的。换句话说，在转换发生时，房地产的公允价值是对其进行持续会计计量的成本。如果一家公司对投资性房地产采用公允价值计量模式，并且它将自用的房地产转换为了投资性房地产，那么，该被转换房地产的计量方式就从历史成本转换为了公允价值，这一过程变化被视为重估值。如果一家公司对投资性房地产采用公允价值计量模式，它将一项房地产从存货转换为投资性房地产，那么，该房地产在转换时的账面价值与其公允价值之间的任何差额，都应确认进入损益。

投资性房地产以单独的一行报告在资产负债表上。（在附注中）公司还必须披露它对投资性房地产采用的是公允价值计量模式还是历史成本计量模式。如果使用公允价值计量模式，还需要补充披露公允价值的确定方式，并必须提供投资性房地产的期初和期末账面价值之间的调整过程。如果使用历史成本计量模式，就需要与不动产、厂场和设备等一起，额外披露类似的内容，例如，必须披露折旧方法和预计的使用寿命。此外，如果公司采用历史成本计量模式，还需要披露其投资性房地产的期末公允价值。

美国的公认会计原则对投资性房地产并没有具体的定义。在美国，大多数持有投资性房地产的经营公司和房地产公司，都使用历史成本计量模式。

8.9 本章小结

区分资本化支出（例如，报告为一项长期资产）和费用化支出是理解长期资产报告要求的关键。长期资产一经确认，要么就应当采用成本模式，按其历史成本减累计折旧（摊销）和减值准备后的余额报告；或者采用重估值模式，按其公允价值计量。IFRS 允许公司选用成本模式或者重估值模式，但 US GAAP 要求公司只能使用成本模式。大多数根据 IFRS 编报的公司也都使用的是成本模式。长期资产不同的折旧（摊销）方法的选用，可能会给分析师对公司之间的比较工作带来挑战。

本章的关键点主要为以下内容：

- 与长期资产有关的支出，如果预期能带来未来利益（通常要超过 1 年），则可作为资产成本的一部分，予以资本化处理。否则就应作为已发生的费用处理；
- 与费用化处理相比较，虽然将支出进行资本化处理，会导致公司在最初年份中报告的盈利能力较强，但在随后的几年，它的盈利能力将较弱；不过，如果一家公司能每年持续购买类似的或规模不断增加的资产，那么资本化的盈利能力增强效应就将继续存在；
- 与费用化处理相比较，将一项支出资本化会导致公司经营活动的现金流量规模增大，因为资本化支出被归类为投资活动的现金流出，而不是经营活动的现金流出；
- 在收购或建造一项需要很长时间才能达到其预定用途的资产的过程中，发生的相关的利息费用，公司应当予以资本化会计处理；
- 在计算利息保障倍数时，将资本化的利息费用也考虑进去，可以更好地评估公司的偿债能力；
- 根据 IFRS，研究阶段的支出应当费用化处理，但对于满足某些条件下的开发阶段支出（不仅局限于软件开发支出），则允许进行资本化处理。US GAAP 通常要求无论是研究支出还是开发支出，都应予以费用化处理，但是对于与软件开发有关的某些支出，则允许资本化处理；
- 当一家公司收购另一家公司时，要使用购买法进行会计核算，即收购方需要将购买价格按照公允价值分配给所收购的每一项资产（和承担的每一项负债）。在购买法下，如果一项收购的购买价格超过了可分配给单项可辨认资产和负债的金额之和，那么，就需要将超过部分记为商誉；

- 对长期有形资产和使用寿命有限的无形资产，都需要将其资本化的成本在它的使用寿命内逐渐分配到费用中，这一过程，对于有形资产来讲就叫作折旧，对于无形资产来讲则叫作摊销；
- 对长期有形资产和使用寿命有限的无形资产来说，当有事件或情况发生变化，表明资产的账面价值可能无法收回时，就需要进行减值测试；
- 对于使用寿命不确定的无形资产，无须进行摊销处理，但每年都应对其进行减值测试；
- 减值信息的披露可以为我们提供有关公司预期现金流量的有用信息；
- 计算折旧或者摊销费用的方法主要有直线法、加速法和工作量法。其中，直线法是指将资产成本在其使用寿命内每年都按相同的金额分配到费用当中；加速法则是在前几年分配进入费用的金额比较高；而工作量法则是将成本的分配与资产在特定时期内的实际使用情况相联系；
- 在折旧或摊销的计算过程中，需要用到包括设备的使用寿命（或其寿命期内的总生产能力）及其在使用寿命结束时的预期残值等会计估计。预计使用寿命越长、预计的残值越高，这会导致每期折旧或者摊销费用的金额越小；
- IFRS 允许公司对长期资产的计量和报告使用成本模式或重估值模式，但 US GAAP 不允许使用重估值模式。在重估值模式下，资产的账面价值为它在重估值日的公允价值扣减后续的累计折旧或摊销金额后的余值；
- 折旧和摊销费用是在资产的使用寿命期内分配长期资产的成本，而减值损失反映的是资产的公允价值意外下降到了低于其账面价值的金额；
- IFRS 允许公司转回其减值损失，且可以将转回影响报告在利润当中；US GAAP 不允许公司转回减值损失；
- 公司出售长期资产的损益，等于其出售所得款项减去所出售资产在出售当时的账面价值计算；
- 一家公司对它的资产的平均使用寿命和剩余使用寿命的估计，应反映出按历史成本记账的资产价值与折旧费用之间的关系；
- 公司资产的平均剩余使用寿命，可以用固定资产净值除以年折旧费用来估计，尽管会计使用寿命不一定能与经济使用寿命相一致；
- 对于重分类为持有待售的长期资产，应停止折旧或摊销的计算。对于打算以出售以外的方式（例如，通过放弃、交换或分拆分配给所有者）处置的长期资产，在被处置之前，仍然按持有以供使用的资产进行报告，因此将继续折旧并进行减值测试；
- 投资性房地产是指公司为赚取租金、实现资本增值或两者兼而有之而拥有（或者在某些情况下，也可能是融资租入）的房地产；
- 根据 IFRS，公司对投资性房地产可使用成本模式或者公允价值模式进行后续计量。其中，成本模式与不动产、厂场与设备项目的成本模式应用要求相同，但公允价值模式却不同于不动产、厂场与设备项目的重估值模式。在公允价值后续计量模式下，投资性房地产的全部公允价值变动影响都会计入当期净利润；
- 在 US GAAP 体系下，对投资性房地产一般都采用成本模式进行计量。

所得税

埃尔贝·劳，博士，特许金融分析师，注册信息隐私管理师[一]
迈克尔·A.布罗伊哈恩，注册会计师，注册内部审计师，特许金融分析师

学习目标

- 理解会计利润与应纳税所得额的差别，理解递延所得税资产、递延所得税负债、估值备抵、应交税费和所得税费用等关键术语的含义；

- 解释递延所得税资产和递延所得税负债是如何产生的，以及在财务分析中，哪些因素会影响公司对递延所得税资产和递延所得税负债的处理；

- 计算公司资产和负债的计税基础；

- 计算所得税费用、应交所得税、递延所得税资产和递延所得税负债，计算和解释与所得税税率变化有关的财务报表调整；

- 评价税率变动对公司财务报表和财务比率的影响；

- 区分税前会计利润与应纳税所得额的暂时性差异和永久性差异；

- 说明什么时候需要递延所得税资产的估值备抵，以及该项目对财务报表的影响；

- 理解当期和递延所得税项目的确认与计量；

- 对与递延所得税和有效税率调整有关的披露内容进行分析，解释这些披露内容中所包含的信息对公司财务报表和财务比率的影响；

- 了解 IFRS 和 US GAAP 对所得税会计处理的主要规定和规定之间的差异。

9.1 概述

对按照 IFRS 编报的公司来说，国际会计准则第 12 号《所得税会计》规定了与公司所得税相关的会计处理和与递延所得税相关的报告内容。对按照 US GAAP 编报的公司来说，财务会计准则委员会的"会计标准编撰"主题 740《所得税会计》则是所得税会计处理的主要

[一] 注册信息隐私管理师是指持有 CIPM 证书的人，CIPM 证书由成立于 2000 年左右的非营利组织国际隐私专业协会（International Association of Privacy Professionals）颁发，获得 CIPM 证书的人被认定为拥有运营和管理企业或机构数据隐私的专才。——译者注

依据。IFRS 和 US GAAP 在许多所得税会计处理问题上都遵循相似的惯例，不过本章仍会讨论两者之间的关键差异。

财务报告和税务报告在交易的确认方式与时间方面不完全一致，因此导致两者确认的所得税费用和相关所得税资产与负债有所不同。为了调和这些差异，按照 IFRS 或 US GAAP 编报的公司就需要根据情况，在资产负债表上设立一个被称为准备的递延所得税资产或者递延所得税负债项目。

会计准则和税务规定对于各种收入和费用的确认时间存在差异，这常常是导致递延所得税资产或负债产生的原因。这种由于确认时间不同而产生的差异，最终会随着时间的流逝发生逆转，因此被称为"暂时性差异"。所谓递延所得税资产，就是根据税务计算规则应确认所得税（或由于过去几期发生亏损的结转），但在根据财务报告规则编制的利润表中，尚无须进行确认。而所谓递延所得税负债，则是指根据财务报告规则，在利润表上报告了所得税费用，但根据税务计算规则，尚未成为当期应交税费义务。

本章介绍所得税会计与报告的基础知识，组织安排如下。第 9.2 节介绍会计利润与应税利润的区别；第 9.3 节解释计税基础的确定，即如何按税法目的对资产和负债项目进行估值；第 9.4 节讨论应税利润与会计利润之间的几种暂时性差异；第 9.5 节介绍未使用的亏损减税（unused tax loss）和税收抵免（tax credits）；第 9.6 节介绍当期所得税与递延所得税的确认和计量问题；第 9.7 节讨论公司财务报告中所得税信息的披露和列报，并说明其对财务分析的实际影响；第 9.8 节总结 IFRS 和 US GAAP 在所得税报告方面的规定异同；最后是本章小结。

9.2　会计利润与应税利润的区别

所谓**会计利润**（accounting profit），是指按照现行会计准则，公司在利润表中列报的利润总额，会计利润（也称为税前利润）并不包括所得税费用的扣除[⊖]。而所谓**应税利润**（taxable income，也称应纳税所得额），是指根据公司所处管辖地区的税法规定，其盈利中应当计算缴纳所得税的部分。由于对公司在财务报表中应当如何报告利润与在缴纳所得税时应当如何计算利润的规定有所不同，所以会计利润和应税利润可能存在差异。

应税利润是计算公司**应交所得税**（是一项负债）或可抵扣所得税（是一项资产）的基础，根据公司适用的税率和应税利润，相关计算结果应报告在资产负债表上。公司的**所得税费用**（tax expense），或可抵扣的税收优惠，则报告在利润表上，是应交所得税（或税收优惠时的可抵扣所得税）与递延所得税资产和递延所得税负债变动的综合结果。

当公司的应税利润大于其会计利润时，它在当期应缴纳的所得税金额将高于按会计利润确定的所得税费用。当公司（因为应税利润高于会计利润）支付了更多的税款，并预计能在未来经营过程中将差额回收时，资产负债表中就会产生**递延所得税资产**。在这种情况下，公司的应交所得税金额将大于按财务会计规定确认的所得税费用（列报在利润表中，根据会计利润确定）。**估值备抵**（valuation allowance）与递延所得税资产相关，是针对递延所得税资产的准备金，是根据递延所得税资产在未来会计期间是否能够实现的可能性来估算的。**递延所得税负债**也是一个资产负债表项目，出现在当按税法规定应支付的所得税小于按会计规则

⊖　根据 IAS 12，第 5 段的定义。

计算的所得税、且公司预期在未来经营过程中将消除两者的差异时。在这种情况下，财务会计所报告的所得税费用会超过当期的应交所得税。

某会计期间内**已缴纳的所得税**（income tax paid）是公司实际缴纳所得税的金额（不是拨备，而是实际的现金流出）。由于上期付款或本期退款的原因，当期已缴纳的所得税可能会少于其所得税费用。已缴纳的所得税能降低公司的应交所得税，后者是公司资产负债表上的一个负债项目。

资产或负债的**计税基础**（tax base），是指在计算所得税时，该项资产或负债的价值。计税基础与**账面价值**（carrying amount）相对应，后者是根据会计规则计算得到的资产或者负债的价值[⊖]。计税基础与账面价值之间的差异会导致会计利润与应税利润出现差异，且这些差异可以延续到以后各个会计期间。比如，如果公司在当期发生亏损，可以用于减少未来应税利润时，就会产生**未来可抵扣亏损**（tax loss carry forward）。公司在利润表上报告的所得税费用不仅要反映按应纳税所得额计算出的应交所得税，还需要反映出这些差异所造成的影响。

9.2.1 当期所得税资产与负债

公司的当期所得税负债就是根据税法计算的应交所得税金额，是以应税利润为基础计算得到的。如果公司预计能收到以前所交部分所得税的退税，那么，这种可收回的金额就被称为当期所得税资产。不过，如果按会计利润，而不是该会计期间内的应税利润来计算当期所得税资产或者负债的话，两者的结果可能会存在差异。会计利润与应税利润之间的差异是使用不同计算规则的结果，可能以几种不同的方式出现，包括：

- 在财务报告中，某些收入和费用应确认在某个会计期间内；但按照税务报告计算规则，这些收入和费用应确认在不同的会计期间；
- 有一些特别的收入和费用项目，按财务会计报告规则是可以确认的，但按税务规则不能予以确认；或者，按财务会计报告规则是不能确认的，但按税务规则却可以确认；
- 某些资产和 / 或负债项目的账面价值和计税基础不一致；
- 对于一些资产和负债项目，其收益或损失的税前扣除金额，在财务会计报告和税务计算规则下，可能有差异；
- 根据税务计算规则，公司以前年度发生的经营损失（未来可抵扣亏损）可以用于减少其以后年度的应纳税所得额，从而导致会计利润和应纳税所得额的差异；
- 对前期财务报告数据的调整，在财务会计处理和税务计算规则下可能不一致，或者各自调整影响的会计期间有差异。

9.2.2 递延所得税资产与负债

递延所得税资产是指公司已经支付了税款但尚未在利润表中得以确认的所得税费用（或通常留待将来用于抵扣的以前期间亏损）。当财务会计确认的所得税费用大于按照税务规则计算应当缴纳的所得税费用时，就会产生递延所得税负债。递延所得税资产和递延所得税负债的产生原因，通常是由于会计准则和税务机关对公司应交所得税的确认时间有所不同。例如，一家公司可能在其纳税申报中使用了加速折旧法（以增加早期的费用，从而降低早期的

⊖ 计税基础的英文可以是 tax base，也可以是 tax basis，两者没有差异。Tax basis 在美国使用得更为普遍。类似地，账面价值的英文可以是 carrying amount，也可以是 book value。

纳税额），但在财务报告中却使用的是直接法。尽管在资产的使用寿命期内，从每一年的情况来看，这家公司在财务会计报告和纳税申报单上的折旧计算方式有所不同（例如，财务会计使用直线折旧法，按 5% 进行折旧，而在税务报告上，可能是按 10% 进行折旧），但在这两种方法下，该项资产的总成本都将被折旧（摊销）完毕。由于这些时间性差异最终会在该项资产的折旧寿命期内逆转或者自我纠正回来，因此，它们被称为"暂时性差异"。

暂时性差异会导致公司在某期支付过多或者不足的所得税金额，从而产生递延所得税资产或递延所得税负债，但公司预期能从未来经营中收回这些多付的税金或者弥补当前少付的税金。由于在将来某个日子，这些税金是可收回或者需要补付的，因此，这种差异是暂时性的，所以就催生出了递延所得税资产或者递延所得税负债。在资产负债表上，递延所得税资产或递延所得税负债的变动金额，反映出了其上期确认金额与本期确认金额之间的差额。递延所得税资产和递延所得税负债的变动金额，再加上本期的应交所得税，决定了公司应当在利润表上报告的所得税费用（或抵免）。

在每个会计期末，公司都应比较资产负债表项目的计税基础和账面价值，重新计算递延所得税资产和递延所得税负债。对于确定的暂时性差异，应评估其是否能带来未来的经济利益。例如，假定平妥建筑公司（Pinto Construction）按每年 10% 的直线法折旧率对设备计算折旧，但税务当局允许的年折旧率为 15%。这样，在会计期末，按财务会计报告的该设备账面价值就当大于其计税基础，从而产生暂时性差异。只有在公司未来可实现经济利益足够确定的情况下，才可以设立递延所得税项目。在上面的例子中，假定该设备是平妥建筑公司的核心业务使用资产。如果该公司是一个持续经营和稳定发展的企业，毫无疑问，设备将产生未来的经济利益，因此，设立递延所得税项目是合适的。

如果不能够确定暂时性差异是否可实现未来经济利益（例如，假定平妥建筑公司正处于清算过程当中），那么，该暂时性差异不应导致递延所得税资产或递延所得税负债的产生。如果在过去确认了递延所得税资产或递延所得税负债，但在当前资产负债表日，不再符合经济利益标准，那么根据 IFRS，与该项目相关的递延所得税资产或递延所得税负债就应被转回。如果根据 US GAAP，则会设立估值备抵。在评估未来的经济利益时，审计师对于暂时性差异和未来经济利益的判断具有很大的影响。

例 9-1

假定以下是莱斯顿合伙公司（Reston Partners）的相关信息：

莱斯顿合伙公司合并利润表　　　　（单位：百万英镑）

截至 3 月 31 日的会计年度	第 3 年	第 2 年	第 1 年
收入	40,000	30,000	25,000
其他净收益	2,000	0	0
产成品和在产品存货的变动额	400	180	200
耗用的原材料和消耗品	−5,700	−4,000	−8,000
折旧费用	−2,000	−2,000	−2,000
其他费用	−6,000	−5,900	−4,500
利息支出	−2,000	−3,000	−6,000
税前利润	26,700	15,280	4,700

这张利润表报告了莱斯顿合伙公司的财务业绩和会计利润，这是按照莱斯顿合伙公司经营所在地允许的会计原则计算得到的。但会计利润（如上例中的税前利润）的计算规则与当地税法的要求（即应纳税所得额的计算）不一定相同。不过，为了举例方便，在这里假定利润表上的所有收入和费用项目在税法和会计原则规定方面都是一致的，仅折旧项目存在差异。

折旧源自莱斯顿合伙公司所拥有的一套设备。为了简单起见，假设该设备是在第 1 年年初买入的$^{\ominus}$，因此，当年应当计算全年的折旧并确认为费用。假设按照相关会计准则规定，该设备可使用直线法按 10 年计算折旧；但按照公司所属地区的税务规定，该设备应使用直线法按 7 年计算折旧。为简单起见，假定该设备在使用寿命结束时的残值为 0。在这两种方法下，该设备的全部成本都会在各自的税法折旧期间或者会计折旧期间内折旧完毕。

假定上述设备的初始采购成本为 20,000 百万英镑，根据相关会计准则规定，在未来 10 年内，莱斯顿公司每年应确认 2,000（= 20,000 ÷ 10）百万英镑的折旧费用，该折旧费用应报告在利润表上，并据以确定会计利润。然而，在纳税申报时，该公司每年应确认的折旧费用为 2,857（= 20,000 ÷ 7）百万英镑。因此，按会计准则和按税务规定，该公司在每个年度中因使用该项设备而需要确认的折旧费用是不相同的（计税基础与账面价值不同），这导致公司每年的会计利润和应税利润出现差异。

上一张利润表反映了会计利润（按每年折旧 2,000 百万英镑计算）的计算过程。下表中将列出该公司在每个会计年度的应税利润计算过程。

（单位：百万英镑）

应税利润	第 3 年	第 2 年	第 1 年
收入	40,000	30,000	25,000
其他净收益	2,000	0	0
产成品和在产品存货的变动额	400	180	200
耗用的原材料和消耗品	−5,700	−4,000	−8,000
折旧费用	−2,857	−2,857	−2,857
其他费用	−6,000	−5,900	−4,500
利息支出	−2,000	−3,000	−6,000
税前利润	25,843	14,423	3,843

该设备在各年末的账面价值和计税基础信息如下：

（单位：百万英镑）

	第 3 年	第 2 年	第 1 年
财务会计报告的设备价值（即账面价值，按每年折旧 2,000 百万英镑计算）	14,000	16,000	18,000
按税务规则计算的设备价值（即计税基础，按每年折旧 2,857 百万英镑计算）	11,429	14,286	17,143
差异	2,571	1,714	857

在每个资产负债表日，必须确定所有资产和负债项目的账面价值与计税基础。莱斯顿合伙公司在每个会计年度应缴纳的所得税金额，将以应纳利润为基础来计算。假定该

$\ominus$ 我国一般严格规定"当月增加的固定资产，下月开始计算折旧"。但国外公司有所不同，所以这里直接从购入并使用开始计算折旧了。——译者注

公司适用的税率为 30%，那么它在第 1 年、第 2 年和第 3 年的应交所得税分别为 1,153
（＝30%×3,843）百万英镑，4,327（＝30%×14,423）百万英镑和 7,753（＝30%×25,843）
百万英镑。

　　但是请注意，如果要根据会计利润来计算公司的纳税义务，那么由于设备的计税基础和
账面价值之间是有差异的，所以计算出来的金额就会不同。上表中已经列出了设备的账面价
值和计税基础在各个会计年度末的差距，可以看到，在每个会计年度末，该设备的账面价值
都是大于其计税基础的。因此，在计算应缴纳的所得税时，由于资产的计税基础比按财务会
计规则计算的账面价值更低，这种差异将导致递延所得税负债的产生。

（单位：百万英镑）

	第 3 年	第 2 年	第 1 年
递延所得税负债	771	514	257

递延所得税负债＝（计税基础与账面价值之差）× 所得税税率
第 1 年：（18,000 − 17,143）×30% = 257
第 2 年：（16,000 − 14,286）×30% = 514
第 3 年：（14,000 − 11,429）×30% = 771

　　将该设备的计税基础和账面价值进行比较，能确定递延所得税负债在特定资产负债表日
的应有金额。在每个会计年度，当按照财务会计规则编制利润表时，表中的所得税费用项目
会受到递延所得税负债变动额的影响。

　　在利润表上，公司的所得税费用等于其递延所得税负债的变动额与当期应交所得税之和。

（单位：百万英镑）

	第 3 年	第 2 年	第 1 年
应交所得税（按税务规则计算）	7,753	4,327	1,153
递延所得税负债的变动额	257	257	257
所得税费用（按财务会计规则计算）	8,010	4,584	1,410

　　值得注意的是，折旧金额的不同所引起的差异是暂时性的，在利润表上，所得税费用等于
当期会计利润的 30%，其中只有一部分是当期的应交所得税，剩余的则成为递延所得税负债。

　　莱斯顿合伙公司包含了所得税报告的合并利润表如下：

莱斯顿合伙公司合并利润表 （单位：百万英镑）

截至 3 月 31 日的会计年度	第 3 年	第 2 年	第 1 年
收入	40,000	30,000	25,000
其他净收益	2,000	0	0
产成品和在产品存货的变动额	400	180	200
耗用的原材料和消耗品	−5,700	−4,000	−8,000
折旧费用	−2,000	−2,000	−2,000
其他费用	−6,000	−5,900	−4,500
利息支出	−2,000	−3,000	−6,000
税前利润	26,700	15,280	4,700
所得税费用	−8,010	−4,584	−1,410
税后利润	18,690	10,696	3,290

公司向税务机关所支付的任何金额，都将减少其应交所得税负债，并反映在公司的现金流量表上。

9.3　确定资产与负债的计税基础

如第 9.2 节所述，由于资产和负债项目的计税基础与账面价值不同，导致暂时性差异的产生。资产或负债的计税基础是按照税法计算规则分配给该项资产或者负债的价值，而账面价值则是根据会计规则计算得到的。如果相关税款预计在未来某个日子能发生回转或者需要补付，那么，这种差异就被认定为暂时性差异。

9.3.1　资产的计税基础

资产的计税基础，是指企业收回资产账面价值的过程中，计算应纳税所得额时按照税法规定可以自应税经济利益中抵扣的金额。

例如，前面提到的莱斯顿合伙公司（例 9-1），在财务报告中每年按 10% 的折旧率对设备进行直线折旧，而税务当局允许该设备按每年大约 15% 的比率进行直线折旧。在会计年度末的财务报告中，该设备的账面价值就会大于其计税基础，导致暂时性差异的产生。

▌例 9-2　确定资产的计税基础

假定恩缇冠运动公司（Entiguan Sports）专业提供各种运动损伤治疗产品，以下信息均与它有关。（在财务会计报告和税务报告中的不同处理，是基于假定的会计准则和税务规定做出的，并不属于某个司法管辖区的特殊规定。）请计算每个项目的账面价值和计税基础。

1. 应收股利： 恩缇冠运动公司在资产负债表上报告它应收一家子公司的股利 100 万欧元。假定该股利是可以不用计税的。

2. 开发支出： 恩缇冠运动公司在会计期间内发生资本化的开发支出 300 万欧元，并在当年摊销了其中 50 万欧元。按税法规定，该公司每年可摊销 25% 的开发支出。

3. 研究费用： 恩缇冠运动公司发生了 50 万欧元的研究费用，在财务报告中，这些支出都在当期进行了费用化处理。假定该公司适用的税法规定，研究费用应在 4 年内分期进行费用化，而不能在 1 年内全部费用化处理。

4. 应收账款： 在恩缇冠运动公司的利润表中，计提了价值 12.5 万欧元的坏账损失。在资产负债表中，扣除该笔坏账准备的影响之后，应收账款的净值为 150 万欧元。税务机关允许对可能发生的坏账按其总额的 25% 进行税前扣除。

解答：

（单位：欧元）

	账面价值	计税基础	暂时性差异
1. 应收股利	1,000,000	1,000,000	0
2. 开发支出	2,500,000	2,250,000	250,000
3. 研究费用	0	375,000	−375,000
4. 应收账款	1,500,000	1,218,750	281,250

说明：

1. **应收股利：** 由于股利是来自子公司的经济利益，假定该股利是无须再缴税的，因此，该应收股利的账面价值与计税基础相等。

2. **开发支出：** 第一，假定该开发支出将为恩缇冠运动公司带来经济效益。因此在本例中，它可以作为一项资产被报告在资产负债表上。第二，由于税务机关允许的摊销金额超过了财务会计报告上的摊销金额，因此该项资产的账面价值大于其计税基础。账面价值为 250（= 300 – 50）万欧元，而计税基础为 225［= 300 –（25% × 300）］万欧元。

3. **研究费用：** 假定研究费用能为公司带来未来经济利益（如果不满足这一条，就不允许建立递延所得税资产或递延所得税负债）。那么研究费用的计税基础是大于其账面价值的。账面价值为 0 欧元，因为按财务会计处理方案，该研究费用在发生当时就已全额计入了当年的费用。但在计算应缴纳所得税时，则会[⊖]出现资产负债表项目"研究费用"，该笔费用只有一部分能在当年进行税前扣除。这项"资产"的计税基础为 37.5（= 50 – 50/4）万欧元。

4. **应收账款：** 当销售发生时，与该应收账款相关的经济利益已随着收入的确认而计入应纳税所得额。由于部分应收账款能否收回的可能性存疑，因此允许公司计提坏账准备。根据税法规定计提的坏账准备金额将高于按财务会计报告所计提的坏账准备金额，这导致应收账款的计税基础低于其账面价值。请注意，该例题特别说明了在扣除相关的坏账准备之后，资产负债表上报告的应收账款净值为 150 万欧元。因此，实际上扣除坏账准备前的应收账款总额应当为 162.5（= 150 + 12.5）万欧元。而该笔应收账款的计税基础为 121.875 ｛=（150 + 12.5）–［25% ×（150 + 12.5）］｝万欧元。

9.3.2 负债的计税基础

负债的计税基础，等于该负债的账面价值减去未来期间在计算应纳税所得额时，按照税法规定可予抵扣的金额。如果是在提供商品或服务前就预收的客户付款，则该负债的计税基础为其账面价值减去未来不会被课税的收入。请谨记以下这个基本原则：一般来说，如果公司在收回一项资产的账面价值或者了结一项负债的账面价值时，会因影响应税利润而使未来要支付的所得税款产生变化，公司就会确认递延所得税资产或递延所得税负债。请记住，分析师不仅应当评估账面价值和计税基础之间的差异，还要评估这种差异与公司未来盈亏的相关性，从而推断其对未来所得税的影响。

IFRS 对预收收入提供了具体的指南：国际会计准则第 12 号规定，（预收收入的）计税基础是其账面价值减去未来可以被免税的收入金额。而根据 US GAAP，对计税基础的分析将得出类似的结果。公司所处司法管辖区内的税收规则将决定（预收收入）在利润表中可列报的金额以及该项负债的计税基础是否大于零。这主要取决于税法规定如何处理公司的预收收入。

▌ 例 9-3 确定负债的计税基础

以下是恩缇冠运动公司在会计期末的相关信息。在财务会计报告和税务报告中的不同处理，是基于假定的会计和税收规则做出的，并不属于某个司法管辖区的特殊规定。请计算每

⊖ 原文为"不会"，但根据上下文判断原文应当有误，因此更正为"会"。——译者注

个项目的计税基础和账面价值。

1. **捐赠支出**：恩缇冠运动公司在本会计年度内捐款 10 万欧元。在财务报告中，已将这些捐款确认为费用，但根据适用的税收法规，这些捐赠支出是不能税前扣除的。

2. **预收利息**：恩缇冠运动公司预收了 30 万欧元的利息收入。税务机关按收款日确认利息收入（即作为当期应纳税所得额的一部分），因此该笔预收利息收入应当缴税。

3. **预收租金**：恩缇冠运动公司将一处未使用的仓库出租，从承租人处预收了 1,000 万欧元的租金，作为未使用仓库建筑的临时租金。财务会计报告对于该笔预收租金予以递延处理，但税务机关按收付实现制进行征税。

4. **贷款**：恩缇冠运动公司在本会计期间获得了 55 万欧元的长期贷款，年利率为 13.5%，在每个会计年度末支付当年利息。

解答：

（单位：欧元）

	账面价值	计税基础	暂时性差异
1. 捐赠支出	0	0	0
2. 预收利息	300,000	0	−300,000
3. 预收租金	10,000,000	0	−10,000,000
4. 贷款（本金）	550,000	550,000	0
利息支付	0	0	0

说明：

1. **捐赠支出**：这 10 万欧元的捐赠支出已经立即在恩缇冠运动公司的利润表上确认为费用了，因此，它的账面价值为 0。由于税法规定该捐赠支出不允许税前扣除，所以它的计税基础等于其账面价值。请注意，虽然账面价值和计税基础相同，但对于这项捐赠支出的财务会计处理和税务规则仍然是存在差异的（按财务会计报告规则确认为费用，而按税务规定不允许税前扣除），这种差异属于永久性差异（在将来是无法转回的）。本章第 9.4 节将详细介绍永久性差异与暂时性差异，并对这种特殊情况进行进一步解释。

2. **预收利息**：根据所提供的资料，按税务规则，利息收入应在公司收到当日即计入应纳税所得额。因此，在纳税申报中，并没有区分这笔利息收入是属于当期挣到的还是未来期间才能挣到的，总之，应当在实际收到的会计年度内被计入应纳税所得额。在财务会计报告中，预收利息应在公司实际挣到了这笔利息收入的会计期间才确认为收益。因此，该笔提前收到的利息收入会在资产负债表上确认为一项负债，由于它能带来的收益属于未来期间，因此不应计入当期利润表。该 30 万欧元被全额计入了当期应纳税所得额，所以其计税基础为 0（= 30 − 30）欧元。注意，虽然提前收到的利息收入和租金收入都是需要征税的，但计税的时间取决于税法对具体项目的具体规定。

3. **预收租金**：与预收利息情况相似。预收租金的账面价值应为 1,000 万欧元，而计税基础为 0 欧元。

4. **贷款（本金）**：贷款的偿还并不涉及所得税问题，本金的偿还既不构成收益也不形成费用，但利息支出无论是在计算应纳税所得额时，还是在计算会计利润时，都属于一项费用。因此，其计税基础和账面价值都为 0 欧元。说得更明确一点，假定该笔贷款是在当年年初取得的，那么，在当年的利润表上，应报告的利息费用为 74,250（= 13.5% × 550,000）欧元。

9.3.3 所得税税率的变动

递延所得税资产和递延所得税负债的计量是根据现行税法规定来执行的。如果随后相关税法规定发生了变化，或者有了新的所得税税率，则必须根据变化情况调整当前的递延所得税资产和递延所得税负债，并将变动所带来的影响计入变动当期的会计利润中。

所得税税率发生变动时，应按新税率调整递延所得税资产和递延所得税负债。如果所得税税率提高，那么递延所得税项目（即递延所得税资产和递延所得税负债）也将增加。同样，如果所得税税率降低，那么递延所得税项目也会减少。税率下调会减少递延所得税负债的金额，从而减少公司在未来需要向税务机关支付的税金。税率的下调也会减少递延所得税资产的规模，从而减少在未来向税务机构缴纳税款时的可抵销价值。

为了说明税率变动的影响，再次考虑例 9-1 的情形。在例 9-1 中，导致莱斯顿合伙公司确认递延所得税负债的暂时性差异，是由于折旧方法不同引起的设备账面价值和计税基础的不同。相关信息可重述如下。

该设备的账面价值和计税基础分别为：

（单位：百万英镑）

	第 3 年	第 2 年	第 1 年
财务会计报告的设备价值（即账面价值，按每年折旧 2,000 百万英镑计算）	14,000	16,000	18,000
按税务规则计算的设备价值（即计税基础，按每年折旧 2,857 百万英镑计算）	11,429	14,286	17,143
差异	2,571	1,714	857

按 30% 的所得税税率，递延所得税负债确定如下：

（单位：百万英镑）

	第 3 年	第 2 年	第 1 年
递延所得税负债	771	514	257

递延所得税负债 =（计税基础与账面价值之差）× 所得税税率
第 1 年：（18,000 – 17,143）× 30% = 257
第 2 年：（16,000 – 14,286）× 30% = 514
第 3 年：（14,000 – 11,429）× 30% = 771

假定在这个例子中，税务机关在第 3 年将所得税税率改为 25%。尽管应计折旧资产的账面价值与计税基础之间的差额仍然相同，但第 3 年[○]的递延所得税负债将为 643 百万英镑（而不再是 771 百万英镑，即减少了 128 百万英镑）。第 3 年[○]的递延所得税负债计算为：（14,000 – 11,429）× 25% = 643 百万英镑。

莱斯顿合伙公司的所得税费用项目亦受税率变动的影响，应改按 25% 的税率对第 3 年的应税利润征税。现在，第 3 年由于加速折旧带来的税盾作用只有 214（= 857 × 25%）百万英镑，而不再是之前的 257 百万英镑（减少了 43 百万英镑）。此外，第 3 年（即税率发生变

○ 原书此处为 2017 年，根据上下文应更正为第 3 年。——译者注
○ 同上。——译者注

动当年）的递延所得税负债在期初的账面价值减少，进一步降低了公司在第 3 年的所得税费用。所以，税率变动使所得税费用减少了 86 百万英镑。第 3 年：（30% – 25%）× 1,714 = 86 百万英镑。请注意，这两个因素共同导致了递延所得税负债规模的减少（43 + 86 = 129 百万英镑）。

从上述讨论中可以看出，所得税税率的变化对公司递延所得税资产和递延所得税负债的账面价值都会产生影响，对税率发生变动当年的所得税费用也会产生影响。因此，分析师必须注意到，如果拟议的税率变化方案随后被颁布为法律，那么税法变化可能会对这些账户（以及根据这些账户项目计算得到任何财务比率）产生可量化的影响。

9.4　应税利润与会计利润的暂时性差异和永久性差异

当资产和负债项目的计税基础与其账面价值不一致时，就会导致暂时性差异的产生。只有当暂时性差异在未来某个日期可自行转回、且该资产负债表项目预计将为公司创造未来经济利益时，才能根据暂时性差异确认递延所得税资产或者递延所得税负债。IFRS 和 US GAAP 都规定公司应当使用资产负债表债务法进行所得税会计核算。如果有某些资产负债表项目的账面价值和计税基础之间存在暂时性差异，那么资产负债表债务法就需要确认递延所得税资产或者递延所得税负债项目[⊖]。

所谓**永久性差异**（permanent differences），是税法规定和财务会计报告在收入（费用）看法方面的差异，这种差异在未来不会发生转回。因为永久性差异在将来不会发生转回，所以就不会产生递延所得税。这些项目通常包括：

- 税法不承认的收入或者费用项目；
- 税法允许一些可以直接减税的支出。

因为永久性差异不会产生递延所得税项目，所以所有的永久性差异都会导致公司的实际税率和法定税率之间的相背离。如果一家公司在一个以上的税收管辖区开展业务，其实际税率会也受到不同法定税率的影响。因此，公司报告的实际税率公式应为：

报告的实际税率 = 所得税费用 ÷ 税前利润（会计利润）

在特定报告期内，递延所得税项目的变动净额应为递延所得税资产或递延所得税负债的本期余额与上期余额之差。

9.4.1　应纳税暂时性差异

暂时性差异又分为两类，即应纳税暂时性差异和可抵扣暂时性差异。**应纳税暂时性差异**（taxable temporary differences），是指在确定未来收回资产或清偿负债期间的应纳税所得额时，将导致产生应纳税额的暂时性差异。当资产的账面价值大于其计税基础时，或者，如果是负债项目的话，当负债的计税基础大于其账面价值时，应纳税暂时性差异就会催生出递延

⊖　IAS 12 过去要求根据递延法（亦称利润表）确认递延所得税项目，这种方法关注时间性差异。所谓时间性差异，是指财务会计和税务会计在某个会计期间确认收入和费用的规定有所不同，但这种差异在未来期间会转回。根据定义，所有的时间性差异都属于暂时性差异，例如税法规定和财务会计规定对公司折旧的不同处理要求（尽管税法和财务会计对折旧费用的确认时点有所差异，但最终该资产都会被全额计算折旧）。

所得税负债。

根据 US GAAP，对于无须定期摊销处理的商誉，不确认递延所得税资产或者负债。根据 IFRS，对于在合并业务中产生的商誉，也不确认递延所得税项目。因为商誉只是一种剩余，确认递延所得税负债将增加商誉的账面价值。对于与企业合并有关的暂时性差异所引起的递延所得税资产或负债，与其他暂时性差异一样，一般都不允许对其进行贴现。

IFRS 为下列交易中资产或负债的初始确认提供了豁免（即暂时性差异不产生递延所得税项目）：①非企业合并业务（例如合资企业、分支机构和未合并的投资）；②在交易发生时，既不影响会计利润也不影响应税利润。但 US GAAP 没有对上述情形提供豁免。

用一个例子来说明无须确认递延所得税负债的暂时性差异。假定有一家拥有各种休闲业务和度假胜地的控股公司，在本会计期间内买下了一家酒店的所有权。与该笔交易相关的商誉将会被确认到财务报表中，但相关的所得税负债却无须进行确认，因为它属于商誉的初始确认。

9.4.2 可抵扣暂时性差异

可抵扣暂时性差异（deductible temporary differences），是指在确定未来收回资产或清偿负债期间的应纳税所得额时，将导致产生可抵扣金额的暂时性差异。当资产的计税基础大于其账面价值时，或者，如果是负债项目的话，当负债的账面价值大于其计税基础时，就会出现可抵扣暂时性差异并产生递延所得税资产。只有在收回相关的资产账面价值或者了结相关负债的未来利润有合理预期的前提下，才应确认递延所得税资产。

为判断将来是否有足够的利润可供利用，必须考虑以下因素：①必须存在足够的与同一税务机关和同一应税单位有关的应纳税暂时性差异；②预计应纳税暂时性差异的转回与可抵扣暂时性差异的转回在同一会计期间。

对于递延所得税负债，IFRS 规定，如果在企业合并之外的交易中初始确认了资产或者负债，并且在交易发生当时，对会计利润或应税利润均无影响，则不应重新确认递延所得税资产。根据 IFRS 或者 US GAAP 进行初始确认之后，任何因投资子公司、分支机构、联营公司和合营公司而产生的递延所得税资产，均可以进行确认。

IFRS 和 US GAAP 均允许企业在发生亏损并获得税收抵免许可的情况下确认递延所得税资产。本书第 9.6 节中将对这两种特殊情况进行更多介绍。国际会计准则第 12 号不允许企业因负商誉而确认递延所得税资产。当一家企业为购入另一家企业的权益而支付的价格低于它所享有的被购买公司资产和负债的净公允市价份额时，就会产生负商誉。

9.4.3 应纳税暂时性差异与可抵扣暂时性差异举例

表 9-1 中总结了资产和负债的计税基础与其账面价值之间的差异是如何导致递延所得税资产或递延所得税负债的。

表 9-1 暂时性差异的处理

资产负债表项目	账面价值与计税基础	产生递延所得税资产或递延所得税负债
资产	账面价值 > 计税基础	递延所得税负债
资产	账面价值 < 计税基础	递延所得税资产
负债	账面价值 > 计税基础	递延所得税资产
负债	账面价值 < 计税基础	递延所得税负债

例 9-4 应纳税暂时性差异与可抵扣暂时性差异

例 9-2 和例 9-3 分别说明了如何计算资产和负债项目的计税基础。根据例 9-2 和例 9-3 所提供的信息,说明这些项目的计税基础与账面价值之间的差异是属于暂时性差异还是永久性差异,以及该差异是否会导致递延所得税资产或者递延所得税负债的产生。

例 9-2 解答:

(单位:欧元)

	账面价值	计税基础	暂时性差异	是否导致递延所得税资产或递延所得税负债
1. 应收股利	1,000,000	1,000,000	0	N/A
2. 开发支出	2,500,000	2,250,000	250,000	递延所得税负债
3. 研究费用	0	375,000	−375,000	递延所得税资产
4. 应收账款	1,500,000	1,218,750	281,250	递延所得税负债

对例 9-2 中资产项目的账面价值和计税基础,可进一步说明其计算过程如下。

1. **应收股利:** 应收股利作为一个非应税项目,它的账面价值与计税基础是相等的。这属于永久性差异,不需要为此确认递延所得税资产或者递延所得税负债。暂时性差异在将来某个时点会发生回转。尽管按财务会计报告规则和按税法规定的确认时点不一样,但该账面价值最终都会被费用化或者确认到利润中去。而永久性差异不会发生回转。根据税法规定,应收子公司的股利不计入应税利润中。因此,在计算应税利润时,股利收益为 0,而应收股利的计税基础一定等于应收股利的总额,即 100 万欧元。该公司的应税利润和会计利润会因这笔应收股利而出现永久性差异,即便是在将来的财务报表中,这种差异的影响都会在资产负债表的留存收益项目中反映出来。

2. **开发支出:** 该项目的账面价值和计税基础之间的差异属于暂时性差异,该差异在将来会发生回转。在本会计年度内,该差异会导致递延所得税负债的产生。

3. **研究费用:** 该项目的账面价值与计税基础之间的差额属于暂时性差异,会导致递延所得税资产的产生。请记住第 9.2 节中对递延所得税资产的解释——递延所得税资产是因为公司支付了超额的税款(当应纳税所得额大于会计利润时)而产生的,这些多付的税款预期能够从公司的未来经营中收回。根据会计处理原则,将研究费用全额费用化处理会导致当期会计利润较低;而按税法规定,能在当期确认为费用的研究支出更少,所以当期的应纳税所得额更高。

4. **应收账款:** 该项目的账面价值与计税基础之间的差异属于暂时性差异,会导致递延所得税负债的产生。

例 9-3 解答:

(单位:欧元)

	账面价值	计税基础	暂时性差异	是否导致递延所得税资产或递延所得税负债
1. 捐赠支出	0	0	0	N/A
2. 预收利息	300,000	0	−300,000	递延所得税资产
3. 预收租金	10,000,000	0	−10,000,000	递延所得税资产
4. 贷款(本金)	550,000	550,000	0	N/A
利息支付	0	0	0	N/A

对例 9-3 中负债项目的账面价值和计税基础，可进一步说明其计算过程如下。

1. **捐赠支出**：假定税法不允许在计算应纳税所得额时扣除捐赠支出，那么，捐赠支出不会导致暂时性差异，因此无须确认递延所得税资产或者递延所得税负债。这是一种永久性差异。

2. **预收利息**：提前收到的利息收入会产生暂时性差异并导致递延所得税资产。由于公司支付了多余的税款（当应税利润大于会计利润时），所以需要确认递延所得税资产，并且在将来的经营中预期能够得到回转。

3. **预收租金**：该项目的账面价值与计税基础之间的差异属于暂时性差异，这会导致公司确认一项递延所得税资产。

4. **贷款（本金）**：无论是贷款本身还是利息的支付，都不会产生暂时性差异，因此无须确认递延所得税项目。

9.4.4　初始确认资产和负债时的暂时性差异

在某些情况下，某个资产负债表项目的账面价值和计税基础在初始确认时就可能有所不同。例如，对于资产负债表上的一些资产或者负债项目，公司可以从其初始账面价值中扣除一笔政府补助额。但按税法规定，在确定这些资产负债表项目的计税基础时，不得将此类政府补助进行税前扣除。在这种情况下，就会导致这些资产或负债项目的账面价值低于其计税基础。由于上述这种情况而导致的资产或负债的计税基础与账面价值的差异，就不能确认为递延所得税资产或递延所得税负债。

例如，政府可以向中小微型企业（SMME）提供补助，以帮助这些企业努力为国家的国内生产总值做贡献并为社会创造就业机会。假设政府为这些企业的基本办公需求（如办公家具，不动产、厂场与设备等）提供了特定的补助，在这种情况下，虽然这些资产的账面价值小于其计税基础，但不允许确认相关的递延所得税项目。如前所述，如果公司在企业合并之外的交易中初始确认了某些资产或负债项目，并且在交易发生时，对会计利润或者应税利润均无影响，那么，公司也不应确认递延所得税资产或者递延所得税负债。

在初始确认商誉时，也不会产生递延所得税负债。虽然不同的税务管辖区对商誉的处理要求有区别，可能使商誉的账面价值和计税基础出现差异，但国际会计准则第 12 号规定，不允许就此确认递延所得税负债。在财务会计报告中，公司应对商誉进行减值测试，商誉的减值会再次导致其账面价值与计税基础之间出现暂时性差异。如果部分的商誉的减值与初始确认有关，那么，在财务会计处理中，也不应就这部分计税基础与账面价值之间的差异而确认递延所得税项目，因为初始的递延所得税负债并未得到确认。如果在未来有因摊销或者部分商誉可在税前扣除等原因，导致账面价值与计税基础之间的不相等，这时构成的暂时性差异，应计提相关准备。

9.4.5　企业合并与递延所得税

通过企业合并而购入的资产和负债，其公允价值是在企业合并日确定的，与之前的账面价值可能有差异。合并中购入的无形资产，包括商誉在内，其计税基础与账面价值也极有可能不同。这类暂时性差异将影响递延所得税项目和因收购而确认的商誉金额。

9.4.6　对分、子公司和联营公司的投资与在合营安排中享有的权益

对分、子公司和联营公司的投资与在合营安排中享有的权益，可能导致合并会计报表与母公司会计报表之间出现暂时性差异。除非能够同时满足以下两个条件，否则，应因这类暂时性差异而确认相关递延所得税负债：

- 投资公司能够控制暂时性差异在未来转回的时间；
- 暂时性差异在未来很可能不会发生转回。

就与分、子公司和联营公司的权益相关的递延所得税资产来说，只有在同时符合下列条件时，才能得到确认：

- 暂时性差异在未来将会转回；
- 存在足够的应税利润，可以利用这些暂时性差异。

9.5　未使用的抵税亏损与所得税抵免

国际会计准则第 12 号允许公司确认未使用的抵税亏损与所得税抵免，但前提是公司在未来可能产生足够的应纳税所得额，可涵盖这些未使用的税收损失和所得税抵免。根据 US GAAP，公司可全额确认递延所得税资产，但如果部分或全部递延所得税资产在将来很有可能无法实现，则需要通过计提估值备抵来进行调整。同样的要求既适用于因可抵扣暂时性差异而确认的递延所得税资产，也适用于未使用的抵税亏损和所得税抵免。抵税亏损的存在可能表明公司不能合理地预期在将来能否产生足够的应纳税所得额。在其他条件相同的情况下，公司发生抵税亏损的历史越长，对这家公司在未来是否能产生足够应税利润的担忧就应当越大。

如果对公司未来的盈利能力没有把握，则可以等到实现后再确认递延所得税资产。评估一家公司在未来能否产生足够的应税利润时，可以参考下述指引：

- 如果不确定未来能否产生足够的应税利润，那么只能在可能获得的应纳税暂时性差异范围内，去确认由于未使用的抵税亏损或所得税抵免而产生的递延所得税资产；
- 根据未使用的抵税亏损可往后结转的年限规定，评定公司在未使用的抵税亏损和 / 或所得税抵免到期之前能创造未来应税利润的可能性；
- 上述事项的核实应当以同一税务机关、同一应税单位为基础；
- 确定公司过去的抵税亏损是否来源于一些不太可能重复发生的特殊情况；
- 确定该公司是否具有可获得未来利润的税务筹划机会，包括那些可能会在一个以上的会计期间内逐步实施的、对公司有利的税法变化。

在根据未使用的抵税亏损确认递延所得税资产之前，应纳税暂时性差异和可抵扣暂时性差异的时间也必须先确定下来。

9.6　当期所得税和递延所得税的确认与计量

当期应付或可向税务机关收回的所得税款，应按资产负债表日的适用税率计量。对于递延所得税项目，则需要按照预计将来资产变现时或债务清偿时适用的税率进行计量。对于公司在当期或前期尚未缴纳的所得税，应在实际被缴纳之前确认为应付税款。对于超出纳税义务而缴纳的任何金额，都应确认为一项资产。在资产负债表上，应将多缴的所得税或欠缴的

所得税与递延所得税项目分开进行列报。

当在某个司法管辖区内计算一家公司的递延所得税时，要注意有很多不同的税收形式，比如所得税、资本利得税（取得的任何资本利得）或公司次级税（就公司宣告的股利来进行征税），而且同一个资产负债表项目可能会有不同的计税基础（比如政府补助对不动产这类资产的计税基础影响）。在考虑公司适用的税收法规时，相关资产或负债的结算方式也会有所影响。采用与预期收回资产或结算债务相一致的计税基础和税率，将是比较审慎的做法。

尽管递延所得税资产和递延所得税负债与公司预期能在未来某个日子收回或结算的暂时性差异有关，但在确定它们的入账价值时，都不需要进行贴现处理。当税率发生变化时，这两个项目也都必须及时进行调整。

和所得税一样，递延所得税也需要确认在会计主体的利润表中，除非它与下列事项相关：

- 直接计入所有者权益的税项或递延税项；
- 递延所得税的准备金与公司合并有关。

公司应当对递延所得税资产和递延所得税负债的账面价值进行评估。即使评估期间的暂时性差异并没有发生变化，递延所得税项目的账面价值也可能会发生变化，可能的原因包括：

- 所得税税率发生了变动；
- 对递延所得税资产的可收回性进行了重新评估；
- 对资产的收回方式预期发生了变化，以及递延所得税资产或递延所得税负债的影响因素发生了变化。

在资产负债表日，对于所有未确认的递延所得税资产和递延所得税负债都必须重新进行评估，并以其未来可能的经济利益为标准来进行计量。如果这样的资产很可能得到回收，则应当确认相关的递延所得税资产项目。

不同的司法管辖区对确定所得税纳税义务有不同的要求，表现为各种不同的征税形式和对应纳税所得额应用不同的税率等。如果分析师所比较的财务报表是由在不同司法管辖区开展业务的公司编制的，则应当意识到潜在的税收规则可能很复杂，因此应当谨慎得出研究结论。

9.6.1　确认估值备抵

公司需要在每个资产负债表日对递延所得税资产进行评估，如果对是否能够收回递延的金额存在任何疑虑，都需要将其账面价值减计至预期可收回金额。如果后续情况又发生了变化，表明未来可以收回递延的金额，那么还可以将减值进行回转。

根据 US GAAP，需要针对递延所得税资产项目设立估值备抵。建立估值备抵会使得递延所得税资产和当期的利润减少；如果将来情况发生变化，也可转回计提的递延所得税估值备抵，转回将使递延所得税资产的账面价值增加，同时增大转回当期的经营利润。由于上述过程均涉及主观判断，分析师应对此类事项进行仔细审查。

9.6.2　确认直接计入所有者权益的当期所得税与递延所得税

一般而言，IFRS 和 US GAAP 要求企业对递延所得税负债和当期所得税的确认处理，应当与产生递延所得税负债或所得税相关的资产或负债项目的会计处理类似。如果产生递延所得税负债的项目是直接计入所有者权益的，那么由此产生的递延所得税项目也应直接计入所有者权益。

下面是类似项目的一些例子:

- 不动产、厂场与设备的重估值（在 US GAAP 体系下，重估值是不被允许的）;
- 按公允价值计量的长期投资;
- 会计政策变更;
- 直接更正留存收益期初余额的会计差错;
- 与复杂金融工具有关的权益成分的初始确认;
- 外汇业务在货币转换过程中产生的汇兑差异。

当公司确定其递延所得税负债不会转回时，应对该负债进行调整。减少递延所得税负债的金额，并将减少部分直接计入所有者权益。对于任何与企业合并相关的递延所得税项目，也必须确认在所有者权益中。

根据导致递延所得税负债产生的项目，分析师应判断是将相关所得税计入递延所得税负债合适还是直接计入所有者权益合适。或者，简单地忽略递延税的影响，可能会更合适。

▌例 9-5　直接计入所有者权益的所得税

以下信息均与卡利杰公司（Khaleej Company）有关。卡利杰公司拥有的一栋建筑物最初是在 20×1 年 1 月 1 日用 100 万欧元买入的。在财务会计报告中，该建筑物按 5% 的折旧率应用直接法进行折旧;但按照税务会计规定，该建筑物需要按照 10% 的折旧率应用直接法进行折旧。这座建筑物在 20×3 的第 1 天进行了价值重估，为 120 万欧元。根据预计，自重估值之日开始计算，该建筑物的剩余使用寿命还有 20 年。**重要提醒**: 在税法上，是不承认该建筑物的重估值的。

根据所提供的信息，下表中列出了该建筑物在财务会计处理和纳税申报方面的价值差异:

（单位: 欧元）

	建筑物的账面价值	建筑物的计税基础
20×1 年 1 月 1 日，余额	1,000,000	1,000,000
20×1 年折旧	−50,000	−100,000
20×1 年 12 月 31 日，余额	950,000	900,000
20×2 年折旧	−50,000	−100,000
20×2 年 12 月 31 日，余额	900,000	800,000
20×3 年 1 月 1 日，重估值	300,000	N/A
20×3 年 1 月 1 日，余额	1,200,000	800,000
20×3 年折旧	−60,000	−100,000
20×3 年 12 月 31 日，余额	1,140,000	700,000
累计折旧		
20×1 年 1 月 1 日	0	0
20×1 年折旧	50,000	100,000
20×1 年 12 月 31 日，余额	50,000	100,000
20×2 年折旧	50,000	100,000
20×2 年 12 月 31 日，余额	100,000	200,000
20×3 年 1 月 1 日，重估值	−100,000	N/A
20×3 年 1 月 1 日，余额	0	200,000
20×3 年折旧	60,000	100,000
20×3 年 11 月 30 日，余额	60,000	300,000

（续）

	账面价值	计税基础
20×1 年 12 月 31 日	950,000	900,000
20×2 年 12 月 31 日	900,000	800,000
20×3 年 12 月 31 日	1,140,000	700,000

20×1 年 12 月 31 日： 在 20×1 年 12 月 31 日，财务会计和税法规定对折旧费用的不同处理导致了一项暂时性差异，并因此确认了一项递延所得税负债。该建筑物的计税基础和账面价值之间之所以会出现差异，是由于在财务会计报告和税务报告中确认了不同的折旧金额而引起的。折旧费用是报告在利润表上的，因此递延所得税负债也会反映在利润表上。如果我们假设该公司在 20×1 年的适用税率为 40%，那么由此产生的递延所得税负债将为 20,000〔=40%×（950,000－900,000）〕欧元。

20×2 年 12 月 31 日： 截至 20×2 年 12 月 31 日，该建筑物的账面价值仍然大于其计税基础，因此再一次地，该暂时性差异会产生递延所得税负债。同样，还是假设适用税率为 40%，那么与该建筑物相关的递延所得税负债为 40,000〔=40%×（900,000－800,000）〕欧元。

20×3 年 12 月 31 日： 到 20×3 年 12 月 31 日，该建筑物的价值还是大于其计税基础的，这并不是公司出售或者新增固定资产造成的结果，而是公司在 20×3 会计年度年初就进行了重估值和折旧率差异所造成的综合结果。看起来，递延所得税负债应当等于 176,000〔=40%×（1,140,000－700,000）〕欧元，但实际上这里的处理与 20×1 年和 20×2 年时不同。在 20×3 年，对该建筑物进行重新估值时，导致一个资产负债表上的权益账户 "重估值盈余" 增加了 300,000 欧元，而税法是不承认这个账户中的金额的。

一般来说，递延所得税负债是这样计算的：

（单位：欧元）

	20×3 年	20×2 年	20×1 年
递延所得税负债（会计年度期末余额）	176,000	40,000	20,000
（计税基础与账面价值之间的差异）			
20×1 年：（950,000－900,000）×40% = 20,000			
20×2 年：（900,000－800,000）×40% = 40,000			
20×3 年：（1,140,000－700,000）×40% = 176,000			

递延所得税负债项目在 20×1 年和 20×2 年的变动分别为 20,000 欧元和 20,000（=40,000－20,000）欧元，而在 20×3 年的变动似乎为 136,000（=176,000－40,000）欧元。在 20×3 年，虽然递延所得税负债项目的余额似乎应该是 176,000 欧元，但在税法规定上，重估值是不被认可的。对于计税基础与账面价值之间的差异，只有因重估值之外的原因造成的部分，才能确认为递延所得税负债。

重估值盈余和相关的所得税影响都应当直接计入所有者权益项目中。重估值盈余会因建筑物的公允价值大于账面价值之差所产生所得税准备的影响而减少，并影响留存收益，金额为 120,000（=300,000×40%）欧元。

因此，反映在资产负债表上的递延所得税负债并不是 176,000 欧元，而只有 56,000（=176,000－120,000）欧元。由于在 20×3 年年初的递延所得税负债金额为 40,000 欧元，因此递延所得税负债的变动额应为 16,000（=56,000－40,000）欧元。

将来，在每个会计年度期末，都需要将重估增值部分的折旧扣除相关递延所得税影响后的金额，从重估准备金中转入留存收益。以 20×3 年为例，这部分金额等于重估增值部分的折旧金额 15,000（= 300,000÷20）欧元，减去递延所得税影响 6,000（= 15,000×40%）欧元，即 9,000 欧元。

9.7 列报与披露

我们将以例题的方式来介绍与所得税相关信息的列报与披露。美光科技（Micron Technology，MU）是一家总部位于美国的全球性科技公司，表 9-2 和表 9-3 中分别列出了该公司的合并经营情况表（即利润表）和合并资产负债表。在表 9-4 中，还提供了美光科技公司在 2015、2016 及 2017 会计年度与所得税相关的财务报表附注。

美光科技公司在 2017 年报告的所得税拨备（即所得税费用）为 1.14 亿美元（见表 9-2）。在表 9-4 中，与所得税信息相关的附注披露显示了根据美光科技公司报告的税前利润（见表 9-4，2017 年为 51.96 亿美元）计算所得税费用的过程。随后，附注披露显示，2017 年的所得税费用由当期所得税费用（1.53 亿美元）扣除国外所得税的递延所得税收益（3,900 万美元）构成，所得税费用的净额为 1.14 亿美元。在表 9-4 中，还进一步显示了该公司的所得税费用是如何根据美国联邦法定税率计算得到的。许多上市公司是以百分比形式来完成这一法定披露要求的，但美光公司选择了披露绝对的美元金额。根据这些信息，我们可以看到，按 2017 年美国联邦所得税规定的法定税率计算的所得税费用（18.19 亿美元），等于美光科技公司的税前利润与美国联邦法定税率 35% 的乘积（5,196 × 35% = 1,819）。

此外，表 9-4 中的财务报表附注还披露了该公司的递延所得税资产（2017 年为 7.66 亿美元）和递延所得税负债（2017 年为 1,700 万美元）的详细资料。这些递延所得税资产单独列示于美光科技公司 2017 年合并资产负债表（见表 9-3）的非流动资产项目下，而递延所得税负债则报告在其他非流动负债项目中（见表 9-3）。

表 9-2 美光科技公司合并经营情况表

（除每股数据外，金额单位均为百万美元）

会计年度截止日	2017 年 8 月 31 日	2016 年 9 月 1 日	2015 年 9 月 3 日
销售收入净额	20,322	12,399	16,192
销货成本	11,886	9,894	10,977
毛利润	8,436	2,505	5,215
销售与行政管理费用	743	659	719
研发支出	1,824	1,617	1,540
重组支出与资产减值	18	67	3
其他经营（收益）费用，净额	−17	−6	−45
经营利润	5,868	168	2,998
利息收入（费用），净额	−560	−395	−336
其他非经营性收益（费用），净额	−112	−54	−53
所得税（费用）抵免	−114	−19	−157
按权益法核算应享受被投资企业的利润（亏损）	8	25	447
归属于非控股股东的净利润（亏损）	−1	−1	—
归属于美光科技的净利润（亏损）	5,089	−276	2,899

（续）

会计年度截止日	2017 年 8 月 31 日	2016 年 9 月 1 日	2015 年 9 月 3 日
每股收益（亏损）：			
基本的	4.67	-0.27	2.71
摊薄的	4.41	-0.27	2.47
计算每股收益时使用的股票数量（百万股）：			
基本的	1,089	1,036	1,070
摊薄的	1,154	1,036	1,170

表 9-3　美光科技公司合并资产负债表　（单位：百万美元）

编报时点	2017 年 8 月 31 日	2016 年 9 月 1 日
资产		
现金及现金等价物	5,109	4,140
短期投资	319	258
应收款	3,759	2,068
存货	3,123	2,889
其他流动资产	147	140
流动资产合计	12,457	9,495
长期有价证券投资	617	414
不动产、厂场与设备	19,431	14,686
按权益法核算的投资	16	1,364
无形资产，净值	387	464
递延所得税资产	766	657
其他非流动资产	1,662	460
资产总计	35,336	27,540
负债与股东权益		
应付账款与应计费用	3,664	3,879
递延收益	408	200
短期债务	1,262	756
短期负债合计	5,334	4,835
长期债务	9,872	9,154
其他非流动负债	639	623
负债合计	15,845	14,612
可赎回可转换票据	21	—
美光科技股东权益		
面值 0.1 美元的普通股，核定股本 3,000 百万股，已发行 1,116 百万股，流通在外 1,112 百万股（截至 2016 年 9 月 1 日，已发行 1,094 百万股，流通在外 1,040 百万股）	112	109
超额缴入股本	8,287	7,736
留存收益	10,260	5,299
库存股，4（截至 2016 年 9 月 14 日，54）	-67	-1,029
累积其他综合收益（损失）	29	-35
美光科技股东权益合计	18,621	12,080
少数股东权益	849	848
股东权益合计	19,470	12,928
负债与股东权益合计	35,336	27,540

税前利润（亏损）和所得税（费用）抵免的构成如下：

表 9-4　美光科技公司合并财务报表与所得税有关的财务报表附注

（单位：百万美元）

	2017 年	2016 年	2015 年
税前利润（亏损），归属于非控股股东的净利润（亏损）和按权益法核算在被投资企业享受的净利润（亏损）			
国外	5,252	−353	2,431
美国	−56	72	178
	5,196	−281	2,609
所得税（费用）抵免			
当期：			
国外	−152	−27	−93
州	−1	−1	−1
美国联邦	——	——	6
	−153	−28	−88
递延：			
美国联邦	——	39	15
州	——	2	1
国外	39	−32	−85
	39	9	−69
所得税（费用）	−114	−19	−157

按美国联邦法定税率计算的公司所得税（费用）以及所得税（费用）抵免的调整过程如下：

（单位：百万美元）

	2017 年	2016 年	2015 年
按法定税率计算的美国联邦所得税（费用）抵免	1,819	98	913
国外税率差异	1,571	300	515
估值备抵的变动	64	63	260
未确认所得税抵免的变动	12	52	118
免税优惠	66	48	53
非控股投资交易	—	—	57
其他	8	20	11
所得税（费用）抵免	114	19	157

在 2017 年 8 月 31 日的州税中，包含了 2.33 亿美元的投资税收优惠。由于财务报告处理和纳税申报要求不一致而造成资产和负债价值之间出现暂时性差异，其净税收影响用递延所得税来反映。截至会计期末，本公司的递延所得税资产和递延所得税负债主要包括以下这些项目：

（单位：百万美元）

	2017 年	2016 年
递延所得税资产：		
净经营亏损和结转将来的税收优惠	3,426	3,014
应计工资与福利	211	142
其他应计负债	59	76

（续）

	2017 年	2016 年
其他	86	65
递延资产总额	3,782	3,297
减：估值备抵	−2,321	−2,107
递延所得税资产，扣除估值备抵后净额	1,461	1,190
递延所得税负债：		
负债折扣	−145	−170
不动产、厂场与设备	−300	−135
某些分子机构的未汇出收益	−123	−121
产品与流程技术	−85	−81
其他	−59	−28
递延所得税负债	−712	−535
递延所得税资产净值	749	655
报告为：		
短期递延所得税资产（报告在其他流动资产项目下）	—	—
递延所得税资产	766	657
短期递延所得税负债（报告在应付账款与应计费用项目下）		—
递延所得税负债（报告在其他非流动负债项目下）	−17	−2
递延所得税资产净额	749	655

本公司对几乎所有的美国境内递延所得税资产计提有估值备抵。截至 2017 年 8 月 31 日，本公司共有可结转未来抵扣的美国境内净亏损 38.8 亿美元，结转将来的未使用美国境内税收抵免额度 4.16 亿美元。此外，本公司还有结转将来抵扣所得税使用的净经营亏损 19.5 亿美元和未使用的州税抵免额度 2.33 亿美元。结转将来使用的净经营亏损和税收抵免额度将于 2018 年至 2037 年间到期。

本公司在 2017 年和 2016 年发生递延所得税资产估值备抵的变动，分别为 6,400 万美元及 6,300 万美元，变动原因主要在于一些美国及国外公司实现净利润或亏损的不确定性，以及结转将来使用的税收抵免变化。

对于非美国境内的子公司实现的未分配利润，本公司已计提了递延所得税准备，但以这些公司的股利支付预期会导致的额外所得税负债为限。截至 2017 年 8 月 31 日，剩余未分配利润 129.1 亿美元，已进行无限期的再投资。要算清楚与这些未汇出的盈利相关的递延所得税负债是困难的。

📌 例 9-6　财务分析举例

根据美光科技公司在表 9-2、表 9-3 和表 9-4 中披露的财务报表信息和附注信息，回答下列问题：

1. 针对公司在 2017 年拥有价值 37.82 亿美元的递延所得税资产，美光科技公司披露了一项价值 23.24 亿美元的估值备抵（见表 9-4）。请问，该项估值备抵对美光科技公司未来的盈利前景会有什么影响？

2. 如果联邦所得税税率变更为 21%，请问，美光科技公司的递延所得税资产和递延所得税负债会发生怎样的变动呢？

3. 如果美光公司不使用估值备抵账户，那么，该公司报告的利润会发生怎样的变动呢？

4. 如果有一家公司想要收购美光科技公司，请问，美光科技公司在 2017 年拥有的可结转未来使用的 38.8 亿美元净经营亏损（见表 9-4）会对公司收购的估值产生什么影响呢？

5. 在什么样的情形下，分析师应将美光科技的递延所得税负债视为一项负债或者一项所有者权益？在什么样的情形下，分析师在计算负债 – 权益之比时，应当将美光科技的递延所得税负债项目剔除？

问题 1 解答： 根据表 9-4，美光科技的递延所得税资产最终将在 2037 年到期（结转未来使用的净经营亏损和税收优惠到期日为 2018 年至 2037 年）。

因为公司相对还比较"年轻"，因此很可能大部分可抵扣的纳税亏损和税收优惠都会发生在那段时期的末期。由于累积的结转未来抵扣的美国境内净经营亏损总额为 38.8 亿美元，而估值备抵的存在说明美光科技公司认为它在未来 20 年赚到 38.8 亿美元的可能性不大。然而，正如我们在表 9-2 中所看到的，美光科技在 2017 年和 2015 年都实现了利润，这说明，如果该公司在将来还能持续产生利润的话，那么可以调低它的估值备抵金额，使递延所得税资产得以确认。

问题 2 解答： 美光科技的递延所得税资产总额比递延所得税负债总额多了 7.49 亿美元。如果联邦法定税率从目前的 35% 改为 21%，将降低这些递延资产净值的价值。此外，由于递延所得税资产估值备抵在未来也可能会下调（见问题 1 解答），因此调低的可能性会非常大。

问题 3 解答： 表 9-4 中的信息表明，估值备抵的增加使 2017 年利润表中报告的所得税费用增加了 6,400 万美元。由于估值备抵在将来有可能出现减少（见问题 1 解答），因此该公司未来年度报告的所得税费用可能减少（实际所得税不会因财务会计账户"估值备抵"而受影响）。

问题 4 解答： 如果一家本身有盈利的企业作为收购公司，它可以利用美光科技公司的可抵税亏损来降低自己的应税义务。对收购方来说，被收购企业的价值将来可结转抵税额的限制，由收购方适用的税率和预期实现利润时间来决定。收购公司的税率越高，或者它的获利能力越强，就能越早从被并购方的可抵税亏损中受益。因此，从理论上来说，税率高的收购者会愿意比税率低的收购者支付更高的价格。

问题 5 解答： 如果预计公司的递延所得税负债会随着后来的税款支付而发生回转，那么，分析师就应当将递延所得税负债视为负债。如果预计该递延所得税负债在将来无法发生回转，即缺少现金流出的预期，那么，就应当将该负债视为权益处理。例如，如果公司在未来发生亏损，就不需要缴纳任何所得税；或者，由于税法的变化导致一些税款永远不需要被缴纳。当转回暂时性差异所产生的纳税金额和时间都不确定时，就应当将递延所得税负债项目从负债和股东权益项目中剔除。

9.8　IFRS 与 US GAAP 的比较

如前所述，尽管 IFRS 和 US GAAP 在大多数所得税会计处理方面的要求相似，但还是存在一些显著的差异。表 9-5 中，概述了 IFRS 和 US GAAP 之间的许多关键相似点和不同点。虽然这两套制度都要求为递延所得税计提准备，但在方法上还是存在差异的。

表9-5　IFRS与US GAAP关于递延所得税核算的方法异同比较

IFRS	US GAAP
概述	
所得税会计处理的目标是确认当期应支付或应退还的税款与递延税款。所得税费用等于当期应缴纳（或应退还）费用加上递延所得税的本期变动额（扣除企业合并的影响和未在损益中记录事项的影响）	与IFRS类似
将当期和以前各期的未支付的税款确认为一项负债，如果已经支付的金额超过了应该支付的金额，则确认为一项资产。可用于减少未来期间应纳税额的前期亏损可抵税金额，也属于一项资产	计算当期应交税款的方法与IFRS的规定类似，但有一些例外，如对抵销公司之间利润的所得税处理
一般来说，递延所得税是通过资产负债表法确定的，后者主要关注资产或负债的计税基础与其在资产负债表中的账面价值之间的暂时性差异。确认递延所得税项目的原因，是在财务会计报告或纳税申报单上确认的事件可能带来的未来所得税影响	US GAAP也使用资产负债表法来计算递延所得税，不过在具体应用时与IFRS还是存在一些小差异
对于下列项目，不应确认递延所得税项目： ● 商誉的初始确认； ● 在企业合并之外的交易中，初始确认一项资产或负债，且该交易对会计利润或应税利润（抵税亏损）都不产生影响； ● 对子公司、分公司和联营公司与合营公司的投资而产生的应纳税暂时性差异，当母公司等投资方能够控制该暂时性差异转回的时间，且该暂时性差异在可预见的未来不会转回时	对于下列项目，不应确认递延所得税项目： ● 在纳税申报时，其摊销额不允许税前扣除的商誉； ● 与IFRS不同，US GAAP没有类似的例外项目； ● 对外国子公司或者外国公司合资企业的投资，如果其存续期几乎是永久的，而账面价值大于其计税基础，除非很明显，这些暂时性差异在可预见到的将来会发生回转。与IFRS不同，这一例外规定不适用于国内子公司和合资企业与合营企业投资
	与IFRS不同的是，对于使用历史汇率从当地货币重新计量为功能货币的差异，以及由于汇率变化或为税务目的的编制指数而产生的差异，禁止确认递延所得税项目
根据历史汇率确定的账面价值与相关计税基础之间的差额，可能已经受到汇率变动或税收指数化的影响，应确认递延税款	
确认与计量	
本期的应缴所得税和本期及前期应退税金额，按报告期末已颁布或实质上已颁布的税率（及税法规定）计算预期需要向税务机构支付（或从税务机构收回）的金额计量	● 与IFRS类似； ● 根据现行税法规定计量当期和递延的所得税资产及所得税负债； ● 对于递延所得税资产和递延所得税负债，按未来可能适用于应纳税所得额的税率计量。与IFRS不同，不允许使用已实质性颁布的税率
递延所得税资产按资产变现时或负债了结时的预期适用税率计量，以截至报告期末已颁布或实质颁布的税率（及税法规定）为依据	
确认递延所得税资产时，应以公司在未来很可能具有足够的应税利润，以利用结转未来的可抵扣暂时性差异或未使用的抵税亏损或税收抵免额为前提。若公司不再可能产生足够的应税利润，以利用该递延所得税资产的全部或部分利益，则在报告期末应调减递延所得税资产的账面价值；如果公司在后续期间又可以实现足够的应税利润了，那么也可以转回原来调减的部分	与IFRS不同，公司可全额确认递延所得税资产，在部分或全部递延所得税资产很可能无法实现的情况下，通过估值备抵账户予以调整

（续）

IFRS	US GAAP
当期所得税和递延所得税项目涉及在同一或不同会计期间的其他综合收益中确认的项目，或直接计入所有者权益时，不应在损益中进行确认	与 IFRS 类似，将会计期间内发生的这类项目的税务影响直接计入其他综合收益，或股东权益其他组成项目中
递延所得税资产和递延所得税负债无须进行贴现处理	与 IFRS 类似
列报与披露	
如果报告主体具有在法律上可强制执行的权利将当期应税资产与当期应税负债进行抵销，且递延所得税资产和递延所得税负债与同一征税机关对同一应税主体相关，或者虽然是不同应税主体，但这些应税主体都计划按净额结算当期应税资产和负债或同时收回资产的价值／结算负债时，则可将递延所得税资产和递延所得税负债进行抵销	所有递延所得税项目均予以抵销，按单一金额进行列报
递延所得税资产和递延所得税负债应单独报告在公司财务状况表内。如果公司使用的是分类财务状况表，则应将递延所得税项目报告在非流动项目下	在分类财务状况表上，递延所得税资产和递延所得税负债应列报为非流动项目，与 IFRS 的要求保持一致
所有报告主体必须使用下列任一格式或同时使用两种格式，对公司的所得税费用和会计利润之间的关系进行解释： • 所得税费用（收益）与会计利润和适用税率乘积之间的数字调整过程，包括公司选择适用税率的依据； • 平均有效税率与适用税率之间的数字调整过程，包括公司选择适用税率的依据	• 如为公众公司，则必须以相对百分比或绝对美元金额的形式，披露报告期内持续经营业务的所得税费用与按持续经营前利润和适用的美国联邦法定税率计算得到的所得税费用之间的调整过程； • 如为非公众公司，则必须披露重大调整项目的性质，但可以不用披露金额

资料来源：IAS 12 和 32。US GAAP：ASC 主题 740 "US GAAP 与 IFRS 之间的比较"，第 5.3 节 "税收"。Grant Thornton，2017 年 4 月。"IFRS 与 US GAAP：相同与不同"，普华永道公司，2018 年。

9.9　本章小结

对于盈利的公司来说，所得税是它的一项重要费用。但所得税费用分析往往十分困难，因为按税法规定的计算结果与公司在财务报表中所使用的会计处理结果之间，存在着许多暂时性差异和永久性差异。公司财务报表和财务报表附注为分析师提供了评估一家公司的财务业绩和将该公司的财务业绩与其他公司进行比较时所需的重要信息。本章的关键概念如下：

- 在税法上和会计上对收入与费用的确认标准有所不同，导致应税利润与会计利润之间出现差异。这种差异是税法和公司财务会计对某些收入和支出项目的不同处理所造成的；
- 资产的计税基础是在计算应纳税所得额时，允许作为公司费用而进行税前扣除的资产价值。如果相关的经济利益无须缴税，那么该资产的计税基础就等于其账面价值；
- 负债的计税基础等于其账面价值减去未来在纳税时可扣除的任何金额。就预收收入而言，其计税基础等于它的账面价值减去未来不会被征税的部分；
- 暂时性差异产生于资产和负债的计税基础与账面价值之间的差异。当暂时性差异在未来某个日期可自行转回，以及对应的资产负债表项目能为公司创造未来经济利益的时候，就会产生递延所得税资产或递延所得税负债；

- 税法规定和财务会计报告对收入（费用）的不同处理所造成的差异，如果在未来不会发生转回，则这种差异就属于永久性差异。由于在未来不会发生转回，所以不构成暂时性差异，也不会产生递延所得税资产或递延所得税负债；

- 当期应交的税款或者应收回的退税，应以资产负债表日适用的税率为基础进行计量；相反，递延所得税项目则应按将资产变现或清偿负债时预期适用的税率进行计量；

- 所有未确认的递延所得税资产和递延所得税负债项目，都必须在资产负债表日重新进行评估，并根据其未来可能的经济利益情况进行计量；

- 公司必须评估其递延所得税资产的可收回性。如果预期完全或部分无法收回，则应调减其账面价值。根据 US GAAP，这需要通过使用估值备抵账户来实现。

非流动负债

伊丽莎白·A. 戈登，博士，MBA，注册会计师

伊莱恩·亨利，博士，特许金融分析师

学习目标

- 处理债券的初始确认、初始计量与后续计量问题；
- 了解实际利率法，学会计算利息费用、债券折价、溢价的摊销和利息支出；
- 解释负债的终止确认问题；
- 了解债务契约在保护债权人权益中的作用；
- 了解与负债相关的财务报表列报与披露要求；
- 解释企业选择租赁资产而不购买资产的动机；
- 从承租人的角度解释租赁的财务报告要求；
- 从出租人的角度解释租赁的财务报告要求；
- 比较设定提存计划与设定受益计划的列报与披露要求；
- 计算并解释杠杆比率和利息覆盖率。

10.1 概述

在广义上，非流动负债（也称长期负债）代表公司在未来（一般是超过 1 年的期间内）可能牺牲的经济利益，公司财务报表中常见的**非流动负债**（non-current liabilities）项目包括长期债务（如应付债券、长期应付票据）、应付租赁款、养老金负债和递延所得税负债。本章重点介绍应付债券、应付租赁款和养老金负债。

本章的组织安排如下。第 10.2 节介绍长期债券的会计处理，包括债券的发行、利息费用和利息支付的记录、债券折价或溢价的摊销、债务的终止确认以及与负债融资相关的信息披露。在讨论这些问题的财务报表影响和分析时，我们侧重介绍了长期偿债能力方面的比率和利息覆盖率；第 10.3 节讨论租赁业务，包括租赁的好处和承租人、出租人对租赁的会计处理；第 10.4 节介绍养老金会计处理和与之相关的非流动负债项目；第 10.5 节讨论在评价企业偿债能力时常使用的杠杆比率和债务覆盖率；最后是本章小结。

10.2 应付债券

债券是公司常见的一种长期债务形式，本节讨论应付债券的会计处理问题。在某些特定情况下（例如，一些政府债务），"债券"（bond）一词仅指到期日在 10 年或 10 年以上的债务证券，而"票据"（note）用来指期限在 2 年至 10 年之间的债务证券，"票据"（bill）则指期限在 2 年以下的债务证券。在本章中，我们交替使用债券和票据这两个词，因为应付债券和长期应付票据的会计处理都是类似的。在接下来的章节里，我们会介绍债券发行（初始确认和计量）的会计处理；债券溢折价摊销、利息费用和利息支付；市场利率和公允价值（后续计量）；债券的偿还，包括到期退出和赎回（终止确认），以及其他相关负债项目的披露问题。同时，我们也会讨论债务契约。

10.2.1 发行债券的账务处理

债券是一家公司（或其他借款实体）将在未来向它的贷款人（即债券持有人）支付现金，以换取它在目前所收到现金的合同承诺。债券合同条款被记录在一个被称为债券契约的文件中。公司发行债券时收到的现金或发行所得，以发行时的债券价值（价格）为基础来进行计量；而发行时的价格，则由公司在债券契约中所承诺的未来现金付款额的现值决定。

债券通常包含两种未来现金支付承诺：①债券面值；②定期的利息支付。**债券面值**（face value）是当债券到期时，公司应当支付给债券持有人的现金金额。面值也称为本金、票面值、设定价值或到期值。在债券合同中，会规定债券的到期日（向债券持有人支付面值的日期），通常是未来几年。定期支付的利息是根据债券合同中承诺的利率和债券面值计算出来的。发行公司在债券合同中承诺的利率，也就是用来计算定期利息支付的利率，被称为**票面利率**（coupon rate）、名义利率或规定利率。类似地，定期的利息支付也被称为息票支付，或再简单点，称为付息。对于固定利率债券（我们将主要讨论的品种），票面利率在债券的整个生命周期内都保持不变。在债券合同中，还会规定利息支付的频率，例如，每半年支付一次利息的债券，会在一年中支付两次利息[⊖]。

将公司在未来的现金支付金额折现到现在，就能得到债券的市场价值。所谓**市场利率**（market rate of interest），是债券的购买者根据与特定债券未来现金支付义务相关的风险进行判断以后，所要求的利率。在债券发行时，其市场利率往往与票面利率不同，这是因为，从发行人确定好票面利率开始，到实际向投资者进行债券发行的日期之间，会发生利率波动。如果在债券发行时，其市场利率等于票面利率，则债券的市场价值（价格）将等于其面值。因此，忽略发行成本的话，此时发行公司将获得与债券面值相等的发行收入（现金）。当一种债券按与它的面值相等的价格发行时，我们就说它是按面值发行的。

如果在债券发行时，其票面利率是高于市场利率的，那么债券的市场价值，即发行公司收到的现金数额将高于债券的面值。换句话说，这些债券将以高于其面值的价格出售，因为与当前的市场利率相比，它们能提供更有吸引力的票面利率。但是如果票面利率低于市场利率，那么债券的市场价值，也就是公司发行所得，将少于其债券面值，我们称这种情况为按低于面值的价格折价出售。债券发行时的市场利率，是承担这笔负债的**实际利率**（effective

---

⊖ 无论利息支付的频率如何，利率通常都会用年利率来表示。

interest rate）或借款利率。实际利率是将发行公司承诺的两类未来现金支付义务折现到其售价时所使用的贴现率。发行公司在财务报表中所报告的债券利息费用，就是根据实际利率来计算的。

在发行公司的现金流量表上，会将公司通过发行债券所收到的现金（发行所得）报告为融资活动的现金流入。在发行当时，发行公司的资产负债表上，应付债券通常是按发行实际所得进行计量和报告的。换句话说，应付债券的初始报告金额为其面值减去发行时的折价，或者加上发行时的溢价。

例 10-1 和例 10-2 介绍了如何使用三步法对按面值发行的债券和按折价发行的债券进行会计处理。如果是溢价发行的债券，其会计处理步骤也与这几个例题中的步骤类似。为简单起见，在这些例子中，都假设利率收益率曲线是直的（即每个时期的市场利率都是相同的）。更精确的债券估值会使用公司在进行利息或者本金支付时每个会计期间的利率来进行计算。

▌ 例 10-1　按面值发行的债券

假定迪邦公司（Debond Corp.）在 2018 年 1 月 1 日发行了 100 万英镑的 5 年期债券，发行时，市场对类似风险和期限的投资所要求的利率为每年 5%。该债券承诺在每年 12 月 31日按 5% 付息。请问，迪邦公司发行这批债券能有多少发行所得？这次债券发行在财务报表中将如何反映？

解答： 通过三个步骤，就能计算出这批债券在发行时的价值，即发行所得：①确认债券的关键要素和市场利率；②确认未来现金流出情况；③将未来现金流量贴现。

第一步，要计算发行所得，需要先确认债券的关键要素和市场利率。

（单位：英镑）

面值（本金）：	1,000,000	
期限：	5 年	
票面利率：	5%	
发行时的市场利率：	5%	
付息频率：	每年付息	
每次付息金额：	50,000	每年支付的利息等于债券面值与票面利率的乘积（即 1,000,000 英镑 × 5%）。如果不是每年付息，则需要将利率调整为计息期利率（举例来说，即，如果是每半年付息一次的话，可将票面年利率除以 2 进行调整）

第二步，确认未来的现金流出情况。当债券在 5 年后到期时，迪邦公司需要向债券持有人支付 100 万英镑。此外，在债券到期之前，迪邦公司每年 12 月 31 日都需要支付 5 万英镑的利息。

第三步，将未来需要支付利息的现值和本金的现值[⊖]相加，得到债券的价值，即为发行该债券可获得的收入。在本例中，现值之和为 100 万（= 216,474 + 783,526）英镑。

⊖ 计算现值的其他方法还有：①将 5 笔每年的利息支付作为年金，使用年金现值公式找到其现值，然后将它与本金的现值相加；②使用专用的财务计算器，计算总的现值。

（单位：英镑）

日期	利息支付	按市场利率 5% 计算的现值	本金支付	按市场利率 5% 计算的现值	现值合计
2018 年 12 月 31 日	50,000	47,619			
2019 年 12 月 31 日	50,000	45,352			
2020 年 12 月 31 日	50,000	43,192			
2021 年 12 月 31 日	50,000	41,135			
2022 年 12 月 31 日	50,000	39,176	1,000,000	783,526	
合计		216,474		783,526	1,000,000 发行所得

该批债券在发行时的所得款项为 100 万英镑。因为这些债券是按面值发行的，所以没有折价或溢价。此次债券发行在资产负债表上反映为现金增加和长期负债中的应付债券增加，金额均为 100 万英镑。在现金流量表中，会报告 100 万英镑的融资活动现金流入。

债券的价格常以其占面值的百分比来表示，如例 10-1，如果是按面值发行的债券，则其价格就是 100 英镑（即面值的 100%）。在例 10-2 中，债券是折价发行的，价格为 95.79 英镑（即面值的 95.79%）。

▌ 例 10-2 折价发行的债券

假定迪邦公司在 2018 年 1 月 1 日发行了 100 万英镑的 5 年期债券，当时，市场上对同类风险和期限的债券所要求的市场利率为 6%。这批债券将在每年 12 月 31 日按 5% 的票面利率支付利息。请问，这批债券的发行所得是多少，在公司财务报表中，会如何反映本次发行情况？

解答： 这批债券的关键要素和市场利率如下：

（单位：英镑）

面值（本金）：	1,000,000	
期限：	5 年	
票面利率：	5%	
发行时的市场利率：	6%	
付息频率：	每年付息	
每次付息金额：	50,000	每年支付的利息等于债券面值与票面利率的乘积（即 1,000,000 英镑 × 5%）

未来现金流出（利息支付和本金的偿还）、未来现金流出的现值及现值之和计算如下：

（单位：英镑）

日期	利息支付	按市场利率折现（6%）	本金支付	按市场利率折现（6%）	现值合计
2018 年 12 月 31 日	50,000	47,170			
2019 年 12 月 31 日	50,000	44,500			
2020 年 12 月 31 日	50,000	41,981			
2021 年 12 月 31 日	50,000	39,605			
2022 年 12 月 31 日	50,000	37,363	1,000,000	747,258	
合计		210,618[①]		747,258	957,876 发行所得

①表中数据与原书一致，疑有误。——译者注

债券发行时，可收到发行所得 957,876 英镑。这批债券的折价幅度为 42,124（＝ 1,000,000 − 957,876）英镑，这是因为债券发行时的市场利率为 6%，高于债券的票面利率 5%。本次债券发行体现在资产负债表中，这会导致货币资金和长期负债项目下的应付债券同时增加，增加的金额均为 957,876 英镑。其中，应付债券的价值由面值 100 万英镑减去债券折价 42,124 英镑所组成。在现金流量表上，本次发行将报告为融资活动的现金流入量 957,876 英镑。

在例 10-2 中，由于债券的票面利率为 5%，低于发行时的市场利率，所以债券是以低于面值的价格折价发行的。如果债券的票面利率高于市场利率，则能够以高于面值的价格溢价发行。

票面利率为 0 的债券（即零息券）总是折价发行的。零息券的价值仅由本金的现值决定，因为它没有定期的利息支付计划。

在债券发行时，会发生诸如印刷费、法律费用、佣金和其他各种类型的发行费用。根据 IFRS 要求，所有债务的发行成本都应计入应付债券或其他负债的价值当中。但根据 US GAAP 要求，公司可以将这些债务发行成本作为一项资产（递延费用）列报，然后在债券的存续期内按直线法摊销为相关的费用（例如法律费用）。US GAAP 会将债务发行成本从相关的负债中扣除。根据 US GAAP 进行编报的公司仍可以将负债的发行成本列报为一项资产，因为美国证监会表态不反对这种处理方式。根据 IFRS 和 US GAAP，与债券发行费用有关的现金流出应当报告在现金流量表的融资活动部分，通常与债券的发行所得相抵销。

10.2.2 债券溢折价摊销、利息费用与利息支付的会计处理

本节讨论债券发行以后的会计处理和报告问题。大多数公司在债券发行以后会保持其历史成本（发行所得），并在债券存续期间内摊销发行折价或溢价。因此，资产负债表上报告的债券价值将是其历史成本加上或减去累计溢折价的摊销额，即所谓的摊余成本。此外，公司还可以选择按当前公允价值报告债券。

按摊余成本报告债券的理由，是公司计划保留这些债务直到它们到期。因此，从发行公司的角度来看，债务潜在经济价值的变化并不重要。但是，从投资者的角度来看，当债务按摊余成本进行报告时，要分析公司的潜在经济负债和偿债能力就变得更加困难。本节剩余部分会举例介绍如何对债券按摊余成本进行会计处理和报告，然后在第 10.2.3 节讨论如何按公允价值对债券进行报告。

根据 IFRS，公司按发行所得扣除发行费用后的净额将债券报告为资产负债表上的一项负债；但根据 US GAAP，确认负债成本时，不考虑发行费用的影响⊖。债券在公司资产负债表上所报告的金额，被称为其账面价值或账面净值。如果债券是按面值发行的，那么它的初始确认价值将等于其面值，并且其账面价值在债券的存续期内通常不会再变动⊜。如果是按面值发行的债券，则公司每期的利息**费用**金额也将等于债券持有人每期得到的利息**支付**金额。

但是，如果在债券发行时市场利率与票面利率不同，从而导致债券是溢价或折价发行

⊖ 原文为 "Companies initially report bonds as a liability on their balance sheet at the amount of the sales proceeds net of issuance costs under both IFRS and US GAAP, ignoring any bond issuance costs." 对于发行费用的处理是前后矛盾的，与前文中提到 US GAAP 对债券发行费用的处理也不太一致。因此翻译时对此处按上下文逻辑关系进行了更正。——译者注

⊜ 但如果公司按公允价值而不是摊余成本报告其负债的话，账面价值可能发生变动。

的，那么，溢价或折价将作为利息费用的一部分，需要在债券存续期内进行系统摊销。对于溢价发行的债券，其账面价值最初是大于其面值的，随着溢价的摊销，债券的账面价值（即摊余成本）最终将减少至面值。同时，公司报告的利息费用将低于每期的利息支付金额。对于折价发行的债券，其账面价值最初是小于其面值的，随着折价的摊销，债券的账面价值（即摊余成本）最终将增加至面值。同时，报告的利息费用将高于每期的利息支付金额。

对折价发行债券的会计处理，反映了公司通过折价出售债券，实质上在发行时就支付了部分借款费用。这种"付款"是以在发行日接受低于债券面值的金额来实现的，并不是在未来实际发生的现金转移。剩余的借款费用将以每一期的现金利息形式支付给投资者。总的利息费用实质上由两个部分所组成：定期的利息支付再加上折价的摊销。对溢价发行债券的会计处理，反映了公司通过溢价出售债券，实质上在发行时就获得了借款费用。这种"减少"是以在发行日就收到超过债券面值的金额来实现的，并不是在未来实际减少的现金转移。总的利息费用实质上由两个部分所组成：定期的利息支付再减去溢价的摊销。当债券到期时，无论该债券是按面值发行的、折价发行的还是溢价发行的，其账面价值都将等于其面值。

对于非面值发行的债券，其溢折价的摊销方法有两种：实际利率法和直线法。IFRS 要求采用实际利率法，US GAAP 也因为实际利率法能更好地反映交易的经济实质而推荐使用这种方法。实际利率法用债券发行时的有效市场利率（历史市场利率或实际利率）与债券的期初摊余成本（账面价值）之乘积，来作为当期的利息费用金额。利息费用（按实际利率和摊余成本计算得到）与利息支付（按票面利率和面值计算得到）之间的差额，就是债券折价或溢价的**摊销**金额。直线摊销法在债券的生命周期内将溢价或折价进行平均摊销，类似于长期资产的直线折旧法。无论采用上述哪一种方法，随着债券到期日的接近，其摊余成本都越来越接近面值。

例 10-3 说明了上述两种摊销方法对折价发行债券的应用。例 10-4 说明了溢价发行债券的摊销。

▌ 例 10-3 债券折价的摊销

迪邦公司在 2017 年 1 月 1 日发行了面值为 100 万英镑的 5 年期债券，当时的市场利率为 6%，债券承诺将在每年 12 月 31 日按 5% 的利率支付利息。这些债券的发行所得为 957,876 英镑。

1. 公司每年为这些债券应支付多少利息？

2. 如果使用实际利率法，迪邦公司在 2017 年和 2018 年应当报告的利息费用是多少？

3. 假定迪邦公司使用实际利率法摊销债券发行折价，请确定这批债券在 2017 年 12 月 31 日和 2018 年 12 月 31 日的报告价值（即账面价值）。

4. 如果用直线法摊销债券发行折价，则该公司每年会报告多少的利息费用？

问题 1 解答：公司每年应支付的利息为 50,000（= 1,000,000×5%）英镑。

问题 2 解答：因为发行所得 957,876 英镑低于债券面值 1,000,000 英镑，所以这些债券的发行折价为 42,124 英镑。这些债券将被报告为一项长期负债，即应付债券，初始入账金额 957,876 英镑，由面值 1,000,000 英镑减去折价 42,124 英镑组成。债券折价将随着时间推移而逐渐摊销，最终将债券的账面价值（即摊余成本）调整为债券面值。

在实际利率法下，每年的利息费用等于债券的账面价值乘以债券发行时的市场利率（实际利率）。2017 年的利息费用为 57,473（＝957,876×6%）英镑，2017 年摊销的折价金额为利息费用 57,473 英镑与利息支付 50,000 英镑之差（即 7,473 英镑）。债券的账面价值因折价的摊销而增加；到 2017 年 12 月 31 日，债券的账面价值变为 965,349 英镑（期初余额 957,876 英镑加上当年摊销的折价 7,473 英镑），反映出截至当时还剩余未摊销的折价 34,651 英镑（发行时的折价 42,124 英镑减去已摊销的 7,473 英镑）。

2018 年，公司的利息费用为 57,921（＝965,349×6%）英镑，即这批债券在 2018 年 1 月 1 日的账面价值与实际利率之乘积。2018 年应摊销的折价金额为利息费用 57,921 英镑与利息支付 50,000 英镑之差（即 7,921 英镑）。到 2018 年 12 月 31 日，该批债券的账面价值为 973,270 英镑（期初余额 965,349 英镑加上当年摊销的折价 7,921 英镑）。

下表说明了债券存续期间的利息费用、折价摊销和账面价值（摊余成本）的计算过程。

（单位：英镑）

年	年初账面价值	利息费用（按实际利率 6% 计算）	利息支付（按票面利率 5% 计算）	折价摊销额	年末账面价值
	(a)	(b)	(c)	(d)	(e)
2017 年	957,876	57,473	50,000	7,473	965,349
2018 年	965,349	57,921	50,000	7,921	973,270
2019 年	973,270	58,396	50,000	8,396	981,666
2020 年	981,666	58,900	50,000	8,900	990,566
2021 年	990,566	59,434	50,000	9,434	1,000,000
合计		292,124	250,000	42,124	

问题 3 解答： 该批债券在 2017 年 12 月 31 日和 2018 年 12 月 31 日的账面价值分别为 965,349 英镑和 973,270 英镑。请注意，折价发行债券的账面价值会随着时间的推移而增加，截至债券到期时，即 2021 年 12 月 31 日，这些债券的账面价值将等于其面值。一旦发行公司偿还了债券本金之后，债券的账面价值就变为 0 了。

问题 4 解答： 在直线法下，折价（或溢价）应在债券存续期内予以平均摊销。将直线法应用到本例中，折价总额为 42,124 英镑，每年应摊销 8,424.80（＝42,124÷5）英镑。因此，直线法下的年利息费用为 58,424.80（＝50,000＋8,424.80）英镑。

如果是零息券的话，其会计处理和报告与上例类似，只是不再有利息支付；因此，每年的利息费用与当年的折价摊销额会相等。

例 10-4 债券溢价的摊销

迪邦公司在 2017 年 1 月 1 日发行了面值为 100 万英镑的 5 年期债券，当时的市场利率为 4%，债券承诺将在每年 12 月 31 日按 5% 的利率支付利息。这些债券的发行所得为 1,044,518 英镑。

问题：

1. 公司每年为这些债券应支付多少利息？

2. 如果使用实际利率法，迪邦公司在 2017 年和 2018 年应当报告的利息费用是多少？

3. 假定迪邦公司使用实际利率法摊销债券发行溢价，请确定这批债券在 2017 年 12 月

31 日和 2018 年 12 月 31 日的报告价值（即账面价值）。

4. 如果用直线法摊销债券发行溢价，则该公司每年会报告多少的利息费用？

问题 1 解答： 公司每年应支付的利息为 50,000（＝1,000,000×5%）英镑。

问题 2 解答： 因为发行所得 1,044,518 英镑高于债券面值 1,000,000 英镑，所以这批债券的发行溢价为 44,518 英镑。这些债券将被报告为一项长期负债，即应付债券，其初始入账金额为 1,044,518 英镑，由面值 1,000,000 英镑加上溢价 44,518 英镑组成。债券溢价将随着时间推移而逐渐摊销，最终将债券的账面价值（即摊余成本）调整为债券面值。

在实际利率法下，每年的利息费用等于债券的账面价值乘以债券发行时的市场利率（实际利率）。2017 年的利息费用为 41,781（＝1,044,518×4%）英镑，2017 年摊销的溢价金额为利息费用 41,781 英镑与利息支付 50,000 英镑之差（即 8,219 英镑）。债券的账面价值因溢价的摊销而减少；到 2017 年 12 月 31 日，债券的账面价值变为 1,036,299 英镑（期初余额 1,044,518 英镑减去当年摊销的溢价 8,219 英镑），反映出截至当时还剩余未摊销的溢价 36,299 英镑（发行时的溢价 44,518 英镑减去已摊销的 8,519 英镑）。

2018 年，公司的利息费用为 41,452（＝1,036,299×4%）英镑，即这批债券在 2018 年 1 月 1 日的账面价值与实际利率之乘积。2018 年应摊销的溢价金额为利息费用 41,452 英镑与利息支付 50,000 英镑之差（即 8,548 英镑）。到 2018 年 12 月 31 日，该批债券的账面价值为 1,027,751 英镑（期初余额 1,036,299 英镑减去当年摊销的溢价 8,548 英镑）。

下表说明了债券存续期间的利息费用、溢价摊销和账面价值（摊余成本）的计算过程。

（单位：英镑）

年	年初账面价值	利息费用（按实际利率 4% 计算）	利息支付（按票面利率 5% 计算）	折价摊销额	年末账面价值
	(a)	(b)	(c)	(d)	(e)
2017 年	1,044,518	41,781	50,000	8,219	1,036,299
2018 年	1,036,299	41,452	50,000	8,548	1,027,751
2019 年	1,027,751	41,110	50,000	8,890	1,018,861
2020 年	1,018,861	40,754	50,000	9,246	1,009,615
2021 年	1,009,615	40,385	50,000	9,615	1,000,000
合计				44,518	

问题 3 解答： 该批债券在 2017 年 12 月 31 日和 2018 年 12 月 31 日的账面价值分别为 1,036,299 英镑和 1,027,751 英镑。请注意，溢价发行债券的账面价值会随着时间的推移而减少，截至债券到期时，即 2021 年 12 月 31 日，这些债券的账面价值将等于其面值。一旦发行公司偿还了债券本金之后，债券的账面价值就变为 0 了。

问题 4 解答： 在直线法下，债券应在债券存续期内予以平均摊销。将直线法应用到本例中，溢价总额为 44,518 英镑，每年应摊销 8,903.64（＝44,518÷5）英镑。因此，直线法下的年利息费用为 41,096.36（＝50,000 – 8,903.64）英镑。

IFRS 和 US GAAP 对于如何在现金流量表中列报利息支付的要求可能有所不同。根据 IFRS，支付债券利息既可以报告为经营活动的现金流出，也可以报告为融资活动的现金流出。但如果根据 US GAAP，债券利息的支付只能报告为经营活动的现金流出。（一些财务报表使用者认为，将利息支付报告为经营活动与将债券发行所得报告为融资活动是互相矛盾的。)通常,公司不会在现金流量表中单独报告它用现金支付的利息,但根据要求,利息支付是需要单独(在附注中)进行披露的。

溢折价的摊销属于非现金项目,因此虽然会影响公司的税前利润,但对现金流量实际上不会产生影响。在现金流量表中,将净利润调整为经营活动现金净流量时,需要从净利润中加回(减去)摊销的折价(溢价)。

10.2.3　当期市场利率与公允价值报告选择权

按摊余成本(历史成本加减溢折价累计摊销额)报告债券,反映债券发行时的市场利率(即历史市场利率或实际利率)。此后,随着市场利率的波动,债券的账面价值会逐渐偏离其公允价值。当市场利率下降时,票面利率固定的债券会出现公允价值增加。因此,一家公司的经济负债可能会高于它按照摊余成本所报告的债务价值。反过来,当市场利率上升时,票面利率固定的债券会出现公允价值降低,公司的经济负债可能会低于它所报告的债务价值。使用财务报表上报告的摊余成本,可能会低估(或高估)公司的债务,基于摊余成本的财务报表金额可能会低估(或高估)公司的资产负债率和类似的杠杆比率水平。

公司可以选择按公允价值报告其金融负债。根据 IFRS,用公允价值报告的负债应指定为以公允价值计量且其变动计入当期损益的负债,相当于在 US GAAP 下的执行公允价值选择权的负债。即使公司没有选择按公允价值报告其金融负债,财务报表中可获得的公允价值信息也有所增加。IFRS 和 US GAAP 均要求公司在财务报表附注中披露公允价值,除非账面价值与公允价值非常接近,或者公允价值不能获得可靠地计量⊖。

如果选择以公允价值计量其负债,那么公司应将负债公允价值的减少报告为收益,负债公允价值的增加报告为损失。导致负债的公允价值发生变动的原因,可能是市场利率的变化,也可能是发行公司信用质量的变化,或者也可能是两者共同造成的。对于由于负债自身的信用风险发生变化而引起的公允价值变动,会计准则要求公司予以单独披露。具体来说,公司应将由于信贷风险变动而引起的公允价值变动单独计入其他综合收益当中。只有信贷风险变动之外的因素所引起的负债价值变动部分,才会确认在损益中⊖。

截至 2018 年年底,很少有公司选择以公允价值报告其金融负债,极少数做出此类选择的主要是金融行业公司。根据金融投资和衍生工具的报告准则,这类公司资产中的很大一部分已经使用了公允价值计量。当金融资产是以公允价值计量的,而金融负债不适用公允价值进行计量时,就更容易导致公司利润发生波动。这种波动是公司对金融资产和金融负债使用了不同的计量基础造成的。此外,当一项负债与特定资产相关时,如果使用了不同的计量基础,就会造成会计处理不匹配。高盛公司就选择了对其部分金融负债采用公允价值选择权进行计量。在该公司 2017 会计年度的年度报告中(第 136 页),高盛公司对它的选择进行了解释。

采用公允价值选择权的主要原因包括:

- 将经济事件及时反映到盈利中;
- 减少使用不同计量属性对利润造成的波动(例如,转移作为融资工具入账的金融工具时,按公允价值记账;而相关的担保融资在不采用公允价值选择权的情况下,只按权责发生制入账);

⊖　IFRS(IAS 第 32 号,IFRS 第 7 号和 IFRS 第 9 号)与 US GAAP(FASB ASC 主题 820 和 825)。

⊖　IFRS 第 9 号,US GAAP(FASB ASC 主题 825 和 ASU2016-01)。

● 处理简化和成本效益方面的考虑（例如，使用公允价值对混合金融工具进行同一会计处理，而不是分拆嵌入式衍生工具并对其盯准的债务进行套期会计处理）。

根据 IFRS 和 US GAAP 的要求，大多数公司都会披露其金融负债的公允价值，除非相关公允价值无法获得可靠的计量。例 10-5 列示了 ING 集团的公允价值信息披露情况，其中包括其长期债务的公允价值。

◤ 例 10-5　负债和金融工具的公允价值信息披露

ING 集团 2017 年年度报告（20-F）

ING 集团⊖2017 年 12 月 31 日和 2016 年 12 月 31 日（简要）资产负债表（仅负债部分）

（单位：百万欧元）

	2017 年	2016 年
吸收银行存款	36.8	32.0
吸收客户存款	539.8	522.9
以公允价值计量且其变动计入损益的金融负债	87.2	99.0
其他负债	18.9	20.1
已发行的债券 / 次级贷款	112.1	120.4
负债合计	**794.8**	**794.4**

以下摘取自 ING 集团的财务报表附注。

摘自附注 1　会计政策

以公允价值计量且其变动计入当期损益的金融资产与负债

……以公允价值计量且其变动计入当期损益的金融负债包括以下子类别：交易性负债、非交易性衍生工具以及由公司管理层指定为以公允价值计量且其变动计入当期损益的其他金融负债。交易性负债包括股票、债券、存款基金和衍生工具。

以公允价值计量且其变动计入当期损益的资产或负债，主要是公司为短期出售目的而购入的金融资产或金融负债，或者是由管理层直接指定的。只有在能够消除计量基础的不一致，或者相关资产和负债是按公允价值进行管理的情况下，管理层才会进行这种指定。

按摊余成本计量的金融负债

按摊余成本计量的金融负债包括以下子分类：被分类为负债的优先股、已发行的债券、次级贷款以及吸收银行存款和吸收客户存款。

按摊余成本计算的金融负债，初始确认时按发行所得（已收对价的公允价值）扣除交易成本后的余额入账，随后按摊余成本列报；扣除交易费用后的发行所得与赎回价值之间的任何差异，在负债存续期间使用实际利率法确认到利润表中。

摘自附注 16　已发行的债券

已发行的债券包括债券和其他已发行的固定利率或浮动利率的债务凭证，例如 ING 集团发行的存单和承兑票据，但次级项目除外。已发行的债券不包括按公允价

⊖　ING 集团全称为荷兰国际集团（International Netherlands Groups），是由荷兰最大的保险公司 Nationale-netherlanden 与荷兰最大的邮政银行 NBM 合并而成。因此，该公司属于金融行业，将吸收银行存款和客户存款报告为它的负债。——译者注

值计量且其变动计入当期损益的金融负债。

摘自附注 37　资产和负债的公允价值

金融负债的公允价值：2017 年 12 月 31 日和 2016 年 12 月 31 日

（单位：百万欧元）

	估算公允价值		资产负债表价值	
	2017 年	2016 年	2017 年	2016 年
金融负债				
吸收银行存款	36,868	32,352	36,821	31,964
吸收客户存款	540,547	523,850	539,828	522,908
以公允价值计量且其变动计入当期损益的金融负债				
交易性负债	73,596	83,167	73,596	83,167
非交易性衍生工具	2,331	3,541	2,331	3,541
指定为以公允价值计量且其变动计入当期损益的负债	11,215	12,266	11,215	12,266
其他负债	14,488	15,247	14,488	15,247
已发行的债券	96,736	103,559	96,086	103,234
次级贷款	16,457	17,253	15,968	17,223
	792,238	791,235	790,333	789,550

根据上述简化资产负债表信息和 ING 集团会计报告附注摘录，回答下列问题：

1. 截至 2017 年 12 月 31 日，ING 集团资产负债表上所披露的负债中，有多大比例的负债是以公允价值计量且其变动计入当期损益的负债？

2. 在 2017 年 12 月 31 日和 2016 年 12 月 31 日，对于 ING 集团的资产负债表上按摊余成本计量的负债，其账面价值与公允价值的差异百分比是多少？

问题 1 解答： 在 ING 集团 7.948 亿欧元的总负债中，有 11%（= 0.872/7.948）属于以公允价值计量且其变动计入当期损益的负债。

问题 2 解答： ING 集团将已摊余成本计量的债券报告在资产负债表"已发行的债券"行次内。根据附注 1，"已发行的债券"按摊余成本列报；附注 16 表明，该行项目包括债券和其他已发行的债务凭证，因此，可以排除"次级贷款""吸收银行存款"和"吸收客户存款"这行次的项目（在摘自附注 37 的信息中，并没有涉及列报为负债的优先股）。

根据上述来自附注 37 的信息摘录，ING 集团在各年所承担债券的公允价值都略高于其账面价值。在 2017 年 12 月 31 日，公允价值与账面价值的差异百分比为 0.7%［=（96,736/96,086）−1］；在 2016 年 12 月 31 日，该差异百分比为 0.3%［=（103,559/103,234）−1］。

10.2.4　负债的终止确认

债券发行之后，公司可任其流通至到期，也可以在其到期前就赎回（如果所发行的债券包括赎回条款的话），或者通过公开市场将其回购。如果在到期日前，债券仍流通在外，那么发行公司应在到期时向债券持有人支付债券面值，相关的债券折价或溢价在债券到期时应当已经全部被摊销，账面价值等于其面值。在到期日清偿债券时，按账面价值（面值）减记应付债券账户，同时减记现金账户相同的金额。在现金流量表上，将偿还债券本金的现金流出报告为融资活动的现金流出。

如果公司决定提前清偿债务，在债券到期前就将其赎回，那么，应按账面价值减记应付债券账户。赎回债券所需现金与债券账面价值之间的差额，确认为债券清偿损益。根据 IFRS，债务发行成本计入负债价值当中，因此是其账面价值的一部分。根据 US GAAP，债务发行成本与应付债券是分开核算的，需要在债券存续期内进行摊销。在这种情况下，赎回债券时，还需要将未摊销的债务发行成本一并结清，计入债务清偿损益当中。

例如，假定一家根据 IFRS 编报的公司以 100 英镑的价格发行了总额为 1,000 万英镑的债券，其账面价值等于面值，距离到期还有 5 年。该公司以 103 英镑的价格赎回债券，赎回成本为 1,030（= 1,000 × 103%）万英镑。因此，公司的赎回损失将为 30（= 1,000 – 1,030）万英镑。

如果债务清偿损益的数额重大，那么在利润表中就需要单独进行列报。公司通常会在其管理层讨论与分析报告和 / 或财务报表附注中披露更多关于其债务清偿的明细信息[⊖]。此外，在使用间接法编制的现金流量表中，将净利润调整为经营活动的现金净流量时，需要消除债务清偿损益对利润的影响，并将公司为赎回债券而支付的现金报告为融资活动的现金流量。（回想一下，用间接法编制现金流量表时，是以净利润为起点，然后进行必要的调整，包括扣除非经营活动导致的收益或损失，以得出经营活动产生的现金净流量。）

为说明债务的终止对财务报表的影响，请参考例 10-6 中回购应付票据的会计处理。

例 10-6　债务清偿的信息披露

假定以下信息摘录自熔岩公司（Monte Rock Inc.）2018 年度报告。在现金流量表中，该公司使用间接法将净利润调整为经营活动提供（使用）的现金净流量。

摘自　合并利润表

以 12 月 31 日为年度截止日的 2018 年、2017 年和 2016 年

（单位：美元）

	2018 年	2017 年	2016 年
收入：	⋮	⋮	⋮
收入合计	104,908,900	112,416,800	96,879,000
⋮			
经营费用合计	100,279,900	96,140,600	71,018,900
经营活动的利润	4,629,000	16,276,200	25,860,100
其他收益（费用）：			
⋮	⋮	⋮	⋮
债务清偿收益	2,345,000	—	—
⋮	⋮	⋮	⋮
其他收益（费用）净额合计	11,236,100	–14,257,000	–7,085,800
净利润	15,865,100	2,019,200	18,774,300

⊖ 我们通常使用术语 MD&A（管理层讨论与分析）来表示公司管理层关于公司的财务状况、财务状况变化和经营结果的评论。根据美国证券交易委员会的要求，在美国公开上市的公司需要披露管理层讨论与分析。不同的交易所对 MD&A 的披露要求有所区别，但有些交易所的要求与美国证券交易委员会的十分类似。国际会计准则理事会在 2010 年 12 月发布了 IFRS 实践声明"管理层评论"，这对所有根据 IFRS 进行编报的公司提供了指引。

摘自　合并现金流量表

以 12 月 31 日为年度截止日的 2018 年、2017 年和 2016 年

（单位：美元）

	2018 年	2017 年	2016 年
经营活动产生的现金流量：			
净利润	15,865,100	2,019,200	18,774,300
将净利润调整为经营活动产生（使用）的现金净流量			
⋮	⋮	⋮	⋮
债务清偿收益	−2,345,000	—	—
⋮	⋮	⋮	⋮
调整项目合计	−16,636,000	38,842,400	19,815,800
经营活动产生（使用）的现金净流量	−770,900	40,861,600	38,590,100
⋮			
融资活动产生的现金流量：			
支付的债务融资费用	−294,000	−1,526,500	−1,481,500
⋮	⋮	⋮	⋮
回购债务凭证	−2,155,000	—	−5,000,000
⋮	⋮	⋮	⋮
偿还的未担保债务	—	−31,402,960	−1,356,000

摘自　财务报表附注 8：应付债券

2014 年 12 月 12 日，本公司发行了 2,500 万美元的无担保债券……利率按伦敦同业拆借利率上浮 4% 计算，按季度支付……2018 年第 4 季度，本公司回购了面值 450 万美元的未担保债券，并通过该笔交易实现了 230 万美元的利得。

问题：

1. 清偿部分债券后，应付债券的余额将减少至：

A. 2,155,000 美元

B. 2,345,000 美元

C. 4,500,000 美元

2. 该公司为赎回这些债券一共支付了多少现金？

A. 2,155,000 美元

B. 2,345,000 美元

C. 4,500,000 美元

问题 1 解答： C 选项正确。赎回应付债券时，应按赎回债券的账面价值减记应付债券账户，该账面价值应当等于公司为清偿债券而支付的现金再加上债务清偿利得。本例中，被赎回债券的账面价值为 4,500,000 美元，是等于其面值的。该公司确认了 2,345,000 美元的债务清偿收益，说明它仅支付 2,155,000 美元就清偿了 4,500,000 美元的债务。

问题 2 解答： A 选项正确。如现金流量表所示，公司支付 2,155,000 美元用于赎回部分债券。只有当公司支付 2,155,000 美元去清偿 4,500,000 美元的债务时，才可能会确认 2,345,000 美元的收益。

10.2.5　债务契约

借款协议（债券合同）中通常包括被称为契约（covenants）的一些限制性条款，通过限制借款人的某些活动来为债权人提供保护。由于债务契约可以降低债权人的风险，从而降低借款成本，因此也是有利于借款人的。肯定性契约会通过要求某些行动来限制借款人的活动，例如，可能要求借款人保持某些财务比率的水平在某个阈值以上，或者对用作抵押的实物资产进行定期维护等。否定性契约则要求借款人不能采取某些行动，例如，可能会对借款人的投资、支付股利做出限制，或者禁止借款人做出可能对其支付利息和本金的能力产生不利影响的其他经营或战略决策。

常见的契约内容包括借款的使用范围和方式，对作为借款担保的抵押品（如果有的话）进行维护，对未来再借款的限制，以及对股利支付的限制。债务契约中还可以规定某些财务比率的最低可接受水平，例如负债 – 权益之比，流动比率或利息覆盖率等。

如果公司违反了债务契约的规定，就会构成违约。根据违约行为的严重程度和具体的合同条款的具体规定，贷款人可以选择放弃契约规定的权利、要求罚金补偿或者更高的借款利率、重新谈判或者要求立即清偿债务。在债券合同中，为所有债券持有人的利益着想，通常会规定根据已发行债券本金来计算，只要有达到某个最低百分比的债券持有人共同要求，公司就需要立即清偿其债务。

例 10-7 说明了财务报表披露（财务报表附注）中包括的与债务契约有关的常见内容。

▎例 10-7　债务契约信息披露举例

以下信息摘录自托姆公司（TORM plc）2017 年度报告（20-F），该公司是一家油轮企业，自称是世界上最大的成品油承运人之一。托姆公司是由 TORM A/S 在 2016 年重组之后成立的。

以下摘录自托姆公司 2017 年度报告中的"风险因素"部分。

> 目前的债务工具对本公司的财务和经营灵活性施加了限制。这些债务融资工具对本公司的股利支付、船舶租用、引入新债务、出售船只或拖延释放被扣押船只等经营和财务行为以债务契约方式提出了限制，未来的任何债务融资也都可能继续提出此类限制。债务工具的使用要求本公司保持各种财务比率，包括指定的最低流动性要求、最低股本要求和抵押品维护与保养要求。本公司的未来表现和公司运营船队的能力决定了公司遵守此类契约限制的能力，并且，这种能力还可能受到公司无法控制意外事件的影响，例如船只价值的波动等。如果出现这样的情况，本公司可能需要寻求贷款人的许可，以便公司采取某些行动。

> ……截至 2017 年 12 月 31 日，本公司遵守了债务融资工具所要求的全部财务契约。

以下摘录自托姆公司 2017 年度报告中的"流动性与资本资源"部分。

除其他条件外，丹麦船舶融资机构还提出了下列财务和其他契约要求：

- 贷款价值比。如果在任何时候，船舶的总市值和任何附加担保的价值低于贷款金额的 133% 减去公司存款账户和准备金账户中的信贷金额和任何附加担保物的价值，借款人和担保人应在收到书面要求后的 30 天内，提供附加担保或提前偿还贷款，以将超出的部分减为零；

- 流动性自由。最低无抵押现金和现金等价物……在 7,500 万美元和公司总债务的 5% 中取其高，其中，有 4,000 万美元必须是无抵押现金和现金等价物；
- 股权比例。市值调整后股东权益占市值调整后资产总额之比，至少应达到 25%；
- 分红。本公司被限制进行任何利润分配，包括支付股利和偿还股东借款，但……

问题：

1. 以上摘录信息中，哪些债务契约属于肯定性契约？

2. 根据以上摘录信息，该公司如果违反债务契约，其潜在后果是什么？

问题 1 解答： 以上摘录信息中，属于肯定性契约的例子来自托姆公司关于丹麦船舶融资机构的信息披露，包括：要求托姆公司保持贷款价值比，作为贷款担保的资产（船只）价值应为贷款金额的 133%；要求托姆公司保持"流动性自由"（即最低水平的现金和现金等价物）；以及股权比例至少要达到 25%。这些契约都要求发行人做到一定的标准。但股利契约则要求托姆公司不采取某些行动（即除非满足某些条件，否则不支付股利），这是一种否定性契约。此外，在风险因素摘录部分，还介绍了托姆公司债务融资中的其他负面契约，包括对租船、承担新债务或出售船只的限制等。

问题 2 解答： 托姆公司如果违反了借款契约规定——即被认定为发生了违约事件——可能导致其全部债务到期。

10.2.6 长期负债的列报与披露

在公司资产负债表的非流动（长期）负债部分，通常会包括"一年后到期的公司长期债务总额"的单行项目，并将在未来 12 个月内到期的长期债务列报为流动负债。在财务报表附注中，还提供了更多关于公司债务类型和性质的信息，利用这些附注披露，可确定公司未来现金流出的金额和时间。在附注中，一般还会说明债务的名义利率和实际利率、到期日、债权人要求的贷款限制（债务契约）及质押抵押品（如有）等信息。在附注中，有时还会披露预计未来 5 年的债务偿还计划表。

例 10-8 是美国保健品制造商强生公司（J&J）2017 年度报告中的信息摘录。

▌例 10-8 长期负债信息披露举例

表 10-1 中的信息摘录自强生公司 2017 年度报告附注 7，这是一个长期负债信息披露的举例。披露内容包括长期负债的类型和性质、账面价值、实际利率和未来 5 年的付款需求。强生公司按摊余成本报告其负债。

表 10-1　强生公司长期债务的构成　　　　　　（单位：百万美元）

	2017 年	实际利率（%）	2016 年	实际利率（%）
2017 年到期的信用债券，5.55%	—	—	1,000	5.55
2017 年到期的票据，1.125%	—	—	699	1.15
2018 年到期的信用债券，5.15%	900	5.18	899	5.18
2018 年到期的票据，1.65%	597	1.70	600	1.70
2019 年到期的票据，4.75%（10 亿欧元 1.1947）[②]/（10 亿欧元 1.0449）[③]	1,192	5.83	1,041	5.83

（续）

	2017 年	实际利率（%）	2016 年	实际利率（%）
2019 年到期的票据，1.875%	496	1.93	499	1.93
2019 年到期的票据，0.89%	300	1.75	299	1.20
2019 年到期的票据，1.125%	699	1.13	699	1.13
2020 年到期的次级可转换零息信用债券，3%	60	3.00	84	3.00
2020 年到期的信用债券，2.95%	547	3.15	546	3.15
［省略部分］				
小计	**32,174**	**3.19**[①]	**24,146**	**3.33**[①]
减：将于 1 年内到期部分	1,499		1,704	
长期负债总额	**30,675**		**22,442**	

①加权平均实际利率。
②按 2017 年 12 月 31 日的汇率计算。
③按 2017 年 1 月 1 日的汇率计算。

"长期负债的公允价值根据其市值估计，并经经纪报价及其他重要可观察资料佐证。"

"本公司在世界各地的许多银行都有大量的资金来源。2017 年 9 月，本公司获得一项新的 364 天信贷融资。公司可获得的信贷总额约为 100 亿美元，并将于 2018 年 9 月 13 日到期。根据信贷额度协议，借款的利息根据银行的出价、最优惠利率或伦敦银行同业拆借利率适当上浮计算。协议中规定的承诺费用并不重大。……在 2017 年年中，本公司继续通过商业票据市场保持流动性。截至 2017 年年底，短期借款和一年内到期的长期负债约为 39 亿美元，其中有 23 亿美元为商业票据计划借款，15 亿美元为一年内到期的长期负债，其余为跨国子公司的当地借款……"

自 2018 年起，长期债务的累计到期金额如下：

（单位：百万美元）

2018 年	2019 年	2020 年	2021 年	2022 年	2022 年以后
1,499	2,752	1,105	1,797	2,189	22,832

根据表 10-1 中的信息，回答下列问题：

1. 从 2016 年到 2017 年期间，为什么大部分列报的借款实际利率都保持不变？

2. 从 2016 年到 2017 年期间，为什么 "2019 年到期的票据，1.125%" 的账面价值未发生变化？

3. 为什么 "2019 年到期的票据，4.75%" 在 2017 年的账面价值高于 2016 年的？

问题 1 解答： 实际利率通常是债券发行时的市场利率，一般不会发生变化。

问题 2 解答： "2019 年到期的票据，1.125%" 的账面价值保持不变，这是因为这批债券在发行时的实际利率（1.13%）与票面利率大致相同，因此该票据基本是按面值发行的，所以不会有溢价或折价摊销影响票据的账面价值，如果没有公司赎回发生的话，其账面价值不会改变。

问题 3 解答： 这批票据是以欧元计价的，面值为 10 亿欧元。2017 年年末，美元兑换欧元的汇率比 2016 年年末高（分别为 1.194,7 和 1.044,9）。汇率的上浮部分地解释了票据账面价值的增长。此外，实际利率为 5.83%，高于票面利率 4.75%，说明这批票据是折价发行的。因此，随着发行时折扣的摊销，票据的账面价值也会增大。

在本章中，我们重点介绍了简单债务合同的会计处理，但其实债务合同还可以附加其他特征条款，带来更多的复杂问题。例如，可转换负债和带认股权证的负债均为更复杂的工具，兼具债务和股权特征。可转换负债赋予其持有人将债权转换为股权的权利。附认股权证的债券允许其持有人按特定价格购买发行人的普通股股份，类似于股票期权。非美国公司发行附认股权证债券的例子比较常见。例 10-9 就说明了附认股权证的债券是如何进行财务报表披露的。

▌ 例 10-9　附认股权证的债券在财务报表中的信息披露

下列信息介绍了一家公司发行附认股权证可转债的情况。

> 2018 年 2 月 1 日，本公司发行了附认股权证的可转债，将于 2024 年到期，合计本金为 300 亿元人民币（记为"附认股权证的债券"）。该批债券的利率固定为每年 0.8%，每年付息一次，以每份价格 100 元的面值发行。每一手"附认股权证的债券"由 10 份债券组成，拥有在 2020 年 3 月 3 日前的 5 个交易日内，可以认购 50.5 股本公司股份的权利，初始执行价格为每股 19.68 元，但如果发生现金股利、股份分割或合并、送红股、配股、资本分配、控制权变动和其他可能对本公司已发行的股本带来稀释效应的事件时，还需要在此价格上进一步进行调整。

问题： 如果全部的认股权证都选择了执行，则将有多少股份会被认购？

解答： 如果全部的认股权证都选择了执行，则将有 1,515,000,000 股股份被认购 [本金合计 ÷ 一手的面值 × 每手可认购股数 =（30,000,000,000/1,000）× 50.5]。

除了在财务报表附注中披露外，在管理层讨论与分析部分，一般还会提供公司资本资源的其他信息，包括债务融资和表外融资情况等。在管理层讨论与分析部分，管理层通常会对资本资源的任何有利或不利的重大趋势进行定性讨论，并指出其组合和相对成本的预期重大变化。此外，一般还会提供额外的定量信息，包括公司合同义务（如应付债券）和其他承诺（如信贷和担保额度）的汇总信息、总额和未来 5 年内的预计金额等。

10.3　租赁

租赁契约是资产所有人（**出租人，lessor**）与希望使用该资产的另一方当事人（**承租人，lessee**）之间签订的合同。根据租赁契约，出租人将资产使用权授予承租人，这种资产使用权的期限可能很长，比如 20 年，也可能很短，比如只有 1 个月。作为交换，承租人需要定期向出租人支付租赁款。因此，租赁也是一种融资方式，承租人通过这种方式买入了租赁资产的使用权。

与购买相比，租赁资产有几大好处。租赁契约通常可以为承租人提供成本较低的融资，一般只需要很少的首付款，而且通常是固定利率的。协商而成的租赁契约可能比其他形式的借款要求有较少的限制性规定。并且，由于承租人并不拥有承租资产的所有权，租赁还可以减少承租人对资产陈旧、残值和处置的风险。

10.3.1 承租人的会计处理

IFRS 和 US GAAP 对租赁的会计处理都发生了重大变化[⊖]。在采用这些准则之前，很多承租人都使用当时可接受"资产负债表外融资"的租赁结构。根据过去的规则，如果一项租赁被判断为经营租赁，承租人就不需要报告与该项租赁有关的资产和负债，只需将定期支付的租赁款报告为费用就可以了。分析师一般需要调整公司报告的负债数额，要么加入未来租赁付款额的现值，要么简单粗暴地，直接将年度租赁付款额乘以 8 计入负债。

根据 IFRS 和 US GAAP 修订后的租赁准则，承租人必须在每项租赁开始时同时确认资产和租赁负债（短期租赁除外）。在资产负债表上，承租人应报告一项"使用权资产"（right-of-use asset）和一项租赁负债，按固定租赁付款额的现值计算。

租赁开始后，承租人对租赁业务的会计处理在 IFRS 和 US GAAP 两套体系下略有不同。根据 IFRS，承租人需要在租赁开始后记录使用权资产的折旧费用，确认租赁负债的利息费用，并按已偿还租赁负债的付款部分减少租赁负债的余额。实际上，租赁的会计处理与借入一笔长期有息负债来购买一项长期资产的处理非常类似。

在 US GAAP 体系下，租赁开始后，承租人的会计处理取决于该项租赁被承租人判断为融资租赁还是经营租赁。**融资租赁**（finance lease）类似于购买资产，而**经营租赁**（operating lease）则类似于租入资产。将一项租赁判断为融资租赁的标准，主要是看拥有租赁资产的利益和风险是否已转移给了承租人[⊖]。（注意，这种分类并不影响一开始的资产和租赁负债的确认要求。）根据 US GAAP 的要求，承租人对融资租赁的会计处理与上文中介绍的 IFRS 对租赁的会计处理要求相同：承租人需要在租赁开始后即记录使用权资产的折旧费用，确认租赁负债的利息费用，并按已偿还的租赁负债部分减记租赁负债。如果属于经营租赁，那么根据 US GAAP 的要求，承租人需要确认一项单独的租赁费用，其金额等于租赁资产成本在租期内的直线分配额。

例外情况主要针对短期租赁（租期少于一年的租赁），不过 IFRS 将低价值租赁也归为例外。当适用这些例外情况时，承租人就无须同时确认资产和负债，而只需要在支付租赁款项时将其记录为费用。

在比较根据 IFRS 编报的公司与根据 US GAAP 编报的公司时，分析师应意识到，即使租赁契约的条款相同，租赁业务对公司利润表和现金流量表的影响也会不同。从承租人会计处理的角度来看，最重要的区别在于 IFRS 将所有的租赁业务视为一个类别，对每一项租入资产，都要求在租赁业务开始时确认使用权资产和租赁负债，并在后续使用过程中将租赁付款区分为折旧费用和利息费用。但是，如果按照 US GAAP，只有在融资租赁的情况下，承租人才需要单独报告折旧费用和利息费用；对于经营租赁，承租人只报告单项租赁费用即可。在现金流量表上，IFRS 允许公司将利息支付报告为经营活动、投资活动或者融资活动的现金流量；但 US GAAP 与 IFRS 不同，它要求公司的利息支付只能报告为一项经营活动现金流量。

⊖ IFRS 16［租赁］在 2016 年 1 月发布，并于 2019 年 1 月 1 日生效。FASB ASC 主题 842［租赁］在 2016 年 2 月发布，编号为 ASU 2016-02，并从 2018 年 12 月 15 日之后的会计年度开始生效。此前的会计准则并没有要求承租人将经营租赁同时确认为资产和负债。

⊖ 符合下列任何一项标准的租赁业务，承租人可将其判断为融资租赁：①将资产的所有权转移给承租人；②包括低价购买的选择权；③租赁期涵盖资产使用寿命的绝大部分；④涉及的租赁付款额已等于或者超过了资产的公允价值；⑤所租赁的资产非常特殊，以至于在租赁结束后对出租人没有其他替代用途。

▎例 10-10　承租人的会计处理

一位分析师正在比较两家公司的财务业绩，其中一家公司是根据 IFRS 编报的，而另一家则是根据 US GAAP 编报的。两家公司都在经营活动中广泛使用了租赁建筑物和设备。假设两家公司订立了相同的长期租赁合同，租入的资产也相同，请问，下列哪一选项最可能会由于两家公司所采用的会计标准不同而出现差异？（假设租赁资产中不包含 IFRS 所规定的"低价值租赁"例外情况。）

A. 资产总计

B. 负债总计

C. 经营活动现金流量

解答： C 选项正确。因为 IFRS 要求将所有租赁的利息费用合在一起单独进行报告，并进一步允许公司在现金流量表中选择将利息支付报告为经营活动、投资活动或融资活动的现金流量。A 选项和 B 选项都不正确，因为对于租赁期在 1 年以上的租赁，IFRS 和 US GAAP 都要求承租人自租赁开始后就确认使用权资产和租赁负债，因此资产总计和负债总计不应当出现太大差别。

10.3.2　出租人的会计处理

IFRS 要求出租人将租赁业务区分为融资租赁和经营租赁。对融资租赁业务，出租人应在租赁开始时就终止确认被租赁的资产，同时按应收租赁款和相关残值确认一项租赁资产。此外，如果出租人是制造商或经销商，则需要按被租赁资产的价值确认收入，按被租赁资产的账面价值确认商品销售成本，两者之差体现为销售利润或亏损。接下来，出租人应在租赁期内确认融资租赁的融资收入。如果是经营租赁业务，出租人应将收到的租金确认为收入，并将相关成本（包括租赁资产的折旧）确认为费用。

US GAAP 要求出租人将租赁业务区分为三类：销售型、经营型或直接融资型，其分类标准与承租人判断所租赁资产的利益和风险是否与已转移时的标准相同。如果这些标准中的任何一条可以得到满足，出租人都可以将该笔租赁业务分类为销售型租赁，不过前提是假定未来的租赁付款可以收到。

如果从任何一条标准来看，都无法确定与租赁资产相关的利益和风险已转移给承租人，或者，如果在未来收取租赁付款额的权利不能得到合理的保证，那么，就应当视同出租人继续有效地拥有被租赁的资产，因此在租赁开始时不应当确认任何销售利润。在这种情况下，出租人应将该项租赁进一步区分为经营租赁或**直接融资租赁**（direct financing lease）。在 US GAAP 体系下，出租人对经营租赁的会计处理与 IFRS 的类似：出租人需要在租赁期内将租赁收款确认为收入，并将相关成本（包括租赁资产的折旧）确认为费用。

当一项租赁业务因不符合所有权转移标准而不能被视为销售型租赁，但出租人依赖未来的租赁收款来收回资产成本时，就可以判断这是直接融资租赁。融资租赁能"有效地将出租人因基础资产所有权而产生的风险（即资产风险）转化为信用风险$^\ominus$。"根据 US GAAP，租赁合同规定了第三方担保残值，如果该残值与承租人在未来将支付的租赁付款额之和等于或大于租赁资产的公允价值，则这种租赁就可视为直接融资租赁。

$\ominus$　FASB 会计准则更新公告 2016-02 租赁（主题 842）第 C 部分——背景信息与结论基础。

虽然 IFRS 和 US GAAP 在出租人会计处理方面的差异不如承租人会计处理方面的差异大，但分析师了解分类差异对公司财务报表的影响仍是有益的。由于 IFRS 并没有区分**销售型租赁**（sales-type leases）和直接融资租赁，因此只要一项租赁不属于经营租赁，按照 IFRS 进行编报的出租人就可在租赁开始时确认销售利润。相比之下，对根据 US GAAP 编报的出租人来说，只有销售型租赁才能在销售开始时确认销售利润。

表 10-2 中总结了 IFRS 和 US GAAP 对租赁业务的财务报告要求。

表 10-2　承租人和出租人对租赁业务的会计处理：财务报表影响

	资产负债表	利润表	现金流量表
承租人			
IFRS 下所有的租赁业务和 US GAAP 下的融资租赁	确认使用权资产和租赁负债	报告使用权资产的折旧费用； 报告租赁负债的利息费用	将租赁负债的减少报告为融资活动的现金流出量； 在 IFRS 下，租赁付款额中的利息部分可报告为经营活动的现金流出或者融资活动的现金流出，但根据 US GAAP，只能报告为经营活动的现金流出
US GAAP 下的经营租赁	确认使用权资产和租赁负债	报告一项租赁费用（按直线法对租赁成本进行分配的结果）	将全部现金付款额确认为经营活动的现金流出量
例外：短期租赁和 IFRS 下的低价值租赁	无影响	报告租赁费用	将租金支付报告为经营活动的现金流出量
出租人			
IFRS 和 US GAAP 下的经营租赁	在资产负债表中继续报告资产	报告租赁收益； 报告被租资产的折旧费用	将收到的租金报告为经营活动的现金流入量
IFRS 下的融资租赁和 US GAAP 下的销售型租赁	在资产负债表上不再报告租出的资产 确认与租赁业务相关的资产（应收租金和残值）	报告与应收租金有关的利息收入 如适用的话，报告收入、销售成本与销售利润	根据 IFRS，将收到租金中所包含的利息部分报告为经营活动的现金流入或者投资活动的现金流入；根据 US GAAP，则报告为经营活动的现金流入； 租赁本金的收取报告为投资活动的现金流入[①]
US GAAP 下的直接融资租赁	在资产负债表上不再报告租出的资产； 确认应收租金	报告与应收租金有关的利息收入	根据 US GAAP，将收到租金中的利息部分报告为经营活动的现金流入； 将收到的租赁本金报告为投资活动的现金流入[①]

①如果提供租赁服务属于公司正常经营活动的一部分，那么与租赁相关的现金流量应报告为经营活动现金流量。

10.4　养老金与其他离职后福利介绍

许多公司报告的非流动负债中都包括养老金和其他离职后福利。公司可能为退休后的雇员提供各种福利，如养老金计划、医疗保健计划、医疗保险和人寿保险。通常，养老金计划是公司向退休员工提供的最重要的离职后福利。

养老金计划的会计处理和报告取决于其类型。**设定提存计划**（defined contribution pension plans）和**设定受益计划**（defined benefit pension plans）是两类最常见的养老金计划。所谓设定提存计划，就是公司将约定的（设定的）金额提存到计划中，该约定的金额即为养老金费用。公司提存到该计划的现金被报告为经营活动的现金流出，对资产和负债的唯一影响表现为现金减少，不过如果截至年末时还有约定的金额未支付，则将在资产负债表中确认为一项负债。因为提存的金额是确定的，一旦提存以后，公司就没有进一步的义务了，因此设定提存计划的会计处理是非常简单的。

设定受益计划的会计处理要复杂得多。在设定受益计划下，公司承诺在员工退休期间向其支付的未来福利。例如，一家公司可以向一名员工承诺，每年向他支付的养老金将等于他退休时最终工资的 70%，直到员工身故离世。对于这类承诺所导致的最终支付义务，公司需要进行很多的假设才能估算出其最终的金额，比如员工退休时的预期工资水平，以及员工退休后的预期寿命等。通过估算将要支付的金额，然后将预计的付款额进行折现（使用相当于高质量债券收益率水平的折现率），才能确定出养老金义务的规模来。计算过程中所使用的折现率对养老金义务的规模确定具有非常重大的影响。在员工就业期间，公司需要将养老金义务进行分配，作为各期的养老金费用。

大多数设定受益计划都是通过一个单独的法律实体来管理的，通常为一个养老金信托基金。公司向养老信托基金支付款项，退休人员从基金中获得支付。而基金负责将公司支付的款项用作投资，直到需要向退休人员进行支付时。如果基金资产的公允价值高于估算养老金义务的现值，则该计划出现盈余，在公司的资产负债表上将反映养老金资产净值[⊖]。相反，如果估算养老金义务的现值大于基金资产的价值，则该计划出现赤字，在公司的资产负债表上将反映养老金负债净值[⊜]。因此，公司要么会报告养老金资产净值，要么会报告养老金负债净值。每个会计期间，需要将养老金资产或负债净值的变动计入当期损益或其他综合收益中。

根据 IFRS，导致养老金资产或负债净值在每个会计期间发生变动的原因，一般有三个，其中两个在当期损益中确认为养老金费用：①员工服务成本；②期初养老金资产或负债净值的应计利息费用或利息收益净额。雇员在会计期间内的服务成本，是他为公司多提供了一年服务而获得养老金福利增加的现值。服务成本中还包括过去服务成本变动的影响，即与员工以前所提供服务有关的估计养老金义务的现值变化，例如，因计划调整而带来的变化等。利息费用或收益净额代表设定受益养老金资产或负债净值的变动，按养老金资产或负债净值乘以估算养老金义务现值时使用的折现率来进行计算。导致会计期间内养老金资产或负债净值发生变动的第三个原因是"重新计量"，应确认在其他综合收益当中，且不会随时间推移而摊销计入损益。

重新计量的影响：①精算利得或损失；②计划资产的实际回报，扣除包括在利息费用或收益中的金额。当公司估算养老金义务所依据的假设（如员工流失率、死亡率、退休年龄、薪酬增长等）发生变化时，就会发生精算利得或损失。计划资产的实际回报包括利息收入、

_⊖ 公司列报的养老金资产净值需以该养老金给本公司带来的预期未来经济利益为上限，该上限被称为资产上限。

_⊜ 本章介绍的养老金会计处理遵循 2011 年 6 月颁布、从 2013 年 1 月 1 日起生效的 IAS 第 19 号《雇员福利》版本。IFRS 和 US GAAP 均要求公司在资产负债表上列报养老金负债净值或资产净值。

股利收入和源自计划资产的其他收益，包括已实现的损益和未实现损益。实际回报通常不同于利息费用或收益净额中的金额，后者是按高质量公司债券收益率水平的利率进行计算的；而计划资产一般会被分为各种不同的资产类别，包括股票和债券等。

根据 US GAAP，会计期间内养老金资产或负债净值的变动被区分为五个部分，其中一些在发生时就计入损益，一些计入其他综合收益，且随着时间的推移，需要摊销进入损益。在发生时就计入损益的三个部分：①本期员工的服务成本；②按期初养老金义务计算的应计利息费用；③计划资产的预期收益，即已确认费用的减少金额。另外两个部分是过往服务费用和精算损益。过往服务费用在产生时先计入其他综合收益，然后在计划涵盖的员工未来服务期间内摊销为养老金费用。精算损益通常也在发生时先计入其他综合收益，然后随着时间的推移再摊销为养老金费用。实际上，这种处理允许公司"平滑"了后两个部分内容对养老金费用的影响。US GAAP 确实也允许公司将精算利得或损失立即反映在当期损益中。

与制造行业其他形式的员工薪酬类似，与生产工人相关的养老金费用是计入存货价值的，并通过存货的销售再计入费用（销货成本）。对于没有直接参与生产过程的员工，其养老金费用计入工资和其他管理费用中。因此，养老金费用并没有直接在利润表中进行单独列报，但在财务报表附注中，进行了广泛的披露。

例 10-11 摘录了 BT 集团截至 2018 年 3 月 31 日的年度报告中资产负债表和与养老金相关的信息披露内容。

▌ 例 10-11　BT 集团：资产负债表信息摘录

以下信息摘录自 BT 集团截至 2018 年 3 月 31 日年度报告中的资产负债表，BT 集团按照 IFRS 进行编报。

（单位：百万英镑）

非流动负债	2018 年 3 月 31 日	2017 年 3 月 31 日	2016 年 3 月 31 日
贷款与其他借款	11,994	10,081	11,025
衍生金融工具	787	869	863
养老金福利义务	6,371	9,088	6,382
其他应付项目	1,326	1,298	1,106
递延所得税负债	1,340	1,240	1,262
长期准备金	452	536	565
非流动负债合计	22,270	23,112	21,203

与养老金相关的信息披露

以下与养老金相关的信息披露内容摘录自 BT 集团 2018 年度报告。

附注 3　"重大会计政策"摘录

退休后福利

本集团有关养老的债务净额为设定受益计划的现值减去计划资产的公允价值。

债务计算由具备相关资格的精算师在资产负债表日根据预计单位积分法和主要精算假定进行。

利润表中的费用在经营费用和净融资收益或费用之间进行分配。经营费用反映在职员工本期赚取的养老金、管理计划的费用以及由于过去的服务费用变动（如因削减或结算而产生的费用）导致公司设定受益义务的增加。净融资收益或费用反映根据按年初折现率计算的集团资产负债表中养老金负债净值的利息。精算利得或亏损在发生时全额确认，并列报于本集团的综合收益表中。

本集团亦有设定提存养老金计划，该计划的全年应付金额在利润表中确认为费用。

附注 20　与设定受益计划相关的"养老金福利计划"信息　　　　　　（单位：百万英镑）

	2018 年	2017 年	2016 年
负债的现值	**57,327**	60,200	50,350
计划资产的公允价值	**50,956**	51,112	43,968

利用上述摘录信息，回答下列问题：

1. BT 集团持有哪些类型的养老金计划？
2. 在 BT 集团的非流动负债中，与养老金福利相关的负债占比为多少？
3. 说明 BT 集团的养老金福利义务是如何计算的？

问题 1 解答： 附注 3 "重大会计政策"部分说明，该公司同时持有设定提存计划和设定受益计划。

问题 2 解答： 在 2018 年、2017 年和 2016 年，与养老金福利相关的负债分别占当年非流动负债总额的 29%、39% 和 30%。以 2018 年的数据为例，该占比为 29%（= 6,371/22,270）。

问题 3 解答： 附注 3 "重大会计政策"部分指出，BT 集团的养老金福利义务是用设定受益计划的现值减去计划资产的公允价值来计算的。

根据附注 20 "养老金福利计划"中的数据，可计算出每年的养老金福利义务。以 2018年为例，该数据为 6,371（= 57,327 − 50,956）。

10.5　清偿能力评价：杠杆比率与覆盖比率

清偿能力是指公司履行其长期偿债义务的能力，包括偿还本金和利息。在评估一家公司的清偿能力时，比率分析可以告诉我们负债在公司资本结构中所占的相对比例，以及公司的利润和现金流量是否足以支付到期的利息费用和其他固定支出（如租赁或租金支付）。在评价一家公司的业绩发展趋势和与其他公司或行业指标进行比较时，财务比率可以发挥较大的作用。比率分析的优点是可以不受公司规模和报告货币的影响，有利于公司之间的比较。

清偿能力比率的两大主要类型是杠杆比率和覆盖比率。杠杆比率侧重资产负债表数据，衡量一家公司在多大程度上使用了负债融资。覆盖比率侧重利润表和现金流量，衡量一家公司与债务相关的付款能力。

表 10-3 介绍了两类常用的清偿能力比率。前面三个杠杆比率使用债务总额为分子[⊖]。债

⊖　在本章的计算中，债务总额是指计息的短期负债和长期负债之和，不包括预提费用、应付账款和递延所得税等非计息负债。债务总额的这个定义不同于其他更具包容性的定义（例如，所有负债）或更具限制性的定义（例如，仅长期债务）。如果使用不同的债务总额定义会使关于公司清偿能力的结论发生重大改变，则应进一步调查为什么会出现这种情况。

务资产比（debt-to-assets）说明公司总资产中，有多大比例是依靠债务融资取得的。一般来说，该比值越高，公司的财务风险越大，因而清偿能力越弱。**债务资本比**（debt-to-capital ratio）衡量债务在公司总资本（债务与股东权益之和）中所占的比重。**债务权益比**（debt-to-equity ratio）衡量债务融资相对于股权融资的比例关系。如果债务权益比为 1.0，说明债务融资额和股权融资额是相等的，此时公司的债务资本比将为 50%。对这些比率的解释是相似的。较高的债务资本比或债务权益比意味着较弱的偿债能力。我们在比较不同国家公司的债务比率时，一定要非常警惕，因为在某些国家，公司从债务融资中获取的资本历来就多于股权融资，所以在这些国家中，公司的负债率往往较高。

表 10-3　常用清偿能力比率的定义

清偿能力比率	分子	分母
杠杆比率		
债务资产比	债务总额[①]	资产总额
债务资本比	债务总额[①]	债务总额[①] + 股东权益总额
债务权益比	债务总额[①]	股东权益总额
财务杠杆比率	平均资产总额	平均股东权益总额
覆盖比率		
利息覆盖比率	EBIT[②]	利息支付需求
固定支出覆盖比率	EBIT[②] + 租赁付款额	利息支付需求 + 租赁付款额

①在本章中，"债务"被定义为计息的短期负债和长期负债之和。
②EBIT 表示息税前利润。

　　财务杠杆比率（financial leverage ratio，也称"杠杆率"或"权益乘数"）衡量了一个货币单位的股东权益所支持的总资产金额。举例来说，如果财务杠杆比率为 4，则意味着每 1 欧元的股权投资支撑着 4 欧元的总资产。财务杠杆比率越高，说明公司在利用债务和其他负债融资的杠杆率越大。这个比率通常用平均总资产和平均股东权益额之比来定义，在杜邦分析体系的指标分解中，这个比率起着重要作用[⊖]。

　　利息覆盖率（interest coverage ratio）衡量公司的息税前利润可以用来支付利息的倍数。利息覆盖比率越高，说明公司的偿债能力越强，公司通过经营获利来偿还债务的可靠程度越有保障。**固定支出覆盖率**将公司的固定融资费用或债务与其创造的现金流量相联系，衡量用一家公司的利润（扣除利息、所得税和租赁付款前）去支付其利息费用和租赁付款的保障倍数。

　　例 10-12 演示了清偿能力比率在评价公司信用可靠程度方面的应用情况。

▍例 10-12　清偿能力评价

　　一位信用分析师正在评估和比较两家公司的债务清偿能力——英国电信集团（BT Group）和西班牙电信公司（Telefonica S A）。下列数据来自两家公司 2017 年度报告（两家公司所用的项目标题可能有不一致）：

　　⊖　最基本的杜邦比率分解为：净资产收益率 = 净利润 / 平均股东权益 =（销售收入 / 平均总资产）×（净利润 / 销售收入）×（平均总资产 / 平均股东权益）。

	英国电信集团（单位：百万英镑）		西班牙电信公司（单位：百万欧元）	
	2018 年 3 月 31 日	2017 年 3 月 31 日	2017 年 12 月 31 日	2016 年 12 月 31 日
短期借款	2,281	2,632	9,414	14,749
长期负债	11,994	10,081	46,332	45,612
股东权益合计	10,304	8,335	26,618	28,385
资产总计	42,759	42,372	115,066	123,641
EBIT[①]	3,381	3,167	6,791	5,469
利息费用	776	817	3,363	4,476

①两家公司的 EBIT 都用经营利润（或经营收益）代替。

根据上述信息，请回答下列问题：

1. 关于英国电信集团和西班牙电信公司的杠杆比率：

A. 2017 年和 2016 年，两家公司的债务资产比、债务资本比和债务权益比各为多少？

B. 对两家公司的杠杆比率所发生的年度变化趋势发表你的意见。

C. 比较英国电信集团和西班牙电信公司的杠杆比率，说说你的看法。

2. 关于英国电信集团和西班牙电信公司的覆盖比率：

A. 两家公司在 2017 年和 2016 年的利息覆盖比率分别为多少？

B. 针对两家公司的利息覆盖比率所发生的年度变化说说你的看法。

C. 对英国电信集团和西班牙电信公司的利息覆盖比率进行比较。

问题 1 解答：

A. 两家公司的债务资产比、债务资本比和债务权益比如下，用每家公司最近一年数据举例，并将其计算过程附后。

	英国电信集团		西班牙电信公司	
	2018 年 3 月 31 日	2017 年 3 月 31 日	2017 年 12 月 31 日	2016 年 12 月 31 日
债务资产比	33.4%	30.0%	48.4%	48.8%
债务资本比	58.1%	60.4%	67.7%	68.0%
债务权益比	1.39	1.53	2.09	2.13

	英国电信集团	西班牙电信公司
	2018 年 3 月 31 日	2017 年 12 月 31 日
债务资产比	**33.4% = (2,281 + 11,994)/42,759**	**48.4% = (9,414 + 46,332)/115,066**
债务资本比	**58.1% = (2,281 + 11,994)/(2,281 + 11,994 + 10,304)**	**67.7% = (9,414 + 46,332)/(9,414 + 46,332 + 26,618)**
债务权益比	**1.39 = (2,281 + 11,994)/10,304**	**2.09 = (9,414 + 46,332)/26,618**

B. 英国电信集团的债务资产比上升，而债务资本比和债务权益比均下降，后两个比率下降的原因主要在于该集团的股东权益总额增加，显示其清偿能力有所增强。此外，我们观察到英国电信集团减少了短期借款，增加了长期债务。

西班牙电信公司在 2017 年的杠杆比率与其在 2016 年的水平相当，只略低一点。与英国电信集团类似，西班牙电信公司在 2017 年也从短期借款转向了长期债务。

C. 在这两年里，英国电信集团的三个杠杆比率都低于西班牙电信公司。根据这些比率判断，英国电信集团相对于西班牙电信公司有更高的清偿能力。

问题 2 解答：

A. 两家公司的利息覆盖比率如下，用每家公司最近一年数据举例，并将其计算过程附后。

	英国电信集团		西班牙电信公司	
	2018 年 3 月 31 日	2017 年 3 月 31 日	2017 年 12 月 31 日	2016 年 12 月 31 日
利息覆盖比率	4.36	3.88	2.02	1.22

	英国电信集团	西班牙电信公司
	2018 年 3 月 31 日	2017 年 12 月 31 日
利息覆盖比率	4.36 = 3,381/776	2.02 = 6,791/3,363

B. 两家公司自 2017 年到 2018 年的利息覆盖比率都有所上升，说明它们的清偿能力正在改善，这与问题 1 中财务比率的分析结论是一致的。两家公司都具有足够的经营利润去覆盖它们的利息支付。

C. 英国电信集团的利息保障能力大于西班牙电信公司的，尽管两家公司都有足够的经营利润保障它们的利息支付。这种比较说明英国电信集团的财务实力比西班牙电信公司的更强大，这与问题 1 中财务比率分析的结论相一致。

10.6 本章小结

非流动负债具有不同的融资来源和不同类型的债权人，例如债券就是通过债务市场融资的一种常见形式。非流动负债的会计处理和报告要点包括：

- 发行债券能获得的销售收入取决于按发行时的市场利率（实际利率）对未来现金付款额进行折现所得到的现值，财务报告中的债务利息费用是按照实际利率来计算的；
- 债券的未来现金支付一般包括定期的利息支付（按设定利率或票面利率）和债券到期时的本金偿还；
- 当市场利率等于债券的票面利率时，债券将按面值（即与面值相等的价格）出售。当市场利率高于债券的票面利率时，债券将折价出售。当市场利率低于债券的票面利率时，债券将溢价出售；
- 发行人在债券存续期内摊销债券的发行折价或溢价；
- 如果公司在债券到期前就选择赎回，那么它需要报告债务清偿损益，计算方法是用债券的账面价值（包括 IFRS 允许列报的债券发行成本）减去赎回债券时需要的金额；
- 债务契约会对借款人施加限制，例如对未来借款的限制，或者要求借款人保持债务权益比的最低水平等；
- 债券的账面价值通常就是其摊余成本，与其公允价值不一定相等；
- 公司需要披露金融负债的公允价值。不过，很少有公司会在资产负债表中以公允价值报告其负债，虽然这样做是被允许的；
- 从 2019 年开始，承租人对所有超过 1 年的租赁，都需要报告使用权资产和租赁负债。根据 IFRS，如果租赁资产的价值较低，也允许例外处理：
  - 租赁开始后，根据 IFRS，承租人将在利润表上报告使用权资产的折旧费用和租赁负债的利息费用；如果根据 US GAAP，则只有融资租赁需要这样报告；

- 对承租人来说，如果执行 US GAAP，则仍需要区分融资租赁和经营租赁；但如果执行 IFRS，则不再强调此类区分。如果执行 US GAAP，那么承租人对于经营租赁就只需要在利润表上单独报告租金费用；

- 根据 IFRS，出租人需要判断一项租赁是属于融资租赁还是经营租赁。如果租赁"实质上转移了与资产所有权相关的所有风险和报酬"，则应判断为融资租赁，否则应判断为经营租赁。对于融资租赁，出租人需要终止确认相关租赁资产，同时确认应收租赁款，并在适用的情况下确认销售利润。对于经营租赁，出租人无须终止确认相关资产，只需将租金收款确认为收入即可；

- US GAAP 要求出租人将租赁业务区分为三类：销售型、经营型或直接融资型。在 US GAAP 下，出租人对经营租赁的分类和会计处理要求与在 IFRS 下的类似。对于销售型租赁和直接融资型租赁，出租人需要终止确认标的资产，并同时确认应收租赁款；但是，只有对于销售型租赁，出租人才能确认销售利润；

- 养老金计划有两种类型，即设定提存计划和设定受益计划。在设定提存计划下，公司对计划的缴款数额是特定的（即设定的），而计划最终将向员工支付的养老金金额（由退休人员领取）取决于计划资产的表现。在设定受益计划下，通常会根据福利公式来确定计划最终将支付的养老金金额（由退休人员领取）；

- 在设定提存计划下，公司应将向该计划缴存的现金计作养老金费用；

- IFRS 和 US GAAP 均要求公司报告其设定受益计划支付义务与资产负债表中养老金资产或负债之间的差额，并将资金不足的设定受益计划列报为非流动负债；

- 根据 IFRS，应将设定受益计划资产或负债净值的变动确认为期间费用，按照导致变动的原因，将其中两种（服务成本和利息费用或收益净额）计入当期损益，而另一种（重新计量）则计入其他综合收益；

- 根据 US GAAP，也需要将设定受益计划资产或负债的净值变动确认为期间费用，其中，由三种原因（当期服务成本、期初养老金义务的利息费用和计划资产的预期回报）所导致的变动在损益中确认，另两种原因（过去服务成本和精算损益）所导致的变动通常在其他综合收益中确认；

- 清偿能力是指公司履行其长期债务义务的能力；

- 在评估公司的清偿能力时，杠杆比率侧重于资产负债表数据，衡量债务融资相对于股权融资的比例；

- 在评价公司的清偿能力时，覆盖比率侧重于利润表和现金流，衡量公司支付利息的能力。

财务报告质量

杰克·T. 切谢尔斯基，注册会计师，特许金融分析师

伊莱恩·亨利，博士，特许金融分析师

托马斯·I. 塞林，博士，注册会计师

学习目标

- 区分财务报告质量和报告结果（包括利润、现金流量和资产负债表项目）的质量；
- 说明评估财务报告质量的范围；
- 区分保守型会计和激进型会计；
- 说明可能诱使管理层发布低质量财务报告的动机；
- 说明容易导致管理层发布低质量，甚至欺诈性财务报告的条件；
- 说明财务报告质量的决定机制以及这些机制的潜在限制；
- 说明可用于影响分析师意见的列报选择，包括 non-GAAP 指标；
- 描述可用于管理利润、现金流和资产负债表项目的会计方法（选择和估计）；
- 说明会计警示信号和侦测财务报告信息操纵的方法。

11.1 概述

　　理想情况下，分析师总是能够获得规范编制的财务报告，这些编报规范由国际会计准则理事会和财务会计准则委员会等机构负责制定，并且不受操纵。但在实践中，财务报告的质量仍可能出现较大差异。高质量的财务报告能为分析师提供有助于评估公司业绩和前景的信息，而低质量的财务报告则包含不准确、误导性或不完整的信息。

　　财务报告质量的严重失误已造成了一些众所周知的丑闻，这不仅导致投资者损失，而且还打击了人们对金融系统的信心。如果能够准确地评估财务报告的质量，那么，财务报表使用者就能更好地避免损失。上述丑闻的发生，说明了分析师所面临的挑战，以及如果未能正确识别误导性或不准确的财务报告，所可能承担的潜在成本[⊖]。错误报告的案例有助于让分析

　　⊖　在本章中，所介绍的误导性或不准确的财务报告案例均发生在前几年——这并不是因为目前没有可疑财务报告的案例，而是因为这些历史案例目前已经得到了证实。

师发现可能表明财务报告质量存疑的各种警示信号。

本章讨论**财务报告质量**，涉及财务报告中包括附注披露内容在内的信息质量。高质量的报告能提供有用的信息，这些信息是与决策需求相关的，并能忠实反映公司在报告期内活动的经济现实和公司在会计期末的财务状况。说到质量，还有一个独立但又与此相关的话题，就是**报告结果的质量**，或者说，是**盈利质量**，它是指公司通过实际经济活动所创造的利润和现金流，以及相应的财务状况情况。在实践中，"盈利质量"一词很常用，并且被广泛地用于指代包括利润、现金流和 / 或资产负债表项目的质量。高质量的盈利产生于公司在未来仍可持续的活动，能为公司的投资提供足够的回报。盈利质量与财务报告质量这两个概念是相互联系的，因为只有在财务报告质量满足一定的基本水平时，才可能对盈利质量进行正确的评估。超出这一基本水平，随着报告质量的提高，财务报表使用者正确评价盈利质量和对未来业绩做出准确预测的能力也会逐渐提高。

第 11.2 节梳理了与财务报告质量有关的概念；第 11.3 节讨论可能诱导管理层发布低质量财务报告的动机和条件，以及财务报告质量的规范机制。第 11.4 节介绍管理层可能做出的、会影响财务报告质量的选择——列报选择、会计方法和会计估计等，以及低质量财务报告的警示信号。

11.2　概念介绍

正如概述中所提到的，财务报告质量与盈利（业绩）质量是相互关联的两个质量属性。表 11-1 说明了它们之间的关联与应用。

表 11-1　财务报告质量与盈利（业绩）质量的关系

		财务报告质量	
		低	高
盈利（业绩）质量	高	低质量的财务报告会阻碍对盈利质量做出正确评价，且不利于估值	高质量的财务报告有利于财务评价。盈利质量越高，越能增加公司价值
	低		高质量的财务报告有利于财务评价。盈利质量越低，越会降低公司价值

如表 11-1 所示，如果财务报告质量低，那么它所提供的信息对于公司业绩评价、投资和其他决策的用处不会很大。

财务报告质量因公司而异。高质量报告能提供相关、完整、中立和无误的信息，而最低质量报告甚至是提供完全捏造的信息。盈利（业绩）质量可能从高且可持续到低且不可持续。资源提供者当然会偏好高且可持续的盈利。将财务报告质量和盈利质量这两个质量概念结合起来，从用户的角度来看，财务报告的整体质量可以被认为是从最高到最低的连续统一体。图 11-1 提供了一个质量分布范围，可作为评价财务报告质量优劣的基础。该分布范围从高质量财务报告和反映高且可持续盈利质量的报告，到因财务报告质量差而无用的报告。

11.2.1　遵从公认会计原则，决策有用，可持续，且回报充分

在图 11-1 中，标为"遵从公认会计原则，决策有用，可持续，且回报充分"的财务报告在质量分布范围顶端，它是能提供高质量盈利等有用信息的高质量报告。

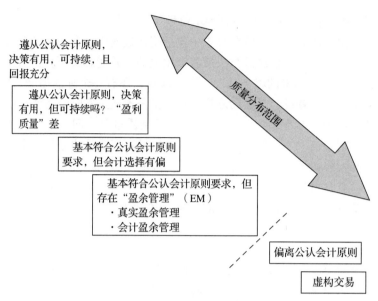

图 11-1 财务报告的质量分布

- 高质量的财务报告会遵从司法管辖区内的公认会计原则，如 IFRS、US GAAP 或其他原籍国的公认会计原则。该图使用"公认会计原则"（GAAP）一词泛指公司管辖范围内可接受的会计准则；
- 除了遵从公认会计原则外，高质量的财务报告还体现出决策有用信息的特征，如概念框架中所定义的那些[⊖]。回顾一下，决策有用信息的基本特征是相关性和如实表述，其中，相关的信息被定义为能够对决策施加影响的信息，其中包含了重要性的概念。（如果"遗漏或错误陈述某信息可能影响用户根据特定报告实体的财务信息做出的决定"，则该信息就被认为是重要的[⊖]。）而如实表述则指对经济事件的表达是完整的、中立的和没有错误的。

在概念框架中，还列出了有用信息的增强性特征，包括：可比性、可核查性、及时性和可理解性。当然，理想的会计信息特征是需要权衡的。例如，财务报告必须平衡下列目标：提供信息的速度要足够快，以便满足及时性和相关性；但又不能为了追求快而出现错误。财务报告必须平衡信息完整的目标，但又不能详尽到包括很多非实质性的信息。当上述考虑和其他一些权衡能以一种公正、符合技术要求的方式展开时，就能报告出高质量的信息。

- 高质量的盈利表明投资回报的水平是充足的，并且源自公司在未来仍可持续的活动。只有充足的投资回报，才能覆盖公司的投资成本，收获等于或超过预期的投资回报。所谓可持续的活动和可持续的盈利，是指那些预期在未来还能重现的活动和盈利。可持续的盈利能提供重组的投资报酬，提升公司和公司所发行证券的估值。

⊖ IFRS 和 US GAAP 关于决策有用信息的特征是相同的。2010 年 9 月，国际会计准则理事会通过了《财务报告概念框架》，取代了《财务报表编制和列报框架》（1989）。该概念框架是 IASB 和 FASB 关于更新框架联合趋同项目的部分成果。概念框架（2010）包含两个更新的章节："财务报告的目标"和"决策有用信息的质量特征"。概念框架中的其余内容源自框架（1989），并将随着项目的完成而更新。同样也是在 2010 年 9 月，FASB 发布了第 8 号概念公报"财务报告的概念框架"，以取代概念公报 1 和公报 2。

⊖ 文字来自于概念框架。

11.2.2　遵从公认会计原则，决策有用，但可持续吗

图 11-1 中第二个层次"遵从公认会计原则，决策有用，但可持续吗"指的是高质量的报告能提供有用的信息，但这些信息反映出公司的业绩或盈利是不可持续的（盈利质量较低）。盈利难以持续的原因，是公司预计在未来难以得到类似水平的投资回报，或者盈利虽然是可以复制的，但难以产生足够的投资回报使公司的运营得以维持。在这两种情况下，盈利质量都不高。不过，即使所报告的经济现实质量不高，但财务报告仍然可以是高质量的。例如，一家亏损公司，或者虽然盈利但不能提供充足的投资回报，或者盈利主要来自非经营性活动，就可能出现这样的情况。在高质量、能提供决策有用信息的财务报告中，也可能描述的是相对不受欢迎的经济现实。

在表 11-2 中，摘录了日本的丰田汽车公司在 2014 年第一季度的经营业绩。正如《华尔街日报》的一篇文章所强调的[○]，该公司的汽车销售减少了，但营业利润却比上年同期增长了88%，原因主要在于汇率的变化。日元走弱对丰田公司有利，一方面是因为该公司（与其竞争对手相比）在日本生产了更多的汽车，另一方面则因为它在日本以外的地区销售了大量汽车。与制造和销售汽车相比，汇率走弱是一个不太可持续的利润驱动因素。所以，这个案例说明了高质量的财务报告是可能报告低质量的盈利的。

表 11-2　摘录自丰田汽车公司 2014 会计年度第一季度（截至 2013 年 6 月 30 日）合并财务业绩表

2014 会计年度的第一季度（以 2013 年 6 月 30 日为止的 3 个月），在日本及海外的汽车销售总量较上年同期（以 2012 年 6 月 30 日为止的 3 个月）减少 37,000 辆，降幅为 1.6%，销量下降至 2,232,000 辆。其中，2014 会计年度第一季度中，在日本国内的汽车销量较上年同期减少 51,000 辆，降幅 8.8%，销量下降至 526,000 辆；与此同时，2014 会计年度第一季度中，在海外的汽车销量较上年同期增加 14,000 辆，增幅 0.8%，销量增加至 1,706,000 辆。

就经营业绩而言，公司在 2014 会计年度第一季度的净收入较上年同期增加了 7,537 亿日元，增幅为 13.7%，增至 62,553 亿日元；而 2014 会计年度第一季度的经营利润较上年同期增加了 3,102 亿日元，增幅为 87.9%，增至 6,633 亿日元。导致经营利润增加的原因包括汇率变动的影响 2,600 亿日元、成本降低的影响 700 亿日元、营销努力的结果 300 亿日元和其他因素影响 102 亿日元。另外，由于费用和其他开支增加，也使经营利润减少了 600 亿日元。

11.2.3　基本符合公认会计原则要求，但会计选择有偏

图 11-1 的分布范围中，再下一个层次是"基本符合公认会计原则要求，但会计选择有偏"。有偏见的会计选择导致财务报告难以忠实地表达它所反映的经济实质。与报告质量的其他缺陷一样，财务报告中的偏见会妨碍投资者对公司过去的业绩做出正确评价，从而影响预测未来业绩的准确性，并且影响公司估值。

如果会计选择美化了报告期内的公司业绩和财务状况，则被认为是"激进的"。这类选择能增加收入、利润和 / 或报告期间的经营现金流量，或者减少费用，和 / 或降低资产负债表上的债务水平。激进的会计政策选择可能会导致公司在未来期间的业绩下降和财务状况的恶化。相比之下，如果会计选择会降低公司在报告期内的业绩和使财务状况变差，则被视为是"保守的"。这类选择包括降低收入、利润和 / 或报告的经营现金活动现金流量，或者增加费用，或者在资产负债表上报告更高水平的负债。保守的会计选择可能导致公司在未来期间报告业绩的上升和财务状况的改善。

○　见 Back（2013）。

另一种有偏的做法是低估利润的波动性，即所谓的利润"平滑"。利润平滑可能发生在公司运营表现良好之时，通过选择保守的会计政策来低估利润，积累（通常是隐秘的）储备，然后允许公司到运营困难的时期再做出积极的会计选择。

有偏的会计选择不仅可能发生在报告金额方面，还可能发生在信息的列报方式方面。例如，公司可以充分透明地披露信息，方便人们进行分析；或者也可能选择适当的信息披露方式，去尽量掩盖不利信息和 / 或强调有利信息。

▌例 11-1　财务报告的质量

佩卡集团（PACCAR Inc.）专业设计、制造和分销卡车及相关售后需用零部件，肯沃斯（Kenworth）、彼得比尔特（Peterbilt）和达夫（DAF）都是它的全球品牌。2013 年，美国证券交易委员会指控佩卡集团存在多种会计缺陷，"在金融危机期间给投资者的财务报告蒙上了阴影"。在美国证交会的公告中，引用了佩卡集团 2009 年的分部报告。表 11-3A 为佩卡集团的2009 年财务报表附注信息摘录，表 11-3B 为佩卡集团 2009 年年度报告中的管理层讨论与分析信息摘录。

表 11-3A　佩卡集团 2009 年财务报表附注信息摘录

S. 业务分部与相关信息

佩卡集团有两个主要的业务分部，即卡车和金融服务。

卡车分部包括卡车制造和相关售后配件的分销，这两项都通过独立经销商网络销售……

金融服务分部主要为卡车客户和经销商提供融资和租赁产品及服务……在"其他"项目中，还包括佩卡集团的绞车制造业务。这一类别中亦包括不可归属于上述报告分部的其他销售收入、利润和费用，还包括部分公司费用。

经营分部数据			（单位：百万美元）
	2009 年	2008 年	2007 年
税前利润			
卡车	25.9	1,156.5	1,352.8
其他	42.2	6.0	32.0
	68.1	1,162.5	1,384.8
金融服务	84.6	216.9	284.1
投资收益	22.3	84.6	95.4
	175.0	1,464.0	1,764.3

表 11-3B　佩卡集团 2009 年度报告管理层讨论与分析信息摘录

卡车和售后配件的净销售额、收入和毛利润列示如下。其中，售后配件毛利包括直接的收入及成本，但不包括某些卡车分部的成本。

			（单位：百万美元）
	2009 年	2008 年	变动百分比（%）
净销售额和收入			
卡车	5,103.30	11,281.30	−55
售后配件	1,890.70	2,266.10	−17
	6,994.00	13,547.40	−48
毛利润			
卡车	−46.6	1,141.70	−104
售后配件	625.7	795.20	−21
	579.1	1,936.90	−70

问题：

1. 根据摘录自财务报表附注中的分部数据，佩卡集团的卡车分部在 2009 年是否盈利？

2. 根据管理层讨论与分析关于卡车毛利润的数据，佩卡集团的卡车部门在 2009 年是否盈利？

3. 财务报表附注中披露的内容和管理层讨论与分析中披露的内容，主要差别在哪里？

4. 美国证交会宣告说，"佩卡集团未能按照分部报告要求，将其售后配件业务和卡车销售业务的业绩分开报告，只有这样做才能保障投资者与公司高管对公司有同样的了解"。请问，佩卡集团的情况是财务报告质量问题，还是盈利质量问题，或是两者都有呢？

问题 1 解答：是的，根据佩卡集团在财务报表附注中披露的分部数据，卡车分部在 2009 年实现了税前利润 2,590 万美元。

问题 2 解答：否，根据管理层讨论与分析中报告的数据，卡车分部的毛利润是负数。

问题 3 解答：财务报表附注中的披露和管理层讨论与分析中披露的内容相比较，主要的区别在于，在附注中，售后配件业务与卡车业务是合并报告的，而在管理层讨论与分析中，售后配件业务是单独列报的。尽管这两份披露数据并不完全可比（因为附注中报告的是税前利润，而管理层讨论与分析中报告的是毛利润），但这两份披露让大家看到佩卡集团的卡车销售利润是不一样的。

问题 4 解答：佩卡集团的情况应当属于财务报告质量和盈利质量都有问题的一个案例。卡车销量大幅下降，毛利润为负，反映该公司的盈利质量欠佳。而它未能在分部信息中明确披露，则反映该公司的财务报告质量欠佳。

虽然公认会计原则允许公司按所需经济画面进行一定范围的会计列报选择，但另类业绩指标（non-GAAP）又从另一个方面增加了公司管理层的自由报告权。另类业绩指标是不符合 US GAAP 和 IFRS 等公认会计原则要求的业绩指标，具体包括财务指标和经营指标[⊖]。另类业绩指标中的财务指标与财务报表直接相关，一个常见的另类财务指标就是"另类盈利"（non-GAAP earnings），这是由一些公司通过"从符合准则要求的盈利中**剔除一些项目或纳入一些原则不许可的项目**"调整而得到的（Ciesielski and Henry，2017）。相比之下，另类业绩指标中的经营指标与财务报表并不存在直接关系，包括一些典型的行业驱动指标，比如用户数量、活跃用户数量和占用率等。

另类业绩指标报告正在变得越来越普遍，这给分析师的工作带来了挑战。其中一个重要的挑战是，另类业绩指标的使用减少了财务报表的可比性。例如，公司为计算另类盈利指标，所进行的调整通常是临时的，因此差异很大。在评价另类业绩指标时，投资者必须决策每一个具体的调整步骤是否以及应当在多大程度上纳入他们的分析和预测[⊖]。

另一方面的挑战来自术语差异。另类盈利有时被称为潜在盈利（underlying earnings）、调整盈利（adjusted earnings）、经常性盈利（recurring earnings）、核心盈利（core earnings）或类似名称。在表 11-4 中，以捷豹路虎汽车公司（JLR）为例进行了说明。捷豹路虎汽车

⊖　"另类业绩指标"一词泛指所有不按照公认会计原则要求计算的指标，包括"非国际财务报告准则"（non-IFRS）指标。

⊖　Ciesielski 和 Henry（2017）对标普 500 公司的另类盈利指标进行了调查。一些观察家甚至建议投资者将注意力从公司盈利转移到公司的"战略资产"以及这些资产对其竞争优势的贡献（Gu and Lev，2017）。

公司是塔塔汽车有限公司（Tata Motors）的子公司，根据 IFRS 进行编报。表 11-4 是捷豹路虎公司 2016 年和 2017 年的年度报告信息摘录，它使用了"替代性业绩指标"（alternative performance measures）这个说法。图 11-2 摘录自塔塔汽车有限公司提交给美国证券交易委员会的 6-K 季度报告，其中包含了关于捷豹路虎汽车公司的补充信息，并使用了"非国际财务报告准则财务指标"（non-IFRS financial measures）这个说法。图表中的信息基本相同，但所使用的术语和格式却不同。

表　11-4

捷豹路虎汽车公司 2016 和 2017 年度报告：附注 3［摘录］

3）替代性业绩指标

许多公司使用替代性业绩指标为财务报表使用者提供额外的有用信息，更清楚地说明公司在报告期内的表现。这些指标排除了会计原则规定的可比指标中包含的某些项目……

替代性业绩指标与按会计原则报告的指标之间的调整项目列示如下：

EBIT 与 EBITDA	（单位：百万英镑）
以 3 月 31 日为会计年度截止日	2017 年
扣除利息、所得税、折旧和摊销费用前的利润（EBITDA）	**2,955**
折旧与摊销费用	−1,656
按权益法核算的被投资公司所享有的损益份额	159
息税前利润（EBIT）	**1,458**
衍生工具汇率变动损益	−11
商品期货未实现损益	148
贷款汇率变动损失	−101
财务收益	33
财务费用（净额）	−68
特殊项目影响	151
税前利润	**1,610**

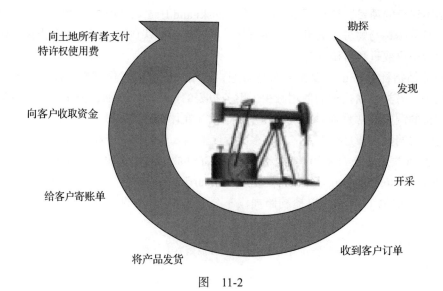

图　11-2

（续）

塔塔汽车公司向美国证交会提交的 6-K 季度报告（摘录）

非国际财务报告准则财务指标

本报告涉及若干非国际财务报告准则财务指标，包括 EBITDA、EBIT……（这类计量指标）及相关比率不应予以单独考虑，亦不是根据 IFRS 计量捷豹路虎汽车公司财务业绩或流动性的方法，不应被视为当期损益或 IFRS 下的其他业绩指标，亦不能被当作另一种经营活动、投资活动、融资活动产生的现金流量，不属于按照 IFRS 计算出的流动性指标。……此外，如定义所示，EBITDA、EBIT 等指标与其他公司所用的类似名称指标是不可比的。下表是 6-K 季度报告与塔塔汽车有限公司的捷豹路虎经营业务相关的补充资料［摘录］。

捷豹路虎汽车公司的 EBIT 和 EBITDA 与财务报告中的本期利润之间的调整项目

（单位：百万英镑）

会计年度截止日为 2017 年 3 月 31 日	
本期利润	1,272
加：所得税	338
加（减）非常支出（收益）	−151
加（减）外汇变动利得（损失）——融资影响	101
加（减）外汇变动利得（损失）——衍生工具	11
加（减）未实现商品期货损失（利得）——未实现衍生工具	−148
减：财务收益	−33
加：财务费用（净值）	68
EBIT	**1,458**
加：折旧与摊销费用	1,656
加（减）按权益法核算的在被投资公司所享有的损益份额	−159
EBITDA	**2,955**

管理层强调另类业绩指标，以转移人们对按照公认会计原则计算出的不理想财务业绩的注意力，这是一种积极的会计列报选择。自 2003 年以来，如果一家公司在向美国证交所提交的文件中使用了另类财务计量指标，它必须也以同等的重要性报告最直接可比的公认会计原则计量指标[⊖]，并提供另类业绩指标与相关公认会计原则计量指标之间的差异调整项目。换句话说，在美国证交所要求的文件中，不允许公司去突出强调另类业绩指标。

类似地，在 2010 年 12 月发布的国际财务报告准则实务声明"管理层评论"中，也要求在财务报告中提供了非国际财务报告准则指标的公司应同时披露：

> 如果对财务报表中的信息进行了调整，以便加入管理层的看法，公司应披露这一事实。如果在管理层评论中使用了国际财务报告准则中没有定义或要求的计量指标，则应对这些指标进行界定和解释，包括澄清该指标与信息使用者之间的相关性。当财务业绩计量指标是根据财务报表数据计算得出时，应将这些指标与按照国际财务报告准则列报的指标进行调整说明。（第 17 页）

报告指标（在财务报表中列报的按公认会计原则计量的财务指标）与调整指标（在财务报表之外披露的另类业绩指标）之间的调整说明可提供很多重要的信息。

⊖ 非美国国内的私有公司可提交根据 IFRS 编制的财务报表，而无须与 US GAAP 进行调整或核对。美国证券交易委员会接受 US GAAP 和 IFRS，两者均为公认会计原则。

欧洲证券和市场管理局（ESMA）在 2015 年 10 月发布了指南（《欧洲证券和市场管理局关于替代性业绩计量指标的指南》），涵盖了替代性业绩计量指标的缺陷、与公认会计原则计量指标的调整说明、对指标相关性的解释以及在不同报告期的一致性等问题。我们将在本章后面部分更详细地讨论欧洲证券和市场管理局的看法。

例 11-2 另类业绩指标的列报

全球医疗产品制造商康维得集团公司（ConvaTec）于 2016 年在伦敦证券交易所通过首次公开募股（IPO）筹集了 18 亿美元。该公司在 2008 年被私募股权公司以 41 亿美元的价格从百时美施贵宝公司手中收购。表 11-5 中摘录了该公司向伦敦证券交易所提交的 2016 年全年业绩报告中的部分内容。

表 11-5 康维得公司 2016 年全年业绩新闻稿信息摘录

标题："强劲成果，落实战略"

CEO 评论 [摘录]

按不变货币计算，收入增长 4%，增至 16.88 亿美元，经调整的 EBITDA 达到 5.08 亿美元，按不变货币计算的增长率为 6.5%……

[附注] 不变货币增长率（用 CER 表示）的计算方式为，使用 2015 年对应期间的外汇汇率重述 2016 年业绩。

截至 2016 年 12 月 31 日的合并损益表 （单位：百万美元）

	2016 年	2015 年
收入	1,688.3	1,650.4
销货成本	−821.0	−799.9
毛利润	867.3	850.5
销售与配送费用	−357.0	−346.7
日常管理费用	−318.2	−233.1
研究与开发费用	−38.1	−40.3
经营利润	154.0	230.4
融资费用	−271.4	−303.6
其他费用，净额	−8.4	−37.1
所得税前亏损	−125.8	−110.3
所得税（费用）抵免	−77.0	16.9
净亏损	−202.8	−93.4

非国际财务报告准则财务信息 [摘录]

本发布稿中包含一些在国际财务报告准则中没有定义或者没有得到认可的财务指标，被称为"调整的"指标……这些指标并不是 IFRS 下的财务业绩或者流动性计量标准，不能代替根据 IFRS 报告的流动性或经营利润等计量指标。

调整的盈利指标计算过程说明 [摘录]

2016 年	报告数	(a)	(b)	(c)	(d)	(e)	(f)	(g)	调整数
收入	1,688.3	—	—	—	—		—		1,688.3
…									
经营利润	154.0	155.1	30.9	11.7	0.8	—	90.2	29.5	472.2
…									
税前利润（亏损）	−125.8	155.1	30.9	11.7	0.8	37.6	90.2	29.5	230.0

（续）

2016 年	报告数	(a)	(b)	(c)	(d)	(e)	(f)	(g)	调整数
所得税费用[h]	−77.0								−51.2
净利润（亏损）	−202.8								178.8

(a) 扣除与收购相关的摊销费用和与关闭若干制造设施有关的加速折旧，以及与不动产、厂场与设备和无形资产抵押贷款有关的减值费用和资产注销影响……

(b) 重组支出和其他相关费用……

(c) 补救支出，包括与 FDA 活动相关的合规成本、IT 增强成本以及与集团合规职能和加强财务控制环境相关的活动专业服务费。

(d) 主要与企业发展活动和与 2015 年发生的一项牵涉多年的专利诉讼有关的和解费用……

(e) 扣除清偿债务和注销递延融资费用的亏损，及相关外汇交易的调整。

(f) 扣除在公司 IPO 前向员工授权的、以股份为基础计算的薪酬费用，以及与 IPO 前股权结构相关的成本，包括向北欧资本（Nordic Capital）和艾维斯塔公司（Avista）收取的管理费（更进一步的信息可参考附注 6 "关联方交易"）。

(g) 与公司 IPO 相关的成本，主要是顾问费。

(h) 经调整的所得税费用/抵免为扣除税务调整后的所得税（费用）。

调整的 EBITDA [摘录]

调整的 EBITDA 是根据调整的 EBIT……再进一步调整得到的，具体为扣除软件与研发支出的摊销费用、扣除折旧费用，以及扣除 IPO 后以股份为基础计算的薪酬费用。

下表显示了根据集团调整的 EBIT 进一步计算调整的 EBITDA 的过程。

（单位：百万美元）

	2016 年
调整的 EBIT	472.2
软件与研发支出摊销	6.7
折旧费用	27.9
IPO 后以股份为基础计算的薪酬费用	0.8
调整的 EBITDA	507.6

问题：

1. 根据上述信息，解释康维得集团公司在发布稿中提到的以下两项披露内容之间的差异：

A. 在发布稿的开头，CEO 评论部分，公司披露其 2016 年的业绩"收入增长 4%，增至 16.88 亿美元"。

B. 在康维得集团公司的合并损益表中，报告其 2016 年的收入为 16.883 亿美元，2015 年的收入为 16.504 亿美元。

2. 根据所提供的信息，解释康维得集团公司在发布稿中提到的以下两项披露内容之间的差异：

A. 在 CEO 评论中，公司对于 2016 年业绩称，"经调整的 EBITDA 达到 5.08 亿美元，按不变货币计算的增长率为 6.5%"。

B. 康维得集团公司的合并损益表显示，其在 2016 年的净亏损为 2.028 亿美元，2015 年的净亏损为 9,340 万美元。

问题 1 解答： 公司在损益表上报告的收入金额是按照 IFRS 计算的。根据损益表上的金额来看，该公司的总收入增长了 2.3%（= 1,688.3/1,650.4 − 1）。CEO 评论中提到 4% 的收入增长率不是按 IFRS 来计算的，而是按"不变货币"基础计算的，在附注中，解释了是使用 2015 年的外汇汇率对 2016 年的收入进行重述后，再计算得到的。

问题 2 解答： 公司在损益表中所列金额是遵从 IFRS 计算的。按照损益表中的金额，该公司在 2016 年有 2.028 亿美元的亏损，是 2015 年亏损金额 9,340 万美元的两倍多。同样在损益表上，该公司报告 2016 年的经营利润（亦称 EBIT）为 1.540 亿美元，与 2015 年[⊖]的经营利润 2.304 亿美元相比，下跌了 33.2%。

相比之下，在 CEO 评论中强调"经调整的 EBITDA"指标是未经 IFRS 定义或确认的，属于一项非国际财务报告准则指标。为了得到经调整的 EBITDA，公司以 1.540 亿美元的 EBIT（在摘录 Ⅱ 和 Ⅲ 中被称为经营利润）为起点，通过加回 IFRS 要求公司确认的 8 项不同费用，得到了调整的 EBIT（4.722 亿美元）。具体调整过程在第一个表格的（a）至（g）项中有说明。得到经调整的 EBIT 指标后，再通过加回 IFRS 要求该公司确认的 3 项不同费用，得到调整后的 EBITDA（5.076 亿美元）。

总的来说，A 项披露内容和 B 项披露内容之间有三个方面的主要区别：①最重要的是，A 项披露的是另类业绩指标，这是不符合 IFRS 编报要求的；②A 项披露的是经营利润，而不是净利润，前者是正数，而后者是为负的；③A 项披露强调了积极的经济结果，比如，在按不变货币调整后实现的增长。分析师应该知道一些可以用在盈利公告中的替代性报告方法，以美化公司的业绩。

报告质量差往往与盈利质量差同时发生。比如，激进的会计选择正是为了掩盖糟糕的业绩。当然，当盈利质量高时，也可能出现报告质量差的情况。尽管业绩良好的公司并不需要通过激进的会计选择来掩盖业绩情况，但它仍可能会由于其他原因而生产出质量不佳的报告，例如，可能因为内部控制系统不够完善而无法产生高质量的报告。报告质量差与盈利质量高可能同时发生的另一种情况是，业绩良好的公司可能会故意选择"保守"的会计政策来编制财务报告，也就是说，故意对当前的业绩做一点埋伏。之所以这样做，也许是为避免不必要的政治性关注，也许是管理层在该编报期结束前已经完成了目标，因此做出了保守的会计选择，从而将一些盈利推迟到下一个报告期（即所谓的"秘密准备"）。类似动机可能会影响公司的会计选择，使未来的业绩看起来更有吸引力。例如，一家公司可能会在它完成收购后的第一个会计年度或新 CEO 上任的第一年里做出有利于加剧公司亏损的选择，从而使公司未来的业绩看起来更具表现力。

总体而言，**无偏的**财务报告是理想的。但是，相比激进的会计选择来说，一些投资者可能更喜欢保守的选择，因为保守之后的惊喜相比激进之后的惊吓来说，更容易让人接受。有偏的财务报告，无论是保守的还是激进的，都会对信息使用者评估公司的能力产生不利影响。

质量分布范围考虑了更直观的情况，即经济现状低于预期是报告质量差的主要动因。此外，为了评价盈利质量，必须首先保障一定程度的报告质量。因此，随着质量分布图逐渐往下移动，报告质量和盈利质量的概念区分就变得越来越不容易了。

11.2.4　基本符合公认会计原则要求，但存在"盈余管理"

在图 11-1 中，再往下一个层次，是"基本符合公认会计原则要求，但存在'盈余管

　　⊖　原书此处为 2016 年，应为印刷错误，特更正。——译者注

理'"。"盈余管理"一词在这里被定义为"通过有意识地选择，去创造有偏的财务报告"[⊖]。盈余管理和有偏的会计选择之间的区别是微妙的，最主要是行动的意图问题。盈余管理是指"有意去影响报告的盈利及其解释的行为"（Ronen and Yaari，2008）。盈余管理可以是"向上"的，例如通过采取真实的行动，将研究费用和开发费用推迟到下一个报告期。或者，也可以单纯通过会计手段，比如改变会计估计，来增加盈利。例如，可以减少估计的销售退货、坏账费用或资产减值金额，从而报告更高的利润。由于意图难以确定，我们将盈余管理纳入到有偏会计选择的讨论范围。

11.2.5　偏离公认会计原则

图 11-1 中的再下一个层次，被标为"偏离公认会计原则"。对于偏离公认会计原则的财务报告，一般都认为是低质量的。在这种情况下，可能难以或根本不可能评估盈利质量，因为无法与早期情况或其他报告主体的情况进行比较。安然公司就是一个会计处理不当的案例（在 2001 年被曝光存在会计问题），它对资产负债表表外结构和其他复杂交易的不当处理，导致大量少报债务、多报利润和经营现金流的情况。另一个臭名昭著的会计处理不当的案例是世界通信公司（在 2002 年被曝光存在会计问题），这家公司通过不恰当地将某些支出资本化处理，大大低估费用，从而夸大了利润。最近，新世纪金融公司（New Century Financial，在 2007 年被曝光存在会计问题）发行了数十亿美元的次级抵押贷款，不恰当地只为贷款回购损失保留了最低限度的金额。这些公司随后都申请了破产。

20 世纪 80 年代，派克国际公司（Polly Peck International，PPI）将它在正常经营过程中发生的货币损失直接计入了所有者权益，而没有在利润表中报告。20 世纪 90 年代，美国阳光公司（Sunbeam）不恰当地报告它的"账单持有"销售收入，操纵费用确认时间，试图虚假报告当时新任首席执行官的"出色"表现。

在质量分布图的底部，是"虚构交易"。这包括虚构事件的发生并伪造财务报告，或者通过歪曲公司业绩去进行欺诈，以骗取投资和 / 或掩盖挪用公司资产的行为。不幸的是，欺诈性报告的例子其实很容易找到，尽管在当时不一定容易被识别。20 世纪 70 年代，产权基金公司（Equity Funding Corp）虚构收入，甚至还虚构了投保人。20 世纪 80 年代，疯狂埃迪电子公司（Crazy Eddie's）报告了虚构的存货并使用假发票来支撑虚构的收入。2004 年，帕玛拉特公司（Parmalat）虚构银行存款余额。

▌例 11-3　评价财务报告的质量

财务分析师杰克·莱克已经确认出几家（虚构的）公司财务报告中的几个问题项目。请指出下面这些项目属于财务报告质量分布图中的哪种情况。

1. ABC 公司在 2018 年报告的利润总额为 2.33 亿美元，包括出售一个利润较低的部门所带来的 1 亿美元利得。ABC 公司在此前 3 年的利润总额分别为 1.2 亿美元、1.07 亿美元和 1.11 亿美元。该公司的财务报告极其清晰和详细，在盈利公告中，它特别强调了 1 亿美元利得的一次性收益性质。

⊖ 在学术研究中对盈余管理有各种各样的定义。与这里的讨论最接近的是 Schipper（1989），定义"盈余管理"为"有目的地干预外部财务报告过程的'披露管理'，以获得一些私人收益（而不是，比如，仅仅为了促进报告过程的中性操作）。"

2. DEF 公司披露，它在 2018 年将设备的折旧年限从 3 年改为 15 年。设备是 DEF 公司资产的重要组成部分。该公司在信息披露中说明，设备折旧年限的变更是管辖范围内的会计原则所许可的，但 DEF 公司仅对该变更提供了有限的解释。

3. 在过去 5 年中，GHI 公司研发支出占销售收入之比大约都在 3%。但该公司在 2018 年大幅压缩了研发支出。如果没有研发支出减少的影响，公司将报告亏损。对此，GHI 公司没有披露任何解释。

问题 1 解答： 可以认为，ABC 公司在 2018 年的利润总额质量较低，因为它近一半的利润贡献来自一项不可持续的活动，即出售下属部门。ABC 公司在 2018 年的持续经营利润质量可能比较高，因为能与前期每年的金额基本保持一致，不过分析师仍应对此做进一步分析，以确认盈利质量。一般说来，财务报告使用者不应该只关注净利润这个底线项目。根据所提供的说明，ABC 公司的报告质量很高，因为其内容清楚而详细，并专门强调了 1 亿美元利得的一次性性质。

问题 2 解答： DEF 所进行的会计选择是在会计原则许可范围之内的，但它大幅度地降低公司在当期的折旧费用，从而增加了该年度的利润。报告盈利的质量值得怀疑。虽然新的盈利水平也许是可持续的，但未来期间应该不可能再出现类似的盈利增长，因为仅仅通过改变会计估计来增加利润是难以持续的。此外，根据题目中所提供的描述，该公司的报告质量很低，因为它对会计估计的变化只提供了有限的解释。

问题 3 解答： GHI 公司减少研发开支的运营选择可能反映了它的真实盈余管理行为，因为这样操作之后确实使公司避免了报告亏损。根据题目中所提供的描述，该公司的报告质量很低，因为它完全没有对这一变化进行解释。

11.2.6　保守会计与激进会计的区别

本节回到保守会计选择与激进会计选择这个应用话题。如前所述，无偏的财务报告是最理想的，但一些投资者可能会更喜欢或更接受保守的会计选择，而不是激进的，因为保守之后的惊喜相对更容易接受。但反过来，公司管理层可能会做出或更接受激进一点的会计选择，因为这样能增加公司报告的业绩，增强财务状况。

如果公司在分析期内执行了激进的会计选择，则它在后续期间的报告业绩和财务状况可能会受到不良影响，从而引起能否持续的问题。保守的会计选择通常不会引起可持续性问题，因为它们降低公司当期的报告业绩，削弱财务状况，并可能在后期使其增加。然而，就建立未来预期来说，相关和如实表述的财务报告是最有用的。

很多人都认为财务报告中的偏见都是向上夸大的，其实事实并非总是如此。虽然在理想情况下，会计准则提倡无偏的财务报告，但有些具体会计准则可能会特别要求对某交易或事件进行保守处理。此外，管理人员在准则应用过程中可能也会选择采取保守的角度。所以，对分析师来说，意识到谨慎的会计选择及其影响是非常重要的。

在最极端的情况下，保守的会计处理会遵循"不预期利润，但预期所有损失"（Bliss，1924）的会计惯例。但一般来说，保守的会计处理意味着，一旦产生了可核实和可依法执行的应收账款，就可以确认收入；但在实际损失"很可能"发生之前，就需要进行确认。谨慎性不是绝对的，而是有不同的程度之分，例如"相对于将坏消息确认为损失，会计师需要更高程度的验证来支持将好消息确认为收益"（Basu，1997）。从这个角度看，"可验证性"（verification）

（例如，存货是否实际存在、已发生或将要发生的费用的证据，或根据法律依据确立权利和义务等）决定了谨慎性的程度范围。对于收入的确认，它要求的可验证水平比费用的确认要高。

11.2.6.1　会计准则中的谨慎性

《概念框架》支持信息的中立性："所谓中立地描述，是指在选择或呈报财务信息时没有偏见。[⊖]"中立性（没有向上或者向下的偏见）是财务报告的一个重要特征。但谨慎性与中立性直接发生了冲突，因为谨慎性的不对称性质，导致公司在衡量资产和负债，并且最终在计量盈利时，出现了偏差。

尽管大家都努力支持财务报告的中立性，但目前仍存在很多偏向保守的会计准则。不同司法管辖区的会计准则在谨慎程度方面可能会有所差异。分析师应意识到财务报告所依据的会计准则之间的不同。

举例来说，IFRS 和 US GAAP 对长期资产的减值处理就存在差异[⊖]。IFRS 和 US GAAP 都规定了减值分析条款，首先应根据最近的事件评估公司可能从一项或者一组长期资产中获得的经济利益是否已低于其账面价值了。不过接下来，这两套会计准则的差异就出现了：

- IFRS 规定，如果"可收回金额"（公允价值减去处置费用与资产的使用价值两者中的较高者）低于其账面价值，则应确认减值损失；
- US GAAP 规定，只有当预计某项资产未来可产生的未贴现金流量之和低于该项资产的账面价值时，才需要确认减值损失。当未贴现的未来现金流量低于资产的账面价值时，应将资产价值减记至其公允价值。

为说明两者的应用差异，假定公司正在对一家工厂进行减值测试，其账面价值为 1,000 万美元；"公允价值"和"可收回金额"均为 600 万美元；与工厂相关的未贴现的未来现金流净额合计为 1,000 万美元。那么，根据 IFRS，公司应对折价工厂计提 400 万美元的减值损失；但根据 US GAAP，则不需要确认减值。

因此，从表面上看，IFRS 比 US GAAP 更保守，因为 IFRS 通常比 US GAAP 更早确认减值损失。但是，如果进一步展开分析，这种宽泛的说法则可能站不住脚。例如，如果有一项资产，无论按 IFRS 还是按 US GAAP，都可以判断它发生了减值，但该资产的使用价值是大于其公允价值的，那么，此时如果按 US GAAP，则会确认更多的减值损失。此外，如果有证据表明被减值资产的可收回金额在随后出现了增加，那么 IFRS 允许公司在随后的会计期间确认减值的减值损失的恢复；但相比之下，US GAAP 禁止转回任何已经计提的资产减值损失；只有当资产最后被出售时，它的价值增值才能最终得到认可。

会计准则中常见的谨慎性原则应用例子包括：

- **研究支出**。由于在费用发生当时，研究支出对应的未来收益是不确定的，因此，无论是 US GAAP 还是 IFRS，都要求将研究支出立即费用化处理，而不允许资本化处理；
- **诉讼损失**。当一项支出"很可能"会发生时，US GAAP 和 IFRS 将其确认为费用，尽管相关的法律责任可能要到将来才会需要承担；
- **保险索赔款**。一般来说，在保险公司确认索赔金额的有效性之前，公司不得将保险索赔款确认为应收款项。

⊖　IASB 和 FASB《财务报告概念框架》(2010)：QC14。

⊖　参考 IAS 第 36 号和 FASB ASC 第 360-10-35 部分。

Watts（2003）回顾了关于会计谨慎性方面的实证研究，指出坚持谨慎性原则的四个潜在优势：

- 在信息不对称的情况下，坚持谨慎性原则可以保护拥有信息较少、风险较大的缔约方。这种保护是必要的，因为缔约方可能会处于不利地位。例如，利用债务市场融资的公司只承担有限责任，因此贷款人从股东那里收回损失的追索权就会受限。再比如，如果高管的奖金与公司盈利水平挂钩，那么他们就可以通过夸大盈利来谋求更高的奖金，等到事后被揭穿时，高管们已拿走的奖金多是不可能被"追回"的；
- 谨慎性原则的应用降低了公司面临诉讼的可能性，推而广之，也降低了公司的诉讼成本。很少有公司因为低估好消息或夸大了坏消息而被起诉；
- 如果公司高估盈利或资产，监管者和政治家也可能需要承担相应责任，而应用谨慎性原则，就能降低这种可能性，为监管者和政治家的利益提供潜在保护；
- 在许多税收管辖区，会计报告规则和税务报告规则是联系在一起的。例如，在德国和日本，公司在计算应纳税额时的扣减项目也必须是计算报告利润时的扣减项目。因此，公司可以通过对某些类型的事件选择保守的会计政策，来降低其应纳税额的现值。

在审查财务报告时，分析师应考虑报告中可能存在的保守或激进的会计处理及其后果。当期财务报告可能是无偏的，也可能通过激进的会计选择而向上有偏，或者通过保守的会计选择而向下有偏，甚至可能同时存在保守和激进的会计选择组合。

11.2.6.2　会计准则应用中的偏误

无论会计准则本身是否中立，在会计准则的应用过程中，往往都需要大量的判断。将会计准则的应用定性为保守或激进，更多的是意图问题，而不是定义问题。

如果分析师能对披露、事实和各种情况进行仔细分析，将有助于对意图做出准确的推断。试图操纵盈利的管理层可能具有更长远的眼光，这会牺牲公司短期的盈利能力，以确保在后期去实现更高的利润。"洗大澡"式的重组支出就是一个以谨慎性为幌子的有偏会计应用例子。US GAAP 和 IFRS 都规定，公司应确认与重组相关的未来成本，这些成本往往与资产减值相关联，并与资产减值一起列报。但在某些情况下，公司会在报告期内估计"重大"损失并计提准备金，以让未来期间的业绩显得更好。在 20 世纪 90 年代末，美国证交会的工作人员观察到许多这类操纵收购法的案例，一些美国公司利用这种机会在未来期间报告了更高的利润。因此，证交会颁布规则，缩小了可归类进入"非持续"重组事件的成本范围，并提高了重组支出和资产减值方面的信息披露透明度[○]。

与"洗大澡"会计处理类似的另一种表现通常被称为"甜饼罐储备会计"。US GAAP 和 IFRS 都要求公司应估计其未来难以付款的贷款金额。证交会主席阿瑟·莱维特（Arthur Levitt）在 1998 年的演讲《数字游戏》中表示，人们普遍担心公司为了在不同期间平滑利润而夸大贷款和其他形式的损失准备[○]。2003 年，美国证交会发布了解释性指南，要求公司在管理层讨论与分析中提供一个名为"关键会计估计"的单独章节[○]。如果对高度不确定事项的主观估计和判断会对利益相关者（投资者、客户、供应商和财务报表的其他用户）产生重大

○　SEC，"重组支出和减值"，SAB 第 100 期（1999）。

○　阿瑟·莱维特，"数字游戏"，在纽约大学法律和商业中心的演讲（1998 年 9 月 28 日）。

○　SEC，"委员会关于管理层对财务状况和经营成果的讨论和分析的指导意见"，FRR 第 72 号（2003）。

影响，则应在管理层讨论与分析中披露其性质和不确定性风险。该要求实际上是对财务报表附注中披露内容的补充。

11.3　评估财务报告的质量

在评价财务报告质量时，考察公司的管理层是否有发布低质量财务报告的动机是非常有必要的。如果存在这样的动机，分析师应考虑报告环境是否有利于公司管理层的不当行为。考察报告环境对财务报告质量的影响机制，例如监管制度，这是非常重要的。

11.3.1　动机

公司经理可能会被诱导，通过发布低质量的财务报告来掩盖其糟糕业绩，例如市场份额的损失或者低于竞争对手的盈利能力。Lewis（2012）指出，"一家公司遇到业绩问题，特别是那些它认为是短期的问题，很容易会通过牺牲未来盈利，从而夸大当前盈利数字进行反应"。

- 即使没有必要掩盖糟糕的业绩，公司经理也经常努力去实现或者超过分析师预测，或者管理层自己的预测。超过预期才能提振股价，哪怕只是暂时的。此外，如果管理层的薪酬与公司股价或者报告业绩挂钩，那么超出预期还可以增加其薪酬。Graham、Harvey 和 Rajgopal（2005）发现，他们所调查的 CFO 将盈利视为金融市场最重要的财务指标。实现（或超过）特定的标准，包括上年的盈利水平和分析师的预测等，都是非常重要的。几位作者研究了公司经理可能"通过行使会计的自由裁量权来实现某种理想盈利目标"的各种动机，具体包括股票市场效应（例如，向市场参与者表明公司的信誉和对股票价格施加积极影响）和贸易效应（例如，提升公司在客户和供应商中的声誉）。股票市场效应是最有力的激励因素，但贸易效应也很重要，尤其是对较小的公司而言；
- 职业关注和激励性薪酬也可能是会计选择的动机。例如，经理们可能会担心如果公司的业绩不佳，就会限制他们未来的职业机会；或者因为无法实现特定的盈利目标，他们难以获得相应的奖金。在这两种情况下，管理层都会有动机通过会计选择去增大公司的盈利。在业绩稍差的时期，经理可能会加速或夸大公司的收入，以及延迟或低估公司的费用。相反，在业绩强劲的时期，管理者可能会推迟收入的确认或者加速费用的确认，为下一个报告期目标的实现做好准备（即为下一个报告期"存储"一些利润）。接受调查的管理人员表示，相对于报告结果对奖金报酬的影响来说，他们对财务报告可能带来的职业影响更为关心。

避免违反债务契约规定也可能是公司经理夸大盈利的动机。Graham，Harvey 和 RajGopal 的调查表明，对于财务杠杆水平高和不赚钱的公司来说，避免违反债券契约也很关键，但总体来说相对其他动机而言，这一点的重要性次之。

11.3.2　签发低质量财务报告的诱因

如前所述，财务报告偏离中立立场的原因，可能是来自公司管理层的选择，也可能是管辖区域内财务报告准则的影响。但最终，发布低质量甚至是欺诈性财务报告的决定是由某个人或者某些人做出的，而人们为什么会做出这样的选择，其原因并不总是显而易见的。例如，阳光公司（Sunbeam）新上任的 CEO 已经拥有超过 1 亿美元的净资产，为什么仍会通过不当报告"账单持有"销售收入和操纵费用确认时间来实施会计欺诈，而不肯承认其公司的财务业绩低于预期呢？

一般来说，低质量财务报告的发布需要三个条件：机会、动机和合理化。机会可以是内部条件的结果，比如内部控制不良或者董事会效率低下；也可以是外部条件的结果，比如会计准则为不同会计选择所提供的空间，或者为不恰当的选择规定了轻微的后果。动机可能来自个人（比如奖金）或者公司（比如对未来融资能力的担忧），来自需要达到某些标准的压力。合理化非常重要，因为如果一个人对某个选择感到担忧，他就需要为自己找到理由去证明和说服自己。

安然公司的前任 CFO 安德鲁·法斯托（Andrew Fastow）在 2013 年美国注册欺诈审查员协会（Association of Certified Fraud Examiners）年度会议上表示，他当时知道自己做错了一些事情，但是按照流程为自己的决策找到了合理化理由（Pavlo，2013）。他确保得到了公司管理层和董事会的批准，取得了相关法律和会计咨询意见，并进行了适当的披露。该公司的企业文化和激励方向都是创造利润，而不是关注长期价值。很明显，正如他的刑期所反映的那样，他做了一些不仅错误而且非法的事情。

11.3.3 规范财务报告质量的机制

市场可以潜在地约束财务报告的质量。公司都会争夺资本，而资本成本是由所感知到的风险决定的，包括公司财务报表可能扭曲投资者预期的风险。因此，在没有其他相互冲突的经济动机的情况下，如果一家公司寻求尽量降低其长期资本成本，就应该以提供高质量的财务报告为目标。除市场之外，约束财务报告质量的其他机制还包括市场监管机构、审计师和私人合约等。

11.3.3.1 市场监管机构

寻求资本成本最小化的公司应该最大限度地提高其财务报告质量，但正如前面所讨论的，经常会存在各种相互冲突的激励目标。因此，国家法规以及制定和执行规则的监管机构可以在保障财务报告质量方面发挥重要作用。全球很多证券监管机构都是国际证监会组织（IOSCO）的成员。IOSCO 被公认为"证券行业的全球标准制定者"，尽管它实际上并不参与标准的制定，而只是对证券和资本市场监管的目标与原则提供指导。IOSCO 的成员包括 120 多个证券监管机构和 80 多个其他证券市场参与者，如证券交易所等⊖。

欧洲证券和市场管理局（ESMA）是 IOSCO 的成员之一，这是一个独立的欧盟机构，其任务是"加强对投资者的保护，促进欧洲联盟金融市场的稳定和良好运作"⊜。ESMA 通过一个由欧洲经济区中各国执法人员所组成的论坛来组织财务报告执法活动，从国家层面直接监督和进行执法。例如，金融行为管理局（FCA）就是 IOSCO 成员，主要负责英国的证券监管工作。根据 ESMA 的报告，2017 年，欧洲执法人员共计审查了 1,141 家发行人的中期和 / 或年度财务报表，并对 328 家发行人采取了执法行动，结果导致其中 12 家被要求重新提交财务报表，71 家公开更正说明，245 家被要求在未来财务报表中进行更正⊜。

⊖ 请访问 IOSCO 网站了解更多信息。
⊜ 摘录自 ESMA 网站的目标说明。
⊜ ESMA，《2017 年会计执法者的执法和监管活动》，ESMA32-63-424，欧洲证券和市场管理局（2018 年 4 月 3 日）。

　　IOSCO 的另一个成员是美国的监管机构——证券交易委员会（SEC）。SEC 负责监督约
9,100 家美国上市公司（以及投资顾问、经纪人 / 交易商、证券交易所和其他实体），并至少
每三年对这些公司的披露情况进行一次审查，目的是改善投资者可获得的信息，并发现可能
违反证券法的行为⊖。SEC 在 2017 年的报告中说，它总共提起了 754 起执法行动，其中 446
起是独立执行的，大约有 20% 的执法行动涉及发行人的报告或者会计和审计问题⊜。

　　亚洲监管机构的例子包括日本的金融服务机构（Financial Services Agency）、中国的证
券监督管理委员会和印度的证券交易委员会（Securities and Exchange Board）等。南美洲的
监管机构例子包括阿根廷的国家委员会（the Comisión Nacional deValores）、巴西的证券委员
会（Comissão de Valores Mobiliários）和智利的证券和保险监督管理委员会（Superintendencia
deValores y Seguros）等。在 IOSCO 的网站上，可以找到其国际证监会组织成员的完整名单。

　　最能够直接影响财务报告质量的监管制度的特征包括以下这些：

- **注册要求**。市场监管机构通常会要求公开交易的公司在向公众出售证券之前首先将证券注册。注册文件通常包括当期财务报表、与发行公司的风险和前景相关的其他信息，以及与所发行证券相关的信息；
- **披露要求**。市场监管机构通常会要求上市公司公开其定期报告，包括财务会计报告和管理层评论。准则制定机构，比如国际会计准则理事会和财务会计准则委员会，通常是私营部门和自我管理的组织，其成员由经验丰富的会计师、审计师、财务报表使用者和学者组成。监管当局，如新加坡的会计和公司监管局、美国的证券交易委员会、巴西的证券委员会和英国的财务报告委员会等，在法律上有权强制公司执行财务报告要求，并对在其管辖范围内参与资本市场的实体实施其他控制。换句话说，**一般来看**，准则制定机构负责准则的制定，而监管机构负责准则的认可和执行。没有监管机构对准则的认可，私营部门的准则制定机构是不具有权威性的。监管机构往往会保留在其管辖范围内制定财务报告标准的法律权力，并可以否决私营部门准则制定机构；
- **审计要求**。市场监管机构通常要求公司的财务报表附有审计意见，以证明财务报表的编制符合相关会计准则体系的要求。一些监管机构，如美国的证交会，还会要求公司提供额外的审计意见，以证明公司与财务报告相关的内部控制系统的有效性；
- **管理层评论**。监管通常会要求上市公司在财务报告中提供管理层评论。例如，英国的 FCA 要求管理层报告中应提供"对发行人经营情况的公允评价和描述发行人面临的主要风险和不确定性"（《披露指南和透明度规则资料手册》）；
- **责任声明**。监管通常会要求负责公司文件填报的人发表一份声明。在声明中，责任人应明确表明自己的责任，并为财务报告的正确性提供担保。一些监管机构，比如美国的证交会，还要求正式的认证，并对虚假认证进行特定的法律处罚；
- **备案的监管审查**。监管机构通常会对公司的申报资料进行审查，以确保相关规则得到了遵守。审查范围通常会包括与公司初始注册和后续定期财务报告有关的所有资料；
- **执行机制**。监管机构具有执行证券市场规则的各种权力，包括罚款、暂停或永久禁止市场参与，以及提起刑事诉讼。此外，惩戒行为公示也属于强制执行机制之一。

⊖　SEC，"2013 财政年度的国会辩护"，证券交易委员会（2012 年 2 月）。
⊜　SEC，证券交易委员会执行司年度报告，"回顾 2017 财务年度"。

总之，市场监管机构在鼓励高质量财务报告方面发挥着核心作用。

11.3.3.2　审计师

如前所述，监管当局通常要求上市公司的财务报表要经过独立审计师的审计。私营公司可能出于自愿或者由于外部（比如债务或股权资本提供者）要求，而聘请审计师对其财务报表发表审计意见。

审计意见为财务报表使用者提供了一定程度的保障，即公司所披露的信息是符合相关会计准则要求，并公允地列报的。表 11-6、表 11-7、表 11-8 和表 11-9 分别展示了葛兰素史克有限公司（GlaxoSmithkline plc）、阿里巴巴集团控股有限公司（Alibaba Group Holding Limited）、苹果公司（Apple Inc.）和塔塔汽车有限公司（Tata Motors）的独立审计报告摘录。审计师对每家公司的财务报表出具的都是无保留意见，表明它们的财务报表是按照相关准则编制的，并公允地反映了公司的业绩。（注："无保留意见"意味着意见不包括任何限定或例外，该词与不太正式的"干净意见"同义。无保留意见是最常见的审计意见。）审计报告中的其他事项反映了公司监管制度的具体要求。例如，葛兰素史克公司的审计报告长达 9 页，包括对公司财务报表以及战略报告和董事报告的意见，还包括"关键审计事项"的信息披露。披露关键审计事项是国际审计与鉴证准则理事会（IAASB）在 2015 年发布，并于 2016 年 12 月 15 日开始生效的《国际审计准则》所要求的。

表 11-6　普华永道会计师事务所对葛兰素史克公司 2017 年度报告（第 149 ～ 157 页）所发表审计意见信息摘录

我们认为，葛兰素史克集团的财务报表（以下简称"财务报表"）：

- 真实并公允地反映该集团在 2017 年 12 月 31 日的业务状况，以及截至该日的年度盈利和现金流量情况；
- 这是按照欧盟许可的《国际财务报告准则》（IFRS）进行适当编制的；
- 这是根据 2006 年《公司法》和《国际会计准则规章》第 4 款的要求进行编制的。

⋯⋯

我们认为，该集团的财务报表已按照国际会计准则理事会发布的《国际财务报告准则》进行了恰当编报。

⋯⋯

关键审计事项

关键审计事项是根据审计师的专业判断，认为在本期财务报表审计中最重要的事项，包括审计师确认重大错报（无论是否由于欺诈）的最重要评估风险，包括对总体审计策略、审计中的资源配置和指导审计小组工作等具有重大影响的事项。这些事项以及我们作为审计师对相关程序结果所做的任何评论，都已在审计过程中得到了处理，并在形成审计意见时有所考虑，我们不会对这些事项提供单独的意见，并且这些事项也不是我们在审计过程中所识别出的所有风险的完整清单。

⋯⋯

我们认为，根据我们在审计过程中所做的工作，截至 2017 年 12 月 31 日的年度战略报告及董事会报告所提供的资料与财务报表一致，并已根据适用的法律规定编制。

表 11-7　普华永道事务所对阿里巴巴集团控股有限公司截至 2018 年 3 月 31 日的年度报告（SEC 表格 20-F，第 F-2 页和第 F-3 页）所发表审计意见信息摘录

我们认为，上述合并财务报表按照 US GAAP 编制，在所有重大方面公允地反映了该公司在 2017 年 3 月 31 日和 2018 年 3 月 31 日的财务状况，以及截至 2018 年 3 月 31 日的三年内各年度的经营业绩及现金流量。同时，我们还认为，截至 2018 年 3 月 31 日，该公司根据 COSO 发布的《内部控制——综合框架》（2013）所确立的准则，在所有重大方面对财务报告保持了有效的内部控制。

表 11-8 安永会计师事务所对苹果公司截至 2017 年 9 月 30 日的年度报告 (SEC 表格 10-K，第 70 页和第 71 页) 所发表审计意见信息摘录

[摘自财务报表意见部分]

我们审计了随附的苹果公司截至 2017 年 9 月 30 日及 2016 年 9 月 24 日的合并资产负债表，以及截至 2017 年 9 月 30 日的三年内各年度的相关合并经营情况表、合并综合收益表、合并股东权益变动表和合并现金流量表。

……

我们认为，上述财务报表在所有重大方面均符合 US GAAP，这公允地反映了苹果公司在 2017 年 9 月 30 日和 2016 年 9 月 24 日的合并财务状况，以及截至 2017 年 9 月 30 日的三年内各年度的合并经营业绩及现金流量情况。

……

我们还根据上市公司会计监督委员会（美国，PCAOB）的要求，依据全美反舞弊性财务报告委员会（COSO）发布的《内部控制整合框架》（2013 年框架）中所确立的标准，审计了苹果公司截至 2017 年 9 月 30 日的财务报告内部控制情况，并在 2017 年 11 月 3 日的报告中对其发表了无保留意见。

[摘自内部控制意见部分]

我们根据全美反舞弊性财务报告委员会（COSO）发布的《内部控制整合框架》（2013 框架）（COSO 标准）中确立的准则，审计了苹果公司截至 2017 年 9 月 30 日的财务报告内部控制情况。

……

我们认为，截至 2017 年 9 月 30 日，根据 COSO 标准，苹果公司在所有重大方面对财务报告保持了有效的内部控制。

我们亦根据美国上市公司会计监督委员会的标准，审核了苹果公司 2017 年的合并财务报表，并于 2017 年 11 月 3 日对此发表了无保留意见。

表 11-9 毕马威印度孟买会计师事务所对塔塔汽车有限公司截至 2018 年 3 月 31 日的年度报告（SEC 表格 20-F，第 F2 页至第 F4 页）所发表审计意见信息摘录

合并财务报表审计意见

我们审计了随附的塔塔汽车有限公司及其子公司（以下简称"该公司"）在 2018 年 3 月 31 日的合并资产负债表和截至 2018 年 3 月 31 日的年度的合并利润表、合并综合收益表、合并现金流量表和合并股东权益变动表，以及相关的财务报表附注和附表（以下统称为合并财务报表）。

我们认为，该公司的合并财务报表在所有重大方面公允地反映了该公司在 2018 年 3 月 31 日的财务状况，以及截至 2018 年 3 月 31 日的年度经营业绩和现金流量情况，符合国际会计准则理事会颁布的 IFRS 的要求。

我们还根据美国上市公司会计监督委员会（PCAOB）的要求，依据全美反舞弊性财务报告委员会（COSO）发布的《内部控制整合框架》（2013 年框架）中所确立的标准，审计了该公司截至 2018 年 3 月 31 日与财务报告相关的内部控制，并在 2018 年 7 月 31 日发表报告，对该公司与财务报告相关内部控制的有效性发表了反对意见。

……

财务报告内部控制的审计意见

我们根据全美反舞弊性财务报告委员会（COSO）发布的《内部控制整合框架》（2013 年框架）标准，审计了塔塔汽车有限公司及其子公司（以下简称该公司）截至 2018 年 3 月 31 日财务报告相关内部控制系统。我们认为，由于以下所述重大缺陷对实现控制目标的影响，截至 2018 年 3 月 31 日，根据全美反舞弊性财务报告委员会发布的《内部控制整合框架》（2013 年框架）标准，该公司未能对财务报告保持有效的内部控制。

……

该公司存在的重大弱点之一，是对财务报告的内部控制存在缺陷或一系列缺陷的组合，从而可能使公司无法及时防止或发现公司年度或中期财务报表中的重大错报。另一重大弱点是该公司的第三方物流提供商可不适当地进行系统访问限制，该问题已被确认并已纳入管理层的评估。在审计该公司 2018 年的合并财务报表时，上述重大缺陷在决定所审核测试的性质、时间及范围时已被考虑到，且本报告并不对我们的合并财务报告中的审计报告产生影响。

上述关于阿里巴巴、苹果和塔塔汽车公司年报信息的摘录，显示了审计师对这些公司财务报表的专业意见，以及由于这些公司都在美国上市，审计师按照 SEC 要求对这些公司内部控制有效性所发表的意见。以阿里巴巴为例，其审计报告中包含了两个无保留意见：①财务报表是按照 US GAAP 编制的，并公允地反映了其财务状况、经营成果和现金流量情况；

②该公司对财务报告能保持有效控制。而对苹果公司来说，第一份报告表达了审计师对财务报表的无保留意见，第二份报告则表达了审计师对该公司有效内部控制的无保留意见。再以塔塔汽车公司的情况为例，第一份报告为无保留意见，即审计师认为该公司的财务报表是按照 IFRS 编制的，并公允地反映了该公司的状况和业绩。（SEC 允许非美国公司使用 US GAAP、IASB 发布的 IFRS，或者公司所在国的公认会计原则进行编报。）但是第二份报告则表达了审计师对公司内部控制有效性的不利意见："我们认为，由于以下所述重大缺陷对实现控制目标的影响……该公司未能对财务报告保持有效的内部控制。"报告解释说，该公司的重大缺陷涉及第三方主体对公司系统的不当访问。报告还指出，虽然重大缺陷导致公司的内部控制无效，但这并不影响审计师对财务报表的审计意见。此外，在塔塔汽车公司的年度报告（未包含在摘录内容中）中，该公司披露，上述控制缺陷并没有导致财务错报，且公司已采取了相关补救措施。

虽然审计意见能够在一定程度上约束财务报告的质量，但也存在着内在的局限性。第一，审计意见是基于公司所编报信息而进行的评价。如果一家公司故意欺骗其审计师，那么，审计师通过信息审查不一定能够发现公司的错误陈述。第二，审计是以抽样为基础的，样本不一定能揭示出错报来。第三，审计师的作用与公众对审计师的预期之间可能存在"期望差距"。审计工作的目的通常不是为了发现欺诈，而是保障财务报告的公允列报。第四，审计费用是由被审计公司来支付的，审计工作机会和审计费用的高低通常都是通过竞争过程建立的。在这种情况下，审计师较容易对被审计单位表现出宽容，尤其是如果审计师所在事务所还同时为被审计单位提供其他服务的话。

11.3.3.3 私人合约

私人合约的某些部分，例如贷款协议或投资合同等，也可以成为财务报告质量的约束机制。不少与公司缔约的当事人都有动机监督该公司的业绩，并确保该公司的财务报告是高质量的。例如，贷款协议中通常包含债务契约，对财务报告提出了一些特别的要求，并且对借款单位具有法定约束力。如前所述，避免违反债务契约已成为经理人夸大公司盈利能力的一个潜在动机。再比如，某项投资合同中可以规定如果发生某些财务诱因，投资者可以选择收回全部或者部分投资。这类规定也可能会促使被投资方的经理去操纵财务报告结果，以避免触发合同中规定的财务诱因。

由于被投资方或借款人编制的财务报告会直接影响到合同结果，从而成为潜在的扭曲报告的动机，因此，投资者和贷款人会有动机去监控财务报告，并确保其高质量。

▌ 例 11-4 财务报告操纵：动机与约束机制

针对以下两种情景，请确认可能促使公司经理去操纵财务报告金额的动机，以及在这种情形下，可以约束财务报告质量的适用机制有哪些。

1. ABC 公司是一家私营企业。NT 比格银行发放了一笔贷款给 ABC 公司，在贷款协议中，它要求 ABC 公司保持利息覆盖比率不能低于 2.0。在 ABC 公司最近的财务报告中，它报告的息税前利润为 1,200 美元，利息费用为 600 美元。此外，该公司还在财务附注中披露，由于改变了不动产、厂场与设备的预计使用年限，使当年的折旧费用减少了大约 150 美元。

2. DEF 公司是一家上市公司。在最近一个季度中，分析师预测其每股收益的平均值为 2.5 美元。DEF 公司在季度盈利公告中报告的净利润为 3,458,780 美元，该公司流通在外的普通股数量为 1,378,000 股。DEF 公司的主要产品是一种硬件设备，在产品销售价格中还包含了 2 年的免费服务。该公司根据管理层的估计将产品销售价格的一部分分配给硬件设备销售收入，在产品销售当时就予以确认；另一部分分配给服务合同，需要递延然后在 2 年服务期内逐渐确认为收入。根据公司披露的信息，相比于往年的情况，当年有更多比例的收入被分配给了硬件设备销售业务，估计对净利润产生的税后净影响为 27,000 美元。

问题 1 解答： 维持利息覆盖比率在 2.0 以上这个要求可能会激励 ABC 公司的经理去操纵财务报告中的项目金额。根据公司最近的财务报告，该公司的利息覆盖比率正好等于 2.0。如果 ABC 公司的管理层没有改变不动产、厂场与设备的估计使用寿命，利息覆盖比率就会低于债务契约所要求的最低水平。

	（单位：美元）
EBIT，报告数	1,200
因折旧年限估计变更对折旧费用的影响金额	150
EBIT，调整数	1,050
利息费用	600
利息覆盖比率，报告数	2.00
利息覆盖比率，调整数	1.75

在这种情况下，审计师可以作为潜在的财务报告质量约束机制，对固定资产折旧年限变更的合理性进行评估。此外，贷款人也可以仔细审查 ABC 公司会计估计的变化，因为该公司只是刚好勉强达到了最低的利息覆盖比率要求，如果不是改变了会计估计，是做不到这一点的。

问题 2 解答： DEF 公司的经理可能会由于希望达到或超越分析师对公司每股收益的平均预测，而去操纵财务报告中的项目金额。正如下面的计算所示，通过将更大比例的收入分配给硬件设施的销售，使该公司的每股收益比分析师预测均值高出 0.01 美元。

	（单位：美元）
净利润，报告数	3,458,780
改变收入确认比例对税后利润的影响	27,000
净利润，调整数	3,431,780
加权平均股票数量	1,378,000
每股收益，报告数	2.51
每股收益，调整数	2.49

审计师、市场监管、财务分析师和金融记者都可以成为这类财务报告质量问题的潜在约束机制。

11.4　发现财务报告质量问题

在会计准则的应用过程中，存在很多选择，这也许是各类会计研究文献浩如烟海的原因。更复杂的是，会计计量往往依赖于会计人员对经济现象的估计。有可能两种估计都是合理的，但它们对公司财务报表产生的影响却会明显不一样。正如前面所讨论的，编报公司管理层的动机可能决定了特定会计估计的选择。由于有许多选择的机会，再加上会计处理过程中对会计估计的灵活应用，使公司管理层有许多工具来对财务报告进行管理，并满足分析师对公司的预期。

了解公司的会计选择对于评估财务报告的整体质量（包括报告质量和盈利质量）非常关键。会计选择既影响信息的列报方式（财务报告质量），又影响财务成果的计算方式（盈利质量）。对投资者来说，列报方面的选择（财务报告质量）可能是比较透明的，但是，在财务成果计算方面的选择（盈利质量）却很难辨别，因为它们可以深藏在财务成果的计算细节中。

会计选择使公司管理层能够对财务成果的报告施加影响。一些选择能美化公司在报告期内的业绩和财务状况（激进的选择），而另一些选择则能美化公司在未来期间的业绩和财务状况（保守的选择）。如果公司经理希望能提高当前报告期内的业绩和美化财务状况，他可以：

- 提前确认收入；
- 利用非经常性交易增加利润；
- 将费用推迟到以后各期；
- 以较高的价值计量和报告资产；
- 以较低的价值计量和报告负债。

如果公司经理希望美化未来期间的业绩和财务状况，他可以：

- 将当前盈利推迟到将来再确认（将盈利存起来以备"不时之需"）；
- 将未来的费用提前到当期确认，为改善未来业绩做好准备。

在接下来的各节中，将介绍公司在信息列报和会计要素［资产、负债、所有者权益、收入与利得（收益）、费用与损失］的确认、计量和报告方式中的一些可能选择。除了公认会计原则范围内的会计选择，公司还可能会编制欺诈性报告。例如，在这些报告中可能包括并不存在的收入或资产。在第 11.4 节的最后，总结了一些可能表明公司财务报告质量差的警示性信号。

11.4.1 列报选择

在 20 世纪 90 年代的科技繁荣和 21 世纪初的互联网泡沫中，受投资者欢迎的公司所具有的共同特征包括：无法产生足够的当期利润，用传统的市盈率估值方法无法证明其股价是合理的。许多投资者选择以一些合理化的借口来解释这些明显的错误，比如，过去对利润的关注和传统的估值方法不适用于此类公司等。于是，判断公司经营业绩的奇怪新指标出现了，网站运营商强调它们在一个季度内吸引的"眼球"，或者它们的网站对访问者的"黏性"。各种版本的"形式利润"——"另类业绩指标"或"非公认会计准则盈利指标"（non-GAAP earnings measures）开始出现，成为这一时代财务报告的主要内容。

许多科技公司都是形式报告（pro forma reporting）的熟练实践者，但它们不是第一批使用它的人。在 20 世纪 90 年代初，大公司压缩经营规模的情况很常见，大规模的重组费用掩盖了许多老牌公司的经营业绩。例如，当国际商业机器公司（IBM）开始适应个人计算机的普及和流行，而不再是大型计算机主宰的世界时，它在 1991 年、1992 年和 1993 年分别报告了高达 37 亿美元、116 亿美元和 89 亿美元的巨额重组费用。而且这并非孤例。西尔斯百货（Sears）在 1993 年发生了 27 亿美元的重组费用，AT&T 电信公司在 1995 年报告了 77 亿美元的重组费用。上述这些事件都不是孤立的，重组支出是一个标准的季度报告事件。为了反驳那些认为公司经营状况不佳的观点，以及帮助投资者评估公司的经营业绩，公司在盈利公告中通常都会排除掉重组支出的影响，通过发布另类财务业绩指标来引导人们对盈利公告内容的关注。

企业合并报告方面的会计原则也促进了另类业绩指标的流行。在 2001 年之前，如果一家公司收购另一家公司，往往会导致商誉摊销费用的产生，使随后的盈利报告看起来很弱。让这个问题更加复杂化的是，有两种企业并购的会计处理方法：权益集合法和购买法。对公司来说，要应用权益集合法需要满足很多限制条件，由于应用十分困难，这种方法现在已经很难看到了。但是，由于权益集合法不会导致商誉摊销费用的产生，因此公司非常希望能使用这种方法。在科技繁荣时期，公司之间的收购活动频繁，其中很多都是用购买法进行核算的。根据当时的规则，购买法随后所带来的商誉摊销问题将对其后长达 40 年的利润都产生不利影响。因此，使用购买法进行报告的并购公司认为，与能够使用权益集合法的公司比较，它们处于报告劣势。所以，这些公司就开始列报扣除了无形资产和商誉摊销后的调整利润作为回应。

由于投资者希望能在一致的基础上进行公司之间的比较，扣除利息、所得税、折旧和摊销费用前的利润（EBITDA）目前已成为一种非常流行的业绩衡量标准。大家普遍认为 EBITDA 消除了各种嘈杂的报告噪声，例如完全是由于公司自己在折旧、无形资产减值和重组费用等方面的不同会计处理方法所造成的差异。公司可能会按自己的标准去计算和报告 EBITDA，这种指标有时被称为"经调整的 EBITDA"，具体的方法是在列表中添加项目以排除在净利润指标之外。分析师可能会遇到的项目包括：

- 经营租赁的租金支付，于是产生 EBITDAR（扣除利息、所得税、折旧、摊销和租金前的利润）；
- 以股权为基础的薪酬费用，通常以其是非现金费用为理由；
- 与公司并购有关的支出；
- 商誉或其他无形资产的减值损失；
- 长期资产减值损失；
- 法律诉讼费用；
- 债务清偿的利得／损失。

贷款契约也促进了另类业绩指标的流行。贷款人可能要求借款公司达到或者维持某个业绩指标，该指标通常是以公认会计原则下净利润为起点，但根据贷款人的计量标准进行了一定的调整。在盈利公告和管理层评论（在美国被称为管理层讨论与分析）中描述公司的流动性或者清偿能力时，公司就可以使用这类计量指标作为其偏好的另类业绩指标。

如前所述，如果一家公司在向证交会提交的文件中使用了另类业绩指标，那么它必须以同等的重要水平报告最直接可比的公认会计原则指标，并提供这两类指标之间的差异调整过程。公司管理层必须解释为什么认为这些另类业绩指标能提供关于公司财务状况和运营情况的有用信息，此外，如果重要的话，管理层还必须披露公司使用另类业绩指标的其他原因。

类似地，IFRS 也要求公司对其在财务报告中使用的任何非国际财务报告准则计量指标做出定义和解释，包括为什么这些计量指标可能与用户相关。公司管理层必须提供另类业绩计量指标与按 IFRS 所计算指标的差异调整说明。有一部分人会担心管理层利用另类业绩计量指标来分散公众对公认会计原则计量指标的关注。

美国证交会打算将所有符合下列特征的指标，都称为另类业绩指标（非公认会计原则财务计量指标）：

- 与按照公认会计原则计算的税前利润或损失、净利润或净损失等财务报表列报项目不同的业绩指标；

- 与按照公认会计原则计算的现金流量或经营活动产生的现金流量不同的流动性指标[⊖]。

美国证交会禁止公司在计算另类业绩指标时将需要用现金支付费用或了结的负债作为扣除项目，但 EBIT 和 EBITDA 这两个指标除外。美国证交会也禁止公司将标记为非经常性项目但实际上很可能会再次发生的事项从另类业绩指标的计算过程中予以扣除或者做平滑处理。美国证交会规定，将报告日期之前和之后两年内的期间作为考虑一项费用或收益是否属于经常性项目的判断标准。例 11-5 介绍了一个滥用和误报另类业绩指标的案例。

▌ 例 11-5   另类业绩指标的滥用和误报

高朋网（Groupon）是一家在线折扣商业公司。在它 2011 年的初始注册登记 S-1 表格中，时任 CEO 安德鲁·梅森（Andrew Mason）在一个名为"我们不以传统方式衡量自己"的部分中提醒投资者，向投资者介绍了该公司使用的调整后合并分部经营利润（调整的 CSOI）指标。表 11-10 中的内容摘录自一个名为"非公认会计原则财务计量指标"的部分，对此进行了更详细的解释。表 11-11 也摘录自这份初始注册文件，说明了该调整的 CSOI 指标与最可比的 US GAAP 质量指标之间的差异和调整。在审查中，美国证交会认为，在线营销费用是一项经常性的经营成本。但高朋网回应说，这种营销成本类似于公司收购费用，不属于经常性支出，而且随着时间的推移，"我们将很快就降低营销费用中的客户获取成本，控制住这类营销支出"[⊖]。

最终，在大量的负面宣传之后，高朋网更改了它的另类业绩计量指标。表 11-12 中摘录的信息取自该公司在证交会审查之后，于 11 月提交的最终版招股说明书。请利用这三个表中的信息，回答后附问题。

表 11-10   高朋网的"非公认会计原则财务计量指标"

S-1 申报材料（6 月）的披露内容摘录

调整后合并分部经营利润（以下简称"调整的 CSOI"）是指本公司北美分部和国际分部的经营利润，经调整在线营销费用、与公司并购相关的支出和基于股份的薪酬费用项目影响后的余额。在线营销费用主要是获取新用户的成本，由公司希望追求的增长数额来决定。与公司并购相关的支出为与本公司若干并购项目有关的非经常性、非现金支出项目。基于股份的薪酬费用则是非现金项目。我们认为，调整的 CSOI 是衡量本公司经营表现的一个重要指标，因为它排除了非现金支出或其他与未来经营费用无关支出的影响。我们认为，将调整的 CSOI 指标作为本公司合并经营业绩表的补充资料是非常重要的。

如果将我们所使用的调整的 CSOI 指标作为分析工具，会存在一定的局限性，你不应单独考虑该指标，也不应将其作为按照公认会计原则报告结果的替代品。该指标存在的局限性包括：

- 调整的 CSOI 未反映出本公司目前为获取新用户而支出的重大现金投资影响；
- 调整的 CSOI 未反映本公司向管理团队和员工发放的、用股份结算的薪酬方式以及与并购有关的股份稀释影响；
- 调整的 CSOI 未反映出利息费用或者与支付利息和偿还债务本金相关的现金需求的影响；
- 调整的 CSOI 未反映出任何外汇汇率变动对损益的影响；
- 调整的 CSOI 未反映出公司可能需要支付税款的影响，而税款的支付将意味着公司可动用现金的减少；
- 调整的 CSOI 未反映出公司营运资金需求的变化或现金需求；
- 其他公司，包括本公司的同业竞争公司，也可能会以各种方式计算调整的 CSOI 指标，或者使用其他财务指标来评价其盈利能力，这降低了它作为比较指标的有用性。

由于上述限制性影响，不应将调整的 CSOI 视为本公司可用于业务增长性投资的可自由支配现金。在评估本公司的业绩时，你应该将调整的 CSOI 和其他财务业绩指标，例如，各种现金流指标、净亏损和本公司按公认会计原则报告的其他结果，一起进行考虑。

⊖ SEC，"最后规则：另类业绩计量指标的使用条件"，美国证券交易委员会。

⊖ 摘自高朋网对 SEC 问询的回复，2011 年 9 月 16 日提交于美国证交会 EDGAR 电子数据库。

表 11-11　高朋网的"调整的 CSOI"

S-1 申报材料（6 月）的披露内容摘录

在截至 2008 年 12 月 31 日、2009 年 12 月 31 日和 2010 年 12 月 31 日的年度以及截至 2010 年 3 月 31 日和 2011 年 3 月 31 日的季度里，调整的 CSOI 与其最具可比性的 US GAAP 计量指标"经营损失"之间的差异调整说明：

（单位：千美元）

	以 12 月 31 日作为年度截止日			以 3 月 31 日作为季度截止日	
	2008 年	2009 年	2010 年	2010 年	2011 年
经营利润（损失）	−1,632	−1,077	−420,344	8,571	−117,148
调整项目：					
在线营销费用	162	4,446	241,546	3,904	179,903
基于股份计算的薪酬费用	24	115	36,168	116	18,864
与公司并购相关的支出	—	—	203,183	—	—
调整项目合计	186	4,561	480,897	4,020	198,767
调整的 CSOI	−1,446	3,484	60,553	12,591	81,619

表 11-12　高朋网的"CSOI"指标

更正后的 S-1 申报材料披露内容摘录

在截至 2008 年 12 月 31 日、2009 年 12 月 31 日和 2010 年 12 月 31 日的年度以及截至 2010 年 9 月 30 日和 2011 年 9 月 30 日的 9 个月里，CSOI 指标与其最具可比性的 US GAAP 计量指标"经营损失"之间的差异调整说明：

（单位：千美元）

	以 12 月 31 日作为年度截止日			截至 9 月 30 日的 9 个月	
	2008 年	2009 年	2010 年	2010 年	2011 年
经营利润（损失）	−1,632	−1,077	−420,344	−84,215	−218,414
调整项目：					
基于股份计算的薪酬费用	24	115	36,168	8,739	60,922
与公司并购相关的支出	—	—	203,183	37,844	4,793
调整项目合计	24	115	239,351	46,583	56,129
CSOI	−1,608	−962	−180,993	−37,632	−162,285

问题：

1. 在介绍"调整的 CSOI"这个指标时，高朋网还发出了哪些警示？

2. 高朋网在计算"调整的 CSOI"指标时，将"在线营销费用"予以扣除。对照美国证交会关于非公认会计原则计量指标的调整限制规定，说说这样扣除合理吗？

3. 2011 年第一季度，剔除在线营销费用项目对"调整的 CSOI"指标带来了什么影响？

4. 以 2010 年为例，修正后的另类业绩指标与最初的报告指标相比，差别有多大？

问题 1 解答： 高朋网警示说，信息使用者不应单独考虑"调整的 CSOI"指标，该指标不能被当作按公认会计原则计算指标的分析替代品，而且，该指标"不应被视为本公司可用于业务增长性投资的可自由支配现金"。该公司列出了"调整的 CSOI"指标的许多使用局限，主要是"调整的 CSOI"指标，没能反映出一些相关的信息。

问题 2 解答： 美国证交会规定，公司在调整计算另类业绩指标时，如果被标记为非经常性、罕见或异常的项目在将来还可能出现，那么就不允许消除这些项目的影响。由于在线营销费用在每个报告期都出现，并且很可能会继续出现，因此，如果要扣除此项目的影响，是违反美国证交会的相关规定的。

问题 3 解答： 如表 11-11 所示，在 2011 年第一季度，扣除在线营销费用足以使公司按 US GAAP 计算的净亏损指标转为盈利——至少是"调整的 CSOI"所定义的盈利。如果以"调整的 CSOI"作为业绩衡量标准，那么，该公司 2011 年第一季度的业绩将比其前一年全年业绩还高出 35%。

问题 4 解答： 如表 11-12 所示，高朋网在更正后的申报资料中将调整指标称为"CSOI"，不再称"调整的 CSOI"。以 2010 年为例，按修订后的另类业绩指标（考虑在线营销费用影响在内），显示该公司亏损 180,993,000 美元，不再是实现利润 60,553,000 美元。

在例 11-5 介绍的案例中，高朋网最终改变了它的报告，并更正了被美国证交会认定为误导性的另类业绩指标。在其他一些案件中，美国证交会还对提供误导性另类业绩指标的公司采取了执法行动。例如，2009 年，美国证券交易委员会对安全网络公司（SafeNet Inc.）提起诉讼，指控其将普通的运营费用不恰当地报告为非经常性支出，这些费用与该公司对一家被收购对象的整合和将这些费用在计算另类业绩指标时扣除，以达到盈利目标相关。2017 年，美国证交会对 MDC 伙伴公司（MDC Partners Inc.）提起了第二起诉讼，指控其对另类业绩指标进行了不恰当调整，并在盈利公告中以显著的位置不恰当地突出其另类业绩指标。在这起案件中，MDC 伙伴公司先是同意遵守相关规则，随后却未能做到，因此被提起了诉讼。美国证交会在诉讼中的一句话证明了这一点："尽管在 2012 年 12 月与（SEC 的）公司财务部门的通信中同意遵守另类业绩指标的计量和披露规则，但 MDC 伙伴公司仍然在连续六个季度中违反了这些规则……"表 11-13 中列出了 MDC 伙伴公司的一份盈利公告的标题和副标题，正是这些公告引起了强制执行的诉讼。

表 11-13　MDC 伙伴公司的媒体发布信息

2014 年 4 月 24 日提交给美国证交会的 8-K 表格

这段信息摘录显示了该公司定期盈利公告发布中的标题、子标题和引导句。

MDC 伙伴公司报告截至 2014 年 3 月 31 日的创纪录季度成果

整体营收增长 8.3%，EBITDA 增长 18.1%，利润率改善了 90 个基点，自由现金流增长 34.0%。

2014 年的业绩高涨意味着年度 EBITDA 能同比增长 13.5%，至 +16.1%，利润率改善 60 ～ 70 个基点，自由现金流增长 15.8%，至 +20.2%。

　一季度表现亮点：
- 收入从 2.656 亿美元增加到 2.926 亿美元，增长了 10.1%；
- 整体营收增长 8.3%；
- EBITDA 由 3,080 万美元增长至 3,640 万美元，增长了 18.1%；
- EBITDA 利润率由 11.6% 增长至 12.5%，增长了 90 个基点；
- 自由现金流从 1,540 万美元增长至 2,060 万美元，增加了 34.0%；
- 新业务净额合计达到 2,440 万美元。

纽约（2014 年 4 月 24 日）——MDC 伙伴公司（纳斯达克代码：MDCA；TSX：MDZ.A）今天公布它截至 2014 年 3 月 31 日的季度财务业绩。

……

一般来说，管理层构建另类业绩指标不仅是为了帮助投资者更好地了解公司业绩，同时也旨在为公司业绩描绘一幅更漂亮的画面。在某些情况下，管理层可能会试图通过这些另类业绩指标的使用，去转移市场对公司按会计准则编报的财务信息的注意力。

11.4.2　会计选择与会计估计

会计选择不一定只存在于复杂的会计准则中。一些简单的东西，比如向客户交付货物的运输条款，也可能对收入的确认时间产生重要影响。假定一家公司在第一季度的最后 1 天向某客户运送价值 10,000 美元的货物，交货条件为"离岸价"（FOB），货物将于第 2 天运达。该装运术语意味着客户在货物离开卖方装运码头时即拥有了对货物的所有权，以及需要承担与货物有关的损失风险。在这种情况下，除非应收款的可收回性可疑，或者货物有可能被退回，否则，卖方就可以在销售完成之后确认销售收入和相关的利润了，该笔交易的收入和盈利都将在第一季度报告。但是，如果改变交易条件，将货物的所有权转移条件变更为"FOB 目的地"，那么，收入确认模式将发生变化。根据新的交易条件，只有当货物到达目的地，即客户要求的地址时，与货物有关的所有权和损失风险才转移给客户。因此，只有等到第 2 天，货物运达之后，卖方才能确认销售收入和相关利润。在本例中，第 2 天已是一个新会计期间的开始了。

发货条款的一点简单变化，就会对相关交易的收入和利润是确认在本报告期还是递延到下一报告期产生影响。所以，发货条款也会影响公司管理者的行为。为了"制造数字"，经理们可能利用 FOB 交货条件而提前发货，这样便可以在报告期内反映更多的收入。或者，在订单充足的情况下，该公司的表现可能会大幅超越分析师的一致预期，而公司管理层并不希望出现这样的场面，因为投资者可能会由于这个远超预期的报告期而对未来期待更多。为了防止投资者过度乐观，如果可能的话，管理人员会想办法将一些收入推迟到下个季度再来报告。例如，可以选择在本季度的最后一天才向客户发货，并将交货条件修改为"FOB 目的地"。这样，货物的所有权将在下一会计期间才进行转移。或者，如果客户仍然坚持按 FOB 离岸价交货的话，卖方公司也可以简单地将发货时间推迟到本季度结束以后。

这个例子还说明了投资者对信息的鉴别困难。一家公司可以把会计当作一种工具，激进地促进其盈利增长——就像在按 FOB 离岸价交货条件下，提前装运发货的例子中一样；也可以积极地去安排业务流程，在经营情况好得超出预期的时候滞后发货，就像第二个例子中那样。在任何一种情况下，只需要简单地改变一下交货条件，就可以获得期望的管理结果。不过，许多投资者会认为第二个例子是一种保守的盈余管理行为，他们接受这种行为，虽然这种行为实际上人为地掩盖了真实经济活动的情况。

11.4.2.1　会计选择和会计估计影响利润与资产负债表的方式

存货成本流转假定是另一个会计选择影响财务报告的例子。公司可以假定它们所购入的存货是按先进先出规则销售给客户的，因此，期末剩余库存反映的是最近的采购成本。或者，也可以假定它们购入的存货是按加权平均成本出售给客户的。例 11-6 表明，单纯地采用不同的成本流转假定，就可以影响公司的盈利能力。

▎例 11-6　存货成本流转假定的影响

一家公司在某会计年度开业，期初存货为 0。在该会计年度内，这家公司先后 5 次购入同样数量的存货用于转售，并且每一次的采购单价都在不断上涨。在下表中，列出了每一次的采购价格和可供销售存货的成本。请注意，截至会计期末时，单位存货的采购成本已经上涨了 140%。

	采购数量	采购单价（美元）	采购成本（美元）
第 1 批采购	5	100	500
第 2 批采购	5	150	750
第 3 批采购	5	180	900
第 4 批采购	5	200	1,000
第 5 批采购	5	240	1,200
可供销售的存货成本			4,350

在该会计期间内，这家公司按每件 250 美元的单价将所购入的存货对外售出，到会计期末时，只剩下了 5 件库存。尽管如此，期末库存的成本却可以有多个差别迥异的价值。

1. 假如这家公司对存货的发出使用先进先出法，那么其期末库存和当期销货成本的价值应当为多少？

2. 假如这家公司对存货的发出使用加权平均计价法，那么其期末库存和当期销货成本的价值应当为多少？

3. 对上述两种方法下所报告的销货成本和毛利润进行比较。

问题 1 解答：假如这家公司使用先进先出法对发出存货进行计价，那么其期末存货和当期销货成本的价值将分别为 1,200 美元和 3,150 美元。

问题 2 解答：假如这家公司使用加权平均计价法对发出存货进行计价，那么其期末存货和当期销货成本的价值将分别为 870 美元和 3,480 美元。

问题 3 解答：下表说明了先进先出法和加权平均法这两种发出存货的计价方法对销货成本与毛利润的影响。

成本价值流转假定	先进先出法	加权平均法
可供销售的存货成本（美元）	4,350	4,350
期末存货价值（5 件）(美元)	−1,200	−870
当期销货成本（美元）	3,150	3,480
销售收入（美元）	5,000	5,000
销货成本（美元）	3,150	3,480
毛利润（美元）	1,850	1,520
毛利率（%）	37.0%	30.4%

注：存货平均成本的计算是用可供销售的存货成本除以存货采购数量得到的，即 174（=4,350/25）美元。由于期末库存还剩下 5 件，所以期末存货的价值为 870 美元。

根据公司采用的存货成本流转假定，期末存货的价值可以为 870 美元（加权平均法），也可以是 1,200 美元（先进先出法）。方法的选择可以使该公司的毛利润相差 330 美元，而毛利率相差 6.6%。

前面的例子是非常简化的，单纯为了说明清晰而比较极端，但这个例子所反映出来的要点是很重要的：管理层完全可以在许可的存货发出假定和计价方法中进行选择，从而对公司的利润施加影响。存货发出成本的计算方法选择属于会计政策的选用，公司并不能随意地从一种方法变换为另一种方法。但是，这种选择确实会影响到公司的盈利能力，也会影响资产负债表。

在价格波动时期，使用先进先出成本流转假定能使期末存货的价值更加符合当期情况，因为留在期末存货中的都是最近的采购价格，因此资产负债表信息能与投资者的决策更加相关。在加权平均成本流转假定下，资产负债表上报告的将是各种新旧采购成本的混合。如果在通货膨胀期间，存货的价值会被低估，公司将无法按列报的价值去重置它的存货。但相对先进先出法来说，加权平均成本流转假定确保更多的近期成本被报告在了当期销售成本中，使利润表更加具有决策相关性。权衡总是存在的，投资者应该意识到会计选择对财务报告可能产生的影响。高质量的财务报告会为用户提供充分的信息，方便他们去评估会计选择的效果。

由于权责发生制的使用，财务报告中存在大量的会计估计。权责发生制试图将所有经济事件在特定时期内对公司产生的影响都报告出来。它与收付实现制会计形成了鲜明对比，后者只报告有现金转移的公司行为。虽然只报告现金交易有很强的确定性，但隐藏了许多信息。例如，如果一家公司大部分的销售都体现为赊销，那么，当收入不断增长时，如果只报告现金交易，就会低估它在各个时期的收入情况。但如果按权责发生制基础进行报告，那么，就能反映出所有交易对收入的影响，无论这些交易是赊销还是现销。由于记账时，某些与特定时期发生事件相关的事实可能还不够确切，所以就需要引入会计估计。建立在现实基础上的会计估计可以很好地被应用，帮助呈现对公司造成影响的事件之完整图像，或者也可以作为实现预期财务目标的管理工具。

下面以赊销为例说明会计估计对财务报告的影响。一家公司赊销了 100 万美元的商品，并赶在年底之前将这笔交易入了账。根据权责发生制会计的要求，这一金额将被报告在当期收入和应收账款项目中。根据过往的经验，公司经理们知道要收回全部应收账款几乎是不可能的，平均来说，能收回的账款大约只有 97%。这样，在销售发生时，公司就将估计可能的坏账损失，并记录 30,000 美元的坏账损失，从而降低当期利润。这笔分录的另一方面影响是为应收账款设立了 30,000 美元的坏账准备。该准备金账户将作为应收账款的备抵账户，用以抵消应收账款的金额。这样，扣除坏账准备之后的应收账款净额为 970,000 美元，这是公司估计它最终能收到的现金数额。如果按现金收付制记账的话，企业就无须将发生的赊销记录为收入和应收账款。所以，权责发生制会计包含了对未来事件的估计，比单纯的现金收付实现制会计能更全面地反映会计期间所发生的经济事项。

但是，权责发生制会计会诱惑公司管理层去管理数字，而不是管理业务。假定在某个季度，有一家公司的经理发现这家公司无法实现分析师的一致预期业绩，而经理们的奖金又是跟公司是否达到了特定的盈利目标挂钩的。那么，经理们就可以通过提供特殊的付款条件或折扣，诱导客户购买他们通常不会愿意订购的产品。这样，公司就可以按 FOB 交货条件将商品发出，然后把商品的销售收入确认在本季度中。甚至，他们还可能更大胆些，在客户没有订购的情况下就将商品发出，然后期待客户会留下这些商品，或者是在下一个会计期间再来办理退货。他们的目标只是将商品按 FOB 条件发出去。

为了进一步提高公司的利润以满足分析师的一致预期，公司雇员还可能修改他们的坏账估计。尽管收款历史显示公司的典型坏账损失比率为赊销额的 3%，但经理们可能会按 2% 来进行合理化使用。这样，就能减少坏账准备和当期报告的坏账损失费用。经理们可能会说，这些销售发生在国家经济前景好转的地方，或者过去的收款记录中包含了长期经济低迷的影响而造成的偏差。其实不管用什么理由，都很难证明新估计的正确与否，直到随着时间的推移才能慢慢得到验证。由于在记录会计估计金额的时候，很少能有证据表明估计数的可靠性，所以，公司管理层就有了这么一个可以随时利用的手段，用于自由地操纵公司的利润情况。

　　康尼格拉食品公司提供了一个利用坏账准备的计提来实现盈余管理的案例[⊖]。它有一家名为联合农产品公司（United Agri-Products，简称 UAP）的子公司，涉及好几种不正当的会计做法，其中一种就是连续多年都低估坏账损失。表 11-14 中，摘录了美国证交会发布的会计和审计执法情况。

表 11-14　美国证交会关于联合农产品公司的会计和审计执法情况发布

　　……一般来说，按照 UAP 公司的政策要求，对于逾期 90 天到 1 年的应收账款，应计提 50% 的坏账准备；对于逾期 1 年以上的应收账款，应计提 100% 的坏账准备。

　　……从 1999 会计年度开始持续到 2000 会计年度，UAP 公司有大量坏账问题。在 2000 会计年度中，一些 UAP 公司前高管被告知，UAP 公司需要额外再确认 5,000 万美元的坏账损失费用。一些 UAP 公司前高管意识到，某些 IOC 在 1999 会计年度的坏账规模已经非常大，对这些 IOC 实现税前利润目标已产生负面影响。此外，就在 2000 会计年度结束之前，UAP 公司的前首席运营官（COO）当着公司其他员工的面，要求将 UAP 公司的坏账准备金减少 700 万美元，让公司实现该报告年度的税前利润目标。

　　……在 2000 会计年度末，UAP 公司前高管向康尼格拉食品公司报告其财务成果，他们知道，或者按道理应当知道，UAP 公司夸大了其税前利润，因为它没有记录足够的坏账费用。由于在坏账准备计提方面的不当行为，康尼格拉食品公司在 2000 会计年度的税前利润被高估了 700 万美元，或者说，是 1.13%。该不当行为导致公司农产品分部报告的营业利润也被高估了 5.05%。

　　在说明会计估计对利润结果的影响时，递延所得税资产也可以用作一个例子。当一家公司根据税务会计规则报告出经营净亏损时，就可能会产生递延所得税资产。公司需要预计它在预期报告期内的亏损在将来能抵销的未来利润规模，然后根据将来可能减少的公司所得税金额来记录递延所得税资产。会计准则规定，递延所得税资产可设置"估值备抵"账户来进行抵减，对于公司在将来可能因利润不足而无法使用的所得税优惠，就放在"估值备抵"中[⊜]。

　　假定有一家公司在 2012 年亏损了 10 亿欧元，从税法观点来看，也产生了同样金额的净经营亏损。假定该公司的所得税税率为 25%，预计它在未来 10 年中能创造足够的应税利润来利用这一笔净经营亏损。因此，可根据该净经营亏损确认 2.5 亿欧元（＝ 25% × 10 亿欧元）的递延所得税资产。这一笔初始确认后，将产生 2.5 亿欧元的递延所得税资产和 2.5 亿欧元递延所得税费用贷项。该公司判断这 2.5 亿欧元是否有机会可以全额用于抵扣未来的应纳所得税。比如，这家公司可能正在经历竞争加剧或者其他会导致它亏损 10 亿欧元的情况，假设它在将来是不容易产生足够的应税利润来利用该所得税抵扣项目的。该公司的管理层可能会认为，公司还可以生存 5 年，并且盈利能力微乎其微。在这种情况下，如果公司不同时记录估值备抵，那么递延所得税资产就被高估了 2.5 亿欧元。

　　假定公司管理层认为，将来可用于抵扣应税利润的净经营亏损预计只有 1 亿欧元，这意味着未来能实现的所得税减免就只有 2,500 万欧元。那么，资产负债表上报告的递延所得税资产就应以该金额为限，该公司应记录 2.25 亿欧元的估值备抵，用以抵消 2.5 亿欧元的递延所得税资产，使递延所得税资产的净值变为 2,500 万欧元。因此，应当贷记递延所得税资产准备 2.25 亿欧元。非常重要的是，每当事实和情况发生变化时，都应修订公司的估值备抵项目。

　　递延所得税资产的最终价值取决于公司管理层对未来的预期，而该预期可能受其他因素的影响。如果公司需要遵守债务契约，要用美好的前景来证明公司用好了每一欧元负债的价

　　⊖　《会计和审计执行公告》第 2542 号，"SEC 诉 James Charles Blue、Randy Cook 和 Victor Campbell"，美国科罗拉多州地区法院，Civ. 诉讼编号 07-CV-00095 REB-MEH（2007 年 1 月 17 日）。

　　⊜　详见《会计准则汇编》740-10-30-16 至 25，"递延所得税资产估值备抵的确定"。

值，那么，管理层就可能会对未来采取更乐观的预期，并人为地将估值备抵保持在较低水平（换句话说，递延所得税资产的净额将报告为较高的水平）。

下面以超链公司（PowerLinx）为例，说明如果对递延所得税资产的可实现性过度乐观，就会导致错误的财务报告。超链公司是一家安全摄像机、水下摄像机和配件制造商，它在2000 会计年度中，报告了 90% 的欺诈性收入，此外，在评估递延所得税资产方面也出了问题。表 11-15 摘录自美国证交会公布的相关会计和审计强制执行公告，并附有重点提示[一]。

表 11-15 美国证交会关于超链公司的会计和审计强制执行公告

超链公司在其 2000 会计年度的资产负债表上不正确地记录了 1,439,322 美元的递延所得税资产，并没有计提任何估值备抵。该递延所得税资产项目对公司的影响重大，**占超链公司 3,841,944 美元总资产的近 40%**。在 2000 财年前三个季度的财务报表中，超链公司还分别记录了 180,613 美元、72,907 美元和 44,921 美元的递延所得税资产。

超链公司并不存在确认递延所得税资产的适当基础。该公司在 2000 财年积累了大量亏损，但并没有任何历史经营依据可以支持它判断自己在未来几年就能够实现盈利。由于水下摄像机的销量大幅下降，该公司已将其大部分资源用于开发其安全视界产品（SecureView）。超链公司"预期"它具有未来盈利能力的唯一基础，是据称它持有价值 900 万美元的安全视界产品订单，公司管理层认为这将能创造应纳税所得额；但是，这些所谓的订单产生于鲍尔先生上任之前，并不反映对安全视界产品的实际需求，因此，不能作为公司未来盈利能力判断的合理或可靠依据。

另一个[二]由递延所得税资产的可实现问题所引起的财务业绩错报案例发生在汉普顿公路银行股份有限公司（HRBS）。由于贷款组合质量不断恶化，该商业银行在金融危机后的几年中出现了亏损。该公司确认了与贷款损失相关的递延所得税资产，但并没有就这些递延所得税资产建立估值备抵。该公司预计将"在适用的期间内充分利用递延所得税资产去抵扣未来的应纳税所得额"[三]，但该预测是可疑的。随着时间的推移，事实证明了该公司的收益预测不现实，最终，该公司对财务业绩进行了重述，将几乎全部递延所得税资产都计提了估值备抵。在表 11-16 中，摘录了该公司修正后的季报内容，其中包含了业绩重述部分。

表 11-16 汉普顿公路银行股份有限公司 2010 年 8 月 13 日 10-Q/A 报告（财务报表附注信息摘录）

附注 B——合并财务报表信息重述

在提交了本公司截至 2009 年 12 月 31 日的年度报告和截至 2010 年 3 月 31 日的季度报告之后，本公司认为，在 2009 年 12 月 31 日应对递延所得税资产计提估值准备。之所以需要这样做，是因为本公司不确定这些递延所得税资产在什么时候能够被实现。

受此影响，本公司重述了 2009 年 12 月 31 日的合并资产负债表和 2010 年 3 月 31 日的合并财务报表。并将此项变动对合并财务报表的影响说明如下（除每股金额外，单位为千美元）。

2010 年 3 月 31 日合并资产负债表			
	报告数	调整数	重述数
递延所得税资产，净值	70,323	−70,323	—
资产总计	3,016,470	−70,323	2,946,147
留存收益赤字	−158,621	−70,323	−228,944
股东权益合计	156,509	−70,323	86,186
负债与股东权益总计	3,016,470	−70,323	2,946,147

[一] 《会计和审计执行公告》第 2448 号，"关于被告道格拉斯 R. 鲍尔"，美国证券交易委员会（2006 年 6 月 27 日）。

[二] 原书中，这段话被包括在表 11-15 中，但根据上下文判断，这段话应为正文，不属于表 11-15 中的内容，因此翻译时从表 11-15 中拿出了。——译者注

[三] 《会计和审计执行公告》第 3600 号，"关于被告汉普顿公路银行股份有限公司"，美国证券交易委员会（2014 年 12 月 5 日）。

（续）

2009 年 12 月 31 日合并资产负债表			
	报告数	调整数	重述数
递延所得税资产，净值	56,380	−55,983	397
资产总计	2,975,559	−55,983	2,919,576
留存收益赤字	−132,465	−55,983	−188,488
股东权益合计	180,996	−55,983	125,013
负债与股东权益总计	2,975,559	−55,983	2,919,576

通过会计选择和会计估计去影响报告结果的另一个例子是折旧方法的选用，即通过什么方式将长期资产的成本在购置后的各个会计期间内进行分配。公司管理层可能选择的折旧方法包括：①直线法，即每年都承担相同金额的折旧费用；②加速折旧法，即在资产寿命的早期确认较多的折旧费用；③以作业量为基础的折旧法，即按使用量或生产单位量来分摊折旧费用。此外，折旧费用还受另一套会计选择和会计估计的影响，即需折旧资产的残值估计。无论使用何种折旧方法，假定残值为零的资产都会比假定残值不为零的资产计提更多的折旧费用。

假定有一家公司投资 1,000,000 美元购置了一套制造设备，预计设备的经济寿命为 10 年。假定在这套设备的使用寿命期内，预计能产出 400,000 件产品，那么，每生产 1 件产品将耗费的折旧费用就是 2.50 美元。公司管理层估计，当设备的预期寿命结束需要处置时，不会留下任何价值。假定在设备寿命结束时，残值为 0。下表列示了按直线法、双倍余额递减法和工作量法三种不同折旧方法下的报告差异。

年	直线法	双倍余额递减法			工作量法		
	折旧费用（美元）	余额（美元）	余额递减折旧率[①]	折旧费用（美元）	产量	折旧率 / 单位产量折旧费用（美元）	折旧费用（美元）
1	100,000	1,000,000	20%	200,000	90,000	2.50	225,000
2	100,000	800,000	20%	160,000	80,000	2.50	200,000
3	100,000	640,000	20%	128,000	70,000	2.50	175,000
4	100,000	512,000	20%	102,400	60,000	2.50	150,000
5	100,000	409,600	20%	81,920	50,000	2.50	125,000
6	100,000	327,680	20%	65,536	10,000	2.50	25,000
7	100,000	262,144	20%	52,429	10,000	2.50	25,000
8	100,000	209,715	20%	41,943	10,000	2.50	25,000
9	100,000	167,772	20%	33,554	10,000	2.50	25,000
10	100,000	134,218	20%	26,844	10,000	2.50	25,000
合计	1,000,000			892,626	400,000		1,000,000

①余额递减折旧率为 20%，因为预计可使用年限为 10 年，相当于年折旧率应等于 10%，然后乘以 2，即得到 20%。

直线法将设备成本在其 10 年使用寿命中进行平均分配；双倍余额递减法在设备使用期的前几个年度中分配更多的折旧费用，并且顾名思义，双倍余额递减法下的折旧费用随着时间推移在每一年是逐渐下降的，因为它是在不断下降的设备净值基础上应用的固定折旧率。设备的余额递减法折旧率是直线法折旧率的两倍，但实际上，也可以按照公司管理层认为最能代表设备折旧发生方式的任何折旧率来计算折旧。注意，双倍余额递减法下，这套设备到了第 10 年年末也没有折旧完毕，在预期寿命结束的时候，其价值仍有 107,374（= 1,000,000 − 892,626）美元。如果公司对设备残值为 0 的预计是正确的，那么，这将导致公司在设备退出时报告损失。一些公司可能会选择在设备使用的最后一年将其折旧至预计残值，如本例中的 0。还有些公司可能会在应折旧资产的使用后期改用直线法进行折旧。这种特殊的方式刚好出现在了按工作量法折旧的例子中。在这一例子中，设备在使用早期被用得最多，然后在预期寿命的后半段中被使用得很少。

图 11-3 显示了在同样的使用寿命期内，不同折旧方法下的费用分配模式对利润所产生的不同影响。

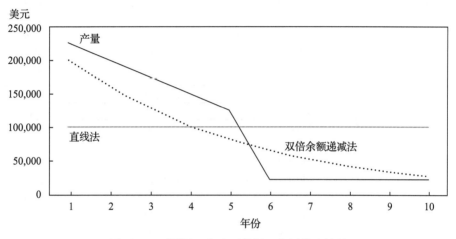

图 11-3　不同折旧方法下的折旧费用分配情况

这家公司的管理层可以为这些折旧方法中的任何一种找到合理化理由，每一种方法都可能公平地表示该设备在其预期使用寿命内的价值消耗方式，这本身就是一个主观估计。所以，折旧方法和使用寿命的选择可以深刻地影响公司的报告利润，而选择的正确与否需要等到遥远的未来才能被证明，但管理层目前就必须估算出它们的影响来。

表 11-17 中，显示了三种折旧方法对公司经营利润和经营利润率的影响。假设该设备每年的产出能带来 50 万美元的销售收入，并发生 20 万美元的付现经营费用，这样，扣除折旧费用前的经营利润就是 30 万美元。

表 11-17　折旧方法对经营利润的影响　（单位：美元）

年	直线法		
	折旧费用	经营利润	经营利润率
1	100,000	200,000	40.0%
2	100,000	200,000	40.0%
3	100,000	200,000	40.0%
4	100,000	200,000	40.0%
5	100,000	200,000	40.0%
6	100,000	200,000	40.0%
7	100,000	200,000	40.0%
8	100,000	200,000	40.0%
9	100,000	200,000	40.0%
10	100,000	200,000	40.0%

（续）

年	双倍余额递减法		
	折旧费用	经营利润	经营利润率
1	200,000	100,000	20.0%
2	160,000	140,000	28.0%
3	128,000	172,000	34.4%
4	102,400	197,600	39.5%
5	81,920	218,080	43.6%
6	65,536	234,464	46.9%
7	52,429	247,571	49.5%
8	41,943	258,057	51.6%
9	33,554	266,446	53.3%
10	134,218[1]	165,782	33.2%

年	工作量法		
	折旧费用	经营利润	经营利润率
1	225,000	75,000	15.0%
2	200,000	100,000	20.0%
3	175,000	125,000	25.0%
4	150,000	150,000	30.0%
5	125,000	175,000	35.0%
6	25,000	275,000	55.0%
7	25,000	275,000	55.0%
8	25,000	275,000	55.0%
9	25,000	275,000	55.0%
10	25,000	275,000	55.0%

①将未折旧金额 107,374 美元全部计入，当作设备在最后一年的折旧费用处理。

在直线法下，每一年的经营利润率都是一样的，但在其他两种折旧方法下，随着折旧费用的下降，公司的经营利润率出现不同程度的增加。

上面这个例子说明了不同折旧方法之间的影响差异，除此之外，通过改变设备的估计使用寿命和残值，也可能使折旧费用出现较大变化。例如，将估计的预期使用寿命从 10 年改为 5 年，同时再增加一个假设，即设备在预期寿命结束时将有 10% 的残值。在表 11-18 中，列出了新的折旧费用计算。注意，在双倍余额递减法下，计算折旧时是不考虑残值假定的，这与其他两种方法有所不同。直线法和工作量法在计算折旧费用时，需要考虑的是设备成本扣除预计残值后的应计折旧总额。此外，还需要注意，这里对设备的使用情况假设也进行了修订，以便在估计使用寿命结束时使设备余值刚好等于其预计残值 100,000 美元，因此，不管使用哪种折旧方法，折旧总额都应为 90 万美元。

表 11-18   情形变更后的折旧费用计算

年	直线法	双倍余额递减法			工作量法		
	折旧费用（美元）	余额（美元）	余额递减折旧率①	折旧费用（美元）	产量	折旧率／单位产量折旧费用（美元）	折旧费用（美元）
1	**180,000**	1,000,000	40%	**400,000**	100,000	2.25	**225,000**
2	**180,000**	600,000	40%	**240,000**	90,000	2.25	**202,500**

（续）

年	直线法	双倍余额递减法			工作量法		
	折旧费用（美元）	余额（美元）	余额递减折旧率①	折旧费用（美元）	产量	折旧率/单位产量折旧费用（美元）	折旧费用（美元）
3	**180,000**	360,000	40%	**144,000**	80,000	2.25	**180,000**
4	**180,000**	216,000	40%	**86,400**	70,000	2.25	**157,500**
5	**180,000**	129,600	40%	**29,600**②	60,000	2.25	**135,000**
合计	**900,000**			**900,000**	400,000		**900,000**

①余额递减折旧率为 40%，因为预计可使用年限为 5 年，相当于年折旧率应等于 20%，然后乘以 2，即得到
　40%。

②折旧费用为 29,600 美元，而不是 51,840（＝40%×129,600）美元。如果机械地应用双倍余额递减折旧率与
　期初余额的乘积，将得到 51,840 美元的折旧费用，使该设备净值低于残值了。

　　图 11-4 中说明了在三种折旧方法下，按 5 年预期寿命和 10% 的残值假定计算的折旧费用分配情况。可以看出，每种方法在折旧费用分配的时间分布方面有明显差异，但这种差异相对上一个例子中当使用寿命较长时的差异要小得多。

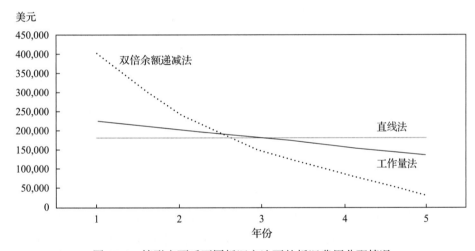

图 11-4　情形变更后不同折旧方法下的折旧费用分配情况

　　关于会计选择如何同时影响资产负债表和利润表，可以用支出的资本化实践来进行最清楚的说明。公司管理层必须判断一笔支出是只使公司当期受益还是能使未来多期受益，如果是前者，就将其确认为当期费用；如果是后者，则可以将其进行资本化处理，即记录为一项资产的取得成本。在这一管理判断中，实际上透露出了公司管理层对于公司通过付款所取得的项目在未来将如何进行使用的预测。

　　这种判断可能会因为资本化处理对利润的强大影响而产生偏差。每一笔被资本化处理的金额，都会成为资产负债表上的建筑物、存货、递延成本或任何"其他资产"，而不必被报告为报告期内的费用。

　　世界通信公司就是一个现实的例子。这是一家在 20 世纪 90 年代末迅速发展起来的电信公司，它的不少财务报告最终都被认定为是欺诈性的。其中，一个重要的错报在于它对电信行业"线路成本"的处理。线路成本是将语音或者数据从起点送到终点的成本，是世界通信

公司最大的一项费用项目。该公司的 CFO 决定将这些线路成本资本化处理，而不是报告为运营费用。因此，从 1999 年第二季度到 2002 年第一季度，这一决定使世界通信公司的营业利润增加了 70 亿美元。在将线路成本进行不正确的资本化处理的五个季度中，世界通信公司实际上有三个季度都是亏损的[⊖]。

同样，公司并购也是一个需要管理者进行判断的领域。并购完成后，需要将购买价格按照资产的公允价值分配给所购入的各类资产，而这些公允价值却不是总可以被客观核实的。为此，公司管理层必须对所收购资产的公允价值做出自己的估计。为了压低未来的折旧费用，管理层可能倾向于对应折旧资产的价值做出较低的估计。使应折旧资产只分配到较低价值部分的另一个好处，是无法分配到特定资产的购买价格将被确认为商誉，在未来报告期内，它既不需要摊销也通常不需要减值处理。

商誉报告自身也存在会计选择。虽然在未出现减值时，商誉对公司的利润没有什么影响，但在每年的商誉减值测试中，如果发现当初购买价格超出所购资产公允价值的部分可能无法收回了，就会导致商誉出现减值。在估计商誉的公允价值时，非常依赖于管理层对公司未来业绩的判断，这些预测可能会向上出现偏差，以避免商誉减值的影响。

11.4.2.2 会计选择对现金流量表的影响

现金流量表由三个部分组成：经营活动部分报告公司在经营活动中创造或者使用的现金；投资活动部分报告公司用于投资的现金或通过处置投资而收到的现金；而融资活动部分则报告融资活动的交易对现金的影响。

投资者会密切关注经营活动部分。因为很多投资者都认为这是对公司报告利润的现实审查，他们相信按权责发生制报告的、没有实际现金流量支持的利润可能是被操纵了的。这些投资者认为，经营活动产生的现金相对利润表上的金额来说，更不容易受管理操纵的影响。但是，其实经营活动所产生的现金在一定程度上也是可以被管理的。

现金流量表中，经营活动的现金流量可以使用直接法或者间接法进行报告。在直接法下，"鼓励报告各类现金收入的总额、现金支出的总额以及两者相抵后的净额，即经营活动产生的现金净流量"。[⊖]在实践中，很少公司会使用直接法，相反，大量公司使用间接法，即将净利润调整为经营活动产生的现金净流量。被调整的项目主要是影响净利润的非现金项目，以及影响经营活动现金流量的营运资本账户的变动情况。表 11-19 就是一个用间接法编报的例子。

<table>
<tr><td colspan="2">表 11-19　间接法列报举例　　　　　　　　　　　　　　（单位：百万美元）</td></tr>
<tr><td>经营活动产生的现金流量</td><td>2018 年</td></tr>
<tr><td>净利润</td><td>3,000</td></tr>
<tr><td>将净利润调整为经营活动产生的现金净流量：</td><td></td></tr>
<tr><td>计提的坏账准备</td><td>10</td></tr>
<tr><td>折旧与摊销费用</td><td>1,000</td></tr>
<tr><td>商誉减值支出</td><td>35</td></tr>
<tr><td>股份支付费用</td><td>100</td></tr>
</table>

⊖ 见 Dennis R.Beresford，Nicholas Deb.Katzenbach 和 C.B.Rogers 撰写的"特别调查委员会对世界通信公司董事会的调查报告"，第 9～11 页。

⊖ 《会计准则汇编》第 230—10—45—25 节，"经营活动、投资活动和融资活动的报告"。IFRS 下的直接法和间接法规定类似，可参考 IAS 第 7 号第 18 段。

（续）

经营活动产生的现金流量	2018 年
递延所得税准备	200
调整资产和负债项目的变动：	
与销售有关的贸易、票据和融资性应收款	−2,000
存货	−1,500
应付账款	1,200
应交 / 应收所得税费用	−80
离职后福利	90
其他	−250
经营活动产生的现金净流量	1,1805

无论是间接法还是直接法，管理者都可能通过简单的选择就让经营活动产生的现金流量**列报**得更好看，但并不需要实际改善现金流量。其中一个选择涉及应付账款管理领域，如表 11-18 所示。假定会计期末的应付账款余额为 52 亿美元，相比去年底的余额水平 40 亿美元增加了 12 亿美元。该 12 亿美元的应付账款增加与公司费用和 / 或资产的增加相匹配，但并不影响现金。如果该公司的管理人员选择推迟向债权人支付 5 亿美元，一直推迟到资产负债表日后的第 2 天，那么，他们就可以将经营活动产生的现金流量再提高 5 亿美元。如果管理层认为投资者十分关注经营活动产生的现金流量，那么，他们通过简单地延长应付账款信用期就可以人为地给投资者留下现金流强大的印象。

投资者要怎么样才能注意到这种诡计呢？他们需要检查现金流量表中经营活动部分的项目构成——如果不这样做，将得不到任何提醒。研究营运资本的变化，可以发现异常的情况，而这些情况可能会表明经营活动产生的现金流量被操纵了。

另一种可能导致投资者质疑经营活动现金流量质量的做法，是将公司的现金流与同行业水平或与类似竞争对手的现金经营业绩进行比较。现金经营业绩的计量可以用多种方式。一种是比较经营活动产生的现金流量与净利润的关系。经营活动产生的现金流量超过净利润越多，意味着利润质量越高；而如果净利润长期超过经营活动产生的现金流量，就应当引起关注，它可能意味着公司只是利用会计手段在提高净利润，而没有完整地反映财务现实。另一种现金经营业绩的衡量方式是比较经营活动产生的现金流量与公司偿债需求、资本支出和股利支出（如果有的话）。当发现公司的现金经营业绩与其基准之间差异很大时，投资者应寻求合理的解释，并仔细检查公司营运资金账户的变化。

由于投资者可能把经营活动产生的现金流量作为一个重要的关注指标，所以公司管理层可能会借助对营运资本账户的管理，去呈现对公司最有利的情况。除此之外，一些公司还可能会将经营活动中的现金流出错误地报告在现金流量表中的投资或融资活动部分，以增大经营活动产生的现金净流量。

以戴纳基公司（Dynegy）为例，它通过巧妙地构建合同和从一个未纳入合并范围的特殊目的实体（ABG 天然气供应有限责任公司）获得援助来操纵了经营活动产生的现金流量。2001 年 4 月，戴纳基公司与 ABG 公司签订了一份为期 9 个月的天然气开采合同，约定戴纳基公司将以低于市价的费率从 ABG 公司购买天然气，然后按当时的市价对外出售。9 个月到期后，恰逢戴纳基公司的 2001 会计报告期末，这为该公司带来了有现金流支持的利润。

戴纳基公司还同意在接下来的 51 个月里以高于市价的费率从 ABG 公司购买天然气，并按当时的市价出售。该合同在 2001 会计年度结束时按公允价值予以列报，对当年的净利润不产生影响。所以，该公司通过先期的部分合同获得了 3 亿美元现金流的支持，但后期的部分合同则会抵消利润的非现金损失。按盯市计量规则，公司应当确认合同各个部分的利得和损失，因此对利润的影响其实为 0。

2002 年 4 月，由于有文件被泄露出来，一篇刊登在《华尔街日报》上的文章揭露了这一骗局。美国证交会要求戴纳基公司重述其现金流量表，将该 3 亿美元从现金流量表的经营活动部分重新归类到融资活动部分，原因是戴纳基公司利用 ABG 公司作为融资渠道，实际上是从花旗集团借了 3 亿美元。花旗集团向 ABG 公司提供了信贷，用于为合同的损失提供资金（Lee，2012）。

另一个能体现现金流量报告灵活性的领域是利息费用的资本化，它造成了利息支付总额和利息费用总额之间的差异[⊖]。假设一家公司负担的利息费用总额为 30,000 美元，其中包括 3,000 美元的折价摊销和 27,000 美元的利息实际支付。在这 30,000 美元中，有 2/3（即 20,000 美元）是费用化的，剩下的 1/3（即 10,000 美元）被资本化计入了工厂资产价值。如果公司使用相同的利息费用/资本化的比例在经营活动和投资活动之间分配利息费用，那么它将报告经营活动的现金流出 18,000（= 2/3 × 27,000）美元，投资活动的现金流出 9,000（= 1/3 × 27,000）美元。该公司还可能选择将全部 3,000 美元的非现金折价摊销与作为费用处理的 20,000 美元相抵，从而产生低至 17,000 美元的经营活动现金流出，或者，将该折价摊销与作为投资活动资本化的利息支出相抵，则经营活动的现金流出又会高达 20,000 美元。同样，投资活动的现金流出金额可能多达 10,000 美元，也可能少至 7,000 美元，这取决于公司对非现金折价摊销的处理方式[⊜]。在这些投资者认为不存在会计选择的地方，其实是可以选择了又选择的。Nurnberg 和 Largay（1998）撰文指出，公司显然倾向于报告最低的经营活动现金流出量，因为这样能够使经营活动的现金净流量最大化。

投资者和分析师应当意识到，国际会计准则第 7 号《现金流量表》允许的列报选择为现金流量表中某些项目报告分类提供了灵活性。这种灵活性可以极大地改变现金流量表经营活动部分的报告结果。以下内容摘录自国际会计准则第 7 号第 33 段和第 34 段：

> 33. 金融机构通常可以将支付的利息和收到的利息与股利报告为经营活动的现金流量。但是，对于其他报告主体来说，对这类现金流量的分类还没有达成共识。可以将支付的利息和收到的利息与股利报告为经营活动的现金流量，因为它们涉及损益的确定。**不过，也可以将支付的利息和收到的利息与股利报告为融资活动或者投资活动的现金流量，因为它们属于报告主体获得财务资源或者投资回报的成本。**
>
> 34. 支付的股利可以报告为融资活动的现金流量，因为它们是报告主体获得财务资源的成本。**或者，也可以将支付的股利报告为经营活动的现金流量，以便帮助用户确定报告实体从经营活动的现金流中支付股利的能力。**［重点强调］

⊖ 详见 Nurnberg 和 Largay（1998）和 Nurnberg（2006）。

⊜ 由于我国的现金流量表上将用现金支付的利息都报告为融资活动的现金流出，不存在报告为经营活动或者投资活动现金流出的选择，因此这个例子并不适用于我国的情况。——译者注

　　国际会计准则第 7 号允许将收到的利息与股利或者付出的利息列报为经营活动或者融资活动的现金流量，赋予了公司管理层选择机会，从而去美化公司的经营业绩。以天然气勘探和生产商挪威能源公司（Norse Energy Corp.ASA）为例，该公司在 2007 年改变了对支付的利息和收到的利息的现金流量表分类（Gordon，Henry，Jorgensen 和 Linthicum，2017），将支付的利息报告为融资活动的现金流出，不再减少经营活动产生的现金流量；还将收到的利息报告为投资活动的现金流入，不再报告在经营活动中。上述改变的净影响导致该公司在 2007 年和 2008 年的经营活动现金流量由负变正。通过这些简单的列报变化，该公司也可以改变公众对其经营情况的看法。在过去，现金流量表显示这家公司在经营活动中使用的现金多于产生的现金，这容易引起公众对公司经营活动可持续性的质疑。变更列报选择后，该公司的现金流量表的经营活动部分明显得到了美化。

　　表 11-20 中显示重分类对挪威能源公司现金流量的净影响。

表 11-20　现金流量的重分类　　　　　　　　（单位：百万美元）

	报告数 （2007 年重分类后）		调整金额 （假定没有重分类）①		估计数 （假定没有重分类）	
	2008 年	2007 年	2008 年	2007 年	2008 年	2007 年
经营活动产生的现金净流量	**5.30**	**2.80**	**−13.70**	**−14.40**	**−8.40**	**−11.60**
投资活动产生的现金净流量	0.90	−56.80	−9.00	−3.50	−8.10	−60.30
融资活动产生的现金净流量	−16.60	34.50	22.70	17.90	6.10	52.40
合计	−10.40	−19.50	0	0	−10.40	−19.50

①调整时从投资活动中扣除了收到利息的影响，将其还原为经营活动的现金流入量；从融资活动中扣除了支付利息的影响，将其还原为经营活动的现金流出量。

11.4.2.3　影响财务报告的会计选择

　　表 11-21 中总结了一些可以影响财务报告的会计选择领域。

表 11-21　可影响财务报告的会计选择与会计估计

会计选择 / 估计领域	分析师应当关注的问题
收入确认	• 收入是如何确认的：在装运时确认还是在交付货物时；
	• 公司是否进行"渠道填充"，即将超过正常销售量的产品发货给分销商？这可以通过提供不正常的折扣、短期涨价威胁或两者并施来诱导顾客购买更多的商品，或者简单地通过发出客户并没有订购的商品来实现。这些交易可以在以后期间再进行更正，并可能导致报表重述。相对于公司历史情况或同行情况来说，应收账款与收入的比值是否高得异常？如果是，则可能发生了渠道填充现象；
	• 与过去的情况比较，销售退回准备是否异常；
	• 公司的平均收款天数是否异常，是否说明公司向客户配了客户不需要或者不想要的货物；
	• 公司是否涉及"开票并持有"交易？"开票并持有"是指客户购买了商品，但要求卖方晚一些时候再发货。这种交易会方便卖方只需要简单的努力和一些虚假文件的配合，就可以在期末通过声明存货为"已售出但尚未发货"来制造虚假的销售；
	• 公司是否使用了返现（rebate）式营销？如果是，返现完成度的估计对收入净额的影响大吗？从历史记录来看，是否有什么异常情况

（续）

会计选择 / 估计领域	分析师应当关注的问题
收入确认	• 公司的收入确认是否涉及多个交付商品或者服务？在这种情况下，收入的确认具有巨大的灵活性，而投资者对这种情况下的收入分配信息了解甚少，他们根本无法审查公司的安排，也无法自行判断公司的收入在多个交付商品之间的分配是否恰当。如果一家公司与客户的交易基本上都使用多交付安排，那么投资者对收入的报告风险就应该更敏感。投资者需要询问下列问题：公司是否对其收入在不同交付商品之间的分配进行了充分解释？每个交付产品的收入是如何分配的？交易会产生递延收入吗？如果没有的话，合理吗？收入和应收账款的发展趋势是否正常？应收账款的回收过程是否正常？如果投资者对上述问题的答案感到不满意，他可能就应当考虑其他的投资选项了
长期资产：折旧政策	• 相关资产的估计可使用寿命是否有道理，或者，与同行业公司持有的类似资产相比，该公司估计的长期资产使用寿命是否低得异常； • 折旧年限的变化是否提升了公司的当期利润； • 最近发生的资产减值是否表明公司需要重新考虑对资产可使用寿命的估计
无形资产：摊销政策	• 公司是否将与无形资产（如软件）有关的支出资本化？它的资产负债表上是否显示了任何因收购带来的资本化研发项目？或者，如果该公司是按照 IFRS 编报的，它是否有资本化的内部研发项目； • 与竞争对手相比，公司的资本化政策有什么不同； • 摊销政策合理吗
坏账准备 / 贷款损失准备的计提	• 与过去相比，准备金的变动额高了还是低了； • 收款情况是否可验证过去所计提准备金的合理性； • 如果计提准备有所降低，是否可能是由于行业发展困难或者公司难以实现利润预期的结果
存货成本计价方法	• 根据其报告环境来看，公司所使用的成本计价方法是否有利于生成公允的报告结果？所使用的成本计价方法与同业公司相比如何？如果通货膨胀率出现不寻常的变化，是否会使不同计价方法下的报告结果产生巨大差异； • 公司是否对存货计提了跌价准备？如果是的话，跌价准备的波动情况是否异常？是否显示公司可能通过调整存货跌价准备来实现特定的盈利结果； • 如果公司根据 US GAAP 编报并采用了后进先出法，该公司是否通过减少库存而导致了后进先出清算（将较早期的、成本较低的存货出售）？这种情况可以让公司在不影响现金流只降低库存的情况下就报告盈利，管理层可能会有意通过减少后进先出的存货层次来创造特定的利润
所得税资产估值账户	• 如果企业报告了递延所得税资产，该项目的金额必须以管理层预期能实现的税收抵减价值为限进行列报，且必须设置估值备抵，将所得税资产的价值调整为预期能最终转化为现金的金额。确定估值备抵的规模时，需要用到管理层对未来经营情况和所得税支付情况的估计。估值备抵的金额合理吗？是否过于乐观，或过于悲观； • 管理层评论的内容和估值备抵的水平，或者纳税通知书上的金额和估值备抵的水平，两者之间互相矛盾吗？如果管理层评论非常乐观，但递延所得税资产估值备抵却很高，这就是不正常的。其中有一个一定是错误的。反之亦然； • 观察所得税资产估值备抵账户的变化情况。一开始它的计提比例可能是 100%，然后每当需要提高利润时，管理层的"乐观程度"就可能会增加。通过降低估值备抵能减少所得税费用，增加净利润
商誉	• 公司必须每年对商誉进行减值测试。如果证据表明还有必要进一步测试，则还应按照报告单位（按 US GAAP 编报时）或现金产生单元（按 IFRS 编报时）估计其公允价值。这些测试都是基于主观的估计，包括对未来现金流量和贴现率的选择等； • 关注商誉减值测试的披露内容，判断公司有没有为了避免计提商誉减值而进行不恰当的测试

（续）

会计选择/估计领域	分析师应当关注的问题
质保准备金	● 是否为了实现利润目标而减少了准备金的计提？检查准备金和实际发生的质保支出的变化趋势：两者是相吻合还是相背离？从质保准备金中开支的质保支出是否能让分析师看出公司所售产品的质量问题
关联方交易	● 公司参与的交易是否使管理层受益不均？是否有一家公司通过供应合同或其他交易控制住了另一家公司的命运； ● 是否与受管理层控制的非公众公司进行了大量交易？如果是的话，可能利用这些公司去吸收损失（例如，通过对它们不利的供应安排），从而美化上市公司的业绩。这种情况可能会为所有者提供套现机会

最重要的问题是，在会计方法和会计估计方面，存在很多的选择机会，分析师需要对这些方法和估计有所了解，才能判断公司管理层是否利用会计选择去达到他们的预期目的。

11.4.3　警示信号

管理层为达到预期目的而进行的会计选择会留下痕迹，犹如沙地或者雪地上的足迹一样明显。财务报告中的信息操纵证据或警示信号与操纵的基本手段直接相关：偏颇的收入确认和偏颇的费用确认。这种偏差既可能存在于确认的时点，也可能存在于确认的位置。以确认时点为例，公司可以通过选择资本化处理来推迟费用的确认。而以确认位置为例，比如，可以将损失确认在其他综合收益中，或者绕过利润表直接计入所有者权益。警觉的投资者或分析师应当按以下建议去发现警示信号。

1. 关注收入情况。收入是利润表上金额最大的一个项目，在会计操纵或者会计欺诈中，经常都会涉及收入项目。所以，如果只关注"本期收入是高于还是低于前一可比期间的收入"这个问题是不够的，建议经常使用以下这些分析性程序，用以确认盈余管理的警示信号。

- **审查会计政策附注中的公司收入确认政策。**
  - 考虑这些政策是否便于提前确认收入，例如在货物发出后就立即确认收入，或者公司是否使用了"开票并持有"安排，即在货物实际发运给客户之前就确认了收入；
  - 是否存在非货币性资产交换，这类交易很难正确计价；
  - 销售返利项目涉及许多会计估计，包括对最终可能返利金额的估计等，这对于收入确认可能产生重大影响；
  - 商品和服务的多重交付安排是很常见的，但对于所交付的每一项商品或服务，明确其收入确认时间是必要的，这样投资者才能对收入的报告感到放心。

虽然上述这些决策不一定违反了会计准则，但每一项都涉及重大判断，如果出现了其他警示信号，都需要引起密切关注。

- **关注收入关系**。将公司的收入增长情况与其主要竞争对手或同行业可比公司的情况进行比较。
  - 如果一家公司的收入增长情况与其竞争对手、行业平均或者整体经济的状况脱节，那么投资者或分析师就需要了解其中的原因。这可能是公司的管理或者产品和服务都特别出众的结果，但并不是所有这样的公司都具有出色的管理以及高级的产品或者服务。投资者应当采取额外的分析步骤，去合理质疑收入的质量；

- 比较应收账款和收入在多个会计年度中的关系：
  - 检查两者的变化趋势，判断应收账款占收入总额的百分比是否持续增加。如果是的话，说明公司可能正在从事渠道填充活动，或者甚至记录虚构交易等更糟糕的情况；
  - 计算一段时期内的应收账款周转率：
    - 检查该比率的变化趋势，注意是否有异常变化，如果有的话，是否能为这些异常变化找到合理解释；
    - 将公司的应收账款周转天数或应收账款周转率与相关竞争对手或同行业可比公司的进行互相比较，确定该公司的情况是否正常。

如果应收账款周转天数增加，或者应收账款周转率降低，这可能意味着存在提前确认的收入，或者虚构收入，或者应收账款的坏账准备计提不足。

- 检查资产周转率。如果一家公司的管理层做出了糟糕的资产配置，那么它的收入可能就会显得不足，难以证明其投资是合理的。当资产配置选择涉及整个公司并购时，投资者或分析师需要特别警惕。如果被收购对象在收购后产生的收入很低，管理层就特别有动机去想各种办法寻求收入增长，这种动机很可能会刺激滥用会计选择。

用收入除以总资产，表明每单位资产创造收入的效率。如果公司的总资产周转率持续下降，落后于竞争对手或者同业公司的总资产周转率，这就可能预示着未来会出现资产减值，尤其是因收购公司而确认的商誉的减值。

2. 注意存货发出的信号。 虽然并不是每一家公司都会报告存货，但存货的存在确实为会计操纵创造了机会。

- **关注库存关系。** 由于收入来自存货的出售品，因此，投资者应对存货进行与收入类似的审查。
  - 将存货的增长情况与竞争对手和同业可比公司进行比较。如果一家公司的存货增长速度超出了同业水平，并且没有伴随同步的销售增长，那么可能暗示着公司的库存管理不善和运营效率低下，或者也可能表明在公司的存货中已出现冷背残次问题，而公司未及时计提跌价准备。由于存货的价值被高估，此时的毛利润和净利润也都可能被高估了；
  - 计算存货周转率。该比率等于销货成本与平均期末存货之比。存货周转率下降也可能表明公司存在存货陈旧问题；
  - 根据 US GAAP 编报的公司可能会使用后进先出法。当出现这种情况且公司正处于通货膨胀的环境中时，投资者应该注意较早批次的、成本较低的存货成本是否已经进入当期利润表，从而人为提高了当期的毛利润、经营利润和净利润。

3. 注意资本化政策与待摊的费用。 在一项针对五年期间执法行动所进行的研究中，美国证交会发现最常见的会计问题是收入的不当确认[一]，但紧随其次的就是费用的确认问题。正如之前讨论的世界通信公司案例那样，不恰当的资本化处理可能导致财务结果的重大错报。

- **审查公司财务报表附注中的会计政策说明，了解其长期资产的资本化政策，包括利息费用和其他待摊费用的处理。** 将公司的政策与行业惯例进行比较。如果该公司是唯

[一]　美国证交会，"根据 2002 年《萨班斯－奥克斯利法》第 704 条提交的报告"第 5～6 页。

一一家将某些支出进行资本化处理的公司，而其他同业公司都将相关支出费用化处理，这就是一个危险信号。如果遇到这类异常公司，将它与其他同业公司的资产周转率和利润率指标进行比较是非常有用的。投资者可能期望这种公司比其竞争对手的获利能力更强，但也有可能对会其报告数字的质量缺乏信心。

4. 注意现金流量与净利润的关系。 净利润可能刺激股价上涨，但账单最终是需要用现金流来支付的。管理层的确可能操纵净利润或者现金流量，但一家公司如果要持续发展，就必须取得有现金流支持的净利润。当净利润高于经营活动所产生的现金流量时，有可能是管理层使用了激进的权责发生制会计政策将当期费用转移到了以后的期间。如果一家企业的经营活动产生现金流量持续减少而利润还不断增长，这很可能是一种会计违规信号。

- 用经营活动产生的现金净流量除以净利润，观察这个指标在一段时期内的走势。如果该指标一直低于 1.0，或者一再持续下降，那么该公司的权责发生制账户可能存在问题。

5. 其他潜在的警示信号。 其他可能需要进一步分析的领域包括：

- **折旧方法和使用年限。** 如前所述，折旧方法和使用年限的选择会极大地影响公司的盈利能力。投资者应该将公司的政策与其同行业公司的政策进行比较，以确定该公司的政策是否特别宽松。同样，投资者也应该将公司使用的固定资产折旧寿命与其同行业公司的进行比较；

- **第四季度惊喜。** 如果一家非季节性经营的公司经常在第四季度报告出特别糟糕或者特别令人惊喜的业绩，那么，投资者应合理质疑该公司是否存在盈余管理，它很可能是在前三个季度中高估或者低估了公司的利润；

- **关联方交易。** 当一家公司的创始人仍然非常积极地参与公司管理时，由于他们的个人财富与公司情况紧密相连，经常会出现关联方交易。这种情况下的公司管理层对公司业绩的看法很可能有偏见，因为这直接关系到了他们个人的财富和声誉，他们可能会以非常隐蔽的方式与公司进行交易。例如，他们可能会买下公司滞销的库存，让自己的另一家公司去处理，以避免价值损失；

- **非经营性收益或一次性销售收入。** 为了掩饰收入增长无力，或者加大收入的增长，公司可能会将一些非经营性收益项目计入收入当中，或者避免明确收入的性质。阳光公司在它 1997 年第一季度的销售收入中，就包含了其出售产品生产线的收益，且没有披露其非经常性销售的性质。这让投资者对该公司的可持续创收能力产生了错误的印象；

- **将费用报告为"非经常性"的支出。** 为了使公司经营业绩看起来更有吸引力，公司管理层可能会在利润表中划出一些"特殊项目"。当这类项目一个接一个地出现时，权益投资者可能会发现，最好是不理会这一系列"特殊项目"的影响，在评估公司的长期业绩时，应坚持重点关注净利润项目；

- **毛利率/经营利润率与竞争对手或同行差异明显。** 这种情况是明显的警示信号。这可能意味着公司存在卓越的管理能力，但也可能只是通过会计操纵为公司披上了一层具有卓越管理能力的外衣。只有结合其他警示信号一起进行审查，才能使投资者或分析师判断事实的真相。

警示信号只是"信号"，而不是板上钉钉似的会计操纵行为宣判。投资者和分析师需要对各种警示信号进行综合考虑和一致评价，而不能单独只考察一种信号。当投资者发现这类信号比较多时，就应该谨慎地看待被投资公司，甚至放弃被投资公司，去寻找其他可能的投资选择。

此外，如前所述，在判断警示信号的价值时，综合各种情况一起考虑是非常重要的。以下就是一些需要注意的事实和情况。

- **年轻的公司在实现增长预期方面做得较好**。对于一家拥有受市场欢迎的新产品的年轻公司来说，在一段时间内实现高于平均水平的回报似乎是合理的，但是，随着市场需求的消散、产品的成熟和竞争对手对市场份额的挑战，公司管理层就可能会寻求通过非常规的手段来扩大其近期销售和快速提升盈利能力。到这一阶段，"盈利游戏"才开始：激进的会计估计，从"甜饼罐"中取出储备，出售资产获取会计收益，承担过量的负债，或者进行没有明确目的的金融交易以粉饰财务报表；
- **管理层总是尽量只披露最低限量的信息**。会计信息的质量取决于披露，如果管理层没有认真对待其信息披露义务，就需要引起关注。例如，如果一家大公司的管理人员声称它只有一个可报告的分部，或者该公司多年来的财务报表附注都是相似的，这些情况都值得引起注意。关于为什么只披露最低限度的内容，一种合理的解释是，管理层希望隐瞒对竞争对手有价值的信息，以此来保护投资者的利益。但其实情况并不一定是这样的。比如，在索尼公司收购哥伦比亚广播唱片公司和哥伦比亚电影公司之后，它经历了数年的巨大亏损。但是，索尼公司选择将这些结果汇总到一个更大的"娱乐部门"来隐藏其负面发展趋势和可疑的未来前景。直到 1998 年，索尼公司最终注销了与这些命运多舛的收购活动相关的大部分商誉后，美国证交会制裁了索尼公司及其 CFO，因为他们未能在管理层讨论与分析报告中公正地讨论上述问题$^{\ominus}$；
- **管理层要求盈利必须达到某个数值之上**。要小心那些管理层要求盈利必须达到某个标准以上的公司，这样做有时反而不利于关注真正的价值驱动因素。过度关注利润必须达到某个值以上，会促使公司激进地使用另类业绩计量指标，利用特殊项目或非经常性支出项目。盈利锁定的另一个指标是高度分散的经营，在这种情况下，部门经理的薪酬方案非常依赖于报告的盈利或另类业绩基准；
- **公司文化**。公司文化是无形的，投资者在评估一家公司的财务报表是否存在会计操纵时，一定要注意公司文化的影响。在公司开展经营业务时（假定其采取道德的、没有违法违规或短视的行为），管理层的竞争性心态对投资者可能是很有好处的，但这种做法不应延伸到与公司所有者，即股东的沟通方面。这种心态可能会导致 21 世纪初出现的那种会计小把戏。因此，在审查财务报表是否存在被操纵的警示信号时，投资者应注意报表的编制方是否存在这种心态。

关于这种心态的一个典型例子，来自世界上最受认可的公司之一——通用电气公司。20 世纪 80 年代中期，通用电气公司收购了基德公司（Kidder Peabody），却最终发现基德公司报告的大部分利润都是伪造的。结果，通用电气公司不得不在两天内就宣布它将注销 3.5 亿美元的非现金项目。以下便是该公司的前 CEO 与董事会主席杰克·韦尔奇（Jack Welsh）在回忆录《杰克·韦尔奇自传》（*Jack: Straight from the Gut*）中对他随后与公司高层会面的描述：

$\ominus$ 《会计和审计执行公告》第 1061 号，"关于被告索尼公司和 Sumio Sano 的问题"，美国证交会（1998 年 8 月 5 日）。

"我们的商业领袖对这场危机的反应非常富有通用电气的文化特征（重点强调）。尽管本季度已经关账了，但还是有许多人立即提出不少建议试图弥补基德公司造成的损失。一些人说他们可以从自己的业务分部再找出 1,000 万美元、2,000 万美元，甚至 3,000 万美元来抵消这部分损失。虽然为时已晚，但他们愿意提供支持的态度与我从基德公司那里听到的借口形成了鲜明的对比。"（第 225 页）

由此看来，通用电气公司的治理机制已培育出了一种公司文化，将团队合作的概念延伸到了利润"分享"，以团队整体赢得利润为目标，这与财务报告中立的概念实际上是不相容的。尽管还没有定论，但值得注意的是，当公司的 CEO 与董事会主席由同一人担任时，或者当审计委员会基本上只是为 CEO 服务而缺乏围绕财务报告的全方位关注时，公司更可能发生利润操纵行为。最后，我们可以讨论一下，当一家公司的 CEO 公开表态说，他可以合法地通过行使财务报告酌量权（尽管受一定范围限制）人为地平滑公司的利润时，如今的财务报告环境是会嘉奖他呢，还是会惩罚他。

- **重组及 / 或减值损失**。我们时不时地可以观察到，当一家公司以"洗大澡"的方式确认费用从而影响报告利润时，这家公司的股票价格反而会上涨。在传统意义上，我们解释这种股票价格的上涨是说会计确认发出了积极的信号：管理层现在准备放弃公司的落后业务，要将关注力和人才转移到更有利可图的业务方面去。因此，当前利润的下降只与过去的事件有关，可以不予考虑。

但是，分析师也应考虑到，最终导致财务报表中出现"洗大澡"的事件不是在一夜之间就发生的，只是对这些事件的会计处理在随后某个时间点突然发生了。公司管理层可能希望借助这次会计调整向市场传递公司发展的新路径，但这些重组支出也表明了报告利润的旧路径是不真实的。特别是，前几年确认的费用很可能被低估了，即使假设没有发生不恰当的财务报表操纵行为。为了推断历史利润走势，分析师应考虑对以前年度的利润进行分析调整，以反映近期重组支出和减值损失的影响。

- **管理层有并购倾向**。泰科国际有限公司（Tyco International Ltd.）在 1996 年到 2002 年期间收购了 700 多家公司。即使假定它在财务报告方面有最好的意图，这种不计成本求增长的企业文化也对公司的运营和财务报告控制提出了严峻的挑战。在泰科的案件中，美国证交会发现，该公司一贯欺诈——低估收购的资产（以降低未来的折旧和摊销费用）和高估承担的负债（避免确认费用和潜在增加未来期间的利润）⊖。

11.5　本章小结

财务报告的质量因公司而异。评估公司财务报告质量的能力是分析师的一项重要技能。低质量财务报告的迹象可以提醒分析师在阅读公司报告时保持高度怀疑态度，在进行财务报表分析时严格审查其信息披露情况，并在对过去业绩的评估和对未来业绩的预测中进行适当的调整。

- 财务报告的质量可以被认为是从最高（包含相关、正确、完整和无偏的信息）到最低（包含有偏见或不完整的信息，甚至可能包含纯粹是伪造的信息）的连续统一体；

⊖ 《会计和审计执行公告》第 2414 号，"美国证交会对泰科国际公司的指控，涉及数十亿美元的会计欺诈"，美国证交会（2006 年 4 月 17 日）。

- 本章的重点是财务报告的质量，它与公司所披露的信息有关。高质量的报告能代表报告期内公司活动的经济现实和报告期末公司的财务状况；

- 财务成果质量（通常也称为盈余质量）是指公司通过实际的经济活动所创造的利润和现金，以及与此相关的财务状况，符合当前和未来财务业绩的预期。高质量的利润被认为是可持续的，能很好地作为财务预测的基础；

- 财务报告质量的一个方面是会计选择的保守或者激进的程度。"激进的"会计选择是指旨在通过夸大收入、收益和／或在该期间报告的经营活动现金流量来提高公司的报告业绩和改善财务状况的选择，以及通过减少费用确认或降低资产负债表上报告的债务金额；

- 财务报告中的稳健性可能产生于明确要求对交易或事件进行保守处理的会计准则，也可能是因为管理者在应用会计准则时选择容易导致保守结果的做法；

- 公司管理层可能会出于各种动机而发布质量不高的财务报告，例如掩盖公司的业绩不佳、提振股价、增加个人薪酬和／或避免违反债务契约等；

- 下列情形容易诱导公司发布低质量的财务报告：倡导较少财务披露或较低透明度的文化环境，只求法律合规而不是公允列报的会计与税收账务处理一致性要求，以及有限的资本市场监管；

- 约束财务报告质量的机制包括自由市场和促使公司降低资本成本的动机、审计师、错报惩罚的力度以及监管机构的执行力度；

- 备考收益（也称为另类业绩指标、非公认会计原则收益或非国际财务报告准则收益）是对利润表中所报告利润的调整。扣除负面项目影响的另类业绩指标是公司积极列报选择的结果；

- 公司列报任何另类业绩指标时，必须进行额外的披露说明；

- 管理者在选择公司的会计政策和制订会计估计方面具有相当大的灵活性，为激进的会计实践提供了机会；

- 存货成本流转假定、坏账准备的估计、递延所得税资产可实现性的估计、折旧方法的选择、应折旧资产的残值和使用寿命估计等，都是可以影响公司利润和资产负债表项目的会计选择例子；

- 经营活动产生的现金流量是一个很受投资者关注的指标，可以通过经营活动的选择去施加影响，例如增大应付账款，变更报告分类等。

财务报表分析应用

托马斯·R. 罗宾逊，博士，特许金融分析师

简·亨德里克·范·格鲁宁，商科专业博士，特许金融分析师

伊莱恩·亨利，博士，特许金融分析师

迈克尔·A. 布罗伊哈恩，注册会计师，注册内部审计师，特许金融分析师

学习目标

- 评估公司过去的财务业绩，并解释公司战略是如何反映在财务业绩中的；
- 预测公司未来的净利润和现金流量；
- 说明财务报表分析在评估债务投资机会的信用质量方面的应用；
- 说明财务报表分析在筛选股权投资机会中的应用；
- 解释分析师需要对公司财务报表进行的适当调整，以方便与其他公司的报表进行比较。

12.1 概述

本章介绍财务报表分析在几个方面的重要应用。我们将讨论以下问题：

- 在评估公司的过往财务业绩时，要解决的关键问题是什么？
- 分析师应当如何预测公司未来的净利润和现金流？
- 如何利用财务报表分析来评估固定收益投资机会的信用质量？
- 如何利用财务报表分析来筛选股权投资机会？
- 会计方法的差异对不同公司之间财务比率比较的影响，分析师可以如何调整财务报告，以促进不同公司之间的可比性？

在第 1 章中，我们介绍了财务报表分析的框架。根据该框架，在进行任何分析之前，分析师应当首先明确分析目的和背景。目的和背景是指导分析方法、工具、数据源和分析报告格式，以及决定分析重点的前提。在明确了分析目的和背景之后，分析师应该进一步制订分析必须解决的关键问题，这些问题决定了分析师需要收集哪些数据，才能客观地解决这些问题。接下来，分析师对数据进行分析，尝试回答上述这些问题。最后，再根据分析结论决定应当以怎样的报告格式来传达分析的结果，以及决定需要采取的后续行动。本章不会将上述

应用框架按程序步骤一一呈现，但这个分析框架仍然是适用的。

在本章中，第 12.2 节介绍如何利用财务报表分析去评估公司过去的经营业绩；第 12.3 节介绍预测公司未来业绩的基本方法；第 12.4 节介绍财务报表分析在评估债务投资机会的信用质量方面的应用；第 12.5 节介绍财务报表分析在筛选股权投资机会中的应用。分析师经常遇到这样的情况：他们必须对一家公司报告的财务业绩进行一定的调整，以提高其准确性或与其他公司业绩之间的可比性。第 12.6 节介绍几种常见的分析师调整方法。最后，第 12.7 节是本章小结。

12.2 应用：评估过去财务业绩

分析师可能出于很多理由去审查公司过去的财务表现。对公司的财务业绩进行横截面分析有助于理解市场估值之间的可比性[⊖]。对公司过往业绩的分析可以为前瞻性分析提供基础，横截面分析和趋势分析都可以作为评价企业管理质量和经营绩效的工具。

过往业绩评估不仅需要回答发生了什么，即公司的表现如何，还需要回答为什么会发生这种情况，即业绩背后的原因和公司战略是如何反映到业绩中去的；需要评价业绩情况与相关的基准（比如公司自己的历史业绩，竞争对手的表现或者市场预期等）相比表现如何。下面是一些关键性的分析问题：

- 公司的盈利能力、经营效率、流动性和清偿能力在观察期内是如何变化的？导致变化的原因有哪些？
- 将公司的盈利能力、经营效率、流动性和清偿能力的水平和发展趋势与同行业其他公司的进行比较，结果如何？是什么原因造成了公司与其他公司之间的表现差异？
- 哪些方面的业绩对一家公司在其行业中的竞争成功至关重要，在这些关键绩效方面，该公司的表现如何？
- 公司的商业模式和战略是什么？它们如何影响公司的业绩，例如，如何反映在销售增长、经营效率和盈利能力等指标上？

能够用于回答上述问题的数据分布于公司（及其竞争对手）的财务报表、公司投资者关系部的各种材料、公司新闻稿和各种非财务报表类监管文件（例如代理人申报表）当中。此外，各种行业信息（例如行业调查数据、行业出版物和政府数据）、消费者信息（例如消费者满意度调查）和分析师直接收集的信息（例如现场调研数据）等也可以为分析提供有用的数据。接下来，可以通过创建共同比财务报表、计算财务比率，审查或计算特定的行业指标等来对数据进行处理。例 12-1 说明了公司战略对业绩的影响，以及基本经济推理在解释分析结果时的应用。

▌例 12-1 财务业绩中反映出的产品变化

苹果公司是一家随着时间推移不断进化和发展的企业。在它于 1994 年向美国证交会提交的招股说明书中，苹果公司称自己是"世界领先的个人电脑技术公司之一"。当时，它的大部

[⊖] Pinto 等（2010）用价格倍数——股票的市场价格与某种每股价值度量之比（如市盈率），来解释市场估值。虽然估值方法完全可以独立于公司过往业绩分析，但借助这类分析，可以为公司价格倍数的差异找到解释。

分收入都来自电脑销售。不过，还是在招股说明书中，苹果公司表示，"公司的战略是扩大个人电脑行业的市场份额，同时还发展和扩张进入新的相关的商业领域，例如个人交互式电子产品与苹果商业体系等"。随着时间的推移，电脑之外的产品成了这家公司收入和利润的重要来源。

2005 年，一篇发表在《巴伦周刊》（*Barron's*）的文章说，"iPod 已成为苹果公司去年最畅销的产品，为这家位于加利福尼亚州库比蒂诺的公司带来了 1/3 的收入……但是，这些 iPod 的狂热爱好者并没有注意到，迫在眉睫的威胁已经出现在了眼前……无线电话公司已经在音乐产业的发展方面达成一致，绝大多数的移动电话都开始具有了音乐播放器的功能"（《巴伦周刊》，2005 年 6 月 27 日，第 19 页）。《巴伦周刊》所提到的这个威胁，苹果公司同样也注意到了。

2007 年 6 月，苹果公司自己也开始进入了移动电话市场，并发布了原版的 iPhone，然后在 2008 年 6 月又推出第二代 iPhone 3G（一种结合了移动电话、iPod 和互联网功能的手持装置）。接下来很快地，该公司发布了 iTunes 应用商店，允许用户在这里下载第三方的应用程序并安装到他们的 iPhone 上。正如 2009 年《商业周刊》上的一篇文章所提到的，苹果公司"是世界上最大的音乐分销商，其规模已经超过了 2008 年年初的沃尔玛。在美国，大约有 90% 的歌曲下载和 75% 的数字音乐播放器都是由苹果公司卖出去的"（《商业周刊》，2009 年 9 月 28 日，第 34 页）。苹果公司的产品创新不断持续，到 2010 年 1 月，iPad 的推出再次证明了这一点。

在表 12-1 中，列示了苹果公司的销售额、盈利能力比率、各产品线的销售收入和产品组合情况。在分析苹果公司 2018 年的历史业绩时，分析师也许可以参考表 12-1 中的信息。

表　12-1　　（单位：百万美元）

销售收入与获利能力	2017 年	2016 年	2015 年	2014 年	2013 年	2012 年	2011 年	2010 年
销售收入	229,234	215,639	233,715	182,795	170,910	156,608	108,249	65,225
销货成本	141,048	131,376	140,089	112,258	106,606	87,846	64,431	39,541
毛利润	88,186	84,263	93,626	70,537	64,304	68,762	43,818	25,684
毛利率	38.5%	39.1%	40.1%	38.6%	37.6%	43.9%	40.5%	39.4%
各产品销售净额								
Mac 电脑	25,850	22,831	25,471	24,079	21,483	23,221	21,783	25,850[①]
iPhone 及相关	141,319	136,700	155,041	101,991	91,279	78,692	45,998	141,319[①]
iPad 及相关	19,222	20,628	23,227	30,283	31,980	30,945	19,168	19,222[①]
服务	29,980	24,348	19,909	18,063	16,051	12,890	9,373	29,980[①]
其他（包括 iPod）	12,863	11,132	10,067	8,379	10,117	10,760	11,927	12,863[①]
合计	229,234	215,639	233,715	182,795	170,910	156,508	108,249	65,225
各产品销售净额占比								
Mac 电脑	11.3%	10.6%	10.9%	13.2%	12.6%	14.8%	20.1%	26.8%
iPhone 及相关	61.6%	63.4%	66.3%	55.8%	53.4%	50.3%	42.5%	38.6%
iPad 及相关	8.4%	9.6%	9.9%	16.6%	18.7%	19.8%	17.7%	7.6%
服务	13.1%	11.3%	8.5%	9.9%	9.4%	8.2%	8.7%	15.5%
其他（包括 iPod）	5.6%	5.2%	4.3%	4.6%	5.9%	6.9%	11.0%	11.5%
合计	100.0%	100.0%	100.0%	100.0%	100.0%	100.0%	100.0%	100.0%

①这几个金额在原版中被错误印刷为 2017 年的数据了，与销售收入总额不吻合。这里的几个数据是根据各产品销售净额占比模拟计算出来的。——译者注

资料来源：苹果公司年度报告。

利用上述信息，请回答下列问题：

1. 随着时间的推移，该公司的销售收入和毛利率的变化趋势是怎样的？

2. 自 2010 年推出 iPad 以来，苹果的产品组合发生了怎样的变化？分析师应如何看待苹果公司的盈利能力变化趋势以及苹果公司的持续盈利能力？

问题 1 解答： 苹果公司自 2010 年以来，销售总额从 650 多亿美元增加到 2,290 多亿美元，年化的增长率将近 20%；仅在 2016 年没有实现销售收入的增长。公司的毛利率在 37.6% 至 43.9% 之间。自从 iPad 在 2010 年推出后，公司的毛利率在 2012 年达到了巅峰，但随后在 2013 年略有下降，后一直上升至 2015 年，并在 2015 年之后又出现轻微下降趋势。

问题 2 解答： 当 iPad 在 2010 年推出时，它在产品组合中占到了相当大的销售份额，到 2011 年，即产品推出后的第一个整年，iPad 的销售收入占比上升到了 17.7%，并在 2012 年逼近 20%。不过，在随后两年中，iPad 的销售占比开始略有下降，并紧接着下降了更大的幅度，随后稳定在 9% 左右。出现这种情况的原因应当是该产品的市场需求已达到一定程度的饱和。iPhone 的产品组合份额也大幅增长，从 2010 年的 38.6% 稳步上升至 2015 年的 66.3%，自 2015 年后略有下降，但仍是苹果最大的产品细分市场，其销售收入占比超过了 60%。而苹果公司最初的产品 Mac 电脑的销售占比已经从超过 25% 下降到了 10% 左右。服务收入也发生了显著变化，但近年来呈现稳步增长趋势，这很可能是因为苹果的音乐和其他媒体订阅计划所带来的贡献。iPod 作为当初轰动一时的产品，现在被合并在"其他"项目中，并导致该类销售收入的占比持续下滑。

苹果公司具有每隔几年就会推出新产品的历史，但近年来，该公司并没有新产品类别引入。反过来，它只是定期推出新款的 iPad 和 iPhone。因此，近期毛利率的下降原因应当是公司缺乏新产品和服务，这凸显了产品创新对苹果公司保持史上最健康利润率的重要性。

在计算和解释财务报表比率时，分析师需要了解根据不同的会计准则（如 IFRS、US GAAP 或其他国家的公认会计原则）对公司财务报表和相关比率产生的可能影响。此外，即使在一套特定的会计准则体系内，作为编报者的公司仍有在可接受的多种方法中进行选择的自由裁量权；或者，即使两家公司都应用相同的会计方法，它们也可能做出不同的会计假设和会计估计。因此，可以对公司财务报表数据进行有选择的调整，以利于与其他公司或整个行业的情况进行比较。在本章第 12.6 节中，将介绍这类调整。

对于按照 IFRS 或者 US GAAP 之外的会计准则体系进行编报的非美国公司，在向美国证交会提交报告材料（因为它们的股票或存托凭证在美国市场进行交易）时，必须将其净利润和股东权益账户按 US GAAP 进行调整。请注意，美国证交会已于 2007 年取消了按 IFRS 编报的非美国公司的调整要求，但公司仍可自愿提供这类信息以方便比较。

一般来说，由于美国证交会不再要求调整数据，我们并不一定能找到按照 IFRS 编报与按照所在国的公认会计原则编报（包括 US GAAP）在净利润、股东权益以及净资产收益率等指标之间存在的差异。

比较公司业绩的水平和发展趋势，可以让我们了解这家公司的经营情况。在年度报告中的"管理层评论"或"管理层讨论与分析"部分，以及在管理层定期与股东和投资者举行的电话会议中，可以了解到管理层对公司业绩原因的分析。为进一步了解公司业绩背后所隐藏的驱动因素，分析师还可以查阅相关的行业信息或者从其他来源（如消费者调查）寻求信息。

对过往业绩的分析结果是得出分析结论和提出分析建议的基础。例如，在一项为前瞻性研究做基础的分析中我们可能会发现，根据某家公司最近的历史发展趋势，可以或者不可以支撑其未来业绩预测。再比如，在一项为公司的市值定价寻找依据的研究中，我们发现该公司的盈利能力和增长情况高于（低于）其可比公司的中位数的，因此符合其高（低）估值的特点。这些分析会考虑市场倍数，例如市盈率、市净率和投入资本总额与 EBITDA（扣除利息、所得税、折旧和摊销费用前的利润）之比等[○]。再比如，在评价两家公司的管理层时，有一部分分析可能会得出结论，其中一家公司比另一家成长更快，或者成长速度高于行业整体速度，以及两家公司在增长的同时是否还保持了盈利能力等。

12.3　应用：预测未来财务业绩

预测未来财务业绩可以帮助我们确定公司或其股东权益的价值，也可以应用于信用分析——特别是在项目融资或并购融资当中，用以确定公司的现金流是否足以支付负债的本息，并评价公司遵守财务契约的能力。

可以帮助分析师展开预测的数据包括下面这些：公司预测、历史财务报表、行业结构与前景以及宏观经济预测数据等。

评价公司的过往业绩，可以为前瞻性分析提供依据。对过去和当前的商业和经济环境展开分析，可以让分析师了解过往业绩是否可以作为前瞻性分析的有效基础，例如，未来更可能延续过去的趋势，还是需要经过一些调整。或者，在发生了重大收购或者剥离事件的背景下，或者对于一家初创公司，或者在不稳定行业中运营的公司来说，未来的业绩对过往业绩的依赖就不会太高。

在对公司近期业绩进行预测的基础上，可以进一步进行市场估值或者相对估值（以价格倍数为基础的估值）。这类预测可能涉及下一年的销售额预测，使用共同比利润表预测公司的主要费用项目或特定销售利润率（如毛利率或经营利润率）。然后再以这些预测值为基础，计算估值需要的利润指标，例如净利润、每股收益（EPS）或 EBITDA 等。更复杂的公司未来业绩预测还包括对多个报告期业绩的各组成部分所进行的更详细的分析，比如，按产品线预测销售收入和毛利率，按历史数据预测运营费用，以及根据必要的债务融资、利率假定和适用的所得税税率预测利息费用等。此外，在预测中还应包括主要假定的敏感性分析。

12.3.1　业绩预测：市场估值的前提

财务报表分析的应用之一是近期业绩预测，这也是市场估值的前提。比如，分析师可以通过预测一家公司的销售收入和利润率，然后估算其每股收益，最后再根据预测结果和估算的市盈率来确定这家公司股票的目标价格。

分析师通常采取自上而下的方法来预测一家公司的销售收入[○]。首先，可以根据行业销售额与一些宏观经济指标（例如国内生产总值的增长等）的历史关系，先预计行业销售额。例如，分析师在研究汽车行业时可能会发现，这个行业每年的国内汽车销量（在国内市场销

[○] 这里的**投入资本总额**（total invested capital）是指普通股的市值、优先股的账面价值与负债的面值之和。
[○] 本段讨论主要受益于 Benninga 和 Sarig（1997）。

售的汽车数量）与实际国内生产总值变动相关，于是，就可以利用回归分析来寻找相关的参数。与销售收入预测相关的其他因素还包括客户收入或品味、技术进步以及替代产品或服务的可获得性等。一旦完成了行业销售额的预测，接下来就需要预测公司的市场份额。依据历史的市场份额情况和对公司竞争地位的前瞻性评估，就可以完成这一任务。用预计的市场份额乘以预计的行业总销售额，就能得到该公司的预计销售收入。

在此基础上，分析师可以进一步选择适当的方法预测公司的利润和现金流量。在预测过程中，分析师必须决定预测所需要考虑数据的详细程度。例如，可以对单个费用项目进行预测，也可以直接预测汇总的费用项目（如经营费用总额）。实际上，预测并不会以费用项目为起点，它往往是从预计的利润率（如毛利率、经营利润率或净利率）开始的。与毛利率或经营利润率相比，净利率受财务杠杆水平和公司所得税税率的影响，而这些因素是受管理决策或者法律 / 法规影响的；因此，根据历史数据来预测毛利率或经营利润率往往比预测净利润更有意义一些。无论使用什么利润率，在一定时期内的预测利润都等于预计的销售收入和所选用利润率的乘积。

如例 12-2 所示，这是一家在产品销售波动水平均衡的市场中经营的成熟公司，以过去的经营利润率作为预测未来经营利润的依据是非常有用的（至少在短期预测范围内是可以的）。如果是一家在新兴行业或者发展相对不稳定行业运营的公司，或者公司的固定成本开支重大（这会极大地放大经营利润的波动率），那么使用预测中的历史经营利润率就不太可靠。

▌ 例 12-2　使用历史经营利润率来预测经营利润

预测经营利润的方法之一是确定一家公司在过去几年的平均利润率，然后将该平均利润率应用于公司的销售收入预测。利用以下三家公司的资料，回答问题 1 和问题 2：

- 强生公司（JNJ）。该公司是成立于 1887 年的美国医疗保健集团，它在 2017 年的销售收入约为 765 亿美元，主要来自三大业务：制药、医疗设备和诊断，以及消费品；
- 必和必拓公司（BHP）。该公司是全球最大的自然资源公司，集团总部设于澳大利亚，第二总部设于伦敦。在截至 2017 年 6 月的会计年度中，该公司实现了约为 383 亿美元的收入。这家公司主要开采、加工和销售煤、铜、镍、铁、铝土矿和银，并同时拥有大量石油业务；
- 百度公司。这是一家成立于 2000 年的中国公司，2005 年在纳斯达克上市，是领先的中文搜索引擎。该公司在 2017 年的收入为 848 亿元人民币，较 2016 年增长了 20%，并相当于它在 2012 年收入水平的 4 倍。

问题 1. 对于这三家公司，请分别说明是否适用建议的预测方法（利用过去几年的平均经营利润和销售收入去预测未来的经营利润），以及为什么。

问题 2. 假定 2017 年的销售收入预测是非常完美的，刚好等于这些公司在 2017 年实现的实际销售收入。请利用下列补充信息，使用过去五年的平均经营利润率去预测 2017 年的经营利润，并将预测值与 2017 年的实际经营利润进行比较。

- 强生公司：强生公司在 2017 年之前五年的平均经营利润率大约为 25.6%，该公司在 2017 会计年度实现的经营利润为 182 亿美元；
- 必和必拓公司：在截至 2017 年 6 月的前五年[⊖]中，必和必拓公司的平均经营利润率

⊖　原文为 4 年，根据题意应为 5 年。——译者注

约为 24.0%；该公司在截至 2017 年 6 月的会计年度中，实现经营利润为 118 亿美元；

- 百度公司：在 2017 年之前的五年[⊖]里，百度公司的平均经营利润率约为 28.5%；该公司在 2017 年实际实现经营利润为 157 亿元人民币。

请利用上述补充信息，说明并证明实际经营成果是否支持稳定的经营利润率假定。

问题 1 解答：

强生公司： 由于强生公司是一个多元化经营的老牌公司，业务发展相对稳定，因此适用于建议的经营利润预测方法。

必和必拓公司： 由于大宗商品价格波动往往较大，而采矿业的资本密集程度相对较高，因此，建议的经营利润预测方法对必和必拓公司来说可能不太适用。

百度公司： 与其他两家公司相比，百度公司的经营历史更加有限，且仍处于快速增长时期。这些情况表明，百度公司不适用建议的经营利润预测方法。

问题 2 解答：

强生公司： 2017 年的实际经营利润率为 23.8%（用 182 亿美元除以 765 亿美元的销售收入），略低于该公司约 25.6% 的五年平均经营利润率。

必和必拓公司： 在截至 2017 年 6 月的会计年度中，必和必拓公司的实际经营利润率为 30.8%（用 118 亿美元除以 383 亿美元的销售收入）。如果应用 24.0% 的平均利润率来预测 2017 年的经营利润，则预测值将为 92 亿美元，比实际经营利润低 22% 左右。

百度公司： 百度公司在 2017 年的实际经营利润率为 18.5%（用 157 亿元除以 848 亿元销售收入）。如果应用 28.5% 的平均利润率来预测 2017 年的经营利润，则预测值将为 242 亿元人民币，比百度公司的实际经营利润高出约 54%。

虽然对于经营相对稳定的公司来说，可以使用以前年度的利润率作为预测的有用起点，但还是应当对数据进行仔细审查，排除一些在未来不会再发生项目的影响。在预测中，计算利润或者利润率时，应当将这类非持续（暂时性）项目予以排除。例 12-3 就说明了这一点。

▌例 12-3 预测中的问题

以下信息摘录自德事隆公司（Textron）2017 年的年度报告，这是一家全球化的飞行器、防御系统和工业企业。

德事隆公司以每年 12 月 31 日为年度截止日的合并经营业绩表

（单位：除每股数据外，均为百万美元）

	2017 年	2016 年	2015 年
收入			
制造业收入	14,129	13,710	13,340
金融业收入	69	78	83
收入总额	14,198	13,788	13,423
成本、费用与其他支出			
销货成本	11,795	11,311	10,979
销售与管理费用	1,337	1,304	1,304

⊖ 原文为 4 年，根据题意应为 5 年。——译者注

（续）

	2017 年	2016 年	2015 年
利息费用	174	174	169
特别支出项目	130	123	—
成本、费用与其他支出合计	13,436	12,912	12,452
持续经营业务实现的税前利润	762	876	971
所得税费用	456	33	273
持续经营业务实现的利润	306	843	698
终止经营业务收益（损失），税后影响净额 *	1	119	（1）
净利润	307	962	697

财务报表附注：2017 年附注 12 特别支出

2016 年，公司启动了一项业务重组与调整计划，通过削减员工人数、整合设施和其他行动来提高公司的整体运营效率。根据该计划，德事隆系统公司终止了武器和传感器经营部门的传感器引爆武器产品生产，通过整合设施与行政职能部门，将雅各布森业务与德事隆特种车辆业务合并，并削减了德事隆航空公司和其他一些业务与职能部门的员工人数。2017 年 12 月，公司决定在贝尔、德事隆系统及工业分部进一步采取重组行动，继续整合营运设施和精简产品线。基于此，在 2017 年第四季产生了额外的特别支出 4,500 万美元。从 2016 年重组计划开始执行以来，本公司记录的特别支出总额为 2.13 亿美元，其中包括 9,700 万美元的遣散费、8,400 万美元的资产减值和 3,200 万美元的合同终止与其他支出。按部门划分的话，8,300 万美元发生在德事隆系统公司，6,300 万美元发生在德事隆航空公司，3,800 万美元发生在工业公司，2,800 万美元发生在贝尔公司以及 100 万美元发生在公司总部。依据该计划，预计将合计裁掉大约 2,100 个职位，占员工总数的 5%。

如附注 2 所讨论的，关于北极猫公司（Arctic Cat）的收购事件，公司在 2017 年第一季度启动了重组计划，将该业务整合到德事隆工业分部专用车辆业务中，以减少运营冗余和最大限度地提高效率。根据"北极猫计划"，公司在 2017 年记录了 2,800 万美元的重组费用，其中包括 1,900 万美元的遣散费（主要与公司控制权变更条款有关）和 900 万美元的合同终止与其他支出。此外，公司在 2017 年还记录了 1,200 万美元与收购活动相关的整合及交易费用。

2016 年财务报表附注说明

* 在截至 2016 年 12 月 31 日的会计年度中，终止经营业务的税后收益主要为美国联邦所得税审计的结算结果。请参阅合并财务报表附注 13，了解更多补充信息。

2016 年附注 13 所得税

2016 年的所得税费用中包括了 3.19 亿美元的抵扣额，反映本公司在 1998 年至 2008 年纳税年度与美国国税局上诉办公室的和解结果，其中有 2.06 亿美元为持续经营业务的，有 1.13 亿美元为终止经营业务的。

资料来源：德事隆公司年度报告。

讨论：

在评估公司的过往业绩或预测未来时，一般不应考虑终止经营和重组支出的影响。如果想评价一家公司持续经营业务和净利率，那么，应剔除与公司重组有关的特别费用和与终止经营业务有关的特殊所得税优惠。例如，该公司在 2017 年包含特别支出影响在内的经营利润率为持续经营业务实现的税前利润与收入总额之比，即 5.4%（= 7.62/141.98）亿美元。如果剔除特别支出的影响，则经营利润率为持续经营业务实现的税前利润与特别支出项目之和，再与收入总额相比，即 6.3%［ =（7.62 + 1.3）/141.98］亿美元。类似地，计算净利润率时，应剔除终止经营业务收益的影响，尤其是 2016 年的。

一般而言，当盈利预测被用作以市场为基础的估值时，分析师会适当地考虑过往盈利中非持续部分的影响。有时候，分析师会观察到一家公司几乎每年都会发生特别支出。在这种情况下，这些费用的性质就不是暂时性的，在评估过往业绩和预测未来利润率时，就不应删除这些项目。

12.3.2　预测未来多期业绩

一些估值模型需要通过对未来现金流量进行折现来估算公司或其股权的价值，这时，就需要我们对公司未来多期的财务业绩进行预测。将按这种方式得到的公司或其股价的价值与其当前市价进行比较，可以作为投资决策的参考基础。

在信用分析中，也会用到对未来业绩的预测，这类预测结果在评估借款人的还本付息能力方面影响重大。最终的投资建议取决于客户的需求和目标，以及对项目投资风险和预期回报之间关系的评估——这两者都是由债务本身的特点和金融市场条件所决定的。债务项目的条款包括金额、利率、到期日、财务契约和抵押品等。

例 12-4 对净利润和现金流量预测进行了简单介绍，用以说明预测分析的基本格式和原则。在例 12-4 中，先报告了相关假设，然后是由假设发展出的各期简化财务报表。

根据预测结果的使用情况，分析师可能还会计算进一步的、更具体的现金流指标。例如，用贴现现金流量法进行股权估值时，需要用到的股权自由现金流量，就可以使用调整非现金项目影响后的净利润，减去净营运资本投资和固定资产投资净额，再加上借款净额得到。

■ **例 12-4　简单的财务预测例题**

假定一家公司由 100 美元的权益资本投资而成，公司在得到这笔投资后立即将其投入营运资本中。相关假定如下：

股利	不支付股利
第 1 年销售收入	100 美元
销售收入增长率	每年 10%
销货成本 / 销售收入	20%
经营费用 / 销售收入	70%
利息收益占比	5%
所得税税率	30%
营运资本占销售收入百分比	90%

根据这些信息，预测这家公司在未来 5 年中的净利润和现金流量。

解答： 表 12-2 中，行（7）列出了这家公司的净利润预测结果，行（8）列出了现金流量预测结果（"现金变动额"）。

表 12-2　基本财务预测　　　　　　　　　　（单位：美元）

	时期					
	0	1	2	3	4	5
（1）销售收入		100.0	110.0	121.0	133.1	146.4
（2）销货成本		−20.0	−22.0	−24.2	−26.6	−29.3
（3）经营费用		−70.0	−77.0	−84.7	−93.2	−102.5
（4）利息收益		0.0	0.9	0.8	0.8	0.7
（5）税前利润		10.0	11.9	12.9	14.1	15.3
（6）所得税费用		−3.0	−3.6	−3.9	−4.2	−4.6
（7）净利润		7.0	8.3	9.0	9.9	10.7
（8）现金或借款	0.0	17.0	16.3	15.4	14.4	13.1

（续）

	时期					
	0	1	2	3	4	5
（9）营运资本（非现金项目）	100.0	90.0	99.0	108.9	119.8	131.8
（10）资产总计	100.0	107.0	115.3	124.3	134.2	144.9
（11）负债	0.0	0.0	0.0	0.0	0.0	0.0
（12）股东权益	100.0	107.0	115.3	124.3	134.2	144.9
（13）负债 + 股东权益合计	100.0	107.0	115.3	124.3	134.2	144.9
（14）净利润		7.0	8.3	9.0	9.9	10.7
（15）加：非现金支出项目		0.0	0.0	0.0	0.0	0.0
（16）减：营运资本投资		–10.0	9.0	9.9	10.9	12.0
（17）减：固定资本投资		0.0	0.0	0.0	0.0	0.0
（18）现金变动额		17.0	–0.7	–0.9	–1.0	–1.3
（19）期初现金余额		0.0	17.0	16.3	15.4	14.4
（20）期末现金余额		17.0	16.3	15.4	14.4	13.1

　　表 12-2 表明，公司在时刻 0 时以 100 美元的股东权益资本投资成立（第（12）行），接下来，假定将全部资本立即投入营运资本中（第（9）行）。由于该公司不支付股利，因此，未来期间内的股东权益账面价值每年都按当年净利润金额增加（第（14）行）。未来各期所需营运资本（第（9）行）假定为当年销售收入（第（1）行）的 90%。假定，第 1 期的销售收入为 100 美元，然后按每年 10% 的固定速度增长（第（1）行）；销货成本始终保持为当年销售收入规模的 20%（第（2）行），因此毛利率始终为 80%。假定经营费用始终为当年销售收入规模的 70%（第（3）行）。利息收益（第（4）行）等于期初现金或借款（第（8）行）的 5%，或者上期期末现金的 5%。如本例所示，当出现现金余额时，利息收益是可以增加当期利润的。（如果可供使用的现金不足以支付当期的现金流出，则假定可用借款来弥补现金短缺。这种借款将在第（8）行显示为负数，同时在第（4）行会报告相关的利息支出。或者，也可以在预测中将现金和借款分开进行列示。）最后，税前利润扣除 30% 的所得税费用，就是净利润（第（7）行）。

　　为计算各期现金流量，从净利润开始（第（7）行 = 第（14）行），加回非现金支出项目，例如折旧等（第（15）行），再扣除当期的营运资本投资或当期的营运资本变动（第（16）行）和固定资本投资（第（17）行）[⊖]。在这个简单的例子中，假定这家公司不投资于任何固定资本（长期资产），而只是投资于装修办公空间的租金。因此，没有折旧费用，非现金支出项目为零。最后，将每个期间的现金变动额（第（18）行）加到期初现金余额（第（19）行）中，就得到了期末现金余额（第（20）行 = 第（8）行）。

　　为了说明预测的基本原理，例 12-4 实际上是被简化了的。在实践中，预测过程的每一步实际上都存在很多困难。销售预测可能非常详细，它针对每一条产品线、每一个地理区域或者每一个业务部门，每一年的情况都需要它有单独的预测。销售预测的基础可能是过去的

　　⊖　营运资本是指必须投资于企业日常经营使用的资金，例如，存货和应收账款上占用的资金。在这里，"投资"的意思是"增加"。"固定资本投资"亦称为"资本支出"。

业绩（对于相对稳定的经营业务来说），也可能是管理预测、行业研究或者宏观经济预测。同样，毛利率的预测也可能根据过去的情况，或者预测的关系，或者进行更详细的说明。对于销货成本之外的费用项目，还可以细分为更详细的项目，然后对每个项目都可以根据它与销售收入的关系（如果可变的话）或者根据其历史水平来进行预测。对于营运资本，可以按它占销售收入的百分比（如例 12-4）或者销售收入变动的百分比来进行预测，或者也可以直接预测存货、应收账款和应付账款等具体项目的汇总数。大多数预测都会涉及固定资产投资，在这种情况下，折旧金额还会影响应纳税所得额和净利润，但不影响现金流量。例 12-4 做了一个非常简化的假定，即利息是用年初的现金余额来计算和支付的。

在例 12-4 中，对未来净利润和现金流量进行了一系列点估计。但在实践中，预测通常还包括对预测信息的风险分析，即分析变量的实现值与预测基本情况中所使用的假设之间是否会出现较大差异，或者如果实际销售收入与预测水平有很大差异，那么对利润和现金流量会带来怎样的影响。只有做好公司经营和费用结构的经济分析，充分了解影响公司、行业和宏观经济事件的潜在因素后，才能很好地量化预测中的风险。当调查完成后，分析师可以利用情景分析或蒙特卡罗模拟对风险进行评估。情景分析是指对基本情况中所使用的假定进行不同的假设。比如在例 12-4 中，可以假定一种更悲观的情形，比如销售增长放缓和成本上升，然后再来预测净利润和现金流量。蒙特卡罗模拟是指设定变量值的概率分布，然后从这些分布中进行随机抽样。在例 12-4 中，可以反复抽取那些影响净利润和现金流量的不同取值组合，从而让分析师可以看到一系列可能的结果的分布范围和评价出现各种可能结果的概率。

理解财务报表和财务比率可以让分析师对利润表、资产负债表和现金流量表做出更详细的预测。例如，分析师可以收集正常情况下的存货和应收账款周转率信息，然后利用这些信息与目标销售收入去预测应收账款、存货和现金流量，而不再像例 12-4 一样只使用一个营运资本投资的总额。

分析师在进行详细预测时，必须确保各方面的预测是相互一致的。比如在例 12-5 中，分析师需要预测应收账款周转天数（即收到赊销付款需要的平均时间），那么，所用的预测模型应当与生成的平均应收账款余额变动情况的模型保持一致。否则，预测的应收账款和应收账款周转天数就会出现互相矛盾。

例 12-5　预测的一致性

假定布朗公司（Brown Corporation）在 2017 年的平均应收账款周转天数为 19 天。一位分析师认为，该公司的这个指标会在 2018 年下降至 15 天（因为根据预测，该公司的收账部门工作会出现改善）。如果布朗公司在 2017 年的销售总额（全部为赊销）为 3 亿美元，并且预计在 2018 年会上涨为 3.2 亿美元。那么，为了确保应收账款周转天数的降低，从 2017 年到 2018 年，该公司的应收账款平均余额变化量应当最接近：

A. –351 万美元

B. –246 万美元

C. 246 万美元

D. 351 万美元

解答： B 选项正确。首先，应当根据应收账款周转天数的变化情况计算应收账款周转率的变动。该公司在 2017 年和 2018 年的应收账款周转率分别为 19.2（= 365/19）和

406 国际财务报表分析（原书第 4 版）

24.3（= 365/15）。接下来，分析师可利用平均应收账款余额等于销售收入与应收账款周转率之比这个公式，推出 2017 年的平均应收账款余额为 15,625,000（= 300,000,000/19.2）美元，而 2018 年的平均应收账款余额为 13,168,724（= 320,000,000/24.3）美元。这样，可计算出两者之差，表现为应收账款的平均余额会下降 2,456,276 美元。

在下一部分中，将介绍财务报表分析在信用风险分析中的应用。

12.4 应用：评价信用风险

信用风险是因交易对手或债务人未能履行承诺付款而造成损失的风险。例如，债券的信用风险是债务人（即债券发行人）无法按照债券契约（合同）规定的条款支付利息和 / 或本金的风险。**信用分析**是对信用风险的评价，它可能涉及债务人在特定交易中的信用风险，也可能涉及债务人的整体信誉问题。

在评估债务人的整体信誉时，一种通用的方法是信用评分，即对信用违约的影响因素展开统计分析。对特定类型债务（例如并购融资和其他高杠杆融资）的信用分析则通常涉及多期现金流的预测。

无论采用何种技术，信用分析的重点都是偿债能力。与对股权投资者的支付不同，公司对债务投资者的支付是受双方共同同意的合同条款限制的。如果一家公司在财务方面没有压力，那么它的债务风险也不会太高，但它需要支付给债权人的金额并不会因为它的成功而有所增加。相反，如果一家公司遭遇财务困境，它可能会难以支付其债务本息。因此，信用分析特别关注公司的偿债能力对不利事件和经济条件的敏感性，即债权人所承诺的回报可能面临最大风险的情况。由于这类回报通常是以现金支付的，所以信用分析更侧重于现金流分析，而不是应计利润。一般情况下，信用分析师会使用与经营活动现金流量相关的回报计量指标，因为经营活动现金流量代表了公司内部产生的现金，是可以用来支付给债权人的。

这些主题在例 12-6 中均有反映，该例题说明了穆迪评级公司对航空航天和国防工业评价中使用的四大类评级因素[⊖]：

1. 规模；
2. 企业概况；
3. 杠杆比率和覆盖比率；
4. 财务政策。

"规模"与公司对不利事件、不利经济状况和其他可能影响偿债能力的因素（比如市场领先地位、与供应商的谈判能力和进入资本市场的机会等）的敏感度有关。"企业概况"说明公司的竞争地位、收入稳定情况、产品和地理多样性、增长前景以及现金流的稳定和波动情况。"杠杆比率和覆盖比率"反映公司的"财务灵活性"和生存能力。最后，"财务政策"事关公司承受财务风险的能力和资本结构。

▌例 12-6　穆迪评级公司对航空航天和国防工业评价中使用的可量化评级因素

在考察航空航天和国防工业时，穆迪公司参考了四个大类的评级因素：规模、企业概

⊖　本段和例 12-7 中的信息出自"评级方法：航空航天和国防工业"（穆迪评级公司，2018）。

况、杠杆比率和覆盖比率以及财务政策。在确定一家公司的整体信用评级时，需要对每一个因素进行评分，再加权合计。这几个大类影响因素、子因素和相应的权重分布如下：

影响因素大类	子因素	子因素权重（%）	大类因素权重（%）
规模	收入总额	10	25
	经营利润	15	
企业概况	竞争地位	10	20
	收入稳定性预期	10	
杠杆比率和覆盖比率	负债/EBITDA	10	35
	留存现金流量①/负债净额	15	
	EBIT/利息费用	10	
财务政策	财务政策	20	20
合计		100	100

①按穆迪评级公司的定义，留存现金流量等于在扣除股利影响之后，但在扣除营运资本影响之前的现金流量。

问题： 为什么杠杆比率和覆盖比率的权重会比其他评级因素的更高呢？

解答： 负债相对于利润和现金流的水平比较是信用评估中需要考虑的一个关键因素。如果一家公司的债务水平较高，那么通常它偿还债务本息的风险也比较高。

需要指出的是，在例 12-6 中，评级因素和每个因素下的具体衡量指标是因行业变化而不同的。

分析公司的过往业绩和预测其未来的财务报表是信用评价过程中的一个综合部分。穆迪评级公司和其他评级机构在评估公司信用程度时会计算各种比率。如例 12-7 所示，将一家公司的财务比率与其同行的水平进行比较，有助于评估公司的相对信用程度。

▌例 12-7　可比公司的财务比率

一位信用分析师正在依据例 12-7 中由穆迪评级公司所确认的各子因素评估两家航空航天和国防工业公司的经营效率与杠杆比率情况。他从两家公司的年度报告中收集了信息，并计算了以下财务比率：

	公司 1	公司 2
负债/EBITDA	9.3	4.1
留存现金流量/负债净额	2.6%	9.6%
EBIT/利息费用	5.7	8.2

问题： 单纯根据上述数据，哪家公司会得到更高的信用评级？为什么？

解答： 全部财务比率都显示对公司 2 更有利，因为对公司 2 来说，其单位 EBITDA 上对应的负债更低，单位负债净额上对应的留存现金流量更多，并且公司 2 具有更高的利息费用覆盖比率。所以，单纯依据上述数据，公司 2 很可能得到更高的信用等级。

在计算信贷比率时，如示例 12-8 所示，分析师通常对报告的财务报表进行某些调整。我们将在本章后面描述一些常见的调整。

财务报表分析，特别是财务比率分析，也可以是选择股权投资的重要工具，将在下一节讨论。

12.5 应用：筛选潜在的权益投资机会

根据财务报表数据和市场数据构建的财务比率经常被用来对各种股票投资机会进行筛选。所谓筛选（screening）是应用一组标准，将一组潜在的投资机会逐渐淘汰，只留下符合某些期望特征的较少数量投资。用来淘汰各种投资机会的标准，通常是按照将多个财务比率与预先设定的目标值或者设定值进行比较后得到的。

无论投资者所使用的证券选择方法是自上而下的还是自下而上的，都可以结合财务比率。**自上而下的分析**（top-down analysis）需要首先确定有吸引力的地理分部或行业分部，然后由投资者从中选出最有吸引力的投资。**自下而上的分析**（bottom-up analysis）则是从一个特定投资领域内的所有公司中选出特定的投资。无论是自下而上还是自上而下，目标都是为了选出符合特定标准的公司进行股权投资。这种类型的分析可以用作形成投资组合的基础，或者也可以作为对潜在投资目标进行更彻底分析的初级步骤。

这类分析的基础是决定根据哪些指标来进行筛选，用多少指标，怎么决定这些指标的临界值，以及各个指标的权重应当怎么决定。除了财务比率之外，市值或者是否进入了某个特定指数的成分股等特征，也可以作为判断标准。在表 12-3 中，给出了一个基于按以下标准进行简单股票筛选的例子：估值比率（P/E）低于指定值，代表公司清偿能力的财务杠杆比率（负债总额/资产总额）不超过指定值，经营利润率大于 0，以及股利收益率（每股股利除以每股价格）大于指定值。表 12-3 中显示了在 2018 年 8 月将上述标准应用于市值超过 1 亿美元的 6,406 家美国公司进行筛选的结果，这些公司就构成了一个权益投资经济的可选投资机会集合。

表 12-3　股票筛选举例

筛选标准	股票应满足标准	
	数量	累积百分比
市值 > 1 亿美元	4,357	68.01%
市盈率 < 15	1,104	17.23%
负债总额/资产总额 ≤ 0.9	61	0.95%
经营利润/销售收入 > 0	3,509	54.78%
股利收益率 > 0.5%	2,391	37.32%
同时符合上述五个条件的	17	0.27%

表 12-3 中，有好几条筛选条件与实践中使用的是一致的：

- 一些条件的作用是对应用其他标准所得结果的再检查。在这个假设的例子中，第二个标准筛选了一些看起来价值相对低估的股票。但是，这些股票的价值被低估可能是应该的，比如企业自身盈利能力差或者财务杠杆过高。因此，要求净利润为正是对盈利能力的制约，再对财务杠杆提出要求则是对财务风险的制约。当然，财务比率或其他统计数据一般无法控制某些其他类型风险（如与监管发展或技术创新有关的风险）的影响；

- 如果所有的标准完全相互独立，那么满足全部五项标准的股票就只有 2 只，等于 6,406 乘以 0.023%，即分别满足这四项标准的股票所占百分比的乘积（即 0.680,1 × 0.172,3 × 0.009,5 × 0.547,8 = 0.272,3，或 0.023%）。但正如筛选过程所示，这些标准之间通常不是互相独立的，所以结果相对每一项标准都独立时，有更多的证券通过了筛选。在本例中，有 17 只证券同时通过了所有筛选条件。作为缺乏独立性的一个例子，我们注意到股利支付状况与经营利润率为正可能是正相关的。所以如果符合了一个条件的话，在考核另一个条件时，很少有股票会再被删除；

- 筛选结果有时会相对集中在与筛选条件相关的某个行业子集里。比如，表 12-3 中提到的财务杠杆标准，就剔除了银行业公司。因此，选择什么作为财务特征指标的高值或者低值，对公司经营所在的行业可能会很敏感。

无论是**成长型投资者**（growth investors）（专注于投资高收益增长公司）、**价值型投资者**（value investors）（专注于在股价相对每股收益或每股资产价值被低估时购入）还是**市场导向型投资者**（market-oriented investors）（投资规则无法明确为价值型或成长型的中间投资者群体）都可以使用筛选技术。以增长为目的的筛选通常以与利润增长和／或与动能相关的标准为特征；以价值投资为目的的筛选会使用一个或多个估值比率的上限为标准；而市场导向型的筛选则既强调一定的估值也强调一定的增长条件。相对来说，在使用财务比率作为筛选标准的人当中，价值投资者是最多的。

分析师可能想评估基于特定筛选标准的投资组合的历史表现情况。为此，他们使用了一个被称为"回测"的过程。**回测**（back-testing）将投资组合的筛选规则应用于历史数据，然后计算如果执行特定策略可以获得的回报。不过，在实践中，回测与投资成功的相关性可能有限。Haugen 和 Baker（1996）介绍了其中的一些限制：

- 幸存偏差：如果在回测中使用的数据已剔除了因破产或合并而不复存在的公司，那么剩下的公司整体上看起来表现当然更好；
- 前瞻偏差：如果回测数据中包含有重述后更新的财务数据（即公司为了更正错误或反映会计原则的变化，而对以前发布的财务报表进行了重述），那么投资者在做出投资决定时，实际知道的信息与回测中使用的信息之间就存在不匹配；
- 数据窥探偏差：如果研究人员根据前人的发现建立一个模型，然后使用相同的数据集来测试该模型，他们实际上并不是在测试该模型的预测能力。当每一步都向后看时，同样的规则在未来未必能产生类似的结果。只有利用未来的数据，才能对模型规则的预测能力进行有效的检验。一项学术研究认为，价值策略产生明显超额收益的能力实际上很大程度是集体数据窥探的结果（Conrad，Cooper 和 Kaul，2003）。

▌例 12-8　根据财务比率筛选潜在的权益投资机会

以下是一家投资公司正在考虑的两种可选投资策略：

策略 A：投资于全球股票指数的成分股，其 ROE 应高于该指数所有股票 ROE 的中位数，但市盈率低于中位数水平。

策略 B：投资于美国股票指数的成分股，其价格与经营现金流的比值在所有成分股的比率排名中位于后四分之一，并且在过去三年中的销售收入是增长的。

这两种策略都是通过回测发展得到的。

问题：

1. 你如何描述这两种策略？

2. 使用这样的策略，你认为应当注意些什么问题？

问题 1 解答：策略 A 似乎以全球多元化投资为目标，并同时要求了相对高盈利能力和传统的价值计量指标（低市盈率）。策略 B 侧重于某单一市场中的各种公司，旨在根据经营现金流情况去选择正在增长和价格倍数较低的公司。

问题 2 解答：任何投资决策方法的使用都需要结合考虑投资者的目标和风险承受情况。考虑到这一重要因素，我们注意到基于财务比率的股票投资筛选标准可能是非常有效的。但是，在筛选过程中，还是存在着许多问题。

第一，如果没有仔细指定标准，可能会做出无意的选择。例如，应用策略 A，可能会在无意中选择一家股东权益为负值的亏损公司，因为用负的净利润除以负的股东权益，得到的算术结果是正的净资产收益率。而如果应用策略 B，也可能会在无意中选到一个经营现金流为负值的公司，因为它的价格与经营现金流之比为负，所以排名会非常靠后。在这两种情况下，分析师都可以通过添加额外的筛选标准来避免这种无意的选择；例如，在策略 A 中，可以要求股东权益为正数；在策略 B 中，可以要求现金流量为正数等。

第二，比率分析是依据财务报表数字计算出来的，而各公司可能在其适用的会计准则（例如 IFRS 或者 US GAAP）、在报告准则允许的范围内选择的具体会计方法和 / 或应用这些方法时所做的会计估计方面存在差异。

第三，由于幸存偏差、前瞻偏差或数据窥探偏差，回测不一定能为未来提供可靠的标示。此外，正如金融理论和常识所表明的那样，过去并不一定就预示着未来。

第四，策略的执行情况会极大地影响回报。例如，投资组合重新评估和更新的频率与时间，会影响投资组合的交易费用和税费。

12.6 分析师对报告数据的调整

当比较使用了不同会计方法或会计估计的公司时，分析师经常需要调整公司的财务数据。在本节中，我们首先提供一个适合分析师考虑的调整框架，以促进在不同公司之间的比较，然后再提供一些财务数据的调整案例。在实践中，不同情况下所需要进行的财务调整差异很大。这里所举的例子并不一定全面，主要是为了说明财务调整的使用，以便使公司之间的比较能够更有意义。

12.6.1 适合分析师的调整框架

在本章分析师对公司财务报表所可能进行的财务调整中，我们使用了一个以**资产负债表**为中心的分析框架。不过，由于财务报表是相互关联的，对某份财务报告所列项目的调整也可能会影响到对另一张财务报表所列项目的调整。比如，分析师对资产负债表上的存货进行调整时，利润表上的销货成本也会受到影响（同时，净利润以及资产负债表上的留存收益账户等，都会受到影响）。

无论分析师出于可比性考虑而进行调整项目的顺序如何，以下方面都是适当的：

- **重要（重大）水平**。对该项目的调整可能会影响结论吗？换句话说，这有关系吗？例如，某行业要求公司必须保留一定数量的最低库存，当两家公司使用不同的存货核算方法时，会有影响吗？
- **准则体系**。所使用的会计准则（US GAAP 与 IFRS）是否有区别？如果是，哪些方面的差异可能会对比较造成较大影响？
- **方法**。所比较的不同公司使用的会计方法是一样的吗？是否存在什么差别？
- **会计估计**。所比较的不同公司在重要会计估计方面是否存在什么差别？

以下将举例说明分析师的调整——首先是对资产负债表中资产项目的调整，然后是对负债项目的调整。

12.6.2 与投资项目有关的分析师调整

管理层意图极大地影响着公司对其他公司的债务投资和股权投资（不包括按权益法核

算的投资和对合并子公司的投资）的会计处理，例如，是否打算积极交易证券，使其可供出售，或者将债务证券持有至到期等。当证券被归类为"以公允价值计量且其变动计入损益的金融资产"（类似于 US GAAP 中的"交易性"证券）时，相关未实现的收益和损失就要报告在利润表中；当证券被归类为"以公允价值计量且其变动计入其他综合收益的金融资产"（类似于 US GAAP 中的"可供出售"证券）时，相关未实现的损益就不需要在利润表中进行报告，而是直接计入股东权益。如果在比较两家公司的业绩时，发现它们在投资分类方面存在重大差异，那么，分析师进行恰当的调整将更有助于比较。

12.6.3　与存货有关的分析师调整

对于采用不同会计方法核算的存货，可能需要进行调整。如前几章所述，公司所选择的存货计价方法将同时影响资产负债表上报告的存货价值和已售出的存货价值（销货成本）。如果一家未采用 IFRS[⊖]编报的公司使用了后进先出法，而另一家公司使用的是先进先出法，那么两家公司的业绩可比性就将受到影响。不过，使用后进先出法的公司还必须根据先进先出法在附注中披露其存货的价值。所以，为了将按照后进先出法报告的存货价值调整为在先进先出法基础上的，分析师可以将后进先出法储备的期末余额加到后进先出法下报告的存货期末价值中。为了将销货成本调整为以先进先出法为基础计算的，分析师可以从按后进先出法报告的销货成本中减去后进先出法储备的变化。例 12-9 说明了如何利用后进先出法[⊜]在会计报表附注中披露存货价值，对两家按不同会计方法报告的公司，在更一致的基础上比较其流动比率。

▌例 12-9　调整按后进先出法披露的存货价值

假定一位分析师正在比较 LP 科技公司（LP Tech）与其他按照 IFRS 编报的类似公司的财务业绩。采用 IFRS 编报的公司使用先进先出法进行发出存货的计价。因此，分析师需要将 LP 科技公司的报告结果进行转换，以得到更可比的结果。表 12-4 中提供了 LP 科技公司的资产负债表信息。

如果使用先进先出法而不是后进先出法进行发出存货的计价，那么截至 2018 年 6 月 30 日和 2017 年 6 月 30 日，期末库存将分别增加 3.318 亿美元和 3.058 亿美元。

问题：

1. 根据表 12-4 中的信息，计算 LP 科技公司在 2017 会计年度和 2018 会计年度按先进先出法和后进先出法核算的流动比率。

2. LP 科技公司在"管理层讨论与分析"中的风险披露部分，报告了下列信息。假定该公司的实际税率为 35%，请估计对 LP 科技公司的应纳税额为多少？

表 12-4　LP 科技公司数据

（单位：百万美元）

	6 月 30 日	
	2018 年	2017 年
流动资产合计	820.2	749.7
流动负债合计	218.1	198.5

附注 6　存货

存货的构成如下

	6 月 30 日	
	2018 年	2017 年
原材料	30.7	29.5
在产品	109.1	90.8
完工产品	63.8	65.1
	203.6	185.4

⊖　IAS 第 2 号不允许使用后进先出法。

⊜　原书此处为先进先出法，结合上下文和例题中意思，应更正为后进先出法。——译者注

"**本公司的绝大部分存货都是按后进先出法估值的，该方法可能会被废除，从而对公司的现金流量和财务状况带来不利影响。**"

"本公司的存货成本主要采用后进先出法（LIFO）计算确定。在后进先出法下，原材料和生产成本的变动将确认在当期销货成本中，即使这些材料和其他成本可能因生产周期的长短而显著不同。一般来说，在价格上涨的时期，后进先出法会确认较高的销货成本，这既减少了当期利润，又降低了年终存货的价值。最近，已有一些建议提出不允许在计算所得税扣除时使用后进先出法。根据这些建议，要求目前使用后进先出法的纳税人将其后进先出法下的存货估值重新调整为按先进先出法计算的价值。如果使用先进先出法，那么截至 2018 年 6 月 30 日，本公司的存货价值将高出约 3.32 亿美元。存货价值的增加将导致应税利润出现一次性增加，这将在第一个应税年度和随后的几个应税年度按比例进行分摊。如果后进先出法被废除，就可能会给本公司带来较大的税收负担，对本公司的现金流量和财务状况产生不利影响。"

3. LP 科技公司报告它在截至 2018 年 6 月 30 日的会计年度里，实现经营活动现金净流量为 1.152 亿美元。与该公司的经营活动现金净流量相比，额外的潜在纳税负担会产生多大影响？

问题 1 解答： LP 科技公司的流动比率（流动资产与流动负债之比）计算如下：

（单位：百万美元）

	2018 年	2017 年
I. 流动比率（未经调整的）		
流动资产合计	820.2	749.7
流动负债合计	218.1	198.5
流动比率（未经调整的）	3.8	3.8
II. 流动比率（调整后的）		
流动资产合计	820.2	749.7
将存货调整为按先进先出法计价，加：	331.8	305.8
流动资产合计（调整后的）	1,152	1,056
流动负债合计	218.1	198.5
流动比率（未经调整的）	5.3	5.3

将使用后进先出法计价的存货调整为按先进先出法计价，按先进先出法报告的价值将大于按后进先出法报告的价值，可将其差额加到后进先出法计价的成本中去，并以相同的金额增加流动资产合计数。调整存货价值对流动比率的影响，使 2017 和 2018 会计年度的流动比率均由 3.8 提升至 5.3。根据调整后的流动比率，LP 科技公司具备较好的流动性。

问题 2 解答： 假定有效税率为 35%，LP 科技公司的纳税义务增加总额将为 1.161（＝0.35×3.318）亿美元。

问题 3 解答： 额外的纳税义务大于公司经营活动产生的现金流总额 1.152 亿美元；不过，这笔额外的纳税义务被允许在几年内予以分摊。

总而言之，使用后进先出法的公司会额外披露补充信息，分析师利用这些信息可以估算出按先进先出法报告的公司存货价值。但是，如果后进先出法用于一家公司的大部分存货，而且后进先出法储备相对于报告的存货价值来说金额很高，那么，在将这样的公司与使用先进先出法进行编报的公司进行比较时，调整就是非常重要的。例 12-10 用举例的方式说明了调整对分析师的结论会产生重要影响。

▌例 12-10　在比较流动比率时，分析师对存货价值的调整

公司 A 按 IFRS 进行编报，对其存货使用先进先出法进行计价；公司 B 按 US GAAP 进行编报，对其存货使用后进先出法进行计价。表 12-5 给出了两家公司的流动资产、后进先出法储备和流动负债等信息。

表　12-5　　　　　　　　　　　（单位：美元）

	公司 A（先进先出法）	公司 B（后进先出法）
流动资产（含存货）	300,000	80,000
后进先出法储备	NA	20,000
流动负债	150,000	45,000

注：NA 表示不适用。

根据表 12-5 中给出的数据，比较两家公司用流动比率衡量的流动性水平。

解答：A 公司的流动比率为 2.0。如果使用未经调整的资产负债表数据，B 公司的流动比率为 1.78。A 公司的流动比率相对 B 公司的水平更高一些，似乎暗示 A 公司比 B 公司的流动性更好。但是，直接使用 B 公司未经调整的数据与 A 公司进行比较是不恰当的。

将 B 公司的存货按可比基础（即先进先出法编报）进行调整后，结论发生了变化。下表汇总了 B 公司的存货按后进先出法列报时的结果，以及为与 A 公司进行比较而按先进先出法调整后的结果。

（单位：美元）

	A 公司（先进先出法）	B 公司 未经调整的（后进先出法）	B 公司 调整后的（先进先出法）
流动资产	300,000	80,000	100,000
流动负债	150,000	45,000	45,000
流动比率	2.00	1.78	2.22

当两家公司的存货都是以先进先出法进行计价时，B 公司的流动比率为 2.22，而 A 公司的流动比率为 2.00，这表明 B 公司的流动性水平更高。

将 B 公司的存货按先进先出法进行调整是很重要的，因为假定 B 公司对其全部存货采用后进先出法，其存货储备价值为 0.25（＝ 20,000/80,000）美元，即所报告存货价值的 25%。

如前所述，分析师还可以通过从商品销货成本中减去后进先出储备的变动金额，将按后进先出法编报公司报告的销货成本调整为按先进先出法进行报告的价值。这种调整适合于与按先进先出法编报公司之间进行盈利能力的比较，并且，在调整影响很大时，这种调整是不可被忽视的。

12.6.4　涉及不动产、厂场与设备的分析师调整

公司管理层在影响折旧费用方面拥有比较大的酌情权。折旧金额的大小会同时影响报告

净利润和报告固定资产的净值。在评价公司财务报告的质量时，分析师经常把管理层选择的折旧政策作为一个定性因素予以考虑，在某些情况下，分析师可能会为了特定分析目的调整报告的折旧费用。

折旧费用取决于会计方法和在计算中使用的会计估计。公司可以使用直线法、加速折旧法或工作量法对固定资产（不含土地）进行折旧。在直线法下，每期报告的折旧费用是相等的，均等于应计折旧成本除以资产的估计使用寿命（在取得资产时，其应计折旧成本等于其总成本减去估计的未来残值）。加速折旧法使资产折旧的速度更快；它们在前期确认更大金额的应计折旧费用。工作量法按资产的使用量情况来计算折旧。除了折旧方法的选择之外，在计算折旧费用时，公司还必须估计资产的残值和使用寿命。

与折旧相关的附注披露往往不利于我们进行具体的调整，因为公司对其资产折旧选择的披露往往是定性的和笼统的。与折旧相关的项目包括资产负债表中的不动产、厂场与设备（固定资产）总额和累计折旧，利润表中的折旧费用，以及现金流量表中披露的资本支出和资产处置等内容。这些项目之间的关系可以揭示各种信息。但是，请注意，固定资产通常包括具有各种不同折旧寿命和残值的资产组合，因此下列清单中的项目只是反映了资产组合总额之间的关系。

- 用资产负债表中的累计折旧总额，除以不动产、厂场与设备的总额，所得到的比率可以表示公司整体资产的可使用寿命情况；
- 用累计折旧金额除以当期的折旧费用，可以大致表示已确认了多少年的折旧费用（即以固定资产总额为基础的平均已使用年限）；
- 用固定资产净值（即扣除累计折旧之后的金额）除以当期折旧费用，可以大致表示公司固定资产整体的剩余使用年限；
- 用固定资产总额除以当期折旧费用，可以大致表示这些固定资产在安装时的预计平均寿命；
- 用当期的资本化支出金额除以固定资产总额与当期资本化支出金额之和，可以大致表示公司通过新增资本投资来更新固定资产的比例；
- 用当期新增资本化投资和当期处置的固定资产相比，可以了解公司固定资产整体的增长情况。

如例12-11所示，我们可以对同行业公司的这些关系进行评估，以了解它们在资产利用策略方面的差异，或者寻找需要进一步调查的领域。

▎例12-11　折旧差异

一位分析师正在评价两家来自同一行业公司的财务报表。这两家公司关于生产设备方面的使用策略都是类似的，相关信息如下：

	（单位：百万美元）	
	公司A	公司B
固定资产净值	1,200	750
折旧费用	120	50

问题：

1. 根据所给信息，估计公司A和公司B的固定资产平均剩余使用年限。

2. 假定根据对两家公司固定资产的实地调查和其他行业信息，分析师认为公司 A 和公司 B 的固定资产剩余可使用年限在 10 年左右。根据这些信息，分析师对公司 B 报告的净利润可以得出什么结论？

问题 1 解答： 公司 A 的固定资产估计平均剩余使用年限还有 10 年（计算方法为用固定资产净值除以每年的折旧费用，即 1,200/120 = 10 年）。而公司 B 的固定资产估计剩余可使用年限还有 15（= 750/50）年。

问题 2 解答： 如果按 10 年来计算 B 公司的折旧费用的话，那么该公司每年的折旧费用应当为 7,500 万美元（比它的报告数高出了 2,500 万美元），并且，折旧费用增加将导致净利润降低。分析师可认为公司 B 在报告净利润时，相对公司 A 来说，所使用的会计估计要更激进一些。

12.6.5　与商誉有关的分析师调整

商誉是指一家公司在收购另一家公司时，所出的价格超过了它收购可辨认净资产公允价值的那一部分价值。可辨认净资产包括流动资产、固定资产和某些有价值并符合会计准则确认标准的无形资产。更广义范围的无形资产可能需要用到在企业合并背景下的估值问题，例如品牌、技术和客户名单等。商誉作为一项资产入账，实质上代表的是购买价格与可辨认净资产之间的差额。例如，假设 P 公司以 4 亿美元的价格买下 T 公司，T 公司可辨认净资产的公允价值（包括流动资产、固定资产和一项已确认的商标权的公允价值）只有 3 亿美元，那么，P 公司将记录 4 亿美元的总资产，其中 3 亿美元为各种可辨认的资产（包括品牌的公允价值），剩下 1 亿美元为商誉。商誉每年都应进行减值测试，如果被确定为发生了减值，那么 P 公司应当一边减少资产的金额，另一边同时报告由减值造成的损失。

关于商誉，在比较财务报表分析时可能会碰到一个基本的应用困难。举例来说，假设有两家美国公司，其中一家是通过不断收购其他公司而成长起来的，另一家则是通过自己内部积累发展成长起来的。假定这两家公司的经济价值是相同的：每家公司都有相同价值的品牌产品、训练有素的员工和专有技术。通过收购实现增长的公司将根据收购所支付的总代价，记录它所收购的目标公司及其相关净资产；而通过内部积累发展成长的公司，则是通过广告、员工培训和研究支出等投入来实现的增长，根据 US GAAP，后一家公司所投入的这些支出都应当被确认为费用。由于在支出当时就已经进行了费用化处理，因此，内部所创造资产的价值不能被资本化处理，无法反映在公司的资产负债表上（收入、利润和现金流量应反映无形资产投资的收益）。这样，尽管根据假定，这两家公司的经济价值是一样的，但它们基于资产价值和 / 或利润所计算的财务比率，包括盈利能力比率（如 ROA）和市净率（MV/BV）[⊖]，会出现很大差异，这主要是因为收购的无形资产和商誉的影响，导致两家公司的资产和利润价值出现了差异。

▌ 例 12-12　涉及商誉的财务比率比较

分析师麦安诺正在评估尚乘国际（TD Ameritrade Holding Corporation）和嘉信理财（Charles Schwab Corporation）这两家证券经纪公司的相对估值。作为整体分析的一部分，麦

　⊖　市净率等于股票的总市值与股东权益总额之比，也可以计算为每股市价除以每股股东权益。

安诺想看看这两家公司的市场价值与账面价值之比（MV/BV），以及该指标的行业整体水平。由于这两家公司都是该行业内的大公司，麦安诺预计它们的 MV/BV 值将高于金融服务业的中位数水平 2.2。他收集了以下关于这两家公司的数据信息。

	（单位：百万美元）	
	嘉信理财	尚乘国际
2018 年 6 月 30 日的总市值（每股市价乘以流通在外的股份数量）	68,620	33,247
股东权益总额（两家公司均为 2018 年 6 月 30 日的价值）	20,097	7,936
商誉	1,227	4,198
其他无形资产	93	1,363

麦安诺计算出这两家公司的 MV/BV 比值如下：

嘉信理财：68,620/20,097 = 3.4

尚乘国际：33,247/7,936 = 4.2

不出所料，两家公司的 MV/BV 值都比行业中位数水平 2.2 高，它们的 MV/BV 值看起来很相似（即相对于股东权益的账面价值，它们的价值大致相同）。麦安诺很担心，因为他注意到尚乘国际公司有大量商誉和外购的无形资产。他想知道，如果首先剔除商誉的影响，然后再剔除无形资产的影响，对账面价值进行调整之后，重新计算的 MV/BV 值将会是多少。用账面价值减去全部无形资产（包括商誉在内）之后的价值，被称为"有形账面价值"。

问题：

1. 调整商誉的影响，计算两家公司的"市值与有形账面价值之比"。

2. 如果仅凭这些数据判断，哪家公司的价值更高？（注意 MV/BV 只是更广泛分析的一部分。要回答哪家公司的价值更高这种问题，还需要更多关于估值和可比性方面的证据。）

问题 1 解答：

	（单位：百万美元）	
	嘉信理财	尚乘国际
股东权益总额（两家公司均为 2018 年 6 月 30 日的价值）	20,097	7,936
减：商誉	1,227	4,198
调整后的账面价值	18,870	3,738
调整后的 MV/BV	**3.6**	**8.9**

	（单位：百万美元）	
	嘉信理财	尚乘国际
股东权益总额（两家公司均为 2018 年 6 月 30 日的价值）	20,097	7,936
减：商誉	1,227	4,198
减：其他无形资产	93	1,363
调整后的账面价值	18,777	2,375
MV/ 有形账面价值	**3.7**	**14.0**

问题 2 解答：

经调整商誉影响后，嘉信理财公司的市值与账面价值之比相对于尚乘国际公司来说要低得多。再调整其他无形资产的影响之后，差异更为极端。

12.7　本章小结

本章介绍了财务报表分析的若干应用，包括过往财务业绩的评价、未来财务业绩的预测、信用风险的评估和潜在股权投资机会的筛选等。此外，本章还介绍了分析师对财务报告的调整。在任何情况下，分析师都需要很好地理解编制财务报表所依据的财务报告准则。因为报告准则随着时间的推移在不断变化，分析师必须保持最新的状态，以便做出好的投资决策。

本章的要点如下：

- 评价一家公司的历史业绩时，不仅要观察发生了什么，还要考虑业绩背后的原因，以及公司的战略是如何通过业绩反映出来的；

- 在预测公司的未来净利润和现金流时，通常可以自上而下地从销售收入预测开始，通过预测行业销售情况和公司的市场份额来实现。接下来，再预测利润率、费用项目以及要支持所预测的销售目标而必需的营运资本与固定资产投资水平，最后，就可以得到预测的净利润和现金流水平；

- 在通过现金流贴现模型对股权进行估值时，以及在信息分析中，评估借款人偿还债务本息的能力时，都需要预测公司的未来业绩；

- 在信用分析中，往往需要利用财务报表分析来评估公司信用的影响因素，包括公司的杠杆水平、经营稳定性和利润率稳定性；

- 利用财务报表数据和市场数据所构建的比率作为潜在股票投资机会的筛选标准时，需要判断使用哪些指标、指标数量和以什么值作为这些指标的临界点，以及应对每个指标赋予什么权重；

- 有时，分析师对公司编报的财务报表进行适当调整是非常必要的（例如，在对采用了不同会计方法或会计估计的公司进行比较时）。需要调整的内容可能包括与投资有关的项目，存货，不动产、厂场与设备和商誉。

公司间投资

苏珊·佩里·威廉姆斯，博士，注册会计师，注册管理会计师

学习目标

- 说明根据 IFRS，下列项目的分类、计量和披露情况：①金融资产投资、②联营公司投资、③合营公司、④企业合并和⑤特殊目的和可变利益实体；
- 了解 IFRS 和 US GAAP 在金融资产投资、联营公司投资、合营公司投资、企业合并、特殊目的实体和可变利益实体投资方面的分类、计量和披露差异；
- 分析不同的公司间投资会计核算方法是如何影响财务报表和财务比率的。

13.1 概述

公司间投资（对其他公司的投资）可以对投资公司的业绩和财务状况产生重大影响。通过投资其他公司的债务和股权证券，可以使公司的资产基础多样化，也有利于公司进入新市场、获得竞争优势、利用闲置的资金，并获得额外的盈利。可投资的债务证券包括一般商业票据、公司债券和政府债券、可赎回优先股和资产支持证券等；而权益证券则包括普通股和不可赎回的优先股等。一家公司可从被投资方获得的股权比例取决于它可获得的资源、获得股份的能力以及期望的影响力或控制权水平。

国际会计准则理事会（IASB）和美国会计准则委员会（FASB）都致力于减少双方在公司间投资的分类、计量和披露方面的准则差异，通过准则的制定去提高财务报表信息的相关性、透明度和可比性。

目前，IFRS 与 US GAAP 在金融工具的会计规范方面还没有完全趋同，双方仍存在一些差异。本章所用术语主要以 IFRS 为导向，在 US GAAP 体系下，可能存在一些术语差异，但大多数情况下，双方的术语是相似的。

本章的组织结构如下：第 13.2 节介绍公司投资的基本类别；第 13.3 节介绍国际会计准则理事会制定的《IFRS 第 9 号：金融工具》；第 13.4 节介绍投资方对被投资方存在重大影响时的投资核算，即权益法，适用于公司对联营企业和合营企业的投资核算（合营企业是一种分享控制权的投资）；第 13.5 节介绍企业合并、母公司与子公司关系以及可变利益实体和特殊目的实体的报告；最后，第 13.6 节是本章小结。

13.2 公司投资的基本类别

总的来说，对可出售的债券和权益证券投资，可分类为：①投资方对被投资方的经营没有重大影响或控制的投资，即对金融资产的投资；②投资方可对被投资方可施加显著影响（但达不到控制）的投资，即对联营企业的投资；③由两个或两个以上实体共享控制权的投资，即对合营企业的投资；④企业合并，包括对子公司的投资，投资方能获得对被投资方的控股权。金融资产投资、联营企业投资和企业合并之间的区别在于投资方能对被投资方施加影响或控制的程度，而不是纯粹取决于持股百分比。不过，当投资方持有的股权比例低于 20% 时，一般认为达不到有影响力；当投资方持有的股权比例在 20% ～ 50% 时，一般认为具有重大影响力；当投资方持有的股权比例超过 50% 时，则认为拥有了被投资方的控制权。

以下信息摘录自英国制药和保健公司葛兰素史克（GlaxoSmithKline）的 2017 年年报，在财务报表附注 2 中，该公司说明了它在实践中对公司投资的分类和披露情况：

> 本集团有权指导相关活动以影响本集团回报（通常通过控制其财务及经营政策）的实体，认定为子公司。
>
> 本集团有能力对其净资产行使共同控制权的实体，认定为合营企业。如果本集团有能力对某项安排实施共同控制，但对该安排的特定资产拥有权利和对其特定负债拥有义务，则将该安排作为共同经营处理。凡本集团有能力对实体施加重大影响的，则该等实体作为联营公司处理。联营公司和合营公司的业绩、资产及负债均使用权益法进行会计核算，计入合并财务报表。对于共同经营的资产、负债、收入及费用，本集团根据自身的相应权利和义务计入财务报表。

在表 13-1 中，概述了各类公司投资的财务报告和相关准则（表 13-1 中的标题使用的是 IFRS 的术语；US GAAP 对公司间投资的分类与之相似，但并不相同）。读者应注意，在 IFRS 和 US GAAP 体系下，对公司间投资的价值计量和 / 或对价值变动的会计处理，可能存在差异。本章将在稍后再更深入地讨论其他处理方法。

表 13-1 公司间投资的会计处理

	金融资产投资	联营公司投资	企业合并	合营企业投资
影响力	无重大影响	重大影响	控制	共同控制
通常持股比例	一般 ≤ 20%	一般 20% ～ 50%	一般 >50% 或 其 他 控制指标	
财务报告	分类为： • 以公允价值计量且其变动计入当期损益； • 以公允价值计量且其变动计入其他综合收益； • 以摊余成本计量	权益法	纳入报表合并范围	IFRS：权益法
适用的国际财务报告准则[①]	IFRS 9	IAS 28	IAS 27 IFRS 3 IFRS 10	IFRS 11 IFRS 12 IAS 28

（续）

	金融资产投资	联营公司投资	企业合并	合营企业投资
适用的美国公认会计原则[2]	FASB ASC 主题 320	FASB ASC 主题 323	FASB ASC 主题 805 和主题 810	FASB ASC 主题 323

①IFRS 9《金融工具》；IAS 28《对联营企业投资》；IAS 27《个别财务报表》；IFRS 3《企业合并》；IFRS 10《合并财务报表》；IFRS 11《合营安排》；IFRS 12《在其他主体中权益的披露》。

②FASB ASC 主题 320［投资—债务与权益证券］；FASB ASC 主题 323［投资—权益法与联营企业］；FASB ASC 主题 805［企业合并］和主题 810［合并报表］。

13.3 对金融资产的投资：IFRS 9

IASB 和 FASB 都修订了金融投资的会计准则。IASB 已发布该项目的第一阶段成果，将对金融工具的分类和计量要求纳入 IFRS 9《金融工具》中。IFRS 9 从 2018 年 1 月 1 日起生效，并同时取代了 IAS 29。FASB 对金融工具投资的会计核算指引收录在 ASC 主题 825［金融工具］中，该准则经多次更新，已于 2017 年 12 月 15 日后开始生效。由此，关于金融工具的会计核算，US GAAP 和 IFRS 的要求大多一致，但也存在着一些差异。

IFRS 9 所采用的方法主要考虑了金融资产合同的现金流量特征和管理层对金融资产的管理模式，旧准则下的组合方法（即指定为交易性金融资产、可供出售的金融资产和持有至到期的金融资产）已不再适用，因此，在 IFRS 9 中，已不再出现**可供出售**和**持有至到期**这样的术语。与 IAS 39 相比，IFRS 9 的另一个主要变化体现在贷款的减值方面，要求公司从已发生损失模型转换到预期信用损失模型。这使公司不仅需要对贷款的过去和当前情况进行评估，还要对前瞻性信息进行评估[⊖]。

使用摊余成本计量的要求与 IAS 39 "管理层意图持有至到期" 分类的要求类似。具体地说，用摊余成本计量的金融资产必须满足两个条件[⊜]：

1. 商业模式测试[⊜]：持有金融资产的目的是收取合同现金流；
2. 现金流特征测试：合同现金流仅为对本金和按未偿还本金计算的利息。

13.3.1 分类与计量

IFRS 9 将全部金融资产分为两类：以摊余成本计量的金融资产和以公允价值计量的金融资产（见图 13-1）。在这种方法下，再区分三种不同的计量类别：

- 摊余成本；
- 以公允价值计量且其变动计入当期损益（FVPL）；
- 以公允价值计量且其变动计入其他综合收益（FVOCI）。

⊖ 根据 US GAAP，信用减值的评估要求体现在 ASC 主题 326 中，自 2020 年 1 月 1 日起对大多数上市公司生效。

⊜ IFRS 9 第 4.1.2 段。

⊜ 所谓商业模式，是指报告主体如何管理其金融资产以产生现金流——通过收取合同现金流、出售金融资产，或者两者兼而有之。(IFRS 9《金融工具》，项目概述，2014 年 7 月。)

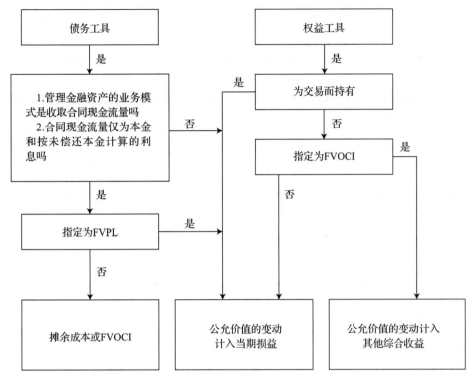

图 13-1 IFRS 9 下的金融资产分类与计量模式

在初次取得时，所有金融资产都应按公允价值计量（通常等于取得日的购买成本），随后再区分按公允价值或摊余成本计量。符合上述两条标准的金融资产一般按摊余成本计量；如果有金融资产虽然符合上述两条标准，但也有可能会对外出售，即公司对这类金融资产的管理模式为"既可能持有以收取现金流量也可能对外出售"，那么按公允价值计量但将公允价值的变动计入其他综合收益中（确认为 FVOCI 类金融资产）。不过，管理层也可以选择将这类金融资产划分为 FVPL 类，以避免会计错配○。"会计错配"是指因资产和负债的计量基准差异而导致的不一致，即有些按摊余成本计量，有些按公允价值计量。根据管理模式差异，债务工具可能按摊余成本计量，也可能划分为 FVOCI 类金融资产，或者 FVPL 类金融资产进行计量。

权益工具按 FVPL 或者 FVOCI 计量；它们不符合按摊余成本计量的条件。为交易目的而持有的股权投资，必须按 FVPL 计量，其他股权投资则可按 FVPL 或 FVOCI 计量。不过，该选择是不可逆的，如果报告主体选择了 FVOCI 计量模式，那么，就仅有该金融资产的股利收益可确认到损益中。此外，这一类别的债务工具和权益工具在其他综合收益是否还可以重分类进入损益方面的要求也有所不同。

衍生工具应划分为 FVPL 类（对冲工具除外）。对于嵌入式衍生工具，如果其资产部分属于本准则的规范范围，并且将资产作为一个整体按照 FVPL 计量，那么，该工具不应与其混合合同分开确认。

在表 13-2 中，摘录了德意志银行 2017 年的财务报表内容，用以说明金融资产和金融负

○ IFRS 9 第 4.1.5 段。

债是如何在财务报表中进行确认和计量的。

表 13-2 德意志银行 2017 年财务报表信息摘录

金融资产

IFRS 9 规定，公司应根据其管理金融资产的业务模式和金融资产的合同现金流量特征来判断金融资产在财务报表中的分类和计量。每项金融资产都应在初始确认时就被分类为以公允价值计量且其变动计入当期损益（FVPL）类、摊余成本本类或以公允价值计量且其变动计入其他综合收益（FVOCI）类。由于 IFRS 9 的要求与现行 IAS 39 的要求有所不同，因此 IAS 39 下的金融资产分类和计量将产生一些差异，包括是否可对某些资产运用公允价值计量选择权。根据 IFRS 9，金融负债的分类和计量要求与现行规定大致维持不变。

本集团在 2015 年初步决定了管理金融资产的业务模式，并评估了各种业务模式范围内的金融资产现金流量特征，以梳理因实施 IFRS 9 而可能出现的分类和计量变化。在经过初步分析后，本集团于 2016 年识别了将按摊余成本或 FVOCI 计量的金融资产，这些资产将按照 IFRS 9 的要求进行减值。2017 年，本集团更新了管理金融资产的业务模式评估，并完成了剩余的分类决定。在初步决定所购入的权益投资并非为交易目的而持有时，本集团将经过逐项认定的方式，判断是否将这些投资不可撤销地指定为 FVOCI 类，并列报于资产负债表中。本集团迄今尚未进行过此类指定。对指定将按公允价值计量的已发行债务凭证，其因报告主体自身信用风险而引起的公允价值变动将确认在其他综合收益中，而不是当期损益中。该准则亦允许本集团选择在全面采纳 IFRS 9 之前，提前在其他综合收益中列报因实体信贷风险波动而引起的公允价值变动。不过，本集团并没有提前采纳此项要求。

13.3.2 投资的重分类

根据 IFRS 9，不允许对权益工具进行重分类，因为报告主体对 FVPL 和 FVOCI 的初始分类是不可撤销的。而对于债务工具，只有当公司管理金融资产的业务模式（持有金融资产的目的）发生了变化且会对经营造成重大影响时，才允许重新进行分类。业务模式的改变需要经过判断，预计很少会发生。

如果应当进行重分类，则在重分类日可不重述以往各期的报表。例如，如果某按摊余成本进行计量的金融资产需要重分类为 FVPL，则将该资产直接按公允价值计量，涉及的相关损益立即在当期利润中确认即可。如果将某 FVPL 类的金融资产重分类为按摊余成本计量，则直接以重分类日的公允价值作为其账面价值即可。

总而言之，IFRS 9 所做的主要改动如下：

- 对债务工具，需要根据报告主体管理金融资产的业务模式来决定其分类；
- 将金融资产分为三类：
  - 以公允价值计量且其变动计入当期损益的金融资产（FVPL）；
  - 以公允价值计量且其变动计入其他综合收益的金融资产（FVOCI）；
  - 以摊余成本计量的金融资产；
- 只有当公司管理金融资产的业务模式发生变化时，才允许对债务工具进行重分类。而对 FVOCI 和 FVPL 类股权投资，其分类选择是不可撤销的；
- 重新设计了金融资产、金融担保、贷款和租赁应收款的减值模型。新准则将减值的确认方法从"已发生损失"模型过渡到"预期信用损失"模型。在新准则下，减值的确认被提前了——正常资产在未来 12 个月内的预期损失和不良资产在整个寿命期内的预期损失将被预先记录[⊖]。

分析师通常会单独评估公司的经营业绩和投资业绩。在分析经营业绩时，应排除利息收

⊖ IFRS 9 第 5.5.4 段、第 5.5.5 段、第 5.5.15 段和第 5.5.16 段。

益、股利、已实现和未实现损益等与投资活动有关项目的影响。在比较中，分析师在计算净经营性资产报酬率时应排除非经营性资产的影响。IFRS 和 US GAAP⊖要求公司披露各类金融资产的公允价值。使用市场价值和调整一致的财务报表可改善对不同公司业绩比率的评估。

13.4 对联营企业和合营企业的投资

根据 IFRS 和 US GAAP，当一家公司（投资方）直接或间接（即通过其子公司）持有联营企业（被投资方）20% ~ 50% 的有投票权股份时，即可认为该公司对被投资企业的业务活动具有（或能够行使）重大影响，但不构成控制⊜。相反，如果投资方直接或间接持有联营企业（被投资方）有表决权的股份占比少于 20%，则推定投资方无法对被投资方施加重大影响，除非通过其他方式能证明该影响的存在。IAS 28 和 FASB ASC 主题 323（US GAAP）适用于投资方具有重大影响的大多数投资；该等准则亦就采用权益法对联营企业投资的会计处理提供了指引⊜。这些准则指出，可根据下列标准来判断是否存在重大影响：

- 在被投资方的董事会中派有代表；
- 参与被投资方的决策制订过程；
- 投资方与被投资方之间存在重大交易；
- 双方互派管理人员；
- 存在技术依赖性。

所谓施加重大影响的能力，是指被投资方的部分财务和经营情况会受到投资方的管理决策和经营技能的影响。权益法核算的投资反映了这种关系的经济现实，为投资收益的报告提供了较为客观的依据。

合营企业——由两个或两个以上的当事方承担风险和实施控制的企业——是公司进入国外市场、进行专门活动和从事风险项目的一种方便的方式。它们可以多种不同的形式或组织结构存在。有些合营安排主要是契约关系，而另一些合营安排则拥有共同的资产所有权。合营安排的形式可以是合伙企业、有限责任公司（公司）或其他法律形式（例如非法人协会）。IFRS 明确了合营企业应当具有的共同特征为：在两个或多个合营者之间存在合同安排，并且在合同安排中明确了共同控制。IFRS 和 US GAAP⑭都要求公司对合营企业采用权益法进行会计核算⑤。

只有在极少数情况下，IFRS 和 US GAAP 才允许对合营企业采用比例合并法。比例合并要求合营者将它在合营企业的资产、负债、收入和费用中所占份额确认合并或逐行列示。相比之下，权益法只需要使用利润表上的一个单行项目（享有合营企业的利润份额）和资产负

⊖ IFRS 7《金融工具：披露》和 FASB ASC 第 320-10-50 节［投资—债务和权益证券—概述—披露］。

⊜ 根据 IFRS，判断是否具有重大影响力时，对投资方目前拥有的可行使或可转换认股权证、认购期权或可转换证券等，这类赋予了公司额外投票权或减少其他方对被投资企业的财务及经营政策的投票权，也应当予以考虑。但根据 US GAAP，在确定投资方是否具有有表决的股票权时，仅根据购买时已发行的有表决权的股票，不考虑具有潜在投票权的证券及其效力。

⊜ IAS 28《对联营企业和合营企业的投资》和 FASB ASC 主题 323［投资—权益法与合营企业］。

⑭ 在 US GAAP 体系下，ASC 主题 323-10 对权益法会计的应用提供了指南。

⑤ IFRS 11《合营安排》将合营安排区分为共同经营和合营企业。所谓合营企业，是指拥有共同控制权的各方对该安排的净资产享有权利。根据 IAS 28，公司对合营企业应使用权益法进行会计核算。

债表的一个单行项目（对合营企业的投资）。

由于在权益法下，利润表中的单行项目反映了合营企业销售收入和费用的净效应，因此两种方法确认的总利润是相同的。另外，由于权益法下的资产负债表单行项目（对合营企业的投资）反映的是投资方在合营企业净资产中享有的份额，因此两种方法下投资方的净资产总额也是相同的。然而，由于对总资产、负债、销售收入、费用等项目的金额具有不同影响，在财务比率分析中，两种核算方法的结果会存在显著差异。

13.4.1　权益法会计处理：基本原则

在权益法下，权益投资最初按其成本反映在投资方的资产负债表上。在后续会计期间，需要调整投资的账面价值以反映投资方在被投资方利润或者损失中按比例应享有或分摊的份额，并同时将这些损益列报在投资者的当期损益中。如果从被投资方收到股利或其他分红，则作为资本回报，直接减少投资的账面价值，无须在投资方的利润表中列报。权益法常被称为"单行合并"，因为在资产负债表上，用一个单行项目（净资产）表示了投资方对被投资企业的资产和负债按比例应享有的权益份额，在利润表上，也用一个单行项目报告了投资方在被投资企业的收入和费用中应享有的份额。（可与第 13.6 节中对合并报表的披露要求进行对比。）权益法报告的投资应列报为资产负债表上的非流动资产。对于按权益法核算的投资，投资方应享有的投资损益份额和其账面价值，必须分别在利润表和资产负债表中单独披露。

▌例 13-1　权益法：投资账户的余额

假定 B 公司在 2016 年 1 月 1 日按 20 万欧元的价格购入 W 公司 20% 有表决权的股份。W 公司报告它的利润和股利情况如下：

（单位：欧元）

	实现利润	派发股利
2016 年	200,000	50,000
2017 年	300,000	100,000
2018 年	400,000	200,000
	900,000	350,000

问题： 计算 B 公司在 2018 年年末的资产负债表上会如何报告它对 W 公司的投资。

解答： 对 W 公司的投资，2018 年 12 月 31 日：

（单位：欧元）

初始投资成本	200,000	
2016 年应享有的利润	40,000	=（20% × 实现利润 200,000 欧元）
2016 年收到的股利	10,000	=（20% × 派发股利 50,000 欧元）
2017 年应享有的利润	60,000	=（20% × 实现利润 300,000 欧元）
2017 年收到的股利	20,000	=（20% × 派发股利 100,000 欧元）
2018 年应享有的利润	80,000	=（20% × 实现利润 400,000 欧元）
2018 年收到的股利	40,000	=（20% × 派发股利 200,000 欧元）
按权益法核算的投资余额	310,000	=［200,000 + 20% ×（900,000−350,000）］

在这个简单的例子中，实际上隐藏着假定股权投资购买价格恰好等于 W 公司净资产账面价值的 20%。在第 13.5.2 节和第 13.5.3 节将涉及更典型的情况，即当购买价格不等于被投资企业净资产账面价值份额时的会计处理。

按照权益法，投资方将按自己在被投资方实现损益中应占的份额计入自己的利润表；而这项股权投资的价值则按其投资成本，加上投资后在被投资企业实现盈利中所占的份额，再减去所收到的股利金额进行计算。不过，如果被投资单位发生了经营亏损，或者被投资单位的市场价值出现了永久性的下跌，那么，该项股权投资的价值也应当相应地进行减值处理（第 13.5.5 节介绍了减值的会计处理）。如果股权投资的价值减少至零，投资方一般会停止使用权益法，不再记录进一步的损失。如果被投资企业以后再实现利润，那么，投资方应在其所享有的利润份额能完全弥补停止采用权益法期间未确认的亏损份额后，再恢复采用权益法。表 13-3 中摘录了德意志银行 2017 年度报告部分内容，介绍了该银行对联营公司投资的会计处理情况。

表 13-3　德意志银行 2017 年度报告信息摘录

[摘自财务报表附注 01] 联营企业

所谓联营企业，是指本集团对其经营和财务管理政策具有重大影响（但并不能控制）的实体。当集团拥有一家被投资企业 20% ～ 50% 的投票权时，通常假定能对其产生重要影响力。在评估本集团是否具有重大影响力时，会考虑目前可行使或可兑换的潜在投票权及其影响，此外，还会考虑在董事会（德国股份公司为监事会）的代表和公司之间的重大交易情况。即使本集团拥有的某被投资企业的有表决权股份少于 20%，当存在这些因素时，也会使用权益法对其进行会计核算。

本集团使用权益法核算对联营企业的投资。对于集团在联营企业经营成果中所占的份额，按本集团的会计政策进行调整后，在合并利润表中报告为"按权益法核算的投资净损益"。在合并报表时，对于联营企业因内部销售而产生的损益，会予以抵销。

如果本集团先前持有某报告主体的股权（例如可供出售的金融资产），但在稍后获得了对该报告主体的重大影响力，则应将先前持有的股权调整为按其公允价值计价，并将相关损益计入合并利润表中。对于以前期间确认的、与该股权投资相关的其他综合收益，也应于本集团获得重大影响力之日重新分类到合并利润表中，犹如本集团将先前持有的股权投资出售一样。

根据权益法会计处理要求，本集团对联营企业或共同控制实体的投资最初按成本（包括收购联营企业时所产生的任何直接相关交易费用）入账；随后，当联营企业或共同控制的实体报告净利润（或亏损），以及直接计入联营企业或共同控制实体所有者权益的其他变动时，按本集团应享有（或分担）的份额，调整对联营企业或共同控制实体投资的价值。对于在收购联营企业或共同控制实体时产生的商誉，计入投资的账面价值（扣除任何累计减值亏损后）。由于此类商誉并无单独列报，故不存在特别的减值测试程序。不过，对于所有按权益法核算的股权投资，本集团在每个资产负债表日都会执行减值测试。

如果按权益法核算的投资出现了减值的客观迹象，则将该投资的可收回金额（其使用价值与公允价值减去销售费用两者中的较高者）与其账面价值比较，进行减值测试。对于以前期间确认的减值损失，只有在当时用于计算可收回金额的会计估计发生变化时，才允许转回。如果出现这种情况，可将投资的账面价值增加到其较高的可收回金额，但减值亏损的转回应以过去计提的范围为限，转回后的账面价值不得超过假定以前没有确认过减值损失时本应报告的账面价值。

本集团对联营企业或共同控制实体不再具有重大影响时，应确认出售按权益法核算投资的损益，该损益应当等于剩余投资的公允价值与出售款项之和，再减去该项投资的账面价值之差额。处置投资时，以往期间确认在其他综合收益中的金额，应当按照被投资单位直接处置相关资产或负债相同的原则进行会计处理。

[摘自财务报表附注 17] 权益法核算的投资

对联营企业和共同控制实体的投资采用权益法进行会计核算。

本集团持有对 77 家（2016 年为 92 家）联营企业和 13 家（2016 年为 14 家）共同控制实体的权益性投资。在这些投资中，并不存在个别重大投资。

（续）

（单位：百万欧元）

本集团在个别非重大联营企业及合营企业中 所享有份额的综合财务信息	2017 年 12 月 31 日	2016 年 12 月 31 日
本集团所拥有全部个别非重大联营企业投资的账面价值	866	1,027
本集团享有联营企业的持续经营业务损益份额合计	141	183
本集团享有联营企业的终止经营业务税后净损益份额合计	0	0
本集团享有联营企业的其他综合收益份额合计	−36	11
本集团享有联营企业的综合收益份额合计	105	194

值得注意的是，当投资方对联营企业所拥有股权比例小于 20% 或大于 50% 时，这种会计处理的解释是很有意思的。权益法反映了投资方与联营企业之间关系的强弱。当股权百分比低于 20% 时，德意志银行仍可能使用权益法，因为它能通过在这些联营企业的董事会代表和 / 或其他措施对这些企业的经营和财务政策施加重大影响。相对金融资产的会计处理来说，权益法下报告的投资收益更为客观，因为投资方可以潜在地影响股利分配的时机。

13.4.2 投资成本超过被投资企业账面价值的部分

投资方买入被投资方股权的成本（购买价格）往往大于这些股权的账面价值。这是因为，除其他因素外，许多被投资方的资产和负债都是按历史成本而不是公允价值记录的。IFRS 允许公司使用历史成本或公允价值（减累计折旧）来计量其不动产、厂场与设备[⊖]，但 US GAAP 只允许使用历史成本（扣除累计折旧）来计量不动产、厂场与设备[⊖]。

当投资成本超过投资方在可享有被投资方（联营企业）可辨认有形与无形净资产（例如存货，不动产、厂场与设备，商标，专利等）的账面价值份额时，应将差额首先根据公允价值比例分配给特定资产（或资产类别）。然后，将差额在这些资产的经济寿命内进行摊销，计入投资方在被投资方损益中应享有的份额。应当指出的是，这种分摊并没有正式的记录，最初只是出现在投资方资产负债表上的投资成本当中。差额随着时间的推移而逐渐摊销，投资账户中的余额会越来越接近于投资方可享有联营企业净资产账面价值的份额。

IFRS 和 US GAAP 都将收购成本与投资方可享有被投资方可辨认净资产公允价值份额之差视为商誉。因此，如果收购成本大于可享有被投资企业可辨认净资产公允价值份额的任何剩余差额，在不能分配到特定资产时，将作为商誉处理，不进行摊销。投资方只需要定期对其进行减值测试，并就确认出的减值进行减记。不过，这部分商誉是计在投资的账面价值当中的，该项投资在投资方的资产负债表中列报为一个行项目[⊜]。

⊖ 报告主体可以在初始确认后为不动产、厂场与设备选择按成本模式或重估值模式进行后续计量。在重估值模式下，如果不动产、厂场与设备的公允价值能够得到可靠计量，则可按重估值金额报告，该金额应当等于资产在重估值日的公允价值减去任何后续累计折旧的余额。

⊜ 成功的公司通过对资产的生产利用所创造出的经济价值会超过资产本身的转售价值。因此，投资方往往愿意支付溢价来获得未来预期的收益。这些好处通常是市场条件、投资方对被投资方施加重大影响的能力以及其他协同效应共同作用的结果。

⊜ 如果投资方在联营企业净资产（可辨认资产、负债和无形资产）公允价值中所享有份额大于投资成本，则该差额不计入投资的账面价值，而是在投资的初始确认时就计入投资方的当期收益。

例 13-2　权益法下当投资成本超过账面价值时

假定布莱克公司（Blake Co.）取得了布朗公司（Brown Co.）30% 流通在外的股份。在购买日，布朗公司所拥有资产和负债的账面价值与公允价值如下：

		（单位：欧元）
	账面价值	公允价值
流动资产	10,000	10,000
厂场与设备	190,000	220,000
土地	120,000	140,000
	320,000	370,000
负债	100,000	100,000
净资产	220,000	270,000

布莱克公司认为布朗公司的价值高于其可辨认净资产的公允价值，他们出价 100,000 欧元购买布朗公司 30% 的股权，这意味着买价高出了 34,000 欧元。布朗公司的可辨认净资产公允价值与账面价值之差为 50,000（ ＝ 270,000 – 220,000）欧元，由于布莱克公司购入的股权比例为 30%，所以，超买价格中有 15,000 欧元归属于可辨认净资产，剩余部分则属于商誉。请计算商誉的大小。

解答：

	（单位：欧元）
购买价格	100,000
布朗公司账面价值的 30%（30% × 220,000）	66,000
超买价格	34,000
分配给净资产	
厂场与设备（30% × 30,000）	9,000
土地（30% × 20,000）	6,000
商誉（剩余）	19,000
	34,000

如上所示，未分配给可辨认资产或负债的剩余超买价格，就是商誉。在购买日，该项投资应由布莱克公司报告为一项非流动资产（对布朗公司 100,000 欧元的投资）。

13.4.3　超买价格的摊销

对于分配给资产和负债的超买价格，其会计处理方式与所分配的特定资产或负债的相同，如果特定的资产被计入费用（例如存货），或者定期折旧或摊销（例如厂场、不动产与无形资产），那么分配给这些资产的金额也应同样地处理。在被投资企业（联营企业）的财务报表中，是没有记录这些分配金额的，因而在被投资方的利润表中也不会反映出这类定期调整。所以，投资方需要通过减记资产负债表中投资的账面价值和利润表中确认的被投资方利润来直接反映这些调整的影响。对于分配给无须进行系统摊销的资产或负债（例如土地）的金额，将继续按其在取得投资日的公允价值进行报告。如前所述，商誉是计入投资账面价值当中，并没有单独予以确认，所以它不需要摊销处理，其使用寿命被认为是不确定的。

沿用前面的例子，假定不动产、厂场与设备的使用寿命为 10 年，并采用直线折旧法，每年摊销如下：

账户	超买价格（欧元）	可使用年限	摊销金额 / 年（欧元）
厂场与设备	9,000	10 年	900
土地	6,000	不确定	0
商誉	19,000	不确定	0

在 10 年中，每年摊销将使投资方在被投资企业报告的利润（按权益法确认的投资收益）中可享有的份额和投资账户的余额减少 900 欧元。

例 13-3　用权益法核算有商誉的投资

假定帕克公司（Parker Company）在 2018 年 1 月 1 日以 50 万欧元的现金收购价买入了普林斯公司（Prince Inc.）30% 的普通股股份，并能对普林斯公司的财务和经营决策施加重大影响。以下是普林斯公司在 2018 年 1 月 1 日的资产及负债资料：

普林斯公司　　　　　　　　　　　　　　　　　　　　（单位：欧元）

	账面价值	公允价值	差异
流动资产	100,000	100,000	0
厂场与设备	1,900,000	2,200,000	300,000
	2,000,000	2,300,000	300,000
负债	800,000	800,000	0
净资产	1,200,000	1,500,000	300,000

厂场与设备的剩余寿命为 10 年，均按直线法折旧。普林斯公司报告它在 2018 年[⊖]实现净利润 100,000 欧元，发放股利 50,000 欧元。请计算下述问题：

1. 购买价格中包含的商誉。
2. 2018 年年末应报告"对联营企业（普林斯公司）投资"的金额。

问题 1 解答：

	（单位：欧元）
购买价格	500,000
取得普林斯公司净资产账面价值的份额（30% × 1,200,000）	360,000
超买价格	140,000
分配给厂场与设备（30% × 300,000）	−90,000
商誉（剩余）	50,000

问题 2 解答： 对联营企业的投资

	（单位：欧元）
购买价格	500,000
帕克公司可享有普林斯公司净利润的份额（30% × 100,000）	30,000
收到的股利（30% × 50,000）	−15,000
摊销分配给厂场与设备的超买价格（90,000 ÷ 10 年）	−9,000
对普林斯公司投资余额，2018 年 12 月 31 日	506,000

⊖　原书此处为 2011 年，结合上下文应更正为 2018 年。——译者注

另一种看待对普林斯公司投资余额的角度，是它反映了权益法的基本估值原则。在任何时点，投资账户的余额都等于投资方（帕克公司）按比例享有被投资方（普林斯公司）所有者权益（净资产的账面价值）的份额与初始超买价格中的未摊销部分之和。将这个思路应用于本例，可有：

（单位：欧元）

2018 年年初的净资产 =	1,200,000
加：净利润	100,000
减：股利	−50,000
2018 年年末的净资产	1,250,000
帕克公司可享有普林斯公司净资产的份额（30% × 1,250,000）	375,000
未摊销的超买价格（140,000 − 9,000）	131,000
对普林斯公司投资余额	506,000

请注意，未摊销的超买价格是帕克公司承担的成本，而不是普林斯公司的。因此，它的总额应计入投资账户的余额中。

13.4.4　公允价值选择权

对于按权益法核算的投资，IFRS 和 US GAAP 都允许投资方为其选择以公允价值进行计价[一]。根据 US GAAP，所有报告主体均可使用该选择权；但是，根据 IFRS，该选择权则仅限于风险投资组织、共同基金、单位信托和类似实体，包括与投资有关的保险基金。

两套准则体系均要求报告主体只能在初始确认时就行使公允价值选择权，且一旦做出选择便不可撤销。初始确认之后，投资即按公允价值列报，公允价值变动产生的未实现损益以及已收到的任何利息与股利，均计入投资方的当期损益（利润）。在公允价值计量选择下，投资方资产负债表上的投资账户不反映其在被投资方损益、股利或其他分配中按比例应占的份额。此外，对投资的购买成本超过投资方在被投资方可辨认净资产公允价值份额的部分，不进行摊销，也不会产生商誉。

13.4.5　减值

IFRS 和 US GAAP 都要求公司应当定期对使用权益法核算的投资进行减值测试，如果发现投资的公允价值已低于其账面价值，并且能判断这种下降是非暂时性的，则必须确认减值损失。

根据 IFRS，确认减值损失的前提必须是有客观证据表明，在初始确认投资后发生了一个或多个（损失）事件导致了价值的减损，并且，损失事件对投资未来现金流量将产生影响，且这种影响的程度可以得到可靠的估计。由于商誉是计入投资的账面价值当中，而没有单独核算的，故无须对其单独进行减值测试。减值测试中需要进行比较的只是投资的全部账面价值与其可收回金额[二]。若确认发生了减值，则应在利润表中确认相关减值损失，同时在资产负

[一]　IFRS 9《金融工具》。FASB ASC 第 825-10-25 节［金融工具—概述—确认］。

[二]　可收回金额为"使用价值"或出售净价两者中的较高者。其中，使用价值等于一项资产在持续使用和使用寿命结束时的处置中可产生预计未来现金流量的现值；而出售净价则等于其公允价值减去相关的处置费用。

债表中直接通过减值准备账户调减投资的账面价值。

US GAAP 所要求的方法有所不同。如果投资的公允价值降低到其账面价值以下，并且这种状况被判断为永久性的，那么，按照 US GAAP[⊖] 的要求，公司应在利润表中确认投资的减值损失，并同时将资产负债表上投资的账面价值调低至其公允价值。

无论是 IFRS 还是 US GAAP，都禁止转回投资的减值损失，即便其公允价值在后续又继续增加了也不可以。

本章第 13.5.3.4 节讨论了控股投资商誉（合并子公司时）的减值测试问题。请注意，合并报表中的商誉减值测试与权益法下投资的公允价值总额减值测试是有区别的。

13.4.6 与联营企业之间的交易

由于投资方可以影响其与联营企业之间交易的条款和时间，因此，对于投资方与联营企业之间发生交易所实现的利润，在相关交易对象被转让或出售给第三方之前，是无法实现的。对于投资方可享有未实现利润的份额，需要通过减少权益法下记录的投资收益来进行递延。等到将来该递延利润已被确认实现之后，再将其添加到权益法下的投资收益中。届时，权益法下的投资收益再重新以联营企业报告的价值为基础进行确认。

投资公司与联营企业之间发生的交易可以是**上游交易**（upstream，联营企业对投资方），也可以是**下游交易**（downstream，投资方对联营企业）。在上游交易中，将利润记录在联营企业的利润（损益）表上，因此，投资方在未实现利润中所享有的份额被计入了投资方利润表中按权益法核算的投资收益中。在下游交易中，将利润记录在投资方的利润表上。IFRS 和 US GAAP 均要求应按投资方在联营企业中所享有的权益份额为限，将内部交易引起的未实现利润剔除[⊜]，体现为对投资方利润表中的按权益法核算的投资收益进行调整。

▌ 例 13-4 权益法下的存货出售：上游交易

假定维克公司（Wicker Company）在 2018 年 1 月 1 日以 1,000,000 欧元的价格收购了福克斯威士公司（Foxworth Company）25% 的权益股份，使用权益法对该笔投资进行会计核算。对福克斯威士公司的情况分析表明，在当日，该公司的净资产账面价值为 3,800,000 欧元。公允价值方面，除一栋建筑物外，其他所有资产和负债的公允价值均等于其账面价值；这栋建筑物的剩余寿命还有 20 年，其账面价值被低估了 40,000 欧元，该公司对这栋建筑物采用直线法计算折旧。福克斯威士公司在 2018 年支付了 3,200 欧元的股利，报告它实现了净利润 20,000 欧元。该公司在当年曾向维克公司出售一批存货，截至当年年底，这批存货还没有出售给外部方。在福克斯威士公司报告的净利润中，有 8,000 欧元是该笔上游交易所带来的。

问题：

1. 计算在维克公司 2018 年的利润表上，按权益法报告的投资收益这个行项目应报告的金额是多少？

⊖ FASB ASC 第 323-10-35 节［投资—权益法与合营企业—概述—后续计量］。
⊜ IAS 28《对联营企业和合营企业投资》；FASB ASC 主题 323［投资—权益法与合营企业］。

2. 计算维克公司在 2018 年 12 月 31 日的资产负债表上，报告它对福克斯威士公司投资的余额应当为多少？

	（单位：欧元）
购买价格	1,000,000
在福克斯威士公司净资产账面价值中享有的权益份额（25%×3,800,000）	950,000
超买价格	50,000
分配给：	
建筑物（25%×40,000）	10,000
商誉（剩余）	40,000
	50,000

问题 1 解答： 按权益法核算的投资收益

	（单位：欧元）
维克公司可享有福克斯威士公司报告利润的份额（25%×20,000）	5,000
摊销分配给建筑物的超买价格（10,000÷20）	−500
未实现利润（25%×8,000）	−2,000
按权益法核算的投资收益，2018 年	2,500

问题 2 解答： 对福克斯威士公司的投资：

	（单位：欧元）
购买价格	1,000,000
按权益法核算的投资收益，2018 年	2,500
收到的股利（25%×3,200）	−800
对福克斯威士公司的投资，2018 年 12 月 31 日	1,001,700
投资账户的构成：	
维克公司可享有福克斯威士公司净权益（净资产的账面价值）的份额［25%×（3,800,000 +（20,000 − 8,000）−3,200）］	952,200
未摊销的超买价格（50,000 − 500）	49,500
	1,001,700

◢ 例 13-5　权益法下的存货出售：下游交易

琼斯公司（JonesCompany）拥有杰森公司（JasonCompany）25% 的股份，使用权益法对其进行会计核算。由于投资当时的资产被低估，琼斯公司每年需要摊销的超买价格为 8,000 欧元。在 2017 年，琼斯公司将价值 96,000 欧元的存货以 160,000 欧元的价格出售给了杰森公司，后者在 2017 年将这批存货中的 120,000 欧元部分对外售出，剩余部分在 2018 年也对外售出。杰森公司报告它在 2017 年和 2018 年实现的经营利润分别为 800,000 欧元和 820,000 欧元。

问题：

1. 计算在琼斯公司 2017 年的利润表上，按权益法核算的投资收益这个行项目应报告多少金额？

2. 计算在琼斯公司 2018 年的利润表上，按权益法核算的投资收益这个行项目应报告多少金额？

问题1解答： 2017年应报告按权益法核算的投资收益

	（单位：欧元）
琼斯公司可享有杰森公司报告利润的份额（25%×800,000）	200,000
超买价格的摊销	−8,000
未实现利润（25%×16,000）	−4,000
按权益法核算的投资收益，2017年	188,000

　　琼斯公司在向杰森公司出售这笔交易中实现的利润：160,000−96,000 = 64,000欧元
　　杰森公司将从琼斯公司购入的货物对外出售了75%（= 120,000/160,000）；还剩下25%未对外售出。
　　未实现利润总额：64,000×25% = 16,000欧元
　　琼斯公司应享有未实现利润的份额：16,000×25% = 4,000欧元
另一种计算方法：
　　琼斯公司出售商品给杰森公司的利润率：40%（= 64,000/163,000）
　　2017年12月31日，杰森公司仍持有琼斯公司销售给它的商品价值：40,000欧元
　　这些商品中，属于琼斯公司的毛利润：40%×40,000 = 16,000欧元
　　未售出商品中，属于琼斯公司的利润份额：16,000×25% = 4,000欧元

问题2解答： 2018年应报告按权益法核算的投资收益

	（单位：欧元）
琼斯公司可享有杰森公司报告利润的份额（25%×820,000）	205,000
超买价格的摊销	−8,000
已实现利润（25%×16,000）	4,000
按权益法核算的投资收益，2018年	201,000
杰森公司将琼斯公司卖给它的最后25%的存货也对外售出了。	

13.4.7 披露

　　财务报表附注中包含着大量投资者所需要的信息资料。IFRS和US GAAP都要求公司按权益法核算投资所涉及的资产、负债和经营成果。例如，德意志银行在其2017年的年度报告中题为"合并原则"的财务报表附注里，就披露了以下内容：

　　　　本集团使用权益法核算对联营公司的投资。对于本集团可享有联营公司的业绩份额，经调整符合本集团的会计政策后，列报为合并利润表中按权益法确认的投资净利润（亏损）。本集团与联营公司因内部交易而产生的损益，属于本集团应享有部分，在编制合并报表时会予以抵销。

　　　　如果本集团先前持有某报告主体的股权（例如，作为可供出售的金融资产），并在其后又获得了对该报告主体的重大影响力，则会将先前持有的股权重新调整为按其公允价值计价，将其中的任何损益确认于合并利润表；同时，将以前期间确认于其他综合收益中与该股权投资相关的金额，在本集团获得重大影响力之日，重新分类到合并利润表中，犹如本集团已将先前持有的股权对外售出一样。

　　　　根据权益法会计处理要求，对联营企业和共同控制实体的投资，本集团按其

成本进行初始计量（包括在收购联营企业过程中所发生的任何直接相关交易费用）。随后，按本集团可享有投资后联营企业或共同控制实体实现的净利润（亏损）份额，以及直接计入联营企业或共同控制实体所有者权益的其他变动，增加（或减少）投资的价值。收购联营企业或共同控制实体时产生的商誉计入投资的账面价值（扣除任何累计的减值损失）。由于商誉并没有单独进行列报，因此不存在特别的减值测试。相反，在每个资产负债表日，集团会对整个按权益法核算的投资进行减值测试。

在实务中，将联营公司的业绩计入投资方账户时常可能出现一定时间上的滞后，但一般不会超过一个季度。联营公司发放的股利不应再计入投资方的投资收益，以避免重复计算。因为在权益法下，投资方已确认了它可以享有联营公司利润中的全部份额，收到的股利实际上只是将部分股权投资兑换成了现金。在合并资产负债表中，对联营企业投资的账面价值会因投资方在被投资方净利润中享受的份额而增加，也会因超买价格的摊销和收到的股利发放而减少。

13.4.8 分析师应注意的问题

权益法的应用给财务分析带来了几个方面的挑战。首先，分析师应该判断权益法的应用是否合适。例如，投资方持有联营企业 19% 股份，但实际上能对联营企业施加重大影响，为了避免报告联营企业的损失，投资方可能会避免使用权益法。再比如，投资方持有联营企业 25% 股份，但实际上无法对联营企业施加重大影响，也可能无法获得其现金流量，却可能采用权益法以确认联营企业的利润。

其次，投资账户通过"单行合并"方式表示投资方在被投资方净资产中所享有的份额，但被投资方可能有大量的资产和负债，这些都没有反映在投资方的资产负债表上，对其资产负债率产生影响。净利润率也可能被夸大，因为在投资方的净利润中，包括了它可享有联营企业净利润的份额，但在投资方的销售收入中，并没有任何联营企业的影响。此外，投资方还可能已经实际控制了被投资方，但由于持股比例低于 50%，且投资方更喜欢使用权益法核算的财务结果，所以仍使用权益法进行会计核算。只有通过仔细的分析，才能揭示出由会计结构所驱动的财务绩效表现。

最后，分析师必须考虑用权益法核算投资收益的质量。权益法的假定是，即使没有收到现金，投资方也能从被投资企业每一美元中的盈利中获得一定比例的收益（即每一美元的收益中都有一部分是属于投资方的）。因此，分析师应该考虑被投资企业的股利现金流量（现金流量表）是否存在什么潜在的限制。

13.5 企业合并

企业合并（即控股性权益投资）是指两个或多个报告实体合并为一个更大的经济实体，其动机往往是期望通过协同效应创造附加值，包括扩大收入的潜力、消除重复的成本、取得税收优惠、协调生产过程和提高资产管理效率等[⊖]。

⊖ IFRS 3《企业合并》，2008 年修订版和 FASB ASC 主题 805［企业合并］为企业合并的会计处理提供了指南。

根据 IFRS，从较大经济实体的结构角度来看，各种企业合并之间并不存在区别。在所有的企业合并中，一定都有一方主体会被认定为收购方。根据 US GAAP，也需要认定收购方，但根据合并后的法律结构，企业合并被分为吸收合并、控股合并和新设合并等多种形式，每种形式的企业合并都有其显著特征，如表 13-4 所示。在表 13-4 中，还介绍了可变利益实体和特殊目的实体的特征，因为这些也是另一个报告主体可对其施加控制的附加实例。根据 IFRS 和 US GAAP，公司应采用购买法来核算企业合并。

表 13-4　企业合并的类型

吸收合并（merger，兼并）

吸收合并的显著特征是最后只有一个报告实体存在。被合并方被 100% 吸收进入合并方。A 公司可以通过发行普通股、优先股、债券或者直接支付现金的形式去收购兼并方的净资产，B 公司的净资产被转移进入 A 公司，此后，B 公司不复存在，而 A 公司是唯一一仍保留下来的实体。

A 公司 + B 公司 = A 公司

控股合并（acquisition，收购）

控股合并的显著特征是报告主体的法律连续性，参与合并的每个主体都有自己的业务，合并后通过母子公司关系联系在一起。每个主体都是独立个体，保持单独的财务记录，但母公司（合并方）需要编制每个报告期的合并财务报表。与吸收合并或新设合并不同，控股公司不需要收购合并目标 100% 的股权。事实上，在某些情况下，它甚至可能获得不到 50% 的股份，但仍然能发挥控制作用。如果合并方收购被合并方的股份少于 100%，则在合并财务报表中需要列报非控股（少数）股东权益。

A 公司 + B 公司 =（A 公司 + B 公司）

新设合并（consolidation，合并）

新设合并的显著特点是会成立一个新的法律实体，而合并前的报告主体都不再存在。例如，创造一个新的报告实体 C 来接管 A 公司和 B 公司的净资产，A 公司和 B 公司不复存在，C 公司是唯一保留下来的实体。

A 公司 + B 公司 = C 公司

特殊目的的实体或可变利益实体（special purpose or variable interest entities）

特殊目的（可变利益）实体的显著特点是，控制通常不是依据投票权来实施的，因为股权投资者没有投入足够的风险资本，让实体不得不通过其他次级金融支持来为其活动融资。此外，股权投资者还可能无法控制实体的财务利益。出资公司通常为某种狭义目的而创建特殊目的实体（SPE）。根据 IFRS 的要求，如果出资人与 SPE 关系的实质表明出资人拥有控制权力，那么出资人就应当将该 SPE 纳入合并报表范围。

根据 IFRS 10《合并财务报表》和 IASB 解释委员会公告 SIC 12《合并—特殊目的的实体》，控制的定义可延伸到一系列广泛的活动。控制概念要求报告主体对相关因素进行判断和评价，以确定是否确实存在控制。当①投资方有能力对被投资方的财务和经营政策施加影响时；且②投资方能通过参与被投资方的相关活动而获得可变回报时，则可判断存在控制。对于符合控制定义的所有实体，都应纳入合并范围。

US GAAP 采用了一个两因素考察合并模型，一个因素是可变利益，另一个因素为投票利益（控制）。在可变利益因素下，US GAAP⊖要求，可变利益实体（VIE）的主要受益人应当合并 VIE，无论其在该 VIE 中的投票利益（如果有的话）如何，或是否对该 VIE 享有决策权利。其中，主要受益人被定义为将吸收 VIE 的大部分预期损失，获得 VIE 的大部分预期剩余收益，或两者兼而有之的主体。

在过去，企业合并既可以按购买交易进行会计处理，也可以使用权益集合法进行会计处理。但现在权益集合法已被废除，IFRS 和 US GAAP 现在全部企业合并所要求的会计处理方法都是十分类似的。IASB 提出了**购买法**，该方法进而被 FASB 采纳，用以取代了股权并

⊖　FASB ASC 主题 810［合并］。

购法，并且，目前关于企业合并的会计处理规范，IFRS 和 US GAAP 之间的差异已经大大减少了[○]。

13.5.1　购买法

IFRS 和 US GAAP 均要求对企业合并采用购买法进行会计核算，不过两者都各自规定了一些具体的豁免条件。

在购买法下，合并方所购入股权的价值应当按其付出对价的公允价值进行计量，包括任何或有对价在购买日的公允价值。企业合并的直接费用，如专业和法律费用、估值专家和顾问费用，都应当在发生时计入当期损益。

购买法（取代了股权并购法）解决了企业合并和编制合并财务报表中经常出现的三个主要会计问题：

- 被合并主体所持有资产和负债的确认与计量；
- 商誉的初始确认和后续会计处理问题；
- 少数股东权益的确认及计量问题。

13.5.1.1　可辨认资产与负债的确认和计量

根据 IFRS 和 US GAAP 的要求，购买方应按购买日的公允价值计量被收购方（被收购实体）的可辨认资产（包括有形的和无形的）和负债。对于被购买方以前未确认在其财务报表中任何资产和负债，购买方也应进行确认。比如，被购买方通过内部开发的一些可辨认无形资产（例如品牌名称、专利、技术等），将被购买方确认。

13.5.1.2　或有负债的确认及计量[○]

在合并日，如果合并方在并购中可能承担的负债同时满足以下两个条件，则合并方必须将其确认为一项或有负债：①该负债是由于过去事件所导致的当前义务，并且②该负债能够得到可靠的计量。不过，合并方预期（但不是必须）将发生的成本并不需要在收购日就被确认为负债，相反，合并方应在未来期间当这些成本真正发生时，再来确认费用。例如，由于退出被合并方的某些经营业务而预期的重组费用，应在未来实际发生时再进行确认。

IFRS 和 US GAAP 在或有负债的处理方面规定有所不同。根据 IFRS，当或有负债的公允价值能够得到可靠计量时，就应当予以确认。但 US GAAP 规定，只有当或有负债很可能发生并且金额能够得到合理估计时，才确认或有负债。

13.5.1.3　补偿性资产的确认与计量

在收购日，如果卖方（被收购方）在合同中表示会就与其全部或部分资产或负债有关的偶发事件或不确定性结果向合并方进行补偿，则合并方必须确认补偿资产。卖方还可能就某特别不确定事件引起的赔偿责任向买方赔偿超过规定数额的损失，例如，卖方保证合并方买入的或有负债不会超过特定金额。在这种情况下，合并方在确认补偿性负债的同时也可以确认补偿性资产，且两者应采用相同的计量基础。如补偿涉及在合并日确认并以按合并日的公

○　IFRS 10《合并财务报表》；IFRS 3《企业合并》；FASB ASC 主题 805［企业合并］；FASB ASC 主题 810［合并］。

○　即使资源并不是很可能流出，或者经济利益并不是很可能将用于清偿债务，也需要确认或有负债。

允价值计量的资产或负债，则合并方应在合并日按公允价值确认补偿性资产。

13.5.1.4 金融资产和负债的确认与计量

在合并日，合并方应按 IFRS（或 US GAAP）分类报告购入的可辨认资产和负债。但对于被合并方持有的金融资产和负债，合并方应根据合同条款、经济条件和合并方经营或会计政策，在合并日对其进行重新分类。

13.5.1.5 商誉的确认和计量

根据 IFRS，在交易日确认商誉有两种选择。商誉选择权是按逐笔交易为基础进行的。并购的公允价值（即付出对价的公允价值）减去合并方可享有取得可辨认资产（包括有形的和无形的）、负债及或有负债的价值份额后之差额，确认为"部分商誉"。而"整体商誉"则是指被并购主体整体的公允价值减去全部有形资产及无形资产、负债及或有负债的公允价值后之差额。US GAAP 将被并购实体视为一个整体，要求确认整体商誉[⊖]。

由于一般认为商誉没有确切的到期日，因此无须进行摊销处理。相反，公司应当每年都对商誉进行减值测试，如果情况表明商誉可能发生减值，则减值测试的频率还可以更频繁。

▌ 例 13-6 商誉的确认与计量

合并方出资 800,000 美元购入被合并方 80% 的股份，在合并日，被合并方的可辨认净资产的公允价值为 900,000 美元，而整个企业的公允价值估值为 1,000,000 美元。

	（单位：美元）
	IFRS 部分商誉
合并对价的公允价值	800,000
可辨认净资产公允价值的 80%	720,000
确认商誉	80,000
	IFRS 和 US GAAP 整体商誉
被合并方的公允价值	1,000,000
可辨认净资产的公允价值	900,000
确认商誉	100,000

13.5.1.6 当合并对价小于公允价值时的确认与计量

公司偶尔会出现其市值甚至低于其净资产公允价值的不利情况。在控股合并中，如果被合并方是这样的公司，那么合并方的购买价格就会低于目标公司（被合并方）净资产的公允价值，这样的收购会被认为是"买便宜货"（bargain purchase）。根据 IFRS 和 US GAAP 的要求，在这种情况下，合并方应将被合并方净资产公允价值高于购买价格之差立即确认为利润表中的一项利得。在合并时，任何或有对价均必须按其公允价值确认和计量，其价值的任何后续变动也都应确认到当期损益中。

⊖ FASB ASC 主题 805［企业合并］。

13.5.2 合并完成后，购买法对财务报表的影响

例 13-7 列出了一家公司在完成了对另一家公司的控股合并之后的合并资产负债表。

例 13-7 购买法下合并完成后的资产负债表

假定富兰克林公司（Franklin Company）通过发行 1,000,000 股每股面值 1 欧元的普通股（市值 15 欧元）收购了杰斐逊公司（Jefferson, Inc.）100% 的流通在外股份。合并发生前，两家公司的相关信息如下：

（单位：千欧元）

	富兰克林公司账面价值	杰斐逊公司账面价值	杰斐逊公司公允价值
现金及应收款	10,000	300	300
存货	12,000	1,700	3,000
固定资产（净值）	27,000	2,500	4,500
	49,000	4,500	7,800
短期应付款	8,000	600	600
长期负债	16,000	2,000	1,800
	24,000	2,600	2,400
净资产	25,000	1,900	5,400
股东权益：			
股本（每股面值 1 欧元）	5,000	400	
超额缴入股本	6,000	700	
留存收益	14,000	800	

杰斐逊公司没有可辨认的无形资产。请使用购买法进行会计核算，列出合并后资产负债表中各项目的金额。

解答： 在购买法下，需要将购买价格进行分配：

（单位：欧元）

发行股份的公允价值（1,000,000 股，每股市值 15 欧元）	15,000,000
杰斐逊公司净资产的账面价值	1,900,000
超买价格	13,100,000
发行股份的公允价值	15,000,000
分配给可辨认净资产的公允价值	5,400,000
商誉	9,600,000

超买价格的分配如下（根据公允价值与账面价值之间的差额）：

（单位：欧元）

存货	1,300,000
固定资产（净值）	2,000,000
长期负债	200,000
商誉	9,600,000
	13,100,000

IFRS 和 US GAAP 均按已发行股票的市值，即 15,000,000 欧元，记录收购杰斐逊公司的公允价值。在这种情形下，购买价格比杰斐逊公司净资产的账面价值高出 13,100,000 欧元，将存货、固定资产（净值）和长期负债都按其公允价值进行调整，最后将购买价格大于被合并方可辨认净资产公允价值的部分确认为商誉，为 9,600,000 欧元。

合并完成后，合并资产负债表列报如下：

富兰克林公司合并资产负债表（购买法）

（单位：千欧元）

现金及应收款	10,300
存货	15,000
固定资产（净值）	31,500
商誉	9,600
资产总计	66,400
短期应付款	8,600
长期负债	17,800
负债合计	26,400
股本（每股面值 1 欧元）	6,000
超额缴入股本	20,000
留存收益	14,000
股东权益合计	40,000
负债与股东权益总计	66,400

合并报表上资产和负债的价值，是富兰克林公司原有资产和负债的账面价值，加上从杰斐逊公司购入资产和负债的公允价值。以存货为例，富兰克林公司存货的账面价值（12,000,000 欧元），与从杰斐逊公司购入存货的公允价值（3,000,000 欧元）之和，即合并后存货金额 15,000,000 欧元。在合并前富兰克林公司的财务报表中，长期负债的账面价值为 16,000,000 欧元，杰斐逊公司的长期负债公允价值为 1,800,000 欧元，因此合并后的长期债务记录为 17,800,000 欧元。

合并完成后，在富兰克林公司财务报表的股东权益中，反映出了富兰克林公司为收购杰斐逊公司而发行的股票，一共发行了面值 1,000,000 欧元的股票；不过，根据 IFRS 和 US GAAP，这些股票应当按公允价值计量。所以，合并的对价为 1,000,000 股每股市值 15 欧元的股票，合计 15,000,000 欧元。在合并交易之前，富兰克林公司有 5,000,000 股每股面值 1 欧元的流通股（5,000,000 欧元）。合并完成后，富兰克林公司已发行股票的股本为 6,000,000 欧元（原来的 5,000,000 欧元加上为收购杰斐逊公司而额外发行的 1,000,000 股每股面值 1 欧元的股票）。富兰克林公司原来的超额缴入股本为 6,000,000 欧元，新增发行 1,000,000 股股票所产生的溢价（15,000,000 欧元减去面值 1,000,000 欧元）14,000,000 欧元，因此总额为 20,000,000 欧元。在合并日的合并报表中，只有合并方的留存收益，被合并方只有在合并以后期间实现的盈利才能计入合并利润表和留存收益中。

企业合并完成以后，财务报表继续受购买法核算的影响。净利润项目会反映合并实体的经营业绩。在购买法下，摊销或折旧的计算依据是富兰克林公司资产的历史成本和杰斐逊公司资产的公允价值。以例 13-7 中的数据所示，相比两家公司没有发生合并的时候，合并以后，如果杰斐逊公司的存货被出售，那么其销货成本应当再调高 1,300,000 欧元；而杰斐逊公司所持有固定资产的折旧费用，在这些资产的整个生命周期内，将高出 2,000,000 欧元。

13.5.3 合并报表的编制程序

合并会计报表将不同法律实体、母公司和子公司的个别会计报表予以合并编制，就好像它们是一个报告主体。合并报表的编制需要将子公司的资产、负债、收入和费用与母公司的合并，对于母公司和子公司之间发生的交易（内部交易），需要予以抵消，以避免重复计算和提前确认利润。因此，合并报表被认为在忠实表达方面更加具有意义。在财务分析中，分析师必须考虑 IFRS 和 US GAAP 之间的差异、估值基础以及其他可能影响不同公司之间比较的有效性的因素。

13.5.3.1 非全资控股的企业合并

收购方在一项吸收合并或新设合并的交易中买下了目标公司 100% 的股权，但是，在控股合并中，收购方不必买下目标公司 100% 的股权就可实现控制。不买下 100% 股权的原因，可能是收购方的资源紧张，或者无法买下被收购方全部的流通股。因此，收购方和目标方仍然是独立的法律实体。IFRS 和 US GAAP 都认为，如果一家公司持有另一家公司 50% 及以上的有投票权的股份，它就能够实施控制。在这种情况下，收购方就被视为母公司，而被收购方就被视为子公司。母公司和子公司通常各自记账，但母公司还需要在每个报告期编制母子公司集团的合并会计报表。合并会计报表是投资者和分析师的主要信息来源。

13.5.3.2 非控股（少数）股东权益：资产负债表

非控股（少数）股东权益是由第三方（即非母公司）持有的子公司股东权益（剩余权益）。当母公司收购了一家子公司少于 100% 的控股权时，就会出现少数股东权益。IFRS 和 US GAAP 对少数股东权益的列报位置要求非常相似[⊖]。在合并资产负债表中，对于纳入合并范围子公司的少数股东权益，应在股东权益项目下进行单独列报。但是，在少数股东权益的计量方面，IFRS 和 US GAAP 存在差异。根据 IFRS，母公司可按公允价值（全部商誉法）或少数股东可享有子公司可辨认净资产的份额（部分商誉法）来计量少数股东权益；但 US GAAP 提出，母公司必须使用全部商誉法，并以公允价值计量少数股东权益。

例 13-8 说明了两者列报要求的差异。

▌例 13-8 少数股东资产估值

假定 P 公司在 2018 年 1 月 1 日买下了 S 公司 90% 的流通在外股份，合并对价为 P 公司自己的无面值股份，公允价值为 180,000 欧元。在合并当日，S 公司股份公允价值为 200,000 欧元。以下是这两家公司在换股合并前（即 P 公司记录合并事项前）的特定财务信息：

⊖ IFRS 10《合并财务报表》和 FASB ASC 主题 810［合并］。

（单位：欧元）

	P公司 账面价值	S公司	
		账面价值	公允价值
现金及应收款	40,000	15,000	15,000
存货	125,000	80,000	80,000
固定资产（净值）	235,000	95,000	155,000
	400,000	190,000	250,000
应付款项	55,000	20,000	20,000
长期负债	120,000	70,000	70,000
	175,000	90,000	90,000
净资产	225,000	100,000	160,000
股东权益：			
股本（无面值）	87,000	34,000	
留存收益	138,000	66,000	

问题：

1. 根据 IFRS 和 US GAAP，计算在合并资产负债表上"固定资产（净值）"的金额应当为多少。

2. 按全部商誉法计算商誉的价值和合并日的少数股东权益。

3. 按部分商誉法计算商誉的价值和合并日的少数股东权益。

问题 1 解答： 相对于其公允价值，S 公司的固定资产在账上被低估了 60,000 欧元。根据购买法（IFRS 和 US GAAP 的要求），只要母公司能够控制其子公司（即，无论母公司持有子公司的股份比例是 51% 还是 100%），它将应当把子公司全部的资产和负债按其公允价值计入合并资产负债表。因此，在合并资产负债表上，固定资产（净值）应报告的金额为 390,000 欧元。

问题 2 解答： 根据全部商誉法（US GAAP 强制使用，IFRS 可选用），在合并资产负债表上，商誉应等于子公司公允价值总额与其可辨认净资产公允价值之间的差额。

（单位：欧元）

子公司的公允价值	200,000
子公司可辨认净资产的公允价值	160,000
商誉	40,000

少数股东权益应等于少数股东在子公司公允价值中所占份额。在本例中，少数股东拥有的股权比例为 10%，而子公司在合并日的公允价值为 200,000 欧元。根据全部商誉法，少数股东权益的价值为 20,000（＝10%×200,000）欧元。

问题 3 解答： 根据部分商誉法（仅 IFRS 允许），在母公司合并资产负债表上应报告的商誉价值为 36,000 欧元，即购买价格与母公司在子公司可辨认净资产中的份额之差。

（单位：欧元）

购买价格	180,000
公允价值的 90%	144,000
商誉	36,000

少数股东权益的价值等于少数股东在子公司可辨认净资产公允价值中应享有的份额。在本例中，少数股东拥有的所有权比例为 10%，在合并日，子公司可辨认净资产的公允价值为 160,000 欧元。根据部分商誉法，少数股东权益的价值为 16,000（= 10%×160,000）欧元。

无论采用哪种方法，根据 IFRS 和 US GAAP 的规定，商誉都无须定期摊销，但至少每年应进行一次减值测试。

为方便比较，以下为按全部商誉法和部分商誉法编制的合并日资产负债表。

合并日的比较合并资产负债表：购买法 （单位：欧元）

	全部商誉法	部分商誉法
现金及应收款	55,000	55,000
存货	205,000	205,000
固定资产（净值）	390,000	390,000
商誉	40,000	36,000
资产总计	690,000	686,000
应付款项	75,000	75,000
长期负债	190,000	190,000
负债合计	265,000	265,000
股东权益：		
少数股东权益	20,000	16,000
股本（无面值）	267,000	267,000
留存收益	138,000	138,000
股东权益合计	425,000	421,000
总资产和股东权益	690,000	686,000

13.5.3.3 非控股（少数）股东权益：利润表

在利润表上，会有专门的一行列报少数股东本期收益，反映当期损益在控股股东和少数股东之间的分配情况。如果有内部交易，则会先抵消掉内部交易的影响。

沿用例 13-8 中的假设数据，根据 IFRS 和 US GAAP 的列报要求，该子公司在合并利润表中应报告如下：

（单位：欧元）

	全部商誉法	部分商誉法
销售收入	250,000	250,000
销货成本	137,500	137,500
利息费用	10,000	10,000
折旧费用	39,000	39,000
持续经营业务产生的利润	63,500	63,500
少数股东本期收益（10%）	-6,350	-6,350
归属于母公司的合并净利润	57,150	57,150

无论使用哪种方法核算，归属于母公司股东的利润都是 57,150 欧元。这是因为在全部商誉法和部分商誉法下，固定资产的公允价值既分配给了少数股东，也分配给了控制股东。因此，少数股东权益也将分担因固定资产价值增加 60,000 欧元而产生的超额折旧调整。由于在这两种方法下的折旧费用都是相同的，因此无论采用哪种方法确认商誉和计量少数股东权

益，属于所有股东的净利润都是相同的。

尽管在全部商誉法和部分商誉法下，归属于母公司股东的净利润是一样的，但由于总资产和股东权益的金额不同，因此财务比率还是受到了影响。

对财务比率的影响

	全部商誉法（%）	部分商誉法（%）
总资产报酬率	8.28	8.33
净资产收益率	13.45	13.57

随着时间的推移，子公司的价值将受净利润及权益变动的影响而变动。因此，在母公司编制的合并资产负债表上，少数股东权益的价值也将发生变化。

13.5.3.4 商誉减值

虽然商誉不需要摊销，但如果有情形表明商誉可能发生减值，则公司必须至少每年或更频繁地进行商誉的减值测试。如果确定不可能通过合并后报告主体的盈利业务收回部分或者全部商誉，则应将部分或全部商誉进行注销，并计入费用中。商誉一旦计提了减值，以后是不允许恢复的。

IFRS 和 US GAAP 在商誉分配水平的定义和商誉减值测试的方式上有所区别。

根据 IFRS，在合并日，合并方应将确认的商誉总额分配给每个现金产生单元，这些单元将受益于企业合并所带来的预期协同效应。现金产生单元是合并后集团内进行商誉减值测试时的最小监测单位[⊖]。随后，可按一步法进行商誉减值测试[⊖]。如果现金产生单元的可收回金额小于其账面价值，则应将两者之差确认为减值损失。减值损失应首先分配给现金产生单元中的商誉，直至将商誉冲减为 0；以后，若还有剩余的损失金额，则再按比例分配给该现金产生单元中的其他非现金资产。

根据 US GAAP，在合并日，合并方应将确认的商誉总额分配给公司的每个报告单位。所谓报告单位，是指经营分部或者比整个经营分部低一级的组成部分。接下来，商誉的减值测试遵循两步走方法：先识别减值，再计量减值损失。第一步是将报告单位的账面价值（包括商誉在内）与其公允价值进行比较，如果账面价值已超过其公允价值，则识别出了潜在的减值。接下来执行第二步，计量减值损失的金额大小。减值损失的金额应当等于报告单位商誉的隐含公允价值与其账面价值之差，其中，商誉的隐含公允价值按与企业合并相同的方式确定（即报告单位的公允价值与报告单位所持有资产和负债的公允价值之差）。将计量出的减值损失应用于已分配给各报告单位的商誉。报告单位的商誉减记至 0 后，其他资产或负债的账面价值不再自动进行其他调整。当然，对其他资产价值的可收回性和可能的减少进行测试是更谨慎的做法。

根据 IFRS 和 US GAAP，在合并利润表中，应单独用一行报告减值损失。

⊖ 现金产生单元是产生现金流入的最小可识别资产组，其创造的现金流入在很大程度上独立于其他资产或资产组的现金流入。

⊖ 现金产生单元的可收回金额为其净售价（即公允价值减处置费用）与使用价值中的较高者。其中，使用价值是指该现金产生单元预期能产生的未来现金流量的现值。现金产生单元的账面价值等于该单元的资产和负债的价值，包括已分配给该单元的商誉。

例 13-9　商誉减值：IFRS

一家法国公司的现金产生单元账面价值为 1,400,000 欧元，其中包括分配给它的 300,000 欧元商誉。该现金产生单元的可收回金额为 1,300,000 欧元，其可辨认净资产的估计公允价值为 1,200,000 欧元。

问题： 计算该现金产生单元的减值损失。

解答：

	（单位：欧元）
现金产生单元的可收回金额	1,300,000
现金产生单元的账面价值	1,400,000
减值损失	100,000

在利润表上，应报告的减值损失为 100,000 欧元，同时，分配给该现金产生单元的商誉应当减值 100,000 欧元，变为 200,000 欧元。

如果该现金产生单元的可收回金额为 800,000 欧元，而不是 1,300,000 欧元，那么确认的减值损失将为 600,000 欧元。这首先应当冲减该现金产生单元内的商誉（300,000 欧元），待商誉的价值被冲减到 0 以后，再将剩余的 300,000 欧元减值损失按比例分配给本现金产生单元内的其他非现金资产。

例 13-10　商誉的减值：US GAAP

一家美国公司某报告单位（例如某个分部）的公允价值为 1,300,000 美元，账面价值为 1,400,000 美元（其中包括商誉的价值 300,000 美元）。在减值测试日，该报告单位可辨认净资产的估计公允价值为 1,200,000 美元。

问题： 计算该报告单位的减值损失。

解答：

第 1 步：判断减值损失

由于该报告单位的公允价值低于其账面价值，因此判断出现了潜在的减值损失。

报告单位的公允价值：1,300,000 美元 < 1,400,000 美元

第 2 步：减值损失的计量

	（单位：美元）
报告单位的公允价值	1,300,000
减：可辨认资产的公允价值	1,200,000
隐含商誉	100,000
目前商誉的账面价值	300,000
减：隐含商誉价值	100,000
减值损失	200,000

在利润表中，应报告 200,000 美元的减值损失，同时，分配给该报告单位的商誉将减值 200,000 美元，变为 100,000 美元。如果报告单位的公允价值为 800,000 美元（而不是 1,300,000 美元），则隐含的商誉将为负的 400,000 美元。在这种情况下，最多可确认的减值损失金额将是 300,000 美元，即商誉的账面价值。

13.5.4 企业合并后的财务报表列报

合并会计报表的列报方式在 IFRS 和 US GAAP 下都是类似的。例如，在表 13-5 和表 13-6 中，给出了葛兰素史克公司的特定财务报表，该公司是一家总部位于英国的领先制药公司。

表 13-5 中的合并资产负债表报告了葛兰素史克公司及其子公司的经营业务。分析师可观察到，葛兰素史克公司在 2017 年持有金融资产投资（其他投资 918,000,000 英镑，流动性投资 78,000,000 英镑），以及对联营公司和合营企业的投资 183,000,000 英镑。在 2017 年，葛兰素史克公司并没有收购其他公司，但出售了多项小型业务，取得的净现金对价价值 342,000,000 英镑，其中包括或有应收对价 86,000,000 英镑。此外，葛兰素史克公司还在 2017 年期间对联营公司进行现金投资 15,000,000 英镑，并以现金对价 198,000,000 英镑出售了两家联营公司⊖。资产负债表上的商誉价值出现减少，反映了葛兰素史克公司确认的汇率调整影响，这主要是由于母公司的功能货币（英镑）走软所造成的。请注意，葛兰素史克公司报告了 6,172,000 英镑的或有对价负债，这与被合并公司的发展里程碑或销售业绩等未来事件有关。在 60 亿英镑的或有负债总额中，诺华疫苗业务因达到了销售里程碑，预计将需要在一年内支付 1,076,000 英镑。其余或有对价与收购盐野义保健合资企业和诺华疫苗有关，预计将在数年中逐步支付⊜。分析师还可以注意到，葛兰素史克公司对它的子公司并非 100% 全额控股，因为在股东权益部分，报告了价值 3,557,000,000 英镑的少数股东权益。

表 13-5　葛兰素史克公司的合并资产负债表，2017 年 12 月 31 日

（单位：百万英镑）

	附注	2017 年	2016 年
非流动资产			
不动产、厂场与设备	17	**10,860**	10,808
商誉	18	**5,734**	5,965
其他无形资产	19	**17,562**	18,776
对联营企业和合营企业的投资	20	**183**	263
其他投资	21	**918**	985
递延所得税资产	14	**3,796**	4,374
衍生金融工具	42	**8**	—
其他非流动资产	22	**1,413**	1,199
非流动资产合计		**40,474**	42,370
流动资产			
存货	23	**5,557**	5,102
短期税收抵扣	14	**258**	226
贸易与其他应收款	24	**6,000**	6,026
衍生金融工具	42	**68**	156
流动性投资	31	**78**	89

⊖ 葛兰素史克公司 2017 年财务报表附注 38：并购与处置。
⊜ 财务报表附注中解释，资产负债表内所列金额为预期或有对价支付金额现值，计算时使用的贴现率为 8.5%。

（续）

	附注	2017 年	2016 年
现金及现金等价物	25	**3,833**	4,897
持有待售资产	26	**113**	215
流动资产合计		**15,907**	16,711
资产总计		**56,381**	59,081
短期负债			
短期借款	31	**−2,825**	−4,129
或有对价负债	39	**−1,076**	−561
贸易与其他应付款	27	**−20,970**	−11,964
衍生金融工具	42	**−74**	−194
应付税费	14	**−995**	−1,305
预提费用	29	**−629**	−848
短期负债合计		**−26,569**	−19,001
长期负债			
长期借款	31	**−14,264**	−14,661
长期应付公司税	14	**−411**	—
递延所得税负债	14	**−1,396**	−1,934
养老金与其他离职后福利	28	**−3,539**	−4,090
其他准备金	29	**−636**	−652
或有对价负债	39	**−5,096**	−5,335
其他非流动负债	30	**−981**	−8,445
长期负债合计		**−26,323**	−35,117
负债总额		**−52,892**	−54,118
净资产		**3,489**	4,963
股东权益			
股本	33	**1,343**	1,342
股本溢价	33	**3,019**	2,954
留存收益	34	**−6,477**	−5,392
其他储备	34	**2,047**	2,220
股东权益		**−68**	1,124
少数股东权益		**3,557**	3,839
股东权益合计		**3,489**	4,963

表 13-6 中是葛兰素史克公司的合并利润表。IFRS 和 US GAAP 对合并利润表的格式要求类似。每个行项目（例如营业收入［销售收入］、销货成本等）都是抵消任何**上游交易**（upstream）（子公司销售给母公司）或**下游交易**（downstream）（母公司销售给子公司）等集团内部交易影响之后，母公司和子公司金额的 100% 合计。在合并利润表中，属于少数股东的本期收益部分，会作为一个单独的行项目列报。请注意，IFRS 和 US GAAP 下所计算出的净利润是相同的[⊖]。如果按照 IFRS 和 US GAAP 进行编报，导致某个具体的行项目金额出现了

⊖ 不过，如果应用了不同的会计规则（例如固定资产的估值等），也会造成两套准则体系下的报告差异。

差异，那么分析师需要对差异进行调整。

表 13-6 葛兰素史克公司的合并利润表，以 2017 年 12 月 31 日为截止日的会计年度

（单位：百万英镑）

	附注	2017 年	2016 年	2015 年
营业收入	6	**30,186**	27,889	23,923
销货成本		**−10,342**	−9,290	−8,853
毛利润		**19,844**	18,599	15,070
销售、行政与管理费用		**−9,672**	−9,366	−9,232
研发费用		**−4,476**	−3,628	−3,560
特许权收益		**356**	398	329
其他经营性收益	7	**−1,965**	−3,405	7,715
经营利润	8	**4,087**	2,598	10,322
金融收益	11	**65**	72	104
融资费用	12	**−734**	−736	−757
处置对联营公司投资的利得		**95**	—	843
按权益法计算对联营公司和合营企业的投资税后收益	13	**13**	5	14
税前利润		**3,525**	1,939	10,526
所得税费用	14	**−1,356**	−877	−2,154
税后年利润		**2,169**	1,062	8,372
归属于少数股东的本期收益		**637**	150	−50
归属于股东的利润		1,532	912	8,422[①]
		2,169	1,062	8,372
基本每股收益（便士）	15	31.4p	18.8p	174.3p
摊薄每股收益（便士）	**15**	**31.0p**	18.6p	172.3p

①原书此处为"8,472"，根据上下文判断应为计算或者印刷错误，更正为"8,422"。——译者注

13.5.5　可变利益实体与特殊目的实体

特殊目的实体（SPEs）是为满足发起人的特定需求而成立的企业[⊖]。发起人（创立 SPE 的利益代表）经常向 SPE 转移资产、获得使用 SPE 所持资产的权利或为 SPE 提供服务，而其他各方（资本提供者）则向 SPE 提供资金。SPE 可以是一种合法的融资机制，使公司能将某些活动分离，从而降低风险。SPE 可以采取有限责任公司、信托、合伙企业或非法人实体的形式，它们往往是通过法律安排建立的，这些安排会对 SPE 的理事会或管理层的决策权施加严格的、有时甚至是永久性的限制。

SPE 的受益权可以采取债务工具、股权、参与权或租赁剩余权益的形式。一些受益权可能会为持有人提供固定或规定的报酬率，而受益权则赋予其持有人权利或获得 SPE 活动带来的未来经济利益的机会。在大多数情况下，SPE 的创建者 / 发起人会保留对 SPE 的重大受益权，即使它可能很少或根本没有 SPE 的投票权。

⊖ "特殊目的实体"一词由 IFRS 使用，"可变利益实体"和"特殊目的实体"由 US GAAP 使用。

在过去，发起人能够避免将 SPE 纳入财务报表合并范围，因为他们并没有"控制"（即拥有大多数投票权）SPE。SPE 的结构使发起人对其资产或经营活动拥有财务控制权，而大多数投票权往往由第三方控制。

这些外部股权参与者通常以债务方式为 SPE 提供资金支持，而这些债务往往是由 SPE 的发起人以直接或间接的方式提供担保的。相应地，发起人公司能够避免披露其中的许多担保事件及其经济影响。此外，许多发起人公司创建 SPE 的目的就是为了将某些资产和负债从自己的资产负债表中转移出去，这些交易被当作出售记账，这样，它们就能够确认大量的收入和利润。通过避免合并报表，发起人公司不必报告 SPE 的资产和负债，这样衡量的财务业绩可能具有误导性。对发起人公司的好处是改善了资产周转率，降低了经营杠杆和财务杠杆，以及提高了盈利能力。

例如，安然公司利用 SPE 获得表外融资，人为提高财务业绩。它随后的崩溃部分归因于它对所创建 SPE 的债务担保。

为解决滥用 SPE 引起的会计问题，IASB 和 FASB 努力对会计报表的合并问题进行了改进，除了考虑多数投票权以外，还要求考虑其他各方对另一实体进行财务控制的财务安排。IFRS 10《合并财务报表》修订了控制的定义，以涵盖许多特殊目的实体，要求对于涉及结构性金融交易的 SPE，需要对其目的、设计和风险进行评估。

在制定新的会计准则解决这一合并问题方面，FASB 使用了"可变利益实体"（VIE）这个更通用和广泛定义的术语，VIE 在财务上由一个或多个不持有多数投票权的主体所控制。因此，根据 US GAAP，VIE 除了 SPE 外，还包括其他实体。FASB ASC 主题 810［合并］对此进行了规范，它将满足下列条件的 SPE 归为 VIE：

1. 如果没有其他方的财务支持，风险权益总额将不足以为其活动提供资金；
2. 权益投资者缺乏下列任何一项：

    a. 做出决定的能力；

    b. 吸收损失的义务；

    c. 获得回报的权利。

为租赁不动产或其他财产而创建的实体，为金融资产证券化而创建的实体或为研究和开发活动而创建的实体等，都是一些常见的可变利益实体的例子。

根据 FASB ASC 主题 810［合并］，VIE 的主要受益人必须将其视同子公司一样予以合并，无论该受益人在 VIE 中拥有多少股权投资。主要受益人（通常是发起人）是将会吸收 VIE 的大部分预期损失、获得 VIE 的大部分剩余回报或者两者兼而有之的实体。如果一个实体将吸收 VIE 的大部分预期损失，而另一个不相关的实体将获得 VIE 的大部分预期剩余回报，那么，负责吸收大部分损失的实体就必须合并该 VIE。如果 VIE 中存在非控股权益，这些权益也将在主要受益人的合并资产负债表和合并利润表中报告。ASC 主题 810 还要求，即使不被认为是 VIE 的主要受益人，报告主体也应当披露它与 VIE 的关系。

例 13-11 显示了资产证券化对公司资产负债表的影响。

▌例 13-11　应收账款证券化

假定奥德纳公司（Odena）是一家意大利的汽车制造商，它打算利用它的金融应收款去借入 5,500 万欧元。为了达成这个目标，目前，它有以下两个可选方案：

可选方案 1	以应收款为质押，直接借款
可选方案 2	创立一个 SPE，对其投入 500 万欧元，然后让该 SPE 去借款 5,500 万欧元，再用这些钱买入奥德纳公司价值 6,000 万欧元的应收账款

问题： 利用下面提供的财务报表信息，假定奥德纳公司符合控制的定义并需要合并该 SPE，说明这两个可选方案对奥德纳公司的影响。

奥德纳公司资产负债表

（单位：欧元）

货币资金	30,000,000
应收账款	60,000,000
其他资产	40,000,000
资产总计	130,000,000
短期负债	27,000,000
长期负债	20,000,000
负债合计	47,000,000
股东权益	83,000,000
负债与股东权益合计	130,000,000

可选方案 1： 奥德纳公司的现金会增加 5,500 万欧元（变为 8,500 万欧元），同时负债会增加 5,500 万欧元（变为 7,500 万欧元），而该公司的销售收入和净利润将不受影响。

奥德纳公司资产负债表

（单位：欧元）

货币资金	85,000,000
应收账款	60,000,000
其他资产	40,000,000
资产总计	185,000,000
短期负债	27,000,000
长期负债	75,000,000
负债合计	102,000,000
股东权益	83,000,000
负债与股东权益合计	185,000,000

可选方案 2： 奥德纳公司的应收账款将减少 6,000 万欧元，同时它的现金将增加 5,500 万欧元（它对 SPE 投资了 500 万欧元）。但是，如果奥德纳公司能将它的应收账款按高于其账面价值的金额（比如，6,500 万欧元）出售给该 SPE 的话，它就还能在利润表中报告应收账款的处置利得。同样重要的是，该 SPE 借款的利率可能比奥德纳公司本身借款的利率更低，因为它与奥德纳公司的破产风险毫无关联（即不在奥德纳公司债权人的要求权范围内），贷款给 SPE 的主体拥有对其资产（即它购入的应收款）的要求权。

SPE 的资产负债表

（单位：欧元）

应收账款	60,000,000
资产总计	<u>60,000,000</u>
长期负债	55,000,000
股东权益	<u>5,000,000</u>
负债与股东权益合计	<u>60,000,000</u>

由于奥德纳公司将要合并该 SPE 的报表，因此它的资产负债表将会是：

奥德纳公司：可选方案 2 下的合并资产负债表

（单位：欧元）

货币资金	85,000,000
应收账款	60,000,000
其他资产	<u>40,000,000</u>
资产总计	<u>185,000,000</u>
短期负债	27,000,000
长期负债	<u>75,000,000</u>
负债合计	102,000,000
股东权益	<u>83,000,000</u>
负债与股东权益合计	<u>185,000,000</u>

所以，奥德纳公司的合并资产负债表将与它自己直接利用这些应收账款去获得贷款情形下的报表看起来一模一样。此外，由于报表合并的影响，将应收账款转移（出售）给 SPE 对奥德纳公司的损益影响将被抵销。

13.5.6　企业合并中影响信息可比性的其他问题

企业合并的会计处理是一个复杂的话题。除了之前所涉及的基本知识外，以下将再简要介绍一些可能影响 IFRS 和 US GAAP 之间可比性的常见问题。

13.5.6.1　或有资产和或有负债

根据 IFRS，公司需要将企业合并成本分配计入所购入的资产、负债和或有负债的公允价值。在成本分配过程中，如果或有负债的公允价值能够得到可靠计量，则需要单独入账。在后续计量期间，或有负债需要按照初始确认金额和需结算金额的最佳估计数两者中的较高者进行计量。如前所述的葛兰素史克公司在 2017 年 12 月 31 日有大约 60 亿英镑与多项企业并购有关的或有负债，在财务报表附注中，它进一步说明其中 60 亿英镑为按适当贴现率贴现后的或有对价支付的预期值。对于或有资产，IFRS 不予确认。

US GAAP 可以确认合同或有资产和或有负债，按其在合并时的公允价值予以记录。对于非合同或有资产和或有负债，只有当它们在合并日"很有可能"满足资产或负债的定义时，才予以确认和记录。在后续计量中，或有负债需要按照初始确认金额与损失金额的最佳估计数两者中较高者予以计量。但或有资产需要按照合并日公允价值与对未来结算金额的最佳估计两者中较低者予以计量。

13.5.6.2　或有对价

在公司并购价格中，可能会包含或有对价。例如，如果某些约定的事件发生，则合并方（母公司）同意向被合并方（子公司）的前股东支付额外的金额，这类事件可以包括被收购企业或合并后的集团公司达到特定的销售收入或者利润水平等。根据 IFRS 和 US GAAP，或有对价应按公允价值分别归类为资产、负债或者权益进行初始计量。在后续期间，负债（以及在 US GAAP 下，还包括资产）的公允价值变动应报告在合并利润表中确认。IFRS 和 US GAAP 都没有重新计量股权类的或有对价，相反，结算是在权益内部进行的。

13.5.6.3　进行中的研发项目

IFRS 和 US GAAP 都将公司在企业合并中取得的在研研发项目确认为单独的无形资产，并按其公允价值计量（如果公允价值能够得到可靠计量的话）。在后续期间，如果这些项目研发成功（得到可用于对外销售的产品），则该研发资产将被按期摊销处理；如果研发没有对应产品结果，或者如果该产品在技术和／或财务方面不可行，则应对该研发资产计提减值。

13.5.6.4　重组费用

对于与企业合并相关的重组费用，IFRS 和 USGAAP 均不将其作为合并成本的一部分，而是在发生时就被确认为期间费用处理。

13.6　本章小结

公司间投资在商业活动中扮演着重要角色，也给分析师评估公司的业绩带来了重大挑战。一家公司对其他公司的投资可以有五种基本形式：对金融资产的投资、对联营企业的投资、对合营企业的投资、对企业合并的投资以及对特殊目的实体和可变利益实体的投资。本章的关键概念如下：

- 金融资产投资是指投资方对被投资方不构成重大影响的投资，它们的计量和报告分类包括：
  - 以公允价值计量且其变动计入当期损益的金融资产；
  - 以公允价值计量且其变动计入其他综合收益的金融资产；
  - 以摊余成本计量的金融资产。

  IFRS 和 US GAAP 在对金融资产的投资方面的会计规范非常类似；
- 对联营企业和合营企业的投资，是指投资方对被投资方的经营活动具有重大影响但不能实施控制的权益性投资。由于投资方可以对被投资方的财务和经营决策施加重大影响，IFRS 和 US GAAP 均要求使用权益法对该类投资进行会计核算，因为它为投资收益的报告提供了更客观的基础；
- 权益法要求投资方在赚到利润的时候就确认投资收益，而不是等收到股利以后才确认；
- 用权益法核算的股权投资在初始确认时按成本计量，后续再加上投资后可享有的投资收益（经调整以后的）并减去收到的股利；
- 用权益法核算的投资在资产负债表和利润表中都应当作为一个单独的行项目进行列报；
- IFRS 和 US GAAP 均要求公司对企业合并使用购买法进行会计核算。公司应以付出对价的公允价值作为其在企业合并中取得的可辨认资产和负债的计量标准；

- 商誉是一家公司对目标公司的出价与该目标公司拥有可辨认净资产（包括有形资产和无形资产）公允价值之间的差额。因为它被认为有无限期的寿命，所以不予以摊销处理。相反，公司应当至少每年对商誉进行减值测试，并将减值损失列报在利润表中。IFRS 采用一步法确定和计量商誉的减值损失，而 US GAAP 采用的是两步法；

- 如果合并方购入被合并企业的股份少于 100%，那么，在合并会计报表中将列报少数股东权益。IFRS 允许公司按其公允价值（全部商誉法）或少数股东可享有被合并公司可辨认净资产的份额（部分商誉法）来计量商誉，而 US GAAP 则只允许用公允价值（全部商誉法）计量；

- 在每个报告期，都需要编制合并会计报表；

- 特殊目的实体和可变利益实体必须由预期吸收大部分预期损失或获得大部分预期剩余收益的报告实体纳入合并报表范围。

职工薪酬：离职后福利与股份支付

伊莱恩·亨利，博士，特许金融分析师

伊丽莎白·A. 戈登，博士，MBA，注册会计师

学习目标

- 描述离职后福利计划的类型和对财务报告的影响；
- 解释和计算设定受益养老金负债（即，设定受益负债和预计福利负债的现值）和养老金负债（或资产）净额；
- 说明公司设定受益养老金费用的内容组成；
- 解释和计算设定受益计划的假设对设定受益负债和各期养老金费用的影响；
- 解释和计算养老金项目的调整与财务报表附注中报告的其他离职后福利项目对财务报表和财务比率的影响；
- 说明财务报表附注中披露的养老金及现金流量相关信息；
- 解释与股份支付的会计处理相关的问题；
- 解释股票授予和股票期权的会计处理对财务报表的影响，以及公司在评估股票授予和股票期权时所采用假设的重要性。

14.1　概述

本章介绍与职工薪酬相关的两个复杂问题：离职后（退休）福利和股份支付。退休福利包括养老金和其他离职后福利，比如健康保险等。以权益结算的股份支付包括股票期权和股票授予。

在与职工薪酬相关的这两个问题背后，隐含的一个共同问题是薪酬价值的计量分歧。造成困难的原因之一在于，员工在其提供服务的期间挣得福利，但通常需要等到未来某个期间才能实际得到这些福利，因此，在会计计量中需要大量的假设。

本章概述了公司用于估计和计量员工福利的方法，以及如何在财务报表中报告这些信息。IFRS 和 US GAAP 在养老金、其他离职后福利和以权益为基础的股份支付方面的计量

与会计处理方面已基本趋同，但仍存在一些小差异。本章着重以 IFRS 展开讨论，但在与 US GAAP 存在显著差异的地方还是补充了不同的实例。

本章安排如下：第 14.2 节讨论养老金和其他离职后福利，第 14.3 节讨论以股份为基础的员工薪酬，主要侧重于股票期权的会计处理和财务分析。最后，第 14.4 节是本章小结。

14.2　养老金与其他离职后福利

本节讨论公司对养老金和其他离职后福利的会计处理与财务列报（不涉及养老金和其他退休后基金的会计处理与报告）。在 IFRS 体系下，IAS 19《员工福利》为养老金和其他离职后福利的会计处理提供了主要指引[⊖]。而在 US GAAP 体系下，相关指引散落在 FASB《会计准则汇编》的多个章节中[⊜]。

本书中的讨论首先介绍相关福利计划的类型和计量问题，包括设定提存计划的会计处理。然后，继续介绍养老金计划和其他离职后福利的财务报表报告，包括介绍评估这些福利计划需要的关键假设。最后，讨论评估设定受益计划和其他离职后福利的披露问题。

14.2.1　离职后福利计划的类型

公司可能为员工提供各种退休福利，包括养老金计划、医疗保健计划、医疗保险和人寿保险等。其中一些福利涉及当期付款，但更多只是对未来福利的承诺。员工福利计划会计处理的目标是计量公司提供这类福利的成本，并将这些福利成本在员工服务期间内就确认到出资公司的财务报表中。问题的复杂性在于出资公司必须做出一定的假设，才能有效地估计未来福利的价值。在估计和确认这些未来福利价值的过程中所用到的假设会对公司报告的业绩和财务状况产生重大影响。此外，不同公司之间采用的假设差异会降低公司之间财务信息的可比性。

养老金计划和其他离职后福利可能是设定提存计划或者设定受益计划。**设定提存计划**（简写为 DC 计划）强调给员工的养老金计划缴存特定的（或商定的）金额，这个金额就是养老金费用。一般来说，在 DC 计划下，公司会为每位受益员工建立个人账户，并将这些账户中的资金通过金融中介（如投资管理公司或保险公司）进行投资。员工和其雇主单位都可为该计划缴款。在雇主单位代表员工向计划支付约定的金额之后——通常是在员工为公司提供服务的同一期间内，雇主单位便再没有义务支付超过约定缴存金额的款项。计划资产的未来价值取决于计划资产的投资表现，与这些投资有关的任何收益或损失都由员工来承担。因此，在 DC 计划中，员工需要承担计划资产不足以满足未来需求的风险。DC 计划对公司财务报表的影响很容易评估，因为公司除了固定的缴款金额之外便无须承担其他任何义务了。

与 DC 计划相比，**设定受益养老金计划**（简写为 DB 计划）本质上是雇主单位承诺在未

来会向员工支付一定数额的养老金。未来的养老金会作为员工所获得的总薪酬的一部分，即员工在当期的工作或服务，部分地用于换取退休后才能得到的养老金。在 DB 计划中，通常需要根据员工的年龄、为公司服务年限、薪酬水平等因素来确定他们在将来可以领取的养老金福利金额。例如，DB 计划可以规定，退休员工可每年领取的金额等于其最后一年工资的 1% 乘以其服务年数，直至员工离世。未来的退休金支付代表了雇主（即付款公司）的负债或义务，为了计量这笔义务，雇主单位必须做出各种精算假设（包括员工离职率、平均退休年龄、退休后的预期寿命等）和计算。对财务分析来说，非常重要的一点是，分析师需要对这些假设的合理性进行评估，并分析这些假设对公司财务报告的影响。

根据 IFRS 和 US GAAP，除明确可以被判断为 DC 计划的养老金安排外，其他所有养老金和离职后福利计划都被归类为 DB 计划⊖。DB 计划包括正式计划和雇主单位对员工承担的推定义务这类非正式安排⊜。雇主单位必须估计承诺福利的总成本，然后将这些成本分配到员工为公司提供服务的会计期间。这种估计和分配进一步增加了养老金报告的复杂性，因为从权责发生制会计报告的时间角度来看，现金流动（向计划缴款和从计划付款）的时间安排存在重大差异，权责发生制报告的依据是员工何时为公司提供了服务和赚取了未来的福利。

大多数 DB 计划是通过一个单独的法律实体来提供资金的，一般来说是某个养老信托基金，其资产专门用于向退休人员进行支付，而出资公司则负责为该计划缴款。公司必须确保计划中有足够的资产用来支付向计划参与者承诺的最终福利。监管要求通常会规定 DB 计划的最低资金水平，但这些要求因国家而异。养老金计划的资金状况（资金过剩或资金不足）是指养老金信托的资产金额是否大于或小于它的预计负债。如果 DB 信托中的资产价值超过其预计负债的现值，那么就说 DB 计划的资金过剩；相反，如果养老金信托中的资产价值小于预计负债的现值，则该计划被称为资金不足。因为公司已经向员工承诺了特定金额的福利，所以无论养老金计划资产是否创造了足够的回报来支付这些福利，公司都有义务按期支付这些养老金。也就是说，公司需要承担计划资产的投资风险。正是因为这种风险的存在，许多公司正在减少使用 DB 计划。

与 DB 计划类似，**其他离职后福利**（other post-employment benefits，简写为 OPB）是公司向员工承诺将在未来支付的福利，如寿险保费和退休人员的全部或部分医疗保险。OPB 一般被归为 DB 计划，其会计处理要求与 DB 计划类似。但是，由于需要估计未来很长一段时期内的费用增长情况，例如医疗保健费用，因此报告 OPB 的复杂程度比报告 DB 计划的可能还更大。不过，与 DB 计划不同的是，法规可能不会像要求 DB 计划那样，要求公司为 OPB 也提前准备好资金。部分原因是政府通常会通过某些手段为 DB 计划投保，但并不会为 OPB 投保；还有部分原因是 OPB 代表的负债金额要小很多，而且如果 OPB 费用成为负担的

⊖ IFRS 将多雇主单位计划列为例外情况。这类计划是由多个不同的雇主单位代表其员工缴款的计划，如行业协会养老金计划。对于多雇主单位计划，雇主单位应按其应负担的计划份额进行会计处理。但是，如果雇主单位无法从计划管理人那里得到足够的信息来满足 DB 计划的报告要求，则 IFRS 允许雇主单位将该计划作为 DC 计划进行会计核算。

⊜ 例如，如果一家公司承诺的福利并非只与其缴款金额挂钩，或如果它间接或直接保证了退休金的特定回报，那么，该公司就应承担推定责任。

话，要取消它是比较容易的。所以，对分析师来说，最重要的是要确定公司提供的 OPB 内容以及它所代表的义务。

不同国家的企业所提供的离职后福利种类差别很大。例如，在有政府提供资助的全民医保的国家（如德国、法国、加拿大、巴西、墨西哥、新西兰、南非、印度、以色列、不丹和新加坡等），公司一般不会再向员工提供退休后的医疗保健福利。此外，公司提供 DC 计划或 DB 计划的程度也因国家而异。

在表 14-1 中，概述了这三种类型的离职后福利。

表 14-1　离职后福利的类型

福利类型	员工能得到的离职后福利金额	出资公司的义务	出资公司为未来债务提前预筹的资金
设定提存计划	未设定未来福利金额，未来福利的实际金额将取决于计划资产的投资业绩。投资风险由员工承担	公司在每期的义务（缴款）金额是确定的，缴款一般是按期进行的，缴款后不再承担未来义务	不适用
设定受益计划	未来福利的金额已设定，根据计划公式（通常为服务年限长短和最后一年薪酬水平的函数）。投资风险由公司承担	在当期就必须根据计划公式估计好未来义务的金额	公司一般会通过缴款给一个养老金信托来为 DB 计划预筹资金。不同国家对预筹资金的监管要求有所不同
其他离职后福利（如退休人员的医疗保健福利）	未来的福利金额由计划安排和福利类型来决定	规定了最终的福利。在当期必须估计未来义务的金额	公司一般不会为其他离职后福利义务预筹资金

以下各节将具体介绍 DB 计划负债和期间费用的计量、报告养老金和其他离职后福利对财务报表的影响，以及如何利用财务报表附注中的披露信息去了解公司 DB 计划的更多细节。第 14.2.2 节介绍如何估计 DB 计划负债，以及估计过程中的关键变量和假设。第 14.2.3 节介绍养老金和 OPB 计划的财务报告，并说明 DB 计划负债和当期费用的计算过程以及假设的影响。第 14.2.4 节介绍养老金和 OPB 计划在财务报告中的披露问题，包括各种假设的披露，这些信息将有助于分析师对养老金和 OPB 计划在公司内部和不同公司之间展开分析和比较。

14.2.2　设定受益计划负债的计量

IFRS 和 US GAAP 都用员工迄今所提供服务对应的未来福利现值来计量**养老金义务**（pension obligation）。IFRS 将这种负债称为设定受益义务现值（PVDBO），而 US GAAP 则将其称为预计福利义务（PBO）[⊖]。IFRS 将该计量指标定义为"在不扣除任何计划资产的情况下，

⊖　除了预计福利义务外，US GAAP 还确认了另外两项养老金负债计量指标。**既得福利义务**（vested benefit obligation，VBO）是"既得利益的精算现值"（FASB ASC 术语表）；**累计福利义务**（accumulated benefit obligation，ABO）是"由于员工在某一特定日期之前所提供的服务，以该日期以前的员工服务与报酬（如适用）为基础，按养老金福利公式所计算出的福利（无论员工是否已得到）的精算现值。ABO 与 PBO 的区别在于它不考虑未来薪酬水平假设"（FASB ASC 术语表）。VBO 和 ABO 都是根据员工在截至某一特定日期的服务来承诺和计算的。因此，这两项计量指标都将低于 PBO（VBO<ABO<PBO）。

要清偿由于员工在当期和未来期间所提供服务而带来的负债，所需要的预计未来付款额的现值"；而根据 US GAAP，PBO 被定义为"按养老金福利公式计算的、员工在某一日期前提供服务可以对应所有福利的精算现值"。在本章的后续部分将用"养老金义务"一词指代这里的 PVDBO 和 PBO。

在确定养老金义务时，公司需要估计它需要支付的未来福利；而为了估计未来福利，必须做出一系列假设[⊖]，例如未来的薪酬水平和增长情况、贴现率以及预期生效情况等。举例来说，如果养老金福利公式是根据未来薪酬水平（比如与薪酬关联的某个指标、最终薪酬水平、最终平均薪酬或职业平均薪酬计划等）来计算的，则需要估计未来的薪酬。在员工服务期内，预期薪酬水平每年的增加情况对设定受益义务可能产生重大影响。决定福利义务时，隐含地假定了公司在未来是可以持续经营下去的（"持续经营假设"），并确认员工福利将随着未来薪酬的增加而增加。

另一个关键假设是在计算未来福利的现值时所必需的贴现率。这一利率是根据高质量公司债券（或在缺乏公司债券深度市场的情况下，也可以使用政府债券）的当前收益率来估算的，这些债券的币种和期限应当与福利计划的币种和期限一致。

在 DB 计划和 DC 计划下，员工赚取的福利可能是以至少在公司工作特定时间为条件的。"生效"（vesting）是指养老金计划中的一项条款，该条款规定员工只有在符合某些标准的前提下，才有权获得未来的福利。例如，员工需要满足预先规定的服务时限。如果员工在满足这些条件之前就从公司离职了，那么他可能就没有资格享受到任何福利，或只能享受到在离职之前已挣得的部分福利。不过，一旦员工满足了生效条件，他就有权获得他在以前期间赚取的福利（即一旦满足了生效条件以后，即使员工从公司离职，相应的福利也不会被没收）。在计量设定受益义务时，公司应当考虑到部分员工无法达到生效条件（即在生效日期前就离职）的可能性，并在计算当期服务成本及义务现值时做出调整。当期服务成本是指员工在当期提供服务所导致的设定受益义务现值的增加，当期服务成本并不是设定受益义务现值变动的唯一原因。

对未来薪资增长、贴现率和预期生效情况的估计和假设可能会发生变化，并且，这些变化都会对估计的养老金义务造成影响。如果因这类变化导致养老金负债增加，则将这种增加称为精算损失；如果因这类变化导致养老金负债减少，则将这种减少称为精算利得。在第14.2.3.3 节中，将进一步讨论估计与假设的变化以及其对养老金义务和费用的影响。

14.2.3　养老金计划和其他离职后福利的财务报表报告

第 14.2.3.1 节至第 14.2.3.3 节说明公司是如何在财务报表中报告养老金计划和其他离职后福利，以及各类假设是如何影响报告金额的。有关养老金计划和 OPB 的披露问题，将在第 14.2.4 节中介绍。

14.2.3.1　设定提存养老金计划

DC 计划的会计处理相对简单。从财务报表的角度来看，如果公司承担了向计划缴款的义务，就应在利润表上记录为费用。由于公司的义务通常仅限于设定的缴款金额，因此在资

⊖ 这些假设被称为"精算假设"。因此，由于这些假设发生或由于这些假设与实际情况之间的差异而产生的损益被称为"精算利得或损失"。

产负债表上不会出现与养老金相关的重大应计负债项目，只有在报告期末公司存在应缴未缴的义务时，需要记录一项流动负债。

14.2.3.2　设定受益养老金计划

DB 计划的会计处理要复杂得多，主要体现在养老金义务和费用的计量方面。

1. 资产负债表列报。 IFRS 和 US GAAP 都要求公司在资产负债表上报告养老金计划的资金状况，该资金状况是由养老金义务的现值与养老金计划资产的公允价值相抵以后来确定的。如果养老金义务大于养老金计划资产的公允价值，该计划就出现赤字；反过来，如果计划资产的公允价值大于养老金义务的现值，该计划就出现盈余。用公式可总结如下：

$$DB\ 计划的资金状况 = 计划资产的公允价值 - DB\ 义务的现值$$

如果该计划出现赤字，则应就赤字部分在资产负债表上报告 DB 计划净负债；如果该计划出现盈余，则应就盈余部分在资产负债表上报告 DB 计划净资产。（但该净资产的金额存在资产上限，即不应超过公司可从 DB 计划退款或减少未来对 DB 计划缴存资金而获得的经济利益的现值。）在财务报表附注中，还会披露与资产负债表中报告的养老金净负债或净资产相关的额外信息。

> **例 14-1　资产负债表上报告金额的影响因素**

假设以下是两家公司在 2010 年 12 月 31 日的 DB 计划相关信息：

- ABC 公司的 DB 计划义务现值为 6,723 欧元，其养老金计划资产的公允价值为 4,880 欧元；
- DEF 公司的 DB 计划义务现值为 5,485 欧元，其养老金计划资产的公允价值为 5,998 欧元。此外，未来可获得的退款与未来减少的缴款额现值为 326 欧元。

问题： 计算这两家公司在其 2010 年资产负债表中将报告养老金资产或养老金负债的金额应为多少？

解答： ABC 公司应将它的养老金计划资金赤字（即，DB 计划义务现值大于计划资产公允价值的部分）全部报告为一项负债，即报告一项价值 1,843 欧元的养老金净负债。

（单位：欧元）

DB 义务的现值	6,723
计划资产的公允价值	−4,880
养老金净负债	1,843

DEF 公司的养老金计划存在资金盈余 513 欧元，即计划资产的公允价值大于 DB 义务的现值之差（5,998 − 5,485）。但是，当 DB 计划出现盈余时，可报告的资产金额应为盈余金额和资产上限两者中的较低者。其中，资产上限是指未来经济利益的现值，即公司可从计划中获得退款或减少的未来缴存金额的现值。在本例中，资产上限为 326 欧元，因此 DEF 公司只能报告价值 326 欧元的养老金净资产。

2. 养老金费用（periodic pension cost）。 DB 计划的费用是根据公司缴款情况调整的养老金净负债或净资产变化额。每个会计期间的当期养老金费用应在当期损益和 / 或其他综合收益中确认。（在某些情况下，养老金费用可能计入存货等资产成本，当这些存货在将来被出售时，再随销货成本计入当期损益中。这里重点介绍的是未资本化的养老金成本部分。）
IFRS 和 US GAAP 在将当期养老金费用计入当期损益还是其他综合收益问题的处理上存在一
定差异。

根据 IFRS，各期养老金费用由三个部分构成，其中有两个应确认在当期损益中，而另
一个应确认在其他综合收益中。

（1）**服务成本**。养老金费用的第一个组成部分是服务成本。当期服务成本是指当期由于
员工在当前会计期间所提供服务而使公司的养老金义务增加的金额[⊖]。根据 IFRS，应将服务
成本（包括当期服务成本和过去服务成本）确认为利润表中的费用。

（2）**利息支出或收益净额**。养老金费用的第二个组成部分是利息支出或收益净额，通常
简称为"利息净额"。利息净额是根据养老金净负债或者净资产与确定养老金义务现值时所
使用的贴现率来计算的。利息支出净额代表与计划有关的延期支付款的融资成本，而利息收
益净额则代表与计划有关的预付款项的融资利得。根据 IFRS 的要求，公司应在利润表中报
告利息净额。

（3）**重新计量影响**。养老金费用的第三个组成部分是重新计量养老金负债或资产净
额。重新计量影响包括①精算利得或损失和②计划资产的实际回报扣除利息净额后的差额。
根据 IFRS，重新计量影响应确认在其他综合收益项目下，且在后续期间也不应重分类进入
损益。

US GAAP 与 IFRS 的规定类似，当期服务成本也应当确认进入利润表。但是，根据
US GAAP，对于过去的服务成本，应在成本发生变化的期间计入其他综合收益当中。在后
续期间内，再将这些过去服务成本按受影响员工的平均服务年限摊销进入利润表的损益项
目中。

同样地，与 IFRS 的规定类似，在 US GAAP 体系下，计入当期损益的养老金费用还包
括养老金义务的利息费用（使各期养老金费用增加）和养老金计划资产的实际回报（使各期
养老金费用减少）。不过，与 IFRS 不同的是，根据 US GAAP，这两个组成部分不是按净额
列报的。此外，US GAAP 还规定计入当期损益中的养老金计划资产收益应使用预期收益，
而不是实际收益。（IFRS 下，计入利润表的养老金费用包括的计划资产收益直接使用了贴现
率作为预期收益。）因此，根据 US GAAP，计划资产的预期收益和实际收益之间的差异也
会影响精算利得或损失。如前所述，精算利得或损失通常是在确定养老金义务时使用的精
算假设发生变化的影响结果。US GAAP 规定，所有的精算利得或损失都应计入养老金净资
产或净负债中，并同时在利润表或者其他综合收益中进行报告。通常，公司会在其他综合
收益中报告精算利得或损失，只有在满足某些条件时，才会根据所谓的缓冲区法（corridor
approach），在当期损益中确认利得或损失。

在缓冲区法下，将报告期初累计未确认精算利得或损失净额与期初设定受益义务和计划
资产的公允价值进行比较。如果累计未确认的精算损益数额过大（即超过设定受益义务或计
划资产公允价值中较大者的 10%），则应将超出部分在参加计划的员工预期平均剩余工作年
限内摊销，增加各期在利润表中报告的养老金费用。"缓冲区"这个词是指 10% 的范围，只
有超过缓冲区的金额才必须摊销进入利润表。

⊖ 当公司的养老金计划所涵盖的受益人数或福利金额大幅减少时，也可能发生缩减。

为了说明缓冲区法的应用，假定设定受益义务的期初余额为 5,000,000 美元，计划资产公允价值的期初余额为 4,850,000 美元，未确认精算损失的期初余额为 610,000 美元。计划员工的预期平均剩余工作年限为 10 年。在这种情形下，缓冲区就是 500,000 美元，即设定受益义务的 10%（选取设定受益义务或计划资产公允价值中较大者）。由于未确认精算损失余额大于缓冲区金额 500,000 美元，因此需要进行摊销。每年的摊销金额为 11,000 美元，即用未确认精算损失从缓冲区"溢出"的金额除以计划雇员的预期平均剩余工作寿命 [（610,000 – 50,000）÷ 10]。精算利得或损失也可以用比"缓冲区法"更快的方式摊销；公司可以使用更快的确认方法，前提是应在所有列报期间都一致地采用这种摊销方法。

总括来说，IFRS 在利润表中确认的养老金费用包括服务成本（当期的和过去的）和利息净额；在其他综合收益中确认的养老金费用主要是重新计量影响，包括计划资产净回报和精算利得或损失。而 US GAAP 在利润表中确认的养老金费用包括当期服务成本、计划负债的利息支出、计划资产的预期收益（即费用的减少）、过去服务成本的摊销和未在其他综合收益中报告的精算利得或损失。在表 14-2 中，对公司 DB 计划的养老金费用构成情况进行了总结。

表 14-2　设定受益计划的养老金费用构成情况

IFRS 的组成项目	IFRS 的确认要求	US GAAP 的组成项目	US GAAP 的确认要求
服务成本	计入当期损益	当期服务成本 往期服务成本	计入当期损益 计入其他综合收益，后续按员工服务年限摊销计入当期损益
利息净额	按如下金额计入当期损益：养老金净负债或净资产 × 利率①	养老金义务的利息费用 计划资产的预期收益	计入当期损益 按如下金额计入当期损益：计划资产 × 预期收益率
重新计量：计划资产收益净额和精算利得或损失	计入其他综合收益，且不再摊销计入当期损益。 ● 计划资产收益净额 = 实际收益 –（计划资产 × 利率）； ● 精算利得或损失 = 由于精算假定变动引起的公司养老金义务变动额	精算利得或损失，包括计划资产的实际收益与预期收益之差额	立即计入当期损益，或更普遍的是，先计入其他综合收益，后续再按照缓冲区法或其他更快的方法②，摊销计入当期损益。 ● 计划资产的预期收益与实际收益之差 = 实际收益 –（计划资产 × 预期收益率）； ● 精算利得或损失 = 由于精算假定变动引起的公司养老金义务的变动额

①所使用的利率等于计算养老金负债时的贴现率（通常取同期高质量公司债券的收益率）。

②如果未确认精算利得或损失的累计金额超过计划资产价值或 DB 债务现值（在 US GAAP 下，称为预计福利义务）中较大者的 10%，则超过部分需按员工剩余服务年限进行摊销。

养老金费用的报告。如前所述，某些养老金费用可作为自建资产（如存货）成本的一部分予以资本化。因此，计入存货价值中的养老金费用将在该批存货被出售时才随销货成本一起计入利润表。对于未资本化的养老金费用总额，IFRS 并没有具体说明公司应在哪些地方列报养老金费用的各种组成项目，只是对应该计入当期损益的项目和应当计入其他综合收益的项目进行了区分。相比之下，US GAAP 要求对于未资本化的养老金费用，在利润表中列报的部分应汇总作为一个行项目按净额报告。不过，IFRS 和 US GAAP 都要求公司应在财务报表附注中披露养老金费用的总额。

14.2.3.3 更多关于假设与精算损益对养老金和其他离职后福利成本的影响

如前所述，在 DB 计划下，公司的养老金义务依赖于很多估计和假设。未来的养老金支付金额离不开对员工离职率、服务年限和薪酬增长率的假设；养老金支付的时间长度离不开对员工的寿命假设；最后，要计算得到未来付款额的现值，还需要假设适当的贴现率（该贴现率同时还用于计算养老金净负债或净资产的应计利息费用或收益）。

任何的假设变化都将使养老金义务的金额受到影响，其中，因精算假设发生变化而增加的养老金义务被视为精算损失，减少的义务则被视为精算利得。除了精算利得或损失外，养老金义务的估计还会影响养老金费用的几个组成项目。第一，每年养老金费用中的服务成本实质上是因员工在当年提供服务而带来的退休金义务增加。第二，每年养老金费用中的利息支出部分是根据负债金额来计算的。第三，每年养老金费用中的过去服务成本部分是养老金义务因计划变更而导致的增加。

与计划资产相关的估计也会影响每年在利润表中报告的养老金费用，尤其是在 US GAAP 体系下。因为根据 US GAAP，在计入当期损益的养老金费用中，包括的是计划资产的**预期**收益，而不是实际收益，因此计划资产的预期收益假设对此可能会产生重大影响。此外，要计算计划资产的预期收益，就需要估计相关福利在未来什么时期支付。如前所述，养老金计划资产的实际收益与预期收益之间的差异会带来精算利得或损失。

理解假设对估计养老金义务和养老金费用的影响，对于解释财务报表和评估公司的假设是相对保守还是激进，都非常重要。

IFRS 采用预期累计福利单位法（projected unit credit method）来计量 DB 义务。根据该方法，员工每为公司服务一个周期（例如工作 1 年），就可以在退休后获得一个额外的福利单位。换句话说，员工每服务一个周期就能挣得公司承诺支付的一部分离职后福利。对此换一种方式来理解就是，最终福利的金额是随着员工服务年限的增加而增加的。随着员工为公司不断提供服务，公司计量他们的服务周期数，以确定公司在未来报告期内需要支付的福利金额。

预期累计福利单位法的目标是在员工的服务期内分配其全部预期养老金费用（福利）。设定受益义务代表的是员工由于前期和当期所提供了服务可获得的（即已经挣到的）所有福利单位的精算现值。该义务的计算依赖于员工离职率和预期寿命等与人口变动相关的精算假设，以及对未来通胀率、贴现率等财务变量的估计。如果养老金福利公式需要用到员工未来的薪酬水平，则每个期间赚取的福利单位将与估计数相关。

根据 IFRS 和 US GAAP，假定的薪酬增长率，即在员工服务期间，薪酬水平的预计年增长率——可对 DB 义务的计量产生重大影响。另一个关键假设是在计算未来福利现值时用到的贴现率，它代表着可有效结清 DB 义务的速度。该贴现率一般参照与福利义务期限相同的高质量公司债券的当期收益率。

下面这个例子说明了在四种不同的情形下，如何利用预期累计福利单位法来计算一位员工的 DB 义务和当期服务成本。根据期初义务所计算的利息会使义务金额增加，因此也是当期成本的一部分。第四种情形用于说明某些关键估计的变化对公司养老金义务的影响。

例 14-2 和例 14-3 侧重于养老金义务。养老金义务在会计期间内发生的变化被包括在养老金费用的计算中（养老金费用是计入当期损益的）。

▌ 例 14-2 计算一位员工的 DB 义务

以下信息对下列四种情形都适用。假定有一家公司建立了一个 DB 计划，一名员工在下一年度的工资为 50,000 欧元，预计他再工作 5 年就会退休。假定贴现率为 6%，年度薪酬增幅为 4.75%。为简单起见，假定精算假设没有发生变化，所有的薪酬增长都在服务年度的第一天发放，并且不会因为员工可能提前离职而进行其他调整。

当前工资水平	50,000.00 欧元
距离退休的年限	5
年度薪酬涨幅	4.75%
贴现率	6.00%
估计最后一年的工资水平①	60,198.56 欧元

①估计最后一年的工资水平 = 当前工资水平 × $[(1 + 年度薪酬涨幅)^{距离退休的年限 - 1}]$。

在第 1 年年底，假设员工的工资每年增长 4.75%，则估计最后一年的工资水平为 50,000 欧元 × $(1 + 0.047,5)^4$ = 60,198.56 欧元。由于有关薪酬增长率或退休日期的假设并没有发生改变，因此最后一年的估计薪金水平仍维持不变。

在第 2 年年底，假设员工的工资实际增长了 4.75%，则估计最后一年的工资水平为 52,375 欧元 × $(1 + 0.047,5)^3$ = 60,198.56 欧元。

情形 1：退休时，一次性付清全部福利总额。

该计划将一次性付清全部养老金福利总额，金额等于员工在计划成立之后为公司服务的年数与其最后一年工资的 1.5% 之乘积。那么，在该员工退休时，公司需要一次性支付的金额 =（最后工资 × 福利公式）× 服务年数 =（60,198.56 欧元 × 0.015）× 5 = 4,514.89 欧元。

每个服务年度的福利单位 = 退休时的价值 / 服务年数 = 4,514.89 欧元 / 5 = 902.98 欧元。

假设贴现率（可有效结算设定受益义务的利率）为 0%，则每个服务年度的福利单位就是该公司的年度义务金额，而每年的期末债务就等于年度单位福利金额乘以过去和当前累计服务了的年数。不过，由于贴现率必须以高质量公司债券的收益率为基础来决定，因此并不等于 0%，所以需要对当期和以前服务所产生的未来债务进行贴现，以确定 DB 负债在不同时间点上的价值。

下表显示了公司对这位员工的义务金额是如何计算的。

（单位：欧元）

年	1	2	3	4	5
预计当年工资	50,000.00	52,375.00	54,862.81	57,468.80	60,198.56
福利产生于：					
以前年度①	0.00	902.98	1,805.96	2,708.94	3,611.92
当年②	902.98	902.98	902.98	902.98	902.97⑦
员工挣得的全部福利	902.98	1,805.96	2,708.94	3,611.92	4,514.89
期初 DB 义务③	0.00	715.24	1,516.31	2,410.94	3,407.47
按 6% 计算的利息费用④	0.00	42.91	90.98	144.66	204.45

（续）

年	1	2	3	4	5
当期服务成本⑤	715.24	758.16	803.65	851.87	902.97
期末 DB 义务⑥	715.24	1,516.31	2,410.94	3,407.47	4,514.89

① 以前年度的福利义务 = 每个服务年度的福利单位 × 前期服务年数。

以第 2 年为例，902.98 欧元 ×1 = 902.98 欧元。

以第 3 年为例，902.98 欧元 ×2 = 1,805.96 欧元。

② 当年产生的福利义务 = 根据福利公式计算的服务年度的福利单位 = 估计最后一年的工资水平 × 福利公式 = 退休时的价值 / 服务年数 = (60,198.56 欧元 ×1.5%) = 4,514.89 欧元 /5 = 902.98 欧元。

③ 期初 DB 义务等于上年期末的 DB 义务，也可看作员工在以前年度已挣得的福利现值：

期初 DB 义务 = 员工在以前年度已挣得的福利 /[(1 + 贴现率)^{距离退休年限}]。

第 1 年的期初 DB 义务 = 0。

第 2 年的期初 DB 义务 = 902.98 欧元 /[(1 + 0.06)^4] = 715.24 欧元。

第 3 年的期初 DB 义务 = 1,805.96 欧元 /[(1 + 0.06)^3] = 1,516.32 欧元。

④ 利息费用等于 DB 义务的现值随着时间流逝的增加额：

利息费用 = 期初 DB 义务 × 贴现率。

第 2 年的利息费用 = 715.24 欧元 ×0.06 = 42.91 欧元。

第 3 年的利息费用 = 1,516.32 欧元 ×0.06 = 90.98 欧元。

⑤ 当期服务成本等于员工在当期挣到的年度福利单位的现值：

当期服务成本 = 年度福利单位 /[(1 + 贴现率)^{距离退休年数}]。

第 1 年的当期服务成本 = 902.98 欧元 /[(1 + 0.06)^4] = 715.24 欧元。

第 2 年的当期服务成本 = 902.98 欧元 /[(1 + 0.06)^3] = 758.16 欧元。

注意：鉴于精算假设和财务增长估计没有发生变化，（除第 1 年外）每年的当期服务成本均为上年当期服务成本按贴现率增加的数额；当期服务成本随着时间的推移而增加。

⑥ 期末 DB 义务等于期初 DB 义务加上本期利息费用和当期服务成本，但也可视为员工在以前年度和当年已经挣得福利的现值。由于四舍五入的原因，数字尾数略有差异。

期末 DB 义务 = 员工挣得的全部福利 /[(1 + 贴现率)^{距离退休年数}]。

第 1 年的期末 DB 义务 = 902.98 欧元 /[(1 + 0.06)^4] = 715.24 欧元。

第 2 年的期末 DB 义务 = 1,805.96 欧元 /[(1 + 0.06)^3] = 1,516.32 欧元。

第 3 年的期末 DB 义务 = 2,708.94 欧元 /[(1 + 0.06)^2] = 2,410.95 欧元。

注意：假设没有过去服务成本或者精算利得或损失，期末 DB 义务减去计划资产的公允价值即表示养老金计划的资金状况，也表示养老金净负债或净资产价值。DB 义务的变动金额即为利润表中的养老金费用金额。

⑦ 由于前期各年金额四舍五入的关系，最后一期的金额可能略有差异。

情形 2： 以前年度有服务，退休时一次付清养老金。

该计划将一次性付清全部养老金总额，金额等于员工在计划成立之后为公司服务的年数与其最后一年工资的 1.5% 之乘积。此外，在建立该养老金计划时，认定该员工在过去已为公司服务了 10 年，并立即生效。在该员工退休时，公司将一次性支付的退休金 =（最后一年的工资水平 × 福利公式）× 服务年数 =（60,198.56 欧元 × 0.015）×15 = 13,544.68 欧元。

每个服务年度的福利单位 = 退休时的总价值 / 员工服务年数 = 13,544.68 欧元 /15 = 902.98 欧元。

下表显示了公司对这位员工的义务金额是如何计算的。

（单位：欧元）

年	1	2	3	4	5
福利产生于：					
以前年度①	9,029.78	9,932.76	10,835.74	11,738.72	12,641.70
当年	902.98	902.98	902.98	902.98	902.98

（续）

年	1	2	3	4	5
员工挣得的全部福利	9,932.76	10,835.74	11,738.72	12,641.70	13,544.68
期初 DB 义务[2]	6,747.58	7,867.67	9,097.89	10,447.41	11,926.13
按 6% 计算的利息费用	404.85	472.06	545.87	626.85	715.57
当期服务成本	715.24	758.16	803.65	851.87	902.98
期末 DB 义务	7,867.67	9,097.89	10,447.41	11,926.13	13,544.68

①以前年度的福利义务 = 每个服务年度的福利单位 × 前期服务年数。在第 1 年年初 =（60,198.56 欧元 × 0.015）× 10 = 9,029.78 欧元。

②期初 DB 义务等于员工在以前年度已挣得的福利现值 = 以前年度的福利义务 $/[(1+$ 贴现率$)^{\text{距离退休年限}}]$

第 1 年的期初 DB 义务 = 9,029.78 欧元 $/(1.06)^5$ = 6,747.58 欧元，即第 1 年的过去服务成本，因为以前并没有确认过，且该计划是立即生效的。

情形 3： 员工将在 20 年内逐渐收到公司支付的福利（不存在以前年度服务时）。收到养老金支付的年数 = 20。

在 20 年当中，预计每年的福利支付金额 =（最后一年的估计工资水平 × 福利公式）× 员工服务年数 =（60,198.56 欧元 × 0.015）× 5 = 4,514.89 欧元。

估计未来福利支付金额在第 5 年年末（即退休日）的价值 = 为期 20 年，每年 4,514.89 欧元按 6% 计算的现值 = 51,785.46 欧元[⊖]。

每年福利单位 = 退休时的价值 / 服务年数 = 51,785.46 欧元 /5 = 10,357.09 欧元。

（单位：欧元）

年	1	2	3	4	5
福利产生于：					
以前年度	0.00	10,357.09	20,714.18	31,071.27	41,428.36
当年	10,357.09	10,357.09	10,357.09	10,357.09	10,357.10
员工挣得的全部福利	10,357.09	20,714.18	31,071.27	41,428.36	51,785.46
期初 DB 义务	0.00	8,203.79	17,392.03	27,653.32	39,083.36
按 6% 计算的利息费用	0.00	492.23	1,043.52	1,659.20	2,345.00
当期服务成本	8,203.79	8,696.01	9,217.77	9,770.84	10,357.10
期末 DB 义务	8,203.79	17,392.03	27,653.32	39,083.36	51,785.46

在这种情形下，第 3 年年末的养老金义务为 27,653.32 欧元，养老金费用（在利润表中报告的）产生于第 3 年的利息和当期服务成本为 10,261.29（= 1,043.52 + 9,217.77）欧元。总的养老金费用还将包括其他项目，如计划资产回报的减少等。

情形 4： 员工将领取 20 年的福利支付，并获得过去 10 年的工作年限，且立即生效。

20 年中估计每年（年末）的福利付款额 =（估计最后一年的工资水平 × 福利公式）× 服务年数 =（60,198.56 欧元 × 0.015）×（10 + 5）= 13,544.68 欧元。

估计未来付款额在第 5 年年末（即退休日）的价值 = 为期 20 年，每年 13,544.68 欧元按 6% 计算的现值 = 155,356.41 欧元。

每年福利单位 = 退休时的价值 / 服务年数 = 155,356.41 欧元 /15 = 10,357.09 欧元。

⊖ 此乃简化估值过程以做说明。例如，精算估值时将使用死亡率，而不仅仅是假设的预期寿命。此外，按年计算普通年金的现值可能会低估负债，因为实际的退休福利付款通常是按月或每两周就支付一次，而不是每年才支付一次。

（单位：欧元）

年	1	2	3	4	5
福利产生于：					
以前年度	103,570.94	113,928.03	124,285.12	134,642.21	144,999.30
当年	10,357.09	10,357.09	10,357.09	10,357.09	10,357.11
员工挣得的全部福利	113,928.03	124,285.12	134,642.21	144,999.30	155,356.41
期初 DB 义务[①]	77,394.23	90,241.67	104,352.18	119,831.08	136,791.79
按 6% 计算的利息费用	4,643.65	5,414.50	6,261.13	7,189.87	8,207.51
当期服务成本	8,203.79	8,696.01	9,217.77	9,770.84	10,357.11
期末 DB 义务	90,241.67	104,352.18	119,831.08	136,791.79	155,356.41

①相当于在第 1 年的过去服务成本，因为以前没有确认过，且这是立即生效的。

例 14-3 假定变动的影响

根据例 14-2 中的情形 4（10 年前期服务时间且员工将在退休后可领取 20 年的福利），请回答问题：

1. 假定贴现率增长 100 个基点，即从 6% 变为 7%，对第 1 年的期末养老金义务会造成什么影响？对第 1 年的养老金费用又有什么影响呢？

2. 假定每年薪酬增长率上升 100 个基点，即从 4.75% 变为 5.75%，对第 1 年的期末养老金义务会造成什么影响？对第 1 年的养老金费用又有什么影响呢？假定本问题与问题 1 之间不冲突，是彼此独立的两种情况。

问题 1 解答：

估计最后一年的工资和估计退休后每年的福利付款金额仍保持不变，分别为 60,198.56 欧元和 13,544.68 欧元。但是，福利计划在退休时的价值会发生变化。估计未来付款额在第 5 年年末（即退休日）的价值等于为期 20 年，每年 13,544.68 欧元按 7% 贴现率计算的现值，即 143,492.53 欧元。每年福利单位等于退休日价值与服务年数之比，即 143,492.53 欧元 / 15 = 9,566.17 欧元。

（单位：欧元）

年	1
福利产生于：	
以前年度	95,661.69
当年	9,566.17
员工挣到的全部福利	105,227.86
期初义务[①]	68,205.46
按 7% 计算的利息费用	4,774.38
当期服务成本	7,297.99
期末义务	80,277.83

①期初义务 = 产生于以前年度的福利按 7% 的贴现率假定和距离退休的年数计算的现值 = $95,661.69/(1+0.07)^5$。

假设贴现率增加 100 个基点（从 6% 涨到 7%），将使第 1 年年末的养老金义务下降 9,963.84（= 90,241.67 - 80,277.83）欧元。第 1 年的养老金费用也从 12,847.44（= 4,643.65 + 8,203.79）欧元下降至 12,072.37（= 4,774.38 + 7,297.99）欧元。利息费用的变化受期初债务下降（将减少利息费用）和贴现率上升（将增加利息费用）的共同影响。在本例中，贴现率上升的影响更显著，因此利息费用增加。由于贴现率上升，当期服务成本和期初义务均有所下降。

问题 2 解答：

估计最后一年的工资水平为 62,530.44［＝50,000×（1＋0.057,5）⁴］欧元。预计将连续 20 年每年支付的福利金额 =（预计最后一年的工资水平 × 福利公式）× 服务年数 =（62,530.44 欧元 ×0.015）×（10＋5）=14,069.35 欧元。预计未来支付的福利金额在第 5 年年末（即退休日）的价值等于为期 20 年，每年 14,069.35 欧元按 6% 的贴现率贴现的现值，即 161,374.33 欧元。因此每年福利单位 = 福利计划在退休日的价值 / 服务年数 = 161,374.33 欧元 /15 = 10,758.29 欧元。

（单位：欧元）

年	1
福利产生于：	
以前年度	107,582.89
当年	10,758.29
员工挣到的全部福利	118,341.18
期初义务	80,392.19
按 7% 计算的利息费用	4,823.53
当期服务成本	8,521.57
期末义务	93,737.29

假定每年薪酬增长率上升 100 个基点（从 4.75% 变为 5.75%），将使养老金义务增加 3,495.62（＝93,737.29－90,241.67）欧元。

例 14-3 表明，如果贴现率增加，公司的养老金义务将减少。从问题 1 解答中可以看到，养老金义务和当期养老金费用中所包含的利息费用都略有增加（从例 14-2 情形 4 中的 4,643.65 欧元增加为例 14-3 中的 4,774.38 欧元）。但是，根据预计的年度福利金额和支付时间长短，利息费用的金额也可能会减少，因为期初义务的减少可能会抵消贴现率增加的影响。

例 14-3 还说明，当养老金的计算公式是根据最后一年的工资水平时，如果假设的年度薪酬增长率增加，将会导致公司的养老金义务也增加。此外，假定的年度薪酬增长率越高，公司养老金费用中的服务成本和利息费用也会越高，因为年度福利单位和养老金义务也相应增加了。如果员工的预期寿命增长，也会增加公司的养老金义务，除非公司承诺的养老金支付与员工的预期寿命无关——例如，当养老金会一次性支付，或只在某一固定时间段内支付时。

最后，在 US GAAP 体系下，由于计划资产的预期收益会降低在当期损益中报告的养老金费用，因此，预期收益越高，在利润表中报告的养老金费用就会越低。在表 14-3 中，总结了一些关键估计对资产负债表和养老金费用的影响。

表 14-3　关键 DB 计划假定对资产负债表和养老金费用的影响

假定	假定对资产负债表的影响	假定对养老金费用的影响
贴现率提高	养老金义务降低	一般来说养老金费用会降低，因为期初义务下降了，服务成本也降低了
薪酬增长率提高	养老金义务增加	服务成本增加
计划资产的预期收益提高	无影响，因为在资产负债表中报告的是计划资产的公允价值	在 IFRS 下不适用；在 US GAAP 下，养老金费用会降低

其他离职后福利的核算也需要假设和估计。例如，在估计离职后的医疗保健计划费用时，就必须要估计未来医疗保健费用的变化趋势，医疗费用的上涨率越高，离职后医疗义务的金额就会越大。公司还需要估计各种模式的医保成本变化趋势，例如，在短期内较高，但在某个时间点后会变低。对于离职后的医保计划，医保费用总的增长越快或者员工预期寿命出现增加，都将增加这些计划的义务和相关的费用。

以上各节解释了资产负债表是如何计量和报告各项养老和离职后福利计划的，养老金费用的各个构成项目是如何反映到利润当中的，以及各种假设的变动会对与养老金有关的各项金额带来怎样的影响。在下一节中，将介绍养老金和其他离职后福利的披露，包括关键假设的披露。

14.2.4　养老金和其他离职后福利的披露

前述关于养老金和其他离职后福利会计处理各种问题，可能会对以财务报表为基础的财务比率比较分析造成影响。

- 不同公司之间采用不同关键假设，会影响公司之间的比较；
- 资产负债表中披露的金额为净额（计划负债与计划资产之差），调整为总额后，会使某些财务比率受到影响；
- 在当期损益中确认的养老金费用可能不具有可比性。IFRS 和 US GAAP 在当期损益和其他综合收益中确认的费用项目有所不同；
- 在当期损益中报告的养老金费用可能不具有可比性。根据 US GAAP，计入当期损益的养老金费用各个组成项目都在利润表中的经营费用中报告，即使有些组成项目实际上具有金融活动性质（例如利息费用和计划资产的预期回报）。但是，根据 IFRS，计入当期损益的养老金费用各个组成部分是可以报告在不同的行项目当中的；
- 现金流量信息可能不具有可比性。根据 IFRS，企业缴存养老金的一部分金额可以报告为融资活动现金流量，而不是经营活动；但根据 US GAAP，养老金的缴存都视为经营活动。

与养老金有关的信息可从财务报表附注披露的各个部分获得，并可进行适当的分析调整。在接下来的章节中，将审查公司有关退休金计划的财务报表附注披露，并强调与上述各点内容相关的分析问题。

14.2.4.1　假设

公司会披露它们对贴现率、预期薪酬增长率、医疗费用增长率以及计划资产预期收益（采纳 US GAAP 的公司）等内容的假设情况。比较公司在不同时间点上的假设变化情况，以及在不同公司之间比较这些假设，有助于分析师评估公司所做出的这些假设是谨慎的还是激进的。一些公司甚至还会在附注中披露假设改变对公司的影响。

表 14-4 中列出了四家汽车及装备制造行业的公司在估算养老金义务时所使用的贴现率（A 栏）和年度薪酬增长率（B 栏）假定，其中，菲亚特公司（Fiat S.p.A.）是一家意大利企业，沃尔沃集团（Volvo Group）[⊖]是一家瑞典企业，这两家公司都使用 IFRS；通用汽车公司

⊖　沃尔沃集团主要生产卡车、公共汽车、建筑设备、船舶、工业和飞机的发动机与发动机部件。沃尔沃将它的汽车部门在 1999 年出售给福特汽车公司，福特又在 2010 年将沃尔沃汽车公司出售给浙江吉利控股集团。

（General Motors）和福特汽车公司（Ford Motors）都是美国企业，采用 US GAAP 进行编报。上述这四家公司都同时在美国领土和非美国领土提供 DB 计划，因此非常有利于比较。

表　14-4

A 栏.估算养老金义务时使用的贴现率假定（%）				
	2009 年	2008 年	2007 年	2006 年	2005 年
菲亚特公司（意大利）	5.02	5.10	4.70	3.98	3.53
沃尔沃集团（瑞典）	4.00	4.50	4.50	4.00	4.00
通用汽车（非美国境内计划）	5.31	6.22	5.72	4.76	4.72
福特汽车（非美国境内计划）	5.93	5.58	5.58	4.91	4.58
菲亚特公司（美国境内计划）	5.50	5.10	5.80	5.80	5.50
沃尔沃集团（美国境内计划）	4.00～5.75	5.75～6.25	5.75～6.25	5.50	5.75
通用汽车（美国境内计划）	5.52	6.27	6.35	5.90	5.70
福特汽车（美国境内计划）	6.50	6.25	6.25	5.86	5.61
B 栏.估算养老金义务时使用的年度薪酬增长率假定（%）				
	2009 年	2008 年	2007 年	2006 年	2005 年
菲亚特公司（意大利）	4.02	4.65	4.60	3.65	2.58
沃尔沃集团（瑞典）	3.00	3.50	3.20	3.20	3.20
通用汽车（非美国境内计划）	3.23	3.59	3.60	3.00	3.10
福特汽车（非美国境内计划）	3.13	3.21	3.21	3.30	3.44
菲亚特公司（美国境内计划）①	na	na	na	na	na
沃尔沃集团（美国境内计划）	3.00	3.50	3.50	3.50	3.50
通用汽车（美国境内计划）	3.94	5.00	5.25	5.00	4.90
福特汽车（美国境内计划）	3.80	3.80	3.80	3.80	4.00

①在美国，菲亚特公司不再提供 DB 计划，但对于以前的员工仍然根据 DB 计划负有义务。因此，该公司不适用每年的薪酬增长假定。

估计退休金义务时，必须依赖于贴现率假定，一般来说，会取到期时间与公司未来退休金支付的时间差不多的高质量公司债券的市场利率。上表显示，各公司的贴现率变化趋势（无论是在非美国境内计划中还是在美国境内计划中）一般是相似的。在非美国境内计划中，从 2005 年到 2008 年，贴现率一直上升，到 2009 年才有所下降；但福特汽车例外，它在 2009 年仍然提高了贴现率。在美国境内计划中，贴现率在 2005 年至 2007 年期间有所上升，2008 年保持稳定或下降；2009 年，菲亚特公司和福特汽车的贴现率上升，而沃尔沃集团和通用汽车的贴现率却下降。2009 年，无论是在非美国境内计划还是在美国境内计划中，福特公司采用的贴现率假设都是最高的。使用较高的贴现率会导致较低的估计养老金义务。因此，与同行相比，使用较高的贴现率可能表明其会计估计不够谨慎。

导致各个公司的贴现率假设水平出现差异的原因，除了会计估计偏差之外，还包括所涉区域或国家的差异和养老金负债履行时间方面的差异（例如，DB 计划所涵盖的退休或接近退休的雇员所占百分比差异等）。在本例中，区域或国家的差异可以解释非美国境内计划所用贴现率假设的差异，但不能解释不同公司在美国境内计划中所采用贴现率假设方面的差异。在不同公司的 DB 计划下，债务的履行时间可能有所不同，因此公司为贴现率选择的相关参照市场利率可能就有差异。由于附注中并没有披露养老金义务的履行时间，因此并不能排除履行时间方面的差异可能是解释贴现率假设出现差异的原因。

　　此外, 假设的内在是否一致也是一个重要的考虑因素。例如, 公司选择的贴现率假设和薪酬增长率假设是否反映了其对通货膨胀的一致看法? 对于沃尔沃集团来说, 其假设的贴现率和年度薪酬增长率 (无论是非美国境内计划还是美国境内计划) 都低于其他公司的, 因此假设之间似乎是比较一致的。这些假设与位于低通胀地区的计划表现比较一致, 因为较低的薪酬增长率可以带来较低的估计养老金义务。

　　从福特公司的情况来看, 2009 年, 无论是美国境内计划还是非美国境内计划, 其贴现率都在增加而薪酬增长率却在减少或保持稳定, 两项假设的变动趋势都在减少公司的养老金义务。因此, 在其他条件相同的情况下, 福特公司的养老金负债正在减少, 因为它使用了较高的贴现率假设和较低的薪酬增长率假设。

　　另一个相关假设 (仅在 US GAAP 下适用, IFRS 并不涉及) 是养老金计划资产的预期收益情况。根据 US GAAP, 计划资产的预期收益率越高, 越能降低公司的养老金费用。(当然, 较高的计划资产预期收益率可能反映了计划资产投资的风险较高, 因此, 公司不应简单地选择风险较高的投资去减少养老金费用。) 由于公司还需要披露其养老金计划资产的目标资产配置情况, 分析师可以在计划资产配置的背景下, 比较公司的计划资产预期收益率, 来评估其假设的合理性。例如, 较高的预期收益与较大比例的计划资产被分配到高风险资产类别是一致的。

　　如果一家公司提供其他离职后福利, 也会在财务报表附注中披露关于这些福利的信息, 包括与估计义务和费用相关的假设等。例如, 设置有离职后医保计划的公司会披露关于医保费用增长的假设。通常的假设是健康方面的费用增长率, 然后预计在未来某一年相关费用将逐渐降低至某恒定比率等。其中, 未来的恒定医保增长率被称为最终医保费用趋势率。在其他条件相同的情况下, 下列每一项都将导致更高的养老金义务和更高的养老金福利费用:

- 更高的短期医保费用增长率;
- 更高的最终医保费用趋势率;
- 假定更晚达到最终医保费用趋势率。

　　相反, 在其他条件相同的情况下, 下列每一项都将导致更少的福利义务和更低的养老金费用:

- 更低的短期医保费用增长率;
- 更低的最终医保费用趋势率;
- 假定更早达到最终医保费用趋势率。

　　例 14-4 考察了两家公司的美国医保费用趋势的假设情况。

▌ 例 14-4　美国医保费用趋势的假设比较

　　除了需要披露有关医保费用的假设外, 公司还需要披露相关义务和医保费用指标对这些假设的敏感性。在表 14-5 中, 列出了凯斯纽荷兰公司 (CNH Global N.V., 一家荷兰的建筑和采矿设备制造商) 和卡特彼勒公司 (Caterpillar Inc., 一家美国建筑和采矿设备、发动机和涡轮机制造商) 在其财务报表附注中披露的相关信息。这两家公司都为它们的美国员工提供了离职后医保福利。

　　A 栏报告了两家公司对医保费用的假设, 以及它们报告的离职后医保福利计划金额。例如, 凯斯纽荷兰公司假设最初 1 年 (2010 年) 的医保费用增长率将为 9%, 在接下来的 7 年中，即至 2017 年，该增长率将下降到 5%。卡特彼勒公司假设的医保费用增长率较低，为 7%，并预计其最终医保费用趋势率将在 2016 年下降至 5%。

B 栏报告了假定医保费用趋势率增减 100 个基点的影响。如果假设的医保费用趋势率增加 1 个百分点，将使卡特彼勒公司在 2009 年的服务成本和利息费用（包括其他离职后福利成本）增加 2,300 万美元，相关费用增加 2.2 亿美元。同样，如果假设的医保费用趋势率增加 1 个百分点，将使凯斯纽荷兰公司在 2009 年其他离职后福利费用中的服务成本和利息费用增加 800 万美元，相关负债增加 1.06 亿美元。

表 14-5　离职后医保计划信息披露

A 栏．美国境内离职后医保福利计划的假设与报告金额				
	医保费用假设			其他退休后福利报告金额（百万美元）
	初始医保费用趋势率（2010 年）	最终医保费用趋势率	达到最终趋势率的时间	2009 年年末的累计福利义务	2009 年报告的福利费用
凯斯纽荷兰公司	9.0%	5%	2017	1,152	65
卡特彼勒公司	7.0%	5%	2016	4,537	287

B 栏．假定医保费用趋势率增减 1% 对 2009 年累计离职后福利义务总额和离职后福利费用的影响		
	增加 1% 的影响	降低 1% 的影响
凯斯纽荷兰公司	+1.06 亿美元（负债） +800 万美元（费用）	−9,000 万美元（负债） −600 万美元（费用）
卡特彼勒公司	+2.22 亿美元（负债） +2,300 万美元（费用）	−1.86 亿美元（负债） −2,000 万美元（费用）

资料来源：有关卡特彼勒公司的信息摘自该公司在 2010 年 2 月 19 日申报的年度报告，财务报表附注 14（第 A-36 页和第 A-42 页）；凯斯纽荷兰公司的信息摘自该公司 2009 年年报，财务报表附注 12（第 F-41 页、第 F-43 页和第 F-45 页）。

根据表 14-5 中的信息，回答下列问题：

1. 相比之下，哪家公司对医保费用的假定看起来谨慎性更低一些？

2. 如果将谨慎性更低那家公司的医保费用趋势率调增 1%，对其离职后福利义务和离职后福利费用会有什么影响？这是否能使两家公司的数据更具可比性？

3. 假设医保费用趋势率上升 1 个百分点，两家公司在 2009 年的负债 – 股东权益之比会有什么变化？假定该变化不会带来任何税方面的影响。两家公司在 2009 年 12 月 31 日的负债总额和股东权益总额列示如下。

（单位：百万美元）

2009 年 12 月 31 日	凯斯纽荷兰公司	卡特彼勒公司
负债总额	16,398	50,738
股东权益总额	6,810	8,823

问题 1 解答：

卡特彼勒公司对医保费用的假设似乎没有凯斯纽荷兰公司的谨慎（其假设将导致更低的医保费）。卡特彼勒公司假定最初的医保费用增长率为 7%，明显低于凯斯纽荷兰公司假定的 9%。此外，卡特彼勒还假定它将比凯斯纽荷兰公司提前一年达到最终医保费用趋势率，即 5%。

问题 2 解答：

敏感性分析方面的披露表明，假设的医保费用趋势率增加 1 个百分点，将使卡特彼勒公司的离职后福利义务增加 2.2 亿美元，福利费用增加 2,300 万美元。然而，卡特彼勒公司最初的医保费用趋势率就比凯斯纽荷兰公司的低 2 个百分点。因此，如果将卡特彼勒公司 1 个百分点的变化乘以 2，则能与凯斯纽荷兰公司的情况进行大致的比较。不过需要注意的是，养老金义务和费用对假定的医保费用趋势率变化在超过 1 个百分点后的敏感性分析，并不一定表现为精确的线性关系，因此这种调整只是一个近似的估计。此外，由于两家公司在美国开展业务的地理区域有所不同，因此其假设差异可能具有一定的合理性。

问题 3 解答：

医保费用趋势率每上升 1 个百分点，凯斯纽荷兰公司的负债－股东权益比率就会增加约 2%，从 2.41 升至 2.46；而卡特彼勒公司的负债－股东权益比率将会上升约 3%，从 5.75 升至 5.92。

（单位：百万美元）

凯斯纽荷兰公司	报告数	医保费用趋势率上升 1% 将带来的调整	调整数
负债总额	16,398	+106	16,504
股东权益总额	6,810	−106	6,704
负债－股东权益比率	2.41		2.46

（单位：百万美元）

卡特彼勒公司	报告数	医保费用趋势率上升 1% 将带来的调整	调整数
负债总额	50,738	+220	50,958
股东权益总额	8,823	−220	8,603
负债－股东权益比率	5.75		5.92

本节探讨了如何利用公司披露的养老金和其他离职后福利信息来评估公司的假设，并探讨这些假设对不同公司之间比较的影响。后续各节还将介绍如何利用披露信息来进一步分析公司的养老金和其他离职后福利。

14.2.4.2　养老金净负债（净资产）

IFRS 和 US GAAP 都要求公司应在资产负债表中以净额的方式列报其养老金义务。分析师可以利用报表附注中的信息自行调整，得到福利计划的资产总额和负债总额。这样调整的原因是总额才能够反映出公司的基本负债或资产规模；不过，应当认识到，法律并不允许公司合并养老金计划基金或其他福利计划基金，因为它们都是独立的法律主体。

分析师在最低程度上可以将公司的福利义务总额（即不扣除相关计划资产的福利义务金额）与公司的总资产（包括福利计划资产总额、股东权益和利润）进行比较。如果福利义务总额相对于这些项目的金额要高出很多（虽然这种情况在实践中比较少有发生），那么养老金负债的微小变化就可能会对公司产生重大财务影响。

14.2.4.3　养老金费用总额

公司 DB 计划的费用总额等于养老金净负债或净资产在会计期间内的变化数——不包括公司定期向计划缴款的影响。为了说明这一点，假定一家公司有一个全新的 DB 计划。在计划刚成立时，养老金净负债等于 0 美元（0 美元计划资产减去 0 美元债务）。在第 1 个会计期间，由于服务成本增加，使该 DB 计划的义务增加了 500 美元。如果公司不向计划缴款，则养老金净负债额将增加到 500 美元（0 美元计划资产减去 500 美元计划债务），所以净负债的变动额刚好等于当期服务成本。不过，如果公司在此期间内向计划缴款 500 美元，则养老金净负债额将保持为 0 美元（500 美元计划资产减去 500 美元债务）。此时，虽然养老金净负债额的变化额为 0，但当期的养老金费用仍为 500 美元。

因此，要计算某会计期间内的养老金费用总额，可以将养老金费用的各个组成部分相加，或者根据公司缴款金额去调整养老金净负债或净资产的变化数。养老金费用与计划资金状态之间的关系可以表示为：养老金费用 = 期末资金状态 − 公司缴款额 − 期初迄今状态[⊖]。

请注意，与雇主单位向计划缴款从而增加计划资产不同，从 DB 计划中向退休员工支付现金并不影响养老金净负债或净资产，因为它使计划资产和计划义务同时减少相同的金额。

14.2.4.4　确认到当期损益和确认到其他综合收益中的养老金费用

在每个会计期间，养老金费用的各个组成项目（除了那些能计入存货等资产成本中被资本化处理的部分外）要么确认在当期损益（作为费用）当中，要么确认在其他综合收益当中。为了了解会计期间内企业负担的养老金总费用，分析师应该同时重视在当期损益和其他综合收益中确认的金额。

IFRS 和 US GAAP 在哪些费用计入当期损益和哪些费用计入其他综合收益方面的规定有所区别，这些差异可能影响分析师对采用不同会计准则体系进行编报的公司之间的比较，尤其是盈利能力方面的比较。根据 IFRS，计入当期损益的项目包括当期和过去的服务成本；而 US GAAP 则只将当期服务成本（以及对过去服务成本的摊销）计入利润表。根据 IFRS，公司将使用估计养老金义务时的贴现率来计算计划资产收益，并计入当期损益；相比之下，US GAAP 在当期损益中列报的是计划资产的预期收益。在 US GAAP 规范下，精算利得或损失应先确认在其他综合收益中，以后再逐步摊销至利润表；但根据 IFRS，计入其他综合收益的精算利得或损失不允许重分类进入利润表，因此，IFRS 下的利润表不会受到此类影响。

分析师在比较按 IFRS 编报的公司和按 US GAAP 编报的公司时，可以调整其利润表金额，以提高报表的可比性。例如，可以调整按 US GAAP 编报的利润表，使其与按 IFRS 编报的报表类似。调整方法是计入在此期间产生的过去服务成本，剔除在以前期间产生的过去服务成本的摊销影响，并将计划资产收益按贴现率计算，而不是按预期收益率计算。或者，分析师可以直接使用综合收益（利润表上的净利润加上其他综合收益）来作为比较的基础。

14.2.4.5　在利润表中列报的养老金费用的分类

在利润表中列报的养老金费用通常作为经营费用处理。不过，这样报告的养老金费用有一个问题，即从概念上讲，应将这些费用按其组成部分的性质区分为经营费用或非经营费用。可以认为，从构成养老金费用的各个组成部分来看，只有当期服务成本才属于经营费用，而利息费用和计划资产收益都属于非经营费用。从概念上讲，养老金费用中的利息费用与公司其他负债所产生的利息费用没有任何区别，养老金负债在本质上相当于公司向员工的借款，因此借款的利息费用应当被视为融资支出。同样，养老金计划资产所产生的收益在概

⊖　在此关系式中，将养老金净负债当作资金状态为负处理。

念上类似于公司其他任何金融资产所产生的收益。这些分类问题同样适用于其他退休后福利计划所产生的费用。

为了更好地反映公司的经营业绩，可以对公司的经营利润项目进行调整，将当期损益中报告的养老金费用全额加回，然后仅减去员工服务成本（或者服务成本、结算金额和减少金额的总影响额）。注意，这一调整将经营利润中的过去服务成本摊销和精算利得或损失摊销影响剔除了，还将利息费用和计划资产的收益影响也剔除了。将利息费用调整到公司的利息支出中，而计划资产的收益可以作为非经营性收益处理。

除了对养老金费用不同组成项目的分类进行调整外，还可以进行调整引入计划资产的**实际收益**。前文有述，在 IFRS 下，计算利息净额时实际上是采用了计算养老金负债时的贴现率来计算的计划资产的收益，该收益金额与实际收益金额之差计入其他综合收益。而在 US GAAP 体系下，计入当期损益的养老金费用中包含的是计划资产的预期收益，实际收益和预期收益之差也计入其他综合收益中。无论使用哪一套会计准则体系，都可以通过调整纳入计划资产的实际收益。这种调整会改变公司的净利润，并可能导致利润波动。对利息支出的重分类并不会影响净利润。例 14-5 说明了对经营利润和非经营利润的调整。

▎ 例 14-5　计入当期损益的养老金费用，将各费用项目按是否属经营性项目重新分类

萨博米勒公司（SABMiller plc）是一家总部位于英国的啤酒酿造与分销企业。以下资料摘录自该公司 2010 年年报。请注意，在 2010 年时，IFRS 要求公司使用计划资产的预期收益，与 US GAAP 下的要求类似。所有金额单位均为百万美元。

截至 2010 年 3 月 31 日的年度合并利润表汇总信息　（单位：百万美元）

收入	18,020
经营费用净额	−15,401
经营利润	2,619
应付利息与类似支出[①]	−879
应收利息与类似收益[①]	316
按权益法核算应享有联营企业税后利润	873
税前利润	2,929

①这是该公司利润表中所用术语。以下问题 2 解答中将使用"利息费用"和"利息及投资收益"代替。

摘录自财务报表附注 31：养老金和离职后福利　（单位：百万美元）

	养老金	其他离职后福利	合计
当期服务成本	−8	−3	−11
利息费用	−29	−10	−39
计划资产预期收益	14		14
合计	−23	−13	−36
计划资产的实际收益（损失）	47		

（确认在经营费用净额中的养老金和其他离职后福利内容及金额。）

问题：

1. 用计划资产的实际收益替代预期收益，对税前利润进行调整。

2. 调整公司利润表上的各个行项目，将养老金和其他退休后福利费用的组成部分重新分类为经营费用、利息费用或利息收益。

问题 1 解答： 在利润表中，作为费用报告的养老金费用总额为 2,300 万美元。如果用计划资产的实际收益 4,700 万美元取代计划资产的预期收益，则总的费用（收益）将是为负的 1,000［（= 800 + 2,900 – 4,700）或（= 2,300 + 1,400 – 4,700）］万美元。使用计划资产的实际收益取代原来的预期收益，为养老金费用（收益）提供了更真实的补充。根据计划资产的实际收益，而不是预期收益，计算的税前利润将高出 3,300（= 4,700 – 1,400）万美元，达到 29.62 亿美元。

问题 2 解答： 所有调整项目总结如下表所示。

（单位：百万美元）

	报告数	调整影响	调整数
收入	18,020		18,020
经营费用净额	–15,401	+36–11 [①]	–15,376
经营利润	2,619		2,644
应付利息与类似支出[①]	–879	–39 [②]	–918
应收利息与类似收益[①]	316	+47 [③]	363
按权益法核算应享有联营企业税后利润	873		873
税前利润	2,929	33	2,962

① 调整经营利润只包含当期服务成本的影响。从经营费用中加回养老金和离职后福利总额 3,600 万美元，再单独扣除当期服务成本 1,100 万美元。

② 将养老金费用中的利息费用重分类到利润表的"利息费用"项目中。

③ 将计划资产的实际收益加到"投资收益"当中。

14.2.4.6　现金流量信息

对于设置福利计划的公司来说，养老金和其他离职后福利对公司的现金流影响主要体现在公司为计划缴款方面（对于没有资金要求的计划，则体现在为福利付款方面）。公司为养老金或其他离职后福利计划而进行的缴款在很大程度上由公司经营所在国的法规决定。比如在美国，DB 计划的缴款额由《雇员退休和收入保障法》（ERISA）负责监管，并取决于计划的具体资金状态。公司可以选择进行超过规定要求的缴款。

如果一家赞助公司对某福利计划的定期缴款超过该期间的养老金总费用，从经济角度来看，超额部分可以被视为养老金义务的减少。缴款不仅覆盖了当期产生的养老金义务，还支持了其他会计期间的养老金义务。这种缴款在概念上类似于对贷款的偿还，实际偿还的本金已超过了计划应偿还的本金数。相反，如果缴款低于该期间内的养老金总费用，则可被视为筹资来源。当福利义务的金额很大时，分析师可以选择对公司在现金流量表中的列报项目进行调整，如例 14-6 所示。

▌例 14-6　调整现金流量

假定作为估值工作的一部分，D 女士正在分析吉奥竞技公司（Geo-Race plc）的现金流量表。她向同事 K 先生建议，公司对养老金计划的缴款与会计期间内发生的养老金费用总额之间的差异，就像是借款或者偿还借款一样，是由差异的符号来决定的。但这会给公司报告的经营活动现金流量和融资活动现金流量带来影响。根据公司在 2009 年度报告中的信息（货币单位为百万英镑），她确定该公司的养老金费用总额为 43,700 万英镑；但该公司还披露它当年向福利计划缴款了 50,400 万英镑。吉奥竞技公司报告它的经营活动现金净流量为 616,100 万英镑，融资活动现金净流量为 174,100 万英镑。该公司的实际税率为 28.7%。

问题：

1. 该公司在 2009 年对养老金计划的缴款金额与当年的养老金费用总额相比如何？

2. 如何调整吉奥竞技公司的经营活动的现金净流量和融资活动的现金净流量，以说明 D 女士对公司缴款金额和养老金费用总额之差的解释？

问题 1 解答： 该公司在 2009 年向养老金计划缴款 50,400 万英镑，比当年的养老金费用总额 43,700 万英镑多出 6,700 万英镑，如果按 28.7% 的有效税率计算，该笔差异的税后影响大约为 4,800 万英镑。

养老金费用总额	43,700 万英镑
公司缴款额	50,400 万英镑
公司缴款大于养老金费用的差额（税前）	6,700 万英镑
所得税税率	28.7%
公司缴款大于养老金费用的差额（税后影响数）	4,800［= 6,700 ×（1 – 28.7%）］万英镑

问题 2 解答： 该公司在 2009 年向养老金计划缴款金额比其在当年的养老金费用总额多 6,700 万英镑（税后 4,800 万英镑）。这种超额缴款可理解为借款的偿还（资金的融资使用），而不是经营活动现金流量，它使公司融资活动的现金流出量增加了 4,800 万英镑，从 174,100 万英镑变为了 178,900 万英镑，并使经营活动的现金流入量增加了 4,800 万英镑，从 616,100 万英镑变为了 620,900 万英镑。

14.3　股份支付

在本节中，我们将概要介绍除养老金和其他离职后福利以外的公司高管薪酬，重点是股份支付。首先，我们简要讨论常见的高管薪酬方案及其目标，股份支付的优势与不足。然后，由股份支付的讨论转向股权奖励（stock grants）与股票期权的会计处理与报告，对包括公允价值会计、估值模型选择、所使用的假设、常见披露内容以及计量和报告薪酬费用的重要日期等问题一一进行解释。

员工薪酬方案的设计是为了实现不同的目标，包括满足员工对流动性的需求，留住和激励员工等。员工薪酬方案的常见项目包括工资、奖金、非货币性福利以及股份支付[一]。工资主要是为了满足员工的流动性需求；奖金一般采用现金形式，通过将薪酬与绩效挂钩来激励和奖励员工，以促进公司的短期或长期业绩目标。非货币性福利主要包括医疗、住房和汽车等，方便员工更好地完成工作。工资、奖金和非货币性福利是都属于短期的员工福利。

股份支付旨在协调员工的利益与公司股东的利益相一致，是递延薪酬的一种表现形式。IFRS 和 US GAAP[二]都要求公司在年度报告中披露其管理层薪酬的主要内容，此外，监管机构可能还会要求额外披露。这些披露内容能方便分析师了解公司薪酬的性质和范围，包括报

[一] 在 Lynch 和 Perry（2003）中，有对不同员工激励机制的详细介绍。

[二] IAS 24《关联方披露》第 17 段；FASB ASC 第 718-10-50 部分［薪酬—股份支付—概述—披露］。

告期内的股份支付安排。以下是根据 IFRS 和 US GAAP 报告的公司高管薪酬方案的内容与目标的案例。表 14-6 是萨博米勒公司高管薪酬计划披露内容的节选，该公司根据 IFRS 进行编报，在年报中，它提供了一份长期 9 页的薪酬报告。

表 14-6

萨博米勒公司高管薪酬报告内容摘选

……总之，委员会的结论是，商定每名执行董事薪酬总额的政策仍然是适当的，该薪酬总额包括年度基薪、每年以现金奖金形式提供的短期激励、通过参与股份激励计划提供的长期激励、养老金缴款、其他常见的安保、健康福利和实务福利等。

委员会的政策是继续确保执行董事和执行委员会委员对本集团的贡献予以奖励，奖励水平参考行业、市场和国家基准对比下的公司经营与财务业绩，委员会将确保公司高管的薪酬与其职责范围及表现相称，并努力吸引、激励和挽留具备所需能力的人士。对于在世界不同地区开展的经营业务，委员会考虑到了竞争力问题……

委员会认为，协调高管的努力方向与股东利益保持一致，并同时与萨博米勒公司的长期战略目标统一，最佳方式是需要同时重视每股收益和从 2010 年起，为股东创造额外的价值，以及既重视绝对业绩，也要重视相对业绩。

资料来源：萨博米勒公司 2010 年度报告。

在美国，类似的披露要求可在公司提交给证交会的公司委托书中找到。表 14-7 列出了美国鹰装公司（American Eagle Outfitters，Inc.）的高管薪酬计划披露内容，包括其关键要素和目标介绍。

表 14-7　美国鹰装公司高管薪酬计划信息披露内容摘录

薪酬计划要素

本公司的高管薪酬计划旨在将所有高管报酬的薪酬中的一大部分设置为风险报酬，这么做的目的是希望建立一个按业绩付酬的环境。根据设计，高管薪酬计划主要包含以下六个关键要素：

- 基薪；
- 年度奖金；
- 长期激励现金计划——只适用于首席执行官和副董事长，执行创意总监；
- 限制性股票（"RS"）——以限制性股票单位（"RSUs"）和限制性股票奖励（"RSAs"）的形式发行；
- 业绩奖励股（"PS"）；
- 非合格股票期权（"NSOs"）。

以上要素中，有两项（年度奖金和长期激励现金计划）是属于完全由 2009 财务年度公司业绩决定的风险报酬，如果公司最后没能达到业绩目标下限，其将被没收。业绩奖励股也是完全的风险报酬，如果公司在 2011 财年结束前还没有达到业绩目标下限，其也将被收回，后文中将予以详细介绍。在业绩目标下限上，首席执行官的年度薪酬总额相对于目标业绩点下降 46%。指定执行官的年度薪酬总额相对于目标业绩点平均下降 33%。如果公司业绩低于业绩目标下限，将导致除基薪、限制性股票单位和非合格股票期权以外的所有直接薪酬要素被没收。只有在归属要求得到满足和公司的股价上升的情况下，才对非合格股票期权提供补偿。

本公司战略性地将高管薪酬在短期部分和长期部分之间，以及在现金和股权之间进行分配，以最大限度地提高执行业绩和留住人才。随着职位级别的增加，长期薪酬和股票奖励在总薪酬中所占的比例越来越大。长期激励性现金和股权薪酬在总薪酬中所占的比例随着管理层级别的增加而上升。该理念确保高管薪酬与股东价值的变化和业绩目标的实现保持密切一致，同时也确保高管对其职位级别范围内的经营结果负责。

资料来源：美国鹰装公司在 2010 年 4 月 26 日提交的委托书报告（Form Def 14A）。

除了在理论上能协调使员工（管理层）的利益与股东利益保持一致外，股份支付还有一个好处，即可能不需要现金流出[○]。股份支付安排可以有多种形式，包括以权益结算的股份支付和以现金结算的股份支付。不过，股份支付薪酬被视为一项费用，因此即使没有现金的流

○　尽管发行员工股票期权无须初始现金支出，但当这些期权被行权时，公司默认放弃按当时市价出售新股（并收取现金）。

动，也会造成利润的减少。除了通过薪酬费用减少利润外，股票期权还有可能稀释公司的每股收益。

虽然股份支付通常被视为一种员工激励方式，能协调公司管理层的利益与股东的利益相一致，但它也有一些不足。不足之一是，股份支付的接受者对公司市场价值的影响有限（考虑市场整体都下跌的情形），因此以股份为基础的薪酬不一定能达到期望的激励作用。另一点不足之处在于，所有权的增加可能会导致经理人厌恶风险。换句话说，由于担心公司股票的市场价值出现大幅下跌（从而导致个人财富损失），经理人可能会寻求风险较低（从而利润也较低）的项目。授予期权也可能会产生相反的效果，即过度冒险。由于期权扭曲了过度冒险带来的回报奖励，经理人可能会寻求风险更高的项目支持。最后，当对员工进行股份支付时，还会导致现有股东的所有权被稀释。

公司在财务报告中会列报员工在报告期内获得的薪酬费用。现金工资支付和现金奖励的会计处理都比较简单。当员工获得工资或奖金时，则记录费用的增加。通常，公司管理层的薪酬费用会列报在利润表的销售费用或一般行政管理费用中。

股份支付使员工薪酬形式更加多样化，包括股票、股票期权、股票增值权和虚拟股票（phantom shares）等。通过在其他形式的薪酬之外再奖励股份或股票期权，公司为员工所提供的服务支付了额外的薪酬补偿。根据 IFRS 和 US GAAP，公司在报告薪酬费用时，应使用股份支付的公允价值来计量。不过，具体的会计处理细节取决于公司授予员工股份支付的类型。IFRS 和 US GAAP 均要求公司对于股份支付通常应披露如下内容：①会计期间内股份支付安排的性质和范围；②股份支付安排的公允价值是如何决定的；③股份支付对公司本期利润和财务状况的影响。

下面将讨论两种常见的股份支付薪酬形式，即股份奖励和股票期权。

14.3.1　股份奖励

公司可以直接向员工奖励股份，但会设置一定的限制，或者根据公司业绩情况进行调整。对于直接奖励股票，可按授予日的股票公允价值（通常为授予日的股票市价）记录为薪酬费用并加以报告，该薪酬费用将在员工服务期限（即公司受益于员工服务的期间）内予以系统摊销。员工服务期限一般被推定当期，除非有某些具体要求，例如在员工被授予（有权获得）股份奖励前的未来三年。

另一种类型的股份奖励是限制性股票，也即如果员工没有达到某些条件的话，就必须将这些股票的所有权归还给公司。常见的限制条件包括员工需要为公司服务特定的年限，或者达到特定的绩效目标等。限制性股票的薪酬费用按授予日已发行股票的公允价值（通常为市场价值）计量，并同样地，需要在员工服务期间内予以系统分配。

以是否达到某业绩目标为条件而奖励给员工的股份称为业绩奖励股，奖励金额一般取决于会计利润、总资产报酬率等业绩指标，而不是股价变动。以会计业绩作为奖励的基准解决了员工的潜在担忧，因为股票价格的变化不在他们的控制范围内，因此不应当作为薪酬基础。但是，业绩奖励股也可能带来意想不到的影响，因为它可能会刺激会计数字操纵行为。业绩奖励股的薪酬费用按股票授予日所发行股份的公允价值（通常为市场价值）计量，同样，该费用也需要在员工服务期间内进行系统分配。

14.3.2 股票期权

与股份奖励一样，IFRS 和 US GAAP 规定，与授予股票期权相关的薪酬费用也按公允价值计量，且都要求公司使用适当的估值模型来估计期权的公允价值。

不过，对股份奖励，一般可以按授予日的市场价值来作为公允价值参考，但股票期权的公允价值则必须依靠估计。因为员工股票期权的特征通常不同于交易期权，所以无法参考期权的市价来计量员工股票期权的公允价值。这样，公司将不得不对员工股票期权采用估值模型，于是，期权定价模型的选择成为其公允价值评估的重要因素之一。常用的估值模型有布莱克－斯科尔斯（Black-Scholes）期权定价模型和二项式模型。会计准则并没有指定期权估值的模型，不过，一般来说，估值模型应当：①与公允价值计量相一致；②以金融经济理论的既定原则为基础；③反映出奖励的所有实质性特征。

一旦选定了估值模型，公司就必须确定模型的输入变量，通常包括行权价格、股价的波动水平、期权期限、预计将会作废的期权数量、股利收益率和无风险利率[⊖]。其中某些输入变量，例如行权价格，在授予时就已确定；但其他重要变量则是高度主观的，例如股价波动率或者期权期限，而这些因素可能对期权的公允价值估计造成很大的影响，从而改变员工薪酬费用。股价波动率越高、期权期限越长以及无风险利率越高，则期权的估计公允价值就会越大，而预计股利收益率越高，则期权的估计公允价值就会越低。

用不同的假设与不同的估值模型进行组合，可以显著地影响员工股票期权的公允价值。以下表 14-8 是摘录自葛兰素史克公司的一段信息，对该公司在评估其股票期权时所使用的假设和模型进行了解释与说明。（虽然该公司在信息披露中并没有专门说明，但从 2007 年到 2009 年，利率下降、股价下跌和股息率上升的趋势都降低了期权的估计公允价值，从而降低了该公司的期权费用。相反，股价波动率上升的趋势则会增加期权的估计公允价值。）

表 14-8 股票期权定价模型中的假设：葛兰素史克公司财务报表信息摘录

附注 42——员工股权计划（摘录）

期权定价

为了对期权和奖励进行估值，以获得公司承担的股份支付费用，本公司选用了布莱克－斯科尔斯定价模型。在 2007 年、2008 年和 2009 年的模型中使用的假设如下：

	2009 年	2008 年	2007 年
无风险利率	1.4%～2.9%	1.3%～4.8%	4.7%～5.3%
股利收益率	5.20%	4.80%	4.00%
股价波动率	23%～29%	19%～24%	17%～25%
股票期权期限	5 年	5 年	5 年
与储蓄挂钩的股票期权与奖励计划期限	3～4 年	3 年	3 年
授予年份的加权平均股价：			
普通股（英镑）	11.72	11.59	14.41
ADS（英镑）[①]	33.73	45.02	57.59

① ADS 为美国存托股份。

其中，股价波动率根据过去三年和五年的历史股价确定。在业绩奖励股的授予中还考虑了市场因素。期权的预期寿命是根据期权的历史行权情况取加权平均数确定的。

资料来源：葛兰素史克公司 2009 年度报告。

⊖ 估计期权奖励的期限还需要考虑员工离职率等假设，所以通常比到期日更短。

在股票期权的会计处理中，有几个重要的日子，即授予日、生效日（也称可行权日）、行权日和到期日。其中，**授予日**（grant date）是授予员工股票期权的日期，而**行权限制期**（service period，或称服务年限，等待期）通常指授予日至生效日之间的时期。

生效日（vesting date）是员工首次可以行使股票期权的日期。股票期权的生效可以是立即的，也可以是在未来一段时期之后。如果股份支付是立即生效的（即不需要员工再服务一段时间），则在授予日就应当确认薪酬费用；如果是直到指定的行权限制期以后才生效的，则应将股份支付的薪酬费用在这段时期内确认和分配。如果股份支付以业绩条件或市场条件（即达到目标股价）为前提，则相关薪酬费用应在估计服务期内予以确认。**行权日**（exercise date）是员工实际行使期权并将其转换为股权的日期。如果一直不行权，则股票期权将可能会在某个预先确定好的未来日期作废，通常为授予日后的 5 ～ 10 年。

如果股票数量和期权价格都已确定，那么，通常在授予日就应当记录相关的薪酬费用。如果所授予期权的价值取决于授予日之后发生的一些事件，那么相关薪酬费用应在行权日再予以记录。在下面这个例子中，可口可乐公司在其 2009 年的年度报告中披露，与期权授予相关的薪酬费用为 2.41 亿美元。

▌ 例 14-7　与股票期权相关的薪酬费用，期权的生效与未来薪酬费用

利用可口可乐公司在其财务报表附注 9 中提供的信息，确定以下内容：

1. 已授予、将在未来达到可行权条件后再确认的期权薪酬费用总额。
2. 公司在 2010 年和 2011 年与已授予期权有关的薪酬费用。

财务报表附注 9 信息摘录：可口可乐公司财务报表附注中披露的股份支付计划。

附注 9：股票支付计划

本公司向若干员工授予股票期权和限制性股票奖励。在 2009 年、2008 年和 2007 年间，本公司以股份支付形式的薪酬总额分别约为 2.41 亿美元、2.66 亿美元和 3.13 亿美元，均已在本公司的合并利润表中列报为销售与行政管理费用，由此带来的所得税优惠总额分别约为 6,800 万美元、7,200 万美元和 9,100 万美元。

截至 2009 年 12 月 31 日，由于已授予但仍未生效的股份支付计划，本公司有约 3.35 亿美元的未确认薪酬费用，按加权平均时期计算，预计这些费用将在未来 1.7 年内确认为股份支付薪酬费用。该预计成本不包含任何未来股份支付奖励的影响。

资料来源：可口可乐公司于 2010 年 2 月 26 日提交的年度报告。

问题 1 解答：可口可乐公司披露，与已授予但尚未生效的股票期权相关的薪酬费用约为 3.35 亿美元，等待将来再予以确认。

问题 2 解答：已经授予的期权将在未来 1.7 年内达到可行权条件。与已授予股票期权相关的薪酬费用预计将在 2010 年确认 1.97 亿美元（总金额 3.35 亿美元除以 1.7 年），2011 年确认 1.38 亿美元（总金额 3.35 亿美元减去 2010 年已确认的 1.97 亿美元）。但如果未来还授予新的期权，则报告的相关薪酬费用还可能继续增加。

由于期权费用是在相关行权等待期内确认的，对财务报表的最终影响是将减少留存收益

（与其他性质的费用一样），对应的另一面是增加公司的实收资本。因此，确认期权费用对公司的股东权益总额不会有影响。

14.3.3 其他类型的股份支付

股份奖励与股票期权都可以让员工直接获得公司所有权。其他形式的股份支付还包括股票增值权（stock appreciation rights，SARs）和虚拟股票（phantom stock，也称模拟股票）等，根据股票价值的变化来作为员工的薪酬，但并不需要员工持有股票。这类薪酬被称为以现金结算的股份支付。以股票增值权为例，就员工的薪酬与公司股票价格的上涨绑定，效果与其他形式的股份支付一样，也有助于激励员工，并协调他们的利益与股东的利益保持一致。此外，股票增值权还具有以下两个额外的优点：

- 迎合了风险规避者的需求，因为员工只承担有限的股价下行风险，却享有无限的股价上行好处，类似于股权期权；
- 不会稀释股东的所有权。

与其他股份支付形式类似，对于股票增值权，也应按公允价值进行计量，并将相关的薪酬费用在员工服务期内分配。虚拟股票也与其他股份形式类似，但它是按照假设的股票业绩来计算员工薪酬，而不是真实的股票表现。与股票增值权不同的是，私营公司或公司内部无公开交易股份的业务部门，或股份流动性极差的公司，都可以采用虚拟股票这种激励形式。

14.4 本章小结

本章讨论了两种不同形式的员工薪酬：离职后福利和股份支付。两者的区别很大，但相似之处在于它们都是标准薪金安排之外的其他薪酬形式，且都涉及比较复杂的估值、会计和报告问题。虽然 IFRS 和 US GAAP 在这两个问题方面的会计和报告要求大体趋于一致，但必须指出，一国的社会制度、法律和条例差异可能导致公司的养老金和股份支付出现差异，并且这些差异可能反映在公司的盈利和财务报告中。

本章包括以下要点：

- 设定提存计划只明确（设定）公司对计划的缴款额；员工最终能得到的养老金福利金额将取决于员工退休时的计划资产价值；
- 对于设定提存计划的分析来说，资产负债表的相关性较低，因为公司只承担费用产生时向计划缴款的责任，因此这类计划不创造负债；
- 设定受益计划明确（设定）的是养老金福利的金额，通常情况下，这个金额由计划公式来确定，员工能得到的最终福利金额是服务年限和最终工资水平的函数；
- 设定受益计划义务需要由出资公司缴款，计划资产往往是由一个单独的法律实体，即养老金信托来负责管理。各个国家对公司的设定受益计划义务所形成的资产可能有不同的监管要求；
- IFRS 和 US GAAP 都要求公司在资产负债表上报告一项养老金资产或负债，其金额等于预计的福利义务减去计划资产的公允价值，不过，对于养老金资产的报告金额规定了资产上限要求；
- 根据 IFRS，养老金费用的组成项目包括：在利润表中确认的服务成本；在利润表中确认的利息净额；在资产负债表中确认的重新计量影响，并且，不允许将重新计量影响摊销到将来的利润表中；

- 根据 US GAAP，在利润表中确认的养老金费用项目包括当期服务成本、养老金义务的利息费用和计划资产的预期收益（因其能降低养老金费用）。而其他的养老金费用项目，包括过去服务成本、精算利得或损失以及计划资产的预期收益与实际收益之差，则应当在其他综合收益中确认，并应摊销到未来的利润表中；
- 设定受益计划和其他离职后福利的未来债务估计值对许多假设非常敏感，包括贴现率、假定的薪酬年增长率、计划资产的预期收益率和假设的医保费用增长率等；
- 员工薪酬方案往往具有多重设计目标，包括满足员工对流动性的需求，留住员工，以及为员工提供激励。员工薪酬方案的常见内容包括工资、奖金和各种股份支付；
- 股份支付薪酬形式能够协调员工的利益与股东的利益相一致，包括股票和股票期权。
- 股份支付的优势之一在于不需要当期现金流出；
- 根据 IFRS 和 US GAAP，公司应以公允价值报告与股份支付有关的薪酬费用；
- 公司选择使用的估值技术或期权定价模型是确定公允价值的关键，应予以披露；
- 期权定价模型中的关键假设和输入变量包括行权价格、股票价格波动率、期权期限、预计将会作废的期权数量、股利收益率和无风险利率等。某些假设具有很强的主观性，比如股票价格波动率或期权期限，这些假设或变量可极大影响期权的估计公允价值，从而改变与之相关的薪酬费用。

跨国经营

提摩西·S.普尼克，博士

伊莱恩·亨利，博士，特许金融分析师

学习目标

- 区分列报（报告）货币、功能货币和当地货币；
- 说明外汇交易风险，掌握外汇交易损益的会计核算和披露要求；
- 分析汇率变动如何影响子公司和母公司的销售折算；
- 比较现时汇率法和时态法，评估这两种方法对母公司资产负债表和利润表的影响，确定这两种方法的适用情形；
- 计算并评价将子公司资产负债表和利润表折算为按母公司列报货币报告的影响；
- 分析现时汇率法和时态法对财务报表和财务比率的影响；
- 分析对于在极端通胀经济环境中运营的子公司，不同的报表折算方法对财务报表和财务比率的影响；
- 说明跨国经营对公司有效税率的影响；
- 解释销售构成要素的变动对销售增长可持续性的影响；
- 分析当公司在一个国家开始经营活动时，货币汇率的波动对其财务成果的影响。

15.1　概述

　　根据世界贸易组织的数据，全球商品出口额在 2010 年已接近 15 万亿美元[⊖]。2010 年全球商品出口额是 2003 年（7.4 万亿美元）的两倍多，是 1993 年（3.7 万亿美元）的四倍多。2010 年，全球贸易的前五大出口国依次为中国、美国、德国、日本和荷兰。单纯在美国，2010 年就有 293,131 家公司被确定为出口商，但其中只有 2.2% 是大型公司（雇员超过 500 人）[⊜]，绝大多数有出口活动的美国公司是中小型企业。

　　上述统计数字说明，有许多公司在从事跨国交易。跨国交易的各方必须商定以何种货币进

　　⊖　世界贸易组织，《2011 年国际贸易统计》，表 I4，第 21 页。

　　⊜　美国人口普查局，商务部。《美国进出口公司概况，2009 ～ 2010 年》，2012 年 4 月 12 日发布。

行结算，一般来说，会选择买方或者卖方的货币。出口商如果接受外币付款并允许买方延期支付，就必须在账簿上记录外币应收账款；相反，同意按外币延期支付的进口商将记录外币应付账款。到会计期末编制资产负债表时，为了报告公司的应收（应付）账款总额，这些以外币计价的应收（应付）账款就必须换算成出口商（进口商）平时记账和编报所用的货币来进行表达。

公司购买或出售外币的价格，叫作外汇汇率。由于外汇汇率是随时间波动的，所以外币应付账款和应收账款的价值亦会波动。与外币业务往来有关的会计问题主要是如何在财务报表中反映外币应付账款和外币应收账款的价值变动。

很多公司都在国外开展经营业务。例如，瑞士的食品企业雀巢公司报告称它在 83 个国家设有工厂，几乎世界上的每个国家都有它的业务。总部位于美国的宝洁公司在年度报告中披露，它在全球 80 多个国家有 400 多家子公司。一般来说，外国子公司会以其所在国的货币来进行会计记录。但在编制合并财务报表时，母公司必须将其境外子公司的外币财务报表转换为用本国货币列报。例如，雀巢公司必须将其不同外国子公司的外币资产和负债都转换为按瑞士法郎计价，这样才能够将这些金额与母公司报表上的瑞士法郎资产和负债进行合并。

大多数像雀巢公司这样的跨国企业都可能有两种需要特殊会计处理的外币活动：①从事以外币计价的交易；②投资使用外币记账的国外子公司。为了编制合并财务报表，这些跨国公司必须将与这两种国际活动有关的外币金额进行换算，与公司列报其财务报表所用的货币类型保持一致。

本章介绍外币交易的会计处理和外币财务报表的折算，讨论了与这些概念问题相关的会计主题，并通过实例说明了 IFRS 和 US GAAP 在这方面的具体要求。幸运的是，在外币报表的折算问题上，IFRS 和 US GAAP 几乎没有多少差异。

分析师需要了解外汇汇率波动对跨国公司财务报表的影响，以及公司财务报表如何反映外汇利得和损失，无论这些利得和损失是否已实现。

15.2 外币交易

当来自不同国家的公司彼此做生意时，它们会决定使用哪种货币进行结算。比如，一家墨西哥电子元件制造商同意向芬兰的客户出售商品，双方必须就芬兰公司是用墨西哥比索、欧元或者是第三方货币（比如美元）来支付货款达成一致。如果交易以墨西哥比索计价，那么对于芬兰公司来说，这就是一笔外币交易，而对墨西哥公司则不存在。为了以墨西哥比索计算采购的存货和由此产生的应付账款，芬兰公司必须按照适当的汇率将墨西哥比索金额换算成欧元。对这家墨西哥公司来说，虽然它也进行了一项国际交易（出口销售），但它不属于外币交易，也没有汇率换算需求。墨西哥比索是它的记账和编报货币，所以它只需要以墨西哥比索记录销售收入和应收账款即可。

一般来说，公司在财务报表列报所选择的货币被称为**报告货币**（presentation currency，也称列报货币），在大多数情况下，报告货币都将是公司所在国发行的货币。比如芬兰公司需要用欧元记账和编报，美国公司使用美元，中国公司使用人民币，等等。

在外币业务的会计处理中，还有一个重要概念是**功能货币**（functional currency），即公司在经营的主要经济环境中所使用的货币，一般来说，是公司主要产生和用于消费的货币。在大多数情况下，一家公司的功能货币与其列报货币是相同的，而且，由于大多数公司都只在自己所在国产生和支出现金，因此其功能货币和列报货币通常就是公司经营所在地的**当地货币**（local currency）。

由于公司的功能货币通常就是经营所在地的当地货币，对于在不同国家设有子公司的跨国公司来说，很可能它们就会拥有各种不同的功能货币。比如，母公司在日本，所以母公司的功能货币是日元，但它的泰国子公司可能以泰铢作为其功能货币。在某些情况下，国外子公司也可以将母公司的功能货币作为自己的功能货币。例如，在 2011 年收购迈克菲公司（McAfee）之前，英特尔公司已确定将美元作为其所有重要外国子公司的功能货币。但是，收购了迈克菲公司之后，英特尔公司在它 2011 年的年度报告财务报表附注 1 "列报基础"中披露："从迈克菲公司收购的一些业务使用了美元以外的货币作为其功能货币。"

从会计的角度来看，外币的定义应当是公司的功能货币之外的其他货币，而**外币交易**（foreign currency transactions）则是指以公司功能货币以外的其他货币计价的交易。当公司①从事以外币计价的进口采购或出口销售，或②借入或借出须以外币偿还或者收回外币的资金时，即发生了外币交易。外币交易的结果会导致公司产生一项以外币计价的资产或者负债。

15.2.1　外币交易的外汇风险敞口

假定芬克公司（FinnCo）是一家芬兰公司，它在 1 月份从墨西哥进口货物，信用期为 45 天，交易以墨西哥比索计价。由于付款推迟到将近 4 月份了，在从采购货物之日到实际付款之日这段时期里，芬克公司于是就承担了墨西哥比索相对于欧元价值可能增加的风险。如果发生这样的情况，芬克公司将需要花费更多的欧元来支付按墨西哥比索计价的应付账款。我们称这种情形下的芬克公司有**外汇风险敞口**（exposure to foreign exchange risk）。具体而言，芬克公司承担的是外币**交易风险**（transaction exposure）。与公司进出口业务有关的交易风险可归纳如下：

- **进口采购**。当进口商的采购用外币计价，而它需要在采购日后的某个时候延期付款时，就会产生交易风险。在这种情况下，进口商所面临的风险是，在从采购日到付款日这段时期内，外币可能会增值，从而导致为结清特定数量的外币而需要花费更多的功能货币；
- **出口销售**。当出口商的销售采用外币计价，并允许卖方在购买日后某个时候再延期付款时，就会产生交易风险。在这种情况下，出口商面临的风险是，在从销售达成日到实际收款日这段时期内，外币可能会贬值，从而使出口商收到特定数量的外币后，可兑换的功能货币数量减少。

外币交易会计核算的主要问题是如何处理外币风险，即怎样在财务报表中反映外币资产或外币负债的价值变化。IFRS 和 US GAAP 都要求公司应将外币交易引起的外币资产或外币负债的价值变动计入当期损益，报告在利润表中[⊖]。

15.2.1.1　外币交易的结算日在资产负债表日之前

例 15-1 说明了芬克公司的会计处理方法。假定该公司从一家墨西哥供应商处采购货物，交易按墨西哥比索计价，并在资产负债表日之前就完成付款。对此，会计处理的基本原则是所有交易均按交易当日的即期汇率入账。由于外汇风险是交易所带来的，因此，只有当交易日和付款日不同时，才会产生外汇风险。

⊖　IAS 21《汇率变动的影响》；FASB ASC 主题 830［外汇事项］。

▋ 例 15-1 外币交易的结算日在资产负债表日之前：会计处理

芬克公司于 20×1 年 11 月 1 日从某墨西哥供应商处采购货物，交易价格为 10 万墨西哥比索，信用条件允许在 45 天内付款。芬克公司于 20×1 年 12 月 15 日完成付款 10 万比索。芬克公司的功能货币和报告货币均为欧元。欧元（EUR）与墨西哥比索（MXN）之间的即期汇率如下：

20×1 年 11 月 1 日	MXN1 = ERU0.068,4
20×1 年 12 月 15 日	MXN1 = ERU0.070,3

芬克公司的会计年度截止日为每年的 12 月 31 日。问：芬克公司将如何核算这笔外汇交易，该交易对该公司 20×1 年的财务报表会产生什么影响？

解答： 20×1 年 11 月 1 日，该笔按墨西哥比索计价的应付账款对应的欧元价值为 6,840（= 100,000 × 0.0684）欧元，即芬克公司本可以在 11 月 1 日将 6,840 欧元兑换成 10 万墨西哥比索来支付这笔采购费用。但实际的情况是，芬克公司直到 20×1 年 12 月 15 日才购买了 10 万墨西哥比索去了结这笔应付账款，当时，1 墨西哥比索的价值已升至 0.0703 欧元。因此，芬克公司实际支付 7,030 欧元去购买了 10 万墨西哥比索。最后的净影响是芬克公司发生了价值 190（= 7,030 − 6,840）欧元的损失。

虽然芬克公司为采购这批存货实际发生的现金流出额为 7,030 欧元，但计入存货账户中的成本却仅为 6,840 欧元，即芬克公司如果不等待 45 天才付款，而是在采购当时就结清账目所需要支付的金额。由于推迟付款，并且墨西哥比索恰好在采购日和结算日之间发生了升值，芬克公司不得不额外多支付了 190 欧元。该公司将在 20×1 年的净利润之前列报 190 欧元的外汇损失，这是一项已实现的损失，因为芬克公司已经实际额外多花费了 190 欧元去购买存货。这笔交易对芬克公司财务报表的净影响（以欧元计）如下：

（单位：欧元）

	资产负债表			利润表	
资产		= 负债 +	股东权益	收入与利得	费用与损失
现金	−7,030		留存收益 −190		外汇损失 −190
存货	+6,840				
	−190				

15.2.1.2 跨越资产负债表日的外币交易

与外币交易会计处理有关的另一个重要问题是，如果资产负债表日期位于初始交易日和账单结算日之间，那么应该如何处理。对于结算日在未来会计期间的外币交易，IFRS 和 US GAAP 都要求按外币计价的资产和负债价值进行调整，以反映外币汇率的变化，并将汇率变动的损益影响确认在利润表中。这是会计规则许可并要求公司在利润表中报告（确认）的少数未实现损益项目之一。

后续的外币交易损益则确认在资产负债表日至交易结算日之间。将两个会计期间（交易开始日至资产负债表日和资产负债表日至交易结算日）的外币汇兑损益相加，其和就是该笔外币交易的实际已实现损益。

例 15-2　跨越资产负债表日的外币交易：会计处理

芬克公司在 20×1 年 11 月 15 日以 10,000 英镑的价格向英国某客户出售一批商品，约定货款将于 20×2 年 1 月 15 日用英镑支付。芬克公司的功能货币和报告货币均为欧元。欧元（€）和英镑（£）之间的即期汇率如右：

20×1 年 11 月 15 日	£1=€ 1.460
20×1 年 12 月 31 日	£1=€ 1.480
20×2 年 1 月 15 日	£1=€ 1.475

芬克公司的会计年度截止日为每年的 12 月 31 日。请问：芬克公司应如何处理这笔外币交易，它将对该公司 20×1 年和 20×2 年的财务状况产生什么影响？

解答： 在三个相关日期，这笔以英镑计价的应收账款对应的欧元价值可确定如右：

日期	欧元 / 英镑汇率	应收账款（10,000 英镑）	
		欧元价值	欧元价值变动
20×1 年 11 月 15 日	1.460	14,600	N/A
20×1 年 12 月 31 日	1.480	14,800	+200
20×2 年 1 月 15 日	1.475	14,750	−50

11 月 15 日至 12 月 31 日期间，这笔以英镑计价的应收账款对应的欧元价值发生了变化，将在芬克公司 20×1 年的利润表中确认为外币汇兑损益。在本例中，由于英镑升值，导致芬克公司可获得交易利得 200 [= 10,000×（1.48 – 1.46）] 欧元。注意，在 20×1 年的利润中确认的这笔利得是未实现的，这是少有的可在当期损益中确认的未实现损益项目之一。

自资产负债表日（20×1 年 12 月 31 日）至交易结算日（20×2 年 1 月 15 日）之间，欧元与英镑汇率的变动也将导致一项外币汇兑损益。在本例，英镑相对欧元的走势在此期间略有疲软，到 20×2 年 1 月 15 日，汇率为 €1.475/£1。因此，该 10,000 英镑应收账款的欧元价值在当日变成了 14,750 欧元，相对其在 20×1 年 12 月 31 日的欧元价值来说，下降了 50 欧元。20×2 年 1 月 15 日，芬克公司将确认一笔价值 50 欧元的外币汇兑损失，从而使该公司 20×2 年第一季度的利润减少 50 欧元。

从交易日到结算日，1 英镑相对于欧元的价值增加了 0.015（ = 1.475 – 1.460）欧元，使这笔已实现的外币交易产生了价值 150 欧元的利得，其中，有 200 欧元利得已确认在 20×1 年度，还有 50 欧元损失则确认在 20×2 年度。在这两个月的时期内，财务报表中确认的净收益与该公司这笔外币交易实际实现的利得是相等的。

在例 15-2 中，芬克公司按英镑计价的应收账款产生了外币交易净利得，原因是英镑在交易日和结算日之间出现了升值（价值增加）。在本例中，芬克公司有一项资产出现外汇风险敞口，由于外币升值，该资产敞口使公司受益。如果芬克公司有一笔以英镑计价的应付账款，就会存在负债风险敞口，随着英镑价值的走高，该英镑应付账款对应的欧元价值也将随着英镑的升值而增加，那么，芬克公司就会因此而确认外币交易损失。

汇率变动为公司带来的是外币交易的利得还是损失（以当地货币计量）取决于：①外汇风险敞口的性质（是资产项目还是负债项目）和②外币价值变动的方向（是走强或走弱）。

交易	敞口类型	外币	
		走强	走弱
出口销售	资产（应收账款）	利得	损失
进口采购	负债（应付账款）	损失	利得

出口销售所产生的外币应收账款构成资产端的外汇风险敞口。如果外币升值，则以本公司功能货币计算的应收款项价值增加，带来外币交易利得，由于外币升值，公司能够收到的外币应收款将可以折算为更多的功能货币。相反，如果外币贬值，那么外币应收款就只能对应更少的功能货币金额，从而导致公司承担损失。

进口采购产生的外币应付账款产生了负债端的外汇风险敞口。如果外币升值，则以本公司功能货币计算的应付账款价值增加，带来外币交易损失，由于外币升值，公司必须用更多的功能货币才能清偿固定的外币债务。相反，如果外币贬值，那么按公司功能货币计算的外币应付账款价值将会降低，从而给公司带来外币汇兑利得。

15.2.2 财务分析中应注意的问题

IFRS 和 GAAP 都要求将外币交易损益（即使该损益尚未实现）计入当期利润表，但这两套准则体系都没有明确具体放在利润表的哪个位置。目前最常见的两种处理方案是：①作为其他经营性收益 / 费用的一部分，或②作为非经营性收益 / 费用的一部分，在某些情况下还报告为融资费用净额的一部分。这样，经营利润率的计算就会受到外币交易损益在利润表中的所处位置的影响。

◾ 例 15-3 外币交易损益在利润表中的报告位置对经营利润的影响

假设芬克公司在 20×1 年和 20×2 年的利润表信息如下，其中不包括在 20×1 年中的外币交易利得 200 欧元和 20×2 年中的汇兑损失 50 欧元。

（单位：欧元）

	20×1 年	20×2 年
收入	20,000	20,000
销货成本	12,000	12,000
其他经营性费用，净额	5,000	5,000
非经营性费用，净额	1,200	1,200

芬克公司正在犹豫如何报告它的外币交易损益，现有两个方案。方案 1 是将外币交易损益报告在"其他经营性费用，净额"这一行中；方案 2 则是将外币交易损益报告在"非经营性费用，净额"这一行中。

芬克公司的会计年度截止日为每年的 12 月 31 日。请问：方案 1 和方案 2 对芬克公司在 20×1 年和 20×2 年的毛利率、经营利润率和净利润率将各有什么样的影响？

解答： 注意，外币交易利得能减少公司的费用，而损失则会增加公司的费用。

20×1 年外币交易利得 200 欧元　　　　　　　　　（单位：欧元）

	方案 1		方案 2	
收入	20,000		20,000	
销货成本	−12,000		−12,000	
毛利润	8,000		8,000	
其他经营性费用，净额	−4,800	含外币交易利得	−5,000	
经营利润	3,200		3,000	
非经营性费用，净额	−1,200		−1,000	含外币交易利得
净利润	2,000		2,000	

两种核算方案下，20×1 年的利润率可计算如下：

	方案 1	方案 2
毛利率	8,000/20,000 = 40.0%	8,000/20,000 = 40.0%
经营利润率	3,200/20,000 = 16.0%	3,000/20,000 = 15.0%
净利率	2,000/20,000 = 10.0%	2,000/20,000 = 10.0%

20×2 年外币交易损失 50 欧元 （单位：欧元）

	方案 1		方案 2	
收入	20,000		20,000	
销货成本	−12,000		−12,000	
毛利润	8,000		8,000	
其他经营性费用，净额	−5,050	含外币交易损失	−5,000	
经营利润	2,950		3,000	
非经营性费用，净额	−1,200		−1,250	含外币交易损失
净利润	1,750		1,750	

两种核算方案下，20×2 年的利润率可计算如下：

	方案 1	方案 2
毛利率	8,000/20,000 = 40.0%	8,000/20,000 = 40.0%
经营利润率	2,950/20,000 = 14.75%	3,000/20,000 = 15.0%
净利率	1,750/20,000 = 8.75%	1,750/20,000 = 8.75%

可以看到，毛利率和净利率都不受影响，但两种核算方案下的经营利润率有所不同。在 20×1 年，按方案 1 核算的经营利润率较高，该方案外币交易利得作为"其他经营性费用，净额"的一部分。在 20×2 年中，方案 1 下的经营利润率低于方案 2。方案 2 下，在两个会计期间的经营利润率都是相同的。由于汇率在不同会计期间并不会以相同的幅度或方向变化，方案 1 将导致经营利润和经营利润率随着时间的推移而出现更大的波动水平。

由于会计准则并没有具体限定在利润表中报告外币交易损益的位置，公司可以对此进行相对自由的选择，因此，同一行业的两家公司会做出不同的选择，那么，这就将扭曲两家公司的经营利润和经营利润率，不便于直接进行比较。

此外，分析师还应当关注另一个事实，即当资产负债表日介于交易日和结算日之间时，净利润中报告的实际上是未实现的外币交易损益。这种会计处理的隐含假定是，截至资产负债表日的未实现损益被称为公司最终的净利润或亏损。然而，在现实中，最终的净利润或亏损却可能会因汇率趋势变化和货币价格波动而发生巨大变化。

这种效果从例 15-2 芬克公司的情况中就可以看到，虽然例 15-2 中的货币汇率数据是给定的，但现实世界中的汇率变化影响可能是相当剧烈的。假定一家法国公司在 20×1 年 12 月 1 日从一家加拿大供应商处采购了商品，并在 20×2 年 5 月 15 日为这次采购支付了 10 万加元（C$）。20×1 年 12 月 1 日至 20×2 年 5 月 15 日期间，加元与欧元之间的实际汇率、以加元计价的应付账款对应的欧元价值，以及相应的外汇交易损益如下：

	欧元 / 加元	应付账款（100,000 加元）	
		欧元价值	欧元价值变动（利得 / 损失）
20×1 年 12 月 1 日	0.728,5	72,850	N/A
20×1 年 12 月 31 日	0.757,1	75,710	2,860 损失
20×2 年 3 月 31 日	0.751,7	75,170	540 利得
20×2 年 5 月 15 日	0.775,3	77,530	2,360 损失

由于加元相对欧元的购买力在 20×1 年年末走强，这家法国公司在 20×1 年第四季度将记录 2,860 欧元的外币交易损失；但在 20×2 年的第一季度，加元又略走弱，给法国公司带来交易收益 540 欧元；不过在 20×2 年第二季度，加元继续相对欧元走强，再次法国公司发生外币交易 2,360 欧元。截至 20×2 年 5 月 15 日实际付款时，这家法国公司一共发生了 4,680（= 77,530 − 72,850）欧元的外币汇兑净损失。

15.2.3　与外币交易损益有关的披露

由于会计规则允许公司自由决定在利润表中列报外币汇兑损益的位置，因此，对于公司来说，不仅应当披露包括计入当期损益中的外币汇兑损益，还应披露公司所选择的列报位置。IFRS 要求披露"在当期损益中确认的汇兑损益"，US GAAP 要求披露"在当期净利润中计入的外币汇兑损益总额"，但这两套准则体系都没有具体规范应在哪个具体细目中披露这些损益。

表 15-1 提供了德国巴斯夫公司（GASF AG）在其 2011 年的年报中对于外币交易损益的事项披露。表 15-2 则是荷兰喜力啤酒公司（Heineken NV）在其 2011 年报中的类似披露。这两家公司均使用 IFRS 编制其合并会计报表。

在表 15-1 中，巴斯夫公司的利润表并没有单列外币汇兑损益项目。从表 15-1 的附注 6 中，分析师可以看到，巴斯夫公司将"外币与套期保值交易收益"计入"其他经营性收益"。在 2011 年报告总额为 20.08 亿欧元的"其他经营性收益"中，有 1.7 亿欧元都来自外币与套期保值交易收益。从巴斯夫公司的财务报表中，无法确定这些收益在 2011 年是否已实现，对于其中包含的未实现收益，可能会、但也可能不会在 2012 年实现。

表 15-1 中的附注 7 显示，2011 年"外币与套期保值交易的费用以及市场估值调整"为 3.99 亿欧元，占其他经营性费用的 15%。再加上外币交易损益的影响，相当于为当期贡献了 2.29 亿欧元的净损失，相当于巴斯夫公司"税前和扣除少数股东收益前利润"的 2.55%。

表 15-1　巴斯夫公司 2011 年年报与外币交易有关的信息摘录

（单位：百万欧元）

合并利润表	附注编号	2011 年	2010 年
销售收入	（4）	73,497	63,873
销货成本		−53,986	−45,310
销售产生的毛利润		**19,511**	**18,563**
销售费用		−7,323	−6,700
行政管理费用		−1,315	−1,138
研发费用		−1,605	−1,492
其他经营性收益	（6）	2,008	1,140
其他经营性费用	（7）	−2,690	−2,612

（续）

合并利润表	附注编号	2011 年	2010 年
经营利润	（4）	**8,586**	**7,761**
（省略若干细目）			
融资收益或损失	（8）	**384**	**−388**
税前和扣除少数股东收益前利润		**8,970**	**7,373**
所得税费用	（9）	**−2,367**	**−2,299**
合并净利润		**6,603**	**5,074**
少数股东本期收益	（10）	**−415**	**−517**
净利润		**6,188**	**4,557**

财务报表附注：

1. 会计政策摘要

　　外币交易：以外币购入资产的成本和按外币结算销售的收入，按交易当日的汇率入账。外币应收账款及负债按资产负债表日的汇率计价。

6. 其他经营性收益

（单位：百万欧元）

	2011 年	2010 年
准备金的转回与调整	170	244
杂项销售收入	207	142
外币与套期保值交易收益	170	136
外币报表折算收益	42	76
处置或剥离不动产、厂场与设备的利得	666	101
不动产、厂场与设备减值的转回	—	40
转回坏账准备的收益	77	36
其他	676	365
	2,008	1,140

外币与套期保值交易收益涉及外币交易、以公允价值计量的外币应收账款和应付账款，以及货币衍生及其他对冲交易。

7. 其他经营性费用

（单位：百万欧元）

	2011 年	2010 年
重组支出	233	276
环保与安全支出，拆除费用和与非强制资本化的资本性支出有关的规划费用	203	98
有形资产和无形资产的估值调整	366	247
杂项销售成本	220	180
外币与套期保值交易的费用以及市场估值调整	399	601
外币报表折算损失	56	63
处置和剥离不动产、厂场与设备的损失	40	24
油气勘探费用	184	190
应收账款计提坏账准备的增加	124	107
按市值计量的存货和终止确认过期存货的费用	233	188
其他	632	638
	2,690	2,612

外币与套期保值交易的费用以及市场估值调整主要涉及应收和应付款项的外币折算，以及货币衍生工具和其他套期交易的公允价值变动。

　　在表 15-2 喜力啤酒公司的财务报表附注 2 "编制基础" 部分，第（c）项明确指出，公司的功能货币是欧元。附注 3（b）(i)项表明，在资产负债表日，已将按外币计价的货币性资产和负债折算为功能货币表示，折算产生的外币差额（即折算损益）确认在利润表中。附注 3（r）项披露，公司将外币汇兑损益按净额计入其他财务收支净额。附注 12 "财务收益（费用）净额" 显示，公司在 2011 年发生汇兑净损失 1.07 亿欧元，2010 年为汇兑净收益 6,100 万欧元。2010 年的外币交易汇兑净收益占喜力公司当年所得税前利润的 3.1%，而 2011 年的外币汇兑净亏损占该公司当年所得税前利润的 5.3%。附注 12 中还列示了与衍生工具公允价值变动有关的损益，其中部分与外币衍生工具有关。

表 15-2　喜力啤酒公司 2011 年年报中与外币交易有关的信息摘录

（单位：百万欧元）

截至 12 月 31 日的年度合并利润表	附注编号	2011 年	2010 年
收入	5	**17,123**	**16,133**
其他收益	8	**64**	**239**
原材料、消耗品与服务成本	9	−10,966	−10,291
人工费用	10	−2,838	−2,665
摊销、折旧与减值损失	11	−1,168	−1,118
费用总额		**−14,972**	**−14,074**
经营活动产生的利润		**2,215**	**2,298**
利息收益	12	70	100
利息费用	12	−494	−590
其他财务收益（费用）净额	12	−6	−19
财务费用净额		**−430**	**−509**
按权益法享有在联营企业和合营企业的业绩份额（税后）	16	240	193
税前利润		**2,025**	**1,982**
所得税费用	13	−465	−403
利润		**1,560**	**1,579**
归属于：			
本公司股东的利润（净利润）		1,430	1,447
少数股东收益		130	132
利润		**1,560**	**1,579**

财务报表附注：

2. 编制基础

　c. 功能货币和报告货币

　　上述合并财务报表均按本公司的功能货币欧元列报。除另有说明外，所有以欧元列示的财务资料均已四舍五入至百万欧元。

3. 重要会计政策

　b. 外币

　　i. 外币交易

　　　对于外币交易，按交易日的汇率折算为喜力啤酒公司各自的功能货币记录。在报告日，对于以外币计价的货币性资产和负债，按该日汇率重新折算为功能货币，由此产生的折算差额在当期损益中确认，但可供出售（股权）投资因重新折算产生的差额和因被指定为净投资套期的金融负债所产生的再折算差额除外，此两类差额确认在其他综合收益中⊖。

⊖　注意，本摘录信息中使用 "再折算" 的方式与本章其余部分使用 "折算" 方式相同。外国子公司的货币转换将在下一节中讨论。

r. 利息收益、利息支出和其他财务损益净额

……外币损益按净额在其他财务收益（费用）净额中列报。

12. 财务收益（费用）净额

在当期损益中确认部分

（单位：百万欧元）

	2011 年	2010 年
利息收益	70	100
利息费用	−494	−590
可供出售金融资产带来的股利收益	2	1
交易性金融资产带来的股利收益	11	7
处置可供出售金融资产的净收益（亏损）	1	—
衍生工具公允价值变动净额	96	−75
外币汇兑净收益（损失）	−107	61
可供出售金融资产减值损失	—	−3
准备金现值计息	−7	−7
其他金融投资收益（费用）净额	−2	−3
其他财务收益（费用）净额	−6	−19
财务收益（费用）净额	−430	−509

一般情况下，在管理层讨论与分析和年报财务报表附注中，都能找到公司外币交易有关的信息披露。美国雅虎公司（Yahoo! Inc.）按照 US GAAP 核算其外币交易，在该公司 2011年的年报中，针对市场风险情况，披露了下列定量和定性信息：

> 本公司的外币交易损益主要产生于以非报告主体功能货币计价的交易（包括内部交易）所产生的资产和负债……公司可能会使用衍生工具，例如外币远期合约或其他工具，以最小化该类资产和负债的短期外币波动影响。远期合约交易损益无法或不能全部冲抵外币应收款项、投资和应付款项之汇率变动影响的部分，则确认进入当期损益。该等外币交易汇兑损益确认在每个会计期间的合并利润表，以净额列示在其他收益项目中。在截至每年 12 月 31 日的 2011 年度、2010 年度及 2009年度中，公司分别记录了外币交易利得（包括已实现的和未实现的）900 万美元、1,300 万美元和交易亏损 100 万美元。

雅虎公司在信息披露中清楚地解释了该公司已将全部外币交易汇兑损益反映在当期利润中，并且将其报告为了非经营性活动的影响。2011 年，价值 900 万美元的外汇交易净收益仅占该公司当年税前利润（8.275 亿美元）的 1.1%。

有些公司可能不会披露其外币交易汇兑损益的报告位置或具体数额，一般来说，是因为所涉金额不太重要。一般来说，当发生下列情况时，外币交易汇兑损益的金额对公司影响很小：

1. 公司从事的外币交易数量有限，涉及外币的金额相对较小。

2. 公司的功能货币与交易的计价外币之间的汇率相对稳定。

3. 某些外币交易的汇兑收益会自然地被其他交易的汇兑损失所抵消，因此净收益或净损失就显得不重要。例如，一家美国公司向加拿大客户销售货物，约定将在 90 天内收到以加元计价的货款；同时，它也向加拿大供应商采购了等额的货物，约定将在 90

天内支付以加元计价的货款。那么，由于加元贬值而导致的加元应收账款的损失将被加元应付账款的收益完全抵销。

4. 公司从事外币套期保值活动，以抵消外币交易产生的外币汇率变动损益。对冲外汇风险是许多外贸公司的普遍做法。

外汇远期合约和外汇期权是两种最常用的套期保值工具，可用来降低公司的外汇交易风险。诺基亚公司在它 2011 年的年报财务报表附注 34 "风险管理" 部分，介绍了它对外汇风险的管理方法，摘录如下：

> 诺基亚公司在全球开展经营，因此需要面对各种货币产生的汇率变动风险。以外币计价的资产和负债，以及因为销售或者采购而极有可能或可能发生的外币现金流量，均可能为公司带来外汇风险。由于诺基亚公司有大量的生产和销售活动分布在欧元区以外，这些交易风险是针对各种当地货币进行管理的。
>
> 根据本集团的外汇政策指引（与上年度的保持相同），除非由于市场流动性及／或对冲成本而导致对冲不合算，否则，公司会对重大交易外汇风险予套期保值。风险敞口是用交易的名义价值计量的，主要以远期外汇合约及外汇期权等衍生金融工具予以对冲。大多数套期保值工具的存续期都在一年以内。本集团不会针对两年以上的预计外币现金流量进行套期保值。

诺基亚公司还在年报其他位置额外披露了该公司与风险敞口货币和不同类型对冲工具相关的会计信息，并对重大汇率变动的影响进行了总结。例如在 2011 年，美元升值 4.2%，对以欧元计价的销售收入净额产生了积极影响（诺基亚公司的销售收入净额中，有 40% 都是以美元或紧随美元的货币计价的），但对产品成本产生了负面影响（诺基亚公司有 60% 的生产组件也是用美元计价的）；综合以后，对公司的经营利润产生了轻微的负面影响。

15.3　外币财务报表折算

许多公司在国外都有开展经营业务，而且，大多数国外业务是按当地货币记账和编制报表的。例如，德国汽车制造商宝马公司，它的美国子公司就是以美元记账的。IFRS 和 US GAAP 都要求母公司编制集团合并会计报表，将国内和国外子公司的资产、负债、收入和费用都与其母公司的资产、负债、收入和费用进行合并。为了编制全球合并报表，母公司必须先将其国外子公司的外币财务报表转换为按母公司的列报货币来表示。例如，宝马公司必须将其美国子公司的美元财务报表和南非子公司的兰特财务报表首先转换为用欧元表示，然后才能合并这些国外业务。如果美元和兰特在某一年中相对欧元出现升值，那么，折算成用欧元表达的销售金额就将大于子公司货币相对欧元出现贬值的情况。

IFRS 和 US GAAP 对外币财务报表的折算规定比较类似。不过，为了充分理解和应用这些规则，必须首先考虑几个基本问题。

15.3.1　报表折算的基本问题

在将外币财务报表折算为用母公司的列报货币表达时，必须解决两个问题：

1. 在折算每个财务报表项目时使用什么汇率最为恰当？
2. 在合并报表中如何反映因报表项目折算而引起的折算调整额？换句话说，如何恢复资产负债表的平衡？

以下用一个例子来说明上述基本问题和财务报表折算的基本概念。

假定西班克公司（Spanco）是一家西班牙的企业，使用欧元作为其列报货币。西班克公司在 20×1 年 12 月 31 日投资 1 万欧元，在美国成立了一家全资子公司，即埃美柯公司（Amerco），当日欧元兑美元的汇率为 1 欧元 = 1 美元。这样，10,000 欧元的股权投资就实际转化为 10,000 美元，子公司随即开始运营。假定埃美柯公司在 20×1 年 12 月 31 日还从当地银行借入 5,000 美元，并在同日支出 12,000 美元购买了存货，留下 3,000 美元现金。这样，埃美柯公司在 20×1 年 12 月 31 日的资产负债表可表示如下：

埃美柯公司资产负债表，20×1 年 12 月 31 日

（单位：美元）

现金	3,000	银行借款	5,000
存货	12,000	普通股股本	10,000
总计	15,000	总计	15,000

为编制 20×1 年 12 月 31 日用欧元列报的合并资产负债表，西班克公司必须将埃美柯公司资产负债表上所有的美元金额按 1 欧元 = 1 美元的汇率进行折算。这样，20×1 年 12 月 31 日的报表折算工作底稿如下：

埃美柯公司报表折算工作底稿，20×1 年 12 月 31 日

	（美元）	汇率（欧元）	（欧元）
现金	3,000	1.00	3,000
存货	12,000	1.00	12,000
总计	15,000		15,000
银行借款	5,000	1.00	5,000
普通股股本	10,000	1.00	10,000
总计	15,000		15,000

通过将每个项目的美元金额都按相同的汇率（1 欧元 = 1 美元）进行折算，埃美柯公司折算为美元后的资产负债表继续保持了平衡，资产总计与负债和股东权益总计仍然是相等的。

假定在 20×2 年第一季度中，埃美柯公司并没有进行任何交易。但美元相对欧元的走势在这期间出现疲软，到 20×2 年 3 月 31 日，汇率变为 0.80 欧元 = 1 美元。

为了编制 20×2 年第一季度末的合并资产负债表，西班克公司需要将埃美柯公司的季末资产负债表调整为按欧元列报，因此，现在必须选择是按当前 0.80 欧元的汇率进行折算，还是按 1.00 欧元的历史汇率进行折算。西班克公司最初的 10,000 欧元投资是历史事实，因此该公司希望在折算埃美柯公司的普通股时，继续保留这一事实，所以可以通过仍然按 1 欧元 = 1 美元的历史汇率来折算普通股股本 10,000 美元实现这一目标。

对于外国子公司的资产和负债项目，有以下两种折算方法：

1. 所有资产和负债项目均按**现时汇率**（current exchange rate，资产负债表日的现行汇率）进行折算。

2. 只对**货币性资产和负债项目**（monetary assets and liabilities）按现时汇率进行折算；对**非货币性资产和负债项目**（non-monetary assets and liabilities）仍按**历史汇率**（historical exchange rates，即资产购置时或负债产生时的汇率）进行折算。其中，货币性项目是指将以固定数量的货币单位接受（或支付）的现金和应收款项（应付款项）；而非货币性资产则是指存货、固定资产和无形资产等项目，非货币性负债则主要是包括递延收益（预收收入）。

以下举例说明这两种不同的方法的应用和结果。

15.3.1.1 全部资产和负债项目都按现时汇率进行折算

将 20×2 年 3 月 31 日所有资产和负债项目均按现时汇率（0.80 欧元）进行折算，工作底稿如下：

埃美柯公司报表折算工作底稿，20×2 年 3 月 31 日

	（美元）	汇率（欧元）	（欧元）	自 20×1 年 12 月 31 日以来的欧元价值变动（欧元）
现金	3,000	0.80C	2,400	−600
存货	12,000	0.80C	9,600	−2,400
总计	15,000		12,000	−3,000
银行借款	5,000	0.80C	4,000	−1,000
普通股股本	10,000	1.00H	10,000	0
小计	15,000		14,000	−1,000
外币报表折算差额			−2,000	−2,000
合计			12,000	−3,000

注：C 表示现时汇率；H 表示历史汇率。

20×1 年 12 月 31 日至 20×2 年 3 月 31 日，由于汇率走低，按更低的现时汇率折算所有资产项目后，以欧元表示的总资产价值减少了 3,000 欧元，负债价值也减少了 1,000 欧元。为了使按欧元折算后的资产负债表仍然保持平衡，其产生了 −2,000 欧元的折算差额，将其计入合并资产负债表中的股东权益栏目下。

将外币资产负债表中的项目按现时汇率调整为按母公司的功能货币计价后，价值发生了重估。该过程与外币交易中将相关的外币应收账款和应付账款进行重估的过程非常类似。按现时汇率折算个别资产和负债项目所产生的净折算差额，可视为因汇率变动而引起的外币折算净损益：

	（单位：欧元）
−600	现金价值损失
−2,400	存货价值损失
1,000	银行借款价值收益
−2,000	折算净损失

外币报表折算差额为负（即折算净损失）并不会导致西班克公司的现金流出 2,000 欧元，因此这属于未实现的损失。不过，如果西班克公司将埃美柯公司按其账面价值 10,000 美元出售，那么，损失就会实现。将出售所得按 1 美元兑换 0.80 欧元的价格转换成欧元，能带来 8,000 欧元的现金流入。由于西班克公司最初对这项美国业务的投资为 10,000 欧元，因此，就发生了 2,000 欧元的实际损失。

与外币财务报表折算有关的第二个基本问题，是应当将未实现的折算净损失计入当期合并净利润当中，还是应先计入合并资产负债表中的股东权益部分，等到处置国外子公司时再来结转该笔损失进入利润表呢？对于这两种处理方法，目前还存在一些争论。在稍后介绍完第二种折算资产和负债项目的方法后，再对此进行详细讨论。

15.3.1.2 仅货币性资产和货币性负债按现时汇率折算

现在假设只有货币性资产和货币性负债项目才按现时汇率折算。那么，20×2 年 3 月 31 日的工作底稿如下（其中，仅货币性资产和负债项目按现时汇率，即 0.80 欧元，进行折算）：

埃美柯公司报表折算工作底稿，20×2 年 3 月 31 日

	（美元）	汇率（欧元）	（欧元）	自 20×1 年 12 月 31 日以来的欧元价值变动（欧元）
现金	3,000	0.80C	2,400	−600
存货	12,000	1.00H	12,000	0
总计	15,000		14,400	−600
银行借款	5,000	0.80C	4,000	−1,000
普通股股本	10,000	1.00H	10,000	0
小计	15,000		14,000	−1,000
外币报表折算差额			400	400
合计			14,400	−600

注：C 表示现时汇率；H 表示历史汇率。

按这种折算方法，用欧元表示的现金价值减少 600 欧元，但存货仍然按 12,000 欧元的历史成本记录。应付票据的价值减记 1,000 欧元。最后，为了保持资产负债表的平衡，必须在股东权益中加上 400 欧元的外币报表折算差额。折算差额仅反映与货币性项目有关的折算净损益：

	（单位：欧元）
−600	现金价值损失
1,000	银行借款价值收益
400	折算净收益

该折算净收益（外币报表折算利得）也是**未实现**的。不过，如果发生下列事件，该利得是可以**实现**的：

1. 该子公司使用其现金（3,000 美元）去偿还尽可能多的负债；

2. 母公司向该子公司支付足够的欧元，偿还其剩余债务（5,000 美元借款，用现金偿还了 3,000 美元，还剩下 2,000 美元需要偿还）。在 20×1 年 12 月 31 日，按每 1 美元兑换 1 欧元计算，西班克公司将向埃美柯公司支付 2,000 欧元，以清偿其剩余 2,000 美元的债务。但在 20×2 年 3 月 31 日，考虑到汇率变化，每 0.80 欧元即可兑换 1 美元，母公司只需支付 1,600 欧元即可替子公司还清 2,000 美元的债务。因此，西班克公司将享有 400 欧元的外汇交易利得。

第二个基本问题再次出现，即对于未实现的外汇利得，是应该确认在当期净利润中，还是应当独立单列在股东权益栏目下暂时直接报告在资产负债表中呢？在本章第 15.3.2 节"折算方法"中，将介绍 IFRS 和 US GAAP 对这个问题的看法。

15.3.1.3 资产负债表风险敞口

子公司报表上的资产和负债项目按现时汇率折算为按母公司的列报货币来表达的资产负债表以后，发生了重估值。所以，这些项目被认为因"暴露"（exposed）于折算调整之下而具有风险。而按历史汇率折算的资产负债表项目，其按母公司货币来表达的金额是不变的，因此不会发生报表折算差额。可能产生报表折算差额的项目被称为资产负债表折算敞口，或会计风险敞口。

当按现时汇率折算的资产价值大于按现时汇率折算的负债价值时，国外经营业务将产生**净资产敞口**（net asset balance sheet exposure）。反过来，如果按现时汇率折算的负债价值大于按现时汇率折算的资产价值，就存在**净负债敞口**（net liability balance sheet exposure）。换个角度认识这个问题就是，当风险资产的价值大于风险负债的价值时，就存在净资产风险敞口；当风险负债的价值大于风险资产的价值时，就存在净负债风险敞口。当期报表折算差额的符号（正数或者负数）取决于两个因素：①资产负债表风险敞口的性质（是净资产还是净负债）和②汇率变化的方向（是走强还是走弱）。汇率波动、资产负债表风险敞口和本期报表折算差额之间的关系可归纳如下：

资产负债表风险敞口	外币	
	走强	走弱
净资产	报表折算差额为正	报表折算差额为负
净负债	报表折算差额为负	报表折算差额为正

上述关系与第 15.2.2 节总结的外币交易损益关系相同。例如，参照第 15.3.1.2 节中的例子，风险资产的价值（3,000 美元现金）少于风险负债的价值（5,000 美元银行借款），意味着净负债风险敞口。再加上在这个例子中，外币（美元）走弱，于是报表折算差额为正。

资产负债表的风险敞口类型和汇率的变动方向共同决定了当期报表折算差额的正负。在第 1 个经营期之后，以后每期的报表都需要通过折算差额来保持资产负债表的平衡，这样，就会产生累积的报表折算差额，它等于各会计期间产生的折算差额之和。例如，假设西班克公司使用现时汇率折算埃美柯公司的所有资产和负债项目（资产负债表上存在净资产敞口），由于美元在 20×2 年第一季度走弱，导致 20×2 年 3 月 31 日的报表折算差额为负的 2,000 欧元（见第 15.3.1.1 节）。进一步假设在 20×2 年第二季度，美元相对欧元又走强，埃美柯公司的资产负债表仍有净资产风险敞口，这导致第二季度的报表折算调整数为正的 500 欧元。但是，虽然 20×2 年第二季度的当期报表折算差额是正数，但截至 20×2 年 6 月 30 日的累计折算调整额仍将是负数，不过金额变为了负的 1,500 欧元。

15.3.2 折算方法

上一节介绍了两种外币财务报表折算方法：①**现时汇率法**（current rate method，所有资产和负债项目均按现时汇率折算）和②**货币性 / 非货币性项目法**（monetary/non-monetary method，仅货币性资产和货币性负债按现时汇率折算）。还有一种基于货币性 / 非货币性项目法的变通方式，不仅要求货币性资产与负债项目按现时汇率折算，还要求将按现值计量的非货币性资产和负债项目，也按现时汇率进行折算。这种在货币性 / 非货币性项目折算方法基础上发展而来的变形方法，被称为**时态法**。

时态法的基本思想是，在将资产和负债项目折算为按母公司的列报货币表达时，应尽量保留这些项目原来在用外币计量时的计量基础（现值或历史成本）。为实现这一目标，对外币资产负债表上原来按现值列报的资产和负债项目，都应按现时汇率进行折算；对外币资产负债表上原来按历史成本列报的资产和负债项目，则应按历史汇率进行折算。虽然 IASB 和 FASB 都没有具体规定折算方法的名称，但 IFRS 和 US GAAP 要求公司在折算外币财务报表时，应选择使用现时汇率法或时态法。

具体到底哪种方法更适用于国外经营实体的报表折算，取决于该报告主体的功能货币。如前所述，功能货币是一家公司在其主要经营环境中所使用的货币。国外经营实体的功能货币可以是其母公司的列报货币，但也可以是其他货币，且通常都是该实体所在国的当地货币。在表 15-3 中，列出了 IFRS 建议公司在确定国外经营实体的功能货币时应考虑的相关因素。US GAAP 也为公司确定国外经营实体功能货币时应考虑的问题提供了类似的建议，不过与 IFRS 给出的建议并不完全相同。

当表 15-3 所列的功能货币选择指标互不统一且功能货币不明显时，IFRS 指出，公司管理层在选择功能货币时应使用其最佳判断。但在这种情况下，因素 1 和因素 2 应优先于因素 3 至因素 9。

表 15-3　在确定公司的功能货币时应考虑的主要因素

按照 IFRS 的提议，在确定一家报告主体的功能货币时，应考虑以下因素：

1. 能对公司的商品和服务售价带来重要影响的货币。
2. 如果某国的竞争力和监管法规能对公司的商品或服务售价产生重要影响，则考虑该国的货币。
3. 能对公司提供商品和服务的人工、材料和其他成本产生重要影响的货币。
4. 融资活动获得的资金所主要使用的货币。
5. 公司保存其从经营活动中收取款项时所用的货币。

在确定国外经营实体的功能货币是否需要与其母公司的功能货币相同时，需要考虑的其他因素包括：

6. 对外经营活动是不是母公司经营业务的延伸，或者是否拥有很大自主权。
7. 与母公司的交易在国外经营主体的活动中所占的比例大小。
8. 国外经营实体产生的现金流量是否直接影响母公司的现金流量，是否可以汇入母公司。
9. 国外经营业务产生的经营现金流量是否足以偿还其已有的和通常可预期的债务，或者，国外经营实体是否需要母公司的资金来帮助其偿还债务。

在将外币财务报表折算为按母公司的列报货币表达时，可遵循会计准则所建议功能货币法的三个基本步骤：

1. 识别国外报告主体的功能货币。
2. 将外币余额折算为国外报告主体的功能货币。
3. 如果国外报告主体的功能货币与母公司的列报货币不一致，则按现时汇率将外币财务报表折算为按母公司的列报货币来表达的。

以下将举例说明这种方法的应用。假定母公司是一家美国企业，它有一家墨西哥子公司，以墨西哥比索作为其功能货币。假定该子公司的绝大多数交易都是以墨西哥比索完成的，但它也有一个以危地马拉格查尔计价的应付账款账户。在应用以上这三个步骤时，首先是美国母公司确认其墨西哥子公司的功能货币为墨西哥比索；第二步，墨西哥子公司需将其外币账户余额（即以危地马拉格查尔计价的应付账款）按现时汇率换算成按墨西哥比索计价；第三步，再使用现时汇率法，将用墨西哥比索编报的子公司财务报表（包括经换算的应付账款项目）折算成用美元来表达的。

如果假定这家墨西哥子公司的主要经营所用货币为美元，因此，将美元确定为该墨西哥子公司的功能货币。在这种情况下，除了按危地马拉格查尔计价的应付账款项目外，子公司所有以墨西哥比索计价的账户也都被视为外币账户（因为这些账户不以子公司的功能货币美元计价）。除了以危地马拉格查尔计价的账户余额外，其他每一个以墨西哥比索计价的账户余额也都必须先折算为按美元计价，就像子公司直接使用美元记账一样。对于按现值用墨西哥比索记账的资产和负债项目，应使用现时汇率换算成按美元计价；对于按历史成本用墨西哥比索记账的资产和负债项目，应使用历史汇率换算成按美元计价。这一步完成后，该墨西哥子公司的财务报表即以美元列报了。现在，美元既是该墨西哥子公司的功能货币，也是母公司的列报货币。因此，不再需要应用第 3 个步骤。

以下两节将更详细地介绍在应用功能货币法时应遵循的程序。

15.3.2.1　当子公司的功能货币为外币时

在大多数情况下，国外经营实体都将主要以其所在国的货币开展经营，所以它们使用的货币往往与母公司的列报货币不一样。例如，一家法国母公司有一家日本的子公司，该子公司可能以日元作为其功能货币，而法国母公司则必须以欧元编制其合并会计报表。当国外经营实体的功能货币与母公司的列报货币不同时，应按照下列方法，将该国外经营实体的外币财务报表折算为用母公司的列报货币来表达：

1. 将所有资产和负债项目均按资产负债表日的现时汇率折算。
2. 将股东权益账户按历史汇率折算。
3. 对收入和费用账户，按交易发生时的汇率折算。在实务中，可使用与交易日汇率近似的汇率，如当期平均汇率。

上述程序基本上就是**现时汇率法**的要求。

采用现时汇率法时，为保持折算后的资产负债表平衡，需要增加一个累积报表折算差额项目，单独列报在股东权益项目之下。

现时汇率法的基本思想是，对国外经营实体的全部投资都可能发生汇率折算利得或损失。因此，在每一个资产负债表日，都必须对所有的资产和负债项目进行重估值。不过，除非母公司出售该国外经营实体，否则，在报表折算时所产生的折算差额（净利得或净损失）都是未实现的。随着时间的推移，在子公司的股东权益栏目下，将一直报告一个未实现的累积报表折算差额项目。直到该国外经营主体被出售时，才将与该实体相关的累积折算利得或损失数计入净利润当中。

现时汇率法会导致资产负债表出现净资产风险敞口（除非报告主体的股东权益为负，但这种情况较为罕见）：

按现时汇率折算的项目

资产总额 > 负债总额→净资产风险敞口

当外币升值（即走强）时，应用现时汇率法，股东权益将反映正的累积报表折算差额出现增加（或负的累积折算差额减少）。当外币贬值（即走弱）时，应用现时汇率法，股东权益将反映正的累积报表折算差额减少（或负的累积折算差额增加）。

15.3.2.2 当子公司的功能货币与母公司的列报货币相同时

在某些情况下，国外经营实体的功能货币也可能恰好就是母公司的列报货币。例如，一家总部位于德国的制造商，在瑞士拥有一家全资控股的分销子公司，该子公司在日常运营中主要使用欧元，因此以欧元作为其功能货币。然而，作为一家瑞士公司，该子公司是被要求以瑞士法郎记录其交易并登记账簿的。在这种情况下，子公司按瑞士法郎编报的财务报表就必须转换为用欧元来表达，就像子公司的交易最初就是以欧元记录的那样。US GAAP 将这一过程称为**重新测量**。IFRS 没有采用重新计量这个说法，而是将这种情况描述为"以功能货币报告外币交易"。为了将子公司的交易转换为按母公司的列报货币来表达，就像子公司本来就是用该货币在记账那样，需要遵循下列程序：

1. a. 按现时汇率折算货币性资产和货币性负债项目。

   b. 按历史汇率折算使用历史成本计价的非货币性资产和负债项目。

   c. 对于按现值计量的非货币性资产和负债项目，使用现值确定日的现时汇率进行折算。

2. 按历史汇率折算股东权益类账户。

3. a. 除与非货币性资产有关的费用（见下述 3.b 项的解释）外，收入和费用项目均按交易发生时的汇率进行折算（在实务操作中常采用平均汇率）。

   b. 与非货币性资产有关的费用，如销货成本（存货）、折旧费用（固定资产）及摊销费用（无形资产）等，按与相关资产折算相同的汇率进行折算。

上述流程基本上体现了**时态法**的要求。

在时态法下，公司必须记录每项非货币性资产（存货、预付费用、固定资产和无形资产）取得时的汇率，因为这些资产（通常都按历史成本计量的）需要按历史汇率进行折算。在现时汇率法下，就没有必要追踪这些资产在取得时的历史汇率。按历史汇率折算这些资产（以及相关的费用）的要求，使时态法的应用变得更复杂。

在时态法下，根据对存货核算时使用的成本流转假设，例如先进先出法、后进先出法或者平均成本法，在折算存货（以及销货成本）项目时，所用的历史汇率会各有不同；而在资产负债表上报告的期末存货，应按这些存货在取得时的历史汇率进行折算。因此，如果公司采用先进先出法，则假定期末存货由最近购入的项目组成，所以应按相对最近的汇率对期末存货进行折算。但如果公司采用的是后进先出法，则假定期末存货由较陈旧的存货批次组成，因此应按过去的汇率对期末存货进行折算。当存货按加权平均成本法进行计价时，则使用当年的加权平均汇率来折算期末存货的价值。同样，销售成本是按当年出售的库存项目（采用先进先出法或后进先出法核算的）的历史汇率折算的。如果使用加权平均成本法对发出存货进行计价，则销货成本就按当年的加权平均汇率进行折算。

根据 IFRS 和 US GAAP，在采用时态法时，为保持折算后的资产负债表平衡，所需的折算损益应计入当期利润表。US GAAP 将其称为重新衡量利得或损失。在利润表中确认折算利得或损失主要是出于时间考虑。具体来说，如果国外经营实体在日常经营活动中主要使用与母公司相同的货币，则该国外实体用外币计价的货币性项目所产生的折算利得或损失在不久的将来就会实现，因此是可以计入当期损益的。

根据按现时汇率折算的资产（即，货币性资产和按现值计价的非货币性资产，或者说，被"暴露"的资产）价值与按现时汇率折算的负债（即，货币性负债和按现值计价的非货币性负债，或者说，被"暴露"的负债）价值之间的大小关系，时态法下会出现资产负债表净资产敞口，或者净负债敞口：

按现时汇率折算的项目

风险资产 > 风险负债→净资产风险敞口

风险资产 < 风险负债→净负债风险敞口

大多数负债都是货币性项目，而在资产方，一般只有现金和应收款项属于货币性项目，非货币性资产一般都按其历史成本计量。因此，按现时汇率折算的负债（风险负债）往往超过按现时汇率折算的资产（风险资产），这就导致了当采用时态法时，往往会出现资产负债表净负债风险敞口。

15.3.2.3　留存收益的折算

在现时汇率法和时态法下，股东权益账户均按历史汇率进行折算。这使留存收益的折算出现了一些问题。留存收益是公司在存续期间内累积实现的净利润扣除累积发放的股利之后的积累。在经营第 1 年年末，外币留存收益应按以下方式折算为用母公司的列报货币来表达：

用外币计价的净利润	按利润表所使用的折算方法	=	用母公司货币表达的净利润
－ 用外币计价的股利			－ 用母公司货币表达的股利
用外币计价的留存收益	× 宣告股利时的汇率	=	用母公司货币表达的留存收益

第 1 年年末，以母公司货币表达的留存收益会成为第 2 年以母公司货币表达的期初留存收益，然后再按以下方式计算第 2 年（及以后各年）的折算后留存收益：

用外币计价的期初留存收益	使用上年的折算金额	→	用母公司货币表达的期初留存收益
＋用外币计价的净利润	按利润表所使用的折算方法	=	＋用母公司货币表达的净利润
－ 用外币计价的股利	× 宣告股利时的汇率	=	－ 用母公司货币表达的股利
用外币计价的留存收益			用母公司货币表达的留存收益

表 15-4 总结了上述第 15.3.2.1 节至第 15.3.2.3 节所讨论的折算规则。

表 15-4 IFRS 和 US GAAP 关于将国外子公司的外币报表折算为按母公司的
列报货币表达时的折算规则

	国外子公司的功能货币	
	外币	母公司的列报货币
折算方法:	现时汇率法	时态法
将报表项目金额从国外子公司的记账货币转换为按母公司的列报货币来表达:		
资产		
货币性项目,如现金和应收账款	现时汇率	现时汇率
非货币性项目		
按现值计量(如有价证券和根据成本与市价孰低原则按市价计量的存货)	现时汇率	现时汇率
按历史成本计量(如根据成本与市价孰低原则按成本计量的存货;不动产、厂房与设备;无形资产等)	现时汇率	历史汇率
负债		
货币性项目,如应付账款、应计费用、长期负债和递延所得税负债等	现时汇率	现时汇率
非货币性项目		
按现值计量的	现时汇率	现时汇率
未按现值计量的,如递延收入	现时汇率	历史汇率
股东权益		
除留存收益以外的其他项目	历史汇率	历史汇率
留存收益	期初余额加折算的净利润再扣除按历史汇率折算的股利	期初余额加折算的净利润再扣除按历史汇率折算的股利
收入	平均汇率	平均汇率
费用		
大部分费用项目	平均汇率	平均汇率
与按历史汇率折算的资产相关的费用项目,如销货成本、折旧费用和摊销费用	平均汇率	历史汇率
母公司合并报表中对报表折算差额的处理	将累积报表折算差额在股东权益栏目下单列	将折算差额计入当期净利润

15.3.2.4 恶性通货膨胀经济环境

当国外经济实体处于恶性通货膨胀的经济环境中时,在如何折算外币财务报表这个问题方面,可以不再考虑该实体功能货币的影响。根据 IFRS 的要求,应首先将该国外经营实体的财务报表按照 IAS 29《恶性通货膨胀经济中的财务报告》的要求进行重述;然后,再按照现时汇率法将经过通胀调整后的外币财务报表折算为母公司的列报货币表达。

如果国外经营主体处于恶性通货膨胀的经济环境中,US GAAP 对外币报表的折算要求与 IFRS 是非常不同的。US GAAP 不允许因通货膨胀而重述报表,而是要求以功能货币作为报告货币去重新计量国外经营实体的财务报表(即采用时态法)。

US GAAP 对恶性通货膨胀经济的定义是"三年累计通货膨胀率超过 100% 的经济"(但请注意,在应用该定义时应进行判断,特别是应注意通胀趋势,这可能与绝对的通胀率一样重要)。按三年累计的通胀率为 100% 计算,相当于平均每年的通胀率约为 26%。IAS 21 中并没有对恶性通货膨胀给出定义，但在 IAS 29 中指出，三年内累计通货膨胀率接近或超过 100% 将是恶性通货膨胀的征兆。如果国外经营实体所在国不再被认定为恶性通胀国家，则必须识别该实体的功能货币，以确定折算该实体财务报表的适当方法。

FASB 最初也提出公司应当按通胀情况重述报表，然后再进行报表折算，但这种做法遭到了跨国公司的强烈抵制。要求时态法可以确保企业避免在恶性通货膨胀的国家使用现时汇率法时存在的"工厂消失问题"，因为在恶性通货膨胀的经济环境中，随着当地货币在国内失去购买力，它相对于其他货币的价值也往往会下降，此时如果将土地和建筑物等资产的历史成本按逐步贬值的汇率进行折算，会使这些资产慢慢从母公司的合并财务报表中消失。例 15-4 就说明了在一个恶性通货膨胀的经济环境中使用当地货币记账时，三种不同报表折算方法的效果。例 15-4 的背景是 2000 年至 2002 年期间的土耳其，当时它被认为是少数几个恶性通货膨胀的国家之一，如今，土耳其已不再被视为恶性通胀经济国家。（2010 年，美国证交会审计质量中心监管委员会的国际惯例工作队表示，委内瑞拉已达到被认定为恶性通货膨胀国家的门槛。）

▌例 15-4　恶性通货膨胀经济环境下的外币报表折算

土耳其是 21 世纪初仅有的几个存在恶性通货膨胀的国家之一。以下是该国在 2000 ～ 2002 年期间的年度通货膨胀率与土耳其里拉（TL）和美元（US$）之间的汇率情况：

日期	汇率	年度	通货膨胀率
2000 年 1 月 1 日	TL542,700 = US$1		
2000 年 12 月 31 日	TL670,800 = US$1	2000 年	38
2001 年 12 月 31 日	TL1,474,525 = US$1	2001 年	69
2002 年 12 月 31 日	TL1,669,000 = US$1	2002 年	45

假设有一家总部位于美国的公司，在 2000 年 1 月 1 日到土耳其设立了一家子公司。这家美国母公司于 2000 年 1 月 1 日向子公司投资了 1,000 美元，用于以 542,700,000（= 542,700 × 1,000）土耳其里拉的价格买下一块土地。假定没有其他资产或者负债项目的影响，在三种可能的报表折算方法下，报告的年度和累积报表折算差额将会是多少？

解答：

方法 1：使用现时汇率法进行折算。

将土地的历史成本按现时汇率进行折算，因此，在每个资产负债表日，都会有一个新的折算金额。

日期	账面价值 （土耳其里拉）	现时汇率	折算为美元 金额	当年报表折算 差额（美元）	累积报表折算 差额（美元）
2000 年 1 月 1 日	542,700,000	542,700	1,000	N/A	N/A
2000 年 12 月 31 日	542,700,000	670,800	809	−191	−191
2001 年 12 月 31 日	542,700,000	1,474,525	368	−441	−632
2002 年 12 月 31 日	542,700,000	1,669,000	325	−43	−675

到第 3 年年末，最初用 1,000 美元购买的土地，在母公司的合并资产负债表上将只能报告为 325 美元（而且提请注意，土地是不折旧的资产）。累积有 675 美元的报表折算损失，将在 2002 年 12 月 31 日的资产负债表股东权益栏目下单独列报。这种折算方法考虑了汇率的变动，

但没有考虑到资产以当地货币计价时出现的价值变化，因此它并不能准确地反映示例中出现的经济现实。这就是 IFRS 或 US GAAP 都没有采用这种做法的主要原因。

方法 2：使用时态法进行折算（US GAAP ASC 830）。

对于按历史成本计价的土地，采用历史汇率进行折算，因此，在每个资产负债表日的折算金额都是相同的。

日期	账面价值（土耳其里拉）	现时汇率	折算为美元金额（美元）	当年报表折算差额	累积报表折算差额
2000 年 1 月 1 日	542,700,000	542,700	1,000	N/A	N/A
2000 年 12 月 31 日	542,700,000	542,700	1,000	N/A	N/A
2001 年 12 月 31 日	542,700,000	542,700	1,000	N/A	N/A
2002 年 12 月 31 日	542,700,000	542,700	1,000	N/A	N/A

根据这种方法，土地在母公司每年的合并资产负债表上都继续按其初始成本 1,000 美元进行列报，由于都按历史汇率折算，因此没有折算损益产生。这种方法是 US GAAP 所要求的，能确保非货币性资产不会从折算后的资产负债表中消失。

方法 3：先按通货膨胀率重述，再使用现时汇率进行折算换算（IAS 21）。

将土地的历史成本按通货膨胀率进行重述，然后再使用现时汇率法折算经通胀调整后的历史成本。

日期	通胀率	账面价值（土耳其里拉）	现时汇率	折算为美元金额（美元）	当年报表折算差额（美元）	累积报表折算差额（美元）
2000 年 1 月 1 日		542,700,000	542,700	1,000	N/A	N/A
2000 年 12 月 31 日	38	748,926,000	670,800	1,116	116	116
2001 年 12 月 31 日	69	1,265,684,940	1,474,525	858	−258	−142
2002 年 12 月 31 日	45	1,835,243,163	1,669,000	1,100	242	100

根据这种方法，在母公司 2002 年 12 月 31 日的合并资产负债表上，土地的价值将报告为 1,100 美元，累积未实现报表折算差额为 100 美元。虽然截至 2002 年 12 月 31 日的累积折算差额尚未实现，但如果：①按土耳其里拉计价的土地价值随当地通货膨胀率升值，②土耳其子公司以 1,835,243,163 土耳其里拉将土地出售，以及③将出售所得款项按 2002 年 12 月 31 日的现时汇率兑换为美元，将可以得到 1,100 美元。所以，收益是可以实现的。

IAS 21 要求公司采用这种方法对恶性通货膨胀环境下的国外经营主体编制的外币报表进行折算。这种方法除了需要对通胀情况进行评估之外，也许是最能代表经济现实的方法，因为它既能反映按当地货币计量的土地价值变化，也能反映出汇率的实际变化情况。

15.3.3 折算方法举例（不含恶性通货膨胀情形）

为了演示外币财务报表折算（不包括恶性通货膨胀经济环境下的情形）的过程，假设因特柯公司（Interco）是一家欧洲企业，它以欧元作为其列报货币。20×1 年 1 月 1 日，因特柯公司在加拿大成立了一家全资子公司堪南达科（Canadaco）。除了收到因特柯公司的股权出资以外，堪南达科公司还通过谈判向一家加拿大银行借入了一笔长期款项，以购买不动产和设备。该子公司在开始经营时，用加元（C$）编制的资产负债表如下：

堪南达科公司资产负债表，20×1 年 1 月 1 日

（单位：加元）

资产	
现金	1,500,000
不动产与设备	3,000,000
	4,500,000
负债与股东权益	
长期借款	3,000,000
股本	1,500,000
	4,500,000

堪南达科公司在 20×1 年通过采购和出售存货，创造了净利润 1,180,000 加元，并从中支付股利 350,000 加元。该公司在 20×1 年度的利润及利润分配表和 20×1 年 12 月 31 日的资产负债表如下：

堪南达科公司利润及利润分配表，20×1 年

（单位：加元）

销售收入	12,000,000
销货成本	−9,000,000
销售费用	−750,000
折旧费用	−300,000
利息费用	−270,000
所得税费用	−500,000
净利润	1,180,000
减：股利，20×1 年 12 月 1 日	−350,000
留存收益，20×1 年 12 月 31 日	830,000

堪南达科公司资产负债表，20×1 年 12 月 31 日　（单位：加元）

资产		负债与股东权益	
现金	980,000	应付账款	450,000
应收账款	900,000	短期负债合计	450,000
存货	1,200,000	长期借款	3,000,000
流动资产合计	3,080,000	负债合计	3,450,000
不动产与设备	3,000,000	股本	1,500,000
减：累计折旧	−300,000	留存收益	830,000
总计	5,780,000	总计	5,780,000

存货按历史成本计量，采用先进先出法进行计价。

为了将堪南达科公司用加元编报的财务报表换算成以欧元表示的，以方便合并，特收集了下列汇率资料：

日期	每 1 加元可兑换的欧元
20×1 年 1 月 1 日	0.70
20×1 年平均汇率	0.75
购入存货时的加权平均汇率	0.74
20×1 年 12 月 1 日，宣告股利时的汇率	0.78
20×1 年 12 月 31 日	0.80

在 20×1 年期间，加元对欧元的汇率从年初的 1：0.70 稳步上升至年底的 1：0.80。

以下的报表折算工作底稿上，列示了按两种方法折算堪南达科公司财务报表的结果。首先假设堪南达科公司的功能货币为加元，因此应当采用现时汇率法进行报表折算。第一步，先折算用加元编报的利润及利润分配表。将 20×1 的利润表项目按 20×1 的平均汇率（C$1：€ 0.75）进行折算，将股利按宣告股利时的汇率进行折算（C$1：€ 0.78），最后得到 12月 31 日留存收益的期末余额为 612,000 欧元，将其转入用欧元[⊖]编报的资产负债表中。接下来，再折算剩余的资产负债表账户。其中，资产和负债项目按 20×1 年 12 月 31 日，即资产负债表日的现时汇率（C$1：€ 0.80）进行折算，股本账户则按因特柯公司出资的历史汇率（C$1：€ 0.70）进行折算。最后，为了使资产负债表达到平衡，需要补上 202,000 欧元的报表折算差额，作为该行项目的余额，报告在资产负债表的股东权益栏目下。

相反，如果因特柯公司确定堪南达科公司的功能货币为欧元（即母公司的列报货币），则必须应用时态法进行报表折算，如表中最右边一列所示。从折算程序上看，与现时汇率法的区别在于，存货、不动产与设备（和累计折旧）以及与这些项目相关的费用项目（销货成本和折旧费用）均应按取得这些资产时的历史汇率进行折算：其中，不动产与设备的折算汇率应为C$1：€ 0.70，存货的折算汇率应为 C$1：€ 0.74。首先折算资产负债表，判断要让资产负债表保持平衡，需要的留存收益金额为 472,000 欧元。将这个金额计入利润及利润分配表，作为 20×1年 12 月 31 日的留存收益期末余额。然后，对利润表项目进行折算，其中，对销货成本和折旧费用应使用历史汇率。最后，要保持利润及利润分配表中的留存收益期末余额为 472,000 欧元，可倒推出报表折算差额应为负的 245,000 欧元，将其报告为利润表中的报表折算损失。

现时汇率法下产生的报表折算差额为正数，可通过以下方式得到解释：堪南达科公司在20×1 年期间拥有资产负债表净资产风险敞口（总资产价值超过总负债价值），同时，加元相对欧元的走势在这段时期内增强。而对于时态法下的负报表折算差额（折算损失），则可解释为：在 20×1 年期间，当加元相对欧元走势更强硬时，堪南达科公司在时态法下表现为净负债风险敞口，因为该公司风险负债的金额，即应付账款和银行借款的合计价值，是超过其风险资产的金额（即现金和应收款项的合计价值）的。

堪南达科公司利润及利润分配表，20×1 年

| 堪南达科公司的功能货币为： | （加元） | 当地货币（加元） | | 母公司货币（欧元） | |
| | | 现时汇率法 | | 时态法 | |
		汇率	（欧元）	汇率	（欧元）
销售收入	12,000,000	0.75A	9,000,000	0.75A	9,000,000
销货成本	−9,000,000	0.75A	−6,750,000	0.74H	−6,660,000
销售费用	−750,000	0.75A	−562,500	0.75A	−562,500
折旧费用	−300,000	0.75A	−225,000	0.70H	−210,000
利息费用	−270,000	0.75A	−202,500	0.75A	−202,500
所得税费用	−500,000	0.75A	−375,000	0.75A	−375,000
折算损益影响前的利润	1,180,000		885,000		990,000
报表折算损益	N/A		N/A	平衡倒挤	−245,000
净利润	1,180,000		885,000		745,000
减：股利，20×1 年 12 月 1 日	−350,000	0.78H	−273,000	0.78H	−273,000
留存收益，20×1 年 12 月 31 日	830,000		612,000	来自资产负债表	472,000

注：A 表示当年平均汇率；H 表示历史汇率。

⊖ 原文此处为加元，根据上下文判断，应更正为欧元。——译者注

堪南达科公司资产负债表，20×1年12月31日

堪南达科公司的功能货币为：	（加元）	当地货币（加元）现时汇率法		母公司货币（欧元）时态法	
		汇率	（欧元）	汇率	（欧元）
资产					
现金	980,000	0.80C	784,000	0.80C	784,000
应收账款	900,000	0.80C	720,000	0.80C	720,000
存货	1,200,000	0.80C	960,000	0.74H	888,000
流动资产合计	3,080,000		2,464,000		2,392,000
不动产与设备	3,000,000	0.80C	2,400,000	0.70H	2,100,000
减：累计折旧	−300,000	0.80C	−240,000	0.70H	−210,000
总计	5,780,000		4,624,000		4,282,000
负债与股东权益					
应付账款	450,000	0.80C	360,000	0.80C	360,000
短期负债合计	450,000		360,000		360,000
长期借款	3,000,000	0.80C	2,400,000	0.80C	2,400,000
负债合计	3,450,000		2,760,000		2,760,000
股本	1,500,000	0.70H	1,050,000	0.70H	1,050,000
留存收益	830,000	来自利润表	612,000	平衡数	472,000
报表折算差额	N/A	平衡数	202,000		N/A
总计	5,780,000		4,624,000		4,282,000

注：C表示现时汇率；H表示历史汇率。

15.3.4 财务分析应注意的报表折算问题

　　将堪南达科公司用加元编报的财务报表折算为按欧元编报时，如果应用这两种不同的折算方法，将导致列入因特柯公司合并财务报表中的金额大不相同。下表中总结了其中的一些差异：

堪南达科公司的功能货币为：	当地货币（加元）	母公司货币（欧元）	差异（%）
	折算方法		
项目	现时汇率法（欧元）	时态法（欧元）	
销售收入	9,000,000	9,000,000	0.0
净利润	885,000	745,000	+18.8
折算损益影响前的利润	885,000	990,000	−10.6
资产总计	4,624,000	4,282,000	+8.0
股东权益总计	1,864,000	1,522,000	+22.5

　　在本例中，现时汇率法下报告的净利润明显大于时态法下。出现这种结果的原因是在现时汇率法下，报表折算差额是不计入当期损益的。如果将报表折算损失从净利润中剔除，则时态法下计算的净利润金额将大大增加。时态法下较小的净利润和现时汇率法下资产负债表上报告的大于0的报表折算差额，两者共同影响，导致现时汇率法下的股东权益总额要高出很多。在现时汇率法下，总资产金额也较高，因为所有资产均按现时汇率折算，高于按时态法下折算存货和固定资产项目时所使用的历史汇率。

　　为了研究报表折算对堪南达科公司最初按加元编制的财务报表中所存在的基本关系的影

响，以下分别利用加元财务报表和折算后的欧元财务报表中的数据，计算了几个重要的财务比率，报告如下表所示。

堪南达科公司的功能货币为：		（加元）	当地货币（加元）	母公司货币（欧元）
			现时汇率法（欧元）	时态法（欧元）
流动比率		6.84	6.84	6.64
流动资产 流动负债	=	3,080,000 450,000	= 2,464,000 360,000	= 2,392,000 360,000
资产负债率		0.52	0.52	0.56
负债总额 资产总额	=	3,000,000 5,780,000	= 2,400,000 4,624,000	= 2,400,000 4,282,000
负债 – 股东权益之比		1.29	1.29	1.58
负债总额 股东权益总额	=	3,000,000 2,330,000	= 2,400,000 1,864,000	= 2,400,000 1,522,000
利息覆盖率		7.22	7.22	7.74
EBIT 利息费用	=	1,950,000 270,000	= 1,462,500 202,500	= 1,567,500 202,500
毛利率		0.25	0.25	0.26
毛利润 销售收入	=	3,000,000 12,000,000	= 2,250,000 9,000,000	= 2,340,000 9,000,000
经营利润率		0.16	0.16	0.17
经营利润 销售收入	=	1,950,000 12,000,000	= 1,462,500 9,000,000	= 1,567,500 9,000,000
净利润率		0.10	0.10	0.08
净利润 销售收入	=	1,180,000 12,000,000	= 885,000 9,000,000	= 745,000 9,000,000
应收账款周转率		13.33	12.50	12.50
销售收入 应收账款	=	12,000,000 900,000	= 9,000,000 720,000	= 9,000,000 720,000
存货周转率		7.50	7.03	7.50
销货成本 存货	=	9,000,000 1,200,000	= 6,750,000 960,000	= 6,660,000 888,000
固定资产周转率		4.44	4.17	4.76
销售收入 固定资产（净值）	=	12,000,000 2,700,000	= 9,000,000 2,160,000	= 9,000,000 1,890,000
总资产报酬率		0.20	0.19	0.17
净利润 资产总计	=	1,180,000 5,780,000	= 885,000 4,624,000	= 745,000 4,282,000
净资产收益率		0.51	0.47	0.49
净利润 股东权益	=	1,180,000 2,330,000	= 885,000 1,864,000	= 745,000 1,522,000

对上表中按现时汇率法（欧元）和时态法（欧元）两栏计算结果进行比较，会发现根据所使用报表折算方法的不同，堪南达科公司折算后的财务报表比率差异很大。在上述所比较的财务比率中，只有应收账款周转率在两种折算方法下是相同的，是唯一一个分子和分母都没有受汇率差异影响的财务比率。在这两种折算方法下，销售收入都按平均汇率折算，而应

收款项则按现时汇率折算。但对于其他比率来说，其分子或分母项目中至少有一个在时态法和现时汇率法下应用了不同的折算汇率（现时汇率、平均汇率或历史汇率）。例如，两种折算方法下的流动比率就差异明显，因为在现时汇率法下，存货是按现时汇率折算的；但在时态法下，存货是按历史汇率折算的。这样，由于 20×1 年 12 月 31 日的欧元兑加元汇率（C$1∶€0.80）高于存货取得时的历史汇率（C$1∶€0.74），因此，现时汇率法下计算得到的流动比率的值更高。

比较上表中按加元财务报表计算的财务比率和按现时汇率法（欧元）栏中的财务比率，会发现在现时汇率法下，加元财务报表中存在的许多基本关系得以保留了（即根据加元报表计算的比率和根据按欧元折算的报表计算的财务比率是相同的）。上表中，按加元报表计算的流动比率、杠杆比率（资产负债率和负债 – 股东权益之比）、利息覆盖率和利润率（毛利率、经营利润率和净利润率）等，与按现时汇率法折算报表金额计算出来的财务比率是相同的。出现这种结果是因为这些比率要么使用的都是资产负债表数据，要么使用的都是利润表数据，而不是同时使用两张报表数据计算的。对于需要同时使用资产负债表数据和利润表数据共同计算的财务比率（例如，周转率指标和投资收益率指标），则是不同的。在本例中，按加元金额计算的每一个周转率指标和投资收益率指标都大于按现时汇率法折算为欧元金额后所计算的指标。当使用现时汇率法折算时，扭曲了原来用加元表示的各个项目之间的关系，因为在现时汇率法下，资产负债表项目金额是使用现时汇率折算的，而收入和费用项目则是使用平均汇率折算的。（如果收入和费用项目也按现时汇率折算，就不会发生这种扭曲。）

如果比较上表中按加元财务报表计算的财务比率和按时态法（欧元）栏中的财务比率，就会发现除存货周转率外，采用按时态法折算后的报表金额所计算的财务比率与按加元报表中金额直接计算的财务比率之间差异很大。此外，不同比率所受影响的方向也不尽相同。在堪南达科公司的这个例子中，与按原始加元金额计算的财务比率相比，按时态法折算后的报表金额所计算出的毛利率和经营利润率更高，但净利润率更低；类似地，应收账款周转率更小，存货周转率相同，但固定资产周转率更高。

在将堪南达科公司用加元编报的财务报表折算为用欧元表示时，时态法下报告的净利润比现时汇率法下得更低，主要是因为 IFRS 和 US GAAP 要求将时态法下产生的报表折算差额计入当期损益中。本例中，造成折算损失的原因是，加元相对欧元的购买力走强，堪南达科公司按现时汇率折算的负债（货币性负债）金额比按现时汇率折算的资产（货币性资产）金额更高。如果堪南达科公司有净货币性资产敞口（即，如果货币性资产超过货币性负债），则会产生报表折算利得，那么，使用时态法折算后的净利润（包括折算利得后）就将大于按现时汇率法折算出的净利润。例 15-5 说明了在时态法下，不同类型的资产负债表风险敞口是如何影响报表折算后净利润的。

▌例 15-5　时态法下，不同资产负债表风险敞口的影响（堪南达科公司的功能货币为其母公司的列报货币时）

堪南达科公司于 20×1 年 1 月 1 日开始运营，当日，它持有现金为 1,500,000 加元，不动产和设备为 3,000,000 加元。在情形 A 中，该公司用长期借款所取得的资金购置了不动产和设备，然后 1,500,000 加元的净货币性负债（即 3,000,000 加元的长期借款减去 1,500,000 加元的现金）开始运营。在情形 B 中，堪南达科公司用股东投入的资金购买了不动产和设备，并以 1,500,000 加元的净货币性资产开始运营。为了分离出时态法下资产负债表风险敞口对净利润的影响，假设堪南达科公司在情形 B 中即使没有债务融资，也仍然负担有 270,000 加元的利息费用。这样假设与现实是不符的，但它能使我们更清楚地看到资产负债表风险敞口对净利润的影响。情形 A 与情形 B 唯一不同的是该国外经营实体的货币性资产或负债的净额状况，如下表所示：

堪南达科公司资产负债表，20×1 年 1 月 1 日

(单位：加元)

	情形 A	情形 B
资产		
现金	1,500,000	1,500,000
不动产与设备	3,000,000	3,000,000
	4,500,000	4,500,000
负债与股东权益		
长期借款	3,000,000	0
股本	1,500,000	4,500,000
	4,500,000	4,500,000

堪南达科公司在 20×1 年通过购入并出售存货，创造了净利润 1,180,000 加元，并支付股利 350,000 加元。截至 20×1 年 12 月 31 日，该公司的总资产为 5,780,000 加元。堪南达科公司的功能货币被确定为欧元（即母公司的列报货币），因此需要将它按加元编报的财务报表采用时态法折算为用欧元来表示。相关汇率如下：

日期	每 1 加元可兑换的欧元
20×1 年 1 月 1 日	0.70
20×1 年平均汇率	0.75
购入存货时的加权平均汇率	0.74
20×1 年 12 月 1 日，宣告股利时的汇率	0.78
20×1 年 12 月 31 日	0.80

问题： 堪南达科公司的净货币性资产或者净货币性负债状态对按欧元折算的报表金额会有什么影响？

解答： 使用时态法将堪南达科公司在 20×1 年 12 月 31 日的资产负债表折算为用欧元来表达，情形 A 和情形 B 下的折算结果如下表所示：

按时态法折算的堪南达科公司资产负债表，20×1 年 12 月 31 日

	情形 A：净货币性负债			情形 B：净货币性资产		
	（加元）	汇率	（欧元）	（加元）	汇率	（欧元）
资产						
现金	980,000	0.80C	784,000	980,000	0.80C	784,000
应收账款	900,000	0.80C	720,000	900,000	0.80C	720,000
存货	1,200,000	0.74H	888,000	1,200,000	0.74H	888,000
流动资产合计	3,080,000		2,392,000	3,080,000		2,392,000
不动产与设备	3,000,000	0.70H	2,100,000	3,000,000	0.70H	2,100,000

（续）

	情形 A：净货币性负债			情形 B：净货币性资产		
	（加元）	汇率	（欧元）	（加元）	汇率	（欧元）
减：累计折旧	−300,000	0.70H	−210,000	−300,000	0.70H	−210,000
资产总计	5,780,000		4,282,000	5,780,000		4,282,000
负债与股东权益						
应付账款	450,000	0.80C	360,000	450,000	0.80C	360,000
短期负债合计	450,000		360,000	450,000		360,000
长期借款	3,000,000	0.80C	2,400,000	0		0
负债合计	3,450,000		2,760,000	450,000		360,000
股本	1,500,000	0.70H	1,050,000	4,500,000	0.70H	3,150,000
留存收益	830,000		472,000	830,000		772,000
总计	5,780,000		4,282,000	5,780,000		4,282,000

注：C 表示现时汇率；H 表示历史汇率。

为了保持资产负债表的平衡，情形 A（净货币性负债风险敞口）和情形 B（净货币性资产风险敞口）下的留存收益必须分别为 472,000 欧元和 772,000 欧元。两种情形下留存收益的差额 300,000 欧元，恰好等于在加元对欧元升值期间，该公司持有以加元计价的银行存款所造成的折算损失。该差额的计算可以通过长期借款的金额乘以年内的汇率变化而得到 [3,000,000 × （0.80 − 0.70）= 300,000]。在时态法下，长期借款需要承担外汇变动风险，但股本不需要。堪南达科公司通过用股权资金而不是借助借款来购置不动产和设备，从而避免与长期借款有关的 300,000 欧元的折算损失。

使用时态法折算堪南达科公司 20×1 年的利润及利润分配表，情形 A 和情形 B 下的折算后报表如下所示：

堪南达科公司 20×1 年利润及利润分配表，按时态法折算结果

	情形 A：净货币性负债			情形 B：净货币性资产		
	（加元）	汇率	（欧元）	（加元）	汇率	（欧元）
销售收入	12,000,000	0.75A	9,000,000	12,000,000	0.75A	9,000,000
销货成本	−9,000,000	0.74H	−6,660,000	−9,000,000	0.74H	−6,660,000
销售费用	−750,000	0.75A	−562,500	−750,000	0.75A	−562,500
折旧费用	−300,000	0.70H	−210,000	−300,000	0.70H	−210,000
利息费用	−270,000	0.75A	−202,500	−270,000	0.75A	−202,500
所得税费用	−500,000	0.75A	−375,000	−500,000	0.75A	−375,000
折算损益影响前的利润	1,180,000		990,000	1,180,000		990,000
报表折算损益	N/A		−245,000	N/A		55,000
净利润	1,180,000		745,000	1,180,000		1,045,000
减：股利，20×1 年 12 月 1 日	−350,000	0.78H	−273,000	−350,000	0.78H	−273,000
留存收益，20×1 年 12 月 31 日	830,000		472,000	830,000		772,000

注：A 表示当年平均汇率；H 表示历史汇率。

两种情形下，"折算损益影响前的利润"都是相同的。为了算出能让资产负债表保持平衡的留存收益金额，在情形 A（净货币性负债）下，需要从净利润中减去 245,000 欧元的折算损失；而在情形 B（净货币性资产）下，则需要在净利润基础上再加上 55,000 欧元。两种情形下的净利润相差 300,000 欧元，刚好等于长期借款的折算损失。

应用时态法时，相比应用现时汇率法，公司可以更方便地通过管理敞口项目来影响折算利得或损失。如果一家公司可以通过管理措施让国外经营子公司资产负债表上的货币性资产价值等于货币性负债价值，那么，这家子公司就不会存在风险敞口。在现时汇率法下，只有当资产总额等于负债总额时，才可能消除子公司资产负债表上的风险敞口。这种情况非常难达到，因为相当于要求国外子公司的股东权益金额为 0。

就堪南达科公司而言，在 20×1 年，如果应用现时汇率法，将导致合并财务报表中报告的总资产和总股东权益的欧元金额高于应用时态法下的结果。两种换算方法下的结果差异的方向是由加元与欧元之间汇率的变化方向决定的。例如，在现时汇率法下，由于所有资产项目都按现时汇率进行折算，因此暴露的资产总额更大。再加上 20×1 年 12 月 31 日的现时汇率大于该公司取得非货币性资产时的历史汇率（即这类资产在时态法下的折算率），因此，随着加元相对欧元出现升值，现时汇率法折算出来的总资产金额会更高。如果加元相对欧元出现贬值，则现时汇率法下折算出来的总资产金额将比时态法下的更低。

采用现时汇率法相对时态法也产生了更高的股东权益。在现时汇率法下，产生了正的报表折算差额，且直接计入了股东权益。而在时态法下，报表换算损失（通过留存收益）减少了股东权益总额。

例 15-6 说明了汇率变化方向对报表折算金额的影响。将堪南达科公司的加元财务报表换算成用欧元表达，首先假设汇率在 20×1 年期间没有发生变化，然后再假设加元相对欧元出现升值和减值。使用现时汇率法将外币财务报表折算为母公司的列报货币时，外币汇率增强会增加母公司合并财务报表中报告的收入、利润、资产、负债和股东权益总额。反过来，如果外币相对于母公司的列报货币贬值，则折算后的报表将报告较小的收入、利润、资产、负债和股东权益。

如果使用时态法来折算外币财务报表，那么外币升值时，仍会增加母公司合并财务报表中报告的收入、资产和负债。但是，由于报表折算损失的影响，净利润和股东权益将转换为更低的金额（假设国外子公司持有净货币性资产）。如果外币相对于母公司的列报货币出现贬值，则会得到相反的结果。

▌例 15-6　汇率变动方向对折算金额的影响

在以下三种情形下，将按加元（C$）编报的财务报表折算为用欧元（€）列报：①加元相对欧元保持稳定，②加元相对欧元走强，③加元相对欧元走弱。三种情形下的相关汇率如下：

日期	每 1 加元可兑换的欧元		
	加元稳定	加元升值	加元贬值
20×1 年 1 月 1 日	0.70	0.70	0.70
20×1 年平均汇率	0.70	0.75	0.65
取得存货时的加权平均汇率	0.70	0.74	0.66
宣告股利时的汇率	0.70	0.78	0.62
20×1 年 12 月 31 日	0.70	0.80	0.60

如果按下列方法折算堪南达科公司用加元编制的财务报表，在三种不同汇率走势假设下，该公司报表项目在母公司的合并财务报表上将报告的金额为多少？

1. 现时汇率法

2. 时态法

问题 1 解答： 现时汇率法：使用现时汇率法，在三种不同的汇率走势假设下，将堪南达科公司的加元财务报表折算为用欧元表示的金额如下：

20×1 年堪南达科公司利润及利润分配表，按现时汇率法折算

	（加元）	加元稳定		加元升值		加元贬值	
		汇率	（欧元）	汇率	（欧元）	汇率	（欧元）
销售收入	12,000,000	0.70	8,400,000	0.75A	9,000,000	0.65A	7,800,000
销货成本	−9,000,000	0.70	−6,300,000	0.75A	−6,750,000	0.65A	−5,850,000
销售费用	−750,000	0.70	−525,000	0.75A	−562,500	0.65A	−487,500
折旧费用	−300,000	0.70	−210,000	0.75A	−225,000	0.65A	−195,000
利息费用	−270,000	0.70	−189,000	0.75A	−202,500	0.65A	−175,500
所得税费用	−500,000	0.70	−350,000	0.75A	−375,000	0.65A	−325,000
净利润	1,180,000		826,000		885,000		767,000
减：股利	−350,000	0.70	−245,000	0.78H	−273,000	0.62H	−217,000
留存收益	830,000		581,000		612,000		550,000

注：A 表示当年平均汇率；H 表示历史汇率。

与加元币值稳定情形下的销售收入和净利润比较，在加元相对欧元升值的情形下，合并利润表中报告的销售收入和净利润金额更高；而在加元相对欧元贬值的情形下，折算后的销售收入和净利润更低。

20×1 年 12 月 31 日堪南达科公司资产负债表，按现时汇率法折算

	（加元）	加元稳定		加元升值		加元贬值	
		汇率	（欧元）	汇率	（欧元）	汇率	（欧元）
资产							
现金	980,000	0.70	686,000	0.80C	784,000	0.60C	588,000
应收账款	900,000	0.70	630,000	0.80C	720,000	0.60C	540,000
存货	1,200,000	0.70	840,000	0.80C	960,000	0.60C	720,000
流动资产合计	3,080,000		2,156,000		2,464,000		1,848,000
不动产与设备	3,000,000	0.70	2,100,000	0.80C	2,400,000	0.60C	1,800,000
减：累计折旧	−300,000	0.70	−210,000	0.80C	−240,000	0.60C	−180,000
资产总计	5,780,000		4,046,000		4,624,000		3,468,000
负债与股东权益							
应付账款	450,000	0.70	315,000	0.80C	360,000	0.60C	270,000
短期负债合计	450,000		315,000		360,000		270,000
长期借款	3,000,000	0.70	2,100,000	0.80C	2,400,000	0.60C	1,800,000
负债合计	3,450,000		2,415,000		2,760,000		2,070,000
股本	1,500,000	0.70	1,050,000	0.70H	1,050,000	0.70H	1,050,000

（续）

（加元）	加元稳定		加元升值		加元贬值	
	汇率	（欧元）	汇率	（欧元）	汇率	（欧元）
留存收益	830,000		581,000		612,000		550,000
报表折算差额	N/A		0		202,000		−202,000
股东权益合计	2,330,000		1,631,000		1,864,000		1,398,000
总计	5,780,000		4,046,000		4,624,000		3,468,000

注：C 表示现时汇率（期末汇率）；H 表示历史汇率。

当加元在年内保持稳定时，报表折算差额为 0；当加元相对欧元走势增强时，报表折算差额为正；相反，当加元相对欧元走势减弱时，报表折算差额为负。与加元兑欧元汇率稳定的状态下相比，加元升值会导致合并资产负债表上报告的资产、负债和股东权益价值更高；而加元贬值情形下，将导致合并资产负债表中报告的资产、负债和股东权益价值更低。

问题 2 解答： 时态法：使用时态法将堪南达科公司的财务报表折算为用欧元来计价的，在三种不同的汇率走势下，折算结果将为：

20×1 年 12 月 31 日堪南达科公司资产负债表，按时态法折算

	（加元）	加元稳定		加元升值		加元贬值	
		汇率	（欧元）	汇率	（欧元）	汇率	（欧元）
资产							
现金	980,000	0.70	686,000	0.80C	784,000	0.60C	588,000
应收账款	900,000	0.70	630,000	0.80C	720,000	0.60C	540,000
存货	1,200,000	0.70	840,000	0.74H	888,000	0.66H	792,000
流动资产合计	3,080,000		2,156,000		2,392,000		1,920,000
不动产与设备	3,000,000	0.70	2,100,000	0.70H	2,100,000	0.70H	2,100,000
减：累计折旧	−300,000	0.70	−210,000	0.70H	−210,000	0.70H	−210,000
资产总计	5,780,000		4,046,000		4,282,000		3,810,000
负债与股东权益							
应付账款	450,000	0.70	315,000	0.80C	360,000	0.60C	270,000
短期负债合计	450,000		315,000		360,000		270,000
长期借款	3,000,000	0.70	2,100,000	0.80C	2,400,000	0.60C	1,800,000
负债合计	3,450,000		2,415,000		2,760,000		2,070,000
股本	1,500,000	0.70	1,050,000	0.70H	1,050,000	0.70H	1,050,000
留存收益	830,000		581,000		472,000		690,000
股东权益合计	2,330,000		1,631,000		1,522,000		1,740,000
总计	5,780,000		4,046,000		4,282,000		3,810,000

注：C 表示现时汇率（期末汇率）；H 表示历史汇率。

与加元币值稳定情形下的折算后报表结果相比，在加元相对欧元升值情形下，合并资产负债表上报告的资产和负债金额将更高，但股东权益的价值将更低；在加元相对欧元贬值的情形下，合并资产负债表上报告的资产和负债金额将更低，但股东权益的价值将更高。

20×1年堪南达科公司利润及利润分配表，按时态法折算

	（加元）	加元稳定		加元升值		加元贬值	
		汇率	（欧元）	汇率	（欧元）	汇率	（欧元）
销售收入	12,000,000	0.70	8,400,000	0.75A	9,000,000	0.65A	7,800,000
销货成本	−9,000,000	0.70	−6,300,000	0.74H	−6,660,000	0.66H	−5,940,000
销售费用	−750,000	0.70	−525,000	0.75A	−562,500	0.65A	−487,500
折旧费用	−300,000	0.70	−210,000	0.70H	−210,000	0.70H	−210,000
利息费用	−270,000	0.70	−189,000	0.75A	−202,500	0.65A	−175,500
所得税费用	−500,000	0.70	−350,000	0.75A	−375,000	0.65A	−325,000
扣除折算损益前的利润	1,180,000		826,000		990,000		662,000
报表折算损益	N/A		0		−245,000		245,000
净利润	1,180,000		826,000		745,000		907,000
减：股利	−350,000	0.70	−245,000	0.78H	−273,000	0.62H	−217,000
留存收益	830,000		581,000		472,000		690,000

注：A表示当年平均汇率；H表示历史汇率。

当加元币值在年内保持稳定时，并无报表折算损益。由于子公司因汇率变动而承担净货币性负债风险，当加元升值时便出现报表折算损失，加元贬值时便出现报表折算收益。与汇率稳定状态下的报表折算结果相比，在加元相对欧元升值期间，折算后合并利润表中报告的销售额更高，但净利润更低。这种变化方向的不一致是由于将报表折算损失计入了净利润所造成的。（如例15-5所示，如果子公司有净货币性资产敞口，则会产生报表换算利得。）在加元相对欧元贬值期间，相对币值稳定状态期间的折算结果，折算后合并利润表中将报告更低的销售收入，但更高的净利润。

表15-5中，总结了例15-5和例15-6中所示的关系，突出了与外币汇率保持稳定的情形下相比，当外币出现升值或者贬值时，报表折算对公司财务项目金额的影响。

表 15-5　外币汇率变动对财务报表的影响

	时态法，净货币性负债风险敞口	时态法，净货币性资产风险敞口	现时汇率法
外币相对母公司列报货币走强（升值）	↑收入 ↑资产 ↑负债 ↓净利润 ↓股东权益 报表折算损失	↑收入 ↑资产 ↑负债 ↑净利润 ↑股东权益 报表折算利得	↑收入 ↑资产 ↑负债 ↑净利润 ↑股东权益 报表折算差额为正
外币相对母公司列报货币走弱（贬值）	↓收入 ↓资产 ↓负债 ↑净利润 ↑股东权益 报表折算利得	↓收入 ↓资产 ↓负债 ↓净利润 ↓股东权益 报表折算损失	↓收入 ↓资产 ↓负债 ↓净利润 ↓股东权益 报表折算差额为负

15.3.5 国外子公司处于恶性通胀经济环境下的报表折算

如前所述，当国外子公司在恶性通货膨胀经济环境下开展运营时，IFRS 和 US GAAP 对这种情况下的外币报表折算要求了不同的方法。US GAAP 只要求将这类实体的外币财务报表折算按母公司的列报货币来表达（即，必须使用时态法，将报表折算利得或损失计入当期净利润）。而 IFRS 则要求先将外币财务报表按照 IAS 29 规定的程序调整通货膨胀的影响，然后再使用现时汇率法折算经通货膨胀调整后的财务报表。

IAS 29 要求调整财务报表反映通货膨胀影响的程序如下：

资产负债表

- 对于货币性资产项目和货币性负债项目，无须进行重述。因为它们已经按资产负债表日的现时货币单位计量了。货币性项目包括现金、应收款项和应付款项等；
- 对于非货币性资产和非货币性负债项目，需要根据货币单位一般购买力的变化情况进行重述。大部分非货币性项目都是按历史成本计价的，在这种情况下，这些资产的重述成本应等于其历史成本调整从资产取得日到资产负债表日的一般价格指数变动情况。对于一些按重估价值入账的非货币性项目，例如，根据 IAS 16《不动产、厂场与设备》核算的固定资产，如果选择了重估值模式，那么，这些项目应按其在重估值日的价值重新列报；
- 对于全部的股东权益项目，按期初金额至资产负债表日的一般价格变动水平进行调整，或者，如果出资日晚于期初日，则按出资日至资产负债表日的一般价格变动水平进行调整。

利润表

- 所有利润表项目都按项目入账之日起至资产负债表日的一般物价指数变化情况进行重述；
- 在通货膨胀期间，由于持有货币性资产和货币性负债项目而发生的购买力净收益或净损失，计入当期净利润。

根据通货膨胀情况调整其财务报表影响，在基本程序上与使用时态法进行的报表折算一致。按资产负债表日的一般物价水平变动情况，对非货币性资产和负债项目，以及股东权益项目进行重述，因为它们的账面价值是按历史购买力计量的。货币性项目无须进行通货膨胀重述，因为它们会承担通货膨胀风险，这种风险影响会通过公司的净货币性资产或净货币性负债头寸反映出来，导致购买力收益或损失。

在通货膨胀期间持有现金和应收账款会导致**购买力损失**（purchasing power loss），而持有应付账款则会带来**购买力收益**（purchasing power gain）。这种联系可以通过下面的例子来证明。

假设 20×1 年 1 月 1 日的一般物价指数（GPI）为 100，即在那一天，用 100 美元就可以购买一篮子的各种商品和服务。到 20×1 年年底，假定同样一篮子商品和服务需要 120 美元了；因此，我们就说这个国家在 20×1 年的通货膨胀率为 20%〔=（120 − 100）÷ 100〕。100 美元现金在 20×1 年 1 月 1 日可以购买一篮子商品，但是 1 年后，当 GPI 达到 120 时，这 100 美元的现金现在只能购买 83.3% 的一篮子商品和服务了。在 20×1 年年底，需要 120 美元才能购买与年初 100 美元相同价值的东西。要购买一个市场篮子的商品或服务，在年底需要花费的现金金额（120 美元）和实际持有的现金金额（100 美元）之差为 20 美元，说明在这一年中，因为持有 100 美元现金，使其购买力损失了 20 美元。

在通货膨胀时期承担负债能增加自己的购买力。假设一家公司预计它在 20×1 年年末能够收到 120 美元现金。当 GPI 为 120 时，如果它等到年底实际收到现金，那么刚好能够买下 1.0 个篮子的商品和服务。但是，如果该公司在 20×1 年 1 月 1 日，当 GPI 为 100 时，先借款 120 美元，它就可以买入 1.2 个篮子的商品和服务。这笔交易能带来 20 美元的购买力收益。当然，与借款相关的利息费用会抵销掉部分收益。

当公司持有的货币性负债大于货币性资产时，就会产生净购买力收益，但如果情况相反，就会产生净购买力损失。因此，购买力收益和购买力损失类似于货币贬值和采用时态法进行报表折算时产生的折算收益和折算损失。

虽然 IFRS 和 US GAAP 对于恶性通胀条件下外币报表折算的要求差别很大，但在极罕见的情况下，两种折算方法的结果却可能类似。事实上，如果两种货币之间的汇率变化程度与恶性通胀国家的一般物价指数变化百分比完全相同，那么，这两种报表折算方法产生的结果是相同的。例 15-7 说明了这种情况。

▎ **例 15-7 当国外主体在恶性通胀国家开展经营时的外币财务报表折算**

ABC 公司在 20×1 年 1 月 1 日通过债务和股权融资相结合的方式在国外成立了一家子公司。该国外子公司在 20×1 年 1 月 1 日购入一块土地，将其出租给当地一名农民。经过 1 年的经营，该国外子公司在第 1 年以外币（FC）编报的财务报表如下：

国外子公司利润表

（单位：外币 FC）

编报：	20×1 年
租金收入	1,000
利息费用	−250
净利润	750

国外子公司资产负债表　　　　　　　　　　　　（单位：外币 FC）

编报：	20×1 年 1 月 1 日	20×1 年 12 月 31 日
现金	1,000	1,750
土地	9,000	9,000
资产合计	10,000	10,750
银行借款（5%）	5,000	5,000
股本	5,000	5,000
留存收益	0	750
负债与股东权益合计	10,000	10,750

该国外子公司所在国家在 20×1 年经历了严重的通货膨胀，尤其是在当年下半年。当年的一般价格指数情况如下：

20×1 年 1 月 1 日	100
20×1 年，平均	125
20×1 年 12 月 31 日	200

20×1 年的通货膨胀率为 100%，因此，该国已明显符合恶性通胀经济定义。

由于该子公司所在国家的通胀率高企，其货币币值在年内相对于其他货币出现了严重贬值。在 20×1 年期间，该国外货币相对于 ABC 公司的列报货币（美元）之间的汇率变化情况如下：

	每 1 单位外币可兑换的美元价值
20×1 年 1 月 1 日	1.00
20×1 年，平均	0.80
20×1 年 12 月 31 日	0.50

问题： ABC 公司在截至 20×1 年 12 月 31 日的年度合并财务报表中，将包括哪些与该国外子公司有关的金额？

解答： 假设 ABC 公司打算按照 IFRS 来编制其合并会计报表，因此需要先重述国外子公司的财务报表以调整通胀影响，然后再使用现时汇率法将国外子公司经通胀调整后的会计报表折算为用 ABC 公司的列报货币表达。如下所示：

	（FC）	重述因子	调整通胀影响后的外币（FC）	汇率	（美元）
现金	1,750	200/200	1,750	0.50	875
土地	9,000	200/100	18,000	0.50	9,000
资产合计	10,750		19,750		9,875
银行借款	5,000	200/200	5,000	0.50	2,500
股本	5,000	200/100	10,000	0.50	5,000
留存收益	750		4,750	0.50	2,375
负债与股东权益合计	10,750		19,750		9,875
收入	1,000	200/125	1,600	0.50	800
利息费用	−250	200/125	−400	0.50	−200
小计	750		1,200		600
购买力收益 / 损失			3,550	0.50	1,775
净利润			4,750		2,375

所有财务报表项目都按照 20×1 年 12 月 31 日的 GPI 进行了重述，重述结果为发生净购买力收益 3,550FC，解释如下：

持有银行借款导致的收益	FC5,000 ×（200 − 100）/100 =	FC5,000
持有其余现金余额带来的损失	−1,000 ×（200 − 100）/100 =	−1,000
当年现金增加带来的损失	−750 ×（200 − 125）/125 =	−450
购买力净收益（损失）		FC3,550

请注意，所有调整通胀影响后的外币金额均按现时汇率折算，因此就没有折算差额产生了。

现在，假设 ABC 公司按 US GAAP 编制其合并财务报表。在这种情况下，就需要将国外子公司的财务报表采用时态法折算为用美元来表达，由此产生的折算利得 / 损失应确认在当期损益中，如下所示：

	（FC）	汇率	（美元）
现金	1,750	0.50C	875
土地	9,000	1.00H	9,000
资产合计	10,750		9,875
银行借款	5,000	0.50C	2,500
股本	5,000	1.00H	5,000
留存收益	750		2,375
负债与股东权益合计	10,750		9,875
收入	1,000	0.80A	800
利息费用	−250	0.80A	−200
小计	750		600
折算利得／损失①			1,775
净利润			2,375

注：C 表示现时汇率（期末汇率）；A 表示当年平均汇率；H 表示历史汇率。

①股利为 0，并且留存收益的增加额为 2,375 美元（根据资产负债表平衡原理）；所以，当期净利润就是 2,375 美元，因此可以倒轧出报表折算收益为 1,775 美元。

在这种情况下，应用 US GAAP 要求的时态法，所得到的美元金额与根据 IFRS 所要求的先重述再折算的方法所得到的金额完全相同。根据购买力平价理论，海外经营所在国 GPI 的变化与美元价值的变化之间存在着一对一的反比关系，所以应用这两种报表折算方法得到的结果是等价的。GPI 翻了一番，但外币的购买力也跌去了一半，使得外币相对美元的价值也损失了一半。不过，如果上述关系并不存在，在现实中确实也很少见到，那么，两种不同的报表折算方法将产生不同的折算结果。例如，如果 20×1 年 12 月 31 日的汇率变为每 1 单位外币能兑换 0.60 美元（而不再是 0.50 美元），那么，根据 US GAAP 折算出的净利润将等于 2,050 美元，而根据 IFRS 推荐的方法，折算出的净利润将为 2,850 美元。

15.3.6　公司同时使用两种报表折算方法时

根据 IFRS 和 US GAAP，跨国公司可能需要在某个时间点上同时使用现时汇率法和时态法这两种报表折算方法。当一些国外子公司以外币作为其功能货币（因此使用现时汇率法进行报表折算），而另一些国外子公司以母公司的货币作为其功能货币（因此使用时态法进行报表折算）时，就会发生这种情况。因此，在跨国公司的合并财务报表上，可能同时看到反映在当期损益中的报表折算净损益（因使用时态法折算国外子公司报表引起的）和在资产负债表中股东权益栏目下单独报告的报表折算差额（因使用现时汇率法折算国外子公司报表引起的）。

埃克森美孚公司（Exxon Mobil Corporation）就是一个例子，它既有以外币作为功能货币的子公司，又有以母币作为功能货币的子公司。在埃克森美孚公司 2011 年的年度报告附注 1 "会计政策摘要" 中，就可以看到这一事实：

> **外币折算**。本公司根据国外子公司主要经营环境中的货币为其选择功能货币。下游子公司和化工业务主要使用当地货币作为其功能货币，但在长期高通胀的国家（主要在拉丁美洲）和新加坡（主要出口美元市场）运营的子公司，也选择以美元作

为其功能货币。在加拿大、英国、挪威和欧洲大陆等特定国家，对于相对独立和一体化的上游业务，使用当地货币；也有部分上游业务（主要分布在亚洲和非洲）使用美元作为功能货币，因为这些子公司主要向以美元计价的市场出售原油和天然气。就所有业务而言，本公司都将外币交易重新计量为功能货币时所产生的损益计入当期损益中。

对于国外经营主体的功能货币选择，同一行业的两家公司可能会做出不同的判断。例如，尽管埃克森美孚公司已为它的许多国际子公司选择了以当地货币作为其功能货币，但雪佛龙公司却将美元指定为其几乎所有海外业务的功能货币。在 2011 年的年度报告附注 1 "重要会计政策概述"中，雪佛龙公司是这样披露的：

> **货币换算**。美元为本公司基本上所有合并业务及其股权投资公司的功能货币。对这类业务，因货币重新计量引起的所有损益都计入当期利润表。对于少数未使用美元作为功能货币的子公司和联营企业，其累积的报表折算差额报告在合并股东权益表的"外币折算差额"项目中。

在财务分析当中，应注意，埃克森美孚公司所报告的净利润和雪佛龙公司所报告的净利润存在可比性问题。要解决这一问题，可以将两家公司股东权益项目下报告的报表折算差额调整到各自的净利润中来部分解决，但这种解决方案的可行性取决于跨国公司在外币财务报表折算方面披露信息的详细程度。

15.3.7　与报表折算方法有关的信息披露

IFRS 和 US GAAP 都要求公司披露以下两类与外币折算有关的信息：

1. 公司在净利润中确认的汇兑损益金额；
2. 公司在股东权益栏目下单独列报的累积报表折算差额，并应对累积报表折算差额在期初数到期末数之间的变化进行解释。

US GAAP 还要求公司具体披露因出售国外经营主体，从股东权益中转出到当期损益中的报表折算差额。

在当期损益中确认的汇兑损益项目包括：

- 外币交易损益；
- 应用时态法产生的报表折算损益。

IFRS 和 US GAAP 都没有要求单独披露上述两个项目的具体金额，大多数公司也没有提供这种详细程度的信息，只需要披露影响当期损益的总额即可。不过，巴斯夫公司（如本章表 15-1 所示）是一个例外，它在年报附注 6 中，分别披露了它的外币和套期交易收益与财务报表折算收益，且两者均计入利润表"其他经营性收入"项目，如下所示：

6.其他经营性收入		（单位：百万欧元）
	2011 年	2010 年
准备金的转回与调整	170	244
杂项销售收入	207	142
外币与套期保值交易收益	170	136

	2011 年	2010 年
外币报表折算收益	42	76
处置或剥离不动产、厂场与设备的利得	666	101
不动产、厂场与设备减值的转回	—	40
转回坏账准备的收益	77	36
其他	676	365
	2,008	1,140

该公司在附注 7 "其他经营性费用"的披露中，也提供了类似详细程度的资料。与外币折算有关的披露一般在年度报告的管理层讨论与分析部分和财务报表附注部分出现。例 15-8 采用了雅虎公司在 2011 年对外币折算相关的披露信息来予以说明。

▌例 15-8　与外币折算相关的信息披露：雅虎公司 2011 年的年度报告

雅虎公司是一家美国的数字传媒企业，它以美元作为其功能货币，并按 US GAAP 进行编报。

在雅虎公司合并资产负债表的股东权益部分，包括了下列项目：

（单位：千美元）

	12 月 31 日	
	2010 年	2011 年
普通股股本	1,306	1,242
超额缴入股本	10,109,913	9,825,899
库存股	—	−416,237
留存收益	1,942,656	2,432,294
累积其他综合收益（损失）	504,254	697,869
雅虎公司股东权益	12,558,129	12,541,067

在合并股东权益变动表中，详细说明了"累积其他综合收益"的项目组成，相关信息如下所示：

（单位：千美元）

	以 12 月 31 日为截止日的会计年度		
	2009 年	2010 年	2011 年
累积其他综合收益			
年初余额	120,276	369,236	504,254
可供出售金融资产的未实现损益变动数，税后金额	−1,936	3,813	−16,272
外币折算差额，税后金额	250,896	131,205	209,887
年末数	369,236	504,254	697,869

在 2010 年和 2011 年的合并利润表中，雅虎公司报告它的净利润情况如下：

（单位：千美元）

	2010 年	2011 年	变化百分比
净利润	1,244,628	1,062,699	−14.6%

雅虎公司在年报附注中还披露了其三个地理分部的信息，其中，收入（不包括并购总成本）和直接分部经营成本信息如下：

（单位：千美元）

	2009 年	2010 年	2011 年
排除并购总成本的分部收入：			
美洲分部	3,656,752	3,467,850	3,142,879
欧洲、中东和非洲分部	390,456	368,884	407,467
亚太分部	635,281	751,495	830,482
排除并购总成本的分部收入合计	4,682,489	4,588,229	4,380,828
分部直接成本：			
美洲分部	620,690	568,017	560,016
欧洲、中东和非洲分部	115,778	118,954	135,266
亚太分部	138,739	146,657	194,394

在 2011 年年度报告的管理层讨论与分析部分，雅虎公司介绍了它的外币折算风险来源：

外币折算风险

在将国外子公司的财务报表和对国外业务的股权投资折算为美元进行合并时，我们亦会受到外汇汇率波动的影响。如果外币汇率发生变化，将国外子公司财务报表折算成美元表达就会产生收益或损失，该部分收益或损失将列报在股东权益栏目之下，作为累积其他综合收益的一部分入账。

本公司国外子公司的收入（不含并购总成本）和相关费用一般以经营所在国的当地货币记账。对国际经营业务的利润表，按每个会计期间的市场汇率折算为用美元表示。如果美元相对于外币升值，折算这些以外币计价的交易结果就会导致合并收入和经营费用减少；反过来，如果美元相对于外币贬值，则公司的合并收入及经营费用便会增加。如果按截至 2010 年 12 月 31 日的年度汇率计算，在以 2011 年 12 月 31 日为截止日的会计年度中，美洲分部的收入将比报告值低 600 万美元，欧洲、中东和非洲分部的收入将比报告值低 1,600 万美元，而亚太分部的收入将比报告值低 5,900 万美元。按截至 2010 年 12 月 31 日的年度汇率计算，在以 2011 年 12 月 31 日为截止日的会计年度中，美洲分部的直接成本将比报告值低 200 万美元，欧洲、中东和非洲分部的直接成本将比报告值低 500 万美元，而亚太分部的直接成本则将比报告值低 1,500 万美元。

问题：

1. 在截至 2011 年 12 月 31 日的会计年度中，雅虎公司的累积其他综合收益变动额是多少？在哪里可以找到该信息？

2. 在截至 2011 年 12 月 31 日的会计年度中，有多少外币报表折算差额被计入了其他综合收入？这种折算差额是如何产生的？

3. 如果将外币折算差额计入当期损益（而不是其他综合收益），对雅虎公司 2010 年和 2011 年的利润会带来什么影响？

4. 雅虎公司是从什么角度来描述它的外汇风险的？

5. 在截至 2011 年 12 月 31 日的会计年度中，亚太分部为收入总额（不含并购总成本）的贡献百分比是多少？如果年内没有发生外币汇率波动，这个百分比会是多少？

问题 1 解答： 累积其他综合收益增加了 193,615,000 美元（从期初余额 504,254,000 美元变为了期末余额 697,869,000 美元）。这些信息可以在两个地方找到：资产负债表的股东权益部分和合并股东权益变动表。

问题 2 解答： 2011 年的其他综合收益中，包含的外币报表折算差额为 209,887,000 美元。外币报表折算差额是将国外子公司以外币编报的财务报表按现时汇率法折算为用母公司的列报货币表达时所产生的。假设雅虎公司的国外子公司净资产为正，在 2011 年，外币报表折算差额为正的原因是外币升值（美元相对贬值）了。

问题 3 解答： 如果将外币报表折算差额计入当期损益（而不是其他综合收益），则在 2010 年至 2011 年期间，报告净利润的下降幅度将缩小，从 14.6% 变为 7.5%。

（单位：千美元）

	2010 年	2011 年	变化百分比
净利润	1,244,628	1,062,699	−14.6%
外币报表折算差额	131,205	209,887	
	1,375,833	1,272,586	−7.5%

问题 4 解答： 雅虎公司的列报货币为美元，所以它从美元与外币的相对价值波动的角度在介绍它的外币风险。如果美元走强，那么外币必然走弱，这将导致来自国外经营的收入、费用和利润都减少。

问题 5 解答： 亚太分部对总收入（不含并购总成本）的贡献百分比为 19.0%。根据管理层讨论与分析中披露的信息，如果外币汇率在年内没有发生波动，该分部对总收入的贡献百分比将略降低（至 17.9%）。

（单位：千美元）

	2011 年报告数			2011 年，如果没有汇率波动影响	
排除并购总成本的分部收入：					
美洲分部	3,142,879	71.7%	6,000	3,136,879	73.0%
欧洲、中东和非洲分部	407,467	9.3%	16,000	391,467	9.1%
亚太分部	830,482	19.0%	59,000	771,482	17.9%
排除并购总成本的分部收入合计	4,380,828	100.0%		4,299,828	100.0%

如上一节所述，由于在确定国外经营子公司的功能货币时，涉及编报主体的判断，导致同一行业的两家公司可能会使用不同的报表折算方法。因此，这些公司所报告的收入可能不具有直接的可比性。比如埃克森美孚公司和雪佛龙公司都经营石油工业，它们的选择就有所不同。雪佛龙公司已将美元确定为其所有国外子公司的功能货币，而埃克森美孚公司则表示，对下游和化工业务、部分上游业务主要使用当地货币作为国外经营子公司的功能货币。因此，雪佛龙公司会使用时态法进行报表折算，将折算损益计入当期净利润中；而埃克森美孚公司则更多会使用现时汇率法，并不在净利润中反映报表折算差额。为了让这两家公司的利润更具可比性，分析师可以利用公司对报表折算信息的披露，对两家公司的净利润进行调整，例如将报表折算差额都计入净利润当中。例 15-9 就以埃克森美孚公司和雪佛龙公司为

例，演示了调整过程。

◼ 例 15-9 比较埃克森美孚公司和雪佛龙公司的净利润

埃克森美孚公司使用现时汇率法折算其大部分国外子公司的外币财务报表，并将由此产生的报表折算差额计入合并资产负债表股东权益栏目下的"累积其他非所有者变动"项目中。关于该项目的细节信息，包括"外币报表折算差额"在内，都在合并股东权益变动表中披露。

雪佛龙公司使用时态法折算其大部分国外子公司的外币财务报表，只有对于极少数使用美元以外的货币作为功能货币的子公司报表，才采用现时汇率法（并将由此产生的报表折算差额计入股东权益的"累积其他综合损失"项目）。在合并股东权益变动表中，会详细说明股东权益组成部分的变化，包括"外币折算调整影响"。

将利润表中的净利润和股东权益变动表中的累积报表折算差额的变动数相加，即将报表折算差额计入当期损益中，就可以计算得到两家公司的调整后净利润，如下表所示（金额单位为百万美元）：

埃克森美孚公司	2011 年	2010 年	2009 年
报告的净利润	42,206	31,398	19,658
报表折算差额调整	−867	1,034	3,629
调整后的净利润	41,339	32,432	23,287
雪佛龙公司	2011 年	2010 年	2009 年
报告的净利润	27,008	19,136	10,563
报表折算差额调整	17	6	60
调整后的净利润	27,025	19,142	10,623

2009 年和 2010 年，两家公司的报表折算差额正负方向是相同的，但 2011 年则不同。总体而言，埃克森美孚公司的报表折算差额影响幅度明显大于雪佛龙公司，这是因为，埃克森美孚公司为其大部分国外业务都选择了以当地货币作为功能货币。

如果要比较这两家公司的净利润，直接使用报告的净利润或者使用经调整后的净利润，差别程度是不一样的。埃克森美孚公司在 2009 年报告的净利润是雪佛龙公司的 1.90 倍，但如果使用经调整后的净利润，则是雪佛龙公司的 2.2 倍，如下表所示。

	2011 年	2010 年	2009 年
埃克森美孚公司的报告净利润 / 雪佛龙公司的报告净利润	1.6	1.6	1.9
埃克森美孚公司的调整后净利润 / 雪佛龙公司的调整后净利润	1.5	1.7	2.2

在评估两家使用不同的报表折算方法的公司时，将报表折算差额调整计入当期净损益，得到调整后的净利润，能使两家公司的盈利能力更加可比。不过，即使经过这一步调整之后，也不能做到百分之百地完全可比，因为不同的报表折算方法对报告净利润的影响程度毕竟存在差异。

一些分析师认为，应将股东权益栏目下所有与股东交易无关事项的影响，比如报表折算差额的调整等，都计入当期损益当中。这种做法被称为清洁盈余会计处理（clean-surplus accounting），它的反面也因此被称为肮脏盈余会计处理（dirty-surplus accounting）。在肮脏盈余会计处理方法下，一些收益项目会直接报告到股东权益当中，而不是先在利润表中进行报告。IFRS 和 US GAAP 财务报表体系下，都有一项肮脏盈余项目，即当子公司以外币作为其功能货币时，所产生的外币财务报表折算差额。对于根据 IFRS 和 US GAAP 编报的公司，分析师可以利用公司披露的会计信息，按清洁盈余会计的思想去对公司报告的净利润进行调整。事实上，这两套会计准则体系现在都要求公司编制一份综合收益表，将这类递延在股东权益栏目下的未实现收益和损失都纳入综合收益指标的计量当中。

15.4 跨国经营和公司的有效税率

一般说来，跨国公司在哪里赚了钱就应该在哪里交所得税。所谓转移价格，是关联方公司在内部交易中所使用的价格，它影响着利润在集团内部公司之间的分配。如果一家公司同时在多个不同税率的国家开展经营，它就可以通过转移价格的设定，将较多的利润分配给适用税率较低的内部企业。为此，世界各国都制定了各种法律和实践规定，以防止激进的转移定价政策。转移定价被定义为"各国为确保关联方公司之间转让的商品、服务和智力财产能根据市场条件适当定价，所使用的法律和做法体系，以使利润在每个管辖区域内都得到正确反映○"。此外，大多数国家都是税收条约的缔约国，这些条约允许对已向另一国缴纳税款给予抵免，以防止对公司利润进行双重征税。

对于跨国经营来说，公司是否以及何时应在其母国缴纳所得税，需要取决于具体的税收制度。比如在美国，对于跨国公司的国外利润部分，只有在就国外已缴税金申请抵免后还有剩余的，才进行征税。税收抵免能让跨国公司仅就国外利润按美国公司税率计算的所得税超过了按外国税率已缴纳的所得税部分进行补税。此外，美国跨国公司赚取的大部分国外收入在被汇回美国国内之前，都是不征税的○。

分析师可以从公司对有效税率的披露中获得跨国经营影响方面的信息。会计准则要求公司对所得税费用与会计利润之间的关系做出解释。该解释需要公司列报平均有效税率（所得税费用与税前会计利润）与法定税率之间的差异。披露这些信息是为了让报表使用者了解某一会计期间的所得税费用与会计利润之间的关系是否寻常，并了解未来可能影响两者关系的重要因素（包括国外税收的影响）○。国外实际税率影响的变化原因包括适用税率的变化、公司在不同司法管辖区赚取的利润，以及两者组合的变化等。

例 15-10

以下是荷兰啤酒制造商喜力公司和美国消费品企业高露洁公司披露的与有效税率相关的信息，请根据信息回答下列问题：

1. 哪家公司所在母国的法定税率更低？
2. 跨国经营对两家公司在 2011 年的有效税率有什么影响？
3. 跨国经营对税率影响的变化情况，通常可以用利润组合在边际税率较高或较低的国家

○ 贸易政策分析。
○ 美国政府问责局（GAO）报告 GAO-08-950.跨国公司：有效税率与报告利润的地区相关，2008 年 8 月。
○ IAS 12《所得税》。

之间的分布变化来解释。请问：根据喜力公司的披露内容，说明它在 2011 年的利润组合有什么特点？

喜力啤酒公司 2011 年年度报告合并财务报表附注

13. 所得税费用（摘录） （单位：百万欧元）

	2011 年		2010 年
税前利润	2,025		1,982
按权益法享有联营企业与合营企业的利润与减值损失份额	−240		−193
扣除权益法下投资收益的税前利润	**1,785**		1,789

	%	2011 年	%	2010 年
按本公司国内税率计算的所得税	25.0	446	25.5	456
国外管辖区税率的影响	3.5	62	1.9	34
不可税前扣除费用的影响	3.2	58	4	72
税收优惠和免税收入的影响	−6.0	−107	−8.2	−146
在本期确认的以前未确认暂时性差异	−0.5	−9	−0.1	−2
利用或确认以前未确认的税务损失	−0.3	−5	−1.2	−21
未确认的当年税务损失	1.0	18	0.8	15
税率变动的影响	0.1	1	0.2	3
预扣税款	1.5	26	1.4	25
以前年度调整数	−1.5	−27	−2.3	−42
其他调整项目	0.1	2	0.5	9
	26.1	465	22.5	403

高露洁公司 2011 年年报合并财务报表附注

10. 所得税（摘录）

美国联邦法定所得税税率与合并利润表中反映的本公司全球实际税率之间的差异如下：

占税前利润百分比	2011 年	2010 年	2009 年
美国法定税率	35.0	35.0	35.0
州所得税，扣除联邦福利后	0.4	1.1	0.5
在美国法定税率之外被税的利润	−1.7	−4.6	−2.5
委内瑞拉恶性通胀折算支出	—	2.8	—
其他，净值	−1.1	−1.7	−0.8
实际税率	32.6	32.6	32.2

问题 1 解答： 喜力公司所在母国的法定税率（2011 年为 25.0%）低于高露洁公司所在母国的法定税率（2011 年为 35.0%）。

问题 2 解答： "国外管辖区税率的影响"一行表明，跨国经营使喜力公司的实际税率提高了 3.5 个百分点。而"在美国法定税率之外被税的利润"的项目表明，跨国经营将高露洁公司在 2011 年的实际税率降低了 1.7 个百分点。

问题 3 解答： 跨国经营将喜力公司在 2011 年的实际税率提高了 3.5 个百分点，但在 2010 年却仅提高了 1.9 个百分点。2011 年的这种较大幅度税率提高表明，喜力公司在 2011 年的利润组合可能转移到了边际税率较高的国家。（这一变化也可能表明，喜力经营获利主要所在国家的边际税率有所提高。）

15.5 外汇影响的其他披露问题

以下讨论分析师可以如何利用跨国公司的信息披露，来更好地理解外汇业务的影响。

15.5.1 与销售增长有关的披露

公司经常会在管理层讨论与分析部分披露外汇业务对公司销售增长的影响，在与分析师群体进行沟通的时候，也经常披露一些补充信息。

跨国公司的销售增长不仅受到商品或者服务数量和价格变化的影响，而且还受列报货币和销售计价货币之间汇率变化的影响，当然，因数量或者价格变化导致的销售增长一般往往比因汇率变化对销售的影响更可持续。此外，与汇率变化相比，管理层更容易控制的是销售数量和销售价格。因此，无论是为了预测未来的公司业绩，还是为了评估管理团队的历史业绩，分析师都应当了解外币业务对公司销售增长的影响。

公司一般会在管理层讨论与分析中披露汇率对销售增长的影响，在其他财务信息披露中，例如收益公告或者公司致投资者信等，也可能会有这方面的内容。表 15-6 提供了一个在管理层讨论与分析部分披露相关内容的实例，而例 15-11 则列示了一家公司在给分析师的报告中披露的更详细信息。

表　15-6

通用磨坊公司（General Mills）在它 2011 年年度报告中披露了该公司国际分部净销售增长的明细信息。以下第一部分摘录内容来自管理层讨论与分析部分，第二部分摘录内容来自公司对另类业绩指标调整项的补充披露。虽然该公司国际销售净额的总体增长趋势是最低限度的"持平"，但补充资料中提供的地区分部信息表明，具体影响因地区而异。

管理层讨论与分析的信息摘录

有关国际销售净额增长情况的明细信息

	2011 财年相对 2010 财年	2010 财年相对 2009 财年
销量增长的贡献①	6 个百分点	持平
净价实现与组合	1 个百分点	3 个百分点
外币汇率变化	持平	1 个百分点
销售净额增长	7 个百分点	4 个百分点

①根据本公司产品装运的规定重量计算，以吨为单位。

关于另类业绩指标的补充信息

不含外汇影响的国际分部及地区销售增长率

	2011 会计年度		
	报告销售净额的变动率	外币汇率变动影响	按不变货币计算的销货净额变动百分比
欧洲分部	5	−2	7
加拿大分部	8	5	3
亚太分部	14	5	9
拉丁美洲分部	−5	−16	11
国际分部合计	7	持平	7

▌例 15-11

利用宝洁公司在消费者分析师小组纽约会议幻灯片上透露的信息，回答以下问题：

1. 为什么这家公司会披露"销售收入的有机增长率"？

2. 从 2008 年 10 月开始，到 2009 年 9 月结束的四个季度里，外汇汇率的变化对宝洁公司的销售增长造成了怎样的影响？

宝洁公司
2012 年消费者分析师小组纽约会议幻灯片

另类业绩指标的调整说明

根据美国证交会监管条例 G，以下是收益公告中所用另类业绩指标的定义，以及将其调整为最为接近 GAAP 业绩指标的过程。

销售收入的有机增长率：销售收入的有机增长率是一个另类业绩指标，它排除了公司并购、剥离和外币汇率变动的影响。公司认为，这个指标能让投资者对公司的销售增长趋势有更加全面一致的理解。"有机销售收入"也是公司用来评价高管业绩和决定其风险报酬的指标。报告的销售收入净增长率与销售收入的有机增长率这两个指标之间的调整过程如下：

宝洁公司总额	销售收入净增长率	外币汇率变动影响	公司并购、剥离影响	销售收入的有机增长率
JAS 06	27%	−1%	−20%	6%
OND 06	8%	−3%	0	5%
JFM07	8%	−2%	0	6%
AMJ07	8%	−3%	0	5%
JAS07	8%	−3%	0	5%
OND07	9%	−5%	1%	5%
JFM08	9%	−5%	1%	5%
AMJ08	10%	−6%	1%	5%
JAS08	9%	−5%	1%	5%
平均 JAS06—JAS08	11%	−4%	−2%	5%
OND08	−3%	5%	0	2%
JFM09	−8%	9%	0	1%
AMJ09	−11%	9%	1%	−1%
JAS09	−6%	7%	1%	2%
平均 OND08—JAS09	−7%	8%	0	1%
OND09	6%	−2%	1%	5%
JFM010	7%	−3%	0	4%
AMJ010	5%	−1%	0	4%
JAS010	2%	3%	−1%	4%
OND010	2%	2%	−1%	3%
JFM011	5%	−1%	0	4%
AMJ011	10%	−5%	0	5%
JAS011	9%	−5%	0	4%
OND011	4%	0	0	4%
平均—OND09—OND11	5%	−1%	0	4%
JFM12（预计）	0～2%	3%	0	3%～5%
AMJ12（预计）	−1%～2%	5%～4%	0	4%～6%

问题 1 解答：根据宝洁公司披露的信息，该公司报告"销售收入的有机增长率"，是因为它认为这样能让投资者更好地了解公司的潜在销售趋势，并且这个指标也是管理层评估和薪酬制订的衡量标准之一。

问题 2 解答： 报告期内，外币汇率变动的平均影响为负数：虽然销售收入的有机增长率为 1%，但公司报告销售收入净增长率为 –7%，而外币汇率变动的影响为 8%。换句话说，如果没有外币汇率变动的影响，那么报告的销售收入净增长率和销售收入的有机增长率将是相当的，都为 1%。

15.5.2 与外汇风险主要来源有关的披露

公司关于外币汇率波动影响的披露中，通常包括敏感性分析。例如，一家公司可能会介绍它在经营活动中的外汇风险主要来源，然后披露特定汇率变化对利润的影响。

表 15-7 是宝马公司在 2011 年度报告中披露的两方面内容，第一方面摘录自其管理层报告，介绍了公司货币风险的来源，以及公司计量和管理这些风险的方法；第二方面摘录自报表附注的补充披露部分，是该公司对汇率变动情况进行敏感性分析的结果。

表　15-7

宝马公司 2011 年年度报告信息摘录

介绍该公司货币风险来源及其风险计量和管理方法的内容，管理层报告信息摘录：

"在非欧元区销售汽车会产生外币汇兑风险。2011 年，有三种货币性资产（人民币、美元和英镑）约占宝马集团外汇风险敞口的三分之二。本公司使用风险现金流模型和情景分析来衡量外币汇率变动风险。这些工具所提供的信息将作为公司货币管理决策的基础。"

"我们从战略层面（中长期）和操作层面（短期和中期）共同管理外币汇率风险。从中长期角度看，主要通过'自然对冲'来管理汇率变动风险，即通过增加以外币计价的采购量或增加本地生产量来进行管理。在此背景下，美国斯巴坦堡工厂的扩建和在中国沈阳铁西建设的新工厂将有助于降低两个主要产品销售市场的外汇风险。从经营的角度看（短期和中期），公司会在金融市场对冲货币风险。对冲交易只与信誉良好的财务伙伴订立，并不断执行交易对手风险管理程序，以监测这些合作伙伴的信誉。"

列示公司的敏感性分析结果，摘录自财务报表附注中的补充披露信息：

宝马集团使用风险现金流模型来计量货币风险。该模型分析货币风险的起点是识别预计的外币交易或"风险敞口"。在报告期末，未来年度的主要风险敞口如下：

（单位：百万欧元）

	2011 年 12 月 31 日	2010 年 12 月 31 日
欧元 / 人民币	7,114	6,256
欧元 / 美元	4,281	3,888
欧元 / 英镑	3,266	3,056
欧元 / 日元	1,334	1,086

"接下来，将这些风险敞口与已有套期保值工具进行比较，用现金流量盈余净额代表未覆盖的风险头寸。风险现金流方法是在概率分布的基础上，将潜在汇率波动的影响分配给经营现金流。在评估相关的概率分布情况时，波动水平和相关性是两个主要的输入变量。"

"对当期收益的潜在负面影响是根据当前市场价格和风险敞口计算的，置信水平为 95%，每种货币的持有期最长为一年。由于各种投资组合之间的相关性，汇总这些结果将产生降低风险的效果。

"下表显示了在资产负债表日，主要货币汇率的不利变动对宝马集团可能产生的负面影响（根据风险现金流量法计算）。"

（单位：百万欧元）

	2011 年 12 月 31 日	2010 年 12 月 31 日
欧元 / 人民币	180	265
欧元 / 美元	121	103
欧元 / 英镑	182	184
欧元 / 日元	23	30

各公司在披露利润对外汇波动的敏感性方面，详细程度各不相同，例如，有些公司会提供外汇汇率可能的波动范围。分析师在预测公司的利润和现金流量时，可以将敏感性分析方面的信息披露与他自己对未来汇率的预测结合使用。如果公司提供了详细的披露内容，分析师就可以明确地计算外汇可能产生的影响。或者，如果公司并没有提供详细的披露内容，分析师也可以在考虑不利风险对利润和现金流量基本水平的影响时，进行敏感性分析。

15.6　本章小结

外币金额的折算是跨国经营公司需要面对的一个重要会计问题。由于外币汇率波动，导致外汇交易金额和境外子公司产生的外汇资产与外汇负债的功能面值会随时间变化，因此公司必须在财务报表上反映相关的外汇折算差额。如何计量这些外汇差额以及是否将其计入当期损益中，是跨国经营会计要解决的重要问题。

- 所谓当地货币，是指经营实体所在国家的货币。而所谓功能货币，则是经营实体在所处的主要经济环境中使用的货币。一般情况下，大多数经营实体都会选择当地货币作为其功能货币。在会计核算层面，将报告主体功能货币以外的任何货币都作为外币。公司在列报其财务报表时所使用的货币，被称为列报货币。在大多数情况下，列报货币与当地货币是相同的；

- 当一个账户上的出口销售（进口购买）主要以外币计价时，应将销售收入（存货）和外币应收账款（应付账款）按折算日的汇率转换为卖方（买方）的功能货币记账。外币应收账款（应付账款）在交易日至结算日之间发生的功能货币价值变动，确认为外币交易的净损益，计入当期利润表；

- 当交易日和结算日横跨资产负债表日时，外币应收账款（应付账款）应按资产负债表日的汇率进行折算，并将相应的功能货币价值变动额确认为外币交易损益。分析师应该明白，这些损益在确认时并没有实现，到交易结算时，可能会实现，也可能不会实现；

- 当一家报告主体持有外币应收账款而外币升值，或持有外币应付款项而外币贬值时，就会产生外币交易收益。相反，当报告主体持有外币应收款项而外币贬值，或者持有外币应付款项而外币升值时，就会产生外币交易损失；

- 公司必须披露其利润中包含的外币交易净损益。它们可以选择将其披露在其他经营性收益项目中，也可以披露在其他非经营性收益项目中。如果两家公司在不同的利润表项目中披露其外币交易损益，则它们的经营利润和经营利润率就可能无法直接进行比较；

- 在编制合并会计报表之前，必须先将国外经营子公司的外币财务报表折算为用母公司的列报货币来表达。在折算过程中的基本问题是，每个财务报表项目应使用什么汇率来进行折算，以及由此产生的报表折算差额应当如何在合并财务报表中反映？目前，在世界范围内，有两种不同的报表折算方法；

- 在现时汇率法下，将所有资产和负债项目都按现时汇率进行折算，股东权益项目按历史汇率折算，收入和费用项目则按相关交易发生时的汇率折算（不过在实践中，一般使用会计报告期间的平均汇率来折算收入和费用项目）；

- 在时态法下，货币性资产（及以现值计量的非货币性资产）和货币性负债（及以现值计量的非货币性负债）项目均按现时汇率折算；而不按现值计量的非货币性资产和负债项目以及股东权益项目，则按历史汇率折算；收入和费用项目，除与非货币性资产相关联的费用外，均按相关交易发生时的汇率进行折算；与非货币性资产相关联的费用项目，按相关资产所用汇率进行折算；

- 根据 IFRS 和 US GAAP，国外经营主体的功能货币决定了将其外币财务报表折算为按母公司列报货币时所需要使用的方法，以及由此产生的报表折算差额是在当期损益中确认还是直接计入股东权益当中作为一个单独的组成部分；

- 对于以外币为功能货币的国外企业，其外币财务报表的折算应采用现时汇率法，并将累积的报表折算差额作为股东权益的一个单独组成部分列报。在该国外经营主体被出售或者以其他方式处置时，相关的累积报表折算差额才转入当期损益中。与现时汇率法相关的资产负债表风险敞口等于国外子公司的净资产状况；

- 以母公司的列报货币作为其功能货币的国外经营企业，其外币财务报表的折算应采用时态法，并将相关报表折算损益计入当期利润表中。US GAAP 将这一过程称为重新计量。与时态法相关的资产负债表风险敞口等于国外子公司的净货币性资产或净货币性负债价值（对按现值计量的非货币性项目进行调整）；

- IFRS 和 US GAAP 对于在恶性通货膨胀经济环境中经营的国外子公司，在外币财务报表的折算方面规定了不同的方法。IFRS 要求应首先按当地通货膨胀情况对财务报表进行重述，然后再使用现时汇率法进行报表折算。但 US GAAP 要求使用时态法进行报表折算，不因通货膨胀情况而重述报表；

- 对某特定的国外经营业务，如果使用不同的报表折算方法，将可能会导致母公司合并财务报表中报告的金额出现较大差异；

- 公司必须披露它在当期利润中报告的报表折算损益总额，以及在股东权益下单列的报表折算差额，但并不需要分别披露外币交易产生的折算损益和由于使用时态法进行报表折算而产生的折算损益；

- 对于公司在附注中披露它在股东权益中报告的报表折算损益，可调整进入当期利润中，以按照清洁盈余会计的思想得到调整后的净利润；

- IFRS 和 US GAAP 都明确规定了外币折算规则。此外，除了对于恶性通胀地区的子公司报表折算以外，两套会计标准在其他外币业务处理方面并没有重大差异。无论是按照 US GAAP 还是按照 IFRS 编制的财务报表，在分析外币折算对公司财务结果的影响方面是一样的；

- 分析师可以从公司对实际税率的披露内容中，去获取跨国经营的税收影响方面的信息；

- 对于跨国公司来说，销售收入的增长不仅受到商品或者服务数量和价格变化的影响，而且还受到报告货币与销售计价货币之间汇率变化的影响。当然，商品或者服务数量和价格变化所导致的销售增长影响，比来自汇率变化对销售增长的影响更可持续。

金融机构分析

杰克·T. 切谢尔斯基，注册会计师，特许金融分析师

伊莱恩·亨利，博士，特许金融分析师

学习目标

- 说明金融机构与其他公司的不同之处；
- 说明对金融机构实施金融监管的关键方面；
- 解释分析银行的 CAMELS（资本充足率、资产质量、管理、利润、流动性和敏感性）方法，包括其关键比率和局限性；
- 说明在分析银行时要考虑的其他因素；
- 能够根据财务报表和其他信息去分析一家银行；
- 说明分析保险公司时应考虑的关键比率和其他因素。

16.1 概述

金融机构提供广泛的金融产品和服务。它们充当资本提供方和接受方之间的中介，促进资产和风险管理，并执行涉及现金、证券和其他金融资产的交易。

鉴于金融服务的多样性，因此在实践中存在着众多类型的金融机构，包括接受存款和进行贷款的机构（在本章中将其称为**银行**）、投资银行、信用卡公司、经纪公司、交易商、交易所、清算机构、存托机构、投资经理人、财务顾问和保险公司等。在很多情况下，不同类型的金融机构之间存在服务重叠。例如，银行不仅接受存款和贷款业务，还可以从事投资管理和其他与证券有关的活动，并可以提供衍生金融产品有效地遏止利率、股票和外汇市场波动的不利影响。再比如，寿险公司不仅提供与死亡率相关的保险产品，还提供储蓄工具。本章主要关注了两类金融机构：银行（广义上被定义为存贷机构）和保险公司。

第 16.2 节解释金融机构与其他类型的企业，比如制造商或经销商之间的主要差异；第 16.3 节讨论如何分析银行；第 16.4 节重点分析保险公司；最后是本章小结。

16.2　金融机构的特点

金融机构，尤其是银行，具有的一个显著特征是其系统重要性，这意味着它们的平稳运行对一个经济体的健康至关重要。银行最基本的角色是充当中间人，接受资金供应方的存款，然后以贷款的形式向借款人提供资金。它们作为资本提供方和接受方之间的桥梁，为各种类型的实体，包括家庭、银行、公司和政府建立起金融联系。各实体之间的这种相互联系网络意味着，如果一家银行倒闭，将对其他很多金融和非金融实体产生负面影响。银行的规模越大，其相互联系就越广泛，因此对整个金融体系的潜在影响就越大。如果一家规模非常大的银行发生倒闭，那么倒闭的负面影响就会扩散，并有可能导致整个金融体系的失败。

我们将"金融服务中断的风险"定义为**系统性风险**，"这种风险①由金融系统的全部或部分受损所造成，并且②有可能对整个经济产生严重的负面影响。之所以会这样定义，是因为金融机构、市场或金融工具的中断或失败，会传染到整个经济系统。所有类型的金融中介机构、市场和基础设施都可能在某种程度上具有系统重要性[⊖]"。在 2008 年全球金融危机后，系统性风险（主要金融机构倒闭导致金融体系失败的风险）问题在世界许多国家都引起了关注。人们用**金融危机传染**来说明金融冲击从其起源地或部门蔓延到其他地区或部门的情况。一个摇摇欲坠的经济体可能会在全球范围内感染其他更健康的经济体。

由于金融机构的系统重要性，它们的活动受到了极大的关注。因此，有了各种监管措施，试图限制可能导致金融实体破产的风险行为。监管条例涉及金融机构业务的各个方面，包括必须保持的资本数量、最低流动性水平和资产风险等。

大多数银行的负债主要由存款构成。例如，在 2016 年 12 月，美国国内商业银行的负债总额中，有 80% 以上都来自储户存款[⊜]。如果银行不能兑现其存款，可能对整个经济产生负面影响。哪怕仅仅是对银行可能无法兑现其存款产生了预期，这种预期也可能导致储户大规模地突然提款（发生银行挤兑），从而引起银行的经营失败和金融危机，甚至传染至整个经济。因此，存款通常需要由银行运营所在国的政府担保（有最高限额限制）。

金融机构的另一大显著特点是其资产主要为金融资产，如贷款和证券。相比之下，大多数非金融企业的资产主要是有形资产。金融资产直接暴露于各种不同的风险之下，包括信用风险、流动性风险、市场风险和利率风险等。与许多有形资产不同，金融资产在财务报告中往往按公允价值计量。

本章重点分析银行和保险公司（财产和意外保险公司、人寿保险公司和健康保险公司）的财务状况。此外，还有许多其他类型的金融机构，包括不同类型的存款机构。表 16-1 中，简要介绍了其中一些其他金融机构。请注意，表 16-1 中列出的是分析师可作为潜在投资对象进行评估的实体类型，因此不包括超国界组织。通常，超国界实体一般由各个成员国组成，侧重于支持特定目标的贷款活动。比如由 189 个成员国组成的世界银行，其宗旨是减少

[⊖] "评估金融机构、市场和工具系统重要性的指南：初步考虑"，国际货币基金组织、国际清算银行和金融稳定委员会秘书处工作人员编写的给二十国集团财政部部长和中央银行行长的报告，（2009 年 10 月）。

[⊜] "美国商业银行的资产和负债 -H.8"，美联储统计数据。

贫穷和支持全球发展，并通过国际复兴开发银行和国际开发协会提供贷款和赠款[⊖]。超国界实体的其他典型例子还包括亚洲开发银行和亚洲基础设施投资银行等。

表 16-1　金融机构清单

下面的清单只是举例说明，不应被视为全面的。该清单是按主要活动划分的，但存在许多服务重叠。此外，各国金融服务提供商的结构各不相同，在一些国家中，由国家拥有金融机构的情况更为普遍。

提供基本银行服务的机构

- **商业银行**。这个术语一般是指业务集中于传统银行服务内容的机构，如吸收存款、发放贷款和促进支付交易。从历史上看，美国和法国等一些国家的监管是区分了商业银行活动（如存款和贷款）、保险活动和投资银行活动（如证券承销、交易和投资）的。总的来说，这种区分的界限在日渐模糊。例如在法国，始于 20 世纪 80 年代中期的法规取消了对银行开展活动类型的许多限制；在美国，一项颁布于 1999 年的法规允许商业银行承担更多的证券和保险业务[1]。德国的全能银行可提供包括商业银行、投资银行、保险和其他金融与非金融服务在内的各种业务。西班牙的领先商业银行"在向零售客户交叉销售共同基金方面占主导地位"[2]。日本银行被允许从事一系列活动，包括参与非金融公司的股权（在一定范围内），这加强了它们在公司治理中的作用，而不是仅仅作为典型的信贷机构[3]；

- **信用社、合作社和互助银行**。这些存款机构像银行一样开展运作，并提供许多与银行类似的服务。它们由其成员所有，而不是像许多银行那样公开上市交易。与商业银行的不同之处在于，这类机构属于非营利性质的组织，因此不用缴纳所得税；

- **专业金融服务提供商：**
  - 建筑协会和储蓄与贷款协会是专门为长期住宅抵押贷款融资的存款机构；
  - 抵押贷款银行发起、出售和服务于抵押贷款，通常是证券化市场的积极参与者；
  - 信托银行（日本）是商业银行，但它们的存款是"货币信托"的形式（通常期限为 3～5 年，最短期限为 1 年），它们可以进行长期商业贷款和证券投资。日本还有城市银行（全能银行）、地区银行、第二地区银行、新民银行和信用合作社（其成员主要为小型企业和个人，向成员提供商业银行服务）[4]；
  - 在线支付公司，如 PayPal（美国）、支付宝（中国）和其他非银行在线支付公司等，这类公司目前扩张迅速，并继续在拓宽其服务范围。

投资行业内的中间人

这一类别中的不同实体所提供的服务差异很大，下面将简要介绍其中的几种。

- **集合投资工具的管理人**，如开放式共同基金、封闭式基金和交易所交易基金。这些金融机构汇集投资者的资金，用于买卖证券和其他资产。投资者向它们分享投资工具的所有权。集合投资工具应按规定披露其投资政策、认购和赎回程序、收费情况与费用开支、过去业绩情况等信息；

- **对冲基金**。这类基金也汇集投资者的资金并进行投资。它们倾向于遵循更复杂的投资策略；公开性更差一些，流动性更低一些，监管也更少一点。与开放式共同基金、封闭式基金和交易所交易基金相比，对冲基金的费用和最低投资金额要求更高；

- **经纪人和交易商**。这类公司为证券交易提供便利，在交易中赚取佣金或差价。

保险公司

- **财产和意外保险公司**提供与汽车、房屋或与商业活动相关不利事件的保护；
- **生命和健康保险公司**提供与死亡和健康有关的保险产品。人寿保险公司也提供储蓄产品；
- **再保险公司**向保险公司出售保险。它们并不直接向投保人支付索赔，而是向保险公司进行赔付[5]。

---

[1] Berger, Allen N., Phillip Molyneux 和 John O.S.Wilson，《牛津银行手册》（英国牛津：牛津大学出版社，2009）。
[2] Berger 等人，《牛津银行手册》。
[3] Berger 等人，《牛津银行手册》。
[4] Berger 等人，《牛津银行手册》。
[5] 保险信息研究所（www.Ⅲ.org）。

⊖　世界银行官方网站。

16.2.1 全球化组织

银行业与保险业在全球系统性风险方面存在很大不同⊖。虽然再保险业务主要是国际性的，但保险业相对银行业来说，整体市场的跨境业务比例很小。再保险业务的国际方面增加了保险部门对全球金融体系的重要性：再保险公司可能与设在世界不同地区的金融机构建立有国际联系，从而增加了系统的脆弱性。另一个重要的区别是，保险公司的国外分支机构通常被要求在一个管辖区域内持有足以支付该地区法律规定的相关保单责任的资产。

除了最大限度地减少系统性风险，建立全球和区域监管机构的其他原因还包括监管规则、标准和监督的协调和全球化。标准和条例的一致性有助于在世界各地尽量减少监管套利（跨国公司利用管辖区域的监管制度差异去避免对其不利的监管）。

巴塞尔银行监管委员会（简称"巴塞尔委员会"）成立于 1974 年，是一个由国际清算银行主持和支持的常设委员会，是关注金融稳定的最重要的全球性组织之一。巴塞尔委员会的成员包括各国或各地区的中央银行和负责监管银行的实体。表 16-2 中的巴塞尔委员会成员名单说明了在不同国家和地区内参与监管银行活动的实体范围。

表 16-2　巴塞尔委员会成员（截至 2017 年 7 月）

国家和地区	机构代表	国家和地区	机构代表
阿根廷	阿根廷中央银行	墨西哥	墨西哥银行
澳大利亚	澳大利亚储备银行		国家银行和证券委员会
	澳大利亚审慎监管局	荷兰	荷兰银行
比利时	比利时国民银行	俄罗斯	俄罗斯联邦中央银行
巴西	巴西中央银行	沙特阿拉伯	沙特阿拉伯货币机构
加拿大	加拿大银行	新加坡	新加坡金融管理局
	金融机构监督办公室	南非	南非储备银行
中国内地	中国人民银行	西班牙	西班牙银行
	中国银行监督管理委员会①	瑞典	瑞典中央银行
欧盟	欧洲中央银行		金融监管局
	欧洲中央银行单一监管机制	瑞士	瑞士国家银行
法国	法兰西银行		瑞士金融市场监管局
	审慎监管与决议机构	土耳其共和国	土耳其共和国中央银行
德国	德意志联邦银行（德国中央银行）		银行监管局
	联邦金融监管局	英国	英格兰银行
中国香港	香港金融管理局		审慎监管局
印度	印度储备银行	美国	联邦储备系统理事会
印度尼西亚	印度尼西亚银行		纽约联邦储备银行
	印度尼西亚金融服务管理局		货币监理署署长办公室
意大利	意大利银行		联邦存款保险公司
日本	日本银行	智利	智利中央银行
	日本金融厅		银行及金融机构监督局
韩国	韩国央行	马来西亚	马来西亚中央银行
	韩国金融监督院	阿拉伯联合酋长国	阿联酋中央银行
卢森堡大公国	金融监管委员会		

①已更名为"中国银行保险监督委员会"。

资料来源：www.bis.org。

⊖ "核心原则：跨部门比较"，联合论坛（巴塞尔银行监管委员会、国际证监会组织和国际保险监督员协会；2001 年 11 月）的报告。

　　巴塞尔委员会制定了被称为《巴塞尔协议Ⅲ》的国际银行监管框架，这是继《巴塞尔协议Ⅰ》和《巴塞尔协议Ⅱ》之后的强化框架。《巴塞尔协议Ⅲ》所载措施的目的为："提高银行部门吸收金融和经济压力所引起冲击的能力，无论其来源如何，改善风险管理和治理，并加强银行的透明度和信息披露。"⊖

　　《巴塞尔协议Ⅲ》的三个重要亮点是最低资本要求、最低流动性要求和稳定的资金要求。第一，《巴塞尔协议Ⅲ》规定了银行必须用权益资本为其风险加权资产提供资金的最低比例。该最低资本要求旨在防止银行承担过高的财务杠杆，以免无法承受贷款损失（资产减值损失）。第二，《巴塞尔协议Ⅲ》规定，银行必须持有足够高质量的流动性资产，以满足其在流动性紧张情况下 30 天内的流动性需求。这项最低流动资金要求确保银行有足够现金来应付部分资金来源的损失（例如客户存款、其他借款等）或因表外资金承诺而引致的现金流出。第三，《巴塞尔协议Ⅲ》要求银行在一年内拥有相对于银行流动性需求的最低稳定资金量。资金的稳定性取决于存款的期限（例如，长期存款比短期存款稳定）和存款人的类型（例如，消费者存入的资金被认为比银行间市场筹集的资金稳定）。

　　为了防止银行承担过高的财务杠杆，《巴塞尔协议Ⅲ》敦促银行注重资产质量，持有足够资本以抵御其他类型的风险（如操作风险），并制订改进的风险评估程序。此外，《巴塞尔协议Ⅲ》还在金融机构基础资本的质量和构成方面提出了基本改变，提高了基础资本承受损失的能力，使损失范围限于金融机构的资本投资者，而不会传递给存款人、纳税人或金融系统中的其他机构，从而降低了金融风险的传染。

　　制定监管框架之后，巴塞尔委员会还负责监测成员采用和执行《巴塞尔协议Ⅲ》的情况。

　　其他一些重要组织在金融稳定领域参与了国际合作，下面将简要地介绍其中一些国际组织的情况。

- 金融稳定委员会，包括来自二十国集团成员以及中国香港、新加坡、西班牙和瑞士的监督与监管机构代表，其总体目标是加强金融稳定。它通过查明金融部门的系统性风险，协调司法当局采取风险应对行动；
- 国际存款保险公司协会，其目标是"提高存款保险制度的有效性"；
- 国际保险监督员协会（IAIS），由全球大多数国家的保险监管机构和监督员代表组成，其总体目标是在全球范围内促进对保险业的有效监管；
- 国际证监会组织（IOSCO），由来自不同国家和地区的证券市场监管机构代表所组成，其总体目标是维护公平有效的证券市场。

　　上述后两个组织是巴塞尔委员会联合论坛的一部分。该联合论坛由巴塞尔委员会、IAIS 和 IOSCO 的代表组成，致力于解决银行、保险和证券部门的共同问题。

16.2.2　各司法管辖区的监管机构

　　上一节中，介绍了各种希望通过与各个司法管辖区的监管机构共同合作来促进金融稳定的全球组织，但在实务中，真正对金融机构的经营业务拥有管辖权的，是各国家或地区的监管机构。

⊖　www.bis.org。

在全球范围内，有许多监管组织都对金融机构负有或重叠或区别的责任；监管机构的全球网络以及由此产生的法规十分复杂。虽然巴塞尔委员会的成员机构与上一节提到的其他全球性组织之间有一些重叠，但具体成员情况各不相同。例如，国际存款保险公司协会有 83 个成员组织，其中一些是巴塞尔委员会的成员机构（比如美国联邦存款保险公司）；但还有一些则不是巴塞尔委员会的成员机构（比如新加坡存款保险公司和德国联邦存款保障基金）。在一些国家中，由一个监管机构同时监管银行业和保险业，比如，日本的金融厅。但在其他国家中，则可能有一个单独的监管机构负责保险行业，比如美国的全国保险专员协会。

随着金融机构的业务在全球范围内扩展，合规要求也随之增加。汇丰控股公司（HSBC Holdings）就是最具全球性的金融机构之一，据披露，该公司的业务"受大约 400 家不同的中央银行和公司办事处、分行或子公司所在地的其他监管机构管理和监督。这些监管机构规定了各种要求和控制措施[一]"。

16.3 银行的分析

在本节中，用"银行"一词专指主要经营活动为吸收存款和发放贷款的金融实体。本节将首先介绍一种被广泛用于银行分析的基础方法，称为 CAMELS 分析法，然后再介绍分析银行时需要考虑的其他因素。在本节中，还会结合介绍一个实际的银行分析案例。

16.3.1 CAMELS 分析方法

"CAMELS"分析方法起源于美国，是一种被广泛使用的银行评级方法，得名于分析设计六要素的首写字母缩写[二]，该六要素分别为资本充足性（capital adequacy）、资产质量（asset quality）、管理能力（management capabilities）、盈利充足性（earnings sufficiency）、流动性头寸（liquidity position）和对市场风险的敏感性（sensitivity to market risk）。

银行审查员利用 CAMELS 分析方法来评估银行时，会通过分析为每个要素分配 1 到 5 的数字评级。其中，1 代表最佳评级，表示了风险管理和业绩方面的最佳做法，可以让监管机构最不用担忧；而 5 代表最差评级，表示了风险管理和业绩的最差做法，应当引起监管机构最高程度的关注[三]。

在对各组成要素进行评级之后，再根据各要素评级情况，构建对整个银行的综合评级。综合评级并不是六个要素评分的简单算术平均值，而是每个要素部分都需要由执行评级的审查员经研究赋予权重。所以，审查员的判断对要素权重具有直接影响，受此影响，如果两位审查员都使用 CAMELS 方法评估同一家银行，甚至假定他们对每个要素的评分都相同，但对整个银行得出的综合评级却可能仍有不同。

虽然 CAMELS 系统是开发作为银行审查人员的工具，但它为其他目的的分析，例如针对银行的股权或者债务投资分析，也提供了一个有用的框架。以下各节将分别讨论各具体要

〇 汇丰控股公司年度报告（2016 年 12 月 31 日）。

〇 关于风险评估演变的资料见"监督风险评估和预警系统"，Ranjana Sahajwala 和 Paul Van den Bergh，巴塞尔银行监管委员会第 4 号工作文件（2000 年 12 月）。关于 CAMELS 评级系统的更多信息，见 FDIC 关于统一金融机构评级系统的说明，网址：www.fdic.gov。

〇 Sahajwala 和 Van den Bergh，"监督风险评估和预警系统"。

素的分析评分问题。

16.3.1.1　资本充足性

对于银行来说（就像任何其他公司一样），拥有充足的资本是很重要的，这样可以吸收潜在的损失，而不至于导致银行财务薄弱甚至资不抵债。亏损会减少银行的留存收益，而留存收益是资本的一个组成部分。所以如果亏损金额非常大，甚至就可能导致银行破产。强劲的资本状况可以降低银行破产的可能性，增强公众对银行的信心。

银行的资本充足率是用资本占银行资产的比例来描述的。为了确定资本充足率，首先需要将银行的资产根据其风险情况进行调整，对风险较高的资产赋予更高的权重。风险权重由各个国家的监管机构参考《巴塞尔协议Ⅲ》来规定。经风险调整后，得到风险加权资产的金额，用于确定为这些资产提供支持所需的资本金额。例如，现金的风险权重为零，意味着现金不被包括在风险加权资产中，因此，银行不需要为现金提供资本支持；企业贷款的风险权重为 100%，而某些风险资产，例如高波动性的商业房地产贷款和逾期 90 天以上的贷款，其权重大于 100%。举个简单的例子，假设一家银行有三种资产：10 美元现金、1,000 美元履约贷款和 10 美元不良贷款。那么该银行的风险加权资产（RWAs）将等于 1,015 [=（10×0%）+（1,000×100%）+（10×150%）] 美元。此外，表外风险敞口也应被分配一定的风险权重，并被计算在风险加权资产当中。

为了确定银行的资本及其资本充足性，银行资本被划分为了多个等级。在这些层级当中，最重要的是普通股一级资本。根据美国联邦存款保险公司的说法：

> 《巴塞尔协议Ⅲ》的资本标准强调普通股一级资本是银行资本的主要形式。普通股一级资本被广泛认为是最能吸收损失的资本形式，因为它是永久性的，让股东的资金去承担公司破产时的损失风险。此外，《巴塞尔协议Ⅲ》加强了最低资本比率要求和风险加权定义，提高了及时纠正行动的门槛，建立起了资本保护的缓冲垫，并提供了一个强制执行反周期资本缓冲的机制[⊖]。

普通股一级资本包括普通股、与普通股有关的发行溢价、留存收益、累积其他综合收益以及若干调整项，包括扣除无形资产和递延所得税资产等。其他一级资本包括银行发行的符合某些标准的其他类型金融工具。例如，这些工具相对银行的存款和其他债务来说是次级的，没有固定到期日，也没有任何类型的不完全由银行决定的股息或利息支付。二级资本包括相对银行存款人和一般债权人更次级的金融工具，其初始最低期限为 5 年，并应满足某些其他要求。

由于《巴塞尔协议Ⅲ》中规定的最低资本要求是全球性的，因此这里进行介绍。不过，各国监管机构有权为其管辖范围内的机构制定自己的最低资本要求。

- 普通股一级资本必须至少达到风险加权资产的 4.5%；
- 一级资本总额必须至少占风险加权资产的 6.0%；

⊖　美国联邦存款保险公司，《考试政策风险管理手册》，第 2.1 节（www.FDIC.gov）。关于《巴塞尔协议Ⅲ》下资本层次的综合说明，请参阅"巴塞尔协议Ⅲ：更具弹性的银行和银行系统的全球监管框架"（第 13 ～ 27 页），可在 www.bis.org 查阅。

- 资本总额（一级资本与二级资本之和）必须至少达到风险加权资产的 8.0%。[⊖]

■ **例 16-1 资本头寸**

表 16-3 中，摘录了汇丰控股公司年度报告中关于其资本头寸的一段说明。这段内容交代了该公司的资本比率，各层级资本金额和各种类型的风险加权资产金额。

表 16-3 汇丰控股公司年度报告披露信息摘录

资本比率		
	12 月 31 日	
	2016 年（%）	2015 年（%）
普通股一级资本比率	13.6	11.9
一级资本比率	16.1	13.9
资本总额比率	20.1	17.2
监管资本与风险加权资产总额		
	12 月 31 日	
	2016 年（百万美元）	2015 年（百万美元）
监管资本		
普通股一级资本	116,552	130,863
其他一级资本	21,470	22,440
二级资本	34,336	36,530
监管资本总额	172,358	189,833
风险加权资产	857,181	1,102,995
按风险类型统计的风险加权资产（RWAs）		
	RWAs（十亿美元）	资本要求^①（十亿美元）
信用风险	655.7	52.5
交易对手信用风险	62.0	5.0
市场风险	41.5	3.3
操作风险	98.0	7.8
2016 年 12 月 31 日合计	857.2	68.6

① "资本要求"代表第 1 支柱的资本支出，按风险加权资产总额的 8% 计算。
资料来源：汇丰控股公司 2016 年度报告（第 127 页）。

问题：

1. 根据表 16-3，汇丰控股公司的资本比率在 2016 年是加强了还是减弱了？

2. 根据表 16-3，导致汇丰控股公司的资本比率在 2016 年发生变化的主要原因是什么？

问题 1 解答： 汇丰控股公司的资本比率在 2016 年有所加强。其普通股一级资本比率占风险加权资产的百分比由 11.9% 上升至 13.6%，一级资本比率亦由 13.9% 上升至 16.1%，而资本总额比率更是由 17.2% 上升至 20.1%。

问题 2 解答： 2016 年，汇丰控股公司资本比率变动的主要原因是风险加权资产的数量减少，其风险加权资产总额从 11,029.95 亿美元降至 8,571.81 亿美元。

⊖ www.bis.org。

16.3.1.2 资产质量

资产质量是指与银行资产有关的、现有的和潜在可能的信用风险的数量，主要集中在金融资产方面。资产质量的概念不仅涉及银行资产的构成，还包括对资产产生和管理过程中的整体风险控制的强度。

银行资产的最大部分通常是贷款。资产负债表上所报告贷款的资产质量取决于借款人的信誉和预期信用损失调整得充足与否。贷款按摊余成本计量，并在资产负债表中按扣除贷款损失准备后的净额进行列报。

银行资产的另一个重要组成部分是对其他实体所发行证券的投资，根据投资的分类，会采用不同的计量方式。具体来说，IFRS 要求⊖，根据公司管理资产的业务模式和资产的合同现金流量特征，金融资产被分为了三类。金融资产分类决定了其后续计量方式（摊余成本或公允价值），以及对于以公允价值计量的金融资产，其公允价值的变动是计入其他综合收益还是计入当期损益。金融资产的三大类别分别是：①按摊余成本计量的金融资产，②按公允价值计量且其变动计入其他综合收益的金融资产，以及③按公允价值计量且其变动计入当期损益的金融资产。

与 IFRS 不同，US GAAP 要求所有的股权投资"（除按权益法核算或需要合并会计报表的股权投资外）都以公允价值计量，且将公允价值的变动确认在当期损益中⊜"。不过，对于难以确定其公允价值的股权投资，仍可按成本扣除减值后计量，这是公允价值计量的一个例外。因此，根据 US GAAP，用于分类和计量投资的三个类别**只适用于债务证券**：持有至到期的债权投资（按摊余成本计量）、交易性证券（按公允价值计量且其变动计入当期损益）和可供出售证券（按公允价值计量且其变动计入其他综合收益）。

下面这个示例从整体资产构成的角度分析了资产质量问题。这个例子涉及的是银行资产负债表的资产部分。在实践中，不同的公司所使用的术语可能存在差异，分析师应参考财务报表附注，以了解每个行项目的更多细节。在这个例子中，有两项附注有助于理解示例中的行项目。首先，在确定银行贷款总额时，有两个项目明显相关："银行贷款及垫款"和"客户贷款及垫款"。此外，请注意，"逆回购协议"是银行向客户提供的一种抵押贷款形式。在回购协议中，借款人（即银行客户）向贷款人（即银行）出售一项金融资产，并同时承诺在未来日期以固定价格回购该金融资产。卖出价与较高的回购价之间的差额构成实际的借款利息。借款人将交易描述为"回购协议"，而贷款人则将交易描述为"逆回购协议"⊜。其次，"持有待售资产"一词与已终止的业务有关，具体指长期资产，其价值主要来自预期处置的结果，而非持续的使用过程⑩。此术语不应与证券投资的术语"可供出售"（上文所述）相混淆。

▋ **例 16-2 资产质量：资产的构成**

表 16-4 中，列出了汇丰控股公司资产负债表中的资产部分，该公司按 IFRS 编制其财务报表。

⊖ IFRS 9《金融工具》，2014 年 7 月发布，自 2018 年 1 月起生效。

⊜ ASU 2016-01《金融工具—概述（副标题 825-10）金融资产及金融负债的确认及计量》。本次会计准则更新于 2016 年 1 月发布，对公共经营实体自 2017 年 12 月 15 日之后的会计年度生效。

⊜ 金融研究办公室（美国财政部的一个部门）估计，回购市场的规模约为 3.5 万亿美元。

⑩ IFRS 5《持有待售的非流动资产和终止经营》。

表 16-4　合并资产负债表信息摘录

汇丰控股公司
合并资产负债表（摘录）
12 月 31 日　　　　　　　　　　　　　　　（单位：百万美元）

资产	2016 年	2015 年
现金及央行存款余额	128,009	98,934
向其他银行托收的项目	5,003	5,768
香港特区政府负债证明书	31,228	28,410
交易性资产	235,125	224,837
指定按公允价值计量的金融资产	24,756	23,852
衍生工具	290,872	288,476
银行贷款及垫款	88,126	90,401
客户贷款及垫款	861,504	924,454
逆回购协议，非交易性	160,974	146,255
金融投资	436,797	428,955
持有待售资产	4,389	43,900
预付款、应计收益和其他资产	59,520	54,398
递延所得税资产，短期部分	1,145	1,221
在联营企业和合营企业中享有的权益	20,029	19,139
商誉与无形资产	21,346	24,605
递延所得税资产	6,163	6,051
资产总计，12 月 31 日	**2,374,986**	2,409,656

资料来源：汇丰控股公司 2016 年度报告。

问题：

1. 以下项目的流动性最强：现金及央行存款余额、向其他银行托收的项目，以及香港特区政府负债证明书。在 2015 年，汇丰控股公司总资产中有多大比例投资于这些流动性强的资产？2016 年呢？汇丰控股公司在 2016 年的资产负债表流动性是降低了还是增加了？

2. 从 2015 年到 2016 年，投资占总资产的百分比是如何变化的？（包括交易性资产、指定按公允价值计价的金融资产和金融投资。）

3. 汇丰控股公司的资产中，有多大比例来自贷款？（如前所述，银行贷款包括“银行贷款及垫款”和“客户贷款及垫款”。此外，“逆回购协议”也是抵押贷款的一种形式。）

问题 1 解答：2016 年，汇丰集团的资产负债表流动性水平增加了。

2015 年，汇丰集团的高流动性资产占比为 5.5%：

$$(98,934 + 5,768 + 28,410)/2,409,656 = 5.5\%$$

2016 年，汇丰集团的高流动性资产占比为 6.9%：

$$(128,009 + 5,003 + 31,228)/2,374,986 = 6.9\%$$

问题 2 解答：2016 年，汇丰集团资产负债表中，投资所占比例增加了。

2015 年，投资性资产占总资产的比重为 28.1%：

$$(224,837 + 23,852 + 428,955)/2,409,656 = 28.1\%$$

2016 年，投资性资产占总资产的比重为 29.3%：

$$(235,125 + 24,756 + 436,797)/2,374,986 = 29.3\%$$

问题 3 解答： 2015 年，汇丰集团的贷款占总资产的比重为 48.2%：

$$（90,401 + 924,454 + 146,255）/2,409,656 = 48.2\%$$

而 2016 年，该比重为 46.8%：

$$（88,126 + 861,504 + 160,974）/2,374,986 = 46.8\%$$

下一个例子从信用质量的角度分析资产质量。贷款是银行资产的最大类别，而信用风险的评估则是银行决定发放贷款的基础。如前所述，证券投资往往是银行资产的一个重要组成部分，这些活动也涉及信用风险。此外，银行的交易活动（包括表外交易活动）会产生对手信用风险。表外负债，例如担保、未使用的承诺信贷额度和信用证等，对银行来说是潜在的资产（以及潜在的负债），因此也涉及信用风险。除了信用风险外，其他因素也会影响银行资产的价值和达成交易的容易程度，例如流动性。分散信用风险敞口（和避免信贷太集中）在包括贷款和投资在内的整个资产基础当中，以及在交易对手之间，都是资产质量的一个重要方面。

▌ 例 16-3 资产的信用质量

表 16-5 中的信息说明了汇丰控股公司所持有金融工具的信用质量，摘录自该公司的年报披露内容。表中按金融工具的信用质量分布进行了分类。

表中所示金融工具对应于资产负债表中某些行项目的总金额，以及某些行项目的部分金额（因为只有部分资产涉及信用风险）。涉及总金额的资产负债表项目包括：现金及央行存款余额；向其他银行托收的项目；香港特区政府负债证明书；衍生工具；银行贷款及垫款；客户贷款及垫款；逆回购协议，非交易性。涉及部分金额的资产负债表项目为：交易性资产；指定按公允价值计量的金融资产；金融投资；持有待售资产；预付款、应计收益和其他资产。

表 16-5 汇丰控股公司年度报告披露内容摘录 （单位：百万美元）

		2016 年 12 月 31 日	2015 年 12 月 31 日
既未逾期也未减值	信用质量优异	1,579,517	1,553,830
	信用质量良好	313,707	331,141
	信用质量令人满意	263,995	293,178
	信用质量不达标准	26,094	26,199
	逾期但未减值	9,028	13,030
	已减值	20,510	28,058
	总额合计	2,212,851	2,245,436
	减值准备	−8,100	−11,027
	合计	2,204,751	2,234,409

资料来源：汇丰控股公司 2016 年度报告（第 88 ～ 89 页）。

问题：

1. 根据表 16-5，在 2016 年，汇丰控股公司的金融工具信用质量是改善了还是恶化了？具体来看，投资于信用质量优异的工具占比是如何逐年变化的？

2. 根据表 16-5，汇丰控股公司在 2016 年的减值准备变化情况是否反映了其金融工具信用质量（尤其是已减值的资产金额）的变化？

解答图表

		2016 年 12 月 31 日	2015 年 12 月 31 日	金额变动百分比
		在总额合计中占比	在总额合计中占比	
既未逾期也未减值	信用质量优异	71.4%	69.2%	1.7%
	信用质量良好	14.2%	14.7%	**−5.3%**
	信用质量令人满意	11.9%	13.1%	**−10.0%**
	信用质量不达标准	1.2%	1.2%	**−0.4%**
	逾期但未减值	0.4%	0.6%	**−30.7%**
	已减值	0.9%	1.2%	**−26.9%**
	总额合计	100.0%	100.0%	**−1.5%**
	减值准备	**−0.4%**	**−0.5%**	**−26.5%**

问题 1 解答：根据表 16-5，汇丰控股公司的金融工具信用质量在 2016 年有所改善。如解答图表所示，投资于信用质量优异的金融工具占总投资资产的百分比从 2015 年的 69.2% 上升至 2016 年的 71.4%（1,553,830/2,245,436 = 69.2%；1,579,517/2,212,851 = 71.4%）。

问题 2 解答：是的。根据表 16-5 中的信息，汇丰控股公司的减值准备在 2016 年的变动表明了该公司金融工具信用质量的变化。总的来看，减值准备的金额与已减值的资产金额是相关的。该公司的减值准备在 2016 年下降了 26.5%，与其已减值资产下降 26.9% 息息相关。由此可推导出，减值准备占已减值资产的百分比在两年中是基本保持一致的：2015 年为 39.3%（= 11,027/28,058）；2016 年为 39.5%（= 8,100/20,510）。

16.3.1.3　管理能力

金融机构的有效管理与其他类型实体的有效管理属性类似，均包括成功地识别和利用恰当的盈利机会，以及同时管理好风险。对所有类型的企业来说，遵纪守法是必不可少的。同时，一个强有力的治理结构，例如，拥有一个避免过度高薪或内部交易的独立董事会，也至关重要。健全的内部控制、透明的管理沟通和财务报告质量是管理有效性的指标。对所有实体来说，总体绩效最终都是管理有效性的最可靠指标。

对金融机构来说，一个特别重要的管理问题是识别和控制风险的能力，包括信用风险、市场风险、经营风险、法律风险和其他风险。银行董事会需要就风险暴露水平和政策制定的恰当性提供总体指导，并对银行管理工作进行监督。银行的高级管理人员必须制订和实施与银行的总体指导方针相一致的有效的风险计量和监测程序。

16.3.1.4　盈利充足性

与其他企业一样，在理想情况下，金融机构应产生一定数量的盈利，以便向其资本提供者提供足够的资本回报，特别是通过资本增值和 / 或股利分配来回报股东。此外，对所有公司来说，盈利最好都是高质量的，并能呈向上发展趋势。一般说来，高质量盈利的特征是其会计估计无偏，来源于可持续的项目，而不是非经常性项目。

对银行来说，贷款减值的计提是一个会涉及重大会计估计的重要领域。在估计贷款组合的整体损失情况时，历史的贷款损失数据可以提供参考，但根据过去数据进行的统计分析还不够，还必须辅之以管理层对未来情况的判断。在估计个人贷款损失时，需要对借款人违约或破产的可能性以及抵押品的价值进行评估。汇丰控股公司对估计贷款减值准备的复杂性介绍说："判断是高度主观的，各种假设对风险因素也是高度敏感，特别是许多地区经济和信贷情况的变化，对判断结果具有重要影响。许多因素具有高度的相互依赖性，集团整体的贷款减值准备并不会只受某单一因素的影响。[⊖]"

对一些必须用公允价值计量的金融资产和负债，银行在为其估值时也必须用到会计估计。如果一项投资的公允价值是基于可观察到的市场价格，那么其估值就几乎不需要判断。但是，当一些资产或负债的公允价值不能以可观察到的市场价格为基础时，就需要应用判断了。根据 IFRS 和 US GAAP，金融资产和负债的公允价值计量是根据用于确定公允价值的输入变量类型来分类的。两套准则体系均使用了**公允价值层级**这个概念[⊜]。根据公允价值输入变量的可观察性，将公允价值的层级分为了三种。

- 第 1 层级公允价值的输入变量是活跃市场上相同金融资产或负债的报价；
- 第 2 层级公允价值的输入变量是可以观察到的，但不是活跃市场上相同金融工具的报价。第 2 层级公允价值的输入变量包括活跃市场中类似金融工具的报价、非活跃市场中相同金融工具的报价，以及可观察到的数据，如利率、收益率曲线、信用利差和隐含利率等。将输入变量代入模型当中，可以确定金融工具的公允价值；
- 第 3 层级公允价值的输入变量是不可观察到的，这类金融工具的公允价值是基于一个（或多个）模型和不可观察的输入变量。金融建模，就其本质而言，包含不可观察到的主观估计值，因此会因建模者的不同而导致不同的结果。例如，金融工具价值可能来自期权定价模型，该模型用到了对金融工具的市场波动性的主观估计。再比如，某金融工具的价值可能等于其未来现金流量的现值，那么，就需要估计未来的现金流量，而这种估计和贴现率都是不可客观观察得到的，因为它们取决于决策者的选择。

在实践中，"第 1、2、3 层级"的公允价值这种说法也可指所使用的估值方法。第 3 层级估值技术需要依赖于一个或多个不可观察的重要输入变量。例如，如前所述，一家公司可能会使用估计未来现金流模型对私人股本投资进行估值。

此外，在实践中，"第 1、2、3 层级"这种说法也可以表示使用给定输入变量对资产或负债所进行的估值。例如，根据某项投资的公允价值是基于可直接观察得到的市场价格、类似投资的可观察市场价格，还是不可观察的投入变量确定，可将这项投资称为"第 1 层级""第 2 层级"或"第 3 层级"投资。

其他涉及重大估计的领域对非金融公司和金融公司来说都比较类似了。例如，需要估计业务单元的未来现金流量，以判断公司是否出现商誉减值；需要对未来税项的可能性做出假设，以决定如何确认递延所得税资产；需要结合专家建议和管理层判断，确定是否确认以及需要确认多少与或有事项（例如诉讼）相关的负债。

至于银行盈利的可持续性，则需要考察其构成。银行的盈利通常包括①净利息收益（贷款利息收入减去支持这些贷款的存款利息费用之差额）、②手续费收益和③交易收益。在这三大一般盈利来源中，交易收益通常是最不稳定的。因此，净利息收益和净手续费收益通常比净交易收益更具可持续性。此外，还应关注净利息收益的波动水平，较低的波动水平是更可取的，因为净利息收益的波动水平过大可能说明利率风险敞口过大。

⊖　汇丰控股公司 2016 年度报告，第 199 页。
⊜　参考 IFRS 13《公允价值计量》和 FASB ASC 主题 820《公允价值计量》。

▌例 16-4　盈利的构成

一位分析师收集了表 16-6 中的信息，希望能评价每种来源的盈利对汇丰控股公司的重要性。

表 16-6　汇丰控股公司的经营性收益：5 年数据汇总

（单位：百万美元）

	2016 年	2015 年	2014 年	2013 年	2012 年
净利息收益	29,813	32,531	34,705	35,539	37,672
净手续费收益	12,777	14,705	15,957	16,434	16,430
净交易收益	9,452	8,723	6,760	8,690	7,091
指定为公允价值计价的金融资产创造的净收益（费用）	−2,666	1,532	2,473	768	−2,226
金融投资的损益	1,385	2,068	1,335	2,012	1,189
股利收益	95	123	311	322	221
净保费收益	9,951	10,355	11,921	11,940	13,044
处置美国网络分支、美国发卡业务和中国平安保险公司的收益	—	—	—	—	7,024
其他经营性收益（费用）	−971	1,055	1,131	2,632	2,100
经营性收益合计	59,836	71,092	74,593	78,337	82,545

资料来源：汇丰控股公司 2016 年度报告（第 31 页）。

问题：

1. 根据表 16-6 中的信息，汇丰控股公司的主要经营性收益来源是什么，2016 年，该来源占总经营性收益的比例是多少？

2. 根据表 16-6 中的信息，汇丰控股公司在 2016 年的交易性收益占总经营性收益的比重是多少？

3. 根据表 16-6 中的信息，说明汇丰控股公司经营性收益的发展趋势是怎样的。

问题 1 解答： 汇丰控股公司的主要经营性收益来源是净利息收益。2016 年，经营性收益总额的 49.8%（= 29,813/59,836）都来自净利息收益。

问题 2 解答： 2016 年，汇丰控股公司的经营性收益总额中，有 15.8%（= 9,452/59,836）是由交易性收益所创造的。

问题 3 解答： 2012 年到 2016 年，汇丰控股公司的经营性收益一直呈下降趋势。2012 年至 2015 年，经营性收益的构成相当稳定，约 46% 来自净利息收益，21% 来自手续费收入。

表 16-7　汇丰控股公司的经营性收益共同比分析：5 年数据汇总

（单位：百万美元）

	2016 年	2015 年	2014 年	2013 年	2012 年
	占经营性收益的百分比				
净利息收益	49.8%	45.8%	46.5%	45.4%	45.6%
净手续费收益	21.4%	20.7%	21.4%	21.0%	19.9%
净交易收益	15.8%	12.3%	9.1%	11.1%	8.6%
指定为公允价值计价的金融资产创造的净收益（费用）	−4.5%	2.2%	3.3%	1.0%	−2.7%

（续）

	2016 年	2015 年	2014 年	2013 年	2012 年
	占经营性收益的百分比				
金融投资的损益	2.3%	2.9%	1.8%	2.6%	1.4%
股利收益	0.2%	0.2%	0.4%	0.4%	0.3%
保费净收益	16.6%	14.6%	16.0%	15.2%	15.8%
处置美国网络分支、美国发卡业务和中国平安保险公司的收益	—	—	—	—	8.5%
其他经营性收益（费用）	–1.6%	1.5%	1.5%	3.4%	2.5%
经营性收益合计	100.0%	100.0%	100.0%	100.0%	100.0%

16.3.1.5　流动性头寸

对任何类型的实体来说，充足的流动性都是必要的。银行的系统重要性更是需要强调这一点。如果银行以外的企业在流动性方面出了问题，难以支付其短期负债，主要影响的是该企业自己的供应链。但是，由于银行流动负债的主要组成部分是存款，因此，如果银行不能偿还其流动负债，将可能对整个经济造成恶劣影响。大多数银行的存款都会由政府保险公司担保（担保金额有一定的最高限制）。因此，流动性是监管机构关注的一个关键焦点。

《巴塞尔协议Ⅲ》的监管框架[一]指出，2008 年金融危机期间突然出现的流动性不足，是引入全球流动性标准的主要动机。由于金融危机初期流动性的突然压力，一些银行虽然有充足的资本基础，但仍经历了困难。因此，《巴塞尔协议Ⅲ》引入了两项最低流动性标准，在随后几年将逐步予以实施。

- 流动性覆盖率（liquidity coverage ratio，LCR）是银行必须持有用来应对预期现金流出的合格优质流动性资产应占百分比。该比率中，预期现金流出（分母）是银行在压力情景下一个月内的预期流动性需求，而合格优质流动性资产（分子）只包括那些容易转换成现金的资产。标准设定的最低目标为 100%；
- 净稳定资金比例（net stable funding ratio，NSFR）是银行经营业务在**所需**的稳定资金中，必须来自**可用**稳定资金的最低百分比。该比率中，经营所需的稳定资金（分母）受银行资产的构成和各类资产期限的影响，而可用稳定资金（分子）受银行资金来源（即资本、存款和其他负债）和各类资金来源期限的影响。根据《巴塞尔协议Ⅲ》，可用稳定资金是通过将银行的资本和负债分配给以下表 16-8 中所示的五个类别之一来决定，用分配给每个类别的金额乘以可用稳定资金（ASF）系数，然后得到的加权金额之和，即为可用稳定资金总额[二]。

表 16-8　可用稳定资金的类别

可用稳定资金系数	可用稳定资金类别
100%	• 监管资本总额（不包括剩余到期日少于 1 年的二级工具）； • 有效剩余到期日在 1 年或 1 年以上的其他资本工具和负债
95%	• 零售和小企业客户提供的、稳定非到期（活期）存款和剩余存期不足 1 年的定期存款

[一]　巴塞尔银行监管委员会，"巴塞尔协议Ⅲ：增强银行和银行体系弹性的全球监管框架"。

[二]　巴塞尔银行监管委员会，"巴塞尔协议Ⅲ：净稳定资金比率"（2014 年 10 月，第 3 页）。

（续）

可用稳定资金系数	可用稳定资金类别
90%	● 零售及小企业客户提供的、不稳定的非到期存款，以及剩余存期不足 1 年的定期存款
50%	● 非金融公司客户提供的、剩余存期不足 1 年的资金； ● 经营性存款； ● 主权国家、公共部门实体、多边和国家开发银行提供的、剩余期限不足 1 年的资金； ● 不属于上述类别的、剩余期限在 6 个月至 1 年以下的其他资金，包括中央银行和金融机构提供的资金
0%	● 所有其他不包括在上述类别中的负债和权益，包括未规定到期日的负债（但对递延所得税负债和少数股东权益有特定处理）； ● 净稳定资金比率衍生负债扣除净稳定资金比率衍生资产（如净稳定资金比率衍生负债大于净稳定资金比率衍生资产）； ● 因购买外国金融工具、外币或商品产生的"交易日"应付款项

净稳定资金比率的基本原理是，它将金融机构资产的流动性需求与资金来源提供的流动性联系起来。以资产为例，期限较长的贷款需要稳定的资金，而流动性较高的资产则不需要。在资金来源方面，长期存款和其他负债被认为比短期负债更稳定，来自零售客户的存款被认为比来自其他交易对手的相同期限的存款更稳定。该标准设定的最低目标是大于 100%。

在《巴塞尔协议Ⅲ》[⊖]中，介绍了几个流动性监测指标，这里讨论其中两个：融资集中度（concentration of funding）和合同期限错配（contractual maturity mismatch）。其中，融资集中度是指从单一来源获得的资金比例，如果资金过度集中，将使银行面临单一资金来源可能被撤回的风险。

合同期限错配是指银行资产的到期日与银行资金来源的到期日之间的差异。在正常的收益率曲线环境中，长期利率高于短期利率，在其他条件相同的情况下，银行可以通过短期借款和长期借款来最大化其净利息收益收入。这样，银行可最小化支付给储户的利息费用，并同时最大化其贷款资产的利息收入。然而，如果银行需要在收到借款人偿还贷款的现金之前就用现金去归还到期的存款，则这种期限错配将使银行面临流动性风险。因此，期限错配监控也是流动性风险管理的重要工具。

16.3.1.6 对市场风险的敏感性

几乎每个经营实体都会受到利率、汇率、股票价格或商品价格变化的影响。在美国，每家公司都被要求在年度报告中提供关于市场风险敞口情况的定量和定性披露。对分析师来说，银行业务的性质会使他们特别关注盈利对市场风险的敏感性。银行贷款期限和存款期限、重新定价频率、参考利率或货币的不匹配，都会造成市场波动风险。此外，银行的风险敞口不仅来自资产负债表内的贷款和存款，还可能来自资产负债表外的事项，比如与利率、汇率、股票或商品挂钩的担保或衍生品头寸等。了解这些市场因素的任何不利变化对银行的收益可能造成的影响，是非常重要的。此外，对一家银行管理市场风险的能力进行评价，也必不可少。

银行会披露相关收益对不同市场环境因素的敏感程度，即某些市场的波动起伏对银行收益可能造成的影响。以银行对利率风险的敏感程度分析为例，即使我们做一个极端纯粹的假

⊖ 巴塞尔银行监督委员会，"巴塞尔协议Ⅲ：更严格的银行和银行系统的全球监管框架"。

定，假设某银行的资产和负债在利率、到期日和重新定价的频率等方面都是相同的，当市场利率上升时，银行的净利息收益也会增加。之所以会发生这种情况，单纯是因为银行持有的资产多于负债。当然，在现实中，银行资产和负债的各种条款是不同的。一般来说，银行贷款资产的收益率是高于它必须支付给储户的利率，尤其是消费者存款的利率。就期限结构而言，在典型的收益率曲线环境中，较长期限的资金会比较短期限的资金来源具有更高的收益率水平，但利率敏感性的另一个方面是重新定价频率。例如，在利率上升的情况下，如果资产的重定价频率高于负债，将有利于收益的取得。所以，可以看出，有许多结构性因素都会影响利率的敏感性。

下面这个例子包含了利率敏感性的披露内容，显示利率向上和向下波动将对收益造成的影响。此类披露反映出了银行资产和负债的现有结构情况。

▌例 16-5　市场风险

表 16-9 的信息摘录自汇丰集团的年度报告，解释了该银行是如何监控其市场风险的，并对银行使用的敏感性分析工具进行了介绍。

表 16-9　汇丰集团年度报告信息摘录

我们的目标是管理和控制市场风险敞口，同时保持与我们风险偏好一致的市场特征。我们使用一系列工具来监控和限制市场风险，包括敏感性分析、风险价值和压力测试。

下表列出了从 2017 年 1 月 1 日起的每个季度初，连续 4 个季度 25 个基点利率冲击对我们 2016 年预计净利息收益（NII）基本情况（不包括保险）的评估影响……

报告的敏感性情况是在假设所有其他非同业利率风险变量都保持不变，并且没有采取任何管理层行动的条件下，我们对两种利率情景下预期基准净利息收益变化情况的评估。……

我们预计，在利率上升时，净利息收益也会上升；在利率下降时，净利息收益也会下降。这是因为我们的资产和负债之间的结构性不匹配（总的来说，我们预计集团的资产将比负债更快得到再定价，并且影响更大）。

	净利息收益的敏感性（审计数）						（单位：百万美元）
	美元业务	其他美洲地区业务	港币业务	其他亚洲地区业务	先令业务	欧元业务	合计
收益率曲线变动对 2016 年利息收入净额的影响：							
每季度初的收益率曲线上升 25 个基点	605	47	504	280	61	212	1,709
每季度初的收益率曲线下降 25 个基点	−1,024	−41	−797	−292	−261	9	−2,406

资料来源：汇丰集团 2016 年度报告（第 78 页，第 117 页）。

问题：

1. 根据表中的信息，如果收益率曲线连续四个季度在每个季度初向下移动 25 个基点，汇丰集团的净利息收益预计将减少多少？

2. 如果降低利率会损害汇丰等银行的收益，为什么各国或各地区的央行会在金融危机后如此大幅度地降低利率，以支撑金融业的发展呢？

问题 1 解答：如果收益率曲线在每个季度初向下移动 25 个基点，汇丰集团的净利息收益预计将减少 24.06 亿美元。

问题 2 解答：像上述汇丰集团披露的这种利率敏感性表格属于静态分析表，因此它假定当时的资产和负债结构的关系会一直保持不变。在金融危机之后，各国或各地区的央行往往会调低利率，使银行的借款利率下浮（实际上，接近于零），而银行向其贷款客户收取的利率，尽管看起来很低，实际上却远高于银行的借款成本。此外，各国或各地区的央行行动不仅仅是为了提振银行的盈利，更是为了提供流动性和刺激经济。

正如这个例子当中提到的，汇丰集团用来衡量和监控市场风险的另一个工具是在险价值（VaR）。VaR 是一种根据历史定价信息来模拟和估计潜在损失金额的方法。汇丰集团使用 99% 的置信度、持有期 1 天以及前两年的定价数据（外汇汇率、利率、股票价格、商品价格和相关波动等）来估计其 VaR。

16.3.2 与分析银行有关的其他因素

虽然 CAMELS 分析方法在评估银行的稳健性方面非常全面，但它并没有完全解决一些重要的银行特性问题。此外，还有一些对银行和其他类型的公司来说都比较重要的因素，也是 CAMELS 方法没有能考虑到的。

16.3.2.1 CAMELS 没有提到的银行专属分析应考虑的因素

CAMELS 分析方法这个名称由几个重要因素的首写字母所组成，但该方法下的分析并不全面，也不够综合。此外，这些因素的排序与其重要性无关，例如，强大的资本（C）和强大的流动性（L）在《巴塞尔协议Ⅲ》标准中是同等重要的⊖。

下面这些银行属性在 CAMELS 分析中并没有被考虑到，或未曾被全面考虑到：

- **政府支持**。政府通常不会努力去拯救可能失败的某家公司甚至某个行业。在商品经济中，失败是资本冒险后的不幸结果，破产法和法院会负责管理资本分配失败的结果。但是，银行业在这方面却不同。银行业不同于其他行业，建立健全的银行体系符合政府的利益，因为一个国家的经济受到银行放贷活动的影响，且国家中央银行需要一个健全的银行体系来有效地传导其货币政策。一个健康的银行体系能提供足够有效的付款程序，使储户对银行能妥善保管其存款充满信心，从而促进商业发展。政府机构会监督整个系统中银行的健康状况，并将关闭可能倒闭的银行，或安排这些经营失败的银行与能够吸收它们的健康银行进行合并。这种政府行为能帮助解决银行的问题，因为如果不加以处理，这些问题可能会削弱整个银行系统的有效性。或者，政府可以直接帮助银行维持其运营，而不是关闭它们或安排它们与更健康的银行进行合并。2008 年金融危机期间，就可以看到不少政府出手援助和干涉活动的明显例子。比如，美国财政部创建了问题资产救助计划（TARP）来购买银行持有的贷款，并向银行提供股权注入。在同一时期，美国财政部还安排了许多银行巨头之间的合并，导致更大的银行巨头产生。

    CAMELS 分析方法没有考虑到政府支持力度的影响，但投资者可以自行对银行在经济受困后是否能享受政府支持做出定性分析。以下是需要考虑的因素：

    - **银行规模**。银行规模是否足够大，一旦发生倒闭，会给经济造成很大的负面影响

⊖ 巴塞尔银行监管委员会，"巴塞尔协议Ⅲ：更严格的银行和银行系统的全球监管框架"（2010 年 12 月，第 8 页，项目 B.34）。

吗？是属于"大到不能倒"的类型吗？

- **国家银行系统的状况**。国家银行系统是否足够健康，能够处理某特定银行的倒闭事件？与其强迫银行体系去应对某家银行的倒闭，不如由政府动用纳税人的资金来支持它，这会是一个更好的解决办法吗？在 2008 ～ 2009 年的全球金融危机期间，美国联邦储备委员会提出了系统重要性金融机构（SIFIs）这个概念，即一旦失败就将对经济构成重大风险的金融机构。在后危机时代，这些机构已成为加强监管的目标。

- **政府所有权**。银行的公众所有权中，可能包括其母国政府所强烈支撑的所有权代表。政府所有权的存在可能有几个原因。政府所有权的"发展"观点认为，政府所有权有助于银行的金融发展，可带来更广泛的经济增长。另一种更悲观的看法是，一个国家的银行系统还没有强大到足以自立并吸引大量资本，因为行业内的道德标准还不够高，或者全国公众还对银行系统缺乏信心，而公众正是银行的重要资金来源 ⊖。

  无论政府是出于什么样的原因而持有银行的股份，它的存在确实为银行投资者增加了另一个层面的安全。一个拥有银行股份的政府可能会在经济困难时站出来保护银行的利益；相反，如果一个政府计划减少其在一家银行的股权，则这一安全层面可能会直接降低。当然，情况可能并不总是如此。在 2008 ～ 2009 年的全球金融危机期间，一些政府不情愿地成为银行的所有者，这些银行最终是由纳税人出资的。危机结束后，当政府对这些银行进行减资时，市场将这种减资视为银行实力恢复的信号。

- **银行的使命**。并非所有银行都有相同的使命。例如，社区银行主要服务于其业务所在社区的需求。该社区的福利可以由以农业、矿业或石油为基础的经济驱动，也可以依赖于单一的大型制造企业。在这种情况下，社区银行及其借款人和储户的命运将取决于影响主要行业或企业的经济因素的变化。与此形成对比的是，全球性银行既吸收全球存款，也在全球进行广泛投资。因此，全球性银行比任何社区银行都更能抵御单一风险。

  银行的使命及其成员的经济状况将影响银行对其资产和负债的管理方式。这是投资者在分析银行时需要做出的定性评估，CAMELS 分析并没有关注到这个问题。

- **公司文化**。银行的文化可能是谨慎并且非常规避风险的，比如它只愿意提供低风险的贷款；或者，也可能是愿意寻求并承担风险，以追求高投资回报。很多银行的文化可能处于这两个极端之间，过于谨慎的文化可能会由于太过规避风险而无法为承担所有权风险的股东提供足够的回报；而高度渴望风险的文化又可能导致银行的经营结果大起大落。对于跨国经营的银行来说，文化环境的差异尤其重要，因为在一些国家中，公司文化和国家文化之间可能会存在脱节。

  投资者可以通过对以下因素进行定性评估，来考察银行的文化环境：

- 该银行最近是否因专注于单一的投资而造成损失，例如在一个风险特别高的国家或经济领域进行了大量投资，承担了过大的风险敞口？

- 该银行是否曾因财务报告内部控制失败而重述其财务报表？

⊖ Rafael La Porta、Florencio Lopez-de-Silanes 和 Andrei Shleifer，"银行的政府所有权"，NBER 第 7620 号工作文件（2000 年 3 月）。

- 该银行是否曾给予其高管高于平均水平的股票薪酬，以激励其冒险行为和短期主义？
- 从该银行的损失准备金历史数据来看，它的文化是怎样的？它是否经常计提损失准备不及时，但后来又记录了大量的资产减值损失？

16.3.2.2 CAMELS 没有提到的、在分析银行和其他企业时都应注意的因素

还有其他一些与银行和其他类型的公司分析相关的因素，是 CAMELS 分析方法所没有涵盖到的。对于投资于银行和其他非银行实体的股权或债权投资人来说，以下因素也值得关注：

- **竞争环境**。某银行相对于其同行的竞争地位可能会影响它如何配置资本和评估风险，甚至还可能影响到前面提到的公司文化特点。一家地区性银行可能对某一特定地区拥有近乎垄断的控制，除了保持其控制之外，不会承担太多风险。而一家全球性银行可能会受到其他全球性银行行动的影响。例如，一家全球性银行的经理可能不满足于追随其他银行的领导，可能会不惜一切代价去追求市场份额的继续扩大，而不考虑风险；或者，他们也可能满足于目前较高的利润但较慢地增长。这都取决于银行的管理者如何看待他们的竞争地位，以及计划如何对这些看法做出反应；
- **表外项目**。表外资产和负债如果突然耗尽公司的资源，就会对公司及其投资者造成风险。雷曼兄弟的破产加剧了 2008 ～ 2009 年的全球金融危机，由于该公司与信用衍生品等金融工具的关系不透明，所以无法在危机发生前对它们所承担的风险进行简明分析。因此，无论审查工作有多么困难，在分析银行或者金融机构时，都需要考虑其资产负债表表外的风险。

也不是所有的表外项目都表现为奇特的或者经高度设计的金融工具。经营租赁就是一个低风险的表外负债例子：它们没有在公司的资产负债表上被确认为一项负债，但却给了债权人对公司未来现金流量的要求权。幸运的是，投资者很容易在财务报表附注中找到关于租赁导致的未来义务的信息[⊖]。

分析师在分析金融机构时，应特别警惕财务报表中存在被称为可变利益实体（VIE）的会计组织。VIE 是一种 "特殊目的实体" 形式，通常只为某个目的而形成：也许只持有某些资产或可以用特定债务工具融资的资产。在制订 VIE 的会计核算制度之前，公司有时会安排外部当事方去获得 VIE 的多数股权，以确保 VIE 的资产和负债不进入公司的合并报表范围。会计准则制定者开发了 VIE 模型，以规范这类特殊目的实体的合并问题。如果公司作为 VIE 的主要受益人，即使它在其中并没有股权，但只要满足了所有权测试之外的一般合并标准，也必须将 VIE 的财务报表纳入自己的合并范围。但是，如果银行在某个 VIE 中有权益但不需要合并，VIE 也可能导致银行产生表外资产和负债。会计准则规定，如果 VIE 不属于银行的合并报表范围，则银行也必须披露其存在和某些相关财务信息。投资者应关注这些非合并范围的 VIE：审查不合并它们的理由是否合理，并应考虑影响 VIE 的各种情况对银行的影响。

设定受益计划是另一个需要投资者注意审视的 "表外" 项目。虽然净收益计划资产或负债仍然会出现在资产负债表上，并不是完全的表外项目，但驱动它们的经济因素与普通的银

⊖ IASB 已在 2016 年发布了新的 IFRS 16《租赁》，取代过去的 IAS 17《租赁》，新准则从 2019 年 1 月 1 日起生效。相应地，我国的新租赁准则也从 2021 年 1 月 1 日起在上市公司中开始执行。新租赁准则已将大部分经营租赁带来的负债从资产负债表表外纳入了表内。——译者注。

行业务是不相同的。由于市场表现造成的计划资产短缺可能导致计划所需缴款迅速增加。利率下降可能导致计划债务增加，也可能导致计划所需缴款现金的迅速流失。因此，投资者应注意仔细检查财务报表附注中关于设定受益计划的披露内容，以确定此类计划对公司造成的风险程度。

金融公司或者某些银行会有一个特殊的表外项目，叫托管资产（assets under management，AUM）。银行可能有信托部门，根据所管理的资产收取管理费。这些资产属于客户，不与银行的资产负债表账户合并，但它们能为银行带来收益。如果这种收益对银行的业绩影响重大，那么银行投资者就应该特别关注银行的托管资产规模及其变动情况。

- **分部信息**。银行可能会有多条业务线，比如，它们可以根据国内市场和国外市场进行组织；可以按照消费者业务或工业业务进行组织；可以提供金融服务（比如证券租赁或做市等）；可能开展严格意义上并不属于银行的相关业务，比如信托等。无论一家银行（或任何其他公司）从事了多少种业务，都应通过分部信息披露来说明其经营决策者所使用的主要信息。这些信息可以帮助投资者判断资本在银行内部竞争的业务中是否得到了很好的分配；
- **货币敞口**。尽管对于以单一货币经营的地区性小银行来说，货币敞口可能并不值得关注，但浮动汇率制容易给全球性银行带来问题。银行可能会以多种货币融资和放贷，从而产生外币交易风险。大型银行可能会积极进行外汇交易，并积极利用外汇衍生工具进行对冲，从而在某些全球性事件意外地影响货币时产生不可预见的收益或损失。此外，并非所有的银行都是成功的货币交易者。全球性银行与其他跨国企业一样，面临资产负债表的折算问题。当一家银行的本币相对于其国外子公司的功能货币出现升值时，会计期末的资产负债表账户折算可能会带来外币折算差额，减少其资本；
- **风险因素**。投资者应审阅公司年度报告中提到的各种风险因素。有时，这部分披露内容被嘲笑为公司根据其法律义务披露的最坏情况列表，但这些披露内容可以填补投资者对法律和监管问题的知识空白，否则投资者很容易忽略掉某些问题；
- **《巴塞尔协议 III 》要求的披露内容**。《巴塞尔协议 III 》要求的披露内容比较广泛，综合了基于最低风险的资本要求和其他量化要求，目的是让银行在一致和可比的基础上向投资者和其他有关各方提供有用的监管信息，以促进市场规范[⊖]。

16.3.3 举例：用 CAMELS 方法分析一家银行

本节以花旗集团（Citigroup）的财务报表为例来说明 CAMELS 分析方法的应用。CAMELS 方法的应用因投资者而异，因为它依据的是分析师在评估每个 CAMELS 要素时所收集的证据。对某些投资者来说，CAMELS 分析中的某些要素比其他要素更重要，比如，股票投资者可能更关心收益和收益质量，而不是资本充足率；固定收益投资者可能更关心资本充足率和流动性，而不是收益。每种类型投资者的利益将决定他们以何种形式来评估 CAMELS 的每一个子要素。因此，以下花旗集团的例子并没有展示出所有可能的分析内容和角度。

此外还应该理解，虽然 CAMELS 方法涉及数量方面，但它并不是一个完全公式化地分析银行的方法。在应用 CAMELS 分析方法时，分析师的判断能力和决策能力也很重要。这

⊖ 巴塞尔银行监管委员会，"标准：经修订的支柱 3 披露要求"（2015 年 1 月，第 3 页）。

些判断和决策能力体现在投资者为收集各个 CAMELS 因素证据而进行的测试中，在审查这些证据后，CAMELS 各个因素的评分中也能体现出分析师的判断与决策能力。

以下各节举例说明 CAMELS 分析中每个因素的相关信息，并以简要评价作为总结。在每个因素部分，汇总评估时都会做出一个评级，其中评级为 1 是最高的，评级为 5 则是最低的。

16.3.3.1 资本充足性

如前所述，资本充足性是指银行的加权风险总资产中，由资本所提供资金的比例。不仅银行的资产被划分为不同的风险类别，而且为这些资产提供资金的银行资本也被划分为几个层级：普通股一级资本、一级资本总额和二级资本。

普通股一级资本包括普通股、与普通股有关的发行溢价、留存收益、累积其他综合收益和包括扣除无形资产与递延所得税资产在内的若干调整。

表 16-10 中，列出了花旗集团在 2016 年年末和 2015 年年末的普通股一级资本、风险加权资产和普通股一级资本占比的计算。在这两年中，花旗集团的比率都在规定限度之内。该比率在 2016 年从 14.60% 变为 14.35%，略有下降。不过比率下降的主要原因在于计算普通股一级资本时，被扣除的递延所得税资产增加。

表 16-10 按现行监管标准划分的花旗集团普通股一级资本（《巴塞尔协议Ⅲ》高级方法及过渡安排）

（单位：百万美元）

	2016 年 12 月 31 日	2015 年 12 月 31 日
花旗集团普通股股东权益	206,051	205,286
加：符合条件的非控股权益	259	369
监管资本调整与扣除：		
减：可供出售证券的未实现损益，税后净额	−320	−544
减：设定受益计划负债调整数，税后净额	−2,066	−3,070
减：与自身信誉有关的金融负债公允价值变动累积未实现净损益，税后净额	−560	−617
减：无形资产	−37	176
商誉，扣除相关递延所得税负债	20,858	21,980
扣除抵押服务权后的可辨认无形资产，减去相关递延所得税负债	2,926	1,434
减：设定受益计划净资产	514	318
减：因经营净亏损、国外税收抵免和一般业务抵免结转而形成的递延所得税资产	12,802	9,464
减少：超过 10%/15% 限制部分的其他递延所得税资产、某些普通股投资和抵押贷款服务权	4,815	2,652
普通股一级资本总额	167,378	173,862
现行监管标准下的风险加权资产：		
信用风险	773,483	791,036
市场风险	64,006	74,817
操作风险	329,275	325,000
风险加权资产合计	1,166,764	1,190,853
普通股一级资本比率（普通股一级资本 / 风险加权资产合计）	**14.35%**	**14.60%**
规定最低普通股一级资本比率	4.50%	4.50%

一级资本总额中，还包括该行发行的其他金融工具，这些工具符合某些条件，比如相对存款及其他负债属于次级，没有固定的到期日，且可完全由银行来决定是否支付股息或利息。可以针对这些条件设计优先股。

表 16-11 显示了花旗集团 2016 年年末和 2015 年年末的一级资本总额和一级资本总额占比的计算。同样，花旗集团在这两年之内的比率也都在监管要求的限制范围内。该比例在 2016 年有所改善，从 14.81% 提高到了 15.29%。比率上升的原因主要是 2016 年新增的永续优先股符合计入一级资本的条件，以及在计算一级资本总额时，需要扣除的递延所得税资产减少了。

表 16-11 按现行监管标准划分的花旗集团一级资本总额（《巴塞尔协议Ⅲ》高级方法及过渡安排）

（单位：百万美元）

	2016 年 12 月 31 日	2015 年 12 月 31 日
普通股一级资本总额（来自表 16-11）	167,378	173,862
其他一级资本：		
符合条件的永续优先股	19,069	16,571
符合条件的信托优先证券	1,371	1,707
符合条件的非控股权益	17	12
监管资本调整与扣除：		
减：与自身信誉有关的金融负债公允价值变动累积未实现净损益，税后净额	（24）	265
减：设定受益计划净资产	343	476
减：因经营净亏损、国外税收抵免和一般业务抵免结转而形成的递延所得税资产	8,535	14,195
减：承保基金的许可所有权权益	533	567
减：保险承保子公司的最低监管资本要求	61	229
其他一级资本合计	11,009	2,558
一级资本总额（普通股一级资本＋其他一级资本）	178,387	176,420
风险加权资产合计（来自表 16-11）	1,166,764	1,190,853
一级资本占比	**15.29%**	**14.81%**
规定的最低一级资本占比	6.00%	6.00%

二级资本非常有限，包括贷款和租赁损失的减值准备，和其他相对存款人和一般债权人更次级的工具。表 16-12 中，列示了花旗集团 2016 年年末和 2015 年年末的二级资本和总资本比率的计算过程。与普通股一级资本比率及总一级资本比率一致，该集团在 2016 年的总资本比率远超规定的最低要求。总资本比率较 2015 年水平有所改善，由 16.69% 提升至 17.33%，改善原因主要在于一级资本总额和符合条件的次级债金额增加。

表 16-12 按现行监管标准划分的花旗集团二级资本总额（《巴塞尔协议Ⅲ》高级方法及过渡安排）

（单位：百万美元）

	2016 年 12 月 31 日	2015 年 12 月 31 日
一级资本总额（普通股一级资本＋其他一级资本）	178,387	176,420
符合条件的次级债务	22,818	21,370
符合条件的信托优先证券	317	0

（续）

	2016 年 12 月 31 日	2015 年 12 月 31 日
符合条件的非控股权益	22	17
超过预期信用损失的信用减值准备金	660	1,163
监管资本调整与扣除：		
加：可计入二级资本的可供出售证券股票风险敞口的未实现收益	3	5
减：保险承保子公司的最低监管资本要求	61	229
二级资本总额	23,759	22,326
资本总额（一级资本＋二级资本）	202,146	198,746
风险加权资产合计（来自表 16-11）	1,166,764	1,190,853
总资本占比	**17.33%**	**16.69%**
规定的最低资本占比	**8.00%**	**8.00%**

总而言之，花旗集团在 2016 年年底的资本充足率似乎相当稳定。针对三项主要的资本比率，每一项超过了作为一家资本充足银行所应达到的最低水平。由于这些比率远远超过了最低水平要求，因此可赋予它的评级为 1。

16.3.3.2 资产质量

资产质量对银行非常重要。作为经济环境中的金融中介机构，银行的存在归功于贷款的创造。如果一家银行的信贷政策不健全，它的资本基础就可能在经济衰退期间被迅速侵蚀，给银行的流动性和创收能力带来压力，难以创造出新的贷款。

一部分银行资产以流动性很强的金融工具形式存在，例如现金、在其他银行的存款以及可能在很短时间内转化为现金的工具，例如回购协议和一些应收款项。这些都不属于高风险资产。

当银行用超出其经营需要的现金去投资金融工具时，风险便增加了。根据 US GAAP 和 IFRS，这些投资可归类为按公允价值报告的可供出售投资，或按摊余成本报告的持有至到期投资，并需要按规定计提减值准备。这些投资比流动性证券的风险更大，属于管理层投资决策的结果，不过其价值非常透明，并且其报告价值反映出了它们的变现能力——当然，对持有至到期证券来说，还需要更多的分析才能做出这种断言。

风险最大，并且往往也是银行占比最大的一类资产，是银行承销的贷款。贷款中蕴含了信用风险和管理层在向客户发放信贷方面做出的判断。承销风险和管理层对风险的评估和判断都可以从贷款损失准备中看出来。分析师在理解银行资产质量时所面临的最困难评估工作正是在这里，并且分析师是处于不利地位的，因为他们（或投资者）根本无法获得某些信息。相反，监管机构有能力看到银行的内部工作情况，从而评估贷款（和投资）政策与程序的健全性。审查官也可以复核银行内部控制程序的结构与执行效果，并了解银行是如何处理信贷政策中的例外情况的[⊖]。

分析师虽然会关注这些内部运作情况，但他却只能通过关注信贷政策是否健全和是否得到有效执行等方面去获取间接证据。这些间接证据可以在财务报表中找到，但仅仅看资产

⊖ 详见 FDIC "RMS 考试政策手册"第 3.1 节。

负债表并不足够。下面将用花旗集团的例子来说明如何找到关于银行资产质量的其他证据。表 16-13 中报告了在花旗集团 2016 年年末和 2015 年年末的资产负债表中，资产部分的简要介绍。

表 16-13　花旗集团的资产项目构成，2016 年 12 月 31 日和 2015 年 12 月 31 日

（单位：除百分比项目外，均为百万美元）

	2016 年 12 月 31 日		2015 年 12 月 31 日	
	金额	占总资产 %	金额	占总资产 %
流动资产：				
现金和银行欠款	23,043	**1.3%**	20,900	**1.2%**
银行存款	137,451	**7.7%**	112,197	**6.5%**
根据转售协议出售的联邦基金和借入或购买的证券	236,813	**13.2%**	219,675	**12.7%**
应收经纪款项	28,887	**1.6%**	27,683	**1.6%**
交易账户资产	243,925	**13.6%**	241,215	**13.9%**
流动资产合计	670,119	**37.4%**	621,670	**35.9%**
投资：				
可供出售的投资	299,424	**16.7%**	299,136	**17.3%**
持有至到期的投资	45,667	**2.5%**	36,215	**2.1%**
非流动权益性证券	8,213	**0.5%**	7,604	**0.4%**
投资合计	353,304	**19.7%**	342,955	**19.8%**
贷款：				
消费贷款	325,366	**18.2%**	325,785	**18.8%**
公司贷款	299,003	**16.7%**	291,832	**16.9%**
贷款，扣除未实现收益	624,369	**34.9%**	617,617	**35.7%**
贷款减值准备	−12,060	**−0.7%**	−12,626	**−0.7%**
贷款总额，净值	612,309	**34.2%**	604,991	**35.0%**
商誉	21,659	**1.2%**	22,349	**1.3%**
无形资产（不含抵押服务权）	5,114	**0.3%**	3,721	**0.2%**
抵押服务权	1,564	**0.1%**	1,781	**0.1%**
其他资产	128,008	**7.1%**	133,743	**7.7%**
资产总计	1,792,077	**100.0%**	1,731,210	**100.0%**

观察花旗集团的资产构成情况，可以发现：

- 在花旗集团，占比最大的一类资产类型是流动资产，2016 年占比为 37.4%，略高于前一年，表明流动性还在增强；
- 投资占总资产的比例为 19.7%，与 2015 年相比基本持平；大部分投资为按公允价值列报的可供出售证券；
- 消费贷款和公司贷款是风险最高的资产类型，在这两年中均占集团资产总额的三分之一以上。它们是仅次于流动资产的第二大类资产类型。

在评估资产质量时，分析师会将重点集中在资产组合中风险最高的一类资产：投资和贷款。虽然这类资产的价值是透明的，但分析师会努力去判断这些投资是否来自合理的投资决策，贷款是否产生于合理的承保政策。分析师希望有证据能表明贷款数额是可收回的，同时贷款损失准备的计提也是合理的。

首先看投资部分。表 16-14 中，列报了花旗集团在 2016 年年末按类型划分的可供出售证券。这些信息摘录自花旗集团 2016 年度报告的财务报表附注 13，其中披露了资产负债表中按投资工具品种分列的摊余成本、未实现收益总额、未实现亏损总额和资产负债表中披露的公允价值。此外，还加上了未实现损益总额占摊余成本（即投资额）的百分比。

表 16-14 花旗集团可供出售的证券投资，2016 年 12 月 31 日

（单位：除百分比项目外，均为百万美元）

	摊余成本	未实现总额		公允价值	占成本的 % 未实现总额	
		收益	损失		收益	损失
可供出售的债务证券						
按揭贷款支持证券：						
由美国政府资助的机构担保	38,663	248	506	38,405	0.6%	1.3%
优质抵押贷款	2	—	—	2	—	—
Alt-A 贷款①	43	7	—	50	16.3%	—
非美国的住宅贷款	3,852	13	7	3,858	0.3%	0.2%
商业贷款	357	2	1	358	0.6%	0.3%
按揭贷款支持证券总额	42,917	270	514	42,673	0.6%	1.2%
美国国库券和联邦机构证券						
美国国库券	113,606	629	452	113,783	0.6%	0.4%
机构债券	9,952	21	85	9,888	0.2%	0.9%
美国国库券和联邦机构证券合计	123,558	650	537	123,671	0.5%	0.4%
州和市政债券	10,797	80	757	10,120	0.7%	**7.0%**
外国政府债券	98,112	590	554	98,148	0.6%	0.6%
公司债	17,195	105	176	17,124	0.6%	1.0%
资产支持证券	6,810	6	22	6,794	0.1%	0.3%
其他债券	503	—	—	503	0.0%	0.0%
可供出售的债券合计	299,892	1,701	2,560	299,033	0.6%	0.9%
可供出售的股票	377	20	6	391	5.3%	1.6%
可供出售的证券合计	300,269	1,721	2,566	299,424	0.6%	0.9%

① Alt-A 贷款的全称为"Alternative A"贷款，指介于优质抵押贷款（Prime Loan）和次级抵押贷款（Subprime Loan）二者之间的贷款，也被称为接近优级（Near-Prime）。——译者注

从表 16-15 中可以看到，花旗集团持有可供出售证券的公允价值（2994.24 亿美元）总额小于其摊余成本（3002.69 亿美元），两者相差 8.45 亿美元；造成这一损失的最大原因是州和市政债券，单这一项的损失就高达 7.57 亿美元。这类债券的价值损失为 7%，是唯一一类损失超过 2% 的证券。

根据上述可供出售证券的估值表，可观察得知：

- 虽然花旗集团没有通过其可供出售的投资产生净赚，但从它的亏损中也看不出决策的鲁莽；
- 在未来几年内，新的 US GAAP 将取消可供出售的证券这一金融工具分类，不过这些投资仍将按公允价值计量，与花旗集团在 2016 年年末的报告相同。但是，从 2018 年

开始，公允价值变动的影响将计入当期损益当中，而不是反映在其他综合收益当中。截至 2016 年 12 月 31 日，对于花旗集团持有可供出售的股权投资来说，其未实现收益已超过未实现亏损。根据当时的市场价值，按新金融工具准则要求将公允价值变动计入当期损益中将有利于该集团报告更高的盈利。

还可以更仔细地分析未实现损失总额，因为在财务报表附注 13 中，还披露了这些损失的"账龄"：按类别列报的 25.66 亿美元未实现损失中，有多少损失的账龄小于 12 个月，有多少投资的账龄大于等于 12 个月。损失状况存在的时间越长，证券投资出现"非暂时性"损失的可能性就越大。如果损失长期存在，然后突然逆转，一定是不寻常的。

表 16-15 中列出了花旗集团可供出售证券损失的账龄。观察表中的数据可以发现：

- 大多数的损失发生不到 12 个月，因此相对其他损失来说，还不足以成为关注重点；
- 已损失 12 个月以上的未实现损失总额为 11.72 亿美元，其中有 60%（7.02 亿美元）的损失由州和市政债券引起，这不免让人担忧，有可能会成为最大的一类损失品种。

表 16-15　花旗集团，2016 年 2 月 29 日可供出售证券的未实现损失账龄

（单位：百万美元）

	12 个月以内		12 个月以上		合计	
	公允价值	未实现损失总额	公允价值	未实现损失总额	公允价值	未实现损失总额
按揭贷款支持证券						
由美国政府资助的机构担保	23,534	436	2,236	70	25,770	506
优质抵押贷款	1	—	—	—	1	—
非美国的住宅贷款	486	—	1,276	7	1,762	7
商业贷款	75	1	58	—	133	1
按揭贷款支持证券总额	24,096	437	3,570	77	27,666	514
美国国库券和联邦机构证券						
美国国库券	44,342	445	1,335	7	45,677	452
机构债券	6,552	83	250	2	6,802	85
美国国库券和联邦机构证券合计	50,894	528	1,585	9	52,479	537
州和市政债券	1,616	55	3,116	702	4,732	757
外国政府债券	38,226	243	8,973	311	47,199	554
公司债	7,011	129	1,877	47	8,888	176
资产支持证券	411	—	3,213	22	3,624	22
其他债券	5	—	—	—	5	—
可供出售的股票	19	2	24	4	43	6
可供出售的证券合计	122,278	1,394	22,358	1,172	144,636	2,566

对于持有至到期的证券投资，也可以进行类似分析。尽管它们在总资产中所占的比例要小得多，但它们仍然证明了公司管理层的投资敏锐性。对该集团的持有至到期投资亏损及亏损账龄进行审查后，结果与可供出售证券的结果一致。虽然由于篇幅限制未能在表中列示，但花旗集团在持有至到期证券方面的未实现损失总额为 4.57 亿美元，占投资总额的 1.3%。在 4.57 亿美元的未实现损失中，有 82%（3.73 亿美元）来自亏损超过 12 个月的持有至到期证券，其中 1.8 亿美元与州和市政债券有关。

观察花旗集团的持有至到期证券投资，可以发现：

- 持有至到期证券相关的未实现损失比可供出售证券的要少得多，从百分比来看，尽管它们的损失占比很小，但结果是令人担心的。这主要是因为它们的账龄。一般情况下，问题资产不会随着时间的推移而得到改善，持有至到期证券投资的大部分未实现损失都已超过 12 个月，暗示着花旗集团的管理层不愿意报告经济现实；
- 由于持有至到期证券在资产负债表上是按摊余成本列报的，掩盖了证券的公允价值。对于产生亏损的证券，其账龄表明可能存在比已确认的减值更严重的情况。所以，对持有至到期证券的分析实际上加强了前述对可供出售证券分析中得到的结论。

投资资产的金额比贷款小，风险亦比贷款的更小。分析师需要确定银行的贷款是健全信贷政策的结果，并能在贷款期限内如期收回。要做到这一点，就需要对贷款减值准备进行分析。如表 16-13 所示，**贷款减值准备**（allowance for loan losses）是一个资产负债表账户，是贷款的备抵账户（类似于非金融类企业的坏账准备账户，坏账准备账户是应收账款的备抵账户）。**贷款减值损失**（provision for loan losses）则是一个利润表费用账户，计提贷款减值损失会增加贷款减值准备。实际发生贷款损失（即冲销的贷款扣除再次收回的坏账）则会减少贷款减值准备。

贷款减值准备对于分析师了解银行贷款的质量非常重要，因为贷款总额减去贷款减值准备后的余额代表了银行对贷款的预期价值。在银行的资产负债表上，通常会披露贷款总额、贷款减值准备金额和贷款净额。重要的是，贷款减值准备的计提是由银行管理层自由做出的，如果少提贷款减值准备，就会高估报告的资产和净利润数额。几乎每家银行都会在关键会计估计介绍部分披露它的贷款减值准备。

为了有效地评价贷款减值准备的计提是否足够充分，分析师可以考察一些不容易被管理层操纵的指标。比如，与贷款减值准备相比，贷款冲销净额也可以反映贷款质量，且这个指标是不受管理层自由支配的，因为它表示着相关的贷款已经成为不良资产。但另一方面，这个指标也有缺点，因为当银行业绩好的时候，管理层也可能加大净冲销额来隐藏收益，然后等到将来再通过转回多冲销的部分来提高收益。另一个有助于评估贷款减值准备是否充足的指标是不良贷款，不良贷款是指目前已经到期但仍未收回的贷款合同，是一个更客观的可用来衡量贷款质量的指标。

以下这三个比率都有助于评估贷款减值准备的质量：

- 贷款减值准备与不良贷款之比；
- 贷款减值准备与贷款冲销净额之比；
- 贷款减值损失与贷款冲销净额之比。

上述每一个比率都是将一个容易受管理层操纵的指标（比如贷款减值准备或贷款减值损失）与另一个相对更客观的指标进行比较[⊖]。就花旗集团而言，贷款和贷款减值准备区分了消费贷款和公司贷款，由于两类客户的类型差异很大，所以应对每一类客户单独进行分析。表 16-16 中，列出了花旗集团在过去 5 年的一些数据和根据这些数据所计算的财务比率。这些信息摘录自花旗集团在相关年度报告中的管理层讨论与分析部分。

⊖　关于贷款减值准备方面的分析，更多讨论可参考 Stephen G.Ryan，金融工具和机构：会计和披露规则（Hoboken，NJ:Wiley，2002）第 100 ～ 105 页。

表 16-16　花旗集团贷款损失分析，各年度 12 月 31 日

（单位：百万美元）

	2016 年	2015 年	2014 年	2013 年	2012 年
计算贷款减值比率需要的数据					
贷款减值准备：					
消费贷款	9,358	9,835	13,547	16,974	22,585
公司贷款	2,702	2,791	2,447	2,674	2,870
贷款减值损失：					
消费贷款	6,323	6,228	6,695	7,587	10,312
公司贷款	426	880	133	17	146
冲销的贷款：					
消费贷款	7,644	8,692	10,650	12,400	16,365
公司贷款	578	349	458	369	640
冲销后再收回的贷款：					
消费贷款	1,594	1,634	1,975	2,138	2,357
公司贷款	67	105	160	168	417
贷款冲销净额：					
消费贷款	6,050	7,058	8,675	10,262	14,008
公司贷款	511	244	298	201	223
不良贷款：					
消费贷款	3,158	3,658	5,905	7,045	9,136
公司贷款	2,421	1,596	1,202	1,958	2,394
贷款减值准备比率					
贷款减值准备与不良贷款之比：					
消费贷款	2.96	2.69	2.29	2.41	2.47
公司贷款	1.12	1.75	2.04	1.37	1.20
贷款减值准备与贷款冲销净额之比：					
消费贷款	1.55	1.39	1.56	1.65	1.61
公司贷款	5.29	11.44	8.21	13.30	12.87
贷款减值损失与贷款冲销净额之比：					
消费贷款	1.05	0.88	0.77	0.74	0.74
公司贷款	0.83	3.61	0.45	0.08	0.65

不良贷款是指借款人未能如期偿付的贷款。观察贷款减值准备与不良贷款之比，可以发现：

- 就消费贷款而言，该比率在近五年的最高水平是在 2016 年，比值为 2.96，并且，最近两年里该比率一直在上升。这表明，贷款减值准备（是由银行管理层决定的）的增长速度大于实际发生不良贷款的速度。这一事实能给分析师带来信心，因为减值的计提是在真正发生不良贷款之前就做出的；

- 从公司贷款的角度来看，2016 年的比值为 1.12，含义不十分明确。由于公司贷款业务之间的差异较大，特定信贷及其失败可能会导致该比率飙升，因此可以预期相对于消费贷款来说，公司贷款会更不稳定。不过，在过去的三年里，减值准备每年都在下

降，且到 2016 年年末降到了五年来的最低点。这会引起人们的担忧，即这些贷款减值准备是否足以防范未来的损失呢？

观察贷款减值准备与贷款冲销净额之比，可以发现：

- 就消费贷款而言，2016 年的比值为 1.55，较 2015 年有所改善。在过去五年中，贷款减值准备与不良贷款之间还留有一定的余地，且该比率一直保持着相对稳定；
- 就公司贷款而言，2016 年的比值为 5.29，尽管相对 2015 年的情况大幅下降，远低于过去五年当中任何一年的水平，但仍显示贷款减值准备与贷款冲销净额之间留有充足的缓冲余地。

观察贷款减值损失与贷款冲销净额之间的比值，可以发现：

- 贷款减值损失是每年增加到贷款减值准备中的金额，人们应该预计到该减值损失与贷款冲销净额之间是有一定关联的；
- 就消费贷款而言，2016 年的比值是五年来首次大于 1 的，即 2016 年计提的贷款减值损失大于当年实际冲销的贷款净额。虽然前四年的比值较低，但贷款减值损失占贷款冲销净额的比例逐年持续增加，说明该银行在贷款减值损失的计提方面态度越来越谨慎了；
- 就公司贷款而言，2016 年的比值较前一年大幅下降，在过去五年中，有四年的比值都低于 1.0。这说明企业贷款的减值损失计提已落后于实际的贷款冲销情况。在 2015 年，该比值大增，给人一种迫切"追赶"调整的印象。

总体而言，花旗集团在 2016 年年末的资产质量喜忧参半。该集团的投资政策似乎相当保守，但持有一些存在未实现损失的投资，且这类投资的账龄表明该公司可能并未计提足够的减值。在贷款质量方面，针对贷款减值准备方面的比率分析表明，消费贷款似乎经营得很好，但同样的比率分析揭示，针对公司贷款的减值准备计提可能不太谨慎。根据上述好坏参半的各类证据，对于资产质量这一因素，可以给予 2.5 的评级——接近评级表的中点。

16.3.3.3 管理能力

外部投资者只能观察到银行管理质量的间接证据。通过审阅股东委托书（proxy statement），就可能找到一些这样的间接证据。

比如，审核花旗集团 2016 年的股东委托书，可以发现如下一些证据：

- 花旗集团要求在其董事会中，独立董事应占 2/3，而纽约证券交易所只要求独立董事占多数即可；
- 花旗集团的首席执行官和董事长是互相独立的，这通常是一种可以避免利益冲突的良好治理实践。自 2009 年以来，这两个职位一直是由不同的人担任；
- 花旗集团的风险管理委员会在 2016 年举行了 14 次会议，这是比较频繁的，这说明管理团队对银行经营最重要问题的关注。此外，风险管理委员会在 2016 年设立了一个小组委员会，对数据治理、数据质量和数据完整性进行监督，该小组委员会在 2016 年举行了 7 次会议。

虽然这些都是良好的做法，但并不直接构成其团队管理能力强的证据。相反，这些做法说明该银行有一个良好的保障管理质量的环境。

像花旗这样的大公司很难避免关联交易。例如，截至 2016 年 12 月 31 日，贝莱德集团

（BlackRock）和先锋集团（Vanguard）拥有花旗集团 5% 以上的普通股；在 2016 年期间，花旗集团的子公司向贝莱德集团和先锋集团提供了普通贷款、交易和其他金融服务。根据股东委托书中的声明，该等交易属公平交易，并载有惯常条款，而该等条款实质上与公司和无关第三方所进行交易的条款完全可比。此外，根据公司年报中的披露，还存在不少其他关联方交易，但对于这种规模的公司来说，这些交易是很寻常的。

在操作风险方面，花旗集团的审计师对集团的内部控制系统有效性发表了无保留意见，证明了董事会对管理层的影响。这表明管理层的工作环境是受到了应有约束的，但并不能证明其管理能力。对投资者来说，如果审计师对内部控制的有效性提出了保留的（或否定的）意见，那么影响尤其重大。

总而言之，尽管花旗集团的董事会看起来结构十分稳固，集团对高管也施加了足够的控制，但公司的业绩也与管理层和董事的管理能力有关。前面讨论的资产质量评价并非全是积极的，所以也间接说明了银行管理质量问题。综合考虑，可以给管理能力这一因素分配评级为 2。

16.3.3.4　盈利充足性

理想情况下，盈利应当是高质量的，而高质量盈利的标志之一就是具有可持续性。如果盈利不依赖于管理层的酌情估计，也不依赖于非经常性项目或不稳定的收入来源，它们就更可持续。

如上文所述，贷款减值准备和贷款减值损失都是管理层可以酌情决定的估计金额。贷款减值损失可以对任何一年内的和长期的银行盈利能力产生深远的影响。表 16-17 报告了花旗集团在截至 2016 年的五年内的税前利润情况，以及该集团在 2016 年和 2015 年的年度报告披露的合并信贷减值损失（即贷款损失准备加上投保人利益和索赔损失以及无准备金贷款承诺）在五年中的变化情况。

表 16-17　历史税前利润与信贷减值损失总额　（单位：百万美元）

	五年 净变动额	2016 年	2015 年	2014 年	2013 年	2012 年	2011 年
税前利润		21,477	24,826	14,701	19,802	8,165	15,096
税前利润变动	6,381	−3,349	10,125	−5,101	11,637	−6,931	—
信贷减值损失总额		6,982	7,913	7,467	8,514	11,329	12,359
信贷减值损失变动	−5,377	−931	446	−1,047	−2,815	−1,030	—
净差额	1,004						

通过信贷减值损失数据分析，可以发现：

- 2013 年是唯一的税前利润较前一年增加而信贷减值损失总额却减少的年度。信贷减值损失减少了 28.15 亿美元，占增幅的 24%；
- 2016 年、2014 年和 2012 年的税前利润较上年有所下降。如果不是由于每年信贷减值损失总额的减少而有所缓冲，下降的幅度会更大；
- 在五年跨度期内，从信贷减值损失总额的变化来看，它在其中四年都促进了税前利润的提高。唯一的例外是 2015 年，与其他年份的减少幅度相比，信贷减值损失总额

仅略有增加。从较长期来看，信贷减值损失总额的五年净变化占税前利润净变化的
84%，这表明该集团在其他方面的利润增长不大。

衡量可持续发展的另一个指标是交易性收益在银行收入总额中所占的比例。交易性收益
往往是不稳定且持续性较差的。高质量的盈利应当由利息净收益和手续费净收益构成，因为
这两项收益来源会重复发生，相对更可持续。分析师应该检查银行收入项目的构成，以确定
各个来源渠道的收入是否在增长，并确定增长或下降的驱动因素。在表 16-18 中，总结了花
旗集团五年来的收入构成情况，这些数据主要来自该集团在 2016 年和 2015 年的年度报告中
披露的五年期数据。

表 16-18　花旗集团的收入组成项目，五年数据摘要

（单位：百万美元）

	2016 年	2015 年	2014 年	2013 年	2012 年
利息净收益	45,104	46,630	47,993	46,793	46,686
交易性收益	7,585	6,008	6,698	7,302	4,980
其他非利息收入	17,186	23,716	22,528	22,629	17,864
收入合计，扣除利息费用后净额	69,875	76,354	77,219	76,724	69,530
交易性收益占比	10.9%	7.9%	8.7%	9.5%	7.2%
占收入总额的百分比：					
利息净收益占比	64.5%	61.1%	62.2%	61.0%	67.1%
其他非利息收入占比	24.6%	31.1%	29.2%	29.5%	25.7%

观察花旗集团的收入构成情况，可发现：

- 2016 年的收入合计与 2012 年的水平几乎没有变化；
- 2016 年，交易性收益占收入总额的 10.9%；且在过去五年中，交易性收益的占比总
  体呈上升趋势。由此看来，花旗集团非但没有增加其他可持续性的、波动性小的收入
  来源，反而是交易性收益，无论是从绝对美元金额来看还是从相对占比来看，它都在
  增加；
- 2016 年，其他非利息收入的占比处于 2012 年以来的最低水平；
- 利息净收益占比在 2016 年有所改善，但仍低于 2012 年的水平。

银行的利息净收益（亦称净息差或息差）是通过管理贷款和其他生息资产赚到的利息收
入，扣除为管理存款和其他生息负债而支付的利息费用后得到的。银行也可以通过期限转换
创造价值，即按照贷款期限更短的时限去借入资金，然后通过以高于短期融资成本的利率提
供长期贷款来创造价值。但是，如果短期融资市场出现混乱，或者如果收益率曲线意外倒
转，这样做也可能摧毁价值。因此，银行的风险管理实践，包括其多元化实践，与期限管理
过程是分不开的。

分析净息差可以让投资者了解银行管理层在这方面的活动和效率。仍然沿用花旗集团的
例子，下面两张表中列出了花旗集团资产负债表账户的平均余额（平均金额）。表 16-19 报告
花旗集团的资产，以及这些资产所产生的利息收入和收益率（平均利率）。表 16-20 报告该集
团的平均负债，这些负债对应的利息支出、平均利率，以及股东权益账户。最后还报告了该
集团的利息净收益（净息差）。

表 16-19 花旗集团的资产平均余额与利率

（单位：除比率外，均为百万美元）

	平均余额			利息收入			平均利率		
	2016 年	2015 年	2014 年	2016 年	2015 年	2014 年	2016 年	2015 年	2014 年
资产									
银行存款	**131,925**	133,853	161,741	**971**	727	959	**0.74%**	0.54%	0.59%
根据转售协议出售的联邦基金和借入或购买的证券									
美国办事处	**147,734**	150,340	153,703	**1,483**	1,215	1,034	**1.00%**	0.81%	0.67%
非美国办事处	**85,142**	84,013	101,184	**1,060**	1,301	1,332	**1.24**	1.55	1.32
合计	**232,876**	234,353	254,887	**2,543**	2,516	2,366	**1.09%**	1.07%	0.93%
交易账户资产									
美国办事处	**103,610**	113,475	113,716	**3,791**	3,945	3,471	**3.66%**	3.48%	3.05%
非美国办事处	**94,603**	96,333	113,563	**2,095**	2,140	2,540	**2.21**	2.22	2.24
合计	**198,213**	209,808	227,279	**5,886**	6,085	6,011	**2.97%**	2.90%	2.64%
投资									
美国办事处应税金额	**225,764**	214,683	188,909	**3,980**	3,812	3,285	**1.76%**	1.78%	1.74%
美国办事处免税金额	**19,079**	20,034	20,383	**693**	443	626	**3.63**	2.21	3.07
非美国办事处	**106,159**	102,374	113,182	**3,157**	3,071	3,627	**2.97**	3.00	3.20
合计	**351,002**	337,091	322,474	**7,830**	7,326	7,538	**2.23%**	2.17%	2.34%
贷款（扣除未实现收益后）									
美国办事处	**360,957**	354,434	361,773	**24,240**	25,082	26,076	**6.72%**	7.08%	7.21%
非美国办事处	**262,715**	273,064	296,666	**15,578**	15,465	18,723	**5.93**	5.66	6.31
合计	**623,672**	627,498	658,439	**39,818**	40,547	44,799	**6.38%**	6.46%	6.80%
其他生息资产	**56,398**	63,209	48,954	**1,029**	1,839	507	**1.82%**	2.91%	1.04%
生息资产合计	**1,594,086**	1,605,812	1,673,774	**58,077**	59,040	62,180	**3.64%**	3.68%	3.71%
非生息资产	**214,642**	218,025	223,141						
资产总计	**1,808,728**	1,823,837	1,896,915						

从花旗集团的平均资产表来看，可以发现：

- 整体利息收益率在 2016 年略有下降，由 3.68% 降至 3.64%。其中原因之一为贷款内部的变化，这是该集团占比最大的一类资产。花旗集团在 2015 年年末出售了旗下 OneMain 金融子公司，该公司从事美国消费者分期贷款业务，是一项收益较高的贷款业务。该出售事项使美国办事处赚取的利息收入下降，利息收益率从 2015 年的 7.08% 降至 2016 年的 6.72%；

- 尽管出售了 OneMain 子公司，但美国办事处的平均贷款余额从 2015 年的 3,544.34 亿美元增加到 2016 年的 3,609.57 亿美元，原因是花旗集团在 2016 年又收购了开市客公司（Costco）信用卡组合，不过该项业务的利息收入不足以抵消原来 OneMain 子公司的利息收入下降；

- 非美国办事处的平均贷款从 2015 年的 2,730.64 亿美元降至 2016 年的 2,627.15 亿美元，部分原因是花旗集团在 2015 年第四季度出售了它在日本的零售银行和信用卡业务；

- 尽管花旗集团 2016 年交易账户资产实现了较好的利息收入，收益率为 2.97%，高于

2015 年的 2.90%，但由于集团对交易业务配置的资本较少，所以交易账户资产的利息收入绝对值并不高；

- 尽管放在银行存款账户中的资金较少（2016 年为 1,319.25 亿美元，2015 年为 1,338.53 亿美元），但其较高的利息收益率增加了花旗集团的整体利息收入，美国办事处的免税投资账户也是如此。

表 16-20　花旗集团的平均余额与利率：负债、股东权益与利息净额

（单位：除比率外，均为百万美元）

	平均余额			利息收入			平均利率		
	2016 年	2015 年	2014 年	2016 年	2015 年	2014 年	2016 年	2015 年	2014 年
负债									
美国办事处存款	**288,817**	273,135	292,062	**1,630**	1,291	1,432	**0.56%**	0.47%	0.49%
非美国办事处存款	**429,608**	425,086	465,135	**3,670**	3,761	4,260	**0.85**	0.88	0.92
合计	**718,425**	698,221	757,197	**5,300**	5,052	5,692	**0.74%**	0.72%	0.75%
根据协议购买的联邦基金和贷款或出售的证券									
美国办事处	**100,472**	108,320	102,672	**1,024**	614	657	**1.02%**	0.57%	0.64%
非美国办事处	**57,588**	66,130	88,080	**888**	998	1,238	**1.54**	1.51	1.41
合计	**158,060**	174,450	190,752	**1,912**	1,612	1,895	**1.21%**	0.92%	0.99%
交易账户负债									
美国办事处	**29,481**	24,711	29,263	**242**	107	74	**0.82%**	0.43%	0.25%
非美国办事处	**44,669**	45,252	47,904	**168**	110	94	**0.38**	0.24	0.20
合计	**74,150**	69,963	77,167	**410**	217	168	**0.55%**	0.31%	0.22%
短期借款									
美国办事处	**61,015**	64,973	77,967	**202**	224	161	**0.33%**	0.34%	0.21%
非美国办事处	**19,184**	50,803	40,282	**275**	299	419	**1.43**	0.59	1.04
合计	**80,199**	115,776	118,249	**477**	523	580	**0.59%**	0.45%	0.49%
长期负债									
美国办事处	**175,342**	182,347	191,364	**4,179**	4,308	5,093	**2.38%**	2.36%	2.66%
非美国办事处	**6,426**	7,642	7,346	**233**	209	262	**3.63**	2.73	3.57
合计	**181,768**	189,989	198,710	**4,412**	4,517	5,355	**2.43%**	2.38%	2.69%
计息负债合计	**1,212,602**	1,248,399	1,342,075	**12,511**	11,921	13,690	**1.03%**	0.95%	1.02%
活期存款									
美国办事处	**38,120**	26,144	26,227						
非美国办事处	**328,822**	330,104	316,061						
负债总额	**1,579,544**	1,604,647	1,684,363						
花旗集团股东权益	**228,065**	217,875	210,863						
少数股东权益	**1,119**	1,315	1,689						
股东权益合计	**229,184**	219,190	212,552						
负债与股东权益合计	**1,808,728**	1,823,837	1,896,915						
净利息收入占生息资产百分比									
美国办事处	**859,311**	923,309	953,394	**27,929**	28,495	27,496	**3.25%**	3.09%	2.88%
非美国办事处	**734,775**	682,503	720,380	**17,637**	18,624	20,994	**2.40**	2.73	2.91
合计	**1,594,086**	1,605,812	1,673,774	**45,566**	47,119	48,490	**2.86%**	2.93%	2.90%

根据表 16-20 中提供的信息，可以发现：

- 2016 年，花旗集团各个负债类别的融资成本都有所增加，这一特点在美国以外的办事处更为明显，只有存款负债除外；
- 美国和非美国资产与负债的业绩差异可以从净利息收入占平均生息资产的百分比（见表底）中看到。虽然美国办事处资产的收益率从 2015 年的 3.09% 改善至 2016 年的 3.25%，但非美国办事处资产的收益率由 2015 年的 2.73% 大幅下降至 2016 年的 2.40%。自 2014 年美元开始走强以来，非美国办事处的净息差一直在下降。受此影响，花旗集团从那时起一直受到外币折算的不利影响；
- 投资者在看待花旗集团管理层的未来海外投资行动时，可能会更加谨慎。这些结果并不能保证所有资本在海外得到妥善分配，也不能保证货币风险得到充分管理。较低的回报也可能是由于经济因素，如海外较低的收益率曲线（甚至是负利率），创造了较少的盈利机会。投资者应该考虑到这些可能性。

分析平均计息资产和负债余额所产生的利息净收益，对于分析某一特定时期内银行内部发生的情况是有用的，但对于预测未来收益来说却不一定有用。在某一时期利用平均余额赚取或支付的利息与银行将在下一时期实际赚取或支付的利息无关。资产负债表各组成部分的期末余额及其相关利率可能比平均余额信息能更好地作为预测未来收益的起点。

总而言之，花旗集团的收益质量并不太高。过去五年中，有 84% 的税前利润增长都来自贷款减值损失计提的减少，这是比较值得担忧的。过去五年中，交易性收益增加，但并不能增添人们对收益质量的信心。对利息净收入的分析显示，过去三年中，净利差差幅下降，主要是由于非美国办事处的影响。因此，对花旗集团的收益质量给予 3 分评级应当比较合理。

衍生工具的会计处理概述

衍生工具的会计处理规则是比较复杂的，以下几点是对这个复杂主题的简短总结，对 IFRS 和 US GAAP 都适用。

- 在开始时，许多衍生品合约都不会被确认为资产负债表上的资产或负债，也不会在利润表上报告收益或损失。例如，利率互换合同可以涉及以等值的资产价值交换未来现金流。因此，在开始时，每一个衍生品合约所需的唯一会计记录是披露合约的名义金额，且披露位置在财务报表附注中；
- 对衍生品合约采用盯市价值进行计量，需要在资产负债表上确认为一项资产或者负债，并在随后按市值变化对该资产或者负债的价值进行增减调整。根据分类的不同，将资产或负债的公允价值变动要么计入当期损益，要么计入其他综合收益；
- 衍生工具可分为现金流量套期保值、公允价值套期保值或国外子公司净投资套期保值。将衍生品合约归类为套期，需要证实其与被套期风险之间的相关性。如果衍生工具合约被归类为套期保值工具，其价值变动将计入其他综合收益中，并在被对冲交易的存续期内确认进入净利润；
- 如果衍生工具合约未能被归类为套期保值工具，那么按独立衍生工具进行会计核算，其公允价值变动计入每个报告期间的利润表中。由于立即确认进入当期损益，而不是计入其他综合收益中，可能会引起利润的意外波动和影响利润目标的实现。根据衍生品交易的性质，合约不符合套期保值条件的次要影响也可能需要追加抵押品或现金。

16.3.3.5　流动性头寸

在金融压力时期，银行的流动性对其极为重要。由于银行之间实际上是互相依赖的，它们参与银行间存款等交易，彼此作为衍生品交易的对手方等，因此，一家银行的流动性也关系到其他银行的稳定，甚至可能关系到整个经济。

资本本身并不足以保证流动性，必须有足够的现金或接近现金的资本来偿还债务。《巴塞尔协议Ⅲ》的监管框架引入了两项流动性标准，以保证资本具有足够的流动性，能够在压力条件下履行债务。

首先是流动性覆盖率（LCR），这是在银行预期的现金净流出中，合格优质的流动性资产所占的最低百分比。预期现金净流出是指银行预计它在压力情景下未来 30 天内的流动性需求，而合格优质的流动性资产仅包括那些高质量的、可立即转换为现金的资产。预期现金净流出是通过对各种负债类别应用规定的现金流出因子来计算的，再扣除 30 天压力期内可能到期的现金资产流入。此外，银行还必须考虑一个附加金额，以应对 30 天期间合同现金流出和流入之间可能的到期错配，从而得出净流出总额。最小 LCR 阈值为 100%；低于这个标准就说明银行无力满足流动性需求。表 16-21 中，给出了花旗集团在 2016 年 12 月 31 日、2016 年 9 月 30 日和 2015 年 12 月 31 日 LCR 的计算过程。

表 16-21　花旗集团的流动性覆盖率　　　　（单位：十亿美元）

	2016 年 12 月 31 日	2016 年 9 月 30 日	2015 年 12 月 31 日
合格优质流动资产	403.7	403.8	389.2
净现金流出量	332.5	335.3	344.4
合格优质资产大于净现金流出之差	71.2	68.5	44.8
流动性覆盖比率	121%	120%	113%

从流动性覆盖率的情况来看，可以发现：

- 花旗集团的流动性覆盖率在过去两年中有所改善；
- 花旗集团在 2016 年的流动性覆盖率说明，在压力情景下，它可以承受比 30 天流动性需求高出 21% 的现金流出，或者，相当于它可以承受 36.3 天（121% 乘以 30 天）压力水平下的现金流出量。无论采用哪种解释方式，都说明即使在实际压力事件中没有任何（可能的）补救措施，该集团也有足够的流动性。

《巴塞尔协议Ⅲ》规定的第二个流动性指标是净稳定资金比率，即银行经营业务所需的稳定资金中，必须来自可用稳定资金的最低百分比。所需的稳定资金取决于银行资产基础的构成和成熟度；而可用稳定资金则由银行资金来源（资本和负债）的结构和期限所决定。净稳定资金比率与流动性覆盖率有所不同，流动性覆盖率评估的是短期的流动性，而净稳定资金比率衡量的是可获得的稳定资金，涵盖的时期更长，纳入了流动性较低的资产（如贷款），但排除了流动性高的资产。与流动性覆盖率一样，净稳定资金比率的最低可接受标准也是 100%。

截至 2016 年年末，净稳定资金比率尚未成为《巴塞尔协议Ⅲ》的规定标准，最终规则预计将于 2017 年出台。不过，可以进行粗略计算，而不考虑作为最终规则一部分的现有和所需稳定资金组成部分的各种权重。表 16-22 显示了基于花旗集团在 2016 年 12 月 31 日、2016 年 9 月 30 日和 2015 年 12 月 31 日的合并资产负债表金额的净稳定资金比率的一种可能计算方法。计算将估计的、未加权的可用稳定资金数额除以估计的所需稳定资金数额。

表 16-22　花旗集团的净稳定资金比率　　　　　　（单位：十亿美元）

	2016 年 12 月 31 日	2016 年 9 月 30 日	2015 年 12 月 31 日
可用稳定资金：			
存款总额	929.4	940.3	907.9
长期负债	206.2	209.1	201.3
普通股权益	205.9	212.3	205.1
可用稳定资金总额	1,341.5	1,361.6 [1]	1,314.3
所需稳定资金：			
投资总额	353.3	354.9	343.0
贷款总额，净值	612.3	626.0	605.0
商誉	21.7	22.5	22.3
无形资产（不含抵押服务权）	5.1	5.4	3.7
抵押服务权	1.6	1.3	1.8
其他资金	128.0	116.5	133.7
所需稳定资金总额	1,122.0	1,126.6	1,109.5
净稳定资金比率	120%	121%	118%

①表中数据与原书一致，疑有误。——译者注

考察净稳定资金比率的情况，可以发现：

● 如表中计算的那样，花旗集团的净稳定资金比率自 2015 年年末以来一直保持相对稳定，可获得的稳定资金远高于所需资金的最低要求。

总而言之，从流动性覆盖率和净稳定资金比率的情况来看，花旗集团的流动性状况非常好。根据两个比率的结果，给予 1 分评级是合理的。

16.3.3.6　对市场风险的敏感性

银行的资产和负债持续受到市场风险的影响，从而影响其盈利表现和流动性。分析师需要了解利率、汇率和其他市场因素的不利变化对银行的盈利和资产负债表会带来怎样的影响。

利用银行按要求披露的财务报表信息，可以进行敏感性评估。风险价值披露有助于评估银行对市场因素的风险敞口。VaR 统计指标可以用来判断公司内部的风险承担趋势；由于不同公司在计算假设方面的差异，VaR 在评估不同公司之间的风险承担活动时并不十分有用。

花旗集团按 99% 的置信水平，假定单日持有期和正常市场条件，估计其持有头寸或投资组合价值有潜在下跌的风险价值。该集团使用蒙特卡罗模拟 VaR 模型来捕捉各种资产类别或风险类型的重大风险敏感性。花旗集团的 VaR 包括以公允价值计量的头寸，但不包括可供出售的证券投资和持有至到期的证券投资。表 16-23 是该集团 2016 年的 VaR 披露信息。

表 16-23　花旗集团年末与平均交易 VaR 和交易与信贷组合 VaR

（单位：百万美元）

	2016 年 12 月 31 日	2016 年平均	2015 年 12 月 31 日	2015 年平均
利率	37	35	37	44
信用价差	63	62	56	69
协方差调整①	−17	−28	−25	−26
完全分散化利率和信用利差	83	69	68	87
外汇	32	24	27	34

（续）

	2016 年 12 月 31 日	2016 年平均	2015 年 12 月 31 日	2015 年平均
权益	13	14	17	17
商品	27	21	17	19
协方差调整①	−70	−58	−53	−65
交易 VaR 总额——全部市场风险因素，包括一般及特定风险（不包括信贷组合）②	85	70	76	92
仅限特定风险部分③	3	7	11	6
交易 VaR 总额——仅一般市场风险因素（不包括信贷组合）②	82	63	65	86
信贷组合的增量影响④	20	22	22	25
交易和信贷组合的 VaR 总额	105	92	98	117
VaR 对盈利和资本的影响：				
交易和信贷组合 VaR 总额	105	92	98	117
持续经营净利润	15,033		17,386	
普通股	205,867		205,139	
VaR 总额占下列指标的百分比：				
持续经营净利润	0.7%	0.6%	0.6%	0.7%
普通股权益	0.1%	0.0%	0.0%	0.1%

①协方差调整反映了每种风险类型内部和不同风险类型之间的风险并不完全相关，因此，某一天的 VaR 总额将低于每种风险类型相关的 VaR 之和。
②交易 VaR 总额包括按盯市计价的和某些公允价值期权交易头寸（但不含套期保值工具），不包括可供出售证券投资和应计风险。
③特定风险指 VaR 中嵌入的股票和固定收益发行人的特定风险水平。
④信贷组合由与非交易业务单位的盯市计价头寸组成。

从 VaR 表中可以看出：

- 花旗集团的平均交易 VaR 从上一年的 9,200 万美元下降为 2016 年的 7,000 万美元，主要是由于盯市计价的套期保值业务利率风险敞口的变化导致；
- 交易和信贷组合的 VaR 总额也从前一年的 1.17 亿美元下降到 2016 年的 9,200 万美元；
- 虽然交易和信贷组合的 VaR 总额从 2015 年年末的 9,800 万美元增加至 2016 年年末的 1.05 亿美元，但无论以期末基准（0.7%）或平均基准（0.6%）计算，这一最坏情况下的单日风险值仍低于两年持续经营业务净利润的 1%。与股东权益相比，这一幅度甚至更小，期末为 0.1%，平均不到 0.1%。重要的是，花旗集团的 VaR 值是衡量影响一家公司可能遭受市场冲击的单日指标，但如果真的发生市场混乱，可能会持续数天、数周甚至更长时间。所以，虽然 VaR 有助于衡量非常短期冲击的影响，但它不能解决长期市场的影响问题。

在花旗集团的年度报告中，另一个有用披露关注了 2016 年年末花旗集团的资本比率，当普通股一级资本、一级资本和总资本增加 1 亿美元时，以及当风险加权资产变化 10 亿美元时，总资本比率会如何变化。这种敏感性分析只考察了资本或者风险加权资产等单一因素的变化，但更现实的情况是某次事件绝对不是只影响一个因素，所以，其影响可能会远远大于花旗集团的估计。表 16-24 摘录了敏感性分析部分的数据，以及 2016 年年末计算的实际比率。

表 16-24　花旗集团资本比率的估计敏感度，2016 年 12 月 31 日

（变化基点）	普通股一级资本比率		一级资本比率		总资本比率	
	如果普通股一级资本变化1 亿美元	如果风险加权资产变化10 亿美元	如果一级资本变化1 亿美元	如果风险加权资产变化10 亿美元	如果总资本变化1 亿美元	如果风险加权资产变化10 亿美元
花旗集团						
高级算法	0.90	1.20	0.90	1.30	0.90	1.50
标准算法	0.90	1.30	0.90	1.40	0.90	1.70
实际资本比率	14.35%	14.35%	15.29%	15.29%	17.33%	17.33%
最低资本比率要求	4.50%	4.50%	6.00%	6.00%	8.00%	8.00%

　　从花旗集团对其风险情况下的资本比率介绍来看，在 2016 年度报告的第 33 页，该集团说："高级算法下的总风险加权资产主要基于模型，包括信贷、市场和操作风险加权资产。相反，标准算法下则排除了操作风险加权资产，并将规定的监管风险权重应用于广泛类别的信用风险担保。因此，根据高级算法计算的信用风险加权资产比在标准算法下计算的信用风险加权资产的风险敏感性更高。市场风险加权资产是在两种方法大致一致的基础上得出的。"

　　从资本比率敏感性分析表中可以看出：

- 无论采用何种计算方法（高级算法或是标准算法），资本变化 1 亿美元或风险加权资产变化 10 亿美元的影响实际上都与年末的实际资本比率没有关系；
- 同时，这些都是静态的敏感程度测量，每个值都只针对一种影响调整。

　　总而言之，花旗集团对市场冲击的敏感性似乎是受到了控制的，并提供了有效风险管理的间接证据。根据这些证据，可以对花旗集团对市场敏感性的管理给予 1 分的评级。

16.3.3.7　CAMELS 分析整体评价

　　在对 CAMELS 分析的各个因素单独进行了分析和评级后，就可以完成对 CAMELS 的整体评估了。要得到被评价主体的整体 CAMELS 评级，一种方法是将各个单项评级结果简单相加。获得最佳 CAMELS 评级的银行（每个因素的评级都获得 1 分）总分为 6，获得最差评级的银行，其 CAMELS 评级得分为 30。为了将该分数转化为相应的 CAMELS 综合等级，可以再将该总分除以 6。将这样得到的算术平均数作为银行的综合评级。请注意，如果在每个因素方面得到的评级都是相同的，那么各个因素的权重是不影响结果的。虽然组件的权重是不相关的，但是，这种简单取算术平均数的方法明显没有考虑到 CAMELS 所包含的六种因素，对不同的分析师来说，权重可能是不一样的，如第 16.3.3 节曾经提到的那样。所以，根据分析重点的不同，分析师也可以自行计算加权的 CAMELS 评级得分，该得分与未加权的简单算术平均数之间可能会有很大的差异。

　　表 16-25 从一位股票分析师的角度给出

表 16-25　花旗集团 CAMELS 分析整体评分

	评级	权重	加权平均得分
资本充足性	1.0	1	1.00
资产质量	2.5	2	5.00
管理能力	2.0	1	2.00
盈利充足性	3.0	2	6.00
流动性头寸	1.0	1	1.00
对市场风险的敏感性	1.0	1	1.00
总分	**10.5**	**8**	**16.00**
转换为 CAMELS 评分（将评分除以 6）	**1.75**		**2.00**

了花旗集团 CAMELS 评级的总体得分计算结果，该分析师对资产质量和盈利充足性的重视程度是对 CAMELS 其他要素的重视程度的两倍。

请注意，如果不通过加权来帮助分析师量化他的优先级，那么，花旗集团的 CAMELS 总体评级将为 1.75——这不是十分完美，但仍表明这家银行的总体表现良好，风险管理水平较高。加权后，综合评分为 2.00（= 16/8），这个结果表明管理层可能需要解决的问题缺陷略高。

16.4　保险公司的分析

保险公司提供对不利事件的保护，其收入主要来自**保费**（premiums，顾客为购买保险产品而支付的金额）和**浮存金**（float，已收取的保费中，尚未以福利方式支出的金额）投资收益。保险公司分为财产和意外保险（property and casualty，简称财意保险公司，P&C）和人寿与健康保险（life and health，L&H）两大类，它们的产品在合同期限和索赔的可变性等方面有所区别[⊖]。财意保险公司的保单通常是短期的，最终费用通常在保险事件发生后一年内就能知道；但人寿保险公司的保单一般是长期的。财意保险公司的索赔更不易预测，也更"笨拙"，因为它们产生于事故和其他不可预测的事件；而人寿保险公司的索赔更可预测，因为当适用于大量人口时，它们与相对稳定的精算死亡率密切相关。

对于这两类保险公司来说，重要的分析领域包括业务流程、收益特征、投资回报、流动性和资本化。此外，对于财意保险公司来说，分析准备金和综合比率（一个反映承保盈利能力的指标）是很重要的。

包括美国在内的一些国家要求保险公司根据法定会计规则编制财务报告，这些规则不同于 US GAAP 和 IFRS，而是更加关注公司的清偿能力[⊖]。本节讨论的财务分析主要针对根据 US GAAP 和 IFRS 编制的财务报告，首先讨论财意保险公司的分析，然后讨论人寿保险公司的分析。

16.4.1　财产和意外保险公司

财意保险公司为被保险人提供风险管理服务。以保费价格作为比较对象的话，财意保险公司会保护被保险人免受比所付保费高许多倍的损失。保费是在保险合同开始时收取的，在收到保险费和向被保险人支付任何损失赔偿之间，创造了一个浮存期（float period）。保险公司会在资金浮存期内将保费用于投资，其投资收益成为保费之外的另一收入来源。因此，除了作为风险管理者，保险公司还充当了投资公司的角色。

表 16-26 中，显示了旅行者财险集团（Travelers Companies，Inc.）的收入构成，其净投资收益是仅次于保费收入的第二大收入来源，相对于总收入来说很重要。

⊖　参考保险信息研究所的网页。

⊖　在美国，全国保险专员协会为保险公司清偿能力的监测开发了一套分析工具系统（即比率和指引值），称为全国保险专员协会保险监管信息系统（IRIS）。IRIS 中的比率是根据法定会计重新计算得出的。

表 16-26 旅行者财险集团的收入构成

（截至 12 月 31 日的每年，单位：百万美元）

	2016 年		2015 年		2014 年	
保费收入	24,534	88.8%	23,874	89.0%	23,713	87.3%
投资净收益	2,302	8.3%	2,379	8.9%	2,787	10.3%
手续费收入	458	1.7%	460	1.7%	450	1.7%
已实现投资收益净额	68	0.2%	3	0.0%	79	0.3%
其他收入	263	1.0%	99	0.4%	145	0.5%
收入合计	27,625	100.0%	26,815	100.0%	27,174	100.0%

财意保险公司会努力在承保过程中加强谨慎，并对它们将要承担的风险收取适当的价格，以尽量减少它们对被保险人的净赔偿。它们可能会努力分散可接受的风险，不过度集中在一种政策、市场或客户类型方面。它们还可以通过将保单全部或部分转移给再保险公司来分散风险。再保险人只处理由其他保险人承保的风险，它们与最原始的保险政策无关。

财意保险公司与人寿保险公司的区别之一，在于前者履行义务的期限相对较短。保单通常以年度为基础，在保单期间通常可以确定承保的事件——例如火灾或天气事件。当然，保险事件也可能需要更长的时间才能出现，例如，在保单期内发生的环境损害可能要到保单到期后很久才能显现出来。

16.4.1.1 经营：产品与分销

财产保险意在为财产的损失或损坏风险提供保障，这些财产包括建筑物、机动车、环境和其他有价值的有形物品。造成损失或损害的事件各不相同，可归因于事故、火灾、盗窃或灾难等，而保单的生效与否是由这些事件决定的。意外伤害保险，有时也被称为责任保险，它保护与保险事件有关的法律责任。意外伤害保险包括对第三者的责任，如乘客、雇员或旁观者。单个保险事件可能包含财产和伤亡损失，例如，汽车事故可能导致汽车损失和乘客受伤。这种政策可称为**多重危险政策**。

根据客户的不同，财意险又可进一步分为个人保险和商业保险，有些产品也可以既销售给个人也销售给企业。财意险的种类包括汽车财产和责任保单（既可销售给个人也可销售给企业的产品的例子）、房屋保险、工人抚恤补偿保险、海上保险和再保险等。

保险的发行有两种方式：直销和代销。直销机构有自己的销售和营销人员，也可以通过互联网来销售保险单；或者通过可以直接响应的渠道（如邮件），通过有共同利益或联系的团体（如职业成员）等进行销售。代销方式则是使用独立代理人、独家代理人和保险经纪人来销售保单。

16.4.1.2 盈利特征

从宏观上看，财险业务具有周期性。这是一项对价格敏感的业务，许多竞争对手不惜降价以获得市场份额。根据保险评级机构贝氏公司（A.M.Best）的数据，在美国，约有 1,200 个财意保险集团，包括约 2,650 家财意保险公司。在这些集团中，排名前 150 名的集团总收入占 2015 年行业合并承保收入净额的约 92%。因此，如果一旦发生通过降价而导致行业盈利能力下降，形成一个"软"的保费定价市场，保险公司的资本很快就会令人不安地枯竭。接下来如果竞争减少，承保标准收紧，再形成一个"硬"的定价市场。由此，保费上升，保险公司的盈利再恢复到更合理的水平。但盈利能力的提升会再次吸引更多新进入者，循环反复。

在微观层面上，除了保险市场的"软"或"硬"之外，运营成本等因素也会影响保险公司的盈利能力，并且这与成本的分配方法也有关系。直销公司的固定成本更高，因为它们的分销方式是在内部的：销售和营销人员是公司的受薪员工。代销公司则没有这种固定费用，相反，它们需要支付给代理人和经纪人佣金，而佣金是一种可变成本。

承保周期主要由参与者的成本推动。当行业的综合成本率（即总保险费用与赚得净保费收入之比）较低时，表明保险市场很"硬"，会吸引新进入者，引起降价并推动周期下行。这种影响可以从综合成本率的分母中看出：保费价格的降低会减少净保费收入总额，导致综合成本率增加，直到市场变"软"。竞争对手离开市场，要么是因为它们想放弃无利可图的承保业务，要么是因为它们自己的经营失败。

对于某个特定保险公司来说，综合成本率如高于 100%，则表明该公司发生了承保损失。在美国，法定会计惯例将综合成本率定义为两个比率之和，承保损失率和运营费用率。其中，承保损失率等于损失［= 支付的索赔 +（期末损失准备金 - 期初损失准备金）］与净保费收入之比，是一家公司承保活动质量的计量指标。这里的承保活动，包括决定是否接受保险申请和决定任何扩展保险所应收取的保费的活动。运营费用率（即承保费用，包括销售佣金和相关员工费用，与净保费收入之比）是公司收购和管理承保业务的效率指标。在财务披露中，公司有时会报告综合成本率的修订版本。例如，旅行者财险集团报告的综合成本率，在计算运营成本率时，分母使用的是净赚保费，这与 US GAAP 的规定是一致的⊖，但其他公司可能会使用不同的计算方式。

财险公司的投资收益一般不像经营收益那样波动，因为投资是相对低回报、低风险的资产，我们将在下一节讨论。

财意保险公司的一项关键费用来自损失准备金管理。正确估计负债对保单定价至关重要，而低估损失准备金可能导致对所承担的风险少计费用。计提损失准备金的基础是历史数据，但在该过程中，也需要参考对未来损失的预期。这是一个由管理人员自由决策并且影响重大的项目，如果估计不当，可能会对财意保险公司产生不良后果。如果损失准备金和每年对损失准备金的调整过于乐观，保单定价就可能不足以支付保险公司所承担的风险，从而可能导致公司的破产。关于损失准备金的另一个问题是，保险公司的责任期限越长，就越难以正确估计损失准备金。比如，涵盖石棉责任的保险单，可能需要很长时间才能等到法院宣判的大笔赔偿，这对保险公司来说一直是个问题。它们目前的经历与它们最初销售保单时的预期相差甚远，而且赔款规模迅速增长，使得公司很难对相关的损失准备金进行恰当估计。

表 16-27 中报告了旅行者财险集团的损失准备金滚动余额，摘录自该公司 2016 年财务报表附注中披露的保险索赔。它更清楚地说明了这个项目对资产负债表和利润表的影响，并对财意保险公司管理其承担风险的方式进行了展示。这里列示的滚动余额是准备金扣除预期可收到的再保险赔款，其中，期初和期末余额按准备金总额列示，减去再保险可收回款项，即为准备金净额。

⊖　旅行者财险集团截至 2016 年 12 月 31 日的年度报告，第 36 页。

表 16-27　旅行者财险集团，损失准备金余额及变动

（截至每年 12 月 31 日的年末，单位：百万美元）

	2016 年	2015 年	2014 年
年初索赔总额和索赔调整费用准备金	48,272	49,824	50,865
减：未付损失的再保险可收回款项	−8,449	−8,788	−9,280
年初准备金净额	39,823	41,036	41,585
本年度估计索赔金额和索赔调整费用	15,675	14,471	14,688
估计可减少的前期索赔金额和索赔调整费用	−680	−817	−885
需要增加准备金总额	14,995	13,654	13,803
索赔和索赔调整费用：			
本年	−6,220	−5,725	−5,895
往年	−8,576	−8,749	−8,171
支付总额	−14,796	−14,474	−14,066
收购影响	—	2	—
未实现外币汇兑利得	−74	−395	−286
期末准备金净额	39,948	39,823	41,036
加：未付损失的再保险可收回款项	7,981	8,449	8,788
年末索赔总额和索赔调整费用准备金	47,929	48,272	49,824
年末再保险：			
未付损失的再保险可收回款项	7,981	8,449	8,788
年末索赔总额和索赔调整费用准备金	47,929	48,272	49,824
再保险可覆盖的准备金百分比	16.7%	17.5%	17.6%
对税前利润的修正影响：			
下调的以前各年索赔与索赔调整费用	680	817	885
税前利润	4,053	4,740	5,089
下调的索赔费用对税前利润的贡献百分比	16.8%	17.2%	17.4%

观察表 16-27 中的数据，可知：

- 2016 年支付的 62.2 亿美元索赔占估计索赔和索赔调整费用金额 156.75 亿美元的 39.7%，说明旅行者财险集团的大部分责任风险都是短期的，前两年的数据也支持这个结论；

- 本公司采用大量再保险以控制其风险敞口。再保险是一家保险公司通过支付保费的形式将其部分风险转移或割让给另一家保险公司（即再保险公司）。转移风险的公司期望从再保险公司收回损失。如表中所示，旅行者财险集团将其总损失准备金的 16.7% ～ 17.6% 都分给了再保险公司；

- 损失准备金的增加总额，减去索赔和以前各年索赔与索赔调整费用的减少，对利润表的影响比任何其他费用都大。2016 年，需要增加准备金总额 149.95 亿美元，占利润表中索赔和费用总额 235.72 亿美元（由于篇幅限制，此处未予呈现）的 63.6%；

- 该公司在 2016 年、2015 年和 2014 年分别下调以前各年索赔与索赔调整费用为 6.8 亿美元、8.17 亿美元和 8.85 亿美元。这种调整表明公司初始估计确认的准备金是保守的，但激进的修正也可能会是利润操纵的工具。旅行者财险集团的下调幅度与总增幅相比可能显得微不足道，但它们对税前利润有深远的影响。这一影响显示在表的底部：前几年估计数的下调对 2016 年、2015 年和 2014 年税前利润的贡献分别为 16.8%、17.2% 和 17.4%。

在计算保险公司的盈利能力比率时，不同的比率可能会区别使用净承保费（net premium written）和净赚保费（net premium earned）这两个指标。净承保费是指保险公司直接收取的保费减去割让给其他保险公司部分后的余额。保费通常是提前支付的（例如，每年两次），并且由保险公司在保险单规定的期限内赚取。只有在相关会计期间（例如，季度）内已经赚取到净赚保费，才是净赚保费。

如果要分析财意险公司的盈利能力，有用的财务比率包括：

- 损失和损失调整费用率 =（损失费用 + 损失调整费用）/ 净赚保费。这一比率说明保险公司在估计所保风险方面的成功程度，比值越低，代表越成功；
- 承保费用率 = 承保费用 / 净承保费。该比率衡量保险公司在获得新保费方面所花费代价的效率。比值越低，说明效率越高；
- 综合成本率 = 承保损失率 + 运营费用率。该比率衡量保险公司承保业务的整体效率，当比值低于 100 时，被认为是有效的；
- 给投保人（股东）的股息率 = 给投保人（股东）的股息 / 净赚保费。这一比率是衡量流动性的指标，因为它将股息现金流出与同期所得的保费联系起来；
- 考虑股息后的综合成本率 = 综合成本率 + 给投保人（股东）的股息率。该比率比综合成本率更严格地衡量了保险公司的经营效率，因为它在考虑了总的承保成本后，还考虑了给投保人或股东的现金满意度。股息是可自由支配的现金支出，将其计入综合成本率可以更全面地描述总的现金需求[⊖]。

表 16-28 中，列示了一组财意险公司根据其 2016 年财务报告计算的这些比率。请注意其中报告结果的巨大差异。马克尔保险公司（Markel Corp.）的表现最好（综合成本率为 89%），哈特福德金融服务集团（Hartford Financial Services Group）的表现相对较差（综合成本率为 131%），高额的损失及损失调整费用率（82.2%）以及承保费用率（48.8%）显示其承保业务需要管理层额外关注。对三个与经营情况相关比率的回顾表明，旅行者财险集团在损失和损失调整费用比率方面处于中位数，而在承保费用和综合成本率方面处于中位数以下。这一结果说明，旅行者集团的运营情况在这些公司中处于中间水平。在考虑了股息分配政策后，考虑旅行者集团对保单持有人（股东）获得股息后的综合成本率，旅行者集团的整体业绩仍处于行业中位数以上。

表 16-28 几家财意险公司的财务比率，2016 年　　（单位：百万美元）

	旅行者 财险集团	哈特福德 金融服务集团	伯克利 公司	CAN 金融公司	马克尔 保险公司
损失及损失调整费用率：					
损失与损失调整费用	15,070	11,351	3,846	5,270	2,051
净赚保费	24,534	13,811	6,293	6,924	3,866
损失和损失调整费用率	**61.4%**	**82.2%**	**61.1%**	**76.1%**	**53.1%**
运营费用率：					
承保费用	8,139	5,156	2,396	2,787	1,437

⊖ "保险业年度报告"，美国财政部联邦保险办公室，2015 年 9 月。

（续）

	旅行者 财险集团	哈特福德 金融服务集团	伯克利 公司	CAN 金融公司	马克尔 保险公司
净承保费	24,958	10,568	6,424	6,988	4,001
承保费用率	**32.6%**	**48.8%**	**37.3%**	**39.9%**	**35.9%**
综合成本率：					
损失与损失调整费用率	61.4%	82.2%	61.1%	76.1%	53.0%
运营费用率	32.6%	48.8%	37.3%	39.9%	35.9%
综合成本率	**94.0%**	**131.0%**	**98.4%**	**116.0%**	**89.0%**
给投保人（股东）的股息率：					
给投保人（股东）的股息	757	334	184	813	0
净赚保费	24,534	13,811	6,293	6,924	3,866
给投保人（股东）的股息率	**3.1%**	**2.4%**	**2.9%**	**11.7%**	**0.0%**
考虑股息后的综合成本率：					
综合成本率	94.0%	131.0%	98.4%	116.0%	89.0%
给投保人（股东）的股息率	3.1%	2.4%	2.9%	11.7%	0.0%
考虑股息后的综合成本率	**97.1%**	**133.4%**	**101.3%**	**127.7%**	**89.0%**

16.4.1.3 投资收益

财意保险公司所承保的风险具有很大的不确定性，在保险定价进入"硬"阶段时，其业务竞争非常激烈。为了应对这种不确定性环境，财意保险公司会将收取的保费用于保守投资，它们通常倾向于回报稳定、风险低的资产项目，并会避开流动性低的投资产品。

表 16-29 中是旅行者财险集团在 2016 年资产负债表中披露的投资部分。在 2016 年和 2015 年中，投资占到了该公司总资产的 70%。在这两年中，总投资组合中约 86% 为固定期限投资，另有近 7% 为短期证券，这可视为现金的另一种存放形式。股票证券在这两年的投资中只占 1%，房地产在这两年的投资中也处于非常次要的组成部分。

表 16-29 旅行者财险集团的投资组合，2016 年和 2015 年（截至 12 月 31 日）

（单位：百万美元）

	2016 年		2015 年	
固定期限，可供出售，以公允价值（摊余成本分别为 5,965,000 万美元和 5,887,800 万美元）	60,515	**85.9%**	60,658	**86.1%**
股票，可供出售，按公允价值（成本分别为 50,400 万美元和 52,800 万美元）	732	**1.0%**	705	**1.0%**
不动产投资	928	**1.3%**	989	**1.4%**
短期证券	4,865	**6.9%**	4,671	**6.6%**
其他投资	3,448	**4.9%**	3,447	**4.9%**
投资合计	70,488	**100.0%**	70,470	**100.0%**

与任何其他类型的公司一样，资产的集中度是值得关注的。在评估财产和意外保险公司的投资时，应注意投资的类型、期限、信用质量、行业、地理位置或在单一证券发行人的投资集中程度。

通过总投资收益与投资资产（现金和投资）之比，可以估算公司的投资业绩。计算这一指标时，对于未实现的资本收益，可以纳入也可以不纳入，从而产生两个不同的计算基础，也显示了未实现资本收益对总投资收益的相对重要性。

由于财意保险公司随时都准备履行保单支出的义务，因此流动性是其资产配置的优先事项。以下章节将进一步讨论这个问题。

16.4.1.4　流动性

财产和意外伤害保险业务涉及的支出具有高度不确定性，因此要求承接此类保险业务的保险公司资产应具有高度流动性，这样才能履行损失义务。这类保险公司的投资一般是典型的风险低、回报稳定的金融工具，并且通常是具有良好流动性的。分析投资组合时，应考虑投资的总体质量和在不影响价值的前提下，将投资转化为现金的容易程度。

通过考察公允价值报告中的公允价值层级，可以分析投资的流动性。第 1 层级的公允价值取自流通市场中交易证券的成交价格，因此属于最具流动性的证券。第 2 层级的公允价值则基于较低的流动性条件：这类证券的价格无法从流通市场直接获得，但可以从活跃市场中交易的类似证券价格中推断出来。因此，这些证券的流动性可能比第 1 层级的证券更低。最后，第 3 层级的公允价值是根据模型和假设推断的，因为这类证券没有活跃的交易市场，意味着其流动性不足。

表 16-30 中报告了旅行者财险集团在 2016 年 12 月 31 日所持有投资证券的公允价值层级情况。

表 16-30　旅行者财险集团投资组合的公允价值层级（截至 2016 年 12 月 31 日）

（单位：百万美元）

	总额	第 1 层级	第 2 层级	第 3 层级
固定到期日证券：				
美国政府及政府机构的国库券或债务	2,035	2,035	0	0
州或市政债务	31,910	—	31,898	12
外国政府发行的债券	1,662	—	1,662	—
抵押贷款支持证券、抵押贷款负债和过手证券	1,708	—	1,704	4
其他公司债券	23,107	—	22,939	168
可赎回优先股	93	3	90	—
固定到期日证券合计	60,515	2,038	58,293	184
占比	**100.0%**	**3.4%**	**96.3%**	**0.3%**
权益性证券：				
上市普通股	603	603	0	0
不可赎回优先股	129	51	78	—
权益性证券合计	732	654	78	0
占比	**100.0%**	**89.3%**	**10.7%**	**0.0%**

旅行者财险集团的投资组合很少用于第 1 层级的资产，把固定期限的证券和股票加起来，也只有 4.4%［=（2,038 + 654）/（60,515 + 732）］。大多数投资集中于第 2 层级的资产，意味着流动性略低于第 1 层级的，但不意味着流动性不足。在该公司的年度报告附注中，对公允价值的说明证明了这些第 2 层级的资产的流动性是有保障的：

本集团利用定价服务对截至 2016 年 12 月 31 日和 2015 年 12 月 31 日约 98% 固定到期日证券估计了其公允价值。该定价服务主要参考了在活跃市场有报价的固定期限证券的市场报价。由于除美国国库券以外的其他固定到期日证券一般不是每日进行交易，定价服务使用其专有定价应用程序，对这些证券的公允价值进行估计，其中的参数包括可用的相关市场信息、基准曲线、类似证券的基准确定、行业分组和矩阵定价等。

此外，定价服务还使用期权调整利差模型（Option Adjusted Spread model）开发预付款和利率情景，根据相关的市场信息、信用信息、感知的市场波动和行业新闻来评估每一个资产类别。定价评估中使用的市场输入值按大致优先顺序列出，包括：基准收益率、报告的交易、经纪人/交易商报价、发行人价差、双边市场、基准证券、出价、报价、参考数据以及行业和经济事件。每项市场输入值的使用程度取决于资产类别和市场条件。根据证券品种的不同，输入变量的优先级可能会改变，或者某些市场输入值可能不相关。对于某些证券，则可能需要额外的投入值。

这些信息并不能向投资者绝对保证投资的流动性不变，不过，它提供了有说服力的证据，说明报告的价值是公允的。定价服务在制订价格标准时考虑了与流动性有关的市场信息（报告交易、经纪人/交易商报价、发行人价差、双边市场），这一事实增加了投资者的信心，即确认的价值将能反映旅行者财险集团在 2016 年年末清算证券时可能实现的价格。

16.4.1.5　资本化

保险业与银行业不同，后者自 1988 年以来就存在基于风险的国际资本标准，而前者在截至 2016 年都还没有这种全球标准出现（尽管 IAIS 表示致力于制定基于风险的全球保险资本标准）[一]。根据预计，这套标准将包括目标最低资本充足率，即合格的资本与所需要风险资本额之间的比值。

虽然不存在基于风险的全球保险资本标准，但在各个司法管辖区，确实规定了一些资本标准。例如，欧盟于 2014 年通过了"偿付能力 II 制度"，提出了包括最低资本要求在内的监管条款，如果保险公司达不到最低要求，那么各国监管实体将进行干预[二]。在美国，20 世纪 90 年代就有了《北美保险公司风险资本要求》，它根据保险公司的规模和风险状况规定了保险公司必须拥有的最低资本数额[三]。根据北美保险公司制度，财意保险公司的最低风险资本计算需要考虑资产风险、信用风险、承保风险和其他相关风险。

16.4.2　人寿与健康保险公司

人寿与健康保险公司通过销售人寿保险和健康保险政策来赚取保费，还有许多公司也通过提供投资产品和服务来赚取收入，因此，投资收益是这类公司的另一大主要收入来源。

16.4.2.1　经营：产品和分销

人寿保险产品的种类千差万别，有的只针对被保险人死亡提供福利赔偿，有的则还会提

㊀　见国际保险监督官协会官方网站。
㊁　见欧盟官方网站。
㊂　见美国国家保险监督官协会官方网站。

供储蓄工具。在最简单的人寿保险类型中，保费根据承保范围计算，当被保险人死亡时，受益人将收到赔付。例如，如果被保险人在合同期限内死亡，定期寿险保单将提供福利赔付，但如果被保险人在合同期限结束时仍活着，则保单到期后将变得不再有价值。在其他类型的人寿保险中，保单既提供被保险人死亡时的福利赔付，又可以作为储蓄工具。人寿保险公司也可以提供年金等投资产品，给投保人进行固定支付或与市场回报挂钩的可变支付。

与健康有关的保险产品主要因承保范围的类型而异。一些产品涵盖特定的医疗费用和治疗，而其他产品则在投保人受伤或者生病时提供赔付。

人寿保险公司通过电子媒体和代理直接向消费者出售它们的产品。代理人可以是公司雇员、独家代理人或独立代理人。对保险公司来说，通过独立代理人进行分配的费用较高，但其好处是减少了固定成本，并提高了追求增长机会的灵活性[⊖]。

了解公司收入的来源和在不同时间段上的变化对财务分析是有帮助的。多元化经营能降低风险。人寿保险公司可以在收入来源、所提供的产品、地理覆盖、分销渠道和投资资产等方面展开多元化经营。

▌例 16-6　收入的多元化

表 16-31 和表 16-32 分别列出了荷兰全球投资公司（Aegon N.V.）和大都会人寿保险公司（MetLife Inc.）的利润表部分信息。

表 16-31　荷兰全球投资公司合并利润表信息摘录　（单位：百万欧元）

	2016 年	2015 年	2014 年	2013 年	2012 年
根据 IFRS 报告的金额					
保费收入	23,453	22,925	19,864	19,939	19,049
投资收益	7,788	8,525	8,148	7,909	8,413
手续费、佣金和其他	2,414	2,452	2,145	1,957	1,865
收入合计	33,655	33,902	30,157	29,805	29,327

表 16-32　大都会人寿保险公司利润表信息摘录（年度截止日为 12 月 31 日）

（单位：百万美元）

	2016 年	2015 年	2014 年	2013 年	2012 年
保费	39,153	38,545	39,067	37,674	37,975
投资收益，含衍生工具利得	13,358	19,916	22,273	19,154	19,713
万能寿险及投资型产品保单费等	10,965	11,490	11,976	11,371	10,462
收入总额	63,476	69,951	73,316	68,199	68,150

注：为使数据具有可比性，上表中合并了大都会人寿保险公司利润表中的某些项目。如果要应用于本例之外的其他目的，应使用公司经审计后的财务报表数据。

问题：

1. 根据表 16-31 和表 16-32 中 2016 年的数据，比较两家公司在收入来源方面的差异。

2. 根据表 16-31 和表 16-32 中的数据，说明两家公司在收入来源方面的多元化趋势，特别是保费收入。

⊖　"保险公司的分析和估值"，哥伦比亚商学院会计和证券分析卓越中心（2010 年 11 月）。

解答图表

表 16-31 中的荷兰全球投资公司

占收入总额的百分比	2016 年	2015 年	2014 年	2013 年	2012 年
保费收入	69.7%	67.6%	65.9%	66.9%	65.0%
投资收益	23.1%	25.1%	27.0%	26.5%	28.7%
手续费、佣金和其他	7.2%	7.2%	7.1%	6.6%	6.4%
年度同比变动百分比	2016 年	2015 年	2014 年	2013 年	
保费收入	2.3%	15.4%	−0.4%	4.7%	
投资收益	−8.6%	4.6%	3.0%	−6.0%	
手续费、佣金和其他	−1.5%	14.3%	9.6%	4.9%	

表 16-32 中的大都会人寿保险公司

占收入总额的百分比	2016 年	2015 年	2014 年	2013 年	2012 年
保费	61.7%	55.1%	53.3%	55.2%	55.7%
投资收益,含衍生工具利得	21.0%	28.5%	30.4%	28.1%	28.9%
万能寿险及投资型产品保单费等	17.3%	16.4%	16.3%	16.7%	15.4%
年度同比变动百分比	2016 年	2015 年	2014 年	2013 年	
保费	1.6%	−1.3%	3.7%	−0.8%	
投资收益,含衍生工具利得	−32.9%	−10.6%	16.3%	−2.8%	
万能寿险及投资型产品保单费等	−4.6%	−4.1%	5.3%	8.7%	

问题 1 解答： 大都会人寿保险公司似乎在收入来源上更加多元化,它的保费收入仅占收入总额的 62%,而荷兰全球投资公司的这个比例接近 70%。应该指出,保费收入是一个更稳定的收入来源,因此在考虑收入的多元化时,也不能忽视由此可能引起的收入波动率增加。

问题 2 解答： 对于这两家公司来说,2016 年的保费收入对总收入的贡献比前面四年中的任何一年都高。对于荷兰全球投资公司来说,保费收入占总收入比例的上升,部分是由于保费收入显著增长(2015 年为 15.4%)以及 2016 年投资收益的下降(−8.6%)。就大都会人寿保险公司来说,保费收入占比的上升主要是由于 2015 年和 2016 年投资收益的下降(−10.6% 及 −32.9%)所带来的。

16.4.2.2　盈利特征

人寿保险公司的主要费用项目是根据人寿保险、其他类型的保险单、年金合同和其他类型的合同而向投保人给付的福利支出。一些累积现金价值的保险产品还包括保单持有人可在合同到期前取消合同并获得累积现金价值的规定。这种提前取消被称为合同退保,退保可能导致人寿保险公司的额外费用。

与财意保险公司类似,人寿保险公司的盈利中也包括了许多需要大量判断和估计的会计项目。人寿保险公司必须根据精算假设(例如寿命预期)去估计保单持有人的未来利益和福利支付。在一定期间内的费用金额受实际支付的投保人利益和未来投保人利益的估计负债利息影响。作为估计重要性的另一个例子,人寿保险公司将获取新保险和续保业务的成本资本化,然后根据该业务的实际和预期未来利润再进行摊销。另一个会计判断可以显著影响人寿保险公司盈利的领域是证券估值,本书将在稍后的投资回报部分进行讨论。

有一些衡量盈利能力的通用指标也可以应用于对人寿保险公司的评价，例如，总资产报酬率（ROA）、净资产收益率（ROE）、资本增长率和波动性以及每股账面价值等。其他常见的盈利指标包括税前和税后经营利润率（经营利润占总收入的百分比）、税前和税后经营型资产报酬率和净资产收益率[⊖]等。不过，由于人寿保险公司盈利的复杂性，大多数分析已超出了这些一般指标。鉴于经营失真的可能性和会计估计对人寿保险公司报告盈利的重要性，各种特定用于保险业的盈利指标将更有助于帮助分析师理解其业绩。例如，贝氏公司使用的盈利率就包括：①支付的福利总额占净承保额和存款额的百分比；②佣金和费用占净承保费和存款的百分比[⊜]。

表 16-33 显示了美国人寿保险行业和大都会人寿保险公司的平均净资产收益率和税前经营利润 - 平均股本之比。2011 年，大都会人寿的平均净资产收益率高于行业平均水平，税前经营利润 - 平均股本之比走势类似。但 2011 年之后，大都会人寿保险公司在这两项指标上的表现都不如行业水平。因此，需要进一步研究大都会人寿保险公司与行业指标出现差异的原因，以及该公司在 2014 年和 2015 年的税前经营利润 - 平均股本之比和平均净资产收益率相似的原因。

表 16-33　净资产收益率——美国人寿保险行业与大都会人寿保险公司

	2011 年	2012 年	2013 年	2014 年	2015 年	2016 年
美国人寿保险行业平均净资产收益率	4.70%	12.60%	12.90%	11.00%	11.20%	na[①]
美国人寿保险行业平均税前经营利润 - 平均股本之比	9.10%	18.70%	19.10%	14.30%	15.10%	na
大都会人寿保险公司净资产收益率	12.20%	2.00%	5.40%	9.40%	7.50%	1.00%
大都会人寿保险公司税前经营利润 - 平均股本之比	9.00%	9.30%	9.90%	9.80%	7.80%	7.50%

①数据无法取得。

资料来源："保险行业年度报告"，联邦保险业办公室（2016 年 9 月）。

人寿保险公司的盈利能力可能会被某些项目的会计处理扭曲。例如，当利率发生变化时，资产和负债的估值方法如果不匹配就可能会导致扭曲。在某些情况下，由于公司的资产是按当前市场价值报告的，而负债仍按历史成本报告，这就会导致公司报告的盈利出现重大扭曲[⊜]。

16.4.2.3　投资收益

投资收益是人寿保险公司的重要收入来源。评估人寿保险公司的投资活动时，主要应关注投资多元化、投资绩效和利率风险。此外，投资组合的流动性很重要，将在下一节中进行讨论。

投资多元化的考察可以从资产类别的分配开始，并评估投资类资产的分类与保险公司对投保人的负债是否匹配。与财意险公司相比，人寿保险公司对投保人的索赔支付相对是可预测的，这允许它们尝试风险更高的投资，去追求更高的投资收益。但是，较高收益的资产，比如股票或房地产投资等，会比债务投资经历更大的估值波动。保险行业也面临着过去 10

[⊖] "保险业年度报告"，美国财政部联邦保险办公室（2016 年 9 月）。

[⊜] 贝氏公司（A.M. Best）是一家广为人知的保险公司评级机构。"最佳信用评级方法：全球寿险与非寿险专辑"（2016 年 4 月 28 日）。

[⊜] 例如，参见"大都会人寿亏损引发会计'噪声'担忧"，英国《金融时报》（2017 年 2 月 16 日）。

年的低利率环境所带来的投资回报挑战。低利率限制了可利用的机会，因此要在金融资产上赚取足够的风险调整报酬变得更加困难。总体而言，如果投资资产在某种类型、期限、低信用质量、行业、地理位置或某单个证券发行人方面太过集中，就不太好，尤其是对评级机构而言[⊖]。

就像其他任何投资组合的业绩评价一样，人寿保险公司的投资业绩也可以用投资收益与用以投资的资产（现金和投资）价值之比来衡量。该指标中的投资收益项目，可以考虑或者不考虑未实现的资本（损失）。此外，评估人寿保险公司的利率风险时，一个常用指标是将公司资产的存续期与负债的存续期进行比较。

▌例 16-7　投资组合

表 16-34 中是友邦保险集团（AIA Group）的投资组合资料，该集团的金融投资组合价值占其总资产的 82%（如果包括物业投资的话，则为 84%）。

表 16-34　友邦保险集团的投资组合　　（单位：百万美元）

	2016 年 11 月 30 日		2015 年 11 月 30 日	
	金额	占比	金额	占比
贷款与存款	7,062	4.6%	7,211	5.1%
债券	113,618	73.3%	104,640	73.3%
股票	30,211	19.5%	27,159	19.0%
衍生金融工具	107	0.1%	73	0.1%
金融投资总额	150,998	97.5%	139,083	97.4%
物业投资	3,910	2.5%	3,659	2.6%
共计	154,908	100.0%	142,742	100.0%

友邦保险集团投资收益

（单位：百万美元）

	2016 年 11 月 30 日
投资收益	
利息收入	5,290
股利收益	654
租金收益	140
投资收益	6,084
利得与损失	1,471
投资回报总额	7,555

其中，14.71 亿美元的利得与损失中，约 1.27 亿美元与债券投资有关。

问题：

1. 根据表 16-34 中的信息，说明友邦保险公司在 2016 年的投资分布情况以及与前一年相比的变化。

2. 根据表 16-34 中的信息，估计固定收益资产的平均回报率。（就本问题而言，将贷款与存款和债券投资视为同一类别的资产，即固定收益资产。）

⊖　标准普尔公司，《标准普尔保险评级准则：人寿保险类》（2004）。请注意，标准普尔公司一直在努力对它的评级标准进行持续更新。

问题 1 解答：友邦保险公司在 2016 年年末时主要投资于债券，并相对前一年，略微增大了对股票的投资。

问题 2 解答：固定收益证券的投资收益率等于其投资收益（以百万美元计）与平均固定收益证券余额之比。

固定收益证券的投资收益等于利息收益与债券投资利得之和：5,290 + 127 = 5,417（百万美元）。

公司对贷款与存款、债券的投资平均余额为：[（7,062 + 113,618）+（7,211 + 104,640）]/2 = 232,531/2 = 116,265.5（百万美元）。

因此，估计固定收益投资的收益率为 4.7%（= 5,417/116,265.5）。

16.4.2.4　流动性

人寿保险公司对流动性的要求是由其对债权人和投保人的负债所驱动的，尤其是后者的福利支付和保单退保。从历史数据来看，流动性对人寿保险公司来说不那么重要，因为传统人寿保险产品一般都是长期属性的；不过，随着新产品的推出，流动性对人寿保险公司的重要性正在增加[一]。人寿保险公司的流动性来源包括其经营现金流和投资资产的流动性。流动性分析主要涉及对投资组合整体流动性的审查。非投资级债券、股票和房地产等投资的流动性通常低于投资级固定收益证券的[二]。

一般来说，流动性指标是将公司流动性较强的资产（如现金和有价证券）与其短期负债进行比较。其他流动资金模式，例如标准普尔所采用的，是将公司的资产价值（按随时可兑换为现金的假设进行个别调整后）与其债务金额（按可能提款的假设进行个别调整后）进行比较[三]。数据的调整是假定在正常市场状况及压力下计算的。经典的"流动比率"并不直接适用于人寿保险公司，因为在保险业公司的资产负债表上，通常不进行"流动"和"非流动"的分类。

16.4.2.5　资本化

正如在财意保险公司部分所指出的，目前对于人寿保险公司来说，还缺乏全球统一的风险资本标准指引。不过，各个司法管辖区确实有指定标准，规范了与保险公司的风险状况相对应的必备资本金额。一旦某家保险公司的资本低于最低要求，监管机构就会介入。

财意保险公司和人寿保险公司之间的业务差异也会反映在风险资本要求方面。例如，由于人寿保险公司面临的索赔需求常常比财意保险公司的更容易预测，因此，人寿保险公司不需要那么高的股本缓冲，可以有更低的资本要求[四]。此外，影响对人寿保险公司最低资本要求的另一个问题是，许多人寿保险产品产生了大量的利率风险敞口。因此，人寿保险公司以风险资本为基础进行计算时，会考虑利率风险[五]。

[一] "保险监管信息系统（IRIS）手册：财产 / 意外伤害、人寿保险 / 意外事故和健康及类似产品的 IRIS 比率手册——2016 年版"，全国保险专员协会（2016）。
[二] 标准普尔公司对美国和加拿大人寿保险公司的流动性模型。
[三] "保险业年度报告"，美国财政部联邦保险办公室（2016 年 9 月）。
[四] "保险公司的分析和估价"。
[五] 见美国国家保险监督官协会官方网站。

16.5　本章小结

- 金融机构的系统重要性决定了其活动必须受到严格的监管；
- 系统性风险是指金融体系中某一部分的减值风险有可能会蔓延到整个体系中的其他部分，从而对整个经济产生负面的影响；
- 巴塞尔委员会是国际清算银行下设的一个常设委员会，包括来自世界各地的中央银行和银行监管机构的代表；
- 巴塞尔委员会对银行的国际监管框架包括最低资本要求、最低流动性要求和稳定的资金要求；
- 关注金融稳定的国际组织包括金融稳定委员会、国际保险监督员协会、国际存款保险公司协会和国际证监会组织等；
- 金融机构的另一显著特点（与制造业或商业公司相比）是，其生产性资产主要是金融资产，如贷款和证券，这增加了公司对各种风险的直接敞口，如信贷风险、流动性风险、市场风险和利率风险。一般而言，它们的资产价值相对接近公允市价；
- CAMELS 分析方法是一种被广泛使用的银行分析方法，它考虑银行的资本充足性、资产质量、管理能力、盈利充足性、流动性头寸和对市场风险的敏感性；
- "资本充足性"是指银行资产中来自资本的支持比例，表明银行有足够的资本来吸收潜在的损失，而不会严重损害其财务状况；
- "资产质量"既包括银行资产的质量，即信贷质量和多元化分散情况，也包括银行整体的风险管理是否稳健；
- "管理能力"是指银行管理层识别和利用适当业务机会并同时管理相关风险的能力；
- "盈利"是指银行资本所获取的投资回报，也对盈利质量提出了要求；
- "流动性"是指银行持有的流动资产相对于其近期预计现金流量的匹配情况。根据《巴塞尔协议Ⅲ》，流动性还指银行资金来源的稳定性；
- "对市场风险的敏感程度"是指市场因素（包括利率、汇率、股票和商品市场）的不利变化对银行的盈利和资本情况会带来怎样的影响；
- 除了 CAMELS 分析方法中的各个要素以外，是否得到政府支持、银行实体的使命、企业文化和竞争环境、表外项目、分部信息、货币风险和风险披露等信息也非常值得分析师的关注；
- 保险公司一般可被区分为财产和意外保险公司及人寿与健康保险公司两类；
- 保险公司的收入主要来自保费（投保人的付款）和利用浮存资金（已收取的保费，尚未作为福利支付出去的金额）获取的投资收益；
- 财意保险公司的保单通常是短期的，最终成本一般在承保事件发生后的一年内就能清楚结算，而人寿保险公司的保单通常是长期的。财意保险公司的索赔更易变，而人寿保险公司的索赔更可预测；
- 对于这两种类型的保险公司来说，分析要点主要包括经营业务概况、盈利特征、投资收益、流动性和资本化。此外，对财意保险公司的盈利能力分析还应包括损失准备金和组合比率的分析。

评价财务报告的质量

杰克·T.切谢尔斯基,注册会计师,特许金融分析师

伊莱恩·亨利,博士,特许金融分析师

托马斯·I.塞林,博士,注册会计师

学习目标

- 演示如何使用评估公司财务报告质量的概念框架;
- 解释影响财务报告质量的潜在问题;
- 说明如何评价公司财务报告的质量;
- 评估公司财务报告的质量;
- 说明可持续(永久性)盈利的概念;
- 说明盈利质量指标;
- 解释盈利的均值回归现象,以及盈利中的应计部分如何影响均值回归的速度;
- 评价一家公司的盈利质量;
- 说明现金流质量指标;
- 评价一家公司的现金流质量;
- 说明资产负债表质量指标;
- 评估一家公司的资产负债表质量;
- 描述有关风险的信息来源。

17.1 概述

评估财务报告信息质量的能力是一项非常有价值的技能。如果能辨别出高质量的财务报告,分析师或者投资者才能够对基于这些财务报告的分析结论和在此基础上生成的投资决策有更大的信心。同样,如果一位分析师或者投资者能在财务报告质量变差之前(在财务报告爆出问题之前)就提前了解到这一点,就更有可能做出有利可图的投资决策,或者减少甚至避免损失。

詹姆斯·查诺斯(James Chanos)是一位能提前发现金融灾难的传奇人物,他在2000年

11 月就做空安然公司，比这家公司在 2001 年 12 月申请破产保护提前了一年多时间。虽然安然公司的知名度和声誉度很高[⊖]，但查诺斯认为，无论是基于定量分析还是定性分析，都不看好它。查诺斯指出，安然公司的资本回报率比可比公司的更低，甚至不足以涵盖公司自身的资本成本。此外，该公司的收入确认政策非常激进，关联方交易复杂而难以理解，并存在不少提高盈利的一次性收益。后来发生的该公司内部人士抛售股票和高管辞职事件，都证实了查诺斯的观点。

另一个能提前发现财务问题的例子是分析师埃尼坦·阿德博诺霍（Enitan Adebonojo）在 2001 年 6 月发布的报告，在报告中，他提到了欧洲食品零售商皇家阿霍尔德（Royal Ahold）的可疑会计问题，包括"声称被收购公司的利润为'有机的增长'，将售后回租交易的资本利得记为利润，并将数十亿美元的债务报告在资产负债表表外"。[⊜] 2003 年，皇家阿霍尔德公司宣布，它在前两年大幅度夸大了利润，公司首席执行官和首席财务官辞职，各监管机构宣布对公司展开调查，皇家阿霍尔德公司的市值大幅度下降。

本章侧重于报告质量及其对公司经营成果质量的影响。**报告质量**与财务报告所披露的信息有关，高质量的财务报告能提供对决策有用的信息，或者说，相关的信息，并忠实地反映公司在报告期内活动的经济现实和报告期末的财务状况。与报告质量相关但其实又相互独立的另一个概念是**业绩**或**盈利质量**，它涉及公司实际经济活动产生的利润和现金，以及由此产生的财务状况相对于对当前和未来财务业绩的影响预期。请注意，在实践中，"盈利质量"这个词比"经营成果质量"用得更多，因此在本章中的"盈利质量"实际上广泛用于指代包括盈余、现金流和 / 或资产负债表项目的质量。

盈利质量高能反映出投资回报的充足，并且说明其在未来的可持续性也有保障。因此，高质量盈利比低质量盈利更能增加公司的价值。当公司报告的盈利被评价为高质量盈利时，意味着公司的基本经济表现良好（即价值提高），也意味着公司具有高质量的报告（即公司计算和披露的信息能很好地反映出经济现实）。

低质量的盈利可能是因为报告的信息恰当地代表了真正糟糕的业绩，也可能是因为报告的信息歪曲了经济现实。从理论上来看，一家公司可能在高质量的财务报告中披露低质量的盈利。比如，考虑一家低质量盈利的公司，它在一段时期内唯一的收入来源是一笔诉讼赔款，如果没有这笔赔款，它就会报告亏损。但是，如果公司正确地计算并报告了这样的结果，并提供了对决策有用的信息，那么它的财务报告质量仍然可以很高。虽然从理论上讲，一个公司可能在拥有高财务报告质量的同时拥有低质量的盈利，但通常，糟糕的财务业绩会促使公司管理层错误地进行报告。

本章第 17.2 节介绍财务报告质量的概念框架和潜在问题；第 17.3 节讨论如何评价财务报告质量；第 17.4 节、第 17.5 节和第 17.6 节分别介绍盈利质量、现金流量质量和资产负债表质量的分析；第 17.7 节讨论关于风险的信息来源。最后是本章小结。

17.2 财务报告的质量

本节介绍评估财务报告质量的概念框架，然后讨论影响财务报告质量的潜在问题。

⊖ 2000 年 10 月，安然公司被《财富》杂志评为"25 家全球最受尊敬的公司"之一。

⊜ "皇家阿霍尔德：欧洲的安然"，《经济学人》（2003 年 2 月 27 日）。

17.2.1   评估财务报告质量的概念框架

正如概论中指出的，财务报告质量与盈利（业绩）质量是相关的，表 17-1 说明了这种关系及其含义。如果财务报告的质量低，会使评估公司的业绩变得困难或不可能，并因此难以做出正确的投资决策和其他决策，比如是否向公司提供信贷等。

表 17-1   财务报告质量与盈利（业绩）质量的关系

		财务报告质量	
		低	高
盈利（业绩）质量	高	低质量的财务报告会阻碍对盈利质量做出正确的评价，且不利于估值	高质量的财务报告有利于财务评价。盈利质量越高，越能增加公司价值
	低		高质量的财务报告有利于财务评价。盈利质量越低，越会降低公司价值

财务报告的质量因公司而异。财务报告可能披露相关和如实表达的信息，也可能披露纯粹捏造的信息。而公司盈利（业绩）质量可以是高的和可持续的，也可能是低的和不可持续的。高质量的财务报告是投资者对盈利质量进行评价的必要条件。高质量的财务报告本身并不能确保高质量的盈利，但只有当财务报告的质量够高时，投资者才能对盈利质量进行准确的评价。

将财务报告的质量和盈利的质量结合起来，从用户的角度来看，财务报告的整体质量可以被认为是从最高到最低的连续统一体。图 17-1 给出了一个质量分布范围，为财务报告的质量评价提供了基础。

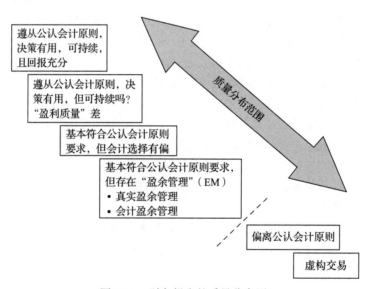

图 17-1   财务报告的质量分布图

所以从本质上来看，分析师需要考虑两个基本问题：

1. 财务报告是否符合公认会计原则并对决策有用？

2. 报告的盈利（收益）是高质量的吗？换句话说，它们是否提供了足够的回报水平，是否可持续？

这两个问题构成了一个基本的概念框架，用以评估一家公司财务报告的质量和定位其报告质量在上述质量分布范围中所处的位置。在图 17-1 中标为"遵从公认会计原则，决策有用，可持续，且回报充分"的矩形代表高质量的财务报告，其提供的盈利信息也是高质量并决策有用的。"公认会计原则"泛指公司编制财务报告时所依据司法管辖区内的会计原则或准则要求。公认会计原则的例子包括 IFRS、US GAAP 和其他国家的法定会计准则等⊖。高质量的盈利能提供**充足的投资回报**（即等于或超过资本成本的回报），并且是可持续的。**可持续**则是指盈利来源于公司未来仍能持续开展的活动。提供高投资回报的可持续盈利有助于公司及其证券获得更高的估值。

对质量分布图最高点的任何偏离都可以通过上述两个问题来展开分析。例如，一家公司提供了遵从公认会计原则，决策有用，但低质量的盈利信息（盈利低质量的原因是它们不能提供足够的回报水平和 / 或它们是不可持续的），因此在质量分布图上所处位置较低。在这个图中，位于更下层的是会计处理不符合相关规范要求的，由于在编报时进行了有偏的选择，因此信息的决策有用性欠佳。

有偏的会计选择会导致财务报告不能忠实地反映经济现象。不仅在报告金额方面，即使是从信息列报方式的角度看，都可能做出有偏的报告选择。例如，公司可以透明地、以便于分析的方式披露信息，也可以用掩盖不利信息、强调有利信息的方式来进行披露。

会计选择偏差就像财务报告质量方面的其他缺陷一样，会妨碍投资者正确评估公司过去业绩、准确预测未来业绩，从而对公司进行适当估值。如果会计选择增加了公司当期的盈利和改善了财务状况，则被认为是"激进的"。激进的选择可能会降低公司在将来的报告业绩和恶化财务状况。相比之下，如果会计选择降低了公司当期的报告业绩和财务状况，则被视为是"保守"或"谨慎"的。保守的选择可能会增加公司在后期的财务业绩和美化其财务状况。

另一种偏差是"盈余管理"，而常见的一种盈余管理方式便是盈利的"平滑"，以降低盈利的波动性。通过在公司经营业绩良好时少报盈利，在公司经营困难时多报盈利，就可以减少盈利的波动性。

质量分布图的下部是与公认会计原则的背离。偏离公认会计原则的财务报告一般被认为是质量低下的；它们的财务报告质量很差，不能用来对盈利的质量做出评估。甚至，有些财务报告披露的根本是虚构的交易，或者遗漏实际的交易，属于质量最低的财务报告，因为它的内容基本都是捏造的。

17.2.2 影响财务报告质量的潜在问题

导致财务报告质量存在潜在问题的方式包括操纵报告金额和会计确认与分类的时间。请记住，如果公认会计原则允许有偏的会计选择，那么即使符合公认会计原则要求的财务报告，也可能是偏离经济现实的。此外，还有财务报表编制者可能提交欺诈性财务报告，更使得报告与公认会计原则和经济现实相背离。

⊖ 这些特征来自《财务报告概念框架》（IASB 2010）。IFRS 和 US GAAP 对决策有用信息的定义是相同的。其中，相关的信息被定义为能够影响决策的信息，并包含重要性的概念。对经济事件的如实表述是完整的、中立的和无偏的。该框架还确定了决策有用信息的增强特征：可比性、可核查性、及时性和可理解性。高质量的信息是在这些特征之间进行公正和无偏权衡的结果。

17.2.2.1 报告金额与确认时间

报告金额与确认时间的选择可能只重点关注了某单个财务报表要素（资产、负债、所有者权益、收入和收益或利得，费用和损失等），但是，这样做也可能影响其他会计要素和财务报表，因为财务报表和报表项目之间是相互关联的[⊖]。因此，从基本会计等式的角度来考虑会计选择的影响比较有用，即：资产 = 负债 + 股东权益。这个等式可以重述为：资产 – 负债 = 股东权益，也可以表示为：净资产 = 股东权益。与利润表要素相关的会计选择会通过股东权益进一步影响到资产负债表，如果股东权益受到影响，那么资产负债表的另一个要素也会受到影响，否则资产负债表将无法获得平衡。

以下是一些会计选择的例子，既有符合公认会计原则要求的会计选择，也有偏离公认会计原则要求的会计选择，还有公司的经营选择及其对当期的影响：

- 积极、提前和虚构的收入确认会导致高估收益，从而多报股东权益。另一方面，在资产方，通常是应收账款项目，也被高估；
- 保守的收入确认，比如延迟确认收入，会导致低估净利润、低估股东权益和低估资产；
- 遗漏和延迟确认费用会导致低估费用和高估收益、从而高估股东权益、高估资产和／或少计负债。少计坏账费用会导致多计应收账款；少计折旧或摊销费用会导致多计相关长期资产的价值。少计利息、所得税费用或其他费用会导致低估相关负债，例如应付利息、应交税费或其他应付款等；
- 少计或有负债往往与低估费用从而高估收益相关，最终导致股东权益或者其他综合收益被高估；
- 高估以公允价值报告的金融资产或低估以公允价值报告的金融负债，往往导致高估未实现利得或者低估未实现损失，从而夸大股东权益；
- 通过推迟支付应付款项，加速客户收款、延迟购买存货和递延其他与经营有关的支出（例如维护保养费和研究开发费），可以增大经营活动的现金流量。

例 17-1 说明了萨蒂扬软件技术有限公司（Satyam Computer Services Limited）的一些事件和会计选择，最终导致这家公司签发了不实财务报告。

▌ 例 17-1　虚假财务报告

萨蒂扬软件技术有限公司

萨蒂扬软件技术有限公司是一家成立于 1987 年的印度信息科技企业，它在全球范围内提供业务流程外包服务（BPO），成长非常迅速。2007 年，该公司的首席执行官拉马林加·拉尤（Ramalinga Raju）被安永会计师事务所评为"年度企业家"，2008 年，世界公司治理理事会表彰该公司为"全球卓越的问责制企业"。2009 年，公司 CEO 提交辞职信，提到该公司陷入了一场巨额的财务欺诈事件，该公司随即快速倒下，被称为是"印度的安然"。

2008 年年末，世界银行在发现萨蒂扬公司向银行员工提供回扣并为未提供的服务开单后，终止了与该公司的合作关系。最初披露的这些不当行为，使该公司受到了越来越多的审

⊖ 根据管理层的动机，低质量的财务报告可能会夸大或低估公司业绩，但欺诈性财务报告几乎总是夸大公司业绩。

查。公司首席执行官最终承认公司存在一系列不当行为，他伪造了银行对账单，虚报现金以列报利息收益。同时，他还伪造了工资账户，然后"拿走"了发给"员工"的钱。而该公司的内部审计主管编造了虚假的客户账户和发票，以虚增收入[一]。

公司聘请的外部审计师没有独立核实该公司提供的大部分资料。即使是银行确认单，在这份直接寄给审计师而不是通过萨蒂扬公司间接提供给它们的材料上，余额也是互相矛盾的，但它们并没有引起重视并采取后续行动。

问题：

1. 根据所提供的信息，参照财务报告的质量分布图，说明萨蒂扬的财务报告属于哪一种。

2. 参照基本会计等式解释下列每项不当行为：

    A. 与世界银行的交易

    B. 虚拟利息收益

    C. 首席执行官贪污

    D. 虚构收入

3. 根据所提供的资料，该公司伪造了哪些文件，以支持它在上一问题中所提到的不当行为？

问题 1 解答： 根据所提供的信息，萨蒂扬公司的财务报告属于质量最差的层级，它们明显是虚构信息的报告。

问题 2 解答： 各种不当行为对基本会计等式的影响如下：

A. 对公司未提供的服务开票时，公司将虚增一项资产（如应收账款）和一项收入（如服务收入）。而给世界银行客户员工的回扣，如果记录在案的话，将增加费用（如支付的佣金），并增加负债（如应付佣金）或减少资产（如现金）。这种不当行为的净影响是虚增收入、虚增公司净资产或股东权益。

B. 虚报利息收益会导致高估公司利润，高估资产（如现金和应收利息），并夸大股东权益。这种高估会隐藏在虚增的收入和现金余额中。

C. 通过虚构员工来贪污其"工资"，会增加公司的费用（如工资和薪金支出），减少资产（现金）。由此带来公司利润减少，股东权益减少，欺诈性的现金减少。或者说，现金的减少通过伪造的收入和现金余额来掩盖。

D. 虚构收入会导致公司高估收入和利润，高估资产（如现金和应收账款），并夸大股东权益。

问题 3 解答： 根据材料中提到的信息，该公司伪造的文件包括：

● 开给世界银行的发票，为根本没有提供的服务开票；

● 银行对账单；

● 员工记录；

● 客户账户与发票。

伪造这些凭证的目的是误导审计师。

精明的财务报表使用者其实可以通过比较收入增长与资产负债表上的资产增长，如短期

[一] 更多信息可参见 Bhasin（2012）。

和长期的贸易应收款和未开票收入，发现萨蒂扬公司的潜在问题。长期贸易应收款和未开票的收入账户就可能会发现疑点。此外，该公司还有一个与现金独立的账户，叫作银行存款投资，也容易引发关注。但是，对于精心设计的欺诈性财务报告，要识别出来其实是非常不容易的。

17.2.2.2　分类

报告金额和确认时间方面的会计选择一般会影响一个以上的财务要素、财务报表和财务期间，但涉及分类方面的会计选择一般只影响一张财务报表，关系到某一个项目在特定财务报表中的列报类别。资产负债表、综合收益表或现金流量表可能是选择的主要焦点。

就资产负债表来说，应关注可能使资产负债表比率更有吸引力的会计选择，或者能隐藏某些问题的会计选择。例如，一家公司可能非常在意它的应收账款，因为它想隐藏公司的流动性问题，或者收款困难问题。于是它可能就会选择将应收账款从资产负债表中移除，将其对外出售或转移给其他受控实体，转换为应收票据，或在资产负债表中另行分类（例如将其报告为长期应收款）等。虽然这些金额可能仍以某种应收款的形式留在资产负债表上，但重新分类的结果是使应收账款的余额减少了。其实是让投资者误以为已经发生了收款，成功地扭曲了应收账款的计量指标，如应收账款周转天数和应收账款周转率等。

在默克公司（Merck）2003 年的年度报告中，它将其部分存货重新分类为长期资产项目下的"其他资产"。这种做法影响了资产负债表和相关财务比率，如例 17-2 所示。

▋ 例 17-2　资产负债表重分类

默克公司及其子公司

在 2002 年的年度报告中，报告存货为 34.118 亿美元，但在 2003 年的年度报告中，报告的存货价值为 29.643 亿美元，另有 4.475 亿美元的存货被报告为了"其他资产"。表 17-2 中复制了该公司在财务报表附注 6 中披露的信息。

2003 年 12 月 31 日 和 2002 年 12 月 31 日，按后进先出法估值的存货分别约占存货总额的 51% 及 39%。确认为其他资产的存货主要是为准备产品上市而持有的、预计一年内不会出售的存货。完工产品减少的主要原因是 2003 年分拆美可保险公司（Medco Health）的影响。

问题：

1. 将一部分存货重新分类为其他资产，很可能会导致存货周转天数指标：

   A. 降低

   B. 保持不变

   C. 增加

2. 由于一部分存货被重新分类为其他资产，流动比率很可能很：

   A. 降低

表 17-2　合并财务报表附注 6

6. 存货

12 月 31 日的存货由下列项目组成：

（单位：百万美元）

	2003 年	2002 年
完工产品	552.5	1,262.3
原材料和在产品	2,309.8	2,073.8
耗材	90.5	75.7
合计（接近现时成本）	2,952.8	3,411.8
后进先出法成本减少	—	—
	2,952.8	3,411.8
确认为：		
存货	2,554.7	2,964.3
其他资产	398.1	447.5

B. 保持不变

C. 增加

问题 1 解答: A 选项正确。使用报告的存货金额计算的存货周转天数很可能会降低,因为相对于商品销售成本的存货金额减少了。

问题 2 解答: A 选项正确。流动比率会降低,因为流动资产减少了,而流动负债仍保持不变。

请注意表 17-2 中关于重分类的描述:“确认为其他资产的存货主要是为准备产品上市而持有的、预计一年内不会出售的存货。”该理由听起来是非常合理的:流动资产属于公司通常在一年或一个经营周期内将要消耗或转化为现金的资产,因此,与预计要 1 年后才上市的产品相关的存货就被归类为“其他资产”当然很合理。但是,分类变化给财务分析工作带来了挑战。存货周转率是企业库存管理效率的一个重要指标,计算公式是销货成本除以平均存货余额。虽然在 2003 年仍然可以计算出存货周转率,但这个周转率指标与 2002 年及之前的存货周转率的计算基础是不一致的,因为在以前期间,并没有披露本应归类为“其他资产”的存货金额。投资者必须认识到,由于缺乏一致可比的信息,默克公司的存货周转率指标在不同年份中产生了不可比。

经营性收入和非经营性收入的区分可以帮助信息使用者确定公司盈利的可持续能力,但这种分类有可能被公司滥用。被报告为收入的金额应当是产生于核心和可持续业务的,因此,如果有虚增的收入,就会误导财务报表使用者对公司可持续盈利的判断。同样,将费用报告为非经营性费用,也会误导财务报表使用者,使其认为虚增的盈利是可持续的。在财务报表之外报告的非公认会计原则指标中,将收入的扣减项目都报告为非经营性项目,也可能会误导财务报表使用者。

将某个项目报告在其他综合收益中,而不是确认在利润表中,也会影响财务分析和比较。例如,如果两个完全相同的公司对其投资选择了不同的会计分类,那么净利润就可能会不一样,因为投资公允价值的变动可能计入一家公司的净利润,但在另一家公司却计入了其他综合收益。

在现金流量表中也特别提到会计分类问题,因为管理人员可能有激励措施,以最大限度地增加“经营活动”的现金流量。因此,管理人员就有动机将诸如出售长期资产等活动报告为经营活动,而不是投资活动。经营活动是公司日常运作的一部分,如出售存货或提供服务。对大多数公司来说,出售不动产或其他长期资产并不属于经营活动,将其列入经营活动中,能夸大公司从经营活动中产生现金的能力。此外,公司管理层还可能将经营性支出进行资本化处理,而不是费用化处理,这样就可以将相关现金的流出报告为投资活动的流出,而不是经营活动的流出。

在表 17-3 中,列出了偏离高质量财务报告的潜在问题、可采取的行动和相关警示信号,其中一些将在本章后续部分进行具体讨论。警示信号是可以通过财务报表、财务报表附注或分析师计算的财务比率来发现的,当然,这些比率需要经过一段时间的比较评估或者与同行公司的比值进行比较后才能做出判断。一般情况下,公司的做法都是希望向上调整净利润。不过当新的管理层到来,或者处于财务困境中的公司管理层,可能也会有动机对当期利润进行向下的调整,以有利于未来时期的改善。

表 17-3　会计警示信号

潜在问题	可能的行动 / 会计选择	警示信号
• 高估经营利润和 / 或净利润，或利润不可持续 ■ 高估收入或提前确认收入； ■ 低估费用； ■ 对收入、利得、费用或损失进行错误分类	• 有退货权的或有销售，"渠道填充"（利用优惠条件诱使顾客订购他们本来不买的产品，或者诱使顾客提前订购），"开票仍持有"销售（鼓励客户先订购但并不发货）； • 虚构收入（收入舞弊）； • 将支出资本化，确认为资产； • 将非经营性收益或利得报告为经营性的； • 将经常性费用报告为非经常性的，或者非经营性的； • 将利得计入当期损益，但将损失计入其他综合收益	• 收入增长高于同行； • 销售折扣增加，销售退回增加； • 应收款项的增长率高于销售增长率； • 非季节性经营企业，但最后一个季度的收入占了全年收入很大比例； • 经营活动现金净流量比经营利润低很多； • 经营性收入和经营性费用中包含的项目与往期不一致； • 经营利润率上升； • 激进的会计假定，例如折旧年限过长； • 将损失确认在非经营性收益或其他综合收益中，但将利得确认在经营性收益或净利润中； • 员工薪酬与财务经营成果严重挂钩
• 资产负债表项目错报（也可能影响利润表） ■ 高估或者低估资产； ■ 高估或者低估负债； ■ 对资产或者负债进行错误分类	• 公允价值计量的模型选择或者模型输入变量选择； • 将流动性项目分类为非流动性项目； • 高估或者低估准备金； • 低估可辨认的资产并高估商誉	• 公允价值计量模型选择不当，或者输入变量选择不当； • 对资产使用公允价值计量时，使用的输入变量与对负债使用公允价值计量时不一致； • 将典型的流动资产项目，例如存货和应收账款，报告为非流动资产项目； • 每年的准备金项目金额波动较大，并且与同行业的不可比； • 商誉的价值在总资产中占比较高； • 存在特别目的实体； • 递延所得税资产或递延所得税负债变化明显； • 表外负债金额重大
• 高估经营活动现金流量	• 对影响经营活动现金流量的活动进行管理； • 对现金流量进行错误分类，以有利于增大经营活动产生的现金净流量	• 增加应付账款和减少应收账款和存货； • 将支出资本化处理，报告在投资活动中； • 售后回租； • 增加银行透支

17.2.2.3　质量问题与公司并购

在公司并购活动中，经常也需要考虑财务报告的质量问题。并购为公司提供了盈余管理的机会和动机。在会计上，对企业合并是按购买法进行核算的，其中一家公司会被认定为购买方。并购完成后，需要以合并财务报表的形式报告合并后的财务状况。

如果一家公司创造现金的能力下降，它就有可能被激励去收购其他公司，以增加经营活动的现金流。收购活动如果用现金支付，相关现金流出将报告为投资活动的现金流出量；如果是用股权形式支付，则无须在现金流量表上报告。但合并完成后，被收购公司的现金流将出现在合并后公司的经营活动现金流中，有效地掩盖收购方自身的现金流问题。这样的收购可以让经营活动现金流突然巨额增长，而这种增长也许是可以持续的，也许并不能持续。由于并没有规定公司必须披露"有收购影响"和"排除收购影响"的现金流情况，因此，投资者无法可靠地评估收购方的现金流问题是否正在恶化。潜在的收购可能会激励公司使用激进的会计选择甚至错误地进行会计报告。例如，收购方的经理可能会被激励做出有利于增加收益的会计选择，以争取更优惠的条件去进行收购。有证据表明，打算进行股权收购的公司可能在收购前会操纵其报告的利润，以夸大它们打算用作收购对价的股票价值（Erickson and Wang，1999）。同样，目标公司的经理人也有动机利用会计选择来增加公司的盈利，以确保对被收购方股东更有利的成交价格。再比如，收购方的管理层可能会在交易完成后通过会计操纵报告更高的利润，以让投资者看好这一场并购活动[⊖]。

在其他情况下，糟糕的财务报告也可能是并购活动的诱因。企业并购使公司的财务报表变得更复杂，从而可以掩盖过去的错报。有证据表明，故意发布错报的公司（即后来被美国证交会指控会计欺诈的公司）比没有发布错报的公司更有可能进行公司并购活动。它们也更有可能去收购那些能够降低其财务报表可比性和一致性的公司，例如，将收购对象瞄准那些公开信息较少和经营业务类似程度小的公司（Erickson，Heitzman 和 Zhang，2012）。

还有机会主义者通过会计选择去影响最初的合并资产负债表和将来的合并利润表。企业合并时，收购方需要按照收购日的公允价值确认和计量所收购的可辨认资产和承担的负债，包括被收购公司以前没有确认在其财务报表中的资产和负债。例如，被收购公司内部开发的可辨认无形资产和一些或有负债，在合并后，收购方都需要进行确认。购买价格超过所收购资产和承担负债的确认价值部分，将列报为商誉。与其他长期资产不同，商誉是不进行摊销的；它只需定期接受减值测试。所以，除非商誉出现了减值，需要确认减值损失，否则，资本化的商誉金额将可以无限期地留在资产负债表上。

默认的商誉会计处理，即不会产生未来摊销费用，它激励着收购方在记录企业合并时尽量少计可摊销无形资产的价值，这样就能将购买价格分配给商誉，从而对未来的盈利确认更加友好。这种做法会导致公司对不经济并购的确认不够及时，因为商誉减值的确认可能会发生在公司并购活动很久之后。管理层可能愿意抓住这个机会，他们会希望说服分析师和投资者，商誉减值费用是一项非经常性、非现金费用——许多人都容易忽视这一点。但是，投资者应该注意，如果一家公司存在商誉，就应当特别关心这家公司的商誉减值情况，以及商誉减值测试的过程是否合理。此外，企业合并过程中的公允价值计量也为并购方的管理层提供了机会，使其能够运用自己的判断去影响报告的价值，只有在市场上存在相同资产或者负债报价的项目除外。例如，管理层可以少计资产的公允价值，以避免将来计入费用的金额过高。而少计的资产公允价值最后也被分配给商誉，导致商誉金额被高估。只要商誉没有减值，在利润表上就不会出现与商誉有关的费用。因此，许多分析师都质疑财务报告中的商誉是否反映了经济现实。

17.2.2.4　尽管遵守了会计规则，但仍偏离经济现实的财务报告

分析师可能会发现，按照某些会计准则披露的财务报告信息难以反映经济现实，所以可能是无用的。例 17-3 和例 17-4 就说明了这种情况。在可能的情况下，分析师应该对财务报

⊖　在 Bens、Goodman 和 Neamtiu（2012）中，提出了他们发现的这种可能性。

表中的信息进行适当调整，以更好地反映他对经济现实的看法。如果由于缺少相关数据的披露而无法进行调整，分析师可以对影响情况进行定性评估。

例 17-3 介绍了一个早期的创造性合并会计案例，正是这个案例让大家意识到必须深入考虑合并会计和相关控制的判断。许多企业实体是由股东通过投票权来进行管理的，在这种情况下，拥有多数股权的人说了算。但是，仍然可能存在例外情形。US GAAP 和 IFRS 都在努力创建制度，将不拥有多数股权但实质上能够实施控制的情况纳入会计报表的合并范围。

▍例 17-3　可变利益（特殊目的）实体的会计处理

SEC 针对 Digilog 公司财务报表强制执行行动的声明

为开发和引进新产品，波龙公司（Digilog Inc.）通过以 1,000 万美元可转债投资的方式创建了一个单独的业务实体——DBS。如果将这些可转债全部执行转换，波龙公司最终将拥有 DBS 近 100% 的股份；但在 DBS 成立最初，其所有者权益只是向 DBS 的经理们发行的几千美元普通股。

在 DBS 最初经营的两年里，波龙公司并没有将它纳入合并报表范围。该公司声称 DBS 的控制方是其经理们，因为 100% 的 DBS 流通在外股份均由经理们持有。虽然 DBS 在最初两年的经营中发生了巨额的亏损，波龙公司仍就它的可转债投资报告了利息收益。两年后，DBS 开始创造利润了，波龙公司执行转换权，从此将 DBS 纳入了报表合并范围。

虽然 DBS 被设计为一个"独立"的公司，但 SEC 认为，两家公司之间的合同和经营关系应该被视为构成了一个单一企业的财务报告目的。这次执法行动中的被告，也就是波龙公司的审计人员，最终同意达成和解。解决方案为按照美国证交会的意见，将 DBS 公司纳入波龙公司的合并范围，为财务报表使用者提供符合公认会计原则的信息披露——尽管在当时还没有具体的会计准则能直接解决波龙公司的"创造性"会计处理方案。

最终，经过多年的争论，在安然丑闻（也涉及滥用合并报表规则）之后，"可变利益实体"（VIE）的概念被创造出来。一个关键的方面是即使是在没有投票控制权的情况下，为达到合并报表的目的，也应当有规则指引对"控制"的认定。如果投资者有能力对实体的财务和经营政策施加影响，并有权从其对该实体的投资中获得可变收益，那么，也需要将该实体纳入合并范围。虽然 IFRS 没有使用可变利益实体这个概念，但它的条款规定也与之类似。

根据上述事实和可变利益实体的合并规则，波龙公司最有可能用来辩称它不需要合并 DBS 的理由是：

A. 波龙公司不拥有对 DBS 的投票表决权

B. 波龙公司对 DBS 所拥有的利益或收益不是可变的

C. DBS 的经理们控制着 DBS 的运营和财务政策

解答：C 选项正确。波龙公司最有可能宣称 DBS 的运营和财务控制权均由 DBS 的经理们决定。但是这种说法不太可能被接受，因为与波龙公司的 1,000 万美元投资相比，经理们的投资只有几千美元。所以，仅仅没有投票控制权这个理由是不足以避免合并报表的。从可能承担的损失与可转换权来判断，波龙公司对 DBS 承担的是可变回报。

例 17-4 涉及资产减值和重组支出的会计处理问题。

例 17-4 资产减值与重组支出

资产减值和重组支出是两个相关的会计问题，几乎总是需要分析师的特别考虑。其中，资产减值是指当有证据表明某项资产的账面价值已高于其预期未来利益时，所需进行的资产价值减记。

根据 IFRS 的定义，"重组支出"一词表示在业务部门的出售或终止、营业场所的关闭、管理结构的调整变化和 / 或基础重组中的支出项目。所有这类事件的发生也可能导致公司确认新的负债（例如，承诺支付员工遣散费或对租赁合同的付款）。

2013 年 4 月 25 日，日本富士电气股份有限公司（Fuji Electric Co.,Ltd.）宣布，按照日本的公认会计原则，该公司在"太阳能电池和组件业务"中使用的土地、建筑物和租赁资产发生减值损失，金额为 65 亿日元（富士电气公司，2013 年）。全部损失计入该公司 2012 会计年度（截至 3 月 31 日）的业绩，导致资产和净利润减少 65 亿日元。

翼龙公司（Elan Corporation）是一家总部位于爱尔兰的生物科技企业，在 2012 会计年度中，它决定关闭其位于旧金山的研究机构，涉及裁员约 200 人，以及因商业环境变化而将大部分业务转移回爱尔兰而导致重组和其他成本支出 4,240 万美元。其中一些费用与支付当期和递延的员工遣散费有关（Leuty，2012）[⊖]。

在某一会计期间确认减值损失和重组支出，虽然符合大多数国家公认会计原则的要求，但**很可能**会高估：

A. 前期的净利润

B. 当期的净利润

C. 未来期间的净利润

解答： A 选项正确。减值和重组多为公司过去经营活动的结果，在评估公司过去的净利润时，应考虑到这些因素的影响。除非预计减值和重组事项在将来还会重复发生，否则当期的净利润实际上是被低估了。如果将来会发生转回（但这种情况很少发生），那么未来的净利润就会被高估。将全部的减值损失和重组支出都确认在当期，是谨慎性会计原则的应用例子。

分析师可能会认为，导致富士电气公司发生减值损失的事件（显然是其太阳能业务及其未来发展前景的衰退）实际上在此之前就开始了。类似地，翼龙公司的重组支出也可能与以前会计期间的情况有关。

当面临重组支出、减值损失或者甚至两者同时发生时，分析师应当思考类似事件是否经常发生，以至于在估算该公司的永久性盈利时，也应当考虑这些要素；还是说，应当将这些项目视为一次性的影响，对于预测公司未来盈利的帮助不大。如果是前者，那么分析师应该将当期的重组支出或者减值损失分散到过去和当前期间，从而将公司的盈利"正常化"。如果某项目确实只是一次性的，比如说自然灾害所产生的财务影响等，那么分析师就有理由将该项目排除在盈利之外，使收益"正常化"。这一过程将需要大量的判断，并且离不开对公司基本情况和事实的了解。

分析师通常会遇到的项目包括：

● 对正在使用过程中的会计估计进行修正，比如资产的剩余经济寿命。这种做法可能会

⊖ 参考翼龙公司的年度报告，2013 年 2 月 12 日提交。

让分析师质疑公司对会计估计的改变是否恰当；

- 突然增加减值的计提和各种准备金。这种做法会让人质疑公司在以前期间内的会计估计是否恰当，是否高估了前期业绩，没有对经济现实进行无偏描述；
- 存在大额的应计损失项目（例如，与环保或与诉讼有关的负债）。这说明公司过去未能较早预计应计损失，导致以前各期的盈利被高估了。

管理层可能会利用准备金等项目来管理或平滑公司盈利。例 17-3 和例 17-4 所示的会计准则应用也导致了财务报表没有很好地反映经济现实。还有一些会计准则可能导致某些资产和负债项目不能反映在财务报表中，比如，研究与开发支出就是一个例子。会计准则不允许公司将研发支出进行资本化处理[⊖]，但研发活动创造的资产反过来是能够为公司带来未来利益流入的。会计准则禁止研发支出资本化处理的原因，是因为很难评估究竟哪些支出能带来未来利益流入，而哪些支出是不对应未来利益流入的。此外，还有一些项目，按会计准则规定，会绕过利润表，直接计入其他综合收益项目当中。例如，将有价证券划分为"可供出售"的投资，那么相关的投资公允价值变动就会直接计入其他综合收益；但如果划分为"交易性金融工具"，其公允价值的变动就会计入当期净利润。

没有任何会计原则能将一个报告主体所有的经济资产和负债都确认出来，因此，应当想办法找出那些没有被报告在报表上的内容。比如，一个经常遇到的表外资产例子，即公司积压的销售订单。根据大多数公认会计原则，在公司完成服务和其他标准得到满足之前，是不允许确认收入的（也不允许报告相关资产）。但是，在某些行业中，特别是飞机制造这种大型制造企业中，积压的订单其实就是一种未确认的重大资产。当积压订单数量较大时，通常会在管理层评论中予以披露，分析师可以利用这些信息，对财务报表中的数量进行调整，以利于更好地预测。

分析师可能面临的另一个问题是，在财务分析中，需要判断是否应当将确认在其他综合收益中的某些项目调整进入净利润当中。以下是报告在其他综合收益当中的项目举例：

- 某些权益性证券投资的未实现持有利得或损失；
- 按"重估值"模式计价时，不动产与设备项目的未实现持有收益（及随后的损失）（仅限于 IFRS 下）；
- 将国外经营实体以外币计价的财务报表折算为按合并方的报告货币计价时，对所有者权益的影响；
- 养老金负债或资产净额的某些变动；
- 作为未来现金流量的套期工具核算的衍生金融工具（及若干外币计价的非衍生金融工具）的利得或损失。

如果分析师判断某个报告在其他综合收益中的项目应当计入当期损益中时，就可以对财务报告金额进行相应的调整，并在此基础上进行预测。

17.3 评价财务报告的质量

在任何财务分析项目开始之前，分析师首先应清楚分析的目的和背景，并理解以下内容：

⊖ IFRS 允许将研发支出进行有条件的资本化处理，但 US GAAP 对除软件开发行业外的研发支出基本不允许资本化处理。——译者注

- 分析目的是什么？通过分析将回答哪些问题？
- 要实现分析目标，需要多大程度的细节信息？
- 有哪些数据可供分析？
- 影响财务分析的因素或者关系有哪些？
- 分析的局限性是什么，这些局限性是否会潜在地损害分析的价值？

为了评估财务报告的质量，分析师需要回答两个基本问题：

1. 财务报告的编制是否遵从了公认会计原则，财务报告是否对决策有用？
2. 公司的业绩（盈利）质量高吗？它们是否提供了足够的回报水平，是否可持续？

下面首先讨论适合于通用框架的分析步骤。遵循这些步骤，可以帮助分析师评估财务报告的质量（回答两个基本问题）。接下来再讨论可用于评价财务报告质量的量化工具。

17.3.1　评价财务报告质量的一般步骤

有必要提醒大家注意的是，这里所提出的步骤只是作为一般指导方针。分析师可以根据需要添加、强调或者淡化某些步骤，或者更改所建议步骤的顺序。每一家公司都是独特的，所以在特定的分析项目中需要变化使用特定的分析方案。

1. 建立对公司及其所属行业的了解。了解一家公司的经济活动有利于理解什么样的会计原则对这家公司是比较适当的，以及什么样的财务指标是特别重要的。了解一家公司及其竞争对手所使用的会计原则，为区分行业规范提供了基础，并有利于评价公司的会计处理是否恰当。

2. 了解公司的管理层。评估公司管理层是否存在提供不实报告的动机。审查有关管理层薪酬和内部人交易的信息披露情况，特别是内部人出售公司股票的情况。审核有关关联方交易信息的披露。

3. 确定重要的会计领域，特别是那些涉及管理层判断或不寻常会计规则的领域，都是影响财务报告业绩的重要因素。

4. 就下列事项进行比较：

   A. 将本公司当年报告中的财务报表和重大事项披露与上一年度报告中的报表和重大事项披露进行比较。在报表各行次项目或关键披露内容方面是否存在重大差异，如风险披露、分部信息披露、特定费用或者收入项目的分类？变化的原因是否清楚明确？

   B. 将公司的会计政策与可比竞争对手的政策进行比较，有显著差异吗？如果有，主要是哪些方面的差异，对财务报告的影响是什么？

   C. 运用比率分析法，比较公司和其可比竞争对手的业绩。

5. 检查有无暗示财务报告质量问题的警示信号。例如，

   - 应收账款周转率下降可能表明某些收入是虚构的或者提前确认了收入，或者是坏账准备计提不足；
   - 存货周转率下降可能表明应认识到的过时问题；
   - 净利润大于经营活动产生的现金净流量，可能意味着公司利用积极的权责发生制会计政策，将当期费用转移到了未来期间。

6. 对于存在多个地理分部或者产品线分部的公司，尤其是跨国经营公司，应考虑其存货、销售收入和费用是否已被转移，以让公司看起来正处于投资人士眼中的理想增长

地域或者产品部门。如果某分部的业绩表现强劲，而整体业绩保持基本不变或恶化，分析师就应当怀疑这种内部转移的存在。

7. 利用适当的量化工具来评估财务报告被误报的可能性。

上述前面六个步骤说明了如何对财务报告质量进行定性评价。除了定性方法外，还有一些定量分析工具，可以用来帮助我们对财务报告质量进行评价。

17.3.2 评价错报可能性的定量分析工具

本节介绍一些可用于评估误报可能性的工具（前述步骤7）。如果发现误报的可能性很高，那么分析师就应当特别小心地进行分析，包括在定性分析中。

17.3.2.1 Beneish 模型

梅索德·D. 贝尼什（Messod D.Beneish）及其同事对判断公司盈利操纵行为的定量指标进行研究，开发出一个模型用来评估误报的可能性（Beneish, 1999；Beneish, Lee 和 Nichols, 2013）。下面便是 Beneish 模型及其变量。在对每个变量进行介绍之后，还给出了为什么要使用这个变量的直观解释。

在这个模型中，用 M 得分来表示财报被操纵的概率，该得分利用 probit 模型估计得到[⊖]：

$$M \text{ 得分} = -4.84 + 0.920(DSR) + 0.528(GMI) + 0.404(AQI) + 0.892(SGI) + 0.115$$
$$(DEPI) - 0.172(SGAI) + 4.679(Accruals) - 0.327(LEVI)$$

式中，M 得分是盈利被操纵概率的得分；

DSR 是应收账款周转指数

$$DSR = (\text{应收账款}_t / \text{销售收入}_t) / (\text{应收账款}_{t-1} / \text{销售收入}_{t-1})$$

应收账款与销售收入之间关系的变化能说明是否存在不恰当的收入确认；

GMI 是毛利率指数

$$GMI = \text{毛利率}_{t-1} / \text{毛利率}_t$$

利润率的恶化可能驱使公司去进行盈余操纵；

AQI 是资产质量指数

$$AQI = [1 - (\text{固定资产}_t + \text{流动资产}_t) / \text{总资产}_t] / [1 - (\text{固定资产}_{t-1} + \text{流动资产}_{t-1}) / \text{总资产}_{t-1}]$$

除不动产、厂场与设备和流动资产之外的其他资产的占比变动，能说明是否存在过度的支出资本化行为；

SGI 是销售增长指数

$$SGI = \text{销售收入}_t / \text{销售收入}_{t-1}$$

根据增长情况来管理对持续增长的预期和相应的资本需求，可能驱使公司去操纵销售和盈利；

DEPI 是折旧指数

$$DEPI = \text{折旧率}_{t-1} / \text{折旧率}_t$$

⊖ 在 Beneish（1999）的实证结果中，具有统计意义的变量包括应收账款周转指数、毛利率指数、资产质量指数、销售增长指数和应计项目。

其中，折旧率 = 折旧费用 / (折旧费用 + 固定资产)

折旧率下降可能说明在通过低估折旧费用来操纵盈利；

SGAI 是销售及管理费用指数

$$SGAI = (销售及管理费用_t / 销售收入_t) / (销售及管理费用_{t-1} / 销售收入_{t-1})$$

销售及管理费用等固定费用的增加意味着公司行政管理和营销工作效率的降低，这可能会驱使公司去操纵盈利；

Accruals 是应计项目

$$Accruals = (扣除非经常项目前的利润^⊖ - 经营活动产生的现金净流量) / 总资产$$

应计项目的金额越高，越可能存在盈利操纵；

LEVI 是杠杆指数

$$LEVI = 杠杆水平_t / 杠杆水平_{t-1}$$

其中杠杆水平用资产负债率表示。

杠杆水平增加可能会促使公司进行盈余操纵。

Beneish 模型中的 M 得分是一个正态分布的随机变量，均值为 0，标准差为 1.0。因此，利用标准正态分布的累积概率或 Excel 中的 NORMSDIST 函数，可以计算出该模型所指示的盈利操纵概率。例如，当 M 得分为 -1.49 和 -1.78 时，分别表明盈余操纵的概率分别为 6.8% 和 3.8%。较高的 M 得分（即负得较少的得分）表明盈余操纵的可能性较大，该概率由分布左侧决定。

利用 M 得分判定公司是否存在盈利操纵的准确性取决于第 I 类错误（即错误地将盈利操纵公司判断为非盈利操纵公司）和第 II 类错误（即错误地将非盈利操纵公司判断为盈利操纵公司）的相对大小。判断的临界值使错误分类的代价最小化。Beneish 认为，对投资者来说，相关临界值是当盈余操纵的概率为 3.8%（即 M 得分超过 1.78）时^⊖。例 17-5 显示了 Beneish 模型的应用情况。

📖 例 17-5　Beneish 模型的应用

表 17-4 列出了 XYZ 公司应用 Beneish 的 M 得分模型所需变量情况。

问题：

1. 应用 Beneish 模型，根据临界值 -1.78 的标准，是否会让分析师判断 XYZ 公司为潜在的盈利操纵者？

2. XYZ 公司的 DSR、GMI、SGI 和 DEPI 值都大于 1。在 Beneish 模型中，这意味着什么？

问题 1 解答：是的，应用该模型，分析

表 17-4　XYZ 公司 M 得分

	变量值	Beneish 模型系数	计算值
DSR	1.300	0.920	1.196
GMI	1.100	0.528	0.581
AQI	0.800	0.404	0.323
SGI	1.100	0.892	0.981
DEPI	1.100	0.115	0.127
SGAI	0.600	-0.172	-0.103
Accruals	0.150	4.679	0.702
LEVI	0.600	-0.327	-0.196
截距			-4.840
M 得分			-1.231
盈利操纵概率			10.93%

⊖ 从 2015 年 12 月 15 日以后的会计期间开始，US GAAP 下将不再包括非常项目（extraordinary items）这个概念。

⊖ 参考 Beneish（1999）关于临界值的解释和推导。Beneish 等（2013）也使用大于 -1.78 的 M 得分作为临界值。

师应当会认为 XYZ 公司具有盈利操纵的嫌疑。因为该公司的 M 得分高于临界值 -1.78，表明盈利操纵的概率高于该模型可接受的概率。该模型已显示 XYZ 公司的盈利操纵概率为 10.93%。虽然将公司判断为操纵者取决于第 I 类错误和第 II 类错误的相对成本，但 10.93% 的 M 得分已大大超过了 Beneish 模型确定的相关临界值 3.8%。

问题 2 解答：这几个指标说明如下：

A. DSR 值大于 1，说明 XYZ 公司的应收账款占销售收入的百分比有所增加；这种变化说明公司可能存在不恰当的收入确认行为。XYZ 公司可能提前发运了货物，并需要等到将来才能收回相关货款。或者，这也可能是由于客户的信用支付能力恶化，对 XYZ 公司的分析师来说，这也是一个值得注意的问题。

B. GMI 值大于 1，表明去年毛利率更高；不断恶化的利润率可能促使公司去进行盈余操纵。

C. SGI 值大于 1，表示相对于前一年的销售增长为正。这说明公司可能会愿意通过盈余操纵去应对持续增长的预期，并获得支持增长所需的资本。

D. DEPI 值大于 1，说明前一年的折旧率更高。折旧率下降说明具有盈余操纵的嫌疑。

17.3.2.2 其他定量分析模型

在评估一家公司是否具有盈余操纵嫌疑方面，研究人员进行了很多努力，他们发现，有助于发现错报的变量包括：应计质量；递延税款；审计师变更；市净率；公司是否公开上市交易；财务变量和非财务变量（如专利数量、员工数量和产品数量等）之间的增长率差异；以及公司治理和激励补偿方面的问题等[注]。

17.3.2.3 定量模型的局限性

会计只能报告部分的经济现实。因此，以会计数字为基础的财务预测模型只能在变量与变量之间建立关联，但对于潜在的原因和结果，则只能通过对事实本身进行更深入分析来确定——也许是通过采访、调查或有执法权的金融监管机构去进行的调查。

另一个问题是，利润操纵的主体能与分析师一样，意识到用定量模型来筛选利润操纵案例的可能。因此，Beneish 等人在 2013 年的研究发现，Beneish 模型的预测能力随着时间的推移而下降。这个结果一点也不令人意外。毫无疑问，许多管理者已经学会了利用模型来反推分析师感知盈余操纵的可能性大小。因此，尽管 Beneish 模型可能很有用，但仍需要不断寻找更强大的分析工具。分析师有必要使用定性而不仅仅是定量的手段来评估财务报告的质量。

17.4 盈利质量

本部分首先讨论盈利质量指标，然后介绍如何评价公司的盈利质量。此外，还介绍了一些有助于查出非常差的盈利质量或者业绩质量的分析性工具，比如评估公司破产可能性的定量分析方法。

⊖ 在 Dechow，Ge，Larson 和 Sloan（2011）一文中，对会计错报的预测研究进行了总结。

17.4.1 盈利质量指标

一般来说,"盈利质量"这个词从广义上可包括盈利、现金流量和资产负债表项目的质量,但本节专门侧重讨论狭义的盈利质量。高质量的盈利相对低质量的盈利更能增加公司的价值,当然,"高质量的盈利"一词首先需要假定财务报告的质量也是可靠的。与此相反,低质量的盈利不能弥补公司的资本成本和 / 或其他非经常性活动的影响⊖。此外,当财务报告中的信息不能提供对公司业绩的有用指示时,也可以使用"低质量盈利"一词。

被用作盈利质量的计量指标比较多,包括:经常性盈利、盈利持续性和相关的应计项目计量、达到比较基准的盈利以及对低质量盈利的事后确认(如 SEC 强制执行动作和报表重述等)。

17.4.1.1 经常性盈利

当利用公司现在和过去的盈利作为输入变量,用于预测未来的盈利水平时(例如,使用基于盈利的估值模型),分析师关注的是在未来还能继续重现的盈利。举例来说,出售子公司所获得的收益,必须单独标识为"终止经营业务"利得,通常是需要从预测模型中剔除的。还有许多其他类型的项目也可能是非经常性的,比如,一次性的资产出售损益、一次性的诉讼和解或一次性税收解决方案等。如果公司报告的盈利含有较大比例的非经常性项目影响,那么这样的盈利就不太可能是可持续的,就会被认定为低质量的盈利。

能源分销企业安然公司,也是一家因财务错报而出名的公司,它在其他的报告问题之外,还专门列报了非经常性项目的影响,给人造成一种公司业绩稳健的假象。例 17-6 就列出了安然公司的报告情况。

例 17-6 非经常性项目

安然公司

表 17-5 摘录自安然公司的集团合并利润表,该公司以每年的 12 月 31 日为会计年度截止日。

表 17-5 安然公司合并利润表信息摘录,以每年 12 月 31 日为年度截止日

(单位:除每股金额外,均为百万美元)

	2000 年	1999 年	1998 年
收入合计	100,789	40,112	31,260
成本与费用合计	98,836	39,310	29,882
经营性收益	1,953	802	1,378
其他收益与减项			
在未合并权益联营企业利润中所享有份额	87	309	97
出售非商品资产的利得	146	541	56
TNPC 公司发行股票的利得	121	0	0
利息收益	212	162	88
其他收益,净额	−37	181	−37
扣除利息费用、少数股东收益和所得税前的利润	2,482	1,995	1,582

⊖ 剩余收益估值模型与高质量的盈利概念联系最紧密。

问题：

1. 安然公司的经营性收益发展趋势与其他收益和减项（扣除利息费用、少数股东收益和所得税前的利润）的发展趋势相比，是怎样的？

2. 上表中哪些项目看起来是非经常性的，不像是常规项目？这些项目重大吗？

3. 空头方詹姆士·查诺斯在美国国会对安然公司案件的证词中提到，"一些非经常性的收益项目提高了安然的盈利"，正是这些项目"让我们坚信市场对安然公司的股票进行了错误定价"（Chanos，2002）。根据查诺斯的声明，安然公司报告的盈利信息在估值中是被如何利用的？

问题 1 解答： 安然公司的经营性收益每年都有很大的变化，1999 年相对 1998 年出现下降，但到 2000 年时，又增长了一倍多。相比之下，安然公司"扣除利息费用、少数股东收益和所得税前的利润"一直呈平稳上升趋势，每年都有显著增长。在 2000 年和 1999 年，分别比 1999 年和 1998 年增加了 24% 和 26%。

问题 2 解答： 利润表中，"出售非商品资产的利得"和"TNPC 公司发行股票的利得"看起来像是非经常性的项目。虽然每年都可能会有出售非商品资产的利得，但这类活动并不属于安然公司的能源分销业务。此外，另外还有两个非经营性项目，即"在未合并权益联营企业利润中所享有份额"和"其他收益，净额"，该两个项目的变动很大。这些非经常性项目在两个方面具有重大意义。首先，安然公司的盈利之所以能够出现平稳上升态势，是这些项目直接作用的结果。其次，这些项目的影响合计占公司"扣除利息费用、少数股东收益和所得税前的利润"的很大比重，特别是在 1999 年，这些项目的影响占到了总额的 52%：（309 + 541 + 181）/1,995 = 1,031/1,995。

问题 3 解答： 查诺斯的声明表明，至少有一些市场参与者将安然公司报告的盈利作为了估值模型的输入变量，并对非经常性项目进行了调整。

虽然在评估是否将非经常性项目计入经营性指标中时，对历史数据进行考察和为估值选择合适的输入变量非常重要，但非经常性项目还有另一个方面也值得一提，即对某项目是否属于非经常性的判断其实是非常主观的，这种判断机会可能会被利用，以夸大利润表中经常性项目的业绩，即公司能够通过经营活动所获得的盈利，投资者将其称为"经常性盈利"或者"核心盈利"。在没有特殊项目或者一次性项目（如重组费用、雇员离职费用、商誉减值费用或资产处置利得）影响的情况下，经营性收益就是这类盈利的代表。所谓的"分类转移"并不会影响净利润总额，但会夸大作为经常性或核心盈利报告的金额。这可以通过将正常费用重新分类到特殊项目中，或者重新分类到盈利减少的停产项目中来实现。"分类转移"的传闻证据确实存在（见表 17-6），但这类证据都是事后的○。从分析师的角度来看，事后的盈余管理证据对于预测盈余质量问题并不特别有用。虽然不可能确定一家公司是否正在进行"分类转移"，但分析师仍应特别注意那些减少利润的特殊项目，尤其是如果该公司报告的经

○ 分类转移的研究证据在 McVay（2006）中提出。McVay 首先建立了"预期核心收益"模型，然后记录了报告的核心盈利与预期核心盈利之差，并研究了这个差额与特殊项目数量之间的关系。但在任何一年，公司的管理层都可以找到理由将非常高的核心盈利与特殊项目所带来的经济改善联系起来，因此，只有等事后的证据表明这种非常高的核心收益在下一年出现逆转的趋势，才能证明公司通过"分类转移"进行了盈余管理。

营性收益特别高时，或者当公司对经常性和非经常性项目的分类处理刚好能使公司达到或者超过经营性收益的预期时。

表 17-6 "分类转移"的疑似证据

- 食品和化学品企业博顿公司（Borden）：美国证交会裁定，该公司将 1.46 亿美元的经营性费用报告在特殊项目（重组支出）中，而这些费用本应包括在销售及行政管理费用中（Hwang 1994）；
- 艾美思食品配送公司（AmeriServe Food Distribution Inc.）在发行了 2 亿美元垃圾债券后仅四个月即宣布破产：破产法院任命的一名审查员发现，该公司的财务报表"将大量经营性费用……报告为重组费用"，这"掩盖了该公司严重的财务表现不佳，推迟了各方对该公司面临的问题严重性的认识（Sherer，2000）"；
- 废弃物管理公司（Waste Management）在 1998 年发布了当时证交会历史上涉案最大的财务重述：执法文件表明，该公司通过将出售投资和终止经营的非经营性收益与无关的经营费用相抵，不当地夸大了经营性利润（美国证交会 2001b）；
- IBM：在美国证交会的审查和分析师的要求下，修正后的信息披露显示，该公司已将知识产权收益冲减销售及行政管理费用。这种分类导致少报了经营性费用，从而使 2001 年和 2000 年的核心盈利分别多报了 15 亿美元和 17 亿美元（Bulkeley，2002）。

公司了解投资者会区分经常性项目和非经常性项目。因此，除了在利润表上列报利润的构成，许多公司还会自愿披露额外的信息，以方便区分经常性项目和非经常性项目。具体而言，可以披露利润总额和所谓的调整了非经常性项目影响后的**另类**[⊖]盈利（或调整后的盈利，也称为非公认会计原则指标，或当按照 IFRS 编报时，也称非国际财务报告准则指标）。披露**另类**盈利指标的，必须同时报告**另类**盈利与报告盈利之间的差异调整项目。不过，始终应当注意，某项目是否属于非经常性项目是由公司管理层来判断的，如果将某个非经常性项目判断为经常性项目能够有助于改善投资者关注的业绩指标，那么，管理层可能会更有动机做出这样的判断。比如，在线折扣提供商高朋网（Groupon）在它最初版本的 IPO 文件中，披露了一项**另类**经营性盈利指标，就将在线营销费用排除在外。美国证交会认定该指标对投资者具有误导性，要求其取消报告中的这一指标。总的来说，虽然公司自愿披露的盈利调整项目可以提供更多信息，但分析师应对这些信息进行审查，以确保这些被调整的项目确实属于非经常性项目[⊜]。

17.4.1.2 盈利持续性与相关应计指标

高质量盈利[⊜]的特征之一便是盈利的持续性，即排除了明显的非经常性项目的盈利，及其可持续增长的特性。对于需要用到盈利预测的股票估值模型来说，其研究假设是，持续性越好的盈利才是越有用的输入变量。在简单模型中，持续性可以用当期收益的系数来表示[⊠]：

$$\text{Earnings}_{t+1} = \alpha + \beta_1 \text{Earnings}_t + \varepsilon$$

这样，系数（β_1）的取值越高，说明盈利的持续性就越强。

⊖ Pro forma income 的翻译有"备考盈利"和"预计盈利"，但这里根据括号中的解释，应当是未按适用会计准则计算的盈利，即所谓的 non-GAAP 或者 non-IFRS 指标，也即本书其他章节提到的另类业绩指标。——译者注

⊜ 在 Ciesielski and Henry（2017）文章中，对标普 500 公司的另类业绩盈利指标进行了调查，作者对另类业绩指标的评价提供了关键意见。

⊜ Earnings 在中文中既可以翻译为盈利，也可以翻译为利润，且在不同的术语中有不同的固有表达习惯，例如我们习惯说"盈利质量"和"应计利润"。故在本节中，"盈利"和"利润"两词常常被混用。——译者注

⊠ 本节对某些指标的介绍来自 Dechow，Ge 和 Schrand（2010）。

公司盈利可以被视为由两部分组成：现金利润和应计利润，其中，应计部分是按照会计规则所反映的，在会计期间内赚到的收入和发生的费用，而不是现金的实际流动。比如，赊销会导致销售达成期间的会计利润增加，如果相应的现金收款发生在下一个会计期间，那么，报告净利润与实际现金收款之间的差额就构成了一项应计项目。有研究发现，将公司的盈利分解为现金利润与应计利润后，现金利润部分的持续性更强（Sloan，1996）。在下面的模型中，现金流量系数 β_1 高于应计项目系数 β_2，说明现金利润的持续性更强：

$$\text{Earnings}_{t+1} = \alpha + \beta_1 \text{ Cash flow}_t + \beta_2 \text{ Accruals}_t + \varepsilon$$

由于现金利润的持续性更强，于是盈利质量指标演变为计量应计利润在公司利润总额中的相对规模大小。应计利润在公司利润总额中所占的比例越大，则公司盈利的持续性就越差，因此盈利的质量就较低。

应计利润又可以进一步分为非操控性应计利润和操控性应计利润，两者之间存在重要区别。非操控性应计利润是由正常交易所产生的应计项目，而操控性应计利润则产生于非正常交易或者会计选择，并且很可能是为了扭曲报告的盈利数字。异常的操控性应计利润是公司盈利可能被操纵的信号，因此说明其盈利是低质量的。识别不良应计项目的一个常用方法是先通过建模来找出公司的正常应计规模，然后确定出异常应计金额。公司的正常应计规模是各种经济影响因素的函数，例如赊销的增长情况和应计折旧资产的规模等。赊销增长将带来应收账款规模的扩大，而应计折旧资产的规模与折旧费用紧密联系。应用这种方法时，可利用各种影响因素建立回归模型，去预测正常的应计规模值，然后将回归的残差作为异常应计金额处理。

这种方法是由学术界首创的，后来在实践中被采用[⊖]。美国证交会是这样介绍它对异常应计项目的建模方法的：

> 我们的会计质量模型在传统方法（一般是根据众所周知的琼斯模型或修正的琼斯模型）的基础上进行了扩展，允许操控性应计也成为估计的一部分。具体地讲，我们考虑了所有注册者的文件信息，然后用一大组影响操控性项目和非操控性项目的因素来估计总的应计金额……根据模型估计数，计算出操控性应计利润，用于筛选那些盈余管理最积极的公司。（Lewis，2012）

筛选异常应计项目的一个简化方法是比较各公司应计项目总额的大小，并且，比较时应当去除规模影响，计算应计项目占公司平均资产或者平均净经营性收益的比重。按这种方法，应计项目所占比重越高，就说明盈利被操纵的可能性越大，因此盈利的质量就越低。

一个更能说明公司盈利质量存在问题的信号是，一家公司总是报告净利润，但经营活动现金净流量却总是为负。例 17-7 就说明了这种情况。

▌例 17-7 净利润与经营活动现金净流量的差异
艾露健康美容护理公司

艾露健康美容护理公司（Allou Health & Beauty Care，Inc.）是一家头发与皮肤护理产品制造与经销商。表 17-7 中，列出了该公司 2000 ~ 2002 年的财务报表部分信息。在这些财

⊖ 见 Jones（1991）和 Dechow，Sloan 和 Sweeney（1995）。这些开创性的学术论文提出了琼斯模型和修正的琼斯模型。

务报表信息披露不久后, 艾露公司的仓库就遭遇了大火, 并且这场火灾责任应当由公司管理层负责。随后, 艾露公司被发现在上述财务报告中夸大了那些年的销售收入和存货。

表 17-7 虚假年度报告数据说明: 艾露公司及其子公司报告的
净利润显著大于其经营活动的现金净流量 （单位: 美元）

以 3 月 31 日为年度截止日	2002 年	2001 年	2000 年
利润表信息摘录			
销售收入, 净额	564,151,260	548,146,953	421,046,773
销货成本	500,890,588	482,590,356	367,963,675
毛利润	63,260,672	65,556,597	53,083,098
	⋮	⋮	⋮
经营性利润	27,276,779	28,490,063	22,256,558
	⋮	⋮	⋮
持续经营活动净利润①	6,589,658	2,458,367	7,043,548
现金流量表信息摘录			
经营活动现金流量:			
持续经营活动净利润	6,589,658	2,458,367	7,043,548
将净利润调整为经营活动使用的现金净额			
[忽略项目]	⋮	⋮	⋮
经营性资产的减少（增加）:			
应收账款	−24,076,150	−9,725,776	−25,691,508
存货	−9,074,118	−12,644,519	−40,834,355
经营活动使用的现金净额	−17,397,230	−34,195,838	−27,137,652

①经营活动净利润与持续经营活动净利润的差异主要在于后者还扣除了每年的利息费用和所得税费用, 以及在 2001 年还扣除了投资减值损失 5,642,67 美元。

根据表 17-7 中的信息, 请回答下列问题:

1. 根据利润表信息, 评价艾露公司在报告期间的经营业绩。

2. 比较艾露公司"持续经营活动净利润"和"经营活动现金流量"这两个项目, 有什么发现?

3. 请解释在将持续经营利润调整为经营活动使用的现金净额的过程中, 那些调整项说明了什么问题。

问题 1 解答: 根据利润表, 艾露公司的业绩有以下几个方面值得注意。在报告期反映的三年里, 该公司的销售收入每年都在增长, 尽管最近一年的增长速度较慢。该公司的毛利率在过去三年中有所下降, 但一直相当稳定。同样, 该公司的经营利润率在过去三年有所下降, 但一直稳定在 5% 左右。由于减值损失的影响, 2001 年的持续经营活动净利润大幅下降。该公司在各年度的净利润均为正数。总体而言, 公司各年度净利润为正, 从利润表数据来看, 公司业绩表现较为稳定。

注: 毛利率为毛利润与销售收入之比。以 2002 年的数据为例, 63,260,672 美元除以 564,151,260 美元为 11.2%。2001 年和 2000 年的比率分别为 12.0% 和 12.6%。

经营利润率是为经营性利润与销售收入之比。以 2002 年的数据为例, 27,276,779 美元除以 564,151,260 美元是 4.8%, 而 2001 年和 2000 年的比率分别为 5.2% 和 5.3%。

问题 2 解答: 在这三年中, 艾露公司一直报告持续经营活动净利润为正数, 但经营活动使用的现金净额却一直为负数。从持续经营的角度来看，经营活动使用的现金净额一直为负数是不可持续的。

问题 3 解答： 艾露公司的现金流量表信息显示其应收账款和存货每年都在增加。这是导致公司的持续经营活动净利润和经营活动使用的现金净额之间出现差异的主要原因。该公司看起来在不停地累积存货，且没有去积极催收应收账款。

注： 这份现金流量表是用间接法编制的，它从净利润出发，调整得到经营活动产生的现金流量。调整时，需要从净利润金额中减去流动资产的增加，然后得到经营活动产生的现金流量。

与艾露公司的情况类似，表 17-8 中列示了安然公司季度数据，在随后被证明为误报的季度报告中，也显示了经营活动能创造正的净利润，但现金流却持续为负。

表 17-8　季度报告数据：安然公司及其子公司　（单位：百万美元）

截至 3 月 31 日的 3 个月	2001 年	2000 年
净利润	425	338
经营活动产生的现金流量	−464	−457

年度报告数据：安然公司及其子公司　（单位：百万美元）

截至 12 月 31 日的年度	2000 年	1999 年	1998 年
净利润	979	893	703
经营活动产生的现金净流量	4,779	1,228	1,640

分析师可能还会质疑，为什么在 1998 年，经营活动产生的现金净流量是净利润的两倍多，在 1999 年比净利润高出近 50%，在 2000 年比净利润高出近五倍。

虽然应计项目的金额（大致为净利润与经营活动现金流之差）巨大，则表明很可能存在盈利操纵，因此盈利的质量可能不高。但并不是全部欺诈报告的公司都存在这样的情况。例如，如表 17-8 所示，安然公司的经营活动产生的现金净流量在这三年中都大于当年的净利润，但事后证据也表明这三年的财务报告存在欺诈披露。该公司所从事的欺诈性交易专门就是为了创造经营活动的现金流量。投资者不妨尝试去探究和理解为什么存在差异。公司从经营活动中产生现金的能力最终会影响其内部的投资和融资行为。

类似地，如表 17-9 所示，世界通信公司（WorldCom）在所示三年中的每一年都报告了经营活动产生的现金流量大于当年的净利润，不过该公司随后还是被发现出具了欺诈性财务报告。世界通信公司最重大的欺诈之处是不恰当地将某些费用进行了资本化处理（而不是费用化处理）。由于资本性支出被报告为投资活动的现金流出，而不再减少经营活动的现金流量，因此，该公司的欺诈报告夸大了其经营活动的现金流量。

表 17-9　世界通信公司及其子公司的虚假财务报告：净利润未显著超过
经营活动现金流量的示例　（单位：百万美元）

截至 12 月 31 日的年度	1999 年	2000 年	2001 年
净利润（亏损）	4,013	4,153	1,501
经营活动产生的现金流量	11,005	7,666	7,994

　　总之，虽然应计项目（即净利润与经营活动现金流量之间的差额）可以作为盈利质量的指标，但不能只是孤立或机械地应用。世界通信公司的数据显示，将按现金流量计量的盈利指标（如经营活动产生的现金流量）与净利润比较，可能会使投资者对净利润产生虚假的信心。净利润是依靠主观估计的，例如长期资产的预期寿命等，这些估计很容易被操纵。在表 17-9 中，每一年的经营活动现金流量都大于当年净利润（盈利），这表明盈利是高质量的，所以，如果此时分析师不同时考虑投资活动的现金流量情况，就会对报告的净利润产生虚假的安全感。

17.4.1.3　盈利的均值回归

　　分析师的关键职责之一是盈利预测，为投资决策中的估值服务。当一家公司的盈利具有较强的可持续性时，盈利预测的准确性和可信度就更有保障。正如前面已讨论过的，公司利润可以被看作现金利润和应计利润两个部分组成。可持续的、持久性更强的利润更多是由现金利润推动的，而应计利润部分涉及较多的估计过程，因此应计利润可能会降低公司利润的稳定性和持久性。

　　学术研究通过经验分析去验证我们的直觉：没有什么是永恒的。极端的盈利水平，无论高还是低，随着时间的推移往往会恢复到正常水平。这种现象被称为"盈利的均值回归"，是竞争市场的自然属性。一家公司如果盈利水平糟糕，就会关闭或调减其亏损业务，并换用能够执行改进措施的经理人，从而努力提高利润。或者，一家公司如果盈利水平非常高，必然会吸引竞争者的加入，除非其行业进入壁垒高不可攀。新的竞争者可能会降低价格以争取市场立足点，那么，随着时间的推移，公司的盈利水平就会降低。所以，可以预期，无论一家公司的盈利水平是异常高还是异常低，随着时间的推移，都应当会回到均值水平。

　　Nissim 和 Penman（2001）证明了在各种会计指标中都存在均值回归现象。通过对 1963 年至 1999 年间在纽约证交所和美国证交所上市公司的时间序列研究中，他们跟踪了诸如剩余收益、剩余经营性收益、普通股报酬率、净经营性资产报酬率、普通股东权益增长率、核心销售利润率等指标。从 1964 年的数据开始，根据给定指标的排名，将这些公司分为 10 个数量相等的投资组合，然后追踪每个投资组合在接下来五年中的中值。在每个五年周期结束后，将投资组合进行重新排序。这一过程一直延续到 1994 年，得到 7 个排名的组合中位数均值。研究发现，各个指标的结果是相似的，都显示出随着时间推移向平均值回归的倾向。

　　例如，在研究净经营性资产报酬率（RNOA）[⊖]的规律时，他们发现，在观察期开始时，RNOA 的分布范围在 -5% ~ 35%；但到研究结束时，已经压缩到 7% ~ 22%。他们的工作说明，极强或极弱的业绩表现是不可能永远持续下去的。他们还发现，在第 1 年从任何方向上看都不属于异常值的 RNOA 投资组合，无论是表现好的或表现差的，都不会随着时间的推移而发生偏离，在整个观察期内它们的水平都几乎保持不变。

　　这个发现带给分析师的启示非常清楚：人们不能简单地推断未来盈利会很高或很低，并期望就此做出有用的预测。为了让预测有用，分析师需要考虑到估值时段内的正常盈利水平。正如前面讨论过的，可以将公司盈利区分为现金利润和应计利润两个部分，当现金利润的占比更高时，盈利将更具有可持续性和持久性。如果在公司盈利中，应计利润所占的比重

　　⊖　根据 Nissim 和 Penman 的定义，净经营性资产报酬率等于：经营性利润 $_t$/净经营性资产 $_{t-1}$。其中，净经营性资产等于经营性资产（用于经营活动的资产）与经营性负债（在经营活动中产生的负债）之差。

非常大，则可能会加速盈利的均值回归；尤其是当异常应计项目相对正常应计项目更高时，情况就更糟糕了。在进行未来盈利的预测时，分析师需要开发一个现实的现金流模型和对应计项目进行现实的估计。

17.4.1.4　超过基准值

达到或超过基准值（例如分析师的一致预期值）的盈利公告，通常会带来股价上涨。但是，并不一定所有能够达到或超过基准值的盈利都是高质量的。事实上，精确达到基准值或者仅仅是勉强超过基准值，都已经被建议作为盈利操纵的判断指标，意味着盈利质量低下。学术研究已经发现，实际值 – 基准值的差异只略大于 0 的现象，在统计意义上大量存在，这种情况被一些人解释为盈余管理证据[⊖]。不过，人们对刚好达到基准值和略超过基准值是否可以作为盈利操纵指标还存在争议[⊖]。但是，如果一家公司总是报告刚好达到或者勉强超过基准值的盈利，就会引起大家对其盈利质量的质疑。

17.4.1.5　不良收益的外部指标

监管机构的执法行动和重述过去所发布的财务报表有两个外部的低质量盈利指标。从分析师的角度来看，如果能在问题被广为人知和得到证实之前就认识到糟糕的盈利质量，通常会更有价值。因此，这些可能暗示着盈利质量差的外部指标对分析师的用处相对较小。但尽管如此，分析师也应该对这类外部指标保持警惕，并准备好对相关决策进行重新评估。

17.4.2　评价一家公司的盈利质量（案例）

盈利分析的目的是了解盈利的持久性和可持续性。如果利润不能代表公司面临的财务现实，那么根据有缺陷的财务报告所做出任何盈利预测也将是有缺陷的。财务报告中的会计选择和会计估计比比皆是，公司管理层利用这些选择和估计，通过创造性会计手法去改善公司业绩的诱惑是巨大的。很多时候，那些看起来表现非凡的公司，一旦被监管机构质疑了它们的会计方法（包括欺诈性会计选择），结果很快就变得业绩平平，甚至更加糟糕。

为了避免重蹈覆辙，了解经理们是如何利用会计技术美化公司业绩的，这对分析师来说是有用的，有一些案例可以为我们提供有益的教训。在针对 1997 年至 2002 年间提起的 227 起执行案件的研究中，美国证交会发现最常见的会计虚假陈述发生在收入确认领域（SEC 2003）。收入是利润表上金额最大的单个项目，也可以说是最重要的。它的金额规模及其对利润的影响，以及管理层对收入确认政策的斟酌处理权，使它成为最有可能被故意错报的账户。出于这些原因，投资者应该对公司的收入进行彻底和质疑式的分析。不过，分析师对收入的关注往往集中在收入的金额大小方面。他们可能会考虑收入的增长，以及这种增长是由公司并购活动所推动的，还是自身的有机增长，缺少以同样的方式关注收入的质量。而关注收入的质量，尤其收入是如何产生的，将可以更好地服务于分析师的需求。例如，这些收入是通过提供折扣销售产生的，还是通过"开票但不发货"式的销售产生的呢？

17.4.2.1　收入确认案例：阳光公司

提前确认收入 / 欺诈性收入。阳光公司（Sunbeam Corporation）是一家消费品企业，专

⊖　见 Brown 和 Caylor（2005）；Burgstahler 和 Dichev（1997）；Degeorge，Patel 和 Zeckhauser（1999）。

⊖　见 Dechow，Richardson 和 Tuna（2003）。

注生产和销售各种家用电器与户外用品。20 世纪 90 年代中后期，它的新任 CEO，人称"电锯阿尔"的邓拉普先生被质疑策划了阳光公司的扭亏为盈事件。根据邓拉普的说法，公司是通过削减成本和增加收入来实现扭亏为盈的，但事实并非如此。如果有更多的分析师在阳光公司发布误报的初期就对相关财务报表进行严格的分析，他们可能就会对"电锯阿尔"的报告结果产生更多的怀疑。阳光公司进行了大量虚增销售收入的交易，其中包括：

- 在 1997 年第一季度的销售收入中，阳光公司计入了一次性的出售产品线所得，但没有指出它将这种非经常性的所得计入了销售收入当中；
- 1997 年第一季度末（即 3 月），阳光公司记录了向某批发商出售烧烤架的收入和利润。该批发商在季度末持有商品，但不承担所有权风险。如果批发商愿意，还可以随时退货，而阳光公司负责承担双方的配送运输费用。1997 年第三季度，这批烧烤架全部都退货给了阳光公司；
- 阳光公司通过提供折扣和其他激励措施诱导顾客超额订购商品。并且，顾客一般都享有退货权。这种诱导式的订单通过挪动未来销售到当期来虚增当期业绩，该做法被称为"渠道填充"。阳光公司在 1997 年年末和 1998 年年初经常使用这种方法来夸大销售收入，却没有披露这一情况；
- 阳光公司从事"开票但不发货"的收入确认行为。在"开票但不发货"交易中，在开出发票时即可确认收入，而相关货物仍然停留在卖方的库房中。这类交易是不正常的，因此在会计上对它的收入确认要求极其严格：必须是买方提出要求要这样处理的；交易有真正的商业实质；买方需接受与商品所有权有关的风险。此外，其他需要满足的收入确认条件还包括卖方过去在"开票但不发货"业务中的交易经验，即在过去的这类交易中，买方最终接受了货物并没有发起退货的情况如何。

阳光公司的"渠道填充"和"开票但不发货"交易并没有真正的商业实质，只是为了增加卖方的收入和让买方在没有任何风险的情况下提前订货。用美国证交所的话说，"这些交易只不过是伪装成销售的预计订单"（SEC 2001a）。阳光公司没有向分析师清楚地说明此类交易，从 1996 年第四季度到 1998 年中期，它的许多披露都不充分。不过，它虚增收入的手段在财务报表中还是留下了一些痕迹，这些痕迹能提醒分析师注意其利润和收入报告的低质量问题。

如果通过优惠的付款条件诱使顾客提前订购目前还不需要的商品，或者给顾客很大的退货选择权，那么，应收账款周转天数很可能会增加，同时退货量也会增加。此外，这种情况下公司收入的增长速度相对以往的情况、行业或者可比公司的情况可能会更快。而应收账款指标可以告诉我们公司在销售收款方面的问题和变化，可以让分析师了解卖方公司对所制订销售目标的线索。在表 17-10 中，列明了阳光公司从 1995 年（误报发生前）到 1997 年（盈余管理在第四季度达到顶峰）的销售收入和应收款项相关数据。

表 17-10　阳光公司的销售收入与应收账款信息，1995 ～ 1997 年

（单位：百万美元）

	1995 年	1996 年	1997 年
收入总额	1,016.9	984.2	1,168.2
相对前一年变动率	—	−3.2%	18.7%
应收账款总额	216.2	213.4	295.6
相对前一年变动率	—	−1.3%	38.5%

	1995 年	1996 年	1997 年
应收账款 / 销售收入	21.3%	21.7%	25.3%
（应收账款 / 销售收入）变动率	0.7%	0.4%	3.6%
应收账款周转天数	77.6	79.1	92.4
应收账款周转率	4.7	4.6	4.0

（续）

资料来源：案例公司的年度报告数据。

根据表 17-10 中所提供的信息，分析师可以得出哪些结论？

- 尽管在误报刚开始的 1996 年，销售收入下降了 3.2%，但随着阳光公司各种收入"增强"计划的实施，公司在 1997 年的收入大幅增加。不过，有一个可以让分析师洞察收入质量的因素，也是一个非常值得注意的重要因素，即公司应收账款的余额也同时增加，而且比收入的增加幅度要大得多。应收账款的增速高于收入的增速，表明公司可能通过提供优惠折扣或慷慨的退货政策等措施，将未来的销售收入提前拉入到了本期。事实证明，阳光公司确实提供了上述这些诱导客户采购的条件；

- 透过应收账款与销售收入之比，可以观察公司的销售收入与公司从客户那里收取现金所需时间的关系。应收账款占销售收入的比重越高，意味着公司的销售收现情况就越差；而销售收现水平的下降可能表明客户的偿还能力已经恶化，或者也可能是卖方给买方发出的商品其实是买方并不需要的，发货只是为了能在期末确认销售收入，因为公司可以将货物发运的单据作为销售的入账凭据。此时，应收账款和销售收入增加相同的绝对金额，因此应收账款占销售收入的百分比也将增加，但客户紧接着在下一个会计期间就将货物退还给卖方。当销售收入完全虚构时，也会发生同样的事情。比如，假定某笔销售收入来自一个完全不存在的客户，导致应收账款也会增加了同样的金额。所以，分析销售收入和应收款项之间的关系，可以为分析师提供线索，当公司的销售收款能力下降时，可能暗示着其收入确认有问题；

- 该公司的应收账款周转天数［应收账款 /（收入 /365）］每年持续增加，表明公司的应收账款没有及时得到收回，甚至有可能有些收入在一开始就是不真实的。随着时间的推移，应收账款周转天数还在不断增加，很可能表明公司在收款或收入确认方面存在问题。应收账款周转率（365/ 应收账款周转天数）以不同的形式表达同样的意思：它是公司的应收款项在一年内可以转化为现金的次数，这个数字每年都在下降。正如阳光公司所报告的那样，现金回收速度越来越慢，表明其现金回收效率越来越低。这应当提示分析师，注意该公司是否存在可疑的销售或者收入确认政策；

- 该公司的应收账款质量很差。1997 年，应收账款相对前一年增长了 38.5%，而收入只增长了 18.7%。应收账款的增长速度远远超过了收入的增长速度，这一简单的事实表明该公司的应收账款的回收存在问题。此外，关注财务报表附注披露的分析师可能会发现更多会计操纵的嫌疑。在年度报告中题为"应收账款证券化融资"的信息披露表明，1997 年 12 月，阳光公司开始出售应收账款融资业务。该报表附注称，"截至 1997 年 12 月 28 日，本公司通过出售应收账款，收到了大约 5,900 万美元"。这些金额并没有包括在公司年末的应收账款余额中。正如表 17-11 中的调整信息所披露的，如果将这些金额计入应收账款当中，那么，应收账款的增长率将为 66.1%，而不再是

38.5%；应收账款占销售收入额的百分比将飙升至 30.4%，应收账款周转天数将达到惊人的 110.8 天。如果没有这些应收款项出售业务的影响，那么应收账款的余额将会非常高，分析师也许能更早注意到这个问题。但如果仔细关注这些报表附注信息便可了解到应收账款的出售如何改善了财务报表和财务比率。

表 17-11 阳光公司的销售收入与应收账款，1995 ～ 1997 年及 1997 年的调整数据

（单位：百万美元）

	1995 年	1996 年	1997 年	1997 年调整数据
收入总额	1,016.9	984.2	1,168.2	**1,168.2**
相对前一年变动率	—	−3.2%	18.7%	**18.7%**
应收账款总额	216.2	213.4	295.6	**354.6**
相对前一年变动率	—	−1.3%	38.5%	**66.1%**
应收账款 / 销售收入额	21.3%	21.7%	25.3%	**30.4%**
（应收账款 / 销售收入）变动率	0.7%	0.4%	3.6%	**8.7%**
应收账款周转天数[①]	77.7	79.2	92.3	**110.8**
应收账款周转率	4.7	4.6	4.0	**3.2**

①与表 17-10 中的数据相比，存在尾差。——译者注
资料来源：案例公司的年度报告数据。

分析师如果注意到应收账款周转天数的变化，即使只是将其与阳光公司自己的历史水平进行对比，都会对这家公司的收入确认问题产生怀疑。如果对分析稍加深入，质疑还会进一步加深。表 17-12 中，将阳光公司的应收账款周转天数和应收账款周转率与行业中位数进行了比较，这些中位数是按一组消费品公司的数据计算得到的，包括哈曼国际（Harman International）、雅顿（Jarden）、莱格特 & 普拉特（Leggett & Platt）、莫霍克工业（Mohawk Industries）、纽厄尔·鲁伯梅德（Newell Rubbermaid）和特百惠（Tupperware Brands）等品牌。

表 17-12 阳光公司的指标与行业中位数的比较（1995 ～ 1997 年）

阳光公司	1995 年	1996 年	1997 年
应收账款周转天数	77.7	79.2	92.3
应收账款周转率	4.7	4.6	4.0
行业中位数			
应收账款周转天数	44.6	46.7	50.4
应收账款周转率	8.2	7.8	7.3
阳光公司的指标与行业中位数的差距			
应收账款周转天数	33.0	32.5	41.9
应收账款周转率	−3.5	−3.2	−3.3

资料来源：根据公司的年度报告信息。

还有另一个线索也应该引起分析师的注意。在截至 1997 年 12 月的年度报告中，对于收入确认的报表附注披露内容比前一年的内容有所扩展：

对于产品销售收入，本公司主要以发货给客户作为确认时点。在有限的情况下，应客户要求，公司也可能采用"开票但未发货"方式销售季节性产品，此时确认收入的前提是商品已完工、包装和准备发运，并且这类货物是单独存放的，所有权和法定所有权的风险已转移给客户。**截至 1997 年 12 月 29 日，"开票但未发货"的销售收入占合并销售收入总额的 3%。**

阳光公司不仅暗示它的收入确认政策中包括了一项质量可疑的方法，还为这类销售对经营的影响程度留下了线索。3% 这个数字看起来可能很小，但也足以引起谨慎分析师的质疑。如表 17-13 所示，在假设的销售毛利率（28.3%）和所得税率（35%）条件下，分析师是可以推测出"开票但未发货"销售业务对公司净利润的影响的。

表 17-13 阳光公司"开票但未发货"销售业务对净利润的影响	
（单位：百万美元）	
1997 年销售收入	1,168.18
附注中披露的"开票但未发货"项目占比	3.0%
1997 年"开票但未发货"销售收入	35.05
毛利率	28.3%
	9.92
贡献的税后利润	6.45
持续经营业务的利润总额	109.42
开票但未发货业务贡献的利润占比	5.9%

如果有分析师质疑"开票但未发货"销售的真实性，对其影响的风险程度进行如上简单测试，他可能就会不安地发现，将近 6% 的净利润都来源于此类交易。了解这一情况后，可能会阻止分析师对阳光公司的乐观看法。

17.4.2.2　收入确认案例：微策略公司

多要素合同。微策略公司（Multi-Element Contracts MicroStrategy, Inc.）在 1998 年上市，是一家快速发展的软件和信息服务企业。上市后，该公司涉了比以前更复杂的收入交易。它的收入来源越来越少地涉及软件直接销售，而是更多倾斜于包含多重交付商品的复杂交易，其中还包括提供服务的义务。

产品销售收入的确认通常依据其交付条件和客户的接受情况，但服务收入需要在提供服务时才能予以确认。按照当时多重交付商品安排的相关会计准则，对于软件交付的收入，只要软件销售与服务合同能够分离，那么软件销售收入就可以在交付后确认，而服务收入可以在服务期内单独入账。

研究微策略公司的财务报表时，分析师应当了解这些会计惯例对公司收入确认的影响。微策略公司在 1998 年的年报会计政策说明中指出，该公司实际执行的惯例和准则要求是这样的：

产品许可安排的收入，一般在许可协议执行和产品装运后予以确认，前提是公司没有保留任何重大义务，并且管理层认为由此产生的应收账款是可收回的……服务收入，包括培训和咨询服务在内，均在服务执行时予以确认。本公司在合同期内（一般为 12 ～ 36 个月不等）按比例递延和确认维护收入（第 49 页）。

然而，微策略公司利用这种安排中的模糊性，错误地描述了服务收入，并提前将其作为软件销售的一部分予以确认。例如，1998 年第四季度，微策略公司与客户签订了价值 450 万美元的软件许可和咨询服务交易合同。客户所获得的大多数软件许可都用于微策略公司将来会开发的应用程序，但该公司将全部 450 万美元都确认为软件销售收入（SEC 2000）。

同样，在 1999 年第四季度，微策略公司与另一客户达成了一项多重交付安排，其中包括提供各类服务。该公司不恰当地分配了合同的要素，将它们偏向了可在早期就确认收入的软件要素，并不恰当地在当季就确认了 1,410 万美元的产品销售收入，此金额影响重大。

分析师要怎么样才能察觉到这种行为呢？只有深入地理解了合同内容与安排，才能判断这样的收入分配是否合理。如果他们熟悉微策略公司公布的收入确认政策，还是能够找到可以质疑的地方的。

表 17-14 中报告了微策略公司在 1996 年、1997 年和 1998 年利润表中的收入信息：

表 17-14　微策略公司软件许可收入与支持服务收入（1996～1998 年）

（单位：百万美元）

	1996 年	1997 年	1998 年
软件许可	15,873	36,601	72,721
支持服务	6,730	16,956	33,709
合计	22,603	53,557	106,430
软件许可	70.2%	68.3%	68.3%
支持服务	29.8	31.7	31.7
合计	100.0%	100.0%	100.0%

1996 年至 1997 年期间，支持服务收入占总收入的比重略有增加，在 1998 年趋于平稳。1998 年是事后证实该公司混淆支持服务收入和软件许可收入的第一年。从事后的角度看，如果该公司没有将 4.5 亿[一]美元的咨询服务收入提前确认，那么总收入将变为 1,019.3 亿[二]美元，支持服务收入占总收入的比重将达到 33.1%。如果分析师不能检查销售合同中的具体条件，那么，有什么指标可以提醒他们注意呢？

看看每个季度的收入构成情况，也许可以找到疑点。表 17-15 中报告与支持服务收入有关的变动情况。

支持服务收入占比在 1998 年前三个季度持续上升，但在第四季度急剧下降——在第四季度，该公司将本应递延确认的收入 4.5 亿美元[三]作为软件许可收入予以确认。随后，这一比例再次上升，然后继续下降趋势，下降幅度最大是在 1999 年第四季度，当时该公司再次

表 17-15　微策略公司各季度收入构成情况（1998 年第 1 度至 1999 年第 4 季度）

季度	软件许可	支持服务
1998 年第一季度	71.8%	28.2%
1998 年第二季度	68.3	31.7
1998 年第三季度	62.7	37.3
1998 年第四季度	70.7	29.3
1999 年第一季度	64.6	35.4
1999 年第二季度	68.1	31.9
1999 年第三季度	70.1	29.9
1999 年第四季度	73.2	26.8

㊀ 原文为 $4.5million，根据上下文，应更正为 45 亿美元。——译者注

㊁ 原文为 $101.930million，根据上下文，应更正为 1,019.30 亿美元。这样，表 17-14 中报告 1998 年的总收入为 1,064.30 亿美元，扣除多计的支持服务收入 45 亿美元，得到 1,019.30 亿美元。——译者注

㊂ 原文为 $4.5million，根据上下文，应更正为 45 亿美元。——译者注

将 1,410 万美元的收入错误地报告为软件许可收入。除非有合理的理由，否则软件许可收入和支持服务收入的占比在各个季度之间不应当有太大差异。所以，分析师应当对这种变化引起质疑，并就这些问题去请教公司管理层。管理层的回答以及回答中所蕴含的逻辑，也许可以解除或者加深投资者的质疑。

如果分析师知道一家公司对多重交付安排合同的收入确认政策，那么，通过研究其会计政策说明，就应当考虑可能发生的错误分配收入风险。观察趋势和对偏离趋势的情况进行调查，是分析师应当养成的一项重要习惯。虽然研究收入趋势并不能确认出被操纵的收入交易，但它足以让我们对某些交易的会计处理允当性产生怀疑。

确认更多的收入是公司管理层增加利润的方式之一，但这样做也会为谨慎的分析师留下一些痕迹。表 17-16 中，对评估公司收入的质量进行了总结。

表 17-16　总结：判断收入的质量

从基础开始

第一步应当是充分理解近期年度报告中披露的收入确认政策。如果没有收入确认方式的背景，分析师将无法理解收入报告过程中的风险。举例来说，分析师应确定以下内容：

- 发货条件是什么？
- 客户拥有怎样的退货权：有限的还是广泛的？
- 现金返利是否影响收入？如果影响的话，如何核算？涉及哪些估计？
- 是否存在多重交付安排？如果有，是否会将部分收入递延，直到晚些时候交付某些商品后才予以确认？如果存在多种交付商品，在资产负债表上是否报告递延收益？

账龄问题

应收账款周转天数可以揭示它们的质量，应收账款的质量不会随着时间的推移自动得到改善。分析师在发现下列情况时，应注意寻找原因进行解释：

- 比较一段时期内的应收账款周转天数或者应收账款周转率变化趋势；
- 比较公司及其竞争对手在一段时期内的应收账款周转天数。

是现金项目还是应计项目？

应收账款占销售收入的百分比高可能毫无意义，但也可能意味着存在"渠道填充"式的销售，说明未来退回的存货可能较高，或者未来的产品需求减少。分析师应当注意：

- 比较一段时期内的应收账款占销售收入的百分比；
- 将公司的应收账款占销售收入百分比与类似时间段内竞争对手的或行业均值进行比较。

可能的话与现实世界进行比较

如果一家公司定期披露一些非财务数据，请试着将销售收入与这些数据联系起来，以确定收入的发展趋势是否有意义。比如：

- 航空公司报告关于飞行里程和运输能力方面的信息，使分析师能够将收入的增加与飞行里程或运输能力的增加联系起来；
- 零售商报告的营业面积和开店数量信息；
- 各个行业都会报告的员工人数。

分析师应该将每单位资源所创造的收入这个指标与相关竞争对手或行业的指标展开比较。

收入趋势及构成

一段时期内的趋势分析，以及与竞争对手的比较，可以促使分析师向公司管理层提出问题，或者可以简单地发现整体收入质量问题。需要检查的一些关系包括：

- 所确认各种收入之间的关系。例如，有多少收入源自产品或许可证销售，有多少收入属于服务收入？随着时间的推移，这种关系是否发生了变化？如果是，变化原因是什么？
- 总体收入与应收账款之间的关系。与应收账款的变化相比，总体收入的变化是否有意义？

关系

公司是否与其高管或股东拥有的实体进行业务往来？这是一个特别敏感的领域，如果公司经理 / 股东拥有的实体是私营的，而上市公司从私营实体去获取收入；那么，它很可能通过销售废弃或者残次的存货来虚增收入。

夸大收入并不是提高利润的唯一途径；根据美国 SEC 针对 1997 年至 2002 年间发生的执行案件研究，第二个最常见的财务错报手段是不适当的费用确认（SEC 2003），并且主要表现为虚减费用或者少报费用，其对利润的夸大影响与不恰当的收入确认类似。少报费用也会在财务报表中留下一些痕迹，警惕的分析师可以对此加以利用和评估。

17.4.2.3　费用资本化案例：世界通信公司

财产 / 资本支出分析。世界通信公司（WorldCom）是一家大型全球通信企业，为商业和消费者市场提供电话和互联网服务。20 世纪 90 年代，世界通信公司在这个市场中崭露头角，不过它发展壮大的主要方式是通过公司并购。为了能继续实现分析师预期的盈利，该公司将它的"线路成本"等运营费用进行了不恰当的资本化。这些支出是世界通信公司向第三方电信网络供应商支付的网络使用费，本应报告为经营费用。但从 1999 年开始，直到 2002 年第一季度，该公司都没有正确进行相关会计处理。2002 年 7 月，世界通信公司宣布破产，随后重述了其财务报告。

世界通信公司的审计师是安达信会计师事务所，它能接触到该公司的原始记录。根据负责调查的特别委员会报告调查结果（Beresford，Katzenbach 和 Rogers，2003），除其他因素影响外，安达信事务所未能确定线路成本的错误分类的主要原因，是因为：

> 安达信认为，本例中的错误分类，是年复一年的，被认定为欺诈的风险很小。因此，安达信从未设计足够的审计程序来解决这一风险问题。尽管它对世界通信公司进行了内部控制审计，但它未能认识到公司高层通过转回准备金、实施高度可疑的收入项目和将线路成本资本化处理等手段进行调整的性质和程度。安达信没有通过测试去证实它在许多地区都收到的信息。它错误地认为，在一个高度不稳定的商业环境中，财务报表和报表附注内容一致，便没有理由再去加强审查。安达信在该公司被认定的会计违规领域只进行了非常有限的审计程序。即便如此，安达信仍有几次机会揭露我们在本报告中发现的问题（第 230 ～ 231 页）。

如果审计人员未能发现财务欺诈行为，那么分析师能做得更好吗？分析师可能无法准确指出世界通信公司为什么可以一直报告较低的线路成本，但如果他们关注该公司的资产负债表，便一定会警觉一切都不对劲。如果他们寻找账户之间不合理关系——这正是审计师应该做的工作——他们可能已经发现了可疑的关系；如果不能为这些可疑关系找到合理的解释，那么，他们显然就会回避世界通信公司的证券。

要低估一项营业费用，就必须高估另一个账户的余额。按照时间序列，对共同比资产负债表进行简单的梳理，可如表 17-17 所示，也许就能找到滥用资本化来避免费用确认的疑点。分析师可能并不知道线路成本被低估了，但简单地看一下表 17-17 中的时间序列数据，就能发现不动产、厂场与设备原值的发展趋势是不寻常的。该公司的财务欺诈始于 1999 年，在过去的两年里，不动产、厂场与设备原值分别占总资产的 30% 和 31%。1999 年，不动产、厂场与设备的资产占比增加到 37%，2000 年再增加到 45%，2001 年增加到 47%。在这期间，该公司并没有改变战略或其他任何东西，因此无法证明这种增长是合理的。

表 17-17　世界通信公司 1997 ～ 2001 年资产负债表共同比：资产部分

	1997 年	1998 年	1999 年	2000 年	2001 年
现金及现金等价物	0%	2%	1%	1%	1%
应收账款净额	5	6	6	7	5
存货	0	0	0	0	0
其他流动资产	2	4	4	2	2
流动资产合计	**7%**	**12%**	**11%**	**10%**	**8%**
不动产、厂场与设备原值	**30%**	**31%**	**37%**	**45%**	**47%**
累计折旧	3%	2%	5%	7%	9%
不动产、厂场与设备净值	27%	29%	32%	38%	38%
长期股权投资	NA	NA	NA	NA	1
其他投资	0	0	0	2	1
无形资产	61	54	52	47	49
其他资产	5	5	5	3	3
资产总计	**100%**	**100%**	**100%**	**100%**	**100%**

注：NA 表示无法获取。

资料来源：根据标普公司研究洞察数据库。

如果分析师有足够的好奇心，他在 1999 年可能不会明确发现线路成本被低估这一事实，但从不动产、厂场和设备原值的积累这一点上看，至少可以让分析师质疑该公司在计算利润时是否漏报了某些费用。

不过，将支出资本化处理并不是低估费用的唯一方法，表 17-18 中，对应当如何评估一家公司费用确认的质量进行了总结。

表 17-18　总结：判断费用确认的质量

从基础开始

首先应当是充分理解近期年度报告中披露的支出资本化政策。如果不了解资产负债表上项目成本的背景，分析师就难以理解他们可能遇到的商业实践例外情况。应了解的会计政策实例包括：

- 哪些支出应资本化计入存货成本？冷背残次的存货是如何核算的？公司是否为可能出现的存货减值计提了相应的跌价准备，该准备的金额高低是否可以人为控制？
- 折旧政策是怎样的，折旧年限是如何确定的？与竞争对手的政策相比如何？与前几年的情况相比有变化吗？

趋势分析

通过随着时间推移和与竞争对手比较的趋势分析，分析师找出可向公司管理层提出的问题，或者找到由于费用问题而导致的公司盈利整体缺陷。这需要检查的一些关系包括：

- 应检查非流动资产账户余额在季度与季度之间以及年度与年度之间所发生的变化，看看是否有异常的成本增加。如果有的话，可能意味着存在不恰当的支出资本化问题；
- 分析师在考察公司每季度盈利时，应注意检查公司的利润率，包括毛利率和经营利润率。它们也许经常与公司资产负债表的变化脱钩，这说明可能有不正常现象存在。如果公司的非流动资产增加异常，而利润率持续得到改善或保持不变，这意味着公司可能发生了不恰当的成本费用资本化处理。回想一下世界通信公司对其"线路成本"的不当资本化：盈利能力是通过将本应费用化处理的线路成本进行了资本化处理来维持的。此外，还应该考虑整个行业的情况：在资产负债表账户余额仍然增长而行业持续衰退的情况下，公司的利润率是否稳定；
- 计算公司的总资产周转率、固定资产周转率和其他资产周转率（用收入总额除以该类资产余额）。这些周转率的发展趋势是否逐渐放缓？持续下降的收入可能意味着市场对公司所生产产品的需求下降，并预示着未来的资产减值。而如果收入稳定或持续上升，但周转率持续下降，则意味着存在不恰当的支出资本化；

（续）

- 计算折旧（或摊销）费用与相关资产金额之间的关系，随着时间的推移，这种关系变化趋势是在增加还是减少，有没有很好的理由可以解释这种变化？与竞争对手的情况相比如何；
- 比较资本支出与不动产、厂场与设备原值之间的关系。资本支出相对于不动产、厂场与设备原值的比例是否随着时间的推移出现显著增加？如果是的话，这可能表明公司正在更积极地将支出进行资本化，以避免它们被确认为当期费用。

关系

公司是否与高管或股东拥有的实体进行业务往来？如果公司经理/股东拥有的实体是私人的，这种情况就特别敏感。上市公司与经理人控制的实体之间所发生的交易，可能以不利于上市公司的价格进行，以便将财富从上市公司转移到经理人所控制的实体。这种不适当的财富转移也可能表现为过度薪酬、直接贷款或担保。这些做法通常被称为"隧道挖掘"（Johnson，LaPorta，Shleifer 和 Lopez-de-Silanes，2000）。

在某些情况下，经理人拥有的实体与上市公司之间的虚假交易可能被虚报，以提高上市公司报告的盈利，从而让公司管理层获得更多的业绩奖金。在另一种类型的转移行为中，经理人拥有的实体可以将资源转移给上市公司，以确保其经济生存能力，从而保留挪用或参与未来利润的选择权。这些实践通常被称为"暗中支持"（Friedman，Johnson，和 Mitton，2003）。

对所有分析师来说，评估盈利质量都已是既定流程。盈利质量不应自动被视为"高质量"，否则等到会计问题出现的时候，就为时已晚了。在为盈利增长赋值之前，分析师应首先考虑盈利的质量。已有不少案例表明，报告高增长盈利的公司事后却被发现财务舞弊，然后导致了公司的破产。

17.4.3 破产预测模型

破产预测模型不仅涉及公司盈利的质量，还包括现金流量和资产负债表的各个方面[⊖]。为量化公司拖欠债务和/或宣布破产的可能性，人们尝试了各种方法。

17.4.3.1 奥尔特曼模型

在评估公司破产概率方面，一个比较著名的早期模型是奥尔特曼模型（Altman，1968）。该模型使用比率分析来识别公司经营失败的概率，它的一个重要贡献在于开创方法将众多财务比率纳入一个单一的模型来预测公司破产的概率。该模型克服了只考察单一财务比率的局限（例如，将盈利能力和/或偿债能力较差的公司视为可能破产的，却不考虑该公司强大的流动性状况）。

奥尔特曼教授利用判别分析方法，开发了一个模型来区分两类公司：破产公司和非破产公司。奥尔特曼的 Z 分值计算如下：

$$Z 分值 = 1.2（净营运资本/总资产）+ 1.4（留存收益/总资产）+ 3.3（EBIT/总资产）+$$
$$0.6（权益市值/负债账面价值）+ 1.0（销售收入/总资产）$$

模型中的财务比率分别反映了公司流动性、盈利能力、财务杠杆水平和经营效率情况。第一个比率"净营运资本/总资产"衡量公司的短期流动性风险。第二个比率"留存收益/总资产"反映公司累积的盈利和相对"年龄"，因为留存收益是随着时间的推移而逐渐累积起来的。第三个比率"EBIT/总资产"是总资产报酬率（ROA）的一种变形，衡量公司的盈利能力。第四个比率"权益市值/负债账面价值"是公司财务杠杆水平的一种衡量方式，用权益价值与债务价值之比来表达，比值越高代表公司的偿债能力越强。第五个比率"销售收

⊖ 前文已述，"盈利质量"一词已被广泛用于指代盈利、现金流量和/或资产负债表项目等会计项目的质量。

入 / 总资产"表明公司创造销售收入的能力，是一个经营效率比率。

注意，在最初发表的文章（1968）中，奥尔特曼提出的判别函数是：

$$Z \text{ 分值} = 0.012X_1 + 0.014X_2 + 0.033X_3 + 0.006X_4 + 0.999X_5$$

每个 X 变量对应于刚才所介绍的财务比率。奥尔特曼教授在 2000 年再次发表的论文中解释说，"由于最初的计算机格式安排，变量 X_1 至 X_4 都必须作为绝对百分比值来计算。比如，净营运资本占总资产的比重（X_1）为 10% 的公司，在公式中应使用 10.0%，而不能用 0.10。只有变量 X_5（销售收入占总资产的比重）应以不同的方式表示，即如果'销售收入 / 总资产'的比值为 200%，在公式中应使用 2.0"（第 14 页）。由于这个原因，Z 分值模型经常被表达为本节给出的第一个公式的形式。

对分值的解释，是 Z 分值越高越好。在奥尔特曼将该模型应用于经历过亏损的制造业公司样本中时，得分低于 1.81 即表示破产概率高，得分大于 3.00 表示破产概率低，得分在 1.81 ～ 3.00 为不明确指标。

17.4.3.2 破产预测模型的研究进展

随后的研究解决了奥尔特曼预测模型中的各种缺点。其中之一是奥尔特曼模型的单期静态性质；它只使用一套财务指标，考虑时段上的单一时间点。Shumway（2001）利用风险模型来解决这一问题，该模型结合所有可用年份的数据，用以计算公司在每个时间点的破产风险。

奥尔特曼模型（和其他基于会计数据的破产预测模型）的另一个缺点是，财务报表反映的是公司过去的业绩，并且是在持续经营假设前提下编制出来的。在公司的资产负债表上，报告的是假定该公司能够持续经营条件下的价值，而不是一个可能失败的企业的价值。另一种情况是使用基于市场参数的破产预测模型。例如，根据默顿（Merton）的观点，将公司股票看作对公司资产的看涨期权，然后根据公司的股票价值、债务数额、股票回报和股票波动性来推断违约概率（Kealhofer，2003）。此外，也可以利用信用违约互换数据和公司债券数据来推导违约概率。其他研究表明，最有效的破产预测模型既考虑会计数据也考虑市场数据。例如，Bharath 和 Shumway（2008）用股票市值、债务面值、股票波动性、股票收益率与上年市场收益率之比和总资产报酬率作为预测变量，建立违约概率识别模型，用以识别公司破产的风险。

17.5 现金流量质量

现金流量表不像按权责发生制编制的财务报表那样容易受管理层的操控，因此，分析师可能会非常重视和依赖现金流量表。但其实，公司管理层仍然有机会影响现金流量表。

17.5.1 现金流量质量指标

经营活动产生的现金流量（OCF，简称经营现金流），是公司现金流量的一个组成部分，在评估公司业绩和公司或者证券估值时，通常是最重要的。因此，对现金流量质量问题的讨论通常都集中在经营现金流上。

与"盈利质量"一词类似，我们说公司报告的现金流量质量较高时，意味着公司的基本业绩良好（即价值得到了增强），也意味着公司的财务报告质量可靠（即公司计算的指标和披露的信息能合理地反映经济现实）。被称存在质量问题的现金流量，要么是因为公司用正确方式报告了糟糕的业绩（即经营结果质量差），要么是因为公司报告的信息扭曲了经济现实（即财务报告质量差）。

从经济学角度看，企业生命周期和行业特性都会影响现金流量，因此在分析现金流量表时都应当予以考虑。例如，一家新成立的公司，可能会出现负的经营活动和投资活动现金流，会大量通过借款或发行股票获得资金（即融资活动现金流为正）。相反，一家运营成熟的公司通常会有正向的经营现金流，并可利用经营活动产生的现金为投资活动提供资金来源和为资本提供者提供必要的回报（即用于投资活动或股份回购和债务偿还等融资活动）。

一般来说，对发展成熟的老牌公司，高质量的现金流通常具有以下全部或者大部分特征：

- 经营活动产生的现金流量为正；
- 经营活动产生的现金流量是可持续的；
- 经营活动产生的现金流量足以满足公司的资本支出、股利和债务偿还需求；
- 经营活动产生的现金流量的波动性较低（相对于行业水平而言）。

与前相同，所谓的"高质量"，不仅要求业绩质量（如以上特征），而且要求报告质量。公司所报告的现金流量应该是相关的，能忠实地代表公司活动的经济现实。例如，如果将融资活动的现金流入报告为经营活动的现金流入，就会歪曲经济现实。

从现金流量报告的质量这个角度来看，一般认为，经营活动的现金流量相对经营利润或者净利润来说，更不容易被操纵。公司盈利与经营活动现金流之间出现巨大差异，或者差异不断增加，可能是盈利操纵的迹象。现金流量表可以用来强调潜在的盈利操纵领域。

虽然大家都认为经营活动的现金流量相对净利润来说不容易受到操纵，但由于这个指标的重要性，公司管理层仍然可能把它作为粉饰目标。所以，现金流量的报告并非不存在任何质量问题。与现金流量的报告质量相关的问题之一是报告时间。比如，通过向第三方出售应收款项和/或延迟支付应付账款，公司就可以提高自己的经营活动现金流量。当这类活动增加时，该公司的应收账款周转天数就会减少，而应付账款周转天数必然增加。因此，分析师可以通过审查公司的资产运营效率指标、资产负债表账户的变动情况和财务报表附注中的信息披露，去发现公司管理层刻意通过减少流动资产或增加流动负债来增加经营活动现金流量的做法。在现金流量的报告质量方面，问题之一与现金流量的分类有关：公司管理层可能试图将现金流量为正的项目从投资活动或融资活动中转移到经营活动去，以夸大经营活动的现金流量。

17.5.2　现金流量质量评价

因为一般认为经营活动的现金流量相对利润来说，更不容易受到操纵，所以可以利用现金流量表来识别潜在的盈利操纵点。本章曾经介绍了印度信息技术商萨蒂扬公司的财务欺诈案例。在这个案例中，如果利用基于应计项目的计算机模型，就难以发现该公司的欺诈行为。《纽约时报》上的一篇文章（Kahn，2009）对此提供了证据：

今年9月，（一位分析师）使用计算机模型对印度最大的500家上市公司进行调查，以寻找会计操纵痕迹。他发现，超过20%的公司的会计处理较为激进，但其中不包括萨蒂扬公司。这是因为分析师使用的财务欺诈自动筛查指标是公司报告的利润和现金流差异，但在萨蒂扬公司的案例中，该公司的现金流和利润似乎是同步的。

换句话说，如果计算机模型只筛查那些经营活动现金流量明显低于其当期的公司，那么，萨蒂扬公司就不能被筛查出来，因为该公司报告的经营活动现金流量与其报告的利润是相对接近的。

但如果使用定性方法来审查相关指标，则可能会有所帮助。表 17-19 中，摘录了萨蒂扬公司截至 2008 年 6 月 30 日的季度现金流量表。

表 17-19　萨蒂扬公司按 IFRS 编制的合并现金流量表

（除每股数据和另有说明外，所有金额单位均为百万美元）

	截至 2008 年 6 月 30 日的季度 （未经审计）	截至 2007 年 6 月 30 日的季度 （未经审计）	截至 2008 年 3 月 31 日的年度 （经审计的）
税前利润	143.1	107.1	474.3
调整：			
以股份为基础的薪酬费用	4.3	5.9	23.0
财务费用	1.3	0.8	7.0
财务收益	−16.2	−16.4	−67.4
折旧与摊销费用	11.5	9.3	40.3
出售不动产与设备的利得或损失	0.1	0.1	0.6
指定为以公允价值计量且其变动计入损益的优先股价值变动	0.0	0.0	−1.6
外汇远期与期权合约损益	53.0	−21.1	−7.4
在联营公司享有的损益份额，税后净值	−0.1	0.0	−0.1
	197.0	85.7	468.7
营运资本变动			
——贸易与其他应收款	−81.4	−64.9	−184.3
——合同资产	−23.5	−6.0	−39.9
——贸易与其他应付款	34.1	2.2	48.8
——预收收入	5.8	2.4	11.4
——其他负债	−6.3	30.3	61.2
——退休金福利义务	3.7	1.3	17.8
经营活动产生的现金流量	129.4	51.0	383.7
支付的所得税	−3.8	−9.8	−49.4
经营活动产生的现金净流量	125.6	41.2	334.3

资料来源：萨蒂扬公司在 2008 年 7 月 25 日申报的半年度报告。

这份现金流量表的报表附注之一显示，在截至 2008 年 6 月 30 日的这个季度中，有一项价值 5,300 万美元非现金项目，"外汇远期与期权合约（即衍生工具）损益"。从项目名称来看，该项目应当是一项收益；在计算经营活动现金流时，将一项收益反加回利润中是不正确的，因为它已经被包括在税前利润当中了。在与分析师召开的季度电话会议上，当这个问题提出时，公司经理并没有对此给出合理回答，只说他会下来以后再回复提问者。公司高管无法对一项占该季度税前利润总额近 40%（53/143.1 = 37%）的项目做出解释，这显然是公司业绩可能存在问题的信号。请参阅表 17-20 中电话会议的信息摘录。

表 17-20　萨蒂扬公司季度业绩电话说明会信息摘录，2008 年 7 月 18 日

乔治·普利斯分析师 史蒂弗尼古拉斯公司	一个关于现金流量表的问题。本季衍生金融工具的未实现收益为 5,300 万美元，这是一个在利润表中单独报告为一行的项目。快速地看了一下，我认为我们在过去几个季度中从未见过这个项目。你能评论一下这到底是什么吗？……在可比会计期间，其他项目都是出现了亏损，请问是什么推动了这么大的一笔利益？我们应该如何看待公司在未来几个季度的现金流情况？还会有像这样的一次性项目出现吗
斯里尼瓦·瓦德拉曼尼	这……不好意思，能重复下你的问题吗
乔治·普利斯	斯里尼瓦，在现金流量表中，有一项 5,300 万美元的未实现收益，我只是想知道你能否更详细地解释一下……这个金额有点惊人
斯里尼瓦·瓦德拉曼尼	哦哦，让我……让我看看。我下来再回复你行吗

在现金流量表中，另一个应当注意的事项是应收款项的稳步增长。分析师应检查公司的财务比率，如应收账款周转天数。表 17-21 中，报告了萨蒂扬公司的部分年度数据。从 2006 年到 2007 年，应收账款周转天数的大幅增长，这是应当引起分析师担忧的。此外，在公司年度报告的管理层评论部分，公司指出，"应收账款净额……增加了……主要是由于公司的收入增加和收账期增加"。应收账款收账期的增加就应当引起分析师对该公司的客户信誉、公司收款效率和所确认收入质量的质疑。

表 17-21　萨蒂扬公司年度报告中的应收账款数据　（单位：百万美元）

	2008 年	2007 年	2006 年	2005 年
收入总额	2,138.1	1,461.4	1,096.3	793.6
相对上年的变动	**46.3%**	**33.3%**	**38.1%**	
应收账款总额	539.1	386.9	238.1	178.3
相对上年的变动	**39.3%**	**62.5%**	**33.5%**	
坏账准备	31.0	22.8	19.1	17.5
相对上年的变动	**36.0%**	**19.4%**	**9.1%**	
应收账款总额 / 销售收入	25.21%	26.47%	21.72%	22.47%
相对上年的变动	**−4.8%**	**21.9%**	**−3.3%**	
应收账款周转天数	92.0	96.6	79.3	82.0
应收账款周转率	4.0	3.8	4.6	4.5

资料来源：萨蒂扬公司年度报告数据。

还有一个与现金流量相关的问题，在现金流量表上是看不出来的，即公司声称它已经使用了现金。根据萨蒂扬公司的报告，它的流动资产账户余额不断增加。在表 17-22 记录的一次电话会议上，一名分析师提出公司为什么将如此大额的现金放在无息账户上，对此，公司高管没有给出理由，只表示这些金额将很快转移到高收益账户中去。

表 17-22　萨蒂扬公司季度业绩电话说明会信息摘录，2008 年 10 月 17 日

卡瓦吉特·萨路佳分析师 科塔克权益投资公司	嗨，我的问题是给斯里尼瓦的。请问斯里尼瓦，你可以解释为什么公司将 5 亿美元放在了活期存款账户上吗？这个账户上的钱没有任何利息呀

（续）

斯里尼瓦·瓦德拉曼尼	不，这基本上是——就像在季度末，关于那个存款账户，有一个存款账户报表［听不见］。我们现在有［听不见］的存款了
卡瓦吉特·萨路佳	但是，斯里尼瓦，如果我看看过去四个季度的存款账户，这个数字一直是持平的。大量增加的现金也放在这个活期账户中，在本季度并没有发生变化。你能强调一下其中的一些原因吗
斯里尼瓦·瓦德拉曼尼	不，基本上，这些账户马上会在不同的国家用到。我们会根据需要，再把它们集中到印度来。所以我们会——基本上，其中有一些是隔夜存款等。所以，现在我们把它们放入正常活期存款中。但从下个季度开始，我们将把它们作为定期存款的一部分

萨蒂扬公司的 CEO 在他 2009 年 1 月发布的辞职信中承认，"截至 2008 年 9 月 30 日，资产负债表上有（不存在的）现金和银行存款 5,040 千万卢比$^{\ominus}$（但账面上报告的是 5,361 千万卢比）……"$^{\ominus}$换句话说，在公司的资产负债表上报告的现金余额中，有 90% 以上都是不存在的。有一些现金余额确实是存在的，但已经"从公司抽走，被拉朱先生和他的家人所控制了"。（Kahn 2009）

总的来说，萨蒂扬公司的这个例子说明了现金流量表是如何暗示公司的报告存在错误的。在萨蒂扬公司的案例中，有两个项目引起了质疑，一是与金融衍生品相关的大额非现金收益，另一个则是应收账款周转天数的增加。接下来，就可以通过参考公司的其他财务资料来调查错报的潜在领域。下面这个例子说明了盈余管理在公司现金流量表上可能留下的痕迹，也说明了现金流量信息是如何与盈利分析中所收集的信息相对应的。

例 17-8 主要介绍了如何通过现金流量评估来确定公司盈利的质量。

▌例 17-8　阳光公司 1995 ～ 1997 年的合并现金流量表信息摘录

如上一节所述，阳光公司从事了各种不当会计行为。请参考表 17-23 中阳光公司的现金流量表信息摘录，回答以下问题：

1. 阳光公司误报财务报表的方式之一是错误地虚增重组费用，然后再撤销这些重组费用。以上项目在现金流量表上会如何列报？

2. 阳光公司误报财务报表的另一方面是不当收入确认。现金流量表中的哪些项目将受到这种做法的影响？

表 17-23　阳光公司合并现金流量表信息摘录，1995 ～ 1997 年

（单位：千美元）

财务年度截止日	1997 年 12 月 28 日	1996 年 12 月 29 日	1995 年 12 月 31 日
经营活动：			
净利润（亏损）	109,415	−228,262	50,511
将净利润调整为经营活动产生（使用）的现金净流量：			
折旧与摊销费用	38,577	47,429	44,174

　⊖　此处用印度的 crore（千万元）计价。

　⊜　出自 B.Ramalinga Raju 先生的辞职信。这封信在公司半年度报告中，于 2009 年 1 月 7 日提交给美国 SEC。

（续）

财务年度截止日	1997 年 12 月 28 日	1996 年 12 月 29 日	1995 年 12 月 31 日
重组，减值与其他支出	—	154,869	—
其他非现金的特殊支出	—	128,800	—
出售终止经营项目损失，税后金额	13,713	32,430	—
递延所得税	57,783	-77,828	25,146
营运资本变动导致的现金增加（减少）：			
应收账款，净值	-84,576	-13,829	-4,499
存货	-100,810	-11,651	-4,874
应付账款	-1,585	14,735	9,245
重组应计项目	-43,378	—	—
预付费用和其他流动资产与负债	-9,004	2,737	-8,821
应交所得税	52,844	-21,942	-18,452
应付其他长期非经营性负债	-14,682	-27,089	-21,719
其他，净值	-26,546	13,764	10,805
经营活动产生（使用）的现金流量净额	-8,249	14,163	81,516

注：在采用间接法编制的现金流量表中，将增加的销售所得额以负数显示，原因是冲回报告利润时尚未收到现金销售额。

问题 1 解答： 阳光公司的现金流量表是采用间接法编制的（即在经营活动部分将净利润调整为经营活动的现金净流量）。该调整过程显示，1996 年记录的"重组、减值与其他支出"和"其他非现金的特殊支出"，金额约为 2.84 亿美元（15,486.9 万美元加上 12,880 万美元）。在接下来的一年，与重组相关的应计项目转回了 4,300 万美元。通过先虚增重组费用，然后又转回重组费用，该公司错误地传达出在新 CEO 上任后，公司业绩显著改善的信号。

问题 2 解答： 不当的收入确认将主要影响现金流量表上的净利润、应收账款和存货项目。净利润和应收账款会被高估。在现金流量表上，应收账款的增加以负数显示，将提醒我们这家公司的应收账款在持续增长。此外，阳光公司记录的销售收入缺少经济实质的支撑，因为买方只在会计期末持有存货，然后很快就将商品退还给卖方了——这也可以从 1997 年的存货巨额增加中看出来。

关于现金流量表的报告质量，问题之一是分类转移：将现金流量为正的项目从投资活动或融资活动转移到经营活动中，以虚增经营活动现金流量。分类的改变并不影响现金流量的总额，但会影响投资者对公司现金流的评价和对未来现金流的预期。

会计准则中允许一定程度的分类灵活性。例如，按照 IFRS 的要求，公司应将支付的利息费用报告为经营活动或者融资活动的现金流出；相应地，IFRS 还允许公司将收到的利息收入和股利报告为经营活动或者投资活动的现金流入。相比之下，US GAAP 要求将支付的利息费用、收到的利息收入和收到的股利都报告为经营活动的现金流量。因此，分析师在比较按照 IFRS 编报的公司和按照 US GAAP 编报的公司时，需要确保利息费用和投资的分类是可比的，并在必要时对报告金额进行适当调整。此外，在阅读按照 IFRS 编制的财务报表时，分析师应警惕利息收支和股利分类在不同年份之间的变化。例如，一家按 IFRS 编报的公司，可能将其支付的利息费用由原来报告在经营活动中改到融资活动中。这样，在其他条件相同的情况下，即使在会计期间内并没有其他任何活动的影响，公司的经营活动现金流量也会高于前一时期。

作为会计准则允许的灵活性的另一个例子，公司可以将来自非交易性证券的现金流量报告在投资活动栏目下，将来自交易性证券的现金流量报告在经营活动栏目下。但是，交易性证券和非交易性证券都是由公司根据其管理证券的方式自行决定的。这种自由裁量权为管理人员将相关现金流量从一种分类转移到另一种分类提供了机会。

例17-9是一个将现金流量从投资活动转移到经营活动中的例子。

▌ 例 17-9　现金流量的分类

诺帝卡公司[⊖]

表17-24和表17-25中的信息分别摘录自服装制造商诺帝卡公司（Nautica Enterprises）2000会计年度和2001会计年度的现金流量表。根据这两份摘录信息，回答后面的问题。

表 17-24　诺帝卡公司合并现金流量表信息，摘录自 2000 年 5 月 27 日申报的年度报告

（单位：千美元）

	截至 2000 年 3 月 4 日的会计年度
经营活动产生的现金流量	
净利润	46,163
将净利润调整为经营活动产生的现金流量，扣除取得的资产和负债净值	
合并子公司亏损中的少数股东权益	—
递延所得税	−1,035
折旧与摊销费用	17,072
坏账准备	1,424
经营性资产和负债的变动	
应收账款	−6,562
存货	−3,667
预付费用和其他流动资产	−20
其他资产	−2,686
应付账款：贸易	−548
应计费用和其他流动负债	9,086
应交所得税	3,458
经营活动产生的现金净流量	62,685
投资活动产生的现金流量	
购买不动产、厂场与设备	−33,289
公司并购，扣除所取得现金后净额	—
出售（购买）短期投资所得	21,116
支付商标注册登记费	−277
投资活动使用的现金净流量	−12,450

⊖　本例摘自 Mulford 和 Comiskey（2005）。

表 17-25 诺蒂卡公司合并现金流量表信息，摘录自 2001 年 5 月 29 日申报的年度报告

（单位：千美元）

	截至 2001 年 3 月 3 日	截至 2000 年 3 月 4 日
经营活动产生的现金流量		
净利润	46,103	46,163
将净利润调整为经营活动产生的现金流量，扣除取得的资产和负债净值		
合并子公司亏损中的少数股东权益	—	—
递延所得税	−2,478	−1,035
折旧与摊销费用	22,968	17,072
坏账准备	1,451	1,424
经营性资产和负债的变动		
短期投资	28,445	21,116
应收账款	−17,935	−768
存货	−24,142	−3,667
预付费用和其他流动资产	−2,024	−20
其他资产	−36	−2,686
应付账款：贸易	14,833	−548
应计费用和其他流动负债	7,054	3,292
应交所得税	3,779	3,458
经营活动产生的现金净流量	78,018	83,801
投资活动产生的现金流量		
购买不动产、厂场与设备	−41,712	−33,289
公司并购，扣除所取得现金后净额	—	—
购买短期投资	—	—
支付商标注册费	−199	−277
投资活动使用的现金净流量	−41,911	−33,566

问题：

1. 在表 17-24 中，诺蒂卡公司报告它在截至 2000 年 3 月 4 日的会计年度中，经营活动产生的现金流量为多少？在表 17-25 中报告的同年经营活动现金流量又是多少？

2. 在表 17-24 中，截至 2000 年 3 月 4 日的一年中，该公司出售短期投资所得的投资活动现金流入为 2,111.6 万美元。这个金额在表 17-25 中被报告在了哪里？

3. 正如实际报告的那样（表 17-25），该公司在 2001 会计年度的经营现金流量与 2000 会计年度的相比如何？如果诺蒂卡公司没有改变其短期投资活动在现金流量表中的分类，其 2001 会计年度的经营现金流量与 2000 会计年度的相比如何？

问题 1 解答：在表 17-24 中，诺蒂卡公司报告它在截至 2000 年 3 月 4 日的会计年度中，实现经营活动产生的现金净流量为 62,685,000 美元。在表 17-25 中，诺蒂卡公司报告它同年的经营活动产生的现金净流量为 83,801,000 美元。

问题 2 解答：表 17-24 中，在截至 2000 年 3 月 4 日的会计年度中，投资活动栏目下报告的出售短期投资所得的现金 21,116,000 美元（即表 17-24 和表 17-25 中报告的经营活动现金流量之差额）被重新分类了。在表 17-25 中，这个金额出现在了"经营性资产和负债的变动"这个项目之下（即作为经营活动的现金流量报告了）。

问题 3 解答： 在表 17-25 中，将 2001 会计年度和 2000 会计年度的经营活动产生的现金净流量比较，下降了 7%（＝78,018,000/83,801,000－1）。如果诺蒂卡公司没有改变短期投资现金流量的分类，该公司在 2001 会计年度的经营活动现金流量将只有 49,573,000（＝78,018,000－28,445,000）美元，相对 2000 会计年度的金额，将下降 21%（＝49,573,000/62,685,000－1）。

分析师可以通过比较 2000 会计年度和 2001 会计年度的现金流量表，来确定诺蒂卡公司的分类转移问题。一般来说，对公司发布的各期报告进行纵向比较是有助于财务报告质量的评估工作的。如果一家公司对以前年度的财务报表进行了重述（由于过去的错报），或者重新编制了以前年度的财务报表（由于会计政策变更的影响），将过去自愿披露的一些财务信息省略掉，或者增加了披露项目（例如以前没有报告的新风险问题等），分析师都应该努力了解出现这些变化的原因。

17.6 资产负债表质量

就资产负债表而言，高质量的财务报告的要求主要是完整、无偏的计量和清晰的列报。而高质量的财务成果（即坚实的资产负债表）体现为最佳杠杆水平，充足的流动性和能实现经济成功的资产配置。资产负债表的实力评估需要用到比率分析，包括共同比财务报表，这在财务报表分析章节已有介绍。在比率分析中，并没有一个绝对的标准值用来说明怎样才是足够好的财务实力；这样的分析必须放在公司未来的盈利和现金流背景下展开，同时还需要熟悉和了解公司的经营环境。在本节中，重点将集中在高质量的财务报告方面。

关于资产负债表的报告质量，一个很重要的方面是其完整性。分析师会担忧公司存在大量的表外负债，因为表外负债会导致公司的负债比率被低估。表外负债的一个常见来源是采购合同，多为"照付不议"（take-or-pay contracts）的合同形式。分析师一般需要对公司的重大购买义务进行推定资本化处理，以调整财务报表上的报告信息。所谓推定资本化（constructive capitalization），是指以未来购买义务付款的现值来估计该付款义务金额，并将该金额计入公司报告的资产和负债项目中去。

未纳入合并范围的合营企业或使用权益法核算的被投资单位也可能会造成表外负债。此外，由于在母公司编制的合并财务报表中，计入了其在被投资方利润中享有的份额，但销售收入中并没有包括其在被投资方销售收入中的份额，因此会导致某些盈利能力比率（即销售报酬率，比如"净利润率"）被夸大。如果公司披露的信息足够充分，分析师可以对报表金额进行适当调整，以更好地反映合并的销售收入、资产和负债金额。如果一家拥有众多的未合并子公司，或者未合并的子公司金额足够重大，当公司对这些子公司的所有权持股比例刚好接近 50% 左右时，可能就是存在会计问题的警示信号。此时，分析师需要去理解这家公司为什么会以这种方式和结构开展运营，是行业惯例还是在某些业务或地区建立战略联盟的需要，只有这样，才能减轻对会计问题的担忧。

资产负债表报告质量的另一个重要方面是**无偏计量**。对于估值比较主观的资产和负债项目来说，计量是否无偏尤其重要。下面给出了几个例子：

- 如前所述，少计存货、固定资产或其他资产的减值损失，不仅能高估利润表上的公司盈利，还能高估资产负债表上的资产价值。如果一家公司的商誉金额很高，但是股权的市值却低于其账面价值，很可能表明这家公司没有进行适当的商誉减值；

- 同样，少提递延所得税资产减值准备，就能低估所得税费用并高估资产负债表上的资产价值（如果多提准备则效果相反）。如果估值账户出现重大的、难以找到合理解释的变化，就可能意味着其计量是有偏的；
- 一家公司投资另一家公司发行的债券或者股票，其估值最好要根据可观察到的市场数据。对于某些投资，由于缺少可观察的市场数据，其估值就只能完全依赖公司管理层的估计。如果一家公司的资产负债表中有很大一部分资产的估值都来源于不可观察的输入变量，那么就需要分析师进行更仔细的检查；
- 公司的养老金负债估值需要用到各种会计估计，例如未来义务的贴现率等。所以如果公司报告了养老金义务，应仔细检查其贴现率水平及其变动情况。

例 17-10 介绍了一家高估其商誉价值的公司。

▌ 例 17-10　商誉

美国希悦尔集团

2012 年 8 月，《华尔街时报》的一篇文章列出名单，有六家公司在其资产负债表上报告的商誉价值已大于其公司的市值（Therm，2012）。其中，名列榜首的就是美国希悦尔集团（Sealed Air Corporation），一家包装企业。表 17-26 中列出了该公司的利润表信息摘录，表 17-27 则是该公司的资产负债表信息摘录。

表 17-26　美国希悦尔集团合并经营业绩表

（单位：除每股金额外，均为百万美元）

以 12 月 31 日为年度截止日	2012 年	2011 年	2010 年
销售收入净额	7,648.1	5,550.9	4,490.1
销货成本	5,103.8	3,950.6	3,237.3
毛利润	2,544.3	1,600.3	1,252.8
营销、管理与开发费用	1,785.2	1,014.4	699.0
取得无形资产的摊销费用	134.0	39.5	11.2
商誉及其他无形资产减值损失	1,892.3	—	—
并购与多元化整合相关费用	7.4	64.8	—
重组与其他支出	142.5	52.2	7.6
经营利润（损失）	−1,417.1	429.4	535.0
利息费用	−384.7	−216.6	−161.6
债务清偿损失	−36.9	—	−38.5
权益法核算的投资减值损失	−23.5	—	—
与委内瑞拉子公司有关的外汇折算利得（损失）	−0.4	−0.3	5.5
处置（非暂时性减值）可供出售证券的净利	—	—	5.9
其他费用，净额	−9.4	−14.5	−2.9
税前持续经营利润（损失）	−1,872.0	198.0	343.4
所得税费用	−261.9	59.5	87.5
持续经营净利润（损失）	−1,610.1	138.5	255.9
终止经营净利润	20.9	10.6	—
处置终止经营业务的净利得	178.9	—	—
属于普通股股东的净利润（损失）	−1,410.3	149.1	255.9

表 17-27　美国希悦尔集团合并资产负债表信息摘录

（单位：除每股数据外，均为百万美元）

以 12 月 31 日为年度截止日	2012 年	2011 年
资产		
流动资产		
现金及现金等价物	679.6	703.6
应收账款，已扣除坏账准备 2012 年 2,590 万美元和 2011 年 1,620 万美元	1,326.0	1,314.2
存货	736.4	777.5
递延所得税资产	393.0	156.2
持有待售资产	—	279.0
预付费用和其他流动资产	87.4	119.7
流动资产合计	3,222.4	3,350.2
不动产与设备，净值	1,212.8	1,269.2
商誉	3,191.4	4,209.6
无形资产，净值	1,139.7	2,035.7
递延所得税资产，非流动部分	255.8	112.3
其他资产，净值	415.1	455.0
资产总计	9,437.2	11,432.0

问题：

1. 根据希悦尔集团的财务报表，2011 年发行并流通的普通股数量为 192,062,185 股。在 2011 年 12 月，希悦尔集团的普通股每股价格约为 18 美元，到 2012 年 8 月时，变为大约 14 美元；《华尔街日报》的文章（Thurm, 2012）写于 2012 年，请问，该公司在当时的市值大约是多少？

2. 截至 2011 年 12 月 31 日的商誉金额与公司的市值相比，情况如何？

3. 为什么《华尔街日报》的文章说，商誉价值大于公司的市场价值是"未来注销的潜在线索"？

4. 根据表 17-27 中的信息，《华尔街日报》这篇文章说法看起来正确吗？

问题 1 解答： 2011 年 12 月时，希悦尔集团的市值约为 34.57 亿（= 192,062,185×18）美元；到 2012 年 8 月，当《华尔街日报》登出这篇文章时，公司市值约为 26.89 亿（= 192,062,185×14）美元。

问题 2 解答： 截至 2011 年 12 月 31 日，希悦尔集团资产负债表上报告的商誉价值为 42.096 亿美元。商誉的价值已超过了公司的市值。（另请注意，在 2011 年 12 月 31 日时，该公司的商誉和其他无形资产价值约占公司总资产的 55%。）

问题 3 解答： 如果该公司的市值正好等于它所报告的商誉金额，那么，实际上隐含地说明该公司所拥有其他资产的价值将等于 0。在本例中，由于公司的市值小于它所报告商誉的价值，暗示着公司所拥有其他资产的价值是小于零的。这说明公司资产负债表上的商誉金额被高估了，所以在未来很可能会发生商誉的减值或注销。

问题 4 解答： 是的，根据表 17-27 中的信息，《华尔街日报》这篇文章的说法似乎是正确的。在文章发表后，截至 2012 年 12 月 31 日的会计年度里，希悦尔集团记录了商誉和其他无形资产的减值 18.923 亿美元。

最后，**清晰列报**对资产负债表的报告质量也很重要。虽然会计准则对资产负债表的许多方面都进行了规范，但公司仍有不少酌情处理权限。比如，公司可以自行判断哪些项目应该单独列报，而哪些项目应当汇总为一个单一的总额予以列报。对于合并为一个总数予以列报的项目，分析师应当注意查阅报表附注，以了解该总数的构成。比如，在审查关于公司存货的附注说明时，分析师可能会了解到公司存货是采用后进先出法进行发出计价的。因此，在通货膨胀的前提下，库存存货在资产负债表上的价值是大大低于其现时成本的。该信息能使分析师感到欣慰，因为它说明公司库存不太可能被高估。

17.7 风险水平的信息来源

财务报表可以提供关于公司财务、经营或其他风险方面的有用指标。比如，根据财务报表数据计算得到的高杠杆水平（或类似地，低覆盖率）可能提示了公司的财务风险。如上一节所述，利用各种财务数据进行分析的模型可以提示公司的破产风险，还有其他一些模型也可以用来预测报告风险（即公司错报的风险）。经营风险也可以通过财务数据来揭示，比如波动水平高的经营现金流、利润率的负向发展趋势等。此外，从财务报表以外的信息来源，还可以获得关于风险的其他提示。

从公司财务报表（以及必要时，对与财务报告相关的内部控制）的审计意见中，也可以找到一些关于报告风险方面的信息。不过，审计意见的内容不太可能是非常及时的风险的信息来源。审计师的自由变更是一个潜在的问题信号，因此也能提供潜在的风险信息。比如例 17-7 中讨论的艾露公司，它在 2000 年、2001 年和 2002 年所聘请的审计师各不相同。

财务报表附注是财务报表的组成部分。它们通常会提供一些有助于了解公司风险情况的信息。除了可以从公司的财务报表和报表附注中获得相关风险信息外，还有各种其他披露也可以提供关于公司财务、经营、报告或其他风险等方面的信息，其中，一个重要的信息来源便是公司的管理层评论，它提供了公司管理层对公司所面临重要风险的评估情况。尽管在管理层评论中所披露的风险信息有时会与公司在财务报表附注或监管文件中其他地方所载的信息披露内容重复，但管理层评论能揭示公司管理层的观点，并且它的内容往往不会与财务报表附注的披露完全相同。

其他公司必须披露的内容还包括重大事件公告，比如资本筹集、非按时提交财务报告、管理层变动或公司合并和收购活动等，这些内容也可以提供与评估风险有关的重要信息。最后，包括网络传媒在内的财经媒体，如果使用得当的话，也可以成为了解公司风险信息的有用来源。

17.7.1 将审计意见作为风险信息来源的作用有限

审计师的意见不太可能作为分析师关于公司风险的第一信息来源[⊖]。就财务报表来说，清洁的审计意见表明审计师认为公司的财务报表是按照相关会计原则公允列报了信息的；就内部控制而言，清洁的审计意见表明审计师认为该公司的财务报告编报过程是保持了有效内部控制的。对分析师来说，针对财务报表发表的负面审计意见，或就持续经营问题提出的审计

⊖ 全球监管机构正在考虑通过改革进一步提高审计报告的有用性。例如，英国财务报告委员会要求审计师在其报告中加入更多在审计过程中所发现的风险点，以及说明重要性概念是如何应用的。

意见，或指出公司内部控制薄弱的审计意见等，显然应当作为一种警示信号。但是，审计意见针对的是公司过去的历史信息，因此通常不够及时，难以成为有关风险的有用信息来源。

例如，伊士曼柯达公司（Eastman Kodak Company）已于 2012 年 1 月 19 日申请破产，表 17-28 中，列出了审计师对该公司 2011 会计年度的审计意见（发表日期为 2012 年 2 月 28 日）。该审计意见与该公司在上一会计年度得到的审计意见基本相同，只有两处差异：①年度有所更新；②增加了用粗体突出显示的段落。该新增段落文字指出，该公司的财务报表是根据"持续经营"会计假设编制的；但该公司随后宣布破产，这让人不得不怀疑该公司的继续经营能力；而且，相关财务报表也没有调整以反映公司的破产情况。分析师在当年 1 月 19 日就已能了解到伊士曼柯达公司的破产消息，所以，如果将审计意见作为风险信息来源，用处是非常有限的。此外，由于审计意见所针对的财务报表并没有调整以反映公司破产情况，这也会限制相关信息对分析师的用处。

表 17-28　伊士曼柯达公司破产后的审计意见

独立注册会计公司审计报告

致伊士曼柯达公司董事会及全体股东：

我们认为，在项目 15（a）（1）下列报的合并财务报表，是按照 US GAAP 编报的，在所有重大方面公允地反映了伊士曼柯达公司及其子公司在 2011 年 12 月 31 日和 2010 年 12 月 31 日的财务状况，以及截至 2011 年 12 月 31 日这三年里的经营业绩和现金流量情况。此外，我们认为，列报于第 15（a）（2）项下的财务报表附表，如果与相关合并财务报表一并进行使用，也在所有重大方面公允地呈现了其中所载信息。我们还认为，根据 COSO 在《内部控制——综合框架》中发布的标准，该公司在编报截至 2011 年 12 月 31 日财务报告的过程中，相关内部控制环境在所有重大方面是有效的。该公司的管理层对这些财务报告和财务报表明细表负责，对维护财务报告环境内部控制的有效性负责，并对财务报告内部控制的有效性进行评估，在项目 9A 下《管理层对财务报告内部控制的报告》中已有提到。我们的责任是根据综合审计工作对这些财务报表、财务报表附表和公司对财务报告的内部控制发表意见。我们的审计工作是根据（美国）上市公司会计监督委员会所制定的标准而开展的。这些标准要求我们计划和执行审计工作，获得合理的保证以确定公司的财务报表是否存在重大错报，以及是否在所有重大方面保持对财务报告的内部控制有效。我们的财务报表审计工作包括在测试的基础上检查支持财务报表金额和披露内容的证据，评估管理层使用的会计原则和做出的重大会计估计，以及评价财务报表的整体列报方式。我们对财务报告内部控制的审计工作包括了解对财务报告的内部控制，评估重大缺陷风险，并根据风险评估结果测试和评价内部控制的设计与运作有效性。此外，我们的工作还包括执行其他我们认为必要的审计程序。我们认为，我们所执行的审计工作为我们的意见提供了合理的基础。

所附财务报表是在持续经营假设的前提下编制的。如财务报表附注 1 所述，该公司及其美国子公司于 2012 年 1 月 19 日根据美国破产法第 11 章要求自愿申请纾困。破产过程所固有的不确定性使人们对该公司的持续经营能力产生了重大怀疑。公司管理层对该等事项的计划亦载于附注 1 中。所附财务报表并不包括由于这种不确定性所可能导致的任何调整。

公司财务报告内部控制流程旨在为财务报告的可靠性提供合理保证，并根据公认会计原则为外部目的而编制财务报表。公司对财务报告的内部控制包括下列政策和程序：①与保持记录有关，这些记录能合理详细、准确和公平地反映公司的资产交易和处置情况；②提供合理保证，确保相关交易是按照公认会计原则的编报要求记录的，并且，该公司的收入和支出仅依赖于公司管理层和董事的授权；以及③提供合理保证，防止或及时发现可能对财务报表产生重大影响的未经授权购置、使用或处置公司资产的行为。

由于其固有的局限性，财务报告内部控制程序可能无法预先制止或发现错报。此外，对未来各期的任何有效预测都有可能会由于条件变化而使控制措施变得不充分，使遵守政策或程序的程度恶化。

普华永道有限责任合伙

纽约州罗切斯特

2012 年 2 月 28 日

注：粗体字是为强调目的而添加的。

就伊士曼柯达公司来看，分析师从审计报告中难以获得有用的风险信息，但其他信息来源（比如财务和市场数据）将为该公司的财务困难提供更明确和及时的警示。

高朋网的例子也可以用来说明外部审计报告中的风险信息及时性不够好。表 17-29 中，列出了与公司内部控制重大缺陷有关的事件时间表。请注意，在发现薄弱环节之前或存在薄弱环节的期间内，是没有出现外部审计师负面意见的。第一次年度申报时，并不需要外部意见，到第二次年度申报时，才弥补了这一缺陷。

表 17-29　高朋网的内部控制重大缺陷

2011 年 11 月	公司上市（初次公开募集）。
2012 年 3 月	该公司更正了它的财务业绩，并披露公司管理层认为截至 12 月 31 日，与公司财务报告相关的内部控制存在"重大缺陷"。公司股价下跌 17%（由于新上市公司享受豁免，不需要外部审计师对公司内部控制的有效性发表意见）
2012 年 5 月	在第一季度申报文件中，该公司披露它正在"采取措施"纠正缺陷，但在年末之前，它无法保证其内部控制的有效性
2012 年 8 月	在第二季度申报文件中，该公司披露的信息与第一季度的类似
2012 年 11 月	在第三季度申报文件中，该公司披露的信息与第一季度的类似
2013 年 2 月	年度申报文件表明，该公司"得出结论，截至 2012 年 12 月 31 日，我们已经纠正了以前发现的重大缺陷"（根据要求，本次披露文件包括对高朋网内部控制有效性的首份外部审计意见。该公司得到了清洁的审计意见）

就高朋网的情况来看，实际上分析师从审计报告中非常难以获得任何有用的风险信息，不过，通过其他数据是可以找到该公司财务困难信号的。例如，该公司被要求更正其收入确认政策，并重述它在 IPO 申报文件中报告的收入金额——这显然是该公司出现财务困难的迹象。另一项暗示该公司的财务报告可能出现问题的信息，是该公司的大量收购行为和爆炸性的增长。高朋网公布它在 2009 年的营业收入是 2008 年的 300 多倍，而 2010 年的营业收入是 2009 年的 23 倍。正如一个会计博客（Catanach and Ketz，2011）在 2011 年 8 月所描述的那样：

> 高朋网在一年多一点的时间里进行了 17 次收购活动，所以，如果认为该公司已基本拥有一套有效的财务报告内部控制系统，那么这绝对是一个笑话。当一家公司在短短两年内将经营业务扩展到 45 个国家，将商户从 212 个增加到 78,466 个，将员工数从 37 人增长至 9,625 人时，毫无疑问地，其内部控制不可能是处处有效的。

增长数据，尤其是 IPO 文件中披露的公司管理层还缺乏经验等事实，是潜在报告风险的警示信号。这些报告风险在公司披露其内部控制薄弱环节之前的几个月就可以观察到，但在审计意见中，我们是看不到控制的薄弱环节的。

虽然审计意见的内容不可能及时传达出公司风险方面的信息，但审计师变更——尤其审计师的频繁变更，却可能暗示着公司的报告存在问题。例如，伯尼·麦道夫（Bernie Madoff，数十亿美元庞氏骗局的始作俑者）的最大支线基金之一在 2004 年至 2006 年的三年里，一共换了三家不同的审计师，该事实在证词中被强调为一个巨大的警示信号，被称作"审计师购买"[⊖]。类似地，让经验和能力还不够充分的审计人员去负责公司复杂业务的审计，

⊖ 摘自注册金融分析师哈里·马可波罗（Harry Markopolos）2009 年 2 月 4 日在美国众议院金融服务委员会上的证词。

也是一种风险警示信号。比如，负责麦道夫公司 500 亿美元经营业务审计的会计 / 审计公司，竟然只由三个人组成（两名负责人和一名秘书）。与麦道夫公司的经营规模相比，这家审计公司规模极小，这种现象是应当引起投资者的严重担忧的。一般来说，了解审计师和公司之间的关系是很重要的。任何与审计师独立性相关的问题都应当引起分析师的关注。比如，如果审计师和公司管理层的关系特别密切，或者如果审计师的收入严重依赖于他对该公司的审计业务。

17.7.2　报表附注中与风险相关的信息披露

附注是财务报表的组成部分，通常会包括有助于投资者了解公司风险的信息。例如，IFRS 和 US GAAP 都要求公司披露与其或有负债、养老金和离职后福利以及与金融工具有关的风险信息。

有关或有负债的信息披露内容包括对相关债务的介绍、估计金额、负债支付的时间安排以及相关的不确定性等[⊖]。表 17-30 中，报告了荷兰皇家壳牌公司（Royal Dutch Shell）的两份财务报表附注信息摘录，其中披露了有关准备金和或有事项方面的信息。公司管理层对未来终止和恢复等项目的估计成本是逐年变化的，这可能会对风险评估产生影响。此外，这些披露内容还强调了时间和金额的不确定性。

表 17-30　或有负债的披露，皇家壳牌公司财务报表附注 19 和附注 25 信息摘录

（单位：百万美元）

附注 19. 拆除费用与其他准备金

	短期		长期		合计	
	2012/12/31	2011/12/31	2012/12/31	2011/12/31	2012/12/31	2011/12/31
拆除与恢复义务	1,356	894	14,715	13,072	16,071	13,966
环境义务	366	357	1,032	1,078	1,398	1,435
员工遣散义务	228	406	275	297	503	703
诉讼赔偿	390	256	307	330	697	586
其他	881	1,195	1,106	854	1,987	2,049
合计	3,221	3,108	17,435	15,631	20,656	18,739

上述准备金的预计使用时间和金额是不确定的，受多种独立因素影响，并且管理层的控制力度有限。其他准备金按照扣除往期确认的准备金转回金额后的净值列报。

截至 2012 年 12 月 31 日，拆除与恢复义务准备金中，估计有 46.66 亿美元将在 1 ～ 5 年中使用，有 34.83 亿美元预计将在 6 ～ 10 年中使用，剩余的在以后年份中使用。

公司每年都会对估计的拆除与恢复义务进行审查，在 2012 年，该项费用的增加值为 15.86 亿美元……

附注 25. 法律诉讼与其他或有负债

地下水污染

壳牌石油公司（包括其子公司和联营公司，以下统称为 SOC）以及许多其他被告都被公共和准公共供水公司以及政府部门起诉。原告称，公司对含氧添加剂的汽油排放所造成的地下水污染负有责任。这些诉讼大多主张各种责任理论，包括产品责任，并寻求公司去弥补包括清理费用在内的实际损害；并且还有一些人主张惩罚性赔偿。

⊖　当可能发生且如果发生了其金额可合理估计时，公司应确认（即在财务报表中列报）或有损失。当存在损失发生的可能性，但可能性并不高或者如果发生损失，其金额难以可靠进行估计时，公司应披露（但无须在财务报表中确认）该或有损失。尽管所用的术语不同，但 IFRS 和 US GAAP 中的概念是相似的。IFRS 对"准备金"（provision）和"或有负债"（contingent liabilities）进行了明确区分，前者因符合负债的定义而需要确认到报表中，而后者只需要进行披露但无须在报表内进行确认。

（续）

目前，这类诉讼案例还剩下不到 10 例。根据法院在某些因污染威胁而要求损害赔偿的案件中做出的有利于 SOC 的裁决，在剩余事项中提出的索赔以及壳牌公司在解决不同索赔案例所支付金额方面的记录，壳牌公司管理层认为，截至 2012 年 12 月 31 日，剩余的与含氧化合物相关的未决诉讼的结果不会对壳牌公司产生重大影响。

尼日利亚经营索赔

壳牌公司在尼日利亚开展经营的子公司和联营公司是各种环境和合同纠纷的当事方。目前这些纠纷正处于不同的诉讼阶段，包括上诉阶段（即该阶段的纠纷已做出不利于壳牌公司的判决）。如果从面值金额上看，这些判决的金额总和是重大的。但是，壳牌公司的管理层相信，这些纠纷最终将能以对壳牌公司有利的方式得到解决。虽然公司并不能就任何诉讼的最终结果提供保证，但预计这类事项不会对壳牌公司产生重大影响。

其他

在正常经营过程中，壳牌的子公司因政府及私人部门提出的诉讼和索赔而蒙受多项其他或有损失。预计壳牌子公司的经营和盈利会继续受到经营所在国的政治、立法、财政和监管事态发展的不同程度影响，包括与保护环境和土著群体有关的事态发展等。壳牌子公司所从事的行业亦受到各类实体风险的影响。这些开发事件的性质和频率，以及它们对未来经营和盈利的影响，都是不可预测的。

关于养老金和离职后福利信息披露中，包括与精算风险或者投资风险有关的信息，其中，与精算假定相关的风险可能导致实际福利与报告中估计福利义务产生差异，而与投资相关的风险可能导致养老金计划的实际资产与报告估计数额有所不同。

在金融工具的信息披露部分，包括关于信用风险、流动性风险和公司金融工具产生的市场风险等方面的风险信息，也会披露公司是如何管理这些风险的。

▌例 17-11　利用披露信息

根据表 17-31 中荷兰皇家壳牌公司披露的金融工具信息内容，回答以下问题：

1. 你认为壳牌公司是采取集中管理还是分散管理的方法来管理同业利率风险的？

2. 截至 2012 年 12 月 31 日的会计年度里，壳牌公司报告它的税前利润为 502.89 亿美元。请问，如果利率上升 1%，该公司的风险敞口有多大？

3. 在截至 2012 年 12 月 31 日的会计年度里，如果澳元相对美元升值 10%，将给壳牌公司的税前利润带来怎样的影响？

表 17-31　金融工具信息披露，摘录自皇家壳牌公司财务报表附注 21

附注 21　金融工具与其他衍生合同

A—风险

在正常经营过程中，本公司使用了各种金融工具，用于管理利率、货币和商品价格变动的风险。

……

利率风险

大多数负债是通过集中借款计划筹集的。公司通过订立利率掉期和货币掉期来有效地将大部分集中发行的债务转换为与美元 Libor（伦敦银行同业拆放利率）挂钩的浮动利率负债，以实现壳牌公司将负债主要按美元计值，维持大致浮动的利率敞口这一政策目标。因此，壳牌公司将主要受到美元 Libor 利率变动的影响。大多数子公司的融资亦以浮动利率为基础，除特殊情况外，不鼓励进一步的利率风险管理。

根据 2012 年 12 月 31 日的浮动利率净债务状况，假设其他因素（主要是汇率和商品价格）保持不变，且没有采取进一步的利率管理行动，利率上升 1% 将使公司税前利润减少 2,700 万美元（2011 年：1.46 亿美元）。

外汇风险

壳牌公司开展经营的许多市场都直接或间接以美元定价。因此，大多数上游公司和有明显跨境业务的公司，都使用美元作为其功能货币；而下游公司则多使用当地货币作为其功能货币。因此，壳牌在进行以外币计价的交易时、将外币资产和负债项目折算为用公司的功能货币表示时，以及由于持有非美元功能货币的经营净投资，需要承担不同程度的外汇风险暴露敞口，壳牌公司投资的主要货币有英镑、加元、欧元和澳元。每家公司都制订了相关财务政策，以通过参考其功能货币来衡量和管理相应的外汇风险。

（续）

汇率损益是在正常经营过程中，以个别公司记账本位币以外的货币重新确认应收、应付款项和其他货币项目时产生的。资本开支亦可能产生汇兑风险。对于大型项目，公司会在最终投资决策阶段评估是否对冲任何由此产生的风险。

公司未对国外经营的净投资或非美元计价的国外业务所产生的收入进行套期保值。

假设其他因素（主要为利率及商品价格）保持不变，且没有采取进一步的外汇风险管理行动，壳牌公司所面对的主要货币在12月31日兑美元价值升值10%的情况下，将带来以下税前影响：

（单位：百万美元）

	盈利增长（降低）		净资产增加	
	2012 年	2011 年	2012 年	2011 年
相对美元增值 10%:				
英镑	−185	−58	1,214	1,042
加元	131	−360	1,384	1,364
欧元	30	458	1,883	1,768
澳元	246	153	142	120

上述敏感性信息是根据12月31日的资产和负债的账面价值计算的。对利润的税前影响按相关实体用外币计价的货币余额计算；对净资产的税前影响则来自当报告主体未采用美元作为功能货币时，对资产和负债项目的折算影响。

问题 1 解答：看起来，壳牌公司是采用集中的方式来管理利率风险的，它声称，大多数负债是集中筹集的，公司采用利率掉期和货币掉期等工具，将大多数利率风险敞口转换按美元 LIBOR 计价。此外，壳牌公司表示，除了在浮动利率基础上安排子公司融资之外，它并不鼓励其子公司进行进一步的利率风险管理。

问题 2 解答：截至 2012 年 12 月 31 日的会计年度中，如果利率上升 1%，对壳牌公司的风险敞口影响相对较小。具体来讲，如果利率上升 1%，将使该公司的税前利润减少 2,700 万美元，对该公司的影响尚不及其 2012 年报告税前利润 502.89 亿美元的 0.1%。

问题 3 解答：如果澳元相对美元升值 10%，壳牌公司的税前利润将增加 2.46 亿美元，占壳牌公司 2012 年报告税前利润 502.89 亿美元的 0.5%。

这些披露内容和关于未来市场条件的预期相结合，能够帮助分析师评估公司的利率风险和外汇变动风险是否会对公司未来业绩构成重大威胁。

17.7.3 管理层评论（管理层讨论与分析或 MD&A）

2010 年 12 月发布的 IFRS 实务公告《管理层评论》，是对按照 IFRS 编报的财务报表提出的一个建议性框架。管理层评论的目的之一是帮助财务报告使用者了解公司的风险敞口、公司管理风险的方法及其有效性。该实务公告提出，管理层评论应包括以下五个方面的内容：①公司的经营性质；②目标和策略；③资源、风险和关系；④成果与前景；以及⑤业绩计量和相关指标。其中，关于风险的部分可能特别有用（IFRS 2010）。

管理层应披露其主要的战略、商业、运营和财务风险，这类风险可能严重影响报告主体的战略和价值进展。对报告主体所面临主要风险的描述应包括其负面后果和潜在机会。……主要风险及不确定因素可构成报告主体的重大外部风险或内部风险（第 13 页）。

美国的公众公司必须在年度报告的项目 7 中披露其管理层评论。具体的披露内容应当包括公司的①流动性、②资本资源、③经营业绩、④表外安排及⑤合约安排等。其中，表外安排和合约安排内容可以影响分析师对公司未来现金流量的预测。在年报项目 7A 中，公司还必须提供其市场风险敞口的定量和定性信息。通过这些披露内容，让分析师能够了解利率、外汇和商品价格波动对公司的影响[⊖]。

IFRS 实务公告特别指出，公司应只列出主要风险，而不是所有可能的风险和不确定性。同样，美国证交会的公司财务部门内部参考文件《财务报告手册》中指出，"管理层评论不应只是一般性或样板式的披露。相反，它应反映每家登记公司的具体事实和情况"（第 296 页）。在实践中，公司的披露并不总是能反映出这种意图。分析师面临的挑战之一是识别重要的风险，并区分一般性的、与所有公司都相关的和只跟个别公司相关联的具体风险。

以自主魔力公司（Autonomy）在它 2010 年度报告的"关键风险和不确定性"部分的披露为例，该公司在 2011 年被惠普公司以 111 亿美元的价格收购，表 17-32 中的内容摘录自它在被收购之前的最后一份年报[⊖]。如表 17-32 所示，自主魔力公司的风险披露包含了许多的一般性项目，如无法保持其技术的竞争价值、关键管理人员的流失以及持续的不稳定经济状况等。这些属于任何技术公司都将面临的风险。这种大量的一般性评论（长达两页）会分散信息使用者的注意力，让他们难以识别出公司面临的具体的、重要的风险。

表 17-32　自主魔力公司，关键风险与不确定性

风险	描述	影响/敏感性	程度/评论
技术	业务依赖于我们的核心技术，我们的战略集中于开发和销售具有公司专有技术的软件	因为基本上所有收入都来自公司核心技术的授权许可，如果不能保持和提升公司核心技术的竞争价值，那么公司经营就将受到不利影响	继续大力投入研发，保持竞争优势。监控市场以保持竞争力。将核心技术应用于新的和额外的垂直市场应用
竞争	公司技术面临重大的竞争压力	可能使产品过时，并可能导致公司迅速失去市场份额	在新产品开发上投入巨资，以确保公司有处于产品生命周期各阶段的产品
波动性和可见性	季度报告的业绩可能会有波动，并且，由于软件行业中常见的季度后期采购周期，业绩可能存在可变性	虽然时间跨度很短，季度业绩的意义不大，但对业绩的解释可能会产生负面影响。由于在软件行业中，推迟购买周期很常见，交易促成率的可变性可能会被夸大，从而对运营产生负面影响	每季度都密切管理销售渠道，以提高业绩预期的可见度。密切关注宏微观经济条件对交易达成率变动水平的影响。制订年度和季度目标，促进业绩实现

（续）

风险	描述	影响 / 敏感性	程度 / 评论
利润率	费用增长而收入却没有相应的增长，以及市场条件会迅速变化	如果费用增长的同时收入却没有增长，公司可能会出现利润率下降或经营亏损	通过收入管理和成本预测进行密切监控。在预计收入下降时及时调整支出计划
平均销售价格	公司产品的平均销售价格可能会快速下降	可能对收入和毛利率造成负面影响	持续关注市场价格。强化高管对偏离正常定价的责任
市场条件	不利经济条件和市场条件仍可持续	会导致经营业绩迅速恶化	定期监测经济状况。根据预期调整成本和产品供应，适应市场条件变化
代理商 / 中间商	通过中间商扩大销售的能力，以及我们对第三方产品销售的普遍依赖	无法招募和留住能够成功打入其市场的中间商，这可能会对我们的经营产生不利影响	投资中间商培训资源。密切关注中间商的销售周期。投资直销渠道
管理层	公司高管的持续服务	任何高管人员的流失都可能影响公司的领导力	建立接班人计划。保持有效管理培训计划。吸引和留住高级人员
员工聘用	聘用和留住合格人才	如果组织内部缺乏足量合格的技能人才，将难以执行企业计划和实现增长目标	借用外部招聘和内部奖励制度。严格的人才管理计划和复核。提供有竞争力的薪酬待遇。确保工作既有挑战性又有回报
产品失误	公司产品出现错误或者缺陷	会对公司收入和市场对公司产品的接受度带来负面影响，会增加公司的成本	投资质量控制计划。监控软件的完整性和有效性。征求客户反馈意见并根据客户意见采取行动
公司并购	与潜在并购机会有关的问题	公司可能无法成功克服与潜在收购有关的问题，这可能导致我们的业绩恶化	仔细评估交易。对所有目标进行彻底的尽职调查。精心谋划收购后的整合问题
知识产权保护问题	他人声称公司侵犯了他们的知识产权	如果公司技术侵犯了其他主体的知识产权，可能会面临相关支出和禁令	密切关注市场发展情况，确认公司专利的潜在问题，并在必要时采取行动。保持大量专利以支持公司的经营和保护竞争优势
增长	有效管理增长的能力	公司增长需要管理、工程、支持、运营、法律、会计、销售和营销人员以及其他资源。如果不能对其实施有效的管理，将影响公司的经营和财务成果	关键人员的聘用和保持。对公司基本职能部门的投资，包括后勤、运营、法律和会计人员。注重内部控制
国际风险	随着公司国际经营业务的扩展，会增加额外的经营和财务风险	易受汇率变动影响，可能因为不熟悉当地法律而导致违规行为	尽可能采用美元进行合同定价，降低外币汇兑风险。保留当地工作人员和当地顾问，向总部报告，以管理风险
安全漏洞	任何违反公司安全措施和未经授权访问客户或公司数据的行为	可能导致重大的法律责任和负面影响	建立并维护严格的安全标准。定期测试安全标准

资料来源：自主魔力公司 2010 年度报告。

17.7.4 其他披露要求

与某特定事件相关的必要披露，例如筹资、不能及时提交财务报告、管理层变动或公司合并和收购等，这类披露也可以提供与评估公司风险有关的重要信息。在美国，上市公司将以 8-K 表格（或者 NT——表示"无法及时申报的通知"报告）形式向美国证交会报告此类事件[一]。推迟提交应披露的文件往往是会计困难的结果。这种会计困难的原因可能是公司内部对会计原则或会计估计的意见不一致，可能是公司缺乏足够的财务人员，也可能是发现了需要进一步进行审查的会计欺诈行为。一般来说，如果公司发布了 NT 文件，极有可能表明其财务报告质量存在问题。

欧洲上市公司需要遵从欧洲证券监管委员会（CESR）[二]公布的指南，对于特定类型的内部信息，必须临时向市场进行披露。这类信息包括公司在控制方面的变化；管理层和监事会的变动；企业合并、分拆和剥离；法律纠纷以及新的许可、专利和注册商标等。公司应用相关国家机构规定的披露机制进行此类披露。比如在英国，公司就是通过一个经授权批准的监管信息服务向市场发布公告的。

在这些情况下，分析师有必要对公司所公布的信息进行审查，以判断相关财务报告的质量是否会受到影响。例如，一家公司宣布其高级财务官员或外部审计师突然辞职，显然就是其财务报告质量存在潜在问题的警示信号。再比如，当公司宣布其重要资产或产品陷入法律纠纷时，也应当引起注意，因为它可能会对公司的未来盈利产生负面影响。对于公司合并和收购方面的公告，虽然可能表明公司未来发展积极，但也可能表明公司风险状况的变化，特别是在并购交易发生期间。

17.7.5 作为风险信息来源的财经媒体

举例来说，当财经记者揭露公司潜在的财务报告问题时，财经媒体也可能成为关于公司风险的有用信息来源。例如，《华尔街日报》的财经记者乔纳森·韦尔（Jonathan Weil，2000）就是第一批发现安然公司会计问题（以及其他使用"出售 – 利得"会计手段的公司，这是一种允许立即确认长期合同收入的激进政策）的人之一。事实上，著名的投资者詹姆士·查诺斯就引用了韦尔的一篇文章，作为他调查安然公司的助燃剂之一（Chanos，2002）。

必须强调的是，即使最初的想法来自某篇新闻的启发，进一步的调查也是必要的。首先，应使用确定来源（即监管文件）信息去确认任何会计和财务披露；其次，在可能的情况下，再从其他来源寻求支持信息。例如，尽管查诺斯最初的信息来源只是一则财经新闻，但他研究的第一步是分析安然公司在美国证交会申报的年度文件（年度报告和季度报告）。此外，查诺斯还获得了关于安然公司的内部股票出售、公司经营战略和战术，以及股票分析师视角等方面的信息。

对于特定的新闻，考虑其文章来源也很重要，并且，随着通过互联网传播的电子媒体范围的扩大，这一点可能会变得越来越重要。由知名财经新闻供应商发布的信息报告比来自相对不成熟来源的信息报告更有可能是事实。同样，由财经记者写的故事或者博客，相比那些

⊖ 类同于我国的重大事件公告。——译者注。
⊜ CESR 已被欧洲证券及市场管理局（ESMA）取代。

有相关服务或产品出售的个人写的，将更可能是无偏的。

17.8　本章小结

评估财务报告的质量，包括报告质量和公司业绩质量，是一项重要的分析技能。

- 关于财务报告的质量，可以被看作从最高质量到最低质量的连续统一体；
- 从大的方面来看，影响财务报告质量的潜在问题包括利润表中收入和费用的确认；现金流量表中的分类；资产负债表上资产和负债项目的确认、分类和计量等；
- 评估一家公司财务报告质量的典型步骤，包括了解公司的业务和公司经营所在的行业；比较本期与上期的财务报表，以确定各项目明细的显著差异；对公司采用的会计政策进行评估，特别是与同行业其他公司的政策相比，是否存在任何异常的收入和费用确认问题；财务比率分析；审查现金流量表，特别关注净利润和经营活动现金流量之间的差异；仔细阅读有关风险的信息披露内容；审查管理层薪酬和内幕交易；
- 高质量的盈利比低质量的盈利更能增加公司的价值，"高质量的盈利"的假设前提是公司的报告质量是可以信赖的；
- 低质量的盈利不足以支付公司的资本成本，以及（或者）是有非经常性的、一次性活动所推动的。此外，当报告的信息不能提供关于公司业绩的有用披露内容时，也可以使用"低质量盈利"一词；
- 有许多指标被用作盈利质量的计量，包括经常性盈余、盈利持续性和相关应计指标、超过基准值的盈利以及事后确认的低质量盈利（如执法机构的强制行动和公司报表重述等）。如果在公司利润中，应计项目的贡献占比较高，那么盈利的持续性较差，会更快恢复到平均盈利水平去；
- 一家公司报告的利润总是完全符合或勉强超过基准值，这可能会引起人们对其盈利质量的质疑；
- 会计舞弊案件中，经常涉及收入确认问题，如提前确认收入或确认欺诈性的收入；
- 会计舞弊案件中，常有公司滥用支出资本化政策，虚减费用，或者虚报费用发生的时间或金额；
- 破产预测模型可用于评估公司财务业绩质量，量化公司债务违约和／或被宣布破产的可能性；
- 与"盈利质量"一词类似，当我们说一家公司报告的现金流量质量较高时，意味着该公司的基本经济业绩在增加公司价值方面的表现令人满意，也意味着公司具有较高的报告质量（即公司计算和披露的信息能很好地反映其经济现实）。当我们说现金流量的质量较低时，要么是因为公司报告的信息恰当地反映出了糟糕的经济表现，要么是因为公司报告的信息歪曲了经济现实；
- 就资产负债表而言，高质量的财务报告表现为报告完整、计量无偏和列报清晰；
- 如果一家公司存在大量的表外负债，那么从财务报告质量的角度来看，该公司的资产负债表报告不够完整；
- 对于估值受主观影响的资产和负债项目来说，无偏的计量对于保障财务报告质量特别重要；

- 财务报表可以提供关于公司财务或经营风险方面的有用指标。管理层评论（也称为管理层讨论与分析，或 MD&A）可以向财务报表使用者提供有助于评估公司风险敞口和公司对风险管理应对方面的信息；
- 其他必要的信息披露包括，比如，公司高管的变动或公司无法及时披露其财务报告的公告，后者往往可能是公司财务报告质量出现问题的警示信号；
- 财经媒体可以为我们提供关于公司风险的有用信息。例如，当一名财经记者发现了以前没有被确认的财务报告问题时，分析师应当对被发现的所有问题都进行额外的调查。

综合性财务报表分析技术

杰克·T. 切谢尔斯基，注册会计师，特许金融分析师

学习目标

- 根据具体的问题、疑问或者分析目的（例如，根据可比原则对股权进行估值，对信用评级进行评判，全面了解财务杠杆情况，评价管理层在讨论公司财务成果时提出的各种观点），利用财务报表分析框架完成分析任务。
- 确定财务报表选择和偏差对公司财务报表质量与可比性的影响，解释报告偏差对财务决策的影响；
- 评价公司财务数据的质量，并能通过进行适当的调整（包括对所采用会计准则、方法和假定的调整）去提高报告质量和与同类公司的可比性；
- 评估会计准则、会计方法或会计假设的变化对财务报表和财务比率的影响；
- 分析和解释资产负债表修正、盈利正常化和现金流量表的相关修正对公司财务报表、财务比率和整体财务状况的影响。

18.1　概述

请一定要记住，财务分析是达到目的的手段，而不是目的本身。对投资者来说，重要的是考虑并确定在特定情况下应采用怎样的分析，而不是针对每一种情况都努力去把每种可能的技术和工具应用一遍。

人们进行财务分析的主要目的是希望分析能够有助于经济决策。例如，可以向特定借款人进行长期放贷吗？可以将一大笔钱投资于普通股、风险投资工具或私人股本投资吗？在做出决定之前，投资者或财务决策者总是希望确保一定的胜算。作为一名财务决策者，不应该让决策结果取决于偶然，而应当利用财务分析去识别潜在的有利结果和不利结果，以让决策更清晰。

本章的目的是说明如何在决策中有效地利用财务分析工具。分析框架如表 18-1 所示，在案例研究部分，遵循了表 18-1 所示的基本框架。

表 18-1　财务报表分析框架

阶段	信息来源	产品举例
1.确定分析的目的	● 分析的目的是什么，比如，评价一项股票投资或者债券投资，或者发布信用评级； ● 与客户或者主管进行沟通，了解工作需求和关注点； ● 与开发特定产品相关的制度性指南	● 分析目的或者目标清单； ● 需要通过分析去回答的特定问题清单（书面的或者非书面的）； ● 拟提供报告的性质和内容； ● 完成分析工作的时间与资源预算
2.收集输入数据	● 财务报表、其他财务数据、调查问卷和行业、经济数据等； ● 与公司管理层、供应商、客户和竞争对手所进行的讨论； ● 对公司进行实地调研（例如，参观生产设施或者拜访零售商店）	● 整理后的财务报表； ● 财务数据表格； ● 已完成的调查问卷（如果适用的话）
3.处理数据	● 从上一阶段得到的数据	● 调整后的财务报表； ● 共同比报表； ● 财务比率与图表； ● 预测数据
4.分析与解释处理后的数据	● 原始数据和处理后的数据	● 分析性结果
5.得出研究结论与建议（例如，利用分析报告）	● 分析性结果与往期报告； ● 对已发表报告的制度性指南	● 针对第 1 阶段中所提出问题的分析性报告； ● 与分析目标相关的建议，例如，是否进行投资或者授信
6.后续追踪	● 必要的话，定期重复上述步骤并收集信息，判断是否需要修改结论或建议	● 更新的报告或建议

18.2　案例研究：长期股权投资

有一家大型的公共雇员养老基金，其食品部门的投资组合经理希望选择一家上市食品公司进行长期股权投资，她对在全球展开经营的雀巢公司（Nestlé S.A）表现出了明确的兴趣。在 2014 年的年报中，雀巢公司的管理层介绍该公司的长期目标是实现有机增长、改善利润率和每股收益以及提升资本效率。其管理层报告指出，公司的总体战略方向为："我们的目标不仅仅是成为营养、健康和幸福生活的引领者，还希望能成为行业标杆。近年来，公司在我们无与伦比的食品和饮料投资组合的坚实基础上，与雀巢健康科学一起探索营养治疗作用的好处。"雀巢公司的既定目标包括将公司的使命扩展到"营养治疗作用"，这一点吸引了投资组合经理的关注，使她对将雀巢公司列为一种投资可能产生了兴趣。她请一位分析师对雀巢公司进行评估，以考虑是否值得对该公司进行大笔核心投资。在投资该公司之前，投资组合经理向分析师传达了她的几点担忧：

● 雀巢公司的收入增长来源是什么？它的业绩可持续性如何？公司报告的盈利是否能代表其经济现实？如果雀巢公司的业绩是公允列报的，那么，如果该养老基金将该公司的普通股作为重点投资对象的话，其业绩是否可以长时间持续下去，比如，在未来的

5 年到 10 年内？

- 在确定公司盈利的长期质量时，投资组合经理希望了解盈利与现金流之间的关系。
- 这位投资组合经理入行初始是一位贷款官员，她想知道雀巢公司的资产负债表在多大程度上反映了公司的全部权利和义务；公司的资本结构是否能支持其未来的运营和战略计划。作为一名潜在的投资者，即使最关心的是被投资方的盈利潜力，资产负债表也是很重要的。例如，如果发生了资产被注销或者产生了新的法律责任使公司的财务状况恶化，那么，公司就必须修复其资产负债表，并且将很难维持盈利能力。对投资者来说，更糟糕的情况是：如果公司不得不发行具有稀释效应的新股票去"修复其资产负债表"，那么对已有投资者来说，代价可能还会更高。

分析师制订了分析计划，希望按照表 18-1 中的分析框架来解决投资组合经理所关注的问题。其中，第 3 阶段和第 4 阶段将是他的主要工作重点。

18.2.1 第 1 阶段：确定分析的目的

分析师认为，本次分析的目的是找到目标公司财务成功的驱动因素，并评估其可持续性。他还提出，需要查明和了解可能影响公司盈利可持续性的风险因素。

18.2.2 第 2 阶段：收集输入数据

这位分析师在雀巢公司的官网上找到了大量的财务报表。在收集了几年的年度报告后，他准备开始处理数据。

18.2.3 第 3 阶段：处理数据和第 4 阶段：分析与解释处理后的数据

分析师打算通过一系列财务分析来实现他在第一阶段定下的目的，包括：
- 杜邦分析[⊖]；
- 雀巢公司的资产类别分析；
- 雀巢公司的资本结构分析；
- 公司分部及其资本配置研究；
- 审查公司财务报告中的应计项目，因为它们对盈利质量有影响；
- 研究公司的现金流量，分析其是否足以支持公司持续经营和战略；
- 对公司估值进行分解和分析。

在处理上述分析所需要的输入数据时，分析师计划同时对这些业绩数据进行解释和分析。他认为，分析框架中的第 3 阶段和第 4 阶段最好能一起开展。

18.2.3.1 杜邦分析

这位分析师以杜邦分析为起点，开始对雀巢公司进行评估。因为投资经理希望投资该公

⊖ 提醒读者：本案例分析只是一个举例，并不是所有财务报表分析都需要以杜邦分析为起点。如果换一位分析师，他可能更感兴趣的是各种收入和费用类别的趋势分析，而不是净资产收益率的驱动因素。这位分析师可能更喜欢从时间序列的共同比利润表开始分析。所以，每位分析师个人的视角决定了分析项目的出发点。

司的普通股，而杜邦分析恰好是针对影响普通股报酬率的各个组成因素而展开的。此外，对净资产收益率（ROE）的分解还可以为评估雀巢的业绩驱动因素提供更多线索。这位分析师还打算调查雀巢公司的盈利和现金流量质量，了解普通股股东的贡献在雀巢公司资本结构中的地位。

对所有研究和分析来说，都应当注意，要不断地根据已知信息向下去探索——通过对已有信息的分解，去不断地寻找有意义的提示点，无论是针对财务报表上的单行项目，还是针对整个报告主体的各个分部。这种不断地将信息分解到下一级小项目中的做法，可以揭示出公司的盈利驱动因素；还可以揭示出那些被较强的经营分部所遮盖的业绩弱点。这种"不断分解"（seeking granularity）的做法是杜邦分析的基础：通过分拆 ROE 的不同组成部分，有助于分析师去发现一家公司的优势，并评估这些优势的可持续性[⊖]。不断分解还有助于分析师去发现公司潜在的运营缺陷，并提供可用来与公司管理层进行对话的问题。

这位分析师对他在第 2 阶段所收集的数据进行了处理，以准备在杜邦分析中所需的信息。表 18-2 为雀巢公司最近三年的利润表；表 18-3 则是该公司最近四年的资产负债表。

表 18-2　雀巢公司的利润表：2012 ～ 2014 年

（单位：百万瑞士法郎）

	2014 年	2013 年	2012 年 （重述后）[④]
销售收入	91,612	92,158	89,721
其他收入	253	215	210
销货成本	−47,553	−48,111	−47,500
配送费用	−8,217	−8,156	−8,017
营销与管理费用	−19,651	−19,711	−19,041
研发支出	−1,628	−1,503	−1,413
其他交易性收益	110	120	141
其他交易性费用[①]	−907	−965	−637
交易性经营利润[②]	**14,019**	**14,047**	**13,464**
其他经营利润	154	616	146
其他经营性费用[③]	−3,268	−1,595	−222
经营利润（EBIT）	**10,905**	**13,068**	**13,388**
财务收益	135	219	120
财务费用	−772	−850	−825
考虑联营企业与合营公司影响前的税前利润（EBT）	**10,268**	**12,437**	**12,683**
所得税	−3,367	−3,256	−3,259
来自联营公司和合营公司的利润	8,003	1,264	1,253
本年利润	**14,904**	**10,445**	**10,677**
少数股东本期收益	448	430	449
归属于母公司股东的利润（净利润）	14,456	10,015	10,228

　⊖　ROE 的分解可以有多种方式：

$$ROE = 总资产报酬率 \times 权益乘数$$

$$ROE = 销售净利率 \times 总资产周转率 \times 权益乘数$$

$$ROE = 息税前利润率 \times 所得税率 \times 利息费用率 \times 总资产周转率 \times 权益乘数$$

（续）

	2014 年	2013 年	2012 年 （重述后）④
每股收益			
基本每股收益	4.54	3.14	3.21
摊薄每股收益	4.52	3.13	3.20

摘录自财务报表附注中的信息	2014 年	2013 年	2012 年 （重述后）
①其他交易性费用包括：	−257	−274	−88
重组支出	−136	−109	−74
固定资产减值损失	−23	−34	—
无形资产（不包含商誉）减值损失	−411	−380	−369
诉讼与合同纠纷	−827	−797	−531
经营利润中包含的非常支出			
②按功能法列报的费用：			
固定资产折旧费用	−2,782	−2,867	−2,655
无形资产摊销费用	−276	−301	−394
	−3,058	−3,168	−3,049
③其他经营费用包括：			
商誉减值损失	−1,908	−114	−14

④ 2012 年的信息来源于 2013 年的年报；如附注 22 所述，因采用了新修订的 IFRS 11 和 IAS 19，雀巢公司对其 2012 年的可比数据进行了重述。

表 18-3　雀巢公司资产负债表，2011 ～ 2014 年

（单位：百万瑞士法郎）

	2014 年	2013 年	2012 年 重述后①	2011 年 修正后②
资产				
流动资产				
现金及现金等价物	7,448	6,415	5,713	4,769
短期投资	1,433	638	3,583	3,013
存货	9,172	8,382	8,939	9,095
贸易及其他应收款	13,459	12,206	13,048	12,991
预付账款与应计收益	565	762	821	879
衍生资产	400	230	576	722
即期所得税资产	908	1,151	972	1,053
持有待售资产	576	282	368	16
流动资产合计	**33,961**	**30,066**	**34,020**	**32,538**
非流动资产				
不动产、厂场与设备	28,421	26,895	26,576	23,460
商誉	34,557	31,039	32,688	28,613
无形资产	19,800	12,673	13,018	8,785
对联营公司与合营公司投资	8,649	12,315	11,586	10,317
金融资产	5,493	4,550	4,979	7,153
员工福利资产	383	537	84	127

（续）

	2014 年	2013 年	2012 年 重述后[①]	2011 年 修正后[②]
即期所得税资产	128	124	27	39
递延所得税资产	2,058	2,243	2,899	2,408
非流动资产合计	99,489	90,376	91,857	80,902
资产总计	133,450	120,442	125,877	113,440
负债与股东权益				
短期负债				
金融负债	8,810	11,380	18,408	15,945
贸易及其他应付款	17,437	16,072	14,627	13,544
应计项目与递延收益	3,759	3,185	3,078	2,780
保证金	695	523	452	575
衍生负债	757	381	423	632
即期所得税负债	1,264	1,276	1,608	1,379
与持有待售资产直接相关的负债	173	100	1	—
短期负债合计	32,895	32,917	38,597	34,855
长期负债				
金融负债	12,396	10,363	9,008	6,165
员工福利义务	8,081	6,279	8,360	6,912
保证金	3,161	2,714	2,827	3,079
递延所得税负债	3,191	2,643	2,240	1,974
其他应付款	1,842	1,387	2,181	2,113
长期负债合计	28,671	23,386	24,616	20,243
负债合计	61,566	56,303	63,213	55,098
股东权益				
股本	322	322	322	330
库存股	（3,918）	（2,196）	（2,078）	（6,722）
折算储备	（17,255）	（20,811）	（17,924）	（16,927）
留存收益与其他储备	90,981	85,260	80,687	80,184
归属于母公司股东的权益合计	70,130	62,575	61,007	56,865
少数股东权益	1,754	1,564	1,657	1,477
股东权益总计	71,884	64,139	62,664	58,342
负债与股东权益总计	133,450	120,442	125,877	113,440

① 2012 年的信息来源于 2013 年的年报；如附注 22 所述，因采用了新修订的 IFRS 11 和 IAS 19，雀巢公司对其 2012 年的可比数据进行了重述。

② 分析师根据 2012 年的雀巢集团合并资产负债表数据，对 2011 年的资产负债表金额进行了修正。

在研究利润表时，这位分析师注意到雀巢公司有大量的"来自联营公司和合营公司的利润"（下文简称为"联营公司利润"）。2014 年，该收益项目高达 80.03 亿瑞士法郎，占雀巢公司当年净利润（在雀巢公司的利润表中被称为"本年利润"）的 53.7%。联营公司利润⊖是一个按税后金额列报的纯利润项目，在利润表中并没有列报对应的收入。大部分联营公司利

⊖ 所谓联营公司，是指雀巢公司对其具有重大影响力，但不能行使控制权的被投资企业。联营公司和合营公司使用权益法进行会计核算。

润来自雀巢公司对化妆品企业欧莱雅公司的投资，它持有欧莱雅公司 23.4% 的股份。

欧莱雅公司在 2014 年通过多种方式影响了雀巢公司的"联营公司利润"项目。雀巢公司在 2014 年将它持有的 4,850 万股股份卖回给欧莱雅，减少了对欧莱雅公司的持股。作为交易的对价，雀巢公司获得了它与欧莱雅的合资企业高德美公司（Galderma）的全部股权。部分处置欧莱雅公司的股份为雀巢公司带来了 45.69 亿瑞士法郎的净收益。另一方面，在联营公司利润中，还包括由于对高德美公司股权进行重新估值而实现的利得 28.17 亿瑞士法郎。雀巢公司本来与欧莱雅公司各持有高德美公司 50% 的股权，当雀巢公司从欧莱雅公司买下高德美公司的剩余所有权时，其最初 50% 的股权也需要按交易时的公允价值进行重估，并且该公允价值是按当时的交易价格进行计算的。2014 年 7 月，高德美公司成为一家进入合并范围的子公司。由于雀巢公司仍然持有欧莱雅公司的部分股份，因此需要按照权益法确认欧莱雅公司的净利润。

2014 年，在雀巢公司确认的联营公司利润中，其他公司的业绩贡献份额为 8.28 亿瑞士法郎。

分析师希望尽可能地将公司的财务业绩进行分解，以识别公司的经营问题或者发现隐藏的机会。将净投资和来自联营公司的投资回报与雀巢公司的自有资产和盈利混杂在一起，会给杜邦分析带来噪声。因为与"纯雀巢"公司的经营和资源不同，联营公司所赚取的利润不在雀巢公司管理层的直接控制之下。因此，为了避免对雀巢公司的经营能力做出不准确的判断，这位分析师希望从资产负债表和利润表中排除掉雀巢公司对联营公司投资的影响。否则，在杜邦分析的过程中，像销售净利率和总资产周转率等指标，都将表现为雀巢公司的经营影响与联营公司的经营影响之和；如果以这样的结果去对"纯雀巢"公司的经营情况发表结论，将是有缺陷的，因为分析数据是受上述两方面混合影响的。

为了使所有研究期间的杜邦分析在逻辑上保持一致，分析师根据雀巢集团 2012 年的合并财务报表对 2011 年的资产负债表数据进行了修正，以反映该公司实施经修订的 IFRS 11 和 IAS 19 的影响。他从 2013 年的财务报表中确定了 2012 年 1 月 1 日的调整数，然后相应修订了 2011 年 12 月 31 日的年末余额。分析师对 2011 年资产负债表的修订如表 18-4 所示。

表 18-4 对 2011 年资产负债表的修订　　（单位：百万瑞士法郎）

	2011 年 （报告数）	IAS 19 影响	IFRS 11 影响	2011 年 （修正数）
资产				
流动资产				
现金及现金等价物	4,938	—	−169	4,769
短期投资	3,050	—	−37	3,013
存货	9,255	—	−160	9,095
贸易及其他应收款	13,340	—	−349	12,991
预付账款与应计收益	900	—	−21	879
衍生资产	731	—	−9	722
即期所得税资产	1,094	—	−41	1,053
持有待售资产	16	—	—	16
流动资产合计	**33,324**	**—**	**−786**	**32,538**
非流动资产				
不动产、厂场与设备	23,971	—	−511	23,460

（续）

	2011 年 （报告数）	IAS 19 影响	IFRS 11 影响	2011 年 （修正数）
商誉	29,008	—	−395	28,613
无形资产	9,356	—	−571	8,785
对联营公司与合营公司投资	8,629	—	1,688	10,317
金融资产	7,161	—	−8	7,153
员工福利资产	127	—	—	127
即期所得税资产	39	—	—	39
递延所得税资产	2,476	−5	−63	2,408
非流动资产合计	**80,767**	**−5**	**140**	**80,902**
资产总计	**114,091**	**−5**	**−646**	**113,440**
负债与股东权益				
短期负债				
金融负债	16,100	—	−155	15,945
贸易及其他应付款	13,584	—	−40	13,544
应计项目与递延收益	2,909	—	−129	2,780
保证金	576	—	−1	575
衍生负债	646	—	−14	632
即期所得税负债	1,417	—	−38	1,379
与持有待售资产直接相关的负债	—	—	—	—
短期负债合计	**35,232**	—	**−377**	**34,855**
长期负债				
金融负债	6,207	—	−42	6,165
员工福利义务	7,105	−91	−102	6,912
保证金	3,094	—	−15	3,079
递延所得税负债	2,060	18	−104	1,974
其他应付款	2,119	—	−6	2,113
长期负债合计	**20,585**	**−73**	**−269**	**20,243**
负债合计	**55,817**	**−73**	**−646**	**55,098**
股东权益				
股本	330	—	—	330
库存股	−6,722	—	—	−6,722
折算储备	−16,927	—	—	−16,927
留存收益与其他储备	80,116	68	—	80,184
归属于母公司股东的权益合计	**56,797**	**68**	—	**56,865**
少数股东权益	1,477	—	—	1,477
股东权益总计	**58,274**	**68**	—	**58,342**
负债与股东权益总计	**114,091**	**−5**	**−646**	**113,440**

注：1. IAS 19《员工福利》在 2011 年进行了修订，并从 2013 年开始实施，因此对 2012 年 1 月 1 日的可比数据进行了重述。该项准则对员工福利计划负债的计算进行了修订。2011 年 12 月 31 日的数据是由分析师根据 2012 年 1 月 1 日的资产负债表重述金额调整的，数据来源于公司 2013 年的年报附注 22（2012 年可比数据的重述和调整）。

2. IFRS 11《合营安排》从 2013 年开始实施，并对 2012 年 1 月 1 日的可比数据进行了重述。雀巢公司过去对其两项合营安排（全球谷物伙伴公司和高德美公司）使用的是按比例合并，但现在准则要求使用权益法对其进行会计核算。2011 年 12 月 31 日的调整是由分析师根据 2012 年 1 月 1 日的资产负债表进行的，数据来源于该公司 2013 年的年报附注 22（2012 年可比数据的重述和调整）。

这位分析师考虑了进行杜邦分析所需要的信息，他从表 18-2 和表 18-3 中提出了部分数据，如表 18-5 所示：

表 18-5 杜邦分析所需要的数据 （单位：百万瑞士法郎）

	2014 年	2013 年	2012 年	2011 年
利润表数据：				
销售收入	91,612	92,158	89,721	
经营利润（EBIT）	10,905	13,068	13,388	
考虑联营公司与合营公司影响的税前利润（EBT）	10,268	12,437	12,683	
本年利润	14,904	10,445	10,677	
来自联营公司和合营公司的利润	8,003	1,264	1,253	
扣除联营公司和合营公司影响后的利润	6,901	9,181	9,424	
资产负债表数据：				
资产总计	133,450	120,442	125,877	113,440
对联营公司与合营公司的投资	8,649	12,315	11,586	10,317
扣除对联营公司与合营公司投资后的总资产	124,801	108,127	114,291	103,123
股东权益合计	71,884	64,139	62,664	58,342

对 ROE 进行五维分解时，需要稍做扩展，排除对联营公司投资给雀巢公司本身的资产和盈利所带来的影响。在表 18-5 中，已列出为排除这种影响而对报表数据进行的必要修改。从净利润（在报表中使用的是"本年利润"）中减去联营公司利润，即得到雀巢公司靠自有资产运营所得到的利润；从总资产中减去对联营公司的投资，即能得到更接近雀巢公司自身资产基础的金额。有了这些信息以后，分析师就可以对整个雀巢集团中最大和最相关的部分进行评价了：雀巢公司的核心盈利能力和回报水平。

表 18-6 中列出了扩展杜邦分析的结果。对净利润率影响因素和总资产周转率影响因素都进行了部分调整，以消除对联营公司投资给公司总资产报酬率的影响。在调整净利润率影响因素时，分析师从净利润中减去了联营公司利润，用得到的差额除以销售收入。调整后，雀巢公司在 2014 年的净利润率为 7.53%（从净利润中剔除了对联营公司投资的影响，6,901/91,612 = 7.53%）。在调整总资产周转率时，分析师从总资产中扣除了对联营公司的投资，得出雀巢公司核心业务所使用的资产价值；接下来，用销售收入除以期初和期末资产的平均值（已扣除对联营公司投资的影响），得出"纯雀巢"公司的总资产周转率。2014 年，该"纯雀巢"公司的总资产周转率为 0.787 ｛ = 91,612/［（108,127 + 124,801）/2］= 91,612/116,464 ｝。如果在总资产中包括对联营公司的投资，则总资产周转率将变为 0.722 ｛ = 91,612/［（120,442 + 133,450）/2］= 91,612/126,946 ｝。根据未调整的财务报表数据计算得到的总资产周转率与调整对联营公司投资影响后的"纯雀巢"公司总资产周转率之间出现差距，在 2014 年，表现为调整后的总资产周转率降低了 0.065。

表 18-6 扩展的杜邦分析
（除比率外，单位为百万瑞士法郎）

	2014 年	2013 年	2012 年
所得税负担影响（不含对联营公司投资的影响）	67.21%	73.82%	74.30%
× 利息负担影响	94.16%	95.17%	94.73%

（续）

	2014 年	2013 年	2012 年
× 息税前利润率	11.90%	14.18%	14.92%
= 净利润率（不含对联营公司投资影响）	7.53%	9.96%	10.50%
× 对联营公司投资对净利润率的影响	216.07%	113.76%	113.33%
= 净利润率	**16.27%**	**11.33%**	**11.90%**
总资产周转率（不含对联营公司投资的影响）	0.787	0.829	0.825
对联营公司投资对周转率的影响	−0.065	−0.081	−0.075
× 总资产周转率	**0.722**	**0.748**	**0.750**
= 总资产报酬率	11.75%	8.47%	8.93%
× 权益乘数	**1.87**	**1.94**	**1.98**
= 净资产收益率（ROE）	**21.97%**	**16.44%**	**17.67%**
传统净资产收益率计算：			
净利润	14,904	10,445	10,677
÷ 平均股东权益总额	68,012	63,402	60,503
= ROE	**21.91%**	**16.47%**	**17.65%**

注：ROE 的差异主要来自四舍五入影响。

　　净利润率可以分解为三个因素共同影响的结果：息税前利润率、所得税负担影响、利息负担影响，其中，所得税负担影响和利息负担影响分别表示在考虑了所得税影响和利息影响之后，公司还剩下了多少盈利。为调整所得税负担的影响，分析师需要用净利润（不包括联营公司利润）除以未考虑联营公司影响的税前利润（EBT）。以 2014 年数据为例，所得税负担影响 67.21%（= 6,901/10,268）。而利息负担影响则用未考虑联营公司影响的税前利润（EBT）除以经营利润（EBIT）计算得到，以 2014 年的数据为例，利息负担影响为 94.16%（= 10,268/10,905）。息税前利润率则等于公司的息税前利润（经营利润）与销售收入之比，以 2014 年数据为例，息税前利润率为 11.90%（= 10,950/ 91,612）。

　　将以上三个影响因素的值相乘，即可得到“纯雀巢”经营业务的净利润率。用 2014 年的数据代入，“纯雀巢”公司经营业务的净利润率为 7.53%（= 67.21% × 94.16% × 11.90%）。如果不扣除联营公司利润的影响，则净利润率将为 16.27%（= 净利润 / 销售收入 = 本年利润 / 销售收入 = 14,904/91,612），但这个利润率水平并不代表“纯雀巢”公司经营业务的盈利水平。用这个净利润率除以不考虑联营公司利润影响的净利润率（16.27%/7.53% = 216.07%），可量化联营公司利润对雀巢公司本身利润率的放大程度。“纯雀巢”公司从它的每 1 瑞士法郎销售收入中能赚到 7.53% 的利润，但将联营公司的利润计入雀巢集团的净利润之后，净利润率可以增加 116.07%［（100.00% + 116.07%）× 7.53% = 16.27%］。16.27% 的盈利水平并不是雀巢公司的核心业务可能产生的。

　　在 2012 年和 2013 年，雀巢公司的净利润率（包括联营公司利润的影响）分别为 11.90% 和 11.33%。但由于出售欧莱雅公司股权和高德美公司价值重估的影响，雀巢公司在 2014 年的联营公司利润大增，使净利润率上升至 16.27%。但是，这位分析师专注于研究雀巢公司的持续经营业务，因此不受这种非经常性盈利项目的迷惑。扣除联营公司利润后的净利润率呈现出令人不安的发展趋势：在 2012 ～ 2014 年，净利润率每年都在下降。发现这个问题后，分析师努力尝试找出雀巢公司经营获利能力下降的原因。在查阅年度报告中的利润表和报表附注时，他注意到雀巢在观察期间报告了商誉减值，其中有一项特别大的减值损失发生在 2014 年，金额为 19.08 亿瑞士法郎。此项减值损失与雀巢在美国收购的冰激凌和比萨业务有关。他还注意到，雀巢公司每年都记录了重组支出、环境责任、诉讼与其他合同准备金。为了了解这些事件对雀巢公司盈利能力的影响，分析师整理了相关信息，如表 18-7 所示。为方便陈述，他将这些事件统称为"非常支出"。

表 18-7　调整准备金和减值损失影响后的获利能力

（单位：百万瑞士法郎）

	2014 年	2013 年	2012 年
销售收入	91,612	92,158	89,721
扣除联营公司和合营公司影响后的利润（表 18-5）	6,901	9,181	9,424
商誉减值损失	1,908	114	14
重组支出、环境义务、诉讼与其他准备金合计（税前，假定在确认当年仍属于非应税项目）	920	862	618
调整非常支出后的利润	9,729	10,157	10,056
净利润率：不含对联营公司投资影响，但包括全部非常支出影响	7.53%	9.96%	10.50%
净利润率：不含对联营公司投资影响和非常支出影响	10.62%	11.02%	11.21%
非常支出项目对利润率的影响	3.09%	1.06%	0.71%

　　这位分析师注意到，在三年观察期内，调整后的利润及利润率相对不包括对联营公司投资影响的利润和利润率更稳定。但是，调整后的利润及利润率和不包括对联营公司投资影响的利润及利润率在这段时期内都呈下降发展趋势。不过，"纯雀巢"公司业务利润率下降的大部分原因已经可以由准备金和减值损失的影响得到解释，尤其是在 2013 年至 2014 年期间，所以，分析师决定不再对剩余的杜邦分析进行调整，去排除这些支出的影响。这类支出均涉及公司管理层的决策，它们经常性地重复出现，并对股东的回报造成影响。这位分析师认为，在评估公司的前景时，这类支出是非常重要的，不能予以忽视。

　　回到杜邦分析，这位分析师现在意识到联营公司利润对整个雀巢公司的重要性。如果将联营公司利润计入集团净利润中，与仅考虑"纯雀巢"公司的经营获利相比，每年的利润率能高出很多。如果没有联营公司利润的推动，雀巢公司的利润率一直就比较低。但如果将对联营公司的投资计入资产总额中，公司的总资产周转率就一直处于低位。

　　迄今为止所进行的调整将雀巢公司的经营业绩从总业绩中区分了出来，同时也将与经营业绩相关的资产与非经营性资产进行了区分。在调整利润率和总资产周转率时，这位分析师还没有对财务杠杆比率进行类似的处理。纳入或者排除对联营公司投资，在杜邦分析中的利润率和总资产周转率分解因素中是比较好处理的：无论是雀巢公司的经营性资产还是非经营性资产，均能创造一定的税前利润。将这些资产与它们各自的回报互相区分开，就能看到它们对总体业绩的贡献。同样，通过从总资产和股东权益中减去对联营公司投资，来对财务杠杆比率进行类似的调整应该也是可行的，但对财务杠杆的影响因素则无须调整。分析师假设雀巢公司的资本结构不会发生变化，并且假定无论是对联营公司的投资还是其他"纯雀巢"公司的资产，其融资来源中的负债与股东权益之比都是类似的。

从表 18-6 来看，将净资产收益率（ROE）分解为三个因素（净利润率、总资产周转率和权益乘数）的乘积，就能包括对联营公司投资影响的 ROE（表 18-8 的第一行）。如果不扣除对联营公司投资的影响，可以看出，ROE 整体上是呈上升趋势的。这位分析师希望将"纯雀巢"公司经营业务的 ROE 与包括对联营公司投资影响的 ROE 进行比较。其中，"纯雀巢"公司经营业务的 ROE 是通过将不包括对联营公司投资影响的净利润率乘以不包括对联营公司投资影响的总资产周转率再乘以权益乘数来计算得到的。2014 年，"纯雀巢"公司经营的 ROE 为 11.08%（＝ 7.53% × 0.787 × 1.87）。表 18-8 中列出了包括和不包括对联营公司投资影响时的 ROE。两组 ROE 水平之间的差异正是对联营公司投资所贡献的。可以看出，包括对联营公司投资影响在内的 ROE 在 2014 年出现了显著增长，主要是由于公司在 2014 年从对联营公司投资交易（用所持欧莱雅公司的股份去交换高德美公司的全部股权）中所确认利得的影响。"纯雀巢"公司经营部分的 ROE 发展趋势是完全不同的：在过去的两年里，每年的 ROE 水平都在降低。

表 18-8　对联营公司投资带来的 ROE 影响

	2014 年（%）	2013 年（%）	2012 年（%）
包括对联营公司投资影响的 ROE	21.97	16.44	17.67
减："纯雀巢"经营业务的 ROE	11.08	16.02	17.15
对联营公司投资的 ROE 贡献	10.89	0.42	0.52

这位分析师对"纯雀巢"公司经营业务的 ROE 在 2014 年出现的大幅下降感到尤其担心。他知道，该公司在 2014 年确认了一笔金额非常大的商誉减值损失，这或许可以解释公司 ROE 的突然降低。为了解这些非常支出项目对 ROE 指标的影响，他根据修正后的净利润率（即，调整了对联营公司投资的影响和非常支出的影响）重新计算了雀巢公司的 ROE 数据，如表 18-7 所示。2014 年，"纯雀巢"公司经营业务的 ROE 为 15.63%（＝ 10.62% × 0.787 × 1.87）。结果如表 18-8A 所示。

表 18-8A　"纯雀巢"公司经营业务的 ROE，从税前利润率中排除了非常支出项目的影响

	2014 年	2013 年	2012 年
"纯雀巢"公司经营业务的 ROE	15.63%	17.73%	18.31%

在排除了非常支出项目的影响之后，雀巢公司的 ROE 在所观察的三年中都有了显著改善，但仍然是一年比一年有所降低。这种发展趋势是令分析师真正担心的。对联营企业的投资虽然可以给公司带来增量回报，但分析师认为，从整个集团的角度来看，雀巢公司的经营业务所占用的资源是最多的，因此显然应当成为最重要的回报驱动力。

在纳入对关联公司投资影响和排除对关联公司投资影响的业绩比较中，公司报告的净利润率和"纯雀巢"公司经营业务的净利润率之间的差距越来越大，这再一次凸显了对关联公司投资的重要性以及"纯雀巢"公司经营业绩的恶化（见表 18-9）。在计算利润率时，包括了以前确认的全部非常支出项目的影响，因为分析师认为不应将这些项目排除掉，它们是公司经营的真实成本，并且经常重复地出现。这些非常支出项目实际上是由公司管理层引起的，他们应当对自己受托管理的股东资源负责。

表 18-9 净利润率差距

	2014 年	2013 年	2012 年
根据报告金额计算的合并销售净利率	16.27%	11.33%	11.90%
"纯雀巢"公司业务的净利率	7.53%	9.96%	10.50%
两者之差	8.74%	1.37%	1.40%

这位分析师决定集中精力，对"纯雀巢"公司业务的增长和收入驱动因素去进行更深入的挖掘。他给自己做了一份笔记，以便稍后再对投资控股的估值问题展开调查。

18.2.3.2 资产的构成

这位分析师检查了雀巢公司资产负债表的组成项目，如表 18-10 所示。

表 18-10 用占总资产的百分比表示的资产构成情况

	2014 年（%）	2013 年（%）	2012 年（%）	2011 年（%）
现金及现金等价物	5.6	5.3	4.5	4.2
短期投资	1.1	0.5	2.8	2.7
存货	6.9	7.0	7.1	8.0
贸易及其他应收款	10.1	10.1	10.4	11.5
其他流动资产	1.8	2.0	2.2	2.4
流动资产合计	**25.5**	**24.9**	**27.0**	**28.8**
不动产、厂场与设备	21.3	22.3	21.1	20.7
商誉	25.9	25.8	26.0	25.2
无形资产	14.8	10.5	10.3	7.7
其他长期资产	12.5	16.4	15.6	17.7
资产总计	**100.0**	**99.9***	**100.0**	**100.1***

注：由于四舍五入的影响，加总金额不等于100%。

由于雀巢公司是一家食品制造和销售企业，因此，分析师预计该公司会在流动资产、存货和有形的工厂设备等资产方面进行大量投资。但令这位分析师惊讶的是，他发现雀巢公司在无形资产方面进行了相当多的投资，这表明雀巢公司的成功可能部分依赖于成功的并购活动。显然，该公司在过去四年中一直在积极进行公司并购活动。2014 年，商誉和无形资产占总资产比重高达 40.7%；而这个指标在 2011 年年末还只有 32.9%。在现金流量表的投资活动部分（表 18-11），也报告了这些公司的并购活动。

表 18-11 雀巢公司的投资活动，2012 ~ 2014 年

（单位：百万瑞士法郎）

	合计	2014 年	2013 年	2012 年
资本支出	−14,115	−3,914	−4,928	−5,273
无形资产支出	−1,236	−509	−402	−325
公司并购	−13,223	−1,986	−321	−10,916
公司处置	884	321	421	142
对联营公司与合营公司的投资（扣除收回投资后净额）	3,851	3,958	−28	−79
长期国库券投资现金流出	−573	−137	−244	−192
长期国库券投资现金流入	4,460	255	2,644	1,561

（续）

	合计	2014 年	2013 年	2012 年
短期国库券投资现金流入（流出）	115	−962	400	677
其他投资活动	668	−98	852	−86
投资活动产生的现金流量	−19,169	−3,072	−1,606	−14,491
公司并购现金流量占投资活动总额的百分比	69.0%	64.6%	20.0%	75.3%

可以看出，雀巢公司一直非常积极地将资源用于公司并购，仅在 2013 年稍有放缓。在所观察的整个三年期间，有 69.0% 的投资活动现金开支都用于公司并购了，其中最大的单笔收购支出发生在 2012 年，当时雀巢公司以 108.46 亿瑞士法郎收购了惠氏公司（Wyeth）的营养业务；该笔收购所用资金占公司 2012 年投资活动所用现金的 74.8%（= 10,846/14,491）。

18.2.3.3　资本结构分析

通过杜邦分析结果可以看出，雀巢公司的总体财务杠杆在过去三年中一直非常稳定，这显然不能完全满足分析师对雀巢公司融资战略的好奇。他知道，将财务杠杆作为公司资本结构指标是有不足的，即单看负债水平，无法了解公司使用不同融资工具的性质或风险。比如，发行债券所带来的财务负担远比员工福利计划这种负债带给公司的压力大，一旦违约，需要公司去承担更多的后果。

因此，分析师决定更深入地研究雀巢公司的资本结构，他以共同比为基础构建表 18-12。杜邦分析表明，雀巢公司的权益乘数在过去三年中一直保持在一个狭窄的范围内，从最低水平 1.87 到最高水平 1.98。但是，如果看表 18-12，会发现雀巢公司在过去四年中一直在通过改变资本结构提高公司的财务风险。不仅股东权益总额从 2011 年的 74.2% 下降为 2014 年的 71.5%，而且长期金融负债在公司资本组合中的比例显著上升，从 2011 年的 7.8% 上升为 2014 年的 12.3%。"其他长期负债"（主要为员工福利计划义务及准备金）由 2011 年的 17.9% 下降至 2014 年的 16.2%。

表 18-12　长期资本结构百分比

	2014 年	2013 年	2012 年	2011 年
长期金融负债	12.3	11.8	10.3	7.8
其他长期负债	16.2	14.9	17.9	17.9
股东权益总额	71.5	73.3	71.8	74.2
长期资本合计	100.0	100.0	100.0	99.9*

注：由于四舍五入的原因，合计数不等于100%。

鉴于在公司的长期资本结构中，负债水平不断增加，这位分析师想知道该公司的营运资本账户是否也发生了变化。因此，他决定进一步检查雀巢公司的流动性状况。根据表 18-2 和表 18-3 中的财务报表，他整理出相关信息如表 18-13 所示。

这位分析师注意到，在经历了三年的相对稳定后，雀巢公司的流动比率和速动比率在 2014 年略微改善。他还注意到，2013 年的防御区间比率相对以往水平大幅下降，但在 2014 年又开始改善，且改善的程度比较适当；由于长期负债水平不断增加，这位分析师预计雀巢公司的营运资本账户将出现更多的流动性缓冲。他发现，公司产生现金的速度一直在增加，这是一个缓冲因素：2011 ～ 2013 年，应收账款周转天数降低了，存货周转天数也减少了，但 2011 ～ 2014 年应付账款周转天数增加了。事实上，营运资本账户的管理发生了很大变化，雀巢公司目前的现金转换周期为负的 8 天，这主要是该公司不断延迟向供应商进行支付而导致的。从效果上来看，相对于雀巢公司在向供应商支付应付账款前的 8 天里，其营运资本账户一直都在产生现金。

表 18-13　雀巢公司营运资本账户和相关财务比率，2011 ～ 2014 年

	2014 年	2013 年	2012 年	2011 年
流动比率	1.03	0.91	0.88	0.93
速动比率	0.68	0.59	0.58	0.60
防御区间比率①	106.6	91.9	110.0	110.5
应收账款周转天数	51.1	50.0	53.0	54.7
存货周转天数	67.4	65.7	69.3	70.4
应付账款周转天数	−126.5	−117.8	−108.6	−105.3
现金转换周期	−8.0	−2.1	13.7	19.8

①根据表 18-2，以 2014 年数据为例：日现金支出 = 费用 − 非现金项目 = ［销货成本 + 配送费用 + 营销与管理费用 + 研发支出 − （固定资产折旧 + 无形资产摊销）+ 交易费用净额 − 固定资产与无形资产减值损失 + （其他经营费用净额 − 商誉减值损失）+ 融资费用净额］/365 = ［47,553 + 8,217 + 19,651 + 1,628 − 3,058 + 797 − 159 + （3,114 − 1,908）+ 637］/365 = 209.5。因此防御区间比率为 22,340/209.5 = 106.6。

18.2.3.4　分部分析与资本配置

杜邦分析结果显示，雀巢公司的核心经营业务盈利能力不断下降，这导致分析师随后对资产构成进行了更多调查，并研究了公司的融资情况。他知道雀巢公司的总资产周转率一直在放缓，公司一直通过收购活动在实现增长。但他仍然怀疑雀巢公司旗下不同业务的健康状况，以及公司管理层是如何有效地进行内部资本配置的。杜邦分析不能提供上述问题的答案，分析师知道，财务报表中还有更多的信息可以利用起来，去揭示公司管理层是如何进行内部资本分配的，而不只是关注公司并购活动。

为了解投资的地缘政治风险和雀巢公司经营所在地的经济发展情况，分析师想知道哪些地理区域对该公司是最重要的。他发现，雀巢公司按管理责任和地理区域（以下简称"分部"）报告信息，而不是完全按地理区域报告。这位分析师从表 18-14 中的分部资料中注意到，2014 年，欧洲分部的收入和经营利润无论是从绝对值来看还是从占经营总额的百分来看，都较 2012 年有所下降。本期利润的下降是一致的。同期美洲分部的销售收入对整个公司的收入贡献较小，并且与欧洲分部一样，自 2012 年以来略有下降。美洲分部的经营利润也是一样，自 2012 年以来持续下降，并且，与欧洲分部一样，对 2014 年公司经营利润的贡献相对 2012 年更低。亚洲、大洋洲与非洲分部的发展趋势也是一样：在 2012 年后的两年中，销售收入和经营利润都在下降。最小一个分部是雀巢水业，它并不是一个真正的地理分部，在 2012 ～ 2014 年，其收入和经营利润略有增长，并且在 2014 年对公司总收入和经营利润的贡献也与 2012 年时基本保持一致。雀巢营养分部在观察期内增长显著：2014 年，它为公司整体贡献了 10.5% 的销售收入（2012 年仅为 8.8%）和 14.2% 的经营利润，这一比例在 2012 年仅为 11.2%。这位分析师了解，雀巢公司在 2012 年收购了惠氏公司的营养品业务，他认为这能很好地解释该增长出现的原因。"其他经营分部"是一个由不同业务所组成的大分部，在 2012 年至 2014 年期间，该分部的重要性也有所增加，为公司整体贡献了

2014 年销售收入的 15.2%（2012 年为 13.2%）和经营利润的 18.9%（2012 年为 15.3%）。这两项指标（销售收入和经营利润）在 2014 年都有所增长，分析师将该增长归因于雀巢公司在 2014 年获得了高德美公司全部控制权的影响。

表 18-14　分部销售收入与 EBIT　　　　（单位：百万瑞士法郎）

销售收入	2014 年		2013 年		2012 年		年度变动率（%）	
	金额	占比	金额	占比	金额	占比	2014 年	2013 年
欧洲分部	15,175	**16.6**	15,567	**16.9**	15,388	**17.2**	−2.5	1.2
美洲分部	27,277	**29.8**	28,358	**30.8**	28,613	**31.9**	−3.8	−0.9
亚洲、大洋洲与非洲分部	18,272	**19.9**	18,851	**20.5**	18,875	**21.0**	−3.1	−0.1
雀巢水业	7,390	**8.1**	7,257	**7.9**	7,174	**8.0**	1.8	1.2
雀巢营养分部	9,614	**10.5**	9,826	**10.7**	7,858	**8.8**	−2.2	25.0
其他经营分部①	13,884	**15.2**	12,299	**13.3**	11,813	**13.2**	12.9	4.1
	91,612	**100.0**	92,158	**100.0**	89,721	**100.0**		

经营利润	2014 年		2013 年		2012 年		年度变动率（%）	
	金额	占比	金额	占比	金额	占比	2014 年	2013 年
欧洲分部	2,327	16.6	2,331	16.6	2,363	17.6	−0.2	−1.4
美洲分部	5,117	36.5	5,162	36.7	5,346	39.7	−0.9	−3.4
亚洲、大洋洲与非洲分部	3,408	24.3	3,562	25.4	3,579	26.6	−4.3	−0.5
雀巢水业	714	5.1	665	4.7	640	4.8	7.4	3.9
雀巢营养分部	1,997	14.2	1,961	14.0	1,509	11.2	1.8	30.0
其他经营分部①	2,654	18.9	2,175	15.5	2,064	15.3	22.0	5.4
未分配项目	−2,198	−15.7	−1,809	−12.9	−2,037	−15.1	21.5	−11.2
	14,019	100.0	14,047	100.0	13,464	100.0		

①主要包括咖啡产品线（Nespresso）、专业产品（Nestlé Professional）、保健产品（Nestlé Health Science）和护肤品（Nestlé Skin Health）等几大业务。

基于若干原因，分析师对雀巢公司报告的分部资料感到有点失望。他希望对三年以上的更多趋势展开研究，但受限于 2013 年的会计准则变化（采用 IFRS 19）没有在 2012 年之前的分部信息中进行追溯。此次会计政策变更取消了合营公司的比例合并法，使 2011 年的分部信息与 2012 年及以后的报告数字完全不可比。因为早期的各分部销售收入和经营利润报告金额中按比例计入了合营公司的影响，与之后年份的数据比较存在困难。

另一个与分部信息有关的问题是，雀巢公司并没有完全按地理位置或者产品类别来定义分部。分析师指出，三个按地理位置命名的分部对公司 2014 年整体收入的贡献为 66.3%，这个比例在 2012 年为 70.1%；这三个分部的经营利润对公司 2014 年和 2012 年整体经营利润的贡献分别为 77.4% 及 83.9%。因此，说明该三个分部对雀巢公司的整体重要性正在下降，而雀巢水业和其他业务分部的规模及重要性正在增强。但是，这两个分部似乎也有可能在不同的地理区域开展业务，而它们的经营业绩没有被计入前面三个地理分部当中。这些分部之间的关联越来越强，因此需要更多的信息披露。例如，其他经营分部包括咖啡产品线、专业产品、保健产品和护肤品等，它们的经营利润加在一起几乎占了公司整体经营利润的 19%，但它们的分销渠道、盈利水平和增长潜力却似乎不应该是相同的。

分部信息是按公司管理层的决策使用习惯来列报的。因此，分析师继续进行他的分部分析和资本配置评估，他收集了表 18-15 中报告的雀巢公司分部资产与资本支出信息。

表 18-15　分部资产与资本支出信息　　　　　（单位：百万瑞士法郎）

	资产[1]			资本支出		
	2014 年	2013 年	2012 年	2014 年	2013 年	2012 年
欧洲分部	11,308	11,779	11,804	747	964	1,019
美洲分部	20,915	21,243	22,485	1,039	1,019	1,073
亚洲、大洋洲与非洲分部	15,095	14,165	14,329	697	1,280	1,564
雀巢水业	6,202	6,046	6,369	308	377	407
雀巢营养分部	24,448	22,517	24,279	363	430	426
其他经营分部[2]	21,345	9,564	9,081	573	642	550
	99,313	85,314	88,347	3,727	4,712	5,039

①由于分部共同资产和非分部资产的影响，资产总额与资产负债表上报告的资产总计金额不相等。
②主要包括咖啡产品线、专业产品、保健产品和护肤品等几大业务。

利用表 18-14 的信息计算出息税前利润率，再结合表 18-15 中的分部资产与资本支出信息，分析师构建了表 18-16，并按各分部在 2014 年的息税前利润率进行盈利能力降序排列。

表 18-16　各分部的息税前利润率、总资产占比与资本支出占比

	息税前利润率（%）			总资产占比（%）			资本支出占比（%）		
	2014 年	2013 年	2012 年	2014 年	2013 年	2012 年	2014 年	2013 年	2012 年
雀巢营养分部	20.77	19.96	19.20	24.6	26.4	27.5	9.7	9.1	8.5
其他经营分部[1]	19.12	17.68	17.47	21.5	11.2	10.3	15.4	13.6	10.9
美洲分部	18.76	18.20	18.68	21.1	24.9	25.5	27.9	21.6	21.3
亚洲、大洋洲与非洲分部	18.65	18.90	18.96	15.2	16.6	16.2	18.7	27.2	31.0
欧洲分部	15.33	14.97	15.36	11.4	13.8	13.4	20.0	20.5	20.2
雀巢水业	9.66	9.16	8.92	6.2	7.1	7.2	8.3	8.0	8.1
				100.0	100.0	100.1[2]	100.0	100.0	100.0

①主要包括咖啡产品线、专业产品、保健产品和护肤品等几大业务。
②由于四舍五入影响，加总不等于 100%。

虽然分部的划分没有严格按照地理位置来进行，分析师仍可以对资本配置做一些判断。按照享受最大的资产投资的分部应得到类似占比的资本支出这个前提，他计算了过去三年中资本支出占比与总资产占比的比值，并将其与当前的息税前利润率排名进行比较，得到结果如表 18-17 所示。

表 18-17　资本支出占比与总资产占比的比值，按息税前利润率排序

	息税前利润率（%）	资本支出占比与总资产占比的比值		
	2014 年	2014 年	2013 年	2012 年
雀巢营养分部	20.77	0.39	0.34	0.31
其他经营分部[1]	19.12	0.72	**1.21**	**1.06**
美洲分部	18.76	**1.32**	0.87	0.84
亚洲、大洋洲与非洲分部	18.65	**1.23**	**1.64**	**1.91**
欧洲分部	15.33	**1.75**	**1.49**	**1.51**
雀巢水业	9.66	**1.34**	**1.13**	**1.13**

①主要包括咖啡产品线、专业产品、保健产品和护肤品等几大业务。

如果比值为 1，说明该分部的资本支出占比与其资产占比相同。如果比值小于 1，说明该分部被分配到的资本支出占比低于其资产占比；按这样的趋势继续发展下去，那么随着时间的推移，该分部会变得越来越不重要。如果比值大于 1，说明公司希望壮大和发展该分部，因为它得到了增长的资本支出分配金额。将这个比值与息税前利润率的排位进行比较，可以让分析师了解公司是否将资本投资于公司盈利能力最强的分部。（为便于查看，在表 18-17 中，已将大于 1 的比值加粗表示。）

有了这些前提之后，分析师对雀巢公司内部的资本配置感到困惑。雀巢营养分部是利润最高的部门，但在过去三年里，它分配到的资本支出投资占比是最低的。该公司已通过收购方式投资于雀巢营养分部，例如 2012 年的惠氏营养品业务收购。人们会认为，规模更大的经营业务需要更多的资本支出来维持，但自 2012 年以来，营养分部的资本支出仅有名义上的少量增加。

按息税前利润率计算，其他经营分部为雀巢公司的第二大盈利分部。由于该分部所包含的业务种类繁多，分析师很难理解这个部门的利润率究竟是怎样高起来的。从数据上看，雀巢公司的管理层正在郑重其事地向这个部门分配资本。虽然它在 2014 年并没有获得"增长式分配"的资本支出，但在此前两年，它的资本支出分配都获得了增长。美洲分部和亚洲、大洋洲与非洲分部的息税前利润率大致相当，与雀巢营养分部和其他经营分部的利润率基本在同一范围内，由于它们的获利水平和经营业务的重要性，分析师认为这两个分部都应当得到"增长式分配"的资本投资。

然而，不那么令人振奋的是，分析师发现，雀巢公司从过去到目前，一直都在将大量的资本支出分配给欧洲分部。更让人产生怀疑的是，雀巢公司对利润率最低的雀巢水业分配了很高比例的资本支出。这位分析师对雀巢公司在如此低回报的经营业务中进行增长式投资的做法感到不安，但他指出，该部门所获得资本支出的绝对水平是每年所有分部中最低的。

在最坏的情形下，如果雀巢公司继续向利润率最低的经营业务（如欧洲分部和雀巢水业）进行增长式的资本配置，那么最终公司"纯雀巢"经营业务的整体回报将受到负面影响。因此，雀巢公司就会更依赖对联营企业的投资来维持公司业绩。

这位分析师知道，像息税前利润这样的应计业绩指标，并不能代表报告主体创造现金流的能力，所以，他想知道这一限制是否对雀巢公司管理层的资本分配决定有影响。但是，由于分部层面的现金流信息是不公开的，所以该分析师决定将折旧费用反加回经营利润中，得到近似的现金流，然后再用该近似的现金流指标与每个分部的平均总资产对应起来，这样，就能得到某一特定分部持续投资的现金回报近似值。

分析师将表 18-14 中的分部经营利润和表 18-18 中的分部折旧与摊销费用相加，得到表 18-18 中所列的分部现金流估计值。为了消除投资的峰谷影响，他还在表 18-18 中为各个分部计算了平均总资产。2012 年的平均总资产包括根据 IFRS 19 编报的 2011 年总资产，对此无法进行调整。分析师意识到这种差异是不可调和的，但他认为，对两年的金额进行平均，能有助于差异的稀释。他指出，如果根据 2011 年数据计算得到的任何结果成为异常值的话，他会驳回这些数据的。

表 18-18　各分部的折旧与摊销费用，分部现金流与平均总资产

（单位：百万瑞士法郎）

	折旧与摊销费用			分部现金流			平均总资产[①]		
	2014 年	2013 年	2012 年	2014 年	2013 年	2012 年	2014 年	2013 年	2012 年
欧洲分部	473	517	533	2,800	2,848	2,896	11,544	11,792	11,683
美洲分部	681	769	899	5,798	5,931	6,245	21,079	21,864	22,783
亚洲、大洋洲与非洲分部	510	520	553	3,918	4,082	4,132	14,630	14,247	14,068
雀巢水业	403	442	491	1,117	1,107	1,131	6,124	6,208	6,486
雀巢营养分部	330	337	176	2,327	2,298	1,685	23,483	23,398	18,564
其他经营分部[②]	525	437	295	3,179	2,612	2,359	15,455	9,323	10,009

①平均总资产按年初数和年末数进行计算。

②主要包括咖啡产品线、专业产品、保健产品和护肤品等几大业务。

在表 18-19 中，分析师计算了每个分部的总资产现金经营回报率，并将结果与 2014 年的资本支出排序（表 18-17）和息税前利润率进行比较。表 18-19 中各个分部按资本支出占比与总资产占比的比值降序进行排列。较浅的阴影表示各年度的息税前利润率和总资产现金经营回报率最高，较深的阴影则表示各年度的息税前利润率和总资产现金经营回报率最低。

表 18-19　各分部的总资产现金经营回报率

	2014 年		分部总资产现金经营回报率		
	资本支出占比 / 总资产占比	息税前利润率 （%）	2014 年 （%）	2013 年 （%）	2012 年 （%）
欧洲分部	1.75	15.3	24.3	24.2	24.8
雀巢水业	1.34	9.7	18.2	17.8	17.4
美洲分部	1.32	18.8	27.5	27.1	27.4
亚洲、大洋洲与非洲分部	1.23	18.7	26.8	28.7	29.4
其他经营分部[①]	0.72	19.1	20.6	28.0	23.6
雀巢营养分部	0.39	20.8	9.9	9.8	9.1

①主要包括咖啡产品线、专业产品、保健产品和护肤品等几大业务。

这位分析师惊讶地看到，雀巢营养分部的息税前利润率最高，但总资产现金经营回报率却一直最低。当他从息税前利润率的角度来看这些分部时，他对雀巢营养分部所分配到的资本支出感到失望，认为分配得太少了。但当他从总资产现金经营回报率的角度来看时，又认为这种低分配是有意义的。他高兴地看到，每一年，总资产现金经营回报率最高的分部（美洲分部和亚洲、大洋洲与非洲分部）都得到了增长式的资本支出分配。他还感到备受鼓舞的是，尽管欧洲分部的息税前利润率较低，但其总资产现金经营回报与其他分部相比是有竞争力的，远远领先于雀巢水业和雀巢营养分部。即使是息税前利润率看起来不太具有吸引力的雀巢水业分部，其总资产现金经营回报也是比较强劲的。这些结果让分析师的信心得以恢复，他认为雀巢公司的管理层目前对资本投资的分配方式是合理的。即使管理层没有以现金流量为基础进行资本预算决策，他们也一定是以现金流量为基础进行了评估的。

他决定从产品组的角度来看看雀巢公司的资本配置过程。表 18-20 中，分析师列出了他整理的各产品组销售收入与息税前利润资料。根据表中信息，他指出，营养与健康科学产品组是唯一一个销售收入和息税前利润都有显著增长的部门，也是该公司在过去几年中一直在

进行收购业务的产品部门。他还指出，营养与健康科学产品组的息税前利润率在过去两年中每年都有所增长，并且在过去三年中，这个产品组的息税前利润率是最高的。不过，粉末和液体饮料产品组的息税前利润率也一直较高，远超水产品组。

表 18-20　按产品组统计的销售收入与息税前利润[①]

销售收入	2014 年		2013 年		2012 年		年度变动率	
	金额（百万瑞士法郎）	占比（%）	金额（百万瑞士法郎）	占比（%）	金额（百万瑞士法郎）	占比（%）	2014 年	2013 年
粉末和液体饮料	20,302	22.2	20,495	22.2	20,248	22.6	-0.9	1.2
水	6,875	7.5	6,773	7.3	6,747	7.5	1.5	0.4
奶制品和冰激凌	16,743	18.3	17,357	18.8	17,344	19.3	-3.5	0.1
营养与健康科学	13,046	14.2	11,840	12.8	9,737	10.9	10.2	21.6
预制菜品和烹饪辅助	13,538	14.8	14,171	15.4	14,394	16.0	-4.5	-1.5
糖果	9,769	10.7	10,283	11.2	10,441	11.6	-5.0	-1.5
宠物护理	11,339	12.4	11,239	12.2	10,810	12.0	0.9	4.0
	91,612	100.0	92,158	100.0	89,721	100.0		
息税前利润								
粉末和液体饮料	4,685	33.4	4,649	33.1	4,445	33.0	0.8	4.6
水	710	5.1	678	4.8	636	4.7	4.7	6.6
奶制品和冰激凌	2,701	19.3	2,632	18.7	2,704	20.1	2.6	-2.7
营养与健康科学	2,723	19.4	2,228	15.9	1,778	13.2	22.2	25.3
预制菜品和烹饪辅助	1,808	12.9	1,876	13.4	2,029	15.1	-3.6	-7.5
糖果	1,344	9.6	1,630	11.6	1,765	13.1	-17.5	-7.6
宠物护理	2,246	16.0	2,163	15.4	2,144	15.9	3.8	0.9
未分配项目	（2,198）	-15.7	（1,809）	-12.9	（2,037）	-15.1	21.5	-11.2
	14,019	100.0	14,047	100.0	13,464	100.0		

①表中数据与原书一致，疑有误。——译者注

息税前利润率	2014 年	2013 年	2012 年
粉末和液体饮料	23.1%	22.7%	22.0%
水	10.3%	10.0%	9.4%
奶制品和冰激凌	16.1%	15.2%	15.6%
营养与健康科学	20.9%	18.8%	18.3%
预制菜品和烹饪辅助	13.4%	13.2%	14.1%
糖果	13.8%	15.9%	16.9%
宠物护理	19.8%	19.2%	19.8%
合计	15.3%	15.2%	15.0%

不幸的是，就他的分析目的而言，雀巢公司并没有按产品组提供资本支出信息。所以，与上述分部信息分析相比较，分析师在按产品组分类的分析方面受到了限制。他能做的就是查验总资产报酬率与息税前利润之间的关系，但不能从创造现金的角度来展开进行分析。不过，这位分析师还是决定将所有可用的信息都利用起来。为了进一步检查公司的资本分配决策，他从财务报表中搜集了各个产品组的资产信息，整理如表 18-21 所示。报告的资产总额因分部和产品组列报而有所不同，因为雀巢公司在按产品组分类时报告的是平均资产，但在分部报告中使用的是年末资产。此外，在报告分部信息时，还有数量相当的资产并没有被分

配到各个分部去，但在按产品组进行报告时，并不存在未分配的资产。分析师用息税前利润除以对应的平均资产，计算得到了总资产息税前利润率，并确定了每个产品组的平均资产在公司总平均资产中所占百分比。用浅色阴影表示的是每年最高的息税前利润（EBIT）占比、总资产息税前利润率和总资产占比，用深色阴影表示的则是最低的。

表 18-21　按产品组统计的分部资产信息　（单位：百万瑞士法郎）

	平均资产			息税前利润率（EBIT）	总资产息税前利润率			总资产占比		
	2014 年	2013 年	2012 年	2014 年	2014 年	2013 年	2012 年	2014 年	2013 年	2012 年
粉末和液体饮料	11,599	11,044	10,844	23.1%	40.4%	42.1%	41.0%	11.6%	11.5%	12.4%
水	5,928	6,209	6,442	10.3%	12.0%	10.9%	9.9%	6.0%	6.4%	7.4%
奶制品和冰激凌	14,387	14,805	14,995	16.1%	18.8%	17.8%	18.0%	14.4%	15.4%	17.1%
营养与健康科学	32,245	28,699	19,469	20.9%	8.4%	7.8%	9.1%	32.4%	29.8%	22.2%
预制菜品和烹饪辅助	13,220	13,289	13,479	13.4%	13.7%	14.1%	15.1%	13.3%	13.8%	15.4%
糖果	7,860	8,190	8,343	13.8%	17.1%	19.9%	21.2%	7.9%	8.5%	9.5%
宠物护理	14,344	14,064	13,996	19.8%	15.7%	15.4%	15.3%	14.4%	14.6%	16.0%
	99,583	96,300	87,568	15.3%	14.1%	14.6%	15.4%	100.0%	100.0%	100.0%

利用这些信息，分析师观察到了一些重要的事实：

- 在过去几年中，该公司一直坚持投资的营养与健康科学产品组，其总资产息税前利润率在过去三年中每一年都是最低的，但占用了公司最高比例的总资产；
- 水产品组的息税前利润率是最低的，而营养与健康科学产品组的总资产息税前利润率甚至比水产品组的还要低；
- 营养与健康科学产品组的总资产息税前利润率远低于公司的整体水平（2014 年、2013 年和 2012 年分别为 8.4%、7.8% 和 9.1%，而整体水平分别为 14.1%、14.6% 和 15.4%）；
- 由于营养与健康科学产品组所占有的资产在公司总资产中的比例越来越高，它在每一年都拖累了公司的整体回报水平；
- 粉末和液体饮料产品组的总资产息税前利润率最高，可能是因为它对资产或资本支出的要求不多：它所拥有的资产在公司总资产中的占比相对是很少的。此外，在所有的产品中，粉末和液体饮料产品组的息税前利润率也是最高的。鉴于它的息税前利润率高、总资产息税前利润率高而总资产投入却比较低，分析师怀疑雀巢公司对不同产品组的资本分配是不是有效的。因为企业经营应当将尽可能多的资源投入回报最好的地方；
- 分析师还想知道公司管理层在收购中的资本配置情况。营养与健康科学产品组的总资产息税前利润率较弱，而公司一直在进行该组资产的收购。分析师认为，雀巢公司在 2014 年发生了 19.07 亿瑞士法郎的商誉减值损失，这与管理层在过去收购活动中的技能直接相关，这是令人不安的。

18.2.3.5　应计项目与盈利质量

到此为止，这位分析师复核的这些信息并没有增加他对雀巢公司运营和资本配置能力的信心。他考虑了一种最坏的情况：公司是否会通过操纵会计数据来掩饰其经营业绩的疲软？

他强调，要理解应计项目在公司业绩中所发挥的作用。

分析师决定检查过去几年资产负债表中的应计项目和根据现金流计算的应计项目。他从雀巢公司的财务报表中整理出了表 18-22 所示的信息和中间计算过程。

表 18-22　资产负债表与现金流量表信息摘录

（单位：百万瑞士法郎）

	2014 年	2013 年	2012 年	2011 年
资产负债表应计信息：				
资产总计	133,450	120,442	125,877	113,440
现金与短期投资	8,881	7,053	9,296	7,782
经营性资产（A）	124,569	113,389	116,581	105,658
负债总额	61,566	56,303	63,213	55,098
长期借款	12,396	10,363	9,008	6,165
短期负债中的借款	8,810	11,380	18,408	15,945
经营性负债（B）	40,360	34,560	35,797	32,988
净经营性资产（NOA）（A-B）	84,209	78,829	80,784	72,670
根据资产负债表信息计算的应计项目合计（NOA 的年度变动额）	5,380	−1,955	8,114	6,218
平均净经营性资产	81,519	79,807	76,727	69,561
现金流量表应计信息：				
持续经营业务的利润	14,904	10,445	10,677	
经营活动产生的现金净流量	−14,700	−14,992	−15,668	
投资活动产生的现金净流量	3,072	1,606	14,491	
根据现金流量信息计算的应计项目合计	3,276	−2,941	9,500	

这位分析师根据资产负债表信息和现金流量情况计算了应计比率，他用这些比率来衡量公司财务报告的质量[○]。这些比率的计算方法如下所示：

t 时点的资产负债表应计比率 $=(NOA_t - NOA_{t-1})/[(NOA_t + NOA_{t-1})/2]$，且

t 时点的现金流量应计比率 $=[NI_t - (CFO_t + CFI_t)]/[(NOA_t + NOA_{t-1})/2]$

式中，NOA 表示净经营性资产，NI 表示净利润，CFO 表示经营活动产生的现金净流量，而 CFI 表示投资活动产生的现金净流量。

表 18-23 中列出了雀巢公司在过去三年中的应计比率情况。

表 18-23　应计比率　（单位：百万瑞士法郎）

	2014 年	2013 年	2012 年
根据资产负债表信息计算的应计项目合计（NOA 的年度变动额）	5,380	−1,955	8,114
除以：平均净经营性资产	81,519	79,807	76,727
根据资产负债表计算的应计比率	**6.6%**	**−2.4%**	**10.6%**
根据现金流量信息计算的应计项目合计	3,276	−2,941	9,500
除以：平均净经营性资产	81,519	79,807	76,727
根据现金流量信息计算的应计比率	**4.0%**	**−3.7%**	**12.4%**

[○]　如果你对某个子应计项目感兴趣，关注资产负债表中相关行项目的变化即可。例如，观察某会计期间内应收账款净额的变化数与平均净经营资产之比，能让你了解由于赊销而带来的应计收入规模。

分析师指出，无论是按期末余额计算，还是按平均水平计算，资产负债表应计项目的绝对额相对经营性资产的规模都很小。类似地，根据资产负债表信息计算的应计比率的波动率也很低。如果应计比率的绝对水平很高，就会令分析师担心；尤其是，如果应计比率一直呈现不断走高趋势的话。不过这一点在雀巢公司中并不存在。按现金流量信息计算的应计比率也表现出类似的趋势。这两个比率在最近两年的水平都低于 2012 年的，表明应计项目在财务业绩中不是一个影响很大的因素。不过，分析师仍然决定进一步检查雀巢公司的现金流质量及其与净利润的关系。

18.2.3.6　现金流量关系

分析师的分析工作是从表 18-24 所示的雀巢公司现金流量表信息整理开始的。

表 18-24　雀巢公司现金流量表，2012 ～ 2014 年

（单位：百万瑞士法郎）

	2014 年	2013 年	2012 年
经营活动			
经营利润	10,905	13,068	13,388
非现金盈利与费用项目	6,323	4,352	3,217
调整经营性资产与负债前的现金流量	17,228	17,420	16,605
营运资本账户的减少（增加）	−114	1,360	2,015
其他经营性资产与负债的变动	85	−574	−95
经营活动产生的现金净流量	17,199	18,206	18,525
融资活动产生的现金净流量	−356	−351	−324
支付的所得税	−2,859	−3,520	−3,118
来自联营公司与合营公司的股利和利润	716	657	585
经营活动现金流	**14,700**	**14,992**	**15,668**
投资活动			
资本支出	−3,914	−4,928	−5,273
无形资产支出	−509	−402	−325
企业并购	−1,986	−321	−10,916
处置经营部门	321	421	142
对联营公司与合营公司的投资（扣除收回的投资）	3,958	−28	−79
长期金融投资流出的现金	−137	−244	−192
长期金融投资流入的现金	255	2,644	1,561
短期金融投资流入（流出）的现金	−962	400	677
其他投资活动	−98	852	−86
投资活动产生的现金净流量	**−3,072**	**−1,606**	**−14,491**
融资活动			
支付给母公司股东的股利	−6,863	−6,552	−6,213
支付给少数股东的股利	−356	−328	−204
取得少数控制股权（扣除处置后的净额）	−49	−337	−165
购买库存股	−1,721	−481	−532
出售库存股	104	60	1,199
发行债券与其他长期金融负债的现金流入	2,202	3,814	5,226
偿还债券与其他长期金融负债的现金流出	−1,969	−2,271	−1,650

（续）

	2014 年	2013 年	2012 年
短期金融负债的现金流入（流出）	−1,985	−6,063	2,325
融资活动产生的现金净流量	**−10,637**	**−12,158**	**−14**
外币折算影响	42	−526	−219
现金及现金等价物增加（减少）	**1,033**	**702**	**944**
年初现金及现金等价物	**6,415**	**5,713**	**4,769**
年末现金及现金等价物	**7,448**	**6,415**	**5,713**

这位分析师最迫切地担忧以下几点：雀巢公司的经营利润是否有现金流支撑？应计指标是否能说明全部问题？经营利润是会计选择的结果吗？为了使自己确信雀巢公司的盈利是合理的，他首先将经营活动产生的现金净流量与经营利润进行了比较，如表 18-25 所示，该表中的金额来自表 18-24 的现金流量表。

表 18-25　经营活动产生的现金净流量与经营利润之比，2012～2014 年

（单位：百万瑞士法郎）

	2014 年	2013 年	2012 年
经营活动产生的现金净流量	17,199	18,206	18,525
经营利润	10,905	13,068	13,388
经营活动产生的现金净流量 / 经营利润	**1.58**	**1.39**	**1.38**

经营活动产生的现金净流量对应于权责发生制下的经营利润，却是按**现金收付制基础**来计算的。如果经营活动产生的现金净流量显著低于或者持续低于经营利润，人们就有理由怀疑公司经营利润的质量。令分析师感到鼓舞的是，在过去的三年中，雀巢公司每年通过经营活动创造的现金都大大超过了其经营利润。

得知雀巢公司曾进行多次收购活动，分析师决定检查经营现金流与总资产的关系。**现金流**是衡量公司投资项目运营是否成功的指标：成功的投资项目应当是能创造现金，而不是吸收现金的。**总资产**反映公司管理层在一段时间内可分配资源的总和。总资产产生的现金表示公司所有投资产生的现金回报之和。这种关系可表示为表 18-26 所示。

表 18-26　经营活动产生的现金净流量与总资产之比，2012～2014 年

（单位：百万瑞士法郎）

	2014 年	2013 年	2012 年
经营活动产生的现金净流量	17,199	18,206	18,525
平均总资产	126,946	123,160	119,659
总资产现金回报率	13.5%	14.8%	15.5%

再一次地，分析师还是很担心公司管理层在资产分配决策方面的效率。虽然 13.5% 的总资产现金回报率已是一个较高的回报水平了，但其发展趋势却是向下的。这位分析师想起该公司营养与健康科学产品组最近持续进行并购活动，在 2014 年已发生商誉减值损失，并且其总资产息税前利润率也非常糟糕。

鉴于资产回报的负面发展趋势，这位分析师关注了雀巢公司相对于其现金流状况的流动性情况和融资能力。他决定将经营活动产生的现金流量与再投资需求、负债总额和偿债能力

进行比较，如表 18-27 所示。

表 18-27　经营活动产生的现金净流量与再投资需求、负债总额和偿债能力之比，2012 ～ 2014 年

（单位：百万瑞士法郎）

	2014 年	2013 年	2012 年
现金流量与再投资需求[①]：			
经营活动产生的现金净流量	17,199	18,206	18,525
资本支出	3,914	4,928	5,273
无形资产支出	509	402	325
再投资支出合计	4,423	5,330	5,598
现金流量与再投资需求之比	**3.89**	**3.42**	**3.31**
现金流量与负债总额：			
经营活动产生的现金净流量	17,199	18,206	18,525
短期负债（短期金融债务）	8,810	11,380	18,408
短期衍生工具负债	757	381	423
长期负债（长期金融债务）	12,396	10,363	9,008
负债总额	21,963	22,124	27,839
现金流量与负债总额之比	**78.3%**	**82.3%**	**66.5%**
现金流量利息覆盖率：			
经营活动产生的现金净流量	17,199	18,206	18,525
用现金支付的利息	518	505	559
现金流量利息覆盖率	**33.2**	**36.1**	**33.1**

①相关信息取自表 18-24。

分析师看到，在 2014 年、2013 年和 2012 年，雀巢公司的现金流量是其再投资需求的 3.89 倍、3.42 倍和 3.31 倍，并且发展趋势是向好的。

他还看到，根据现金流量与负债总额之间的关系，该公司的杠杆率并不高，2014 年年末，经营活动产生的现金流量占负债总额的 78.3%。该比率水平已足够高，说明如果出现了投资机会，公司是有能力安排额外借款的。此外，分析师指出，即使维持其目前的再投资政策，雀巢公司也有能力在大约两年内偿还全部债务 [21,963/（ 17,199 − 4,423 ）]。

最后，从现金流量利息覆盖率可以看出，该公司当年的财务实力良好，其现金流量为所付利息的 33.2 倍。与现金流量与负债总额之比一样，这个指标说明，如果出现投资机会，公司有足够的财务能力去增加更多的负债。

18.2.3.7　公司估值的分拆与分析

截至目前，分析师认为他已就该公司的盈利来源、净资产收益率、资本结构、资本分配决策结果以及盈利质量等方面的问题获得了足够充分的信息。在他向投资组合经理进行报告之前，他想再研究一下该公司的市场估值。在阅读年度报告时，分析师注意到雀巢公司在法国化妆品公司欧莱雅（巴黎交易所代码：OR）中拥有重要的股权份额（23.4%）。在财务报表中，雀巢公司将欧莱雅公司报告为对联营企业的投资，因为它所拥有的股权份额还不足以对欧莱雅公司实施控制。虽然欧莱雅公司为雀巢公司的整体盈利做出了贡献，但它在公开市场上也是单独估值的，并且其独立估值与嵌入雀巢公司中的估值可能大相径庭。为了确定市场对"纯雀巢"公司经营业务的估值，分析师首先从雀巢公司的市场价值中删除了其中所包含欧莱雅公司股权的价值，如表 18-28 所示。

**表 18-28 扣除欧莱雅公司影响之后的雀巢公司市场价值，2014 年 12 月 31 日
（除每股价格外，其余货币单位均为百万）**

欧莱雅公司价值：	
2014 年 12 月 31 日股价	139.30
雀巢公司持有的股份（百万股）	129.881
持有欧莱雅股份的价值	18,092
12 月 31 日欧元 / 瑞士法郎汇率	1.202
持有欧莱雅股份的价值	21,747
雀巢公司市值，含和不含欧莱雅股份价值时：	
2014 年 12 月 29 日雀巢公司股价	72.95
流通在外股份数量（百万股）	3,168.400
雀巢公司市值	231,135
持有欧莱雅股份的价值	−21,747
"纯雀巢"公司经营业务的价值	209,388
市值占比：	
欧莱雅公司股份	9.4%
雀巢公司经营业务	90.6%
	100.0%

　　雀巢公司所持有欧莱雅公司股份的价值略低于雀巢公司市值的 10%。分析师现在想从合并报告主体的盈利中剔除来自欧莱雅公司的利润（见表 18-29），以单独用雀巢公司的利润去计算市盈率。对欧莱雅公司的这部分影响来说，这种对比很容易实现：雀巢公司在年报中披露欧莱雅公司为当年利润的贡献是 9.34 亿瑞士法郎。在分离出不同来源的盈利之后，分析师编制了表 18-30 中的数据，对不同的市值和市盈率指标进行了比较。

表 18-29 扣除对欧莱雅公司投资影响后的雀巢公司的利润，2014 年 12 月 31 日

（单位：百万瑞士法郎）

计算"纯雀巢"公司的盈利：	2014 年
雀巢公司的合并利润	14,904
减：欧莱雅公司的利润贡献	−934
"纯雀巢"公司的盈利	13,970
减：少数股东本期收益	−448
归属于雀巢公司股东享有的"纯雀巢"公司盈利	13,522

表 18-30 雀巢公司的盈利与市盈率指标分拆比较

（单位：百万瑞士法郎）

盈利	市值	盈利 （集团股东享有的）	对应的市盈率
所持有的欧莱雅公司股份	21,747	934	23.3
"纯雀巢"公司的经营业务	209,388	13,522	15.5
归属于雀巢公司母公司股东的实际利润	231,135	14,456	16.0
分拆后占比（%）	**市值**	**利润**	
所持欧莱雅股份	9.4	6.5	
"纯雀巢"公司的经营业务	90.6	93.5	
	100.0	100.0	

在进行这些分析时（2015 年年初），雀巢公司的普通股市盈率为 16.0，其年末市值为 2,311.35 亿瑞士法郎，上年盈利（归属于母公司的利润）为 144.56 亿瑞士法郎；与标准普尔 500 指数在 2014 年年末的市盈率水平 19.9 相比，折价了 20%。如果将欧莱雅公司的利润和市值从对应的市盈率估值中剔除，那么，剩下"纯雀巢"公司的经营业务就会折价略多一些：市盈率为 15.5，相对于市场整体的市盈率折价 22%。这位分析师最初对雀巢公司相对于市场整体水平的折价倍数感到非常惊讶，因为该公司的现金流和盈利水平一直表现不错，财务杠杆水平也较低。他认为，出现折价的原因可能在于雀巢公司的核心盈利能力下滑。所以，这位分析师最后的结论是，雀巢公司的股票被市场打了折扣，因为投资者对该公司可能是持怀疑态度的。

到这一步，分析师认为他已经处理和分析了足够的数据，因此准备汇总他的发现，然后向投资组合经理提交分析报告。

18.2.4 第 5 阶段：得出研究结论与建议（例如，利用分析报告）

作为分析的结果，分析师收集了关于雀巢公司经营和财务特征的充分证据，并相信他能够回答投资组合经理最初所表达的担忧问题。他将准备在报告中阐述的要点分为两类：对雀巢公司股票投资的支持和应当注意的问题。

18.2.4.1 支持对雀巢公司进行股权投资的理由

- 雀巢公司的财务状况稳定，能为其现有业务的增长提供资金，正执行通过并购实现增长的战略。该公司目前的流动资金和现金流量足以应付未来的经营和投资需求。公司杠杆水平低，从资本结构来看，有能力支持未来的经营和战略发展计划；
- 该公司的经营现金流量持续超过其经营利润。经营现金流与经营利润之比一直良好，说明公司的盈利质量有保障。将现金流量与公司的再投资需求、负债总额和偿债能力进行比较，结果表明公司的财务实力强大；
- 将利润分拆为"纯雀巢"公司的盈利和因投资欧莱雅公司而获得的盈利两个部分，并计算各自的市盈率，发现"纯雀巢"公司的业务部分似乎被市场低估了，因为"纯雀巢"公司部分的市盈率远低于欧莱雅公司的或市场整体的。鉴于雀巢公司目前的现金流情况和较低的财务杠杆，这一发现应该被视为一个机会。

18.2.4.2 应注意的问题

- 对净资产收益率的分解分析表明，尽管雀巢公司拥有重要的世界品牌和全球影响力，但其核心业务的盈利能力在过去几年中一直恶化。即使考虑到影响利润率的非常项目，其核心业务的盈利能力也仍然在下降；
- 这种不良发展趋势还表现在总资产现金回报方面。自 2012 年以来，该指标每年都在降低；
- 公司在营养和健康科学产品组所进行的收购活动似乎并没有发挥出公司的传统优势特点，这类活动无法为公司核心盈利能力的恶化提供补救措施；
- 该公司在收购活动中对资本分配的优先项目值得关注。尽管营养与健康科学产品组和雀巢营养分部表现出了良好的息税前利润率，但它们在总资产报酬率方面的排名很低。这一发现让人怀疑该公司的管理层是否为所收购的公司支付过高的价格；

- 该公司对早期收购带来的商誉计提了减值损失，这可能意味着公司资本的无效配置。让人疑惑的是，雀巢公司一面在对过去的收购项目计提减值，一面又在积极进行新的收购项目。

这位分析师的结论是，就目前而言，雀巢公司显然不是一个好的投资机会，他建议等等看是否会出现进一步的价格折扣，让其更加具有吸引力，或者看看该公司的运营情况是否能够有所改善。

18.2.5　第 6 阶段：后续追踪

投资组合经理对分析师的发现和建议感到惊讶。这位投资组合经理确信现在买入雀巢公司的股票是合理的，因为其股价正在被低估。在她看来，雀巢公司只是遇到了暂时的问题。她让其养老基金谨慎地持有雀巢公司普通股投资，但不作为其核心投资。投资组合经理的持股规模低于她最初的预期，因为尽管她对雀巢公司充满投资热情，但同时她也对分析师关于该公司内部资源分配的观察感到不安。她希望分析师能对她的持仓进行持续评估，因为低效率的资本支出可能成为不再持仓的导火索。她要求分析师在每个报告期都更新其初步研究报告中的调查结果，并特别强调了用应计项目测试代表的质量指标和公司的现金流支持，尤其是对总资产报酬率的关注。

18.3　本章小结

本章用一个案例研究说明了财务分析框架在投资决策中的应用。虽然每一项分析任务可能有不同的重点、目的和背景，导致分析师会应用不同的技术和工具，但这个分析案例说明了如何应用共同的财务报表分析框架。分析师首先从公司的全球性特征入手，去挖掘财务报表之下隐藏的经济真相。在雀巢公司这个案例中，该分析师主要应用分解技术来审查公司的净资产收益率，然后对每一个影响净资产收益率的驱动因素依次进行了仔细审查，以评估该公司的管理层在资本分配方面的能力。

最后，案例分析得出结论，完成了此项财务分析的目标：便于投资人做出经济决策。

术语表

Accelerated methods　加速折旧法　将相对较高比例的资产成本分配给资产使用寿命早期的一种折旧方法。

Accounting profit　会计利润　根据现行会计准则规定，在利润表上报告的税前利润，也称为所得税前利润（income before taxes）或税前利润（pretax income）。

Accounts payable　应付账款　企业因采购商品或服务而欠供应商的款项。

Accrued expenses　应计费用　因截至会计期末已经发生但仍未支付的费用而产生的负债——应计费用的例子之一是已经发生但仍未支付的租金费用，它导致负债项目"应付租金"的产生。应计费用也被称为应计负债（accrued liabilities）。

Accumulated benefit obligation　累计福利义务　由于员工在某一特定日期之前所提供的服务，和以该日期以前的员工服务与报酬（如适用）为基础，按养老金福利公式所计算出福利（无论员工是否已得到）的精算现值。累计福利义务与既得福利义务的不同之处在于它并不考虑有关未来薪酬水平的假设。

Acquisition method　购买法　要求收购方按公允价值对各项可辨认资产和负债进行计量的企业合并会计处理方法。这一方法是 IASB 和 FASB 促进企业合并会计准则趋同联合项目的工作结果。

Activity ratio　营运能力比率　衡量公司收回应收账款、管理库存等日常工作效率的财务比率，也称为资产管理效率比率（asset utilization ratio）或者经营效率比率（operating efficiency ratios）。

Allowance for loan losses　贷款减值准备　一个资产负债表账户，是贷款的备抵账户。

Amortization　摊销　将使用寿命有限的长期无形资产成本在各个会计期间内进行分配的过程；将债券溢价或折价金额在债券到期前的剩余期限内进行分配的过程。

Amortized cost　摊余成本　经摊销、折旧、折耗和 / 或减值影响之后的历史成本（初始确认成本）。

Antidilutive　反稀释效应　特指某些证券或者交易，如果将它们纳入计算中，反而将导致每股收益（EPS）增加，甚至高于公司的基本每股收益。在计算摊薄每股收益时，不应考虑具有反稀释效应证券的影响。

Asset utilization ratios　资产管理效率比率　衡量公司收回应收账款、管理库存等日常工作效率的财务比率。

Assets　资产　因过去事件的影响而导致企业控制的资源，这些资源预期可以为企业带来未来经济利益的流入。

Available-for-sale securities　可供出售证券　根据 US GAAP，对于既不属于持有至到期金融资产，也不属于交易性金融资产的债券，可划分为可供出售的金融资产类别。投资者对于这类金融资产的态度是愿意出售、但并不积极地计划出售。一般来说，可供出售的债券在资产负债表上是按公允价值列报的，因公允价值变动导致的未实现损益则计入其他综合收益中。

Back-testing　回测　将投资组合的筛选规则应用于历史数据，以评估策略的历史表现。

Balance sheet ratios　资产负债表比率　指仅涉及资产负债表项目的财务比率。

Balance sheet　资产负债表　一张反映编报主体财务状况的报表，它披露编报主体在特定时点（即资产负债表日）所控制的资源（即资产）和对这些资源的要求权（即负债和所有者权益）。也称财务状况表（statement of financial position，或 statement of financial condition）。

Basic EPS　基本每股收益　归属于普通股股东的净利润（即扣除优先股股息后的净利润）除以流通在外的普通股加权平均股数。

Bottom-up analysis　自下而上的分析　是一种投资选择方法，它强调公司特有因素多于强调经济周期影响或行业分析影响。

Capital structure　资本结构　公司用来为其业务筹资的债务与股权组合结构；公司长期融资方式的特定组合。

Carrying amount　账面价值　根据会计准则对一项资产或负债进行计价的金额。

Cash conversion cycle　现金转换周期　衡量一家公司为业务经营支付现金开始，到以经营所得方式重新收回现金为止，所需要的时间长度；等于存货周转天数与应收账款周转天数之和，再减去应付账款周转天数。也称为净营业周期（net operating cycle）。

Cash flow from operations　经营现金流量　企业通过经营活动创造的现金流量净额。有时也称为经营活动产生的现金流量（cash flow from operating activities）。

Classified balance sheet　分类资产负债表　将不同的资产和负债项目按各子分类（例如，流动项目与非流动项目）进行列报的资产负债表。

Common shares　普通股　一种能代表对公司所有权的证券。

Common stock　普通股　见 common shares。

Common-size analysis　共同比分析　使用共同的分母或者参考项目对财务报表项目进行重述，以方便人们识别趋势和主要变化；共同比分析的一个典型例子，是将利润表中的所有项目金额都表示为销售收入的百分比。

Comprehensive income　综合收益　企业在一段时期内发生的与所有者投入无关的权益变动，包括因所有者投资和分配以外的原因所引起的全部权益变动额，综合收益等于净利润与同期其他综合收益之和。

Contra account　备抵账户　用于抵减另一个账户金额的账户。

Coupon rate　票面利率　在合同中承诺的利率，用于计算每期的利息支付金额。

Credit analysis　信用分析　即信用风险评估，对借款人或交易对方的信誉进行评估。

Credit risk　信用风险　因交易对方或债务人未能履行付款承诺而导致损失的风险，也称为违约风险（default risk）。

Cross-sectional analysis　横向分析　对特定时期或者特定时点上的一组公司所进行的个体比较分析。

Current assets　流动资产　预计在近期（通常为一年或更短时间内）就会被耗用或者能转换为现金的资产，也称为流动性资产（liquid asset）。

Current cost　现时成本　对资产项目来说，现时成本是指在当前购买相同资产或等同资产所需支付的现金或现金等价物金额；对负债项目而言，现时成本则是指清偿当前的债务所需要的未贴现金或现金等价物金额。

Current exchange rate　现时汇率　在会计上指资产负债表日的即期汇率。

Current liabilities　流动负债　即短期负债，如应付账款、应付工资或应计负债等预计将在不久的将来（通常为一年或更短时间内）予以偿还的负债项目。

Current rate method　现时汇率法　一种在报表合并工作中使用的外币财务报表折算方法。在现时汇率法下，所有资产和负债项目均按现时汇率进行折算。该方法应用十分普遍。

Days of inventory on hand　存货周转天数　是

企业营运能力比率之一，等于会计期间的天数与该会计期间内的存货周转率之比。

Dealing securities　交易性证券　指由银行或其他金融中介机构为买卖目的而持有的证券。

Debt-to-assets ratio　资产负债率　是企业清算能力比率之一，等于企业负债总额与资产总额之比。

Debt-to-capital ratio　债务资本比　是企业清算能力比率之一，等于企业负债总额除以负债总额与股东权益总额之和。

Debt-to-equity ratio　债务权益比　是企业清算能力比率之一，等于负债总额与股东权益总额之比。

Deductible temporary differences　可抵扣暂时性差异　是指在确定未来收回资产或清偿负债期间的应纳税所得额时，能产生可抵扣金额的暂时性差异。

Defensive interval ratio　防御区间比率　衡量企业流动性的比率之一，是一家企业仅依靠自身速动资产就可以满足其现金需求的估计天数，计算方法为现金、短期可出售投资与应收项目的和与每日现金支出之比。

Deferred income　递延收益　是一个负债类账户，指在向客户交付商品或者提供服务之前就收到的款项；在提供商品或者服务之前就收到的支付款。

Deferred revenue　递延收入　是一个负债类账户，指在向客户交付商品或者提供服务之前就收到的款项；在提供商品或者服务之前就收到的支付款。

Deferred tax assets　递延所得税资产　当公司的应纳税所得额大于其同期会计利润时，它在当期应缴纳的所得税金额将高于按会计利润确定的所得税费用。公司会（因为应税利润高于会计利润而）支付了更多的税款，如果预计能在未来经营过程中将差额回收时，在资产负债表中就会列报一项被称为递延所得税资产的资产项目。

Deferred tax liabilities　递延所得税负债　当公司支付的所得税低于按同期会计利润计算的所得税费用时，在资产负债表中就会产生一项负债。这是因为当期的应纳税所得额低于同期会计利润，因此应付所得税额也就低于同期的所得税费用。公司预计通过未来的经营活动能够产生足够的应交所得税额去超过所得税费用，从而回转此项负债。

Defined benefit pension plans　设定受益计划　公司承诺在员工退休后每年向其支付一定金额（设定受益）的养老金计划。在设定受益计划下，需要由公司来承担计划资产的投资风险。

Defined contribution pension plans　设定提存计划　由员工和雇主（一般情况下）在员工工作期间定期缴款的个人养老金账户，预期到员工退休时可取出该账户中的累积金额。在设定提存计划下，员工承担了计划资产的投资风险和通货膨胀风险。

Depreciation　折旧　将长期（有形）资产的成本按照系统的方法在该资产预期能提供经济利益的期间内进行分配的过程。

Derivative　衍生工具　是一种金融工具，其价值由它所盯准的某种基础资产或因素（如股票价格、利率或汇率）的价值决定。

Diluted EPS　稀释每股收益 / 摊薄每股收益　是指如果将所有稀释性证券都转换为普通股，将得到的每股收益价值。

Diluted shares　摊薄的股票数量　如果所有的稀释性证券（如可转换债券、可转换优先股和员工股票期权等）都转换为普通股，则将会影响流通在外的股份数量。

Diminishing balance method　余额递减法　是一种加速折旧法（即，将资产成本在其使用寿命早期做较高比例分配的折旧方法）。

Direct financing lease　直接融资租赁　是美国公认会计原则体系下的一种融资租赁，其特征为从出租人的角度来看，租赁付款额（或应收租赁款）的现值等于所租赁资产的账面价值。在租赁开始日，不确认销售利润，出租人所赚到的收入属于融资收益性质。

Direct format　直接法编报格式　现金流量表的一种列报格式。在直接法下，经营活动产生的现金流量用经营现金流入量与经营现金流出量之差来表示。也称为直接法（direct method）。

Direct method　直接法　见"直接法编报格式"。

Direct write-off method　直接核销法　是一种确认应收款项信用损失的方法；在直接核销法下，公司需要等到客户实际违约时才确认损失。

Dividend payout ratio　股利支付率　即公司在一段时间内支付的现金股利与当期利润之比。

Double-declining balance　双倍余额递减法　是一种加速折旧方法，它以双倍的直线折旧率对资产进行折旧。在这种方法下，各期的折旧费用等于该双倍折旧率与资产的期初账面价值（一个不断递减的余额）之乘积。

Downstream　下游交易　发生在两家关联公司（一家为投资公司或母公司，另一家为联营公司或子公司）之间的交易，交易利润体现在投资公司的利润表上。下游交易的例子之一，是投资公司向联营公司（或母公司向子公司）出售存货。

DuPont analysis　杜邦分析　一种分解投资报酬的方法，例如，将净资产收益率分解为其他财务比率的乘积。

Earnings per share　每股收益　每一股普通股在一段时期内所挣得的利润金额。

Effective interest rate　实际利率　公司在发行债券时的借款利率或市场利率。

Equity　所有者权益　资产扣除负债后的余额，从公司资产中减去负债后的剩余权益。

Exercise date　行权日　员工实际行使股票期权并将其转换为股权的日期。

Expenses　费用　由于所有者权益减少（因向所有者进行分配而导致的减少除外）而导致的经济资源流出或者负债增加；在创造收入过程中发生的公司净资产减少额。

Exposure to foreign exchange risk　外汇风险敞口　指因汇率波动而导致以外币计价的资产项目或负债项目发生价值变动的风险。

Face value　面值　公司在所发行的债券到期时应向其债券持有人支付的现金金额；债券到期时的承诺付款金额，与利息的支付无关。

Fair value　公允价值　在公平交易中，知情且自愿交易的各方愿意交换资产或清偿负债的金额；在有序交易中，市场参与者之间出售一项资产所收到的价格或转让一项负债所支付的价格。

FIFO method　先进先出　先进先出法是会计对存货发出的一种计价方法，它按照存货的采购顺序将销售收入与存货成本进行匹配。

Finance lease　融资租赁　根据美国公认会计原则，从承租人的角度来看，融资租赁是一种非常类似于承租人直接购买资产的租赁。但如果从出租人的角度来看，根据国际财务报告准则，融资租赁则属于"实质上转移了相关资产所有权附带的所有风险和回报"的租赁业务。

Financial flexibility　财务灵活性　公司应对和适应财务困境与机遇的能力。

Financial leverage ratio　财务杠杆比率　衡量公司负债程度的财务指标，计算公式为平均总资产与平均总股东权益之比。

Financial leverage　财务杠杆　给定经营利润的变动程度，公司通过使用负债，可以使普通股权益报酬率发生更大程度的变动；是财务杠杆比率的简称。

Financing activities　融资活动　与获取或偿还公司在经营中所使用资本（例如股权资本与长期负债）相关的活动。

Fixed charge coverage ratio　固定支出覆盖率　属于公司清偿能力的财务比率之一，它衡量公司的经营利润可以用来支付利息和租赁付款额的倍数，计算公式为 EBIT 与租赁付款额之和除以利息支付额与租赁付款额之和。

Fixed costs　固定成本　无论公司的产量和销售量如何，都保持在同一水平的成本支出。

Float　浮存金　已收取的保费中尚未以福利方式支出的金额。

Foreign currency transactions　外币交易　以公司的功能货币之外的货币进行计价的交易。

Free cash flow　自由现金流量　在进行维持公司持续经营所需的所有投资后，公司投资者可实际获得的现金金额 (也称为公司自由现金流); 在不损害公司价值的情况下, 可分配给公司投资者 (如股东和债券持有人) 的内部创造资金。

Functional currency 功能货币 公司在其经营的主要经济环境中所使用的货币。

Gains 利得 与公司的日常活动没有直接联系的资产流入。

Goodwill 商誉 是一种无形资产[⊖], 代表被收购公司的收购价格超过其净资产价值的部分。

Grant date 授予日 向员工授予股票期权的日期。

Gross margin 毛利润 销售收入与销售成本 (即制造公司的销货成本) 之差。

Gross profit margin 毛利率 毛利润与销售收入之比。

Gross profit 毛利润 销售收入与销售成本 (即制造公司的销货成本) 之差。

Grouping by function 将费用按功能进行归类 在利润表中列报费用项目时, 将具有相同功能的支出项目 (如所有与已售商品成本相关的项目) 列报在一起。

Grouping by nature 将费用按性质进行归类 在利润表中列报费用项目时, 将性质类似的支出项目 (如全部的折旧费用) 列报在一起。

Growth investors 成长型投资者 指寻求投资于高盈利增长公司的股票投资者。

Held-to-maturity 持有至到期 公司打算持有至到期债权投资 (固定收益证券); 这类资产应按其原始成本列报, 并按折价或者溢价的摊销情况对账面价值进行调整。

Historical cost 历史成本 对资产项目来说, 历史成本是指当初购买资产时所支付的金额, 包括全部的购买价格和 / 或准备成本; 对负债项目来说, 历史成本是指公司为发行一项负债而收到的全部款项。

Historical exchange rates 历史汇率 在会计处理中, 将资产或者负债项目在最初入账时的汇率称为历史汇率。

Horizontal analysis 横向分析 将特定报表与其过去或者未来的情况进行比较的共同比分析; 也指将一家公司与另一家公司进行横截面比较的分析。

If-converted method 如果执行转换法 是一种考察可转换证券对每股收益 (EPS) 影响的会计方法, 它的计算思想是, 假定可转换证券在期初就被全部执行转换, 考虑转换对净利润和流通在外股票加权平均数的影响, 那么每股收益会变为多少。

Income tax paid 已缴纳的所得税 当期已经实际缴纳的所得税金额, 不是所得税费用, 而是实际的现金流出。

Income tax payable 应交所得税 以应纳税所得额为基础计算出的、公司应缴所得税金额。

Income 收益 公司经济利益的增加, 表现为资产的流入或者增加, 或者表现为负债的减少, 收益最终会导致股东权益增加 (但与所有者对公司的出资无关)。

Indirect format 间接法编报格式 现金流量表的一种列报格式。在间接法下, 经营活动产生的现金流量部分以净利润为起点, 列示加项和减项, 最后得出经营活动的现金流量。也称为间接法 (indirect method)。

Indirect method 间接法 参考 "间接法编报格式"。

Intangible assets 无形资产 缺乏实物形态的资产, 比如专利和商标等。

Interest coverage ratio 利息覆盖率 企业清偿能力指标, 计算公式为息税前利润除以利息支付额。

Inventory turnover 存货周转率 企业经营效率指标, 计算公式为销货成本除以平均存货。

Investing activities 投资活动 与收购和处置不动产、厂场与设备, 无形资产, 其他长期资产以及其他公司发行的股票或者长短期债务 (债券或贷款) 投资相关的活动。

⊖ 按照 IFRS 和我国企业会计准则《无形资产》, 商誉不属于无形资产。——译者注

Investment property 投资性房地产 用于赚取租金收益或者资本增值（或两者兼有）的房地产。

Lessee 承租人 指通过租赁获得资产使用权的一方。

Lessor 出租人 将资产使用权让渡给另一方的资产所有者。

Liabilities 负债 企业因过去的事件而承担的现有义务，预期该义务的清偿会导致经济利益的流出；债权人对公司资源所拥有的要求权。

LIFO layer liquidation 后进先出法层次清算 与使用后进先出法进行存货的发出计价相关，指对较早批次的、价格相对较低的存货进行清算；当存货的销售量超过同期采购量时，就会发生这种情况，因为此时一些销售是由较早批次的低价库存创造的。也称为后进先出法清算（LIFO liquidation）。

LIFO method 后进先出法 后进先出法是发出存货的一种会计计算方法，它将存货的成本按照与采购相反的顺序和销售收入进行匹配（即，假定最后生产或取得的存货被最先出售）。

LIFO reserve 后进先出法储备 按后进先出法报告的存货账面价值与如果使用先进先出法应报告的存货账面价值之差（即后进先出法下的存货价值减去先进先出法下的存货价值）。

Liquidity ratios 流动性比率 衡量公司偿还其短期债务能力的财务比率。

Liquidity 流动性 以接近公允市场价值的价格快速、轻松地买入或者出售一项资产的能力。用最容易转化为现金的资产去满足短期偿债义务的能力。

Local currency 当地货币 指公司所在国家发行的货币。

Long-lived assets 长期资产 预计能在未来一段时期（通常超过一年）内为企业带来经济利益流入的资产。

Losses 损失 与企业的日常活动没有直接联系的资产利益流出。

Market rate of interest 市场利率 债券购买者在给定与债券发行相关的未来现金支付风险情形下所要求的利率。

Market-oriented investors 市场导向型投资者 是股票投资者的一种类别，其投资规则无法明确归类为价值投资者或成长型投资者。

Matching principle 配比原则 会计原则之一，要求将费用与其相关的收入确认在同一会计期间。

Monetary assets and liabilities 货币性资产和负债项目 其价值等于签订合同时的固定货币金额的资产和负债项目，例如现金、应收账款、应付账款、应付债券和应付抵押贷款等。存货不属于货币性资产；大多数负债项目是货币性的。

Monetary/non-monetary method 货币性/非货币性项目法 一种在合并报表时对外币财务报表进行折算的方法。在货币性/非货币性项目法下，按现行汇率折算货币性资产和负债项目，按历史汇率（取得资产或负债时的汇率）折算非货币性资产和负债项目。

Multi-step format 多步式 一种利润表格式，在多步式利润表下，需要报告毛利润（即销售收入减去销货成本之差）小计数。

Net asset balance sheet exposure 净资产敞口 当按现行汇率折算的资产金额大于按现行汇率折算的负债金额时，就出现净资产风险敞口。资产项目的折算损益超过了负债项目的。

Net book value 账面净值 资产的购买成本扣除其已折旧金额后的余额（未折旧金额）。对负债项目来说，账面净值等于债券面值减去还未摊销的折价金额，或者加上还未摊销的溢价金额。

Net income 净利润 收入和费用之间的差额；从收入总额中减去所有的费用（包括折旧、利息和所得税费用等）之后剩下的部分。

Net liability balance sheet exposure 净负债敞口 当按现行汇率折算的负债金额大于按现行汇率折算的资产金额时，就出现净负债风险敞口。负债项目的折算损益超过了资产项目的。

Net profit margin 净利润率 企业获利能力指标之一，计算公式为净利润除以销售收入总额；表示在扣除所有成本和费用之后，每一美元收入还能剩下多少。也被称为净利率（profit margin）或销售净利率（return on sales）。

Net realizable value　可变现净值　存货在日常经营过程中的估计售价扣除估计销售成本之后的余额。

Net revenue　收入净额　调整后的销售收入金额（例如，调整估计退货金额或者不能收回的金额）。

Non-current assets　非流动资产　预计能在一段较长时期（通常超过一年）内使企业受益的资产。

Non-current liabilities　非流动负债　一般指可能于未来一年以上的期间流出企业的经济利益的义务。

Non-monetary assets and liabilities　非货币性资产和负债项目　非货币性的资产和负债项目。非货币性资产包括存货、固定资产和无形资产，非货币性负债包括递延收入。

Operating activities　经营活动　属于企业日常运营部分的活动，如销售存货和提供服务。

Operating cash flow　经营现金流　企业通过经营活动产生的现金流量净额。

Operating efficiency ratios　经营效率比率　衡量一家公司管理其各种业务活动能力的财务比率，例如应收账款的收取和库存的管理。

Operating lease　经营租赁　允许承租人在一段时期内使用某项资产的协议；本质上为出租。

Operating leverage　经营杠杆　在经营中使用固定成本的程度。

Operating profit margin　经营利润率　是企业获利能力指标之一，计算方法为用经营利润（即息税前利润）除以销售收入。也称营业利润率（operating margin）。

Operating profit　经营利润　公司在扣除所得税费用前的日常经营活动中所赚取的利润。也称营业利润（operating income）。

Ordinary shares/common stock/common shares 普通股　相比其他类型的权益（例如优先股）更次级的股份，也称为普通股票（common stock）或普通股份（common shares）。

Other comprehensive income　其他综合收益　未在利润表上列报的综合收益构成项目；等于综合收益与净利润之差。

Other post-employment benefits　其他离职后福利　公司承诺将在未来支付的福利，如人寿保险费和退休人员的全部或部分医疗保险。

Owners' equity　所有者权益　公司的资产超出负债的部分；报告主体的资产扣除负债之后，由股东所享有的剩余权益。也称为股东权益（shareholders' equity）或股东资金（shareholders' funds）。

Pension obligation　养老金义务　员工迄今为企业所提供服务对应的未来福利现值。

Period costs　期间费用　不能与收入的实现直接匹配的支出项目（如行政人员的工资），因此应当在发生时就确认为费用。

Permanent differences　永久性差异　税法认可的收入（或费用）与财务报告认可的收入（或费用）之间的差异，这些差异不会在未来某个日期被转回。永久性差异会导致公司的实际税率与法定税率出现不一致，且不会导致递延所得税项目的产生。

Premiums　保费　客户为购买保险产品而支付的金额。

Prepaid expenses　预付费用　在到期前提前支付的正常经营费用。

Present value（PV）现值　未来现金流量在当前的贴现价值；对资产项目来说，即该资产预计能产生未来净现金流入的当前价值；对负债项目来说，即预期清偿该负债所需要的未来净现金流出的当前价值。

Presentation currency　报告货币　在财务报表中列报所选择的货币。

Pretax margin　税前利润率　企业获利能力比率之一，计算公式为税前利润除以销售收入。

Price to book value　市净率　估值比率之一，计算公式为每股价格除以每股账面价值。

Price to cash flow　市现率　估值比率之一，计算公式为每股价格除以每股现金流。

Price to earnings ratio，P/E　市盈率　估值比率之一，计算公式为每股价格除以每股收益。

Price to sales　市销率　估值比率之一，计算公式为每股价格除以每股销售收入。

Profit and loss（P&L）statement　损益表　提供公司在一段时期内盈利能力信息的财务报表。也称为利润表（income statement）。

Profit margin　利润率　企业获利能力指标之一，计算公式为净利润除以销售收入；表明企业所挣得的每一美元收入中，在扣除了所有成本和费用之后，还能剩下多少。

Profitability ratios　盈利能力比率　衡量一家公司利用其资源（资产）去创造可获利销售收入能力的财务比率。

Property，plant，and equipment　不动产、厂场与设备　预计能使用一个时期以上的有形资产，其用途可以是生产产品、供应商品或服务，或者用于管理目的。

Provision for loan losses　贷款减值损失　是一个利润表费用账户，计提贷款减值损失会增加贷款减值准备。

Purchasing power gain　购买力收益　由于价格变动而带来的价值收益。在通货膨胀时期，持有货币性负债就可以享有购买力收益。

Purchasing power loss　购买力损失　由于价格变动而引起的价值损失。在通货膨胀时期，持有货币性资产将经历购买力损失。

Realizable（settlement）value　可实现价值/清算价值　对资产项目来说，可实现价值是指在当前通过有序的交易，将资产处置出售所能收到的现金或现金等价物的金额。对负债项目来说，可实现价值又被称为"清算价值"，即在正常的经营过程中，为了结一项负债，预期将支付的未贴现现金或现金等价物金额。

Return on assets（ROA）　总资产报酬率　企业获利能力比率之一，计算公式为净利润除以平均总资产；表示公司在总资产上每投资一美元可创造的净利润。

Return on equity（ROE）　净资产收益率　企业获利能力比率之一，计算公式为净利润除以平均股东权益。

Return on sales　销售回报率　企业获利能力比率之一，计算公式为净利润除以销售收入总额；表示企业所挣得的每一美元销售收入在扣除所有成本和费用后，还能剩下多少。也称为净利润率（net profit margin）。

Return on total capital　资本总额报酬率　企业获利能力比率之一，计算公式为息税前利润除以长短期债务与股东权益之和。

Revaluation model　重估值模式　在国际财务报告准则下，可按照公允价值对长期资产进行估值，而不使用成本扣除累计折旧后的净值来对长期资产进行计价。由此导致的估值损益或者报告在利润表中，或者直接在股东权益项目下报告为重估值盈余。

Revenue　收入　在特定会计期间内，企业通过日常活动，交付商品或者提供服务所赚取的金额；在特定会计期间内流入公司的经济资源。

Sales　销售收入　通常是收入（revenue）的同义语；"销售收入"一般用于商品出售所得，而"收入"则既包括商品出售所得也包括服务出售所得。

Sales-type leases　销售型租赁　美国公认会计原则下的一种租赁类型，其特点是从出租人的角度来看，租赁付款额（应收租金）的现值大于被租赁资产的账面价值。出租人所赚到的收入既包括租赁开始时的出售利润，也包括融资收入（即利息）。

Scenario analysis　情景分析　一种能让我们看到特定（经济）事件（例如客户流失、失去供应源或某灾难性事件发生）所引起关键财务指标变化的分析；一种检查特定情况下投资组合表现的风险管理技术。与压力测试非常相像。

Screening　筛选　应用一组标准，将一组潜在的投资机会逐渐淘汰，只留下符合某些期望特征的较少数量投资机会。

Sensitivity analysis　敏感性分析　一种分析技术，能让我们看到某个假定发生变化后，各种可能结果的分布范围。

Service period　服务年限　用在员工股票期权计

划中，通常特指授予日至生效日之间的时期。

Shareholders' equity　股东权益　资产减去负债后的差额；在扣除了负债之后的剩余资产要求权。

Simulation　模拟　根据驱动因素的概率模型，利用计算机生成的敏感性分析或情景分析。

Single-step format　单步式　一种利润表格式，在单步式利润表下，不需要报告毛利润（即销售收入减去销货成本之差）小计数。

Solvency　清偿能力　用于财务报表分析中，指一家公司偿还其长期债务的能力。

Solvency ratios　清偿能力比率　衡量公司满足其长期债务和其他债务需求能力的财务比率。

Specific identification method　个别计价法　一种存货发出的计价方法，它明确区分被出售的存货和仍然停留在库存中等待将来再出售的存货。

Statement of changes in equity　股东权益变动表 / 所有者权益变动表　企业财务报表之一，它调整期初和期末股东权益之间的差异项目；提供影响企业股东权益的所有因素。也被称为所有者权益变动表（statement of owners' equity）。

Statement of financial position　财务状况表　披露报告主体所控制的资源（资产）和谁对这些资源拥有要求权（负债和所有者权益），列示报告主体在特定时点（资产负债表日）的财务状况。有时也被称为财务情况表（statement of financial condition）。

Statement of operations　经营情况表　提供一家公司在特定时期内获利能力信息的财务报表。

Straight-line method　直线法　将长期资产成本扣除其预计残值后的金额在该资产的预计寿命期内进行均匀分配的一种折旧方法。

Sustainable growth rate　可持续增长率　在保持公司的净资产收益率和资本结构都不变的情形下，不增发普通股，便能在一段时期内维持的股利（与利润）增长率。

Tax base　计税基础　一项资产或负债在计算所得税时的价值。

Tax expense　所得税费用　报告主体的应交所得税（或税收优惠时的可抵扣所得税）与递延所得税资产和递延所得税负债变动的综合结果。如果按照会计利润而非应纳税所得额来计算的话，从本质上看，它就是公司的应交所得税或者可抵扣所得税金额。

Tax loss carry forward　未来可抵扣亏损　在当期计算所得税时，由于亏损从而可以免税的金额，可用于减少未来的应纳税所得额。

Taxable income　应税利润 / 应纳税所得额　根据公司所处管辖地区的税法规定，其盈利中应当计算缴纳所得税的部分。

Taxable temporary differences　应纳税暂时性差异　在确定未来收回资产或清偿负债期间的应纳税所得税时，将导致产生应纳税额的暂时性差异。

Temporal method　时态法　是货币性 / 非货币性项目折算方法的变体，不仅要求将货币性资产与负债项目按现时汇率折算，还要求将按现值计量的非货币性资产和负债项目，也按现时汇率进行折算。在时态法下，资产和负债项目都按与其计量时一致的汇率进行折算。当企业的功能货币不是当地货币时，通常会使用这种折算方法。

Top-down analysis　自上而下的分析　一种选择投资项目的方法，先考虑宏观经济条件，然后再根据这些条件去评估市场和行业。

Total comprehensive income　综合收益总额　在某一会计期间内，由于交易或其他事项导致的所有者权益变动额，但所有者以其投资人身份与公司进行交易所导致的变动除外。

Total invested capital　投入资本总额　普通股的市值、优先股的账面价值与负债的面值之和。

Trade payables　贸易应付款　公司因为购买商品或服务而欠其供应商的款项。

Trading securities　交易性证券　根据美国公认会计原则，交易性证券是指由公司持有并打算进行交易的一类债券。也称为持有待交易证券（held-for-trading securities）。

Transaction exposure　交易风险　以外币计价

的资产或负债项目在交易日至结算日之间发生价值变化的风险。

Treasury stock method　库存股法　一种计算期权（和认股权证）对每股收益（EPS）影响的方法，该方法假定如果期权和认股权证已被行权，并且公司将行权所得全部用于回购普通股，那么每股收益将变为多少。

Unearned revenue　未赚取到的收入　是一个负债项目，表示公司在向客户交付相关的货物或服务之前就收到的客户付款。也称为递延收入（deferred revenue）或者递延收益（deferred income）。

Units-of-production method　工作量法　一种折旧方法，根据长期资产在会计期间的实际使用情况来分配其成本。

Upstream　上游交易　发生在两家关联公司（一家为投资公司或母公司，另一家为联营公司或子公司）之间的交易，交易利润体现在联营公司的利润表上。上游交易的例子之一，是联营公司向投资公司（或子公司向其母公司）出售存货。

Valuation allowance　估值备抵　根据递延所得税资产在未来会计期间是否可实现的可能性，对递延所得税资产计提的准备金。

Valuation ratios　估值水平比率　衡量与特定要求权（如股份或者企业所有权）价格相关的资产或流量（如利润）数量的财务比率。

Value investors　价值型投资者　一种股票投资者类别，其特点是针对特定水平的每股收益或者每股资产，尽量支付较低的价格。

Variable costs　变动成本　随产量或者销售量的变动而发生变动的成本。

Vertical analysis　纵向分析　只使用一个报告期或一个基期报表的共同比分析。例如，将利润表上的所有项目都用其金额占销售收入的百分比来表示。

Vested benefit obligation　既得福利义务　既得利益的精算现值。

Vesting date　生效日　员工可以首次行使股票期权的日期。

Weighted average cost method　加权平均成本法　一种发出存货的会计计价方法，使用存货的总成本除以可供销售的存货总数量来作为存货的单价。

Working capital　营运资本　流动资产扣除短期负债后的差额。

投 资 与 估 值 丛 书

达摩达兰估值经典全书

新入股市必读

巴菲特20个投资案例复盘

真实案例解读企业估值

非上市企业估值

当代华尔街股票与公司估值方法

CFA考试必考科目之一

CFA考试必考科目之一

华尔街顶级投行的估值方法

资 本 的 游 戏

书号	书名	定价	作者
978-7-111-62403-5	货币变局：洞悉国际强势货币交替	69.00	（美）巴里·艾肯格林
978-7-111-39155-5	这次不一样：八百年金融危机史（珍藏版）	59.90	（美）卡门 M. 莱茵哈特 肯尼斯 S. 罗格夫
978-7-111-62630-5	布雷顿森林货币战：美元如何统治世界（典藏版）	69.00	（美）本·斯泰尔
978-7-111-51779-5	金融危机简史：2000年来的投机、狂热与崩溃	49.00	（英）鲍勃·斯瓦卢普
978-7-111-53472-3	货币政治：汇率政策的政治经济学	49.00	（美）杰弗里 A. 弗里登
978-7-111-52984-2	货币放水的尽头：还有什么能拯救停滞的经济	39.00	（英）简世勋
978-7-111-57923-6	欧元危机：共同货币阴影下的欧洲	59.00	（美）约瑟夫 E.斯蒂格利茨
978-7-111-47393-0	巴塞尔之塔：揭秘国际清算银行主导的世界	69.00	（美）亚当·拉伯
978-7-111-53101-2	货币围城	59.00	（美）约翰·莫尔丁 乔纳森·泰珀
978-7-111-49837-7	日美金融战的真相	45.00	（日）久保田勇夫

CFA协会投资系列
CFA协会机构投资系列

机械工业出版社历时三年，陆续推出了《CFA协会投资系列》（共9本）《CFA协会机构投资系列》（共4本）两套丛书。这两套丛书互为补充，为读者提供了完整而权威的CFA知识体系（Candidate Body of Knowledge，简称CBOK），内容涵盖定量分析方法、宏微观经济学、财务报表分析方法、公司金融、估值与投资理论和方法、固定收益证券及其管理、投资组合管理、风险管理、投资组合绩效测评、财富管理等，同时覆盖CFA考试三个级别的内容，按照知识领域进行全面系统的介绍，是所有准备参加CFA考试的考生，所有金融专业院校师生的必读书。

序号	丛书名	中文书号	中文书名	原作者	译者	定价
1	CFA协会投资系列	978-7-111-45367-3	公司金融：实用方法	Michelle R. Clayman, Martin S. Fridson, George H. Troughton	汤震宇 等	99
2	CFA协会投资系列	978-7-111-38805-0	股权资产估值（原书第2版）	Jeffrey K.Pinto, Elaine Henry, Jerald E. Pinto, Thomas R. Robinson, John D. Stowe, Abby Cohen	刘醒云 等	99
3	CFA协会投资系列	978-7-111-38802-9	定量投资分析（原书第2版）	Jerald E. Pinto, Richard A. DeFusco, Dennis W. McLeavey, David E. Runkle	劳兰珺 等	99
4	CFA协会投资系列	978-7-111-38719-0	投资组合管理：动态过程（原书第3版）	John L. Maginn, Donald L. Tuttle, Dennis W. McLeavey, Jerald E. Pinto	李翔 等	149
5	CFA协会投资系列	978-7-111-50852-6	固定收益证券分析（原书第2版）	Frank J. Fabozzi	汤震宇 等	99
6	CFA协会投资系列	978-7-111-46112-8	国际财务报表分析	Thomas R. Robinson, Elaine Henry, Wendy L. Pirie, Michael A. Broihahn	汤震宇 等	149
7	CFA协会投资系列	978-7-111-50407-8	投资决策经济学：微观、宏观与国际经济学	Christopher D. Piros	韩复龄 等	99
8	CFA协会投资系列	978-7-111-46447-1	投资学：投资组合理论和证券分析	Michael G. McMillan	王晋忠 等	99
9	CFA协会投资系列	978-7-111-47542-2	新财富管理：理财顾问客户资产管理指南	Roger C. Gibson	翟立宏 等	99
10	CFA协会机构投资系列	978-7-111-43668-3	投资绩效测评：评估和结果呈报	Todd Jankowski, Watts S. Humphrey, James W. Over	潘席龙 等	99
11	CFA协会机构投资系列	978-7-111-55694-7	风险管理：变化的金融世界的基础	Austan Goolsbee, Steven Levitt, Chad Syverson	郑磊 等	149
12	CFA协会机构投资系列	978-7-111-47928-4	估值技术：现金流贴现、收益质量、增加值衡量和实物期权	David T. Larrabee	王晋忠 等	99
13	CFA协会机构投资系列	978-7-111-49954-1	私人财富管理：财富管理实践	Stephen M. Horan	翟立宏 等	99